长安镇志

《长安镇志》编纂委员会　编

方志出版社
Publishing House of Local Records

《长安镇志》编纂委员会

2005 年 6 月至 2007 年 7 月

主　　　任：郭新锋

副　主　任：袁　杰　芮长囡　陈建芬

委　　　员：邓建达　吴伟禄　杜建法　周林峰　吴国良

办公室主任：邓建达

2007 年 7 月至 2010 年 7 月

主　　　任：徐发荣

副　主　任：林有珍　沈林海　陈建芬

委　　　员：邓建达　徐洪华　褚自法　吴国良

办公室主任：邓建达

2010 年 7 月至 2011 年 5 月

主　　　任：郭如松

副　主　任：林有珍　顾蔷华

委　　　员：蔡　平　褚自法　吴国良

办公室主任：蔡　平

2011 年 5 月至 2014 年 10 月

主　　　任：滕敏忠

副　主　任：金新良　顾蔷华

委　　　员：程　溢　王培青　吴国良

办公室主任：程　溢

《长安镇志》编辑人员

顾　　问：张景观　蔡　看　董祥觉

主　　编：金新良

执行主编：高建林

副 主 编：程　溢　林有坤

电脑打字：高建林

文字校对：林有坤

凡　例

一、本志是继《修川小志》、原《长安镇志》之后，综合反映与长安、辛江两乡，盐仓镇合并后的历史面貌和现状的新志书。由中共长安镇委员会和长安镇人民政府主持编纂，起到“存史、资治、教化”的作用。

二、本志以马克思主义、毛泽东思想、邓小平理论和“三个代表”为指导，坚持实事求是，尊重历史，力求思想性、科学性与资料性的统一。记述长安镇的自然、社会各方面的历史和现状，力求发挥“求真存实、修志资治、服务当代、垂鉴后世”的作用。

二、本志承“横排门类、纵述史实”的格局，采用语体文记述。内容贯穿古今，着墨详今明古。重点记述当代，兼写清代、民国，并适当追溯事物起源。下限断至2005年，但其中彩页照片略有延伸。本志叙述范围以2005年长安镇地域为限。

三、本志按卷、章、节、目4个层次排列，计14卷、51章、212节。

四、本志采用图、表、志、传、录等诸种体裁，以志为主。照片汇集卷首，部分篇幅间插相应照片。

五、本志中对历史纪年按当时通用记法，用汉字书写，并夹注用阿拉伯数字书写的公元纪年，以资查考。新中国成立后一律用公元纪年。书中“解放后”指1949年5月4日长安解放后；“建国后” 指1949年10月1日中华人民共和国成立后。

六、本志行文中有些名称和词语需多次提及的，第一次出现时用全称，其后简称或简写，如“中国共产党”简称“中共”；“中华民国”简称“民国”；“中华人民共和国成立后”简称“建国后”。

七、本志历史记载中一些冷僻古汉字，现不再应用，凡在现代字典中注明已通用了简化字，本志改用简化汉字。

八、人物传按“生不立传”的原则，凡立传者均系本镇籍有较大影响的历史人物。当代人物有著作的，著作存目。

九、本志资料，来自各类档案、历史文献、报刊、专著、口碑以及有关部门提供的材料，经过一定的考证核实，叙述中一般不作说明。必要处，文后括号注明。度、量、衡和货币值均按原录不作折算，表内土地面积以亩计算。

凡 例

序

继《修川小志》和1994年版《长安镇志》后，又一部反映长安历史全貌的新编《长安镇志》，在海宁市委、市政府关心重视及海宁市史志办的具体指导下，通过查阅历史资料，求证历史事实，考察地理环境，体验人情习俗，经全体编撰人员历时八年的辛勤耕耘、精心琢磨，认真编纂，现出版问世。新《长安镇志》逢盛世付梓，是长安社会主义精神文明建设又一重要成果，为读者了解长安的历史和现状，提供了全面翔实的资料。

长安镇位于钱塘江畔，古运河两岸。沪杭铁路、沪杭高速公路横贯，处于上海、杭州之间，地理位置独特，自然环境优越。古为“吴越交界之地”，今为全国重点镇、省中心镇、海宁副中心。长安历史悠久，文化积淀深厚，资源丰富，人杰地灵，历史上曾有“临安第一大镇”之称。长安有国家级文保单位“汉墓”“长安闸”“大运河海宁段”；还有吴越作战“烽火台”、吴国“管城”，盐仓“回头潮”等人文自然景观，为浙江省历史文化名镇，是江南运河之畔的一颗璀璨明珠。

《长安镇志》记载了长安2000多年饱经战乱、几度兴衰的悠悠历史，记述长安人民为抗日救国、民族解放而前仆后继、英勇奋战的革命史实。新中国成立后，人民翻身当家做主人，长安城乡恢复生机，出现蒸蒸日上的繁荣气象。特别是改革开放以后，长安和全国各地一样，沐浴着中共十一届三中全会改革开放的春风，面貌发生巨大变化，经济日趋繁荣，人民起步奔小康。进入21世纪以来，长安实现新的崛起，在党的十七大精神指引下，大力实施城镇化、工业化战略，着力构建活力长安、和谐长安，全镇经济社会又快又好的发展。工业形成机械制造、成品沙发、皮件制革、印刷包装、丝绸纺织五大行业结构。素有“皮革之乡”“指甲钳王国”“全国最大制锁基地”之称。农业以粮食、蚕桑、鲜切花、葡萄、河蟹为主，形成了新的农业产业结构，社会主义新农村建设不断推进。

历史上长安人才辈出，人文众多，涌现了历代无数精英。《长安镇志》中所收录的人物、名人佚事，有的为官清正、施政一方、政绩卓著；有的为辛亥革命鞠躬尽瘁；有的创导佛教传播后人；有的以医术出众扬名于世；也有勤于平凡岗位，为人民默默奉献。如今，更有身居斗室的科教文卫工作者，车间、田头辛勤劳动的工人、农民和分布在国内外的长安籍仁人志士，都在为长安人民争光，为建设社会主义祖国创建更大的功勋。

修志，意在帮助我们认识和研究国情、地情，记述历史发展规律和成败得失。《长安镇志》坚持以马列主义、毛泽东思想、邓小平理论、“三个代表”重要思想和科学发展观为指导，以中国共产党十一届三中全会以来的路线、方针、政策为准则，实事求是地记述长安自然、社会、政治、经济、军事、文化等方面的历史与现状，系统地反映长安镇古今面貌，是全镇的百科全书。《长安镇志》彰盛事、志伟绩，展示经验教训，反映客观规律，文字简明通俗；真实地反映时代特点、地方特点和行业特点，是一部进行镇情教育的好教材。

中共海宁市委常委
中共长安镇(高新区)党委书记

海宁市长安镇人民政府镇长

2014年10月

目 录

第三卷 工 业

第四卷 交通 邮电 电力

第五卷　商业　金融　财税

第六卷　镇村建设　环境卫生

第七卷　党政群团

第八卷　军事　政法　民政

第九卷　科技　教育　卫生

第十卷　文化　体育

概　述

长安镇位于浙江省北部,杭嘉湖南端,海宁市西部,钱塘江北岸。地理坐标:北纬30.27'、东经120.26'。东与周王庙镇接壤,西南接壤杭州市余杭区,南抵钱塘江,北邻桐乡市。西距杭州市区35公里,东距上海130公里。1992年8月,长安镇与长安乡合并;1999年11月,在海宁市行政区划调整中辛江乡并入长安镇;2003年11月,盐仓镇并入长安镇。全镇总面积91.9平方公里,辖20个行政村,332个村民小组;8个社区居委会,203个居民小组;一个省级农业对外综合开发区。管辖区总人口12.26万人,常住人口7.65万人、镇区人口1.7万人。驻地长安镇青年路49号。

长安是运河古镇、文化名镇,始置于初唐。长安镇自古即为江南大运河的国道主站、南北往来的水陆交通要道。据清王德浩《硖川续志》记载:"唐开元十一年(733),县令路宣远置……乡市二:一曰长安市,一曰硖石市。"南宋《咸淳临安志》并载长安镇与长安市之名。元《九域志》亦有"长安一镇"之称。长安驿,据《咸淳临安志》载:"唐贞观五年(631)置。旧号桑亭驿,今改名义亭。"南宋建都临安,这里西接临平驿,北连石门驿,为迎送官员、传递公文必经之地。加上漕运往来,四方客商云集。元代曾设水陆两站,备有船六十条、马六十匹,日夜供调配使用,其繁忙于此可见。

长安的有名,亦缘于长安三闸两坝。据管振之《海昌胜迹志》载称:"三闸在长安,上、中、下三闸也。相传始于唐,盖自杭而东,水势走下,故置以节宣也。"民间传说,三闸为尉迟将军所建。宋《咸淳临安志》则谓"始于宋绍圣间"。《宋史·河渠志》中已有"长安闸"之名,并称其"上彻临平,漕运往来,商旅络绎"。长安坝即长河堰、长安堰,又名长官堰。嘉庆重修《一统志》称:"长安堰……宋时建。至正七年(1347),复置新堰于旧堰之西,今名长安坝。"堰、闸原为调节上下塘水利,便利大运河上往来船只而设,此后商业亦因之日趋繁荣。乾隆《杭州府志》》称长安为"商贾舟航辐辏,昼夜喧沓,市无所不有"。清朱文治《海昌杂诗》中亦有:"近自江南极川楚,长安利甲浙东西"之句。当时商业之兴盛,经济之繁荣,可见一斑。为此,(唐)章孝标、(宋)杨万里、范成大、叶绍翁、(元)方回、袁易、谢肃,还有(明、清)鲁渊、胡奎、苏平、张骏、朱南杰等都在长安留下了很多诗篇;(清)爱新觉罗·弘历也留下南巡浙江海宁杂咏:"舣舟跋马度由拳,心喜观民缓着鞭。更有阅塘予正务,遂循溪路易轻船。夹溪万姓喜迎銮,桑柘盈郊入画看。廿四桨过风帆弛,片时新坝到长安。"

流淌2000多年的江南大运河,给古镇长安留下了众多古迹。古运河、"三闸一坝"之今遗址尚在。著名的东汉画像石墓,为长江以南所罕见,俗称"三女堆"。在镇西古觉皇寺西北隅(今海宁中学校园内),原名"三女墩"。宋《咸淳临安志》已载其名。相传为吴大帝孙权第三女鲁育(小虎)之墓。明末历史学家谈迁、清代学者吴骞、周广业等均对此作过考证。墓在明代嘉靖间曾被盗掘。1973年,因平整校园被发现,海宁文管部门经上报批准,曾进行清理。除少量殉葬品外,在墓室内发现了大量精美的东汉时代画像石刻。内容有:车马出行、庖厨、宴饮、就寝、舞乐百戏,祥瑞及历史故事等等,为省级重点文物保护单位,墓室之上盖有保护房。此外,邻近地区尚有翟妃墓(一名翟墩。相传三国吴大帝孙权之妃翟氏卒葬于此)、鲁王坟(相传吴大帝子鲁王霸与太子不睦赐死后葬此),今两处遗迹犹存。境内的老盐仓更是著名的观潮胜地,是观赏"回头潮"的最佳景点,是钱江潮系列景点之一。江南名刹觉皇寺始建于唐代,坐落于镇区。查济民先生受读三年、清代名士沈毓荪所建、浙江巡抚阮元亲笔题写的"仰山书院",坐落在长安镇海宁中学内。

长安自古以来人才辈出。有南宋宫廷御医陈沂,清嘉庆年间中丁丑科三甲进士陆元烺,民国时期佛教领袖太虚大师,追随孙中山先生力图革命、曾任国民党一大代表、民国宣传部部长杭辛斋;以及地方名士、官员,沈毓荪、朱宝瑨、许楣、许梿、邹存淦、陈方坦、沈山寿、沈仲约、冯朱棣、李尊庸、杭毅等。还有当代为祖国五星红旗研制出不褪色活性染料"旗红"而闻名的染料化工专家沈鼎三。

长安镇地势由西向东北倾斜,镇区海拔(吴淞基面)约在6.0~6.5米之间,镇郊在5.0~5.6米之间。长安地区属第四系地层,自中更新世Q2~全新世Q4,沉积了一套海相和河湖相交互(混合)沉积的过渡相黏土、亚黏土、淤泥质黏土等。境内地势平坦,河流纵横,自然条件优越,适宜多种动植物生长繁衍,物种较为丰富。主要农作物有:水稻、大小麦、蚕豆、油菜、络麻、桑苗、芋艿、蔬菜、西瓜、甘蔗、大豆、玉米、花卉等。木本植物有:桃树、桑、梨、苗木、葡萄等。区域范围内有植物140科,728种,其中蕨类16科,17种;裸子类8科,49种;被子植物116科,662种,其中单子叶类19科,136种,双子叶类97科,526种,形成植被全覆盖。

长安镇自然资源十分丰富。有耕地3762.6公顷,占土地总面积的41.9%。其中水田面积为2995.66公顷,旱地766.93公顷,森林覆盖率17%,农田林网化率72%。有七大类1500余种动物资源。其中哺乳类60余种,鸟类270余种,爬行类50余种,两栖类16种,鱼类70余种,昆虫类1000余种。长安镇依托江南大运河,水系复杂,河流纵横,池塘星布,是典型的江南水乡。镇域内有大小河道共198条,其中有6条市级河道、15条镇级河道和177条村级河道,河道总长20.3公里,水域面积304.4公顷。

长安境内水上交通便利。水路有上塘河(古运河杭州段)直通杭州;二十五里塘直通盐官;崇长港(运河下河)与元末后的新京杭大运河紧密衔接;南排枢纽工程上通杭州、下通盐官出海工程。长安镇公路成网、铁路畅通。境内有沪杭铁路、沪杭高速公路、01省道、杭浦高速公路穿境而过,均设出入口;320国道、杭东绕城公路出口处分别距镇区6公里、2公里;崇长公路直通320国道;胡长公路连接杭金公路,直达上海、杭州;修川路、城西路连接沈辛公路和01省道。开设6条公交线,长安至海宁、至盐官、至农发区、至许村轻纺城、至周王庙星火村、至陆泽,形成较完满的公交网络。1999年至2005年,新建和改造公路91.27公里,改造和新建桥梁145座,并在2004年通过了"康庄工程"验收。

长安的丝绸工业源远流长,土丝、丝绵、绵绸、绢远于唐代;元明以后,土布的崛起,又成为长安一个重要的手工业产品,对长安的经济繁荣起到一定的促进作用。解放初拥有一家丝厂(浙丝一厂),还有油坊、染坊、酒坊、土丝、铁、竹器、制伞等的手工业。1978年以后,贯彻中央"调整、改革、整顿、提高"以及"把工作重点转移到经济建设上来"的方针。工业门类迅速增多。锁厂、皮件厂、吊扇厂、钢窗厂、铝制品厂等相继投产,对外贸易产品大幅度上升。

改革开放后,长安镇工业经过扩充和引进设备、增加基础设施投入,产值逐年增加。1990年年底,长安镇工业生产总值达到2.45亿元。1992年8月,长安镇与长安乡合并后,工业生产抓技改投入、抓深化改革,转换经营机制、抓发展外向型经济,全镇企业总产值达到4.03亿元、利润总额0.12亿元、外贸出口交货值0.71亿元。1997年2月推进产权制度改革,因厂制宜,采取出售拍卖、租赁、出售租赁结合、股份合作制和改组有限公司等方式进行改制,使个私企业发展上了新台阶。是年,个私工业实现产值11亿元,占工农业总产值的66.7%。1999年与辛江乡合并后,产业结构进一步调整。并采取"进小区、扶大户"的措施发展个私企业。当年个私企业产值达到18个亿,占全镇工业产值69%;外向型经济也不断发展,外贸出口交货值达5.5亿元,引进外贸4万美元。同时完成了十家镇办企业转制工作,

30家村办企业摘了集体帽子。

长安镇曾有“皮革之乡”“指甲钳王国”“全国最大制锁基地之一”美称。近年来，工业经济平稳较快增长、“工业兴镇”战略深入实施、对外开放取得实效。全镇工业形成，成品沙发、皮件制革、五金制锁、印刷包装、丝绸纺织五大行业结构。2005年年末，全镇拥有产值500万元以上企业77家，其中皮件企业24家，锁具五金企业18家，制革3家，印刷包装5家，纺织8家，制衣3家，丝绸2家，建材4家，车配等其他企业10家。当年，合同利用外资981万美元，实际利用外资311.3万美元，引进市外内资1795万元，实现出口交货值17.3亿元。全年规模以上工业企业实现产值24.09亿元，实现利税1.06亿元，实现工业生产总值15.42亿元。中共海宁市委、海宁市人民政府授予长安镇2005年度“利用外资三等奖”“海宁市工业经济发展目标考核二等奖”，浙江雪豹集团公司列为海宁市最大工业企业。海宁农业对外开发区，2005年实现工业总产值45亿元，被市委、市政府评为外经工作一等奖，诚信包装和鼎龙化工获“国家重大企业和省高新技术企业”称号。

长安镇的养蚕历史悠久。据《吴志》载：“陆逊言于孙权，农桑衣食，民之本业，而干戈未戢，民有饥寒，臣愚以为养育士兵，宽其租赋。”由此推测，长安的养蚕生产应远在汉代。唐代后，海宁长安的养蚕业相当发达，已把丝绸作为贡品，至今蚕桑生产仍为传统农业的拳头产品。传统农业以种粮、养蚕、油菜、嫁接小桑苗为主。粮食播种面积2485.33公顷，总产粮食16693吨。油菜种植1115.2公顷，总产1195吨。全年饲养蚕种36313张，蚕茧总产1359.76吨。年嫁接小桑苗在1亿株左右。

长安镇除传统农业外，形成花卉、苗木、特种水产、优质水果四大特色产业块。拥有“长安”“康艺”鲜切花，“牧港河蟹”“海宁桑”“圣品葡萄”等农副产品品牌。以长安花卉园区为龙头，全镇共种植花卉230公顷，产值7175万元。鲜切花2004年、2005年均被评为浙江省农博会金奖，是浙江省最大的鲜切花生产基地，浙江省优质高效农业示范基地。2005年6月，浙江省林业厅、浙江省花卉协会授予长安镇“浙江省十强花卉乡镇”。是年末，长安镇拥有果园252.67公顷，产果5039吨，圣品葡萄连年来荣获金奖。

以“长安牧港特种水产养殖示范园区”为龙头的特种水产养殖业近年迅速发展，全年养殖河蟹、南美白对虾、温室养鳖等面积达192.8公顷，总产量1802吨（不含外地承包面积）。2005年年末，长安镇年饲养生猪48952头，羊年末存栏37123头，家禽年末存栏117277羽，年内出栏193941羽，家兔饲养1310只。是年农业生产总值16315万元，农民人均纯收入达到7380元。

唐宋两代，长安镇是漕运、盐运，唯一通向北方的口子。从明朝中叶到清咸丰十年（1760）几百年间，长安镇有米市、小市、带市、鱼市、菜市。因此，“长安五市”闻名江浙、上海等地。长安镇经济繁荣，商业鼎盛，商贾不绝，昼夜喧沓，市无所不有。昔日的长安虹桥便是商业繁荣的象征，一条双面街，盈门十里、热闹非凡。五金用品、服装鞋帽、农具杂货、油盐酱醋、糖果糕点等店铺接踵。尤其是历史上盛极一时的“长安米市”，被誉为江南三大米市之一。

解放后，长安镇的商业经历了将半殖民地、半封建的旧商业改造成为社会主义商业，并进而发展成高度集中的计划商业体制的过程。20世纪90年代初，长安的商业和全国一样，进入了计划调节与市场调节相结合的阶段，商品流通开始形成“主体多面化，渠道多元化，形式多样化”的基本格局。1990年，长安镇国营、集体商业零售额达4479.85万元。改革开放又促使长安镇的商业大发展，经过企业转换经营机制，国营、集体、个体商业比例发生变化。小商品市场、农贸市场应运而生。海宁大厦万佳商场、浙江海港超市、上海华联超市、海宁家友超市等19家落户长安。

始建于1986年的长安镇农贸市场是长安农产品的交易中心。建筑面积6700平方米，摊位654个，年销售额达20448万元。1999年11月，被省工商行政管理厅认定为“浙江省级乡镇示范农贸市场”。2000年—2004年被海宁市人民政府命名为海宁市级文明单位、被省工商行政管理局评为“规范化市场”“省级文明集贸市场”。2005年，全镇社会零售商品总额达1.6亿元。

长安镇教育、文化、卫生、通信等事业辐射带动全市西部地区。全镇拥有高中1所、初级中学2所、九年一贯制学校1所。拥有小学8所，其中镇级中心小学2所，村级联办完小4所，教学点2个。拥有镇级幼儿园2所，其他类幼儿园9所。全镇中小学教师427名，幼儿园教师78名，学历合格率为95%。曾先后创建省标准化一类学校1所，省级示范性小学1所，嘉兴市示范幼儿园1所，嘉兴市一级幼儿园1所，省级示范成校1所。全镇有幼儿1978人(含托儿所)，99%学龄前儿童入园接受教育；在校小学生5613人，入学率100%；中学在校学生2624人，17周岁初级中等教育完成率达到98%以上，各中小学连续3年无流生。在教育上，长安镇还十分重视成人文化教育，拥有成人文化学校1所。2002年5月，长安镇成人文化学校获得省三级乡镇成校称号；2003年6月获得省二级乡镇文化成校称号；2004年10月，获得省一级乡镇成校和嘉兴市示范学校称号；2005年7月，被省教育厅、省中小企业局评为首批省级中小企业职工培训示范基地。2005年11月，评为首批海宁市农村劳动力素质培训基地。为此，长安镇已在2004年12月，被浙江省教育厅授予"浙江省教育强镇"称号。

长安镇文化事业繁荣，镇区内有影剧院和体育馆各1座，文化娱乐经营单位15家。业余文化队伍12支，有舞蹈队、武术队、民乐队、铜管乐队、戏曲队、老年合唱队、书画队、乒乓球队、象棋队、气排球队、门球队、腰鼓队、歌咏队等。建立老年体协、篮球协会、排球协会、台球协会、棋协、武协，参加人数达1515人，还有群众自发组成的"修川艺苑"。

运河古镇长安，非物质文化遗产丰富多彩。曾流行花鼓戏、皮影戏、敲鼓亭、打唱班、水龙会、灯会、庙会、龙舟竞赛、宴球、方糕、织土布、"小农具"模型、石雕等民间文化艺术和工艺。"小农具"模型在2000年被西湖博览会收藏陈列，其中73件被海宁市博物馆收藏陈列。随着经济的发展，长安镇文化设施也不断完善，1991年长安镇投资80万元，建造占地24亩的长安公园，环境幽雅、设施齐全，现成为民众休闲娱乐、健身锻炼的好去处。1993年长安镇政府投入资金100多万元，建造了全省第一家设施齐全，建筑面积1650平方米，拥有座位1230座的长安体育馆。1997年又投入资金40万元，改造维修1000座位的长安影剧院。2004年建成多功能的镇文化中心，设施配套、功能齐全，总建筑面积达3000平方米。2005年1月，浙江省文化厅授予长安镇"浙江东海文化明珠"称号。

在抓好镇文化中心建设的同时，着力推进村文化中心(室)和农村文化示范户建设。投入资金600万元建立镇、村、户三级文化网络。2005年年底全镇20个行政村建起村级文化活动中心(室)21个，村文化示范户20户。是年，为活跃农民文化生活，组织开展"电影下村进社区"放映活动。同年10月，长安镇在(农发区)举行首届农民运动会。2005年12月，被浙江省体育局授予"浙江省体育强镇"称号。

长安医疗事业发达，海宁市第三人民医院坐落于长安镇。他是海宁西片地区规模最大、医疗设施较完善的一所集医疗康复、预防保健、急救、科研于一体的综合性医院。设在长安镇人民西路的长安卫生院，占地面积(含分院)7880.76平方米，医疗用房面积5075平方米。院内分门诊、住院部。内有B超机4台，血球生化仪3台，胎心监护仪5台，200毫安X光机2台，心电图机4台等医技设备。原辛江卫生院，更名为长安卫生院分院，占地3445平方米，医疗用房面积1700多平方米。院内设门诊、住院部，拥有X光机、B超、血球仪、生化仪、尿分仪、心电图等医疗设备。长安卫生院还在海宁农业对外综合开发区设立农发区分院，在村、社区还下设17个社区卫生服务站。

近年来长安镇的城镇建设发展迅速。建成区域面积已达4.2平方公里。配套功能日趋完善，境内建有5万吨级地面水厂和22万伏、11万伏变电所。2005年末，城西路、城北路两大重点工程进入扫尾阶段，初步完成城东路规划设计工作；实施了修川路大修工程和亮化改造工程，广电综合大楼、景华园等一批标志性建筑建成；完成塑机、天鹰区块拆迁改造前期工作及辛江路人行天桥拆除工作；完成沪杭高速拓宽工程、杭浦高速公路主线征迁、铁路"平改立"工程。

长安镇社会保险、扶贫优抚工作成绩显著。农村"五保"对象集中供养达到 100%。2002 年 9 月，新建的长安镇敬老院落成，占地面积 0.5 公顷，院内建筑面积共 2650 平方米。有楼 2 幢，另设四层楼一幢为长安老年公寓。敬老院内设 100 张床位，宿舍宽敞明亮、整洁。配有电视室、图书室、会议室、棋牌室、医务室、健身房。室外健身场有各种健身器材，有休养院地，院中有花草绿树，环境优美、交通便利，是闹中取静的老年人入住佳地。长安镇敬老院 2002 年至 2005 年被海宁市民政局评为先进敬老院。2005 年，城镇经济适用房项目完成前期工作，风险型城乡合作医疗参保率达到 90%以上。长安镇"双拥"工作历年成绩显著，2005 年被嘉兴市委、市政府命名为嘉兴市级"双拥"模范镇。长安镇治安工作成绩突出，是年投入 150 万元组建嘉兴市首支镇级专职巡防中队，建立镇综治工作中心、村综治工作室，被省委、省政府评为社会治安综合治理先进集体。

长安镇广播、电视、电信事业发展较快。2005 年年底，长安镇有线电视用户达到 1.6 万户，全镇 332 个组通有线电视，通组率达 100%，村村通光缆。2005 年年底拥有调频广播 0.96 万只。长安电信支局有营业用房 100 平方米，建筑面积 5000 平方米。备有程控交换设备（机房）光端机、电力设备、各类光缆、电缆以及小灵通设备。程控交换机容量达到 2.5 万户，有固定电话 2.62 万户、小灵通 4651 户、宽带用户 0.48 万户，年收入 1800 万元。

长安镇已成为全国重点镇、省级中心镇、海宁市副中心。

大 事 记

公元前4500年 长安镇区域已有人居住生活。

周敬王二十六年（前494） 吴王夫差二年筑何、晏、管、宣四城。“管”在长安管城庙处。并在长安兴福寺北施家墩设烽火墩。

周敬王四十年（前470） 越王勾践拓地至御儿，长安镇区域从此属越国，称越地。

秦

秦始皇二十三年（前223） 灭楚。王翦筑“陵水道”达钱唐（今杭州）。长安设桑亭以维护陵道平整。

三国

孙权时（229—237） 开辟富春到建业水驿，桑亭是水驿中唯一通达北方的驿站。

汉

三国吴甘露年间（264—265） 汉画像石墓（古三女堆）自石子岗改葬于今镇区。

隋

开皇中（595） 因亭系流外，设昌亭乡。此名一直沿用到清宣统二年（1910）改为长安乡自治区。

大业六年（610） “敕穿江南运河”，古水道和秦之陵水道贯通，成为大运河之一段，长安地段属江南大运河杭州段。

唐

贞观五年（631） 设桑亭驿。

贞观八年（634） 改桑亭驿为义亭驿。设义亭埭（即长安坝闸）、义亭乡，始有过船闸坝。

开元十一年（723） 盐官县令路宣远奉命设市置长安市。

开元间（714~741） 建长安闸。

上元中（761） 敕江淮堰埭，商旅过处，须解纳过堰钱，谓之“埭程”。义亭埭始收过往税。

宋

建隆（960~963） 置长安堰闸指挥，负责堰坝、闸门的管理和启闭。闸兵按旧额为120名。

熙宁元年（1068） 长安闸改建成长安三闸，并保留原有的长安拔船坝。十月神宗下诏，设“长安堰闸监护使臣”，实施行政管理。

熙宁五年（1072） 八月二十五日日本僧人成寻前来中国，参拜天台山、五台山佛教圣地，曾途经长安闸。后著文记述长安闸过船的程序。

元祐五年（1090） 五月五日苏轼在《请开河奏议》中称义亭埭为“长河堰”。

绍圣间（1094~1097） “桫椤木重筑长安闸中闸、下闸两陡门”。

崇宁二年（1103） “易民田浚两澳”储水作为船闸水柜。

建炎三年(1129) 二月十一日“赵构南渡过长安坝”。

二月二十一日乙亥朔 “丙子,金兀术掠临安,以辎重不能遵陆路,取水道经秀州北上”。金兀术过长安时,长安被掠遭焚。

绍兴三年(1133) 仲夏 宫廷御医陈沂著《秘兰全书》,举家迁长安镇。其后裔以木制“宫扇”为标记行医,世代称之为“妇科陈木扇”。

绍兴十一年至十七年间(1141~1147) 范成大数经长安镇,作有《长安闸》等诗。

乾道六年(1170) 六月初三黎明 诗人陆游赴蜀经过长安镇(长河堰)。

淳熙二年(1175) 疏浚长安闸至许村河道。

淳熙四年(1177) 盐官令魏伯恂建“海昌亭”于老坝侧。

淳熙十四年(1187) 八月十四日 令公庙失火焚毁。

绍熙元年(1190) 县令陈恕发动民工浚上塘河,筑25里塘直至长安镇。

绍熙二年(1191) 重建长安三闸。

绍熙五年(1194) 秋旱成灾,全县告饥者10万余人。

绍熙六年(1195)春 疾疫大作,死者无数。十月,县令鲁谊到任,择人集尸骸千余,分葬于硖石、长安义冢。

咸淳七年(1247) 大旱,河湖皆涸,上塘河不通,凿渠行东苕溪达于西湖,开奉口河与下塘河。

咸淳年间 建玉寰道院(元末毁复建,咸丰十年遭毁,光绪初重建)。

德佑二年(1276) 正月十六日 元军伯颜统军驻长安,其将唆都阿答等率部来会。次日进驻皋亭山。

元

至正初(1341) 设长安税务课务,建水陆两站与巡检司,备有马60匹、船60条,交通便捷。同时于老坝设坝官1名,坝夫15名。自此,商、民船过闸堰,每艘须交簸缆钱20文。

至正二年(1342) 知州张先祖修长安闸,以柏木为主,置锐环,旱则闭,水则开。

至正七年(1347) 建长安新坝于小笕傍,俗称小坝,又名孩儿坝。

至正十一年(1351) 知州张光祖修长安三闸,改上闸为滚水坝,只作蓄泄之用,不再通船。

至正十六年(1356) 五月张士诚部将董旺发兵西攻武林(今杭州),途经长安镇。

明

洪武初(1368) 改税课务为税课局。

同年 重建“觉王寺”。

洪武二年(1369) 撤巡检司。

洪武三年(1370) 建便民仓于东关。

同年 定名“安都”,辖里二。

同年 建费村铺于长安镇。

洪武八年(1375) 于觉王寺设乡约所和义学。

建文二年(1400) 九月 癸未复建长安巡检司。

永乐十八年(1420) 夏秋,仁和、海宁潮溢,没海塘2600丈。延及吴家坝。沦海1500余丈。

景泰二年(1451) 海宁卫代理漕运,漕运官率漕船于长安便民仓兑粮北运。

嘉靖三十四年(1555) 倭寇千余人侵入长安镇,逐户杀掠,伤者死者塞途。

清

顺治二年(1645) 六月初 清兵从崇德来攻长安镇,隐石和尚请得先锋之职,率义兵伏长安湫隘处阻击,杀清将千总黄某。

顺治十四年(1657) 朱梅麓治黄河得“卧龙丹”秘方,返浙为长安镇“朱德生堂”国药店制作“卧龙丹名药。

康熙十一年(1672) 建竹林禅院。

康熙十三年(1674) 废坝官,设运河码头官。长安老坝设坝头,职务世袭。

同年知县许三礼于觉皇寺设“长安书院”。

康熙五十九年(1720)七月 巡抚朱轼奏请改建老盐仓土塘为石塘兼浚中小亹淤沙。

雍正五年(1727) 重浚二十五里塘,自盐官镇海门吊桥起,直达长安镇迤西施家堰与仁和桥交界止。

雍正六年(1728) 建长安"福宁千总署",即长安讯防千总署。设巡盐千总于长安镇汛防千总署。

同年更安都一里、二里为一庄、二庄。

乾隆三十年(1765)闰二月初四 爱新觉罗·弘历(乾隆)第四次南巡,途经长安镇,留诗以记其事。

乾隆三十九年(1774)四月 海宁州州判移驻长安镇。建海宁州判署(今长安锁厂基云洞西侧)。

同年十一月 疏浚四境塘河。辟庄婆堰一带塘路至石门界。

嘉庆七年(1802) 沈毓荪等发起创建仰山书院,著名学者、浙江巡抚阮元题名书额。

道光二十二年(1842) 州判李仙根与长安米商同招募"义兵"120名,水兵20名,巡船16艘,由李仙根和巡盐千总候鉴共同负责指挥守防长安镇。

咸丰十年(1860) 七月二十五日 太平军首次进入长安镇。二十七日,清总兵马德昭率兵一营(千人)攻长安镇,二十九日太平军撤走。

同年九月九日 太平军再次攻下长安镇后,旋扑海宁城(今盐官镇)。

咸丰十一年(1861) 二月十四日 太平军大举进攻长安镇,与清兵激战于双坝桥。二十五日第三次进攻长安镇。居民惨遭杀戮,全镇房屋大部毁于战火。计有男尸二千余具,女尸七百余具,镇绅何、李等募资分葬男女两冢,光绪元年盛绅、徐绅等集资加土并碑于左题曰:修川庚申殉难诸义士之墓;立碑于右题曰:修川庚申殉难诸烈女之墓。

同治元年(1862) 2月 隆恩泰进驻令公庙筑城墙高3丈。3年(1864)正月北撤,于墙被推倒。泥推乱砖瓦填塞了坝潭和河道,光绪元年(1875)疏浚。

同年八月 隆恩泰于仙鹿桥南击败来攻之民团,杀团总李钟杰等。

同治三年(1864) 正月隆恩泰撤军北上。

同治五年(1866) 秋开浚上塘河,整治虹桥到卢家桥(包括老坝上下)河道。

同年 邹存淦编成《修川小志》二卷,十三年(1874)重定。

同治六年(1867) 疏浚长安至临平塘河,全长7700丈。

同治八年(1869) 沈久徵酱园开业。

光绪元年(1875) 开浚石塘河(即今三里港)和长安市河。

同年 美国传教士建耶稣堂于曾家弄(即今中心弄)。

光绪十四年(1888) 钟兆彬作《修川志余》二卷,以补正《修川小志》之未备。

光绪十五年(1889) 太虚法师出生于海宁长安镇。

光绪二十年(1894) 俞泳昌布袜工场开业。

光绪二十三年(1897) 知州李圭开浚长安、袁花、郭店三河。长安河自州城北门起至盐官第一桥止,长六千七百四十七丈,挑土三万九百三十五方,共工价钱七千二百九十千四百四十文。是年八月五日开工至十一月底止竣工。

光绪二十五年(1899) 老协兴民信局在长安镇设民信分局。

光绪二十九年(1903) 办新学,改仰山书院为"海宁州立长安小学堂"。

光绪三十一年(1905)一月二十七日 杭州邮政局在长安镇设邮政代办分局,隶属杭州局。

同年二月十七日 朱宝瑨于仰山书院创办"海宁州中学堂"。

光绪三十四年(公元1908) 杭州至长安铁路通车。

同年 设长安警察分所。

同年六月 裁撤绿营汛兵,设警察。

同年八月 正大兴磨坊于虹桥西开业。

宣统元年(1909)闰二月二十五日 沪杭铁路杭嘉线开通。

宣统二年(1910) 建立长安自治区,长安与资胜寺(现许村镇沈士)合为长安乡自治区。

同年 正大兴购进第一架12匹引擎,带动石磨磨粉。

宣统三年(1911) 九月十四日,钱彭寿来长安镇采购糕饼、茶食,为新军光复杭州准备干粮。次日杭州光复,长安镇商、民悬白旗响应。州判朱桢回任,向区署交卸州判署事。

中华民国

民国 2 年(1913)

9 月　省政府在觉皇寺东建“模范丝厂”,又称“土丝传习所”。置有 24 台部脚踏铁木缫丝机,为海宁缫丝工厂化的开端。

民国 3 年(1914)

朱宝瑨接纂知州李圭离任时未完成的《海宁州志稿》。

民国 4 年(1915)

8 月　海宁长安久徵酱园酿造的香雪酒在浙江展览会上得奖。

民国 5 年(1916)

12 月 9 日　沪宁铁路接轨通车。

同年 9 月 15 日(农历八月十八日)　应杭辛斋、许行彬之邀,孙中山先生偕夫人宋庆龄及蒋介石等人,自上海乘火车抵周王庙至盐官观潮,回程经长安返沪。

民国 6 年(公元 1917)

顾云芬到长安镇创办“修川女子小学”。

民国 8 年(1919)

开办长安电气公司。

民国 9 年(1920)

西街俞泳昌袜坊购进手摇袜机 12 台,开始生产“洋袜”。

民国 10 年(1921)

海宁(今盐官镇)至长安镇轮船开航。

同年 陈时勋、祝仲峙创办海宁县第一家新法缫丝厂鼎新丝厂。

同年 创办长安复兴电灯厂,负责人俞寿伧。

民国 11 年(1922)

许行彬、王晋笙等建茧业公所。

民国 12 年(1923)

1 月 23 日　孙中山委任杭辛斋为中国国民党本部参议。

民国 13 年(1924)

1 月　孙中山指派杭辛斋为浙江代表之一,参加中国国民党第一次代表大会。杭病未出席。

同年 2 月 3 日　交通部开办的长安长途电话分局成立,设有磁石交换机 1 部,通杭州、临平、桐乡。

民国 14 年(1925)

浙江省蚕学馆在道院里办“改良蚕种场”。并于觉皇寺放映无声电影,宣传改良蚕种饲养以及卜内门肥田粉使用方法。

民国 15 年(1926)

12 月 22 日　孙传芳败兵在镇上强拉民夫,关入令公庙内,23 日将定香寺焚毁后撤走。

民国 16 年(1927)

2 月 18 日　国民革命军从杭州方向进入长安镇,随即向海宁城(今盐官镇)、周王庙方向而去。

7 月　商办宁长公路建成通车。同月,陈雨亭委托陈时勋建长安丝厂。

民国 17 年(1928)

改长安乡为海宁第四自治区。

4 月　长安引进第一台“兰开夏”卧式锅炉在丝厂投产使用。

夏　长安丝厂生产的 13—15D “标准牌” 白厂丝,全部直接出口美国。

11 月 20 日　长安西南安南村斗牛浜成立海宁第一个信用社。

民国 18 年(1929)

首次输入肥田粉(硫酸铵)。

同年 省办长安电话支局成立。

民国 20 年(1931)

疏浚上塘河长安至许村段,开挖土方 11.27 万立方米。

民国 21 年(1932)

10 月 10 日沪杭公路通车,公路途经长安辖区。

同年　全县划定乡、镇,长安郊区划为修南乡、安南乡、陡门乡、辛江乡、文进乡。

7 月 2 日　80 余名老妇人拥入上闸桥万丰米栈抢米。4 日,700 余饥民聚于林白桥,5 日加到 1200 多人聚于寺桥。全镇商店停止营业。

民国22年(1933)

辛江陆泽村农民诸鸿谋等进行抗租斗争。

民国23年(1934)

实行保甲制,废除闾邻制。镇区划24保,其中乡保、镇保各12个。

是年夏秋大旱。连续83天无雨。河水干涸,田地龟裂、禾苗枯萎,农民逃荒求乞。

民国24年(1935)

夏　顾达一在长安开办糖厂。

民国25年(1936)

在普门里开办海宁县第四民众教育馆,内设图书室、阅报室、成人夜校(1937年11月停办)。

民国26年(1937)

抗日战争爆发,国民党军队为阻日军,断桥掘路,拆海塘。因九里桥被扒,咸水从长春庵港侵入,带入辛江塘,咸水危害水稻。

6月　崇(德)长(安)公路开工,至28年(1939)12月通车,32年(1943)又停业。

8月15日上午9时　日本侵略军飞机3架轰炸丝厂,毁房40余间,炸死丝厂工人1名,居民2名,炸伤农民数人。

10月17日　日机4架轰炸长安,在火车站附近投弹6枚,并用机枪扫射,炸毁客车车厢2节,炸死旅客15名,炸伤20余名。

12月　日本侵略军入侵长安镇。

民国27年(1938)

4月11日　海宁县抗日武装袭击长安维持会,当场击毙苏、吴两名汉奸。

民国28年(1939)

1月30日　日军"铁道警备队"队部驻长安镇。队部下辖3个中队分驻长安、斜桥、硖石铁路沿线。

6月　日伪"嘉兴自卫队",流窜于袁家坝、胡家斗一带为非作歹。后被县政府和自卫大队诱至丰士镇将头目处死,士兵收编。

10月24日　日军兵车在长安、斜桥之间中地雷。

民国29年(1940)

5月23日　国民党第十军方先觉师搜索队奉命北渡钱塘江,是日中午到达马牧港登陆,向东北前进。侵驻长安镇日军,分乘汽车9辆沿着公路疾驶,搜索队因隐蔽不及与日军遭遇激战。日军死7名、伤4名、毁汽车1辆。该队死2名、伤1名、失轻机枪一挺。去路受阻向钱塘江北岸撤退。

同年　日军二十二师团八十六联队独立十一旅团第五〇二大队占海宁,联队长古贺。

民国30年(1941)

日本侵略军开始清乡,于东街45号设"特工部队长安组"(特务组织)。10月1日设日伪"清乡专员督察公署"。

民国31年(1942)

10月7日　驻长安的日伪大队副毛金根经策反,率部70余人携械向抗日武装投诚。

民国32年(1943)

长安丝厂(西厂)被业主陈某出租给张文魁开设"长安纺织厂"。

12月23日　中共党员呼延夫奉浙西特派员罗希明指示,打入"清乡保安司令部"任上校军事科长兼保安大队长,驻仰山书院,从事秘密抗日工作。

民国33年(1944)

日军新编第七十师团六十一旅第一〇二大队分别侵驻盐官和长安镇。两地各驻日军150名。

同年　朱思洪奉上级组织指示,到呼延夫部建"中共特别支部"。1月罗希明和许斐文(女)在虹桥东侧羊毛行楼上建秘密联络点。5月下旬,中共党员鲍自兴率一个班到石塘头设税卡,为浙东根据地筹集经费,并负责转运人员、物资。

民国34年(1945)

8月14日　日本宣布无条件投降。日伪县政府15日起解体。

8月19日　海宁县教育科长戴谷音率一个中队警察,以长安区署名义接收伪清乡专员公署和警察所,点编投降的日、伪军。

民国35年(1946)

在调整乡镇规模时,长安被定为甲级镇。镇区共有17个保,其中乡保4个,水上保1个。

2月1日　兴福乡疏浚宁郭塘河的农民700多人,为抗议博儒镇镇长贪污公款,步行赴杭州向省政府请愿。镇长被撤职。

同年　戴谷音募集资金670万元(法币)修仰

山书院,设海宁简师班。

4月23日　长安镇商、民罢市,并向省政府请愿,要求法办汉奸史华轩。

7月　顾达一集资2万元建"长安丝厂"。同月13日,"飞雁足球队"球场(现影剧院址)建成使用。

9月　原县中简师两个班迁至长安建立海宁县立简易师范学校,校址在仰山书院。

同月2日　长安镇发现真性霍乱。

同月9日（农历八月十三日）由长安士绅发起为胡令公庆生辰,庙内人山人海,香烛缭绕,奏乐香客设筵,为当时罕有之盛况,估计耗资数百万元。

12月8日　腌腊茶食业职工要求资方加薪,举行总罢工,硖石同业响应。

民国36年(1947)

修南乡并入长安镇。

1月　潮冲。老盐仓(廿三堡至杭州闸间)海塘外沙滩冲塌,17日夜潮,大片沙地坍陷。

4月　创办私立励志中学（后又改为励志农校)。

5月30日　上塘河三个滚水坝建成(包括长安沈家坝)。

6月　长安镇连元丝厂和长安丝厂职工，要求增加工资罢工。

8月　久晴不雨，天气干旱，县政府在长安镇新、老两坝安装抽水机,引水灌入上塘河。是年,将原为土坝的易公坝、杨家坝、沈家坝改为滚水坝。

9月　海宁县立简易师范学校进步师生赴杭州参加"反饥饿、反内战"大游行。连元丝厂职工罢工,长安丝厂职工响应,要求增加工资。

同年　建长安办事处。辅导长安、沈士、袁牧等乡镇之保成立保社、推广台湾麻种、协助家民银行发放贷款等。

民国37年(1948)

3月27日　荷兰籍水利专家葛俄特协同塘工局研究开垦马牧港、老盐仓之间新沙地600公顷(新沙涨20000公顷)。

4月6日　杭州植麻指导区在长安推广络麻330公顷。

同月13日　县令儒兴乡迅筑白洋涧、俞家涧搁水坝。当时与下河水位差2米以上,水势力大。初为渗水,继之冲刷。

7月1日　牧港乡胡家兜一个乡民的女孩子被美国人驾驶的吉普车轧死。为张金仙大女儿彩云。

同月3日　何济民正式就职长安镇镇长。

同月7日午夜12时　夜潮汹涌，翁埠至盐仓万亩盐田遭浸没,水高齐颈,盐板付之东流,盐民露宿塘边。八日潮较上夜更大,潮水过塘,马牧港正在重筑将成的挑水坝,中段冲去三十余丈。两头脱节。

8月18日　长安久晴不雨，上塘河水位骤降,放西湖水注入上塘河,保农田灌溉。

9月9日　连日狂风暴雨,怒潮猛扑海塘,盐民草舍全冲光,死亡人数为27人,其中2具尸体无家属认领。

10月20日　国民党第二伤兵医院500余伤兵拥入长安镇。每天向商店强买东西。

11月　济南千余中学生流亡长安。是月7日,中央教育部决定在长安镇设立临时中学，收容山东、河南两省流亡学生1700余名。

民国38年(1949)

5月4日　解放军67师199团侦察连进入长安镇。

同月17日晚　曾永源率"海宁中队"从湖州到达长安镇,住宿茧业公所,次日转盐官。

同月　宋奇胜、郑东坡带领长安工作组进驻长安镇,成立中共长安区分会和长安区人民政府。

同月　辛江乡解放。解放后不久,县委派工作组在管辖区内按自然条件划分为辛江、泰山、兴福3个小乡,并分别成立了乡人民政府,均隶属长安区人民政府。

同月　长安区人民政府所辖长安、许村两镇,周镇、博儒、民主、牧港、新民、孟子、褚石等乡成立人民政府。

6月6日　宋奇胜代表长安区政府，于茧业公所宣布长安区人民政府成立。

7月　成立长安区中队,属军队编制。

同月　长安区人民政府通过当地工商界及各方面人士,筹集大米10万公斤,支援解放上海的中国人民解放军。

7月　长安镇工会筹备委员会成立。

9月　长安船工工会成立。区政府组织25吨以上驳船两批共50艘派人带领支援解放军解放舟山群岛。

同月　镇人民政府成立，与区政府合署办公。镇长王声耀。

1949年10月1日

长安镇人民庆祝中华人民共和国成立

同月　海宁县财粮科长安镇税务所成立。海宁县人民政府于长安镇设粮库，负责收、兑粮食，兼收马草。

同月　嘉兴专员公署粮食局在长安设立转运站，负责将德清、桐乡、崇德等县预征的公粮，从水路运至长安，再转火车运沪。次年3月，机构撤销。

1950年

1月　废保甲制，镇区建东、中、西、公庆4个街政委员会和1个农民协会。农村建村和农会。

同月　开展"土地改革"运动，长安镇区没收土地13.53公顷，房屋1442间，有81户农民分到了土地，占总农户的63.3%。长安区没收土地595.95公顷。房屋2293间及农具、家具和其他用具50000多件。

3月　中国人民银行长安分理处成立。

5月初　中国粮油公司嘉兴分公司在长安设办事处，置粮食收购、供应点。

同月　长安镇工会工作委员会正式成立。

同月　宣布取消土丝行，蚕茧、土丝由中国蚕丝公司委托单位收购，私人一律不得收购。

6月　海宁县公安局长安派驻所建立。

6月　调整乡规模（划小乡），长安乡当时被划分为褚石、新民、孟子3个乡。隶属长安区人民政府。

7月　中共长安区委在陈家房子楼上，召开长安镇各界人民代表会议。会后，长安镇人民政府迁往令公庙办公。

同月　镇政府动员人民义务修建老街，浇制混凝土路面。10月完成，为海宁县第一条混凝土街道。

9月　成立中国百货公司长安营业所。

11月　设海宁县人民法庭，审判长宋奇胜。

12月　自10月份掀起"抗美援朝、保家卫国"运动以来，全镇人民共认购捐献飞机、大炮经费7.88亿元（旧人民币）。

是年　欢送28名青年参加中国人民解放军。

1951年

1月　成立长安镇妇女联合会。

4月　长安区中队撤销，成立区人民武装部。

5月　长安区孟子乡省二等农业劳动模范张德兴，出席省首届农业劳模会议。长安中蚕二厂张爱今被省人民政府命名为省工人劳动模范。

同月　长安镇工商界在上海买进35毫米电影放映机和小型发电机，成立海宁县第一个电影放映队——长安镇电影放映队。

同月20日　组建中共长安镇委员会、中共长安镇党支部。

同月31日　成立海宁县直属长安镇人民政府。镇长宋奇胜。

同月　成立中国新民主主义青年团长安镇工作委员会。

7月　召开长安镇各界人民代表会议，出席代表有工人、工商界职工、妇女、教师等80名。

11月8日　成立长安镇工人纠察队。

是年　在令公庙内建和平剧场。

12月23日　县委、县政府在长安镇成立上塘河疏浚指挥部。12月27日，使用人力水车日夜排水，翌年1月5日，动工开挖河道历时20天竣工。

1952年

1月　开展"三反"（反贪污、反浪费、反官僚主义）运动。

2月　辟劳动路，建菜市场。

春　长安区试办初级农业生产合作社。

4月　成立长安区供销社。

同月　开展反对美国细菌战运动。

1953年

1月　建长安镇人民武装部。

1月　中共长安区委发展长安乡农民苏银松同志入党。这是辖区内入党最早的一个党员。

2月　建长安镇妇幼保健站，设有床位8张。地址周家弄(后为中心弄)。

5月　成立海宁县第二搬运站（1982年11月改称海宁市第二装卸搬运公司)。

5月　辛江乡建立第一个中共支部——中共泰山乡临时支部,同月建立中共辛江乡党支部,7月建立中共兴福乡支部。

7月　浙江制丝一厂开挖成长安镇解放后第一口深井,井深124.6米,每小时出水量36立方米,用于厂内防暑降温。

8月　建立长安乡第一个中共支部——中共褚石乡支部,张德发任书记。是年11月,新民乡建立临时支部,隶属于长安区委。

10月8日　经海宁县人民政府批准，拆去东岳庙和同善会厝棺所,建华东黄麻供应站麻库。

11月　辛江乡开始实行人民代表大会制度,辛江、泰山、兴福三个小乡分别选举了首届人民政府领导人。

同月　长安乡实行人民代表大会制度，褚石、新民、孟子三个乡分别在首届人民代表大会第一次会议上民主选举乡长、副乡长和乡政委员。

同月1日　9家轮船公司合并成立“私私合营长安轮船公司”(1955年4月改为“公私合营,并人航运站统一经营)。

同月　拆除令公庙,扩建和平剧场。

同月19日　宣布粮食实行“统购统销”。

12月16日　实行粮食计划供应，设代销粮食供应门市部,凭证供应(不限量)。

同月　碾米厂生产92标准米，面粉车间生产81标准粉。

1954年

3月　1951年开始的镇压反革命运动结束。

同月22日　长安镇第一届人民代表大会第一次会议召开。

4月3日　海宁县卫生局批准长安镇中街3组居民创建健康幼儿园。

8月　浙江制丝一厂副厂长王成章赴朝鲜民主主义共和国,参加援外工作。

是年　进行全国第一次人口普查,长安镇区总人口为12367人,其中男性6350人、女性6017人。

1955年

7月　县立第二中学设高中部，为海宁第一所完全中学,并改名为浙江省海宁中学。

8月　海宁航运管理站发动长安船工、搬运工人,义务修砌下闸桥岸壁式货运码头。

是年　原长安新坝易地改建为滚水坝(1984年5月将滚水坝改建为李家井排涝闸)。

1956年

2月　撤区并乡,泰山、兴福、辛江三个小乡合并为辛江乡,隶属海宁县人民委员会。党组织随之合并,组建成立中共辛江乡总支部。

同月　褚石、新民、孟子乡和民主乡的第九、第十、第十一等村合并为新民乡,同时建立中共新民乡党总支。

3月　辛江乡召开第二届人民代表大会，选举产生乡长、副乡长。

同月　全镇20余家豆腐店组成长安镇水作社(1979年9月改为豆制品厂)。

同月　正大兴、东正大兴、同源盛、傅金记、储永昌等5家磨坊的挂面店合并组成长安挂面生产小组。

4月27日　私营工商业的社会主义改造基本结束。

5月　浙江制丝一厂副厂长王成章、工人王幼花(女)被评为全国先进生产(工作者)。

6月　中西医联合诊所购进显微镜1架，在茧业公所设血吸虫病防治站。

同月21日　长安私营工商业社会主义改造基本结束,全镇铁、木、竹等14个手工行业、890人组成17个生产合作社。

8月1日22时30分　12号强台风袭击长安镇,各工厂停工1天。

9月　召开党员大会，重新选举产生中共长安乡总支委员会。

同月　新民乡召开第二届人民代表大会,选举产生乡人民委员会领导人员。

10月15日　长安镇第二届人民代表大会第一次会议召开。

11月　和平剧场改建为地方国营长安剧院。

12月 浙丝一厂王新吾发明简易杠杆停箴器，获国家科技成果三等奖。

1957年

7月18日 长安变电所通电投产，杭州电厂电力接通长安变电所。

8月31日晨5时 长安翻水站（李家井）建成后开始用电力翻水，支援上塘河地区农村抗旱。

同月 成立长安镇市场管理委员会，办公室设于周家弄6号（今中心弄）。

同月 中国新民主主义青年团长安镇工作委员会召开代表大会，选举产生中国共产主义青年团长安镇委员会。

同月 中共嘉兴地委派工作组进驻长安镇搞“社会主义教育运动”试点。在原镇党委基础上成立以工作组组长为书记的中共长安镇委员会。

同月31日 3名中、小学毕业生第一批下放至新民第一高级农业生产合作社落户。

9月28日 浙丝一厂工会主席张爱今参加中国工会代表团访问苏联。

10月 全镇通用“杭电”复新电灯厂停产。

1958年

4月下旬 长安镇第三届人民代表大会第一次会议召开。会议的中心任务是传达贯彻“鼓足干劲、力争上游、多快好省地建设社会主义总路线”。

同月 辛江乡第三届人民代表大会召开，选举产生乡人民委员会，委员4名。

5月10日 中共辛江乡总支部召开第一次代表大会，选举产生第一届中共辛江乡总支委员会。

6月22日 新民乡在驻地长安镇召开党的第一次代表大会，选举产生中共新民乡委员会，委员15人。选举书记、副书记5人组成常务委员会。

同月22日 浙丝一厂徐宗岐等发明“温度微动控制器”，在华氏五百分之一度的温度变化时，发出信号电流。

7月 贯彻执行中共中央提出的“鼓足干劲，力争上游，多快好省地建设社会主义”总路线，相继发动“大跃进”和人民公社化运动。

8月7日 浙丝一厂缫出6A级生丝5件，创省生丝质量最高纪录。

10月 长安镇、新民乡、辛江乡、周镇乡合并组建长安人民公社，长安镇改为长安人民公社长安镇管理区，镇党委改为管理区总支。公社驻长安镇。

11月 发动群众结合积肥，疏浚上塘河。全长22公里，挑土20万立方米。

是年 浙江制丝一厂职工购买“海宁地方建设公债”7.4万元。

12月31日 国务院总理周恩来颁发国务院奖状，授予长安人民公社为全国农业社会主义建设先进单位。

是年 开展除四害（老鼠、麻雀、苍蝇、蚊子）运动。

是年 开展大办食堂，长安公社农村建办食堂350个。

1959年

2月23日 浙江省省长周建人颁发浙江省人民委员会奖状，授予长安人民公社以“1958年度农业社会主义建设先进单位”称号。

4月 长安公社党委决定调整管理区规模，辛江、白洋、泰山三个管理区合并总称辛江管理区，党总支合三为一，称辛江管理区总支；褚石、新民、孟子为长安管理区，隶属不变。

6月 恢复长安镇的县直属镇建置，复建长安镇党委和镇人民委员会。

9月6日 长安公社召开党的第一次代表大会（乡列为第二次代表大会）。

10月2日 中共长安镇第一次党员大会召开。

是年 全镇90%居民在公共食堂用膳。

是年 镇造船木器合作工厂民兵周双喜、肖王大队民兵连杨兴法在省民兵代表会上，当选为出席全国民兵代表会代表。1960年赴北京参加会议，各奖56式半自动步枪1支。

1960年

2月 浙丝一厂工人王秀明任缫丝工程师，为全省缫丝行业中第一位工人出身的女工程师。

6月1日 海宁中学教导主任吴顺章出席全国教育、文化、新闻社会主义建设先进集体和先进工作者代表大会。

12月6—7日 长安镇第四届人民代表大会在

大会堂召开。

同月 长安公社召开四届一次人民代表大会，选举产生公社管理委员会。委员 21 名。

1961 年

1 月 辛江公社在大会堂召开第四届社员（人民）代表大会。

4 月 18 日 在中闸桥北动工兴建长安新翻水站(由李家井翻水站移址改建)。同年 8 月 4 日工程竣工。

5 月 调整人民公社规模。设辛江人民公社,上级任命辛江人民公社管理委员会领导人员。建立中共辛江人民公社委员会。

8 月 4 日 长安翻水站建成。装机 10 台,功率 875 千瓦,变压器 1800 千瓦。

9 月 27 日（农历 8 月 18 日）盐官观潮日,长安镇客运量达到 1.22 万人次,创历史最高纪录。

1962 年

4 月 全镇企业精减职工 1791 人,直接下放农村的 1434 人,占精减下放人口的 80%。

12 月 5 日 中共长安镇第二次党员大会召开。

同月 5 日 中共长安公社召开第三次代表大会,选举产生中共长安公社第三届委员会。

同月 10 日 中共辛江公社第二次代表大会在长安镇召开。

1963 年

5 月 开展反贪污盗窃、反对投机倒把、反对铺张浪费、反对分散主义、反对官僚主义(简称“五反”运动)。

同月 11 日 长安镇第五届人民代表大会第一次会议召开。

同月 长安公社第四届社员(人民)代表大会第二次会议召开,改选了公社管理委员会。

7 月 辛江公社召开第四届社员(人民)代表大会第二次会议。

9 月 12—14 日 受 12 号强台风和强冷空气影响,15 日 24 时止,总降水量达 361.7 毫米,仅街镇损失达 4.58 万元。

是年 镇政府和浙江制丝一厂协商签订借水合同,创办长安镇给水站。

是年 疏浚泰山桥港(劳家桥至万兴桥)长 10 公里。开挖土方 29.1 万立方米。

是年 疏浚崇长港七里亭至长安段，长 4.8 公里,开挖土方 16.34 万立方米。

1964 年

1 月 县社会主义教育运动即“四清”(清政治、清组织、清思想、清经济)工作队赴长安公社进行社会主义教育工作试点,6 月结束。

7 月 开展全国第二次人口普查。

8 月 16 日 首批 231 名社会青年集体下乡到狮岭公社插队落户。

9 月 海宁县石油公司在长安镇设立长安经营组。

是年 匈牙利水利工作人员考察长安布行桥电灌站。

1965 年

1 月 开始第二次“社会主义教育运动”,即“四清运动”,冻结办公资金。

5 月 省“社教”第三分团进驻长安镇。长安镇党、政机关迁至派出所,镇机关干部离职学习。

同月 辛江公社、长安公社同时开展“社教”运动。

1966 年

5 月 16 日 “文化大革命”开始,各中小学校开展“大鸣、大放、大辩论”,随即掀起批判“三家村”“四家店”的运动。

7 月 辛江公社召开四届三次人代会，选举产生管理委员会。

同月 中共辛江公社召开第三次代表大会,选举产生中共辛江公社第三届委员会。

同月 12 日至 8 月 15 日 连续高温 35 天,8 月 6 日最高气温达 40.5 摄氏度。

8 月 8 日 城乡开展扫“四旧”(旧思想、旧文化、旧风俗、旧习惯)运动,对“四类分子”(地主、富农、反革命分子、坏分子)抄家。

同月 31 日 开始批判“资产阶级反动路线”。学校师生和工厂、企业、各大队、机关团体的职工、干部纷纷成立“红卫兵”组织。

10 月 城乡各行各业群众纷纷成立“战斗队”

等组织,揪斗“走资本主义道路当权派”。冲击党政机关。年末,镇社等党组织逐步陷于瘫痪。

12月　镇政府划东文桥良田0.2公顷作为渔民陆居生活基地。

同月　长安公社召开四届三次人代会,选举产生公社管理委员会。

1967年

1月　省社会主义教育工作团第三分团撤销。中国人民解放军20军6546部队进驻。执行“支左、支工、支农,军管、军训”(简称三支二军)。

同月　全镇“造反”组织纷纷“夺权”。

3月　由镇人民武装部负责,成立生产第一线指挥部“抓革命,促生产”。

7月7日到10月3日　连晴87天,罕见大旱,上塘河干涸,下河断流。

8月8日　长安地区“红暴派”和“省联总派”两个“造反派”组织,在浙江制丝一厂附近武斗,1名无辜群众死亡。丝厂被迫停工4天半,损失达23万元。

12月　辛江公社革命委员会成立,取代公社党委和社管会的职权。

年末,中小学师生纷纷回校复课。

1968年

1月　长安镇革命委员会成立,各企事业单位相继成立革命领导小组。

5月　长安公社革命委员会成立,取代社管会的权力。

同月　全镇开展“三忠于”活动。城乡掀起“早请示、晚汇报”“跳忠字舞”、唱“忠字歌”的狂热活动。

6月8日　长安和沈士、石路等公社遭雷雨、大风袭击,倒塌房屋324间、伤11人。

7月10日　开始清理阶级队伍,至1970年8月结束。

9月24日　浙江制丝一厂成立革命委员会。

是年　新建上、下河轮船码头。

10月　贫下中农毛泽东思想宣传队(简称贫宣队)、工人毛泽东思想宣传队(简称工宣队)进驻城、乡学校。学校由贫宣队、工宣队管理。

1969年

1月　建立辛江公社革命委员会党的核心小组。

8月　航管部门投资7万元,扩建火车站港池和码头。

同月18日　各“革命造反”组织解散。

1970年

4月　成立镇革命委员会党的核心小组。

5月　中共辛江公社召开第四次代表大会,选举产生中共辛江公社第四届委员会。

8月29至30日　长安公社召开第四次代表大会,选举产生中共长安公社第四届委员会。

8月　镇粮管所拆觉皇寺大殿,建粮管所和粮仓于东后街。

10月11日　中共长安镇第三次党员大会召开,产生中共长安镇第三届委员会。

是年冬　长安公社解放大队(天明村)率先开展大规模的土地平整工作,仅一个冬春就完成土方14万立方米,挑平高墩66个,填平荒荡、荒浜、荒溇37处,回收土地2.67公顷。

1971年

3月2日　长安砖瓦合作工厂增设石灰窑生产石灰。

5月　长安自来水厂正式投产供水。

自6月24日始至8月20日　大旱58天,降水量仅16.5毫米。

是年　1969年下放生产队并参加生产队分配的公办教师,恢复公办待遇。

1972年

2月　传达中共中央关于《粉碎林、陈反党集团反革命政变的斗争》等文件。

是年冬　长安火车站港池、码头建成使用。

是年　长安公社金桥、牧港和钱塘江公社胡兜鱼种场试验河蚌育珠成功,后因防病问题未解决停产。

1973年

1月10日　恢复长安人民法庭。

2月10日　恢复长安派出所。

3月　城乡开展党的基本路线教育,联系实际,深入批林彪反党集团。

4月　新虹桥建成,取名“反帝桥”。

6月27日　遭龙卷风袭击,长安等9个公社倒塌草棚154间、瓦房605间。

7月 解放军支左部队撤离。

是年春 在清理“三女堆”时发掘出墓室四壁50余幅汉代画像石,定名为“汉画像石墓”。

1974年

2月 开展“批林批孔”。后搞“突击入党、突击提干”,局势复陷混乱。

8月 长安服装生产合作社（海宁皮件厂前身），为海宁制革厂加工生产第一批出口猪绒革服装。

12月 长安酿造厂生产的黄酒,在全国酿酒会议上被评为优质、高产、低成本产品。

是年 运输社(第二航运公司前身)船舶修造厂,自制的30吨级钢丝网水泥船建成下水,木材造船工艺开始让位。

1975年

2月 撤销“批林批孔”办公室。

7月 在西街创办长安镇五七中学（后为职业中学）。

是年冬 长安公社电影队放映收入跃居全省公社电影队之首,获文化厅、省电影发行放映公司奖励。

12月 李家井东利用原翻水站出口河道新建长安船闸。

1976年

1月8日 长安人民悼念国务院总理周恩来逝世。

7月6日 长安人民悼念全国人大常委会委员长朱德逝世。

9月9日 长安人民悼念中共中央主席毛泽东逝世。

10月18日 “文化大革命”结束。长安镇举行粉碎江青反革命集团庆祝大会。

是年 建辛江大桥。

1977年

2月 长安石油经营组，获中华人民共和国商业部“财贸学大庆先进单位”称号。

4月 长安船闸竣工通航。

1978年

2月 浙江制丝一厂自动缫丝车间，第一组自动缫丝(国产ZD-721)正式投产。

5月24日至8月29日 98天降雨仅48.4毫米。上河长安水位降至2.5米,下河机站断水。

同月 浙江制丝一厂团委书记王祖芬,当选为全国第五届人民代表大会代表。长安搬运装卸公司的毛钊贵获交通部1978年“安全质量百日竞赛奖”。

1979年

2月28日 海宁皮件厂第一次自行设计生产猪绒革皮衣100件,经上海进出口公司外销法国。

同月 撤销镇市场管理委员会,建立长安镇工商行政管理所。

9月 胡(斗)长(安)公路修复通车。

10月16日 长安、辛江等9个公社围垦海涂,至翌年4月完成筑堤7.5公里,围涂地1595公顷。

是年 海宁锁厂生产的4万把“鹭牌”挂锁首次出口外销。

是年 海宁面粉厂面粉车间主任葛子堂,出席浙江省职工劳动模范和先进生产(工作)者代表大会,被授予“浙江省劳动模范”称号。

1980年

2月 建海宁知青羊毛衫厂于青年路西段。

4月 中共辛江公社第五次代表大会召开,改选公社党委会。

5月3日至4日 中共长安公社第五次代表大会召开,改选公社党委会。

9月28日 中共长安镇第四次代表大会召开。

11月19日 浙丝一厂从日本引进HR-3型自动缫丝机。翌年4月6日投产。

12月24日下午7时40分 长安供销社麻站失火,烧毁白麻62289公斤,生麻3814公斤,直接经济损失达24万余元。

是年 长安搬运站成立海宁县第一个汽车运输队。

1981年

1月 长安镇第六届人民代表大会第一次会议召开,恢复镇人民政府,选举正、副镇长,实行党政分开办公制度。

同月　辛江公社撤销公社革命委员会，恢复管理委员会。举行第六届人民代表大会，选举公社领导人。

是年春　成立长安镇城镇建设办公室。

11月　长安人民公社举行第五届人民代表大会。撤销公社革命委员会，恢复管理委员会，并选举公社领导人。

1982年

1月　科(同)长(安)公路通车，与杭申公路衔接。

是年　卢家桥改建为铪钢桁架拱桥，更名为长安桥。

1983年

6月4日至20日　浙江制丝一厂总工程师杨豪斧参加省设备谈判团、省丝绸设备补偿小组，赴日本考察缫丝机械。

9月　浙江制丝一厂"梅花牌"Z-17白厂丝获国家级银质奖章和证书。

12月　中共辛江乡第六次代表大会召开。

同月　辛江公社第七届人民代表大会召开，进行机构改革，政企分设，公社改乡，选举产生人民政府正副乡长5人。

同月　长安公社召开第五届人民代表大会第二次会议，进行体制改革，政企分设，撤销人民公社体制，改名为长安乡。

同月24日至25日　中共长安乡第六次代表大会召开，进行机构改革。

是年　镇人民政府办公楼建成。

是年　全面推行家庭联产承包责任制。生产队改承包组。

1984年

6月13日　降暴雨，长安上河水位骤升至6.01米。

7月　长安乡第六届人民代表大会第一次会议召开。

同月19日　辛江乡第八届人民代表大会第一次会议召开。

8月　长安镇第七届人民代表大会第一次会议召开。

9月4日　中共长安镇第五次党员大会召开。

10月　老坝废人力绞盘，装配电力卷扬机拔船，称机械升船坝。

11月　雪豹集团公司前身海宁辛江皮件服装厂建办投产。

同月20日至21日　中共辛江乡第六次代表大会在驻地长安镇召开。

是年　怡院路住宅小区30幢四层楼动工建设，1988年完工。

1985年

1月11日　省科协副主席、省农科院特约研究员、省劳动模范、农民育种家陈洪田逝世。13日在长安乡褚石村召开追悼会。

6月7日　长安镇科学技术协会成立。

7月13日16时　雷雨大风袭击长安、辛江等乡镇民房倒塌、电杆折断、络麻倒伏，损失严重。

8月22日　省长沈祖伦等视察浙丝一厂、长安乡新民村和长安蚕桑研究所。

11月　长安镇中学转为海宁县长安职业中学。

是年　长安新汽车站迁址扩建工程竣工，占地面积2000平方米，站屋面积336平方米，新址位于胡长公路长安镇东关地段。

是年　全镇进行"房产普查登记"，计城镇有大小房屋2115幢、551746平方米。

1986年

3月　320国道杭枫公路海宁段改建工程全线开工，长7.5公里。辛江、长安民工参加施工。

5月　长安新邮电大楼竣工。

6月　辛江乡新德村建成海宁市第一个动圈喇叭村，184户农户共装动圈喇叭192只。

7月　长安乡创办全市第一所乡镇党校。

8月　盐仓海涂外泄钱塘江排涝闸建成，投资97.3万元。

是年　长安投资11万元，在肖王村征地0.23公顷，建煤气储存库。

1987年

1月19日　新建集贸市场投入使用，面积为5520平方米。

2月　浙江制丝一厂购进长安镇第一台主机、彩显、打印配套的微型电子计算机(0520——东海一型)。

3月11～12日　中共长安镇第六次党员代表大会召开。

同月9日　中共长安乡第七次代表大会召开。

同月9日　长安镇第六届人民代表大会召开。

同月11～12日　中共辛江乡第七次代表大会在驻地长安镇召开。

同月　建环镇西桥。

4月　长安乡召开第七届人民代表大会首次会议,选举产生了人民政府正副乡长5名。

同月　浙江麻纺厂在长安乡建成投产,投资1060万元。

同月　辛江乡召开第八届人民代表大会。

11月　疏浚上塘河。省水利厅在上塘河现场召开全省水利工作会议,许行贯副省长到会讲话,钟世杰厅长举行新闻发布会。

1988年

3月　海宁皮件厂从德国购进第一台电脑放样机以及其他精制服装设备119台(套),使皮革服装生产能力达到年产10万件。

4月24日　浙江省陆军预备役步兵三营七连在长安成立,全镇16名退伍军人和基干民兵组成七连连部。

同月　长安地区专职消防队建立。

8月8日上午5时　第7号台风袭击长安镇,树倒压断电线,带到电线杆。镇政府动员各单位协同供电所人员突击抢修。

9月1日　浙江制丝一厂获“国家二级企业”称号。

是年　海宁皮件厂被轻工业部评为1988年“全国轻工业出口创汇先进企业”。

1989年

1月　长安邮电支局设NEFX-10型传真机,可同全国各地直接收发电报。

2月　海宁锁厂、海宁塑机总厂宿舍区,试办共用天线。至1990年12月,连通浙丝一厂的共用天线,全镇并网,筹建有线电视站,转播10个频道。投资21万元。

6月6日下午3时许　因1989年春夏之交政治风波影响,沪杭线第179次列车受阻于长安,长达25小时,车内缺水、少食。长安镇党委和镇政府立即组织26个单位为旅客、列车员供水、供食品。直到次日下午4时许列车开出为止。事后,《解放日报》于7月24日,作了“感谢你们,无私的长安人!”的专题报道。

同月23日　(农历五月二十日,俗称分龙日)镇消防队和13个分队于公庆街,举行解放以来规模最大的一次“水龙竞赛”。

10月31日　浙丝一厂被评为国家一级节能企业。

同月　虹桥整修全部竣工。

11月　浙江省委书记李泽民到长安调研农村工作情况并召开座谈会。市领导赵宗英、王似熊及西片乡镇党委书记、镇长参加。

12月12日　浙江制丝一厂利用余热的750千瓦热电站建成,并投入使用。

1990年

2月5日　浙江省人民政府公布,“长安镇汉画像石墓”(即三女堆)为省级重点文物保护单位。

3月　中共长安镇第七次党员代表大会召开。

同月8日～9日　中共长安乡第八次代表大会在乡政府三楼会议室召开。

同月28～29日　中共辛江乡第八次代表大会召开。

4月13日～14日　长安乡第八届人民代表大会第一次会议召开,选出正副乡长4名。

同月21日～23日　辛江乡第十届人民代表大会第一次会议在乡政府礼堂举行,会议通过人大常务主席1名,选举正副乡长4名。

同月26日　长安镇第九届人民代表大会第一次会议召开,正式宣布常年设立“海宁市长安镇人民代表大会主席团”。

5月　胡长公路大翻修,浇制混凝土路面。万福凉亭桥等加宽。

6月1日　长安影剧院建成开业。

7月1日　被国务院企业管理指导委员会、国务院生产委员会授予海宁皮件厂“国家二级企业”称号。

同月 全国第四次人口普查。

8月1日 气候干旱。海宁引进钱塘江水过长安坝和德胜坝,灌溉余杭6666.67公顷农田。

10月1日 投资80万元，占地1.6公顷的长安公园建成,并正式对群众开放。

同月22日 全国人大常委会副委员长、全国妇联主席陈慕华到二轻幼儿园视察。

同月 中外合资浙江四方塑料厂基建竣工,安装设备。

11月9日 由镇团委发起开展“我为少儿创乐园”的募捐活动。同年12月,儿童乐园在长安公园建成。

同月11日 海宁中学建校85周年校庆,海宁市市长王似熊、市委副书记沈雪康等领导到校祝贺。王市长为海宁市教育家、海宁州中学堂创始人朱宝瑨先生纪念碑揭碑。

12月13日上午9时 省人大常委会主任陈安羽、副主任吴敏达和嘉兴市人大常委会副主任马汉民,由海宁市领导人陪同,视察长安公园、影剧院、二轻幼儿园。陈安羽还为公园题词“步云舒羽,永乐长安”。

同月28日 长安体育馆破土动工(于1991年12月15日建成并举行开馆典礼)。

1991年

1月20日 集资70万元建造长安镇室内球场。

同月25日 长安镇首家企业科协，海宁塑机总厂科协成立。

同月25日 长安地区医院改名为海宁第三人民医院,门诊大楼竣工。

2月 辛江乡建立党委纪律检查组（1992年1月更名为纪律检查委员会)。

同月23日 动工新筑修川路南段，南接胡长公路,北接沈辛公路,路长2公里,宽28米,投资40万元,共征地1.8公顷。

3月29 辛江乡召开第一届残疾人联合会第一次理事会。

4月6日 长安新火车站开工。

同月 怡园二区开始建设，总建筑面积21300平方米,投资850万元。

同月14日 出台《长安镇外来人员管理规定》。

5月 长安虹桥纪念亭、纪念碑建成,并被列入中国《新生建筑》刊物学术研究的范例。

同年 由水利交通局投资15万元的长安镇西寺弄口,新桥重建工程历时8个月,如期竣工。

8月 长安影剧院交接房产划归海宁市文化馆长安分馆使用。

同月24日 浙丝一厂成为全国缫丝行业中首家国家一级企业。

9月(观潮节前) 海昌诗社《当代钱江潮诗词选》出版,全国人大新闻局周成奎局长作序,香港著名实业家查济民先生资助。

同月20日 长安乡第十二次妇女代表大会召开。

10月 乐天诗社成立并出刊《乐天诗讯》第一期。

同月1日 全市第一条光纤农话通信道硖石至长安三次群光电合一端机开通使用。

11月 辛江皮件厂被评为全国十家福利企业之一,民政部授予“全国明星福利企业”荣誉称号。

同月13日 长安翻水站首期工程项目通过水利厅验收。工程扩大机房,增加翻水动力125千瓦,总投资55.2万元。

是年 铁路西立交桥和东街道口拓宽工程同时完成。新桥五月竣工,桥宽9米,跨径28米,投资56万元。

12月 长安镇投资125万元室内球场于12月初竣工,内设1200多座位。同月15日 在长安镇体育馆举行落成典礼。

同月23日 长安新火车站落成，建房面积1600平方米,广场4000平方米,配套设施,连同货运装卸共征地11.33公顷,总投资2000万元。新火车站落成,著名书法家马世晓为新火车站书写站名。

同月27日 下午2时30分,沪杭复线通车典礼在长安镇举行。

1992年

3月 辛江乡获得“省脱贫致富先进集体”称号。

4月24日 长安镇中心小学易地新建第一期

工程竣工。面积1448平方米,共投资57万元。

同月27日　上午10时30分，辛江乡新建村某预制场，点火不慎引起柴油桶爆炸,6人死亡,2人重伤。

5月16日2时　海宁塑机总厂装配车间工人因乱扔烟蒂发生一起火灾，消防队员及时赶到,七分钟扑灭,免遭400万元损失。

同月20日　成立海宁市屠商管理长安分会，对国营、集体、个体出售的猪肉实行定点屠宰,集中检验。

同月23日　浙江四方塑料厂竣工剪彩，总投资3000万元。从奥地利引进的塑料编织机械一条龙生产线,全年产塑料吨装袋30万条,双面涂塑编织帐篷布2000吨,网眼袋360吨。

6月1日~4日　在全省乡镇企业会议上公布，海宁市民政制革皮件厂为浙江省重点骨干企业。

同月27日　海宁第一家外商独资企业“浙江润星皮革制品有限公司”,在长安镇海宁皮件厂建立。

同月27日　长安工业品市场开工奠基，海宁市副市长孙林祥参加奠基仪式。市场建筑面积1万平方米。

7月　浙丝一厂工程师朱锦荣，编写的技术工人普及读本《煮茧》一书,由纺织工业部出版。

同月30日　修川路立交桥竣工，全长412.5米,宽18米,投资400万元。修川北路同时开通。全长743米,块石基础,石子路面。

8月　雪豹皮夹克被评为首批浙江省著名商标。

同月25日　长安乡、镇宣布合并为长安镇,镇人民政府机关驻青年路49号，镇工业公司等单位驻中街96号。

9月20日　长安卫国村106岁高龄老太太章三宝去世。

10月8日　长安铁路、公路立交桥——修川立交桥正式通车。

1993年

1月10日　总投资600万元,建筑面积10000平方米，营业用房440间的长安镇工业市场开张营业。

同月16日　建筑01省道海宁段（东西大道）建设启动，长安共征用土地32.15公顷。拆迁房屋7405.68平方米。

2月17日~18日　中共辛江乡第九次代表大会在乡政府会场举行,选举产生由7名成员组成的中共辛江乡第九届委员会;5名组成的中共辛江乡纪律检查委员会。

同月17~18日　中共长安镇第八次代表大会召开,为乡镇合并后的第一次党代会。选举何阿根为党委书记,周萍菊当选为纪律检查委员会书记。

3月27日　辛江乡第十一届人民代表大会第一次会议召开。

4月1日~2日　长安镇第十届人民代表大会第一次会议召开,褚林泉担任人大常务主席;李松祥任镇长。

5月20日　中国银行海宁市长安办事处在长安镇西街4号开业。

同月21日　长安派出所被省公安厅授予“一级达标公安派出所”称号。

同月31日　长安镇体育运动委员会成立。

7月26日　乾隆二十七年(1771)三月巡视海塘时写的《观海塘纪事诗》“乾隆御碑”修复完工。

8月　海宁模具厂研制开发的八组双滴料玻璃瓶模具获“国家级新产品”称号。

9月　雪豹(中国)实业公司(前身为民政制革皮件厂)被评为全国先进乡镇企业,受农业部表彰;全国政协委员一行21人到辛江视察雪豹公司。

10月　辛江乡被列为浙江省“1992年度经济实力百强乡镇”。

同月16日　全国人大常委会副委员长、民盟中央主席费孝通,率参加第四届现代化与中国文化研讨会的学者参观雪豹(中国)实业总公司。

11月12日　海宁农业对外开发区在盐仓垦区建立,面积20.02平方公里。

12月8日　浙江米赛丝绸集团在长安成立。

同月　雪豹(中国)实业总公司获“全国乡镇企业技术改造先进企业”称号。

同月　浙江东南麻纺织有限公司在盐仓垦区奠基,投资3600万元。

1994 年

1 月　长安镇结合党的基本路线教育，突击拆除非法搭建的 11 座庙宇。

同月　《长安镇志》出版发行。

同月 14～15 日　辛江乡第十二届人民代表大会第一次会议在乡政府三楼会议室召开，选举产生乡人大主席团主席、乡长和 3 名副乡长。

4 月　在嘉兴市三级干部大会上，长安镇被授予“嘉兴市农村经济十强乡镇”。

同月 20 日　长安水泥厂 400#、500# 硅酸盐水泥被省乡镇企业局授予省级水泥产品质量“银奖”。

5 月 16 日　辛江乡工会成立，召开第一次代表大会，选举产生乡工会第一届委员会。

6 月 8 日　市消费者协会长安分会正式成立。

同月 8 日　省委书记李泽民，省委常委、副省长刘锡荣视察盐仓垦区海涂。

同月 14 日　17 号台风的袭击损失严重，天明、鹿耳、褚石三村倒塌 3 户民房。直接损失 6.8 万元；蔬菜、农田受淹 338 公顷，经济损失 78880 元，市财政减免农业税 4 万元。

同月　天气连续高温、晴热，海涂三围区种植的晚稻田块由于返盐，造成部分田块产量不到 50 公斤。天明、鹿耳、盐仓三村 22.72 公顷，市政府给予救灾补助。

同月 18 日　中国银行长安办事处大楼落成。

同月 30 日　共青团长安镇第十次代表大会在长安镇三楼会议室召开。

10 月 7 日　长安镇关心下一代协会成立，70 多名热心青少年工作的老人为首批会员。

同月 22 日　长安镇科协第四次代表大会召开。出席代表 75 名，特邀代表 18 名。

12 月 5 日　长安镇第十次妇女代表大会召开。出席正式代表 98 名，特邀代表 9 名，列席代表 4 名。

同月 6 日　修建盐仓观潮点，增设海塘栏杆、停车场。

同月 15 日　长安镇开展党的基本路线教育。

同月 12 日～16 日　由中国科学技术协会，在珠海国际贸易展览中心主办的首届中国优质与名牌产品博览会上，“狮力”皮衣在参评的 25 家同类企业中，摘取博览会金奖。

是年　辛江乡组建雪豹集团公司，注册资本和资产均超过亿元，成为国内皮件行业创汇骨干企业之一。辛江乡获嘉兴市“小康杯”金杯奖。

1995 年

1 月 21 日　省委、省政府组织的消防安全检查团，对驻在长安镇的韩国独资企业“浙江润星皮革制品有限公司”进行检查，对公司发出停业整改通知。

2 月　长安镇新民村获“海宁市奔小康标兵村”称号。

3 月 16 日　海宁锁厂张新梅获“嘉兴市巾帼奉献积极分子”称号。

同月 18 日　长安镇海宁锁厂系列产品，在“’95 华东出口商品交易会”出口成交额达到 50 万美元，名列浙江省同行成交额的第一位。

5 月 4 日上午　长安镇党委、政府组织 100 多名机关干部、站办人员，认真学习优秀共产党员焦裕禄式的好干部孔繁森感人事迹。在全镇各企事业单位、街道，掀起“学孔繁森，树共产党员新形象”热潮。

同月 24 日下午　嘉兴军分区司令员陈联山在市人武部副部长贾继康陪同下到长安镇检查民兵预备役工作。

是年　长安镇遇百年大雨，“7·6”洪灾，早稻受涝面积 173.33 公顷，单晚 291.67 公顷，连晚秧田 23.33 公顷，小桑苗 33.33 公顷，桑园 80 公顷，直接经济损失 420.27 万元，国家减免农业税 10 万元。不少厂房、居民家中严重积水，一些工厂被迫停产。青年路农贸市场一带积水深 60～70 厘米，长郊村 24.67 公顷蔬菜受涝，直接损失 14 万元。

12 月 7 日　长安镇工会第十一次代表大会在镇政府三楼会议室召开。

是年　辛江乡被中共嘉兴市委、嘉兴市人民政府评为十强乡镇。

同月　沈辛变电所正式使用，工程投资 500 万元。

1996 年

1 月　长安镇区排涝综合治理首期工程开工，

投入资金 80 万元。

同月 25 日上午 ~ 26 日　中共长安镇第九次代表大会召开，选举产生中共长安镇委员会和纪律检查委员会。

2 月 2 日 ~ 3 日　中共辛江乡第十次代表大会召开。选举产生由 7 人组成的中共辛江乡委员会，由 5 人组成的纪律检查委员会。

同月 8 日 ~ 9 日　长安镇第十一届人民代表大会召开，选举产生镇人大主席团、镇长和 4 名副镇长。

同月 14 ~ 15 日　辛江乡第十二届人民代表大会第一次会议在乡政府三楼会议室召开，选举产生乡人大主席团主席、乡长和 3 名副乡长。

4 月 11 日　褚石等 15 个村成立经济合作社管理委员会，选举产生村级经济合作社主任 1 名，委员 2 名。

5 月 14 日　长安镇老年体育协会成立。

6 月 9 日　长安镇总体规划修编完成，委托杭州大学规划设计院负责规划设计。

同月 30 日　洪灾使全镇 600 多户居民住房严重积水，1416.67 公顷农田受淹，地势最低居民家积水深度达 50 厘米，18 家企业厂内积水影响生产。6 户 7 间 280 平方米民房倒塌，损失 303 万元，居民家中进水 500 户。经济损失 244.8 万元。

7 月 15 日　长安爱国卫生运动委员会成立。相应成立长安镇初级卫生保健委员会(兼医疗、预防、保健管理委员会)、长安镇红十字会、长安镇精神病防治康复领导小组、长安镇创建爱婴医院领导小组、长安镇创建爱婴医院母乳喂养领导小组。

8 月 9 日　海宁天主教第一次代表会议召开，长安天主堂秀女孙秀华当选为中国天主教海宁市爱国会副主任(兼任中国天主教海宁教育委员会副主任委员)。

同月　动工改造修川路、怡院路、车站路、环镇西路，投入资金 80 万元。

10 月 5 日　长安新塘河疏浚，开挖土方 12.63 万立方米。

同月 30 日　动工疏浚崇长港，疏浚河道全长 1200 米，12 月底竣工，投资 35 万元。

11 月　长安镇南北大道第一期工程(怡院路至海宁大道)动工，全长 2.33 公里，征用土地 16 公顷，拆迁房屋 4114.6 平方米，投入资金 218 万元。二期工程投入 3770 万元。

同月 16 日　由省木兰拳协会组织的“中国木兰拳比赛”在杭州举行，长安镇 12 名运动员参赛，表演的“中国木兰双扇舞”获省木兰拳比赛三等奖。

12 月 17 日　长安地区首家私营企业工会在皇冠指甲钳厂正式成立。

1997 年

1 月　辛江乡有线电视开通，首批用户 300 户。

同月 18 日　新塘河开挖全面竣工。开挖土方 33.6 万立方米，长度为 16.55 公里，开损面积 1.85 公顷。

2 月 24 日下午　长安镇党委、政府召开大会，缅怀邓小平同志；学习《告全党全军全国各族人民书》。

3 月 9 ~ 10 日　长安镇第十一届人民代表大会第二次会议在镇政府四楼会议室召开，大会接受许德坤辞去长安镇镇长职务；补选周萍菊担任长安镇人民政府镇长。

同月 24 日　长安镇修川路与迎宾路交叉口实施旧城改造，拆除面积 4109.9 平方米，新建住宅楼 13000 平方米，投资 1300 万元。

同月 30 日　长安镇政府〔1997〕24 号文件，对村民组长享受工作补贴，每月 50 元。

同月 30 日　建立长安镇修川路工程指挥部。

4 月　长安镇人民政府对所属企业进行转制完毕。

同月 1 日　长安镇召开村民组长以上干部大会，推进完善“两田制”工作，进一步完善农村土地承包制。

5 月 23 日　上午 9 时 30 分，长安排涝闸竣工、试运行成功。

同月 8 日　辛江乡召开第十二届人民代表大会第四次会议，同意竺伟益辞去辛江乡乡长职务，市委提议陈金明为辛江乡政府行政负责人。

6 月 26 日　长安镇农民首次推行晚稻大田抛秧栽培技术。

7 月 3 日　长安镇在长安影剧院举行庆祝香港

回归文艺演出。

同月 10 日　一天的连续暴雨，全镇受涝面积 1184.67 公顷、受灾 436.67 公顷，成灾 146.67 公顷，直接经济损失 283 万元。

同月 10 日上午　投资 200 万元的长安排涝闸全面投入防涝泄洪。

8 月 13 日　共青团长安镇第十一次代表大会召开，出席代表 76 名。

9 月 3 日　在中国纺织总会的第二届中国丝绸博览会上，米赛丝绸集团公司的"米赛"牌丝绸缎服装，获首批"丝绸服装名牌产品"。

同月 5 日　长安镇召开创建卫生城镇动员会，单位、街道主要领导与分管卫生工作领导参加会议。

同月 12 日　辛江乡召开第十二届人民代表大会第五次会议，选举陈金明为辛江乡人民政府乡长。

10 月 9 日　长安镇第 14 次妇女代表大会在镇政府四楼会议室召开，出席代表 85 名，列席代表 17 名。

同月 16 日　浙江米赛丝绸缎集团公司徐仁娥被中国丝绸总公司命名为"全国自动缫丝操作能手"。

同月 25 日　长安镇召开党的基本路线教育动员会。

同月 28 日　长安镇创海宁市级卫生城镇通过达标验收。

同月　长安镇科协第三次代表大会召开，进行换届选举。

1998 年

1 月 9 日　组建长安镇初级卫生保健委员会和长安镇医疗预防管理委员会。

同月 14 日　中共长安镇第九次代表大会第三次会议在镇政府四楼会议室召开。选举长安镇出席市第七次党代会代表。

2 月　投资 4000 多万元，连接海宁东西大道和沪杭高速公路的长安修川路工程开工。

同月 28 日　长安镇东小学落成。新校舍征用土地 13 亩，建筑面积 2100 平方米，总投资 185 万元。

3 月 31 日～4 月 3 日　省职业技术教育机械汽修教研理事会在长安职业中学召开。

4 月 3 日　长安镇第十一届人民代表大会第三次会议召开，大会补选何阿根为人大主席团主席。

同月 30 日　反映中国院士风采的 10 集电视连续剧《沈鸿》，在海宁锁厂有限公司开机拍摄。

6 月 29 日　全国指甲钳行业会议在海宁锁厂有限公司召开。会议由工业部和全国轻工业协会主持，来自全国各地的 500 名指甲钳生产负责人参加会议。会上传达了国务院总理朱镕基对指甲钳生产的有关指示。

7 月 7 日　长安镇党委召开第二次殡葬改革工作会议。会议作出规定：遗体火化后一律不准装棺安葬，不准设立建筑性坟墓，提倡丧葬从简的好风尚。

同月 17 日　长安镇有线电视通向农村，东关、卫国、万渡首批通有线电视。

同月 27 日　街道居委会调整为 4 个办事处，16 个居委会。

8 月　老盐仓观潮景点建成，观潮台东西长为 200 米，南北宽为 15 米，设座位 12 排，4500 座位，投入资金 155 万元。

同月　海宁市第三人民医院攻克了一项术后切口皮内缝合法新技术，属全市首创。

9 月 20 日　景华桥完工，跨径 21 米，宽 9.5 米，汽 20 级标准，造价 35 万元。

同月 25 日　辛江乡第十二届人民代表大会第七次会议召开，同意陈金明辞去乡长职务，市委提议王金法为乡政府行政负责人。

12 月 1 日下午　召开长安镇私营企业工会联合会。

同月 28 日　省级重点工程——沪杭高速公路海宁段正式开通，辛江境内工程东自兴福村入境、西自大型村出境，贯穿 8 个行政村，全长 6. 98 公里。辛江乡被嘉兴市授予"高速公路建设先进乡镇"称号。

同月 29 日下午　在修川大桥隆重举行修川路通车典礼。嘉兴市副市长沈雪康，海宁市委书记钱满程等为通车典礼剪彩。

是年　辛江乡豹帝化工厂与浙工大联合研制的：6—氰—2 萘酚（电子显示屏液晶化合物基础材料），荣获省科技进步一等奖。

1999 年

1 月 12～13 日　中共长安镇第十次代表大会在镇政府四楼会议室召开。大会选举产生中共长安镇第十届委员会和纪律检查委员会。叶时金当选为中共长安镇第十届委员会书记；陈祥龙当选为纪律检查委员会书记。

同月 25～26 日　中共辛江乡第十一次代表大会召开，选举产生辛江乡第十一届委员会和纪律检查委员会。

同月 26～27 日　长安镇第十二届人民代表大会第一次会议在镇政府四楼会议室召开。选举产生镇人大主席、镇长和 4 名副镇长。

2 月 8 日～9 日　辛江乡召开第十三届人民代表大会，选举辛江乡人大主席团常务主席、乡长、副乡长。

4 月 1 日　海宁市交警大队投资 10 万元，首次在长安修川路与青年路四岔路口安装红绿灯投入使用。

6 月 9 日　长安镇召开动员会，开展“星级文明家庭”评创活动。

同月 26 日　洪涝灾害使全镇 900 户居民家受水淹，紧急转移 58 户，受淹农田 1053.33 公顷，城镇倒塌房屋三户，农村倒塌 38 间，直接经济损失 1562 万元。

7 月 17 日　对小庙小庵“回潮”进行集中整治，查处和取缔封建迷信活动。对以盈利为目的的职业迷信人员采取教育、行政、经济、法律等多种手段，区别情况，严肃查处。

8 月　长安镇牧港村被命名为“河蟹专业村”；褚石村被命名为“花卉专业村”。

10 月 20 日　市土管局在长安镇修川路开发区首次国有土地使用权公开拍卖。

11 月　辛江乡并入长安镇。

同月 5 日下午　长安镇在四楼会议室召开行政区划调整动员大会，宣布陈金明任党委书记、何阿根为人大工作负责人、周萍菊为行政班子负责人。中共海宁市委组织部部长赵树梅出席会议。

11 月 17 日　长安镇渔民村 60 户、175 人户口农转非。

12 月　浙江米赛丝绸集团公司缫丝挡车工邵国萍、朱惠敏、李丽萍被省丝绸公司命名为缫丝操作能手，被省总工会授予高级技术师职称。

2000 年

1 月 7 日　长安镇初级中学实验大楼建成。

同月 7 日至 8 日　长安镇第十三届人民代表大会第一次会议召开。选举产生镇人大主席团主席、副主席，镇长和 4 名副镇长。何阿根任人大主席团主席，周萍菊任镇长。

同月 10 日　镇政府印发《长安镇农村风险型合作医疗实施意见》。

2 月 29 日　长安镇工会第十二次代表大会在镇政府四楼会议室召开。朱根明当选工会主席。

3 月 22 日　残联第三次代表大会在镇政府四楼会议室召开，选举周萍菊为长安镇残疾人联合会主席。

5 月 9 日　开展“致富思源、富而思进”的教育活动。

6 月 23 日　共青团长安镇第十二届代表大会召开，选举沈大力为共青团长安镇委员会书记。

同月 23 日　长安地区第五届个体劳动者协会暨第二届私营企业协会代表大会在工商所会议室召开。

8 月 14 日　海宁东方丝绸实业公司——长安丝厂整体出让，改制为东方丝绸有限公司。

同月 12 日　全国人大常委会副委员长、国务院原副总理田纪云视察长安花卉园区，并为园区题词——“长安花卉园区”。

同月 18 日　长安镇第十五届妇女代表大会在镇政府四楼会议室召开，选举杨菊英为十五届妇代会主席。

同月 22 日　长安镇东街铁路道口封道，投入 80 万元架设一座人行天桥，百年倒“洋旗”的历史从此结束。

同月 27 日　长安镇召开计划生育协会代表大会，进行换届选举，产生长安镇第二届理事会。

11 月 1 日　长安镇开展第五次全国人口普查工作。

12 月 30 日　长安镇初中扩建 36 个班，中心小学30个班。投入资金2000万元和600万元。

是年 撤销6个社区居委会，社区工作人员由41人调整至29人。

2001年

1月10日 长安镇庙桥港、石灰港、青莲桥港疏浚，共长16.04公里，投资105万元，搬动土方16.3万立方米。

同月20日 决定从该年起取消粮食定购任务,放开粮食购销市场、粮食购销价格,建立完善粮食储备制度。

同月7日 海宁市“十大新世纪工程”之一的长安镇崇长港闸站正式签协开工。

2月10日 开展“三个代表”重要思想教育。

同月20~21日 长安镇第十三届人民代表大会第三次会议召开,补选陈斌为副镇长。

4月2日 长安镇辛江路人行天桥工程竣工验收,评定为合格工程,4月15日开通。

同月10日 长安镇防洪工程之一的云洞港整治工程正式开工,总投资218万元。

同月12日 建造长安镇修川花园。征用土地11993平方米,开发住宅楼18600平方米。

同月15日 田纪云题词的“长安花卉园区”标志雕塑竣工。

同月16日 调整街道办事处,社区居委会。

同月26日 开展跨乡镇公路桥梁建设。天明接许村1.5公里,桥梁1座(反修桥跨径22米);新升接周王庙1.8公里;卫国接周王庙1.3公里,桥梁1座(改道新建)跨径16米;改建辛兴路上的孙介桥跨径27米,总投入350万元。

同月26日 成立长安牧港特种水产养殖示范园区,共投资110.12万元。

5月6日 日本山城商社农业考察团到长安花卉园区参观考察。

同月9日 撤销市文化馆长安分馆。

同月9日 海宁佳联皮革有限公司转股给曹浩强、陈一军。由曹浩强出任董事长。

同月10日 长安镇人民政府在第五次全国人口普查中被评定为浙江省先进单位。

同月12日 中国农业经济协会理事杨雍哲、中国科学院院士陈子元带领部分农业专家,在原副省长许行贯陪同下,到长安花卉园区考察。

6月26日 长安镇受洪涝影响,上河水位上升到6米,下河水位上升到4.8米,16个村2000公顷农田被淹,长安花卉园区12.67公顷花卉受淹,全镇出动排涝机泵115台投入排涝。

7月7日 长安镇以村为单位建立25个公益性墓地。

同月30日 长安镇投入700万元建造的辛江大桥桥梁合龙。

同月31日 撤销镇西小学，并入长安镇第一中心小学。

8月8日 民间巧匠余国安制作的52件微型古农具模型进入“2001年中国杭州西湖博览会”。

同月16日 海宁市经侦大队在长安镇破获一起特大传销案,非法集资613万元。海宁市人民法院一审以非法经营罪判处其有期徒刑5年,并处罚金15万元。

同月30日 长安镇农村警组在新民村8组查破一起非法种植毒品原植物“大麻”案件。强制铲除“大麻”840株。

9月1日 长安镇耶稣教堂易地辛江影剧院,面积1092平方米,资金自筹解决。

10月1日 中国轻工业联合会副会长张善梅、中国皮革协会理事长徐永视察雪豹集团公司佳联皮革有限公司的沙发套生产车间,详细观察了整个生产流线。

同月15日 郑进良任中共长安镇委员会委员、书记。

11月5日 姚家洞港治理工程，新建单闸1座,闸站5座,排涝点7个,投资293万元。

同月8日 建造长安光荣院，设在敬老院内，面积180平方米,总投资23万元。

同月19日 被誉为“金陵砚痴”的章嘉陵回乡在长安公园舒羽楼举办艺术讲座。

同月19日 深化第二次殡葬改革，骨灰统一存放在公益性坟墓,存放位置由村统一安排。

同月19日 浙江米赛丝绸集团公司改制为浙江米赛丝绸有限公司。

2002 年

1月9日 总投资188万元的长安虹桥闸改建工程动工。

同月17～18日 中共长安镇第十一次代表大会在镇四楼会议室召开。选举产生9名党委委员和5名纪律检查委员会委员。郑进良当选为中共长安镇党委书记，毛金明为纪律检查委员会书记。

同月28日下午～29日 长安镇第十四届人民代表大会第一次会议在镇政府四楼会议室召开。大会选举产生镇人大主席团主席、镇长和5名副镇长。沈力巨任人大主席团主席；阮荣炳任镇长。

同月 中共海宁市委、市人民政府授予长安镇2001年度农村“双整治”工作先进单位。

3月 嘉兴市人民政府授予长安镇“嘉兴市乡(镇)村公路建设先进单位”。

同月21日 优化调整社区居委会设置。

同月28日 总投资788万元的海宁市“十大新世纪工程”——长安镇城镇防洪主体工程崇长港闸站竣工。4月，投入使用，总投资1500多万元。主体工程有崇长港闸站、恰院泵站、虹桥闸站、云洞港整治工程等。

4月9日 国家环保总局副局长祝光耀到长安花卉园区考察。

同月12日 投资360万元的姚家洞港疏浚拓宽工程投入施工。

同月20日 完成对乱葬乱埋和建筑性坟墓整治工作。建造25个公益性墓地，平毁168个建筑性坟墓。

同月28日 长安镇科协召开第五次代表大会，选举产生第五届委员会，毛金明任主席。

7月20日 同意撤销长安镇渔民村村民委员会。

同月24日 投资188万元的长安虹桥闸改建工程竣工。

8月27日 《中国绿色时报》《农业信息报》《浙江经济报》《浙江日报》、浙江电视台记者组成的“绿色浙江行”采访团到长安花卉园区采访。

同月1日 褚石小学更名为长安镇城南小学。

同月26日 省人大常务委员会副主任吕来清到长安视察花卉产业。

12月17日 同意恢复长安觉皇寺，建造天王殿、大雄宝殿及配房。投资380万元，资金自筹，征地1.33公顷。

同月20日 海宁中学举行“仰山书院”创建200周年庆典活动，查济民从香港寄来贺词“高山仰止三千名学员清誉永在；流水逝夫二百载书院遗风犹存”。

同月27日 长安镇召开残联第四次代表大会，阮荣炳当选残联主席。

2003 年

1月17日 中共长安镇第十一次代表大会第二次会议召开，选举产生出席海宁市第十一次党代会代表26名。

同月26日 长安镇开展党的十六大精神主题教育。

4月 长委〔2003〕20号文件，成立长安镇非典型性肺炎防治工作协调小组，阮荣炳任组长。

同月20日～5月2日 为防止非典型性肺炎流入长安，镇政府对从重点疫区回长安的28名人员中的23名进行集中隔离、5名在家隔离。4月28日，海宁发现首例输入性传染性非典型性肺炎疑似病人，长安镇继续做好“齐心协力，严防死守”抗击非典工作。

5月18日 调整工业园区总体规划。面积200公顷，分南北两区。

同月20日 长安镇人民武装委员会成立，郑进良任主任。

同月20日 长安镇精神文明建设领导小组建立，郑进良任组长。

6月6日 86岁的杜生海将一台在1929年“西博会”上获奖的弹花机捐赠给西湖博览会。这台弹花机在74年前进入第一届西湖博览会。上面有“浙江西湖博览会给予褒状优等奖章”还有“上海总商会第一次博览会；温州物产展览会”等字样。

同月10日 投入36万元的街道标准老年福利服务中心正式对外开放，是长安镇实施嘉兴市“星光计划”的一个重要项目。

7月22日 共青团长安镇第十二届委员会第

一次会议召开,选举吴伟禄为团委书记。

8月18日　长安镇康艺鲜切花专业合作社成立,72户花卉种植户加入合作社，推选张金生为合作社理事长。

同月21日　长安镇第十六次妇女代表大会在镇政府四楼会议室召开，选举第16届执行委员会委员,杨菊英任主席。

9月18日　城南路动工建设。路全长2050米，宽15米、总投资600万元。

同月18日　共青团浙江省委书记葛慧君到长安镇检查共青团工作。

10月3日　建立长安镇农村合作医疗管理委员会,阮荣炳任主任。

同月10日　建立海宁怡思园艺花卉基地。

同月11日　在全镇兴起学习贯彻“三个代表”重要思想新高潮的活动。

同月27日　重庆涪陵区山峡移民户主到长安对接。落实移民16户、60人,分别在东方红村、万兴村、褚石村、虹金村落户。

11月2日　优化完善乡镇行政区划,盐仓镇行政区划并入长安镇。

同月15日　顾建国任海宁市农业对外开发区管委会主任。

同月16日　在长安影剧院召开新长安镇（农发区)干部大会。市委常委孙群宣读了市委关于行政区划调整的有关文件,28个村7个社区的干部参加会议。

2004年

1月8~9日　长安镇第十五届人民代表大会第一次会议在镇政府四楼会议室召开。选举产生镇人大主席团主席,镇长和6名副镇长。沈力巨任人大主席团主席,郭新峰任镇长。

3月3日　长安镇区新建道路分别命名：为工区一路、工区二路、工区三路、戴家路、章古路、城东路、城南路、虹金路。

同月9日　总投资2900万美元，占地320亩的浙江薛永兴水制品公司经营部落户海宁对外综合开发区。

同月28日　镇政府出台《关于进一步稳定完善农村土地承包关系的意见》的62号文件。

4月15日　长安镇开展农村“双建设”工作。

同月20日　长安镇工会召开第十三次代表大会,选举镇工会领导班子,袁杰等11人当选。

同月22日　日本高著名度制片公司到长安花卉园区拍摄花卉镜头。夸“中国的农民了不起”。

同月27日　国家三建委外迁司司长曹根田、副司长陈普胜到长安镇万兴、虹金村三峡移民居住点查看移民住房的结构、布局和质量。

同月28日　长安镇中心幼儿园被确认为市一级幼儿园。

7月15日　免征全镇农业税203.05万元（为全额减免)。

8月4日　重庆市涪陵区60名移民落户长安。

10月　市政府批准恢复长安觉皇寺,在长郊村征地38亩,投资500万元建筑的大雄宝殿完工。

同月20日　调整行政村规模。

11月2日　海宁农业综合开发区内东堤路、经一路、经二路、纬一路、纬二路、之江路等六条道路建成,投资401万元。

同月　长安镇文化活动中心通过省“东海明珠工程”验收。

同月28日　总投资8000万元的长安镇城西路开始动工,路长4.5公里、宽40米。

12月8日　总投资5000万元的盐仓污水处理厂二期正式动工,重点解决海宁西部许村、长安、盐仓、周王庙镇工业污水,日处理污水5万吨。

同月　长安镇被中共嘉兴市委、嘉兴市人民政府命名为“嘉兴市文明镇”。

同月　浙江省人民政府授予长安镇“全省再就业工作先进单位”称号。

是年　长安镇通过教育强镇认定性评估,长安镇被省教育厅命名为“浙江省教育强镇”。

是年　肖王村共投入450万元,浇筑道路27.5公里,路面宽3米。率先实施通组达户工程。

2005年

1月5日　长安工商所取缔天明村一非法生产地条钢的地下炼钢厂。

同月5日　鹿耳、虹金、建城、兴福、东升通过

"生态村"验收。

2月5日　建立通村公路管、养、护办公室。

同月18日　开展全镇门牌整顿和设置工作。

5月　长安镇杏花村全国古砚收藏协会会员，许登云著的《亭上砚话》，由浙江大学出版社出版。

同月25日　建立第二轮《长安镇志》编纂委员会，郭新峰任主任。

同月30日　长安怡院社区收藏爱好者孟伟状，向海宁市档案馆捐赠《清代水利交通图》四卷。

同月　中共嘉兴市委、嘉兴市人民政府、嘉兴军分区授予长安镇"双拥模范镇(街道)"称号。

同月20日　早上8时30分，"海棠"台风影响，农发区狂风暴雨，浙江诚信包装材料厂门口200米长的通道积水50多公分，车辆行人不能通行。

同月20日　长安镇居民马郇南将《塘工议事会禀稿议案》一卷，交海宁市档案馆。该卷是给清代督抚及皇帝关于钱塘江整治工程沿革、设施工程报料、修理纪要等事项的奏稿。

同月28日　2004年度长安镇康庄工程建设竣工验收，121.64.公里新建公路和219.3公里等级公路改造工程完工。

同月29日　2时30分，鹿耳村四组花卉种植户徐建水17个花卉大棚，7亩非洲菊在短短的30分钟时间内，遭龙卷风侵袭，大棚倒坍、花卉折断、钢管扭曲成废铁，损失4万元。

8月5日　受9号台风"麦沙"影响，农发区指示牌、广告牌、路牌、行道树折断，较多工地受损失严重。

同月12日　全市首家生态公墓在长安镇金港村建成，投资10万元。墓园建成263个穴位，骨灰盒全部深埋，不留抛高物，只有草坪和平放的黑色四方形墓碑。

同月13日　长安镇第十三届工会代表大会在镇政府四楼会议室召开，袁杰当选镇总工会主席。

同月14日　长安镇生态镇创建工作通过验收。

同月16日　红色村、鹿耳村、盐仓村列入"千万农民饮用水工程"建设，总户数1893户，企业用水12家，日用水量1550立方米。2005年10月完成，投入资金250万元。

同月17日　长安工人路北侧动工建设首批经济适用房，用地10亩，建筑面积10000平方米，投资1500万元。

同月30日　长安体育站成立，与文化站合署办公。

10月30日　长安镇(农发区)首届农民运动会开幕，共有48支体育代表团，1800多名运动员参加比赛。

11月15日　城乡居民合作医疗建立。

同月　长安镇被浙江省体育局授予"浙江省体育强镇"光荣称号。

12月　嘉兴市第一次经济普查领导小组授予长安镇"嘉兴市第一次经济普查先进集体"。

是年　秋天，长安镇稻飞虱大暴发，9月28日调查，平均每亩总飞虱虫量125.8万头，其中成虫褐飞虱占77.7%；灰飞虱占22.3%。对晚稻田块造成近30年来最大的危害。秋收时全镇有几千亩稻田颗粒无收。

附：历史奇闻轶事

光绪二十三年(1897)　长安旌忠寺北，每日傍晚有白气迷茫如雾，氤氲如蒸，距地二尺许，后浙路筑站于此始灭，人谓白雾龙地，深谷为陵。

光绪二十四年(1898)年　十二月杭州火药局灾声闻长安，讹为地震，男女皆惊哭。

1988 年 9 月 26 日　下午，长安镇新民街居民米宁华从一位农民手中购得一只罕见的奇龟，身长 12 厘米，宽 9 厘米，尾巴 10 厘米，像蛇尾。体重 225 克，龟头特别大，极像猫头鹰的头。白天有时睁一眼闭一眼，龟头左右转动自如，但无法缩进体内，此龟喜食小鱼等物。

1990 年 12 月 16 日　长安乡新民村 7 组58 岁的马某(女)轻信活鱼胆能使双目清亮，服一个草鱼胆后中毒身亡。

1992 年 5 月 23 日晚上　鹿耳村一组陈毛银饲养的一只母羊产下 4 只小羊。这只母羊已在上个月(4 月 20 日)产过一只小羊。

同年 12 月 6 日　深夜，一声声震耳欲聋的雷声把人们从睡梦中惊醒。下一日便是 24 个节气中的大雪，"大雪夜遇惊雷，真是百年难逢"。

1993 年 2 月 9 日　长安镇褚石村九组，25 岁产妇王某在嘉兴医院剖宫产一胎三孩。三胞胎为二男一女，体重分别为：2880 克、2550 克、2500 克，共重 7930 克。

同年 4 月 2 日　长郊村村民陈学芳在长安镇西关厢一只形状像元宝的鱼池边检到一只特大乌龟，长 31 厘米，宽 21 厘米，高 12 厘米，重 6 斤 7 两。大乌龟上背乌黑发亮，底板金光发亮，有人认为这只乌龟的年龄在 100 年以上。

1995 年 1 月 23 日　浙江制丝一厂女工陆玉佩在领取年终奖时拿到 100 元新钞，怕有假币去检验。发现 90 版一张错币，头像倒印，为了进一步求得正确，其夫万伟荣送往杭州市人民银行进一步检验，确证为错币，当场发给陆玉佩奖金 50 元。

1996 年 8 月 30 日　长安镇光荣村韩成水种的 12 棵芋艿有四棵开出了形似鹅毛的淡黄色花，并在 9 月上旬结出了像香蕉一样的果子。

1998 年 3 月 2 日　长安公园动物园内一只金丝熊一胎产 12 只小金丝熊。

同年 7 月 30 日　夜 10 时，雷声震天动地，狂风暴雨如注，约过 20 分钟，风雨暂停，市第三人民医院有几个病人到外面乘风凉时，发现天井里两棵生长多年的元宝树下麻雀遍地。几个人兴奋地拾得麻雀 1000 多只，其中 1 人拾了 300 多只。

2003 年 9 月 2 日　晚上 8 时，长安职业中学退休教工汪善孝家种了 28 年的两盆姐妹花一同开放，开出 8 朵 8 至 10 厘米的乳白色琼花。

2005 年 7 月 10 日，长安镇怡院社区张麟瑞栽的一株向日葵开出 108 朵向阳花。

第一卷 地理 人口

第一章 建 置

第一节 境 域

长安镇位于浙江省北部，杭嘉湖南端，海宁市西部，钱塘江北岸。北纬 30°27'、东经 120°26'。东连周王庙镇，西南接壤杭州市余杭区，南抵钱塘江，北邻桐乡市，西距杭州市区 35 公里，东距上海 130 公里。

长安镇交通便利。沪杭铁路、翁金公路、沪杭高速公路、01 省道、杭浦高速公路（在建）穿境而过，均设站点或出入口；320 国道、杭东绕城公路出口处分别距镇区 6 公里、2 公里。沪杭铁路横穿全镇，将长安镇分隔为铁南、铁北二区域。每天有多趟列车停靠，货车办理装卸业务。水路有上塘河、崇长港、南排下合等。

第二节 沿 革

秦始皇二十七年（前 220），于"陵水道"设桑亭辖十里以维护陵道平整。

隋开皇九年（589），改钱唐为杭州，盐官属杭州。置昌亭乡。

唐贞观五年（631），设桑亭驿。昌亭乡建置不变。

唐贞观八年（634），设昌亭乡。

唐开元十一年（723），设长安市，建长安闸。昌亭乡建制不变。

北宋改市为镇。

南宋建炎中兴（1130），建长安寨。

明建文二年（1400），重建长安巡检司。

明景泰二年（1451），海宁卫千总代理漕运。

清顺治二年（1645），清朝统一中国，地方建制袭明代。

清康熙十三年（1674），设运河码头官，长安坝官世袭。

清雍正六年（1728），设"福宁千总"建长安千总署于水驿处，更里为庄。

清宣统二年（1910），建立长安乡自治区，与资胜寺（原沈士镇）合为长安自治区。

清宣统三年（1911），州判朱桢回任，向区署移交州判署公事，长安镇属海宁县长安自治区区公所管辖。咸淳时（1265 至 1274），昌亭乡辖隐贤、守义、义序、克逊、顺孙、凤栖、郁义、政和、政德、孝义等十里。

民国 17 年（1928），改长安乡为海宁第 4 自治区。辖长安、许村两镇，万渡、杨家渡、沈士、袁家坝、老盐仓、许巷、翁埠。

民国 21 年（1932），划定乡镇。长安郊区划为修南乡、安南乡、陡门乡、辛江乡、文进乡。

民国31年(1942),长安镇直属海宁县。

民国35年(1946),定为甲级镇。

民国36年(1947),修南乡并入长安镇。

1949年5月4日中午，人民解放军进入长安镇。5月7日海宁全县解放。海宁县长安区工作组进驻长安镇,成立长安区人民政府(区公所),接管国民党长安镇区公所。

1949年6月6日,长安镇人民政府成立。

1950年1月,废保甲制,建中街、东街、西街和公庆街四个街政委员会,一个农民协会,同时实行"土地改革"。长安、辛江也相应建立政权组织和农民协会。

1958年10月1日,长安镇和新民乡、辛江乡、周镇乡合建为长安人民公社。镇称长安管理区、新民乡设褚石、小渡、肖王三个管理区。辛江乡设泰山、辛江、白洋三个管理区。

1959年6月,恢复长安镇直属建置。农村设新民管理区和辛江管理区。

1960年4月,长安镇复归长安人民公社领导。

1961年5月，再次恢复为海宁县直属建制镇。农村建长安人民公社和辛江人民公社。1968年1月，长安镇改建人民委员会为长安镇革命委员会;长安人民公社改为长安公社革命委员会;辛江人民公社改为辛江公社革命委员会。

1981年,复称长安镇人民政府。

1984年,农村公社改乡,复称长安乡和辛江乡。

1992年8月,长安镇与长安乡合并。

1999年11月,辛江乡并入长安镇。盐仓村、鹿耳村划归盐仓镇。

2003年11月,海宁市行政区划调整,盐仓镇并入长安镇。

第三节　行政区划

元代,长安镇区设都、里。

明初袭元制,定长安镇为安都,镇区辖一里、二里两个里。以曾家弄(中心弄)为界,弄西,包括仙鹿桥至石虎弄为一里;弄东、从老坝至便民仓为二里。

清雍正六年(1728),更里为庄,范围不变。

民国21年(1932)长安镇郊区划为修南乡、安南乡、陡门乡、辛江乡、文进乡。

民国23年(1934),实行"保甲制"。长安镇区划成24保,其中乡保、街保各12个。

民国35年(1946),并为17个保,其中有乡保4个、水上保1个。长安镇被定为甲级镇。

民国36年(1947)7月,修南乡并入,再度划为24个保,水上户口1个保,共321甲。1949年9月,长安镇为区属镇。

中华人民共和国成立后，于1950年5月划出原修南乡和镇郊各保。

1951年5月,长安镇直属海宁县人民政府。

1956年1月,撤区并乡。镇区划出原镇农会的杏花村、吴家坝等8个农业村(自然村),分别归属于新民乡、辛江乡所属农业社。

1958年10月，长安镇为长安人民公社长安镇管理区。专辖工、商企事业单位,称"工业管理区"。所属的农村设6个管理区。

1961年5月,恢复县直属建制,农村建长安人民公社和辛江人民公社。

1980—1986年,长安乡杏花村、长虹、光明、华家埭,组建长郊村(蔬菜基地)。

1990年,长安镇镇区增设怡院街道办事处。

1992年8月,乡镇合一,长安乡并入长安镇。区域位置于海宁市治西25公里处,东与钱塘江乡、周王庙镇毗邻，南临钱塘江及市农业综合开发区,西连许巷乡和许村镇,北接沈士镇、辛江乡。全镇总面积42.8平方公里,镇区面积为3.52平方公里。辖17个居民委员会、16个村民委员会(其中1个蔬菜村,1个渔民村,14个农业村)。总人口52354人,其中男25959人,女26395人,非农人口17692人。人口自然增长率1.30‰。

1999年11月,行政区划调整,长安镇与辛江乡合并。盐仓村、鹿耳村划归盐仓镇。全镇总面积65平方公里,镇区面积为3.75平方公里,辖19个居委会,26个村委会 (其中1个蔬菜村、1个渔民村、24个农业村)。总人口69637人,非农业人口18114人。

2003年11月,海宁市行政区划调整,盐仓镇并入长安镇。划入海宁农业对外开发区及盐仓村、鹿耳村、红色村，长安镇镇域总面积 91.9 平方公里，其中建成区面积 3.85 平方公里。辖 28 个村、7 个社区，总户数 20817 户，总人口 76418 人，其中非农户数 6180 户、非农业人口 18065 人。

附：镇名溯源

长安之得名，始于唐开元十一年(723)，设长安市。当时，唐朝经百年统治，官僚机构和皇室人员增加。关中物资不敷应用，一切物资需要从江南运去。因此出现“中原释耒，漕吴而食，辇越而衣”的依赖程度。而桑亭(今长安镇)是当时唯一的漕运口子。大运河在这里虽建义亭埭，可泥坝牛埭的过船速度太慢，远远不能满足唐都的需要，所以在这建一座能通过重船，又能同时过十艘船的船闸，保障京都人的粮食、衣着供给。因为有这种依赖关系，路宣远也是奉命在桑亭设市时，便用都城之名来命名“长安市”建“长安闸”。

长安改市称镇，始见于北宋元丰(1078～1085)《九域志·两浙路》：“上盐官，州东 129 里，六乡、长安一镇，一盐监”。南宋咸淳《临安志》亦载：“长安市在县西二十五里，今称镇”。在此以前，唐(一说隋)建乡称昌亭乡，贞观五年(631)置驿站称桑亭驿，八年(634)筑埭称义亭埭。

长安镇别名“长河”。因境内主干河道旧称长河，故亦作为地名。苏轼在《请开河奏议》中首称长安堰为“长河堰”。里人梁龄增评何之鲸《有素斋诗稿》云：“集中《修川竹枝词》写长河风景颇为确切。”长河即指长安镇。

长安镇又名“修川”。明末陆丽京有《与修川诸子燕饮诗》，周春(清乾隆进士，海宁人)注曰：“修川，即长安也。”修川与长河同义，当由长河衍化而来。

长安也曾被人讹为“长杭”。周春说：“长安之安，因土音在杭、颜之间，故明志讹为‘长杭’”。文天祥诗又作“长堰”。

第二章　镇　村

第一节　市　　镇

长安市镇是海宁西部重镇，于唐开元十一年(723)设市(市镇)。南宋建炎三年十二月(乙亥朔)丙子(初二日)，被金兀术的兵卒抢掠后烧毁。

后经700多年的建设，恢复成为有九街、五市(米市、带市、小市、鱼市、菜市)、七十二弄，人口逾万的浙西大镇。米行遍布于王婆弄到便民仓、闸荡湾，又成为江南三大米市之一。

清咸丰十年(1860)7月25日，正当长安镇发展之时，遭太平军的烧杀。一连两天，从王婆弄烧到西关厢，从东关小市烧到石虎弄北道院。同年九月初九，太平军又一次进袭长安镇。咸丰十一年(1861)2月14日，太平军再次打败清军民团，占据长安镇。抢走长安米市所存粮食，再次放火烧镇。全镇仅留令公庙和新桥南、觉皇寺部分房屋，其余全部毁于大火之中。同治五年(1866)，太平军北撤，人们才在虹桥头建店面房子，形成"抬头一线天，开窗面对面"的靠街楼及宽2米多的石板路。光绪三十年(1904)，长安镇街道只从西关帝庙到上闸桥头，有恒丰酱园、久征酱园、和丰米栈、万丰米栈等商铺。宣统三年(1909)，火车站建成营业，吴兴、菱湖、德清、桐乡等城镇的商人、旅客，把长安火车站当作往返沪杭等城市的起讫地。还有各地开往杭州的快板船，往返都经过长安镇落坝。

民国26年(1937)，镇商会呈文上海铁路局要求，28次列车在长安镇站停靠2分钟(快车)，造就长安镇的地货行、粮油市场和运输行业也趋兴旺。民国26年(1937)农历十二月，日本侵略军设兵站于火车站，宪兵、伪军驻于镇上，60余家店铺外迁到沈士、兴福、袁家坝，镇上人口外逃。

抗日战争胜利后，县、镇政府会同镇上士绅和在沪同乡人士的协作下，把百业皆废的长安镇各业，恢复成海宁县西片集工商、金融、文教、交通、通讯和土特产集散中心的大镇。

解放后，长安市镇发展步伐加快，2005年年末，市镇面积达到4.4平方公里。工贸、金融、文化、教育等各项事业迅速发展。市级单位也分别进驻长安市镇。

道路街巷

长安镇街道，旧时基本沿河依水而建。镇中心有横贯东西的东街、中街、西街，处于市河北岸，全长1200米，宽2～4米，系石板铺筑。其他主要街道有东西向的和平街、庆宁街、东后街；南北向的新民街、公庆街、公安路、寺弄等，皆条石路面，然均狭小不平，行人不便，车辆难行。

新中国成立后，市政建设不断发展，在改造旧有街巷的同时，开辟新的道路。1950年开始修建老街，1952年开辟劳动路、青年路。20世纪70～80年代新建环镇东路、环镇西路、怡院路、新村路、辛江路、车站路、双闸路、迎宾路、体育场路等10条街道，镇区交通大为改善。1990年，镇区有街路21条、里弄30条，道路总长度计15.33公里。进入90年代后，随着修川路的开辟，镇区范围向南、北、西三个方向迅速扩展。城镇道路框架相应向外延伸，并新开辟城西路、环西一路、长安路、城南路、城北路、仙鹿路、工人路、人民路、景华路等道路。至2005年，镇区道路总长达到30.5公里，其中镇区中心南北向主干道修川路，全长达4公里，宽36～40米，堪称十里长街。详见市镇路街巷情况表：

长安市镇路街弄情况

表 1-1-1

名 称	走向	起 讫 地 段	长(米)	宽(米)	路 面 结 构
环镇东路	南北	上塘河—车站路	980	7	混凝土
胡长路	南北	东西大道—上塘河	1844	6	混凝土
城东路南段	南北	东西大道—城南路	293	40	沥青
辛江路	南北	铁路道口—辛江桥	870	7	混凝土
劳动路	南北	虹桥—青年路	200	16	混凝土
仙鹿路	南北	胡长路—怡院路	766	12	混凝土
公安路	南北	西街—青年路	230	3	混凝土
双闸路	南北	中街—车站路	192	16	混凝土
修川南路	南北	东西大道—青年路	2675	36	混凝土、沥青
修川北路	南北	青年路—沪杭高速	2528	40	混凝土、沥青
体育场路	南北	青年路—迎宾路	376	16	混凝土
环镇西路	南北	东西大道—觉皇寺	2818	5	混凝土
城西路	南北	东西大道—城北路	4362	40	沥青
城南路	东西	城东路—三里塘港	1034	16	沥青
虹金路	东西	胡长公路—三里塘港	750	26	混凝土
长安路	东西	胡长路—三里塘港	816	40	混凝土
人民路	东西	仙鹿路—环镇西路	1321	14	混凝土
景华路	东西	仙鹿路—环镇西路	1067	16	混凝土
新村一路	东西	网船埭—修川路	250	9	混凝土
怡院路	东西	仙鹿桥—修川路	500	7	混凝土
怡院西路	东西	修川路—新民街	350	4.5	混凝土
青年路	东西	双闸路—环镇西路	1571	16	混凝土
长虹路	东西	体育场路—环镇西路	336	16	混凝土
迎宾路	东西	修川路—火车站	220	16	混凝土
车站路	东西	环镇东路—青年路	610	16	混凝土
工人路	东西	辛江路—修川北路	687	9	混凝土
城北路	东西	辛江路—城西路	2234	40	混凝土
庆宁街	东西	老坝—虹桥	280	4	混凝土
公庆街	西北东南	中街—环镇东路	788	5	混凝土
东后街	西南东北	老坝—车站路	300	4	混凝土

续表 1-1-1

名 称	走向	起 讫 地 段	长(米)	宽(米)	路 面 结 构
东 街	东西	铁路道口—上闸桥	270	2-3	混凝土
中 街	东西	上闸桥—虹桥	360	3-8	混凝土
西 街	东西	虹桥—新桥	390	4-12	混凝土
新生弄	南北	东后街—东街	32	2	混凝土
中闸弄	南北	车站路,中闸桥东	41	2～3	混凝土
万寿弄	南北	东后街—东街	32	2	混凝土
建筑弄	南北	车站路,中闸桥东	36	1.5	混凝土
坝 弄	南北	油车路—庆宁街	97	2.5	混凝土
油车弄	南北	公庆街—坝弄	210	3	混凝土
邮政弄	南北	中街老邮局旁	72	2～3	混凝土
长生弄	南北	上塘河—中街	33	1.5	混凝土
中心弄	南北	中街—青年路	210	3	混凝土
幸福弄	南北	西街—新民弄	86	2.5	混凝土
划船弄	南北	上塘河—西街	42	1.4	混凝土
新风弄	南北	西街—职中操场	116	1～3	混凝土
群爱弄	南北	西街—职中操场	47	3	混凝土
寺 弄	南北	新桥—青年路	249	3	混凝土
寺桥弄	南北	青年路—海中围墙	50	1	混凝土
新民弄	东西	劳动路—公安路	120	3	混凝土
劳动弄	东西	劳动路—中心弄	75	2	混凝土

桥梁闸坝

桥梁 长安镇区多河港，东西向有市河（上塘河）、南北向有崇长港(下河),上、下河经长安坝相连接,并有船闸沟通航运。其他尚有三里塘港、寺桥港、淑景塘、吴家坝港、云洞港、闸塘湾等河港。古时长安桥梁多为石拱或单孔至数孔板凳石桥。日寇侵华,长安桥梁被炸毁不少,后仅个别得到修复。解放以后,因环境改变,河道淤塞以及拓宽道路等原因,废除部分作用不大的桥梁,新建怡园桥、新虹桥、建设桥、跃进桥、浙一便桥、环镇西桥、长安桥、坝桥、辛江桥、创业桥等桥梁 10 余座。对尚存古旧桥梁大部分进行重建或改建,除虹桥经重修仍基本保持原貌外,均建成混凝土曲拱桥或桁架桥。至 1990 年,镇区有桥梁 27 座。1991～2005 年,随着市镇面积的扩大和道路的改造,又新建、改建桥梁 20 座,市镇范围桥梁共达 42 座。详见长安市镇桥梁情况表:

长安市镇桥梁情况

表 1-1-2

桥 名	位 置	跨越河道	跨度（米）	宽度（米）	桥型结构	建造时间
环镇东路桥	环镇东路	上塘河	30.50	7.50	砼双曲拱	1927 年建、1976 年重建、1990 年加宽
排涝闸桥	公庆街东首	上塘河	7.20	4.20	砼平架梁	1985 年改建
虹 桥	中 街	上塘河	11.50	4.15	单环石拱桥	1852 年重建 1990 年整修
新虹桥	虹桥西	上塘河	20.80	6.00	砼双曲拱	1974 年 4 月新建
修川桥	修川路	上塘河	30	36.5	A 级	1998 年 12 月建
怡园桥	西 街	上塘河	26.20	4.50	砼双曲拱	1959 年始建 1998 年拆除
新 桥	西街寺弄南	上塘河	27.00	9.00	砼双曲拱	1947 年 10 月重建 1974 年 11 月重修 1997 年改建
上闸桥	中街东端	上塘河	7.20	6.70	砼平梁闸桥	1964 年重建
中闸桥	双闸路北端	上塘河	10.90	7.50	砼双曲拱	1983 年 6 月重建
下闸桥	辛江路南端	闸塘湾	30.00	6.50	砼双曲拱	1986 年改建
仙鹿桥	公庆街	上塘河	28.40	4.50	砼双曲拱	1984 年 9 月改建
环镇西桥	环西一路	上塘河	30.50	6.55	砼双曲拱	1987.3 新建
城西大桥	城西路	上塘河	45.00	40.00	城 A	2006 年
创业桥	公庆街	船闸南口	14．9	4．40	双曲拱	1976 年 12 月新建 2008 年 3 月重建
闸后桥	李家井	船闸北闸门	4.90	2.50	砼空心板梁	1976 年 12 月建
双坝桥	跃进桥东	下河	12.00	2.55	砼双曲拱	1982 年 3 月重建
建设桥	浙丝一厂内	下河	32.00	4.00	三孔桩桁架	1956 年新建
跃进桥	浙丝一厂内	下河	14.00	2.50	三孔桩桁架	1960 年 2 月新建
长安桥	车站路东端	下河	21.00	9.60	钢桁架拱	1989 年大修
新颜桥	东后街南	下河	24.70	3.50	砼双曲拱	1976 年重建
友谊桥	辛江路中端	崇长港	28.00	3.50	砼双曲拱	1985 年改建
辛江大桥	城北路	崇长港	53.00	16.50	砼双曲拱	1969 建、1986 扩建、2005 重建
三里塘港桥	人民路	三里塘港	16.00	14.50	A 级	2001 年建
景华大桥	景华路	三里塘港	20.00	9.50	A 级	2001 年建
盛昌桥	修川新村东	三里塘港	28.00	4.60	双砼曲拱	1972 年始建 1987 年改建，2005 年重建
小 桥	新民街南端	三里塘港	12.60	3.10	砼双曲拱	1971 年 3 月重建
寺 桥	青年路西段	云洞港	2.10	9.10	砼板梁	1946 年重修 1987 年改建

续表 1-1-2

桥名	位置	跨越河道	跨度（米）	宽度（米）	桥型结构	建造时间
房管小桥	寺桥北 50 米	云洞港	7.50	1.80	砼五孔板	1982 年建
操场桥	海宁中学西门	云洞港	19.50	1.80	砼板梁	1986 年建
林白桥	新火车站西	云洞港	12.00	10.00	砼板梁	1990 年建
修川路立交桥	修川路中段	下穿公路	44.00	26.00	公铁立交	1997 年 10 月
西立交桥	城西路	下穿公路	44.00	40．00	公铁立交	2005 年建
陡门港桥	城北路	朱口笕	16.00	36.50	城 A	2005 年
景华桥	景华路	长安中学后门	6.00	9.50	A 级	2001 年
祝石桥	工人路	祝石组	16.00	9.00	砼板梁	2005 年
龙寺桥	城西路	花园组	16.00	35.00	砼板梁	2006 年
联益桥	城北路	祝石桥港	16.00	36.50	A 级	2005 年
大型桥	城北路	沈辛变电所	16.00	36.50	A 级	2005 年

闸坝 闸坝等水利设施向为长安市政建设之要项，且多有变迁，现状主要的有水坝 1 座、节制闸 4 座、船闸 1 座、另有翻水站 1 座。

老坝，即古长安坝，位于庆宁街东端上塘河上。因其修建年代早于元至正七年（1347）所建新坝（原址仙鹿桥北侧，20 世纪 60 年代已废），故称老坝。

长安闸，古名“三闸”，实为三道闸门。据南宋咸淳《临安志》载，“闸始建于唐”。北宋绍圣年间（1095—1098）已成为一闸三门的过船闸，分别为上闸、中闸和下闸。

李家井排涝闸，位于公庆街东侧，建于 1954 年。初为滚水坝，二孔木版闸门。1984 年 5 月改建为排涝闸，门宽 1.8 米。2002 年 1 月进行改造，闸门宽增大至 3 米，有房屋建筑面积 242 平方米。

虹桥闸，为 21 世纪长安镇城镇防洪工程项目之一，位于镇中心上塘河古虹桥东侧，建于 2002 年。单孔，闸宽 6 米，卧式升降钢闸门，配 12.5 吨卷扬式启闭机，建筑面积 224 平方米。

崇长港大闸，位于镇北崇长港与南涵洞桥港汊口南侧。为 21 世纪长安镇城镇防洪工程之主体工程。2001 年 3 月开工，2002 年 2 月竣工。

长安船闸，位于镇区公庆街东首上塘河。1977 年建成通船，为 40 吨级通航船闸。闸室长 73 米，宽 10 米，闸门上宽 5 米，下宽 5.9 米，闸门槛水深 1.7 米，年通过能力为 150 万吨。既作排涝、抗旱，同时成为通航与防洪功能兼具的水利设施。

长安翻水站，为翻下河水供给上塘河，以满足上塘河航运和农田灌溉的需要，1956 年 6 月在公庆街李家井（今船闸处）兴建长安翻水站，翌年 8 月竣工。后因该站进水河道不畅，遂于 1961 年易地重建。新站位于中闸桥铁路北侧，有机房 5 间、管理室 2 间，设备几经添置，至 1990 年提水能力达到 15.35 立方米 / 秒。2003 ~ 2004 年实施改造后，站区占地面积 3200 平方米，机房 356 平方米及管理用房 362 平方米。安装 900ZLB 轴流泵 6 台，提升能力减为 12.96 立方米 / 秒。

市政坐落

（一）机关、办事机构

长安镇政府 原址中街，1992 年 8 月，迁址青年路 49 号原长安乡政府所在地。占地面积 2846 平方米，建筑面积 3159 平方米。1994 年新建 4 层办公楼，建筑面积 2600 平方米。

市公安局长安派出所 原位于公安路，建筑面积 990 平方米，2001 年在人民路南侧新建 4 层办公用房，建筑面积 5239 平方米。

长安交巡警中队 位于修川南路西、景华路南侧，1994年建4层办公用房，建筑面积1150平方米。

海宁市地方税务局长安税务分局 位于体育场路12号。

海宁市国家税务局长安税务分局 位于迎宾路26号，建筑面积1402平方米。

海宁市工商局长安工商所 原址青年路，办公用房3层430平方米。1997年在修川南路西、人民路北侧新址建3层办公用房，建筑面积420平方米。

海宁市人民法院长安法庭 原址青年路，建筑面积500平方米。2000年在人民路新址建3层办公楼，建筑面积1973平方米。

长安镇国土资源所 位于修川路东、人民路北，办公用房4层楼面，建于2000年，建筑面积2588平方米。

长安房地产管理所 位于东街，建筑面积2490平方米，建于1984年。

(二)教育文化单位

海宁中学 系市属完全中学，位于青年路。校址为原建于清嘉庆七年(1802)的“仰山书院”和“觉皇寺”。

长安镇中学 位于人民路北侧三里塘桥堍，校舍建筑面积13712平方米，其中2003年新建教学楼面积7082平方米、食堂2349平方米。

辛江中学 位于城北路，原为辛江乡中学，校舍建筑面积8114平方米。

长安镇中心小学 位于景华路，有建筑面积9948.05平方米，其中1992年新建教学大楼面积2300平方米、综合用房1237平方米。

辛江中心小学 位于辛江村，建筑面积3291平方米。

长安镇中心幼儿园 位于景华路，建筑面积1663平方米。

二轻幼儿园 位于青年路中段，建于1990年，系镇区原二轻企业集资建造，建筑面积1727平方米。

长安成人文化技术学校 位于西街社区，占地面积7226平方米，建筑面积2223平方米。

长安影剧院 建于1990年，占地面积3000平方米，建筑面积2550平方米，有座位960席。

长安体育馆 位于长虹路北侧，1991年建，占地面积2700平方米，建筑面积1500平方米。

长安歌舞厅 1992年在修川路中段建长安歌舞厅，建筑面积392平方米。

长安广播电视大楼 位于长安路南侧，2005年建，建筑面积4257平方米。

(三)财贸金融单位

商业服务中心 处于横贯东西的老街(东街、中街、西街)和劳动路、青年路。1990年前有第一百货商店、第二百货商店、供销合作社、长安贸易中心、虹桥商场、食品商店、副食品商店、文具门市部、棉百门市部、五金交电门市部、地方产品门市部、新华书店、医药商店、旅馆等。1990年以后，随着长安火车站的西移、修川路的修建、延伸，逐渐在修川南路形成新的商业服务区。

集贸市场兼小商品市场 1987年建成，处青年路东端北侧，占地5120平方米，建筑面积4000余平方米，摊位430个。1999年10月进行改建，面积扩大到5820平方米，摊位645个。

工业品市场 1993年1月兴建，处集贸市场对面，青年路南侧，占地6000平方米，建筑面积20000平方米，设摊位188个。

辛江农贸市场 1992年10月建成，处沈辛路(今城北路)东端，占地1000平方米，建筑面积2000平方米，设摊位111个。

城西农贸市场 2005年9月建，处环西一路，建筑面积11442平方米。

海鸿宾馆 处青年路、环镇西路交叉口，建于1995年，占地面积2000平方米，建筑面积5906平方米。

庆锋大酒店 修川路西、青年路南侧，建于1999年，建筑面积7600平方米。

金陵大酒店 修川路青年路口，建于1999年，建筑面积5478平方米。

豪都大酒店 修川路西侧，人民路南建于2000年，建筑面积4110平方米。

中国银行海宁长安支行 长安镇修川路857号，营业用房建筑面积400平方米。

工商银行海宁长安支行 修川路878号，建筑面积600平方米,2000年建。

建设银行长安分理处 修川路651号,建筑面积360平方米,2001年建。

农业银行海宁长安支行 修川路998号,建筑面积500平方米,2000年建。

长安信用社 位于修川北路,1996年建4层营业用房,建筑面积1300平方米。

中国人民保险公司海宁支公司长安办事处 位于修川路怡院小区,建筑面积1200平方米。

(四)医疗卫生福利单位、宗教场所

海宁市第三人民医院 位于修川桥南堍东侧,原名长安医院,是长安地区医疗设备比较完善的综合医院。占地面积7330平方米,建筑面积13626平方米,床位116张。

长安镇卫生院 位于人民路西端,建筑面积7880.76平方米。

辛江卫生院 位于沈辛路东端,辛江大桥堍。

长安镇敬老院 位于环镇东路西侧,建于2001年,建筑面积2710平方米。

觉皇寺 位于今海宁中学校址,为佛教寺庙,始建于唐,明洪武二十四(1391)年立为丛林,曾为长安镇最大的佛寺,1950年被辟为粮库;1970年全部拆除。2002年,海宁市人民政府海政〔2002〕42号文件批准恢复长安觉皇寺。2003年,募集民间资金,择址长郊社区道院71号,新建觉皇寺,占地面积2.15公顷。先后建成大雄宝殿、山门、天王殿、地藏殿、卧佛殿、观音阁、钟楼、鼓楼、宝塔、九龙壁、念佛堂、斋堂、东西厢房等建筑,总建筑面积7774平方米,其中大雄宝殿2005年落成,建筑面积406平方米。

长安耶稣教堂 位于中心弄,建于清末,有建筑面积340平方米。

长安天主教 位于辛江路,米赛丝绸有限公司北侧。建于民国18年(1929)。初建时占地面积0.67公顷,现部分被移作他用。

街道设置

1991年,长安镇街道设四个街道办事处,即东市街道办事处,中市街道办事处,西市街道办事处,怡院小区街道办事处。其中东市街道下设:东街、光荣村、杏花村、庆宁街、辛江路、辛江东路六个居委会。中市街道办事处设:中街、劳动路、公庆街、劳动新村四个居委会。西市街道办事处设:西街、和平街、新民街、公安路四个居委会。怡院小区街道办事处设:怡院、路东、路西三个居委会。

1998年7月27日,街道居委会换届组成4个办事处,16个居委会。即:东街居委会、光荣村居委会、杏花村居委会、庆宁街居委会、辛江路居委会、辛江路河东居委会、中街居委会、劳动路居委会、公庆街居委会、西街居委会、和平街居委会、新民街居委会、修川路居委会、怡院新村居委会、怡院新村路西居委会、景华路居委会。

2001年4月16日,长安镇调整组建街道办事处,社区居委会。撤销中街、怡院街道办事处;撤销杏花村、光荣村、公庆街、劳动路、怡院新村东路、怡院新村西路、和平街居委会。撤并后保留下列街道办事处和居委会:保留东市街办事处由下列社区居委会组成:东街、杏花村、光荣村居委会,改建制为东街社区居民委员会;由庆宁街、公庆街居委会撤并后改建制为庆宁街社区居委会;由辛江路河东居委会改建制为浙一社区居委会;由辛江路居委会,改建制为辛江路社区居委会;由中街、劳动路居委会撤并后改建制为中街社区居委会;保留西市街道办事处,由下列居民委员会组成:西街、和平街撤并后改建制为新民街社区居民委员会;新民街、景秀居委会撤并后改建制为新民街社区居委会办事处;怡院路东、怡院路西居委会,撤并后改建制为怡院路社区居民委员会。景华路居委会,改建制为景华社区居民委员会;修川路居委会改建制为修川路社区居民委员会。

2002年3月21日,优化调整社区居委会设置(长政〔2002〕30号文件)。撤销浙一居委会、辛江路社区居委会,建立新的辛江社区居委会。区域范围为铁路以北,人数2100人,居民户750户,办公地点在原辛江乡政府。撤销东街、庆宁街社区居委会,建立新的东街社区居委会。区域范围为铁路以南,卢家桥以东,上塘河以北。人数为3500人,户数1130户,办公地点在东关信用社。撤销中街、劳动路居委会,建立新的中街社区居委会。区域范围为铁路以南，卢家桥以西，修川路以东、上塘河以北。人数3300人，户数1230户，办公地点在镇工会。西街社区居委会保持不变，区域范围为上塘河以北、修川路以西、铁路以南。人数为2300人，户数880户，办公地点在原址。撤销怡院、景华路社区居委会，建立新的怡院社区居委会。区域范围为上塘河以南，修川路以东。人数为3600人，居民户1260户，办公地点在渔民村。撤销新民街、修川路、人民里、景秀里社区居委会，建立新的修川社区居委会。范围为上塘河以南，修川路以西，人数为3002人，户数1080户。

2003年11月，海宁市行政区划调整后，增设袁牧社区居委会，人口758人。2004年10月20日，组建长郊社区，驻地长郊村，下属4个居民小组，人口490人。2005年年底止，长安市镇建成区面积已达4.4平方公里，人口21767人。

第二节　村

1991年，长安镇设渔民村、蔬菜大队。1992年8月，乡镇合并后设：褚石村、东陈村、天明村、虹金村、老庄村、肖王村、东关村、万渡村、卫国村、新民村、牧港村、金桥村、长郊村、盐仓村、鹿耳村、渔民村16个行政村。1999年与辛江乡合并后设：褚石村、东陈村、天明村、虹金村、老庄村、肖王村、东关村、万渡村、卫国村、新民村、牧港村、金桥村、兴福村、新升村、东方红村、德丰村、万兴村、辛江村、建城村、陆泽村、新建村、新联村、联益村、大型村、长郊村、渔民村26个行政村。原盐仓村、鹿耳村划归盐仓镇。2002年7月20日，撤销长安镇渔民村村民委员会，全镇设25个行政村。

2004年10月20日，行政村规模调整。撤销东关村、万渡村、卫国村，组建为城东村。村委驻地三联小学。下设27个村民小组，人口4496人。撤销牧港村、金桥村，组建为金港村。驻地金桥村。下设24个村民小组，人口3547人。撤销新升村、东方红村，组建为东升村。驻地东方红村。下设18个村民小组，人口3461人。撤销新建村、新联村，组建为泰山村。驻地新联村，下设16个村民小组，2486人。撤销万兴村、建城村，组建为兴城村。驻地建城村，下设14个村民小组，人口3021人。辛江村、联益村，合并为辛江村。驻地联益村，下设21个村民小组，人口3019人。撤销长郊村，组建为长郊社区。驻地长郊村，下设4个居民小组，人口490人。

调整后，全镇为20个行政村。即：褚石村、东陈村、天明村、虹金村、老庄村、肖王村、城东村、新民村、金港村、兴福村、东升村、德丰村、兴城村、辛江村、陆泽村、泰山村、大型村、红色村、盐仓村、鹿耳村。

褚石村

以褚石堰命名。位于长安镇驻地西南4.6公里处，东邻东陈村，南接盐仓村，西靠天明村，北连老庄村和新民村。01省道村内穿越2.8公里，杭浦高速紧靠；新褚石路南北贯穿。褚石村解放初划为褚石、褚南、东岗、长生4个行政村，建政为褚石乡；1956年合建为第五高级社，属新民乡；1958年改建为褚石大队，归属长安公社；1984年1月改建为褚石村民委员会。全村有25个自然村，分25个村民小组，1个自然镇。总户数985户，4098人。耕地面积为271.47公顷，水田203.13公顷，旱地68.33公顷，花卉80公顷。农户以种植粮食、甘蔗、花卉为主要产业。

褚石村农业招商较为突出。村内有国美园艺总部，占地3.33公顷；绿城园林，占地14.2公顷；康艺鲜切花合作社，占地66.67公顷；红越集团公司，占地6.67公顷。工业以制锁、不锈钢淋浴房为主，特色产品淋浴房全部销往台湾地区。家庭工业以纺织为

▲褚石村村民委员会

主,全村拥有织机200台。

1964年,褚石村为浙江省人民政府颁发的农业先进单位;2000年被海宁市人民政府命名为鲜切花专业村。全省最大的鲜切花基地"长安现代花卉科技示范园区";"浙江省优质高效农业示范基地"坐落村内。2005年,全村工农业总产值达10586万元,集体可支配资金20万元,农民人均净收入7348元。

自然村简介

褚石堰 为褚石5组,49户、212人,有小集镇非农居户40人。自然镇。在长安镇驻地南4.6公里处。褚石村民委员会驻村中。据传:唐时褚遂良之后裔,曾于此建府。东起"风调桥",西至"雨顺桥",占地广约一里,故始称"褚宅一里",后乡人以谐音称为"褚石(宅)堰(一里)。"解放前《海宁民报》公布为县戊级镇。主街东西长150米,宽4米。风调桥:始建年月不详。1980年西移100米,改建为混凝土双曲机耕桥,题名"褚石桥",长18米,宽3.5米。雨顺桥,三孔板凳石桥,跨褚石横港。桥边有灌溉用河桥一座。桥北设有粮食饲料加工厂,桥南有抽水机站。

塘桥头 曾名塘桥。在长安镇驻地南6公里,石灰港(原名西瓜港)西岸。村以桥得名。为褚石1组,总户数26户,人口104人。塘桥在孟子桥到盐官的中塘上,故名。又因桥在永宁寺东侧,俗称庙桥。三孔板凳石桥,长12米,宽2.5米。

沈家埭 别名沈家大地。在长安镇驻地西南偏南6公里,褚石路西侧。以姓得名,为褚石2组,40户,186人。

杜家弄 在长安镇驻地西南偏南5公里,石灰港东西岸。以姓得名。内有石桥一座,为宋家石桥,有宋家机站。为褚石3组,94户,398人。

倪家角 在长安镇驻地西南偏南4.6公里,杜家弄东。隔石灰港有倪家木桥可通。以姓得名,为褚石4组总户数27户,112人。

陈家弄 在长安镇驻地西南偏南5公里,褚石横港南岸。村宅环数口大池分布。以陈姓住房旧有弄堂得名。为褚石6组,总户数50户,220人。陈家弄浜环绕组外,通组有古桥2座,名不详。

陈村庙 别名庙后。在长安镇驻地西南偏南4.4公里,陈村庙桥港西。村以庙得名。陈村庙桥:原名丰顺桥,跨庙桥港,三孔板凳石桥。因在陈村庙东侧,又名庙桥。有古庙一座。为褚石7组,有32户,136人。褚石麻纺厂在组内,现村级企业在此。

莫家埭 在长安镇驻地西南偏南4.8公里,机耕路畔。在细马浜南侧,方桥北侧,以姓得名。为褚石8组,53户,242人。

老鸦窝窠 别名秀才桥。在长安镇驻地西南偏南5公里,天明港东岸,褚石横桥西北。以旧时村中许多树上做有老鸦窠,故名。为褚石9组,孙家石桥合并,共54户,234人。

烂木桥 在长安镇驻地西南偏南5公里,天明港之落叶桥南200米处。旧时跨港有木桥,因年久失修坍废,故名。后改建为石桥。为褚石10组,35户,137人。

杜家湾 在长安镇驻地西南4.4公里,褚石桥北。以姓得名。为褚石11组、12组。78户,366人。内有杜家湾浜1条,石桥2座,已倒坍。

顾家兜 在长安镇驻地西南偏南3.7公里,庙桥港东支顾家浜南侧,北紧靠打铁桥。为褚石13组,28户,125人。

谈家花 别名谈家花园。据传:清代嘉庆道光年间,曾有谈姓在此建造花园,故名。1976年与北之褚家门,西之余家田心合为1组。在东西大道石灰桥南侧,为褚石14组,60户,247人。

徐祖墙 在长安镇驻地西南偏南3.3公里,顾家兜村北。以徐姓旧时有祖传几座火墙房屋得名。为褚石15组,20户,92人。紧靠东西大道,有公交车停靠站。

沈垟屋 在长安镇驻地西南偏南3.3公里,庙桥港东岸。以沈家祖传手艺"垟(音荐)屋"得名。为褚石16组、17组、18组合成。共有118户,450人。内有长生庵浜、沈家浜 、张家浜。并有长生庵桥1座,现浙江国美园艺总部坐该组。多数农户以家庭纺织工业为主。

孙家角 在长安镇驻地西南偏南2.6公里,石灰港西岸。以村处位置冠姓得名。为褚石19组,19户,85人。

朱家角 别名西顾家兜。在长安镇驻地西南

4.4公里,庙桥港西岸河角里。以始居朱姓得名。后因顾姓迁入,亦称顾家兜。为褚石20组,有50户,222人。

长板桥 在长安镇驻地西南偏南4.3公里,天明港和机耕路之间,有长板桥港1条。村前有长板桥(原名道通桥)有注名乾隆年间建造,属古桥,故名。桥东70米处原有短板桥,古代称姐妹桥。为褚石21组,48户,224人,陈家门也并入该组。

刘王埭 曾名"留王埭"。在长安镇驻地西南偏南4.4公里,东西大道贯穿村庄,天明港东岸,长板桥村北。据传:宋康王赵构南逃时,村里百姓留(讹)他住宿一夜,故名。为褚石22组,39户,191人,多数农户以养蟹为主。

北陈家门 曾名猪棚圈。在长安镇驻地西南4公里,小青港南端。与村南陈家门相对得名。据传:古时村里造房子特别重视造好猪舍(海宁方言称"猪棚圈")故曾有猪棚圈之名。为褚石23组,37户,126人,村民以种花为主。

陈家门 在北陈家门南300米,大鱼池西北。以姓得名。

褚家埭 别名东岗寺。在长安镇驻地西南偏南3.7公里,庙桥港西岸,打铁桥旁。以姓得名。为褚石24组,组内有东光寺1座。45户,205人。长安花卉园区坐落组内。农户以种花为主。打铁桥:在东岗寺南,跨庙桥港。以旧时附近曾设有打铁铺得名。原为石桥,1973年改建为混凝土双曲拱机耕桥。长18米,宽3.5米。

南张桥 在长安镇驻地西南3.6公里,庙桥港西岸。因村与北张相对,故名。

[注]石灰桥:《杭州府志》作"西瓜港"。以上塘河南120米处的西瓜桥得名。从桥北纳上塘河水,达褚石堰横港,向西过褚石堰到雨顺桥南,经塘桥至布行桥东,入备塘河。全长5.7公里。褚石组.22户,85人。东西有南张浜1条,南北有古桥1座,名顺济桥。清朝年间建造,现保存完好,全组以种花为主。

东陈村

位于长安镇驻地西南4.2公里处。东与金港村为邻,南靠钱塘江,西接褚石、盐仓村,北连老庄村,村内交通便利,杭浦高速公路穿越全村,留有出口处,连接长安镇城西路;01省道东西贯穿;南侧有翁(翁家埠)金(金丝娘桥)公路横卧。

东陈村,解放初建政为褚石乡东陈、永福、芷泉、石塘4个行政村。1956年合建为第六高级社,属新民乡。1958年改建为东陈大队,归属长安公社。1984年1月改建为东陈村民委员会。全村有20个自然村落,1029户,4156人,下辖21个村民小组。全村总面积4平方公里,其中耕地面积248.93公顷。

2005年年末,全村工农业产值9515万元,集体可支配资金30万元。农民人均纯收入6679元,年末集体生产总值253.63万元。

东陈村传统农业以种植粮食,种桑养蚕为主,复种油菜等。特色农业有花卉、苗木、果树。养殖业以养猪、羊为主;副业有春季捕捞鳗苗、蟹苗,集中在钱塘、石塘、高家、塘桥四个组,现已逐渐减少,转为淡水鱼以及南美白对虾、甲鱼养殖。多种养殖业的共同发展为全村带来不小的经济利益。

东陈村的工业经历从无到有,从小到大的过程。从最早只有1个粮食饲料加工厂,发展到有皇冠锁业有限公司、玖鑫皮件厂、新兴皮件厂、东风五金轧丝厂、一帆五金厂、苏拉线厂、华跃密封件厂、中奇纸箱厂、圣杰袜业有限公司、海宁市富鼎纺织厂、褚石国良印刷厂、佳辉五金有限公司、宏鑫电子材料厂等中小型企业。主要生产产品为:各类锁具、锁心加工;抽屉滑轧、塑母料等制造加工;皮革服装加工;各类线加工;各类纸箱;各类轴承、电子材料等。

村内设有合作医疗卫生室,方便村民就医。村

▲东陈村甲鱼塘

内的东陈小学已和褚石小学合并为城南小学。村内开设村务、财务公务栏，村务管理实行“民主化、法制化”。东陈村2001年投资8.8万元，对农村环境进行整治，建垃圾箱105只，垃圾中转房1座。配五个保洁员，落实保洁员岗位责任制，有效改善村民居住环境，提高生活质量。2004年总投资资金30万元，建成村级文化活动中心，配有各类娱乐、休闲、健身的活动设施。2005年投入资金65万元，对全村的排灌渠改建为U型渠道。

2002年东陈村被海宁市评为市级“文明村”；2002年度，被评为嘉兴五好团支部。2003年，被海宁市评为“三无村”；2005年，被评为“平安村”。

自然村简介

永龙桥 又名张坟寺桥，桥全长13米，宽2米。该桥始建年代已无可考，史料中没有记载。但由于从来没有维修过，确实是近百年来的历史见证。据传当时有3个庙，5个寺，其中就有永龙寺（已毁）和永宁寺，而永宁寺至今还有些遗址位于盐仓村内。（据传，当时的皇帝在某天带领着正妃娘娘以及随从，前往当时的永龙寺烧香拜佛。寺中有位和尚染指了正妃娘娘，后来被皇帝知道后，下令杀死庙内和尚，还将寺庙也烧掉）。永龙桥现位于马桥组东侧。

陈家石桥 原系三孔石板桥，1982年改建为混凝土双曲机耕桥。长20米，宽2.3米，载重汽六级。现位于雁塘组中部。张家角在长安镇南4.4公里，褚石横港畔，原东陈村庙南。东陈村民委员会驻村中。以姓得名。属张家组，53户，203人。

马河桥 在长安镇驻地南4.4公里，褚石横港南岸。村以跨港有马河桥（原称马回桥）得名。属马桥组，75户，308人。

陈家门 别名陈家墙门头。在长安镇驻地南4.5公里，石灰港东侧。以姓得名。现属陈家组，67户，250人。

汪家桥 在长安镇驻地南4.2公里，褚石横港南北两岸。因村有汪家桥（原名富春桥）得名。属富村组，46户，176人。现在的王家组在它旁边，有农户42户，158人。

项家浜 在长安镇驻地南3.7公里，三里塘西伸项家浜南岸。村袭浜名。属项家组，55户，214人。

朱墙湾 在长安镇驻地南3.2公里，三里塘河南部河湾西岸。村以旧时朱姓沿河湾筑有砖墙得名。属墙湾组，52户，203人。

费家埭 在长安镇驻地南3.4公里，石灰港东岸。以姓得名。属费家组，45户，179人。

殷家埭 在长安镇驻地南3.1公里，费家埭浜北。以姓得名。属殷家组，48户，207人。

毫里潘 别名北潘埭。在长安镇驻地南3.9公里，石灰港南端河湾东岸。村名含义不详。据传：旧时村中有一富户，财多势大，对外自称“毫里（方言）潘家”，故名。又因村与南潘埭相对，亦称北潘埭。属潘家组，83户，355人。

南潘埭 在长安镇驻地南5公里，石塘河西伸支流潘家浜畔。因村与北潘相对得名。[注]石塘河：《海宁州志稿》载：石塘河“在治（海宁城）西二十里。由备塘河通长安，为盐舶米艘之所取迳也”。清光绪三年（1877年）浚通。以石塘头得名。南段（不含三里塘河）自石塘河到汪家桥2公里，汪家桥到长安4.4公里。近长安镇一段1.5公里，又名三里塘。属南潘组，70户，305人。

周家埭 在长安镇驻地南5.7公里，石塘河到长安200米处。以周、王两姓得名。属周王组，36户，158人。

沈马埭 在长安镇驻地南5.9公里，新塘河北岸。以沈马两姓得名。属塘桥组，49户，198人。

高家埭 别名南高埭。在长安镇驻地南6公里、杭金公路旁，斗坛桥南北。以姓得名。为别于北高埭，故又名南高埭。属高家组，49户，206人。

徐家埭 在长安镇驻地南6.4公里，海塘和翁金公路之间。以姓得名。和沈马埭合并成塘桥组。

石塘头 在长安镇驻地南6.2公里，海塘和翁金公路之间。因村南有海船码头，村北有石塘河道直通长安，俗称“石塘头”。村袭用此名。属石塘组，43户，173人。

芷泉 又名袁家埭。在长安镇驻地南6公里，石塘河东西两岸。村以桥东原有芷泉庙（庙现已毁）得名。属芷泉组，38户，144人。

塘窗里 在长安镇驻地南5.8公里，芷泉东南

200 米处。因旧时有人在此建一有堂窗的厅房得名。后以谐音讹作今名。属塘窗组，40 户，164 人。

杨家埭 在长安镇驻地南 6 公里，石塘桥堍西侧。以姓得名。现属钱塘组，34 户，126 人。

雁塘里 在长安镇驻地南 5 公里，陈家石桥横港南岸。据传：村民祖辈从萧山迁此定居时，当地尚是一片为雁群栖息之荒荡地，故名。属雁塘组，28 户，112 人。

树蓬里 曾名张家，别名赵家。在长安镇驻地南 4.7 公里，陈家石桥北 300 米处。据传：旧时以村有茂密树林得名。后因村民姓张，故称张家树蓬里；又因现住村民多数姓赵，亦称赵家树蓬里。分割成赵介组和树蓬组。赵家组 27 户，112 人。树蓬组 49 户，205 人。

天明村

位于长安镇驻地西南 4 公里处，西距杭州市 26 公里。东和新民、褚石两村为邻，南接鹿耳村，西与许村镇许桥村、新富村相连，北靠上塘河。杭州绕城高速公路海宁出口处坐落该村，01 省道复线横穿村境。南有海宁农发大道连接海宁市农业对外开发区。沈士大道北接 320 国道。解放初建政为孟子乡汤桥、和睦、杨渡 3 个行政村。1956 年合建为第九高级社，属新民乡。1958 年建天明大队，归属长安公社。1967 年更名解放大队。1981 年 11 月复名为天明大队。1984 年 1 月改建为天明村民委员会。2005 年年末，全村总面积 2.6 平方公里，其中耕地面积 222.87 公顷。辖 17 个村民小组(19 个自然村)，总户数 728 户，总人口数 3155 人。

天明村农村经济有三大特色产业：2005 年年底，全村有花卉种植业 78 户，种植面积达 60 公顷，主要生产玫瑰、百合、扶郎、马蹄莲、郁金香等多种名贵鲜切花；有养殖业 18 户，主要养殖甲鱼、兔、鸡、鸭、猪等；从事纺织工业的家庭达 332 户，拥有剑杆织机 996 台，主要以加工窗帘布为主。2005 年全村实现工农业总产值 2.55 亿元，年村级集体经济收入 21.88 万元，人均集体可支配资金 220 元，农民人均收入 7410 元，年末集体资产总值 160.66 万元。2004 年投入 5.8 万元建造村级文化活动室，2005 年投资 14.02 万元，浇制村级公路，全长 7.4 公里。村花卉园区设施建设走向现代化，60 公顷花卉灌溉用上了自来水。

▲天明村村民委员会

2001 年 4 月被海宁市委、市人民政府命名为花卉专业村。是年 4 月被评为海宁市级“文明村”、6 月被海宁市委、市人民政府命名为“五好”党支部。2004 年 2 月在先锋工程创建中被命名为“五好”党组织。

自然村简介

东田心 曾名坍庵头。在长安镇驻地西南 3 公里，上塘河南岸。因村处田心，冠以方位得名。又因村古原有坍庵，故亦别称坍庵头。坐落在天明村西木桥港东。北庄浜在该组的东南岸，是新民与天明分界线。属东田组。55 户，257 人。

周家浜 别名井头埭。在长安镇驻地西南 3.7 公里，万年桥堍(三孔板凳桥，桥东堍南侧有古井)。因村有周家浜而得名。又因村北原有井，亦称井头埭。属周家组。44 户，182 人。

眼头上 在长安镇驻地西南 4.3 公里，天明港东伸木桥浜之南。据传：清初此地荒无人烟，仅有形似眼睛的小潭一口，初名眼潭上，后讹作今名。属眼头组。42 户，165 人。

褚家角 在长安镇驻地西南 4.3 公里，天明港东岸。以姓得名。属褚家组，27 户，111 人。

汤家角 在长安镇驻地西南 4.3 公里，褚家角北 200 米处。村原有石桥(已废)，村袭桥名。属汤家组。58 户，232 人。

庙埭廊 在长安镇驻地西南 4 公里，上塘河南岸。天明村民委员会驻村东。以村原天明庙(已废)得名。属庙埭组。49 户,213 人。

和睦乡 原名皇马响。在长安镇驻地西南 4.7 公里,天明港西岸。据传:宋代赵构南逃,深夜经此,村民只闻马群奔跑和嘶叫声,事后为村民所知,故名“皇马响”。解放后,以谐音改称“和睦乡”。属和睦组。45 户,204 人。

杭家埭 在长安镇驻地西南 4.8 公里,坝头港东岸。以世居杭姓得名。属南塘组。13 户,58 人。

南横浜 在杭家埭北 250 米,坝头港东岸。以村有横向河浜得名。属南横组。20 户,83 人。

杜家墙门 在长安镇驻地西南 4.8 公里,坝头港东岸。村以原有姓杜墙门得名。属杜家组.37 户,161 人。

竹山里 在长安镇驻地西南 5.2 公里,杨渡至三联桥机耕路西侧。因旧时村是竹林茂密,远望似山,故名。属竹山组 44 户,215 人。

张家桥 在长安镇驻地西南 5 公里。杨渡至三联桥之机耕路畔。村中原有桥(已废),村袭桥名。坐落在 01 省道南,农发大道西侧,属西石组。49 户,232 人。

高家石桥 在长安镇驻地西南 5 公里,坝头港西岸。以桥得名。属孙家组。35 户,133 人。

孙家漤 在长安镇驻地西南 5.2 公里,高家石桥村西北机耕路畔。以村孙姓有一长形池塘(方言称漤)得名。属孙家组。30 户,123 人。

司姑桥 在长安镇驻地西南 4.9 公里,坝头港西岸,旧有石桥,为东庵中尼姑募钱建造(方言称尼姑为师姑),故名。村袭桥名。属司姑组 28 户,125 人。

天灯桥 在长安镇驻地西南 5.1 公里,在坝头港西岸。据传:桥旁原住户,为方便夜间行客和船只往来,每夜在门前高竿上挂起照明灯笼,俗称“点天灯”,故名天灯桥。村袭桥名。属天灯组,58 户,271 人。天灯港横穿该组,把天灯组分成南北各半。

西田心 在长安镇驻地西南 4.9 公里,天灯桥北 160 米处,因村处东田心西得名。属西田组 48 户,210 人。西田港以东至西横穿该组。

坝头桥 别名长征桥。在长安镇驻地西南 4.8 公里,上塘河南岸。村中原有石桥,村袭桥名。属坝头组。34 户,144 人。1980 年改建为混凝土双曲机耕桥,题名“长征桥”。

茅家桥 在坝头桥南,天灯桥东 150 米之机耕路畔。村南桥畔旧有茅房,故称为茅家桥。村袭桥名。属坝头组,6 户,26 人。

虹金村

长安镇驻地西 1.5 公里,东靠长安镇,与长郊社区相接,南临上塘河,与新民村隔河相望,西以夏家庙港和许村镇杨渡村为界,北贴沪杭铁路,环西二路南北横贯村落。

虹金村解放初由朱墟村,杨家村,磨陀村 3 个行政村组成,隶属于新民乡。1956 年 2 月,3 村合并建为新民乡第一高级社,1958 年并入长安人民公社,建虹金大队。1984 年 1 月建政为虹金村民委员会,隶属长安乡。1992 年并入长安镇。村中原有虹金桥,1976 年道路改造时拆除。

2005 年,全村总面积 3.92 平方公里,下辖 11 个村民小组(14 个自然村),总户数 514 户,总人口 2111 人。耕地面积 155.13 公顷,粮食种植面积 85.4 公顷,年产粮食 860 吨。桑地面积 33.6 公顷,全年饲养蚕种 1026 张。以种植水稻,桑为主,有花卉苗木面积 13.33 公顷。兼饲猪羊。工业企业以制锁业,皮革业为主,特色经济(家纺业)为辅,2005 年有村属企业 13 家,其中上规模企业 4 家,个体剑杆机户 113 家。全村实现工农业总产值 5916 万元,年末集体资产总值 224.13 万元。村集体经济收入 43.995

▲虹金村村民委员会

万元,人均集体可支配收入210元,农民人均收入7480元。

虹金村2000年10月,被海宁市人民政府评为“文明村”。2001年1月,被海宁市评为第五次全国人口普查先进单位;2002年1月,村调解委被嘉兴市评为先进调解委员会。是年6月,完成33.33公顷标准农田整理工作,并通过验收。是年11月、12月,完成磨砣港防洪工程建设,相继完成磨砣港和朱口笕港疏浚工程;2004年3月,被海宁市评为“三无村”;是年8月,安置重庆涪陵三峡移民4户,15人。同年10月,通过海宁市“生态家园”工作验收;2005年4月,通过海宁市“整治村”验收;是年7月,投入69万元对全村5.7公里通组公路进行路面硬化,同年10月,村新农贸市场建成投入使用;同年11月,通过海宁市“先锋工程”工作组验收。

自然村简介

唐家浜　在长安镇驻地西1.2公里,村袭浜名。村民系抗战时期从磨王埭迁来,在此定居。为红卫组。44户,177人。

朱墟庙　又称朱墟埭,在长安镇驻地西1公里,上塘河北300米处。因村东原有朱墟庙,故名。为红卫组。23户,93人。

方家埭　在长安镇驻地西1.3公里,西依长田塍。以姓得名。为新民组,33户,129人。

长田塍　在长安镇驻地西1.5公里,原虹金桥东。因村旁原有一条长田塍得名。为红旗组,35户,129人。

西庄角　废村,在朱墟庙西。以在庙西而得名,原有6户,30人。已迁至朱墟庙。

夏家门　别名小虹金。在长安镇驻地西1.8公里,沪杭铁路之南。虹金村民委会驻村南。村名来历含义不详。为红金组,37户,132人。

吴家坟　别名张家坟。在长安镇驻地西1.6公里,上塘河北。据传:旧时吴姓将地卖给张家葬坟得名。为新建组,46户,214人。

杨家浜　在长安镇驻地西1.8公里,花园前港北端。村以浜冠姓得名。为东风组,49户,204人。

杨木匠　在长安镇驻地西2.7公里,杨家浜西。据传:明朝初村中曾有一杨姓木匠以技艺高超闻名,故名。为红心组,39户,154人。

桂花树底下　在长安镇驻地西2.2公里,小渡船桥之北。以村中原有一大桂花树而得名。为红心组。36户,145人。

磨陀桥　别名杨家门里。在长安镇驻地西2.3公里,小渡船港东岸,沪杭铁路南。村以桥得名。《都庄图说》作“磨陀桥”。桥上题刻“摩陀桥”含义无考。为红丰组,36户,169人。

陈家火墙头　别名陈家门。在长安镇驻地西2公里,葫芦潭之北。村以陈姓房屋原有火墙得名。为新丰组,35户,137人。

陈家角　曾名刘夏埭。在长安镇驻地西2.7公里,木碗浜弯角处。以姓得名。为红升组,49户,214人。

杭家埭　别名杭家浜,杭家帮岸上。在长安镇驻地西2.7公里,。村前池边曾砌有帮岸,村民姓杭,得名。为红联组,29户,117人。

祝家浜　在长安镇驻地西2.4公里,磨陀桥西,沪杭铁路南。村袭浜名。为红联组,23户,97人。

老庄村

位于长安镇南郊,东起三里塘港与肖王村为界,南接东陈村与褚石村,西隔石灰港与新民村相邻,北靠新民村。东西大道横跨该村,城西路、杭浦公路贯穿,交通十分便利。

解放初建政为新民乡老庄、马鸣、大隐3个行政村。1956年合建为第三高级社;1958年改建为老庄大队,隶属长安公社。1984年1月改建为老庄村民委员会,村委会驻地少年墩47号。辖区13个村民组(13个自然村),全村总户数517户,总人口2119人。全村耕地141.13公顷,专桑28.33公顷,以种植粮食,养蚕为主,其中特色农业为:苗木20.4公顷。

村有个私企业7家,从业人数236人。主要从事皮毛、五金、皮件为主。2005年全村工农业总产值达到6000万元,利润280万元。是年村可支配资金41万元、农民人均收入7336元,村民生活水平得到改善,村容村貌有大幅度变化,全村97%的农户住上三层楼房。2005年底,老庄村完成经济薄弱村的转化工作。

▲老庄村村民委员会

老庄村公益事业得到发展,2001年建立1座公益性墓地;农业水利设施进一步完善,全村改建排灌U型渠道10公里,新建机站3座;卫生环境得到改善,全村建有垃圾箱517只,自然村大垃圾箱58只,垃圾中转房1座,配备清洁人员专门清理。

2004年新建标准厂房1600平方米。文化活动室750平方米,开设图书阅览室、乒乓室、棋牌室,丰富了村民业余文化生活。

自然村简介

老庄弄 《海宁州志稿·都庄》作"老张弄"。在长安镇驻地南1.9公里,机耕桥路畔。老庄村民委员会驻村北。相传:明代此地为老盐仓通往长安镇的大路,两旁高土岗,形似弄堂,雨后泥泞难行,人称老脏弄(现已平整),以谐音老庄弄作村名。老庄8组,64户,273人。

西王埭 别名梁家石桥。在长安镇驻地西南2.4公里,老庄弄西南单凤桥畔。因村东南为王家村,故以姓冠名。老庄2组。33户,132人。[注]单凤桥:在老庄弄西,梁家石桥北。双凤桥,在单凤桥之南,因桥东村民姓梁,又称梁家石桥。《海宁州志稿》载有"单凤桥"、"双凤桥"之名。

仙鹤村 在长安镇驻地西南偏南2.6公里,石灰港东岸。因东有双凤桥,俗传须得仙鹤相伴,故取名仙鹤村。老庄1组,48户,221人。

高墩 别名梁家鱼池。在长安镇驻地南3.3公里处。村以有一高墩得名。老庄3组,30户128人。

少年墩 在长安镇驻地南3公里,高墩村北,机耕路东。据传旧时有两少年病死合葬于此,故名。老庄4组。44户,200人。

朱家埭 在长安镇驻地南3公里,少年墩东,以姓得名。村北张家石桥之东,称张家埭。老庄5组。21户,86人。

祖家埭 在长安镇驻地南3公里,三里塘河湾北侧。以姓得名。老庄12组。37户,147人。

邵家埭 亦名殷家埭。在长安镇驻地南2.9公里,三里塘港西。以姓得名。因村有三鱼荡,荡南村民殷姓,又称殷家埭。老庄6组,33户,130人。

罗家埭 曾名俞家埭、顾家埭。在长安镇驻地东2.2公里,三里塘港之新凉亭河西。以姓得名。村南北长0.5公里,居住分散:北端聚居顾姓,称顾家埭;中部聚居罗姓,称罗家埭;南端聚居俞姓,称俞家埭。3埭合并为老庄7组,9户,43人。

太平桥 别名沈家。在长安镇驻地南1.2公里,三里塘港西。村以桥(又名向阳桥)得名。老庄13组,29户,107人。

林家浜 曾用名褚家木桥、谈家木桥。在长安镇驻地南1.6公里,原大隐殿桥东和太平桥之间。村中有浜,村袭浜名。老庄11组。30户,119人。

斗牛浜 在长安镇驻地南1.5公里,原大隐殿(现为田畈)之南。村中原有东西相向之金牛、银牛两浜,故名斗牛浜。老庄10组。44户,175人。

沈家圩 在长安镇驻地西南偏南1.7公里,老庄弄北200米处。村周旧时四面环河,地势低洼,清初曾筑圩岸,以防水涝。村以冠姓得名。老庄9组,32户,130人。

肖王村

位于长安镇南郊,东邻周王庙镇云龙村,南接金港村、西界三里塘邻新民村、北靠上塘河。

解放初建政为新民乡太平、肖王、永和、幻住4个行政村。1956年合建成为第四高级社。1958年建政为长安公社肖王大队。1967年更名为立新大队。1978年11月更名为肖王大队。1984年1月改建为肖王村民委员会。

2005年全村总面积2.2平方公里,其中耕地面积 184.07 公顷，辖 20 个村民小组，总户数 897 户，总人口 3579 人。全村实现工农业总产值 2.82 亿元，2005 年村级集体经济收入 132 万元，人均集体可支配收入 363 元，农民人均收入 7577 元，2005 年年末集体资产总值 532 万元。

2005 年年底，全村共有工商企业 32 家，其中规模以上企业达到 5 家，是年实现工业总产值 2.82 亿元。企业的发展为村民提供大量的就业机会，也为村集体经济的壮大提供了条件，广大村民增加收入。

全村有一个苗木示范区，苗木种植面积 60 多公顷，占耕地总面积的 32.5%，村养殖业的发展也初具规模：现有 10 个甲鱼养殖大户带动着全村许多农户勤劳增收致富。2005 年全村实现农业产值 855 万元。

2005 年年末，全村完成总投资 200 万元的肖王村文化活动中心建成；完成总投资 480 万元，长 29 公里的通组到户的道路硬化；投入 15 万元全面完成组级道路的绿化；投入 20 多万元完成 10 公里主干道路的亮化工程；两年内完成总投资 15 万元的 5 座桥梁新建工程。4 个组 200 户农户的“生态家园”项目全面完成，共建沼气池 75 立方米，污水处理管网 5200 米；全村村庄绿化覆盖率 39.6%。新装太阳热水器 840 台。

肖王村，九年制义务教育入学率达到 100%；全村医疗参保率达 100%。

全村卫生厕所进行改造，改造率达 100%，全村共建无害化三格式粪池 806 只，二格式粪池 106 只，卫生厕所 392 只，专用公共厕所 2 只，卫生厕所改造率 100%。垃圾无害化处理率达到 90%以上。

肖王村先后被命名为嘉兴市级文明村、嘉兴市级卫生村、三无达标村及海宁市文明村，先进基层党组织、五好村党支部。先进团支部、基层妇女组织规范化示范点，计划生育示范协会、科普示范村等荣誉。

▲肖王村村民委员会

2005 年全省开展的“千村示范，万村整治”创建活动中，肖王村被确定为创建省级示范村并通过验收。

自然村简介

殷家木桥　在长安镇三里塘旁。村袭旧时桥名。为肖王 1 组，41 户，97 人。

老坟头　在长安镇仙鹿桥西侧。以村中原有老坟得名。在 1987 年，全组征地迁长安镇修川新村。原为肖王 2 组。

沈朱毛　在长安镇仙鹿桥南，胡（斗）长（安）公路之间。村以三姓组合得名。为肖王 3 组，63 户，219 人。

潘打鼓　在长安镇驻地南 0.8 公里，沈朱毛西南 0.3 公里。村旧时有潘姓以吹打乐为业得名。与杜家埭合并。

倪家浜　在长安镇驻地南 1.1 公里，上塘河西伸之长浜畔。村沿浜分布，以姓、浜得名。与杜家埭合并。

杜家埭　在长安镇驻地南 0.9 公里，三里塘东侧。以姓得名。与潘打鼓、严家埭 3 个村坊合并成肖王 4 组。43 户，182 人。

严家埭　在长安镇驻地南 1.5 公里，三里塘上之太平桥东侧。以姓得名。为肖王村 5 组，52 户，275 人。

姚家埭　在长安镇驻地东南 1.9 公里，胡（斗）长（安）公路西侧。肖王村民委员会驻村东，以姓得名。为肖王 6 组，68 户，275 人。

章家浜　在长安镇驻地南 2 公里，三里塘新凉亭东侧。以姓得名。并入姚家埭。

周家村　在长安镇驻地南 2.2 公里，三里塘东、原箬帽桥西。以姓得名。范家埭并入，为肖王 7 组。34 户，153 人。

范家埭　（废村）在周家村东，箬帽桥畔。村民已迁至周家埭和许家埭。曾为良种场。为长安镇工业园区。村民迁入周家村和许家埭。

许家埭　在长安镇驻地南 2.5 公里，胡（斗）长

(安)公路西侧,原肖王庙旁。以姓得名。为肖王8组,54户,226人。

孙家埭 在长安镇驻地东南偏南2.9公里,上塘河三里塘新凉亭之横港南岸。以姓得名。为肖王9组,52户,207人。

曹家埭 在长安镇驻地东南偏南3.6公里,胡(斗)长(安)公路东侧。以原村民曹姓得名。为肖王10组,41户,165人。

北范家埭 在长安镇驻地东南偏南3.2公里,赵家埭北。以姓得名。为肖王11组,24户,92人。

顾家埭 在长安镇驻地东南偏南3.2公里,范家埭北。以姓得名。为肖王12组,39户,170人。

蔡家湾 别称大蔡家湾。在长安镇驻地东南偏南2.7公里,胡(斗)长(安)公路之六角凉亭东侧。村以河湾冠姓得名。为肖王13组,33户,134人。

林家浜 在长安镇驻地东南偏南2.6公里,桃花港西岸。名称含义不详。为肖王14组。40户,177人。

沈花园 在长安镇驻地东南偏南2.9公里,桃花港东侧。据传:明嘉靖间有沈姓在此造花园,故名。现发展为南沈、北沈两村。为肖王15组。44户,174人。

思仰桥 曾名思娘桥。在长安镇驻地东南3公里,西出盐港东岸。据传:旧时村西原有木桥,有一妇女到河西探望亲人,不慎掉在河里,被人救起,此后村人发起募缘造一石桥,取名"思娘桥"。《海宁州志稿》载有其名。村以桥得名。为肖王16组,38户,156人。

栗树下 在长安镇驻地东南2.5公里,上塘河之南。村以旧时有栗树得名。为长安镇工业园区。现为17组。65户,273人。

小蔡家湾 在栗树下西南0.5公里,桃花港畔。村因与大蔡家湾相对得名。为长安镇工业园区。

邹花园 在长安镇驻地东南,文进桥南。据传:原系清代邹姓的"耕馀小圃",道光十年(1830)毁于火灾。1976年尚有紫薇等花木,现仅剩荷花池。村以园得名。

陈家石桥 在邹花园河西。村以桥得名。与方家埭合并。

方家埭 在长安镇驻地东南1.8公里,胡(斗)长(安)公路东侧。以姓得名。与陈家石桥合并为20组。41户,163人。

杨朱毛 在长安镇驻地东南1.5公里,胡(斗)长(安)公路东侧。据传:清代有杨姓官员在此建造厅房(近年曾在村中一干涸的荡里发掘出大批桩木),后杨姓衰微,朱姓毛姓迁入,即以三姓结合得名。为肖王21组,51户,203人。

吴家石桥 在长安镇驻地东南1公里,胡(斗)长(安)公路西侧。村以石桥得名。为肖王18组。27户,98人。

黄河桥 曾名为横河桥。在长安镇驻地南2.2公里,村以桥名。为肖王19组,47户,201人。

城东村

位于长安镇东部2.8公里处,东连周王庙,西接长安镇,南隔上塘河和肖王村为邻,北枕沪杭铁路与辛江村、德丰村、东升村相邻。2004年10月26日,由卫国、东关、万渡3村合建而成。2005年,城东村总面积4.3平方公里。总土地298.4公顷(其中耕地257.47公顷)。辖27个村民小组,总户数为1152户,总人口4439人。2005年全村实现工农业总产值9262万元,年村级经济收入30万元,人均集体可支配资金68元,农民人均收入7325元,年末集体资产总值802万元。农户以种桑养蚕、种植水稻、兼饲猪羊、种植葡萄,有葡萄种植户132户,面积37.84公顷。2005年总产值200万元。主要品种有:维多利亚、滕念、白鸡心、美人指、无核四号、天峰、新华一号、红富士。工业企业有五金制锁、皮革加工、针织品等。设有小学1所。

原卫国村 在长安镇东部2.8公里处。东邻周

▲城东村村民委员会

王庙镇民主村，南靠万渡村，西连东关村，北枕沪杭铁路。解放初建政为民主乡第十行政村。1956年与第九、十一两村合建为第十高级社，属新民乡。1958年原第十行政村部分从第十高级社划出，建为卫国（魏郭的谐音）大队，隶属长安公社。1984年1月改建为卫国村民委员会。辖11个村民组（13个自然村）。耕地118.07公顷（其中水田78.2公顷、旱地30.2公顷），专桑21.33公顷。以种粮、麻、桑为主，复种油菜，兼饲猪羊。1982年10月，完善第一轮土地承包。设小学1所。1994年9月小学撤销，并入三联小学。2003年4月，完成土地整理项目83.33公顷。

原东关村　在长安镇东部1.5公里处。东邻万渡村，南靠上塘河，西接长安镇，北枕沪杭铁路。解放初建政为民主乡第九行政村。1956年与第十、第十一两村合建为第十高级社，属民主乡。1958年从第十高级社划出建为东关大队，隶属长安公社。1984年1月改建为东关村民委员会。辖8个村民小组（9个自然村）。有耕地73.93公顷（其中水田41.67公顷，旱地26.4公顷），专桑17.53公顷。以种植粮、麻、油桑为主，兼养猪羊。1982年10月，完善第一轮土地承包。设小学，1994年9月，东关小学撤销，并入三联小学。2003年4月，完成土地整理项目113.33公顷。同年10月，东关村卫生服务站撤销，并入卫国村卫生服务站。

原万渡村　在长安镇东南部2公里处，上塘河旁。东、北邻卫国村，南靠上塘河，西接东关村。解放初建政为民主乡第十一行政村。1956年与第九、第十两村合建为第十高级社，属新民乡。1958年，原十村部分农户从第十高级社划出建为万渡大队，隶属长安公社。1984年1月改建为万渡村民委员会。辖8个村民小组（10个自然村）。耕地83.73公顷（其中水田60.53公顷，旱地15.33公顷），专桑13.2公顷。以种粮、麻、桑为主，兼饲猪羊。1982年10月，完善第一轮土地承包。2004年12月原万渡村被市评为海宁市文化阵地建设“示范村”。2005年12月原万渡村完成市级经济薄弱村转化工作。村内原设小学，后撤销并入三联小学。

村内古时有风景点：“万家渡”“青莲桥”“石佛亭”“赛西湖”“姚家涧”。

万家渡　在长安镇东南2公里，文进桥畔。东侧有赛西湖，石佛亭，南侧有邹花园，是《修川小志》编著者邹存淦故居。据《海宁州志稿》载：清初这里已是“两面市房，早晨卖带做市，并出手巾、茧绸，广行江浙”。《修川小志》亦称：“带市在文进桥。以棉纱织成，五色备美，就近居民皆以带为业”。1925年后，织带业和集市渐趋衰落，织带技术也已失传。

青莲桥、石佛亭　青莲桥原名青莲闸，以闸东青莲庵得名。据《海宁观潮》载：“石佛亭在万家渡桥东建兴湖旁，原名青莲庵。内供石佛三尊，传为唐尉迟恭监砌水闸时所掘得，雕琢奇石”。按：青莲闸之名，清末民初，本县地方志《宁志备考》和《海宁县志略》均有记载。闸的兴废情况无考。清末庵毁于火，石像曾移至石佛亭北小庙内，后不知何时散失。

赛西湖　原名青莲漾，又称小西湖。旧时为长安附近的1个风景点。一说在青莲庵西，现已围成小池；另一说为上塘河中的1个漾潭，其南名西出盐港。

姚家涧　始建于明代，原名姚广览。是上塘河的水利设施之一，三孔石梁泄洪坝。

自然村简介

沈家埭　在长安镇驻地东南2.7公里，青莲桥东北石佛亭旁。以姓得名，为1组。44户，182人。

吴家木桥　别名南上河。在长安镇驻地东3公里，魏郭闸南，上河港东岸。村民系明初从萧山迁此定居。村袭用原桥名，为2组。28户，110人。

王家浜　在长安镇驻地东南3公里，青莲桥港东弯浜上。以姓得名，为3组。29户，117人。

南清桥浜　原名南清牛浜。在长安镇驻地东南3.1公里，青莲桥港东。因浜上有南清桥得名，为4组。32户，130人。

北上河　在何家木桥北堍，魏郭闸上河口。因村处桥北，位于上河口得名，为5组。26户，101人。

杨家浜　在魏郭闸东0.3公里，杨家浜北。.以姓得名。为5组，17户，69人。

王家弄　在长安镇驻地东3.3公里，庙坝港西伸小浜畔。旧时村中有弄，冠姓得名，为城东村6组。35户，146人。

秀才坝 在长安镇驻地东3公里，魏郭闸下河东侧。村西原有坝，称秀才坝，以拦横港，积庙坝港水，村袭坝名，为7组。47户，198人。

俞家 在长安镇驻地东北偏东3公里，沪杭铁路南侧。以姓得名。为8组，32户，134人。

章家角 在长安镇驻地东2.3公里，李王坝东北100米处。以姓得名，为9组。47户，199人。

大寺桥 在长安镇驻地东2.3公里，沪杭铁路之南，因村有大寺桥，村袭桥名。

傅家埭 在长安镇驻地东2公里，东关至万渡机耕路北。以姓得名，为10组。38户，138人。

李家石桥 在长安镇驻地东2.4公里，杨家坝港东岸，石桥之南。村以桥冠姓得名，为11组。46户，181人。

万家渡 在长安镇驻地东南2公里，文进桥畔。据《海宁州志稿》载：清初这里已是"两面市房早晨卖带做市，并出手巾、茧绸，广行江浙"。《修川小志》亦称："带市在文进桥。以棉纱织成，五色备美，就近居民皆以带为业"。1925年后，织带业和集市渐趋衰落，织带技术也已失传。村以旧有万家渡得名，为12组。40户，117人。

王家埭 在万家渡后0.2公里，青莲桥北。以姓得名。

郭坟堂 废村，在原赛西湖西侧。原属自然村，1974年后村民迁至王家埭。

张陈吴埭 在长安镇驻地东2.3公里，陈家木桥东。以三姓组合得名，为13组。40户，139人。

老虎漾 在长安镇驻地东2.8公里，青莲桥港西岸，以村东原有漾潭、小浜组合形似老虎咀，故名。后因部分村民迁至九字浜定居，故得此别名，为14组。47户，189人。

帮岸上 在长安镇驻地东2.1公里，万家渡北。村中鱼池曾砌有帮岸，故名，为15组。45户，152人。

周家埭 在长安镇驻地东1.7公里，原乌伦庙西100米处。以姓得名，为16组。26户，116人。

朱家埭 在长安镇驻地东1.8公里，定香寺至九字浜的机耕路畔。以姓得名。为17组，26户，89人。

曹家火墙头 在长安镇驻地东2公里，小桥港东岸。村以曹姓房屋原有火墙得名，为18组。35户，122人。

樊家埭 别名李王埭，在长安镇驻地东1.8公里，李王坝西岸。村袭旧名，为19组。53户，192人。

东关厢 别名小市，在长安镇驻地东侧，以原有东关厢得名。"小市"一名，《修川小志》有载。为城东村20组。61户，211人。

沙泥浜 在长安镇驻地东1.9公里，东关凉亭之东，沪杭铁路旁。浜以沙性土质得名。村袭浜名，为21组。47户，173人。

白蛇桥 原名白善桥。在长安镇驻地东2公里。相传：清末民初，萧山移民迁此。以谐音呼为"白蛇桥"。村袭桥名，为22组。27户，106人。

陈家木桥 曾名秦家木桥。在长安镇驻地东1.8公里，陈家花园南。村以桥冠姓得名，为23组。26户，93人。

赵家村 在长安镇驻地东1.8公里，陈家花园村南。村以姓得名，为23组。20户，82人。

张家石桥 别名河东。在长安镇东1.4公里，姚家涧港东。以村旁有张家石桥得名，为24组。37户，127人。

姚家涧 在长安镇驻地东1.3公里，上塘河北，姚家涧港东岸。姚家涧，即康熙《海宁县志》中之姚广笕。村以笕（谐音成涧）得名。20户，95人。

万福凉亭 在长安镇市梢，上塘河北。村以塘上凉亭得名，为25组。53户，212人。

陈家花园 别名斗阁，施墩庵。在长安镇东1.5公里，相传：清初有陈姓在此建一花园，故名。又以村南原有斗阁，施墩庵，故有此别名，为26组。51户，184人。

白五圣堂 在长安镇东驻地1.4公里，陈家花园东北0.2公里。村以原有供"蚕花五圣"之小庙得名，为27组。26户，101人。

新民村

位于长安镇驻地西南部2.1公里处，东以三里塘与肖王村为界，南靠老庄村、褚石村，隔居家桥港与天明村相邻，北临上塘河。长天公路横穿全村，水陆便利，全村总面积为1.83平方公里。

解放初建政为新民、安南2个行政村，属新民

▲新民村村民委员会

乡。1956 年合建为第二高级社；1958 年改建为新民大队，隶属长安公社；1984 年 1 月改建为新民村民委员会。村委驻地朱家堰 48 号。辖 14 个村民小组(13 个自然村)538 户，2149 人。全村有个私企业 11 家，从业人数 336 人。主要生产皮件、塑料编织及五金为主。农业有耕地 125.13 公顷，专桑 35.86 公顷。特色农业以鲜切花为主，种植鲜切花 17.33 公顷，葡萄 7 公顷，苗木 5.33 公顷。2005 年圣品葡萄金手指、巨玫瑰荣获浙江省优质水果金、银奖。

2005 年全村工农业总产值达到 6800 万元，人均收入达到 7325 元，村级可支配资金达到人均 270 元。全村有 23%农户住上了二层楼房，75%住上三层楼房。村内设小学 1 所，学龄儿童入学率达到 100%，是年新建村文化活动中心，建筑面积为 730 平方米，活动器材齐全，还开设老年大学学习班 1 个。80%农户吃上自来水，村内设有村级卫生室。是年新筑通组水泥道路 3.7 公里，实现组组通公路。道路绿化率达到了 90%，2 个村民组埋设了污水管网，2005 年全村通过村庄整治并达标。

新民村 1994 年被海宁市委评为“先进党组织”；1995 年被市委、市人民政府评为“奔小康标兵村”；1997 年被市委、市人民政府评为“先进党组织”“小康标兵村”；1999 年被市委评为五好村党支部、先进基层党组织。

自然村简介

三村埭 在长安镇驻地西南 2.1 公里，石灰港西岸。原新民村民委员会驻地。因村呈三角形，陈、李、潘三姓，各居一隅，故名。为新民 6 组，60 户，230 人。

华家埭 别名华家鱼桶。在长安镇新民街南端。据传：村原名张家园，清初有华姓在长安西关厢外上塘河设簖捕鱼，每天清晨去长安镇出售，故附近人称其住地为华家鱼桶。后发展成村，现属长郊社区。

朱家堰 曾名朱家塘. 在长安镇驻地西南 1 公里，三里港西，村居朱姓，因地势低洼，旧时筑圩防水，故名。为新民 2 组，39 户，162 人。

何公漾 在长安镇驻地西南 1.1 公里，石灰港东岸。村中旧有漾潭，塘南称南何，塘北称北何，以漾冠姓得名。为新民 3 组，51 户，162 人。

何家埭 别名枣树湾、褚家庄。在长安镇驻地西南角，上塘河南岸。以姓得名。村分两处：居石灰港东称东河，居石灰港西称西河。因旧时村周路旁遍种枣树，且有弯道，故称“枣树弯”。又因早年曾有褚姓居此，别称褚家庄。为新民 5 组，39 户，180 人。

陈点灯 在长安镇驻地西南偏南 2.4 公里，石灰港西岸。据传：旧时每逢清明前后迎神赛会，村中参加手提香炉灯队，村民陈姓是手提香炉灯队之前导，故名。为新民 7 组，41 户，170 人。

东郁 废村 在陈点灯村北 0.4 公里处。原属自然村，1970 年村民迁至陈点灯。为新民 4 组，38 户，137 人。

西郁 废村 在钟家浜南 0.3 公里处。原属自然村，1976 年农田基本建设中村民迁至钟家浜。为新民 5 组，39 户，161 人。

钟家浜 在长安镇驻地西南 2.2 公里，三村埭西南 100 米处。原有钟家浜。村袭浜名。为新民 8 组，46 户，179 人。

北石桥湾 别名北桥、南桥。在长安镇驻地西南 2.5 公里，庙桥港东岸。村中有一东西向石桥，桥堍两边道路各沿河一侧南北延伸，上下桥均转弯，故名。为新民 9 组，36 户，175 人。

南石桥湾 新民 10 组。34 户，139 人。

王家火墙头 在长安镇驻地西南 3.2 公里，庙桥港东岸。村以原有王家火墙得名。为新民 11 组，35 户，151 人。

北庄 在长安镇驻地西南 3.2 公里，石灰港西岸。村分南北两处：居南称南张，居北称北张(北庄），村以北庄为名。为新民12组，37户，147人。

沈角 在长安镇驻地西南2.9公里，上塘河南岸。因沈姓居住河角，故名。同为新民12组，22户，88人。

杜家木桥 别名西陈家门、陈家角。在长安镇驻地西南1.8公里，三村埭西北100米处。村以浜上原有木桥得名。为新民13组，36户，144人。

杜家角 别名东陈家门。在长安镇驻地西南2.5公里，上塘河南，太平桥东之河角里。村以姓和住地位置得名。为新民14组，34户，143人。

姚家簖 废村 在村北上塘河边。以姚姓鱼簖提名。原属自然村，解放后村民迁址至杜家角。

金港村

位于长安镇南部5公里处，东与周王庙镇胡斗村、云龙村相连，南临钱塘江，西接东陈村，北连肖王村。老01省道、胡长公路分别为东西、南北向穿越金港村区域，杭浦高速出口设在村西南部，贯穿全村。村域面积3.2平方公里，辖区24个村民小组（21个自然村、1个自然镇）总户数911户，人口3548人。耕地216.4公顷（其中水田153.87公顷、旱地43.8公顷），专桑63.53公顷。

解放初建政为牧港乡，牧港、指南、金桥、中心4个行政村。1956年，金桥、中心两村合建为建二高级社；牧港、指南两村合建为建三高级社，同属石井乡。1958年，建二、建三两高级社合建为牧港大队，隶属钱塘江公社；1961年划出原建二高级社另建金星大队，原建三高级社仍称牧港大队，归属长安公社。1967年，牧港大队更名为东风大队。1978年11月，东风大队又复名为牧港大队；金星大队改名为金桥大队。1984年1月，牧港大队改建为牧港村民委员会；金桥大队改建为金桥村民委员会。2004年10月，金桥村和牧港村合并为金港村。

▲金港村村民委员会

合并前金桥村区域面积为1.9平方公里，13个村民小组，户数509户，人口2101人。牧港村区域面积1.3平方公里，11个村民小组，总户数402户，人口1550人。

2005年，金港村工农业总产值2.1亿元，全村经济总收入10522万元，其中村级经济收入70万元，农民人均收入7380元。

2005年年底，金港村有工业企业30家，皮革服装、五金锁具是金港村的两大支柱产业。其中年产值在1000万元以上规模企业有：海宁市凌衣皮革五金有限公司、海宁市得莉赛服饰有限公司、海宁市牧港纸制品厂、海宁市强兴锁业有限公司。

特种水产、家禽家畜、花卉、蚕桑是金港村农民的主要收入，其中特种水产养殖是金港村的特色农业。1999年7月，原牧港村被海宁市人民政府命名为“河蟹专业村”；2000年1月建立“长安镇特种水产养殖示范园区”；是年3月成立“长安镇特种水产养殖协会”。是年9月，牧港“钱潮河蟹”在嘉兴市农业博览会上被评为优质产品。2002年注册为“牧港”河蟹。2005年，金港村有85户农户在上虞、乔司农场、尖山专业从事河蟹、南美白对虾、澳洲龙虾、甲鱼特种水产养殖，全村农民特种水产面积466.67公顷，产值1500万元。

自然镇

马牧港位于长安镇南部6公里，金港村南部，南濒钱塘江，北靠杭（州）金（丝娘桥）公路。马牧之名始见于唐《郐府君墓志铭》：“海昌之里，马牧之墟。”相传为古代牧马之地。明末邑人、历史学家谈迁有《海塘谣》云：“前鸣金，后鸣鼓，声声官长催督苦。凤凰山边募石土，马牧港口拘船户。何时沧海变桑田，为免贫民雇役钱。”这不仅说明马牧港很早就是海运发达、船户集中之地，也反映了劳动人民为徭役所苦的生活情景。在清代捍海石塘筑成后，马牧港作为海运和内河转运码头，曾盛极一时。至铁路钱塘江大桥筑成后，海运渐为陆路运输取代。马牧港在解放前为县属等外集镇，解放后曾为牧港乡驻地，现为乡村小集镇。原街东西向，长 120 米，宽 2.8 米，石板路。1976 年新建南北向直街，1989 年浇制水泥路，为主要商业区，现有农贸市场、信用社等。

自然村简介

金家桥 别名张家埭。在长安镇驻地南 4.1 公里，褚石堰横港东端。村中有金家桥，村袭桥名。因村中多张姓,又名张家埭。金家桥现属张家、金桥、朱家三个组，总户数 124 户，人口 461 人。

范家埭 在长安镇驻地南 4.3 公里，胡长公路畔。原金桥村民委员会驻村中。以姓得名。公路西侧村中多朱姓，又名朱家田心里。范家埭属联星组，52 户，216 人。

戴家角 在长安镇驻地南 3.2 公里，三里塘港西弯角南岸。以姓得名。戴家角、王家埭现同属王家组，33 户，130 人。

王家埭 在长安镇驻地南 3.5 公里，原万年庵旁。以姓得名。

许家埭 在长安镇驻地南 4.5 公里，金桥北堍西侧。以姓得名。因肖王村有许家埭，故称南许家埭。属联合组，61 户，208 人。

蔡家角 在长安镇驻地 3.7 公里，万年庵机耕路南。以村初建时蔡姓居此，故名。属曙光组，有 27 户，81 人。

钟家埭 在长安镇驻地南 4.6 公里，西出盐港东岸。以姓得名。属钟家组，58 户，218 人。

王家浜 在钟家埭南，王家浜东北端。以姓得名。属王家浜组，有农户 29 户，102 人。

陈家兜 在钟家埭南，王家埭西北。以村处位置冠姓得名。因东邻胡斗村亦有陈家兜，故本村又称西陈家兜。属陈家兜组，30 户，99 人。

郭家门 亦名钱家巷。在长安镇驻地东南偏南 3.8 公里。西出盐港东西两岸。以姓得名。因村民分居两处，西南之村称钱家巷。属郭家组，居 38 户 137 人。

叶家桥 在长安镇驻地南 3.9 公里，金家桥东北 500 米处。村袭桥名。为叶家组，38 户，139 人。

倪家坝 在长安镇驻地南 3.1 公里，胡(斗)长(安)公路西 200 米处。村早年四周环河，居住倪姓，筑有土坝，故名。属倪家组，居 31 户，112 人。

官桥头 曾名李家河头。在长安镇驻地南 6 公里，杭(州)金(金丝娘桥)公路之北。村南有跨新塘河之官桥，村袭桥名。又因原牧港镇货运码头为李姓所有，故亦称李家河头。属东风组，有 119 人。

蔡家埭 在长安镇驻地南 5.8 公里，牧港镇北，原九曲港西岸。以姓得名。

杨家坝 在长安镇驻地南 5.4 公里，总家坝港畔。原牧港村民委员会驻村西总家坝桥南。旧时有坝，据《都庄图说》载：此坝为调节九曲港以南水位而建(今废)。村以坝名。[注]总家坝：跨总家坝港。原为石桥，1978 年改建为混凝土双曲拱机耕桥。题名“牧港新桥”。长 18 米，宽 3.4 米。为光明组，居 41 户，143 人。

翁家埭 在长安镇驻地 5.1 公里，牧港至长安机耕路东侧。以姓得名。翁家埭、邱家埭同属星火组，60 户，206 人。

瞿家弄 长安镇驻地南 5.1 公里，胡长公路西，牧港公路边，以姓得名。瞿家弄分属新丰、新建二组，共 70 户，254 人。

邱家埭 在长安镇驻地南 5 公里，翁家埭西之机耕路旁。以姓得名。

姚王埭 长安镇驻地南 5.5 公里，杭金公路北 200 米，原三里塘港南段西岸，以姚、王两姓得名。分属长征、红卫二组，有 62 户，227 人。

半爿街 在长安镇驻地南 5.8 公里，新塘河北，积谷桥旁。因村形似街道，而仅南向一边，故名。

郛家埭 在长安镇驻地南 6.1 公里，杭金公路 36 公里路牌西南 100 米处。以姓得名。属立新组，38 户，137 人。

盐仓村

位于长安镇驻地西南 6.3 公里处。东与东陈村为邻，南靠钱塘江，西与鹿耳、红色村为界，北接褚石村。解放初建政为盐仓、孟子、永宁、3 个行政村，属孟子乡。1956 年合建为第八高级社，划为新民乡。

▲盐仓村村民委员会

1958年改建为盐仓大队，隶属长安公社。1984年1月改建为盐仓村民委员会。1999年11月，在海宁市行政区划调整中，从长安镇划入盐仓镇。2003年11月14日，在海宁市优化行政区划中，盐仓镇与长安镇合并后归属长安镇。辖15个村民小组，11个自然村。总户数582户，2497人。耕地面积149.47公顷（其中水田63.07公顷、旱地77.73公顷），专桑21.87公顷。农户历来以种粮为主，复种油菜、瓜类，兼饲猪羊。改革开放后，农民发展种养殖业，养殖河蟹、南美白对虾、甲鱼；种植苗木、鲜切花等。工业生产以纺织、五金锁具为主，全村有85家个私企业，3家村办企业。

历史记载，在清代曾是城西小镇。分东西有大名当铺，店房经营，贸易兴旺。旧有乾隆巡视海宁时的行宫所题石碑亭，故称御碑亭。01省道和杭浦公路贯穿全村。2005年工农业总产值达7800万元，集体资产总值300万元，集体可支配资金39万元，人均可支配资金159元，农民人均收入8361元。

自然村简介

老盐仓 在长安镇驻地西7公里，大石塘北侧。《海宁州志稿·都庄》称：清代"街分东西，民人开张贸易，又有仓廒、盐场，从前河道直抵仓前"。因建造时间较西盐仓为早，故名。辖区内有钱江组、七一组，70户，310人，邻钱塘江而居。紧靠农业对外开发区，外来人口集聚500余人。

褚家埭 在长安镇驻地西南6.3公里，天明港西岸。盐仓村民委员会驻南，以姓得名。为褚桥组，20户，94人。

永宁寺 别名盐所地上。在长安镇驻地西南偏南6.5公里，大石塘和杭（州）金（丝娘桥）公路之间。村以原有寺庙和盐所地而得名。为永丰组，33户，131人。

御碑亭 别名行宫，又名蔡家。在长安镇驻地西南偏南6.6公里，东风桥南。因其地原有乾隆巡视海宁时的行宫和乾隆所题石碑亭，故名。行宫及亭现均无存，碑已移至老盐仓。1966年后，亭北村民迁至北村。为东风组，41户，189人。

徐家埭 在长安镇驻地西南6.5公里，海塘和杭金公路之间。以姓得名，为红心组。45户，213人。

叶家浜 在长安镇驻地西南5.8公里，三联桥北堍东侧。以姓得名，辖区内有叶家组、费家组。86户，354人。组内租住外来人口2000余人。

官石桥 别名荷叶地。在长安镇驻地西南偏南6.7公里，官石桥北。因村近官石桥，村袭桥名。又因原村址四周环水，状似荷叶，故得此名。辖区内有联合组、联丰组。99户，425人。

庙东 古名荆墟庙，又名姚家埭。在长安镇驻地西南偏南7公里，海塘和杭金公路之间。以村处原老盐仓东、荆墟庙旁得名。为永胜组，34户，132人。

孟子桥 在长安镇驻地西南6公里，天明港东岸。据《海宁州志稿》载：清初曾是"城西小镇，有大户当铺，店房经营"，是老盐仓商业集市的延伸点。后随老盐仓衰落，降为乡村。村以跨天明港的孟子桥得名。辖区内有桥南组、红旗组。66户，274人。

木行头 在长安镇驻地西南5.6公里，天明港东岸。以旧时开设木行得名。为红联组。组内人家分两大块，故有南、北红联之称。54户，223人。

汤家门 在孟子桥南化成桥畔，方桥机耕路西侧。以姓得名。为汤家组。34户，152人。[注]化成桥：《海宁州志稿·都庄》有载。俗名化尘桥。单孔板凳石桥。长12米，宽2.2米。

鹿耳村

地处长安镇西南部5.9公里。东、南与褚石村、盐仓村相连，西与南坝头港和许村镇巷车村为界，北靠和睦桥港。解放初建政为孟子乡鹿耳、费元2

▲鹿耳村村民委员会

个行政村。1956年合建为第七高级社，属新民乡。1958年改建为鹿耳大队,归属长安公社。1967年更名为东方红大队。1978年11月复名为鹿耳大队。1984年1月改建为鹿耳村民委员会。1999年11月划入盐仓镇;2003年11月并入长安镇;2005年年末,全村总面积155.8公顷,其中耕地146.73公顷。辖10个村民小组(10个自然村)。总户数531户,总人口2471人。

以种植粮食、甘蔗、瓜果、桑树等传统农业为主。全村有纺织、皮革和五金等企业。有家庭织机120户、剑杆织机300台。2005年全村实现农、牧渔产值724万元,村级集体经济收入59万元,全村经济总收入实现1个亿；人均集体可支配收入244元,年末集体资产总值275万元,农民人均收入7402元。

2001年5月至2005年12月,投入426万元资金硬化村级道路23.53公里;是年10月,投入140万元建办公大楼,面积1050平方米;2005年,投入32万元,建造村文化活动中心。

2001年,被中共海宁市委、海宁市人民政府命名为"文明村";同年被海宁市评为"三无村";2003年,被海宁市委评为"五好党支部";2005年,被海宁市评为"平安村"。

自然村简介

鹿耳桥 在长安镇驻地西南6.1公里，坝头港西岸。鹿耳村民委员会驻港东。村以桥得名。为5组,68户,316人。

褚家桥 在长安镇驻地西南偏西5.5公里,鹿耳桥东北100米处。桥系褚姓所建故名。村袭桥名。

田心里 在长安镇驻地西南偏西5公里,天明港西岸。以村原在田畈中间得名。以褚家桥同为9组。25户,110人。

海沿河头 在长安镇驻地西南偏西5.6公里,天明港畔。旧时村有海盐、海货运输码头,故名。为1组,55户,272户。

司娘桥 古石桥。在长安镇驻地西南偏西6公里。村袭桥名。为鹿耳村2组,60户,259人。

周家车 在长安镇驻地西南偏西6.3公里,坝头港西岸。据传:旧时有周姓在此开设油车(榨油作坊,后毁于兵火),故名。为7组,52户,245人。

褚家墙门头 在长安镇驻地西南6.6公里,南费墙园之南。以褚姓住屋墙门得名,已废。

费墙园 在孟子桥直西200米,褚家墙门头之北。据传:旧时有费姓商人在北建造花园,故名。有南、北费墙门之分。其中,南费墙门46户,218人与褚家墙门头同属鹿耳村3组。北费墙园,为8组。45户,184人。

袁家角 在长安镇驻地西南偏西6.5公里,许巷乡袁家坝东北300米处。以姓得名。为4组,65户,289人。

许家坝 在长安镇驻地西南偏西6.6公里,坝头港之万寿桥。以姓得名。因村与南隆桥畔之南许家坝相对,亦称北许家坝。为6组,53户,251人。

石桥头 在长安镇驻地西南5公里,天明港西侧,村以桥得名。为10组,40户,179人。

红色村

位于长安镇驻地西8公里处,东界坝头港及鹿耳村,南滨钱塘江,西连许村镇红旗村,北接费漾村。杭州绕城公路、翁金公路贯穿。解放初建政为袁牧乡袁坝、新民、黄山三个行政村。1956年建为第六高级社。属许巷乡。1958年与第七高级社合建为袁牧大队,属许村公社。1961年原第七高级社部分划出另建,袁牧大队未易,析属许巷公社。1966年更名红色大队。1984年1月改建为红色村民委员会,属许巷乡。1999年11月,在海宁市行政区划调整中,划归盐仓镇。2003年11月,随盐仓镇并入长安镇。全村总面积为1.7平方公里，辖13个村民小组(11

个自然村),1个自然镇。耕地面积157.67公顷(其中水田60.2公顷,旱地83.4公顷),专桑26.27公顷。地处沿江台地,据《都庄图说》称:"地处高阜,干旱有虞。"以种植水稻,甘蔗为主,兼饲猪羊。传统产品甘蔗、土麻布(现失传)。全村年种植甘蔗40公顷。1999年联新组开始种植草莓,到2005年这个组50户家家种植草莓,面积为1.33公顷,大棚40个,每亩收入2万元,当地有"红色经济"之称。工业生产以五金、制锁、纺织为主。原设小学1所。

2005年全村有纺织机640台,年产值达2650万元。全年工农业总产值9735万元,集体可支配资金50万元,人均可支配资金173元,农民人均收入7415元。2000年—2001年平整土地113.33公顷;2003年袁牧小学迁址盐仓学校;2004年10月投入60万元建成村级文化活动中心,面积400平方米。2005年投资180万元,完成了通户公路硬化工程,浇制水泥路11公里。2005年12月被海宁市授予平安村。同月,被海宁市委授予"五好"村党组织。

自然村简介

袁家坝 自然镇。277户,675人。以旧时袁姓屋旁筑有拦水坝得名。据传:早年已有集市。明代成化七年至十三年(1471—1477)因江失故道,海水成灾,大片土地沦入江中,以后市况渐衰。《海宁州志稿·市镇》称其成市早于许巷。民国初为县属等外镇,解放后为乡、社属镇。街呈不规则块状,长150米,宽4米。镇区有磨子弄、梅家弄、庙弄,原有供电、供销、粮站、商店等。传统副业土麻布。杭金公路经此设站,通杭州市郊公共汽车。

杜家河 曾名杜家河头。在袁家坝磨子弄北20米处。以杜姓屋旁旧时有河埠得名。为红星组,39户,156人。

王家坝 在袁家坝东市梢。村以坝冠姓得名。为新胜组,有39户,160人。

宋家道地上 废村 在王家坝南300米处。以姓得名。原属自然村,1970年后村民迁至王家坝。

南许家坝 在坝头港东岸。以村处许家坝旁得名。因居住分散,村北部称陈家兜;村西部呼王房里。为联新组,有51户,235人。

杭家火墙头 在备塘河之北。村以杭姓住房建有火墙得名。为建新组,有29户,120人。

俞打索 村面对海塘,海宁围垦船闸东侧。相传:旧时海船来往甚多,村民俞姓打索(绞绳)为业,故名。为民丰组。有33户,132人。

昌孟桥 曾名黄山庙。备塘河北岸。村以昌孟桥得名。为新建组,69户、296人。

吴家谷 在陈家石桥东侧田间。以姓得名。村前原有金家埭,亦属此村。为立新组,有51户,211人。

陈家石桥 在袁家坝港东岸。村北有陈家石桥,故名。为金星组,有54户,235人。

杭闸上 在原官塘之北。据《海宁州志稿》称:"庄有营房、铺房",即明时"递急铺和烽堠"所在地。村以姓得名。为新农组,有42户,180人。

保安桥 废村 在陈家石桥西侧田间。以桥得名。原属自然村。为联丰组,37户、150人。1974年后村民迁至杭闸上。

钱家 曾名狗头颈。在备塘河北。以村傍原有钱家总管堂得名。为新丰组,有68户,309人。

东王庙 原名东皇庙、东岳庙。村以原有之庙宇得名。为革新组,有62户,263人。

兴福村

位于长安镇驻地东北4.6公里处,东与东升村相接,南隔洛塘河与德丰村为邻,西接兴城村,北与桐乡市崇福镇新桥村相连。沪杭高速公路东西横贯村域,至沪杭高速公路长安出口处3.5公里。

民国37年(1948年)11月16日,海宁、崇德会

▲兴福村村民委员会

勘县界,学士乡瓦家浜,长春桥,卖鱼桥,石山桥以南划属海宁县,以北划属崇德县。

解放初建政为兴福乡,兴福、徐家、新村3个行政村和包家行政村的一部分。1956年合建为红旗高级社,隶属辛江乡。1958年改建为长安公社兴福大队。1961年原辛江乡部分从长安公社划出(名称未易),归属辛江公社。1984年1月改建为兴福村民委员会。

2005年年末,全村总面积2.3平方公里,其中耕地面积164.73公顷。辖12个村民小组,总户数为582户,总人口2476人。全村实现工农业总产值8422万元,年村级集体经济收入43万元,人均集体可支配收入176元,农民人均纯收入7576元,年末集体资产总值388万元。农户以种桑养蚕、种植水稻为主,兼饲猪羊。有五金制锁,皮革、皮草加工等工业企业,设有小学一所。村内有两处文物保护点:施家墩墓葬群,凤凰基。

2000年5月,兴福村曾被列入海宁市级经济薄弱村。2001年8月,兴福村村庄规划编制完成并开始实施。2001年6月,被海宁市授予第五次全国人口普查先进单位。2004年2月,完成经济薄弱村转化,村级集体经济平稳、健康发展。2005年4月,兴福村创建海宁市级“整治村”通过海宁市“小康示范、百村整治”工作组验收。11月,被海宁市政府授予“绿化示范村”称号、12月被海宁市政府授予“平安村”称号。

兴福寺自然镇,别名寺前埭。在长安镇驻地东北4.4公里,斗牛浜1公里处。以兴福寺得名。据《淳祐临安志逸》载:宋升宝二年(969)始建,熙宁元年(1067)今名。明洪武二十四年(1391),寺旁已形成集市,清乾隆年间称兴福镇。民国初为等外镇。解放后为乡(社)、村(大队)属镇。街长150米,有农贸市场、商店、饮食店、卫生服务站、肥药站等。

自然村简介

小徐家塔 在兴福寺东市梢,面对五金港,村以原有砖塔得名。12户,48人。

大徐家塔 别名徐家。因村与小徐家塔相对,故名。又因村居徐姓,故得此别名。75户,318人。

斗牛浜 在兴福寺北1公里处,北与桐乡市相连。村旧有两浜,形似牛斗得名。41户,173人。

小石桥 在长安镇驻地东北5公里处,庙墩浜东北侧。《海宁州志稿·都庄》载有大.小石桥之名,村袭桥名。29户,116人。

大石桥 在小石桥西面50米处,村以桥得名。38户,168人。

施家墩 在长安镇驻地东北5公里处,村西北与桐乡为邻。据传:此墩系春秋战国之时烽火墩.村以墩得名。33户,156人。

浜头上 在车角上西,五金桥港之南,与兴福寺西市稍相对。以村处浜端得名。因村民姓沈,又称沈家埭。22户,98人。

金家 在兴福寺西南200米处,金家港西岸.以姓得名。28户,125人。

北角斗 曾名八角兜。在长安镇驻地东北3.5公里,张家埭河北,以村处河兜得名。37户,157人。

包家桥 在长安镇驻地东北3公里,洛塘河北岸,原包家桥北堍.村以桥得名。58户,231人。

陈家黑楼子 在长安镇驻地东北3.6公里,陈家浜北端。据传:村中旧有陈姓楼房,楼柱漆成黑色,故名。14户,56人。

西陈浜 在陈家黑楼子南,陈家滨畔。.因村东亦陈家浜,故名西陈浜。36户,162人。

朱家浜 在长安镇驻地东北4.2公里,牛桥港东向支流处.以姓得名。因村东鱼池间居有村民,俗称池心里。31户,136人。

五圣堂 在长安镇驻地东北4.7公里,杨家坝后桥西南。以村东原有”五圣堂”得名。1974年后,杨家坝后桥之袁家角村民迁居此村。28户,133人。

西庙桥 在长安镇驻地东北4.9公里,翟墩庙西。村以桥得名,15户,56人。

东升村

位于长安镇驻地东北3.5公里处,东接周王庙镇博儒桥村,南至沪杭铁路,西邻长安镇德丰村、兴福村,北靠桐乡市御驾桥村。辖18个村民小组,总户数875户,总人口3445人。全村总面积4.3平方公里,(其中耕地面积249.87公顷),人均耕地0.07公顷。全村现有大小灌溉机站9座,排涝站3座。圩

▲东升村村民委员会

堤11.8公里，排涝闸7座。大小桥梁25座，村内河道15公里，村组道路33公里，共有水泥渠道76公里，自来水站2个，自来水饮用率100%，广播通户率100%，工业生产以皮件、五金、制锁等行业为主；农业以种粮，养蚕为主，兼饲猪羊。2005年全村人均收入7380元。2005年全村实现工农业总产值1.6亿元，村级集体经济收入50万元，人均集体可支配收入145元，农民人均纯收入7380元，年末集体资产总值358万元。村内设幼儿园一所，有三处市级文物保护点：翟墩庙、大安桥、莫家桥。

1992年6月，新升村被嘉兴市授予嘉兴市级农村经济发达村。1994年10月，新升村主要道路碎石硬化5500米。1995年4月，新升村内圩堤加固加高4800米，重建目舒桥、秀才桥2座。

1996年8月，新升村被海宁市授予海宁市级文明单位。1999年11月，东方红村首次土地整理53.33公顷。是年12月，东方红村完成洛塘河圩区建设1500米。2000年5月，新升村被列入海宁市级经济薄弱村之一。2001年4月，海宁市命名长安镇东方红村为桑苗生产专业村。是年6月，东方红村被海宁市授予第五次全国人口普查先进单位。同月，新升村被海宁市授予第五次全国人口普查先进单位、东方红村创建嘉兴市级卫生村，验收合格。2001年8月东方红村“海宁桑”商标申请注册成功。是年11月，东方红村完成土地整理及标准农田建设117.33公顷。

是年12月，东方红村创建嘉兴市级文明村。2004年8月3日，四川重庆涪陵区山峡移民4户15人，落户东方红村1组、3组。

2004年10月，新升、东方红合并改名为东升村，驻地在原东方红村。是年11月，东升村文化活动中心及新升片活动室建成并使用。

2005年6月，创建市级生态村，验收合格。9月，被海宁市授予平安村。是年11月，创建市级信用村验收合格。是年12月，创建市级三无村，验收合格。2005年12月，被海宁市授予民主法治村。

原东方红村 驻地白洋池桥北。在长安镇东北部2.6公里处。东以永宁港和周镇乡为界，南靠沪杭铁路，西与新德、新丰为邻，北依洛塘河。解放初建政为兴福乡双润、永宁两个行政村及包家行政村的一部分。1956年合建为东方红高级社，属辛江乡。1958年改建为东方红大队，隶属长安公社。1961年原辛江乡部分从长安公社划出(名称未易)，归属辛江公社。1984年1月，改建为东方红村民委员会。辖10个村民组(21个自然村)。耕地122.27公顷(其中水田85.46公顷，旱地24.82公顷)，专桑21.33公顷。以种植粮、麻、桑为主，复种油菜，兼饲猪羊。有砖瓦厂，设小学。

原新升村 驻地水心里。在长安镇驻地东北部4.6公里处。东、南邻周镇乡，西连兴福村，北隔五金港与桐乡县为界。解放初建政为兴福乡翟墩、永丰、茹家3个行政村。1956年合建为新升高级社，属辛江乡。1958年改建为长安公社新升大队。1961年从长安公社划出(名称未易)，归属辛江公社。1984年1月改建为新升村民委员会。辖8个村民组(17个自然村)。耕地119.53公顷(其中水田99.6公顷，旱地9.13公顷)，专桑20.67公顷。以种植粮、麻、桑为主，复种油菜，兼饲猪羊。有五金元件厂等，设小学。

自然村简介

沈家浜 在白洋池桥南，沪杭铁路之北。村以南端小浜冠姓得名。1组，27户，90人。

许家木桥 俗名界地上。在长安镇驻地东2.3公里，新店头河北。村以原有木桥(已坍)得名。1组，24户，78人。

新店头 在长安镇驻地东2.2公里，许家木桥南。村在清代曾开过店铺，故名。《都庄图说》有载。

居家洋 在长安镇驻地东2.5公里，沪杭铁路北。

村以西边大漾潭俗称“洋”得名。2组,19户,88人。

千圣庵 曾名千胜庵。在白洋池桥南,砖厂东边。旧时附近有千胜庵,村袭庵名,后改作今名。2组,19户,70人。

俞家涧 原名水没笕。在长安镇驻地东3.2公里,辛江塘河(南排港)南。以涧西村民俞姓得名。3组,35户,114人。

[注]水没笕:明末清初《宁志备考》及《海宁县志略》有载。原已湮没无闻,1980年重修笕闸时,发现刻有“水没笕”的碑石,始知其原名。现为两孔减水坝,石刻题名“俞家涧”。

高板桥 在长安镇驻地东3.3公里,高板桥南北,村以桥得名。4组。31户,115人。

[注]高板桥:据《海昌备志》载,原石刻有“清嘉庆口口年口月”等字,应为始建或重修年月。系单孔四踏步高板石桥,1960年改为砖石混凝土拱桥。长18米,宽2米。

许家墙门 在长安镇驻地东3公里,辛江塘河(南排港)北岸。因村中原有许家墙门,故名。5组,14户,53人。

朱家门 在许家墙门北100米,朱家浜东侧。以姓得名。35户,143人。

陈家门 在长安镇驻地东北偏北3.2公里,吕家埭南,朱家门北,永宁港西侧。以姓得名。6组,21户,99人。

吕家埭 在长安镇驻地东北偏北3.3公里,永宁港西岸吕家浜畔。以姓得名。6组,11户,52人。

周家车 在长安镇驻地东北偏北3.6公里,永宁港西岸,据传:清初曾有周姓在此开设油车,故名。7组,21户,105人。

马家坝 原名马高坝,在周家车西北200米,洛塘河南岸。据传:村中曾有马姓在屋后浜口筑一防涝大坝,因名。7组,23户,89人。

葛家村 曾名泥木桥。在费家角河东,升大桥东北。以村中旧有面铺树枝并以泥土覆盖之木桥得名。7组。11户,38人。

[注]升大桥:原作“昇大桥”。民国35年(1946年)重建。长8米,宽1米,单孔板凳石桥。

火叉浜 在长安镇驻地东北3公里,白洋池桥东北。因村中有浜成“丫”形,犹似火叉(即柴灶烧火用的工具),故名。8组,27户,88人。

俞家埭 在火叉浜西岸。以姓得名。8组,21户,69人。

章周埭 在费家角之南侧。以章、周两姓得名。9组,51户,218人。

杨家 在长安镇驻地东北2.7公里,辛江塘(南排港)北160米处,小浜西岸。以姓得名。

费家角 在长安镇驻地东北偏东3.3公里,小横港之太平桥畔。以姓得名,10组,41户,175人。

[注]太平桥:为费家角南北之交通要道。清道光十九年(1839年)腊月重建。长10米,宽1米。系石桥。

沈家角 在长安镇驻地东北3公里,洛塘河南岸。以姓得名。10组,20户,80人。

花源安 原名“华严庵”,曾称花源庵。在长安镇驻地东北2.8公里,洛塘河之孙家桥西400米处。相传:孙权有一妃子曾在此修行,后即配祀孙权及妃子,原庵中楹联有“能使群僚肯尽忠,龙蟠虎踞口口口”之句。村以庵得名。

田心里 别名罗家门前。在长安镇驻地东北4.9公里,洛塘河北,葛河里东南。以村处田畈中,故名。又村民多数姓罗,称罗家门前。11组,13户,48人。

金家浜 在长安镇驻地东北4.8公里,洛塘河北伸支流东、西两岸。以姓得名。11组,7户,24人。

卢家 在长安镇驻地东北4.7公里,洛塘河北,村以姓卢得名。11组,12户,29人。

小安桥 在长安镇驻地东北4.6公里,洛塘河北岸。村以桥得名。11组,28户,118人。

李家埭 在长安镇驻地东北5.3公里,净妙寺港河湾西岸。以姓得名。12组,50户,201人。

新屋里 在长安镇驻地东北偏北5.4公里处,何家浜东100米,从杨家浜搬出去的新建造房子而得名。12组,8户,35人。

杨家厅 在长安镇驻地东北5.1公里处,五金港南岸,原此地有一户杨姓的厅而得名。13组,8户,32人。

何家浜 别名何家道地。在长安镇驻地东北

5.3公里,李家浜端。以姓得名。13组,15户,69人。

杨家浜 在长安镇驻地东北5.5公里，石山桥港南岸。以姓得名。13组,34户,122人。

水心里 曾名翟墩庙。在长安镇驻地东北5.2公里,小安桥新开河西岸。原新升村民委员会驻地。以旧时村居环水之土墩上得名。14组,31户,129人。

[注] 翟墩庙即翟介墩:据《海宁州志稿》载:相传为吴大帝孙权之妃——翟妃之墓,又名石墩。旧称"高二丈,周二百四十步"。现存高约5米,周46米。

黄家角 在翟介墩北0.3公里，与水心里隔河相对。以姓得名。14组,38户,139人。

神仙木桥 别名大悲阁,讹称大饼角。在长安镇驻地东北4.6公里,翟介墩之南。据传:村东原有木桥,人行时摇摇晃晃,却数十年不坍,故俗称神仙木桥。村袭桥名。又因翟墩前旧有大悲阁庙,故得此别名。15组,37户,148人。

沈家浜头 原名沈家浜。因重名故为沈家浜头,在长安镇驻地东北4.4公里,沈家浜西岸。以姓得名。15组,15户,60人。

石家道地 在长安镇驻地东北4.3公里，汪家门东头。因旧有石姓晒场(俗称道地),故名。16组,19户,54人。

汪家门 在长安镇驻地东北4.2公里,大、小安桥之间。以姓得名。16组,17户,70人。

大安桥 别名范家埭。在长安镇东北4公里,杨家坝直港东、西两岸。村以桥得名。17组,18户,69人。

祝萧浜 曾名竹筱浜。在长安镇驻地东北4.1公里,茹家埭北。相传:浜北原有村民祝、萧两姓;又因旧时浜畔原有多丛小竹,故名。17组,26户,107人。

茹家埭 在长安镇驻地东北偏北4公里处,南靠孙家桥,北过丝行石桥即竹筱浜,以姓得名。18组,50户,224人。

康福 在长安镇驻地东北4.9公里，五金港南河东。名称含义不详。原设有海宁县皮肤病防疫站。

德丰村

位于长安镇驻地东北1.6公里处，东靠东升村白洋涧港,南临城东村以沪杭铁路为界,西与辛江村为邻，北与兴城村和兴福村以洛塘河为界,1999年5月新丰村和新德村合并,组建德丰村。村委会驻地新德大桥南，天顺建材厂内,2003年迁址到李家埭新办公楼。全村耕地面积174.33公顷。其中水田126.73公顷,专桑34.2公顷。辖12个村民组(15个自然村),总户数598户,总人口2411人(2006年3月统计,不含外来务工人员),其中男性1194人、女性1217人。2005年全村实现工农业总产值13823万元。农业主要以种桑养蚕、种植水稻、苗木为主,兼饲猪羊。工业以五金制锁、皮革服装、线业等。

▲德丰村村民委员会

原新丰村 驻地吴家埭原大明庵址,距长安镇驻地1.6公里处,北至辛江塘,南至沪杭铁路为界。解放初期建政为辛江乡第一、二两个行政村。1956年合建为光明第四高级社。1958年与第二高级社合建为辛江大队,隶属长安公社。1961年原辛江乡光明村第四高级社从长安公社划出，建为新丰大队,归属辛江公社。1984年1月改建为新丰村民委员会。辖7个村民组(11个自然村)。耕地112.27公顷(其中水田78.93公顷,旱地23.6公顷),专桑19.93公顷。以种粮、麻、桑为主,复种油菜,饲养猪羊。村有农机厂等企业,设村小学、医疗卫生室、商店。

原新德村 驻地亭子桥。173户,815人。距长安镇驻地2.4公里处。东以郎家石桥港和东方红为界,南靠辛江塘(河),西、北傍洛塘河。解放初建政为辛江乡第五行政村。1954年定名新德村。1956年与第六(草篮村)、第七(三家村)两个行政村合建为光明第一高级社,属辛江乡。1958年改改建为光明大队，隶属长安公社。1961年原辛江乡第五村从长安公社划出，建为新德大队，归属辛江公社。1984年1月改建为新德村民委员会。辖5个村民组(4个自然村)。耕地62.07公顷(其中水田47.8公顷，旱地8.8公顷)，专桑13.67公顷。以种粮、麻、桑为主，复种油菜，兼饲猪羊。设有粮食加工厂，1987年前设小学1至4年级。村部有医疗卫生室和综合商店。

亭子桥 跨辛江塘河。据《海宁州志稿·桥梁》载：原名"题柱桥"，清代邑人周春题有柱联四对。为单环洞大石桥，1976年改建为混凝土双曲拱桥，题名"新德大桥"。1979年重建，长132米，宽5米。

自然村简介

吴家埭 在长安镇驻地东北2公里，李家石桥港东。新丰村民委会驻村西。以吴姓得名。53户，207人。

祝家浜 在吴家埭南100米，祝家浜北岸。以姓得名。14户，68人。

冯葛埭 在长安镇驻地东北偏东1.8公里，紧靠沪杭铁路北，白洋池中河西岸。以冯、葛两姓得名。38户，174人。

钱陆埭 在长安镇驻地东北2公里，白洋池涧西南500米处，以姓得名。16户，82人。

钱家庄 曾名七家庄。在长安镇东北偏东1.4公里处，白洋池涧西侧。以姓得名。40户，161人。

殷家埭 在长安镇驻地东北2.3公里处，白洋涧西侧。以姓得名。32户，140人。

李家角 在长安镇驻地东北2公里处，李家石桥港畔。以姓得名。44户，141人。

田心浜 废村，在李家角西北100米的平浜岸。原属自然村，现村民已迁至李家角西部。

李家埭 在长安镇驻地东北1.8公里，洋千坝港东岸机耕路旁。以姓得名。16户，75人。

刘家村 在长安镇驻地东北1.3公里，洋千坝港东岸。以姓得名。50户，230人。

陆家浜 在长安镇驻地东北1.5公里，李家石桥港西侧小浜畔。以姓得名。10户，51人。

太平桥 曾名陆家园。在长安镇驻地东北1公里处。村以桥得名。因旧时桥北居民陆姓，亦称陆家园。11户，177人。

亭子桥 在长安镇驻地东北2.1公里处，村以桥得名。新德村民委员会驻此地。53户，229人。1982年建造新德新村后，部分村民已迁至新村。

王家角 废村，长安镇驻地北2.4公里，洛塘河始端东岸，以姓得名。原属自然村，村民于1981年至1982年迁至刘家新村。

刘　家 在长安镇驻地北2.7公里，王家角东侧。1981年至1982年建之新村点。原王家角西之村民和东南葛家村民均迁居于此。村袭原名。58户，239人。

濮家埭 在长安镇驻地东北2.6公里，濮家石桥旁。以姓得名。39户，229人。1981年至1982年部分村民迁至新德新村。

［注］濮家石桥：原刻石作"道清桥"，为三孔板凳桥。

廊下石桥 在长安镇驻地东北3公里，廊下浜南北两岸。村袭桥名。23户，118人。

兴城村

位于长安镇驻地北4公里处，东与兴福村相连，南隔辛江塘、洛塘河与辛江村、德丰村为邻；西倚崇长港、陆泽村；北与桐乡市崇福镇新桥村、南阳村相连，沪杭高速公路东西横贯村域。兴城村是在2004年10月，由建城村、万兴村合并而成。

兴城村村民委员会驻地距管城庙南250米，建城桥东边。有兴城农贸市场，内有肉店4家、超市2家、茶点1家、酒家1家、大小点心店3家，专买蔬

▲兴城村农民公园

菜副食品杂货店2家，村设有浴室。村文化活动中心。内设棋牌室、乒乓室、台球室、图书室、篮球场和室外健身场。

2005年，全村面积2.7平方公里，其中耕地面积239.47公顷。辖14个村民小组，总户数746户，总人口3020人。人均集体可支配收入201元，农民人均纯收入7381元。年末集体资产总值547万元，农民以种桑、养蚕、树苗、小桑苗为主，其中嫁接小桑苗1000多万株，品种有"桑14""农桑12""海宁桑""丰田2号""城东""711""果桑"等，部分出口。饲养猪羊，养殖大户11户，年存栏猪1500头，出售2410头；羊存栏3280头，出售1970头；养鸭大户1996年开始创办野鸭场，投入资金3万元，现拥有资金300万元，年出售野鸭35000羽，存栏9700羽。拥有皮件、皮毛、五金、家纺、包装等工业企业20多家，村设有完全小学一所。

2000年3月，万兴村被评为海宁市五好村党支部。2002年3月，建城村被划入海宁市经济薄弱村之一。2003年3月，万兴村被市委、市政府命名为市级文明村。2004年3月，建城村被评为海宁市"三无村"。是年被评为市级成绩显著村、集体经济转化村（薄弱村脱贫）。同年被评为市级先进党组织。2005年3月，被市评为五好村党支部。是年4月完成土地整理项目226.67公顷。是年6月对村级通村道路硬化，长4.5公里、宽3.5米。是年10月村综合大楼建成并投入使用。同月兴城村创建嘉兴市"三无村"。是年11月完成标准厂房4000平方米，招进企业8家。2005年12月被海宁市授予平安村。

原建城村　驻地管城庙。317户，1485人。在长安镇4公里，崇长港东。东与施家墩和兴福村为界，南靠五金港，西傍崇长港，北与桐乡市崇福镇新桥村、南阳村相连。解放初建政为辛江第八、第九两个行政村。1956年合并建为光明第三高级社，属辛江乡。1958年改建为建城大队，隶属长安公社。1961年从长安公社划出（名称未改），归属辛江公社。1984年1月改建为建城村民委员会。辖7个村民小组（10个自然村）。耕地面积122.87公顷（其中水稻82.47公顷，旱地29公顷），专桑16.67公顷。以种粮、养蚕、桑苗为主，复种油菜，兼饲猪羊。工业生产有：五金厂、竹器厂、皮毛厂。设小学1所。

原万兴村　万兴村以村有万兴桥而得名。驻地王家村，328户，1402人。位于长安镇驻地北2.7公里处，东与新德、兴福两村为邻，南靠辛江塘，洛塘河，西临崇长港，北依五金桥港。解放初建政为辛江乡第六、第七两个行政村。1956年与第五行政村合并为光明第一高级社。1958年改建为光明大队，隶属长安公社。1961年原辛江第六、第七行政村从长安公社划出（仍称光明大队），归属辛江公社；1978年更名万兴大队；1984年1月改建为万兴村民委员会。辖区7个村民组（12个自然村），有耕地117.27公顷（其中水田82公顷，旱地24.33公顷），专桑18.87公顷。以种植粮、麻、桑为主。有五金厂、竹器厂。村内设小学一所。

自然村简介

管城庙　据《海宁州志稿》载："越王勾践拓地北至御儿，吴王夫差筑何、晏、管、萱四城拒之。"原址小石桥河、施家埭东。相传，明代被朱姓占为坟地，将庙改迁至五金桥北300米处（后庙废）自然成为集市，有茶店，肉店。现仅剩庙池、庙基和银杏树一株为文物保护点。

万兴桥　在长安镇驻地北2.3公里，辛江塘河之万兴桥北堍。村以桥得名。

［注］万兴桥：原为环洞石桥，清嘉庆十七年（1812年）重建。1964年改建为混凝土双曲拱桥，题名"光明桥"。

黄泥浜　在长安镇驻地东北偏北3公里，洛塘河北伸支流小浜旁。因洛塘河纳辛江塘之要冲处，浜水混浊，故名。村袭浜名。为兴城村4组，有55户，223人。

三家村　别名庵后头。在长安镇驻地东北偏北3公里，捩角塘桥港西岸，以旧时居住三户，故名。为1组，有64户，242人。

周家墙门　在长安镇驻地东北3.6公里，安桥南堍西侧。村在明清间以俞姓为名，《海宁州志·都庄》作："俞家埭"，后周姓建造高墙房屋改称今名。为5组，有46户，175人。

罗婆桥　俗称萝卜桥。在周家墙门西侧。旧时村有罗婆桥，村袭桥名。为8组，有28户，117人。

草篮村　在长安镇驻地北2公里，木桥港东岸。据传：旧时村民从事编草篮等篾竹手艺，故名。为9组，有60户，237人。

褚家木桥　在长安镇驻地北3公里，草篮村西北机耕路旁。村以木桥得名。同为9组。

王家角　在长安镇驻地北3.7公里，五金桥港南岸。以姓得名。与陆家埭合并为12组。

陆家埭　别名野猫洞。在长安镇驻地北3.3公里，崇长港东伸支流李家浜畔。以姓得名。因旧时系荒凉地段，故有此别名。为12组，有63户，256人。

王家村　在万兴桥驻地北0.2公里，原万兴庵（别名千陆庵）北。原万兴村民委员会驻地。以姓得名。为11组，有68户，255人。

李家浜　在陆家埭东浜之端。以姓得名。同为11组。

渡船头　别名漾潭浜。在长安镇驻地北2.7公里，崇长港东岸。因旧时漾潭处（现已填平）曾有渡口得名。同为11组。

东角里　在长安镇驻地东北偏北4.4公里，施家墩港西。因村处俞家埭东侧河角得名。与俞家埭同为3组。

俞家埭　别名北俞家埭。在长安镇驻地东北偏北3公里，俞家浜南北两岸。以姓得名，为3组。有57户，237人。

九房里　在俞家埭西侧。据传：村中旧时一家生有九个儿子，其九子（俗称九房）后代最兴旺，故名。为兴城村7组，有51户，219人。

篾竹里　在管城庙南，篾竹港西侧。村民以祖传篾竹手艺为业，故名。为兴城村10组，有46户，184人。

蔡家埭　在长安镇驻地东北偏北4公里，五金港北。以姓得名。为6组，有50户，221人。

沈家埭　在长安镇驻地北4.2公里，沈家浜畔。以姓得名。为13组，有51户，202人。

刘门角　曾名刘文角。在长安镇驻地北4公里，崇长港东伸支流之十字漾南。村名含义不详。村民多数姓沈。村袭旧名。为14组，48户，191人。

谈家木桥　在长安镇驻地东北偏北3.6公里，摸角塘港西岸。以姓得名。为2组，有62户，269人。

任家墙门　在长安镇驻地东北偏北3.5公里，谈家木桥西堍南100米处。以村中原有任姓墙门得名。与谈家木桥合并。

辛江村

位于长安镇北郊，崇长港将村分割成东西两块，东靠德丰村；南临沪杭铁路；西与大型村相邻；北贴辛江塘和南涵洞港。长安镇城北路在村中穿过，与崇长公路、沪杭高速公路一个出口处连接成十字交叉，建大转盘。

辛江村于2004年10月由原辛江村和联益村合并而成。合并后，全村总土地面积142.67公顷，辖21个村民小组，总户数845户，总人口3025人。2005年全村工农业总产值3.2亿元，农民人均收入7458元，村级集体可支配资金55万元。辛江村先后被命名为嘉兴市第一次经济普查先进集体、海宁市级文明村、殡葬改革先进单位。

原辛江村　驻地草披埭。436户，1591人。在长安镇东北1公里处，东与德丰村为邻，南靠沪杭铁路，西傍崇长港，北临辛江塘（河）。解放初建政为辛江乡第三、第四两个行政村。1956年合建为光明第二高级社，属辛江乡。1958年光明第四高级社合建为辛江大队，隶属长安公社。1961年原辛江乡光明第四高级社部分从长安划出（仍名辛江大队），归属辛江公社。1984年1月改建为辛江村民委员会。辖10个村民小组（11个自然村）。耕地117.93公顷（其中水田72.27公顷、旱地35.07公顷），专桑22.93公

▲辛江村村民委员会

顷。以种植粮、麻、桑为主,复种油菜,兼养猪羊。有钢窗、制绳等企业。村内设有中心小学一所。

原联益村 联益村驻地骆家火墙头。有409户,1427人,在长安镇西北1公里处,东靠崇长港,南接沪杭铁路长安火车站,西邻大型村,北至泥水桥港(别名南涵洞桥港)解放初建政为泰山乡,有坟桥行政村和目野、和平两个行政村的一部分。1956年合建为联合高级社,属辛江乡。1958年改建为泰山一队,隶属长安公社。1959年与大型大队合建为陡门大队。1961年与大型大队分置,改建为联合大队,归属辛江公社。1978年11月,更名为联益大队。1984年1月改建为联益村委员会。辖11个村民组(10个自然村),耕地86.33公顷(其中水田61.13公顷,旱地13.8公顷)专桑16.4公顷。以种植粮、麻、桑为主,复种油菜,兼饲猪羊。有搬运、饮食等服务行业。原辛江中学校址在村内。

自然村简介

草披埭 在长安镇驻地东北1公里处。辛江村民委员会驻地。相传:清末村民从萧山迁此地,居住草舍(方言称草披)故名。辛江村3组,51户,194人。

赵家埭 又名周家村。在长安镇驻地东北1.3公里,富村桥港东、西两岸。以赵姓得名。因港东居住周姓,故又名周家村。为1组,60户,215人。

庙东村 在长安镇驻地北2公里,辛江塘河南岸。旧时村处辛江庙东得名。为6组,33户,117人。

姚家簖 别名庙角里,在长安镇驻地北,崇长港东岸。以原有姚姓在北设捕鱼簖得名。为10组,31户,117人。

严家埭 在长安镇驻地北1.7公里,崇长港东岸。以姓得名。为9组,25户,82人。

邵家 别名大总管堂。在长安镇驻地北1.7公里,严家浜畔。以姓得名。为2组,32户,137人。

张家兜 在长安镇驻地北1.4公里,机耕路西侧。以姓得名。32户,137人。村西崇长港原有船厂、水泥预制场。2001年建成崇长港闸。为8组,32户,137人。

打索村 在长安镇驻地东北1公里,草披埭西南。因旧时村民以绞绳索为业,故名。为7组,53户,185人。

双坝桥 与浙丝一厂隔港相对。村以双坝港之双坝桥得名。为4组,76户,277人。

小陆家桥 在长安镇驻地东1公里,董蒋桥北0.3公里处。村分两处:东靠金家桥港称汪家门,西傍机耕路处名小陆家桥。均以姓得名。为5组,75户,272人。

骆家火墙 在长安镇驻地北1.5公里。沈辛公路之北。联益村民委员会驻村东。以姓得名。为17组,45户,165人。

张家埭 曾名目野庙。在长安镇驻地西北偏北2公里,沈辛公路之北。以姓得名。建村初在目野庙旁,因村民居安乐桥东头,俗称庙后。为16组,29户,93人。

章古 原名张古村。在长安镇驻地西北偏北1.5公里,陡门港西岸。村分南北两处:北名章古村;南称张古村。为16组,27户,142人。

钱家埭 在长安镇驻地北2公里,孙家门西侧。旧时村居钱姓故名。为15组,27户,88人。

孙家门 曾名王婆弄。在南涵洞桥之南。据《海宁州志稿》载:清代当地曾系小集镇,咸丰年间毁于兵火。村以姓得名。为14组,32户,116人。

周家埭 在长安镇驻地北1.6公里。沈辛公路之北,崇长港西侧。《都庄图说》载有其名。以姓得名。为13组,31户,140人。

祝石 在长安镇老火车站以北,原辛江乡政府驻地西侧。村以桥得名。为11组,43户,102人。

树桥头 原名寺桥头。在长安老火车站南北两旁。村原有寺桥,村袭桥名。后谐讹作今名。为21组,45户,88人。

宋家埭 在长安镇火车站,沪杭铁路北侧,林白桥旧址东侧。以姓得名。为20组,47户,145人。

戴家埭 在宋家埭北150米处,目野庙港东侧。以姓得名。为18组,32户113人。

纸厂 原辛江乡政府驻地北侧,崇长港西侧,环镇北路以南。为12组,22户,92人。

坟桥 在修川路大转盘东侧,以桥得名。为19组,28户,113人。

泰山村

位于长安镇驻地北 3.5 公里处。在泰山港的南岸，南涵洞桥港的北面，东靠崇长港，西与许村镇茗山村相连。全村 3.3 平方公里。沪杭高速公路横跨村内，进出杭州、上海方向的两个出口处和收费站坐落在村中。崇长公路在村内通过。

▲泰山村村民委员会

泰山村因村中有座泰山桥得名。解放后建政泰山乡，乡政府设在泰山桥旁东狱殿里。辖陆泽、新王、建新、和平、目野、安桥、三步等十个行政村。隶属长安区。1956 年合建高级社，属辛江乡。1959 年改建为长安公社泰山大队。1960 年从长安公社划出，归属辛江公社。泰山大队调整划分为新建、新联大队。1984 年 1 月，大队改为村民委员会。2004 年 10 月，新建村和新联村又合并为泰山村，村委会驻地林家埭后。全村有 19 个自然村，分为 16 个村民小组。有 643 户，2495 人。耕地面积 185.27 公顷，其中水稻 87.13 公顷，专桑 20.93 公顷，花卉苗木 0.67 公顷。2005 年工农业总产值达 1.025 亿元，农民人均收入 7558 元，人均集体可支配资金 241 元。农业生产主要种植水稻、养蚕；工业生产以纺织加工、皮件加工、制锁为主。全村拥有个私家庭工业户 200 家，村内设有一所占地面积 0.33 公顷、校舍建筑面积 967 平方米的完全小学。

2004 年至 2005 年投入资金 130.9 万元，用于村通组道路硬化，浇制水泥道路 7.7 公里。2005 年 8 月，投入 63 万元建起占地面积 0.36 公顷的村文化活动中心，村委会迁至文化活动中心。

2005 年泰山村被市司法局、市组织部、市宣传部、市普法办、市综合治理办，评为“三星级民主法治村”。

原新建村 解放初建政为泰山乡建新村和积极村的一部分。1956 年建新建高级社，属辛江乡。1959 年改建为泰山大队，隶属长安公社。1961 年原辛江乡部分从长安公社划出，积极村部分另建大队。泰山乡部分改建为新建大队，归属辛江公社。1984 年 1 月改新建村民委员会。辖 7 个村民小组（10 个自然村）。251 户，1192 人。有耕地 83.2 公顷（其中水田 70.07 公顷，旱地 5.4 公顷），专桑 15.87 公顷。农业以种植粮、麻、桑为主，复种油菜、兼饲猪羊。村企业有纺织厂。设有小学。

原新联村 解放初建政为泰山乡新王、积极、和平、目野四个行政村的各一部分。1956 年合建为联合高级社，属辛江乡。1958 年改建为联合大队，隶属长安公社。1959 年撤联合大队，分别划归陆泽、泰山、陡门大队。1961 年原辛江乡部分从长安公社划出，建新联大队，归属辛江公社。1984 年 1 月，改建为新联村民委员会。辖 9 个村民小组（9 个自然村）。有耕地 96.67 公顷（其中水田 76.27 公顷，旱地 11.6 公顷），专桑 12.2 公顷。以种粮、麻、桑为主，复种油菜，兼饲猪羊。企业有塑料厂。一所学校。1999 年和 2001 年先后被海宁市委、市人民政府评为“五好党支部”。2001 年被市委、市人民政府评为“文明村”。

自然村简介

褚家 在长安镇驻地西北 3.8 公里，以姓得名。为 11 组，22 户，89 人。

月子斗 在长安镇驻地西北 4 公里，泰山桥港南。村以月子兜浜（已填平）得名。为 10 组，42 户，149 人。

陈角 在长安镇驻地西北 4.5 公里，北靠泰山桥港。西以许村镇茗山村张家埭相邻。以姓得名。为 10 组，14 户，52 人。

泰山桥 别名田家。在长安镇驻地西北 3.7 公里处。据《海宁州志稿》载：泰山桥在严司桥北面，跨泰山港。村袭桥名。为 14 组，21 户，85 人。

陆家埭 在长安镇驻地西北 3.8 公里，泰山桥西200米处,以姓得名。为14组,34户,145人。

钟家埭 原名朱家埭。在长安镇驻地西北4公里处。1958年后改称钟家埭。为11组,28户,115人。

蒋家石桥 在长安镇驻地西北3.3公里,大浜头西200米处。以姓得名。为12组,25户,99人。

罗家角 在长安镇驻地西北3.5公里,原扒灰桥港东。村形纵长,村中原有小木桥。居桥南名罗家角,居桥北呼小木桥头。为13组,49户,190人。

孙家 曾名曹家埭。在长安镇驻地北2.7公里,泥水桥港北岸。以姓得名。

[注]泥水桥:跨泥水桥港,原为板凳桥,1980年东移150米,改建为混凝土双曲机耕桥。长16米,宽3米。为16组,30户,116人。

杨家埭 在长安镇驻地西北3.2公里,蒋家石桥南200米处,以姓得名。为15组,41户,187人。

陈家埭 别名河心亭。在长安镇驻地北2.7公里,牛头漾港西,原新联村民委员会驻桥东。以姓得名。村中原有河心亭,从修船浜迁之村民居于亭北,称姚家浜。为8组,35户,138人。

林家埭 在河心亭西0.5公里处。以姓得名。为7组。34户,142人。

董家埭 废村。在西僧桥边,原属自然村,1976年前村民迁至林家埭。

马家埭 在长安镇驻地北2.8公里,河心亭东0.2公里处。以姓得名。为2组,20户,82人。

王蒋埭 在长安镇驻地北3公里,泰山桥港南岸。村民分东西两处,西居王姓,东居蒋姓,以王、蒋两姓组合得名。为3、4组,89户,260人。

马家石桥 在长安镇驻地西北偏北3.2公里,马家石桥南、北两岸。村以桥得名。为5、6组,87户,341人。

姚家埭 又名姚杨埭,村内姚、杨两姓居多。在长安镇驻地北2.3公里,泥水桥港北岸。以姓得名。为9组,30户,124人。

莫家埭 废村。别名莫家漾。原属自然村,1976年村民迁至姚家埭。

朱家埭 在长安镇驻地北2.3公里,南涵洞桥西北。以姓得名。为1组,46户,168人。

陆泽村

位于长安镇驻地西北5.5公里处,东临崇长港,南临泰山港与泰山村相邻,西与桐乡市崇福镇新民村相接,北与崇福镇胜利村相连。距沪杭高速及320国道仅为1公里。连接高速及国道的崇长公路贯穿村中,地理位置优越。

2005年底,全村总面积2.56平方公里,耕地面积164.67公顷,专桑24.67公顷,辖12个村民小组,总户数502户,2090人。2005年全村实现工农业总产值1.37亿元,农民人均收入7416元。村级集体可支配资金44.3万元,人均集体可支配收入212元。年末村级集体资产总值350万元。全村自来水入户率达100%,新型合作医疗参保率达到98%以上。农业以种桑养蚕、种植水稻为主,兼饲养猪羊。工业以皮毛、纺织、制线、木材加工、经营沙石。并以皮毛业为支柱产业。设有村级幼儿班。

▲陆泽村七里亭农庄

陆泽村,解放初建政为泰山乡画师、陆泽两个行政村和新王行政村的一部分。1956年合建为联新高级社,属辛江乡。1958年改建为陆泽大队,隶属长安公社。

1961年原辛江乡部分从长安公社划出(名称未易),归属辛江公社。1984年1月改建为陆泽村民委员会。1996年3月陆泽小学改建完工。1998年12月崇长公路正式开通。1998年被市委、市府评为先进基层党组织。1999年12月陆泽村委会,从五组七里亭乔迁至北坟头崇长公路边。是年被市委市府评为五好村党支部。2000年5月陆泽卫生室建成并投入使用。是年7月陆泽村农贸市场建成并投入使用。2001年被中共海宁市委、市府评为文明村。2004年8月陆泽村文化活动中心建成并投入使用。2005年7月陆兴公路陆泽东段完工。是年10月完成通组道路浇制混凝土3.71公里。12月被嘉兴市委组织部评为四星级民主法治村。

自然村简介

林家角 在陆泽村东南面，荘婆堰大桥以北200米处，以姓得名。为1组，36户，150人。

南坟头 在曹家木桥南150米，泰山港北岸。与村北之北坟头相对应而得名。为2组，35户，145人。

张家石桥 原名周家门，在曹家木桥以西200米，村庄东有一桥，桥名为张家石桥。因此得名。原陆泽庙所在地。为3组，40户，154人。

南墙门 在林家角以北250米，以原有墙门得名。为4组，35户，140人。

吴家埭 在南墙门偏东北方向并与之相连，以姓得名。原七里亭所在地。为5组，54户，224人。

北坟头 在张家石桥东北方200米处，因村庄南原有一坟与南坟头相对，故名。现村部所在地。为6组，35户，159人。

毛家桥 别名吴家门，在北坟头北150米，七里亭港北岸。以桥得名。为7组，31户，130人。

孙家门 毛家桥以北100米，老机耕路西畔，以姓得名。为7组，10户，45人。

夏水角 曾名画师角，在长安镇驻地北5.1公里处，崇长公路以西。据传：在明初时曾有一画师居住在此村，故名。后谐讹为今名。为8组、9组，102户，419人。旧时有皮影戏、花鼓戏两个剧种。

诸家木桥 在张家石桥以西150米，泰山桥以北200米处。为10组，31户，116人。

张家角 在北坟头以西100米处，以姓得名。同为10组，15户，72人。

曹家木桥 在北坟头以南100米处，分布在登车浜南北两岸。以村旧有木桥冠姓得名。为11组，49户，207人。

[注]曹家木桥，原系石桥，1974年改建为混凝土双曲机耕桥。长16米，宽2.5米。

吴家浜头上 在曹家木桥以东150米处，登车浜南伸之小浜端，因村处浜端，故名。为12组，29户，129人。

大型村

位于长安镇驻地西北2.2公里处，东毗辛江村，西以罩家桥港和许村镇新华村、茗山村为界，北邻泥水桥。沪杭铁路贯穿村境。

大型村解放初由泰山乡安桥、三步两个行政村与和平行政村的一部分组成。1956年合建为大型高级社，属辛江乡。1958年改建为大型大队，隶属长安公社。1959年划入原属联合大队和平行政村的一部分，改建为陡门大队。1961年，除1959年划入联合大队和平村部分外，原辛江乡部分从长安公社划出，复名大型大队，归属辛江公社。1984年1月改建为大型村民委员会。1999年11月并入长安镇。

2005年，全村总面积305公顷（其中耕地面积177.53公顷），辖18个村民小组，总户数636户，总人口2595人。2005年全村实现工农业总产值1.14亿元，年村级集体可支配资金136万元，集体可支配收入524万元，农民人均收入7433元，年末集体资产总值450万元，农户以种桑养蚕、种植水稻为主，兼饲养猪羊，村内有五金厂、皮革、皮草、布艺加工。村中有完全小学一所。

2001年大型村卫生服务站建成并投入使用。2002年2月5日"觉皇寺"易大型村内重建并对外

▲大型村皮毛市场

开放。2003年8月,大型村村民委员会办公楼迁至环城西路张家组地段。是年大型村文化活动中心建成投入使用。是年被海宁市评为先锋工程村。2004年集贸市场建成并投入使用。2005年完成全村5.6公里村级水泥道路浇制。

大型村1989年被海宁市评为海宁市先进党组织。1992年被中国共产党海宁市委政法委员会评为社会治安综合治理先进集体。1993年被海宁市公安局评为治安保卫工作先进集体。1994年3月沪杭高速公路大型段开工建设,被评为建设沪杭高速公路征迁工作先进村。1995年被评为沪杭高速公路海宁段优化工作先进村。1998年12月,沪杭高速公路海宁段正式开通,高速公路贯穿全村。1999年被海宁市人民政府评为"'99抗洪抢险先进集体"。2001年被中共海宁市委、海宁市人民政府评为文明村。

自然村简介

金家庄 在长安镇驻地西北偏北2公里,城北路之北,以姓得名。为7组,29户,129人。

杜家木桥 在长安镇驻地西与许村镇新华村相邻,月宫坝港东,以姓得名。为18组,80户,336人。

冯家埭 别名周家。在长安镇驻地西北偏北2.2公里,目野庙港和陡门港之间,纵向机耕路东、西两旁,村以居路西冯姓得名。路东村民姓周,故别名周家。为8组,32户,151人。

顾家埭 在长安镇驻地西北偏北2.1公里,泥水桥港之南,以姓得名。为9组,28户,128人。

盛家埭 在长安镇驻地西北2.7公里,陡门坝机站西端,以姓得名。为10组,31户,125人。

杜家浜 在盛家埭西0.2公里,诸行桥畔,以姓得名。为11组,50户,222人。

[注]诸行桥:俗名褚长桥。三孔板凳石桥。长10米,宽1米,西通沈士茗山村。

沈家 曾名金家村。在长安镇驻地西北2.3公里,沈辛公路旁,以姓得名。为12组。43户,166人。

鸡家坝 应名居家坝。在长安镇驻地西2.5公里,沪杭铁路之北,坝以姓得名,村袭坝名。民国34年(1945年)所订门牌亦称"居家坝"后谐讹作今名。为15、16组,58户,225人。

三婆桥 别名永顺桥。在居家坝西,村以桥得名。为17组,28户,109人。

[注]三婆桥:原刻石作"永顺桥"。据传:约三百年前系三位老年妇女募款建造,故名。三孔板凳石桥。

张家 在长安镇驻地西2.4公里,沪杭铁路北,斗门坝东端,以姓得名。为13组,54户,219人。

西花园 在长安镇驻地西2公里,陡门港西岸,石屑坝之北。据《海宁州志稿》等记载:原为清代文学家马骧的"西庄书屋",筑有花园,俗称马家花园。后园废为村,村袭园名。为14组,48户,190人。

东花园 在西花园河东。因村居西花园东,故名。为5组,21户,92人。

都家 别名都家石桥。在长安镇驻地西1.3公里,沪杭铁路140号桥之北。以姓得名。14组,27户,145人

姚家埭 别名都家石桥。在长安镇驻地西1.3公里,沪杭铁路140号桥之北。为3组,24户、99人。

单家埭 在长安镇驻地西1.2公里,沪杭铁路140号桥东北,以姓得名。为4组,20户、76人。

林白 在长安火车站西扬旗之北,原林白桥(已拆)西侧,村袭桥名。为1组,20户、68人。

陈家埭 在长安镇驻地西北2.3公里,陡门港畔,以姓得名。为6组,34户,123人。

安桥头 在长安镇驻地西北1.3公里,姚家埭北200米。据《海宁志稿·水利》载,原系减速水坝(已废)。1984年重建为滚水坝,坝以沈姓得名,村袭坝名。为2组,36户,137人。

[注]陡门港:南自朱墟庙桥纳上塘河水,经朱墟庙东,流经沪杭铁路140号桥,东、西花园之间达陡门坝,穿过大型桥到泥水桥港止,长3公里。

第三节 社　　区

西街社区

西街社区居委会位于长安镇青年路101号。辖区范围为修川路西、环镇西路东,上塘河北,沪杭铁路长安段南,面积0.5平方公里。有26个居民小组,925户居民、2200人。

西街区域内有海宁中学，二轻幼儿园、长安镇成人文化技术学校、长安体育馆、长安镇文化活动中心。有中国银行长安支行、建设银行海宁支行分理处两家金融单位。长安地税所和长安国税所两个税务机构。城监中队、镇环境卫生站、园林管理所、镇卫生办公室四个镇属单位。

辖区内有金陵大酒店、庆丰大酒店、海鸿宾馆等规模较大的餐饮服务业，长安火车站设在区内。青年路红绿灯西区域，有手机店、服装、五金、百货、食品小超市等商店。

社区设有警务室、居委会办公室、社保办公室、党员活动室，建有中共长安镇西街总支委员会和居委会。党总支下设两个党支部，有党员 88 名，配备 10 名干部和工作人员负责管理辖区内工作。

2001 年社区免费为民开展房屋中介、钟点工、保姆介绍。社区有文化活动室和西街滨河公园，配有 12 件户外健身器材。建有 1 支夕阳红老年合唱队常年活跃在社区里。

西街社区 2004 年获得海宁市十佳青年文明社区；同年获得浙江省示范社区居民委员会称号，是年获海宁市先进党组织；2005 年获嘉兴市四星级民主法治社区称号。

怡院社区

2001 年 4 月，由怡院路东、怡院路西两个街道居委会撤并后改建怡院社区居委会。怡院社区居委会位于怡院路 22 号。区域范围在上塘河南岸、西岸、修川路东面。是年肖王村二组亦划入社区，南延伸至人民路北，面积 0.15 平方公里。辖 37 个居民小组，1371 户、3157 人。一小区有宿舍楼 36 幢、二小区有宿舍楼 18 幢、网船埭 2 幢，其余是散户。是人口密集的居民区。

辖区内有：海宁市第三人民医院、长安镇中心小学、镇中心幼儿园，财产、人寿保险公司，变电所、长安专职消防队、长安镇国土资源所、长安镇合作医疗管理办公室、工商银行长安支行、长安新华书店。一小区内有一个自然形成的地摊小菜场，两旁有百货、食品、粮油小商店。

社区居民业余文化丰富多彩。有一支 40 名老人组成的体育拳操队，37 名老年组成的气排球队、12 名老年组成的文艺表演队，并常年开展活动和参加外地比赛。

社区居委会设中共党总支委员会、社区居委会两副领导班子。分管辖区内党群、政宣、治保、调解、妇联、计生、残联、户籍、关工会、共青团、爱卫会等项工作。

2002 年，社区被评为市、镇两级先进基层党组织；2004 年评为海宁市“三无社区”。2005 年被评为海宁市“绿色”社区、被嘉兴市评为“三无社区”、被评为海宁市级“民主法治”社区。

修川社区

2002 年 4 月撤销新民街、修川路、人民路、景秀里社区居委会，组建修川社区居委会。社区居委会办公室驻地在新民街 102 号。建有中共党总支委员会，下设 3 个中共党支部委员会，由 5 名人员组成。设总支书记 1 名，支部书记 3 名，委员 1 名。居委会设正副主任各 1 名，委员 2 名。分管辖区内党群、政宣、治保、调解、妇联、计生、残联、户籍、关工会、共青团、爱卫会等项工作。

区域范围，南至豪都酒家，北起上塘河，东至修川路为界，西与新民村相连，面积为 0.6 平方公里。区域内有新民街、修川新村、人民新村、景秀新村四个区块。有修川花园、景华园住宅封闭小区。辖 42 个居民小组，1800 户居民，4000 人口，是长安镇最大的社区。

在区域内驻镇部门有长安法庭、长安派出所、长安交警中队、长安工商所、长安供电所。镇属单位有镇中学、镇卫生院、城建所。文体组织有老年腰鼓队、象棋队。自 2003 年开始，社区办公室还常年义务为老年人量血压。

2003 年至 2005 年，社区连续被海宁市评为“平安社区”。

东街社区

1990 年属庆宁街、杏花村、光荣村居委会。2000 年 1 月，庆宁街、公庆街居委会合并为庆宁街居委会；杏花村、光荣村居委会合并为光荣村居委会。

2003年1月，庆宁街社区居委会，光荣村社区居委会合并为东街社区居委会。居委会办公室驻地环镇东路1号。建有中国共产党总支部委员会，由5名人员组成。设总支书记1名，下设3个党支部。社区居委会设正副主任各1名，配2名委员。分管辖区内党群、政宣、治保、调解、妇联、计生、残联、户籍、关工会、共青团、爱卫会等项工作。

区域范围：南至上塘河北，北以沪杭铁路长安地段南，东至光荣村为界，西起卢家桥东，虹桥南公庆街，社区居委会属城乡结合部。辖区有40个居民小组，1056户居民，有常住人口2842人，暂住人口1060人。

区域内有企业18家，其中500万以上产值的企业有13家。商店有：粮油食品、餐饮、杂货、车辆修理等个私商店。有长安船闸，上塘河流域管理所、李家井翻水站水利设施管理机构。有长安老坝、虹桥、令宫庙遗址。长安敬老院、老年公寓、镇东小学在区域内。2005年，被海宁市评为“三无社区”。

中街社区

中街社区居委会由原西街居委会、劳动路居委会、东街居委会、中街街道办事处合并而成。社区办公室驻在原镇工会办公大楼内，设社区中共党总支委员会，由5名人员组成，下设中共党支部3个。社区居委会设正副主任、委员3名，分管辖区内党群、政宣、治保、调解、妇联、计生、残联、户籍、关工会、共青团、爱卫会等项工作。

区域范围南以上塘河为界，北至沪杭铁路长安地段南、东面卢家桥以西、西至修川路东。区域面积0.6平方公里。辖53个居民小组，1154户，其中有2产、3产个体户960户。有3180人，外来人员1100人，出租房460间。

中街社区居委会是长安镇政府驻地，是政治、经济、商业、贸易、文化娱乐于一体的开放型社区，为长安镇最繁华的地段。有长安农贸市场，长安小商品市场；规模较大的商业网点有长安万佳商场、海港超市长安连锁店、烟糖公司、上海园民华联超市。修川路、青年路、劳动路、双闸路、车站路、中街，地段有五金交电、家电、服装、鞋帽、手机专卖店，眼镜店、棉布杂货店、餐饮熟食店、粮油食品店、小超市批发部、农用物资店、旅馆、茶店、家具店、摄影、文具商店、书报亭、花卉水果摊，大小药店有5家，中心弄开设24家女装服饰专卖店。

辖区内有海宁市农业银行长安支行、海宁市农村信用合作联社长安信用社、长安证券服务部、黄金珠宝行等金融单位驻在该地段。

镇属单位有托儿所、劳务所、粮管所、供销社、农电站。驻镇单位有长安邮政支局、长安电信支局、长安自来水厂、长安房管所、长安公管所。

区域内文化娱乐场所有电影院、舞厅、长安公园。古迹有至今保留着的虹桥、上闸、中闸桥。

社区居委会设有老干部活动室，配有各种报刊和棋类，为镇区老干部提供德智体活动场所。

2002—2003年，社区居委会被海宁市评为调解先进集体；2003年，被海宁市评为抗非典型性肺炎工作先进基层党组织；2005年，被嘉兴市经济普查办评为第一次经济普查先进集体。

长郊社区

前身是长郊村村民委员会，属蔬菜专业种植村。2004年行政规模调整时，撤村建居委会，组建长郊社区居委会。办公室驻地在青年路111号，2005年9月，迁至景华路88号长郊社区文化活动中心。辖区有长虹、光明、华家、杏花村4个居民小组，176户居民，总人口530人。

社区组建中国共产党支部委员会，设支部书记、副书记、委员各1名。副书记、支部委员兼任居委会主任，支部委员兼任居委会委员。分管辖区内党群、政宣、治保、调解、妇联、计生、残联、户籍、关工会、共青团、爱卫会、指导菜农无公害蔬菜栽培等项工作。

社区文体设施拥有图书阅览室，有藏书600册，设舞蹈室、台球室、棋牌室、乒乓室、党员谈心室、室内健身室。配健身器材3件，室外健身器材15件，篮球场1个。文体队伍有乒乓球队、篮球队、文艺文体爱好者常年开展活动。

在区域内有水道、油漆、五金、装潢、粮油商店和景华万佳超市。

2001年原长郊村被海宁市评为文明村，2004年长郊社区被海宁市评为“平安社区”。

袁牧社区

袁牧社区居委会位于袁牧小集镇，别名袁家坝。1991年至2000年4月，袁家坝属许巷乡管辖。2000年5月后划入长安镇，是年成立长安镇袁牧社区居委会。居委会办公室驻地袁家坝98号民房内。社区居委会有中国共产党支部委员会，设书记、副书记、委员各1名组成。兼任居委会正副主任、委员。分管辖区内党群、政宣、治保、调解、妇联、计生、残联、户籍、关工会、共青团、爱卫会等项工作。

社区居委会区域小，居民户数少。区域内3个居民小组，190户居民，其中一农一非户20户，居民人数433人，有外来人员300人。

区域范围南至杭浦公路，北靠红色村，东接鹿耳村，西挨许村镇红旗村。区域内有粮油、日用品、服装、五金、家电、饮食、摩托车、手机小商店。驻有许村镇管理的农贸市场、小商品市场、袁牧信用社。

辛江社区

辛江社区居委会是由浙一居委会，辛江路社区居委会，在2000年3月21日合建而成的，社区办公室驻地在原乡政府内。社区居委会建有中共党总支委员会，由五名人员组成，下设3个中共支部委员会。社区居委会设正副主任各一名，委员3名。分管区域内政宣、党群、治保、调解、户籍、妇联、社保、计生、劳保、关工会、共青团等项工作。社区设有警务室、社保协管办公室。区域范围：南起沪杭铁路，北至辛江大桥，东以辛江村四组为界，西至修川北路，面积为0.5平方公里。区域内辖27个居民小组，680户居民，340户集体户口，有外来人员2400名。

区域内主要企业有浙江米赛丝绸集团有限公司，长安中心茧站、原辛江麻仓库、中心粮站仓库、中转仓库、长安运输公司、辛江肥料部、石油公司、长安翻水站、长安耶稣堂、天主教堂设于区域内。被称为“一坝三闸”的下闸桥在区域内。区域内宿舍楼有：辛江教工宿舍五幢、职工宿舍新建11幢，政府宿舍2幢。

2005年辛江社区居委会获海宁市平安社区称号。同年获海宁市民主法制三星级社区称号。

第三章 自然环境

第一节 气 候

长安镇位于北亚热带南缘，属亚热带东部湿润季风气候。四季分明、气候温和、雨量充沛。春末夏初“雨热同步”。秋冬季节“光温互补”。据海宁市气象资料，太阳总辐射量年均值为109.3千卡／平方米，年日照时数为2039.4小时，年平均气温为15.9摄氏度，日平均气温高于10摄氏度的计有232天，积温为5039.3摄氏度。平均无霜期为231天，平均年降水量为1185.8毫米，年蒸发量1372.5毫米，为湿润气候区，年平均相对湿度为81%。

长安镇地处中纬度，沿钱塘江。气温深受冬、夏风影响，冷热交替和干湿交替强烈。1月最冷，月均气温为3.4摄氏度；七月最热，为28.4摄氏度。年较差24.9摄氏度。1991年至2005年极端最低气温为–6.2摄氏度，极端最高气温为38.5摄氏度。

长安镇季节干湿交替也十分明显，年降雨量分配不匀。3月中旬至7月上旬和8月下旬至9月中旬为多雨季节，期间有春雨、梅雨和台风雨三个相对季节；从9月下旬至翌年3月中旬和7月中旬至8月中旬为相对少雨季节，有秋旱、冬旱和伏旱。降水量以6、9两个月为最多，分别达159.2和156.1毫米；最少是12月，只有46.9毫米。

地面蒸发量波动幅度很大，最低为1月，仅47毫米。7、8月份最高达到212.2毫米。4至10月为地面蒸发强烈季节，月蒸发量大于100毫米。其余各月为弱蒸发季节。7至12月蒸发量大于降水量，1至6月降水量大于蒸发量。

长安镇主要年份气象情况(1990—2005)

表1–3–1

指标			1990	1991	1992	1993	1994	1995	1996	1997	1998	1999	2000	2001	2002	2003	2004	2005
平均气温			16.6	15.9	15.7	15.6	16.9	16.0	15.8	16.5	17.4	16.4	16.9	17.0	17.2	17.0	17.0	16.7
极端气温	最高	℃	38.1	36.5	38.1	35.7	37.2	38.1	35.8	36.4	36.9	37.9	37.8	39.7	38.2	38.5	37.9	35.8
		日期	7月25日	7月29日	7月30日	7月12日	7月2日	7月9日	7月17日	6月6日	7月22日	7月22日	8月23日	8月1日	7月24日	7月5日	8月15日	9月11日
	最低	℃	–6.2	–9.9	–4.4	–6.2	–2.7	–4.8	–4.7	–4.7	–4	–4	–2.4	–4.4	–6	–6	–6.2	–6.2
		日期	2月1日	12月29日	1月15日	1月29日	1月1日	2月5日	2月18日	1月8日	1月27日	12月26日	12月28日	1月5日	1月22日	1月1日	1月25日	12月23日
日照时数(小时)			1957.2	1704.6	1850.0	1769.9	1828.9	1956.6	1769.1	1668.2	1681.9	1450.0	1546.2	1742.8	1659.3	1897.6	1953.2	2027.4
日照百分率(%)			44	39	42	40	42	44	40	38	38	33	35	39	38	43	44	46
平均相对湿度			83	82	81	82	81	79	80	81	82	81	80	79	79	77	71	68
降水	降水量(MM)		1248.9	1375.3	1336.0	1899.9	1111.5	1381.6	1175.1	1587.7	1474.9	1032.4	1178.6	1503.6	761.7	808.7	890.3	1477.2
	一日最大	量(M)	101.0	89.8	100.8	84.4	65.9	112.7	114.0	216.6	59.9	106.7	59.8	32	31.5	70.4	114.0	88.7
		日期	8月31日	7月5日	9月23日	6月30日	6月9日	7月6日	6月30日	8月13日	5月31日	6月26日	7月18日	7月24日	2月29日	9月12日	6月30日	6月25日
平均风速(米秒)			2.6	2.4	2.4	2.5	2.6	2.4	2.6	2.2	2.6	2.2	2.6	2.4	2.5	2.6	2.4	2.6

第二节　水系　水文

长安镇属典型的江南水乡，河流纵横，池塘星布。其主要河道有上河水系上塘河、新塘河、坝头港；下河水系洛塘河、崇长港、南排下合等6条市级河道。上河水系姚家笕港、三里塘港、石灰桥港、庙桥港、天明港、褚石横港、诸口涧港、磨砼港、运盐河、老坝头港；下河水系五金港、南涵洞港、林白港、白洋涧港、青莲桥港、永宁港、诸行桥港、苏家桥港等15条镇级河道和177条村级河道，河道总长20.3公里，水域面积304.4公顷。

长安镇区河流，在唐贞观八年(634)老坝未筑前，属钱塘江水系，以后，上塘河"纳武林西山诸水"而自成"武林—上塘河"水系。下河属天目山苕溪水系，今称上塘河水系和太湖流域河网区下河水系。上塘河水系比下河水系高出1.5~2米，两河依靠翻水站和滚水坝沟通，贯越全镇。

上塘河起自杭州，流经长安镇至盐官，水流由西向东，流速缓慢，全长42公里，海宁市流域面积为182.28平方公里，是长安镇和附近乡镇的受益河流。最高水位达6.1米，最低水位2.68米，水深最深2.5米，最浅1.5米，平均水深2米。河道平均宽度20米，在暴雨和大阵雨后，水位暴涨暴落现象明显。

下河(崇长港)连京杭大运河，水源丰富，河道排泄功能强，最高水位5.06米，最低水位0.8米，平均水位2.92米，平均水深2.62米。

1999年，下河原泰山港和辛江塘经过疏浚，改建成南排下合工程，下河泄水功能进一步提高，南排下合工程成为主要泄水系统。可直接经盐官出口排泄至钱塘江。

第三节　水资源

长安镇地表水资源主要来自上游过境水，据地质资料和镇区深井资料，长安镇处于岩层断裂形成的一个小平台中间，覆盖层薄，含水的沙质层亦少且薄，故地下水资源贫乏。地下水多为孔隙承压水，且属消耗型不可再生资源。

海宁第二水厂是长安镇主要供水来源，2005年全镇供水量为2072万立方米。另外在东升村、兴城村等地还有8口深井，年供水能力为40万立方米。

第四节　土　壤

长安镇地势由西南向东北倾斜，镇区海拔高度(吴淞基面)约在6.0~6.5米之间，镇郊约在5.0~5.6米之间，地势平坦，河道众多。长安镇属第四系地层，自中更新统Q2~全新Q4，沉积了一套海相和河湖相交互(混合)沉积的过渡相黏土、亚黏土、淤泥黏土等。全新统上部表层自上而下大致可分五层：杂填土层，层厚0.9~2.7米；灰褐色亚黏土土层，层厚1.6~2.6米；灰黄色黏土层，层厚1.8~3.6米；灰黄色亚黏土层，层厚1.9~4.4米；浅黄色轻亚黏土层，层厚大于1.3米。承载力一般为7~12吨。

长安镇的土类分水稻土、盐土两种。水稻土亚类潴育型水稻土；盐土亚类滨海盐土。水稻土亚类潴育型水稻土的土属有：黄松田、堆叠泥田、黄斑田，土壤质地多以中壤土至轻壤土为主，耕性好、宜耕期长、砂粘适中、通透性好、有机质分解快、供肥性好；土性耐水、肥、气、热状况比较协调，属海宁市高产地区。但土壤潜在肥力较低，土壤有机质、含氮等均低于全市平均水平。黄松田主要分布：兴福、东升、德丰、兴城、辛江、泰山、大型、城东、肖王、金港、鹿耳、红色、东陈等村；黄斑田分布：陆泽、兴城沿崇长港区块；堆叠泥田分布于虹金、新民、褚石、盐仓、老庄等村及镇区，同时涉及大型村小部分。盐土、亚类海滨盐土，土属为涂砂土，分布在海宁对外农业开发区。

土种分类面积为：青紫泥田6公顷、青粉泥田22.4公顷、黄心青紫泥田52.67公顷、黄斑田137.33公顷、青心黄斑田64.13公顷、粉坤黄斑田3.27公顷、粉头黄斑田5.33公顷、黄沙田30.8公顷、青心黄沙田8.07公顷、粉泥田158.2公顷、腐坤汾泥田4.27公顷、粉头粉泥田6.8公顷、黄松田328.13公顷、底钙黄斑田6.07公顷、腐坤黄松田3.07公顷、半砂泥田1746.87公顷、腐坤半砂泥田9.13公顷、腐心半砂泥田9.27公顷、古底半砂泥田16.93公顷、底钙半砂泥田37.73公顷、粉质加土田167.2公顷、壤质加土田 150.33 公顷、黄松底加土田 747.4 公顷、粉泥底加土田 10.07 公顷、黄沙底加土田 3.47 公顷、黄斑底加土田 77.53 公顷、壤质堆叠土 153.6 公顷、粉质堆叠土 993.4 公顷。滨海盐土，涂砂土面积为 600 公顷。

长安镇境内地势平坦，河流纵横，自然条件较优越，适宜多种动植物生长繁衍，物种较为丰富。主要农作物有：水稻、大小麦、蚕豆、油菜、络麻、桑苗、芋艿、蔬菜、瓜类、甘蔗、大豆、玉米、花卉。木本植物有：桃树、桑、梨、枣、李、枇杷、橘子、苗木、葡萄等。区域范围内的维束植物有 140 科，728 种，其中蕨类 16 科，17 种；裸子类 8 科，49 种；被子植物 116 科，662 种，其中单子叶类 19 科，136 种，双子叶类 97 科，526 种，形成了植被全覆盖。

土壤有机质含量与全市平均和东部水稻地区对照

表 1-3-2

单位：%

地类	项目 / 数值 / 地区	土壤有机质			土壤全氮			土壤速效磷			土壤速效钾		
		含量	增减值	增减率(%)	含量	增减值	增减率(%)	含量	增减值	增减率(%)	含量	增减值	增减率(%)
水区土壤	市平均值	1.94	–	–	0.115	–	–	11.0	–	–	92	–	–
	本地区	1.64	–0.33	18.3	0.100	–0.015	13.0	11.0	0	0	74	–18	19.0
	东部稻区	2.33	+0.39	20.1	0.136	+0.021	18.3	11.0	0	0	111	+19	20.7
旱地土壤	市平均值	1.44	–	–	0.089	–	–	17.0	–	–	117	–	–
	本地区	1.35	–0.09	6.7	0.083	–0.006	7.2	20.0	+3.0	17.6	114	–3.0	2.6
	东部稻区	1.55	+0.11	7.6	0.097	+0.008	9.0	16.0	–1.0	6.3	130	+13.0	11.4

第五节 生物资源

长安镇境内的野生动物有 7 大类 1500 余种，其中哺乳类 60 余种，鸟类 270 余种，爬行类 50 余种，两栖类 16 种，鱼类 70 余种，昆虫类 1000 余种，其他 50 余种。主要有野兔、黄鼠狼、老鼠、田鼠、刺猬、蝙蝠、松鼠等；鸟类有：麻雀、燕子、喜鹊、白鹭、野鸡、野鸭、翠鸟、白头翁等。爬行动物类：龟、蛇、鳖、蚯蚓、蜈蚣、蜥蜴、蛞牛、黄鳝等。两栖类有：青蛙、蟾蜍、牛蛙。主要养殖有：鸡、鸭、鹅、兔、猪、羊、河蟹、南美白对虾、野鸭、家兔、獭兔等。

第六节 自然灾害

海患

长安镇位于钱塘江畔，有海岸线 10.5 公里。

明代永乐十八年（1420），潮没海塘二千六百余丈，北岸大塌，潮汐直冲临平镇和长安镇，赭山陷入海中，潮流再入北大门。后来，江流海潮又回南大门故道。

明万历三年（1575）六月初一，怪风夹涌潮，冲坍海塘，咸水涌入上塘河。

天启六年（1626），八月海溢，自海空入，一夕水涨三尺余，河流尽咸，汲井池以饮。

崇祯十七年（1644）秋，海水溢入内河，凡近海之地，桔槔所上之水皆咸，不多枯死。

清顺治七年（1650）八月二十六日，海水过塘，河水尽咸。

康熙二年（1663）秋，七月烈风大作，浙江溢。潮由海门捣石塘头，日浸月削，民庐僧舍坍四十里。（海门在龛山与赭山之间。石塘头在老盐仓与马牧港之间）。

康熙五十九年（1720）南大门沙淤成陆，江水海潮直冲北大门而东，并老盐仓皆坍没。

光绪十六年（1890）八月十八日潮溢。是年春潮狂盛，连旬大雨，山水急注，东南大风逼潮北冲，昼以夜继,南龙头细流湍急,埽坦石坦大山塘泼捐坍险,自李家埠汛西"爰"字号起至翁家埠"汛""霜"字止共埽堤工长三百零八丈六尺,均遭泼损。

民国27年(1938),海塘塌毁,潮水直冲进上塘河。

民国29年(1940)夏,陈汶港(丁桥西南)海塘塌陷,海水灌入内河,上塘河水全咸。

民国36年(1947)1月,连日潮水猛冲,老盐仓(廿三堡)至杭闸门海塘处沙滩冲塌。不及抢救,盐板损失甚多。

6月3日,长安与沈士交界处新修之易公坝被潮水冲塌,100余立方米条石被水冲走。

7月7日,台风过境,午夜12时,风潮汹涌,卷过海塘。自翁家埠至老盐仓10余里的海外盐田一万余亩,尽被潮水淹没。万块盐板,千余卤桶,千支毛竹尽被卷去。四五百户盐民生计断绝,露宿江边,哭声震天。8日,夜潮更大,马牧港的挑水坝被毁30余丈,15日,挑水坝全毁,损失石子450吨、条石200吨。

9月8日,(农历八月初六)夜潮摧塘,潮水过塘一片汪洋。自老盐仓至翁家埠一带,毁屋200多间,40余人葬身鱼腹。大量生产工具随水漂失,数百户灾民在风雨中沿塘露宿,惨不忍睹。

1953年春,钱江塘主槽顶冲南翁家埠至老盐仓一带,塘外沙滩大片坍塌,9公里海塘出现险情。

1971年秋,老盐仓大坝至东西塘交界一带,塘脚被大坝反射潮淘空。

1974年春,老盐仓大坝被涌潮刷深,坝头遭受破坏。

1987年8月中旬,大潮海溢,潮浪越过11.5米高的土埝顶,持续5分钟,老盐仓大坝63米浆砌块石严重裂沉,坝面100米干砌石块被冲乱。

1989年9月18日,早潮冲失老盐仓高坝7米。

1994年3月3日(农历正月十九日)的高潮位,在老盐仓2号和3号高坝处上塘,将出港闸下游10米处坦势巨大的钢筋混凝土冲掉。

1994年8月22日(农历七月十五日),盐仓出现8.65米的高潮位,水毁海塘,盐仓围垦全堤7.5公里有10处塌损,冲毁大堤护坡3200平方米,淘空堤脚350米,冲毁丁坝6处,冲掉坝身95米。

1995年,入汛以来至9月,多次强涌潮冲击海塘。盐仓大堤堤身及部分坦势等引处地段冲毁。

雨涝

明永乐十八年(1420),夏秋霖雨,9月大水毁长安坝。

清同治四年(1865)5月24日至25日大雨,江塘崩坍,咸潮入内河,阅三月始淡。

民国4年(1915),秋水过多,长安地区所种美国棉亩产仅20市斤(巡按使屈映光集资购美国棉花种子三包分给长安等地种植)。

民国21年(1932)秋间,风雨为灾,受害极大,农民沿街乞食。7月2日,长安有80余老妪拥至上闸桥万丰米行抢米,翌日聚者更多,至5日有千余人,警察枪伤饥民3人。

民国35年(1946),12月17日雨雪、水暴发,冲坍沈家坝、叶公坝。

1954年5月17日至6月降雨量达786毫米,造成梅雨内涝,长安、辛江农村出动人力水车进行排涝。

1980年3月,长安地区烂春,影响春播。7月份多雨,造成早稻谷发芽霉烂,8月又洪涝,秋作受灾。

1984年夏季梅涝,5、6月雨水量407.1毫米,其中6月13日至14日两天降水量达154.6毫米。6月14日,长安水位6.01米(长安警戒水位为4.8米;危急水位为5.2米;长安上河为3.8米)。

1989年,长安地区早稻春播育秧期倒春寒,造成烂秧死苗。7月下旬又低温多雨,寡照,平均气温仅25.6摄氏度,每晚皆盖被。是年早稻减产。

1992年,9月23日受19号热带风暴影响,过程雨量118.2毫米,最大一日100.8毫米,伴大风19米/秒。晚稻严重倒伏,减产粮食30%。

1993年"8·21"洪涝,8月11日至22日,连续降雨11天,总雨量达240.5毫米,其中20日晚至21日,日降雨量91.7毫米,长安上河水位5.8米,均超过危急水位。全市18个乡镇,内涝面积达10133.33公顷,经济损失3235.2万元。

1994年梅涝,6月8日入梅,比常年提早7天,23日出梅,比常年提前半个月,梅期短,梅汛大,雨量集中，13个雨日，雨量达366.3毫米，超过常年6月、7月两个月的总雨量。6月8日至13日晚，降雨量达227毫米。13日，长安下河水位4.57米，超过警戒水位0.77米，硖石水位3.88米，10多个乡镇60133.33公顷农田受淹，直接损失563.8万元。农业损失300万元，工业损失210万元，毁房70间。

1994年8月，17号台风的袭击，损失严重，天明、鹿耳、褚石三村倒塌民房3户，直接损失6.8万元；蔬菜、农田受淹337.87公顷，经济损失78880元，市财政减免农业税4万元。

1995年6月22日至25日连续暴雨262.4毫米，加上上游来水和太浦闸放水泄洪，长安上河水位5.55米。48户居民住宅进水，部分企业的车间，工场也进水，全市15个乡镇10833.33公顷农田受涝，直接经济损失1000万元。

1996年，6月30日大暴雨，日降水量114.0毫米。农作物受涝1406.67公顷，受灾300公顷，绝收40.87公顷；6户民房倒塌，面积280平方米。居民家中进水500户，5家企业厂房、产品、设备受淹，防汛耗电3947千瓦时。总经济损失454.35万元。

1997年，7月10日，长安镇洪涝受涝面积1184.67公顷，受灾436.67公顷、成灾146.67公顷、绝收63.33公顷，渔业损失46.67公顷(90吨)，农业经济直接损失183万元。是年8月13日特大暴雨和11号台风，造成洪涝灾害，居民房屋进水。全镇1300公顷土地受损严重，晚稻523.33公顷、络麻464.67公顷、蔬菜76.67公顷、甘蔗219.33公顷，直接经济损失283万元，减免农业税40万元。

1997年冬涝，11月11日至12月31日，降雨量298.6毫米，雨日32天，浓雾18天，造成春花烂耕烂种，晚稻谷无法晒燥入库，影响晚稻种子的发芽率。

1998年，1月22日、23日两天暴雪使农业、通信、输电线路遭受较大损失。

1998年春，天气特别阴雨，大面积春粮发育受到了几年来前所未有的自然灾害。全镇损失严重。小麦918.73公顷、蚕豆28.27公顷、油菜698.8公顷受损，经济损失412万元，政府减免农业税30万元。

1999年，梅雨洪涝给农业生产造成严重损失，全镇洪涝受灾面积1056.67公顷，直接经济损失1562万元，市财政减免农业税60万元。镇区100多户居民、10家企业、一所小学进水，7公顷蔬菜被淹受损。姚家洞滚水坝改节制闸；在铁路涵洞前建一座节制闸；利用原有机站排涝，总投入40.5万元。

2001年6月26日上午长安镇受洪涝影响，上河水位上升到6米，下河水位上升到4.8米，16个村2000公顷农田被淹，全镇有900户居民家受水淹，紧急转移58户，受淹农田1053.33公顷，城镇倒塌房屋三户，农村倒塌38间。长安花卉园区12.67公顷花卉受淹，全镇出动排涝机泵115台投入排涝。

旱情

唐大和八年(834)，上塘河干涸。

宋淳熙八年(1181)，秋大旱，自七月至十一月无雨。

绍熙五年(1194)，秋旱为灾。全县10万人告饥。

淳祐七年(1247)，杭州大旱，上塘河干涸。

元至正二十一年(1361)，秋七月大旱，官河(即上塘河)断流。

明万历十六年(1588)，五月至八月无雨，运河、太湖俱涸，野无青草，五谷不登，民食糠麸、树皮、卖妻鬻子、饿殍载道、疫死无算。

清顺治九年(1652)，五月不雨至秋七月，河流绝，井泉竭，运河见底。七月二十三始雨。

顺治十八年(1661)，夏大旱，草木枯死。

康熙二年(1668)，大旱，上塘河先干，八月初五辛江塘河干涸，十日洛塘河干涸。

康熙十年(1671)，夏大旱，嵇宗孟《踏荒诗》云："石门黄叶路，烟火古长安。河拆蹄涔合，阳骄雀麦干。民艰依斥卤，岁歉惜盘餐，未雨愁方切，荒城不忍看"。

雍正元年(1723)，大旱河拆，粒米无收。

嘉庆十二年(1807)，海宁大旱。

嘉庆十三年(1808)，海宁、桐乡继上年大旱，河水尽涸。

道光二十二年(1842)六月，上塘河干涸。

咸丰六年(1856)，五月至九月不雨，大旱成灾，辛江塘河全涸。

民国3年(1914),夏旱继秋旱,6月27日至8月2日降水仅84.8毫米。

民国23年(1934)夏秋,大旱大饥。6月10日至9月10日,一次降水过程不满30毫米的连旱日数93天。7月12日,最高温度达40.2摄氏度,8月26日,水位降至0.1米。长安河流断流,大小河浜干涸,禾苗枯槁,颗粒无收,逃荒讨饭成群结队,草根树皮吃尽,死尸载道,惨不忍睹。

民国33年(1944),夏季晴旱,稻田无水、禾苗枯槁。

民国36年(1947)7月下旬始,久晴不雨,河浜干涸,农田龟裂。8月1日起,长安镇新老两坝安装抽水机,引下塘河水入上塘河,流域6里。

民国37年(1948)夏秋大旱,7月7日至10月3日87天无雨,上塘河干涸,下河断流。县长凌华向省府请求放西湖水济海宁上塘河农田,8月19日开闸放水。

1953年,夏季连续干旱,长安、许村两区组织力量在凌家堰、长安镇老坝设置临时翻水站,将下河水翻入上塘河。

1964年7月2日至18日,连续高温无雨,秋蚕饲养亦受影响。

1967年夏秋,大旱。7月7日至8月29日连续无雨,延至10月31日共103天仅降雨47.7毫米。9月2日洛塘河断流,轮船停航,是建国以来最严重的干旱年。12个公社6906.67公顷农田灌不上水。全县减产粮食5694吨。

1978年夏旱62天。6月30日至7月10日气温高于35摄氏度,,连续11天,最高达38.9摄氏度。6月25日至8月26日,高温少雨。7月10日,长安水位降至2.5米。全县受旱面积9760公顷,损失粮食8331.5吨。

1984年,1月19日,积雪16厘米,通信线路受雪毁,农杆线断线严重,通讯受阻。

1985年,7月29日至8月1日,6号台风影响本镇,风力达9~10级。12月结冻17天,其中10日又大雪,持续4天,积雪14厘米。12日至13日,强冷空气侵袭,最低气温零下7.8摄氏度。

1988年夏,高温干旱,早稻穗形变小,空秕率提高,造成减产。旱地作物大都枯死。

1989年,早稻春播育秧期倒春寒,造成烂秧死苗。7月下旬又低温多雨,平均气温仅25.6摄氏度,每晚皆盖被。俗语云:六月盖被,十二月无米。是年早稻减产一成余。

1991年,12月26日至29日,雨雪,严重冰冻,最低温度为零下9.9摄氏度,农作物冻死。

1994年,6~8月连续高温干旱,对早稻抽穗扬花灌浆危害较重,特别是旱地作物。

2003年,夏秋季酷热相连且旱情严重,35摄氏度以上的高温天气持续38天。

2005年是长安气象灾害频发的一年,主要表现在冬季阴冷多雨,夏季热得早并且高温天数多,台风影响次数多强度大,秋季温度高雨少旱情显现,梅汛期降水特少。

附:民国23年(1934)大旱

长安翻水站未建以前,上溏河地区是“三年两头旱”。但最严重的是上下河都旱,其中清乾隆五十年(1924)和民国23年(1934)为最。有“乾隆五十年,旱到嘉兴南湖边”之谚。民国23年则有过而无不及。因为这一年范围大,时间长,灾荒普遍。所以百姓的苦难深而延续到次年麦出。

一、旱象之初和早期现象。1934年春初久晴无雨,气温比常年高出数度,旱情已见端倪。虽则春分后(3月23日)下了一场大雨,上塘河水位和池塘贮水量显得充足,但3月26日(清明前一天)开始,天气晴朗,万里无云。小满(公历5月22日)天更热了。“芒种”开始(公历6月6日)天天吹西南风。本来农谚说“芒种勿捉麦,夏至勿种田”。但小麦提前早熟了,收割在先。夏至未到,秧苗疯长(单熟广籼疯长必须立即移植)因此公历6月10日到处是“叽叽咕咕的踏车声,等不及“天落水”种田,采取“上水”种田。可是天热,久不下雨,田头地下干燥之极,耗水量非常大。等到田间插好秧苗,上塘河的支港、浜溇已干涸。夏至(公历6月22日)那天,上塘河水已落到了“二口子”下。

二、旱象显现,抗旱措施:农民为了给水稻田里上一次“换届水”(灌第二次水),只得七八户或十几家联合起来,掮了车头,抬了水车,男男女女全出动到上塘河边翻水。先把上塘河二口子里的水翻到直港里;再用水车车到田里。由于天热,土地干燥,翻上来的水大半是消耗掉了。虽然是全体出动,但灌到稻田里的水却很少。因此也有少数“靠港田”能灌上个浅之又浅的一点水。而且如果没有池塘水继续灌一次,也是颗粒无收。其二灌不上“换届水”的根本全荒。

国民党政府也想先从下河用抽水机翻水(在长安镇坝上)。又从杭州闸口用大功率抽水机从钱塘江里抽水进上塘河。更利用唐代白居易“留给一湖水”的旧例(西湖水面钱粮,从此一直由上塘河田亩摊缴)上书省政府放西湖水进上塘河。但是天太热,地太干燥了,三个办法都是“杯水车薪”,都没有流到长安镇地段水已没有了。钱塘江水位亦非常低,西湖水没了。7月15日,杭州城里城外河干、井枯。上塘河在17日全部干涸底见天,农民们只得“搁起水车望老天”无祭之极。

三、求雨不成晒菩萨。在下河尚有很浅的水,靠下河的村庄里农民们还是在翻水抗旱。上塘河已处于万般无奈的农村,转向“向天求雨”。当然这是一些靠庙宇吃饭的“庙董事”和和尚道士起的头。大热天骗了老百姓抬了菩萨出巡祈雨。夜以继日的向菩萨拜忏念佛,田里苗枯地裂,庙里是香火连天。天天有农民抬了菩萨四处游转,祈祷下雨。可抬了转了一个多月,仍旧没有下一滴雨,农民们失望之极时,他们把菩萨抬出庙去,摆在场地上晒。申称“不下雨就让他晒下去”。

四、下河干涸,形成大旱。到8月10日下河支港浜溇全涸,崇长港、辛江塘河、洛塘河等二口子里还有水。8月14日丰子恺从石门到杭州考试去。上一日有人统计:崇长港里有756部翻水车,撑船人对丰子恺说:“今天又增加了许多”。上车头踏车,除了青壮年男女外,十一二岁的孩子和七八十岁的老人也有。整条河里都是“叽咕哽、叽咕哽”的车轴头喊声。9月初,辛江塘河、洛塘河断流。13日丰子恺从杭州回来,到了长安镇,因崇长港断流,只得步行回家。从此,于长安老丝厂前漾潭到嘉兴北丽桥,所有河道干涸,只剩下斜桥镇车水潭漾潭一泓水。海宁、桐乡、海盐和杭县各集镇、乡村、井水亦涸,只长安镇马家弄里曹金可所开的洋井(深100米)有水。人们纷纷在池塘底和河道里挖“井枯潭”聚水饮用。

五、大旱年的特别现象和赈济状况:这一年从清明到9月18日,无污水可孳生蚊虫,所以在露天过夜可以不用蚊帐,郭店镇双坟头等年轻人到黄湾贩私盐到临安等地出售,来往均走河道里(二口子边上),晚上就睡在河滩上,可从未碰到过蚊子咬。

是年,海宁籍的上海工商界人士发起募捐购洋米烧“施粥”赈济救灾。政府发动开挖宁袁塘等“以工代赈”,使百姓渡过了灾年。但古人有说:“荒年荒年,当年好过怕来年”。是真的。民国23年(1934)灾荒严重,但农民尚有一点上年留下来的余粮,春后尚能过过。来年一开春,春长遥遥,无处得一些赈济,所以民国24年(1935)春夏之交,青黄不接时,海宁的饥荒到了最严峻的关头,当保姆、佣人、方言称之为“当阿奶”,虽则暹罗米粞只2元钱。灾民还是吃不起而买几角钱一袋的洋麸皮吃。

尤其是未成熟的小麦,刚灌浆就割起来打下麦粒夹水磨成浆,沉淀后用来煮粥吃。看上去青青的麦糊粥,上嘴时又苦,又青草气,喝到肚里毫不点饥,虽则喝了三四大碗还是饿,只觉得肚皮胀得难过了吐青水。

风灾

1956年8月1日24时,12号台风中心在象山登陆后,8月2日3时穿越海宁县境,长安最大风力10级,胡家斗冲毁石塘。农作物受严重影响。

1963年9月12日,受12号台风倒槽和强冷空气影响,发生大暴雨,上河水位由4.23米猛涨到6.01米。下河水位涨到4米以上。

1967年7月26日21时,辛江等9个公社遭受8级雷雨大风袭击,毁草舍、凉棚150多间,墙倒屋坍,稻谷受潮,每亩吹落早稻谷20多公斤,棉花、络麻严重倒伏。

1968年6月8日18时,长安、石路、沈士雷雨大风,风力9级,倒塌房屋324间,直径1尺的一棵大树吹断，刮断电线杆较多，小麦倒伏，损失较大。

1969 年 7 月 15 日 21 时，长安盐仓雷雨大风，络麻倒伏，吹断不少。

1973 年 6 月 27 日 16 时 14 分，海宁遭受龙卷风袭击，长安等 9 个公社倒塌草棚 154 间，瓦房 605 间。

1976 年 4 月 22 日 15 时 23 分至 32 分。10 级狂风加暴雨袭击辛江等 21 个公社受灾，面积 1.2 万公顷，倒塌房屋 180 间，草房 1850 间，刮倒电线杆 470 根，死 1 人，伤 27 人。

1983 年 4 月 12 日 23 时 30 分到 24 时 15 分，长安等公社遭受 9 级大风雷雨，11 个公社倒塌房屋 19 间，电杆 19 根，春花倒伏。

1985 年 7 月 13 日 16 时零分到 40 分，9 至 10 级大风雷雨，长安、辛江两地遭受袭击。全县 5 个公社倒塌瓦房 36 间，压伤 4 人，损坏电杆 216 根，压死鸡鸭 683 羽，络麻倒伏。

2005 年 7 月 20 日早上 8 点 30 分，"海棠"台风影响，农发区狂风暴雨，浙江诚信包材料厂门口 200 米长的通道积水 50 多厘米，车辆行人不能通行。

是年 8 月 5 日，9 号台风"麦沙"影响长安镇，6 日中午风加大，农发区指示牌、广告牌、路牌、行道树折断，较多在建工地受损失严重。

冰雹

1956 年 7 月 13 日 16 时 30 分，辛江、长安等乡冰雹，塌损房屋 20 间。

1974 年 9 月 1 日 16 时雷雨大风，长安等地伴有冰雹，大者直径 1.3 厘米，密度每平方米 10 粒。

1976 年 4 月 22 日 15 时 23 分至 32 分，冰雹。辛江等 21 个公社受灾。早稻秧田受损 533 公顷，损失早稻谷 400 吨，大小麦 4400 公顷，损失 50%，油菜 267333.33 公顷，损失 40%。

1983 年 4 月 12 日 23 时 30 分至 24 时 15 分，长安至湖塘 11 个乡镇冰雹，一般直径 1 厘米，少数者 3 厘米，春花受损。

病虫害

民国 18 年（1929）螟虫、蝗虫、稻虱危害，海宁稻田 41606.67 公顷。12 月长安稻根中越冬螟虫率，每亩丛稻根有三化螟 101 根，二化螟 8 条、大螟 12 条，悉数生存。

民国 23 年（1934）大旱，蝗虫危害海宁 49733.33 公顷。5 月，翁家埠一带秋蝗势如潮涌，海宁损失粮食 858.4 吨。

民国 37 年（1948）5 月，长安、袁花、濮桥 3 乡镇 34.33 公顷秧田内铲除螟虫卵、二化螟卵 7048 块、三化螟 41218 块。

1966 年，辛江公社新丰大队小麦矮缩病盛发，危害面积广。麦类赤霉病大流行。

1967 年，辛江公社新丰大队大面积无芒六棱大麦，平均病穗率 97% ~ 100%，病指 27 ~ 39，小麦病穗率 16% ~ 30%。

1998 年，长安大小麦田发生菵草发生，一般田块 50 万株左右，严重田块 100 万株左右，菵草危害，麦子减产 2 ~ 3 成，严重田块减产 5 成左右。

2005 年，长安镇稻飞虱大暴发，9 月 28 日调查，平均每亩总飞虱虫量 125.8 万头，其中成虫褐飞虱占 77.7%；灰飞虱占 22.3%。对晚稻田块造成有史以来最大的危害。

疫情

民国 35 年（1946）3 月 1 日，长安翁埠等地流行性脑脊髓膜炎流行。

7 月，长安发现真性霍乱，赤痢猖獗。9 月 2 日，长安又发现真性霍乱。

民国 36 年（1947）长安脑膜炎流行。8 月 24 日，长安发现真性霍乱。

民国 37 年（1948）4 月间，翁埠等乡镇发生流行性脑脊髓膜炎，全市死亡 18 人。

1976 年辛江、许村、庆云三个康复村，收麻风病人 120 人。

1979 年 8 月，长安公社一例钩体病人死亡。

1980 年 7 ~ 9 月，长安、辛江、沈士等 6 个公社发生钩体病 3490 人，其中青壮年占 79.8%，死亡 8 人。

2003 年 4 至 5 月，开展"非典型肺炎"防治工作。长安镇未发现非典病人和疑似病人。

第四章　人　口

第一节　人口变化

南宋建都临安(杭州),长安镇地处南来北往的交通要冲,日趋繁荣。明清之际,商业、手工业更趋兴盛,萧山、东阳以及宁绍地区的人纷纷前来长安经商和经营小手工业,日久定居下来,长安人口逐渐繁衍增多。咸丰初(1851),镇上人口已达万人。

自南宋以来,特别是明、清两朝全盛时期,长安米市兴起,市场繁荣,又为人口发展提供了条件。只是在几经战乱之后,长安镇的一些官商富户,外逃他乡,未能外逃的平民百姓死于兵荒马乱和天灾人祸之中。至宣统二年(1910)长安镇区总人口仅有5000人左右。据统计,民国22年(1933)全镇人口为5116人。民国23年(1934)为5566人。接连的天灾人祸,兵荒马乱,人口发展渐趋缓慢。抗日战争时期,苏北泰县、盐城一些船民及小商小贩,辗转来长安谋生,陆续定居,长安人口略有增加。1947年修南乡并入长安镇,人口更为增加。据1948年6月13日《海宁导报》载,1948年5月户籍,计4759户,人口20488人。

1992年8月,长安镇与长安乡合并后,长安镇人口为51785人。1999年11月,辛江乡并入,长安镇人口为69637人。2003年盐仓镇并入,长安镇人口为76418人。2005年末,长安镇人口为76342人(不包括外来务工人口)。

表1-4-1

1950—1953年人口统计

1950年	总户数	农业	非农业	总人数	农业	非农业
长安镇	2538	—	—	12382	—	—
新民乡	1330	—	—	5749	—	—
辛江乡	925	—	—	4088	—	—
褚石乡	1065	—	—	4425	—	—
牧港乡	1280	—	—	4493	—	—
兴福乡	832	—	—	3284	—	—
袁牧乡	1115	—	—	4818	—	—
孟子乡	7000	—	—	4080	—	—
泰山乡	1177	—	—	4889	—	—
1951年	—	—	—	—	—	—
长安镇	1994	—	—	8523	7835	688
新民乡	1833	—	—	5593	5343	250
孟子乡	1334	—	—	4375	4127	148
褚石乡	1432	—	—	4493	4362	131
牧港乡	1720	—	—	4921	4536	385
兴福乡	899	—	—	3420	3358	62
辛江乡	1072	—	—	4099	4001	98

续表 1-4-1

1950 年	总户数	农业	非农业	总人数	农业	非农业
泰山乡	1282	—	—	5052	4943	109
1952 年	—	—	—	—	—	—
新民乡	1889	—	—	5586	5409	177
孟子乡	1355	—	—	4299	4196	103
牧港乡	1775	—	—	4963	4559	404
褚石乡	1445	—	—	4538	4484	54
兴福乡	907	—	—	3432	3375	57
辛江乡	1092	—	—	4169	4081	88
泰山乡	1310	—	—	5077	4993	104
长安镇	1731	—	—	5667	494	5173
1953 年	—	—	—	—	—	—
新民乡	1722	—	—	5640	5542	98
孟子乡	1317	—	—	4512	4306	116
褚石乡	1339	—	—	4764	4614	150
牧港乡	1582	—	—	5010	4517	493
辛江乡	1078	—	—	4290	4140	150
兴福乡	900	—	—	3701	3464	237
泰山乡	1299	—	—	5077	5031	146
长安镇	2538	—	—	12403	11675	728

1954—1963 年人口统计

表 1-4-2

年份	总户数	农业户数	非农业户数	总人数	农业人数	非农业人数
1954 年	—	—	—	—	—	—
新民乡	—	1402	—	—	5639	—
孟子乡	—	1058	—	—	4533	—
褚石乡	—	1086	—	—	4706	—
牧港乡	—	1204	—	—	4608	—
兴福乡	—	853	—	—	3531	—
辛江乡	—	976	—	—	4234	—
泰山乡	—	1221	—	—	5182	—
长安镇	—	2414	—	12367	535	11832
1957 年	—	—	—	—	—	—
长安镇	2362	—	—	12277	—	—

续表 1-4-2

年份	总户数	农业户数	非农业户数	总人数	农业人数	非农业人数
长安乡	4731	4654	53	21740	21437	303
辛江乡	2897	2874	23	13170	13048	122
1958 年	—	—	—	—	—	—
长安镇	2723	—	—	14281	—	—
长安乡	4754	4700	75	22123	21796	307
辛江乡	2979	2954	25	13314	13187	127
1959 年	—	—	—	—	—	—
长安镇	3125	—	—	14569	—	—
长安乡	4775	4700	75	22170	21845	325
辛江乡	3159	3135	24	14152	14022	130
1960 年	—	—	—	—	—	—
长安镇	2727	—	—	13320	—	—
长安乡	4776	4684	92	22349	21954	395
辛江乡	3184	3157	27	14460	14323	137
1961 年	—	—	—	—	—	—
长安镇	2594	—	—	14039	—	—
长安乡	5154	5065	80	23077	22835	242
辛江乡	3384	3361	23	14745	14635	110
1962 年	—	—	—	—	—	—
长安镇	—	—	—	—	—	—
长安乡	5305	5167	138	24845	24494	351
辛江乡	3389	3376	13	15522	15482	40
1963 年	—	—	—	—	—	—
长安镇	—	—	—	—	—	—
长安乡	5406	5256	150	26155	25647	508
辛江乡	3417	3401	16	16117	16067	50

1964—1973 年人口增长情况

表 1-4-3 单位：人、比率：‰

1964 年	年末总人口	出生人口	出生率	死亡人口	死亡率	自然增长数	增长率
长安镇	13192	179	13.56	49	3.71	130	9.85
长安乡	26984	499	18.49	101	3.74	398	14.80
辛江乡	16626	308	22.85	63	3.80	246	—

续表 1-4-3

1964 年	年末总人口	出生人口	出生率	死亡人口	死亡率	自然增长数	增长率
1965 年	—	—	—	—	—	—	—
长安镇	13142	272	20.69	85	6.46	187	14.22
长安乡	27723	941	33.94	208	7.50	733	26.44
辛江乡	17057	573	33.59	116	6.80	457	26.79
1966 年	—	—	—	—	—	—	—
长安镇	13143	203	15.44	64	4.86	139	10.57
长安乡	28345	799	28.19	144	5.08	655	23.10
辛江乡	17398	498	28.62	105	6.04	393	22.59
1967 年	—	—	—	—	—	—	—
长安镇	13272	210	15.82	53	3.99	157	11.82
长安乡	28857	639	22.14	148	5.12	491	17.01
辛江乡	17714	382	21.56	84	4.74	298	16.82
1968 年	—	—	—	—	—	—	—
长安镇	13227	198	14.96	72	5.44	126	9.52
长安乡	29227	726	24.84	201	6.88	525	17.93
辛江乡	18010	449	24.93	99	5.49	350	19.43
1969 年	—	—	—	—	—	—	—
长安镇	13396	137	10.22	85	6.34	32	3.88
长安乡	30101	714	23.72	154	5.12	560	18.60
辛江乡	18342	439	23.93	107	5.83	332	18.10
1970 年	—	—	—	—	—	—	—
长安镇	11534	140	12.13	65	5.63	75	6.50
长安乡	30731	659	21.44	155	5.04	504	16.40
辛江乡	18742	448	26.03	117	6.24	331	17.66
1971 年	—	—	—	—	—	—	—
长安镇	12351	150	12.14	76	6.15	74	5.99
长安乡	31205	631	20.22	194	6.22	437	14.00
辛江乡	19191	390	20.32	123	6.41	267	13.91
1972 年	—	—	—	—	—	—	—
长安镇	12440	121	9.27	63	5.06	58	4.66
长安乡	31573	639	20.24	202	6.40	438	13.87
辛江乡	19350	—	—	—	—	306	15.8
1973 年	—	—	—	—	—	—	—
长安镇	12392	105	8.47	84	6.77	21	1.69
长安乡	32045	648	20.22	188	5.87	460	14.35
辛江乡	19772	426	21.55	109	5.51	317	16.03

1974—1983 年人口增长情况

表 1-4-4　　单位：人；比率：‰

1974 年	年末总人数	出生人口	出生率	死亡人口	死亡率	自然增长数	增长率
长安镇	12202	75	6.14	92	7.53	−17	−1.39
长安乡	32309	514	15.90	221	6.84	293	9.1
辛江乡	19925	—	—	—	—	188	9.4
1975 年	—	—	—	—	—	—	—
长安镇	11982	92	7.67	92	7.67	0	0
长安乡	32604	459	14.08	190	5.83	269	8.3
辛江乡	20300	320	15.76	104	5.12	216	10.7
1976 年	—	—	—	—	—	—	—
长安镇	12370	62	5.01	93	7.51	−31	−2.5
长安乡	32705	414	12.96	184	5.63	230	7.33
辛江乡	20305	269	13.22	114	5.60	155	7.62
1977 年	—	—	—	—	—	—	—
长安镇	12446	114	9.15	94	7.55	20	1.60
长安乡	32934	352	10.73	175	5.53	177	5.4
辛江乡	20421	253	12.37	133	6.50	120	5.9
1978 年	—	—	—	—	—	—	—
长安镇	12771	95	7.43	83	6.49	18	0.93
长安乡	33158	488	14.77	193	5.84	295	8.9
辛江乡	20545	293	14.24	115	5.59	178	8.7
1979 年	—	—	—	—	—	—	—
长安镇	13606	136	9.99	83	6.02	54	3.96
长安乡	33106	459	13.86	176	5.31	283	8.5
辛江乡	20461	270	13.11	114	5.33	156	7.6
1980 年	—	—	—	—	—	—	—
长安镇	14136	139	9.83	90	6.36	49	3.46
长安乡	32819	330	10.01	216	6.55	114	3.5
辛江乡	20560	240	11.68	112	5.45	128	6.2
1981 年	—	—	—	—	—	—	—
长安镇	14273	222	15.55	123	8.62	99	6.93
长安乡	33029	491	14.14	200	6.00	291	8.8
辛江乡	220717	314	15.22	126	6.11	188	9.1
1982 年	—	—	—	—	—	—	—
长安镇	14250	291	20.43	101	7.09	190	13.33
长安乡	33347	510	18.45	209	6.30	306	9.2
辛工乡	10950	376	17.29	147	7.06	235	11.2
1983 年	—	—	—	—	—	—	—
长安镇	14783	248	16.77	100	6.76	148	10.01
长安乡	33428	392	11.74	238	7.13	154	4.6
辛江乡	21031	236	11.24	155	7.38	81	3.9

1984—1992 年人口增长情况

表 1-4-5　　单位:人;比率:‰

1984 年	年末总人数	出生人口	出生率	死亡人口	死亡率	自然增长数	自增率
长安镇	14945	225	15.8	106	7.10	119	7.97
长安乡	33347	203	6.08	211	6.32	-8	-2.4
辛江乡	21010	135	6.42	128	6.09	7	0.33
1985 年	—	—	—	—	—	—	—
长安镇	15797	151	8.55	90	5.69	61	3.86
长安乡	32825	213	6.41	228	6.89	-15	-0.89
辛江乡	20833	152	7.27	141	6.74	11	0.53
1986 年	—	—	—	—	—	—	—
长安镇	16216	180	11.10	106	6.53	74	4.56
长安乡	32881	539	16.41	241	7.34	298	9.07
辛江乡	20992	348	16.64	147	7.02	201	9.61
1987 年	—	—	—	—	—	—	—
长安镇	16444	230	13.98	105	6.38	125	7.60
长安乡	33158	648	19.62	251	7.60	397	12.02
辛江乡	21209	334	15.84	127	6.02	207	9.81
1988 年	—	—	—	—	—	—	—
长安镇	16552	178	10.76	126	7.61	52	3.14
长安乡	33369	466	14.01	240	7.22	226	6.79
辛江乡	21401	286	13.42	142	6.67	144	6.75
1989 年	—	—	—	—	—	—	—
长安镇	16659	173	10.38	108	6.48	65	3.90
长安乡	33541	457	13.66	221	6.60	236	7.06
辛江乡	21564	300	13.96	138	6.42	162	7.54
1990 年	—	—	—	—	—	—	—
长安镇	16992	131	7.7	109	6.41	22	1.29
长安乡	33749	531	15.78	226	6.72	305	7.40
辛江乡	21716	323	14.96	163	7.52	160	7.40
1991 年	—	—	—	—	—	—	—
长安镇	17122	127	7.44	109	6.39	18	1.05
长安乡	34254	538	15.82	226	6.65	312	9.17
辛江乡	21861	364	16.71	144	6.61	220	10.10
1992 年	—	—	—	—	—	—	—
长安镇	51785	635	12.31	352	6.82	283	5.49
辛江乡	21871	296	13.54	154	7.04	142	6.50

1993—1998 年人口增长情况

表 1-4-6

单位：人；比率：‰

1993 年	年末总人数	出生人口	出生率	死亡人口	死亡率	自然增长数	自增率
长安镇	51888	505	9.74	357	6.89	148	2.85
辛江乡	21991	235	10.72	151	6.89	84	3.83
1994 年	—	—	—	—	—	—	—
长安镇	52011	560	10.78	363	6.99	197	3.79
辛江乡	21990	254	11.55	161	7.32	93	4.23
1995 年	—	—	—	—	—	—	—
长安镇	52215	587	11.26	330	6.33	257	4.93
辛江乡	21993	299	13.60	165	7.50	134	6.10
1996 年	—	—	—	—	—	—	—
长安镇	52538	555	10.60	391	7.47	164	3.13
辛江乡	22008	310	14.09	173	7.86	137	6.23
1997 年	—	—	—	—	—	—	—
长安镇	52457	496	9.45	386	7.35	110	2.10
辛江乡	22009	248	11.27	175	7.95	73	3.32
1998 年	—	—	—	—	—	—	—
长安镇	52354	432	8.24	364	6.95	68	1.30
辛江乡	22111	237	10.74	197	8.93	40	1.81

1999—2005 年人口增长情况

表 1-4-7

单位：人；比率：‰

年份	年末人数	出生数	出生率	死亡数	死亡率	自然增长数	自增率
1999 年	69637	569	8.16	554	7.95	15	0.22
2000 年	69538	568	8.16	572	8.22	–4	–0.06
2001 年	69277	504	7.26	489	7.05	15	0.22
2002 年	68857	491	7.11	472	6.83	19	0.28
2003 年	76418	516	6.47	627	8.19	–111	–1.45
2004 年	76439	652	8.53	527	6.90	125	1.63
2005 年	76342	593	7.76	591	7.34	2	0.42

第二节　人口构成

一、民族

长安镇世居居民大多为汉族。据第五次全国人口普查，长安镇汉族71031人，盐仓镇汉族人口9126人，两地共有汉族人口80748人。两地有回族3人，苗族50人，彝族153人，壮族67人，满族2人，侗族3人，瑶族27人，土家族67人，傣族1人，黎族5人，佤族1人，畲族3人，未识别民族8人。

1964年6月30日第二次人口普查民族人口统计

表1-4-8　　单位：人

单　位	合计	汉族	回族	满族	藏族
长安镇	13453	13448	4	1	
长安乡	26586	26585	—	—	1
辛江乡	16388	16388	—	—	—

1982年7月1日全国第三次人口普查民族人口统计

表1-4-9　　单位：人

单位名称	合计	汉族	回族	壮族	朝鲜族	满族	畲族
长安镇	14250	14241	7	—	—	2	—
长安乡	33077	33077	—	—	—	—	—
辛江乡	20818	20818	—	—	—	—	—

1990年7月1日第四次全国人口普查民族人口统计

表1-4-10　　单位：人

单位	合计	汉族	壮族	回族	瑶族	彝族	满族	侗族	藏族	黎族	其他未识别民族
长安镇	16992	16984	—	7	—	—	1	—	—	—	—
长安乡	33573	33521	38	—	12	—	—	1		1	—
辛江乡	21785	21745	32	—	1	4	—	2	1	—	—

2000年11月1日第五次全国人口普查民族人口统计(一)

表1-4-11　　单位：人

单位	合计			汉族			回族			苗族		
	合计	男	女	小计	男	女	小计	男	女	小计	男	女
长安镇	71561	35394	36167	71031	35171	35860	2	2	—	47	20	27
盐仓镇	9187	4812	4375	9126	4786	4340	1	1	—	3	1	2

第五次全国人口普查民族人口统计(二)

表 1-4-12

单位:人

单位	彝族			壮族			满族			侗族		
	小计	男	女	小计	男	女	小计	男	女	小计	男	女
长安镇	147	85	62	236	72	164	1	—	1	3	2	1
盐仓镇	6	4	2	31	12	19	1	1	—	—	—	—

第五次全国人口普查民族人口统计(三)

表 1-4-13

单位:人

单位	瑶族			土家族			傣族			黎族		
	小计	男	女	小计	男	女	小计	男	女	小计	男	女
长安镇	21	12	9	54	23	31	1	—	1	5	2	3
盐仓镇	6	1	5	13	6	7	—	—	—	—	—	—

第五次全国人口普查民族人口统计(四)

表 1-4-14

单位:人

单位	佤族			畲族			其他未识别民族		
	小计	男	女	小计	男	女	小计	男	女
长安镇	1	—	1	3	1	2	8	4	4
盐仓镇	—	—	—	—	—	—	—	—	—

二、人户、性别

1953 年 6 月 30 日零时进行的第一次人口普查长安镇范围内的长安镇、兴福乡、新民乡、泰山乡、辛江乡、孟子乡、褚石乡共有人口 40182 人。2000 年 11 月第五次人口普查人口有 80108 人,其中男性 39905 人,女性 40203 人。农业人口 62387 人,非农业人口 17721 人。在解放后的 46 年中人口翻了一番。

1953 年 6 月 30 日全国第一次人口普查情况

表 1-4-15

单位:人

单位名称	户数	人数	其中		人口自然增长情况			人口迁移情况	
			农业	渔业	出生	死亡	增长率	迁出人口合计	迁入人口合计
长安镇	2545	12367	535	—	385	101	—	296	645
兴福乡	853	3531	—	—	—	—	—	—	—
新民乡	1402	5629	—	—	—	—	—	—	—
泰山乡	1221	5182	—	—	—	—	—	—	—
辛江乡	967	4234	—	—	—	—	—	—	—
孟子乡	1058	4533	—	—	—	—	—	—	—
褚石乡	1086	4706	—	—	—	—	—	—	—

1964年6月30日第二次全国人口普查情况

表1-4-16

单位	总户数	总户数、总人口					在总户数、总人口中				
		合计(人)	男		女		非农业人口		农业人口		
			人数(人)	占总%(人)	人数(人)	占总%(人)	人数(人)	占总%(人)	人数(人)	占总%(人)	渔业(人)
长安镇	2596	13453	6467	48.7	6986	51.93	13382	99.47	71	0.53	24
长安乡	5470	26586	13573	50.86	13013	48.95	365	1.37	26221	98.63	40
辛江乡	3445	16388	8560	52.23	7828	47.77	98	0.60	16290	99.40	22

1982年7月1日第三次全国人口普查情况

表1-4-17

单位	总户数(户)	总人口数(人)		占总人口,男占%		性别比例	
		合计	男	女	男	女	(女:100)
长安镇	4201	14250	6964	7286	48.87	51.13	95.58
长安乡	7440	33077	16755	16322	50.65	49.35	102.65
辛江乡	4594	20818	10706	10112	51.43	48.57	105.87

第三次全国人口普查人口自然变动情况

表1-4-18　单位:人

单位	出生			死亡		
	合计	男	女	合计	男	女
长安镇	216	127	89	115	61	54
长安乡	517	259	258	210	110	100
辛江乡	337	170	167	130	82	48

第三次全国人口普查家庭户与集体户

表1-4-19

单位	总户数(户)			总人口(人)			家庭户平均每户人口数
	合计	家庭户	集体户	合计	家庭户	集体户	
长安镇	4201	4146	55	14250	13119	1131	3.16
长安乡	7440	7424	16	33077	32883	194	4.43
辛江乡	4594	4586	8	20818	20692	126	4.51

1990 年 7 月 1 日第四次全国人口普查情况

表 1-4-20

单位:人

单位	户数			人口数										家庭平均每户人数
	合计	家庭户	集体户	合计	男	女	性别比	家庭户			集体户			
								小计	男	女	小计	男	女	
长安镇	5633	5547	86	16992	8363	8629	96.92	16061	7766	8295	931	597	334	2.90
长安乡	8231	8220	11	33573	16832	16741	100.54	33476	16750	16726	97	83	15	4.07
辛江乡	5322	5311	11	21784	11056	11056	103.06	21714	10993	10721	70	63	7	4.99

2000 年 11 月 1 日第五次全国人口普查情况

表 1-4-21

单位:人

单位	合计人数			农业户口人数			非农业户口人数			非农业户口人数比例%		
	合计	男	女	小计	男	女	小计	男	女	小计	男	女
长安镇	71013	35136	35877	53782	26436	27346	17231	8700	8531	24.26	24.76	23.78
盐仓镇	9095	4769	4326	8605	4469	4136	490	300	190	5.39	6.29	4.39

第五次全国人口普查分城乡的常住人口

表 1-4-22

单位:人

单位	总人口			镇人口			乡人口		
	合计	男	女	小计	男	女	小计	男	女
长安镇	71561	34488	35009	21814	10732	11082	49747	24662	25085
盐仓镇	9187	3847	3977	4396	2454	1942	4791	2358	2433

三、文化程度

在 1964 年 6 月 30 日开展的全国第二次人口普查中，长安镇、长安乡、辛江乡不识字人数达 19261 人。13 至 40 岁占不识字人数，长安镇、长安乡、辛江乡分别为 28.9%、51.8%、50.8%。

在 2000 年 11 月 1 日进行的第五次人口普查中，长安镇、盐仓镇文盲人数（15 岁以上）为 7926 人，长安镇占男性比例 5.59%，女性占比例 16.72；盐仓镇男性占比例 8.82，女性占比例 25.73。

大学生人数第二次人口普查中为长安镇 95 人，长安乡 2 人，辛江乡 4 人。在 2000 年第五次人口普查中，长安镇大专以上人数 762 人，盐仓镇为 55 人，两地为 817 人。

第二次全国人口普查文化程度统计（一）

表 1-4-23

单位:人;%

单位	总人数	6 岁以下儿童		7 至 12 岁不在校儿童			不识字			
		人数	占总人数%	人数	占总人数%	占 7 至 12 岁%	人数	占总人数%	其中	
									13 至 40 岁	占不识字总人数%
长安镇	13453	2694	20.03	526	3.91	24.7	2409	17.91	695	28.9
长安乡	26586	5265	19.80	2682	10.09	60.3	10087	37.49	5229	51.8

第二次全国人口普查文化程度统计(二)

表 1-4-24

单位	初识字				初中				
	人数（人）	占总人数%	其中		人数（人）	占总人数%	其中		
			13至40岁	占初识%			13至40岁	占初小总%	不满7岁的在校学生
辛江乡	16388	3090	18.86	1940	10.01	62.2	6772	41.32	3441
长安镇	541	4.02	280	51.8	2835	21.07	1086	38.3	—
长安乡	2577	9.69	2067	80.2	4119	15.49	1973	47.9	101
辛江乡	1113	6.79	943	75.7	2776	16.94	1562	56.3	21

第二次全国人口普查文化程度统计(三)

表 1-4-25

单位	高小		初中		高中		大学		文化程度不详
	人数（人）	占总人数%	人数（人）	占总人数%	人数（人）	占总人数%	人数（人）	占总人数%	
长安镇	2387	17.74	1579	11.73	386	2.87	94	0.70	2
长安乡	1286	4.84	5.8	1.91	60	0.23	2	0.01	—
辛江乡	704	4.30	251	1.53	38	0.23	4	0.02	—

第三次全国人口普查文化程度统计(一)

表 1-4-26

单位名称	6岁以下	文盲和半文盲人数			占6岁以上人数百分比
		合计	其中		
			12周岁以上	6至11岁	
长安镇	13285	2257	2034	223	16.99
长安乡	30516	9912	9499	413	32.48
辛江乡	19146	6472	6227	245	33.80

第三次全国人口普查文化程度统计(二)

表 1-4-27

单位:人

单位名称	合计	大学毕业	大学肄业或在校	高中	初中	小学	附:12周岁及12周岁以上识些字或不识字
长安镇	11028	110	18	1709	4592	4599	2034
长安乡	20604	5	1	893	5095	14610	9499
辛江乡	12674	1	2	509	3210	8952	6227

第三次全国人口普查每千户拥有的小学以上文化程度人口数

表 1-4-28

单位:人

单位名称	大学毕业	大学肄业或在校	高　中	初　中	小　学
长安镇	7.72	1.26	119.93	322.25	322.74
长安乡	0.15	0.03	27.00	154.03	441.70
辛江乡	0.05	0.10	24.45	154.19	430.01

第四次全国人口普查各种文化程度统计

表 1-4-29

单位:人

单　位	合　计	大学本科	大学专科	中　专	高　中	初　中	小　学
长安镇	13615	81	224	380	2330	5533	5067
长安乡	24995	—	24	72	1119	6936	16844
辛江乡	16265	2	23	47	684	4873	10636

第四次全国人口普查文盲半文盲统计

表 1-4-30

单位:人

单　位	半文盲人数					
	合　计	占总人口%	其中15周岁及以上		其中12周岁及以上	
			人数	占15周岁及以上%	人数	占12周岁及以上%
长安镇	2109	12.41	1734	12.44	1735	12.03
长安乡	5874	17.50	5477	20.12	5480	19.35
辛江乡	3900	17.90	3679	20.74	3684	19.91

第四次全国人口普查千人拥有小学以上文化程度统计

表 1-4-31

单位:人

单　位	大学本科	大学专科	中　专	高　中	初　中	小　学
长安镇	4.77	13.18	22.36	137.12	325.62	298.20
长安乡	—	0.71	2.14	33.33	206.59	501.71
辛江乡	0.09	1.06	2.16	31.40	223.69	488.23

第五次全国人口普查分性别、受教育程度的6岁及6岁以上人口

表 1-4-32

单　位	扫盲班			小　学			初　中		
	小计	男	女	小计	男	女	小计	男	女
长安镇	1990	574	1416	28614	14314	14300	23739	12701	11038
盐仓镇	233	89	144	3942	2042	1900	2819	1700	1119

第五次全国人口普查文化程度统计

表 1-4-33

单位	高中			中专			大学专科			大学本科		
	小计	男	女	小计	男	女	小计	男	女	小计	男	女
长安镇	5402	3189	2213	971	535	436	642	423	219	120	96	24
盐仓镇	406	292	114	126	74	52	39	32	7	16	16	—

第五次全国人口普查 15 岁及 15 岁以上文盲人口

表 1-4-34

单位	15 岁及 15 岁以上人口			文盲人口			文盲人口占 15 岁以上人口比例		
	合计	男	女	小计	男	女	小计	男	女
长安镇	59106	29081	30025	6645	1625	5020	11.24	5.59	16.72
盐仓镇	7651	4048	3603	1284	357	927	16.78	8.82	25.73

四、年龄构成

1982 年 7 月 1 日进行第三次全国人口普查中，长安镇、长安乡、辛江乡共有 60 岁以上老人 6926 人，占总人数比例 10.16%。最高年龄为 98 岁，1 人。

在 2000 年 11 月 1 日全国第五次人口普查中，长安镇、盐仓镇 60 岁以上老人有 10567 人，占总人数的 13.19%。其中百岁老人 10 人。

第三次全国人口普查人口年龄

表 1-4-35

单位：人

乡镇 / 年龄	长安镇			长安乡			辛江乡		
	合计	男	女	合计	男	女	合计	男	女
总计	14543	7298	7235	33087	16748	16339	21032	10930	10102
0~4	844	463	381	2170	1118	1052	1400	714	686
5~9	664	306	358	2428	1271	1157	1611	842	769
10~14	968	493	475	3339	1714	1625	2059	1057	1002
15~19	1238	655	583	4187	2103	2084	2574	1373	1201
20~24	1455	723	732	2954	1526	1428	1799	889	910
25~29	1787	859	928	3601	1871	1730	2224	1162	1062
30~34	1418	692	726	2780	1395	1385	1727	877	850
35~39	937	478	459	2138	1018	1120	1295	640	655
40~44	701	312	389	1500	714	786	1006	535	471
45~49	972	427	545	1629	847	782	1054	584	470
50~54	943	470	473	1696	919	777	1034	545	489

续表 1-4-35

单位：人

年龄＼乡镇	长安镇			长安乡			辛江乡		
	合计	男	女	合计	男	女	合计	男	女
55~59	749	355	394	1499	809	690	896	480	416
60~64	565	271	294	1059	550	509	778	421	357
65~69	617	221	226	847	419	428	551	276	275
70~74	284	128	156	558	261	297	376	160	216
75~79	198	79	119	381	142	239	244	87	157
80~84	97	33	64	237	62	175	119	46	73
85~89	41	33	8	63	19	44	53	17	36
90~94	2	1	1	1	—	1	6	—	6
95~99	1	—	1	2	—	2	1	—	1
100~	—	—	—	—	—	—	—	—	—

第四次全国人口普查人口年龄

表 1-4-36

单位：人

年龄＼乡镇	长安镇				长安乡				辛江乡			
	合计	男	女	性别比 女 =100	合计	男	女	性别比 女 =100	合计	男	女	性别比 女 =100
总 计	16992	8362	8629	96.92	33573	16833	16740	100.56	21785	11053	10732	102.99
0~4	1075	560	515	108.74	2528	1290	1238	104.20	1496	779	717	108.65
5~9	1157	619	538	115.06	1795	876	919	95.32	1228	632	596	106.04
10–14	822	423	399	106.02	2028	1049	979	107.15	1326	699	627	111.48
15–19	949	404	545	74.13	2666	1391	1350	104.29	1734	879	855	102.81
20–24	1189	530	659	80.42	3291	1619	1672	96.83	2189	1035	1145	89.69
25–29	1711	844	867	97.35	3769	1880	1889	99.52	2437	1223	1214	100.74
30–34	1938	995	943	105.51	3170	1630	1540	105.84	2047	1062	985	107.82
35–39	1775	915	860	106.40	3151	1638	1513	108.26	1961	1023	938	109.06
40–44	1414	736	678	108.55	2462	1235	1227	100.65	1643	822	821	100.12
45–49	793	409	384	106.51	1638	748	890	87.39	1082	552	530	104.12
50–54	748	319	429	74.36	1472	753	719	104.73	966	520	446	116.59
55–59	992	477	515	92.62	1466	765	701	109.13	937	510	427	119.44
60–64	872	447	425	105.18	1527	804	723	111.20	950	514	436	117.89
65–69	687	332	355	93.52	1147	572	575	99.48	762	367	395	92.91

续表 1-4-36

乡镇 年龄	长安镇				长安乡				辛江乡			
	合计	男	女	性别比 女=100	合计	男	女	性别比 女=100	合计	男	女	性别比 女=100
70-74	403	176	227	77.53	682	325	357	91.04	505	253	252	100.40
75-79	261	118	143	82.52	427	187	240	77.92	283	121	162	74.69
80-84	141	45	96	46.88	227	73	154	47.40	155	47	108	43.52
85-89	49	11	38	28.95	95	24	71	33.80	64	12	52	23.08
90-94	14	3	11	27.27	29	4	25	16.00	18	3	15	20.00
95-99	1	—	1	—	3	—	3	—	2	—	2	
102	1	—	1	—	—	—	—	—	—	—	—	—

第五次全国人口普查人口年龄(2000 年 11 月 1 日零时)

表 1-4-37

单位:人

乡镇 年龄	长安镇			盐仓镇		
	合计	男	女	合计	男	女
总计	71561	35394	36167	9187	4812	4375
0—4	3448	1717	1731	416	208	208
5-9	4127	2071	2056	532	276	256
10—14	4880	2525	2355	588	280	308
15—19	3888	2011	1877	474	231	243
20—24	3937	1912	2025	674	362	312
25—29	5701	2715	2986	802	450	352
30—34	6679	3183	3496	806	428	378
35—39	7510	3747	3763	919	491	428
40—44	6349	3244	3105	737	392	345
45—49	6315	3267	3048	831	452	379
50—54	4977	2535	2442	659	346	313
55—59	3182	1546	1636	388	195	193
60—64	2742	1363	1379	373	202	171
65—69	2803	1385	1418	355	193	162
70—74	2378	1152	1226	317	163	154
75—79	1586	644	942	201	97	104
80—84	725	278	447	75	33	42
85—89	253	82	171	28	11	17
90-94	73	17	56	9	1	8
95-99	7	—	7	3	1	2
100-	1	—	1	—	—	—

第三节 姓 氏

2005年年底，长安镇在册户口姓氏有303个， 按姓氏的人口多少排列如下：

沈	5797	陈	5055	张	4892	王	3486	杨	2962	朱	2867	孙	2684	周	2516
徐	2369	许	2357	俞	2221	吴	2211	李	2183	高	1890	顾	1614	曹	1593
姚	1342	陆	1148	杜	1141	褚	1107	胡	1027	程	1002	潘	993	金	916
赵	911	马	811	蔡	787	戴	770	钱	743	费	713	汪	701	范	675
何	657	董	642	黄	614	殷	601	汤	597	蒋	585	冯	517	邓	507
方	505	章	479	葛	431	叶	431	郭	426	吕	405	施	387	罗	374
宋	363	严	347	倪	345	林	337	谢	317	谈	315	任	290	钟	286
诸	279	余	271	袁	267	骆	266	邵	259	哀	256	祝	247	盛	239
戚	236	唐	225	郑	217	包	215	凌	213	崔	206	鲍	202	莫	201
邹	193	郁	192	魏	189	韩	184	丁	177	邱	174	夏	171	翟	169
傅	167	庄	135	杭	123	裘	117	翁	116	邬	116	孟	115	陶	114
毛	113	苏	107	项	103	田	102	应	98	都	96	石	95	裴	89
阮	83	万	83	富	79	江	78	肖	77	熊	76	虞	73	鲁	73
居	71	管	70	庞	69	卢	69	华	67	寿	64	瞿	61	厉	59
向	58	屠	56	边	55	谷	54	祖	52	单	52	茹	52	平	51
洪	48	谭	47	童	47	颜	47	付	47	甘	47	姜	46	梁	46
来	44	计	43	叶	43	龚	42	郝	42	车	41	于	41	楼	39
史	39	覃	39	常	38	於	38	丰	37	贺	37	官	34	滕	34
贾	3	成	31	尤	31	池	31	孔	30	柯	29	连	29	乔	28
曾	27	樊	27	封	26	詹	25	娄	24	储	24	闻	23	朗	22
缪	21	祁	19	佘	18	廖	18	印	17	贝	17	赖	16	柳	16
龙	16	宣	15	商	15	匡	14	漏	14	武	14	晏	14	浦	13
干	13	季	13	劳	13	卜	12	茅	11	言	11	易	11	梅	11
秦	11	查	11	于	10	彭	9	屈	9	舒	8	邢	8	双	8
伍	8	薛	8	喻	8	贡	8	米	8	毕	7	候	7	密	7
相	7	芦	7	花	7	蒙	7	申	7	左	6	伊	6	琉	6
年	6	仓	6	苗	6	宓	6	聂	6	芮	6	盘	6	须	6
郦	5	柴	5	卞	5	戒	5	燕	4	岑	4	段	4	占	4
耿	4	勾	4	强	4	康	4	蒲	4	齐	3	斯	3	殳	3
宾	3	况	3	仲	3	白	3	代	3	艾	3	刁	3	栾	3
沐	2	敖	2	铁	2	时	2	党	2	位	2	崇	2	仇	2
巫	2	闫	2	贲	2	历	2	沙	2	解	2	迮	2	静	2
支	2	牛	2	步	2	左	2	司	2	沃	2	文	2	关	2
围	1	焦	1	索	1	饶	1	笱	1	筹	1	乐	1	户	1
边	1	蓝	1	游	1	戈	1	兰	1	霍	1	吉	1	钮	1
佐	1	胥	1	硕	1	涂	1	桂	1	揣	1	赫	1	宦	1
副	1	符	1	稽	1	闵	1	钦	1	农	1	宿	1	梦	1
磨	1	糜	1	邝	1	皇甫		1	诸葛		1	居旧		1	

第四节　计划生育

1957年4月，长安镇第二届人民代表大会第二次会议，根据上级批示提出要做好节制生育工作，在群众中开展宣传教育。1960年12月，中共中央、国务院发出《关于认真提倡计划生育的指示》。1963年11月，县计划生育委员会成立。是时起，开展宣传教育，提倡和推动节制生育和计划生育。1963年12月，成立了长安镇计划生育委员会，深入开展计划生育的宣传工作。

70年代，提倡“晚、稀、少”，并落实把好稀养关，但有些避孕措施也只流于形式。加上政策未跟上，人口出生率仍然较高，尤其是农村部分“早生儿子早得福”及“多子多福”的封建思想仍根深蒂固。70年代，逐年加强计划生育的具体措施，通过会议对人们进行动员教育，严格控制人口增长，要求一对夫妇只生一胎，减少二胎，坚决制止出现三胎。同时，加强避孕措施。至1972年，人口出生率从1965年的长安镇14.22‰、长安乡26.44‰，辛江乡26.79‰，下降到长安镇4.66‰，长安乡13.27‰，辛江乡15.8‰。

70年代后期，计划生育工作加强了宣传教育的力度，采取经常性工作与突击性相结合的方法，年中年末集中力量、集中时间深入宣传计划生育的各项政策措施。同时，医疗卫生部门积极配合，开展计划生育技能服务及对非规划怀孕的补救工作。

80年代，计划生育工作又向前推进一步，政府在实施晚婚、晚育，少生、优生政策，并辅之一系列独生子女优惠政策。

1991年长安镇配备1名计划生育专职干部分管村级、企事业单位的计划生育工作。1992年长安乡并入后，计划生育办公室配3名计划生育专职干部，以后作了多次调整。1999年8月30日，调整长安镇计划生育领导小组成员。组长：叶时金；副组长：周萍菊、陈祥龙、叶志琴；2000年3月20调整长安镇人口与计划生育领导小组。组长：陈金明；副组长：周萍菊、朱根明、李子兴。2004年3月15日，调整长安镇人口与计划生育领导小组。组长：郭新峰；副组长：沈新良、沈林海。

计划生育办公室

镇计划生育办公室的职责为：明确职责任务，熟悉业务；及时传达贯彻上级精神，反馈基层情况，向主管领导汇报工作进展情况，抓住典型，给领导当好参谋；落实科学化、规范化管理，经常深入基层，掌握婚育动态，做好工作；抓住计划生育宣传教育，组织和参加业务培训。做好育龄妇女的避孕节育、优生优育、生殖保健、生产、生活等系列服务工作；负责对辖区内流动人口的计划生育进行管理；坚持依法管理计划生育，认真接待处理群众来信来访；做好本辖区内计划生育信息的统计工作。

从1998年开始，长安镇计划生育办公室增设计划生育服务站。由1名计生干部兼任计生服务站领导工作。2005年年末，长安镇计划生育服务站有7名工作人员。分管镇辖区内的妇女病、艾滋病预防、避孕药具发放及随访服务，生殖保健、优生优育、计划生育宣传培训等工作。

计划生育服务站的主要职责为：避孕、节育、优生优育及生殖保健咨询，孕情环情检查、查验“流动人口婚育证明”，产后、术后随访及转诊服务，避孕药具发放服务，计划生育宣传培训。

计划生育协会

长安镇计划生育协会成立于1989年。2001年8月23日，召开计划生育协会第二次代表大会，120名代表参加会议，通过选举，李子兴担任理事会会长。2005年长安镇计划生育协会由镇党委分管委员和镇长、妇联、团委、计生办主任、医院、派出所、村、企事业单位的领导和分管计划生育工作的干部组成。镇计生协会设会长1名，副会长2名，秘书长1名，协会委员12名。全镇有村、社区协会28个，企事业单位协会13个，有会员8486人，占全镇总人口的11.1%。会员中有计划生育积极分子1658人，中共党员601人，共青团员和优秀青年1968人，致富能人、生产能手、技术人员398人，老模范(先进)38人，老职工74人，老长辈69人，志愿者6人。

计划生育协会的目标是：提高广大群众的主人

翁意识和计划生育的能力，提高广大群众的素质和物质文化水平，促进人口与经济、社会、资源、环境的协调发展和持续发展。任务是：在控制人口数量、提高人口素质、稳定低生育水平，促进优生优育中起带头作用；宣传国家计划生育的方针政策和法律法规，宣扬人口文化、传播计划生育和生殖健康等科学技术知识；协调社会力量，向群众提供生育、生产、生活服务；履行民主参与和民主监督职能，反映群众的意愿与要求，维护群众的合法权益；对内交流工作经验，对外开展交流与合作。

长安镇计划生育协会、计划生育办公室、计划生育服务站，根据市计划生育协会有关文件精神，对各基层协会进行了全面整建，制定完善了《计划生育协会章程》《计划生育村民自治章程》，开展自我教育、自我管理、自我服务。基层单位都开辟计划生育基本国策的宣传栏，利用黑板报、广播、制作永久性标语宣传一条街，“5·29”计划生育协会活动日，“7·11”世界人口日上街咨询、有奖问答活动。宣传《中华人民共和国人口与计划生育法》《浙江省人口与计划生育条例》等，举办人口学校进行婚嫁妇女培训、育龄妇女培训、青少年生殖健康培训班，关爱女性生殖健康“关爱女孩行动”，增强社会性别平等意识，大力宣传计划生育，男女平等的基本国策，实施“已婚育龄妇女生殖保健工程”。

2005年5月，海宁市人民政府海政发〔2005〕30号文件，关于对农村部分计划生育家庭实行奖励扶助制度的实施意见中规定：农村只有1个子女或子女死亡现无子女的已满60周岁，且在1933年1月1日以后出生的计划生育夫妇给予奖励扶助。符合上述条件的农村计划生育夫妇，按每人每月50元的标准发放奖励扶助金。独生子女意外死亡不再生育收养的夫妇在每人每月50元的基础上提高到250元的标准发给奖励扶助金，直到亡故为止。是年长安镇发放114个独生子女的扶助金68400元。

长安镇党委、政府把人口控制工作作为政府的宏观调控职能，纳入经济发展总体规划，列入党委、政府的重要议事日程。2002年镇计划生育办公室被海宁市计划生育局评为人口与计划生育工作先进集体。2004年度和2005年度镇计划生育办公室连续被海宁市人口与计划生育局、海宁市计划生育协会评为人口与计划生育工作先进集体。

长安镇历年婚育、计生情况（1977至2005年）

表1-4-38

类别 年份	出生		死亡		自然增长率‰	新婚对数（对）	晚婚率（%）	计划生育率%
	人口数	出生率‰	人口数	死亡率‰				
1977	114	9.15	94	7.55	1.60	—	—	92.1
1978	95	7.43	83	6.49	0.93	85	95.2	92.6
1979	136	9.99	83	6.02	0.93	127	96.1	94.1
1980	139	9.83	90	6.36	3.46	239	99.6	92.4
1981	222	15.55	123	8.62	6.93	385	79.1	93.7
1982	291	20.43	101	7.09	13.33	264	86.1	97.5
1983	248	16.77	100	6.76	10.01	210	86.4	95.9
1984	225	15.8	106	7.10	7.97	—	—	—
1985	151	8.55	90	5.69	3.86	204	80.88	100

续表 1-4-38

类别 年份	出生		死亡		自然增长率‰	新婚对数(对)	晚婚率(%)	计划生育率%
	人口数	出生率‰	人口数	死亡率‰				
1986	180	11.10	106	6.53	4.36	231	70.35	99.44
1987	230	13.98	105	6.38	7.60	135	82.96	100
1988	178	10.76	126	7.61	3.14	116	94.89	99.44
1989	173	10.38	108	6.48	3.90	154	92.86	100
1990	131	7.7	109	6.41	1.29	105	90.48	99.29
1991	127	7.44	109	6.39	1.05	87	94.25	100
1992	635	12.31	352	6.82	5.49	483	43.48	94.96
1993	505	9.74	357	6.89	2.85	311	76.21	99.01
1994	560	10.78	363	6.99	3.79	453	73.51	99.29
1995	587	11.26	330	6.33	4.93	366	72.95	98.81
1996	555	10.60	391	7.47	3.13	479	73.70	98.92
1997	496	9.45	386	7.35	2.10	306	72.55	97.98
1998	432	8.24	364	6.95	1.30	323	63.16	97.22
1999	569	8.16	554	7.95	0.22	559	39.53	94.90
2000	568	8.16	572	8.22	-0.06	451	44.12	97.36
2001	504	7.26	489	7.05	0.22	377	38.20	98.41
2002	491	7.11	472	6.83	0.28	463	37.61	98.57
2003	516	6.47	627	8.19	-1.45	464	35.78	98.45
2004	652	8.53	527	6.90	1.63	503	39.36	98.16
2005	593	7.76	561	7.34	0.42	373	40.48	97.81

长安乡历年婚育、计生情况(1977 至 1990)

表 1-4-39

类别 年份	出生		死亡		自然增长率‰	新婚对数(对)	晚婚率(%)	计划生育率%
	人口数	出生率‰	人口数	死亡率‰				
1977	352	12.37	175	5.53	5.39	—	85.3	74.7
1978	488	14.77	193	5.84	5.82	381	20	71.12
1979	459	13.86	176	5.31	8.55	350	78.6	75.8
1980	330	10.01	216	6.55	3.46	274	93.8	85.1

续表 1-4-39

年份＼类别	出生		死亡		自然增长率‰	新婚对数（对）	晚婚率（%）	计划生育率%
	人口数	出生率‰	人口数	死亡率‰				
1981	491	14.14	200	6.00	8.74	517	69.7	93.5
1982	510	18.45	209	6.30	9.07	281	52.9	92.3
1983	392	11.47	238	7.13	4.06	531	52.8	98.73
1984	203	6.08	211	6.32	–0.24	73	78.08	100
1985	213	6.41	228	6.89	–0.48	557	87.97	100
1986	539	16.64	241	7.34	9.07	548	48.18	96.10
1987	648	19.62	251	7.60	12.02	293	53.92	91.51
1988	466	14.01	221	6.60	6.79	312	77.88	99.4
1989	457	13.66	221	6.60	7.06	318	79.56	93.44
1990	531	15.78	226	6.72	9.06	362	71.27	96.23

辛江乡历年婚育、计生情况（1977 至 1998）

表 1-4-40

年份＼类别	出生		死亡		自然增长率‰	新婚对数（对）	晚婚率（%）	计划生育率%
	人口数	出生率‰	人口数	死亡率‰				
1977	253	11.5	133	6.50	5.87	—	61	57.7
1978	293	14.24	115	5.59	8.66	157	65	54.8
1979	270	13.11	114	5.33	7.58	169	80.0	67.4
1980	240	11.30	112	5.45	11.68	165	98.2	64.6
1981	314	15.22	126	6.11	9.11	502	57.6	90.13
1982	376	18.05	147	7.06	10.99	295	42	81.4
1983	236	11.24	155	7.38	3.80	124	42	81.1
1984	135	6.42	128	6.09	0.33	48	85.42	100
1985	152	7.27	141	6.74	0.53	186	80.11	100
1986	348	16.64	147	7.02	9.61	415	74.22	97.13
1987	334	15.89	127	6.02	9.81	293	65.02	96.71
1988	286	13.42	142	6.67	6.75	239	80.33	99.65
1989	300	13.96	138	6.42	7.54	247	75.71	93.44
1990	323	14.93	163	7.52	7.40	225	66.67	97.21

续表 1-4-40

类别 年份	出生		死亡		自 然 增长率 ‰	新婚 对数 （对）	晚婚率 （%）	计 划 生育率 %
	人口数	出生率‰	人口数	死亡率‰				
1991	364	16.71	144	6.61	10.10	239	68.20	95.33
1992	296	13.54	154	7.04	6.50	202	44.06	98.31
1993	235	10.72	151	6.89	3.83	204	71.57	100
1994	254	11.55	161	7.32	4.23	175	68.57	99.61
1995	299	13.60	165	7.50	6.10	159	66.04	99.00
1996	310	14.09	173	7.86	6.23	190	55.79	98.06
1997	248	11.27	175	7.95	3.32	143	53.85	96.77
1998	237	10.74	197	8.93	1.81	168	45.83	96.62

第二卷 农业 水利

长安镇农业，除传统农业外，形成花卉、苗木、特种水产、优质水果四大特色产业块。拥有“长安”“康艺”鲜切花，“牧港”河蟹，“海宁桑”，“圣品葡萄”等农副产品品牌。以长安花卉园区为龙头，全镇共种植花卉 230 公顷，产值 7175 万元。鲜切花 2004 年、2005 年均被评为浙江省农博会金奖。是浙江省最大的鲜切花生产基地，浙江省优质高效农业示范基地。2005 年 6 月，浙江省林业厅、浙江省花卉协会授予长安镇“浙江省十强花卉乡镇”称号。

以“长安牧港特种水产养殖示范园区”为龙头的特种水产养殖业，近年迅速发展。全年养殖河蟹、南美白对虾、温室养鳖等面积达 192.8 公顷，总产量 1802 吨(不含外地承包面积)。

长安葡萄种植较早，已有 20 多年历史。现有葡萄及其他果园 252.67 公顷，产果 5039 吨。圣品葡萄近年来连获金奖，成为长安农业的又一优质产品。

传统农业以种植粮食、油菜，种桑养蚕为主，兼养畜、禽。2005 年粮食播种面积 2485.33 公顷，总产粮食 16693 吨；油菜种植 1115.2 公顷，总产 1195吨；全年饲养蚕种 36313 张，总产茧 1359.76 吨；全年饲养生猪 48952 头，羊年末存栏 37123 头，家禽年末存栏 117277 羽，年内出栏 193941 羽；家兔饲养 1310 只；农业生产总值 16315 万元，农民人均纯收入达到 7380 元。

第一章 农业经济

第一节 土地所有制

“夏”朝以前，为土地自由占有时代，无土地制度可言。夏、商、周三代为土地公有井田制时代 。战国(公元前 357 年)至公元 1950 年为封建土地制时期，1951 年土地改革至 1957 年为农民所有制；1957 年年末，实现高级农业生产合作社后为集体所有制。1982 年全国人大第五届第五次会议通过的《中华人民共和国宪法》第十条规定：“城市的土地属于国家所有”，1986 年《中华人民共和国土地管理法》第二条规定：“中华人民共和国实行土地的社会主义公有制，即全民所有制和劳动群众集体所有制。”

土地公有制

土地制度又称田制，始于夏朝（前 21—16 世纪）。自夏以后，田制逐渐完善。夏、商、周三代(前 21 世纪—771 年)计人授田。均实行土地公有的井田制，为国家管辖土地的时代。将土地划作井字形，实行九夫为一井，但西周(前 1100 年—771 年)对征服部族实行九夫为一井，对周氏家族非行。

土地封建制

春秋战国(前 770—221)井田制开始瓦解，实行封建的实物地租制。至战国秦孝公十二年(前357)，商鞅“开阡陌”“废井田”，井田制最后崩溃；土地买卖，强豪兼并，国有土地逐渐为地主所有。地主以土地租给农民，收取地租，实行封建的实物地租制度。有着几千年历史的长安镇农民，一直在封建土地所有制的压迫下，受着地主、官僚、高利贷的剥削，过着贫穷的生活。直至解放前夕，由于半殖民地半封建的旧中国，仍维持封建土地制度，长安镇的地主、富农占领着大量土地。他们凭借占有的土地，残酷剥削和压迫农民。而占农村人口百分之九十的贫农、雇农，他们终年辛勤劳动，受尽剥削，生活不得温饱。这种封建土地制度严重阻碍农村经济和中国社会的发展。同时由于天灾人祸，逼迫出卖土地的农民非常普遍。民国时期，土地占有权属三种：一是自耕农，既占有田底权(所有权)又占有田面权；二是地主只占有田底权(所有权)；三是佃农只占有田面权(使用权)。地主富农拥有的大量土地，以租赁、买卖、典押等方式剥削贫雇农：

一、土地租赁

租佃。土地占有者，主要是地主、富农，把一部分或全部土地出租给佃农耕种而进行剥削，租种土地的佃农必须向地主或富农交租，俗称地租。长安旧时主要有三种租佃形式。(一)板租，又称定租、铁租，即固定的租额。不论丰年、荒年一律不增不减，租额是每亩5斗6升2合半(这是按国民党政府规定收每石米产量交3斗7升半计)。但一般的地主收租均超过这个标准，收6斗、8斗甚至1石的都有。(二)活租，即根据年成好坏，每年定一次租额，产量越高，租额越重。又称分租制，佃农与地主对半分、倒四六、倒三七、倒二八都有。(三)押租，也叫预租、典租。即在租佃前预先向地主交纳一年租米，以后每年仍须交纳规定的地租。不论何种形式，租佃都有租佃契为凭。

民国22年(1933)租额和租率

表2-1-1

每亩稻谷租			每亩稻谷租		
等级	租额	租率	等级	租额	租率
上等	8.06元	8.8%	上等	217.8市斤	9.6%
中等	6.00元	9.1%	中等	166.8市斤	11.1%
下等	4.31元	11.9%	下等	130.4市斤	14.1%

抗日战争胜利后(1946年后)，国民党政府曾推行“二五”减租，规定每亩租额为5斗6升2合半。(四)分租制，即田稻成熟时，由佃户同地主落田估产，按成谷，分租成数有倒四六(佃户四成、地主六成)，倒三七(佃户三成、地主七成)，对半分等。(五)此外还有“空头租”和“中金”。“空头租”是8分田当一亩租。佃农在租种土地时，先要挽中人写立“承佃契”，必须付给中人担保费，地主和狗腿子向佃户收租时索取额外费用。

二、土地买卖

持有少量土地的贫雇农，因生活所迫，一般向地主、富农或商人乞借高利贷。民国22年(1933)一般月利1.5分、最高2分。因利上加利无力归还而出卖土地。当时地价分上、中、下三等，以银元为标准：水田60元、40元、20元；旱地为50元、30元、10元。卖者必须写卖契(地契)书明土地坐落、四至、土名、地号、面积、价格、买主姓名等。然后卖地人和中间人当面签名画押，交买者收存。买地人付讫地款，拿到契约，便可向政府交纳地价目总数3%产捐，办好过户手续，即获得所有权和使用权用权。

三、土地典押

贫困农民，因贫病交迫，生计困难，急于筹钱、苦于借贷无门，只得将土地押于地主、富农。际典人在办好手续付典款后，就可以获得该土地的使用权用权和收益权。典期一般为3～20年，典价一般为地价的一半左右，出典者可在典期满时，按原价赎回土地。长安旧时，自耕农民迫切需款，又想保持土地回赎权，常用这种典田方式。但到期往往无力回赎，变成绝卖，典田在不赎绝卖时，出典人所得找价甚微，地主、富农常用这种典当形式压低地价兼并农民土地。

另有农民为生计所迫而押“青苗”，农民将已栽种好的农作物当抵押品作出当，农作物为承当者收获后，土地归还出当者。

四、雇用制

地主、富农、商人等通过以上租赁、买卖、典当等多种形式，兼并了农民的土地，使部分农民失去了土地，成为雇农。据统计长安建国前夕，全镇有雇农 256 户，492 人。

民国 17 年(1928)海宁县雇农工资一览

表 2-1-2　　单位:元

壮农												童农		
年给			月给			日给						年给		
						常日			忙时					
最高	普通	最低	最高	普通	最低	最高	普通	最低	最高	普通	最低	最高	普通	最低
48	40	36	8	4	3	0.32	0.24	0.16	0.50	0.45	0.33	18	12	8

由于封建土地制的长期存在，长安农民受地主、恶霸、高利贷的盘剥，农民处在水深火热之中，生活十分艰苦。据 1959 年长安人民公社资料统计，解放前长期讨饭过日子的有 647 户，14978 人；迫于无法生活出卖儿女的有 455 户，510 人；做长工当短工的有 1478 户；外出做丫头，当拥人的有 877 户，971 人；出卖房屋的有 644 户，1164 间，家破人亡、妻离子散的有 871 户，无钱读书的有 4564 户，糠菜半年粮的有 2298 户，出卖土地的有 2451 户，出卖青苗的有 1478 户。

农民土地制

新中国成立后，广大农民迫切要求进行土地改革，获得土地。1950 年 6 月 30 日，中央人民政府根据全国解放后的新情况，颁布《中华人民共和国土地改革法》(以下简称《土地改革法》)。它规定废除地主阶级封建剥削的土地所有制，实行农民的土地所有制。土地改革，简称“土改”。主要任务是没收地主的土地，分给无地或少地的农民耕种。同时也分给地主应得的一份，让他们自己耕种，自食其力，借以解放农村生产力，发展农业生产。规定没收、征收和分配土地的原则和办法。《土地改革法》公布以后，1951 年 1 月至 3 月底，长安镇在部队干部、南下干部、试点乡镇涌现出来的积极分子组织的土改工作组领导下，同时培养了一批当地出生贫困的积极分子，对农民进行土改宣传教育、土地调查、划分阶级成分、没收地主、富农的多余土地、房屋、财产。分期分批地，有计划、有领导、有秩序地开展了土改运动。整个土改运动，是在贯彻毛泽东主席和中共中央所规定的“依靠雇贫农，团结中农、分化瓦解与孤立地主阶级”的总政策中进行的。在没收政策上执行“六要”(要土地、要农具、要多余的房屋及家具、要多余的粮食、要旧契)；“四不”(不追究地主底财、不得扫地出门、不得乱抓、乱罚、乱押、乱扣、不动工商业)的原则。据 1951 年长安区土改时的记载，全区有 187 户地主，1027 人，44 户半地主或富农，206 人。地主富农占有土地 658 公顷，地主平均人均占地 0.54 公顷，富农半地主人均占地 0.5 公顷，富农人均占地 0.37 公顷。经过土改，无地和少地的贫、雇农分到了土地。地主土地人均减至 0.09 公顷，半地主减至 0.21 公顷，富农减至 0.27 公顷，贫农增至 0.14 公顷，雇农增至 0.19 公顷。

1950年长安区土改前后土地占有变化情况统计(一)

表 2-1-3

单位:亩,%

阶级成分	地主		半地主或富农		富农		中农		贫农		雇农	
	亩	%	亩	%	亩	%	亩	%	亩	%	亩	%
土改前	8358.28	6.73%	1549.13	1.25%	3738.60	3.01%	89242.82	55.8%	34321.78	27.85%	572.86	0.64%
土改后	1358.28	1.04%	638.55	0.49%	2693.72	2.07%	74297.92	57.31%	44326.50	34.01%	1400.29	10.7%
增减比较	-6979.9	—	-914.6	—	-1044.8	—	+5455.3	—	+9804.8	—	+827.42	—

长安区土改前后土地占有变化情况统计(二)

表 2-1-4

单位:亩,%

阶级成分	小土地出租者		大佃户		工商业资本家		其他		公地		合计
	亩	%	亩	%	亩	%	亩	%	亩	%	亩
土改前	2452.27	0.64%	7.547	0.053%	425.08	1.98%	2076.09	1.68%	970.73	0.77%	123895.22
土改后	1776.66	1.36%	12.14	0.008%	106.36	0.082%	2608.21	2.00%	713.23	0.55%	13.331.90
增减比较	-218.72	—	+4.592	—	-318.72	—	+562.12	—	-258.54	—	+16624.20 -10191.78
备　注	长安镇区不计在内										

在土改中对地主、富农除没收土地外,对房屋农具、家具也进行没收,分配给贫雇农,农民从经济、政治上翻了身

长安区土改财产、房屋分配情况

表 2-1-5

类别	没收财产			雇农分配情况		贫农分配情况		中农分配情况		其他成分分配情况		留作公用
	名称	单位	数量	户数	数量	户数	数量	户数	数量	户数	数量	数量
农具	船	艘	32	—	—	13	4	5	3	—	—	25
	牛车	部	6	2	1	14	5	—	—	—	—	—
	踏车	部	90	19	13	103	45	34	14	—	—	16
	锄头	把	361	88	113	196	209	29	36	1	2	—
	铁耙	把	298	60	87	154	164	41	42	5	5	—
	其他	付	3545	110	522	1166	2446	285	528	10	49	—
家具	床	张	101	51	51	36	36	7	7	2	4	3
	铺板	块	186	26	58	27	72	5	10	8	11	30
	桌子	只	338	77	85	185	185	37	37	4	4	17
	板凳	张	944	91	179	347	548	84	129	15	28	60
	其他	付	47800	99	438	1137	2888	559	1086	125	308	60

续表 2-1-5

类别	没收财产			雇农分配情况		贫农分配情况		中农分配情况		其他成分分配情况		留作公用
	桑苗	株	25796	8	1320	202	14066	129	9110	—	—	1300
	房屋	间	851	84	122	153	211.5	20	31.5	10	16	308
	粮食	斤	101198	144	6428	1331	59628	544	15308	70	5293	14540

1950 年土改后，长安农民分到土地和房屋，实现世世代代梦寐以求的“耕者有其田”的夙愿，极大地解放生产力，农业生产呈现一派勃勃生机。但矛盾总是在不停地转化，旧的矛盾解决了，新的矛盾又出来。这主要表现在农民分到土地以后，由于缺乏大牲畜、大农具等生产资料，耕种土地遇到很多困难，一家一户为生产单位的小农经济，束缚生产力的继续发展，难以实现农业现代化。基于此，土改结束，党向广大农民发出组织起来，走互助合作化道路的号召，先后组织互助组、低级农业生产合作社。

土地集体所有制

高级农业生产合作社后，农村土地不再是一种私有的生产资料，而为农村集体所有制和集体经营，是土地制度的一次革命。土地所有制也随着发生变化，从农民土地制转变为土地集体所有制。十一届三中全会后，长安农村实行经济体制改革。经过四年的改革实践，1982 年开始全面实行“家庭联产承包责任制”。土地承包到户后，集体所有权不变，但是土地的经营者是全体农民。农村土地在集体公有制下的土地使用权和所有权的分离，是土地制度的又一次重大变革，从而更大地促进农业生产的发展。

第二节 农业经营体制和机制

互助组

长安农村原本有互助生产的习惯，如在解放前农民车水插秧，接桑耕地等生产，有伴工、调工等互助形式。率先组织起来的有杜兆奎互助组。该互助组于 1951 年春，当时有 11 户，其中贫农 7 户、中农 4 户。计男全劳动力 8 人，男半劳动力 7 人；女正劳动力 8 人，女半劳动力 5 人。共计耕种土地，田 4.67 公顷，地 3.67 公顷。后通过秋季分配，体现互助合作的优越性，扩大到 18 户，入社人数 84 人，后又有姚三宝组织起来的互助组。因此，1951 年冬，长安区委根据群众要求和原有习惯上作出农业生产互助合作发展的指示，以点带面推广组织互助组。在全区以三种形式组织起三种类型的互助组织：一是伴工组，忙时伴工，闲时散掉。二是临时与季节的互助组，这种形式基本上未超出民间旧习惯的伴工组，但有一定的记分方法和管理制度。三是常年固定互助组，不管忙与闲都不散，忙时搞生产，闲时搞积肥。有较合理的记分方法和简单的生产计划。

1954 年长安镇范围互助组统计

表 2-1-6

项目 乡别	组织起来的户数（户）	组织起来的户数（户）	其中 参加常年互助组 户数（户）	参加常年互助组 人数（人）	参加季节性互助组 户数（户）	参加季节性互助组 人数（人）
孟　子	798	1149	240	327	558	822
褚　石	610	2582	252	1071	358	154

续表 2-1-6

项目 乡别	组织起来的户数（户）	组织起来的户数（户）	其中			
			参加常年互助组		参加季节性互助组	
			户数(户)	人数(人)	户数(户)	人数(人)
辛 江	781	3745	420	1902	361	1843
兴 福	650	2759	128	671	502	2088
泰 山	967	3814	121	410	846	3404
新 民	1064	2120	643	1295	421	805
长安镇	45	49	—	—	45	49
合 计	4906	16218	1804	5676	3091	9165

初级农业生产合作社

初级社是本着农民“自愿互利”原则，以土地入股参加分红（土地所有权属私人），农具私有公用，计给报酬，以按劳分红为主的生产合作组织。1953年春，海宁县委试办7个初级社。新民乡褚石村杜兆奎互助组，在县委驻社干部胡宝庆的指导下，办起长安地区第一个初级农业生产合作社，当年办起7个农业生产初级社。1954年 4 月，中央农村工作部召开第二次农村工作会议。会议分析互助合作运动的形势，指出农村将相继出现一个社会主义革命高涨的局面。为吸引更多的农民入社，国家从各方面大力支援农业生产合作社。但由于发展速度过猛，不少地方又出现了强迫命令、违反自愿互利原则的现象。中共中央在1955年年初发现了上述问题，发出了一系列通知和采取措施、纠正偏差。1955年1月10日，中央发出《关于整顿和巩固农业合作社的通知》，要求各地停止发展，集中力量进行巩固，在少数地区进行收缩。3月上旬，毛泽东提出“停、缩、发”的三字方针，即根据不同地区的情况，停止发展、实行收缩和适当发展。

1955年7月31日，中共中央召开省、市、自治区党委书记会议。毛泽东在会议上作了《关于农业合作化问题》的报告，对党的农业合作化的理论和政策作系统阐述，并对合作化的速度提出新的要求。10月4日至11日，中共中央在北京召开七届六中全会，通过了《关于农业合作化问题的决议》，要求到1958年春，在全国大多数地方基本上普及初级农业生产合作，实现半社会主义合作化。是年，长安镇所属的新民乡、辛江乡在互助组的基础上逐步发展成为初级社。

1953—1955年长安镇范围初级社情况统计

表 2-1-7

乡名	五三年		五四年		五五年	
	个数	户数	个数	户数	个数	户数
新民乡	7	183	45	1658	69	5281
辛江乡	—	—	33	662	78	2769
合 计	7	183	78	2320	147	8050

高级农业生产合作社(简称高级社)

高级农业生产合作社的土地，属集体所有，取消分红，大型农具折价归社，允许社员保留少量自留地和小农具。年终分配，在总收入中扣除成本，农业税、管理费、公共积累、生产基金、净收入按社员劳动分配。实际上农村土地不再是一种私有的生产资料，而为农村集体所有和集体经营，是土地制度的一次革命。1956年春，长安镇范围内的新民乡、辛江乡，响应党的号召，逐渐将初级社转为高级社。高级社的规模大，打破了自然村的界线。

高级农业生产合作社内部建立适应生产需要的劳动组织，其基本单位是生产队。高级农业生产合作社通常是把劳动力、土地、耕畜、农具固定给生产队使用；有的还对生产队实行包工、包产和超产奖励的责任制度。为鼓励生产队节约生产费用，降低生产成本，有的还把包投资(或叫"包财务"，"包成本")作为生产责任制的重要内容之一，形成高级农业生产合作社时期，实行的包工、包产、包成本和超产奖励制度。再加上劳动力、土地、耕畜、农具固定给生产队使用的制度，统称为"三包一奖四固定"制度。高级农业生产合作社大多设立大田生产队；有的还根据其生产经营情况设立专业性生产队，如畜牧队，林业队，副业队等。但在实践中也暴露出某些弊端，其中脱产人员过多，就是较突出的一个方面。一个生产队，一般几十户人家，几乎都要设近似专职的队长、会计、保管员、记工员等四五个脱产、半脱产人员。这种现象日甚一日，挫伤社员的劳动积极性，造成普遍存在的出工不出力的消极现象，并导致工分一天天贬值，在一定程度上阻碍生产力的继续发展。长安镇范围内的新民乡建有13个高级社，后合并为10个高级社，入社户数为4170户。辛江乡建有12个高级社，入社户数为3094户。到1956年，入社率基本上都达到100%。

1957年1月至1958年10月长安镇建有的22个高级社

表2-1-8

社名	社长	社名	社长
新民乡第一高级社	方阿根	辛江乡新生高级社	张炳松
新民乡第二高级社	陈有堂	辛江乡东方红高级社	费子松
新民乡第三高级社	严仁权	辛江乡光明第四高级社	顾桐春
新民乡第四高级社	卢天寿	辛江乡光明第二高级社	陈士春
新民乡第五高级社	张明松	辛江乡光明第一高级社	陈金坤
新民乡第六高级社	倪子法	辛江乡建城高级社	谈金祥
新民乡第七高级社	陈兴法	辛江乡联心高级社	诸福堂
新民乡第八高级社	顾洪良	辛江乡新联高级社	朱茂林
新民乡第九高级社	沈金林	辛江乡新建高级社	朱祖根
新民乡第十高级社	柯文虎	辛江乡联合高级社	孙兆春
辛江乡红旗高级祷	沈春坤	辛江乡大型高级社	杜祖金

人民公社

关于在中国农村建立"大社"的思想，早在农业合作化运动的高潮中已初见萌芽。1956年完成高级合作化，每社平均200户左右。1957年冬和1958春的农田水利建设高潮，进行联队、联社。1958年3月，中共中央政治局成都会议，通过《关于把小型的农业合作社适当地合并为大社的意见》。意见指出："为适应农业生产和文化革命的需要，在有条件的地方，把小型的农业合作社有计划地适当地合并为大型的合作社是必要的。”各地农村开始了小社并大社的工作,有的地方出现“共产主义公社”“集体农庄”,有的地方出现了“人民公社”。1958年7月1日《红旗》杂志第3期《全新的社会,全新的人》一文中,比较明确地提出:“把一个合作社变成一个既有农业合作又有工业合作基层组织单位,实际上是农业和工业相结合的人民公社”。这是在报刊上第一次提“人民公社”的名字。8月6日,毛泽东视察河南新乡七里营人民公社时,说人民公社名字好。9日,在与山东领导谈话时说:“还是办人民公社好……”,并指出公社的特点是“一大二公”。8月,中共中央政治局在北戴河召开扩大会议,会议通过《中共中央关于在农村建立人民公社问题的决议》。决议下达后,全国迅速形成了人民公社化运动的热潮。

1958年10月1日,长安人民公社成立。范围是长安镇、新民乡、辛江乡、周镇乡,全社划为10个耕作管理区,1个工业管理区。为体现“一大二公”制度,实现农、工、商、学、兵的五位一体。长安人民公社成立后,规定原来各农业社的一切公共财产,积累都应交给人民公社。社员的自留地、猪、羊和其他较大的副业可以归公社经营。长安镇范围内,分别建立泰山、辛江、白洋、褚石、肖王、小渡6个农业管理区和长安镇区的工业管理区。

人民公社建立后,推行组织军事化、生产战斗化、生活集体化。基层模仿军队的连、排、班编制,听哨子出工收工。拆除了各户的灶头,办起集体食堂,实行“吃饭不要钱”,并推行居住集中,腾出房子作为公用。长安人民公社共办起食堂474个,提倡干部群众同吃同住同劳动。1960年海宁县委还发出文件,批转长安公社虹金生产队红旗食堂越办越好的经验,提出公共食堂是“共产主义萌芽”。

公社化以公社为核算单位,取消评工记分,一律发工资(每月5~6元)。1960年,长安公社虹金大队实行基本工资加保留工资,确定每个劳动等级工资为一级工15元,二级工13.5元,三级工10.5元,四级工8.5元,五级工6.9元,六级工3.5元。在三年实现共产主义的冒进口号下,上下盛行“共产风、平调风、浮夸风、瞎指挥风”,后称五风。干了很多脱离实际、劳民伤财之事。只几月的时间,使原经济薄弱、物资贫乏的长安农村,出现“粮食吃光、钞票用光、劳力流失、生产荒芜”的状况。

1959年4月,调整管理区规模,原辛江3个管理区合并为辛江管理区。原新民三个管理区合并为新民管理区,分设长安镇管理区。1961年5月,调整公社规模,设长安镇、长安公社、辛江公社,钱塘江公社的牧港大队划入长安人民公社。次年4月,牧港大队又划分为牧港和金桥2个大队。调整后的公社将核算单位下到大队(时称生产队、生产队以下称小队)原则是“小队组织生产,大队组织分配”。核算单位下到大队,但并没有刹住五风,时又碰到自然灾害,由于没有粮食,食堂逐步解散,恢复各户灶头,自烧自吃。1961年冬,中央制定了《农村人民公社条例》(即60条),实行“公社、大队、生产队三级所有,生产队为基础”的体制。长安农民开始实行以生产队为核算单位的政策,明确撤销食堂,划给自留地和饲料地,恢复社员自烧自吃和家庭副业。以生产队为核算单位,保障了生产队的自主权,社员对自己的劳动果实看得到、摸得着、分得到,调动了生产积极性,农村形势开始好转。

1964年冬,长安地区开展社会主义教育运动,即“四清运动”(清政治、清经济、清思想、清组织),把“三自一包”(自留地、自由市场、自负盈亏和包产到户)作为资本主义复辟进行批判。长安地区掀起“献忠”活动,普遍减少社员自留地,收回果树竹园,名曰“割资本主义尾巴”,社员的生产积极性又一次受到挫折。

评工计分

评工记分是一种按时记分的工分体系。这一工分体系的首要条件是将劳力分等,评定每个劳力的底分。在评工计分时,生产队成员在一起从事同一劳动。但劳动一天所得工分并不相同,而是依其评定的底分来给工分。所谓评底分,是指根据一个人的综合能力(包括体力、劳动技能、“手脚快慢”等因素)和劳动态度而评定的基本分。对于按时计分的一类劳动而言,“底分”意味着一个人干一个单位工作日所能得到的工分。也就是说,在参加这一类的共同劳动时,根据“底分”分配工分。同“底分”的人得同等工分，不同“底分”的得不同工分。因此生产队的每个劳动者，不论男女老少，只要能够参加集体劳动，就有一个底分。一般来说，底分的等次大致有10分、7分、6分、4分等档。

在人民公社体制内，对劳动工分的评定，经历过多次变化。人民公社初，基本上沿用农业社的劳动记分方法，分计时工分制和计件工分制两种。1964年的“四清运动”和1966年的“文化大革命”运动中受到批判，被贬为资本主义。1967年，长安地区推行大寨式评工记分。评工时，按照大寨的经验，自报公议，每人先报自己认定的劳动日工分标准。然后，由社员分组讨论，对他(她)评出分数。评工原则是“同工同酬按劳分配”，但实质不然，限定每个劳动日男劳力最高10分，女劳力最高7分。干体力活妇女虽比不上男劳力，但是像锄草、间络麻苗、削地这类活，女的并不比男的干得少，也不会给7分以上。这种“大寨式”评工记分，初实行时受到推崇，认为比较简便，其实营私舞弊现象很多。有的甚至在公议上串通做手脚，使真正出工出力的人拿不到高分，滋长了出工不出力的现象。为此，农业生产的工效日益降低，耽误农时的现象十分普遍。大寨式评工记分，实质是平均主义表现。1978年党的十一届三中全会后，大寨式评工记分被否定，计件工分制得到正名，评工记分以计时制和计件制两种灵活使用。并积极推行小段包干和定额计酬。各种主要农作物小段包工定额计酬见辛江公社农业劳动定额与计酬表。

辛江公社农业劳动定额与计酬(一)

表2-1-9

工种名称	农活名称	劳动定额与计酬			
		质量要求	单位	每个定额数量	按件计酬工分
络麻播种	播　种	定人定量，播种均匀	亩	5	2
	盖毛灰垃圾	每亩7担左右，自挑自用	亩	2	5
	冒　籽	每亩用猪粪20担左右	亩	1	10
	覆　盖	盖好麻籽，旱天气要先踏籽后盖泥	亩	3.3~5	2~3

辛江公社农业劳动定额与计酬(二)

表2-1-10

季节(日期)	工种名称	农活名称	劳动定额计酬			
			质量要求	单位	每个定额数量	按件计酬工分
谷雨至立冬(四月下旬到十一月上旬)	络麻培育	通　横	削细松土除草，勿伤麻苗	亩	2	5
		施苗肥	每亩用尿素2.5公斤左右，用得均匀	亩	5	2
		施苗肥	每亩浇粪15担左右	亩	1.43	7
		松土拔草定苗	抢晴松土，拔除杂草，初步定苗，不损坏麻苗	亩	0.67~1	10~15
		追　肥	每亩化肥7.5公斤左右，用得均匀，防止肥害	—	3.3	3
		除草定肥	拔除杂草，定好苗，基本苗25000~30000棵	—	0.67	15

在农户向集体投放的肥料记分中，也经历着激烈的争论。在大寨式评工记分前，生产队普遍实行畜粪以份斤记工分。这种方法，弊病很多。农户为了多争肥料工分，在粪中渗水加泥，肥料的质量差。后来，在大寨式评工记分的影响下，普遍实行“包屁股”的方法，即猪羊的粪，以头数计工分。这种方法，

弊病也有，反正粪多粪少一个样，农户的积极性下降。猪羊棚内舍不得放稻草沤肥，肥料减少，有的粪溢出池造成流失。

如何解决评工记分的问题，一直困扰着农村干部和社员的心头，始终找不到一种行之有效的方法，直到联产承包责任制后，才彻底告别评工记分的年代。

分配计酬

人民公社化期间，全面实行工分制计酬。大队和生产队干部，还有会计员、出纳员、植保员、放水员、电工等，都参照同等劳力，给予对照工分参加分配。从事手工艺的泥匠、木匠、缝纫，实行交钱记分参加分配，或交纳生产队积累，享受定粮和每年承担社会义务工后，可不参与生产队的分配。

公社实行夏收预分，秋收决算的分配制度。1972年后，实行全年计划分配制度，即春花春蚕收后、早稻夏蚕收后的两次预分和秋粮秋蚕收后决算，其比例为三、二、五。计划分配制度又发展为“三年早知道”：即，未来三年的农业收成、成本开支、人口变化、以一定的增长幅度，搞三年的“三者”利益测算方案，并计算到户。这种三年早知道，不考虑自然灾害对农业的影响，全凭主观闭门造车，实践中行不通，不久夭折。生产队为核算单位后，分配制度趋向较合理，但弊病也很多，矛盾也经常发生。干部误工增多，脱产人员多，引发普通社员出工不出力。工分多、分配少，每天分红只有几毛钱，严重挫伤农民农业生产的积极性。1983年4月，进行体制改革，政、社分设，以社建乡、建镇，将长安人民公社和辛江人民公社改制为长安乡人民政府和辛江乡人民政府。当时，正是推行“划分操作组”高潮之时。划分操作组，核算单位改小，确实一时也调动了群众的积极性。但是，操作组仍摆脱不了“吃大锅饭”的弊病。

家庭联产承包责任制

党的十一届三中全会以后，长安农村实行经济体制改革。1982年长安农村各乡出台关于推行“统一经营，包产到户”的农业生产责任制试行办法。办法中提出四条原则和八个统一。四条原则即：①既有利于发挥集体统一经营的优越性，又有利于调动社员个人的积极性。②要从现实的生产水平出发，实行分工分业，逐步向农业的专业化、社会化发展。③要兼顾国家、集体、个人三者的利益。④既鼓励农民发挥各自的专业，劳动致富，又要护贫助难，共同发展。八条统一即：①统一管理和使用土地及其他自然资源。②统一管理和使用大中型农机具和水利设施。③统一主要农产品的生产计划和作物布局。④统一提取和使用必要的集体提留，保证国家征购派购的完成。⑤统一组织抗灾抢险、防治病虫害。⑥统一烈军属、五保户、困难户的优待照顾。⑦统一规划和组织农业基本建设、住房建设。⑧统一工副业和多种经营收入的承包上交部分的分配。并制定了承包原则：粮田承包，按三年实种面积的产量，计算出基本口粮，饲料粮所需的面积，将其面积按口粮承包到户；经济作物按在队劳动力承包。1983年开始，全面推行家庭联产承包责任制，恢复到单家独户搞生产。

实行家庭联产承包责任制也有一个完善的过程。1983年冬的联产承包责任制，生产组将土地分为定粮田和劳动田。定粮田按口粮标准划定，劳动田按历年的底分划定。每年冬天时，按照各户人口和劳动力的变化，进行统一调整。实践的结果发现这种方式把土地划得很碎，不利于承包户对多年性作物的安排和对大宗作物的规划。土地年年变动，承包户不愿搞土地上的投入，产生掠夺性生产，破坏土地的肥力。后来，改进为生产组留出机动田块，每年的变动在机动田内调整，名曰：大稳定，小调整。1984年，贯彻《中共中央关于农村工作的通知》完善承包责任制，土地延长到15年。并允许转包，由县人民政府统一颁发“承包土地使用证”承包给农户。承包者按承包的田地面积，向国家上缴农业税，向生产队上交公积金、公益金、管理费，其余部分收益归自己，从而极大地调动农民积极性。这种农村土地在集体公有制下的土地使用权和所有权的分离是土地制度的又一次重大变革，促进农业生产的发展。

1986年，长安农村又推出关于进一步完善联产承包责任制的意见，对土地进行调整。原则是“稳定大局，调整局部，不调整专桑地和自留地，只调整经济田和口粮田”。明确对企事业单位、村党支部人员、村民委员会正副主任、现役军人、民办教师只分口粮田，不分经济田。1991年，根据浙政办发〔1991〕110文件中提出的“通过调整、完善、落实村镇规划，留好路渠等农田基本建设用地，解决当地的突出矛盾，促使农户承包土地相对集中，逐步实现承包合同规范化”的要求，又进行完善和调整。承包土地的方法是采用“三田制”。即：口粮田、经济田、招标田。专桑地的承包原则为“动田不动桑”。鱼塘承包不搞联产承包或轮户饲养，一律改为招标承包，并规定收取土地承包费(三上交)。

1999年中央提出农村承包土地三十年不变的政策后，取消机动田，将承包田固定下来。承包田固定下来后，也出现新的矛盾。因为每户劳动力的变化是客观存在的。尤其是工业的发展，吸纳了农村的大量劳力，出现新的务农劳动力紧张。后又在第一轮土地承包到期后，积极开展第二轮土地承包工作。对于原有承包办法切实可行，群众基本满意的，及时延长承包期；因人口增减、耕地被占用等原因，造成承包土地严重不均、群众意见较大的，在一定范围内进行调整后再延长承包期。对于二、三产业比较发达，农业劳动力转移较多的重点商品粮地区，针对种粮副业化、粗耕粗种、弃耕抛荒等问题，采取土地承包权与经营权分离的办法，建立土地经营权流转机制。满足一部分务工经商的农户不愿放弃口粮田，又不愿承包责任田的愿望。并使责任田向种粮大户流转，推进粮田适度规模经营。这些做法坚持和完善家庭联产承包责任制，符合农村实际，有效地解决粮田粗放经营、弃耕抛荒等问题。稳定粮食生产；确保粮食定购任务的落实；促进农业科技和适用农机具的推广应用；提高了产业生产的专业化、集约化和社会化程度；较好地处理农村多年累积的各种矛盾和问题，进一步巩固和壮大了村级经济。使一些种田能手，接受了转包土地，成为种田大户，同时也进一步稳定以家庭联产承包为主的责任制和统分结合的双层经营体制，取得十分明显的成效。2005年，国家除取消农业税收外，还制定对种田大户的奖售政策，奖励大户种植，使农业朝着集约经营生产的方式发展。

第三节 农业生产条件

农田建设

历史上，长安镇由于长期单家独户生产，形成田地交错，大小不一，高低悬殊，很不平整，严重影响农田排灌和作物的合理布局。20世纪50年代后期，随着电力灌溉的发展，为扩大灌溉面积，有些地方开始以旱地为主平整土地。20世纪70年代初，长安公社解放大队(今天明村)率先开展大规模的土地平整工作，有计划地进行田垟建设。天明大队地处上塘河南岸，当时有耕地187.53公顷，其中水田133.2公顷，旱地54.33公顷(内有专桑地36.67公顷)。由于自然和人为诸多原因，长期以来形成田、地、桑交错。田中有地，地中有田，地中有桑，还有不少被包围的“箱子田”。群众将这些田垟称为“下雨积水多，种稻黑根软脚多；络麻小苗锈根勿肯大，未老病疤烂脚多；种油菜年前三片叶，开年一朵花，收收毛斗巴(勉强1斗)”，严重影响了农业生产的发展。这个大队打破生产队界限，对土地平整进行全面规划，采取先易后难逐年改造，分期实施，建设新田垟。挑平高墩，填平旱地改水田，小田并大田，零块改整块，横田改直田，低田改高田，埨头南北向，桑地靠河边，田中不见桑，路渠结合，排灌分系。1970年冬至1971年春，全大队完成土方14万立方米，挑平高墩66个、填平荒荡、荒浜、荒溇37处。建成排灌渠道23条，机耕路3条，回收土地2.67公顷，地改田2.19公顷。解放大队开展以治水改土为主要内容的农田基本建设，改变农村面貌，改善农业生产条件，为全镇土地平整带了个好头，长安、辛江各村都掀起了高潮。各地规划为“十定”“七改”。十定：即定河、渠、路、站、线、田、地、桑。七改：即一改串灌串排为排灌分系，各立门户；二改靠天地为可灌田；三改烂水田为脱水田；四改弯渠、弯路为直渠直路；五改零星地为整块地；六改插花田地为田地成片成块田垟；七改荒浜荒溇为农田。在农业学大赛中还把平整土地作为学大寨的主要内容。那时的农田基本建设主要靠肩挑。后来,结合砖瓦厂取土移平一些高岗,使全镇农村的土地基本做到旱涝保收,实现初步的田坪格子化。

土地整理

前期的移岗还田、田坪建设,基本上是就近进行,对于农田的彻底改造,还得从1999年后的机械化平整土地开始。1999年12月28日,长安镇成立土地整理工作领导小组,负责实施长安镇的土地整理工作。2000年1月31日,长安镇土地整理项目一期工程竣工验收。铁北区块推平泥塘15只,搬运土方13.6万立方米。平整土地123.47公顷,净增土地40.01公顷,投入资金1268.66万元。是年,红色村土地整理39.32公顷,建标准农田35.89公顷,新增土地3.86公顷;盐仓、鹿耳土地整理161.02公顷。2001年4月28日,天明区块、大型区块土地整理竣工,5月份通过验收。搬动土方6万立方米,平整土地161.02公顷,两个项目投资268万元,净增土地9.82公顷。同月30日,褚石村千亩花卉园区土地整理验收,搬运土方3000立方米,平整土地14.5公顷,净增土地6.61公顷,投资122万元。6月6日,辛江区块农村土地整理(标准农田建设)完成,建成标准农田840.87公顷。是年,盐仓土地整理520.23公顷,建设标准农田372.22公顷,新增土地34.68公顷。2002年7月24日,肖王村土地整理竣工,面积124.7公顷,搬动土方16万方,铺设排灌渠17.7公里,道路硬化18662.5平方米,投资293.03万元,净增耕地20.3公顷。同时,新丰村区块土地整理完成,整理面积764.41公顷,搬动土方65万立方米。铺设排灌渠78.35公里,净增土地111.5公顷,投入资金1302.07万元。2003年7月20日,新东农村土地整理项目完成。搬运土方85.72万平方米,道路硬化65765平方米,衬砌排灌渠95.06公里,投入资金1515.15万元。2004年6月,完成万兴、建城两村土地整理,区域面积195.71公顷,整理前面积101.35公顷,整理后为134.84公顷。净增土地33.49公顷。建成标准农田121.41公顷。搬动土方22.28万立方米,道路硬化18722平方米,衬砌排灌渠道29.6公里,投入资金415.94万元。2005年11月10日,兴城等7个村土地整理项目验收。区域面积582.33公顷,搬动土方85.72万立方米,修筑排灌渠道102.52公里,道路硬化879.35平方米,净增土地83.71公顷,建成标准农田351.34公顷,总投资1451.31万元。1999年至2005年,长安镇土地整理总面积为3258.25公顷,建设标准农田2006.89公顷。新增土地449.92公顷,投入资金8050.17万元。经过土地整理,长安农田一片平坦,排水渠和灌溉渠都采用"U"型槽衬砌。农田四周的机耕主道,都用沙石硬化。并按统一规格植树绿化,还改建部分设施陈旧的机站。通过一系列的改造,农业抗灾能力进一步加强,有利于农业的排灌、翻耕、播种、收割、运输等现代化机械的推广使用。

农业机械化

生产工具的发展状况是衡量当时生产力发展水平的重要标志。历代农业生产工具的发生和发展,是同当时的经济形态和科技水平相适应的。石器时代,生产工具为石镰收割、石磨盘和石磨棒加工粮食;殷商时期发明牛耕;西周时用青铜钱、青铜、青铜犁等农具;战国时代,"美金(青铜)以铸剑戟;恶金(铁)以铸锄夷斤"。后来,冶铁技术的发明和铁农具的出现,牛耕得以普遍推广,农业生产力的发展促进奴隶制向封建制的转变。汉武帝时期农器具得到新的改进,为精耕细作、合理利用土地资源创造条件。东汉初年,杜诗发明利用水力鼓风的水排,用以铸造农具。唐代晚期,畜力铁犁的结构已达到近代水平,极大地提高农业生产水平,使粮食增产,人口增加。长安农村和全国一样,农具的改革也经历这一系列变化。

解放前,传统的农具有铁耙、刮子、铁抄、耥耙、镰刀、粪桶、稻桶、风车等。经济实力较强的农户有水车。还有几户人家拼置的农具,如:加工稻谷用的石臼、砻。长安农村基本上没有水牛,所有土地都靠人工翻耕。因而在铁耙方面有很多种类,一般松土用的是齿长而狭的称狭齿铁耙,翻垦水稻稻板田的有鸭脚板样的阔齿铁耙、耙地的有尖齿铁耙;刮子有小刮子,大刮子等好多种类;镰刀也有割稻用的和割草用的区别。车水的水车有脚踏和手摇之分，一般为脚踏水车，还有长车和短车之分。旧时种水稻是靠天落水和水车车水插秧。如果干旱年天很少下雨，自然没有水，全都要靠用水车人工踏上来。真正灌不上的田，青苗要枯死，所以踏水是很苦的农活，以上是叫踏旱水。还有踏大水，也就是下雨多，河里的水位高过田就要反方向踏水，把水从田里车到河里。还有踏鱼池水，过年的时候，鱼池要捉鱼，必须踏干池塘。水车的组成有车壳(即车身)、和木、幅板、车轴、旱仓、杏脚等。这里流传着这样的顺口溜"一把铁耙一部车，效力低来手脚忙；走煞无头路，吃煞旱荡苦；插秧如作揖，耘田如求佛"。新中国成立后，农业机械化开始起步，特别是改革开放三十年，农业生产的各个流程基本上都用上了机械化、电气化生产。

灌溉机械 解放初期，长安农村仍沿用水车车水，后来逐渐出现流动柴油机抽水，一般都装在船上，俗称打水机。1956 年开始，长安镇范围内农村纷纷建立电力灌溉站。先后有辛江乡周家埭机站、白洋笕机站、董蒋桥机站、小安桥机站、登车浜机站；长安乡有戴家角机站、青莲桥机站、布行桥机站、张家浜机站、司姑桥机站，长安镇范围内有 10 座机站。因此，长安农村初步实现灌溉电气化、机械化。据 1960 年统计，长安人民公社排灌机埠增至 17 处，电动机 21 台、750 匹马力，大小抽水机 23 台，150 匹马力。修干渠 44 条，100.28 公里；支渠 182 条，1170.68 公里；毛渠 78 条，126.24 公里，基本结束了水车车水的历史。70 年代开始，农田实行排灌分系。在辛江乡范围内的各机站都建起排涝设施，配套建设了排涝闸和圩堤、对易涝地区建立排涝点，装置排涝设施。经过 1999 年的 6·30 洪涝后，长安镇的排灌设施更加完备齐全，完全实行农田旱涝保收。2005 年年末，长安镇有排灌机站 132 座。为了进一步加强排灌系统的管理，各机站都落实承包责任制，更好地为农民做好服务工作。

2005 年年末长安镇排灌机站情况

表 2-1-11

项目 单位	基本情况			管理责任制				机站人员数		受益亩数	水费收取元／亩
	机站数	灌溉	排涝	租赁经营	个人承包	集体承包	其他	站长	放水员		
褚石	7	7	—	—	7	—	—	2	26	2700	40
东陈	5	5	—	—	—	5	—	5	21	3077	36
天明	6	6	—	—	5	—	1	5	6	1931	35
虹金	3	3	—	—	3	—	—	3	14	2016	39
老庄	4	4	—	—	4	—	—	5	12	1700	38
肖王	7	7	—	—	—	—	7	7	13	1449	35
城东	9	4	5	—	2	2	5	4	18	3460	37
新民	3	3	—	—	3	—	—	1	3	1749	39
金港	4	4	—	—	—	4	—	5	22	2330	40
鹿耳	5	5	—	—	—	5	—	5	—	1750	24
盐仓	3	3	—	—	3	—	—	3	—	1600	25
红色	6	6	—	—	6	—	—	4	4	1650	23
兴福	5	3	2	—	—	5	—	4	14	2370	33
东升	10	7	3	—	—	3	7	3	18	3705	31

续表 2-1-11

项目/单位	基本情况			管理责任制				机站人员数		受益亩数	水费收取元/亩
	机站数	灌溉	排涝	租赁经营	个人承包	集体承包	其他	站长	放水员		
德丰	12	5	7	—	—	5	7	2	14	2503	31
兴城	7	5	2	—	4	3	—	4	16	3380	33
泰山	10	9	1	—	5	—	—	3	14	1850	41
辛江	11	5	6	—	—	11	—	5	8	1795	40
陆泽	6	4	2	—	—	—	—	2	8	1600	45
大型	6	5	1	—	—	5	—	3	12	2080	39.80
合计	132	102	30	5	52	47	28	74	249	45095	35.50

耕作机械 解放后，特别是改革开放以后，长安镇的耕作机械也发生了很大的变化。旧社会到解放初，长安镇的农田耕作主要靠锄头铁搭翻垦，50年代曾经有牛耕田，但比例很小，长安乡辛江乡和饲养耕牛总共只有12头。在“大跃进”时期的工具改革中，也仍大张旗鼓的搞过绳索牵引犁耕田。当时提出“全党全民齐动手，大搞绳索牵引犁，深耕保一尺、春花保三千”。但实际效率很差、很费力，结果也很快被淘汰。1969年开始使用电耕犁，当年长安、辛江两乡有电耕犁17台。最多的1979年，长安、辛江乡有电耕犁42台，为耕地田气化开了个头。但由于电耕犁笨重，在水田里带电操作也不安全，70年代开始同时也出现了手扶拖拉机。手扶拖拉机开始耕田后，由于方便灵活，在使用过程中很快被广大农民认可，从1970年的3台，逐步发展，到1995年，长安、辛江两乡有350多台，耕田基本用手扶拖拉机耕作，中度也曾有中型拖拉机耕田。但由于长安地区的土地还没有成片种植、插花田多，因而中型拖拉机显示不出它的优越性，也很快移作运输用。改革开放后，土地承包到户，土地更为分散，手扶拖拉机显得更为优越。但随着农田耕作方法的改变，免耕田增多，大部分手扶拖拉机也转入运输行业，但每个组基本有专人承包的专职耕田的拖拉机，农户耕田收取每亩30～40元左右的机耕费。

收割机械 长安的收割机械改革，也大大节省了农村劳动力。解放前和解放初，一直是用稻桶手工掼稻，既费力又费工。50年代后期，农村推广脚踏打稻机，大大节省人力，被长安镇农村广泛应用，脚踏打稻机脱粒占据比例在80%以上。进入60年代后，电动打稻机问世后，长安农村很快用上了电动打稻机。后来，还有更方便的稻麦脱粒机，脱粒扬谷可一步完成。但稻麦脱粒机比较笨重，进不到田里，后来也随着老化、损坏而自动淘汰。进入2000年，农村收割机械彻底发生变革，基本实现收割机收割。政府也对购置收割机实现补贴，还有外地收割机在收割大忙时也进入长安农村，每亩收费一般在80元左右。

植保机械 植保机械的改革也有一段很长的过程，解放初，农村对害虫防治是用灯诱杀、手捕为主。1950年长安区发动农民手工捕杀螟虫、捕捉卵块、卷菜虫、拔枯心苗，夜间点灯诱蛾，翻掘稻根；对虱类防治主要以灌水，柴油扫虱为主；对病害用自制土农药烟草水、波尔多液、石硫合剂等防治。

附：1950年8月15日褚石乡秋季除虫统计表

单位：只、株

起止	螟蛾	卵块	卷菜虫	豆象	枯心苗	稻苞	其他	合计
1至15日	107393	669		55823	53070	668085	98136	983178

1953年,开始使用二二三、六六粉,使用工具是喷雾器和喷粉器,都是手摇、手压式的桶式喷雾机,也有用手直接撒的。后来,背包式手揿喷雾器由于使用简便,而被普遍应用,使用农药钾胺磷、氧化乐果等毒性高的农药、曾也使用过剧毒农药。进入2000年后,禁用高毒、高残留农药,像钾胺磷、氧化乐果之类。植保器具也随着种田大户和特种种植业的发展,采取市、镇两级补贴的方法,积极推广小型机械化喷雾器。但只适应大面积的田块和大棚内使用,因为长安地区蚕桑插花田多,对蚕桑生产有较大的危害,故一般农户仍使用背包式喷雾器。蚕业上使用单管喷雾器消毒,与治虫分开。

运输工具

运输工具的改革对长安农民节工省力也起到了很大的作用。解放前至解放初期,长安农民单家独户,运输主要靠手提、肩挑。水上运输有小农船、划船等。以橹摇的木船和用桨划的小划船为主。新中国成立后,农业生产中的搬运方法没有多大变化。在"大跃进"时期,曾搞过工具改革,用木制的独轮车、绞盘轨道拖泥机等。但这种"大跃进"中的产物,由于都是赶鸭子上架的形式主义,根本没有起到省工省力的作用,而为期不长被淘汰。之后几年,长安农村的主要运输工具仍旧依靠肩挑为主,在大规模的农田基本建设中,长安人民就是靠一副肩膀挑平无数个高岗、填平无数爿低洼田和荒浜、荒溇。当时,长途的运输工具主要靠水上运输,生产队都有小木船。到60年代中期,传统的木船被水泥船代替,每个生产队都有1~2只水泥船,农产品出售、罱河泥,加工粮食等都用上水泥船。后来又在水泥船上安装12匹拖拉机头,配置螺旋桨后改装成机动船,俗称"嘭嘭船"。到70年代后期,由于大批拖拉机从单纯的耕田中走上运输,他们忙时耕田、闲时搞运输,因而长安农村的主要运输工具就转向了小型拖拉机;短途的运输,有的家庭购置了手拉的板车。进入2000年后,大批农用中型拖拉机成为农村运输的主力军,随着农村道路建设的发展,水上运输也逐渐萎缩。后来,由于水泥船长期使用、修补,经常发生沉船事故,安全隐患很多,加上长期不用的水泥船成为河道的障碍物。因而,在2003年开始,长安镇政府下令淘汰水泥船,2004年采取行政措施,全部淘汰了全镇所有的水泥船。2005年末,长安镇康庄公路已经通过验收,拖拉机、汽车都能开到家门口。因此,公路运输十分方便,长途运输全部由拖拉机和汽车代替。附长安镇历年来农业机械拥有量统计表,分阶段为以下:

1957—1969年长安镇范围农业机具拥有量统计

表2-1-12

名称 年份	打稻机		排灌机械		农用电动机		喷雾器	喷粉器	水车	稻桶	风车	胶轮车	农船	碾米机	粉碎机
	台	功率	台	功率	台	功率									
1957	95	—	17	123.25	—	—	—	—	—	—	—	—	364	—	—
1958	195	—	32	678.25	15	555	—	—	—	—	—	—	394	—	—
1959	332	—	32	678.25	15	555	—	—	—	—	—	—	418	—	—
1960	388	—	30	657	15	555	—	—	—	—	—	—	517	—	—
1961	504	—	32	725	15	555	—	—	895	—	—	5	454	—	—
1962	600	—	46	940.25	28	782	457	21	937	1484	2	2	520	2	4
1963	666	—	51	1231	—	—	596	29	900	2079	571	—	568	1	4
1964	713	—	76	1451	—	—	686	4	843	—	—	2	605	9	11
1965	753	—	99	1713	—	—	816	13	771	—	—	3	638	20	12

续表 2-1-12

年份＼名称	打稻机		排灌机械		农用电动机		喷雾器	喷粉器	水车	稻桶	风车	胶轮车	农船	碾米机	粉碎机
	台	功率	台	功率	台	功率									
1966	848	—	170	1985	—	—	908	8	672	—	—	6	653	30	39
1967	855	—	186	2068	—	—	947	8	657	—	—	33	667	39	35
1968	—	—	—	—	—	—	—	—	—	—	—	—	—	—	—
1969	667	—	93	2264	—	—	—	—	563	—	—	253	618	39	44

1970—1980 年长安镇范围农业机具拥有情况统计

表 2-1-13

年份＼名称	排灌机械		收割机械		植保机械		动力机械		加工机械		耕作机械			农用车船			
	台	千瓦	打稻机	电动	喷雾机	机动	柴油机	柴油机	碾米机	粉碎机	电耕犁	拖拉机	大中型	木船	水泥船	胶轮车	机动船
1970	120	2921	692	167	1014	1	24	229	34	28	17	3	—	574	59	338	—
1971	57	1005	691	217	1292	1	17	143	33	25	17	9	—	—	89	352	—
1972	63	1084	766	268	1519	49	18	178	31	25	17	9	1	556	151	329	15
1973	67	1106	646	366	1758	7	22	115	37	28	27	18	—	523	199	327	3
1974	76	1322	567	335	1913	12	23	92	38	35	35	23	—	511	215	285	3
1975	78	1369	464	559	1811	14	27	409	39	40	38	39	3	527	240	270	3
1976	86	1403	402	613	1852	15	28	489	52	43	40	42	8	537	240	261	3
1977	86	1403	328	694	1929	15	37	618	58	46	40	64	8	510	291	272	8
1978	96	1380	259	774	2082	16	40	736	45	48	40	96	9	469	342	242	20
1979	103	1570	174	878	2213	16	38	849	57	61	42	106	9	467	370	247	27
1980	103	1570	113	1032	2129	21	53	1012	66	77	38	129	9	428	470	241	34

1981—1991 年长安镇范围农业机具拥有情况统计

表 2-1-14

年份＼名称	收获机械(台)		排灌机械		农用水泵		拖拉机(台)		运输机械		农副产品加工	
	脱粒机	收割机	台	千瓦	台	千瓦	小型	中型	台	功率	台	千瓦
1981	1119	—	605	5473.0	285	—	184	9	36	442	502	2967
1982	1194	—	621	4983.0	360	—	208	9	36	442	490	2893
1983	1408	—	648	5141.0	385	—	231	9	38	465	510	3009
1984	1408	—	550	4363.5	446	—	231	9	40	489	482	2843
1985	1411	—	400	2768.0	549	—	231	3	78	914	471	2235

续表 2-1-14

年份 \ 名称	收获机械(台)		排灌机械		农用水泵		拖拉机(台)		运输机械		农副产品加工	
	脱粒机	收割机	台	千瓦	台	千瓦	小型	中型	台	功率	台	千瓦
1986	1299	—	268	2286.0	335	—	251	3	69	608	382	2036
1987	1351	—	281	2350.1	281	—	284	3	74	847.2	469	2348
1988	1369	—	279	2363.1	340	—	356	2	78	696.8	624	3690
1989	1452	—	281	2407.1	330	—	366	2	78	696.8	584	3460
1990	1532	—	285	2437.1	318	—	372	2	78	696.8	607	3543
1991	1579	—	304	2748.1	335	—	373	2	74	652.7	795	3691

1992—1995 年长安镇范围农业机具拥有量统计

表 2-1-15

年份 \ 名称	脱粒机		排灌机械		农用机械(台)		农用载重车		农用船(只)		拖拉机(台)		农产品加工
	台	收割机	台	功率	电动机	柴油机	小型拖车	载重汽车	非机动	机动	手扶	大型	台
1992	1625	—	311	2813	1699	525	298	7	249	74	367	3	762
1993	1844	—	305	2770	1671	569	72	7	226	72	367	3	760
1994	2029	—	309	2770	1730	652	419	7	226	74	358	4	821
1995	2079	5	318	2946	1759	680	433	7	226	74	357	4	828

1996—2005 年长安镇范围农业机具拥有量统计

表 2-1-16

年份 \ 名称	农业机械总动力(千瓦)		排灌机械		耕作机械		收获机械		运输机械		农产品加工机械		植保机械	
	总动力	其中电动机	台	功率	中型	小型	收割机	脱粒机	台	千瓦	台	千瓦	台	千瓦
1996	16313	9610	317	2937	4	354	5	2118	329	3379	215	2302	—	—
1997	16014	10110	325	3086	1	309	5	2541	300	3057	173	—	—	—
1998	17240	10901	336	3256	3	317	6	3169	315	3272	187	2006	—	—
1999	17526	11055	349	3331	1	295	8	3485	330	3537	189	2036	—	—
2000	17138	10886	341	3324	—	270	6	3531	315	3507	106	1164	—	—
2001	18466	11581	355	3308	—	280	6	4355	326	3595	107	1172	—	—
2002	19160	11879	347	3456	—	279	9	4484	336	4141	110	1198	10	22
2003	20988	12914	375	3913	—	274	10	4763	394	4796	125	1350	10	22
2004	20494	12401	376	3928	—	278	10	4523	391	4834	121	1310	10	22
2005	20666	12424	377	3950	—	292	11	4429	382	4825	113	1257	10	22

第二章　粮麻油棉

第一节　耕作制度

水田

长安镇水田大部分种粮食作物，少部分种络麻、棉花、甘蔗、瓜类经济作物。冬春种大小麦、蚕豆、油菜为主。夏秋以水稻为主。长安水田种植单季晚稻一年一熟，或春花（大小麦、油菜）收后种单季晚稻，一年两熟历史悠久。清康熙十三年（1674）《海宁县志》载，宁邑，东乡土泽多晚稻。同治三年（1846）3月，太平军失守杭州以后，开始种植生育期较短，虫害危害较轻的单季稻、中籼稻。至民国26年（1937）推广纯系稻、单季早、中籼稻。这种以春花（豆麦、油菜）单季早、中籼稻为主的水田耕作制度，一直延续至建国初期。1949年～1953年，年水稻种植面积为5400公顷~5466.67公顷，总产1050万公斤～1350万公斤。

1954年长安镇范围内粮食种植情况

表2-2-1

单位：亩、担

名称 乡名	水稻			小麦		蚕豆	
	早中稻	晚稻	总产量	面积	总产量	面积	总产量
泰山乡	1933	5401	37037	2837	2269	3099	2309
兴福乡	1473	2357	19533	2558	2046	2286	901
辛江乡	1607亩	7966	23982	7995	2396	2381	1667
新民乡	459亩	1723	11341	5311	4249	3285	1230
褚石乡	46亩	117	600	4077	3258	3281	2297
孟子乡	162亩	187	1396	3032	2476	3411	2388
长安镇	67亩	201	1152	494	395	219	153
合计	5747亩	11952	95041	26304	17089	17962	10945

1956年，长安试种双季稻、连作稻获得成功。此后单季改双季，间作改连作的面积迅速扩大，1959年单季早稻已不复存在，单季晚稻种植面积下降，而双季稻上升为752.6公顷；1960年双季稻种植面积3540公顷。1961年~1963年调减为49.21%~59.65%，单季晚稻上升到35.68%~45.89%，1964年后双季稻面积比例保持在75%以上。

1956—1964年双季稻种植发展情况

表2-2-2

单位：亩

年份	乡别	单季中稻	单季晚稻	双季早稻	双季晚稻	合计
1956	新民乡	—	41011	1983	1983	42995
—	辛江乡	996	11223	996	996	12219
1957	新民乡	—	3403	605	795	4198
—	辛江乡	1424	7337	2439	2439	11200

续表 2-2-2

年份	乡别	单季中稻	单季晚稻	双季早稻	双季晚稻	合计
1958	新民乡	—	—	—	—	—
—	辛江乡	—	—	—	—	—
1959	小渡管理区	—	900	1600	1600	2500
—	辛江管理区	—	1300	2200	2200	3500
—	泰山管理区	—	3700	2800	2800	6500
—	白洋管理区	—	1300	1800	1800	3100
—	肖王管理区	—	1000	2000	2000	3000
—	褚石管理区	—	500	1000	1000	1500
1961	长安乡	—	—	3901	9864	13765
—	辛江乡	—	—	6886	11826	18712
1962	长安乡	—	—	6604	10087	16691
—	辛江乡	—	—	7125	10180	17305
1963	长安乡	—	—	6453	9874	16327
—	辛江乡	—	—	7256	7957	15213
1964	长安乡	—	—	7106	10226	17332
—	辛江乡	—	—	9939	10037	19976

1968 年起春花连作稻面积发展较快，占水稻面积的比例为 1968 年、1971 年、1973 年、1976 年分别达到 52.%、60%、60%、70%。1978 年面积有增无减，至 1985 年占水稻面积的比例达到 96.38%。其中大麦、土油菜、早熟胜利油菜为前茬的早三熟，面积占 45%～60%，中迟熟油菜、小麦和早稻秧田为前茬的占 45%～55%。

1990 年，长安范围内，水稻面积 3285.07 公顷，其中小麦 - 单季稻 1860 公顷。水田耕作制度除麦、稻和油、稻、稻两种主要方式和隔年轮作外，还有麦（油）—麻、麦（油、蚕豆）—棉花、麦—甘蔗、麦—瓜—稻多种粮食与经济作物复种方式，这些方式多数可与油、稻和麦、稻、稻进行隔年轮作。

早年，长安麻区一向以地麻为主。20 世纪 50 年代以地改田，低田加高、平整土地，发展二级灌溉，解决络麻抗旱，推广水稻上地、络麻下田、麻稻轮作。黄麻、红麻旱涝保收。面积从 50 年代末的 50%，60 年代提高到 80%，70 年代达到 166.67 公顷。60 年代中期起麻田采用套种沟边油菜、蚕豆、春花作物。进入 90 年代，由于农村劳动力务工人员增多，劳力紧张，络麻种植逐年减少。由于小桑苗效益较好，既可出售桑苗，又可利用桑叶养蚕，因而在长安镇有 40%左右的农户种植小桑苗。进入 2000 年后，长安镇农田基本以二熟为主，春花种植油菜和小麦，但小麦种植量也很少。春花收起后，种植直播晚稻，有的农户只种一熟晚稻，有的种植小桑苗，间作油菜。2000 年后，随着效益农业的发展，特种种植业、水果、花卉、苗木也大量发展，耕作制度发生了巨大的变化。长安镇有花卉苗木 479.2 公顷，主要种植鲜切花和香樟、杜英、乐昌含笑等名贵苗木。水稻以直播晚稻为主，套种油菜，已完全取消了种田或抛秧等种植方法。春花作物基本实行免耕，晚稻收起后，在稻板田上移种油菜，直播晚稻 50%以上也实行免耕，部分田块隔年用拖拉机耕一次。实行免耕后，化学除草这一环显得特别重要，因而普遍在直播晚稻后，秧苗冒青后用禾阔净除草，10天后用金除第二次除草，这样才能使免耕晚稻不受草害影响，而禾苗正常生长。

旱地

长安地区的旱地，一直以种桑养蚕为主，少部分种植蔬菜，络麻、棉花、瓜类、水果。其耕作制度，专桑地冬季套种蔬菜、绿肥，部分桑地培育油菜秧，移种到水稻前茬田。但经过解放初的改造低洼田，"学大寨"时的移岗还田和2000年后的土地整理，现旱地基本上都为专桑地和部分农户发展果园之用。

第二节 粮 食

长安粮食作物主要有水稻、大小麦、蚕豆、番薯，清末至建国初期少量种荞麦和小米(粟)。据《二十五史.三国志》载，东汉献帝长安八年(203)孙权以陆逊为海昌屯田都尉，并领具事，劝督农桑，百姓蒙赖。宋《儒学记》载：民逐鱼盐为生，列肆负贩，自张九成(邑人，南宋绍兴二年，殿试状元)以儒学显一时，三年之间，磊落相望。

建国后，国家制定鼓励发展农业，发展粮食生产的一系列政策。1954年单季早稻改单季晚稻的耕作制度。1956年试种双季稻后，扩种大、小麦，压缩蚕豆，推广晚梗良种。1959年试种春花连作稻获得成功。1960年双季稻种植面积上升到水稻总面积的84.7%，1961年和1962年双季稻种植比例分别调整为49%和53%，并扩大番薯、黄豆的种植面积。

1963年随着短秆高产水稻品种的不断扩大，以及稻麦密植程度的提高，有机肥料和化学肥料供应量的增加，粮食耕地平均每亩产量提前实现《全国农业发展纲要》提出的400公斤目标，达到418.5公斤。1965年起，春花连作稻有较大发展，地改田面积增加，水稻矮秆良种覆盖、尼龙育秧和稻田养萍有所扩大，尤其是病虫防治得到加强，粮食产量进一步增长。1966年—1970年的5年，有4年粮食耕地亩产超过500公斤。1971年—1975年，长安进行大规模以治水改土为主的农田建设。春花连作稻由1970年的1459.8公顷增加到1974年的1902公顷。大麦、早油菜作物前茬的比例也由1970年的27.06%提高到1975年的69%。化肥年均售量比前5年增加81%。早稻中、迟熟品种，春粮深沟阔埨撒播面积的扩大，以及水稻旱育带土小苗和中苗技术措施的推广，使长安粮食年产量5年平均达到19000吨。1977年冬至1978年春，田垟建设进入高潮，旱涝保收田达到80%以上。1978年后，化肥增长1.4倍，农机动力增加到81%以上。加之1976年推广杂交水稻，粮食生产步入新的发展时期。1978年、1979年两年平均粮食亩产超过"双纲"(800公斤)，1979年总产5337万公斤。1984年进行种植业结构调整，翌年粮食播种面积比1983年减少11.2%。1986年起，粮食布局趋向"春花以早熟为主，早稻以中熟为主，晚稻以早、中熟为主"，品种不断更新，春粮免耕技术的推广普及，以及稻麦高产模式栽培及配方施肥技术的推广，传统的"老两熟"向"新三熟"发展。至1990年，长安粮食播种面积达到3285.07公顷，总产24618吨，粮食耕地亩产403公斤。春粮1862.87公顷，总产5470吨；水稻3285.07公顷，总产18975吨；杂粮23.4公顷，总产165吨。进入2000年，长安完全结束种植"双季稻"的耕作制度，全部为晚稻直播。2005年年末，水稻种植1952.2公顷，春粮358.87公顷，秋杂粮244.2公顷，粮食总产量达到14513吨。

水稻

《隋志》称江南之俗，火耕水耨，食鱼与稻。地处杭嘉湖平原的长安，种植水稻历史悠久，面积多、产量高，且籼、粳、糯一应俱全。据80年代初调查，稻谷总产量中约有85%作口粮（包括留种），15%作畜禽饲料。稻草总量中约有50%作燃料，不到一半用于猪羊垫棚作肥料，另有少量作造纸工业料。

1.品种 过去长安的水稻大多是农家品种。明嘉靖三十六年(1557)《海宁县志》载：谷之品有早金成、晚金成、新罗散、白稻、泰州红、金裹银、雁来枯、赤稻、绽来乌、麻子乌、黄粳鲜、香粳、早糯、晚糯、胭脂、懒晒、铁梗等20个品种。清乾隆四十三年(1778)《海宁州志》载：稻类(府志)名色其众，大约不出粳糯两种，海宁种多晚（尔雅翼），又有1种曰籼，比于粳小而尤不粘，其种甚早。（咸淳志）早占城早熟，晶泥乌、雪里盆晚熟。民国期间早稻有尖头、团头、半团头、八十日、一百日等。中稻有赤头红、芒广籼、温州籼、湖南尖、红壳洋尖、淘米白等。晚稻有晚籼、晚粳和晚糯。主要品种有银尖、鸭摇头、晚籼9号、田雉青、太湖青、芦秆青、白壳洋稻、摇三石、金谷黄、牛胎黄、西洋糯、丹阳糯、红壳糯、紫血糯、铁丝糯等。民国24年（1935），开始推广晚粳129、130、中籼302号改良稻种。民国25年（1936）除上述品种外，又增加晚糯204号纯系稻种。民国26年（1937）日军侵占长安，推广工作中断，至民国35年（1946）抗战胜利后的第二年，始复推广纯系稻种。

建国初期，单季早籼有早三倍、团头无花落，503嘉兴白皮等。50年代末60年代初，川沙早粳成为当家品种。1954年，从萧山、吴兴等地调入晚粳10509和落雪青等种子，大面积改革单季早籼稻为单季晚稻。同时引种的还有红须粳、荔枝红、四上裕、猪毛簇、老来青等。随着施肥及密植程度的增加，原有高秆品种不耐肥、易倒伏、严重影响产量的提高。1963年试种晚粳矮秆品种矮脚南特号，1963年试种晚粳矮脚品种农垦58，至1971年早籼和晚粳品种全部实现矮脚化，至1977年高秆晚稻品种也全部实现矮脚更换。其时，早稻有矮脚南特号、莲塘早、陆财号、矮脚南特1号、圭陆矮3号、先锋1号、二九青、原丰早、广陆矮四号等。晚稻有农垦58、苏稻1号、农虎5号、农红73、白壳糯、嘉湖4号、桐青晚、垦桂、京引15、嘉四辐、湘虎25、双糯4号等。杂交中籼稻于1976年引进，主要品种有南优2号、南优6号、汕优4号、汕优6号等。

1980、1981年，因受秋季低温冷害，晚稻大幅度减产后，面积逐渐缩小。而正在试种的秀水48，秀水06等晚粳品种和祥湖47早熟晚稻却表现耐寒、抗病、高产。1982年后，上述“两粳一糯”品种迅速扩大。1963—1985年，矮脚南特号、陆财号、莲塘早、先锋1号、广陆矮4号、二九青、原丰早等早籼品种，曾被广泛用作连作晚稻栽种，时称“早翻早”。1983年—1990年的品种，早稻有浙幅802、嘉籼222、二九丰、庆丰44、嘉籼758等，晚稻的秀水48、秀水06、秀水01、浙农大45、祥湖47、祥湖25、祥湖84、秀水620等。60年代以前，双季早稻以早中熟品种为主。1963年早稻迟熟品种只占9.2%，早熟、中熟品种分别占36.8%和54%。中期至70年代初虽增加迟熟品种，但仍以早中熟品种当家。1973年后，以迟熟品种为主。最多的1979年，迟熟品种占65.9%，中熟和早熟则分别占23.2%和10.9%，而晚稻中的早籼、中籼、中粳面积压缩，以晚粳为主。早稻则从以迟熟为主演变为以中熟品种为主。1986—1988年，早稻早、中、迟熟品种比例为4.36～5：83.66～93.47：2～11.48；晚稻早、中迟熟品种比例为13～21:58～65 :02～10。至1990年早稻中熟占98.87%；晚稻中熟占93.12%，早稻占6.88%。2005年年末，全部种植单季直播晚稻，种植品种以“秀水110”为主，糯稻品种“祥和31”为主，这几个品种均具有耐肥抗倒、生育期适中、米质较优、抗性较好、穗大粒多、产量高等优点。

2.育秧 建国前，以单季中稻为主，播种较迟，本地有“小满动三车（水车、丝车、风车），开始做秧田”之说。其时育秧以水育为主，秧田不出秧板，中留操作道，谷浸种不催芽，秧田上水后落谷，待水放干盖上草木灰，也有不上水，谷直接落在泥中再盖灰，每亩中稻秧田播种量约75公斤。民国21年（1932），县农业改良场曾在硖石至斜桥塘路旁选择14户农户，推广合式秧田，秧田出板，留沟，板阔4尺，沟1尺，条形，长安也效之试验。

建国后，合式秧田面积扩大，并推广盐水、泥水选种。1956年发展双季稻后，播种季节提早，推广旱秧田，即秧田干垦出板，灌水整平，排水后用耥具把板耥平。板宽1.65米，沟0.2米左右。谷种用草囤、谷箩和麻袋催芽，秧板排水干落谷，盖上灰。一般早稻秧田亩播种100—175公斤，晚稻秧田亩播75公斤左右。秧苗三叶期前保持沟水，板面湿润不积水。1957—1959年，除以露地半旱育秧为主外，还有蒸气育秧，油纸覆盖育秧以及不育秧直播。1958年开始晚稻稀播老健秧和拔秧留苗技术。老健秧、拔秧留苗在长安地区也曾推广采用。60年代早稻普遍应用尼龙薄膜搭架保温育秧，并用地窖催芽，推广早落谷、小秧板、浅塌谷、寸秧肥、巧灌水、专人管等技术管理环节。1968年,外地小苗旱育带土抛秧种植成功,翌年在长安地区亦推广。此后,旱育秧带土撬秧种植技术从早稻发展到晚稻,从两熟制扩大到三熟制,从早插田扩大到迟种田。1972年又学习江苏龙桥大队经验。扩大秧田面积,降低播种量,延长秧龄,将小苗带土撬种发展为中苗带土撬秧移栽。70年代后期,常规稻推广"一扩两降"育秧技术(扩大秧田面积,降低秧田播种量每亩用种量为13公斤)。1977年曾推广早稻温室无土育秧,仅作烂秧年份应急的育苗补救办法。90年代曾推广抛秧技术,2000年后采用晚稻浸种催芽后直播,不育秧。方法是用18%咪鲜、杀螟(稻种清)3克加水6公斤(2000倍)浸4～4.5公斤稻种,浸足48小时后,浸好后用清水淘洗进行催芽。催芽提倡采用草垫、麻袋等透气物,提倡湿润透气催芽。催芽过程中,不宜用透气性差的袋装种子,不宜用尼龙纸密封包裹催芽。注意适度增温,防止增温过高。露白前一般不淋水,防止水分太多,无氧呼吸旺,较多损耗养分。要防止出现出芽迟缓或只长芽不长根,甚至"现糖"和不出芽现象等。为预防稻蓟马,播种时用10%吡虫啉WP(蚜虱净)30克拌种3.5～4公斤稻种,均匀拌种后闷2～3小时后直接播入大田。

3. 移栽 水稻移栽,50年代末试验人力机播,60年代试验机动线播,70年代初试验带土抛秧,后期至80年代试验机动插播,这些插秧方法停留在试验阶段。插秧季节,50年代单季中晚稻一般在6月中旬开插,60年代提早到6月上旬,7月初结束。绿肥田早稻插秧旺期在5月中旬,春花田早稻5月底完成插种。随着春花连作稻面积扩大,品种布局趋迟化,插种结束季节逐渐推迟,基本不种6月田,晚稻移栽不过立秋关。至1990年早稻在5月26日、晚稻在8月5日结束栽种。栽插密度,单季中稻丛播密度一般1×1市尺见方。1954年单季中晚稻的行株距以6×6、6×7、6×8寸居多。1955年起栽插密度每亩增加到1万丛左右,其行株距为5×5～5.5、5×6～7.6市寸,每丛插3～6株。1963年早稻插种,行株距为5×4～5市寸,每亩基本苗为17万～22万株;晚稻行株距为5×5、5×6市寸,基本苗12万～15万株。此后推广小株密植,早晚稻插种,行株距缩小到5×3、5×4市寸。70年代种植密度进一步提高,行株距仅4×3～3.5市寸,每亩10万落田苗。20世纪80年代起每亩插栽基本苗逐步减少,早稻25万苗,晚稻20～22万苗。1986年后行株距为4×3.5～4市寸,每亩基本苗为17万～25万株。2000年后至2005年年末,为直播晚稻,每亩播种量为4～5公斤。

▲水稻丰产方

4.施肥 旧时种稻,历来以传统的有机肥料为主,每年春摇船捻河泥。1956年推广双季稻后,曾推广水田花草(紫云英)种植。60年代推广"小塘泥"稻田养萍(绿萍)。70年代推广秸秆还田,开发泥炭腐殖酸肥料和五四〇六菌肥等,但这些肥料稻田使用面积不多。解放前化肥用量较少,建国后,氮化肥施用面积和数量迅速增加。1963年起硫铵减少,渐转为尿素、碳铵、铵水增加。80年代以碳铵和尿素为主,施用磷、钾肥面积扩大。水稻用肥结构由传统的有机肥为主,逐步趋向化肥为主。50年代初单季中稻施标准肥约1000公斤。1963年单季晚稻亩施1150～2200公斤,双季稻1030～1750公斤,双季晚稻820～1500公斤。1965年早稻亩施1700～2585公斤,晚稻730～1745公斤。1979年早稻亩施3150公斤,晚稻2250～2500公斤。1987年早稻亩施2805公斤,晚稻2500公斤。1990年早稻亩施2435公斤,晚稻施2525公斤。80年代初,水稻出现氮肥偏施,迟施等盲目施肥现象,致使稻体群过大,后期贪青、病虫严重。对此,推广氮磷钾合理施肥,追肥早刹车等技术,扭转了高氮偏施。1986年始推广"以土定产、以产定氮、因缺补缺"的配方施肥技术。

2000年后，由于农家土杂肥减少、人畜粪也由于改厕和沼气池建立，稻田基本上靠化肥为主。氮肥以尿素、碳铵为主，因田制宜加施磷钾肥，称为配方施肥。

5.水浆管理 除灌溉外，主要是耘田、露田、搁(烤)田，除草等。50年代单季稻第一次耘田用耘耥工具，第二次用手耘田，第三次人工拔草。1958年稻田实现机电灌溉以后，水浆管理逐步发展为“浅水插秧，深水还苗、薄水发棵、早耕多露、适时搁田、养胎深水、湿润养老”。70年代推广稻田“丰产沟”，除草由人工逐渐发展为化学除草。80年代，因种田劳动力减少，耘田已终止，管理趋向简化，田间管理由劳力投入转向技术、物质投入。2000年后，长安镇推广水田“薄露灌溉”“双百工程”、和无公害种植等一系列措施，对水稻培育管理上进行多项改革，都取得了很大成效。

春粮

长安的春粮作物有大麦、小麦和蚕豆。种植面积甚大，旧时以小麦和蚕豆为主。50年代，小麦品种有矮粒多、白橹板、铁秆青、洋麦、火烧穗等；大麦有二棱大麦(红筋、白筋)，立夏黄、六棱大麦、四棱大麦等。蚕豆又称罗汉豆，品种有本地小青豆、牛踏扁等。1964年推广撒播麦，扩大了大麦无芒六棱及小麦丽水三月黄等早熟品种面积。1974年大麦无芒六棱减少，推广早熟41、六五脱壳、早熟3号；小麦推广六五白壳当家。1988年起大麦由早熟3号为主，小麦以扬麦系统和六五白壳当家。1988年起大麦由早熟3号转向浙农大3号当家，小麦以扬麦3号为主，浙农大与原辛江乡新丰村合作培育的“浙丰2号”具有耐肥、抗倒伏、高产等特性，被广泛推广。长安农村除麻、蔗田，沟边种植大小麦外，稻田以小麦与蚕豆间作居多，俗称“夹麦”，又名“夫妻麦”。一般塳宽0.6米左右，沟深0.3米。稻板田种麦不垦为多，小麦浸种露芽后播种，覆盖麦种。60年代，春粮塳头改东西向为南北向，麦田翻垦直播增加，“豆夹麦”面积下降。塳阔增加到0.66～1米，也有1.32～1.65米。麦豆播种量提高，大麦亩播约7.5公斤，蚕豆15～17.5公斤，施肥以有机肥为主，化肥尚少，注重苗肥和腊肥。1965年调查，大麦每亩施标准肥500～1450公斤，其中化肥(肥田粉)5公斤。大小麦还推广粪肥拌种，肥田粉拌种，蚕豆施灰肥拌磷肥。70年代，全面推广江苏和上海的深沟阔塳、撒播麦和薄片深翻，冬季敲麦等新农技。塳宽放大到2.64米。播种量增加到大麦每亩15～17.5公斤，小麦每亩12.5～15公斤。1976年冬，为解决春粮“渍害”，推广田间埋设土暗沟，田间排水系统由明沟发展到暗沟相结合，完善了深沟阔塳相配套的各项栽培技术。如：撒播与密阔幅条播相结合，品种以早熟为主，播种量适当降低，增加用肥量，基肥迅速结合，分层施肥；基肥为主，有机肥为主，年内肥为主，化肥深施等。1979年春粮亩产239.5公斤，其中大麦244.5公斤，小麦233.5公斤，均创历史最高水平。进入80年代，化肥供应量增加，用肥越来越多。1980年大麦亩施肥348.5公斤(变幅192～528.5)。小麦315公斤(变幅204.5～445.5)，造成春发过旺，倒伏不少。此后，推广施足基肥，增施磷肥，早施苗肥，适施腊肥，补施穗肥和适当降低氮化肥用量等施肥技术。至1987年麦田每亩施肥量254.7公斤，其中标氮44.14公斤，磷肥10～12.5公斤，倒伏得到了有效控制。1983年起，试验推广增加塳宽，加深沟深，增施底肥，早施追肥新型免耕技术。大小麦播种季节，直播一般在10月下旬至11月中旬，月底结束，蚕豆在立冬后播种的面积较多。

旱地春粮以小麦居多，播种时间比水田早，以阔塳浅沟为主，络麻轮作均为沟边麦，人工除草已渐为化学除草所代替。90年代开始，春粮逐渐减少，进入2000年春粮面积急剧下降，至2005年年末，春粮面积降至359.2公顷，产量1128吨。

杂粮

长安的杂粮作物主要指番薯、马铃薯、玉米、小米、黄豆、绿豆、赤豆等。以旱地种植为主，杂粮中，以番薯、黄豆为大宗。

1.番薯 (山茹)建国前，种植面积不多，1950年开始种植面积增多。1963年至1965年番薯年面积有400公顷。番薯大多与小麦连作，6月中旬扦插。旧时地不起垅，平铺斜插。建国后，薯地起垅。50年代末推广平插。多数不施肥，仅施活棵肥，削草时翻藤,结薯期视生长补施肥料。1987年起改低垅为高垅,增施磷肥,可增加30%的产量,2005年年末,长安镇种植番薯39.67公顷,总产304吨。。

2.黄豆 (大豆):清乾隆三十一年(1765)《海宁县志》载,黄豆可做豆腐,榨油造酱。60年代初,长安的大豆种植量有所下降,主要以旱地栽桑为主,黄豆面积减少。1980年种植面积只有23.2公顷,1990年种植面积为11.5公顷,2000年种植面积13.67公顷,2005年大豆以青毛豆销售为主,种植量迅速发展,2005年末种植面积达到168.8公顷。黄豆早熟品种4月初播种,7月收获,中迟熟品种5月上旬至6月上中旬播种,10—11月收获。

1950—1998年长安镇范围粮食种植面积和产量情况统计

表 2-2-3

年份	水稻			春粮			秋杂粮			合计	
	面积(亩)	亩产(斤)	总产(万斤)	面积(亩)	亩产(斤)	总产(万斤)	面积(亩)	亩产(斤)	总产(万斤)	面积(亩)	总产(万斤)
1950	—	—	—	—	—	—	—	—	—	81783	2150.9
1951	—	—	—	—	—	—	—	—	—	82433	2544.4
1952	—	—	—	—	—	—	—	—	—	82363	2746.2
1953	18272	448.8	820.4	36860	147.3	542.98	6982	146.5	101.2	62114	1464.56
1954	18829	504.7	950.4	49766	109.3	544.08	9298	144.36	134.23	77893	1628.71
1955	18690	509.4	952.01	34852	87.3	304.19	2066	339.40	70.13	55608	1326.33
1956	17516	549.8	963.06	35673	95.2	339.07	3502	308.60	108.07	56691	1410.20
1957	17588	438.5	771.66	36382	133.3	484.82	5567	209.40	116.57	59537	1373.05
1958	24950	492.62	1229.1	38730	147.1	569.68	4540	305.90	139.61	70220	1938.39
1959	32702	551	1804.2	25604	154.5	395.51	6650	356.20	236.87	64956	2472.58
1960	31876	401.7	1280.6	21576	166.4	359.15	7345	398.20	292.48	67251	2224.71
1961	34475	476.4	1642.5	26098	143.4	374.32	6687	489.30	327.19	67260	2344.01
1962	33966	455.1	1545.9	32580	203.1	661.64	8963	523.01	468.77	75509	2676.31
1963	35048	506.96	1776.8	30945	136.9	423.00	7848	529.18	415.30	73841	2615.74
1964	35326	610.82	2157.8	27808	184.9	514.11	5167	386.45	199.68	68301	2871.59
1965	33978	568.24	1930.8	20608	244.8	504.52	5037	428.51	215.84	59623	2651.11
1966	38943	613.21	2443.2	21685	143.3	530.93	4454	438.89	195.48	65082	3169.61
1967	39605	643.67	2549.3	21170	229.6	486.09	4134	339.65	140.41	64909	3175.80
1968	40379	539.94	2180.2	28807	227.3	654.68	3297	431.51	142.27	72483	2977.15
1969	40889	626.03	2559.6	23004	202.4	465.70	3600	416.22	149.84	67493	3175.30
1970	45546	595.84	2713.8	21897	262.7	575.21	2631	546.48	143.78	70074	3432.79
1971	46982	602.34	2824.5	22656	203.3	460.60	2061	532.18	109.68	71699	3394.78
1972	47644	656.09	3128.8	28973	198.6	575.40	1975	493.66	97.50	78592	3801.70
1973	47091	710.10	3343.9	30275	139.7	422.99	1501	483.21	72.53	78867	3839.41

续表 2-2-3

年份	水稻			春粮			秋杂粮			合计	
	面积（亩）	亩产（斤）	总产（万斤）	面积（亩）	亩产（斤）	总产（万斤）	面积（亩）	亩产（斤）	总产（万斤）	面积（亩）	总产（万斤）
1974	47267	581.25	2747.4	28530	276.4	788.48	1083	438.35	46.39	76880	3582.27
1975	47153	578.6	2728.6	27690	194.9	539.85	1072	490.11	52.54	75915	3320.99
1976	48134	641.9	3089.8	28641	252.0	721.68	1063	629.82	66.95	77838	3878.43
1977	47501	654.59	3109.4	28410	179.8	510.94	1104	625.91	69.10	77015	3689.44
1978	46666	841.62	3725.6	28489	377.2	1074.7	813	537.89	46.42	75968	4919.72
1979	47087	834.09	3927.5	28359	486.8	1380.7	813	363.59	29.56	76259	5337.76
1980	46782	604.86	2829.7	28148	391.8	1102.7	494	651.41	32.18	75424	3964.58
1981	47003	677.53	3184.6	25222	341.8	862.07	312	920.51	28.72	72537	4075.39
1982	47098	839.98	3956.2	27298	408.7	1115.6	249	543	13.52	74939	5085.32
1983	47816	783.06	3744.3	29268	441.0	1246.8	556	914.9	50.87	77640	5041.97
1984	46995	755.32	3549.60	28668	405.9	1163.6	459	956.8	43.92	76122	4757.12
1985	41105	767.3	3153.8	25163	422.4	1062.9	367	1219	44.76	66635	4261.46
1986	43511	430.24	1872.1	25936	205.12	531.99	385	580.78	22.36	69832	2426. 54
1987	43732	403.41	1764.2	26881	210.48	565.8	665	392.48	26.10	71278	2356.1
1988	42329	386.47	1635.9	25913	212.82	551.5	606	389.43	23.60	68848	2211.00
1989	44273	397.74	1760.9	26504	183.9	487.5	570	387.71	22.10	71347	2270.50
1990	49276	403.42	1987.9	27943	195.89	547.4	351	470.09	16.50	67570	2461.8
1991	43886	423.03	1856.5	35830	350.73	1256.7	303	463.69	14.05	79971	3127.25
1992	40644	407.68	1657.0	25079	193.70	485.8	556	485.9	26.99	66279	2169.89
1993	35389	438.10	1550.4	22362	190.27	425.5	557	593.35	33.05	58308	2008.95
1994	37494	453.97	1702.1	22303	173.38	386.7	643	667.85	42.90	60440	2131.70
1995	39766	437.86	1741.2	20164	195.13	393.1	556	625.90	34.80	60486	2169.10
1996	39820	464.82	1850.9	19864	217.88	432.8	561	557.93	31.30	60245	2315.00
1997	31655	481.19	1523.2	20758	233.74	485.2	454	442.73	20.10	52867	2028.50
1998	32144	503.17	1617.4	19887	107.51	213.8	1314	283.11	37.20	53345	1868.40

1999—2005 年长安镇粮食种植生产情况

表 2-2-4

年份	水稻			春粮			秋杂粮			合　计	
	面积（亩）	亩产（斤）	总产（万斤）	面积（亩）	亩产（斤）	总产（万斤）	面积（亩）	亩产（斤）	总产（万斤）	面积（亩）	总产（万斤）
1999	30414	515	15670	17306	238	4125	1513	202	463	49233	20258
2000	29662	518	16363	12381	225	2781	1570	329	516	43613	18628
2001	2669	528	14088	8755	217	1900	1382	328	453	36827	16441
2002	24783	525	13022	7390	168	1239	1639	321	526.	33812	14787
2003	27013	519	14025	7215	193	1390	1179	242	285	35407	15700
2004	29248	526	15385	6653	204	1356	2283	316	722	38184	17463
2005	29280	417	12219	5388	210	1129	3663	318	1165	38331	14513

第三节　络麻(黄麻、红麻)

长安为黄麻、红麻生产基地之一，历史久、面积大、产量高。明嘉靖三十六年(1557)《海宁县志》土产卷载：“枲之品有黄麻、有络麻、有苎麻、有白麻等。”明清时期，长安是主要植麻区之一，1949 年种植黄麻(园果种)。1955 年长安列为种麻区，种植红、黄麻 2066.67 公顷。20 世纪 60 年代初调整布局，海宁的种麻集中到长安、辛江乡，面积达到 2733.33 公顷。70 年代，在种植面积扩大、单位面积提高，亩产达到 317 公斤，比 60 年代提高 27.8%。1978 年突破 400 公斤；1984、1985 年亩产分别达到 415 公斤和 460 公斤。1986 年以来，政府虽多次提高收购价和化肥奖售标准，但因种麻经济效益下降，面积不断滑坡。至 2005 年络麻面积只有 1.07 公顷。

黄麻

长安地区一直以种黄麻为主，而 20 世纪 70 年代后以红麻为主。品种有园果种和长果种。50 年代初园果种有本地宝塔种，石井园果、费洋黄麻、宁台 818—3 等品种。1953 年引进新丰青皮，吉口、白莲子等，逐年代替当地农家品种。由于当时麻田灌溉条件较差，园果种旱年常缺水而萎凋，故种植面积渐趋减少，至 1959 年仅占 17.17%。1963 年从广东引进园果种 “粤园五号”，70 年代有较快发展，至 1976 年前，种植面积达到 40.98%，1979 年从福建引进“梅峰 4 号”和“179”园果种，因季节等因素未成气候。

1953 年前，本地种植长果种黄麻尚少，是年遇旱，长果种较园果种耐旱，翌年种植面积猛增，由上年的 30.7%上升到 71%。长果种品种有宁荚 816、长安青皮、褚石深红皮、红龙等。引进品种有翠绿、浙麻 4 号、广丰长果、龙溪等。1959 年以翠绿为主的长果种种植面积占络麻面积的 80%。60 年代头 3 年种植比例高达 95%以上。在此期间，长安公社褚石大队农民曾育成“红龙”(褚石深红皮 × 龙溪)，但仅限在邻近种植。20 世纪 70 年代受青枯病和炭疽病危害，产量上不去，1975 年面积锐减，至 1978 年种植面积只占 0.58%。

红麻

红麻 1950 年仅占 7.39%，1951 年占 30.06%，1952 年扩大到 56.8%。这一年红麻品种“马德拉斯”炭疽病大爆发，红麻大幅减产，至 1954 年种植比例只剩 1.66%。1963 年从广东引进青皮 3 号，其时栽培措施跟不上，发展不快。70 年代改进栽培技术，加速引种，至 1976 年已占络麻面积的 44%。从 1977 年起，以红麻青皮 3 号为主。1983 年曾引进红麻杂交组合“H005”(722 × 青皮 3 号)，亩产可达 500 公

▲络麻收剥

斤，表现抗病、抗倒、耐寒、稳产。因制种难度大，种源缺，尚未在生产上应用。与此同时，1984年引进"7804""浙萧1号(433)"，后因易倒、产量不稳定、种子供应等影响，面积不大。以后仍以红麻青皮3号为主。

1.栽培 本地络麻一般在立夏前后播种，60年代及70年代前期，受前作满堍影响，播种推迟。70年代后期起，因种植晚熟的粤园五号和青皮3号，播种时间提前到4月下旬开始，月底至5月初旺播。收剥时间也从过去的"剥好络麻过国庆"，推迟到国庆后才剥麻。络麻以往施氮肥(硫酸铵)为主，60年代开始重视施用水河泥、猪羊灰以及绿肥、灰垃圾、地脚泥等有机肥料。1980年络麻发生生理缺钾田块，对缺钾田块增施化学钾肥。1981年后麻田继续增施化学钾肥和草木灰、提倡带肥下种。1982年试用化学除草获得成功。使用的除草剂有扑草净、杀草丹、氟乐灵、敌草胺等。

2.沤洗 长安麻农素有精洗加工习惯。供销部门历来收购生麻，1955年前生麻由黄麻精选工厂(场)集中脱胶，1956年起改收精洗麻，推广鲜皮沤洗，于是麻农利用河浜沤麻、洗麻。从此，每到络麻收剥期，长安地区水域受污染。60年代末，为提高白麻质量，推广络麻带杆浸洗技术，起到了减轻水域污染，提高品质的作用。1974年起，曾采用此法沤洗。承包到户后，普遍利用河浜浸洗，直到络麻种植减少后，河浜水质才有改善。2000年后，基本没有络麻浸洗而造成水质污染。

第四节 油 料

长安的油料作物主要是油菜为主，少量生产花生和芝麻。据《中国实业志》载，民国21年(1932)海宁油菜面积就有1万亩，长安属主要产区。特别是长安镇新民村种植油菜享有盛名：60年代，曾有"新民油菜、褚石麦"之佳话。当时新民村油菜亩产超过400斤，在全省有名。1963年后由于发展春花连作稻，长安镇油菜面积增加到165.8公顷，1980年种植面积1296.73公顷，1990年种植面积1113.8公顷，亩产达到112.53公斤。2005年年末，长安镇油菜种植1115.2公顷，亩产121公斤，总产2079吨。

品种与栽培

本地油菜属冬油菜，是水稻、麻田经济作物的前茬。20世纪50年代前，以白菜型的早熟品种(俗称土油菜)为主。后引进抗病耐肥、迟熟的日本甘蓝型胜利油菜。1955年胜利油菜种植面积超过土油菜。20世纪70年代，为调节季节，土油菜被淘汰。为抢季节，迟熟油菜拔青现象严重。为此，扩大了中熟和早熟甘蓝型品种，推广油菜叠堆技术，先种田，培育络麻后，进行菜籽脱粒。1984年起，油菜以中熟甘蓝型品种当家。油菜利用桑地育苗移栽，在9月中下旬播种，直播种当家。油菜利用桑地育苗移栽，在9月中下旬播种，11月下旬至12月底移栽。每亩栽苗1万～1.5万株。1963年起，有些麻田改直播油菜，油菜移栽方法采用种刀扦插方法。是年起，麻田油菜由狭堍改阔堍。20世纪70年代开始，油菜增施磷肥。油菜耕作有翻垦，铡沟板田两种。田间管理有松土、清沟、培土等，仍沿用传统农艺。90年代化学除草在油菜生产上开始起步，除草效果较好。2000年后，长安镇以发展"双低油菜"为主，品种选择"沪油15"。这品种其芥酸含量低于3%，菜饼中硫代葡萄甙含量低于30微摩尔，"双低"菜油是一种优质保健食用油，"双低油菜籽"价格比常规油菜籽高5%～10%，而且抗逆性较强，比一般油菜增产10%左右。因而，被长安镇农科站向农民广泛推广种植。但由于近年来特种种植业的发展，油菜种面积将逐渐萎缩。

长安镇范围历年来油菜籽、黄红麻、甘蔗、棉花种植情况统计

表 2-2-5

年份	油菜籽			黄红麻			甘蔗			棉花	
	面积（亩）	亩产（斤）	总产（万斤）	面积（亩）	亩产（斤）	总产（万斤）	面积（亩）	亩产（斤）	总产（万斤）	面积（亩）	总产（万斤）
1955	15189	74.00	111.79	31050	335.06	1040.4	—	—	—	—	—
1956	16280	73.95	120.39	32540	344.38	1120.6	—	—	—	—	—
1957	24327	73.98	179.96	36981	316.53	1170.56	2779	4020	1117.2	—	—
1958	21585	74.94	161.76	32551	305.22	993.51	2063	3650	753.00	—	—
1959	21369	100.29	214.31	28765	348.16	1001.48	1279	3760	480.90	—	—
1960	30548	99.93	305.28	39269	379.96	1492.06	845	3885	328.28	—	—
1961	30209	72.09	217.79	30279	289.63	877.00	344	3880	133.47	1	0.01
1962	25347	118.12	299.39	28833	417.38	1203.42	462	3990	184.33	3	0.04
1963	24878	75.08	186.78	29939	505.58	1513.67	449	3980	178.70	5	0.06
1964	25512	133.76	341.25	29531	551.38	1628.30	665	3950	262.67	—	—
1965	19948	177.15	353.37	29876	546.20	1631.82	427	4130	176.35	—	—
1966	16956	179.06	303.62	28321	527.70	1494.49	397	4350	172.70	—	—
1967	15168	191.67	290.74	27742	544.39	1510.26	298	4520	134.96	—	—
1968	19014	158.12	300.65	27672	535.34	1481.39	258	4020	103.71	—	—
1969	16184	165.82	268.36	27833	540.40	1504.09	400	4110	164.40	—	—
1970	15871	224.23	335.88	25515	538.86	1374.90	357	4280	152.80	95	1.28
1971	19587	183.15	358.74	25820	582.93	1505.12	230	4350	102.58	—	—
1972	19802	161.64	320.08	25653	582.01	1493.02	230	4460	100.05	—	—
1973	19753	131.20	259.15	25656	620.17	1591.10	183	4520	82.72	—	—
1974	19855	198.71	39455	25537	611.88	1562.57	160	4530	72.48	—	—
1975	20170	131.36	264.96	25457	637.97	1624.07	158	4705	74.34	—	—
1976	19746	128.49	253.71	25191	613.50	1545.46	120	4665	55.98	—	—
1977	19748	116.51	230.08	25227	676.61	1706.88	108	4860	52.48	—	—
1978	19603	179.17	351.22	25412	895.09	2274.62	102	4960	50.59	—	—
1979	19586	258.87	507.02	25446	734.32	1868.54	171	4900	83.79	—	—
1980	19451	221.34	430.52	25180	629.82	158589	161	5020	80.82	—	—
1981	22182	246.63	547.07	24060	676.75	1628.25	162	5040	81.65	—	—
1982	19951	270.24	539.16	24046	802.19	1928.95	224	5760	129.02	—	—
1983	18957	197.66	374.71	24309	840.30	2042.69	835	5840	487.64	—	—
1984	19005	205.12	389.83	24250	825.20	2001.11	1058	6150	650.67	—	—
1985	22214	252.67	561.29	26263	922.98	2424.02	2359	6200	1462.6	3	3.25

长安镇范围历年来油菜籽、黄红麻、甘蔗、棉花种植情况统计

表 2-2-6

年份	油菜籽			黄红麻			甘蔗			棉花	
	面积（亩）	亩产（斤）	总产（万斤）	面积（亩）	亩产（斤）	总产（万斤）	面积（亩）	亩产（斤）	总产（万斤）	面积（亩）	总产（万斤）
1986	19905	106.88	2127.5	22512	437.58	9850.7	4405	3180	14008	22	3.55
1987	18124	99.46	1802.5	18829	442.40	8330.0	6368	3105	19773	80	11.20
1988	16570	114.24	1893.0	14204	512.10	7274.0	5947	3110	18495	91	12.72
1989	16413	103.03	1691.0	15098	427.14	6449.0	5145	3150	16207	72	10.00
1990	16707	112.53	1880.0	15462	451.30	6978.0	3711	3120	11578	21	3.00
1991	15745	104.48	1645.0	13633	449.42	6127.0	3541	3200	11331	7	1.00
1992	15483	119.42	1849.0	11536	439.49	5070.0	4298	3150	13539	—	—
1993	13446	131.18	1640.0	11006	463.02	5096.0	4829	3002	14496	—	—
1994	14527	103.26	1500.0	8836	485.97	4294.0	3996	3255	13006	—	—
1995	17875	116.31	2079.0	6307	459.81	2900.0	3721	3225	12000	—	—
1996	15827	124.43	1969.0	5811	473.76	2753.0	3456	3315	11456	—	—
1997	15473	111.55	1726.0	5370	457.36	2456.0	4213	3310	13945	—	—
1998	16325	50.66	827.0	3555	469.20	1668.0	3942	3440	13560	—	—
1999	15616	128	1998.0	796	459	365.0	3488	3445	12015	—	—
2000	20232	130	2621.0	—	—	—	4185	3393	14201	—	—
2001	22103	130	2868.0	—	—	—	3492	3503	12232	—	—
2002	21819	106	2322.0	18	508	9.0	3068	3178	9751	—	—
2003	18971	103	1963.0	215	433	93.0	5236	3478	18211	—	—
2004	16958	144	2443.0	155	413	64.0	4813	2911	14008	—	—
2005	17132	121	2079.0	16	437	7.0	4676	3500	16366	—	—

第三章 蔬菜 甘蔗 林果

第一节 蔬 菜

从唐初建驿站和义亭埭开始，长安镇人来人往于路不断，人口亦增加起来。因此“商贾、舟航（船）辐辏，昼夜碹沓，市无所不有”。果菜副食，需求日多，价格因此亦高。到宋朝，《武林旧事》《赤城日记》都有杭州菜农到长安镇卖菜的记载。陆游经过时，见市上“鱼虾甚盛”。但经过几次战乱，特别是经历了日寇的烧杀抢后的长安镇，市场一片萧条，蔬菜销售量一度减少。解放前没有专业的蔬菜种植户，农民们基本是自己种菜自己吃，有多余吃不完才上街拎着篮子去叫卖。品种有冬瓜、南瓜、丝瓜、白菜、青菜、芥菜、萝卜、茭白等。解放后，随着西红柿、包心菜、莴苣等新品种蔬菜的引进，以镇郊为主的专门从事种蔬菜并以出售为主的农民渐渐多起来。20世纪80年代初，随着农村进城务工经商的人日渐增多，需要买菜吃的人也相应增加，于是长安镇正式组建长安蔬菜队。政府为了提高菜农的积极性，实施统一收购、包销的政策，菜农们的收入逐年增加，据老农们回忆，当时菜农的收入每年比普通农民人均收入高出近千元。1986年起，长安蔬菜队进一步扩大，增加了华家组和杏花村，并更名为长郊村。长安蔬菜队的蔬菜年产量保持在37000担的水平。

20世纪90年代后，靠近长安镇区的大型村林白组、单家组、安桥组、姚家组；辛江村四组、五组部分农户也开始种菜、卖菜。为了提高经济效益，开始用大棚种植反季节蔬菜，并采用24D液点花，促使番茄、南瓜早结果，早上市。2005年年末，长安镇蔬菜生产量12894吨，但随着人民生活水平的提高，长安蔬菜还是供不应求，还需从外地进入大量蔬菜来保障长安人们的供给。

第二节 瓜 类

瓜类的种植长安历史较早，主要有西瓜、黄金瓜、甜瓜等。由于海宁西瓜闻名于世，长安又近靠杭州，每年都有大量西瓜运往杭州销售。家庭联产承包责任制后，西瓜种植发展到家家户户，一般种植一分、二分田自己食用。在此同时也出现了一些专业种瓜户，在本镇上街出售。还有少量大户种植在0.67公顷左右，2005年年末，本地上规模的大户还不多，但外地到长安镇承包土地大面种植西瓜的种瓜大户正在起步。

第三节 甘 蔗

长安是甘蔗的主要产地，所产的“上河青果蔗”，畅销江浙沪等地。解放初就是长安农民的一项重要家庭经济收入。但在“文化大革命”时一度成了资本主义尾巴受到批判。拨乱反正后，长安甘蔗产量和品种都有提高和改进。原来的“上河青”逐渐被产量高、甜度高的广东紫皮甘蔗所代替。甘蔗种植在集体生产时，生产队受计划经济限制，种植面积受到控制。农民种甘蔗只是在自留地上种点上街头卖点小钱补贴家用。土地承包后，农民有自主权，甘蔗种植成农民传统农业中经济效益较好的产业。红色村是甘蔗种植的主要村之一，改革开放后，红色村从单纯的青皮甘蔗，发展到广东甘蔗、紫皮甘蔗，销路也越来越大，从开始的路边小摊，逐渐扩展到杭州、苏州等大城市。建新组农民许金龙，从种甘蔗到运销甘蔗，成了甘蔗运销户，租用汽车贩运。长安镇红色村仅甘蔗收入就给农民增加纯收入160多万元。虹金、新民、盐仓等村都有大量商品甘蔗出售。铁路以北的村也有种甘蔗自己吃吃的习惯。

第四节 水 果

在解放前，长安水果种植主要以自食为主，农民屋前屋后种植的品种有：橘子、桃子、梅子、枣子、枇杷、柿子、杏子、李子等，有“门前种株桃，自有自便当”的说法。20 世纪 80 年代后，引进梨子、草莓、葡萄、无花果等，同时也开始向商品果发展。葡萄是长安镇水果生产的主要种植业，1979 年种植“浙农一号、银玉、北醇”葡萄品种。1980 年种植户从上虞引进“白香蕉、红香蕉、金皇后、甲洲三尺”；从日本引进“巨峰”葡萄品种。20 世纪 80 年代末，农户又从日本引进“红富士、红瑞宝、伊豆锦、黑奥林、先锋”葡萄品种。2005 年末，长安镇葡萄种植面积 136.7 公顷，全镇水果种植面积 252.67 公顷。

第四章　蚕桑生产

第一节　概　　况

《虞初新志》有“杭嘉之间，其俗养蚕，地皆种桑。家有塘而养鱼，村有港而通舟。多乐蔚然，茂于桑下。静女提笼，儿童晒网。我致清幽与三吴繁华又别矣”。

长安镇近郊农村把土地分为田和地。田则种水稻，称为水田。地皆种桑，名为桑地。人家住在桑地之中，多数前有池，屋边是港。便于养蚕也便于生活进出。自古这里桑树通野，所以镇名与桑为名。2500多年前，越王允常开挖百尺浦抵达今长安镇，自是设“传舍”(初级驿站)。越王勾践“劝农桑”。到秦始皇平楚国，王翦平抚吴越，建“陵水道”，沿陵道通设“亭”，执掌陵道的平整以备始皇南巡。因见这里桑树高大茂盛，故以桑命名为桑亭。

在西汉期间，因桑亭靠近盐场，随着盐的大规模生产，蚕桑随之发展。尤其是三国时，孙权一面开辟水驿，桑亭是水驿第一站。孙权派陆逊置盐官县，陆逊的“劝于农桑”。据《吴志》载：“陆逊言于孙权，农桑衣食，民之本业，而干戈未戢，民有饥寒，臣愚以为养育士兵，宽其租赋。”到唐代，长安的养蚕业相当发达，已经把丝作为贡品。宋室南迁杭州时，为苟安江南半壁河山，每年将大量的丝织品向京纳贡，加上王室极度奢侈糜烂，丝织品消耗很大。巨大的消费，刺激市场，激励蚕桑生产，栽桑养蚕进入一个发展时期。元代的统治者对农民的榨取逼索比宋代厉害，加上棉花种植的引入，部分丝织品被棉织品代替，使蚕桑生产跌入衰退期。明朝提倡蚕桑，使养蚕成为海宁、长安等地的主要副业。清朝的康熙和乾隆年间，由于采取一系列恢复生产的措施，蚕桑生产得到进一步的发展。乾隆南巡海宁，途经长安镇时，其即景诗中有“桑拓盈郊入画看”之句，可见那时长安农村桑园遍野。鸦片战争后，生丝外销增加，蚕农的茧子缫丝出售，使蚕茧的半成品走出国门，又一次刺激蚕业大发展。

民国元年至13年(1912—1924)间，蚕桑生产逐步上升，民国14年(1925)开始大发展，民国18年(1929)达到顶峰。抗日战争爆发后，日本帝国对长安的蚕茧掠为战略物资。同时占领茧站，低价收购，大肆掠夺，使蚕茧在市场上无法正常运行，从而蚕桑生产受到抑制，养蚕业被逼入绝境。抗日战争胜利后，浙江省政府为复兴蚕业，曾制订《浙江省蚕业复兴实施计划》。海宁建立蚕桑指导所，发放桑苗贷款，推广科学养蚕技术，以改良新品种代替余杭土种。

建国后，蚕茧生产一直是长安农业的拳头产品，蚕茧收入的好与坏，决定着农民全年生活，所以长安农民把蚕茧收入叫做蚕花银子。有“蚕好用一年，粮好吃一年”之说。党和人民政府也十分关心和重视蚕桑生产，使蚕桑生产稳步发展。

1962年，国家对蚕茧实行奖售政策，又采取粮桑挂钩的措施，对专桑进行原粮补助。1964年起，政府每年又专拨钢材、木材、水泥、砖瓦等物资，支持蚕桑生产。使各生产队建起养蚕公房，改善养蚕条件，蚕桑生产迎来发展时期。1973年，由于大搞农田基本建设，建成了一批能排能灌的专业桑园，辛江乡原新丰村还推广桑地喷灌等解决桑地抗旱；新德村试种无干密植桑成功，并得到大面积推广。据统计：1984年，长安地区收茧就达到1万担以上。嫁接小桑苗也是长安一大特色产业，在1960年，长安供销社设的桑苗收购站。为外地客户提供小桑苗就有5000万株以上，80年代桑苗收购量超过1亿株。

进入2000年后，长安的蚕桑生产仍旧保持良好势头。虽然受到新兴产业的冲击，但传统的种桑养蚕还是长安农民的拳头产业，蚕桑生产自古至今都保持着兴旺发达之势。

第二节 栽 桑

品种

长安解放前，蚕桑品种有火桑和湖桑两种。火桑有红皮、白皮两种，发芽早，宜饲养稚蚕，但为数不多，大抵在屋前或空地上栽种数株。湖桑肉厚而嫩，枝粗芽密，抗病强，迟老化，栽植面积广。建国后引进的湖桑品种有桐乡青、荷叶白、湖桑199、新一芝濑、育二号等。其中荷叶白又分尖头，最适宜本地栽培。2000年起，长安种植的品种有“农桑”系列、“海宁桑”等。

培育

50年代以前桑树的树势以高杆为主，60年代提倡中杆偏低桑。一般亩栽800株，三层支杆，3000个拳，生产成条7000～7500条，平均条长150厘米，总条在10000米以上。桑园传统肥料以前主要是河泥、人畜粪、饼肥等。60年代施用氮化肥，高产桑园播种绿肥(蚕豆或苜蓿)，施足冬肥，普施春肥，重施夏伐肥，适当施秋肥。近年来主要以化学除草和施碳胺、尿素、磷肥，推广配方施肥。2005年年末，长安的蚕桑生产主要分为养蚕生产和桑苗培育。其中桑苗培育又分蚕桑培育和嫁接小桑苗培育两种。蚕桑为养蚕用叶的成年桑树，嫁接小桑苗为出售给外地发展桑园，桑农种植的桑苗兼用于养蚕用叶，特别适应小蚕用叶。

第三节 养 蚕

品种

建国后，长安镇蚕种进行过多次更新换代。春蚕品种50年代以“瀛汗、华8”和“瀛汗、华9”两对为主，另有少量“瀛文、华10”“镇11、镇12”。60年代推广“苏16、苏17”。1967年引进推广安徽蚕种研究所培育的容易饲养、高产稳产、丝质优量的“东肥、华合”，受到蚕农和丝绸部门的欢迎，至70年代中期已成为当家品种。1977年又推广出丝量更高的“春3、春4”和“杭7、杭8”两对新品种。但由于性能不稳定，难养等因素而停养。1981年试养“菁松、皓月”和“浙蕾、春晓”两对品种，故从1988年起全面推广。夏蚕60年代主要推广广东的“306、华10”和“兰5、华10”，这两对品种抗高温、产量稳定。此外，还有少量“华10、瀛文”“苏10、141”，但这些产丝量低，经济价值不高。70年代引进广东省石牌蚕种场育成的一代杂交种。“东13、苏12”和少量“东34、603”，前者好饲养，产量高，质量佳，得到大面积推广。80年代，“东34、苏12”又被抗逆性强、产量稳、丝质优的“浙农一号、苏12”取代，成为夏秋蚕的主要品种。后试用“薪杭、科明”，和“蓝天、白云”两对新品种。

20世纪90年代后，饲养品种为：春用品种“浙蕾×春晓”及其反交。品种特点为：孵化齐一，小蚕有密集性和趋光性，眠起齐一，眠性快。各龄起蚕活泼，少食期食桑较慢，盛食期食桑快而猛，不踏叶。体色青白、花蚕。蚕体粗壮、结实、匀整；老熟齐快，喜结上层茧，易双宫茧，茧形大而匀整，每公斤460粒左右。

饲养技术要点

小蚕期注意匀座、扩座和调匾；加眠网要适当偏早，1、2龄尤应注意；小蚕期切桑分寸宜小；少食期给桑宜适当偏少，盛食期要给足桑叶；5龄及蔟中避免湿度过重；上蔟宜适熟偏生，稀上、匀上。

夏用品种为“新抗×科萌”及其反交。性状：夏秋用品种，孵化齐、发育快、眠起齐。小蚕趋光，密集性较强、大蚕食桑叶旺盛，不踏叶，吃得净、壮蚕体色青白、蚕体结实，体形较大，体质强健。全龄经过夏蚕20天左右，早秋19天左右，中秋23天左右，熟蚕活泼，上蔟齐涌，营茧快，多结上层茧。

小蚕给桑不宜过多；用桑不宜过嫩；小蚕饲育温度不宜高于28度；5龄注意饱食；5龄及簇中抗湿性差，熟蚕排尿多，应注意排湿。

2000年至2005年主要饲养品种是秋丰×白玉及其反交，为春、夏、秋三季通用品种。

性状

孵化齐，眠起齐、食桑叶旺盛，容易饲养。夏蚕有少数3眠蚕发生。大蚕体色青白，体型较大。正交花蚕、白蚕各半，反交全部白蚕。蔟齐，营茧快，熟蚕排尿量较多。喜结中、下层茧，上蔟过密，多黄斑茧。对氟化物的耐受力较强。

叶质要新鲜，不宜多吃湿叶。正交食桑叶旺，注意饱食；上蔟宜偏稀，加强通风；防止微量农药空气污染，以免多发不结茧蚕。

打孔保鲜膜小蚕两回育饲养要求：根据秋种春养要求：①每张蚕种必须备好专用打孔保鲜薄膜6张。②专用打孔保鲜膜使用方法：1～2龄上盖下垫。3龄期如高温多湿天气，可不盖膜，并增加给桑回数。③每次给桑前半小时揭膜换气，干燥蚕座。特别要做好3龄期的通风换气工作。④用叶标准：1龄适熟偏嫩，2～3龄适熟略偏老。⑤由于两回育给桑间隔时间长，所以一定要做好超前扩座、匀座工作。⑥用叶量以标准盒卵量计算。在给桑时要参照前次残桑量称量给桑。⑦为掌握好标准温度湿度，确保蚕作安全，在蚕室加温上不能用顶头火缸明火加温。⑧氟化物污染较重地区或桑叶含氟量较高年份，3龄期改喂青蔟叶。

春蚕打孔保鲜膜小蚕两回育参考

表2-4-1

龄期、日期、天数		给桑				春座		温湿度		技术处理
第几天		回数第几天	时间（时）	切叶大小（厘米）	用叶量（公斤）	长×宽	蚕匾（只）	温度（F^0）	干湿度（F^0）	
1	1	收蚁	7:00	0.8×0.8	0.02	27×33	1	80	3	蚁体消毒落网收蚁
		1	8:30	1.0×1.5	0.05	35×40	1	83	3	脱网定座
		2	19:00	1.0×2.0	0.10	45×50	1	83	3	扩座匀座，撒新鲜石灰
2	2	3	7:00	1.5×2.5	0.18	55×60	1	82	3	扩座匀座，撒新鲜石灰
		4	19:00	2.0×2.5	0.30	65×75	1	82	3	同上
3	3	5	7:00	1.5×2.0	0.2	75×90	1	82	1	同上
		止桑	20:00	0.5×2.0	0.05	75×90	1	82	1	适时揭盖膜，落提青网提青，蚕体消毒，干燥蚕座
眠中一龄每张蚕种用桑0.9公斤								79	3	保持安静，注意通风换气
4	1	饷食	17:00	1.5×2.0	0.2	75×90	1	81	2	蚕体消毒，落分匾网饷食
		1	19:00	2.0×2.5	0.5	50×75	2	81	2	起除沙，分匾定座
5	2	2	7:00	2.5×3.0	0.8	60×85	2	81	2	扩座匀座，撒新鲜石灰
		3	19:00	2.0×3.0	1.0	80×97	2	81	2	同上
6	3	4	5:00	2.0×2.5	0.9	83×100	2	81	2	扩座匀座，撒新鲜石灰，落眠网，眠除沙，去掉底膜，适时揭去盖膜
		止桑	17:00	0.8×2.0	0.1	—	2	81	2	适时落提青网提青，蚕体消毒，干燥蚕座
眠中二龄每张蚕种用桑3.5公斤										保持安静，注意通风

续表 2-4-1

龄期、日期、天数		给桑				春座		温湿度		技术处理
	第几天	回数第几天	时间（时）	切叶大小（厘米）	用叶量（公斤）	长×宽	蚕匾（只）	温度（F⁰）	干湿度（F⁰）	
7	1	饷食	19:00	片叶	0.5	83×100	6	77	3	蚕体消毒，落分匾网饷食,注意通风换气
		1	20:00		1.0	50×60	6	76至77	2	起除沙,分匾定座,注意通风换气
—	—	2	7:00	三眼叶	2.8	57×70	6			扩座匀座,撒新鲜石灰,注意通风换气
		3	19:00		3.2	60×77	6			同上
—	—	4	7:00		4.0	70×80	6			扩座匀座,撒新鲜石灰粉,除沙,注意通风换气
		5	19:00		3.0	77×87	6	—		同上
—	—	6	5:00	片叶（切叶）	2.6	80×93	6	—		扩座匀座,撒新鲜石灰粉,落眠网,眠除沙,注意通风换气
—		止桑			0.4	80×93	6	—		适时落提青网提青，蚕体消毒,干燥蚕座
眠中	三龄每张蚕种用桑 17.5 公斤						6	74	3	保持安静,注意通风换气

第四节　海宁桑

“海宁桑”是长安镇东升村农民沈祖兴选育出来的。他在 1995 年秋天台风过后,发现一株桑树依然挺拔,生命力特别顽强。他剪下枝条用于第二年嫁接，后来把它种在自己的专桑地里进一步观察。实践证明,这几株桑树叶大、节密、台风暴雨吹不倒、且抗红蜘蛛能力特别强。于是,通过农科站送往省农科院、市蚕桑站鉴定。在 1999 年经嘉兴、海宁两级蚕桑站鉴定,定名为“海宁桑”。2001 年,由原东方红村注册了商标,并远销云南等省。因此,沈祖兴被评上嘉兴市级劳动模范。

来源:从海宁市长安镇实产桑园中选拔优良单株,经过少量繁育、试种比较后,确认比当时推广的桑品种产叶有较大幅度增产。1998 年开始参照浙江省农作物品种审定委员会颁发的《浙江省桑树品种区域试验鉴定田间试验办法》进行区域试验。

特征:树形稍开展,发条数中等、枝条中粗、长而直,无侧枝,平均条长 200 厘米以上,皮灰白、孔小,数量中等;节距 3.8 公分,叶序 2 / 5,冬芽长三角形,黄褐色、贴生,副芽小而少;翠绿色,叶尖锐头,叶缘乳头齿,叶基心形,叶长 20 公分,叶幅 17 公分,叶面光滑、光泽较强,叶柄稍粗,叶稍下垂,开雌花花果少。

特性：海宁栽培，发芽期 3 月 28 日至 4 月 5 日,发芽率 11.6%,开叶期 4 月 10 日至 4 月 18 日,成熟期 4 月 23 日至 5 月 2 日,是晚生晚熟品种,秋叶硬化迟,10 月 5 日可用叶率 52%。春可溶性糖 14.66%,粗蛋白 25.07%,和荷叶白相仿;秋可溶性糖 14.96%，粗蛋白 27.1%，分别比荷 叶白高 2.55 和 0.75 个百分点。

区试结果:1999 年全年公顷产叶量 57525 公斤,比对照品咱荷 叶白增产 31.7%,秋叶增产幅度大于春叶。万头蚕产茧量 4.29 公斤， 比对照高 5.55%。根据近年的调查观察,抗病力适应性等与荷叶白相仿。生产中表现出秋季红蜘蛛危害明显轻于荷叶白。

栽培要点：1.生长势头旺、需肥量大、应施足追肥、发挥其高产性能。2.因叶形大、节间蜜，为减少秋季枝条下部落叶，以亩栽700～750株，以中低杆为宜。3.发芽与成熟较迟，有条件的地区应与早生桑搭配栽种。4.该品种抗疫病能力较强，可在桑疫病区种植。

长安镇范围内蚕茧生产情况统计

表 2-4-2

名称 年份	蚕茧合计			春蚕			夏蚕			秋蚕		
	张数	单产	总产	张数	单产	总产	张数	单产	总产	张数	单产	总产
1954	13800	52.00	71.76	13800	52.00	71.76	—	—	—	—	—	—
1955	10665.5	42.11	44.92	6885.5	51.50	35.46	108.5	18.52	0.21	3671.5	25.2	9.25
1956	11624	36.77	42.75	7085	45.50	32.24	744	16.30	1.21	3795	24.50	9.30
1957	12253	35.66	43.69	7311	43.54	31.83	925	12.32	1.14	4017	26.69	10.72
1958	16469	27.76	42.63	7272	43.63	31.73	1910	12.94	2.31	7287	11.65	8.49
1959	28659	34.17	31.45	9205	34.17	31.45	3256	4.91	1.60	16198	7.74	12.53
1960	31767	18.05	57.34	12532	29.72	37.24	3234	19.39	6.27	16001	8.64	13.83
1961	16571	17.25	28.59	9764	21.64	21.13	1283	5.22	0.67	5524	12.29	6.79
1962	13736	32.53	44.69	7060	41.06	28.99	1250	11.92	1.49	4872	28.46	13.87
1963	15088	33.64	50.75	6901	45.69	31.53	1739	31.63	5.50	6448	21.14	13.63
1964	14880	39.44	58.69	7185	54.72	39.34	1525	33.64	5.13	6171	23.04	14.22
1965	17480	50.90	88.97	7335	59.60	43.72	1538	42.90	6.60	8606	44.92	38.66
1966	18697	48.14	90.00	8016	71.27	57.13	1709	50.03	8.55	8972	27.13	24.34
1967	16727	45.70	76.45	7456	70.08	52.25	1904	47.58	9.06	7267	20.83	15.14
1968	16500	62.06	102.40	7542	76.69	57.84	1865	57.74	10.77	7094	47.70	33.79
1969	17713	59.65	105.66	7780	77.01	59.91	1785	55.96	9.99	7657	46.70	35.76
1970	17782	60.77	108.06	7717	75.68	58.40	1683	56.86	9.57	9283	43.19	40.09
1971	17952	66.15	118.75	7762	67.68	67.35	1848	51.03	9.43	8342	50.31	41.97
1972	21241	71.38	151.61	8469	93.12	78.86	1871	62.37	11.67	10901	56.03	61.08
1973	26724	68.20	182.26	10337	81.87	84.63	2045	75.11	15.36	14342	57.36	82.27
1974	30409	64.91	197.40	11087	79.80	88.47	2339	75.33	17.62	16983	54.05	91.31
1975	28307	60.30	170.69	11073	66.12	73.21	2225	68.99	15.35	15009	54.72	82.13
1976	26144	64.98	169.89	9996	77.09	77.06	2268	72.13	16.36	13880	55.09	76.47
1977	24982	68.81	171.91	9245	81.11	74.99	2236	64.18	14.35	13474	61.28	82.57
1978	26725	57.67	154.14	9297	80.76	75.09	2166	51.15	11.08	15262	44.54	67.97
1979	29382	67.98	199.75	8681	87.31	75.79	2309	71.33	16.47	18392	58.44	107.49

续表 2-4-2

名称 年份	蚕茧合计			春 蚕			夏 蚕			秋 蚕		
	张数	单产	总产	张数	单产	总产	张数	单产	总产	张数	单产	总产
1980	31332	67.76	212.29	9741	87.49	85.22	3110	72.32	22.49	18481	56.59	104.58
1981	—	—	—	—	—	—	—	—	—	—	—	—
1982	—	—	—	—	—	—	—	—	—	—	—	—
1983	—	—	—	—	—	—	—	—	—	—	—	—
1984	—	—	—	—	—	—	—	—	—	—	—	—

注:1954 年蚕茧产量为长安区总统计数

1985—1990 年长安乡蚕茧生产情况统计

表 2-4-3 单位:张、公斤、吨

名称 年份	蚕茧合计			春 蚕			夏 蚕			秋 蚕		
	张数	单产	总产	张数	单产	总产	张数	单产	总产	张数	单产	总产
1985	20172	36.0	730.3	5196	51.5	267.5	1750	25.5	44.63	13226	31.6	418.30
1986	23577	30.0	709.2	6952	40.0	279.3	1875	28.0	51.70	14750	26.0	378.20
1987	19123	37.0	702.2	6664	44.0	291.7	1070	31.0	32.98	11389	32.0	377.98
1988	19765	36.5	720.3	6301	47.3	289.1	981	30.5	29.85	12483	29.3	392.32
1989	27028	30.0	802.0	7978	41.0	331.0	1683	28.0	46.00	17367	25.0	425.00
1990	28380	29	809.0	9641	36.0	346.0	2035	21.0	43.00	16704	25.0	420.00

1985—1990 年辛江乡蚕茧生产情况统计

表 2-4-4 单位:张、公斤、吨

名称 年份	蚕茧合计			春 蚕			夏 蚕			秋 蚕		
	张数	单产	总产	张数	单产	总产	张数	单产	总产	张数	单产	总产
1985	20318	37.5	758.55	3923	50.0	195.80	1717	32.5	56.0	14678	34.5	506.8
1986	22564	33.0	748.99	5379	39.0	211.90	2374	34.0	81.2	14793	31.0	455.87
1987	19097	36.0	694.25	5578	41.0	228.67	1434	35.0	50.1	12085	34.0	415.50
1988	23849	34.0	805.20	6396	43.0	272.69	1647	29.0	47.67	15856	31.0	484.84
1989	32212	30.0	964.28	7916	42.0	316.59	1986	32.0	62.95	22607	26.0	584.76
1990	36283	26.0	958.00	9332	36.0	332.00	2258	28.0	62.00	24693	23.0	564.00

1991—2005 年长安镇蚕茧总产和春蚕、夏蚕生产统计

表 2-4-5 单位:张、公斤、吨

名称 年份	蚕茧合计			春蚕			夏蚕		
	张数	单产	总产	张数	单产	总产	张数	单产	总产
1991	28380	29	823.0	9641	36	346	2035	21	43
1992	34791	25	879.7	9666	40	389	2002	29	58

续表 2-4-5

名称/年份	蚕茧合计			春蚕			夏蚕		
	张数	单产	总产	张数	单产	总产	张数	单产	总产
1993	29317	26	762.2	11253	35	390	1569	25	40
1994	27026	32	864.8	10334	39	400	1349	26	35
1995	29343	27	792.3	10129	40	406	1629	22	35
1996	16167	34	549.7	8831	43	376	767	31	23
1997	14366	39	560.3	7294	44	319	606	35	21
1998	17346	37	641.8	8200	42	345	888	35	31
1999	36185	35	1266.5	16146	43	697	2816	35	98
2000	40808	37	1519.8	16100	44	716	2212	43	95
2001	46814	43	2013.0	16775	46	779	5289	34	179
2002	40411	33	1333.6	18126	43	785	3355	43	143
2003	32513	41	1333.0	14870	49	728	2582	36	93
2004	32403	42	1360.9	14401	47	680	2772	41	115
2005	30126	40	1205.0	13894	49	685	2045	37	75

1991—2005 年长安镇秋蚕生产统计

表 2-4-6　　单位:张、公斤、吨

名称/年份	秋蚕			中秋			晚秋			早秋		
	张数	单产	总产	张数	单产	总产	张数	单产	总产	张数	单产	总产
1991	16704	25	417.6	8740	26	224	2007	26	53	5975	24	143
1992	23123	19	439.3	11334	20	221	3805	12	47	7984	20	164
1993	16495	20	329.9	9322	20	187	882	6	5	6291	22	135
1994	15343	28	439.6	8162	29	234	1410	32	45	5771	26	151
1995	17585	20	351.7	9366	17	159	1792	25	44	6247	23	150
1996	6569	22	144.5	4083	25	100	512	31	16	1974	15	30
1997	6466	34	219.8	3979	34	136	863	34	29	1624	34	56
1998	8258	33	272.5	5646	38	213	715	33	24	1897	20	37
1999	17223	27	465.0	12957	26	342	4266	28	120	—	—	—
2000	22496	31	697.4	16117	30	490	6379	33	211	—	—	—
2001	24750	42	1039.5	16400	42	684	8350	42	353	—	—	—
2002	18930	22	416.5	14214	15	211	4716	42	199	—	—	—
2003	15061	33	497.0	10436	28	513	4625	45	209	—	—	—
2004	15230	37	563.5	9913	34	336	5317	43	231	—	—	—
2005	14187	32	454.0	8754	20	173	5433	51	279	—	—	—

1991—1998年辛江乡蚕茧总产和春蚕夏蚕统计

表2-4-7　　单位:张、公斤、吨

名称 年份	蚕茧合计			春蚕			夏蚕		
	张数	单产	总产	张数	单产	总产	张数	单产	总产
1991	36531	29	1054.1	9706	33	318	2626	26	67
1992	44713	29	1296.6	9657	41	399	2667	36	95
1993	35313	32	1130.0	11359	39	445	2514	30	76
1994	33255	33	1097.4	10271	38	385	2422	28	68
1995	38681	27	1044.3	10162	36	369	3244	31	101
1996	24823	28	695.0	9161	40	367	2151	33	71
1997	23055	36	830.0	7962	42	337	2649	35	93
1998	23962	36	862.6	8621	43	373	2164	34	73

1991—1998年辛江乡秋蚕生产统计

表2-4-8　　单位:张、公斤、吨

名称 年份	秋蚕			中秋			晚秋			早秋		
	张数	单产	总产	张数	单产	总产	张数	单产	总产	张数	单产	总产
1991	24189	28	677	10693	29	305	6545	28	180	6950	28	197
1992	32389	25	710	13456	24	320	9814	23	229	9119	27	245
1993	21440	29	622	10050	29	294	4686	32	148	6704	25	170
1994	20562	31	637	9211	30	278	5357	36	195	5994	28	168
1995	25275	21	531	10866	19	210	7208	26	186	7201	25	180
1996	13511	22	297	6861	23	160	3301	24	78	3349	17	56
1997	12444	33	411	6554	37	342	4075	27	108	1815	34	61
1998	13177	32	422	6814	34	233	3463	34	118	2900	21	61

附:蚕桑育种、饲养机构

蚕种场　民国14年(1925)4月,浙江省蚕学馆及省立蚕丝职工学校在长安镇旧道院开设改良蚕种场,并于觉皇寺放映无声电影,宣传改良蚕种的优点和使用卜内门肥田粉的方法。民国13(1924)至民国16年(1927),长安地区饲养的改良蚕种系"日本联新×中国云文"民国16年(1927)以后,老虎牌蚕种逐渐成为蚕农的当家品种。民国20年(1931),长安镇在觉皇寺旁开设"仰山蚕种场"。民国35年(1946),长安镇寺桥旁又开设海宁第二蚕种场。蚕种标为"第一牌"。1958年,长安人民公社东关厢外及小渡桥二处曾设立制种场,制成后送杭州冷藏。由于病害严重,1959年即告停办。

催青室　民国36年(1947),中蚕公司长安办事处在长安寺桥旁设立催青室,为余杭、杭县、海宁、崇德等县催青蚕种8万余张。1951年,县农业局在寺桥旁建房3间,建立催青室,为长安、周镇、辛江、钱塘江、许村、许巷、沈士等乡催青。后因房屋破损,1972年在马角里重建催青室,并开始用电气控温催青，后关闭。

共育室　农业高级社后，以生产队为单位集体养蚕，就产生了共育室。基本是每个生产队1个共育室，也有几个生产队合办。生产队选派有经验的社员进蚕室养蚕，这些社员蚕时养蚕，蚕期过后，仍参加生产队其他劳动。各生产队还设蚕业队长，负责共育室的养蚕生产。共育室内，分小蚕室和壮蚕室，还有桑叶储藏室。人民公社化后，各生产队为适合蚕桑生产发展需要，都建有规模较大的共育室，一般为草棚，经济比较好的生产队建瓦房。到20世纪70年代末，各生产队都建有比较宽敞的瓦房为共育室，简称蚕室。1984年，实行家庭联产承包责任制后，生产队蚕室逐渐拆除，养蚕生产也进入单家独户。但由于部分农户对养蚕技术掌握不够及饲养小蚕的设备不齐，碰到加温等技术上的困难。农户自觉组成小蚕联户饲养或托养等，从而又产生原来共育室的模式。据统计，1984年前，长安、辛江两乡共有共育室330多个，房屋1200多间。

蚕桑指导所　民国16年(1927)，浙江省蚕桑试验场成立，下设指导所。长安区有指导所3所，指导员9人。民国34年(1945)，中蚕公司在长安成立苗圃，是解放后设立的“长安桑苗培育所”的前身。民国35年(1946)4月，中蚕公司购买日本蚕种30万张，分给嘉兴、海宁53000余张。同年1月，海宁成立蚕桑合作指导室，各地成立蚕桑合作社，中蚕公司贷款1700万元，支持长安等地成立桑秧生产合作社。民国36年(1947)，浙江省第五蚕桑推广区在长安设蚕桑指导所。民国37年(1948)，全县又有推广共育团20所，长安有4所。桑苗买卖以长安镇为集散中心，民国37年(1948)3月8日，《海宁民报》一则讯称：长安桑苗上市，阻塞东街。解放后，桑苗买卖大多通过供销社地货部进行。改革开放后，基本由农民经纪人推销。

长安桑苗培育所　民国34年(1945)，原中蚕公司在长安设立“长安苗圃”，办公地址在东后街北端，并在浙丝一厂北侧辟地10亩(0.67公顷)为桑苗培育场。这是长安桑苗培育所的前身。解放后，1949年5月下旬，浙江省农业厅蚕桑改进所接管“长安苗圃”，改名为浙江省农业厅蚕桑改进所长安桑苗培育所。1957年春，桑苗培育所划归浙江省农业科学院，改名为浙江省农业科学院蚕桑研究所长安桑苗队。1958年10月，长安人民公社调拨旱地50亩(3.33公顷)给桑苗队，使土地连成片。桑苗队所有桑树用于剪取接条，调拨至川、鲁等省。1989年年底，长安桑苗队有桑地2.67公顷，房屋18间。改革开放后，桑苗培育逐渐转入农户自己繁育，桑苗队失去原有功能。

第五章 种子 肥料 植保

建国后，党和人民政府制定了一系列种子、肥料、植保方针政策。50年代，种子工作实行就地选种，就地繁殖，就地推广的方针。 群众自留互换为主，国家收购、供应为辅。1959年～1977年贯彻执行自繁、自选、自用、辅之必要调剂的“四自一辅”方针。1978年后，种子工作开始向生产专业化、加工机械化、质量标准化、布局区域化方向发展。

第一节 良种繁育

民国时期县农推所，先后在长安建立纯系稻麦实施区。县长任主任，农场场长任副主任，建设科科长任干事，实施区繁育稻麦改良新品种。

建国后至60年代初，1964年后在辛江建立种子队，后发展为公社或大队种子场。70年代，公社农科站、大队农科队均配备专业种子队员。长安褚石建立品种比较田和良种繁育田。1976年起长安建立异地种子繁育，长安公社褚石大队科研组陈洪田提供育种材料，以后则为新品种繁育及提纯复壮加快进度。

第二节 肥 料

种类

①河(塘)泥。长安农民历来有积河泥作肥料的习惯。五代时长安属吴越国，钱武肃王曾动用兵力取低处之沃土，湖沼之水藻置于高处，劝民农桑。这种罱泥作肥的方法，到宋嘉定初年(1208)已广泛采用。直至20世纪80年代，河泥依旧是长安农家的重要肥源。50年代60年代中期，稻田施肥用河泥要占施肥量的近50%。积制河泥主要在冬季、初春，靠人力用泥夹在农船上罱取，还有到杭州罱市河泥，俗称“柏油河泥”质量更好。罱好的河泥挑至泥潭(塘)内与羊灰、青草、瓜藤之类拌和，做窖沤制，俗称窖头河泥，用于水田。亦有部分河泥未堆沤，直接施用于水稻春花、络麻、专桑地。②厩肥，俗称禽畜粪，是传统农家肥料。广泛施用于各种农作物。70年代以前，本地农户羊棚匀垫稻草，即软棚，使羊粪便经羊踩踏腐熟而成羊灰。养猪使用混凝土硬棚，春、夏季节一般不垫草。猪排出粪便后可施于农田。羊灰除作基肥外，还可作追赶肥施用。猪羊灰一般施于稻田、桑地。③人粪尿，又称大粪，其数量随人口增加而增多。建国前和解放后，人粪尿是农民肥田肥料之一。60年代化肥紧缺，每年从上海、杭州等地购入上百万担大粪施于农田。80年代后化肥供应充足，加上城镇新楼群建起改厕后，大粪施于农田数量日趋减少。④草木灰，俗称毛灰。广泛用于覆盖播谷后的秧田，制作育瓜秧的营养钵，以及络麻播后的“帽子肥”。90年代后，家庭灶具改革，液化气补作燃料后，草木灰施于农田数量减少。⑤饼肥。主要有菜饼，又名油饼，棉籽饼和豆饼。建国初期至60年代初饼肥施于水稻、络麻。⑥稻干泥，长安地区农户历来有冬季挑稻干泥于桑地的习惯，为桑地培土，70年代后已日趋减少。

无机肥料(化学肥料)氮肥：①硫酸铵，俗称肥田粉。为长安施用最早的氮化肥品种。早在民国37年(1948)开始施用，但数量不多，80年代后施用量开始增加。②尿素 50年代初开始施用尿素，60年代后施用量开始增加。80年代已成为主要氮化肥品种之一。尿素含氮量高于硫酸铵一倍，又不易烧苗，一般用作追肥。③硝酸铵 建国后开始施用。1984年后因无货可供而停止施用。④氨水 1960年开始用于水稻，大小麦等作物。1970年海宁化肥厂建成投产，供应量增加。氨水已成为主要氮化肥品种之一。氨水易烧苗，故大多用作底肥。80年代末期后，农田停止施用氨水。⑤碳铵 又名氨水肥田粉。60年代开始施用，用量逐年增多，主要用于桑地、水稻田。⑥氯化铵　20世纪50年代麻田施用。1985年后,供应减少。80年年代末,不施用氯化铵。2000年后,以尿素、碳胺为主。

磷肥:磷肥品种主要是过磷酸钙。早在民国22年(1933)和民国37(1948)已在水稻生产中试用。1954年推广施用磷肥,20世纪70年代后期起,磷肥施用范围扩大到秧田,早稻等作物。80年代开始,春花作物小麦、油菜田块普施磷肥,至今不变。

钾肥:长安施用化学钾肥较迟,20世纪70年代供应少量硫酸钾,20世纪80年代先在络麻、后在水稻生产上逐步推广施用氯化钾。中期又扩大到甘蔗、西瓜生产,供应量迅速增加,现作为农田的配方施肥。

复合肥:主要为氮、磷、钾三元素复合肥。1973年起在经济作物施用,面积不大。20世纪90年代开始,调整施肥结构,复合肥施于专桑、甘蔗、西瓜、葡萄较多。现在长安农村广泛用于小桑苗、苗木、花卉、水稻中使用面积不多。

微量元素肥料:长安施用的微肥品种主要是硼肥。1976年首次在油菜薹花期试验,喷与不喷相比,平均亩增70%,大麦喷硼亩增4.8%。

施肥方法

传统施肥方法较为简单，只有基肥和追肥之分。建国后,随着化肥工业的发展和肥料品种的增加,施肥方法相应增多。主要有:根外施肥:1977年用兔粪液、过磷酸钙、尿素等在水稻上进行根外施肥,也有结合喷施农药混合用的。20世纪80年代在油菜上推广喷施硼肥。

球肥深施(塞施),球肥系用碳铵或氨水加泥拌匀后做成的泥团,大小似浸胖的蚕豆,施用时塞于稻丛之间,深度约2~3厘米,1973年在早稻生产中大面积推广。20世纪80年代,化肥供需矛盾缓解,这种费工的施肥方法随之弃用。

全层深施,即翻耕前先施肥,使肥料均匀分布于耕作层的全层。1973年经试点试验证明,全层深施比浅施增产13.2%,20世纪80年代水稻生产已普遍应用。

配方施肥:由因土定产,以产定氮、因缺补缺、高产栽培4部分组成，此法始于1986年，早晚稻、大麦、西瓜采用此种方法施肥,至2005年年末仍延续。

第三节　植物保护

虫害

1.蝗虫　是长安地区的主要害虫之一。除危害水稻外,也危害玉米、高粱、麦类、甘蔗等。民国27年(1938)以前,土地荒芜严重,为蝗虫的大量繁殖提供了场所,使蝗虫不断。据古籍记载:南宋开禧三年(1207)海宁飞蝗蔽天,豆粟皆毁于蝗;明成化十九年(1483)蝗蔽天,稻如剪;嘉靖二十五年(1546)夏六月,杭州府海宁县飞蝗蔽天,蝗自西北来,凡二日,所过田禾,草木俱尽;崇祯十五年(1642)海宁县旱蝗,飞蝗集地数寸,草木呼吸皆尽,饥民强半饿死;清康熙八年(1669)八月海宁飞蝗蔽天而至,食稼殆尽。据《浙江建设月报》载:民国22年(1933)海宁飞蝗甚烈。八月下旬,翁家埠附近发生蝗蝻,面积4平方公里,滨近江边。由海宁、杭县在翁家埠合设治蝗事务所,督促农民掘沟及围打,每日掘沟者675人,掘沟30多条,沟长数十里,驱蝗入沟溺死,三月内捕获蝗虫2000、数百斤,蝗势大减,至9月7日即告肃清。《浙江建设统计》载:民国23年(1934)5月1日海宁发生蝗蝻，此年复发秋蝗，夏秋两季危害1800公顷，掘沟40余里，捕捉蝗虫166300市斤。《申报年鉴》载:民国24年(1935)海宁蝗虫、旱灾面积占总面积的90%。《中国的飞蝗》载:民国27年(1938),海宁等县蝗虫灾。此后,随着农业的发展和荒地减少,蝗虫危害逐年减轻,建国后虽有另星发生,不再成灾,60年代后基本绝迹。

2.螟虫　俗称蛀心虫,是水稻主要害虫。有三化螟、二化螟和大螟之分。以三化螟和二化螟为主。《浙江青年》“浙江的螟虫”载:“自清光绪末年(1908)由嘉兴北乡一带蔓延到海宁。”从民国12年(1923)起,螟虫为危害加重,《浙江公报》载:民国12年(1923)水稻螟虫害率达37%,每亩损失五斗五升稻谷。《浙江建设月刊》载:民国24年(1935)发生螟虫范围为仲福乡纯系稻实施区及斜桥、长安、硖石等十余个乡镇；民国33年（1944）海宁发生螟虫最烈地区有十个乡镇，袁硖两区及县境两部长安一带白穗遍野，平均亩产不及一二成。《浙江经济建设汇刊》载："民国37年（1948）海宁螟害最重，指导农民掘挖稻根。"民国38年（1949）海宁螟害率50%。建国后，党和政府十分重视治螟工作，发动群众，开展大规模挖掘稻根，灭过冬虫卵。之后，随着农药新品种增加和耕作制度的改变，螟害得到控制。建国后由于所种的水稻主要是中籼品种，其生育期正好与二化螟的生长相契合，因此，其时螟害以二化为主。1953年始，单季中籼改种单季晚稻，为三化螟的发生提供条件，三化螟又成为主要螟虫。20世纪50年代至60年代初，随着双季连作稻面积的扩大，三化螟危害加重。70年代，由于二化、三化螟赖以生存的单季稻停种，三代三化螟对单季稻的危害降为次要地位。但80年代始，部分地区恢复种植单季稻，三化螟又有发生。1962年以前二化螟的发生量低于三化螟，后因迟熟早稻面积扩大，以杂交水稻的推广，二化螟的繁衍获得有利条件，发生量逐年增加，上升为早稻的主要害虫。1997年，长安镇实施无螟害工程，在防治策略上，采用巧治越冬代，狠治一代、二代；在防治范围上，凡螟虫危害作物全面进行防治（包括甘蔗、茭白等禾本科作物），有效控制虫源发生地。防治面积上，根据各代虫情发生情况，抓适期防治并全面用药，不漏死角。在防治措施上，用药前灌好一寸左右田水并保水三天以上，确保防效。把螟虫的基数压低到最低限度，达到无螟害危害目的，夺取丰收。2000年长安镇被浙江省农业厅授予"两无工程"双达标县市建设先进单位（包括无草害工程）。

3.纵卷叶虫 俗称刮青虫。为迁飞性害虫，其幼虫危害水稻，在本地不能越冬，虫源由南迁入。全年发生4～5代，常年以第二、三、四代幼虫危害为主。60年代中期前很少发生，70年代起为主要常发生害虫。重发年有1967年、1973年、1975年、1978年、1985年、1986年、1988年、1989年。

4.蚜虫 是油菜籽生产的常发害虫，有菜缢管蚜虫和桃蚜两种，除危害油菜，还传播毒素病（瘫病）。以苗期和开花期受害最严重。例如1963年辛江公社受害油菜276.13公顷，占种植面积50%，损失油菜70%，全社损失油菜籽达20余万公斤。1987年、1988年、1989年为受害较严重的年份。

5.虱 有褐稻虱、白背稻虱和灰稻虱三种。水稻受褐稻虱危害早在民国24年（1935）已有记载。灰稻虱和白背稻虱是早稻后期主要害虫，褐稻虱除直接危害水稻外，还直接传播条纹病和黑条矮缩病。褐稻虱在长安一年发生5～6代，不能越冬，常年第一、二、三、四代发生量较少，对水稻不会造成明显危害。但到第五代若虫是大发生年代，对连作晚稻威胁大，尤其粳稻和糯稻，受害比例高于籼稻，且常导致小球菌核病的侵入蔓延。2005年秋冬季，长安镇稻飞虱大暴发，9月28日调查，平均每亩总飞虱虫量125.8万头，其中成虫褐飞虱占77.7%；灰飞虱占22.3%，对晚稻田块造成有史以来最大的危害。

6.黑尾叶蝉 俗语称浮尘子。民国24年（1935）曾对水稻危害较大，之后只零星发生。20世纪60年代中期起又大面积发生，除危害水稻外，还传播水稻普通矮缩病和黄矮病的大暴发。70年代后期有所减轻。黑尾叶蝉一年发生4～5代，第三代是全年发生量的高峰，此时正值连作晚稻分蘖期，受害严重的稻叶变黄枯萎，甚至整丛枯黄。常见为田边1～3行稻，即"金镶边"，造成死苗有则是4～5代若虫。

7.稻蓟马 系常发性虫害，其成虫和若虫均危害水稻。本地受害为2个高峰，即双季连作晚稻和迟熟早稻灌浆期。1973年连作晚稻田对稻蓟马未加防治，结果大片秧苗受害，形如火烧，严重田块稻叶成了一片白。

8. 稻象甲 1990年在本镇盐仓垦区的直播水稻中首次发现，是一种危害水稻秧田的害虫，且是检疫对象。是年全垦区约93.33公顷面积受害，密度高的田块有8.6万只，秧苗株害率为17.5%，经试用呋喃丹防治，效果较好。

9.黏虫 俗称麦蚕，是大小麦的主要害虫，建国后很少发生，1967年、1979年、1981年、1984年、1987年、1989年为黏虫大发生年份。

病害

1.稻瘟病 俗称掐颈死或掐头颈。为水稻常发病害。水稻全生育期均会发生此病，以穗瘟危害最大。损失最重,其次为苗瘟,一般年份晚稻发病重于早稻。据《浙江农业》载,民国23年(1934)海宁(长安)稻瘟病等危害甚烈,是年开始使用波尔多液防治稻热病。发病严重的年份有民国36年(1947)1954年、1974年、1980年。

2.纹枯病 20世纪70年代已是早稻的严重病害,其损失已超过其他病虫损失的总和。大发生年份有1975年、1976年、1977年、1978年、1979年、1982年、1986年。特别是1979年发病面积之大,危害程度之重为历史上罕见。水稻纹枯病一般是早稻重于晚稻,绿肥田早稻重于春花田早稻,矮秆品种重于高秆品种,密植程度高的重于密植程度低的,重肥田重于轻肥田,且与气候条件的密切关系。

3.水稻白叶枯病 是水稻常发生病害之一。白叶枯病的发生与高温多雾、台风暴雨、洪水淹苗等密切相关。20世纪50年代、60年代、70年代、80年代亦有发生。1984年发病严重,90年代后很少发生。

4.水稻病毒病 俗称矮缩病。长安地区有5种,其中由黑尾叶蝉病毒而引起的有普通矮缩病、黄矮病和黄萎病3种,由灰稻虱传播病毒而致病的有黑条矮缩病和条纹叶枯病。病毒最早发生在20世纪60年代初,始为零星散发,至70年代中期大面积发病。1971年8月底9月初,黄矮病大暴发,受害率为85.6%,危害最重的田块亩产不足50公斤,70年代后期起,很少发生。

5.麦类赤霉病 俗语称红头麦,为小麦常发病害。建国后,赤霉病大流行年份有11年(1952年、1954年、1958年、1966年、1973年、1975年、1976年、1977年、1982年、1983年、1987年,年均发病面积常占大小麦面积的一半左右。进入2000年后,长安镇小麦种植大量减少,病害发生也随之减少。

6.麦类黑穗病 有小麦散黑穗病、腥黑穗病、大麦坚黑穗病3种。早在民国23年(1934)有麦黑穗病危害甚烈的记载。民国36年(1947)长安、城北、郭店、盐官四乡发生小麦黑穗病61.8公顷,县农推所指导农村改良会会员963人,拔除黑穗28.47公顷。建国后,小麦散黑穗病、大麦坚黑穗病在1959年至1961年每年发病面积在14%左右。经推广冷浸热晒处理种子后,病情显著减轻。1979年为重病年,辛江乡普遍发病,重病田发病率25%。

7.锈病 20世纪60年代流行较广,部分麦田危害较重,70年代后发病显著减少,80年代仅零星发病。现基本绝迹。

8.油菜菌核病 俗称搭叶烂。是油菜的主要病害。20世纪60年代以前,因种植易感品种土油菜,发病严重,后推广抗病品种胜利油菜,发病显著减轻。80年代,恢复种植土油菜,菌核病又发生。现已推广新品种油菜,通过摘叶和喷施农药,已基本控制菌核病的发生。

草害

据1980、1984年抽样调查,长安地区春花田杂草有14科、42种。早稻田杂草有11科17种。晚稻田杂草有13科44种。桑园杂草有31科,84种。过去都靠人工除草,俗话说"清明三次草",说的就是年后到清明仅2个月时间就要削3次草;水稻田的草害更是严重,要拔好多次,还受草害影响而减产严重。那时水稻播种后,农民整天泡在水里,从拔秧田草到种后耘田,一直要拔到齐穗后还要拔一次比稻穗还要高的稗草后才可结束。经过这样的三番五次拔草,稻田里还有很多下脚草。20世纪70年代开始,长安农村开始使用化学除草,开始在春花田里试用绿麦隆、杀草丹、扑草净等化学除草剂除草,后逐步扩大到水稻秧田、麻田、桑园、蔬菜。除草剂品种增添了草甘膦、氟乐灵、拉索、丁草胺、禾大壮、敌草隆等。1987年又试用新型丁西颗粒剂在水稻田除草获得成功。2000年后,桑地和晚稻直播前,普遍使用草甘灵、丁草胺;直播晚稻下种后使用禾阔净、相隔10天第二次使用金除。下田拔草、削草的旧方式除草基本消失,节省了劳动力和劳动强度,使大量的劳动力解放出来,从事务工和效益农业生产。

1998年,辛江乡被嘉兴市评为实施稻田无草害工程先进单位;1999年,长安镇全镇14个行政村全面实施无草害工程,面积达到1216公顷,项目实施区全面推广新型、高效、安全除草剂品种,应用无草害技术,使稻田杂草综合治理水平得到提高,草害程度均控制在I级以下。是年度,长安镇获浙江省稻田无草害工程达标乡镇建设先进单位。

第六章 特色种植业

第一节 鲜切花

长安鲜切花种植起源于1983年，由褚石村青年农民张金生，从上海引来月季种苗在自留地里试种后进行繁育，然后将成品花卖给客户作花展用。1985年，张金生联合村里其他6位农民开展较大规模的盆景月季栽培。但由于当时各地花展减少等原因，一度种植停滞，张金生到上海学艺。1994年，张金生从上海回来后，又在褚石村种植切花月季，当年种植面积为0.67公顷。1995年开始对月季花进行大棚种植，1998年种植面积扩大到了2公顷。1999年，长安花卉园区启动建设，张金生等率先入园承包土地发展花卉生产，当年面积为2.2公顷。2000年12月，成立长安花卉研究所。并专门聘请上海园林科学研究所等单位的多名高级工程师担任顾问，开展花卉生产的研究、培训、咨询服务，为长安花卉产业的长足发展提供了技术支撑。2003年注册了"康艺"牌商标，进一步提高了长安鲜切花的市场知名度。2000年长安花卉园区被列为省首批优质高效农业示范基地。长安鲜切花获得2001年浙江省花博会银奖、嘉兴农业博览会金奖，2002年、2003年、2004年连续获浙江省农业博览会金奖。2004年"康艺牌鲜切花"被评为浙江省农业博览会金奖；长安的"扶朗"获得第五届中国花博会银奖。2005年10月，海宁市康艺鲜切花合作社的"蓬莱松"荣获首届中国长三角花卉园艺博览会银奖、"鹤望兰"荣获第六届中国花卉博览会花卉展品鲜切花（切叶）类三等奖。2005年6月，浙江省农林厅、浙江省花卉协会，授予长安镇为"浙江省十强花卉乡镇"称号。到2005年年末，长安镇鲜切花种植已达233.33公顷，拥有花卉标准大棚2600只、日产鲜切花50万株，全年总产鲜切花2.5亿枝，总产值7500万元。

品种选择及育苗　非洲菊的花形有：窄瓣型，宽花瓣型和重花瓣型.其中窄花瓣型的分蘖能力、产量都较后两种花型要高些。国内鲜切花生产的栽培品种，多是近年来从荷兰等国引进的，其中主要品种见表：

非洲菊(扶朗)栽培品种

表2-6-1

品种	花色	花型	花径(厘米)	产量(枝/年)	品种	花色	花型	花径(厘米)	产量(枝/年)
特拉维沙	深红	单瓣	8~10	40	梦想	桃红	重瓣	10~12	30
丹妮	深粉红	半重瓣	11	30	文学士	粉红	半重瓣黑心	10	35
北极星	亮红	半重瓣	8~9	35	红宝石	墨红	半重瓣黑心	10~15	25
合唱	大红	重瓣黑心	10~12	30	国王	金黄	重瓣黑心	10	40
郡主	玫瑰红	半重瓣黑心	10~12	35	太阳黑子	金黄	重瓣黑心	11~12	30
冒险者	橘红	半重瓣黑心	10	30	淘金热	金黄	重瓣	10~12	30
婚礼	淡粉红	半重瓣	10~12	40	白太阳	亮白	半重瓣	10	40

由于非洲菊为异花传粉植物，自交不孕，其种子后代必然会发生变异。因此，必须采用分株、插扦和组织培养等无性繁殖方法进行育苗。因分株只适应分蘖力强的品种，且繁殖速度慢；扦插苗的生长势及产量不够理想，操作不易，故生产上基本以组织培养苗为主。

组织培养苗 45 天苗龄可移植，90 天苗龄移植则成活率更高。虽然非洲菊可多年栽种，但由于第二年以后，切花的质量、产量都会有所下降，因此有必要进行更换种苗，最经济的种植周期为 2 年。

周年生产栽培技术：在现代保护地条件下，只要保证合适的温度等环境条件，非洲菊很易做到周年生产供花。非洲菊属深根系，因此深层土下不能有硬土层。栽培土最好是经配制的培养土，用泥嵌、珍珠岩、砻糠灰、稻壳、树皮混合，使保证根系生长有足够的氧气。

专记

海宁鲜切花生产起源

1983 年，长安镇褚石村农民张金生，初中毕业后回家从事农业生产。他看到乡亲们日出而作，日落而息，一年到头辛辛苦苦，却没多大收益，于是就开始琢磨“该怎么办”。那一年，在亲戚的帮助下，张金生从上海引来月季种苗，在几分自留地里开始试种起月季花来。张金生将月季种苗引进来后，自己进行繁育，然后将成品花卖给客户作花展用。一年下来，试种获得成功并取得较好的经济收益。

创业初的成功，让张金生信心倍增。1985 年，张金生联合村里其他 6 位农民，承包 0.67 公顷土地，开展更大规模的盆景月季栽培，花卉品种最多曾达 700 多种。但是，那一年由于各地的月季花展越办越少，花的需求量也逐年下降，他们受到了由于远离市场带来的第一次挫折。为熟悉市场情况，学习科学的种花技术。1988 年春天，经上海市花卉协会介绍，张金生只身来到上海植物园“拜师学艺”。在这里，张金生向上海植物园租 0.33 公顷土地，从事盆花栽培，也结识一些专家。张金生边生产边学习，与几名高级园林专家结下深厚的友谊，这让他逐步掌握了花卉培育管理的一整套先进技术。同时，张金生还经常跑市场灵信息，与业内行家进行交流。几年下来，张金生不仅学成一手种花技术，而且对花卉市场行情及发展趋势有了清晰的认识。1993 年，经过认真的市场调研，张金生发现，鲜切花在市场上正越来越俏，价格高，效益好。随着经济的快速发展和人民生活水平的不断提高，鲜花消费必将成为一种时尚，是今后花卉市场一个大的趋势。于是他下决心回家乡大力开展花卉产业，创一番新的事业。

1994 年春天，满腔抱负的张金生回到家乡，承包 0.67 公顷土地种植切花月季。因此，张金生成为海宁鲜切花生产第一人。但是，“在长安种花与在上海种花，一个明显的区别是，地理位置上离市场更远”。那年下半年，张金生的 0.33 公顷切花月季开始上市，为卖花，他特地买了一辆摩托车，每天傍晚将花采好、包扎好，第二天清晨五六点钟，骑着摩托车把花送到杭州各个花店。如此日复一日，半年多时间下来，张金生跑遍大半个杭州城，与几十家花店结下常年产销关系。一年下来，张金生的鲜切花亩均效益达到 2 万多元，并将产品销售到上海、广州、昆明等地。

回乡创业一炮打响后，第二年，张金生将 0.33 公顷露地切花月季，全部改建成了大棚设施。在张金生的示范带动下，附近一些农户也开始尝试起花卉种植，学习张金生发展效益农业。为了加快发展，形成规模效益，1998 年张金生将种植面积扩大到 2 公顷。1999 年，长安花卉园区启动建设，张金生率先入园承包 2.2 公顷土地发展花卉生产。经过近几年的快速发展，如今，全市花卉生产规模已达 246.67 公顷。其中长安镇花卉面积 166.67 公顷。为进一步提高花卉生产的科技含量，2000 年 12 月，张金生成立长安花卉研究所，并专门聘请上海园林科学研究所等单位的多名高级工程师担任顾问，开展花卉生产的研究、培训、咨询服务，为海宁花卉产业的长足发展提供强有力的技术支撑。

近年来，张金生每年都要多次跑市场、灵信息，了解花卉行情，掌握市场动态，不断拓展花卉销售市场，鲜切花销售渠道从原来单一的杭州市场，逐步扩大到目前的宁波、绍兴、义乌、上海、合肥等大中城市，切花月季嫁接苗更是远销全国各地。为增强品牌效应，实现品牌销售，张金生还专门注册了“康艺”牌商标，进一步提高了长安鲜切花的市场知名度。

为适应市场需求的不断变化，张金生先后引进了非洲菊、香石竹、马蹄莲、唐菖蒲、鹤望兰等10多个花卉品种，带领周边农户改变了原先种植结构比较单一的局面。如切花月季从当初的“萨曼莎士”“金奖章”发展到后来的“红衣主教”“荷兰黑玫瑰”等多个优新品种。2004年开始，根据对市场需求和趋势的分析，张金生果断做出决策，原先的切花月季一棵没种，2公顷大棚设施全部改种郁金香、百合等高档鲜切花。结果，50多万只种球的百合、郁金香，一年实现效益150多万元。张金生成为全市名副其实的种花状元。

依靠种花发了财的张金生，生活水平明显提高，这两年，他花几十万元盖起一幢漂亮的小别墅，并购置一辆轿车。然而，张金生致富不忘众乡亲，他以自己的成功作为示范，引导周边群众共走花卉种植这条致富道路。近年来，他在向附近农民提供优质种苗的同时，不仅毫无保留地把自己掌握的花卉生产技术传授给他们，还热心地帮助他们销售产品，每年通过他销售出去的鲜切花价值达200多万元。在张金生的示范带动下，长安镇花卉种植区域从褚石村辐射到了天明、新民等村和周边乡镇。天明村的汤刚红在张金生的带动下，种植3公顷鲜切花，年净收入达到30多万元，张金祥、张剑平等农户也在他的带动下，发展花卉生产，获得不菲的经济收益。1999年，长安镇花卉协会成立，张金生被选为理事长，他积极履行职责，每年邀请杭州林科所等单位的专家为会员讲解花卉种植技术和最新的市场动态，平时经常召开会员大会，与大家交流种花经验，传递市场信息。

2003年9月，在张金生的牵头下，长安镇又成立海宁市康艺鲜切花专业合作社，全镇有107户花农主动要求加入专业合作社，张金生再次被推选为理事长。他说：“面对日趋激烈的市场竞争，如何团结广大农户共同致力于花卉产业的不断发展，努力在技术、品种、销售上做好文章，从而不断地实现增效增收。自康艺鲜切花专业合作社成立以来，张金生带领合作社成员，每年通过跑市场、灵信息，积极帮助花农引进新品种，提升花卉产业层次。同时，千方百计帮助农户拓宽营销渠道，搞活产后销售，2004年，合作社为本市农户销售鲜切花产值达1000多万元。是年，该镇实现花卉产值4000多万元，全省最大鲜切花生产基地的地位进一步巩固。从而，花卉生产不仅是长安镇的一大高效农业产业，而且已成为全市许多农民实现增收的一条重要途径。在他的带动下，2005年年末，长安镇花卉种植面积已发展到233.33公顷，种植户达160多户，占全市的68%。

第二节　葡　萄

1983年，东关村农民李银龙在本村承包0.67公顷土地，搞起优质葡萄品种栽培和研究，创办海宁市首家民营葡萄研究所。经过多年精心栽培研究，试验培育成功了“美人指”“无核白鸡心”“维多利亚”等十多个欧亚系列名贵品种，东关村被市人民政府命名为葡萄专业村。20世纪90年代初，藤稔新品种试种成功，长安葡萄种植面积扩大至33.33公顷，亩产值达到7000～8000元。2000年葡萄避雨栽培方法尝试获得成功。2001年，李勇在新民村成立海宁市圣品葡萄研究推广中心，规模10公顷。2005年经浙江省农业厅审核，该地符合无公害农产品相关标准和要求。圣品葡萄被认定为浙江省无公害农产品水果产地，圣品葡萄获得国家级无公害农产品认证。

金手指葡萄　果穗中等，长圆锥形，平均穗重410克，最大980克，果粒长椭圆形至长型、略弯曲呈菱角状、黄白色、平均粒重7.2克。疏花果后可达11.6克。金手指每年在3月28日后萌芽，5月10日前始花，7月底至8月初成熟，从萌芽到浆果成熟约需123天。金手指是欧美杂交种，原产日本。以果实的色泽和形状命名为金手指。2001年海宁市圣品葡萄研究推广中心从山东引入。金手指品质特优，抗性强，中早熟，适应性强，易栽培。连续三年亩产效益3万元，曾获得省级金奖，属国家级无公害农产品认证。

长安葡萄品种特性一览

表 2-6-2

品种	成熟期	穗重	粒重	果形	色泽	肉质	糖度	风味	品质
无核早红	6月下	750	8～10	短椭圆	紫红	肥厚	14～15	味甜酸	中上
坂藤巨峰	7月中下	600	12～14	椭圆	紫黑	肥厚	15～17	味甜汁多	上等
巨玫瑰	7月下8月上	600	9～10	椭圆	紫红	脆厚	17～19	香甜汁多	极上
超藤	8月上	1000	18～22	短椭圆	淡紫红	肥厚	16～18	味甜汁多	上等
红富士	8月中下	547	11.5	倒卵形	土红色	肥厚	16～17	香甜汁多	上等
高妻	8月中下	750	16～18	短椭圆	紫黑色	肥厚	16～18	香甜汁多	上等
信农乐	8月中下	600	13～15	圆形	紫红色	肥厚	16～18	味清甜	上等
无核白鸡心	8月中上	1000	7～8	鸡心形	黄绿	细脆	14～15	味清甜	中上～上
美人指	8月中下	750	12～14	长圆形	紫红	细脆	15～16	甜酸适度	上
秋红	9月下旬	1000	7～8	长椭圆	紫红	细脆	16～18	浓甜汁多	极上
红高	9月上中	650	8～10	椭圆形	紫红	细脆	15～16	味甜汁多	极上
高千穗	8月中下	600	6～7	卵圆	紫红	细脆	18～20	浓甜汁多	极上
奥特姆无核(青提)	9月上中	1000	15～16	椭圆	绿色	细脆	20～22	浓甜汁多	极上
兴华1号	7月上旬	600	9～11	椭圆形	紫红	细甜	15	味甜汁多	上
京玉	7月上中	750	8～10	长卵圆	黄绿	细甜	14～15	味甜汁多	中上～上
黑王	8月上中	1500	18～20	长椭圆	黑色	细脆	16～18	浓甜汁多	极上
红地球	8月上旬	800	12～14	卵圆形	深红	细脆	14～16	味甜汁多	极上

第三节 草　莓

草莓种植以红色村为主，1990年，红色村红星组朱雪甫从富阳引进一亩草莓，销到杭州市场后，每公斤卖3元钱，每亩产量1000多公斤。一亩地收入3000多元，这对当时来说是很高的收入。于是红色村村民纷纷开始种草莓，很快发展到20公顷。后来逐步扩展，红色村联新组52户人家家家种草莓。草莓种植也从简单的粗放种植发展到大棚种植。还从单一的草莓种植到利用大棚的空余季节种苦瓜。每只大棚一年可获利1500多元。

长安镇范围历年来种植业生产统计之一

表 2-6-3

名称 年份	瓜类		蔬菜		水果		花卉		树苗	桑苗
	亩	产量	亩	产量	亩	产量	亩	产量	亩	亩
1957	2431	—	—	—	57	—	—	—	—	1840
1958	1655	—	—	—	—	—	—	—	—	1135
1959	1381	—	—	—	—	—	—	—	—	1569

续表 2-6-3

名称 / 年份	瓜类		蔬菜		水果		花卉		树苗	桑苗
	亩	产量	亩	产量	亩	产量	亩	产量	亩	亩
1960	810	—	—	—	—	—	—	—	—	967
1961	1387	—	6467	—		1680	—	—	—	139
1962	1333	—	1164	—	364	962	—	—	—	148
1963	1240	—	2184	—	158	727	—	—	—	592
1964	1117	—	1533	—	202	—	—	—	—	256
1965	1231	—	2695	—	—	—	—	—	—	813
1966	788	—	3723	—	—	—	—	—	—	—
1967	603	—	3778	—	—	—	—	—	—	—
1968	556	—	2751	—	—	—	—	—	—	—
1969	498	—	4971	—	—	—	—	—	—	—
1970	560	—	2853	—	—	—	—	—	—	97
1971	283	—	3089	—	—	—	—	—	15	321
1972	556	—	2969	—	—	—	—	—	16	496
1973	459	—	2058	—	—	—	—	—	8	574
1974	167	—	2056	—	—	—	—	—	16	534
1975	282	—	2264	—	—	—	—	—	12	490
1976	52	—	2358	—	—	—	—	—	5	481
1977	91	—	2315	—	—	—	—	—	4	462
1978	85	—	2374	—	—	—	—	—	2	464
1979	49	—	2369	—	—	—	—	—	2	525

长安镇范围历年来种植业生产统计之二

表 2-6-4

名 称 / 年份	瓜类		蔬菜		水果		花卉园艺		树苗	桑苗
	亩	产量	亩	产量	亩	产量	亩	产量	亩	亩
1985	448	—	2915	—	—	—	—	—	102	1280
1986	875	—	4449	—	—	—	—	—	69	901
1987	1113	—	4123	—	—	—	—	—	112	382
1988	1103	—	3962	—	—	—	—	—	25	840
1989	2748	—	8506	—	—	—	—	—	8	2376
1990	1851	—	4528	—	—	—	—	—	11	3516

续表 2-6-4

名称 年份	瓜类		蔬菜		水果		花卉园艺		树苗	桑苗
	亩	产量	亩	产量	亩	产量	亩	产量	亩	亩
1991	1802	—	10626	—	—	—	—	—	33	6530
1992	1140	—	6437	—	—	—	—	—	36	8738
1993	1369	—	8153	—	—	—	—	—	44	5493
1994	968	—	10305	—	—	—	—	—	17	4732
1995	961	—	9211	—	—	—	—	—	54	5024
1996	852	—	8381	—	—	—	—	—	8	4010
1997	1080	1303	8261	13215	—	—	—	—	—	3038
1998	1610	3800	8347	12007	—	—	—	—	—	2613
1999	1609	2807	9098	1436	222	185	—	—	—	2943
2000	2050	3490	8950	1400	207	196	—	—	—	6091
2001	1755	3091	8167	10303	284	315	1144	—	—	4907
2002	1496	1983	9090	9926	284	341	2932	—	—	5240
2003	3512	5902	11596	11640	347	404	6311	—	—	2433
2004	3076	4597	11183	12304	378	429	8463	—	—	2735
2005	2895	4590	12046	12894	379	5039	7188	—	—	1269

第四节　特色种植基地和组织

长安花卉园区

海宁市长安花卉科技示范园区始建于1999年，以一次规划，分步实施的办法建设。园区位于长安镇褚石村，西距杭州市35公里，南临01省道。园区面积73.33公顷。按“生产设施标准化、生产经营集约化、品种引导名贵化”的要求建设发展。园内各种设施齐全，配有二座新建独立泵房和12.5米高的水塔，灌溉可以泵压灌溉和自流灌溉按需选择，园区内采用PVC地下暗管设施灌溉和U型渠道排水，与花卉种植科学化相配套。花卉种植品种有玫瑰、扶郎等常规品种，有百合、郁金香、鹤望兰、天堂鸟、鸢尾等高档品种。园内所产鲜切花销售覆盖全省大部分县市，同时远销南京、苏州、上海、合肥等大中城市。在园区内设有海宁市花卉良种引种示范中心，虹越种子种苗集团公司，使之形成高科技龙头。依靠这个龙头与园区农户联结，并连接海宁市西部乡镇的花卉生产。到2005年年底，园区已建成面积67.33公顷，已有50余户农户进驻园区，其中面积在4公顷以上的有2户，2公顷以上的有8户。2003年园区生产鲜切花1.3亿枝，实现产值1800多万元，长安花卉园区在2001年已被列为省级林业特色基地，已成为浙江省最大的鲜切花基地。时任全国人大常委会副委员长的田纪云在2000年视察海宁时，专门为长安花卉园区题了词。田纪云“长安花卉园区”的题词已作为园区标志，矗立在园区前。长安花卉园区现已成为浙江省最大的鲜切花基地，被列为海宁市农业旅游点，嘉兴市十大农业观光旅游景点之一。

海宁康艺鲜切花生产专业合作社

康艺鲜切花专业生产合作社成立于2004年10月，按照民办、民管、民受益的宗旨建设和发展建立起来的。宗旨是：坚持服务于农村社会经济的职责，以提高农民收入水平和生活质量为中心，以调整农业农村经济结构为重点，大力推进农业产业化、农业专业化、农民知识化。集生产、加工、销售一条龙。主要工作是：一是加强品牌打造，增强产品竞争力。组织参加各种产品推介会、展示会，扩大品牌知名度。二是拓宽营销思路，开拓鲜花销售市场、扩大市场占有率，有效解决鲜花的销路问题。三是制定生产标准，保证产品质量。积极组织对花农的科技培训和病虫害综合防治技术的指导。邀请上级农业部门专家、专业科技人员深入园区，现场讲解科技知识。让农民更好掌握新技术。四是鼓励花农积极性，增加农民收入。从而加速鲜切花产业化的发展。四个原则。一是公司制原则；二是与市场对接原则；三是品牌打造原则；四是科技在先的原则。2005 年年末，康艺鲜切花生产专业合作社有社员 165 人，主要分布在褚石、天明、辛江、东升村和长安花卉园区。合作社年度营销额达到 4800 多万元，连接农户 150 多户，帮助农民推销产品 2.5 亿枝。

海宁市圣品葡萄研究推广中心

海宁圣品葡萄研究推广中心是经海宁市科技局批准、工商局注册登记的民营科技型机构。属海宁市葡萄标准化示范基地，是浙江省葡萄产业协会的发起单位之一。2001 年成立，产地新民村，规模 10 公顷。圣品葡萄研究推广中心旨在研究葡萄品种试种推广，设施栽培、葡萄滴灌、葡萄套袋、葡萄专用砧木的研究和推广工作。圣品葡萄研究推广中心自成立起至 2005 年年末，带动 200 户葡萄种植户，种植面积 120 公顷。引进葡萄新品种 100 个。经试种已推广金手指、巨玫瑰、维多利亚、藤稔、巨峰、矢富罗莎、白鸡心、比昂扣、甬优一号、黑王、醉金香、温克、翠峰 13 个品种和 SO4、5BB、只达、华家 8 号 4 个专用砧木。推广葡萄专用砧木、葡萄滴灌、葡萄套袋技术，亩产可达 5000 公斤。葡萄研究推广中心在 5 年中培训葡萄种植户 500 人，发放各种葡萄栽培资料 2000 份，为种植户上门技术跟踪服务 200 人次。

葡萄研究推广中心建有示范圃、资源圃、育苗圃各 1 个。优质种苗 5 万棵，年产优质鲜葡萄 100 吨，产值 140 万元。产品主要销售海宁、杭州、嘉兴、上海、江苏、福建、香港市场和俄罗斯国外市场。

2005 年，圣品牌“金手指”葡萄，被浙江省农业厅评为 2005 年浙江省精品优质奖；是年浙江省葡萄产业协会举办的首届葡萄品种评比擂台赛中，被省葡萄产业协会评为早熟品种组金奖。

第七章 畜禽、水产

第一节 猪

猪有“六畜之首”之称，养猪业是畜牧生产的重要组成部分。长安农村养猪业历史悠久，从隋朝开始养猪业已经成为农家的重要副业。解放后，养猪生产和形式逐步进化和发展，形式以舍饲为主。长安养猪生产历来把积肥放在重要位置，有“养猪不赚钱，回头看看田”的俗语。但解放前养猪生产由于受饲料和销售两种因素的影响，饲养生猪一般都是富裕人家，大多农户都无条件饲养生猪。解放后，为增加肥料，集体生产后，养殖猪有工分，也可分得饲料粮，因而农民养猪、羊的积极性较高。1958 年人民公社化后，政府大力提倡集体养猪，限制了户养，甚至搞猪羊集中圈养，养猪这一家庭副业一度受到限制，集体牧场发展很快。当时贯彻“以粮为纲，粮畜并举”的方针，长安人民公社一下办起畜牧场 334 个，集体养猪达到 21800 多头，母猪饲养 5057 头。1960 年后的三年经济困难时期，人民公社社员连口粮也保不住，出现挖草根、树皮代粮。因而集体牧场开始萎缩，到 1962 年大队、生产队牧场基本垮台，所存无几。70 年代后，粮食生产逐步好转，政府提出“公养私养并举的两条腿走路”的养猪方针，国家又出台饲料粮，对投入畜肥付给肥料工分。生猪收购部门出台出售生猪的化肥奖售政策和工业品奖售政策来促进养猪业的发展。使长安农民饲养生猪的积极性又高起来，集体牧场再次得到发展，家庭养猪也成为农民的主要副业，基本实现家家都养猪，队队有牧场。

▲规模养猪场

1965—1980 年长安镇集体牧场统计

表 2-7-1　　单位：个

年份	长安乡	辛江乡	其中大队办	合计	年份	长安乡	辛江乡	其中大队办	合计
1965	7	6	—	13	1975	201	102	长 3	303
1966	9	10	—	19	1976	200	100	—	300
1967	11	13	—	23	1977	197	104	长 6 辛 3	310
1971	124	76	—	200	1978	199	111	长 9 辛 4	310
1972	166	83	—	249	1979	191	111	长 8 辛 4	184
1973	146	100	长 1 辛 1	246	1980	104	80	长 8	184
1974	173	101	—	274	—	—	—	—	—

实行家庭联产承包责任制后，集体牧场彻底解散，养猪生产进入以家庭饲养为主。但传统养猪，生产水平、商品率和经济效益都很低。随着改革开放的不断深入和农村经济的日益发展，大批农业劳动力向乡镇和服务行业转移，从事传统家庭养猪的也日益减少。此外，还由于农村物质生活水平不断提高，居住条件普遍改善，一些农户感到人畜同居有碍卫生。于是，原来把养猪作为副业的农户，有的不再养猪，有的减少饲养量，生猪饲养从家庭副业中逐步退出。养猪生产也由传统的家庭副业型养猪走向规模化、专业化养猪，规模也不断扩大，集约化程度逐渐提高，饲养管理方式也由粗放型转向精细型。因此，出现个体牧场，并迅速得到发展。1983 年，原辛江乡兴福村杨子法，首先办起养猪场，实现年收入超万元。进入 20 世纪 90 年代后期，大批养猪大户涌现出来，成为养猪生产的主力军。

2005 年年末长安镇各村社区养猪统计

表 2–7–2

顺序号	村组、社区	母猪(户)	养猪(总户)	母猪(只)	仔猪(只)	肉猪(只)	公猪(只)
1	褚石村	21	23	108	412	251	11
2	东陈村	29	36	101	28	702	1
3	天明村	12	114	39	—	461	—
4	虹金村	37	36	246	488	1068	6
5	新民村	20	22	84	20	637	1
6	老庄村	52	87	212	—	1335	3
8	城东村	37	37	148	204	542	—
9	金港村	18	21	60	137	678	—
10	兴福村	45	47	137	412	604	—
11	东升村	17	19	80	153	743	2
12	德丰村	25	25	162	435	1029	1
13	辛江村	6	6	15	39	8	—
14	兴城村	88	89	264	—	2056	7
15	陆泽村	7	13	11	11	95	—
16	泰山村	26	37	60	—	630	—
17	大型村	33	33	114	—	805	—
18	盐仓村	9	9	32	48	152	—
19	鹿耳村	10	10	26	172	19	—
20	红色村	3	4	22	31	73	3
21	长郊社区	3	3	20	77	86	—
	合　计	542	718	2145	3271	13273	36

第二节 羊

养羊是长安农村家庭副业的重要组成部分，长安也是湖羊产地之一，已有700多年历史。湖羊品种一直分布于太湖流域，是一个古老的粗毛羊品种。湖羊生长快，成熟早，繁殖力强。羔皮(小湖羊皮)板薄轻柔，毛色洁白而短，有光泽，呈波浪形花纹，经鞣制后羔皮可染各种色彩，被国际市场誉为“东方软宝石”。自古以来，长安农民，一直以湖羊养殖为主。长安饲养湖羊以割野草和农作物副产品饲喂为主。同时，养羊也可为种田养蚕积累肥料，羊肥是培桑的好肥料，而蚕粪又是羊的好饲料。因此，养羊与种田、养蚕有相互促进的关系。养羊还可增加农民副业收入，为市场提供羊肉，所以长安镇农家几乎家家养2～8只湖羊。在20世纪60年代和70年代中期，也盛行一时饲养绵羊和杂交羊，剪羊毛增加农民收益。但到90年代后，羊毛价格明显下降，绵羊和杂交羊基本淘汰。随着城乡居民对绿色食品的重视，以野草为主食的羊肉被称为纯天然绿色食品。因此，从2000年之后，部分农民抓住养羊销路较好、效益较高的商机，开始办起羊场，进行规模化养殖，使养羊生产得到了进一步的发展。

第三节 家 禽

家禽饲养在长安农村及为普遍，历史悠久。建国后家禽生产更加得到发展。但人民公社化时，农户家养家禽被禁限，1965年“文化大革命”时还把饲养家禽当作“资本主义尾巴”。1978年禁限养家禽的土政策被取消，农户养家禽又开始发展。随着改革开放不断深入，长安农村出现很多养鸡养鸭专业户，辛江村(原联益村)陈卫国、陈建国，他俩带领20多户养殖户，养殖北京鸭，土鸭，并搞起了营销，年均饲养加营销，鸡鸭达到300万羽。基地扩展到了德清、新市、桐乡、崇福等地。进入90年代，饲养鹌鹑、鸽子、野鸭等得到引进和发展。1998年，兴城村陆家埭蔡培忠在自己家的天井内，饲养300只野鸭。后来依靠灵活的头脑、先进的科学技术，他的野鸭饲养基地扩展到1.33公顷的规模，年出栏数达5万只。他的“绿色”野鸭销往广州，每只野鸭可卖到上百元，行情最好时一只能卖出160元的好价钱。为长安镇的养殖业又开创了一条新路。

▲家禽饲养场

第四节 兔

养兔生产是长安镇农民的一项传统副业，1978、1979年曾两次调高兔毛价格，刺激了农民养兔积极性。但1982年兔毛收价下降。1984年兔毛价格又调高，长毛兔生产又得到发展。到20世纪90年代，兔毛价格低落。2000年后，长毛兔在农家饲养极少，个私办的兔场也基本以肉兔为主。2000年，长安镇老庄村七组由城镇青年高建明办起“宗建獭兔场”，承包土地1.33公顷，投资10万元，引进美国高皮獭兔108只，后来又从全白品种发展到八点黑、宝石花等4个品种，养殖2000多只，獭兔养殖为长安镇养兔生产又打开新的局面。

第五节 蜂、牛

养蜂、养牛在长安数量不多。养牛只在人民公社化时有饲养，为集体饲养。基本以耕田为主，后因电耕犁、拖拉机的替代，牛耕田取消，20世纪70年代初，只有部分砖瓦厂用牛踏泥。牛拖船也曾在长安上塘河流行过。但20世纪90年代后，长安地区已不再有牛饲养。

2005年年末长安镇养殖生产分布

表 2–7–3

村组,社区	羊(头)	兔(只)	鸡(羽)	鸭(羽)	鹅(羽)	鸽(羽)	村组,社区	羊(头)	兔(只)	鸡(羽)	鸭(羽)	鹅(羽)	鸽(羽)
褚石村	2894	723	158	316	3	—	泰山村	1313	—	1312	439	—	—
东陈村	2546	29	5619	519	—	—	大型村	1206	164	1886	230	7	—
天明村	706	—	861	160	—	—	盐仓村	312	446	762	159	—	—
虹金村	1092	43	4440	1221	1	—	鹿耳村	1017	—	346	54	—	—
新民村	1095	4	826	187	—	—	红色村	66	—	392	39	—	—
老庄村	1184	4	2711	234	—	—	长郊社区	29	210	127	51	—	—
肖王村	1751	—	10261	141	2	—	东街社区	—	—	146	45	—	—
城东村	3585	61	7511	372	1	—	中街社区	—	—	18	—	—	—
金港村	3679	402	8542	12750	5	—	西街社区	—	—	59	16	—	—
兴福村	2686	—	1548	343	—	—	怡院社区	—	—	8	—	—	28
东升村	3002	160	3995	375	—	—	修川社区	—	—	60	1	—	40
德丰村	1531	—	1388	290	—	—	辛江社区	—	—	40	—	—	60
辛江村	577	—	631	152	—	—	袁牧社区	—	—	15	—	—	—
兴城村	3027	—	4448	6500	—	—	合计	34344	2368	60380	31368	26	128
陆泽村	1046	2	811	236	3	—	—	—	—	—	—	—	—

第六节 水 产

长安自古就是淡水鱼的商品基地和捕鱼养鱼的基地。传说中是范蠡传授《养鱼经》的地方。《中国古代农业》第一期亦曾提到“渔业史于范蠡”。旧时，长安镇上鱼行，除了门市销售外，自备渔网和运鱼的“活水船”，每天一早到约定渔户轮流打鱼，捡高档的青鱼、草鱼、大白鲢、大包头、桂花鱼等，运上海菜场销售。大鲫鱼等直接送饭店、酒家，从不脱节，所以长安鱼货在上海徐家汇是非常有名的。镇上网船埭、双坝桥、塘子湾三地有渔民三十几户，加上农村的几个簖，每日所获鱼千斤以上，供应鱼桶(门市)出售。

内塘养鱼

解放前夕主要是池塘养鱼，鱼种从菱湖等地采购来。1956年随省鱼种管理委员会杭嘉湖第一分会统一组织出江(长江)采运鱼苗，并统一鱼苗发塘养殖。主要放养的鱼苗有青鱼、草鱼、鲤鱼、鳊鱼、白鲢、花鲢等。土地承包到户后，长安农村内塘养鱼进一步增加，农田开塘养鱼开始起步。因而，1983年，长安公社成为海宁市商品鱼基地，并与海宁市农林局签订淡水商品鱼协议书，进一步提高农民养鱼积极性。当年改造鱼塘0.59公顷，新建鱼塘0.30公顷，每年为食品公司提供指定数量商品鱼，为此还得到市农林局补助建设资金2634.26元。1984年，辛江乡也积极发展淡水养鱼，内塘放养鱼苗达27万条。比上年增加42%。90年代后期，随着特种水产的发展，内塘养鱼也逐年萎缩。长安所开的鱼塘大都转为蟹塘和虾塘，但还保留部分仍作内塘养鱼，生产的商品鱼，供应本镇居民食用。

外塘渔业

长安镇外塘捕鱼有较长历史，长安渔民在千百年内创造很多独特的方法，主要有：

①网船：俗称丝网船、移丝网船、小划子船，一人操作。2.5 吨的两人操作，各有丝网数十丈，放下水后，踏动“响板”以惊鱼上网。

②漂白船：暗星夜出动，船一侧装一石灰粉白的门板，辅以脚踏响板，鱼儿受惊望白亮处跳而落入鱼舱。《元都经》有诗：“暂门探虎圈击拆闹鱼榔。”即指此船捕鱼。

③罾网：有撑江网和小扳网两种。撑江网能撑满一段河道，以木缆车绞盘罾网以捕鱼，日夜不停。小扳网也有竹架扳网和手扳网两种，利用破木船（只要不漏）架网船头，船尾扳网，也有固定于岸上，用竹架子扳网。手扳网只于池塘，河港水浅处移动扳网捕鱼。

④滚钓船：和丝网船一样，放下数十丈，有的用铁钓，有的用麦钓（小竹片上嵌粒胖麦，鱼儿吞麦粒竹片弹开撑住嘴以捕鱼）。

⑤搠网船；王家与沈宝山共 8 家，往往分两夥出去，用抄网把岸滩围成一段，然后用撑杆向水里乱搠以捕鱼。

⑥罩网船：一人小划子船在岸边浅水处下罩子摸鱼，也有用五六条“索竹管”（索上套以竹管）用船拖动时，有“鱼汛”（水底泛泡）则下罩抓鱼。

⑦捻网船：用大捻网于塘河里挟鱼。长安镇的专业渔业村，在季节不同时用不同船只出去捕鱼。

⑧夹索：上塘河双漳桥里，有四个村，每个村都有一帮“夹索”捕鱼的人。他们每天日高三丈或下午一点、肩掮“索竹管”，腰束水布（即疏巾）掮了鱼篓外出，有目的地找上鱼塘，放开索竹管由两人各执一头向池塘底拖去，鱼为索竹管在水中咕噜、咕噜的响声所惊，把头钻进河泥，岸上观察的人见池塘底泛上来水泡，认定鱼的位子，打猛子下去抓鱼。

⑨鱼鹰：俗语称“摸摸姑”。捕鱼者七八条划子做一档，放开鱼鹰入水后，七八个人脚踏响板。嘴里“呵、呵、呵”地喊着，手里竹干在水面上啪、啪敲着，等一会儿，鱼鹰一只只被绕于搭上了船，捏着头颈，让鱼从鱼鹰嘴里吐出来。

⑩鱼簖、鱼笱，古称鱼梁。《诗邶风谷风》有“毋发我笱”，笱、梁是配套的两种工具，宋以后称簖和笱配套。镇西董家簖，先用毛竹桩打成排，再于横档上用棕绳缠上竹帘，圈成迷宫，其顶头排上鱼笱（俗称鱼篓），一清早起将鱼篓倒了鱼，上市叫卖（簖取断义）。

解放初，长安有 2 条“连家船”和上塘河两处网簖，从事外塘捕鱼。1968 年，为彻底改变渔民生产、生活、文化、经济，政治状况，全县开展渔改工作。从硖石调来 16 条连家船，在长安镇肖王村划拨土地 0.2 公顷，后又划给 0.33 公顷，开始在网船埭岸上建家定居。同时，对连家船进行资产改革，以每只 533 元的价格收归集体。当时有渔民 24 户，152 人，有渔船 18 条，渔鹰 29 只，围网 2 条，以此建立长安渔民村。1968 年起，为增殖鱼资源，在 198 公顷水面规定范围内放养鱼苗。每年放养鱼苗 33 万多尾，鳗苗 120 多斤，蟹苗 140 多公斤。为防止外逃，增设 32 处竹簖，12 处捕网。到 1973 年放养鱼苗、鳗苗、蟹苗达到 3200 万尾，渔业收入达到 37684 元。但随着工业生产发展，工业污染日趋严重。每到秋季，还受到农民浸黄麻而污染水源，成活率大大下降，外塘放养鱼苗日趋萎缩。又加上管理不善，被人偷捕，到 1980 年，外塘养鱼逐步走向从仅能收回成本到没有盈利，直至亏损。1986 年后停止放养，渔民村渔民逐步从渔鱼为主转入工业生产，只有少数渔民还以捕鱼和扒螺蛳的水上作业来维持生计。2005 年，渔民村村民委员会已撤销，渔民大都转入工业生产。

第八章　特种水产养殖

第一节　河　　蟹

河蟹俗名螃蟹、毛蟹、清水蟹、大闸蟹等，是名贵水产品之一。河蟹肉质细嫩鲜美，营养丰富，含有人体必需的蛋白质、钙、铁等营养元素，是独具风味的水产佳品。其药用价值也很高，是传统的食疗药方，蟹壳制成甲壳质是纺织、印染、医药、塑料工业很好的原料。近几年来，长安镇在河蟹养殖中取得较好的效益，积累很多成功的技术经验。

长安镇的河蟹养殖起源于20世纪80年代，当时长安镇牧港村、东陈村沿海地段的农民到钱塘江捕捞鳗苗，同时捞起好多蟹苗，起先这些蟹苗是扔掉的。后来，牧港村里的村民开始在几分池塘里进行试养。但由于没有经验，因而也多次失败。经历好多次的失败和挫折后获得成功，使长安地区的河蟹养殖逐步得到发展。1985年，牧港村党支部、村民委员会，把河蟹养殖作为农民致富的一条好路子，引导大家进行人工养殖河蟹。到20世纪90年代，村内的土地已基本都成蟹塘。1990年牧港村人第一次跨出村到盐仓海涂承包土地，筑塘养殖河蟹。牧港村女青年陈敏珠，1992年农技学校毕业后，到盐仓承包4公顷土地，挖塘建起河蟹养殖场。经过几年艰苦创业，逐步发展到13.33公顷，建起拥有资产250万元的“明珠养殖场”。还有原金桥村许志高、许炳忠两兄弟，1995年在海涂承包土地，搞起河蟹养殖。2000年开始向上虞发展，承包土地20公顷，饲养河蟹和南美白对虾，全年创利30万元。东陈村也是养殖河蟹较早的一个村，塘窗组村民高永康，从培育小蟹苗开始，搞起河蟹养殖。树蓬组村民王柏根1996年开始到盐仓海涂搞河蟹养殖，后来发展到下沙承包土地。同组林文汉到德清承包土地26.67公顷养殖河蟹。

为进一步提高养殖技术，1996年牧港村与上海水产学院挂上钩，并聘请专家到村里为养殖户作技术讲课。1998年牧港村农民到尖山围垦承包土地养蟹，1999年，河蟹养殖超过200公顷。是年7月，海宁市人民政府首次命名十个特色村，牧港村被命名为“河蟹专业村”。2000年，牧港村在市、镇两级的支持下，投资110万元建起36.67公顷的“长安牧港特种水产养殖示范园区”。2001年，长安特种水产养殖协会成立，强化养殖户之间的技术、信息等方面的交流。并通过大户带小户的形式，使长安河蟹养殖走上新的台阶。是年9月，牧港河蟹被评为嘉兴农博会“优质农产品”。同年注册“牧港”牌特种水产商标。2002年，在镇科协的牵引下，开展中华绒螯蟹高产高效技术研究为课题的“金桥工程”。又使长安镇的河蟹产业取得了突破性的成果，全镇饲养的387公顷河蟹，产量从原来的近50公斤，达到了100多公斤，最高亩产150公斤。总产河蟹800吨，总产值达2175万元，全年净增产值700万元。这项工程不但增加河蟹单产，同时使河蟹商品质量和档次得到提高，每斤的河蟹价格从15元提高到25元，新增利润870万元，从而进一步调动蟹农的积极性。

第二节　南美白对虾

南美白对虾又称凡纳对虾，万氏对虾。原产于南太平洋，为热带大型对虾。如今是世界上三大经济虾类之一，可进行海淡水养殖。1988年中国科学院海洋研究所从美国夏威夷引进我国。2003年开始引入长安镇，在原牧港、金桥村养殖。由于南美白对虾生长快，经济效益好，很快成为长安农民特种养殖的主攻目标。当年，长安镇牧港村养殖的33.33公顷南美白对虾，收入超过250万元。于是，全村402户农户中从事养殖的就有256家，全村1021个劳动力中有300多人专业从事养殖业，2005年年末，长安镇特种水产养殖已超过466.67公顷。养殖遍布尖山、下沙、绍兴、上虞等地。

第三节　河蚌育珠

1980年，三角蚌人工繁育在长安乡金桥村获得成功。1982年在海宁县实现蚌苗自给，1984年又推广田塘流水育珠技术，加之珍珠收购价格调高，促进育珠生产较大的发展。1986年长安乡河蚌育珠面积达300公顷，全镇出现“养蚌热”。但1987年春，三角蚌蚌病由外地传入长安等地，蔓延较快，至1988年，长安乡的田塘发生蚌病50%，严重的蚌塘死亡率80%以上。是年，珍珠行情下跌，“养蚌热”急剧消退，翌年，大部分蚌塘退塘还田。2005年河蚌育珠在长安基本消失。

附：牧港河蟹协会

海宁市牧港河蟹协会是从事河蟹生产、经营的组织。是水产养殖户自愿组成的群团集体组织。成立于2001年3月，初建时有41户养殖户入会。2005年年末参加协会的有146户，除本村的养殖户外，还有盐仓村、东陈村养殖户入会。牧港河蟹养殖协会由7人组成。设会长1人、秘书长1人、委员5人。协会成立后经常不断组织会员到江苏等地取经，还请上海水产学院专家上门为养殖户传授理论知识、河蟹养殖技术。凡在地市举办的水产养殖培训班，河蟹协会免费组织会员参加培训。2002年，协会就为养殖户举办7期培训班。协会成立以来，已有1000多人次接受了特种水产的养殖培训。协会不但为养殖户解决在特种水产养殖上的技术难题，还为养殖户解决资金上碰到的困难。从2001年开始，由协会牵线搭桥，农户与信用社开通农民联户担保贷款。当年就有70家养殖户利用联户单保的形式，向信用社贷款，每户在30万至100万元。联户担保贷款为养殖户开通绿色通道，大大地加快特种水产养殖的发展。养殖区域逐渐向外发展，从原先在本村养殖，向黄湾尖山新区、乔司农场、上虞等地开辟基地，扩大养殖面积。至2005年年末，养殖面积达到466.67公顷，养殖品种从原来的河蟹发展到南美白对虾、白条鱼、甲鱼、澳洲龙虾等，年产值3600万元以上。

协会成立以来，坚持民办、民管、民受益原则。以全心全意为蟹农服务为宗旨，侧重于研究、探索“低投入、低消耗、低成本、高效益”的河蟹养殖模式，注重于挖掘河蟹业内部增收潜力，致力于推动全镇河蟹养殖业的产业化步伐，使河蟹成为长安农民参与市场竞争的一张名片。牧港河蟹协会，已成为长安农民致富增收的领军旗帜。

长安镇范围内历年养殖业生产统计(一)

表2-8-1

名称 年份	生猪(头)		羊(头)		兔(只)	家禽(羽)		蜂(箱)	水产(担)	
	年末存栏	全年出售	年末存栏	全年出栏	年末存栏	年末存栏	年内出售	年末饲养量	鱼类出售	虾、蟹类出售
1950	—	—	—	—	—	—	—	—	—	—
1951	—	—	—	—	—	—	—	—	—	—
1953	—	—	—	—	—	—	—	—	—	—
1954	3130	—	7848	—	—	—	—	—	—	—
1955	—	—	—	—	—	—	—	—	—	—
1956	—	—	—	—	—	—	—	—	—	—
1957	8766	—	12630	—	—	—	—	—	2129	—

续表 2-8-1

名称 年份	生猪(头)		羊(头)		兔(只)	家禽(羽)		蜂(箱)	水产(担)	
	年末存栏	全年出售	年末存栏	全年出栏	年末存栏	年末存栏	年内出售	年末饲养量	鱼类出售	虾、蟹类出售
1958	8314	—	17446	—	—	—	—	—	2070	—
1959	12625	—	27140	—	—	—	—	—	1896	—
1960	11116	—	19165	—	—	—	—	—	1708	—
1961	8394	—	17338	—	22661	31596	—	145	1173	—
1962	9539	—	24050	—	11736	27575	—	109	1458	—
1963	15332	—	29939	—	5022	14427	—	84	1887	—
1964	18613	—	31912	—	3317	20075	—	84	1844	—
1965	21393	—	32475	—	—	18624	—	—	1910	—
1966	24554	—	31204	—	—	—	—	—	2050	—
1967	24397	—	28470	—	—	—	—	—	2149	—
1968	21556	—	31081	—	—	—	—	—	2165	—
1969	21193	—	33083	—	—	—	—	—	2247	—
1970	24572	—	37245	—	—	—	—	—	5402	—
1971	28476	—	39374	—	—	—	—	—	2880	—
1972	20502	—	40035	—	—	—	—	—	3177	—
1973	18996	—	38047	—	1526	—	—	315	4036	—
1974	20784	—	41333	—	1853	—	—	390	3430	—
1975	18984	—	39653	—	2443	—	—	367	2996	—
1976	19166	—	38726	—	3258	—	—	325	2969	—
1977	19818	—	38747	—	3546	—	—	181	3062	—
1978	27431	—	43172	—	5709	—	—	192	3278	—
1979	38655	—	50673	—	7894	—	—	185	3789	—
1980	28902	—	47476	—	9352	—	—	84	3674	—
1981	23138	—	43999	—	12946	—	—	85	4040	—
1982	23964	—	39688	—	13006	—	—	69	4373	—
1983	23242	—	38515	—	9866	—	—	159	4412	—
1984	20990	—	38613	—	—	—	—	—	5520	—

长安镇范围内历年养殖业生产统计(二)

表 2-8-2

年份 \ 名称	生猪(头)		羊(头)		兔(只)	家禽(羽)		蜂(箱)	水产(担)	
	年末存栏	全年出售	年末存栏	全年出栏	年末存栏	年末存栏	年内出售	年末饲养量	鱼类出售	虾、蟹类出售
1985	18651	44426	—	—	—	—	—	—	109.61	—
1986	16233	39811	29315	4982	11174	12.60	18.04	121	714.86	—
1987	14412	34744	29396	5170	6569	15.26	17.76	—	816.35	—
1988	13652	32377	—	—	—	—	—	—	834.90	—
1989	14887	11860	—	—	—	—	—	—	759.66	—
1990	14257	35287	—	—	—	—	—	—	730.95	—
1991	11620	35316	43138	10668	1714	15.85	24.73	179	811.20	—
1992	16136	20529	49296	13509	1590	17.15	23.06	180	853.00	—
1993	18708	27743	49205	16511	1312	18.87	31.17	190	1197.00	—
1994	20380	30849	51258	18392	870	18.71	39.74	120	1165.00	—
1995	15792	27632	53203	21522	930	18.23	34.11	—	935.00	—
1996	12902	24478	52884	23003	755	16.90	38.87	54	990.00	—
1997	12832	26898	50036	23226	532	16.54	37.69	50	997.00	43.00
1998	13790	21851	48637	22451	503	15.92	33.94	100	1097.00	71.00
1999	13434	22001	49937	26116	570	13.82	24.19	105	1133.10	57.60
2000	14126	24619	45077	19542	731	12.75	24.72	105	1186.00	71.00
2001	13165	28121	39672	18497	4225	9.89	22.52	—	1194.00	94.00
2002	12127	26533	40123	18706	1183	10.08	23.38	—	1225.00	121.00
2003	14174	33613	42778	25267	348	8.46	14.28	—	1348.30	159.60
2004	14962	33341	42798	25719	1873	10.27	21.51	—	1402.00	152.00
2005	16811	32141	37123	32237	1310	11.73	19.39	—	1419.00	136.00

第九章　农业技术服务

第一节　技术推广

1949 年 5 月，长安镇解放，长安区人民政府积极推广点灯诱蛾、挖稻蒲头除螟虫、油脚扫虱子、烧制土农药、人工捕捉卵块等措施，进行一系列农业技术指导 。农业合作化后，集体生产统一指挥，农业生产技术的推广和应用更快。1966 年，辛江、长安两乡配备植保员，推广甲基 1605 新农药，用于防治螟虫等虫害，同时推广早稻良种。1972 年配备栽培员、蚕桑辅导员 2 名，同时成立农业科学技术推广站，简称“农科站”。长安、辛江两乡农科站成立后，开办广播技术讲座，举办技术培训班，培养和建立大队、生产队植保员队伍。长安农村建立起农业科学技术推广和应用网络。

1965 年，省农科院在辛江乡新丰村 4 组进行小麦赤霉病防治试点工作，1966 年全乡推广，1967 年推广全县。此项技术应用推广后，小麦产量提高 10%～20%。1967 年至 1980 年，推广早稻新品种“广六矮四号”、晚稻“农垦 58”、“嘉禾 4 号”、农虎系统等品种，使粮食亩产增加 10%～30%。1982 年春，在省农科院的指导下，在长安乡新民村、辛江乡新德村推广方格蔟上蔟产茧技术。1985 年在两乡全面推广，1990 年起方格蔟上蔟率每年达到 98%以上。

1983 年至 1985 年，推广河蚌育珠，长安乡养殖珍珠蚌 300 公顷。1985 年推广省力化养蚕，小蚕二回育达到 98%，大蚕少回育达到 95%。1986 年，辛江乡农科站推广水稻轻型栽培技术，获省政府颁发的水稻轻型栽培技术推广一等奖。1989 年，辛江乡农科站组织开展蚕茧丰收活动，获省政府颁发的蚕茧丰收活动三等奖。

1990 年，辛江乡农科站优化稻麦配方施肥增产超万吨，获嘉兴市农业丰收奖一等奖。1995 年，长安乡推广河蟹内塘养殖，面积达到 233.33 公顷。1996 年至 1998 年大力推广甘蔗高产高效综合配套技术，获浙江省农业丰收奖二等奖。1998 年，辛江乡农科站与省农科院植保所协作选育小麦 “浙丰 2 号”良种，2000 年通过省鉴定，确定为浙江省推广品种。2000 年开始，此良种连续三年参加全国区试和生产试验，经国家品审会审定，符合国家小麦品种审定标准，在浙江省、安徽和江苏淮南地区、河南南部及湖北省等地种植推广。

1998 年，辛江乡农科站选育海宁桑取得成功，在全市和省内外种桑区域推广。1999 年，推广桑苗 800 万株、推广“二无工程”(无草害、无螟害)有成效，获“浙江省稻田草害工程万亩达标乡镇建设单位”称号，并获嘉兴市、海宁市农业丰收奖二等奖。1999 年年末，获海宁市政府授予的推广红麻“福红 2 号”、“浙红 3 号”科技进步三等奖。

2000 年，长安农科站作为《稻田无草害工程规范化除草技术推广》项目第三完成者，获 2000 年度嘉兴市科技进步二等奖、海宁市科技进步一等奖，并被海宁市农业局评为农技推广先进集体。是年，长安农科站指导农户依靠科技养鳖、实现大面积高效高产获嘉兴市农业丰收奖一等奖；花卉高效栽培技术示范推广获海宁市农业丰收奖二等奖；开展统一育供秧提高水稻综合效益配套技术，获嘉兴市农业丰收奖三等奖。2001 年，长安镇农科站被评为海宁市为农服务先进集体，选送的鲜切花在浙江省农博会上获银奖，推广“秋种春养”提高蚕茧茧质获海宁市农业丰收奖二等奖，花卉苗木及经济林高效栽培技术示范推广获海宁市农业丰收奖一等奖，切花月季高效高产栽培技术模式研究获海宁市政府授予的科技进步三等奖。

2002 年，长安镇农技服务中心的切花月季高效栽培技术项目获海宁市农业丰收奖二等奖，“长安牌鲜切花”获省农博会金奖，单季晚稻“双百工程”示范项目获海宁市农业丰收奖三等奖。2003 年，长安镇农技服务中心的花卉产业基地建设获海宁市政府颁发的科技进步二等奖，鲜切花高益技术栽培推广获得嘉兴市政府颁发的农业丰收奖三等奖，海昌梨栽培技术推广获浙江省农业厅颁发的浙江省农业丰收奖二等奖，鲜切花高效栽培技术推广获海宁市农业丰收奖二等奖，镇农技服务中心被海宁市农经局评为农科系统先进集体。2004 年，长安镇农技服务中心研究开发壮秧营养剂，推广水稻省工省力增产增效，项目获 2004 年全国农牧渔业丰收奖三等奖，俞掌寿作为第 15 完成者。推广利用太阳能获海宁市农业丰收奖三等奖，全镇太阳能普及率达 80%，双低油菜新品种引进推广及产业化开发成效明显，获嘉兴市农业丰收奖一等奖。是年，长安镇农技服务中心推广安全灭鼠技术获海宁市农业丰收奖三等奖，并被评为海宁市为农服务先进集体。

2005 年，长安镇农技服务中心的土壤盐渍化防治措施研究获海宁市科技进步二等奖，高档花卉生产全程农机服务技术推广获海宁市农业丰收奖一等奖，推广香水百合种球多次利用获嘉兴市政府颁发的科学技术进步奖，月季花适应性小气候优化效益研究获海宁市科技进步三等奖。

第二节 服务机构

1966 年后，长安乡、辛江乡先后建立农业技术推广站(简称农科站)。1999 年 11 月乡镇合并后，辛江乡农科站并入长安镇农科站。2000 年，长安镇成立农业技术服务中心。2005 年年末，长安镇农技服务中心配农业科技人员 15 名，其中主任 1 名，副主任 1 名。农技人员有蚕桑 2 人，植保 2 人，能源 1 人，水产 1 人，林果 1 人，栽培 1 人，园艺 1 人，渔政 3 人，农机 2 人，水利 2 人，种子 1 人，土肥 1 人，畜牧(养殖)1 人(包括兼职)。

长安镇(乡)历任农科站负责人名录

表 2-9-1

名 称	职 务	姓 名	任职时期
长安农科站(乡)	站 长	张永生	1974.4—1978.5
长安农科站(乡)	站 长	何阿根	1978.5—1981.9
长安农科站(乡)	站 长	陈阿迷	1981.10—1988.3
长安农科站(乡)	站 长	项春龙	1988.3—1992.8
长安镇农科站	站 长	项春龙	1992.8—1999.11
辛江乡农科站	负责人	孙菊泉	1966.12—1983.12
辛江乡农科站	站 长	陈永康	1983.12—1999.11
长安镇农科站	站 长	吴国良	1999.11—2002.10
长安镇农业服务中心	主 任	吴国良	2002.10—

第十章　水　　利

第一节　河道疏浚

1951年12月。许村、长安、盐官三区疏浚上塘河，自盐官北门至许村施家堰，长22公里，搬动土方39.34万立方米。1963年疏浚泰山桥港，长10公里，开挖土方29.1万立方米。许巷、长安等9个公社自1979年冬至1980年5月，联合围垦海涂1595.47公顷，筑围涂大堤7.5公里。1987年开浚上塘河。

1991年至2005年，长安镇河道疏浚工作分两个阶段，1991年至2002年，以疏浚运输河、引水河为主。主要疏浚市、镇级河道，解决水上运输和农田抗旱、排涝。2003年至2005年以河道整治为主，运输河与引水河同时开展。河道整治是河道疏浚的一个新内容。配合河道保洁，组织保洁队伍，达到河面无漂浮物，河中无障碍物，河岸无垃圾的"三无标准"。使全镇水环境达到根本性改观，基本实现"水清、流畅、岸绿、景美"的江南水乡标准。

1995年11月20日开工开挖坝头港，采用以资代劳，机械化开挖为主。每立方米土出资5元，由机械进行施工开挖，总土方7万立方米，按土劳各半摊负。1997年1月15日，完成牧港村三里塘港南段，东陈村项家浜和芷泉港南段三条镇级河道疏浚，采用机械疏浚。全长2800米，总土方4.55万立方米，投资93.25万元。是年1月18日，新塘河开挖全面浚工。开挖土方33.6万立方米，长度为1.66公里，开损面积1.84公顷。1998年3月12日，建立长安镇杭嘉湖南排工程指挥部。1998年11月20日，疏浚天明港，全长5.1公里，引水河300米，共5.4公里，土方6.6万立方米，总投资42万元。2000年1月10日，疏浚引水河道石灰港、庙桥港、蔡家石桥港，疏浚长度1.56公里，土方10万立方米。是年冬，疏浚石灰港、庙桥港、青莲桥港12公里，搬动土方12万立方米。2001年，完成怡院小区、云洞港整治及投资788万元的崇长港防洪闸等工程。2002年3月7日至4月20日，开展全面清理水葫芦。清除河道215.2公里，清除水葫芦203万立方米。同年城市防洪工程全面开展，基本完成长安中心镇防洪工程建设任务。同年开挖运盐河，全长3.5公里，开挖土方4万立方米，机械化开挖，1月底完成。2003年汛期，新增设长安姚家涧临时翻水站一处，增加水泵18台套，新增提水能力3.1立方米/秒。是年10月，疏浚镇级河道朱口涧港，磨砣港，全长4.5公里，土方5.11万立方米；疏浚村级河道17条，长19.25公里，土方28.12万立方米，加高圩堤3.93公里，土方0.96万立方米，维修水闸2座，涵洞19处，排灌衬砌40.07公里，整修渠道50.04公里，新建机站2座，新建护岸0.29公里，建标准农田266.67公顷，累计搬运土方127.8万立方米，投劳147万工。2004年疏浚镇级河道五金港4.25公里，土方7.8万立方米、村级河道新生村大安桥港等3条、肖王村桃花浜等3条。是年，共疏浚河道9条，长度10.03公里，疏浚土方13.28万立方米。是年农历九月，辛江塘、崇长港长安城镇段河道整治。辛江塘22.53公里，崇长港长安镇区段2.97公里。土方82.26万立方米，填土方8.55万立方米，新建护岸2.94公里，维修护岸13967米，护岸栏杆2.1公里。原浙丝一厂河岸塌损70米，拆老围墙，新建围墙600米，西岸全部拆除重建1200米；两岸新接排水管300米，拆平房1000平方米。疏浚镇级河道五金港4.23公里，搬动土方7.8万立方米，村级河道15.02公里，搬动土方20.32万立方米。2005年1月26日，万寿桥南河段护岸塌陷，安排1.2万元资金迁建56米。是年3月7日，下拨长安镇堤防加固工程建设50万元，专项用于城镇防洪堤防加固工程建设。2005年镇疏通镇级河道老坝头港、南涵洞桥港2条，总长4.88公里，搬动土方9.94万立方米；村级河道47条，总长

324.7 公里，搬动土方 42.34 万立方米。

盐官下河河道拓浚 南接宁郭塘、辛江塘、穿越周王庙镇西沪杭铁路“134 号”桥，北行泰山桥港至桐乡大麻镇（京杭大运河），全长 25.67 公里。其中老河拓浚 16.13 公里，新开河 9.54 公里。根据太湖流域管理局转发的水利部《关于杭嘉湖南排后续工程初步设计》的批复，1993 年 1 月 12 日，盐官出口段开工，并改变过去“人海”战术，全线实施机械开挖。陆上土方以推土机、铲运机施工为主，配备挖掘机清障；水下土方主要由绞吸式挖泥船水下开挖、冲运。盐官下河在海宁地段长 19.47 公里。海宁市承担拓浚长度 7740 米，于 1995 年 1 月开工，2000 年 10 月完工。周王庙至崇长港口，长 4565 米，1995 年 3 月开工，1999 年 6 月完工。疏浚断面为：河底宽 48 米，河底高程 1～2.5 米，边坡 1∶3，河宽 86 米。崇长港口至 01 省道，长 2825 米，1997 年 6 月开工，1998 年 7 月完工。疏浚后断面为：河底宽 30 米，河底高程 –2.5 米，边坡 1∶2.5，河面宽 75.5 米。

后又在沿干河的支河设立节制闸，长安（辛江）境内设立防洪闸，建防洪闸 2 座，一是白漾涧闸和亭子桥闸。亭子桥闸，闸孔净宽 3 米，底板高程 1 米，砼平板闸门，手电两用 1×10T 螺杆启闭机，竣工时间 1995 年 7 月 30 日，投入资金 19.9 万元。另一座为白漾涧闸，闸孔净宽 3 米，底板高程 0.70 米，砼平板闸门，手电两用 1×10T 螺杆启闭机，竣工时间 1996 年 11 月 20 日，投入资金 26.8 万元。1996 年 12 月开始建下河护岸。1999 年 7 月，新干河至长安镇段疏浚，至 2000 年 5 月竣工，疏浚后断面为：河底宽 10 米，河底标高 1 米，边坡 1∶2.5。是年 8 月 20 日，上塘河长安至许村段机械施工，到 2000 年 11 月 28 日竣工，疏浚后断面为：河底宽 10 米，河底标高 1 米，边坡 1∶2.5。

下河水闸整修 姚家涧闸，闸孔净宽 2×5 米，底板高程 4.3 米，钢筋砼平板闸门，2×10T 手提活芦，2000 年 5 月竣工，竣工决算 25.6 万元。上闸桥闸闸孔净宽 2×3，底板高程 2 米，钢筋砼平板闸门，2×10T 螺杆启闭机启闭。2000 年 1 月 20 日竣工，竣工决算 44.8 万元。是年 9 月，完成新建护岸城镇段 1945 米，浆砌块石扶壁式上墙，其上设栏杆，投入资金 146 万元；是年 12 月完成老护岸维修工程，长 1100 米投入资金 311 万元。

崇长港疏浚 始于周敬王三十八年（前 483），系越王勾践开挖，古称越水道，又名漕河，亦名长安塘河。该港长 7.5 公里，北起桐乡市崇福镇，南至长安镇，途经桐乡上市、留良及海宁辛江乡，境内段长 5.4 公里，是西部地区北引运河水入辛江塘河和洛塘河的主干河道，亦是长安翻水站的主要引水河道和南水北泄的重要通道。又是桐乡、德清等县通过水路与铁路联运和主要航道。1963 年冬，疏浚七里亭至长安镇段，长 4.82 公里，底宽 12 米，河底高程 0 米，边坡 1∶1.5，开挖土方 16.34 万立方米。1966 年夏，疏浚崇福镇至七里亭段。1983 年，用机械化疏浚长安镇解放桥至七里亭段，长 5.2 公里，底宽 15 米，河底高程 –0.5 米，开挖土方 11 万立方米，投资 35 万元。2003 年 12 月 28 日开工，规模疏浚崇长港，南起长安翻水站，北至夏水角与桐乡市交界处，全长 5.3 公里，疏浚土方 19.4 万立方米，绿化带填筑 6.94 万立方米。开挖后断面为：河底宽 15 米，河底高程 –0.5 米。河道边坡 1∶2.5，在高程 2.5 米处设平台宽 3.0 米，护岸顶高程 4.5 米，护岸间口宽为 36 米，后设 2 米宽平台，平台后于 1∶2.5 坡度至 6.0 米顶，安全带宽度为 10 米，外设 1.5 米宽护脚。新建重力式浆砌块石护岸 5272 米，河埠 32 只，排水涵管 33 道，新建桥梁 3 座。分别为：南涵洞桥，登车浜桥、七里亭桥，总投资 1337 万元。整个工程于 2005 年 4 月 25 日竣工。

辛江塘河疏浚 原名新江塘河，又名洋江塘河，1966 年改“洋”为“辛”。该塘河西接泰山港，从辛江乡庄婆堰起至袁花镇小虹桥接袁硖港，全长 32.4 公里，是全市河网“六横九纵”中的一横。是西引东泄的主干河道，亦是横贯东西的一条重要水上运输通道。辛江塘开浚已有 390 年。明万历三十五年（1607），知县郭一轮开浚辛江塘河。清光绪三年（1877），州境遭兵火，海塘失修，沙注河淤，屡议疏浚之而未果，州民业蚕贸丝者其利，当事者抽其捐以浚辛江塘。民国 36 年（1947）3 月至 4 月，疏浚丁桥镇地段。1970 年 12 月，疏浚长安镇崇长港口至袁花小虹桥段，长 32.4 公里，底宽 10 米，河底高程 –0.

5米，边坡1∶1.75，开挖土方63.6万立方米，投资25.05万元。同时建跨河桥梁17座，长安地区4座。2004年11月15日开工，全面疏浚辛江塘。按50年一遇防洪标准，供水保证率为95%，疏浚土方81.9万立方米。新建护岸2.68公里，新建水土保持带33.27公顷。开挖后断面为：河底宽10米，河底高程-0.5米，河道边坡1∶2，在高程2.8米处设平台宽1.9米，平台后以1∶2.5坡度至顶高程为5.5米的安全带，河道平台间宽度为27米，河道整治范围为42.5米，投入资金4100万元。工程于2005年8月完工。

盐仓中心河疏浚 位于长安镇盐仓地段，东堤河至西堤河，全长5.2公里。2004年冬由盐仓农发区组织实施，疏浚土方19.05立方米，新建护岸10.4公里。河道开挖断面为：河底10米，河底高程2.5米，边坡1∶3。市财政补助资金169.6万元。

第二节 闸坝 圩区

闸

长安船闸 长安船闸的前身是长安三闸。1975年12月，在长安镇东李家井利用原翻水站出口河道新建长安船闸，1977年4月竣工。闸室长73米，宽12米，闸底高程上闸首1.3米，下闸首为0米，日均过船200艘。总投资26.59万元，其中长安公社出工投资6.58万元。1987年为便于检修摇臂式闸门，投资3万余元，分别在上下闸首各建造检修排架1座，装置5吨，猫头吊2只。

姚家涧闸 姚家涧闸闸孔净宽2×5米，底板高程4.3米，钢筋砼平板闸门，2×10T手提活芦。2000年5月竣工，竣工决算25.6万元。

青莲桥闸 位于长安镇万渡村。插板式闸门改造成直升闸门，闸孔净宽3.15米，闸底板高程2.80米，闸墙顶高程6.50米，闸门启闭方式为LQ型8吨手电两螺杆启闭机，配套动力为2.2千瓦。投入资金4.8万元，1995年施工，1996年2月完工。

上闸桥闸 位于长安镇东街、中街交接处。改建闸室宽度2孔×3.0米，闸底板高程2.10米，闸墙顶高6.50米，闸门启闭方式为2台10吨手电两用螺杆启闭机。配电房12平方米，围墙长度15米。投入24.3万元，1999年1月施工，2000年1月完工。

太平闸 位于长安镇虹金村。2000年2月新建，6月完工。建成闸室宽度3.20米，闸门启闭板高程2.00米，闸门坎高程2.50米，闸墙顶高程▽6.60米，闸门启闭方式为10吨手电两用螺杆启闭机，配套动力为3.0千瓦。投入资金10万元。

姚家涧闸 位于长安镇原东关村。将原滚水坝改建为闸室2孔，宽9.9米(2孔×4.95米)，坝顶高程4.60米，闸墙顶高6.20米，启闭方式为2只5吨手拉活芦。另设附属引水闸一座，闸室宽度0.75米，闸底高程▽3.20米，闸墙顶高程▽6. 20米，闸下游为60厘米预制砼涵管，启闭方式为0.5吨TQL型手摇式螺杆启闭机，投入8.2万元，2000年2月施工，5月完工。

李家井排涝闸 位于长安镇公庆街东侧。原为长安新坝，1955年改为滚水坝，1984年5月改建为排涝闸，2002年1月改建为闸室宽度3米，闸室外进口处为3.0米×2.85米钢筋砼箱涵，闸门启闭方式为10吨手电两用螺杆启闭机，配套动力为3.0千瓦，管理房建筑面积200平方米，配电房42平方米，围墙长度32米，造价29.2万元。为提高闸下游排涝河道的防冲刷能力，2003年6月至9月施工，对李家井排涝闸下河排涝河道，干砌石勾缝表面贴面浇筑砼，衬砌长度为26.6米，投入资金3.2万元。为进一步加强对下游的防冲，2005年3月至5月施工，对排涝闸下游增做钢筋砼消力池，长度5米、宽度10米，砼海漫长度3米和长为76.6米砼齿沟护脚，长为43.3米砼贴面。排涝河道进行疏理，疏浚土方825立方米，投入12.25万元。

滚水坝

上塘河北岸大多建有既能挡水又能泄水的水工建筑，众都称之滚水坝。滚水坝大多数为古笕和土坝改建而成。据《海宁州志稿》载："坝与堰类皆以堤，水笕通水与坝不类，今笕废俱改为减水堰(即滚水坝)，故坝独多。"有些滚水坝一直沿用至今。建国后，按海宁上塘河水系有关地面高程，规定了以4.8

米为控制上塘河水位高程，对原有滚水坝进行整修改建，并将部分土坝改建为石坝或混凝土坝的滚水坝。长安镇范围内上塘河滚水坝有：

姚家涧坝　位于长安镇城东村，1951 年 12 月整修，投资 340 万元。1984 年，投资 2300 余元修理底板，墙身，涵洞。坝高 5 米，宽 10.35 米，坝下有直径 0.6 圆形涵洞，洞底高 2.58 米。1990 年 10 月投入资金 5.40 万元施工改建，12 月完成。改建后为 2×4.95 米，坝顶高程 4.6 米，闸墙顶高程 6 米。另设引水涵洞直径 60 厘米铸铁拍门。

魏郭坝　原名魏公闸，位于长安镇城东村。排涝闸改成滚水坝，孔宽为 1.10 米，坝顶高程 4.2 米，投资 5000 元，1999 年 3 月建成。

长安老坝　位于长安镇虹桥东北侧。原是盘车拔船坝，1984 年 11 月改建为电控轨道升船机过坝，1985 年 10 月竣工通航。2000 年长安老坝封堵改造成小公园，设置 30 厘米预制砼涵管，管中心高程 4.65 米。后因长安镇城镇防洪工程的实施，对原封堵的长安老坝改成滚水坝，宽度为 2 孔×1.20 米，坝顶高程 4.80 米，投资 8000 元，2004 年 3 月施工，4 月完工。

沈家坝　位于长安镇大型村。原为土坝，民国 36 年(1947)投资 2100 余元，改建为滚水坝。1952 年冬进行整修，1976 年被拆毁。1984 年投资 3.56 万元重建，坝顶高程 4.8 米，宽 7.5 米。2005 年 3 月在原滚水坝坝面浇筑钢筋砼坝面和上下游截水墙，同时对上下游连接段进行维修，投资 6.28 万元。

季家坝　位于长安镇大型村，坝顶高程 6.7 米，坝长 19 米，顶宽 4 米，上游坡比 1：1.5，下游 1：2。

斗门坝　位于长安镇大型村，坝顶高程 6.2 米，坝长 21.5 米，上游坡比 1：1，下游坡比 1：2.9。

圩区

登车浜圩区　位于长安镇陆泽村。建于 1996 年 4 月，总投资 77.9 万元。圩区面积 242.87 公顷，其中水田 115.8 公顷。圩区平均田面高程 4.5 米，最低高程 3.65 米。居住人口 502 户，2102 人。至 2000 年先后建成排涝站 4 座，机泵 8 台套，装机 155 千瓦，排涝量 3.489 立方米／秒，排涝模数 1.44 立方米／秒／平方公里，建有水闸 4 座，孔宽 11.75 米，圩堤 4.57 公里，平均圩堤顶高 6.06 米，顶宽 6.5 米，堤外历史最高水位 5.09 米(1999 年)，排渠长 9.8 公里。圩区由陆泽村组建登车浜管理小组，配备人员 5 人。

莫家漾圩区　位于长安镇泰山村。建于 1995 年 5 月，总投资 77.44 万元。圩区面积 324.6 公顷，其中水田 110.27 公顷，旱地 14.13 公顷，双园 20.93 公顷，圩内平均田面高程 4.07 米，最低高程 3.56 米。居住人口 652 户，2495 人。至 2000 年先后建成排涝站 6 座，机泵 12 台套，装机 191.5 千瓦，排涝流量 3.735 立方米／秒，排涝模数 1.15／秒／平方公里。建有水闸 4 座，孔宽 13 米，圩堤 6.63 公里，平均圩堤高程 5.66 米，顶宽 5.56 米，堤外历史最高水位 5.09 米(1999 年)，排渠长 14.6 公里。圩区由泰山村组建莫家漾圩区管理小组，配备人员 5 人。

李家角港圩区　位于长安镇德丰村。建于 2000 年 6 月，总投资 123.56 万元。圩区面积 577.27 公顷，其中水田 213.27 公顷，旱地 96.27 公顷，桑园 70.47 公顷。圩内平均田高程 0.27 公顷，最低高程 3.6 米。居住人口 1093 户，3944 人。建有排涝站 6 座，机泵 11 台套，装机 204 千瓦，排涝流量 5.18 立方米／秒，排涝模数 0.9 立方米／秒／平方公里。建有水闸 7 座，孔宽 28.5 米，圩堤 5.64 公里，平均圩顶高程 5.5 米，顶宽 4.5 米，堤外历史最高水位 5.09 米(1999 年)。圩区由德丰村组建李家角港圩区管理小组，配备管理人员 7 人。

五金港圩区　位于长安镇兴城、兴福、东升 3 个村。建于 1995 年 5 月，总投资 245.05 万元。圩区面积 899.33 公顷，其中水田 481 公顷，旱地 103.8 公顷，双园 52.8 公顷。圩内平均田面高程 4.45 米，最低高程 3.93 米。居住人口 1758 户，7136 人。建有排涝站 7 座，机泵 19 台套，装机 451 千瓦，排涝流量 11.635 立方米／秒，排涝模数 1.29 立方米／秒／平方公里。建有水闸 11 座，孔宽 35.3 米，圩堤 7.8 公里，平均圩顶高程 5.63 米，顶宽 5.8 米，堤外历史最高水位 5.09 米(1999 年)，排涝渠长 66.2 公里。圩区由 3 个村组建五金港圩区管理小组，配备管理人员 50 人。

白漾涧圩区 所在行政村东升村。1998年建成,工程投资63.8万元。圩内面积209.6公顷,最低田面高程3.9米,平均田面高程4.1米。圩外历史最高水位5.09米, 排涝模数0.86立方米/秒/平方公里。排涝能量20年一遇,长度9.8公里。平均圩顶高程5.8米,平均圩堤宽度5米。建排涝闸6座,装机100千瓦,排量1.8立方米/秒,排渠2.0公里,管理人员11人。

新德圩区 所在村德丰村。1995年5月建成,工程投资37.84万元,圩内面积95.87公顷,最低田面高程3.8米,平均田面高程4米,圩外历史最高高程5.09米。排涝模数0.91立方米/秒/平方公里,排涝能量20年一遇,长度3.3公里。平均圩顶高程5.5米,平均圩堤宽度4米。建排涝闸3座,装机56千瓦,排量0.89立方米/秒,排渠11公里,管理人员2人。

章古圩区 所在村辛江村。1997年建成,工程投资28.5万元。圩内面积124.6公顷,最低田面高程4米,平均田面高程4.25米,圩外历史最高高程5.09米。排涝模数0.95立方米/秒/平方公里,排涝能量20年一遇,长度3.2公里。平均圩顶高程5.5米,平均圩堤宽度3.2米。建排涝闸3座,装机55.5千瓦,排量1.18立方米/秒。排渠4.5公里,管理人员5人。

斗门圩区 所在村大型村。1998年4月建成,工程投资29.58万元,圩内面积120公顷,最低田面高程4.1米,平均田面高程4.35米,圩外历史最高高程5.09米, 排涝模数0.74立方米/秒/平方公里,排涝能量20年一遇,长度2.53公里。平均圩顶高程5.6米,平均圩堤宽度3.5米。建排涝闸3座,装机37千瓦, 排量0.89立方米/秒。排渠6.2公里,管理人员3人。

1991年至2005年, 长安镇渠道衬砌128.4公里,修建落河涵洞130只,改建13只,新建117只。

护岸

崇长港护岸 1974年—1982年, 崇长港西岸长安丝绸仓库至庄婆堰段新建斜坡和直立式块石护岸2.42公里。底高程1.5米, 顶高程5～5.2米。1983年9月至1985年1月, 续建崇长港东西护岸5.66公里。其中,工业区岸自辛江大桥至桐乡县交界处,长3.11公里;西岸自庄婆堰至七里亭,长2.55公里。东西护岸均为斜坡浆砌块石,基础底高程1.5米,护坡厚0.3米,顶高程东岸4.2米,西岸4.5米。

上塘河河岸 1975—1978年,上塘河北岸自许村施家堰至盐官平安桥建斜坡式干砌石护岸20.93公里,护岸底高程3～3.2米,顶高程6米。

辛江塘河岸 1978年,辛江塘北岸自义娘桥至洪福桥建斜坡式块石护岸3.88公里, 护岸底高程1.5米,顶高程4.5米。1981年,辛江塘北岸自创业桥至义娘桥建斜坡式干砌石护岸2.4公里。护岸底高程1.5米,顶高程创业桥至塘桥段为5.2米,塘桥至义娘桥段为4.5米。

第三节 城镇防洪工程

崇长港闸站

位于长安镇北, 崇长港与南涵洞桥叉口南侧,是长安镇防洪主体工程,泵站建有36英寸轴流闸4台, 配套动力520千瓦, 机耕流量12.24立方米/秒;闸室为三孔,中孔净宽10米,为卧式钢闸门和钢筋混凝土闸门,2×16T和2×6T吨绳鼓式卷扬机启闭。泵站建筑面积128平方米。

虹桥闸

位于长安镇中心,上塘河支流,古虹桥东侧。建有闸孔,净宽6米,升卧式钢闸门一扇,配1台2×12.5T卷扬式启闭机,建筑面积224平方米。

怡园小区2号排涝泵站

位于长安怡园小区,修川路西殷家浜。建有排涝泵1座,配套14英寸和20英寸轴流泵1台。配套动力15千瓦和22千瓦电机1台, 排涝流量0.8立方米/秒。

疏浚河道

云洞港疏浚长度1.09公里。殷家浜疏浚长度3

公里。

护岸

云洞港新建护岸 896 米，修建 538 米。三里塘港新建河岸 310 米，修建 270 米；殷家浜新建护岸 409 米。

桥梁

在云洞港新建板梁桥 1 座，桥跨度 6 米，桥宽 3.5 米。

建国后，解决上塘河水源为各级党政部门所重视，陆续兴建起一批电力翻水站。

第四节 翻水站

长安翻水站

上塘河流域调蓄能力较差，常受干旱威胁。每逢 7～8 月伏旱，由于上游水源不足，农田灌溉无法保障。1956 年春，根据省水利厅上塘河流域的统一规划，海宁境内先选择长安李家井、许村凌家堰各建翻水站 1 座，翌年建成投入使用。1961 年、1973 年、1981 年又分别建造长安（新站）和盐仓垦区两级翻水站。长安翻水站位于长安镇解放桥西侧沪杭铁路北侧，老站建于 1961 年，1962 年扩建机房、增加机泵。1973 年，投资 36.43 万元，将变压器更换成 35 千伏直变 400 伏 1 台，1800 千伏安。1978 年，为解决翻水站引水畅通，投资 8.94 万元，拆建长安镇解放桥阻水桥梁。1982 年，为方便水泵检修，投资 2.35 万元，安装活动检修闸门。1985 年 5 月，为节约能源，提高效率，将 5 台 55 千瓦电动机更换成 5 台 45 千瓦 Y 系列电动机，PY3 轴流泵更新为 24ZLBC－100 型轴流泵，每台水泵的提水量增大至 1 立方米／秒。经多年运行，因设备老化和站址地面沉降，常受下河洪水倒灌。“1999·6·30”洪涝时，机房内积水深 99 厘米，机电设备受淹。2003 年 3 月开工，在旧址基础上，拆建长安翻水站，利用原变电房 1600 千伏安变压器，安装 6 台 900 轴流泵，配套动力 930 千瓦，翻水站流量为 12.96 立方米／秒。首次采用自动化监控系统，自动记录运行情况。2004 年 7 月基本完工。工程总投资 1073 万元，征地 4.61 亩，拆迁民房 2530.5 平方米，政策处理费 187.11 万元。改建工程基础采用现浇灌注桩和桁架墩预制桩，砼底板，现浇墩墙、挡水墙、水泵层、电机层砼。进水段采用砼护底，长 50.61 米，出水池出水连接段利用老底板浇筑砼，泵房为砼框架结构，建筑面积 355 平方米。其中操作室 93.8 平方米，生活及电脑操作用房 53 平方米。工程经嘉兴市水利工程质量监督站质量评定为优良工程。翻水站改建工程施工期间，建长安姚家润临时翻水站一座，安装 18 台 12 寸轴流泵，翻水流量为 3.06 立方米／秒。翻水站主体工程完工后，2004 年 7 月 5 日组织设计、监理、管理、质监、设备供货单位等进行试运行，开机 40 分钟发现熔断器爆裂，经维修、调换后，六台机组先后开机 2090 多小时。10 月 12 日又组织相关单位对设备进行 24 小时连续运行检查，验收合格后，移交海宁市上塘河流域管理所管理。

李家井翻水站

位于长安镇公庆街东侧李家井。1956 年 4 月动工，1957 年 8 月竣工。该站投资 9.19 万元，建有机房 4 间，管理房 2 间，安装 320 千伏安变压器 1 台，60 马力电动机 4 台，共 240 马力，配 22 寸立式轴流泵 4 台，每台水泵提水流量 0.86 立方米／秒。共可出水 3.44 立方米／秒。后因河道内铁路桥阻水，使引水发生困难。1972 年 7 月将该站拆除，原有 4 套机泵设备搬迁至许村、黄湾两站各两套。

老盐仓翻水站

老盐仓翻水站位于杭金公路 32 公里老海塘内，属向上塘河提水入垦区的两级翻水站。建于 1981 年动工，1982 年 4 月竣工投入运行。建有机房 4 间，管理房 4 间，食堂 1 间。安装 420 千伏安变压器 1 台，70 轴流泵 4 台，配套动力为 80 千瓦电机 4 台，翻水流量 4.24 立方米／秒，变压器为 500 千伏安，从新塘河引水翻水到盐仓开发区，解决盐仓开发区水源问题。1988 年老盐仓翻水站移交给盐仓农业综合开发区管理。随着盐仓垦区产业结构的调整，种养业逐渐减少，2002年后很少翻水运行，主要靠外排闸引钱塘江水源。

第五节　节水灌溉

暗灌

暗灌即地下PVC管道通过放水阀自由出流灌溉农田。放水阀形式有砼下压控制箱，金属阀和塑料控制箱等。长安大型村曾使用过。主要灌溉粮食、经济作物、蔬菜等高效农作物。

浇灌

浇灌主要适用于花卉，地下PVC管通过高压水泵或水塔打开闸阀，接软管到用水处，用喷头喷洒浇灌。长安花卉园区已使用这一灌溉方法。

喷灌

喷灌是一种先进的灌水方法，犹似人工降雨，它具有灌水适量均匀、省水、省电和人工调节田间小气候等优点，1983年原辛江乡新丰村建造小型固定式桑园喷灌实验站2处，投资1.4万元，安装浙农3—6水泵2台，共装机15千瓦。1984年喷灌面积3.3公顷。现已不再使用。

喷、滴灌

喷、滴灌是通过高压水泵或水塔延着地下PVC管，打开闸阀，水通地滴灌带、微喷带或喷头到作物上。2005年前，长安(盐仓)的高效示范区、省农科院示范区有使用。

长安花卉园区节水灌溉

长安花卉园区主要设施有泵站2座，8吋高压水泵4台，配有电机18.5千瓦4台，70吨水塔2座，埋设PVC暗管11250米，建有U型槽灌渠、排渠15656米。泵房管理房1818平方米，桥梁2座，砼路面长9675米、面积40641平方米，砂石路面长5835米、面积14588平方米。块石护岸44米，连栋大棚52672平方米，单体大棚2696只。配有冷库、锅炉、加温机、植保机、施肥机等。灌溉方式主要是浇灌。

第六节　海塘维修

盐仓塘

钱塘江海宁盐仓段标准海塘位于钱塘江河口盐仓段北岸西起杭州半山电厂灰坝，东至老盐仓大坝，全长7078米，属海宁市管理。标准海塘堤线已达钱塘江河口规划临江线，与杭州、海宁明清时期老海塘、海盐及平湖等其他海塘共同构成钱塘江北岸防洪封闭线，保护着杭嘉源平原及苏淞地区人民生命财产安全，是防御洪潮侵袭的重要水利工程。1979年结合江道整治围垦海涂兴建盐仓段海塘，1984年全线建成浆砌块石斜坡塘。盐仓海塘建有护堤建筑物盘头1座，高丁坝6座，低丁坝13座，1986年建造单孔的排涝闸1座。

1999年3月开始建设盐仓标准海塘工程。1999年12月开工，2000年完工丁坝工程；同年12月开工，2001年8月完工新建水闸、老水闸加固；2002年3月开工，6月完工坝顶道路建设。工程防御标准为100年一遇，海塘标准为I级海塘。高水位按百年一遇洪潮9.94米，涌潮高度2.0米，风浪按百年一遇；堤前滩地高程按百年一遇洪水冲刷后堤前遭涌潮冲刷的最大可能冲刷高程；海塘整体抗滑稳定安全系数1.3，防冲墙抗滑稳定安全系数1.35，抗倾稳定安全系数10.6。

盐仓新排涝闸内侧护塘地建有砖混结构防汛屋，建筑面积228.5平方米，堤顶道路为水泥砼路面；塘脚驳坎为海塘内坡脚设置直立式浆砌石挡土墙；堤顶、后坡、护坦地植被工程和水闸盘头附近景观绿化及相应养护工程。盐仓标准海塘工程于2005年2月，通过了由嘉兴市水利局组织的单位工程验收；12月，通过由项目法人单位"海宁市水利建设投资开发有限责任公司"组织的竣工初步验收，出具验收鉴定书，认定工程已按批准的设计规模全面完成建设任务，运行情况正常。验收委员会同意嘉兴市质量监站的评定意见，核定工程质量等级为优良，并通过工程竣工验收。盐仓标准海塘累计完成投入 9130.9 万元。2005 年 2 月，正式移交给海宁市盐仓江堤管理所运行管理。

市管盐仓塘

海宁市盐仓海塘是 1979 年结合江堤整治围垦海涂兴建的，1984 年全线建成浆砌块石斜坡塘。1987 年以来，江道、水流、地形条件变化，涨、落潮主流持续逼近盐仓岸线，堤塘前滩地刷深，塘基大方脚外露，海塘历经每天两潮的涌潮侵蚀，塘基及丁坝工程损坏严重，海塘出现护坡坍塌、大方脚外露挂空、部分丁坝被毁等险情，严重威胁着海塘的安全。市政府每年投入了大量人力与物力进行维修与保养。1991 年到 2000 年累计投入维修经费 424.04 万元，主要完成工程项目有：背后浇钢筋混凝土坦水 5857 米、修复护坡及大方脚 12633 米、坝头钢筋笼防护 18.3 吨、抬抛块石 149219 吨、修复坝头环梁 7 个。

第七节 围海造田

1979 年 10 月 16 日，参加筑堤围海的许村、许巷、沈士、长安、辛江、钱塘江、周王庙、盐官、郭店等 9 个公社的 2.5 万民工，在公社党委、大队党支部的主要负责人带领下，到工地向县围垦指挥部报到。历时 9 天，从十号坝到八号坝东端 800 米处筑起吴淞高程 9.5 米大堤 5.79 公里和吴淞高程 8.5 米西隔堤 3.4 公里，围堤总长 9.19 公里。许巷、沈士、长安、辛江、钱塘江等六个公社筑起堤顶宽 10 米，堤高 12 米、外坡比 1：2 的沿江大堤 3.7 公里，挑培土方 45.92 万立方米。第一期围涂 966.67 公顷。

1980 年 1 月 23 日，参加联围的许村、许巷、沈士、长安、辛江、钱塘江、东升、红江、红星等 9 个公社出动民工 4.43 万人向县围垦海涂指挥部报到，24 日召开“盐仓第二期围涂工程誓师大会”。25 日开工至 2 月 2 日，许村、沈士、长安、辛江、钱塘江、东升、钱塘江、红江等 7 个公社率先完成任务，2 月 4 号二期围涂全部结束。开挖大堤河 5.43 公里，挑培土方 64.65 万立方米，成功围涂 367.07 公顷。同年 4 月 22 日，参围公社的 3 万民工按时上塘下滩，进入工地。参加第三期围涂工程。钱塘江、辛江、东升、红江、许巷、许村、沈士、长安挑培土方 65.72 万立方米，筑起大堤、隔堤 2.41 公里，成功围堤 226.67 公顷。

盐仓筑堤围涂工程分三期实施，历时 32 天，参围民工 11.53 万人次，投入劳力 400 多万工日，搬动土方 588 万立方米，砌石 100 万吨，耗资 1118.27 万元，挑筑吴淞零上 12 米，底宽 30 米的拦江大堤 7.5 公里，围区隔堤 3 条总长 9.68 公里，抗潮防冲盘头 1 个，高丁坝 8 个，低丁坝 12 个，共围涂地 1595.47 公顷。

第八节 排灌机站

长安镇排灌机站诞生于 20 世纪 50 年代。1956 年至 1958 年长安镇电力排灌机站：长安新民乡有戴家角机站，灌溉面积 503.93 公顷。布行桥机站，灌溉面积 213.73 公顷。庙桥机站，灌溉面积 228 公顷。青莲桥机站，灌溉面积 365.4 公顷。小渡船机站，灌溉面积 291.6 公顷。辛江乡有周家埭机站，灌溉面积 427.8 公顷。登车浜机站，灌溉面积 116.33 公顷。白洋览机站，灌溉面积 226.67 公顷。小安桥机站，灌溉面积 259.4 公顷。和睦桥机站，灌溉面积 282.4 公顷。董蒋桥机站灌溉面积 232.73 公顷。到 2005 年共有大小机站 155 座，见附表：

长安镇排灌机站一览(一)

表 2-10-1

行政村	机站名称	机站性质	机泵型号、数量及更新时间	渠首高程	灌溉面积(亩)	建造日期
褚石村	宋家石桥机站	单灌	350HW-8S 一台 18.5 千瓦 1999 年	6.92	574	1973.3
	褚石机站	单灌	12HBC-40 一台 15 千瓦 1992 年	7.72	555	1964.3
	方桥机站	单灌	300HW-4 一台 15 千瓦 1992 年	7.32	525	1980.3
	庙桥机站	单灌	16HBC-40 一台 22 千瓦 1991 年	7.22	1128	1956.11
	张家浜机站	单灌	12HBC-40 一台 15 千瓦 250HW-40 一台 11 千瓦 1992 年	6.82	603	1973.3
	鱼家桥机站	单灌	250HW-40 一台 11 千瓦 2003 年	6.67	220	1987.3
	许家石桥小机站	单灌	10 寸一台 13 千瓦	—	130	2000.10
	烂木桥小机站	单灌	250HW-7S 一台 13 千瓦	—	40	2000.10
	五组小机站	单灌	8 寸一台 11 千瓦	—	80	2000.10
东陈村	芷泉机站	单灌	300HW-4 一台 15 千瓦 1997 年	7.13	1057	1974.3
	南机站	单灌	上海产 16 寸一台 28 千瓦 浙农 10-35 型一台 11 千瓦	6.94	1199	1974.3
	项介浜机站	单灌	12HBC-40 一台 15 千瓦 1997 年	6.82	574	1974.3
	殷介机站	单灌	12HBC-40 一台 15 千瓦 1999 年	6.90	373	1979.3
	老坟头机站	单灌	300HW-4 一台 15 千瓦 2002 年	7.23	561	1963.1
	塘桥小机站	单灌	12 寸一台 15 千瓦	—	150	—
	赵家湾小机站	单灌	10 寸一台 13 千瓦	—	26	—
	杨柳红小机站	单灌	10 寸一台 13 千瓦	26	19	—
	杨明台小机站	单灌	10 寸一台 13 千瓦	—	75	—

长安镇排灌机站一览(二)

表 2-10-2

行政村	机站名称	机站性质	机泵型号、数量及更新时间	渠首高程	灌溉面积(亩)	建造日期
天明村	小青港机站	单灌	12HBC-40 一台 15 千瓦 1992 年	7.07	531	1974.3
	长征桥机站	单灌	300HW-7S 一台 15 千瓦 1999 年	7.17	327	1979.3
	联合桥机站	单灌	300HW-7S 一台 15 千瓦 1999 年	6.97	351	1980.3
	园区机站	单灌	Y180M-4 二台 18.5 千瓦 *2 2000 年	水塔	150	低压
	眼头小机站	单灌	8 寸一台 10 千瓦	—	110	低压
	高家小机站	单灌	8 寸一台 10 千瓦	—	100	低压
	司姑桥机站	单灌	300HW-7S 二台 15 千瓦 *2 1999 年	7.00	545	1960.1
虹金村	东机站	单灌	250HW-40 一台 11 千瓦 2003 年	6.67	547	1974.3
	南机站	单灌	250HW -7S 一台 11 千瓦 1999 年 300HW-7S 一台 15 千瓦 1999 年	6.67	565	1979.3
	西机站	单灌	10 寸一台 13 千瓦	6.67	1121	1974.3

续表 2–10–2

行政村	机站名称	机站性质	机泵型号、数量及更新时间	渠首高程	灌溉面积(亩)	建造日期
老庄村	中心港机站	单灌	12HBC–40 一台 15 千瓦 1996 年	6.37	1017	1974.2
	老庄机站	单灌	12HBC–40 一台 15 千瓦 1996 年	6.07	1135	1975.1
	太平机站	单灌	新仓产 10 寸一台 11 千瓦	6.05	250	—
	祖家机站	单灌	12HBC–40 一台 15 千瓦 1996 年	6.35	25	—
肖王村	向阳桥机站	单灌	250HW–4 二台 11 千瓦 *2 2004 年	6.87	488	1963.3
	六角亭机站	单灌	300HW–7S 二台 15 千瓦 *2 1999 年	7.17	785	1973.11
	思洋桥机站	单灌	300HW–4 一台 15 千瓦 1992 年	6.87	1036	1960.12
	吴家桥机站	单灌	浙农 10–35 型一台 11 千瓦	7.44	438	1974.12
	周花园机站	单灌	200HW–4 一台 11 千瓦 2003 年	6.70	60	—
	一组机站	单灌	200HW–4 一台 11 千瓦 1990 年	7.20	80	—
	二十组机站	单灌	200HW–4 一台 11 千瓦 2004 年	6.50	100	—

长安镇排灌机站一览(三)

表 2–10–3

行政村	机站名称	机站性质	机泵型号、数量及更新时间	渠首高程	灌溉面积(亩)	建造日期
城东村	陈家木桥机站	单排	300ZB–48B 一台 11 千瓦 2000 年	—	—	—
	横河港机站	单排	350 直联一台 18.5 千瓦 2000 年	—	—	—
	褚墩庙机站	单排	350 直联一台 18.5 千瓦 2000 年	—	—	—
			250ZLB–4 一台 7.5 千瓦 2000 年			
	褚墩庙北机站	单排	350 直联一台 18.5 千瓦 2000 年	—	—	—
			250ZLB–4 一台 7.5 千瓦 2000 年			
	陈家桥机站	单灌	300HW–40 一台 15 千瓦 1990 年	6.17	—	—
			350HW–8S 一台 18.5 千瓦 2004 年			
	青莲桥机站	单灌	14HBC–40 一台 18.5 千瓦 1992 年	6.17	310	1956.11
	卫国机站	单灌	14HBC–40 一台 18.5 千瓦 1992 年	6.27	1380	1974.3
			12HBC–40 一台 15 千瓦 1992 年			
	东关机站	单灌	12HBC–40 二台 15 千瓦 *2 1989 年	6.87	—	—
	姚家涧机站	单排	2500ZLB–4 一台 7.5 千瓦 2000 年	—	—	1961.12
新民村	新民机站	单灌	12HBC–40 一台 15 千瓦 1989 年	627	553	1961.12
	蔡家石桥机站	单灌	14HBC–40 一台 18.5 千瓦 1988 年	6.57	1063	1960.12
			12HBC–40 一台 15 千瓦 1988 年			
	崔家石桥机站	单灌	300HW–4 一台 15 千瓦 2007 年	6.07	320	1978.12

续表 2-10-3

行政村	机站名称	机站性质	机泵型号、数量及更新时间	渠首高程	灌溉面积(亩)	建造日期
金港村	牧港机站	单灌	300HW-7S 二台 15 千瓦 *2 2000 年	7.25	816	1963.1
	胜利机站	单灌	12HBC-40 一台 15 千瓦 1992 年	7.45	336	1984.5
	金桥机站	单灌	12HBC-40 二台 15 千瓦 *2 1988 年	6.67	845	1974.1
	金星机站	单灌	12HBC-40 二台 15 千瓦 *2 1989 年	6.61	924	1963.12
	胜利小机站	单灌	6 寸一台 7.5 千瓦		65	—
	立新小机站	单灌	6 寸一台 7.5 千瓦		36	—
	徐家小机站	单排	6 寸一台 7.5 千瓦		90	—
	郭家小机站	单灌	8 寸一台 11 千瓦		48	—
	倪家小机站	单灌	6 寸一台 7.5 千瓦		40	—
	张家小机站	单灌	6 寸一台 7.5 千瓦		50	—

长安镇排灌机站一览(四)

表 2-10-4

行政村	机站名称	机站性质	机泵型号、数量及更新时间	渠首高程	灌溉面积(亩)	建造日期
兴福村	徐家机站	单排	20ZLB-100 一台 22 千瓦 2004 年	—	—	—
			700ZLB-160 一台 55 千瓦 1997 年			
	包家桥机站	排灌两用	20ZLB-100 一台 22 千瓦	6.33	922	1971
			14ZLB-500 一台 15 千瓦 1991 年			
			12HBC-40 二台 15 千瓦 *2 1991 年			
	陈家机站	单排	300ZD-4B 一台 15 千瓦 2002 年	—	—	—
	兴福机站	单灌	16HBC-40 一台 22 千瓦 1991 年	6.40	891	1971
			300HW-7S 一台 15 千瓦 1991 年			
	杨家机站	单灌	300HW-4 一台 15 千瓦 1995 年	5.66	388	1962
			250HW-5 一台 13 千瓦 1995 年			
东升村	小安桥机站	排灌两用	700ZLB-160 一台 55 千瓦	6.16	951	1991
			14HBC-40 二台 18.5 千瓦 *2 1992 年			
	竹小浜机站	单灌	300HW-7S 一台 14 千瓦 1984 年		345	1984
	何家浜机站	单排	300HW-4B 一台 11 千瓦 2000 年	—	—	—
	白洋涧机站	排灌两用	16HBC-40 一台 22 千瓦 1998 年	5.38	498	1998
			12HBC-40 一台 15 千瓦 1997 年			
			20ZLB-100 一台 22 千瓦 1998 年			
	孙家桥机站	排灌两用	12HBC-40 一台 15 千瓦 1998 年	5.45	205	1998

续表 2-10-4

行政村	机站名称	机站性质	机泵型号、数量及更新时间	渠首高程	灌溉面积(亩)	建造日期
东升村	红旗机站	单灌	12HBC-40 一台 15 千瓦 1996 年	5.99	230	1986
	朱家门机站	单灌	8HBC-35 一台 11 千瓦 1998 年	8.3	108	1998
	朱家门东机站	单灌	6 寸一台 7.5 千瓦			
	高板桥西机站	单灌	8HBC-35 一台 11 千瓦 1998 年	8.4	28	1998
	千圣庵机站	单排	宁波产 12 寸轴流泵一台 15 千瓦 1997 年	—	—	—
	李家浜机站	单排	350ZLB-2 一台 11 千瓦 1998 年	—	—	—
	高板桥东机站单灌		8HBC-35 一台 11 千瓦 1998 年	—	—	—

长安镇排灌机站一览(五)

表 2-10-5

行政村	机站名称	机站性质	机泵型号、数量及更新时间	渠首高程	灌溉面积(亩)	建造日期
德丰村	新德机站	排灌两用	300HW-4 二台 15 千瓦 *2 1996 年	5.81	305	1996
	新丰机站	单灌	300HW-4 二台 15 千瓦 *2 1988 年	6.12	993	1974
	上丰桥机站	单灌	12HBC-40 一台 15 千瓦 2002 年	5.58	180	1983
	新德南机站	单灌	200HW-7S 一台 11 千瓦 1999 年	高扬程	—	—
	姚家浜机站	排灌两用	8HBC-35 一台 11 千瓦 2003 年	高扬程	—	—
			350ZLBN-2 一台 11 千瓦 2003 年			
			20ZLB-100 一台 22 千瓦 2003 年			
	郎下港机站	单排	350ZLBN-2 一台 11 千瓦 2000 年	—	—	—
	黄家角机站	单排	250ZD-4 一台 7.5 千瓦 2000 年	—	—	—
	祝家浜机站	单排	300ZLB-2 一台 11 千瓦 2002 年	—	—	—
	洛家浜机站	单排	300ZLB-2 一台 11 千瓦 2002 年	—	—	—
	戚家浜机站	单排	350ZLB-2 二台 11 千瓦 *2 1996 年	—	—	—
	李家角机站	单排	250ZD-4 一台 11 千瓦 1996 年	—	—	—
			200ZLB-2 一台 7.5 千瓦 2002 年			
	李家角北机站	单排	700ZLB-160 一台 45 千瓦 *2 2000 年	—	—	—
兴城村	五金港机站	排灌两用	500ZLBC-125 一台 22 千瓦 1995 年	—	960	1972
			700ZLB-1600 一台 55 千瓦 1995 年			
			250HW-7S 一台 11 千瓦 1999 年			
	李家浜机站	排灌两用	14HBC-40 一台 18.5 千瓦 1994 年	6.01	420	1993.5
			350ZLB-2 二台 22 千瓦 1995 年			

续表 2-10-5

行政村	机站名称	机站性质	机泵型号、数量及更新时间	渠首高程	灌溉面积(亩)	建造日期
兴城村	刘门角机站	排灌两用	500ZLB-2 二台 22 千瓦 1982 年 12HBC——40 一台 13 千瓦 1983 年	6.27	530	1972
	建城机站	单灌	12HBC-40 一台 15 千瓦 300HW-7S 一台 15 千瓦		960	1972
	任家墙门机站	单灌	8 寸一台	—	—	—
	黄泥浜机站	排灌两用	3501-1W-8 二台 18.5 千瓦 *2 1991 年	—	—	—
	万兴机站	单排	500ZLBC-125 一台 22 千瓦 1989 年		597	1989.4
	渡船头机站	单灌	8HBC-35 一台 11 千瓦 1998 年	6.84	80	1996.5

长安镇排灌机站一览(六)

表 2-10-6

行政村	机站名称	机站性质	机泵型号、数量及更新时间	渠首高程	灌溉面积(亩)	建造日期
辛江村	杨家石桥机站	单排	250ZLB-4 一台 7.5 千瓦 2002 年 300ZLB-4 一台 11 千瓦 2002 年	—	—	—
	严家浜机站	单排	350ZLB-4 二台 11 千瓦 *2 1999 年	—	—	—
	杨铁坝机站	单排	500ZLBC-125 一台 22 千瓦 1999 年 350ZLB-4 一台 11 千瓦 1999 年	—	—	—
	杨铁坝北机站	单灌	8HBC-40 一台 11 千瓦 1999 年	高扬程	—	—
	亭子桥南机站	单灌	8HBC-40 一台 11 千瓦 1999 年	高扬程	—	—
	双坝桥机站	单排	250ZLB-4 一台 7.5 千瓦 1992 年	—	—	—
	双坝桥南机站	单排	6 寸一台 7.5 千瓦 2002 年	补点	—	—
	章古机站	单排	300HW-4 一台 15 千瓦 1997 年 500ZLB-6 二台 22 千瓦 *2 1997 年	5.83	120	1997.5
	周家埭机站	单灌	12HBC-35 二台 15 千瓦 *2 1983 年	6.02	460	1957.12
	祝石桥机站	单灌	300HW-4 一台 15 千瓦 1985 年	5.31	125	1970.7
	钱家洋机站	单排	300ZLB-2 一台 11 千瓦 2000 年	—	—	—
	戴家机站	单排	250ZLB-2 一台 7.5 千瓦 1997 年	—	—	—
泰山村	杨家机站	排灌两用	300HW-4 一台 15 千瓦	5.67	—	—
	陈角机站	排灌两用	500ZLBC 一台 22 千瓦 1993 年 300HW-4 一台 15 千瓦 1993 年 12HBC-40 一台 14 千瓦 1993 年	5.67	538	1993.5

续表 2-10-6

行政村	机站名称	机站性质	机泵型号、数量及更新时间	渠首高程	灌溉面积(亩)	建造日期
泰山村	林家港机站	排灌两用	500ZLBC-125 一台 22 千瓦 2001 年 6 寸一台 7.5 千瓦	—	—	—
	莫家洋机站	排灌两用	300HW-4 一台 15 千瓦 1996 年 16HBC-40 一台 22 千瓦 1996 年 350ZLB-2 一台 18.5 千瓦 1988 年 500ZLBC-125 一台 22 千瓦 2000 年	5.50	280	1996.5
	梅家浜机站	单灌	10HBC-40 一台 11 千瓦 1997 年	5.50	220	1997.5
	中心机站	单灌	300HW-4 二 15 千瓦 *2 1997 年	5.50	280	1997.4
	前进桥机站	单排	10HBC-40 一台 11 千瓦 1993 年 8HBC-40 一台 7.5 千瓦 1993 年	—	—	—
	利家浜机站	排灌两用	8HBC-40 一台 7.5 千瓦 1996 年	—	—	—
	陈角高扬程机站	单灌	6 寸一台 7.5 千瓦	高扬程	—	—
	泰山高扬程机站	单灌	6 寸一台 7.5 千瓦	高扬程	—	—

长安镇排灌机站一览(七)

表 2-10-7

行政村	机站名称	机站性质	机泵型号、数量及更新时间	渠首高程	灌溉面积(亩)	建造日期
大型村	大型机站	单灌	16HBC-40 一台 22 千瓦 1991 年 10HBC-40 一台 11 千瓦 1991 年	6.20	958	1970
	斗门机站	单灌	12HBC-40 一台 15 千瓦 1990 年 10HBC-40 一台 11 千瓦 1990 年	5.90	421	1974
	杜家机站	单灌	12HBC-40 一台 15 千瓦 1997 年	5.80	125	1996
	斗门排涝站	单排	500ZLB-6 一台 22 千瓦 1998 年	—	—	—
	红星机站	单灌	12HBC-40 一台 15 千瓦 1995 年	6.00	580	1983
	红星暗灌	单灌	8HBC-40 一台 20 千瓦 1985 年	暗灌	—	—
	安桥排涝站	单排	14HBC-40 一 18.5 千瓦 2005 年	—	—	—
	顾家排涝站	单排	10 寸一台 13 千瓦	—	—	—
	杜家排涝站	单排	10 寸一台 13 千瓦	—	—	—
镇区	怡院 1 号	单排	14 寸二台 37 千瓦	—	—	—
	怡院 2 号	单排	14 寸一台 18.5 千瓦 20 寸一台 22 千瓦	—	—	—
	铁北排涝站	单排	24 寸二台 74 千瓦	—	—	—
	崇长港排涝站	单排	36 寸四台 520 千瓦	—	—	—

第九节 管理机构

长安公社于1958年建立长安公社机电排灌站,1992年8月与长安镇合并后改名为长安镇水利农机管理站。辛江乡于1961年建立机电排灌站,1999年11月与长安镇合并。乡镇合并后,建立长安镇农业服务中心。

长安镇、辛江乡水利领导机构沿革

表2-10-8

机构名称	时 间	负 责 人		
		姓名	职务	任职时间
长安公社机电排管理所	1958.3～1961.5	戴方荣	所长	1958.3～1961.5
长安公社机电管理所	1961.6～1973.6	褚福康	所长	1961.5～1963.3
	—	陈朝阳	所长	1963.3～1965.5
	—	马传宝	所长	1965.5～1973.6
长安公社机电排灌站	1976.6～1984.1	马传宝	站长	1973.6～1983.3
	—	蔡文伟	站长	1983.3～1984.1
长安乡水利农机管理站	1984.1～1992.8	蔡文伟	站长	1984.1～1992.8
长安镇水利农机管理站	1992.8～1999.11	蔡文伟	站长	1992.8～1998.4
长安镇水利农机管理站	—	朱水刚	副站长	1996.1～1998.4
长安镇水利农机管理站	—	朱水刚	站长	1998.4～1999.11
长安镇水利农机管理站	—	王子文	副站长	1998～1999.11
长安镇农业技术服务中心	1999.11～	吴国良	主任	1999.11～
	1999.11～	朱水刚	副主任	1999.11～
辛江乡机电排灌管理所	1961.5～1973.6	周永林	所长	1961.5～1966.6
辛江乡机电排灌管理所	—	李柏洪	所长	1966.6～1973.6
辛江公社机电排灌管理站	1973.6～1984.1	李柏洪	站长	1973.6～1984.1
辛江乡机电排灌管理站	1984.1～1999.11	李柏洪	站长	1984.1～1999.11

附:历史上的水利大事件

宋绍圣年间(1094～1097)重修长安三闸。鲍提刑累木为之重置斗门二。淳熙二年(1175)开浚长安闸至许村河道。绍熙元年(1192)县令陈恕、募民修筑二十五里塘河,由县治盐官至长安镇,以土筑岸,以石砌之。民称"甘棠堤"。淳祐七年(1247)大旱,河湖皆涸,上塘河不通,凿渠行东苕溪达于西湖,开奉口河与下塘河。元至正三年至四年(1343～1344)三年,知州张先祖修长安三闸。以柏木为之置锐环。旱则闭,水则开。明永乐十八年(1420)夏秋,仁和、海宁潮溢,没海塘2600丈。延及吴家坝。沦海1500余丈。嘉靖二十一年(1542)浙江水利检事黄光升,创建"五纵五横鱼鳞石塘"。后称"鱼鳞石塘"。清康熙年间十四年(1675)十一月,疏浚四境塘河。辟庄婆堰一带塘路至石门界。雍正五年(1727),重浚二十五里塘。自镇海门吊桥起直达长安迤西施家堰仁和界止。乾隆二年(1737)四月初七开工,兴建鱼鳞石塘。八年六月初九竣工。共长6097丈6尺8寸，按千字文排列。以20丈为一号。竖碑编号共640号。三十七年三月二日，老盐仓一带柴塘改建石塘。同治六年(1867)疏浚长安至临平塘河，全长7700丈。光绪廿三年(1897)，知州李圭开浚长安、袁花、郭店三河，自八月五日开工，十一月竣工。出土4.4万余方。民国20年(1931)疏浚上塘河，长安至许村段。开挖土方11.57万方。

民国23年(1934)大旱，海宁水利局在杭州市闸口装设汲水站2处，汲取钱塘江淡水，以杭州中塘注入上塘河，灌溉两岸农田，以缓解旱情。民国37年(1948)9月，上塘河因水源缺乏，沿岸农田旱情严重，省建设厅会同有关部门组成救旱联合办事处，先开西湖涌金闸，放流量2立方米／秒，经杭州至海宁，并由行政院善后救济总署浙江分署借拨抽水机，在长安镇设置临时吸水站，汲取运河之水注入上塘河。

第三卷 工 业

第一章 工业发展

第一节 传统工业基础

长安蚕桑生产源远流长，土丝、丝绵、绵绸、绢等生产历史悠久。元明以后，土布崛起，成为又一个重要的手工业产品，对长安的经济繁荣起到一定的促进作用。

明洪武元年（1368）官府规定：民田0.33公顷至0.67公顷者，栽桑、麻、棉半亩，0.67公顷以上倍之。又规定棉布一匹可折米1石；棉花1斤可折米2斗等，以此优惠办法鼓励农民植棉。长安地处海宁西部，地势较高，土壤又富含沙质，极宜植棉，元明时期种者不少。明万历《杭州府志》称："布出海宁长安、硖石等地，视他县为多。"长安的棉纺产品有棉布、紫花布（系经一种呈黄色的棉花织成的土布，大多供烧香拜佛者采用）、纱带、手巾及纱线等。长安四郊有"三亩棉花三亩稻，旱也好，涝也好"的农谚，可见农民多种棉花，棉花和水稻的种植面积不相上下。

棉花的经济收入，则远胜于水稻。史载：清康熙九年（1670）1亩耕地用于种水稻，可收米2石（俗称双担），可得银1.6两至1.8两。而1亩耕地用于植棉，可收银3两至4两，粮棉收益相差一倍。在市场价格的推动下，农民纷纷弃粮种棉。棉花收起后，利用农闲自纺自织，收入尤为丰盛。土布大量进入市场，通过土布行、地货行，远销南北各地。土布贸易不仅使农民的收入增加，而且有力地推动长安经济的繁荣，是长安镇及四郊农村日趋富庶的一个重要原因。棉花生产及蚕桑丝绸的发展，又不可避免地挤占水稻种植面积，使长安地区以至海宁西部粮食自给日感不足，又促成长安米市的兴起，使长安的社会经济达到空前的繁荣。

清末民国初期，洋纱、洋布大量涌入中国，土布及纱带销路日减，生产逐渐萎缩，土丝绵绸等与厂丝匹敌。于是，原先植棉的土地转而种其他经济作物，如甘蔗、西瓜等。劳力转入织布、织带、织绸等。至民国以后渐趋衰落，经抗日战争的最后冲击，竟完全消失。由于交通、商业仍较发达，手工行业种类仍比较多。

解放前的长安镇区主要以手工业为主，手工业有：油坊、酱园、染坊、磨坊；营造（泥水、大木）、细木、车木、石匠、箍桶、风箱、船篷、鞋楦、木砻、蓑衣；篾竹、藤器、制伞、麻袋、织袜、牙刷、绱鞋、成衣；嫁妆、棕绷、板箱、材铺、油漆、浇烛、花炮、线香、首饰；铁器、铜锡、白铁；硝皮（制革）、轧花、弹花、肠衣；饴糖、土烟、茶食、糕团；印刷、镶牙、照相等等。

这些手工业的经营方式，多数为前店后作坊，资金少、规模小，或纯系家庭作坊，一般的有二、三名雇工或学徒。长安的手工行业产品以接桑刀和风箱较为有名。接桑刀以刀刃锋利耐用闻名远近；风箱则因从业者少，全镇仅有设于公庆街的叶姓一户，产品做工精密而久享盛誉。传统作坊以王和裕糟坊、久徵酱园、恒丰酱园规模最大，历史亦较长。

手工业生产的初步变革在清宣统二年（1910），原以畜力为动力的正大兴磨坊，当时购进12匹马力引擎1台，用机器代替畜力磨粉，产量迅速提高。1920年，西街俞泳昌购进手摇织袜机12台，后又增购12台，达24台，织袜供应市场，被称为俞泳昌袜庄。继俞泳昌袜庄以后，1924年，李镛斋在曾家弄正式开设了“家庭袜厂”，并以“英雄牌”和“菊花牌”申请注册商标。1931年，该袜厂迁至西街中部。除袜厂外，设于西悦来布店后边的“悦来布厂”，亦开始使用改良型铁机织布。

民国10年（1921），俞寿伧在今劳动路创建“长安电灯厂”。同年，祝仲峙在下闸桥北（今解放桥）创建“鼎新丝厂”。这些当年新型的工厂，为长安镇近代新兴工业开了先河。民国24年（1935）夏，在今东后街油脂仓库地址新建“长安糖厂”，由顾达一集资兴办，聘有2名技师，以机器榨甘蔗制糖，因技术未过关，糖不能正常结晶，结果严重亏损，年余即告夭折。民国24年（1935）长安镇有土丝行十余家，其中陈家“义记”丝行每年和南京缎子机坊有约，每年新丝上市都送来“钉包”预订细丝。它和“长裕”“鸿裕”“广裕”“盈源”“恒源”“天纶”“恒有”等每年供应南京缎坊细丝1000余包，送杭州机坊2000余包。绍兴机行所需粗丝（又名肥丝，长窗丝）600余包（粗丝，原用以换漕粮，故又名漕丝）合计3600余包。长安镇所产茧子，因丝质优良而上千年来都为南京、苏州、杭州等地机坊重点采购之丝。所以民国初（1913），于觉皇寺开办“模范丝厂”，1921年鼎新丝厂开办，民国25年（1936）这丝厂产值60余万元。是年，陈庆曾筹办长安第二丝厂，未几，因抗战爆发未办成。抗日战争爆发以后，长安镇沦陷，兴办的几家工业，均遭受致命的打击，一蹶不振，仅手工业尚能维持。1942年，碾米加工业兴起。

抗战胜利后，两家丝厂及电灯厂恢复生产，但三四年内未有创新。直至解放前夕，长安的现代工业基础仍非常薄弱，是一个消费性的商业市镇。解放初期，手工行业普遍清淡，资金短缺。其中季节性的行业进入淡季，更为艰难。如打铁在秋冬以后，进入农闲时节，生意清淡，必须熬过寒冬，春耕开始后，才会进入旺季。

第二节　公私合营

1951年12月，8户打铁店合并组成“公私合营长安农具铁工场”。县财政科拨款5000元，作为公方投资，帮助解决资金周转不灵的困难，以保证手工农具的供应，促进农业生产。

继农具铁工场以后，又相继组成制绳、车木、成衣等合作小组。但这些均属初级性质的合作组织，而且人数不多，大部分行业则仍为单家独户经营。

1951年，长安镇着手调查研究，在充分掌握情况后，乃有理有节地开展民主改革工作。据1951年统计，全镇分散的手工业共有130余户，连同其他大小场店，共有职工2100余人；两家丝厂共有职工1100余人，农村无工厂。1952年，全镇开展民主改革，改革的重点为所有手工业和商店，以及私营工厂、搬运装卸、泥木建筑、船民运输户等；长安丝厂、中蚕二厂亦同时进行。

1955年，贯彻执行对手工业实行社会主义改造的方针，开展合作化运动。自1955年至1956年，全镇共组织铁器、竹器、木器、造船、建筑、理发、水作（豆制品）、制伞、洗染、制鞋、服装、综合（照相、修钟表、刻字、衡器、牙刷、钢笔）等12个生产合作社，以及制绳、饴糖、金属器皿、挂面、弹絮（包括孵坊、蚊药）5个生产小组和一个搬运服务站，共吸收从业人员748人；至1957年又有14个行业881人参加合作组织，组成17个社（组）。此时，手工行业参加合作化的人数已占从业人员的99%。除手工业生产合作社外，还有5家公私合营工厂（长安电灯厂、铁工厂和建新、联营、同生3家碾米厂）。

第三节　集体工业

长安人民公社的工业

1958年，掀起大办钢铁、大办农业、大搞技术革新的高潮。建成3立方米小高炉3座，1.5立方米小高炉40座，0.3立方米土炉569座。据统计，全年共产生铁109.88吨，钢9.35吨。同时，还先后兴办棉麻染织、制笔、砖瓦、针织、化工、味精、酒精、中药、木塞等15家工厂，制出淀粉、酒精、饴糖、奶粉、钢钻、磨棍、拉丝等97个新产品。这些工厂大多在设备、技术、资金没有落实的情况下仓促上马，产品质量低劣，没有销路，不久即相继停办。

1959年，工业、手工业和商业三线合一，统归供销社领导，原有的17个手工业合作社（组）大部分转为合作工厂，部分社（组）转为商业系统的门市部或附属工场（车间）。1961年，贯彻中央工商业工作四十条及省委关于手工业合作社（厂）十二条（草案）精神，对一些合作工厂（社）的体制又重新加以调整。

长安人民公社1959年县属工业生产统计

表3-1-1 单位：千元

单位	职工数	年产值	毛利	纯利	上缴利润	固定资产	流动资金
孙万茂	129	1207	117	38	31	123	20
米厂	118	6527	348	252	230	149	28
针织厂	188	2501	191	89	17.8	9	106
酿造厂	142	2057	649	190	190	52	360
食品厂	118	688	172	86	46.2	16	69
印刷厂	45	108	45	15	14	5	—
农械厂	131	666	139	58	—	41	119
鞋伞社	66	143	50	14	—	4	18
木器造船厂	158	505	110	24	13.2	34	44
竹器厂	155	254	89	22	7.6	9	21
制笔厂	61	770	112	37	18	11	5
棉麻厂	191	640	217	116	—	22	20

长安人民公社1959年街道工业情况统计

表3-1-2 单位：千元

单位	职工数	年产值	毛利	纯利	上缴利润	固定资产	流动资金
砖瓦厂	59	391	25	7	6	1.1	1.2
蔬菜厂	28	50	12.1	5	4.5	1.7	2.4
草包厂	76	44	26.7	9	8	1.8	1.9
农具厂	39	22	20.3	1.5	1.3	0.2	0.6
盐肥厂	66	41	22.3	4.7	3.7	28	6.2
纸浆厂	42	64	21	4.3	3.6	27.5	12.2
综合厂	112	49	41	3.4	2.9	23.5	-2.2
电瓷厂	64	68	5.1	-4.3	—	1.8	1.1
土硝厂	26	4	—	—	—	—	2.3

附:长安人民公社的"工具改革"

1959年、1960年，长安人民公社作为全省18个机械化试点之一,大搞工具改革。全社创造和改革50多种新式工具,推广使用48706件。治水积肥工具,推广大洋撬、绞盘运泥机、木轮车、滚筒压土机等工具5103件。培育春花方面推广长铁锹、小刮子、施肥器、跃进铲等改良工具28020件。培育桑园方面推广改良铁耙、切桑机和养蚕工具14992件。畜牧食堂用工具855件。制造土抽水机、万灵灶、车子等855件。一时搞起了所谓的"四化"畜牧场5个,"三化"畜牧场38个,"二化"畜牧场52个。还搞起所谓的"三化"食堂25个,"二化"食堂19个,"一化"食堂30个。有竹制的抽水机、打稻机改装的切菜机等。由于大多是勉强上马的土工具,没多时大部分都被淘汰。

人民公社后的1962年,长安镇、长安公社、辛江公社的工业贯彻"调整、巩固、充实、提高"八字方针,工业、手工业通过调整结构,调整产品种类,企业格局渐趋稳定,生产日趋正常,经营情况逐年好转,原为合作工厂(社)形式的亦陆续转为集体工厂。"文化大革命"开始后,各企业又陷入动荡不安的局面。部分工厂几乎处于停产状态,产值增长缓慢。1960年，全镇工业产值为1583万元，至1977年,工业、手工业系统总产值仍只有1714万元。

原长安镇工业

20世纪70年代中期，长安镇区镇属工业有较大发展。1975年电镀厂由一个车间扩展而成为一个工厂。1977年,原制绳厂扩展为长安绸厂,产品、产值均有较大上升,工业出现新的转机。

1978年以后,贯彻中央"调整、改革、整顿、提高"的方针,以及"把工作重点转移到经济建设上来"、"对外开放、对内搞活"等一系列方针政策。长安镇各工业企业在整顿的基础上,出现前所未有的崭新局面。锁厂、皮件厂等对外贸易产品大幅度上升。进入80年代,全镇工业系统经过扩充和引进设备、增加基础设施投入,产值逐年增加。1981年,全镇工业总产值为2814.42万元,1985年达5582.15万元,1987年猛增至10851.87万元，创汇1456.79万美元。1989年，职工人数为6816人，总产值为13782.47万元,每人平均产值达两万多元。其中外销总值为10549.41万元，创汇2022.48万美元。1990年年底工业总产值为24465.89万元，与1987年比,增加1倍以上。

20世纪90年代初,长安有多家国营企业。浙江制丝一厂:1990年年末，全厂拥有职工2354人,全年共生产白厂丝504.85吨，真丝针织面料28.13吨，真丝针织服装161882件(条)，生产总值8981.25万元,全年实现税利1243.34万元。海宁有色金属压延厂:1990年年末,全厂共有职工177人,生产铜带材189.9吨，铝型材374.8吨，生产总值506.3万元,实现利税44.29万元。海宁面粉厂:总产值751.48万元,实现利税54.49万元,生产的"特二粉"被评为省优质产品,企业被评为嘉兴市级文明单位。海宁味精厂:1990年年末，总产值为825.07万元。市属集体企业有:海宁塑料机械总厂、海宁锁厂、海宁皮件厂、海宁铝制品厂、海宁吊扇厂、海宁织带厂、海宁钢窗厂、海宁羊毛衫厂、海宁市第一建筑公司、海宁指甲钳厂、海宁电机厂、海宁童鞋厂。1990年年末生产总值达到11969.64万元。镇属企业有:长安绸厂、长安电镀厂、长安塑料电器厂、春蕾织造厂、海宁塑机总厂长安分厂、指甲钳联营厂、长安镇建工队。1990年年末生产总值达到104243万元。村属企业有:华美服装厂与海宁手帕联营厂、华美皮件厂、西关厢皮革制品厂。1990年年末生产总值达到329.68万元。个体皮件厂3家,总产值达69.3万元。校办企业5家，生产总值319.83万元。1990年年末，长安镇工业生产总值达到24465.93万元。

长安乡(公社)工业

从70年代开始，长安公社农村社队企业开始走上现代工业轨道,大办工业时的土工业大多被淘汰。长安公社的社队办工业1969年只有砖瓦厂、农具厂、建筑社和长安丝厂。1973年,社办企业有农具厂、建工队、长联砖瓦厂、农工丝厂。村办企业有23个，乡村两级工业总产值达到89.60万元;1974年社队办企业21家,工业总产值为293.81万元。1975

年为415.82万元。1976年新增拖拉机站、运输队、水泥厂,社办企业产值达到376.93万元,村办企业有51家,产值114.85万元,社队办企业总产值491.78万元。1977年社队二级工业总产值达到490.87万元。1978年达到465.04万元。1979年浙江麻纺厂海宁分厂建成,乡村二级工业总产值达到507.05万元。是年末,长安公社社队办企业有79家,职工人数为3238人,创利润88.04万元,上交国家税收38.52万元。

进入20世纪80年代,长安公社的社队企业进一步贯彻调整、改革、整顿、提高的方针,坚持速度和经济效益统一为原则。1980年长安公社办起知青砖瓦厂,乡村两级企业共有88家。工业总产值达到933.427万元,创利189.64万元,上交国家税金51.173万元,职工人数3434人。1981年总收入达到了1166万元,利润181万元。1982年达到1320万元,利润达到182.5万元。1983年乡村两级工业总产值为1649万元。1984年,认真落实中央〔1984〕4号文件精神,大力发展乡村企业。长安乡政府把抓企业工作作为农村致富的重要工作来抓,狠抓企业班子建设和企业经营管理,完善责任制和注重培养供销队伍,从而提高企业素质。1984年乡村企业总产值第一次闯过了2000万元大关,总产值达到2234万元,创利165万元。到1985年全乡有村办企业99家,乡办企业15家。1985年年末,乡村两级职工人数6071人,创产值3647.13万元,利润179.24万元。1986年乡村两级企业216家,其中村办企业134家,职工人数8786人,创产值4622万元,创利279万元。1987年乡村两级企业141家,职工人数8892人,创产值6825万元。1988年乡村两级企业128家,年末人数8197人,创产值9636万元,创利439万元。1989年乡村两级企业117家,职工人数7513人,创产值9629万元,创利189万元。1990年乡村两级企业107家,年末人数8681人,创产值11425万元,创利59万元。1991年乡村两级企业有105家,年末职工人数8218人,创产值13996.72万元,创利223.88万元,1992年并入长安镇。

并入长安镇时,长安乡乡村企业有:创办于1964年的海宁市长安丝厂,创办于1966年10月的海宁市长安建筑公司,创办于1969年的海宁模具厂,创办于1978年的长安电珠厂,创办于1979年的长安水泥厂,创办于1980年的长安知青砖瓦厂,创办于1980年的海宁皮革服装厂、金属拉丝厂、长安砖瓦二厂,创办于1985年的浙江麻纺厂海宁分厂、上海浦光电珠厂海宁分厂、长安联营锁厂,创办于1986年的长安拼线厂、长安运输队,创办于1987年的海宁长安染料化工厂、海宁锁厂第二分厂,创办于1990年的海宁天长联营丝织厂等企业。

1992年,100万产值以上村办企业有:海宁长安褚石五金厂、长安褚石学校五金厂、长安盐仓皮革厂、浙江省皮塑公司新民塑料编织袋厂、新民皮革服装厂、雪豹实业公司新民京联制革厂、海宁长安纸箱厂、长安肖王皮件厂、上海第一纺织工业学校海宁实习分厂、长安福利皮革制品厂、海宁市塑料编织厂肖王分厂、长安东关皮革制品厂、长安青春皮件厂、长安万渡皮革制品厂、长安金星裘皮毛皮厂、长安金桥皮件制品厂、长安牧港皮革制品厂、长安织锦厂、长安涂料油墨厂、上海针织品公司海宁手帕联营厂、长安西关厢皮革制品厂、上海华联商厦海宁华安皮件海宁长安皮塑厂、海宁市铸钢厂、海宁狮威皮革服装厂等。

辛江乡(公社)工业

辛江乡的乡村企业在三中全会前由于受“左”的思潮影响,一直以农业为本,把乡村企业当作资本主义来限止。1964年9月15日,成立辛江人民公社手工业综合服务部。综合社社员允许在本乡和毗邻地区做工,流动服务必须带社员证,凡至其他公社做工必须有大队证明,综合社批准后方可外出。综合社社员不得进行承包业务,营业收入向综合社交纳管理费。1969年12月27日,建立辛江公社工副业办公室,统一管理公社粮食加工厂、农机厂、建筑队的业务活动和外出到外单位的亦工亦农人员。工副业办公室由徐富春、朱振其、沈祖良、邵觉玲四人组成。企业有农具厂、加工厂、建筑队三家。1973年社办企业工业总产值2.88万元。1974年工业总产值3.06万元。1975年增加公社运输队,全社工业总产值26.83万元。1976年增加水泥厂、锁厂,产值为65.91万元。1977年产值72.96万元;1978年建办钢圈厂,全社总产值达到114.55万元;到三中全会以前的1978年,全乡只办起农机厂、钢圈厂、水泥厂、锁厂、建筑工程队等7个乡办企业。村办企业仍只有饲料粉碎机和硬轧头碾米机的加工厂和个别村办的村办小工厂。1978年全乡企业总产值114.5万元,职工364人,向国家缴纳税收4.06万元,拥有固定资产32万元,创利35.47万元。

十一届三中全会后,乡村企业进入了全面发展的新时期。乡办企业先后办起电珠厂、砖瓦厂、砖瓦二厂、纺织厂、针织厂、皮件厂等14家。同时村办企业也开始有了发展,先后办起五金拉手厂、钢窗配件厂、丝厂等企业。1980年乡村两级工业产值达到437万元,1981年达到693万元,1982年达到735万元,1983年达到825万元。1980年乡村企业有60家,1981年56家,1982年64家,1983年67家。1980年乡村两级企业人数1883人,1981年2523人,1982年2278人,1983年2171人。1980年创利润330万元,1981年558万元,1982年591万元,1983年630万元。到1984年乡村两级企业已发展到87家,比1978年增长12.5倍,职工2540人,增长6倍,总产值达到1295.5万元,增长11.3倍,利润实现126.1万元,增长2.6倍,上缴国家税收104.37万元,增长2.5倍。

1985年以后,乡村企业出现一个新的发展高潮。1985年与上海商业二局长宁副食品公司长宁冷冻厂联办海宁冷饮食品厂,与上海静安区烟糖批发部联办沪江糖果厂,两厂共投资157.25万元。同年还与海宁家具厂联办海宁家具总厂辛江分厂,总投资20万元。1986年与海宁锁厂联办海锁一分厂,第一期工程总投资26万元。同时对原有企业,电珠厂、丝厂、纺织厂、钢圈厂、锁厂先后进行改扩建,新增固定资产投资162.37万元。并着手对辛江皮件厂的扩建工作,新增固定资产投入180万元建办制革车间。到1986年年末,辛江乡乡村两级企业已发展到102家,比1984年增长17.24%;总产值达到3333.6万元,增长157.32%;职工4836人,增长90.39%;实现销售3359.59万元,增长159.99%;上交国家税金305.35万元,增长192.56万元;创利260.3万元,增长106.42%;拥有固定资产1084.66万元,增长95.58%。1988年有乡村企业94家,工业总产值达到8155万元,利润总额508万元,职工人数5358人;1989年乡村两级企业93家,工业总产值10473万元,创利330万元,职工人数达到5188人。

进入90年代后,辛江乡坚持"稳定、巩固、提高"的方针,出台一系列的政策和措施。1991年1月1日,出台关于进一步完善乡、村集体企业经营承包责任制的意见。企业实行以厂长(经理)为中心,实行工利挂钩的全员风险抵押的集体承包制。对规模较小的微利企业,实行利润包干、超产分成,实奖实赔的承包责任制。1991年8月4日,转发海宁市人民政府海政〔1991〕27号《关于进一步搞活企业,特别是重点、骨干企业的通知》的通知。1992年为加快辛江经济的发展,改善投资环境,加快辛江乡的改革开放,加速经济发展,在长安镇修川北路东侧,建立辛江乡工业开发区,总面积13.33公顷。有4家企业进入开发区(其中三家中外合资企业)。1993年3月,出台鼓励企业发展的若干意见,突出重点,鼓励先进、鞭策后进,进一步扩大企业自主权,使企业真正成为自主经营、自我约束、自我发展的经济实体。并根据工业(企业)产值、固定资产投入、利润、出口创汇及办"三资企业"、资产增值等五大指标,实行千分考核,以得分多少排出名次,给予3000~30000元的重奖,奖励前十名企业的法人代表,从而促进全乡企业的发展。1993年5月,《出台辛江工业区总体规划》,工业区范围为,沪杭铁路以北,泰山港以南,崇长港以西,林白港以东,总面积1.5平方公里。

1990年乡村两级企业92家,年末职工人数5435人,工业总产值达到12388万元,创利402万元。1991年乡村两级企业86家,职工人数5786人,创产值13996.72万元,利润478.21万元。1992年乡村两级企业85家,年末人数6423人,总产值27258万元,利润754万元。1993年有乡村企业82家,职工人数8927人,工业总产值96442万元,利润1858万元。1994年有乡村企业73家,职工人数7431人,产值79769万元,利润2136万元;1995年有乡村企业50家,职工人数8009人,产值63523万元,利润2159万元。1996年乡村企业有41家,职工人数

7382人,工业总产值112983万元,乡村企业创利润2475万元。1997年9月,又下发《关于鼓励发展个体私营经济的若干意见》的通知。贯彻以公有制经济为主体,多种经济成分共发展的方针,切实加强对个体私营经济的领导和管理,搞好指导和服务,促进经济的发展。1997年有乡村企业33家,个私、联户、家庭企业813家,务工人数9821人,全乡工业总产值14.11亿元。1998年行业结构经过调整,制革皮件、丝绸、建材等传统行业稳定,五金、化工、包装印刷行业加快发展。全乡工业总产值14.23亿元,工业增加值3.24亿元,工业销售产值13.97亿元,销售收入10.6亿元,利税总额4263万元,其中上缴国家税金2248万元。年销售收入500万元以上企业16家,完成工业产值7.44亿元,实现利税2776万元,分别占全乡工业总产值的56.1%和65.1%。全年完成技改投入2983万元,研制开发新产品12只,产值1.73亿元,产值率13.05%。19家乡村集体企业实现产值7.2亿元,实现利税2853万元,从业人员5076人。雪豹集团公司实现产值2.83亿元,利税1714万元;金神锁具有限公司产值3764万元,利税166万元,两家企业双双列入市"兴海工程"企业行列。个私经济保持高速增长,年末个私企业824家,年产值5. 98亿元,利税1410万元,从业人员2580人。其中自有资产超百万元的个体私营企业3家,税收超10万元的5家。个体私营经济已成为全乡经济发展的重要增长点。全乡4家乡办企业实施改制,占乡办企业数的44.4%。在乡办企业产权制度改革中,共置换集体资产211万元。乡村两级22家集体企业通过股权转让、破产重组等多种形式已转制14家,转制面达63.3%。全年外贸出口交货值2.5亿元。新批三资企业1家,投资总额14万美元,实际利用外资6.7万美元。全乡累计审批"三资"企业8家,实际利用外资329.9万美元。1999年并入长安镇。

长安镇工业(乡镇合并后)

1992年长安镇工业产值达到23000万元,比1988年增长142.7%。企业创利税1384万元,比1988年增长391.7%,出现产值、税利、投入同步增长的好势头。是年,创办5家,"三资"企业,引进外资132.8万元,拥有出口创汇企业15家。1990年至1992年两年累计外贸出口达到9449万元。

1993年工业生产"一抓技改投入;二抓深化改革,转换经营机制",狮力等企业转为股份合作制。三家试点企业参股人数达850人,吸收职工个人股150.93万元,职工人均参股1775元(狮力皮件制革厂、长安丝厂、海宁滑道厂)。三抓发展外向型经济,引入4家外资企业,投入155万美元,引进外资79.5万元,年末三资企业达7家。四抓基础管理,练好企业内功,提高经济效益。一抓骨干保重点,二抓问题整改。全年全镇企业总产值4.03亿元,其中镇办企业1.59亿元,利税2216万元,利润总额为1026万元,外贸出口交货值达到7324万元。

1994年工业总产值8亿元,比上年40318万元增97.19%,销售收入达到4.4亿元,产销率达到78%,利税总额完成2794万元。其中税收1693万元,利润1101万元,出口产品交货值达到17722万元,技改投入5030万元,企业产值8.4亿元,工业产值79505万元。分别比上年增长92.64%和97.19%,其中工业净增39187万元,创造了二年翻二番的可喜成绩。企业利税2894万元,外贸出口交货值17122万元,比上年增加142%,技改投入5030万元,创办三资企业3家,协议利用外资254万美元。1995年有乡镇企业19家,营业收入41169万元,利润658万元。村办企业106家,营业收入27696万元,创利润557万元。全镇工业总产值79061万元。

1996年,加大"兴海工程""扭亏转盈""转抓练增"等重点工作力度,初步形成"合力兴工"的氛围。扭亏100多万元,技改投入2953万元,开发新产品10只,其中3只通过省级检定。模具厂喷涂玻璃瓶模具,化工厂的力性染料黄、中性染料黑填补省内空白,新增产值1500万元,利润110万元;是年末,个私经济企业达1244家,总产值31212万元,其中工业产值28260万元。全镇企业产值10.4亿元,工业产值9.9亿元,其中工业增加值37701元。镇村两级实现销售收入5.3亿元,创税利3688万元,外贸交货值4.2亿元。是年兴海工程企业有:米赛丝绸。一级:浙江雪豹实业公司新民京联制革厂,金属压延厂,新入围企业东方丝绸有限公司。

1997年2月,出台关于推进产权制度改革的若干政策规定。在全镇企业中按企业规模、经济效益和经营者自身素质,因厂制宜,形式多样、区别对待,形式有出售拍卖、租赁、出售租赁结合、股份合作制、改组有限公司,并出台了有关政策。是年12月31日,市计经委同意建立长安工业小区,位置在修川路以东,东西大道北侧肖王村内。规模为13.33公顷,从事轻纺、皮件和小五金。1997年,全镇有企业2386家,总产值达到15亿元(现行价),工业总产值121097万元,营业收入11.5亿元,出口产品交货总值3.6亿元,创利润0.3亿元,固定资产原值1.7亿元。

1998年全镇实现工业总产值13.76亿元,比上年增长13.6%;完成销售收入11.4亿元,实现利税6000万元,其中上缴国家税金4217万元。全年技改投入2800万元,开发新产品12只,完成外贸出口交货值3.53亿元。

第四节　个私、民营企业

从1997年开始,长安镇积极鼓励发展个体私营经济的发展,同时开展出售拍卖、租赁、出售租赁结合、股份合作制、改组有限公司等多种形式,对企业进行改制。集体企业逐步转为民营企业,并实行政企分开,使企业获得了真正的经营自主权。政府职能也从管理型转为服务型,同时出台一系列扶持个私企业发展的政策。如:凡新办的个体工商户、私营企业,只要符合国家产业政策,具备建办条件的,经业主申请,可由镇企业服务中心统一向工商、财税等部办理有关手续;凡具备条件的个体私营企业,都可享受原乡镇集体企业的有关政策。规划和建造工业园区,并对进入工业园区的个私、民营企业给予优惠政策。新发展的规模比较大的私营企业,开业后的二年内减免管理费和公益事业费;协助办理用电、用水手续;镇电管所积极帮助做好企业用电落火及扩建增容工作;协调金融部门按规定允许其固定资产进行抵押贷款;负责办理征地手续,优先报批土地;对于个体私营企业金融部门实行贷款倾斜;积极为中、高专业技术人员和大中专毕业生到个体私营企业工作创造良好的环境。其档案、工资、工龄、养老保险、失业保险、职称评定等可按市规定的有关政策享受。积极鼓励个体私营企业开发科技成果、新产品,经有关部门鉴定认可,可享受原乡镇企业同等的优惠和奖励政策;鼓励个私企业上规模、上档次等。1998年,长安镇拥有个体工商户1244家,其中私营企业33家,注册资金3040万元。辛江乡个私经济也保持高速增长,1998年年末个私企业发展到824家,年产值5.98亿元,利税1410万元,从业人员2580人;其中自有资产超百万元的个体私营企业3家,税收超10万元的5家。

1999年,个体、民营企业已占据了大半江山。1999年年末,长安全镇工业生产总产值达到29.05亿元,国内生产总值达到9.68亿元。长安镇的产业结构得到了进一步调整:一、以市场为导向,抓大活小;二、小五金、皮革支持产业继续加大;三、大力推广技术改造。当年技改投入4808万元,开发新产品26只,1只为国家级新产品,6只为省级新产品;四、大力发展个私企业"进小区、扶大户",个私企业产值18个亿,占全镇69%;五是外向型经济不断发展,外贸出口交货值达5.5亿元,引进外贸4万美元,完成十家镇办企业转制工作、30家村办企业摘了集体帽子,得到稳定完善。

2000年5月18日,建立长安镇科技综合工业园区领导小组。是年5月30日,建办工业园区、长安五金科技综合园区。从而,更好为个体企业、民营企业发展创造良好条件。2000年工业总产值33.62亿元,同比增长29.3%,工业增加值达到7.1亿元,完成销售33.29亿元,拥有500万元产值以上32家,实现产值10.7亿元,利税8255万元。为加快产业集聚,长安镇投入资金1880万元开发土地5.07公顷,引进4家企业入园。技改投入6844万元,培育开发新产品26个,实现外贸出口交货值8.86亿元,协议利用外资317.88万元,外贸出口生产企业40家,3家申报ISO 9002质量体系论证。

2001年3月5日,建立招商引资领导小组。是年3月8日,浙江宝泰皮革有限公司破产,资不抵债4136.6万元(2000年9月停产)。同年3月19

日，海宁狮力皮革有限公司破产，资不抵债2712.9万元。破产后的企业，通过腾笼换鸟，变身为民营企业。2001年12月19日，浙江米赛丝绸集团公司改制为浙江米赛丝绸有限公司，也从国有企业转变为民营企业。在此同时，长安镇还加大兴海工程的建设。在当年9月，海宁佳联皮革有限公司及海宁雪豹皮件服饰有限公司纳入海宁市兴海工程。当年，这两家民营企业，销售收入分别达到14647万元和9650万元；利税1069万元和570万元。是年，全镇工业产值41.32亿元，500万元以上企业32家，兴海工程1家，技改投入7050万元，个私经济创产值38.7亿元。引进外资10个，利用外资523万元，2001年外贸出口交货值9.17亿元。

2002年2月27日，为进一步加大对招商引资工作力度，推进长安镇开放型经济发展。建立长安镇招商办公室。3月7日，印发长委〔2002〕10号文件。《长安镇关于进一步加强开放型经济发展的若干意见》。是年，全镇新批500万元以上技改项目11个，投资1.5亿元，完成工业生产性投入1.02亿元，规模以上企业41家，销售产值14.16亿元，7家企业新通过ISO 9001质量验收。是年招商引资项目2个，合同利用外资502万美元，实到外资180万元，6家企业外资出口交货值12.55亿元，其中自营出口7641万美元，全年批准落户园区企业或项目10个，总投资达到1.38亿元，实现工业总产值35.52亿元。当年，长安镇被评为2002年招商引资先进单位。雪豹集团公司评为明星企业。海宁农业对外综合开发区获2002年度利用外贸出口一等奖；长安镇获外贸出口一等奖。2003年实现国内生产总值12.5亿元，比上年增长13.5%，招商引资两年引进实到外资327.4万美元，自营出口额达到9950万美元，比上年增30.2%，12家企业获自营进出口权。长安镇获2003年度海宁市引进市外境内资金工作先进单位三等奖。当年1月27日，海宁滑道厂关闭。2004年“工业兴镇”战略深入实施。完成工业生产性投入1.84亿元，比上年增长38.5%。雪豹皮衣被评为中国名牌产品。这年，长安镇突出外向开拓、开发综合优势明显强化，并深入开展“招商引资年”活动。新批外资项目(含增资项目)9个，合同利用外资271.42万美元；实际利用外资173.01万美元，引进市外内资3010万元，分别增长147%、24.1%、150.8%。对外贸易高位增长，实现外贸出口交货值15.65亿元，其中自营出口1.08亿元，分别增长13.27%和23.59%。全镇实现工业增加值8.8亿元，增长8.5%。

2005年，全镇有500万元以上企业77家，全年新批外资项目(含增资)6个，合同利用外资981万美元，实际利用外资311.3万美元，分别增长262%和80%。引进市外内资1795万元。外贸出口保持平衡增长，实现出口交货值17.3亿元，其中自营出口1.3亿美元，分别增长10.8%和20.8%。新增民营科技企业1家，申请专利6件。新增民营企业99户，新增个体工商户338户，新增注册资本1.53亿元。全年规模以上工业企业77家，实现产值24.09亿元，比上年增长23.32%、实现利税1.06亿元，利润9717万元，分别增长35.9%和53%。工业生产性投入完成2.55亿元，增长38.5%。实现工业生产总值15.4亿元。中共海宁市委、海宁市人民政府授予长安镇2005年度“利用外资三等奖”、同年度“海宁市工业经济发展目标考核二等奖”。

2005年长安镇家庭企业情况统计

表3-1-3

单位:家

街道、村名称	家纺	五金锁具	皮件皮毛	服饰制造	其他	街道、村名称	家纺	五金锁具	皮件皮毛	服饰制造	其他
公庆街	4	4	—	—	2	和平街	—	—	—	—	2
东街	1	2	—	—	2	青年路	2	7	1	—	—
中街	—	4	—	4	2	杏花村	1	—	—	—	—
辛江路	1	3	—	2	1	环镇东路	—	1	3	—	—

续表 3-1-3

街道、村名称	家纺	五金锁具	皮件皮毛	服饰制造	其他	街道、村名称	家纺	五金锁具	皮件皮毛	服饰制造	其他
褚石村	65	11	4	1	1	大型村	40	6	1	—	3
东陈村	19	3	—	—	4	红色村	130	—	—	1	1
天明村	303	1	—	1	2	盐仓村	61	—	—	—	1
虹金村	36	1	—	1	—	鹿耳村	105	—	—	—	—
新民村	24	4	1	—	1	城东村	19	2	10	1	—
老庄村	13	4	6	—	—	金港村	15	5	5	—	5
肖王村	11	4	3	—	—	东升村	17	13	2	1	—
兴福村	9	3	4	1	3	泰山村	91	2	5	—	—
德丰村	20	4	—	—	—	兴城村	8	7	—	—	1
辛江村	28	8	—	—	5	合　计	1040	100	88	13	38
陆泽村	17	1	43	—	1	—	—	—	—	—	—

第五节　兴海工程企业

海宁市实施“兴海工程”后，长安镇涌现一批“兴海工程特级企业”“兴海工程企业”“重点兴海工程企业”。1996年“兴海工程特级企业”有：雪豹集团公司、豹帝实业发展总公司、米赛丝绸集团公司。一级：浙江雪豹实业公司新民京联制革厂、狼神制衣实业公司。三级有：海宁锁厂、金属压延厂、钢圈厂。新入围：东方丝绸有限公司。

1997年度“兴海工程企业”有：雪豹集团公司、浙江米赛丝绸集团公司、浙江豹帝发展总公司、海宁狼神制衣实业公司、海宁狮力制衣实业公司、海宁恒丰五金锁具有限公司。

1999年“兴海工程企业”有：雪豹集团公司、浙江米赛丝绸集团公司、海宁市宝圆染化有限公司、海宁佳进化工有限公司、海宁诚信包装材料有限公司。

2000年“重点兴海工程企业”有：雪豹集团公司，浙江米赛丝绸缎集团公司、海宁市宝圆染化有限公司。“兴海工程企业”有：海宁佳进化工有限公司、浙江诚信包装材料有限公司、海宁佳联皮革有限公司。

2001年“重点兴海工程企业”有：雪豹集团公司，浙江米赛丝绸集团公司、罗海（浙江）精细化工厂、海宁鼎龙化工有限公司。

2002年“重点兴海工程企业”有：雪豹集团公司、浙江米赛丝绸集团公司、海宁宝圆染化有限公司、浙江诚信包装材料有限公司。“兴海工程企业”有；海宁佳进化工有限公司、海宁长安新民皮塑厂、海宁鼎龙化工有限公司。

2003年“重点兴海工程企业”有：雪豹集团公司、浙江诚信包装材料有限公司、海宁佳进化工有限公司。“兴海工程企业”有：浙江米赛丝绸集团公司、海宁宝圆染化有限公司、罗海（浙江）精细化工厂、海宁鼎龙化工有限公司。

2004年“重点兴海工程企业”有：雪豹集团公司、浙江诚信包装材料有限公司、海宁佳进化工有限公司。“兴海工程企业”有：浙江米赛丝绸集团公司、海宁市宝圆染化有限公司、浙江虎霸建设机械有限公司、浙江薛永兴氨纶有限公司、海宁鼎龙化工有限公司。

2005年“兴海工程企业”有：雪豹集团公司、浙江诚信包装材料有限公司、海宁佳进化工有限公司、海宁市宝圆染化有限公司、海宁鼎龙化工有限公司、浙江薛永兴氨纶有限公司、浙江虎霸建设机械有限公司、浙江米赛丝绸集团公司、海宁佳宏包装有限公司。

第二章　工业门类

第一节　缫丝业

缫丝生产是长安最早的工业，2000多年前长安就有栽桑养蚕。早在南北朝时期，就有土丝作为纳税物品。农民自缫土丝，缫制方法简单，一只土灶、一部脚踏木车就可缫制土丝。直至清代鸦片战争以后，现代工业开始兴起，日本、意大利新式缫丝机和缫丝技术也传入长安缫丝业。民国2年(1913)，海宁第一家机械缫丝厂——模范丝厂在长安创建，其设备为日式铁木结构脚踏式坐缫车共40台200绪。民国10年(1921)，鼎新丝厂也在长安建成，至民国13年(1924)，因军阀混战，市场不景气而倒闭。民国18年(1929)，长安丝厂建成，其规模为全县最大。有职工792人，分坐缫、立缫两工场，还有电气设施配套。立缫出品匀细，可销海外，当时出租给美商经营，其产品由上海蓝碧洋行直接出口美国。但二年后，因世界经济衰退影响，长安丝厂和其他丝厂一样相继停业，后又易主经营。民国24年(1935)，长安第二丝厂也开始筹建。

民国26年(1937)，抗日战争开始，长安第二丝厂及长安丝厂被日商霸占，改名为“华中蚕丝公司第一丝厂”。民国30年(1941)，太平洋战争爆发后，丝厂纷纷倒闭，机器缫丝业一片萧条，而长安农村的土丝生产依然存在，长安设有多家土丝行。

抗战胜利后，长安丝厂复工。后又战乱和时局动荡，丝厂原料不足，生丝销路不佳，丝厂停产。

解放后，政府采取有效措施，扶持丝厂恢复生产。至1950年，长安丝厂复工。1952年起，通过社会主义改造和调整，中蚕丝厂和公营长安丝厂(后又有嵊县锦源丝厂)合并建成浙江制丝一厂。

1964年，长安乡村缫丝工业开始兴起，浙江制丝一厂委托东陈、新民、牧港三个村加工土丝(农工丝)。1973年11月，上述三个土丝加工场合并为长安乡办丝厂。继续为浙丝一厂加工低品位的“农工丝”，以及少量白厂丝，绢丝起步。1988年，长安丝厂年产丝1090吨。

1978年党的十一届三中全会以后，长安缫丝生产走上了稳步发展道路，产品质量提高，浙丝一厂的梅花牌白厂丝被评为国家级优质产品。产品远销东欧、西欧各国和日本。

1980年4月，辛江乡建办辛江丝厂。招收职工231人，当年产值达到57万元。后又几经扩大，成为海宁市重点乡办丝厂之一，年产丝230吨。

2005年，长安镇缫丝工业有：由原浙江制丝一厂改制后的米赛丝绸集团公司，由原长安丝厂改制后的东方丝绸有限公司，由辛江丝厂破产后建办的红雷丝绸有限公司。是年末，长安镇东方丝绸有限公司现行价产值达到2015万元，红雷丝绸有限公司产值达到2286万元，米赛丝绸集团公司产值5688.02万元。

第二节　皮革与皮件服装业

长安镇盛产湖羊，因而古有硝皮制革的个体手工作坊，民国27年(1938)长安荣记制革皮作坊建成。民国34年(1945)，长安炳记硝皮作开业。1950年，长安开设元大皮作、松记硝皮作。但旧时生产水平低，设备简陋，操作方法十分原始。

1987年辛江乡办起海宁民政制革皮件厂，主要解决本厂皮件用革需要，并增设羊皮服装革的制革生产线。1992年8月长安镇建办浙江雪豹实业公司新民京联制革厂，总投资260万元，年生产能力70万张，产值达到3150万元。

1993年3月，创建海宁狮力实业公司制革厂，总投资250万元，年生产皮革60万张，产值达到4000万元。到2005年年末，长安500万元以上的制革企业有：白杨制革厂、恒盛制革厂、天鑫制革厂3

家。全年制革业生产总产值达到19035万元，现行价销售产值达到21568万元，出口创汇147万元。

长安的皮件制品业起源于1974年。1974年，长安镇服装生产合作社开始代海宁制革厂以及上海、天津等地加工皮革服装。随着皮革制品行业的迅速发展，长安镇服装生产合作社于1978年改为海宁皮件服装厂。开始生产劳动保护用皮革手套，继续代上海、天津等地有关厂家加工皮件。1979年起自行生产出口皮衣，1980年改名为海宁皮件厂。以后几年，海宁皮件厂为提高产品质量，在更新设备的同时，还改进企业管理，注重培养人才，同时利用世界银行贷款从国外引进先进设备，逐步发展为本市皮衣出口创汇专业厂。其与“慕尔美”为商标的山、绵羊皮服装，被轻工业部评为一类产品第一名，并获浙江省“金鹰奖”。产品出口美、英、法、日、比利时等20多个国家和中国香港地区，成为闻名国内外的专业皮件生产企业。1993年海宁皮件服装厂投资150万元建办狮力制衣实业公司，生产经营皮革服装，羊毛衫、皮鞋等产品。

1984年11月，辛江乡建起辛江皮件厂。后改名为雪豹(中国)实业总公司、雪豹集团公司等。雪豹公司，1986年投资100万元，兴建三层皮件大楼。1987年投资250万元增建制革车间，购置现代化设备，实行制革、制衣、一条龙生产，使当年皮革产量达到7778平方米，制成出口皮衣3200件，产值958.28万元，创利29.44万元。1988年，与省皮塑公司联营，产值达到3630.5万元，创利267万元。1989年，从日本、德国引进107台(套)服装生产设备，新建五层大楼，建立制衣流水线。同年4月，与日本诺松公司、省皮塑供销公司经理部合资联营“浙江东方皮件有限公司”。该年又通过在上海设立雪豹皮草行经营窗口，进入上海市场。1991年11月，海宁民政制革厂被评为全国十家福利企业之一，获“全国明星福利企业”称号。1992年6月4日，海宁民政制革皮件厂在全省乡镇企业会议上被公布为浙江省重点骨干企业。1993年9月18日，雪豹(中国)实业总公司被评为“全国先进乡镇企业”，受到农业部表彰。1994年11月13日，雪豹集团公司董事长曹信强被授予“全国乡镇企业家”称号，雪豹企业集团入围1000家全国最佳经济效益乡镇企业，排名第80位。1994年，雪豹集团公司注册资本的实际资产均超过1亿元，成为国内皮革行业创汇骨干企业之一。生产的“雪豹”牌山羊皮夹克获省质量评比第二名，山羊服装革荣获全国质量评比第4名，山羊正面服装革获轻工业部优质产品称号。主要产品60%出口，年生产皮革50.8万平方米，皮革服装70481件。长安皮件生产，在这两家企业的带动下，皮革业和皮革服装业得到了迅速发展。1996年，雪豹集团公司、豹帝实业发展总公司成为海宁市特级“兴海工程”企业；浙江雪豹实业公司新民京联制革厂、狼神制衣实业公司成为海宁市“兴海工程”企业。1997年，长安皮件行业又有了一个新的转折点，沙发套开始起步。是年3月，海宁佳联皮革有限公司创建，该企业为中外合资企业。主要生产布制、皮制沙发套，产品全部出口。开办时年生产销售沙发套98412套，实现销售收入7498.08万元。外贸出口交货值905.73万元。2000年2月，雪豹皮衣连续三届被中国皮革工业协会，评为“中国十大真皮衣王”。在此同时，兴办皮革制品企业也在长安风起云涌，城镇集体办的、农村乡办、村办以及个体办的迅速掀起，沙发套生产也成为长安皮件行业的一大主要产品。2002年8月，海宁佳禾家俬有限公司成立，该公司建成集沙发、沙发套、沙发布于一体的生产线，为长安沙发生产又开创了新的局面。2005年年末，海宁佳联皮革有限公司年生产沙发套1142000套(件)，实现销售收入61932.75万元，实现外贸出口交货值7482.51美元。佳禾佳俬皮件有限公司，生产销售沙发10.57万套，沙发布15.6万米，实现销售收入17348.96万元，实现外贸交货值1960万美元。皮件服装、沙发成为长安镇的一大柱持产业。至2005年年末，长安镇皮件行业达到500万元以上的企业有29家，年产值达到13.4亿元，外贸出口交货值12.5亿元，自营出口9.08亿元。

第三节　实用金属制品业

长安镇的日用金属制品业起源较早，解放前后主要以打铁铺为主，生产日用刀具和农具，1960年，长安制笔厂设日用五金车间，试制挂锁并批量生产，注册"中华牌"商标。1962年，制笔厂改名为长安锁厂。1964年注册"狼狗牌"商标，1965年获全省挂锁质量第一名。"文化大革命"期间，"狼狗牌"一度改名为"立新牌"，后复原名。1972年更名为长安制锁厂，生产规模逐渐扩大，1974年改称海宁锁厂。1973年扩建翻砂车间，产锁170万把，但品种单一。1979年首次承接万把"鹭牌"铁挂锁出口生产任务。1983年铁挂锁产品获经贸部出口产品荣誉证书。1983年至1986年，共投资120万元进行多次技术改造，新增静电喷漆自动生产线，并自备发电设备。还引进设备，试制成功直开铜挂锁产品。1995年3月18日，海宁锁厂系列产品在"95华东出口商品交易会"出口成交额达到50万美元，成交额名列浙江省同行第一位。

1975年，辛江公社兴福大队建办兴福大队锁厂，生产502型弹子抽屉锁及左右橱门锁。1976年更名为"辛江锁厂"。1978年迁至辛江大桥堍，并转为公社(乡)办企业。1980年，生产橱门锁、邮政锁、自行车直开锁、汽车点火开关锁，一、二、三型拉手锁及CS35型牙科椅链条等多种产品。是年生产各类锁12万把，创产值26.2万元，利税8万元。1983年，试制成功"海鸥"三保险门锁新产品，行销天津、上海和本省各地。1986年，开发16毫米横开铜挂锁。后又与上海环球锁厂联营，试制成功20毫米花瓶型横开挂锁。同时购进新设备，增设25毫米、30毫米、40毫米规格横开铜挂锁生产线。1987年至1988年，又投入96.4万元进行技改，增加厚型直开铜挂锁新产品，使当年工业产值增至476万元，出口创汇35万美元。1990年主要产品有"金城牌""城堡牌""地球牌"薄型系列直开铜挂锁、厚型系列直开铜挂锁、花瓶型横开系列铜挂锁等四大系列、20多个规格的各种锁具，创工业产值229.5万元。产品除部分行销全国各地，主要出口销往美国、菲律宾、意大利、泰国等国家。海宁锁厂第一分厂、第二分厂、沪江锁厂，也分别在辛江乡、长安乡建成投产。主要产品为铜挂锁、铜铁皮包锁、门锁。1993年，海宁市卫国五金厂建成，1994年6月，改制为校办企业"海宁市长安半球锁厂"，注册资金78万元。企业开始自己接单生产和销售，产品95%外销。1996年，企业取得自营进出口权，产品直接销往国外。2003年8月，企业又转制为中外合资企业，更名为海宁江南制锁有限公司，注册资金增加到600万元。2005年生产锁具1262万把，销售收入4191万元，产值4532万元。到2005年年末，长安镇锁具生产总产值达到1.7亿元。

第四节　其他日用小五金

长安指甲钳曾为全国最大的生产基地。1974年由前身为长安竹器生产合作社改名的长安竹器五金生产合作工厂建成。生产木螺丝及合页等小五金，后又从小五金生产的基础上，逐步转向以生产指甲钳为主的五金厂。1977年4月，成为指甲钳生产的专业厂，厂名海宁指甲钳厂。1980年7月，该厂全部并入海宁锁厂，成为一个专业生产车间，对外仍用海宁指甲钳厂。1987年8月，由灯头厂与海宁锁厂联营，生产海宁锁厂附属指甲钳厂所产的同类指甲钳。1992年，海宁天鹰指甲钳厂成为长安生产指甲钳的最大厂家，销售额达3000万元。加上长安指甲钳厂和双剑五金制品有限公司、雪豹实业总公司指甲钳厂、海宁缪氏指甲钳有限公司、海宁李氏五金厂等生产指甲钳的厂家，全镇指甲钳月产量达100万只。由于当时指甲钳销售形势较好，产品出现供不应求，采购商排队、托关系进货的现象，产品一度占据全国市场的80%，从而成为全国最大的指甲钳生产基地。1999年后，由于企业竞争激烈、企业没有抓好技术改造等众多原因，加上广东中山聚龙公司等指甲钳企业抢占市场，长安最大的指甲钳厂——天鹰指甲钳厂，2001年倒闭。天鹰指甲钳生产最大的企业倒闭后，分离出来的一些员工出现盲目办厂现象，一时间长安指甲钳厂"遍地开花"，最多时达30多家。由于有些厂重视产品质量和产业升级上做得不够，长安整个指甲钳产业开始迅速滑坡。但建办于1997年的海宁市双天鹅指甲钳有限公司，注重产品的质量和新产品的开发，选用优质钢材，采用先进工艺，生产的指甲钳款式新颖，品种繁多，质量过关，继续在国内国外市场站稳脚跟。

2005年，双天鹅指甲钳现行价产值达到686万元，现行销售产值达到608万元，出口交货值608万元。产品全部出口东南亚、中东、欧美、日本，在国外市场享有较高的知名度。2005年，长安指甲钳厂家，经过不懈努力，不断地完善产品质量与服务体系，快速发展成拥有较强的技术和管理，引进整套全自动流水线，自动下料、自动点焊、淬火、抛光、磨口、电镀等一条龙生产设备。专业生产各类小五金及指甲钳，款式新颖，品种繁多，质量保证，有单一功能和多功能，有单把和套装。用材上有碳钢和不锈钢，有镀铬、电溶漆、珍珠镍、仿金、钛金、真金及不锈发黑等各种指甲钳，产品远销欧美、中东、东南亚等地。

第五节　麻纺织业

解放前，长安地区黄麻种植面积较少，直到1948年前后，才有1家私人开设的麻场。解放后，黄麻种植迅速扩大，产量骤增。1950年，华东厂矿联营处在长安设立办事处，办理黄麻等物资收购运销业务。同年，华东人民革命大学浙江分校在下河长安丝厂（浙江制丝一厂）以北沿河地带开设洗麻厂，为厂矿联营处加工精洗白麻。当时有工人100余人，人称“革大麻场”，属机关企业性质。此后，在长安西郊相继开设了“长安麻场”（由失业人员救济会办）、“合作麻场”、“久丰隆”、“赛西湖”等。洗麻场开设于下河沿岸，从浙丝一厂北侧一直延伸到王婆弄、庄婆堰一带，向东则延伸至白漾池。赛西湖麻场开设于上河青莲桥港内。络麻收剥后，上下两河沿岸水面，遍布浸水的黄麻，须待发酵脱胶后，才漂成白麻（精洗麻）。1950年至1955年，长安曾有国营精洗麻场，对生麻进行初级加工，后因收购环节起变化，国家由收购生麻改为收购熟麻，精洗麻场也就于1958年年底全部关闭。

此后，辛江公社有一些手工业者以麻作原料，生产麻绳、“靠球”（船用）等零麻制品。1983年长安乡褚石村建办海宁振华麻纺织厂。1987年浙江麻纺厂海宁分厂建成投产。这家由长安乡工业公司与浙江麻纺厂联营的企业，投资达1200万元，主要生产麻布、麻袋。1990年年底，长安乡有麻纺厂3家。即浙江麻纺厂海宁分厂、盐仓麻纺厂和村办的海宁振华麻纺织厂。主要设备有软麻机、梳麻机、并条机、麻布织机等。产品有麻袋、麻布、麻线等。浙江麻纺厂海宁分厂1985年2月开始筹建，同年7月与在杭州的本省大型企业浙江麻纺厂联营，1987年4月投产，总产值1200万元，为该市乡镇企业中规模较大的企业之一。产品主要投放国内市场，部分产品销往国外。1990年创工业总产值2178万元，生产麻袋682万条。以后几年，由于受整个麻纺市场不景气的影响，经济效益不佳，浙麻海宁分厂连续亏损，于1996年7月25日宣布企业破产，长安的麻纺产业也从此终止。

在长安，保留的还有麻绳制品生产，麻绳制品在辛江乡有历史上因制绳而得名的打索村。农民曾将生麻制绳索，作为一种家庭副业，在江浙一带出售。有担绳、纤绳、船用的缆绳等。1979年4月，两个生产队利用简易会堂作生产场地加工麻绳，原材料由当地供销社供给，产品自行销售。1987年建厂房400平方米，购置拼绳机2台，开始半机械化生产。后又增加纺绳机1台，并绳机2台，使产量翻番。1990年，该厂已有职工70人，拥有固定资产原值13.75万元，生产各种规格绳子24.32万公斤、网绳1200套，创工业总产值81万元，实现利润4.7万元。随着黄麻生产的萎缩，制绳原料也逐渐减少，2000年开始用塑料原料代替生产绳网和绳索，成为上海铁路局定点厂。

第六节　粮油加工业

粮食加工主要指将稻谷碾成米和小麦磨成粉，之前几千年一直分散在农村以手工操作进行。1910年程继明建办长安正大兴面粉厂。使用石磨和畜力进行面粉加工，所产面粉销于县内及临平、新市等地。1924年购置12匹柴油机作动力。1952年实行统购统销，磨粉业因原料全由国家按计划供应，长安正大兴面粉厂转为代农加工面粉，但数量不多，1954年仅生产面粉近百吨。1956年11月，经社会主义改造，公私合营，建新（包括正大兴面粉厂）、联营、同生3家碾米厂合并成立长安碾米厂。同年，斜桥私营万丰面粉厂也并入。1961年9月,博儒桥孙万茂油厂榨油车间并入,该厂又建立了油脂车间,1965年成立饲料粉碎车间。这时,有硖石、斜桥、袁花等地也有厂(车间)加工面粉,但大部分加工任务集中在长安碾米厂面粉车间,占全县总量的80%左右。1966年,长安碾米厂因加工面粉比重已超过大米,因而于10月1日起更名为长安面粉碾米厂;1979年2月改名为浙江省海宁面粉厂,成为海宁唯一的面粉加工企业。1978年购置400型和500型复式磨粉机各2台。20世纪80年代,安装新的清麦设备,以新装脉冲除尘器取代老式布筒集尘。1982年2月,撤销油脂加工车间。1984年购置500型压磨粉机试制精制面粉,成为全省县级面粉厂中重点生产单位之一。该厂生产富强粉、标准粉等多个品种,其中"海塔牌"标准面粉从1984起连续被商业部评为"信得过产品",同时获得浙江省优质产品称号。1985年又增设儿童食品车间,生产儿童饼干,对外又称海宁儿童食品厂。1986年起开展自营购销业务,产品远销江西及东北等地。"特二号"面粉在1989年被评为浙江省优质产品,从而使企业从单纯加工型转向生产经营型,成为海宁粮油工业中的主要企业。后被列入海宁市先进企业,浙江省粮食系统省级先进企业称号,1990年被评为嘉兴市文明单位。是年底,年产面粉16500吨,碾制大米25000吨,年产配制饲料6250吨,年产儿童食品350吨。20世纪90年代后期,随着农村粮食加工业的发展和小麦种植量的大幅度减少,长安面粉厂逐渐改为服务行业,成立银河实业公司。

长安农村碾米加工业起于从20世纪50年代中期,当时由于建设电力灌溉网,机站均有动力设备,故农村加工业逐渐兴起。这些加工厂既为农民碾米磨粉,还有饲料加工。1959年长安农村有3家粮食加工厂,周家埭加工厂、青莲桥加工厂、戴家角加工厂。后各大队(村)都相应建成粮食加工厂,加工大米、面粉、饲料。改革开放后又在农村出现流动加工业务,冲击村办加工业务和正规的粮食加工厂碾米业务,碾米加工厂逐步转产或转为个人承包。

第七节　砖瓦制造业

长安砖瓦生产起步于1958年,长安建筑社和运输合作社,在长安辛江路辛江大桥东侧联合建办长安砖瓦合作工厂。二家各出资7000元,主要安排家属和社会闲散人员,生产青砖和耐火砖,建立后不到一年就因销路不畅,生产经营陷入困境。1959年8月,职工办起草包厂和电瓷厂。1961年10月,厂名改为长安砖瓦电瓷厂。1963年,又改生产砖瓦,厂名复改为长安砖瓦厂。1966年,长安砖瓦厂试制以工业炉渣和水泥下脚料生产"蒸气养护八五煤渣砖"。当时销路很好,企业经济也有很大好转。1969年10月,辛江、长安和西片7个乡镇在长安杏花村建办24门轮窑,厂名为长联砖瓦厂。用机器制坯,用轮窑烧制砖瓦,并用煤作燃料,开了海宁机制砖瓦的先例。主要生产红砖和平瓦。在此同时,长安地区还有村办小砖窑也在生产青砖、土瓦、平瓦等。据统计,长安乡1978年全乡有土砖窑11只,生产青砖1127万块,土瓦518万张,平瓦202万张。辛江乡也有土窑10多只,年生产砖瓦2000多万块(张)。到20世纪80年代,这些村办土砖窑逐渐停办或转产。1980年,长安公社又将长联砖瓦厂改建成为"长安知青砖瓦厂",安置本社下乡知识青年受业。厂内职工知识青年比例占60%以上。并享受国家免税优惠政策。1981年,长安公社褚石、盐仓、鹿耳、虹金、新民、老庄、万渡、卫国、东关、牧港10个村投资50万元,在虹金村朱口笕联合建办长安第二砖瓦厂,建造二十八门轮窑一座,年生产"八五"红砖4600万块。辛江乡1979年12月开始筹建辛江砖瓦厂,1980年6月,32门轮窑投入生产。配用360型制砖机一台,后又增添450型制砖机一台。同年12月,又开始建造28门轮窑,并于1981年投产。1983、1984二年,其中28门轮窑停产。1985年起二窑各点一把火同时生产,年生产"八五"红砖3638万块,"九五"红砖1039.66万块。辛江砖瓦二厂1980年开始筹建,1981年7月投产,属乡办企业。1986年年末,拥有固定资产53.15万元,主要生产设备有28门轮窑一座,450型制砖机1台,年生产“八五”红砖2829万块，“九五”红砖686万块。1991年辛江砖瓦二厂并入海宁民政制革皮件厂，砖瓦厂地基建办辛江民政制革厂，砖瓦生产停止。1994年辛江砖瓦厂（砖瓦一厂）因建造沪杭高速公路，整厂迁移至新德大桥，建造28门轮窑一座。搬迁后更名为天顺新颖建材厂。长安砖瓦生产主要销售渠道为供应本地区建筑用砖，同时大量销往上海南市区建材公司、长安二航公司运销站、杨元购销站、杭州余杭堤防运输队等。由于砖瓦行业对土地资源破坏性强，2005年4月，天顺新颖建材厂关停。长安镇仅留取土资源较丰富的兴城村上方建材厂，少量生产红砖供当地农民建房用。

第八节　水泥制造业

水泥包括水泥生产和水泥制品。1954年，长安镇附设于县建筑公司长安工区的水泥瓦筒厂建成，生产水泥沟管，用于农田排灌系统建设，是为海宁水泥制品生产之始。此后，以砖木结构为主的房屋逐渐向混凝土结构过度，建筑业对水泥制品的需求量逐渐增加。1973年开始，长安水泥制品生产更加得到了发展，长安第一建筑公司、长安公社建筑社、辛江公社建筑队等都建有水泥预制场，生产水泥孔板和水泥桁条、水泥门窗框和其他水泥产品。1974年，长安镇还建办海宁水泥制品二厂，生产水泥管和其他水泥产品。改革开放后，长安上塘河沿岸、辛江乡泰山港、辛江塘、洛塘河沿岸各村都建有水泥预制场，个体、联户水泥预制场也大量出现。这些工场经营灵活、大都生产门框、窗框、雨篷板等小型构件，满足了农村建房的需求；但同时也带来产品质量达不到标准等问题，这些水泥预制产品有很大部分产品存在质量问题。20世纪80年代中后期，由于市场变化和对建筑材料业进行了整顿，一批工场被淘汰，有一大部分个体、联户办的水泥预制场关闭或转产，从而水泥建筑产品也逐渐走上规范化道路，质量有了保证。20世纪90年代开始，各水泥制品企业，应用全机械化操作，生产机制孔板和其他机制水泥建筑产品，产品质量有了很大提高。

辛江水泥厂1974年开始筹建，前身为辛江磷肥厂。建厂时原计划生产磷肥，后经可行性调查认为，生产磷肥经济效益较差，而生产设备也基本与生产水泥设备相同，因此决定改产水泥，并于1976年1月正式投产。1981年、1984年二次改扩建后，到年末，拥有固定资产原值135.44万元，占地面积14936平方米，建筑面积6000平方米。主要生产设备为普通立窑2座，1.5米、1.2米球磨机各2台，年生产水泥2.2万吨。1998年9月，因市场变化，水泥厂负债300多万元而整体出让给朱文江，企业性质改为私营企业，并组建海宁市建侣水泥有限公司。长安水泥厂于1978年建办，拥有2台1.2磨机，1.2×7米立窑一座。后道工序为1.2×4.5水泥磨机。1982年将1.2×7立窑改为1.6×8米的立窑，把后道1.2米的旧磨机换成1.5×5.7磨机1台，并增加180千瓦变压器1台，投入资金21.5万元，年产水泥2万吨。1993年长安水泥厂增添散装水泥设备，购7.5吨散装水泥专用汽车1辆，投资13.8万元；购置20吨流动罐3只。1994年散装水泥发放量达到1万吨以上。所产水泥除满足当地基本建设、农村建房外，还运销上海、杭州等地。1994年4月，长安水泥厂400#、500#硅酸盐水泥被省乡镇企业局授予省级水泥产品质量“银奖”。2005年年末，长安水泥厂实现产值846万元。

第九节　丝、棉纺织和服装业

长安丝绸、绢、土布生产历史悠久，在农村经济生活中有着重要地位。唐朝时，纳绢代役，同时丝织品可作货币使用。这一制度大大促进长安的丝织业发展，到宋朝，以绢代税已占相当比重。特别是明朝中叶以来长安蚕桑丝织一片繁荣，长安一带桑麻遍地，机声四起。民间丝织业以织绢为多，棉织业以格子布、柳条布、污花布、蓝洋布等土布为主。丝、棉织品所用的工具在清代后至民国，仍旧只是脚踏木结构手工织机，大都分流散在民间家庭。后来随着机械化生产的发展，农村自制丝、棉织品逐年减少，机械化丝、绵及化纤织业迅速掀起。

1975年，长安五七制绳厂为增辟生产门路，购置丝织设备，试产丝绸被面，1976年7月，该厂更名为长安丝织厂。并于同年10月建厂房933平方米。1977年,又购置4台木机和其他织绸设备。是年5月,该厂更名为长安绸缎厂,重点生产丝绸织品。1980年,县劳动局和知青办公室为安置待业知识青年,向该厂投资41万元,帮助扩充厂房设备,增挂海宁县知青绸缎厂厂牌,接纳一批知识青年。主要产品有7051软缎被面、B250涤香呢、62401织锦缎、1401素绉缎等10余种产品。1986年5月,该厂由海宁市丝绸公司归口管理。浙丝一厂在稳定生丝生产的基础上,改变产品单一状态。1980年筹建了织绸车间,初置62式铁木交织机12台,开始生产交织被面。1983年,该厂的两个附属小厂——海宁蚕蛹厂、海宁地毯厂撤并为海宁丝绸工艺品厂,有丝织机58台,辅机58台,主要产品有:交织被面、锦香缎、斜条绉、素绉缎等,年产量35.8万米。辛江乡于1983年开始筹建辛江纺织厂,当年3月投产。1984年、1985年2次进行改扩建。当时有ZK272丝织机4台,K74丝织机30台,纤经机2台,加粘机2台,落丝机1台,翻丝机2台,发电机组1套。建造厂房2175平方米,职工185人。生产各类化纤布、被面。1986年生产丝织被面6.12万条,各类布16.98万米。1985年辛江乡又建办辛江织锦厂,购置K74丝织机13台,K274丝织机8台,建造厂房950平方米,年生产被面2.28万条。1987年与辛江纺织厂合并,成为辛江纺织厂一个织锦车间。

同时,长安家庭纺织业开始起步。1983年,天明村坝头组孙关香,率先买进了5台小绸机,办起了天明村第一家家纺小厂,开始只织低档的二色被面,背着自产的被面进入上海市场,年收入6万多元。后来从二色改成三色、四色、五色,一直到七彩、十彩,产品步步升级,家庭收入从开始几万元上升到几十万元,由此带动了整个村的纺织业。到2000年,天明村家庭绸缎机发展到500多台,纺织业可为天明村创净收入1000多万元。

原辛江乡新建村1985年办起村办纺织厂织涤纶布,年销售额100万元。后来村办厂解体后,原先在纺织厂当机修工的几个人回家办起家庭绸厂,也开始织被面。当初,全村有10台铁木结构的小绸机,只织一色被面。1993年、1994年改织七彩被面,一台绸机一年可织3000条被面。1995年,全村织机增加到38台。2001年开始淘汰铁木结构的小绸机,引进半自动剑杆机。剑杆机操作容易,精密度高、性能好、噪声小、织布快,新建村2003年全村剑杆机总量达到200台。2000年后,长安家庭纺织业转向装饰布,产品销向全国各地。2005年年末,长安镇家庭纺织主要以装饰布加工为主,全镇共有家庭装饰布加工1028家。同时也出现了上规模的丝棉织业个私企业、中外合资企业。2001年12月成立的浙江米赛丝绸有限公司年生产真丝面料75.56吨、针织服装23.48万件,创产值2790万元。海宁华赛丝绸服装有限公司与日本五趾袜株式会社、日本荣纤维株式会社三家合营海宁星圆针织有限公司,年生产五趾袜148万双,实现销售额788万元;2002年9月开办的民营企业伊士曼制衣有限公司,加工生产牛仔服装。年生产牛仔服装45万件,销售收入达1500万元;建于2003年6月的海宁维尔服饰有限公司,年生产针织服装15.92万件,实现工业总产值725万元。成立于2005年5月的谊翔纺织有限公司,当年生产真丝服装及床上用品系列20余万件(套),销售收入达429万元。装饰布生产也在家庭企业蜂拥而起的同时,上规模的民营企业也同时崛起,海宁市天鑫布业有限公司于2004年5月开业,年生产装饰布39万米,实现工业总产值659万元。

第十节　印刷包装业

长安镇的印刷包装工业起步于解放初期,当时有一家公私合营文具印刷商店的文具印刷工场,后改为长安印刷厂。1959年有职工75人,其中资本家1人,生产主要产品是印刷、文具纸张,1960年下放给长安人民公社经营。1986年,长安镇建办长安彩色印刷厂,投入资金15万元,属街道企业。1987年,为了妥善安置城镇劳动力就业,发展镇办企业,长安印刷厂经海宁市计划经济委员会批准,其性质变更为镇属集体企业。20世纪70年代后,在毛泽东主席"五七"指示下发后,长安镇职业中学、长安镇中心小学、长安镇第三小学先后办起印刷厂、彩印厂等校办工厂。20世纪90年代后,长安镇包装行业也迅速发展，长安牧港纸箱厂建立。1991 年 3 月，海宁市东亚商标印刷厂建立，投资 10 万元购机器设备，找工 5 人，年产值 20 万元，主要生产胶带商标和简单的吊牌。经过几年发展，2004 年变更为海宁东亚彩印包装有限公司，注册资本达到 500 万元。主要生产彩盒、烫金、银吊牌，还有塑料制品，为箱包和服装单位提供配件，年工业产值达到 521 万元。1993 年，长安纸箱厂与浙江穗轮实业公司联营，建办长安纸箱联营厂，主营包装印刷，投资 10 万元。1996 年 5 月，浙江豪士达包装有限公司建立，创建时租用原辛江电珠厂的旧厂房，购置一套小型印刷机、复合机、分切机等机械设备，总投资 85 万元，年创产值 210 万元。2001 年，购置土地，在辛江工业开发区建造标准化厂房，又购置第二套生产流水线。2002 年 9 月，海宁市佳宏包装有限公司建立，注册资本 3500 万元，生产纸板 1.6 万吨，年产值 368 万元。1998 年 8 月，海宁市佳吉包装有限公司创建，生产纸箱、纸板等纸制品。是年浙江诚信包装材料有限公司迁址于海宁农业对外综合开发区，公司占地面积达到 4 公顷，建筑面积 2 万平方米，并从日本引进富士印刷机等全套生产流水线及检验设备，三台八色印刷机均采用跟踪套色监控器。全年印刷生产能力达到 1.8 亿米，公司拥有日本富士干复机在内的复合机 4 台，日本东伸分条机 2 台，切标机 30 台。1999 年至 2000 年期间，公司在软件方面投入资源，引进日本洛克公司的检验机 1 台，引进美国爱色丽的密度机，用于对色差的控制，从而使颜色的偏差控制在极小的范围内；引进日本岛津的气相色谱仪万能拉力测试仪，分别对残留溶剂，复合剥离等质量指标进行监控，销售收入超过 1 个亿。2005 年，长安镇彩印包装超过 6.7 亿元（其中诚信包装 5 亿元）。

第三章　企业简介

第一节　5000万元产值以上企业

雪豹集团公司

雪豹集团公司前身海宁辛江皮件服装厂，成立于1984年11月。1987年企业更名为海宁民政制革皮件厂。1990年更名为海宁雪豹皮革制衣总厂，1992年组建为浙江雪豹集团公司。雪豹集团公司核心层企业由海宁雪豹皮件服装有限公司、海宁佳联皮革有限公司、海宁佳禾家俬有限公司组成。

雪豹集团经多年曲折发展，现产品主要由两大板块组成：皮革服装与家具及配件（含沙发用布料）。雪豹皮革服装为中国十大真皮衣王之一。至2005年年底，雪豹集团公司共有职工总数2498人；固定资产原值1.5亿元。同年实现工业总产值9.1亿元，利税0.8亿元（其中利润6348万元），完成出口交货值1.03亿美元。雪豹集团公司自1996年至2005年，连续为海宁市“兴海工程”企业和海宁市重点“兴海工程”企业。1999至2005年，一直保持为海宁市工业企业大户和前十强利税企业。

雪豹集团2005年圆满完成产品结构与市场结构的调整工作。在保持原有皮革服装规模的同时，所属海宁佳联、海宁佳禾两公司产品由原皮制沙发（套）为主转为以布制沙发（套）为主，扬长（自有布厂）避短（集团设有制革厂）。2005年，皮、布制沙发（套）比例由上一年度的7：3调整为2：8，企业运行质量进一步提高，在销售额比上年仅略有增长的情况下，利税额较上年大幅增长23%以上。在市场与客户结构方面，新拓展了加拿大市场，主要客户由原3个扩展为8个，最大客户所占销售比例不超过30%，提高企业抵御风险的能力。集团管理进一步增强，两大主力企业继续保持ISO 9000认证，企业内部ERP管理系统持续良好运行。

▲雪豹集团公司

1991年11月海宁民政制革厂被评为全国十家福利企业之一，获“全国明星福利企业”称号；1992年6月1～4日，市民政制革皮件厂在全省乡镇企业会议上被公布为浙江省重点骨干企业；1993年9月18日，雪豹（中国）实业总公司被评为“全国先进乡镇企业”，受到农业部表彰；1994年11月13日，雪豹企业集团董事长曹浩强被授予“全国乡镇企业家”称号，雪豹企业集团入围1000家全国最佳经济效益乡镇企业，排名第80位；2000年2月雪豹皮衣连续三届被中国皮革工业协会评为“中国十大真皮衣王”。

浙江米赛丝绸有限公司

浙江米赛丝绸有限公司，前身为浙江制丝一厂。浙江制丝一厂由原鼎新丝厂、长安第二丝厂——公营长安丝厂合并而成。

鼎新丝厂　民国10年（1921），海宁人祝鼎（字仲峙）在镇区铁路北侧创设鼎新丝厂，寓“鼎革维新”之意。丝厂主要设备是从原设于觉皇寺附近的官办模范丝厂购得的5绪木制脚踏丝车40台，缫制的改良土丝，运销上海。民国13年（1924），丝绸市场不景气，“鼎新”倒闭，被长安义记土丝行老板陈雨亭盘买，陈淘汰脚步踏旧车，改用5绪座缫车

▲浙江米赛丝绸有限公司(原浙丝一厂)

24台,继续经营。产品提高为干经(以12个茧子为一绪缫出的生丝,当时称为干经,经区别于土丝)。民国16年(1927),陈雨亭再次集资4万银圆,在原址筹建"长安丝厂"(即通称之老丝厂或东厂)。民国18年(1929)建成投产,有座缫车288台,职工792人。当时男女工平均工资每为0.5元,童工平均每日0.25元,年产生丝45吨,商标为"标准牌"。工厂建成后未几,即租赁给上海美商兰绿碧洋行,杨赓伯任经理。民国19年(1930),兰绿碧洋行破产,"鼎新"又转租给上海祥生丝厂,厂名仍称长安丝厂,由杨赓伯继任经理。民国20年(1931)5月,杨另有他就,工厂停工。许行彬、居叙乾等集资7000元投入,工厂又开工了,许行彬任经理。当时有职工532人,其中男职工22人,女职工510人(含女童工10人)。产品除"标准牌"以外,又有"双金马牌"。新茧上市时工厂开工,春节停工,属季节性生产。据《浙江经济》1卷3期载:民国25年(1936)长安丝厂,经理许行彬。有丝车480辆,其中多条式192辆,意大利式288辆。民国26年(1937)8月15日,日机空袭长安,长安丝厂被炸,被迫停工。同年12月,长安沦陷。民国27年(1938)8月,长安丝厂被日本蚕丝公司侵占,改称华中蚕丝公司第一丝厂,开工后产品直接劫运日本。民国30年(1941)太平洋战争爆发,华中一厂停工。民国34年(1945),日军投降时,厂房设备破坏一空。民国35年(1946),长安丝厂厂主代表陈曾庆将旧厂房卖给上海元昌实业公司所属的连元丝厂老板徐继昌。徐重建厂房,并购买立缫机180台。次年,徐因资金不足,邀请杭州华光蚕业公司来长安合资经营,5月开工,厂名改为"长安连元丝厂"。民国37年(1948)1月,连元丝厂因缺乏原料而停工,徐又将工厂租赁给上海大利丝业公司经营,7月开工,厂名不变。但开工未及3个月即告停工,厂主抽逃资金,工人被迫溃散。民国38年(1949)5月4日,长安解放。10月5日,连元丝厂复工,徐继昌任经理。当时主要为中蚕公司浙江分公司特约加工。1950年5月,徐以无力经营为由,将连元丝厂租赁给中蚕公司。同年6月9日,改厂名为国营中蚕公司第二丝厂,有职工481人,年产白厂丝36.13吨。1951年,丝厂隶属浙江省工业厅,同年10月,与公营长安丝厂合并为浙江制丝一厂。

长安第二丝厂——公营长安丝厂　民国25年(1936),长安顺记公司老板陈庆曾委托朱仲卿筹办长安丝厂,资金为法币14万元。当时拥有立缫机192台,因地址与长安丝厂相峙,仅一河之隔,故又称西厂。

民国26年(1937)春,第二丝厂收茧开工。同年8月15日,日机空袭长安,社会混乱,一些无业游民趁机偷盗丝厂设备财产,损失61500元,丝厂被迫停工。因局势动荡,乃拆除机器,秘密埋藏于原辛江乡新建四组罗家角。同年12月,长安沦陷,日军遍寻机器,终未寻获,乃利用空厂房安装收烘茧设备,按期收烘储藏。民国30年(1941)12月,太平洋战争爆发,日军无力管辖丝厂。民国32年(1943),陈庆曾将丝厂房租给上海棉布业公司理事长张文魁,开办纱厂,改名为"长安纱织厂有限公司"。纱厂主要设备有英制细纱机4台(504锭),有职工300人。抗战胜利后,原厂主收回厂房,纱厂于1945年9月停工,纺纱设备全部拆迁至杭州杭江纱厂。民国35年(1946)3月,顾达一集资2万元,向陈庆曾租赁第二丝厂。他取出埋藏地下的设备,于同年7月1日开工,改名为长安丝厂。当时拥有立缫机192台,座缫机40台,有职工300余人。生丝商标为"握手牌",立缫丝销往海外,座缫丝大部分运往上海市场买卖。1947年上半年,东西两厂职工因物价上涨,要求增加工资,联合罢工持续三四天,资方答应增加工资30%才复工。尔后罢工浪潮时起时伏,直至解放。1948年7月,停工后复工仅一个月,丝厂又因亏蚀停工。解放前夕,顾达一有计划地抽掉资金,工厂陷于停工状态。1950年3月，人民政府协助长安丝厂与有关方面订立代理合同。同年5月，朱仲卿负责交纳复工基金，共集资7000万元(旧人民币)。复工后改名为长安合作丝厂。

原长安丝厂大部分为官僚资本。1951年4月，浙江省工业厅接管长安合作丝厂，6月开工，改名为公营长安丝厂，委托中蚕公司浙江分公司，浙江丝绸公司掌管业务，行政归海宁县人民政府领导。1952年10月，该厂与中蚕二厂合并，并改名为浙江制丝一厂。合并后，浙江制丝一厂对长安原有丝厂进行扩建，规模日渐扩大。特别是改革开放以后，使企业得到了飞速发展。1990年企业实现工业总产值8981万元，实现利税1236万元，优质产品产值率66.05%，全员劳动生产率人均10616元，企业年创汇1500万美元左右。在企业管理工作中，紧紧围绕企业升级工作规划，实现四年跨三大步。即1987年首批获得省级先进企业，次年获得国家二级企业，1990年又通过国家一级企业预考评。抓管理推动企业升级，而企业升级又促进企业管理水平的整体提高，使企业逐步进入良性循环。到1992年，有工人2600多人。1993年12月8日，浙江制丝一厂更名为浙江米赛丝绸集团。更名后的米赛丝绸集团公司，1996年至2001年连续被列为海宁市兴海工程重点企业。

2001年12月，企业性质改为民营企业。改制后，公司上下全体员工齐心协力，共同努力，生产趋向好转，负担逐步减轻。公司主要生产产品有米赛牌白厂丝、真丝针织面料及服装，产品连续被评为浙江省著名商标。白厂丝销往全国各地及欧洲市场，针织服装则以出口为主，主要销往欧洲、香港等地区。全年生产白厂丝505.34吨、产值9469.99万元，销量496.87吨；针织面料63.23吨，产值827.97万元，销量60.48吨；针织服装23.48万件，产值1633.76万元，销售量22.21万件。2005年年末，生产白厂丝362.11吨，产值5688.02万元；针织面料产量75.56吨，产值1406.82万元；针织服装产量20.44万件，产值1383.63万元。拥有职工749人。连续被列为海宁市"兴海工程"企业。

海宁佳进化工有限公司

海宁佳进化工有限公司创建于1994年12月，隶属于杭州佳圆(企业)集团，由海宁佳圆染料厂和香港佳圆(企业)有限公司，共同投资组建的中外合资企业，总投资480万美元，主要生产染料中间体系列产品。

海宁佳进化工有限公司，坐落于海宁农业对外综合开发区内，南依钱塘江，西接国家级开发区杭州下沙开发区，距杭州市区25公里。公司占地面积4.33公顷，建筑面积16000平方米。设有5个生产车间，5条产品生产线。2005年共有职工200人，其中工程技术人员20名。公司自1995年投产以来，生产经营规模不断扩大，公司实力不断增强。从原来年产量不足2000吨，发展到2005年的8000吨，企业界总资产从原来的2000万元，增加到7000万元，发展成为国办染料中间体(奈系产品)行业生产规模较大的企业之一。

海宁佳进化工有限公司2005年实现销售1.1亿元，创利税1000万元，公司产品60%为出口产品。2005年自营出口达到750万美元，产品远销日本、德国等10多个国家和中国香港地区，产品质量受到客户信任。公司历年来被工商部门授予"重合同守信用"单位、纳税大户、纳税信誉A级企业、"AAA"级信用企业等荣誉，并列入海宁市重点"兴海工程"企业。

海宁佳进化工有限公司历年来所获荣誉：1997—1998年年度被浙江省工商行政管理局，授予"重合同守信誉"单位；1997年年度被中国银行浙江省分行授予AAA级信用企业；海宁市政府授予1997年度外商投资企业利税优胜企业；1998年年度被中国银行浙江省分行授予AAA级信用企业；1999～2000年年度被浙江省工商行政管理局授予"重合同守信用"单位；2002年年度被嘉兴市国家税务局授予AA级纳税信誉企业；2003年年度被嘉兴市委、市政府授予外贸出口重点企业；2004年年度被浙江诚信评估有限公司评为AA级信用企业。

浙江新月家具有限公司

浙江新月家具有限公司，是一家大型家具制造企业。是由新月家具(香港)有限公司在2003年12月投资设立的。专业生产花园、户外、休闲家具等系列产品。

浙江新月家具有限公司拥有自营进出口权,所以产品全部出口。2004年工业总产值5600多万元,销售总额5500多万元,上缴税金66万元;2005年工业总产值16000多万元,全年销售总额12000多万元,上缴税金300万元。产品畅销欧洲、北美、澳大利亚、中东、东南亚等国家和地区,并获得良好的信誉及客户的信赖。

浙江新月家具有限公司,坐落于海宁农业对外综合开发区,占地面积达12000平方米,拥有完全的硬件设施,完善的管理体系,强大的技术研发能力。厂房也得到不断地扩大,具有生产产值5亿元的规模。浙江新月家具有限公司下属三家铝材加工厂和一家钢管加工厂,用于保证家具产品的质量和交货期,增强在市场上的竞争能力。

▲浙江新月家具有限公司

浙江新月家具有限公司是一家市属工业企业,2004年拥有职工480人,产值达5587万元。2005年职工人数达到829人,产值达到16204万元,上缴税金289万元。

海宁宝圆染化有限公司

海宁宝圆染化有限公司创建于1994年11月,隶属于杭州佳圆(企业)集团,是由杭州佳圆集团和印尼卡迪先生,共同投资组建的外商投资企业。公司总投资1490万美元,注册资本915万美元,总占地面积16万平方米,其中建筑面积5万平方米,坐落于海宁农业对外综合开发区内。

海宁宝圆染化有限公司,专业生产分散染料及其中间体系产品。自成立以来,经过11年的努力,2005年已形成专业化、规模化的染料及中间体生产基地。同年有染料生产线2条,中间体生产线3条,年生产各类染料及中间体1.8万吨,产品60%以上供应出口,远销东南亚、日本、德国、美国等十多个国家和地区。几年来公司先后被评为全国外商投资双优企业、嘉兴市自营出口优胜企业、“AAA”级信用企业、重合同守信用单位、纳税大户、纳税信誉A级等称号。2004年实现产值2亿元,销售1.8亿元,创利税1200万元。2005年公司总资产达2亿元,其中固定资产1.03亿元。2005年公司实现产值2.8亿元,销售2.7亿元,利税1800万元。销售和利税分别比上年增长50%,生产经营也有大幅度增加。

海宁宝圆染化有限公司,一贯坚持以人为本的管理模式。拥有一批具备较高水准的产品开发、生产、检测等技术人才。拥有一支业务熟练、具备开拓创新意识,能熟练驾驭企业管理的队伍。拥有员工300人,其中各类工程师、技术人员20名,大专以上学历占6%,高中以上学历35%,初中以上学历占56%。

海宁宝圆染化有限公司,历年来获奖和荣誉:1997—2000年,获中国银行浙江分行和浙江分行杭州资信评估公司,1997年年度“AAA”级信用企业;1999年年度企业信用“AA”级;2000年年度企业信用“AAA”级;2001年年度企业信用“AAA”级;2002年年度企业信用“AAA”级;2003年年度企业信用“A”级;是年度“AA”+级;同年度企业信用“AAA”级;2004年年度企业信用“AA”级。1997—2002年获海宁市工商所重合同守信用单位;1999年被海宁市人民政府评为纳税大户,2001年获海宁国家税务局A级纳税信誉等级证书;2002年获嘉兴市国家税务局AA级纳税信誉等级证书;2003年获浙江省国家税务局AAA级纳税信誉奖牌。1998年被海宁市人民政府列为明星企业、出口创汇先进企业;1999年年度海宁市明星企业;2000年年度海宁市明星企业,市重点“兴海工程”企业;是年被中共嘉兴市委、市人民政府评为出口优胜企业,2002年年度嘉兴市外贸出口重点企业，2003 年嘉兴市外贸出口重点企业；2005 年被海宁市人民政府评为安全生产先进单位。

浙江虎霸建设机械有限公司

浙江虎霸建设机械有限公司坐落在海宁市农业对外综合开发区。是一家专业制造各类建筑机械及各种配套件的生产企业。公司占地面积 45000 平方米，拥有固定资产 5500 万元，拥有国内先进的车、铣、镗、刨、磨、钻、滚齿等配套加工设备，年生产能力 1500 台（套）。主要产品有 JZC350 搅拌机、JS500 搅拌机、JZM750 搅拌机、JS1000 搅拌机、JS2000 搅拌机、HPD800 配料机、HPD1200、HPD600V 配料机；QTZ40 型、OTZ63 型、QTZ80 型、QTZ125 型塔式起重机；HBT60、HBT80 混凝土泵、SCD200\200J 施工升降机 \HZS50-HZS200 砼搅拌站、LSY 系列螺旋输送机等系列产品。产品用于建筑工地、道路、桥梁及其他混凝土施工工程。

为适应经济形势的发展，虎霸公司与浙江大学合作，组成“浙大.虎霸”科研基地，由博士后、高级工程师、大专生组成的科研队伍不断挖掘企业内部潜力，加快技术改造，不断开发新产品。

浙江虎霸建设机械有限公司建立于 1985 年 5 月 1 日，建厂地点为许巷塘桥闸口，开设许巷农机修配厂。有员工几十人，主要经营建筑机械加工业务；1993 年 7 月更名为海宁市塘桥电控机械厂，业务项目不变；1996 年 2 月，厂址迁至盐仓（即现在地址—新兴路），同时更名为“海宁市虎霸建筑机械厂”，经营范围由加工业务转为建筑机械制造；2001 年 1 月 15 日，企业规模扩大，企业进行转制，更名为“浙江虎霸建设机械有限公司”。厂址位于海宁农业对外综合开发区内，成为一家专业制造各类建筑机械及各种配套设备的生产企业，浙江省建筑机械行业中的龙头企业。

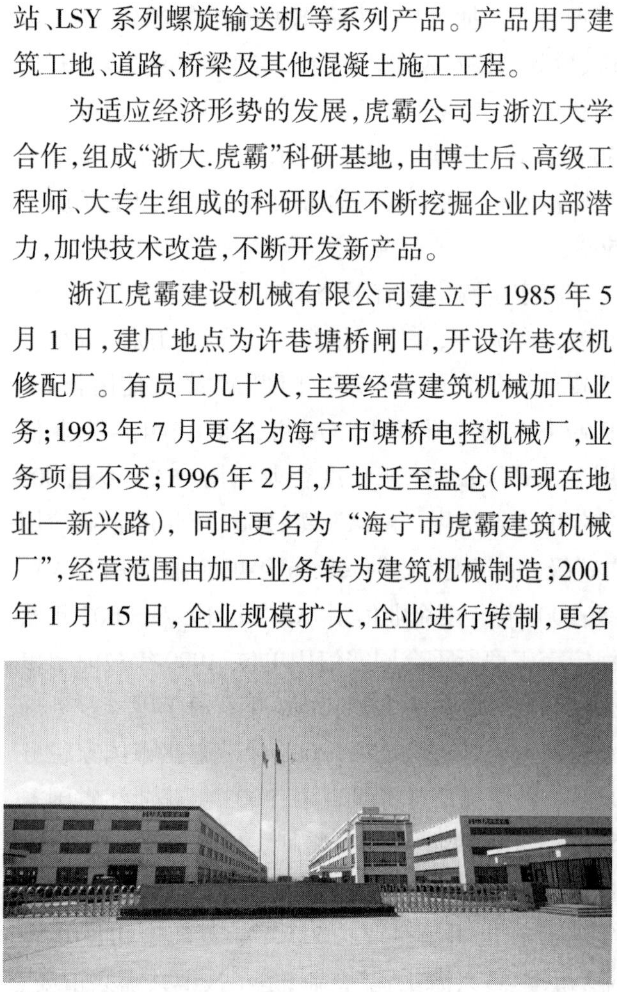

▲浙江虎霸建设机械有限公司

浙江虎霸建设机械有限公司，2001 年企业通过 ISO 9002 质量体系认证，2002 年获“海宁市文明单位”，2004 年获“嘉兴市级文明单位”，2005 年（虎霸牌塔机）获嘉兴名牌产品。2005 年拥有职工 386 人，总产值 8733 万元，总销售额 9019 万元，利润 438 万元，上缴税金 433.8 万元。

嘉兴市盈都网架钢构有限公司

嘉兴市盈都网架钢结构有限公司隶属于浙江百强民营企业，浙江盈都集团，成立于 2002 年 6 月。是一家以专业设计、制造、安装桥梁钢结构、超高层钢结构工程施工建筑企业，公司地处海宁农业对外综合开发区春澜西路 8 号。

紧靠沪杭甬高速公路和杭金衢高速公路以及钱江六桥下沙出口处，离杭州国际机场仅 5 公里，地理位置优越，交通便利。

公司一期投资 5000 万元，占地 4 公顷，于 2003 年 9 月正式投入生产。当时公司仅有职工 30 多人，1 个生产车间，一套钢结构生产线。实收资本仅为 508 万元，年销售收入 500 多万元。公司于 2005 年扩大生产规模，兴建第二车间、第三车间及气体房，增购了 33 台国产设备。到 2005 年年底，公司已有职工 200 余人，设有 13 个管理职能部门，3 个现代化生产车间，拥有钢结构生产线 4 条，压型板生产线 1 条，年加工能力 1.5 万吨，实收资本增加到 1158 万元，年销售收入 4600 万元。公司拥有全自动焊接生产流水线及门式埋弧机的成套设备、数控平面钻床和三维钻床、等离子火焰数控切割机、数控锁口机、六维相贯面等数控切割机、数控带锯机、大台面液压剪板机、液压折弯机、悬臂式自动埋弧焊机、电渣焊、数控液压立体弯管机、坡口铣边机、全液压自动矫正机、全自动抛丸除锈设备和喷涂设备。公司于 2005 年通过 ISO 9000 质量管理体系认证。公司董事长都建明，被评选为 2004 年年度浙江省民营企业家代表，出席在北京人民大会堂举行的

▲嘉兴市盈都网架钢构有限公司

中国双优民营企业大会。

公司坚持以质量求生存，以规范模式求发展，走厂校结合，科研与生产结合的发展之路，不断采用新技术、新工艺、新材料、新装备。先后在2004年和2005年与浙江工业大学、浙江水利水电大学，分别合作创建钢结构实验基地。由浙江工业大学建工学院院长、中国钢结构行业权威专家、博士生导师、教授领导的钢结构技术小组，多次攻破钢结构技术难关。并且为公司培养一大批钢结构专业技术人才，增强公司的技术实力。同时也与杭州锅炉集团有限公司合作生产发电厂锅炉钢架。公司于2004年9月成为上海市金属结构行业协会团体会员。

公司先后在上海、镇江、无锡、兰州、广州、武汉等全国各大中城市建立分支机构。在国内先后承接了天津市地铁工程、中国皮革城工程、无锡凯宾斯基大酒店高楼工程、杭州彩虹城高层、浙江薛永兴氨纶工程、海宁市红宝热电等一大批工程。其中2004年承建的无锡凯宾斯基大酒店工程，为中德合资无锡凯燕置业有限公司投资，该酒店高51层，建筑面积15万平方米，为无锡市第一高楼。被列为无锡市钢结构高层样板工程、江苏省重点工程，荣获钢结构最高奖项——金钢奖。

浙江诚信包装材料有限公司

浙江诚信包装材料有限公司，地处海宁市农业对外开发区，是一家集印刷、复合、制袋、制膜、机械设计制造等一体的综合型高科技企业。2005年资产规模达到5亿元，产值跃居全市工业企业榜首，并跻身海宁市兴海工程重点骨干企业及明星企业行列。在国内软包装行业排行第二。

浙江诚信包装材料有限公司，2002年经浙江省科技厅认定为浙江省高新技术企业，同时被评为浙江省包装工业50强；2003年评为国家火炬计划重点高新技术企业；2005年被评为浙江省包装行业楷模企业，同时被授予中国包装龙头企业称号。历年来被评为浙江省“重合同，守信用”企业，并被中国建设银行海宁支行评为“AAA”级企业；2000年通过ISO 9002的质量体系认证。公司董事长兼总经理宗宇后先生于2003—2005年均被海宁市评为十佳企业家。2005年被中国包装联合会授予中国杰出包装企业家荣誉称号。

浙江诚信包装材料有限公司，前身为杭州诚信彩色印刷厂，于1992年6月挂牌成立。有员工20人。1994年8月企业规模扩大，印刷机从1台增加到3台，分切机从4台增加到10台，并增加了1台干复机。厂址搬到杭州市秋涛北路118号，员工增加到100人；1997年6月，公司搬址下沙娃哈哈基地内成立分厂，引进第一台富士印刷机。1998年迁址于海宁农业对外综合开发区，公司占地面积达到4公顷，建筑面积2万平方米，并从日本引进富士印刷机等全套生产流水线及检验设备，三台八色印刷机均采用跟踪套色监控器。全年印刷生产能力达到1.8亿米，公司拥有日本富士干复机在内的复合机4台，日本东伸分条机2台，切标机30台。1999年至2000年期间，公司在软件方面投入资源，引进日本

▲浙江诚信包装材料有限公司

洛克公司的检验机1台，引进美国爱色丽的密度机,用于对色差的控制,从而使颜色的偏差控制在极小的范围内;引进日本岛津的气相色谱仪万能拉力测试仪,分别对残留溶剂,复合剥离等质量指标进行监控。

2001年公司建成第二期工厂，向新的项目发展,公司投资4000万元从意大利引进双泡工艺,五层共挤制膜设备。2002年公司成立薄膜分公司并引进先进的巴顿乐三层吹膜设备，主生产PE热收缩膜及无菌灌装液体膜,年产量达5000吨。

2005年公司先后从日本引进国际先进水平的印刷、干复、挤复、分切等十条全套生产流水线,年印刷生产能力达7亿米。员工人数达到400人,具有高、中级职称人员及大专以上学历人员占公司总人数的20%,并同浙江大学、浙江工程学院等大专院校建立长期合作协议。2000年销售收入超过1个亿;2005年销售收入突破3个亿,利税达到1.2亿元。

海宁佳宏包装有限公司

海宁市佳宏包装有限公司坐落在长安镇辛江大桥堍,长安镇辛江村(原辛江水泥厂)。公司成立于2002年9月,是专业从事生产进出口瓦楞纸、纸板生产的重点企业,海宁市"兴海工程"重点民政福利企业。公司经过几年的发展,2005年已发展成为占地面积50000平方米,建筑面积35000平方米的中型企业。公司拥有职工212名，其中管理人员9名,技术人员6名。公司拥有200型、160型全电脑

▲海宁佳宏包装有限公司

七层、五层纸板生产线共3条,四色水性高速印刷机、3色全自动(带清废)平压平磨切印机等配套的纸箱生产设备。年生产能力在15000万平方米以上。产品主要销往上海、苏州、杭州等地。2005年年度工业总产值1.6亿元,实现利税838.8万元。

公司在激烈的市场竞争中,不断拼搏,不断追求,不断健全组织机构、规范内部管理,真正走向"品质信赖化、制造标准化、管理制度化、经营效率化"。企业在发展的过程中,围绕市场需求,进行了市场、设备的技术改造和更新。2005年公司与台湾健峰企业管理研究中心合作,引进"5S管理",并取得了非常好的效果,改善企业的面貌。

海宁市第二水厂

海宁市第二水厂坐落在长安镇泰山村,沪杭高速公路长安出口处北300米。占地面积为6.25公顷,2005年有职工60人。供水范围为:长安镇、海宁市对外农业开发区。

海宁第二水厂于1997年5月正式动工建造,一期工程生产规模5万吨/日,1999年7月1日正式供水。同年,长安镇原13口深井封存,并兼并长安自来水厂,原长安自来水厂改为海宁市第二水厂营业所。2005年6月,海宁市第二水厂二期工程完工投产,日供水能力增加到10万立方米,同时新建10万立方米的净水处理设施。

海宁市第二水厂,2000年供水量255万立方米,售水量252万立方米,销售收入355万元;2001年供水量413万立方米，售水量349万立方米,销售收入355万元;2002年供水量693万立方米,售水量633万立方米；销售收入893万元;2003年供水量958万立方米，售水量878万吨，销售收入1240万元;2004年供水量1189万立方米，售水量1036万立方米，销售收入1464万元;2005年供水量2072万立方米，售水量1817万吨，销售收入2299万元。

海宁市第二水厂实施城乡一体化供水,逐年扩大供水范围,管网向长安镇以东周王庙镇、郭店镇延伸,直至盐官镇,海宁第二水厂代供水管网遍及海宁市西部各个乡镇。1995年海宁第二水厂管网与

▲海宁市第二水厂

海宁市自来水公司的总管联通，实现联网供水。公司先后获得 “浙江省供水水质量化分级 A 级企业”“海宁市劳动关系和谐企业”“海宁市卫生先进单位”“海宁市园林式企业”“海宁市平安供水企业”等十多项荣誉称号。

海宁市辛江锁厂有限公司

海宁市辛江锁厂有限公司，坐落于长安镇辛江路 203 号(辛江大桥西堍北侧 50 米处)。海宁辛江锁厂有限公司（海宁金神五金锁具五金有限公司）前身为海宁县辛江公社兴福锁厂，创建于 1975 年，隶属辛江公社兴福大队队办企业，生产红旗牌抽屉锁。1976 年辛江公社参与管理，批准为海宁县辛江公社锁厂，隶属辛江公社社办企业。1979 年迁址辛江公社粮食加工厂，扩建海宁县辛江锁厂(现址为辛江路 203 号)，生产橱门锁和挂锁。1987 年与上海环球锁厂联营生产地球牌铜挂锁。

▲海宁市辛江锁厂有限公司

1993 年，海宁市辛江锁厂与香港恒丰贸易有限公司合资建办海宁恒丰金神锁具有限公司，生产金城牌铜挂锁。1997 年 6 月，海宁市辛江锁厂与香港逢源贸易有限公司合资建办海宁金神五金锁具有限公司，该公司为海宁市辛江锁厂的分公司。

1997 年 10 月，海宁市辛江锁厂实行经济体制改革，转制为私营股份企业。企业名称先后为海宁金城锁具有限公司和海宁市辛江锁厂有限公司；海宁金神五金锁具有限公司。同时一起转制为私营股份(港商)合资，仍属海宁市辛江锁厂有限公司的下属公司。海宁市辛江锁厂有限公司和海宁金神五金锁具有限公司转制前后法人代表均为沈仁法。

海宁市辛江锁厂有限公司(海宁金神五金锁具有限公司)占地面积 10000 平方米，建筑面积 8500 平方米，固定资产 627.4 万元，职工有 328 名，其中专业技术人员 70 名。生产线 7 条，各类车床、机电、制锁专用设备 650 台(套)。

公司主要产品有金城牌直开中型、厚型、薄型铜挂锁系列；金城牌镀铬钢球叶片铜挂锁系列；金城牌直梁钢套壳锁系列；金城牌电脑平面弹子铜挂锁系列；金城牌乔式锁系列；金城牌沙底压铸铜挂锁、卷闸门防盗锁等系列产品。产品主要出口外销美国、德国、法国、意大利等欧美国家和日本、马来西亚等亚洲国家。

2005 年生产各类中高档锁具 106.75 万打，实现产值 5065 万元，销售额 4989 万元，税利 276 万元。新产品有：镀铬钢球叶片(子母)铜挂锁被列入浙江省 1998 年新产品、新技术试制试产计划。1999 年 6 月通过省级新技术、新产品鉴定。该产品的研制开发成功，填补了省内空白。科研成果达到了国内同类产品先进水平。该产品 2000 年分别获浙江省政府和嘉兴市政府科技进步三等奖。直梁套壳锁 2870 型、2880 型、2890 型和卷闸门防盗锁，列入 2001 年浙江省新产品试制计划项目。2003 年 6 月通过省科技厅组织鉴定验收。产品质量均达到欧洲同类产品水平、科技成果达到国内领先，锁具某些技术结构尚属国内首创。直梁套壳锁和卷闸门防盗锁，2005 年获国家外观设计专利 2 项和实用新颖、外观设计专利各 1 项。

1993年公司被命名为嘉兴市百强企业。1994年公司被海宁市人民政府命名为文明单位。2003年10月公司通过ISO 9001:2000质量体系验证。是年12月公司被浙江省科技厅认定为科技型中小企业。

海宁市富利达纺织有限公司

海宁市富利达纺织有限公司成立于2001年9月,专业从事纺织品、棉纱、丝制品制造;加工、批发、零售。公司拥有先进设备及制作工艺,并备有完善的品牌企划和管理,销售网络和专业营销队伍。

公司选址海宁农业对外开发区，占地面积20000平方米。建筑面积13000平方米。公司有员工260人。公司于2001年7月正式生产、销售。办厂4年后，公司生产的棉纱已销往国内绝大部分地区。公司自创品牌"通源"已在该市许村和绍兴、江苏、广东等地区占一席之地。通过成功的运作,已培养特有的稳定增长的消费群体,"通源"品牌已为广大纺织型生产企业的熟悉和认同。2001年成立时有10台纺织设备,50名员工。到2005年迅速扩大到216台纺织设备,一线熟练工人200名。

海宁富利达纺织有限公司企业规模呈几何级发展，2002年销售收入911万,2005年上升到5081万元。公司历年来被评为诚信私营企业、诚信企业、信用等级从A级增长到AAA级。2002年8月28日获得"通源"商标注册,一直坚持以自己的品牌和销售公司的自产产品。做到品牌经营管理理念进行整体贯彻。

▲海宁市富利达纺织有限公司

嘉兴中宁建设有限公司

嘉兴市中宁建设有限公司地址为长安镇德丰村新德大桥堍,是一家具有房屋建筑总承包三级资质的建筑施工企业。公司的前身为海宁市新德建筑工程队，成立于1986年4月。1997年企业改制成为海宁市新德建筑工程有限公司,2001年12月在原海宁市新德建筑工程有限责任公司的基础上,与海宁市硖石建筑公司、海宁市沈士建筑安装公司、海宁市狮岭建筑工程公司进行合并而成立的一家建筑施工企业。下设硖石办事处及沈士、硖石、狮岭三家分公司。公司现有职工1605人,各类专业技术人员170人。其中工程专业技术人员140人,具有

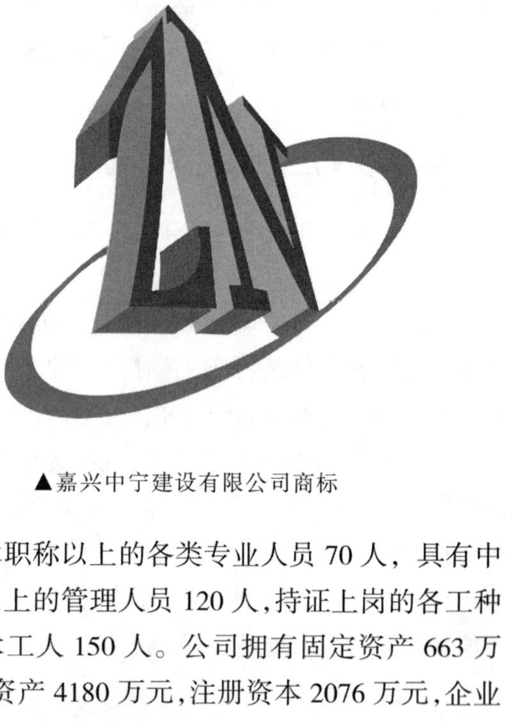

▲嘉兴中宁建设有限公司商标

中级技术职称以上的各类专业人员70人，具有中专学历以上的管理人员120人,持证上岗的各工种专业技术工人150人。公司拥有固定资产663万元,流动资产4180万元,注册资本2076万元,企业资产4788万元。2005年完成建筑放工产值15000万元。公司现有施工机械设备375台(套),总功率2320千瓦,并具有与承包工程范围相适应的施工机械和质量检测、控制设备。

公司连续10年被海宁市工商局命名为"重合同、守信用"企业,公司资信等级为"AA"级,2002年7月通过了ISO 9001:2000质量保证体系认证。

第二节　500万元产值以上企业

2005年年末，长安镇有500万元以上规上企业74家，其中皮革服装24家，产值13.4亿元；五金锁具18家，产值3.3亿元。制革企业3家，年产值1.9亿元；彩印包装企业5家，产值1.8亿元；纺织企业8家，产值1.7亿元；制衣企业3家，产值0.44亿元；丝绸缎企业2家(不含米赛集团公司)，产值0.4亿元；建材行业4家，产值2393万元；其他企业11家，产值0.9亿元。

2005年年末，皮革企业实缴税金3460.3万元，创利6817.1万元。五金锁具实缴税金702.9万元，利润291.6万元。制革企业实缴税金648.95万元，利润1145.3万元。彩印包装企业实缴税金257.6万元，创利827.8万元。纺织企业实缴税金287.7万元，创利569.6万元。制衣企业实缴税金188.9万元，创利248.4万元。丝绸企业实缴税金253.1万元，创利4.3万元。建材企业实缴税金128.4万元，利润负131.2万元。其他企业实缴税金209.9万元，利润负55.7万元。

500万元(不含5000万元以上)产值以上企业一览

表3–3–1

企业名称	厂　　址	法人代表	固定资产	主要产品	年末产值
海宁市荣华皮革有限公司	农业开发区启东路	李荣根	1200万元	皮革服装、加弹丝	6239.9万元
海宁修川制衣有限公司	长安镇环镇东路	杨英美	1690万元	绵羊皮、猪正、猪二成印花为面料的男女成人时装、休闲装、	3690万元
海宁市凌衣皮革有限公司	长安镇原金桥村	王建成	—	皮衣、五金加工	4265万元
海宁市西关厢皮革有限公司	长安镇长虹路13号	李有财	691万元	外贸皮衣服装	4446万元
海宁市丰泰制衣有限公司	辛江大桥堍	庄炳江	—	生产皮衣	2249万元
海宁金明制衣有限公司	长安镇辛江大桥西堍	章伟标	185万元	皮革服装和仿皮服装	1560万元
海宁市华泰皮革有限公司	长安镇辛江路58号	王剑锋	83347万元	皮革服装及皮革制品	2446.76万元
海宁市悦富皮革有限公司	长安镇东升村	费建伟	950万元	皮革服装	1135万元
海宁市富舟服饰有限公司	长安镇环镇东路2号	郭双强	422万元	裘皮服装、革皮服装及皮革制品	2408万元
海宁市金新皮革铜业有限公司	长安镇金桥村	许发根	—	皮衣制造	751万元
海宁市志钢皮装有限公司	长安工业园区	陈志钢	250万元	皮革服装	1135万元
海宁市宏威皮装有限公司	长安镇城南路17号	曹建初	163万元	沙发布	1190万元
海宁市蒙雪尔皮革有限公司	长安工业园区环镇北路89号	王建忠	550.4万元	皮革服装	1244万元
海宁市新民皮塑有限公司	长安镇环镇西路76号	沈雪宝	350万元	皮件服装	807万元
海宁市兆丰皮革有限公司	长安镇德丰村	沈绍丰	50万元	DF涤纶长丝	513万元
海宁市圣加努皮装有限公司	长安镇德丰村	李利忠	—	皮件服装	700万元
海宁市富友皮装有限公司	长安镇肖王村	沈月根	100万元	真丝面料，复合料服装	666万元

续表 3–3–1

企业名称	厂　　址	法人代表	固定资产	主要产品	年末产值
海宁市华菱皮革有限公司	长安镇工业园区 1 号	张林美	300 万元	皮革服装	1107 万元
海宁市贝特尔制衣有限公司	长安工业园区	袭群星	—	丝织服装	428 万元
海宁市铿锵皮装有限公司	长安镇保安公司内	曹　铿	—	生产皮衣	556 万元
海宁市鑫华裘皮有限公司	长安镇泰山村	许国平	15 万元	裘皮服装	650 万元
海宁市天豹皮装有限公司	长安镇修川南路工业园区	向忠华	—	皮革服装	988 万元
海宁市雪绒皮草有限公司	长安镇辛江大桥堍	唐国延	25 万元	皮革服装	1129 万元
海宁市江南制锁有限公司	长安镇修川路 8 号	傅阿新	500 万元	各种锁具	4191 万元
海宁市富斯达工具有限公司	长安镇工业园区	王志根	2160 万元	生产经营手工具	2915 万元
海宁市永固锁具有限公司	长安镇戴家路 6 号	周国英	426 万元	各种挂锁	3091 万元
海宁市双剑五金有限公司	长安镇环镇东路 32 号	汪驾红	236 万元	指甲钳和各种锁具	2672 万元
海宁伟业五金有限公司	长安镇辛江路 175 号	茹米坤	1040 万元	拉手、插锁等小五金	1500 万元
海宁市福旺五金有限公司	长安镇五金科技园区	陈慧瑛	722 万元	铜挂锁、插芯锁	1772.9 万元
海宁市制锁一厂有限公司	长安镇环镇北路	陈兴荣	820 万元	普通弹子门锁	2000 万元
海宁市王氏五金有限公司	长安镇青年路 159 号	王建学	505 力元	各种锁具	2128 万元
海宁市盛德锁具有限公司	长安镇城东村原村委会址地	周建强	92 万元	地球牌、三轮牌、八卦牌和 HUMMER 牌铁挂锁	780 万元
海宁市盛达五金有限公司	盐仓开发区之江路 3 号	朱国明	201.2 万元	五金锁具	1218 万元
海宁市安杰锁具有限公司	长安镇修川北路 88 号	张　杰	300 万元	挂锁	948 万元
海宁市强兴锁业有限公司	长安镇金港村	朱小燕	35.3 万元	32—75 铁挂锁	941 万元
海宁市双天鹅指甲有限公司	长安镇工业园区	徐安华	392 万元	指甲钳	642 万元
海宁市丰顺五金有限公司	长安镇东陈村	倪丰辉	—	铜锁	703 万元
海宁市皇冠锁业有限公司	长安镇东陈村村部 1 号	倪丰辉	60 万元	锁具(挂锁)	986 万元
海宁市恒盛制革有限公司	长安镇环镇东路 28 号	陈　波	1283.27 万元	猪皮绒面革、猪皮沙发革、猪皮鞋里革、牛皮坯革	4179.33 万元
海宁市天鑫制革有限公司	长安镇环镇西路东侧	吴仲明	216.58 万元	皮粉碎料及硝皮染色	528 万元
海宁市豪士达包装有限公司	长安镇工业园区 2 路 1 号	沈大年	1800 万元	各种印刷包装	4293 万元
海宁牧港纸制品有限公司	长安镇金港村(原牧港村部)	高兴法	330 万元	瓦楞纸片、瓦楞纸箱	1000 万元
海宁市佳吉包装有限公司	长安镇环镇东路 43 号 B	周吉儿	1151.8 万元	纸制品,纸箱、纸板	1279 万元
海宁市新世纪皮纺有限公司	长安镇工业园区	杨建良	1712 万元	皮革制品、沙发、装饰布	4442 万元

续表 3-3-1

企业名称	厂　址	法人代表	固定资产	主要产品	年末产值
海宁市华龙线业有限公司	长安镇北七里亭	沈乾龙	700 万元	专业生产涤纶缝纫线	1380 万元
海宁市晔丰装饰有限公司	长安镇红色村	翁建明		装饰布	505 万元
海宁市海纳纺织有限公司	长安镇环镇东路 27 号	沈雁平	1500 万元	装饰布,沙发布	4975 万元
海宁市凯丹努纺织有限公司	长安肖王村	钱幼平	120 万元	纺织纱线	3088 万元
海宁市欧璐纺织有限公司	长安镇辛江路 175 号	张红良	300 万元	雪呢尔纱	897 万元
海宁市星圆针织有限公司	长安镇辛江路 33 号	井户端康宏	777 万元	专业生产五趾袜	829 万元
海宁市天鑫布业有限公司	长安镇环镇北路 118 号	吴仲明	586 万元	装饰布制造加工	659 万元
海宁市德兰制衣有限公司	长安镇肖王村东西大道口	施惠建	192.46 万元	针织服装	2244 万元
海宁市伊士曼制衣有限公司	长安镇环镇东路 168 号	沈建学	500 万元	加工生产牛仔服装	1560 万元
海宁润丰制衣有限公司	长安镇青年路 103 号	曹广生	112.1 万元	出口服装	691.2 万元
海宁市东方丝绸有限公司	长安镇环镇东路	葛建芬	948 万元	生产梅花牌各种规格白厂丝	2015 万元
海宁市红雷丝绸有限公司	长安镇辛江大桥东	张国华	400 万元	白厂丝	2286 万元
海宁市长安水泥厂	长安镇环镇东路	曹水根	1200 万元	生产水泥	792 万元
海宁市通和复合材料有限公司	长安镇青年路 103 号	陈　巨	252 万元	“通和”牌高强度复合材料管道盖板	808 万元
海宁市恒安车配有限公司	长安镇新德大桥堍西	高建明	770.57 万元	车圈钢带	1736.67 万元
海宁市安盛休闲用品有限公司	长安镇工业园区	柯瑞明	683 万元	家具及铝、铁木、塑料工艺制品	1568 万元
海宁市汽车大修厂	长安工业园区	钱嗣江	377 万元	各类高档轿车维修	706 万元
海宁市圆潮钢圈有限公司	长安镇辛江路 79 号	马建成	470 万元	汽车钢圈	668 万元
海宁市弘光电器有限公司	长安镇辛江路	吴小微	150 万元	主要生产各种太阳能圣诞灯、LED 节能灯	935 万元
海宁市铸钢有限公司	长安镇环镇东路大洋桥南	邬建民	15 万元	主要生产各种高、中、低合金铸钢,碳素铸钢	524 万元
海宁市摩海密封件有限公司	长安镇红色村	范水英	—	密封件	650 万元
海宁市飞顺制塑有限公司	长安镇新民村	沈月飞	247 万元	辕转箱(制作)	630 万元
海宁市峰华皮塑有限公司	长安镇环镇西路	潘亚芬	357 万元	主要生产编织袋	620 万元
海宁市金程汽修有限公司	长安镇辛江村章古组	陈少忠	210 万元	各种大小货车、轿车维修	577 万元

农发区500万元以上企业

浙江虎霸建设机械有限公司、浙江鼎龙化工有限公司、浙江佳进化工有限公司、海宁宝圆染化工有限公司、浙江杭海镀锌有限公司、浙江东冠制管有限公司、海宁市萧湘化工有限公司、浙江雅昌染织有限公司、浙江罗海化工有限公司、海宁市富利达纺织有限公司、浙江杭万汽车零部件有限公司、浙江华塑机械有限公司、浙江盛信万马铁塔有限公司、浙江上峰化工有限公司、浙江金鹿香精香有限公司料、浙江诚信塑胶有限公司、浙江华蔚化工有限公司、海宁市宏源无纺布业有限公司、浙江德宝电器有限公司、浙江诚信包装材料有限公司、浙江宝星纺织原料有限公司、浙江清清纸塑有限公司、浙江永盛健身休闲有限公司、浙江华航铝业有限公司、浙江金汇休闲制品有限公司、浙江荣鑫带钢有限公司、浙江小霸王车业有限公司、海宁市德尔化有限公司、浙江薛永兴氨纶有限公司、浙江盈都网架有限公司、浙江嘉兰服饰有限公司、浙江新月家具有限公司、浙江中联化学有限公司、海宁红宝热电有限公司、浙江永盛带钢有限公司、南大(浙江)环保有限公司、浙江科技银梭织染有限公司、浙江凯达奔克电梯有限公司、浙江西子重工机械有限公司、浙江汇成服饰有限公司、浙江永盛金属制品厂有限公司、浙江薛永兴浮水制品有限公司、浙江诚信薄膜巨都药业有限公司、浙江锦宏化工有限公司、浙江博洋家具有限公司、浙江红海化工有限公司、浙江盐仓污水处理公司、浙江新欧化工有限公司、浙江三联化工有限公司、浙江华塑机械有限公司、浙江中美转印有限公司、浙江佳诚车业、浙江红树林服饰、浙江科发化工有限公司、浙江赛乐电器有限公司、浙江元纪棉纺厂有限公司、浙江赛芙制衣有限公司、海宁市长命摩擦材料有限公司、浙江信达可恩消防有限公司、浙江嘉兰服饰有限公司、浙江前锦离合器有限公司、浙江中联化学有限公司、浙江三元旅游用品有限公司、浙江中驰皮革有限公司、浙江凯联电子有限公司、海宁强盛温室带钢有限公司、浙江连盛钢管永盛带钢有限公司、浙江杭州万向节有限公司、浙江胜晖化工有限公司、浙江南方锅炉有限公司、浙江泛太平洋针织印染有限公司、浙江朗先颜料有限公司、浙江攀越纺织有限公司、浙江宝石蝶围巾有限公司、浙江禾丰家纺有限公司、浙江华元纺织有限公司、浙江特富锅炉有限公司,共75家。

第四章　工业功能区

第一节　规划建设

长安工业功能区,起源于长安镇工业小区与辛江乡经济开发区、辛江乡工业区。辛江乡经济开发区在1993年,经海宁市人民政府九届十七次常务委员会决定,同意享受海昌经济技术开发区优惠政策,并下发海政办发〔1993〕8号文件。第一期开发面积23.33公顷(其中10公顷为商业及商品房、13.33公顷为工业),地点在沈辛公路北侧、修川路西侧。文件下达后,辛江乡政府分步实施,对经济开发区进行“四通一平”基础设施建设,并引入4家企业首批进入辛江经济开发区(其中2家为“三资企业”)。当年,为解决原联益村宋家组征用土地后的生活问题,在辛江经济开发区(修川路南侧)建造商业街,占地面积1880平方米(47间),建筑面积5640平方米,总投资100万元。1997年2月,经海计综〔1997〕775号文件批准,同意建立长安镇工业小区。总体规划13.33公顷,工业小区坐落于修川路东、东西大道北侧肖王村内。长安镇推出了企业进驻工业小区的优惠政策:凡新发展的个体私营企业,开业后适当减免管理费;对科技含量高,环境污染小的企业适当降低土地使用费;对符合小区发展目标及具有较好发展潜力,经济效益高,投资规模超过200万元的企业,给予优先安排用电用水生产用地。1999年4月经海计综〔1999〕154号批准的辛江工业园区,规划面积6.67公顷,坐落于沪杭高速公路出口处南侧和崇长公路西侧。

1999年11月,在海宁市行政区划调整中,长安镇与辛江乡合并。2000年5月,为贯彻“十五大”精神,大力发展民营经济,努力寻求新的增长点。按建设中心镇和现代化目标要求,原长安镇、辛江乡三个工业小区的现状和布局,远远不相适应。为抢抓机遇,发挥区位优势,经海计综〔2000〕283号文件批准,建立长安镇五金科技综合工业园区。工业园区总体规划为100公顷(包括原长安镇工业小区13.33公顷、辛江乡经济开发区23.3公顷、辛江乡工业园区6.67公顷)实行统一领导,统一规划、统一管理、统一开发、分步实施。首期启动分两区实施,一区位于长安修川路西侧,沈辛公路北侧,主要从事非污染性加工为主;二区位于长安镇青年路以南,上塘河以北,环西二路两侧虹金村内,主要从事五金制品及相关产品为主的加工工业。

为进一步发挥工业园区的集聚功能,促进长安工业的快速发展,长安镇专门制定入园优惠政策。对新入园企业年销售收入500万元以上的工业生产私营企业,其企业所得税由财政连续两年给予全额返还,第三年至第五年减半返回;对园区内年实缴增值税50万元以上的企业,经申报核实,可给予财政退还当年度缴纳增值税中留市部分的50%。一定三年;固定资产投资调节税2000年暂停征收;对新入园企业可减免管理费和企业公益事业费。园区内土地实行出让供地,工业用地出让年限为50年,订立协议,办好手续,土地中心价为每公顷135万元。2000年年底前进区优惠10%,受让土地0.67公顷以上;投资300万元以上企业,土地征用价格优惠4%,受让土地1公顷以上;投资400万元以上企业,土地征用价格优惠6%,受让土地1.33公顷以上,投资500万元以上的企业,其土地征用价格优惠8%,从而大大调动了企业进入工业园区的积极性。首先启动的一区,至2003年4月,入园落户的企业有8家:大型汽修厂、新世纪皮革纺织有限公司、豪士达包装有限公司、安盛休闲用品有限公司、双天鹅指甲钳有限公司、福旺五金制锁有限公司、宝龙制衣织造有限公司、天鑫布业有限公司。二区,在这三年中受交通条件和区位条件的因素限制,发展不快。

2003年5月,针对园区存在散、小局面、交通不畅的状况,为有利园区整体开发,经海计〔2003〕165

号文件批准，在原有的基础上进行调整。调整后的工业功能区，充分利用高速公路出口处及东西大道的交通优势，推进工业功能区的建设进程。规划建设总面积达到333.33公顷，分南北两个区块。南区范围为，南至东西大道，北至虹金路，西至城西二路，东至上塘河，面积200公顷。北区范围为：南至联益路，北至高速公路出口处，东至崇长港，西至环西一路，规划面积133.33公顷。两区各设生活、服务功能点3个。重新调整后的工业园区重点建设南区，兼顾二区建设，互联互动，逐步开发。

第二节 入区企业

2005年年末，长安工业功能区开发面积达到74.8公顷，入区企业42家，其中投产33家，三资企业12家。园区实现销售收入12.6亿元，实现利税1.05亿元。工业形成成品沙发、皮件制革、五金制锁、印刷包装、丝绸纺织、汽车配件等六大行业结构。以雪豹集团为龙头的皮革沙发占全镇经济总量的50%以上。小五金颇具规模，是全国最大的指甲钳和锁具生产基地之一，汽车配件产业也开始起步。长安工业功能区的建设和发展，进一步发挥集聚优势和规模优势，增强辐射功能，促进区域特色块状经济的培育和发展，为长安镇经济建设创造一个良好的平台。

2005年长安工业功能区企业情况

表3-4-1 产值：万元

企业名称	法人代表	入园年月	投入资金	主要产品	年末产值
华菱皮件	张林美	2000年	400	皮件服装	1107
富斯达工具	王志根	2000年	1800	包装工具	2914
海涂汽修厂	钱嗣江	2000年	350	汽修	706
江南锁业	傅阿新	2001年	680	锁具	4075
贝特尔制衣	杨月明	2002年	300	皮件服装	500
富友皮革	沈月根	2000年	400	皮件服装	666
志钢皮业	陈志钢	2002年	400	皮件服装	1554
天豹皮衣	何忠平	2002年	500	皮件服装	895
德惠制衣	张惠薇	2003年	80	毛衫	2244
华泰皮革	王剑锋	1998年	765	皮件服装	2451
跃达皮革	殷跃平	1998年	250	皮件服装	—
雪豹二厂	—	1997年6月	300	皮件服装	—
雪豹丝针织	—	1997年6月	200	针织服装	—
安杰锁厂	张杰	2000年6月	300	锁具	948
园潮钢圈	马建成	1995年6月	300	钢圈	
恒安车辆	高建明	1999年6月	200	带钢	1618
弘光电器厂	吴小微	1998年	100	电珠	935
金明皮件	章伟标	1997年	200	皮件服装	1560

续表 3-4-1

企业名称	法人代表	入园年月	投入资金	主要产品	年末产值
丰泰制衣	庄炳江	2002 年	280	皮件服装	2249
金神五金	沈仁法	1976 年	1500	锁具	5018
新世纪皮纺	杨建良	1998 年	1800	皮件服装	4442
金程汽修	陈少忠	1999 年	500	车辆维修	581
豪士达包装	沈大年	2000 年	1600	印刷包装	4293
福旺五金	陈慧瑛	2000 年	外资 70	锁具	1721
宝龙制衣	沈力	2002 年	—	服装	
天鑫布业	吴仲明	2004 年 5 月	500	纺织品	664
佳联皮革	张志彤	1997 年	1600 外资	沙发套	66934
双天鹅指甲钳	徐安华	2003 年	600	指甲钳	642
安盛休闲	柯瑞明	2001 年	外资 102	休闲家具	1636
蒙雪尔	王建忠	—	600	皮件服装	1244
佳禾家私	曹静玉	—	5800	沙发纺织品	17440
德兰制衣	施惠建	2001 年 12 月	165	皮件服装	2244
制锁一厂	陈兴荣	1990 年	1000	锁具	1969
辛江家具厂	朱祥甫	1985 年	150	家具	
伟业五金	茹米坤	2001 年	500	五金	2022
同辉工贸	李梅冬	2005 年 6 月	—	旅游经贸	
华元钢业	高春英	2005 年 11 月	500	锅炉配件	1300
奥通汽配	傅阿新	2005 年 6 月	600	轮毂单元	1398
万宝服饰	顾国平	2005 年 11 月	—	—	—
兽都裘皮	戴长兴	2005 年 11 月	—	—	—
顺华皮塑	潘亚芬	2005 年 1 月	筹建中	—	—
精峰机械	陆依文	2005 年 8 月	—	—	—

第五章　注册商标

随着工业生产的发展，名牌产品、著名产品在长安镇不断产生。“狼狗牌”门锁、“雪豹皮夹克”、“梅花牌白厂丝”、“米赛丝绸服装”等名牌产品先后被评为著名商标。企业对商标注册也逐渐引起重视。2005年注册商标有：

2005年长安镇工业品注册商标一览

表3-5-1

注册人	地址	商标	类别	使用商品	有效期	注册证号	辖区
海宁市骏马锁厂	长安镇环镇东路大洋桥南	HAMMER	6	挂锁，钥匙，金属锁(非电)，五金器具，车辆用金属锁	2001年12月14日–2011年12月13日	1681582	长安工商所
海宁市辛江锁厂有限公司	长安镇辛江北路	CASTLE	6	挂锁	2002年04月28日–2012年04月27日	1757037	长安工商所
海宁市辛江锁厂有限公司	长安镇辛江北路	GOLDCITY	6	锁	1994年12月21日–2004年12月20日	721213	长安工商所
海宁市辛江锁厂有限公司	长安镇辛江北路	飞象 FLYELEPHANT	6	金属锁(非电)	2001年04月07日–2011年04月16日	1551393	长安工商所
海宁市辛江锁厂有限公司	长安镇辛江北路	图像	6	挂锁，金属锁	2000年06月07日–2010年06月06日	1406311	长安工商所
海宁市上方皮件五金厂	长安镇辛江北路88号	上方	25	皮衣(服装)，裘皮服装，针织品(服装)，皮手套，鞋	1997年10月14日–2007年10月13日	1118628	长安工商所
海宁市上方新型雨服厂	长安镇辛江北路188号	上方	25	雨衣(包括雨帽、披肩、斗篷)，防水服，服装，手套(服装)，鞋	2001年04月14日–2011年04月13日	153360	长安工商所
海宁市长安镇东方红村经济合作社	长安镇东方红村	海宁桑 HAN-N-GSANG	31	花球茎，树苗，藤本植物，新鲜的园艺草本植物，植物，植物用种苗，籽苗，自然草皮，自然花(商品截止)	2002年09月21日–2012年09月20日	1962914	长安工商所
海宁缪氏指甲钳有限公司	长安镇公庆街230号	MIAO	8	指甲钳，刀	1997年04月28日–2007年04月27日	992895	长安工商所
海宁缪氏指甲钳有限公司	长安镇公庆街231号	图形	8	指甲钳，小刀	1997年04月28日–2007年04月27日	992894	长安工商所
海宁缪氏指甲钳有限公司	长安镇公庆街230号	MIAO	8	指甲钳、小刀、指甲锉	2001年10月07日–2011年10月06日	1645967	长安工商所
海宁缪氏指甲钳有限公司	长安镇公庆街230号	EVENSENSE	8	指甲钳、修指甲钳工具	2001年11月28日–2011年11月27日	1673964	长安工商所
海宁缪氏指甲钳有限公司	长安镇公庆街230号	MIAO	8	指甲钳、小刀、指甲锉	2001年10月07日–2011年10月06日	1645968	长安工商所

续表 3-5-1

注册人	地 址	商 标	类别	使用商品	有效期	注册证号	辖区
海宁缪氏指甲钳有限公司	长安镇公庆街230号	OUI	8	指甲钳、小刀、指甲锉	2001年10月07日-2011年10月06日	1645966	长安工商所
海宁味之神食品有限公司	市农业对外综合开发区启潮路	神谷	30	醋；调味酱，调味品，鸡精（调味品），酱菜（调味品），酱油，酱油曲种，芥末，曲种，味精（商品截止）	2003年01月21日-2013年01月20日	1989865	长安工商所
海宁味之神食品有限公司	市农业对外综合开发区启潮路	神谷	29	腐乳，酱菜，蔬菜汤料，熟蔬菜，速冻方便菜肴，笋干，五味姜，榨菜，腌制蔬菜（商品截止）	2003年01月07日-2013年01月06日	3010806	长安工商所
海宁味之神食品有限公司	市农业对外综合开发区启潮路	神谷	29	腐乳，酱菜，食用油，蔬菜汤料，熟蔬菜，速冻方便菜肴，笋干，五味姜，榨菜，腌制蔬菜（商品截止）	2002年11月28日-2012年11月27日	3010775	长安工商所
海宁味之神食品有限公司	市农业对外综合开发区启潮路	神谷	30	醋，调味酱，调味品，鸡精（调味品），酱菜（调味品），酱油，酱油曲种，芥末，曲种，味精（商品截止）	2003年01月21日-2013年01月20日	3010808	长安工商所
海宁悦富皮革服饰有限公司	长安镇新升村三组	狼神LANG-SHEN	25	服装，婴儿服装，雨衣，游泳衣，戏装，足球鞋，鞋，帽，袜，手套，领带，披巾，面纱，腰带，服装带	1996年11月14日-2006年11月13日	897226	长安工商所
浙江诚信包装材料有限公司	市农业对外综合开发区启潮路	CHANC-ING	16	包装纸、包装用塑料膜，包装用纸或塑料袋（信封、小袋），纸板盒或纸盒，塑料泡沫包装用品（包装用），瓶用纸板或纸制包装物，包装用粘胶纤维纸，垫货盘用可伸展塑料膜，糖果包装纸，纸箱	2002年04月28日-2012年04月28日	1755741	长安工商所
浙江诚信包装材料有限公司	市农业对外综合开发区启潮路	诚信	16	包装纸、包装用塑料膜，包装用纸或塑料袋（信封、小袋），纸板盒或纸盒，塑料泡沫包装用品（包装用），瓶用纸板或纸制包装物，包装用粘胶纤维纸，垫货盘用可伸展塑料膜，糖果包装纸，纸箱	2002年04月28日-2012年04月27日	1755742	长安工商所
浙江诚信包装材料有限公司	市农业对外综合开发区启潮路	CHANC-ING 诚信包装	16	包装纸、包装用塑料膜，包装用纸或塑料袋（信封、小袋），纸板盒或纸盒，塑料泡沫包装用品（包装用），瓶用纸板或纸制包装物，包装用粘胶纤维纸，垫货盘用可伸展塑料膜，糖果包装纸，纸箱	2002年04月28日-2012年04月27日	1755746	长安工商所
海宁市西关厢皮革制品有限责任公司	长安镇长虹路5号	RUBARE	25	服装，皮革服装，童装，婴儿服装，游泳衣、裤、帽，足球鞋，爬山鞋，鞋，袜，手套，领带，围巾，背带，腰带	1996年03月21日-2006年03月20日	825730	长安工商所

续表 3-5-1

注册人	地址	商标	类别	使用商品	有效期	注册证号	辖区
海宁市西关厢皮革制品有限责任公司	长安镇长虹路5号	RUBARE	24	布,标签布,纺织品壁挂,毡及毡制品,毛巾,毛巾被,浴巾,枕巾,手帕,床单,纺织品台布,洗涤用手套,哈达,旗,寿衣,白布,印花布,粗斜纹布,纱布,麻布,印花丝织品,粗毛呢,牛津布,帆布,衬料,金属棉(太空棉),塔夫绸,软毛布,毛巾布,领衬布	1997年06月28日–2007年06月27日	1039730	长安工商所
海宁市西关厢皮革制品有限责任公司	长安镇长虹路5号	EKVA-TOR	25	服装	1997年09月07日–2007年09月06日	1095136	长安工商所
海宁市西关厢皮革制品有限责任公司	长安镇长虹路5号	HILL-BALCAN	25	服装服装,手套,针织服装	1995年11月14日–2005年11月13日	791652	长安工商所
海宁市西关厢皮革制品有限责任公司	长安镇长虹路5号	BELLE DA RUBARE	18	动物皮,人造皮革,箱包及旅行袋,裘皮,登山杖,行走用手杖柄,马鞍套	1996年03月14日–2006年03月13日	823314	长安工商所
海宁市西关厢皮革制品有限责任公司	长安镇长虹路5号	图形	25	服装、皮革服装,童装,婴儿服装,游泳衣、裤、帽,足球鞋,爬山鞋,鞋,帽,袜,手套,领带,围巾,背带,腰带	1996年09月14日–2006年09月13日	871742	长安工商所
海宁市西关厢皮革制品有限责任公司	长安镇长虹路5号	BELLE DA RUBARE	26	花边,衣服上的装饰品,纽扣,领钩扣,拉链,假发,假胡须,缝纫用具(线除外),假花,硬托衬骨,修补纺织品用热粘胶片,亚麻布标记用品,茶壶保暖套	1997年05月14日–2007年05月13日	1004225	长安工商所
雪豹集团公司	长安镇辛江东路88号	雪豹图形	1	鞣料、鞣皮剂、生皮鞣剂,鞣革油,鞣革制剂	1996年01月14日–2006年01月13日	806388	长安工商所
雪豹集团公司	长安镇辛江东路88号	雪豹	37	电器设备的安装与修理,洗涤衣物,室内装潢修理业,建筑设备出租,建筑,皮革保护,清洗和修补,裘皮保护清洗和修整,洗衣,室办装潢,车辆服务站,车辆修理	1995年03月21日–2005年03月20日	779625	长安工商所
雪豹集团公司	长安镇辛江东路88号	图形	18	钱包,旅行包,家具用皮制品,帆布箱	1995年09月14日–2005年09月13日	766471	长安工商所
雪豹集团公司	长安镇辛江东路88号	雪豹	40	服装制作,羊毛加工,皮革修整,皮革加工,裘皮上光,裘皮染色	1995年03月07日–2005年03月06日	779157	长安工商所
雪豹集团公司	长安镇辛江东路88号	雪豹图形	7	农业机械,收割机,渔牧用机械,机锯,造纸机,洗浆机,染色机,干燥机,平洗机,蒸化机,杀青机,茶叶机械,食品工业用机械及部件,电动制饮料机,起绒毛机,制革机,缝纫机,自行车工业用设备,洗衣机,制药工业用机械及部件,玻璃工业用机械,化肥设备,制纽扣拉链机械	1995年10月28日–2005年10月27日	786700	长安工商所

续表 3-5-1

注册人	地 址	商 标	类别	使 用 商 品	有效期	注册证号	辖区
雪豹集团公司	长安镇辛江东路88号	雪豹图形	8	砂轮,磨刀器具,农具(手工具),花园工具(手工具),屠宰动物剥皮用具和器具、鱼叉,电剃刀,剃须刀,刮胡刀片,刮胡刀盒,修指甲工具,修脚指甲整套器具、指甲刀,凿子,锤子,扳手,扳牙架,钻,钻头,穿孔工具,锉刀,螺丝起子,抛光铁器(抛光工具),修鞋工具,刀叉餐具	1996年06月07日–2006年06月06日	844383	长安工商所
雪豹集团公司	长安镇辛江东路88号	雪豹图形	33	含酒精饮料(啤酒除外)	1995年07月28日–2005年07月27日	758502	长安工商所
雪豹集团公司	长安镇辛江东路88号	图形	25	服装,游泳衣,足球鞋,鞋,帽,袜,手套,领带,围巾,披巾,面纱	1995年09月14日–2005年09月13日	766655	长安工商所
雪豹集团公司	长安镇辛江东路88号	XBGSZG	26	纽扣	1994年09月07日–2004年09月06日	704906	长安工商所
雪豹集团公司	长安镇辛江东路88号	雪豹图形	24	床单,被面,被罩,枕套,鸭绒被,被絮,褥子,羊毛被褥	1995年10月14日–2005年10月13日	783507	长安工商所
雪豹集团公司	长安镇辛江东路88号	雪豹图形	32	不含酒精饮料	1994年09月21日–2004年09月20日	706366	长安工商所
雪豹集团公司	长安镇辛江东路88号	雪豹图形	3	化妆品	1994年09月28日–2004年09月27日	707702	长安工商所
雪豹集团公司	长安镇辛江东路88号	雪豹图形	24	羽纱	1994年08月28日–2004年08月27日	703871	长安工商所
雪豹集团公司	长安镇辛江东路88号	雪豹图形	30	糖果,面包,糕点,饮用水,冰制品	1994年09月28日–2004年09月27日	707776	长安工商所
雪豹集团公司	长安镇辛江东路88号	雪豹图形	39	汽车运输,商品包装,观光旅游业,汽车出租	1994年10月14日–2004年10月13日	769761	长安工商所
雪豹集团公司	长安镇辛江东路88号	雪豹图形	41	公共游乐场,文娱活动,俱乐部服务(娱乐),夜总会,健身俱乐部	1994年10月28日–2004年10月27日	770689	长安工商所
雪豹集团公司	长安镇辛江东路88号	雪豹图形	42	建筑学,餐馆,服装设计,蒸汽浴室,公共卫生浴室,美容院,咖啡室,理发店,室内装饰设计,包装设计	1994年12月14日–2004年12月13日	773964	长安工商所
雪豹集团公司	长安镇辛江东路88号	雪豹图形	35	张贴广告,广告传播,传播广告,直接邮寄广告,广告业,商店橱窗布置,广告代理,广告(宣传)本的出版	1994年10月21日–2004年10月20日	770050	长安工商所
雪豹集团公司	长安镇辛江东路88号	雪豹图形	3	化妆品	1994年03月14日–2004年03月13日	681082	长安工商所

续表 3-5-1

注册人	地址	商标	类别	使用商品	有效期	注册证号	辖区
雪豹集团公司	长安镇辛江东路88号	雪豹图形	3	肥皂,香皂及其他人用洗洁物品,洗衣用漂白剂及其他物料,抛光、擦亮制剂,牙膏,洗牙用制剂	1995年09月14日–2005年09月13日	765526	长安工商所
海宁雪豹皮件服装有限公司	长安镇辛江东路88号	雪豹图形	18	皮革、人造皮革,箱,包,皮夹子,钱袋,旅行包,工具包,公事包,医药箱,裘皮,人造兽皮,雨伞及其部件,手杖	1994年08月28日–2004年08月27日	703844	长安工商所
海宁雪豹皮件服装有限公司	长安镇辛江东路88号	雪豹图形	25	服装,特种运动服装,妇女紧身衣,袜子,帽,鞋,运动鞋,领带,围巾,裤带	1994年09月28日–2004年09月27日	708584	长安工商所
海宁雪豹皮件服装有限公司	长安镇辛江东路88号	雪豹图形	25	皮衣服	1999年11月20日–2009年11月19日	504924	长安工商所
海宁雪豹皮件服装有限公司	长安镇辛江东路88号	雪豹	25	皮衣服	1999年11月20日–2009年11月19日	384668	长安工商所
海宁雪豹皮件服装有限公司	长安镇辛江东路88号	雪豹图形	25	皮手套	2001年01月30日–2011年01月29日	573605	长安工商所
海宁市长安指甲钳厂	长安镇青年路111号	白象	8	指甲钳	1999年01月07日–2009年01月06日	1237667	长安工商所
海宁市长安指甲钳厂	长安镇青年路111号	BULL-HEAD	8	指甲钳,修指甲工具	2000年06月21日–2010年06月20日	1412450	长安工商所
海宁市长安指甲钳厂	长安镇青年路111号	海豚	8	指甲钳	1999年01月07日–2009年01月06日	1237666	长安工商所
海宁市祥华五金有限公司	长安镇大型村民委北侧	金钟	6	金属锁(非电),挂锁,弹簧锁,五金器具,家具用金属附件,金属门,金属百叶窗,可移动的金属建筑物,金属标志牌	2001年01月14日–2011年01月13日	1506892	长安工商所
海宁市长安水泥厂	长安镇环镇东路南	海潮	19	水泥	2001年01月30日–2011年01月29日	541820	长安工商所
海宁华赛丝绸服装有限公司	长安镇辛江路33号	AULAIA	25	服装,皮件服装,衬衫,袜子,鞋,羊毛衫	1996年01月14日–2006年01月13日	807615	长安工商所
爱普瑞(浙江)羊毛制条有限公司	农发区启潮路南	EMPYREAL TOPS	22	未加工或加工过的羊毛,梳理过的羊毛,精梳羊毛	2002年04月07日–2012年04月06日	1741209	长安工商所
爱普瑞(浙江)羊毛制条有限公司	农发区启潮路南	爱普瑞	22	精梳羊毛,梳理过的羊毛,未加工或加工过的羊毛(商品截止)	2002年07月28日–2012年07月27日	1815053	长安工商所

续表 3-5-1

注册人	地 址	商 标	类别	使用商品	有效期	注册证号	辖区
海宁市新世纪皮革有限公司	长安镇环镇西路	瞬间王子 SHERIF JIFF	25	服装，皮衣，外套，大衣，工作服，仿皮革制服装，皮制服装，仿皮服装，裤装，工装	2002年02月21日-2012年02月20日	1717113	长安工商所
海宁华泰皮革有限公司	长安镇辛江北路58号	欧珞发 OULUO-FA	18	旅行包，皮带（非服饰用），钱包，书包，小皮夹，（商品截止）	2002年05月14日-2012年05月13日	1765908	长安工商所
海宁华泰皮革有限公司	长安镇辛江北路58号	欧珞发 OULUO-FA	25	服装，皮衣，腰带，皮带（服饰用）	2002年03月28日-2012年03月27日	1737459	长安工商所
海宁龙海皮业有限公司	周王庙镇桑梓路148号	雪山情 XUE-SHAN-QING	25	裘皮服装，手套	1998年11月07日-2008年11月06日	1220651	长安工商所
海宁市长安半球制锁厂	长安镇卫国村	公牛	6	挂锁	1999年05月28日-2009年05月27日	1279172	长安工商所
海宁市长安半球制锁厂	长安镇卫国村	MIMS	6	非电子锁	1997年04月21日-2007年04月20日	989200	长安工商所
海宁市长安半球制锁厂	长安镇卫国村	HALF-BALL	6	非电子锁	1997年04月21日-2007年04月20日	989219	长安工商所
海宁市长安半球制锁厂	长安镇卫国村	图形	6	挂锁，钥匙，金属锁（非电），弹簧锁，车辆用金属锁，包用金属锁，锁簧	2000年10月14日-2010年10月13日	1459012	长安工商所
海宁市长安半球制锁厂	长安镇卫国村	TRINKO	6	非电子锁	1997年04月21日-2007年04月20日	989220	长安工商所
海宁富斯达工具有限公司	长安镇工业园区3号	胜达	8	扳手（手工具），钳，锤（手工具），锉刀（手工具），修指甲工具，手动千斤顶，餐具（刀、叉和匙），螺丝起子	2001年11月14日-2011年11月13日	1665915	长安工商所
浙江米赛丝绸有限公司	长安镇辛江路33号	图形	3	洗涤剂，纤维柔软剂，纺织品上光皂	1997年03月14日-2007年03月13日	960446	长安工商所
浙江米赛丝绸有限公司	长安镇辛江路33号	米赛 MISAI	25	服装，西服，夹克，大衣，衬衫，内衣，裙子，裤子，皮衣，皮夹克，运动衫，奶罩，裘皮服装，鞋，胶鞋，帽子（头戴），毡帽，袜，手套，领带，围巾，背带，服装带，腰带，头巾，方巾，领花	1996年12月28日-2006年12月27日	921482	长安工商所
浙江米赛丝绸有限公司	长安镇辛江路33号	米赛 MISAI	25	针织品（服装），内衣裤，海滨浴场用衣，奶罩，衬衫，裙子，西服制服，游泳衣，领带，围巾	1997年04月28日-2007年04月27日	991304	长安工商所
浙江米赛丝绸有限公司	长安镇辛江路33号	图形	26	衣服上的装饰品，花边饰品，纽扣，服装扣	1997年02月28日-2007年02月27日	953026	长安工商所

续表 3-5-1

注册人	地 址	商 标	类别	使 用 商 品	有效期	注册证号	辖区
海宁富斯达工具有限公司	长安镇工业园区 3 号	胜达	8	扳手(手工具),钳,锤(手工具),锉刀(手工具),修指甲工具,手动千斤顶,餐具(刀、叉和匙),螺丝起子	2001 年 11 月 14 日–2011 年 11 月 13 日	1665915	长安工商所
浙江米赛丝绸有限公司	长安镇辛江路 33 号	图形	3	洗涤剂,纤维柔软剂,纺织品上光皂	1997 年 03 月 14 日–2007 年 03 月 13 日	960446	长安工商所
浙江米赛丝绸有限公司	长安镇辛江路 33 号	米 赛 MISAI	25	服装,西服,夹克,大衣,衬衫,内衣,裙子,裤子,皮衣,皮夹克,运动衫,奶罩,裘皮服装,鞋,胶鞋,帽子(头戴),毡帽,袜,手套,领带,围巾,背带,服装带,腰带,头巾,方巾,领花	1996 年 12 月 28 日–2006 年 12 月 27 日	921482	长安工商所
浙江米赛丝绸有限公司	长安镇辛江路 33 号	米 赛 MISAI	25	针织品(服装),内衣裤,海滨浴场用衣,奶罩,衬衫,裙子,西服制服,游泳衣,领带,围巾	1997 年 04 月 28 日–2007 年 04 月 27 日	991304	长安工商所
浙江米赛丝绸有限公司	长安镇辛江路 33 号	图形	26	衣服上的装饰品, 花边饰品,纽扣,服装扣	1997 年 02 月 28 日–2007 年 02 月 27 日	953026	长安工商所
浙江米赛丝绸有限公司	长安镇辛江路 33 号	图形	23	厂丝,绢丝,弹力丝	1997 年 02 月 28 日–2007 年 02 月 27 日	953012	长安工商所
浙江米赛丝绸有限公司	长安镇辛江路 33 号	米 赛 MISAI	16	文具,文具柜,文具盒,日记本	1997 年 04 月 21 日–2007 年 04 月 20 日	984387	长安工商所
浙江米赛丝绸有限公司	长安镇辛江路 33 号	图形	16	文具,文具柜,文具盒,日记本	1997 年 04 月 28 日–2007 年 04 月 27 日	990238	长安工商所
浙江米赛丝绸有限公司	长安镇辛江路 33 号	图形	24	丝绸缎子,绉丝纺织物(法),锦缎,丝绒,印花纺织品,静电植绒布,衬布	1997 年 03 月 07 日–2007 年 03 月 06 日	956844	长安工商所
浙江米赛丝绸有限公司	长安镇辛江路 33 号	米 赛 MISAI	26	衣服上的装饰品, 花边饰品,纽扣,服装扣	1997 年 02 月 28 日–2007 年 02 月 27 日	953035	长安工商所
浙江米赛丝绸有限公司	长安镇辛江路 33 号	米 赛 MISAI	3	洗涤剂,纤维柔软剂,纺织品上光皂	1997 年 03 月 07 日–2007 年 03 月 06 日	956526	长安工商所
海宁巨人指甲钳有限责任公司	长安镇辛江路 132 号	JURENE	8	剃须刀,烫发钳,修脚指甲成套器具,剃须盒,指甲锉,电动或非电动刮胡刀,磨指甲器具(电或非电),个人用理发推子(电动或非电动),指甲刀(电动或非电动的), 修指甲工具(商品截止)	2003 年 06 月 14 日–2013 年 06 月 13 日	3191369	长安工商所
海宁巨人指甲钳有限责任公司	长安镇辛江路 132 号	阿七 AQI	8	指甲钳,电动指甲锉,磨指甲器具(电或非电),指甲刀(电动或非电动的), 修指甲钳工具,电动修指甲工具,修脚指甲成套工具	2000 年 08 月 07 日–2010 年 08 月 06 日	1433438	长安工商所

续表 3-5-1

注册人	地 址	商 标	类别	使用商品	有效期	注册证号	辖区
海宁市王氏五金锁业有限公司	长安镇青年路159号	娃 娃 BABY	6	挂锁，钥匙，金属锁(非电)，弹簧锁，五金器具，金属门，金属百叶窗，可移动的金属建筑物，家具用金属附件	2001年07月28日-2011年07月27日	1609645	长安工商所
海宁市袁家坝锁厂	许巷袁家坝	GOLD-MINE	6	金属锁(非电)，挂锁，弹簧锁，车辆用金属锁	2001年03月28日-2011年03月27日	1547345	长安工商所
海宁市富利达纺织有限公司	农发区启潮路	通源	23	长丝，厂丝，弹力丝(纺织用)，纺织线和纱，纺织用弹性纱和线，精纺棉，聚乙烯单丝(纺织用)，棉纺和棉纱，人造丝，细线和细纱(商品截止)	2002年08月28日-2012年08月27日	1936373	长安工商所
海宁市富利达纺织有限公司	农发区启潮路	通源	24	纺织品毛巾，纺织品制窗帘圈	2002年12月14日-2012年12月13日	1930856	长安工商所
海宁市鼎龙化工厂	农发区	图形	2	染料，着色剂，媒染剂，颜料，皮革染色剂	1998年05月28日-2008年05月27日	1179979	长安工商所
海宁华龙线业有限公司	长安镇北七里亭	LONG FA	23	线，绣花用纱和线，缝纫纱线，宝塔线	2001年03月14日-2011年03月13日	1537049	长安工商所
海宁华龙线业有限公司	长安镇北七里亭	华龙	23	线(纺织用)	1996年12月07日-2006年12月06日	909981	长安工商所
海宁市辛江制线服装厂	长安镇北七里亭	圣豹		要求注销			长安工商所
海宁市圣嘉奴皮革制衣厂	长安镇德丰村	圣嘉奴	25	服装，皮衣(服装)，皮制服装，手套(服装)，皮衣	2000年09月28日-2010年09月27日	1450290	长安工商所
海宁市长安指甲钳厂	长安镇环镇东路大洋桥	金铃	8	指甲刀(电动或非电动)，修指甲工具，电动修指甲工具，电动指甲锉，磨指甲器具(电或非电)，指甲锉，餐具(刀、叉和匙)，剪刀，刀，刀片(手工具)(商品截止)	2003年03月07日-2013年03月06日	1909744	长安工商所
海宁市长安指甲钳厂	长安镇环镇东路大洋桥	金铃	8	指甲刀(电动或非电动)，修指甲工具，电动修指甲工具，电动指甲锉，磨指甲器具(电或非电)，指甲锉，餐具(刀、叉和匙)，剪刀，刀，刀片(手工具)(商品截止)	2000年12月14日-2010年12月13日	1491067	长安工商所
海宁市长安指甲钳厂	长安镇青年路111号	TOWO SWANS	8	指甲钳	1999年01月07日-2009年01月06日	1237665	长安工商所
海宁市长安悦怡贸易商行	长安镇体育场路	SUPER BALL	8	指甲刀(电动或非电动)，修指甲工具，磨指甲器具(电或非电)，指甲锉，扳手(手工具)，餐具(刀、叉和匙)，剪刀，刀，刀片(手工具)，园艺工具(手动的)	2001年08月28日-2011年08月27日	1625844	长安工商所
海宁市长安悦怡贸易商行	长安镇体育场路	BISWAN	25	服装，皮制服装，雨衣，鞋，帽，袜，手套(服装)，领带，围巾，腰带	2002年03月28日-2012年03月27日	1737327	长安工商所

续表 3-5-1

注册人	地 址	商 标	类别	使 用 商 品	有效期	注册证号	辖区
浙江虎霸建设机械有限公司	农发区新兴路	虎霸	7	搅拌机	2000年02月28日–2010年02月27日	1369427	长安工商所
浙江省海宁市蒙雪尔皮革制衣厂	长安镇辛江西路	图形	25	皮衣服，皮手套，皮鞋	1994年09月14日–2004年09月13日	706113	长安工商所
海宁繁荣皮件制锁厂	长安镇万渡村	雪圣	25	皮革服装	1995年03月07日–2005年03月06日	644796	长安工商所
海宁锦宏化学工业有限公司	市农发区	锦宏	2	染料，颜料	2002年02月21日–2012年02月20日	1716202	长安工商所
海宁市新升五金厂	长安镇新升村	TAIPAN	6	挂锁，钥匙，金属锁（非电）包用金属锁	2001年11月14日–2011年11月13日	1665556	长安工商所
海宁市新升五金厂	长安镇新升村	RUS		商标注册证已遗失			长安工商所
海宁市伟业五金有限责任公司	长安镇新升村	WELL – YEAR	6	镍银建筑或家具构件，金属插销，金属链，金属锁（非电）	2002年04月07日–2012年04月06日	1742144	长安工商所
海宁市双剑五金制品有限公司	长安镇环镇东路	吉剑	8	指甲钳	1997年04月28日–2007年04月27日	992897	长安工商所
海宁市双剑五金制品有限公司	长安镇环镇东路	SUFER	8	修指甲工具，指甲刀（电动或非电动的），磨指甲器具（电或非电）	2000年05月21日–2010年05月20日	1400346	长安工商所
海宁市双剑五金制品有限公司	长安镇环镇东路	SUFER	8	修指甲工具，修脚指甲钳整套器具，指甲刀（电动或非电动的）	1999年03月28日–2009年03月27日	1259257	长安工商所
海宁市双剑五金制品有限公司	长安镇环镇东路	玉手	8	修指甲工具，指甲刀（电动或非电动的），修脚指甲整套器具	1998年06月28日–2008年06月27日	1187433	长安工商所
海宁费利诗皮革服装有限公司	长安镇青年路环镇西路口	费利诗	25	服装	1997年01月14日–2007年01月13日	929140	长安工商所
海宁费利诗皮革服装有限公司	长安镇青年路环镇西路口	费利诗	25	服装，皮革服装	1996年10月07日–2006年10月06日	879172	长安工商所
海宁市长安化工厂	长安镇环镇东路26号	一线潮	2	染料	1997年12月07日–2007年12月06日	1132029	长安工商所
雪豹集团公司海宁指甲钳厂	长安镇辛江路128号	天鹰	8	指甲钳	1997年02月07日–2007年02月06日	942273	长安工商所
雪豹集团公司海宁指甲钳厂	长安镇辛江路128号	狼狗	8	指甲钳	1997年02月14日–2007年02月13日	946248	长安工商所
海宁市辛江兴福五金制品厂	长安镇兴福村	石生	6	挂锁	1998年10月07日–2008年10月06日	1213746	长安工商所
海宁市辛江兴福五金制品厂	长安镇兴福村	WONDER	6	挂锁，金属锁（非电）	2000年06月07日–2010年06月06日	1406317	长安工商所
海宁市辛江辛兴锁厂	长安镇兴福村	金熊	6	挂锁，钥匙，弹簧锁，金属锁（非电），锁簧，车辆用金属锁，包用金属锁	2003年03月21日–2013年03月20日	3026725	长安工商所
海宁市长安镇资产经营公司	长安镇青年路19号	狼狗	6	锁	2003年03月01日–2013年02月28日	380473	长安工商所

续表 3–5–1

注册人	地址	商标	类别	使用商品	有效期	注册证号	辖区
海宁市长安镇资产经营公司	长安镇青年路19号	WOLFGOD	6	非电子锁	1997年04月21日–2007年04月20日	989247	长安工商所
海宁市长安镇资产经营公司	长安镇青年路19号	图形	6	铜铁挂锁，门锁，自行车锁	2000年04月07日–2010年04月06日	1382161	长安工商所
海宁市长安镇资产经营公司	长安镇青年路19号	狼狗	6	锁	2003年03月01日–2013年02月28日	129879	长安工商所
海宁香海制锁有限公司	盐仓镇袁家坝	香海	6	锁	1997年05月21日–2007年05月20日	1013356	长安工商所
海宁市长安正大锁厂	长安镇环镇东路大洋桥	SUPER BALL	6	挂锁，钥匙，金属发条钥匙，金属锁（非电），弹簧锁，锁簧，车辆用金属锁，包用金属锁	2001年07月2日–2011年07月27日	1609646	长安工商所
福旺五金制锁（海宁）有限公司	长安五金科技园区	图形	6	锁	—	3061023	长安工商所
海宁海城锁业有限公司	长安镇杏花村	SUBWAY	6	锁	—	1681645	长安工商所
海宁富川革皮服装有限公司	长安镇环镇东路	VER - SHAULES	25	服装	—	1585292	长安工商所
海宁市长安华东皮革制衣厂	长安镇褚石村	西文字母	25	服装	—	1939674	长安工商所
海宁市长安镇帅衣皮件厂	长安镇大型村	超芸	25	服装	—	1741635	长安工商所
海宁正和蚕药厂	长安镇德丰村	福安	5	蚕药	—	594816	长安工商所
海宁市辛江德丰五金厂	长安镇德丰村	德丰	6	金属拉链	—	1798146	长安工商所
海宁开来锁业有限公司	长安镇东方红村	KL	6	锁	—	1914453	长安工商所
海宁面粉厂	长安镇东后街22号	银河星	30	面粉	—	728050	长安工商所
浙江省海宁面粉厂	长安镇东后街22号	银河星	33	黄、白酒	—	730727	长安工商所
海宁市银河娱乐厅	长安镇东后街22号	YH 图形	41	娱乐活动	—	779421	长安工商所
海宁市长安金鹰五金厂	长安镇公庆街221号	YW 图形	8	指甲刀	—	1235652	长安工商所
海宁市长安日用五金厂	长安镇公庆街229号	海	6	锁	—	732631	长安工商所
海宁市兴龙制锁厂	长安镇环镇东路32号	图形	25	服装	—	1021529	长安工商所
海宁市兴龙制锁厂	长安镇环镇东路32号	图形	6	锁	—	1019327	长安工商所
海宁市兴龙制锁厂	长安镇环镇东路32号	雷顿	6	锁	—	1019357	长安工商所

续表 3-5-1

注册人	地 址	商 标	类别	使 用 商 品	有效期	注册证号	辖区
海宁市长安天豹皮件服装厂	长安镇环镇东路41号	野海之豹	25	服装	—	805299	长安工商所
嘉兴龙兴服装有限公司	长安镇环镇东路88号	图形	25	针织衣服	—	845574	长安工商所
海宁市金鸽皮革制衣厂	长安镇金桥村	图形	25	服装	—	1693222	长安工商所
海宁市长安金桥皮件五金厂	长安镇金桥村	ORB	6	锁	—	1451357	长安工商所
海宁市长安金桥皮件五金厂	长安镇金桥村	ORB	11	水龙头	—	1783168	长安工商所
海宁市长安兴达联营皮件厂	长安镇劳动路新村8号	江南风	25	服装	—	889393	长安工商所
海宁万事成皮鞋厂	长安镇立交桥东	日月同辉	25	鞋	—	1355868	长安工商所
海宁市辛江助剂厂	陆泽村	EIFFL	6	锁	—	898223	长安工商所
海宁市辛江助剂厂	陆泽村	YULE	6	锁	—	898225	长安工商所
海宁市长安钱潮皮革服装厂	长安镇牧港	图形	25	服装	—	1026809	长安工商所
雪豹集团公司皮件三厂	长安镇青年路	米赛	23	棉纱	—	863418	长安工商所
雪豹集团公司皮件三厂	长安镇青年路	米赛	22	细绳	—	865350	长安工商所
雪豹集团公司皮件三厂	长安镇青年路	米赛	18	皮革	—	867399	长安工商所
海宁中士锁厂	长安镇青年路110号	中士	6	锁	—	1133421	长安工商所
海宁市长安指甲钳厂	长安镇青年路110号	长安	6	指甲刀	—	1171179	长安工商所
海宁市长安杨氏五金厂	长安镇青年路19号	蝴蝶	8	指甲刀	—	132445	长安工商所
海宁市华富达贸易有限责任公司	长安镇青年路62号	华富达	25	服装	—	1136642	长安工商所
海宁市正大锁具五金经营部	长安镇青年路86号	密宝	6	锁	—	1055321	长安工商所
海宁市长安镇西关厢皮革制品厂	长安镇青年路西	图形	25	服装	—	871742	长安工商所
海宁市滑导电器厂	长安镇青年路西	图形	9	安全滑导线	—	798671	长安工商所
海宁市长安半球锁厂	长安镇卫国村	—	—	—	—		长安工商所
海宁市长安特种制锁厂	长安镇肖王村	长峰	6	锁	—	1079438	长安工商所
海宁市上方装潢实业公司	长安镇辛江	图形	6	窗帘轨道	—	591616	长安工商所

续表 3-5-1

注册人	地址	商标	类别	使用商品	有效期	注册证号	辖区
海宁市恒鑫五金锁业有限公司	长安镇辛江	山山	6	锁	—	1677615	长安工商所
海宁市长安久安五金锁具厂	长安镇辛江	峰峰	6	锁	—	1681578	长安工商所
海宁市辛江思莉皮革制衣厂	长安镇辛江	霁惠驰	25	服装	—	1697335	长安工商所
海宁辛江锁厂有限公司	长安镇辛江北路	JG 图形	6	锁	—	577280	长安工商所
海宁辛江锁厂有限公司	长安镇辛江北路	金城	6	锁	—	652526	长安工商所
海宁市上方新型雨服厂	长安镇辛江北路 88 号	上方	25	皮衣服装	—	1118628	长安工商所
浙江海宁市辛江联益学校皮件厂	长安镇辛江大桥	豹发	25	皮衣服装	—	679997	长安工商所
海宁市辛江联益学校皮件厂	长安镇辛江大桥	至尊豹	25	皮衣服装	—	682961	长安工商所
海宁市丝绸制衣实业公司	长安镇辛江大桥东	辛江	25	服装	—	1021378	长安工商所
雪豹集团公司	长安镇辛江东路	图形	25	非医用营养液	—	1084152	长安工商所
海宁市钢窗一厂	长安镇辛江东路 18号	万达	6	钢	—		长安工商所
海宁制锁一厂	长安镇辛江路	图形	6	锁	—	692568	长安工商所
海宁市乐乐冷食有限公司	长安镇辛江路	图形	30	糖果	—	1306254	长安工商所
浙江宝泰皮革有限公司	长安镇辛江路	宝泰	18	皮革	—	1540580	长安工商所
海宁市长延铜铝业有限责任公司	长安镇辛江路 175 号	图形	6	铝型材	—	574402	长安工商所
浙江豹帝实业发展公司	长安镇辛江路 198 号	豹帝	25	服装	—	645878	长安工商所
浙江豹帝实业发展公司	长安镇辛江路 199 号	豹帝	18	革皮、箱包	—	643864	长安工商所
海宁市长安皇冠指甲钳厂	长安镇辛江路 45 号	图形	8	指甲刀	—	992894	长安工商所
浙江富泰皮革化工有限公司	长安镇辛江路 88 号	图形	18	革皮	—	1144399	长安工商所
海宁顺得利制衣厂	长安镇辛江路半门组	SHUN DELL	25	服装	—	1140453	长安工商所
海宁市红峰锁厂	长安镇新联村	红峰	6	锁	—	1701530	长安工商所
海宁市长安志钢皮革服装厂	长安镇新民村 9 组	俄语	25	服装	—	1937274	长安工商所
海宁市辛江新升锁厂	长安镇新升村	GOLPC-ITY	6	锁	—	721213	长安工商所

续表 3-5-1

注册人	地 址	商 标	类别	使 用 商 品	有效期	注册证号	辖区
海宁市海城锁业有限公司	长安镇杏花村	SUBWAY	6	锁	—	3010080	长安工商所
海宁华日时装有限公司	长安镇修川路14号	奇魅	25	服装	—	821037	长安工商所
海宁云燕服饰有限公司	长安镇修川路1号	思添乐	25	服装	—	1263546	长安工商所
海宁锁工精艺厂	长安镇修川路36号	皇冠鱼	8	指甲刀	—	788643	长安工商所
海宁锁工精艺厂	长安镇修川路36号	皇冠鸟	8	指甲刀	—	788642	长安工商所
海宁锁工精艺厂	长安镇修川路36号	皇冠猫	8	指甲刀	—	788644	长安工商所
海宁锁工精艺厂	长安镇修川路36号	图形	8	指甲钳	—	749060	长安工商所
海宁锁工精艺厂	长安镇修川路36号	射雕	6	锁	—	738481	长安工商所
海宁锁工精艺厂	长安镇修川路36号	皇冠鼎	8	指甲刀	—	742395	长安工商所
海宁巨人指甲钳有限责任公司	长安镇怡院路86号	JUPEN	8	指甲刀	—	1412439	长安工商所
辛江中心皮件厂	长安镇	银舟	25	服装	—	787728	长安工商所
海宁市长安日用五金厂	长安镇公庆街229号	YUMEN	6	锁	—	926948	长安工商所
海宁市长安涂料厂	长安镇	金猫	2	涂料	—	1063198	长安工商所
海宁佳诚车业有限公司	农发区	图形	12	儿童车	—	309956	长安工商所
海宁市香海制锁有限公司	袁家坝	袁家坝	6	香海	—	1013356	长安工商所
海宁市许村锁厂	袁家坝粮站	SANQID	6	锁	—	1367034	长安工商所
海宁市永恒锁具有限公司	长安镇新德大桥北堍	FAI by Viro	6	金属插销,金属铰链,金属门把手,家具用金属附件,五金器具	2004年1月17日至2014年1月16日	3226061	长安工商所
浙江嘉兰服饰有限公司	海宁农业对外综合开发区	GALENT极蓝	25	服装,鞋,帽,袜	2004年2月28日至2014年2月27日	3279082	长安工商所
海宁市宏源无纺布业有限公司	海宁市农业对外综合开发区安澜路	宏源基布(组合商标)	24	织物,布,毛织品,人造丝织品,丝绸(布料),麻绒,过滤布,聚丙烯编织布,无纺布,树脂布	2004年3月7日至2014年3月6日	3386697	长安工商所
海宁市萧湘化工有限公司	海宁市农业对外综合开发区内	宁乐(组合商标)	2	染料,银光粉,青铜粉,铅白,黑色(颜料或油漆),颜料,印刷油墨,油漆,白色(染料或涂料),防水粉(涂料)	2004年3月14日至2014年3月13日	3313315	长安工商所
海宁市长安东亚商标印刷厂	长安镇中街80号	图形	25	服装,皮制服装,裤子,雨衣,鞋,帽,手套(服装),领带,腰带,袜	2004年4月21日至2014年4月20日	3357493	长安工商所
海宁市辛江锁厂有限公司	长安镇辛江北路	BULLIT壮牛	6	关门器(非电动)	2004年5月14日至2014年5月13日	3357494	长安工商所

续表 3-5-1

注册人	地 址	商 标	类别	使 用 商 品	有效期	注册证号	辖区
许旭明	海宁市长安镇金桥村联合组 37 号	图形	6	金属锁(非电),钥匙,包用金属锁，家具用金属附件，关门器(非电动),车辆用金属锁,保险柜,金属标志牌	2004 年 7 月 21 日至 2014 年 7 月 20 日	3501404	长安工商所
许法根	海宁市长安乡金桥村	DELISAI 得莉赛	25	服装,针织服装,运动衫,皮衣,羽绒服装,鞋,帽子,袜,手套(服装)	2004 年 9 月 7 日至 2014 年 9 月 6 日	3425018	长安工商所
浙江虎霸建设机械有限公司	海宁市农业对外综合开发区新兴路	虎霸 (组合商标)	7	搅拌机(建筑),混凝土搅拌机(机器),铲运机,打桩机,挖掘机,升降设备,运输机(机器)	2004 年 9 月 14 日至 2014 年 9 月 13 日	3224798	长安工商所
浙江诚信包装材料有限公司	海宁农业对外综合开发区	LABEL-ER	16	箱纸板,不干胶纸,包装用塑料膜,纸板或纸制瓶封套,糖果包装纸,垫货盘用可伸展塑料膜,文具用胶带	2004 年 9 月 21 日至 2014 年 9 月 20 日	3344337	长安工商所
曹一龙	海宁市长安怡院路 15 号	FR (组合商标)	6	金属水管阀,插销,家具用金属附件,五金器具,挂锁,钥匙,金属锁(非收),车辆用金属锁,金属虎钳爪,金属储藏盒	2004 年 10 月 7 日至 2014 年 10 月 6 日	3577833	长安工商所
曹一龙	海宁市长安怡院路 15 号	circuios (组合商标)	6	金属水管阀,插销,家具用金属附件,五金器具,挂锁,钥匙,金属锁(非收),车辆用金属锁,金属虎钳爪,金属储藏盒	2004 年 10 月 7 日至 2014 年 10 月 6 日	3577834	长安工商所
浙江杭万汽车零部件实业有限公司	海宁农业对外综合开发区	杭万 (组合商标)	12	车辆车轴,陆地车辆传动轴	2004年10月28日至 2014年10月27日	3593152	长安工商所
海宁味之神食品有限公司	海宁市农业对外综合开发区启潮路	图形	30	寿司,豆沙,八宝饭,粥,盒饭,春卷,莲茸,芝麻茸,椰茸,泡粑	2005 年 10 月 7 日至 2015 年 10 月 6 日	3844671	长安工商所
海宁味之神食品有限公司	海宁市农业对外综合开发区启潮路	神谷	30	寿司,豆沙,八宝饭,粥,盒饭,春卷,莲茸,芝麻茸,椰茸,泡粑	2005 年 10 月 7 日至 2015 年 10 月 6 日	3844672	长安工商所
王伟新	海宁市长安镇景华新村16幢302室	旭美	2	制革用墨,防腐剂,金属用保护制剂,天然树脂,印刷油墨	2005年10月21日至 2015年10月20日	3601279	长安工商所
王伟新	海宁市长安镇景华新村 16 幢 302 室	旭美	19	石料黏合剂,修路用黏合材料,建筑用沥青产品,油膏,水泥,砖,耐火材料	2005年11月14日至 2015年11月13日	3601278	长安工商所
吴仲明	海宁市辛江乡新德村河西 18 号	天天	24	装饰织品,织物,布,棉织品,缎子,毛织品,人造纺织品,丝绸(布料),呢绒,印花丝织品	2005年12月21日至 2015年12月20日	3543571	长安工商所
浙江安邦新材料发展有限公司	海宁市农发区新二路	AB (组合商标)	2	油漆,铝涂料,木材涂料(油漆),清漆,陶瓷涂料,车辆底盘涂层,车辆底盘底封,固定剂(清漆),油胶泥(腻子),防火油漆,防火漆,油漆用黏合剂,底漆,漆,防水粉(涂料),树脂胶泥	2005 年 6 月 7 日至 2015 年 6 月 6 日	3679508	长安工商所
胡晓明	海宁市长安镇怡院新村27幢304室	阿斯达(组合商标)	25	服装,针织服装,内衣,婴儿全套衣,鞋(脚上穿着物),帽,袜,手套(服装),领带	2005 年 6 月 7 日至 2015 年 6 月 6 日	3467683	长安工商所
海宁市菲克斯皮革制衣有限公司	海宁市长安镇牧港村民委南侧 03	PHEIX	25	鞋	2005 年 6 月 14 日至 2015 年 6 月 13 日	3502286	长安工商所

第四卷 交通 邮电 电力

第一章 交 通

长安镇自古处于交通、兵备的要道，是古水道“百尺浦”“武林水”“百尺渎”的交接中心，是吴越两国用来运输粮食与军事物资的必经之路。隋大业六年(610)，江南运河全线通行后，长安又成为运河国道沿途的主站，它的重要性更是日渐凸现出来。“商旅聚集，舟车冲要”，“上彻临平，下接崇德，漕运往来，商船络绎”，长安成了通往杭州、通往京城的水路要冲。

清宣统元年（1909 年），长安火车站建成营业后，吴兴、菱湖、德清、桐乡、海宁等城镇的商人、旅客，把长安火车站当作往返沪杭等城市的起讫地。民国 26 年(1937 年)，上海铁路局 28 次列车(快车)在长安镇站停靠，长安又成“轮轨交萃，繁荣比于大县”的重要交通大镇。因此，《海宁粮油志》云：“长安镇是地货、粮油集散地中心，又是丝茧集散中心。”

抗日战争胜利后，特别是新中国成立后，长安镇已迅速建设成为海宁市西片交通发达的大镇，交通中心集聚在长安镇上。改革开放后，长安的交通事业得到更快速的发展。1999 年南排枢纽工程建成，上通杭州，下通盐官出海工程。1991 年 12 月沪杭复线通车。1998 年 12 月，省级重点工程——沪杭高速公路(后更名为沪昆高速公路)海宁段正式开通后，与 01 省道、320 国道、杭东绕城公路、杭浦公路(后更名为杭州湾环线高速公路)等，形成铁(铁路)、公(公路)、水(水路)十分发达的交通中心，成为海宁市交通运输重镇。

第一节 古水道

长安镇地势西南偏高，河道随之形成上下两河，长安镇即处于两河交接地带。两河落差在两米左右，长安古船闸及老坝形同分水岭居于两河之间，自古即为南北航运的咽喉要道，至今仍是物资集散的重要枢纽。上下两河的水路交通，对长安镇的经济发展和工农业生产均极为重要。吴王阖庐八年(前 507)越王开百尺浦达武林水后，夫差十二年(前 484)吴国开百尺渎接百尺浦和武林水(上塘河)十字交叉于今天的长安镇。长安镇这个地方成为南北东西的交通军事要地。

百尺浦 春秋中期，吴越两国在江南崛起，开始吴强越弱。公元前 532 年，余祭登上王位第十六年，就越过浙江(古钱塘江)俘越国百姓。到阖卢登上王位，他亲赴浙江北岸视察对岸的越国江山。因此，引起越国君臣的警惕，接受文种的建议：“占御儿(崇福镇)，如敌人来攻，就依御儿抵御”。越人在备战中首先在黄山与河庄山（今肖山河庄乡处)之间，挖一条人工河道，达武林水(在《中国历史地图秦汉》图上有一条武林水横贯钱唐、盐官县境)。在鲁定公三年(前507)完工。以黄山麓的百尺楼命名为百尺浦(即石塘、三里塘)(参《海宁州志稿》、《越绝书》)。鲁定公五年(前505)趁吴王进攻楚国时,越王允常率兵拓地至御儿(崇福镇)。越勾践夫妇到吴国服刑时送行、多次伐吴和交通往来都取道百尺浦北上。因此今长安镇这块土地是当时百尺浦入武林水之口上,长安镇成为交通、兵备的要道。周敬王三十年(前490)。范蠡送西施到浙江北御儿南武林水傍,习容步、学吴语。因此,率部卒疏通百尺浦,并且在距武林水二百多步处,将河道向北偏东挖一条与武林水平行的水道,到剪刀口将和武林水汇合时顺水势流入武林水。避免与武林水直角相交而被汹涌的武林水倒灌入百尺浦时冲塌岸壁,延长百尺浦的淤塞周期,因此当地人称其为"范蠡河"(参咸淳《临安志》)。

百尺渎 "百尺渎·奏江,吴以达粮"。吴败越,囚禁勾践后,夫差九年(前487)文种向吴王"告荒",请求借粮万石以赈济越国灾民。夫差未准伍子胥的劝告,答允文种请求,伯嚭奉命运送粮食。为运送便利,从伍子胥"垒石为门"之处,开始向南挖掉八条高岗,接通七条东西向的古水道。在庄婆堰处越过辛江塘河道,开河达武林水与南面百尺浦衔接,到达"古浙江",顺利地把粮食交给文种,救济灾民。

百尺渎与百尺浦交接于长安镇虹桥头,直到秦始皇二十七年(前220),筑"陵水道"(秦驰道)时被隔断。到隋大业六年(610)挖开陵道(驰道)又直通上塘河(古武林水道)。从此,到唐贞观八年(634)建义亭埭,百尺渎改名下河或称运塘。到民国初轮船开通时,称长安塘河或崇长港。由于百尺渎开通达武林水,连接百尺浦和武林水形成交叉状,所以当时长安镇这块土地是东西、南北交通中心。

武林水 "水经注"上得知武林水是以"从灵隐山下经泛洋湖(后因秦始皇诏息改处而名诏息湖)今德胜坝处东去","合临平湖"。由于仁和沈谦筑居室曰"东江草堂",自称东江子。故武林水又称东江,海宁才子吴骞曾在大石塘建成后写诗,其中有"从此不复见东江"句,说明武林水又名东江。但《水经注》仍以浙江称之。自此:《水经注》一条是"浙江又东迳御儿","又东迳柴辟南"。当时海宁分属于东西两片,东片是柴辟亭"(硖石),西片是"御儿亭"(崇福镇)。《水经注》接着写"入谷水,入大海"。谷水即今长山河,当时属武原,在角(读六)里堰,武林水汇入,到澉浦入海。归纳起来,武林水从诏息湖、临平湖,经御儿,柴辟南,角里堰到澉浦入大海。

陵水道 (秦驰道)秦始皇二十六年(前221),灭楚(时越吴属楚国)统一全国,为秦始皇南巡,从寿春向南筑"陵道"(即驰道的别名)。由于陵水道是皇帝专用的马车道,在皇帝未使用过而待用前必须保持平整,否则当事者要被全部杀灭问斩。因此王翦于"陵道"上设"亭",亭有亭长,辖十里(里25户)百姓,常年维修陵道。"陵水道"上有皋亭(半山)、桑亭(长安镇)。由于常年管理,习惯上称所管辖段为"秦塘"至今。虽然百尺渎到武林水的出水口已堵塞,但还是钱塘和会稽诸地交通北方的便捷路线。三国孙权时(222—250)辟水驿以沟通富春(今富阳)至建业(今镇江)。时以桑亭为水驿上第一个过渡站。

二十五里塘 (651—653)尉迟恭建盐官城,从义亭驿京杭大运河到盐官城址开挖水道,筑堤整二十五里,从此二十五里塘在《史、志》上定位。(713—734)大规模兴修水利时。以二十五里塘水平为标准,向南建"淡塘"、"咸塘"以蓄水(梯级蓄水塘河)挖了东、西运盐河等直港二十余条,使盐仓等盐场生产的盐都经二十五里塘河水外运。唐宋以来,二十五里塘承担盐运、粮运和盐官城向外交通来往的繁忙任务,见《上塘河水系形成到旱涝保收的艰巨历史变化》。

二十五里塘又称"甘棠堤"。宋绍熙元年(1190),盐官县大旱,上塘河干涸。县令陈恕用"以工代赈"的办法,开上塘河筑二十五里塘,长安以西亦筑塘路与临平永和塘衔接。(见咸淳《临安志》和《临平记》)。高一丈余,宽三丈。上塘河再一次提高水位(使上下河高差2米提高到3米多)。由于堰、闸配套,民以为幸,把二十五里塘称为"甘棠堤",以感谢陈恕。从此,"上塘河水系"形成独立的旱涝保收区域。

漕运 东汉末年,北方人第一次迁入长江以南。本来地势低洼,潮水日夜侵入而人口稀少的海宁长安这块土地上增加了不少人口。在气候条件温和、雨水充沛，日照长的优越条件下，作物生长、结果非常有利。到三国孙权时，已经是“地广野丰，民勤本业(即农业，时称商萝为事业)丝绵、布帛之饶，覆被天下，‘可’地辟而不通漕”。

隋朝，开始就因战乱和“大兴土木“而缺乏物资，于大业六年(610)开大运河，经古盐官县的桑亭到达杭州。运走了当时天下最大的钱唐仓的粮食。到唐朝，开始就因战争和大造宫殿，粮食生产被破坏。开元间(714—741)产生“依赖江浙粮、帛生活”的程度。所以在桑亭设市，与都城同名，建长安堰闸，南北同名使之浑然一体，以保京都的平安。从此，称大运河杭州段(长安镇到杭州)为“运粮河”即漕河。

但真正的漕运，是唐贞元十一年(795)明确“两浙”租米(租是唐朝统一赋税为“租、庸、调”，租是征米)750万石。加庸(物、布、丝等)调(力役)折米100万石北运。北运船只是海宁式的“大开艄”。到明洪武三年(1370)于运河沿岸建“水次仓”(近水而建)海宁所建的水次仓，名便民仓，位于长安镇东关(今双坝桥)，当时漕运归嘉兴卫负责。景泰二年(1451年)倭寇扰乱富州、温州，衢州卫的34只漕运浅船(载重530石)，拨给驻于长安镇的海宁卫。海宁卫原有12只，于是实有46只。每十二只为一邦，设把总一员，每船配运丁10名。载粮345.81石(见《浙江通志》)。支本色米15石(可支折领银子)。食米31.5石和准许带土宜126石，海宁卫千总率领。每年十月漕米征收入仓(便民仓)，春社(正月半)兑粮(按斛三十米石)这时海宁县丞常驻长安镇便民仓。有时知县亦到长安镇视察。每装一只，领出样品袋后到石门停靠。待十二只漕船装载完毕，由把总带领开船北运。限六月初一到(北)通州。待本卫船只交割清，秋社日(七月半)回长安镇。海宁诗人吴骞的《送征衣》一诗记之：“庄婆堰口送征衣，眼前漕船接尾稀。秋社归来春社去，一生那见双燕飞。”

到了清兵入关，清政府袭明朝制度，征粮(赋税)按明时黄册征收(即按“条鞭”法)，漕运方法未变。而清朝的漕运即被反清复明的洪帮，在大运河上屡屡劫持漕粮，清兵无法制止。康熙年间，清兵将俘获了一个洪门姓翁的头目，当翁答允了为清政府充当大运河上护漕大老后，从杭州到(北)通州的各个码头，都由翁的门下担任护漕官员，漕运和千总官也由翁姓大老手下的门人充当。他们初称“安清帮”，后来人们称他们为“青帮”。红门帮众称他们为叛徒，是故、青帮的人讳言自己是青帮。洪门从此有人称之为洪帮，对青帮所保护的漕船常常用武力打击。所以在海宁卫的漕运千总由杭姓(原迁路仲，后来任漕运千总后迁长安镇)接任。一直来没有遭到洪门帮众的打击，只在咸丰中杭辛斋先生父亲的漕船在宝应附近被劫，杭父从此倾家荡产仍赔付不出所损失的漕粮折款，只有待责在家。便民仓被太平军烧光后，同治四年(1865)移建于海宁城宣德水门里。从此海宁卫漕运改从上海浏河港，以海上北运天津，直到清末。

第二节　水上交通

水路

长安镇处于上下两河交接地带。长安古船闸及老坝形同分水岭居于之间，至今仍是物资集散的重要枢纽。上下两河的水路交通，对长安镇的经济发展和工农业生产均极为重要。

上塘河　源出杭州，经临平、许村流至长安，这一段就是古水道武林水，折向东南后流向盐官的一段河道就是二十五里塘(秦时陵水道)。隋大业六年(610)整治后，成为江南运河杭州段，它流经长安镇东后街与崇长港相连，史称漕河。唐贞观八年(634)筑长安堰后，以堰为“分水岭”形成上下两河，上河称上塘河，亦称运粮河。宋元以前，上塘河曾称长河、别名修川。元明以后，大运河由杭州迳通余杭塘栖，但上塘河仍为由杭州经长安通向下河的重要航道。新中国成立后，上塘河历经1951、1958、1987年三次较大的疏浚，已可通航40吨级船舶。由长安向西可通过余杭七堡船闸，可进入钱塘江。通过长安船闸，可与下河相通，直入京杭大运河。

下河　(亦称崇长港，即古水道“百尺渎”)古称越水道，又名运漕河，为历史上的漕运要道。下河南起长安老坝，向北经庄婆堰，至桐乡县崇福镇汇入如今的京杭大运河，全长9公里。其中长安镇河段约长5.2公里。1983年经机械疏浚后，河面宽至30～33米，可通航80吨级船舶，为长安镇连接铁路运输及大运河的重要航道。

三里塘 又称石塘河，俗称三里塘（即古水道的“百尺浦”“范蠡河”），为长安境内的一条重要河流。它北起长安怡园桥西侧，南抵达马牧港、石塘头，全长6.92公里。三里塘在古代曾是盐、粮运输要道之一。明朝时期，长安米市的大量粮食，经其运抵石塘头后过海塘，进入钱塘江，为连接江南江河的重要水道。民国26年（1937），钱江大桥通车，入江水运功能锐减，三里塘始失去重要作用。今只有一般农用船只通行，航道已逐年淤浅。

辛江塘 原名新江塘河，又名洋江塘河，1966年改“洋”为“辛”。该塘（河）西接泰山港，从原辛江乡庄婆堰起至袁花镇小虹桥接袁硖港，全长32.4公里，是境内西引东泄的主干道，亦是横贯东西的一条重要水上运输通道。辛江塘开浚已有390年。明万历三十五年（1607），知县郭一轮开浚辛江塘。清光绪三年（1877），州境遭兵火，海塘失修，沙注河淤，屡议疏浚之而未果，州民业蚕贸丝者擅其利，当事者抽其捐以浚辛江塘。

洛塘河 原名洛溪。宋咸淳《临安志》载：“洛塘河在县北，长四十里。”斜桥以西一段为清康熙间知县许三礼所修筑，故又称许公塘河。洛塘河西起长安镇万兴桥，在斜桥镇西穿过沪杭铁路129号桥，东至硖石镇塘桥，全长24.4公里，是海宁北部地区泄水的主干河道，又是西通运河的一条主要航道。

泰山桥港 该港西起京杭大运河桐乡市的劳家高桥，流经桐乡大麻、上市及境内的泰山、陆泽与崇长港相接，全长10公里。是下河地区由西部引运河水入辛江塘和洛塘河的主干河流，也是通向长安镇补充上塘河翻水站的重要水源，是下河通往塘栖、余杭、到杭州的通道。

新塘河 西起红色村沈家桥地段，流经杭州绕城高速下、坝头港、农发大道下、天明港、石灰港、城西路下，东至金港村和睦桥地段。

坝头港 北起天明村杨家渡西段上塘河，流经东西大道下、杭浦高速公路下、新塘河、翁金公路下，南至农业对外开发区。

姚家涧港 北由城东村地段137号沪杭铁路桥起，南至姚家涧与上塘河相通。

石灰港 北起新民村西瓜桥地段上塘河起，流经城西路，东西大道下，与褚石横港相接，穿越杭浦高速公路（在建），在盐仓村布行桥地段通新塘河。

庙桥港 北起新民村上塘河姚家簖地段，流经东西大道下、褚石横港，南通陈家弄浜化尘港，与天明港相通。

天明港 北由天明小学地段上塘河起，过东西大道下、杭浦高速公路，南至盐仓村地段新塘河。

褚石横港 东由金港村钟家浜西出盐港起，过三里塘港、城西路下、庙桥港。西至鹿耳村海沿桥地段的天明港。

陡门坝港 北起大型村冯家埭后地段，与泥水桥港相接，沪杭高速公路下、城北路下、沪杭铁路下流过。南至虹金村朱口涧与上塘河相通，陡门坝南为上河段，坝北为下河段。

磨砣港 西由大型村杜家浜地段起与诸行桥港相通，沪杭铁路141号桥下流过。南入虹金村小渡船桥地段的上塘河。

西出盐港 北由肖王村地段上塘河青莲桥对岸起，过东西大道下、杭浦高速公路（在建）下，南延伸周王庙青春桥新塘河。

西坝头港 亦称老坝头港：北起天明村保国大桥西北地段上塘河。在东西大道、杭州绕城高速公路、杭浦高速公路（在建）下流过。南至红色村四号桥，与新塘河相通。

五金港 东由东升村何家浜南地段起，西至兴城村王家角地段直通崇长港。

南涵洞桥港（泥水桥港） 东由泰山村朱家埭地段起，与崇长港相通，下穿崇长公路、沪杭高速公路。西至大型村杜家浜后与茗山村诸行桥相通。

安乐桥港（又名林白港） 北起大型村顾家埭与南涵洞桥港相通，南至海宁中学西。上河沈家坝水流入此港，是属上河分洪支流之一。

白洋涧港 该港连接九字港。北起东升村白洋涧桥南，通辛江塘，过沪杭铁路下。南至城东村万家渡地段。

青莲桥港 北沪杭铁路135号桥千圣庵港，南至城东村青莲桥与上塘河相通。

永宁港 自东升村周家车东北地段流入洛塘河，连接辛江塘。

诸行桥港 西北由大型村杜家浜地段诸行桥起，东连南涵洞桥港（泥水桥）。南至大型村三婆桥与小渡船港相通。

苏家桥港 北由兴福村施家墩地段起，南至五金桥港。流经兴福村、兴城村。

千圣庵港 连接青莲桥港。北起辛江塘东升村千圣庵地段，过沪杭铁路下。南至城东村青莲桥地段止。流经东升村、城东村。

李家角港 北由德丰村李家角地段的辛江塘起。南至沪杭铁路137号桥与姚家涧相连。流经德丰村、辛江村。

盐仓中心河 位于盐仓镇，东堤河至西堤河，全长5.2公里，2004年冬由盐仓农发区组织实施，疏浚土方19.05万立方米，新建护岸10.4公里。河道开挖断面为：河底10米，河底高程2.5米，边坡1∶3。市财政补助资金169.6万元。

市、镇级河道一览

表4–1–1

河道名称	流经地段	桥梁名称
崇长港	陆泽、辛江、兴城、泰山村	下闸桥、坝桥、长安桥、新颜桥、铁路139号桥、双坝桥、解放桥、建设桥、跃进桥、友谊桥、辛江大桥、辛江北大桥、沪杭高速公路桥
上塘河	天明、虹金、新民村、肖王	杨家渡桥、小渡船桥、城西大桥、环镇西路桥、新桥、修川桥、虹桥、新虹桥、闸后桥、上闸桥、中闸桥
二十五里塘	肖王村、城东村	仙鹿桥、环镇东路桥、万渡桥、排涝闸桥
泰山港	陆泽村、泰山村	庄婆堰桥、新泽大桥、泰山桥
辛江塘	辛江村、兴城村、兴福村、东升村	万兴桥、新德大桥、白洋涧大桥、高板桥
姚家涧港	城东村	褚墩庙桥、东关老桥、东关桥、张家石桥
三里塘港	修川花园、新民街、金色港湾、新民村、肖王村、老庄村、东陈村、金港村	景华桥、小桥、三里港桥、太平桥、向阳桥、德胜桥、老德胜桥、三里桥、鹰雀花桥、万春桥、王家桥、树蓬桥、姚王埭桥、总家坝桥、杨坝桥西桥、杨坝东桥、官桥头
石灰桥港	新民村、老庄村、东陈村、盐仓村、褚石村	西瓜桥、东桥、石灰港涵洞桥、石灰桥、倪家桥、雨顺桥、杜家桥、塘桥
庙桥港	新民村、褚石村、盐仓村	蚕石桥、张家浜桥、打铁桥、褚石大桥、新建桥、化尘桥
天明港	天明村、鹿耳村、褚石村、盐仓村	天明桥、和睦桥、鱼家桥、秀才桥、海沿桥、孟子桥、褚家桥、杭浦高速公路桥、幸福桥
褚石横港	鹿耳村、褚石村、盐仓村、东陈村、金港村	方桥、风调桥、褚石桥、倪家桥、倪家木桥、东陈桥、陈家石桥、马回桥、张家桥、富春桥、银桥、金桥、范家埭桥

续表 4-1-1

河道名称	流经地段	桥梁名称
朱口涧港	大型村、虹金村、长虹菜队、光明菜队	沪杭高速公路桥、冯家埭机站桥、斗门坝桥、花园桥、先锋桥、汪家桥、140 号铁路桥、朱口涧桥、唐桥、单家小桥
磨砣港	大型村、虹金村	月宫坝桥、沆杭铁路 141 桥、磨砣桥、反修桥、红星桥
运盐河	肖王村、金港村	云桥、思仰桥、云宵桥、唐桥、郭家桥、金星桥、北落石桥
西坝头港	天明村、鹿耳村、红色村	许家石桥、杭州绕城高速立交桥、太平桥、杭浦高速公路立交桥、陈家石桥、新塘河四号桥
五金港	兴城村、兴福村、东升村	五金桥、安桥、小新桥、东角上桥、杨家浜桥
南涵洞桥港	泰山村、辛江村、大型村	南涵洞桥、莫家洋桥、上海方向收费站公路桥、林家港高速公路桥、诸行桥、泥水桥
林白港	大型村、辛江村	目野庙桥、安乐桥、沈辛公路桥、戴家石桥、林白桥、沪杭铁路桥
白洋涧港	东升村、德丰村、城东村	白洋涧桥、沪杭铁路 136 号桥、九字桥、陈家石桥
青莲桥港	城东村	卫国桥、卫农桥、曹家桥、青莲桥
诸行桥港	大型村	诸行桥、三婆桥
千圣庵港	东升村、城东村	千圣庵桥、沪杭铁路 135 号桥、卫国新桥、曹家桥、青莲桥
中心河	农发区	4 号、5 号、6 号、7 号、8 号、9 号、10 号桥

长安城镇区块还有零星河浜，在历史上起过水运作用。

石塘湾　又名闸塘湾，大蒜潭，为古长安三闸上河段河道。1962 年，长安翻水站建成后，利用该河道作为出水口，引水经虹桥入上塘河。

龙潭　为古三闸下河段河道，位于铁路货场旁，今仍可通船停泊，装卸物资。

断河头　唐代筑义亭埭(老坝)后，拦腰填平今东后街一段河道，形成上下河两个河头，俗称为“断河头”。上河断河头在今面粉厂前，仍可通船停泊。下河断河头在下闸桥东侧，原有桥，名半爿桥，河道久已填平无考。

长河头　旧为镇北小河道，位于公安路北端。原可通船，后河道被堵断填平，仅存河头一段。1968 年利用该河头水面建成游泳池，但因水质不合卫生标准，未使用。

云洞港　在今锁厂老厂房地下，为排水涵洞，俗称云洞。全长约 780 米，北至铁路北老林白桥(新林白桥已改至新车站南侧)。

寺桥港　原系由崇长港通往觉皇寺的一条水道，今海宁中学后尚存 300 米，余均淤塞。

淑景塘　位于仙鹿桥南至长安医院一带。讹称十景塘。今已填平建房。

吴家坝港　位于今吴家坝沿街，原系流经吴家坝至东关厢的一段河道，现已填。

还有分布在 20 个村村级河道 193 条，在乡村水上短途运输中也起到过一定作用。

长安镇村级河道、河浜一览

表 4–1–2

编号	名称	长度(米)	流经区域自然村或组名	桥　梁
1	金家港	825	兴福村金家组(3 组)	永和桥
2	包家桥港	700	兴福村包家桥(1 组)	—
3	牛桥港	975	兴福村车角上(4 组)朱家浜(11 组)12 组	文桥(11 组)
4	杨家浜	300	兴福村长春组(10 组)	—
5	油车港	225	兴福村车角上(4 组)	王家木桥
6	陈家浜	255	兴福村 12 组	光家桥
7	蒋家浜	390	兴福村包家桥(1 组)	—
8	苏家桥港	945	兴福村兴福寺(5 组)大石桥(6 组)	苏家桥、中石桥
9	大石桥浜	270	兴福村大石桥(6 组)	大石桥
10	施家浜	705	兴福村施家墩(7 组)	施家桥
11	桃花河	1000	兴福村斗牛浜(8 组)、小石桥(6 组、大徐家塔(9 组)	桃花桥
12	斗牛浜	240	兴福村斗牛浜(8 组)	—
13	石桥浜	188	兴福村 9 组	—
14	长春桥浜	570	兴福村 9 组、10 组	—
15	庙斗浜	200	兴福村 6 组	—
16	东、西寺桥浜	189	兴福村兴福寺(5 组)	—
17	小石桥港	350	兴福村 6 组	小石桥
18	朱家浜	225	兴福村 11 组	—
19	永宁港	1380	东升村 5、6、7 组	许家小桥、永宁桥
20	许家浜	225	东升村许家、朱家门	—
21	火车浜	345	东升村 8 组	—
22	洞河港	1215	东升村 9 组、7 组、10 组	五星桥、建新桥、大桥、机站桥
23	费家角港	300	东升村 10 组	太平桥
24	沈家角港	155	东升村 10 组	—
25	俞家笕港	435	东升村 3 组	俞家桥、居家桥
26	千圣庵港	705	东升村 1、2、3 组	千圣庵桥
27	沈家浜	150	东升村 1 组	—
28	小安桥港	1320	东升村 11 组	小安桥
29	神仙木桥港	750	东升村 15 组	神仙木桥
30	红丰浜	600	东升村 14 组	红丰桥

续表 4-1-2

编号	名称	长度(米)	流经区域自然村或组名	桥 梁
31	大安桥港	1080	东升村 17 组	大安桥
32	祝萧浜	510	东升村 17 组	—
33	秀才桥港	471	东升村 12 里	秀才桥
34	何家浜	370	东升村 13 埭	—
35	杨家厅浜	120	东升村 13 组	目舒桥
36	白洋涧港	550	东升村 1 组	小白洋涧桥新、旧各 1 个
37	殷家港	1140	德丰村 1 组	殷家桥
38	祝家浜	85	德丰村 2 组	—
39	陆家浜	100	德丰村 4 组	—
40	戚家浜	320	德丰村 5、7 组	太平桥
41	郎下港	210	德丰村 10 组	濮家石桥
42	万家浜	270	德丰村 9 组	小亭子桥
43	三家村浜东黄泥浜	1420180	兴城村谈家组、任家组兴城村	五金桥、罗婆桥、建新桥、谈家木桥、东风桥、太平桥
44	褚家木桥港	1100	兴城村草兰村	褚家桥
45	李家浜	570	兴城村李家浜组、陆家组	太平桥
46	侯家浜	210	兴城村	—
47	周家浜	330	兴城村周家组、罗婆桥组	—
48	新开河	1035	兴城村俞家埭、九房里	俞家桥
49	蔡家浜	420	兴城村蔡家埭	蔡家桥
50	篾竹港	435	兴城村蔑竹里	—
51	刘门角浜	960	兴城村刘门角、沈家埭	刘门角
52	杨铁坝港	2145	辛江村 1 组	—
53	双坝桥港	700	辛江村 4 组	双坝东桥、双坝桥、董蒋桥、排涝闸 2 座
54	小双坝桥港	600	辛江村 4 组	—
55	金家港	555	辛江村 7 组、	—
56	庙浜	560	辛江村 10 组	—
57	杨家石桥港	230	辛江村 8 组	—
58	严家浜	615	辛江村 9 组	—
59	坟桥浜	345	辛江村 19 组	坟桥
60	骆家浜	330	辛江村 17 组、	—

续表 4-1-2

编号	名称	长度(米)	流经区域自然村或组名	桥梁
61	章古浜	135	辛江村 16 组	章古老桥、章古新桥
62	哀家浜	330	辛江村 14 组	—
63	周家浜	100	辛江村 13 组	—
64	毛家浜	60	辛江村 16 组	—
65	朱家浜	420	泰山村朱家埭	建设桥
66	梅家浜	285	泰山村王蒋埭	梅家桥
67	莫家洋港	1100	泰山村	新木桥、赵家石桥、新联桥、泰安桥、高速公路桥
68	王家浜	360	泰山村王蒋埭	—
69	秀才浜	405	泰山村 8 组	—
70	马家石桥浜	536	泰山村马家石桥	马家石桥
71	林家港	1020	泰山村林家、罗家角、孙家	沈家木桥
72	罗家浜	360	泰山村罗家角	—
73	扒灰港	150	泰山村孙家组	—
74	吉贤桥港	1638	泰山村月子斗、陆家、褚家、钟家、蒋家、杨家	吉贤桥、吉安桥、蒋家石桥
75	登车浜	1000	陆泽村 10、12、4、5 组	曹家木桥、后木桥、登车浜桥、张家石桥、崇长公路桥
76	老坟浜	315	陆泽村 4、5 组	—
77	吴家浜	180	陆泽村 4 组	—
78	林家港	1050	陆泽村 1、2、3 组	—
79	诸家浜	630	陆泽村 10 组	诸家木桥
80	庙浜	150	陆泽村 3 组、原陆泽庙所在地	—
81	北坟头浜	285	陆泽村 6 组	—
82	张家角浜	180	陆泽村 10 组	—
83	毛桥港	1200	陆泽村 7 组、4 组、5 组	毛家桥、崇长公路桥
84	西河浜	1350	陆泽村 10、6、7、8、9 组	—
85	小桥河	765	陆泽村 9、7、8 组	—
86	荒浜	149	陆泽村 10 组	—
87	夏水角浜	675	陆泽村 9 组 8 组	机站桥、崇长公路桥
88	安桥浜	345	大型村安桥组	安桥
89	沈家坝港	690	大型村沈家组	—

续表 4-1-2

编号	名称	长度(米)	流经区域自然村或组名	桥　梁
90	先锋浜	180	大型村先锋组	—
91	富春港	1050	大型村鸡家坝	富春桥
92	三步桥港	1350	大型村 17 组	三步桥
93	乌龙浜	310	大型村胜利组,友谊组	—
94	诸行桥港	1230	大型村杜家组	诸行桥
95	杜家浜	210	大型村杜家浜、杜家木桥	—
96	斗门港	825	大型村盛家埭、顾家埭、冯家埭、陈家埭、张家埭、西花园、单家埭	沪杭高速公路桥、机站桥、城北公路桥、花园桥、单家小桥
97	冯家浜	580	大型村冯家	—
98	顾家浜	150	大型村顾家	—
99	沈家浜	450	红色村革新组	—
100	南塘河	900	红色村立新、立丰、袁坝、红星组	—
101	钱家浜	300	红色村新丰组	—
102	葫芦斗	480	红色村金星组	—
103	张家浜	525	红色村建新组	—
104	杭家浜	300	红色村新农组	—
105	河甸浜	375	红色村新生组	—
106	双坝河	300	红色村新生组	—
107	浮水浜	825	盐仓村永宁、东风组	—
108	化尘港	433	盐仓村红旗组	孟子桥、化尘桥
109	杜家浜	150	盐仓村木行头	—
110	石桥港	260	鹿耳村	—
111	联合桥港	240	天明村竹山组	—
112	西田港	900	天明村西田组	—
113	天灯港	780	天明村天灯组	—
114	西木桥港	750	天明村东田心组	—
115	汤家港	240	天明村汤家组	—
116	西石港	450	天明村西石组	张家桥
117	北庄浜	375	天明村西石组	—
118	东光寺港	391	褚石村 24 组	东光寺桥
119	长板桥港	950	褚石村 21 组	—

续表 4-1-2

编号	名称	长度(米)	流经区域自然村或组名	桥 梁
120	长生庵港	850	褚石村 16。15 组	—
121	杜家湾浜	750	褚石村 12 组	杜家桥
122	陈家弄浜	507	褚石村 6 组	—
123	倪家角港	300	褚石村 4 组	倪家木桥
124	沈家浜	210	褚石村 17 组	—
125	南张浜	350	褚石村 25 组	南张桥
126	张家浜	390	褚石村 18 组	—
127	细马浜	500	褚石村 8 组	—
128	马桥浜	261	东陈村马桥组、陈家组	—
129	芷泉港	2110	东陈村芷泉、张家、富春、雁塘、马桥、石塘、钱塘、高家组	永龙桥、南站桥、芷泉桥、斗坛桥
130	周王浜	400	东陈村周王组、芷泉组	—
131	南潘浜	513	东陈村南潘组	—
132	塌木桥港	777	东陈村赵家组、雁塘组	塌木桥、陈家石桥
133	北潘浜	264	东陈村潘家组	—
134	殷家浜	165	东陈村费家组、殷家组	—
135	王家南浜	400	东陈村树蓬组、王家组	东陈新桥
136	项家浜	449	东陈村项介组、墙湾组	—
137	瞿家弄浜	930	金桥村新建、新丰组	—
138	郭家东浜	420	金桥村郭家组	—
139	钟家浜	150	金桥村钟家组	—
140	王家浜	250	金桥村王家组	—
141	郭家西浜	300	金桥村郭家组	—
142	九曲浜	700	金桥村曙光组	—
143	蔡家浜	195	金桥村蔡家组	—
144	桃花港	1344	肖王村蔡家湾、林家浜	董家桥
145	桃花港横港	825	肖王蔡家湾	—
146	长庆港	1050	肖王村栗树下	长庆桥
147	横河港	300	肖王村黄河桥、邹花园	横河桥
148	庙浜	375	肖王村许家埭、周家村	董家桥
149	陈家港	2200	肖王村姚家埭、陈家石桥	姚家石桥、永安桥、方家石桥、新旧 2 个永和桥

续表 4-1-2

编号	名称	长度(米)	流经区域自然村或组名	桥　梁
150	吴家桥港	1250	肖王村吴家石桥	吴家石桥
151	杨家浜	270	肖王村杨朱毛	—
152	孙家浜	600	肖王村孙家埭	—
153	倪家桥港	975	肖王村孙家埭	—
154	中心港	795	老庄村高墩、少年墩、朱家埭、张家埭	中心港桥、
155	小横浜	1275	老庄村北沈埭、老庄弄	老庄桥、康安桥
156	沈家浜	600	老庄村沈家圩	沈家木桥(古桥)
157	南河浜	180	新民村 3 组	河桥
158	崔家石桥港	201	新民村 6 组	—
159	蔡家石桥港	1220	新民村 9、8 组	蔡家石桥
160	陈点灯港	180	新民村已建大学校区(填平)	—
161	钟家浜	255	新民村 8 组	—
162	北庄浜	600	新民村 12 组	—
163	虹金桥港	825	虹金村红金组	—
164	汪家浜	1463	虹金村红卫组、新星组	木桥、浮桥
165	杨家浜	225	虹金村红心组、东风组	—
166	火墙浜	660	虹金村新丰组	—
167	小元港	700	虹金村新丰组	—
168	陈家浜	225	虹金村红丰组	—
169	唐家浜	144	虹金村红卫组	—
170	杭家浜	750	虹金村红升组	—
171	花园桥港	375	虹金村新建、东风组	花园桥
172	九字浜	444	城东村 14 组	—
173	王家港	450	城东村 6 组	—
174	北上河	525	城东村 4、5 组	—
175	杨家浜	425	城东村 5 组	—
176	倒转河	1515	城东村 11、19、18、14、13、12、15 驵	李家石桥、九字桥、陈家石桥、高家桥
177	沈家浜斗	536	城东村 9、10 组	—
178	白蛇桥港	1950	城东村 16、17、18、19、23、22、21、9 组	杜家石桥、俞家石桥、小字桥
179	横河港	300	城东村 26 组	—

续表 4-1-2

编号	名称	长度(米)	流经区域自然村或组名	桥梁
180	东关桥南浜	150	城东村27组	—
181	泥木桥港	1550	城东村8组	泥木桥
182	大桥港	900	城东村19、10、9组	大字桥、李王石桥
183	周家浜	120	城东村16组	—
184	沈家浜	75	城东村18组	—
185	沙泥浜	180	城东村21组	—
186	曹家浜	120	城东村23组	—
187	项家浜	170	城东村4组	—
188	秀才浜	630	城东村7组	—
189	蒋家浜	250	长郊社区	—
190	东堤河	2200	农发区	东堤河桥、三号桥
191	中堤河	2600	农发区	中堤河桥、二号桥
192	一号直河	3000	农发区	海杭桥、十一号桥
193	二号直河	3000	农发区	江安桥、九号桥

运输

长安镇的水上运输，以上、下塘河为主干，组成了四通八达的水上交通网络。上河经许村、临平可到达杭州；往南则可到达盐官，全长52公里，颇为便捷。由崇长港（下河）折向东北，经洛塘河可到达海宁东部城乡；沿河北上至崇福镇可进入自今的京杭大运河，通往杭嘉湖各地，及苏皖等省市。两大干流的客货运输，对长安镇的经济发展，自古即有巨大影响，形同命脉。20世纪80年代以后，另有大量汽车参与客货运输，但水上航线仍有优势，发挥其特有的重要作用。

一、客运

1. 航船：俗称乌篷船。民国以前，客运以木质航船为主。木质航船因其航班准时，航行快速，故又名快班船或信班船之称。一般的航船多往来于附近集镇，当日即可返回。远途的则隔日往返，昼夜兼程开航的则称夜航船。解放前，由长安镇开航的，有到杭州、临平、桐乡、崇福、新市、嘉兴，以及县内的硖石、斜桥、盐官、翁埠、牧港、褚石、袁家坝等航班。夜间经过长安时，亦均停靠搭客。航船以载客为主，兼运小宗货物。有的航班还兼带旧时民信局或小乡镇邮政代办所（柜）的邮件。航船因航程短，且深入乡村集镇，收费又低，民国18年（1929）后，轮船陆续经营客货运输，航船仍未受影响而继续经营。

解放后，轮船的客运航线逐年增多，航船乘客日减，乃改以货运为主。1958年，原运驶于周王庙、斜桥、许村、牧港、褚石的5艘木质航船，组织成立“长安航快服务社”，已基本上改为货运班船。1976年，该社改称长安镇航快货运站。1979年，原属许村的两艘航快船并入该站后，货运站改属海宁第一航运公司长安镇营业站。每日有固定航船开往褚石、牧港两地，其他各地有货则运，无货停航。1985年，航船陆续改装为机动木船，至1989年，除尚存一艘木船外，其余均改为钢丝网水泥船。

2.轮船：民国18年（1929），长安至盐官有客运轮船开航，继而陆续有往来于新市、菱湖、双林、崇福、石门、乌镇、桐乡、杭州、嘉兴、硖石至长安等10

条航线。

1933年长安始发的轮船：

长安—海宁 长安令公庙 (每日开行7次)上午7:09分 10:30分 12:30 1:30 3:30 5:10分

长安—菱湖 长安下闸桥 (每日开行1次)下午1:00经过崇德、石湾

长安—乌镇 长安下闸桥(每日开行1次)下午1:00经过崇德、石湾

依据1950年工商登记，开设于长安的轮船共有9户,有轮船10艘。1953年11月11日,改为公私合营,1956年并入海宁航管站。1957年划归崇德县(后改为桐乡县管辖),长安设下河营业组,办事机构及码头设于下河下闸桥东侧。以上轮船航班均为客运,仅有少量货物由旅客乘船时托运。大宗货物由第二航运公司承运。1964年,解放桥北堍建下河轮船码头。长30米、前沿水深1.3米、码头高程4.8米、泊位2个、靠泊能力30吨级。有站屋建筑面积88平方米,其中候船室面积50平方米。1963年,建上河轮船码头,位于虹桥南堍。码头长28米;前沿水深1.8米、码头面高程5米、泊位2个、靠泊能力30吨级。有站屋建筑面积96平方米,其中候船室面积80平方米。解放初期客运航线有至杭州、菱湖、乌镇3条,1955年,增加至石门、濮院、南浔3条。1985年起由于海宁公路通达境内各乡镇,客运航线有所减少,到1988年,长安尚有上河码头至盐官、下河码头至湖州、乌镇、崇德、苏州共5条航线。但到1990年长安仅剩下至盐官1条航线。此后不久,长安至盐官航线也告停运。

3.其他客运船舶　脚划船,船身狭小,可行于狭小港汊,灵活方便。长安镇的脚划船多为绍兴人所经营。解放前多停泊于虹桥西侧,故称划船弄。多时有10多只,终日停泊河岸,待客雇用。雇用者大多有特殊需要如病人就医、医生下乡,年老体弱者或外地旅客,往往雇以代步,更有以其代替花轿接送新娘等。解放后，脚划船逐渐减少,60年代初尚有一、二艘停于虹桥脚下,数年以后即完全消失。长安内河客运还有快班船、小客轮、机器快班船,1966年起，始有水泥质客轮投入营运,1968年起始有钢质客轮投入营运。

4. 观潮专轮　明代以后,钱塘江潮受南岸涨沙影响,北岸之盐官成为观潮胜地。每年农历8月17、18、19日,各地经长安涌向盐官观潮者极多。民国18年(1929)以后,每逢潮汛,轮船增开观潮专轮,最多时每日可达14班次。

抗日战争时期，观潮专轮停航。民国35年(1946)又恢复。沪杭铁路亦增开观潮专列,至长安后再换乘轮船。

解放后，由长安至盐官的观潮者逐年增多,轮船均增开专轮运送。1952年,上海铁路局与旅行社办理联运。1953年由长安乘轮船至盐官观潮者达8250人次,经硖石或长安乘轮船至盐官的总人数为11000人次,长安占有75%。据交通部门统计,50年代每年平均观潮水上客运量为9780人，其中由长安至盐官者占65%。1957年,总客运量达12607人,长安占52.5%。1961年农历8月18日盐官观潮日,长安镇客运量达1.22万人次,突破历史最高纪录。

20世纪70年代,交通工具及路线开始变化,经长安往盐官观潮人数逐年减少。80年代后,公路交通运量日渐上升,汽车、自行车、摩托车大量增加,由长安乘轮船者锐减。1988年潮汛期仅运载1253人次。为1953年的11%。上河开往盐官的观潮轮船仅加挂一二艘拖船,或增开一二航班即可。

长安镇轮船航线统计情况

表 4-1-3

航线	首航时期	停航时期	现在情况
	民国 18 年(1929)	日伪时中断,1947 年复航,	
长安—盐官		1993 年停航	上下河轮船已在 1993 年全部
	1958.6	1967.8	停航。两个轮船码头也已拆除
长安—翁埠	1971.3	1986.12	
长安—袁花	民国 36 年(1947)7 月	解放初停航、1987 年 1 月复航	
长安—硖石	民国 17 年(1928)6 月		
		日伪时中断，民国 34 年	
(盐官)长安—(临平)杭州	1957 年至许村,1958 年上半年至临平	(1945)10 月复航,1956 年上半年停航	
长安—许村—临平	民国 36 年（1947)4 月开航至德清洛舍	1983 年底停航	
长安—德清		解放前夕停航,1958 年 6 月恢	
	1984 年	复、1987 年 5 月停航	
	民国 22 年(1933)		
长安—湖州		日伪时期停航,1947 年 4 月复	
长安—新市、菱湖		航、1987 年 5 月停航	
	民国 36 年(1947)	解放初停航	
	民国 25 年(1936)	日伪时期停航,1947 年 4 月复	
长安—双林		航、1987 年 5 月停航	
长安—崇德、石门		1987 年 5 月停航	
	1949 年	日伪时期情况无考，民国 36	
	民国 22 年(1933)	年(1937)复航	
长安—南寻		1958 年改为长安至桐乡,1970	
长安—乌镇	解放初	年停航	
长安—濮院	1985 年 3 月通航为隔日往返、单日同长安至苏州、双日由苏		
长安—苏州	返长安		

二、货运

长安镇盛产棉、麻、蚕茧、甘蔗以及鱼鲜等土特产,又有大量粮食、建材、燃料等物资在此转达运出口。这些货物在沪杭铁路通车前固然全靠水路船运,在沪杭铁路通车后,大宗物资仍须通过水路抵长安后,再由铁路转运,车船联运,使长安港埠码头终年一片繁忙。

1991—2005 年水上运输情况

表 4-1-4

年 份	吞吐量(万吨)	年 份	吞吐量(万吨)	年 份	吞吐量(万吨)	年 份	吞吐量(万吨)
1991	40.40	1999	80	1995	56.77	2003	50.93
1992	47.47	2000	30	1996	42	2004	39.68
1993	50.50	2001	51.53	1997	72.58	2005	76.50
1994	52	2002	29.02	1998	54.3	合 计	773.68

码头

货运、民运用码头：长安镇人称码头为“埠头”或“石渡”。如油车弄老油坊门前，原有宽阔的条石码头，居民即称之为“高石渡”。在混凝土尚未普遍使用前，大小码头以木桩为基础，再铺砌条石，一般约 1 米左右，亦颇牢固。

明清时期，长安米市集中于石瑭湾、兴福高桥，王婆弄沿河一带，到处有米行专用石砌码头。民国以后遗存 40 余座，至今尚可见遗迹。

长安镇沿河临水而居民房，后门外均有自砌石埠、以便船只停靠，行人进出，如西街的划船弄、米栈、木行等均有自设宽阔的专用码头。

客运码头：上河、下河有两座客轮专用码头。1983 年、1988 年先后由航运部门在原址改建，扩大规模，增建配套用房，以适应交通发展的需要。

客轮专用码头

表 4–1–5

码头名称	结构形式	建成年份	前沿水深（米）	码头落成（米）	码头长度（米）	泊位（个）	靠泊能力（吨）	客运设施	
								站房面积（平方米）	候船室（平方米）
上河码头	混凝土实心方块重力式	1988	1.5	4.8	30.0	2	30	88.0	60.0
下河码头	混凝土实心方块重力式	1983	1.5	5.0	28.0	2	30	96	80.0

解放以后，为适应大宗粮食、商品搬运，1955 年 8 月，航管部门发动长安镇搬运工人、船民等在断河头碾米厂前，新建一座大型石砌岸壁式码头，全长 18.8 米，高 3.15 米。大量石料系清理打捞上来的河道沉石，以及兴福高桥、万寿桥等废弃墩石块，共投工 12425 工。除石匠 105 工需付工资外，其余均为义务劳动。同年 10 月码头竣工，开始使用，可停靠 60 吨级驳船 4 艘及数十艘农船。

1969 年 8 月，航管部门又投资 7 万元扩建断河头货运码头。挖深了港池，使码头容量从停靠 4 艘驳船提高到 6 艘 60 吨级驳船，并增设起吊设备。火车站货运码头也在 1969 年扩建。

货运码头

表 4–1–6

码头名称	建成年份	货类	前沿水位(米)	码头高（米）	码头长度（米）	泊位（个）	停泊能力（吨）	起重机（台）	负荷（吨）	设置年月类型
石油仓库	1975	成品油	1.45	5.0	60	1	60	—	—	—
解放桥 1 号	1959	煤炭	1.96	6.42	60	2	80	—	0.5	1966.4
解放桥 2 号	1959	煤炭	1.96	5.42	60	2	80	1	1.0	1966.11
解放桥 3 号	1959	煤炭	1.96	5.42	20	2	80	1	5.0	1975.6
解放桥 4 号	1959	煤炭	1.96	5.42	20	2	80	1	1	转盘式
解放桥 5 号	1959	煤炭	1.96	5.42	20	1	80	1	0.4	1976.10 青
马达道	1960	散杂货	1.96	6.42	50	1	25	1	0.5	年式
车站煤码头	1971	散杂货	1.46	5.14	75	3	60	2	3.0	1964.7
车站煤 4 号	1971	散杂货	1.46	5.94	75	4	60	2	1.0	青年式
中转码头	1971	件杂货	1.46	5.80	30	1	60	1	0.5	1971.7
米厂	1958	件杂货	1.46	5.80	60	1	60	1	0.5	转盘式
航快	1958	件杂货	1.46	5.80	100	4	25	2	0.5	1968.6
新建仓库	1970	件杂货	1.46	4.84	50	1	40	1	2.0	青年式
卢家桥仓库	1965	件杂货	1.46	6.94	30	1	40	1	—	1965.11
海宁面粉厂	1965	件杂货	0.7	4.90	18	1	15	—	—	转盘式
石灰厂	1972	矿石	0.54	4.45	80	2	40	—	—	—
辛江水泥厂	1972	散杂货	1.54	4.96	100	3	60	—	—	—
施家角	1960	件杂货	0.8	5.1	8	1	20	—	—	—
杏花村	1960	件杂货	1.3	5.0	40	2	60	—	—	—

运输商业及航运机构

地货行 解放前,长安镇的地货行多开设于公庆街、上闸桥沿河一带,便于收购农副产品。设于上闸桥一带的有几家规模较大,按季节收购西瓜、芋艿、桑苗、甘蔗等大宗土产。地货行多为代客收购物资,并代办托运。收购后用木帆船或通过铁路运往沪杭等地。亦有代客收购水果等农产品,坐收百分之几的手续费。解放后,有数家尚继续开业,50年代中期全部转业。

转运行 转运公司,民国14年(1925)在周家弄至车站附近有数家代客转运皮毛、土丝、棉花等大宗物资的转运行,其中车站附近的茂新恒及义通两家较大。民国27年(1938)日伪侵占时期,开始出现转运公司,是当时货物运输畸形发展的产物。日伪时期,敌人为加强对物资控制,防止物资流入后方抗日根据地,规定凡物资外运均须持有日军宪兵队的出运证明。转运公司凭借其与敌方的特殊关系,不仅代客办理车船运输,更可代办出运证明。当时长安镇共有大陆、茂新恒、大同等七八家。其中有1家通运公司,系日军与伪军合办,操纵出运证明。本地人所办的转运公司也必须在通行公司办理转运手续后,才能领到出运证明。抗战胜利后,转运公司可不再有特殊作用,营业锐减,濒于停业。1949年9月1日,将数家合并组成"大同转运行",恢复地产物资转动业务。1956年5月,其从业人员被安排到航运单位工作,私营运输行即告结束。

长安联运站 1952年8月成立长安联运站。1953年1月,改为浙江省联营公司嘉兴分公司长安联运站。其运输物资范围,除粮、麻、茧外,有毛竹、皮毛、桑苗、食盐等大宗物资。1953年12月1日并入海宁航管站。

长安货运工作组 (长申货班)1953年9月,省轮船公司嘉兴业务处在长安设工作组,办理长申货班的运输业务。20世纪70年代后期撤销。

第三节 公路交通

公路线

长安至胡家斗(兜)线 初建于民国14年(1925)。这一年,地方人士顾子才、张步青、张信甫等人筹集资金创建"宁长汽车股份公司",以每亩18块银圆的价格,购买由长安至胡家斗全长6.85公里、宽7米的路基用地。以石块、黄沙、螺蛳壳为原料铺筑而成简易公路,民国16年(1927)筑成通车,至胡家斗与杭州至盐官的杭海公路连接。长安至盐官的路段,称宁长公路,抗战开始,停止营业。1946年,又曾一度修复通车。解放后,公路因长期废弃,路面已毁坏殆尽。1975年12月重新测量设计,着手重修,经费由省公路局拨款12万元,地方自筹4.5万元,发动各乡镇群众参加义务劳动,于1978年9月修成通车。1990年6月,又作彻底翻修,加固路基、浇筑水泥路面。由长安至胡斗一段,全长6.49公里,宽7.5米,与翁金公路衔接,可通往上海、杭州及海宁各地。

长安至科同 1978年12月施工修筑,1982年通车,全长8.92公里。由长安向北后折向沈士镇到达科同,连接杭申公路。科长线与胡长线构成连接翁金公路干线的南北两条通道,运输极为繁忙。

长安至崇福(崇长)线 初建于民国26年(1937)6月。当年国民政府因抗战需要连接海宁境内外各地而修建,全长10.31公里,泥质路面。日伪占据时期,由日本兴亚院与伪政府合营的"华中铁路公司"经营客运,1939年12月通车,1943年停业。抗战胜利后,于1947年10月由省拨款改建公路,又复通车,由省公路联营处盐官经营长安至崇德客货运输业务。由于路面太差,油价又不断上涨,难以维持正常开班,不久即告停业。解放后废弃。

翁金公路 原名为杭沪公路、杭金公路,杭州至海盐金丝娘桥。筑于民国15年(1926)1月,全长134.03公里。境内东由金港村和睦桥地段起,穿越城西路,农发大道,杭州绕城公路;西至红色村沈家桥止。

崇长公路 南接修川路、城北路、穿沪杭高速公路、泰山桥港、北至陆泽村画师阁，延伸崇福镇，路段中有沪杭高速进出口处。1998年修筑两车道，2003年拓宽为四车道。长安辖区地段长5.4公里、路宽40米。途经陆泽、泰山、辛江村。

科天线 二级公路。自沈士科同村至长安天明村，长8.032公里。建于1994年。沥青砼路面、水泥砼路面兼有。路基宽分别为19米、16米，路面宽分别为15米、12米。

天盐线 二级公路。自长安天明村至长安盐仓开发区，长4.08公里。建于1999年。沥青砼路面，路基宽18米，路面宽15米。

修川路 南由肖王村地段东西大道出口处，穿长安路、景华路、西街、青年路、沪杭铁路、工人路。北至辛江村骆家大转盘与城北路崇长公路相连。筑于1998年12月通车。路长4公里，宽40米。

城西路 北由大型村沈家组地段起，过沪杭铁路、上塘河、东西大道、杭浦高速公路，南至东陈村东桥地段的翁金公路，筑于2005年。长4.4公里，宽40米。途经大型、虹金、新民、老庄、东陈、金港村。

城北路 辛江大桥至大型村沈家组地段，原为沈辛公路段，2005年拓宽后，改名为城北路，全长1.6公里，路宽40米。桥梁有斗门坝桥、大型桥、联益桥。途经辛江村、大型村，穿越修川北路。

长安路 东由肖王村杨朱毛地段至环镇东路起，穿越修川路，西至老庄村沈家圩地段与城西路相接。筑于2002年，路长720米，路宽40米。途经老庄村、肖王村。

01省道 一级公路。系杭金线异地新建的过境公路，自杭州经海宁、海盐、平湖直通上海浦东。嘉兴境内段称东西大道，海宁段全长50.76公里(其中余杭境内1.86公里路段属海宁征地范围)。经许村镇、长安镇、周王庙镇、盐官镇、丁桥镇、斜桥镇、马桥镇、袁花镇。分两期建设，一期工程(北半幅)于1993年12月中旬开工，1997年11月建成并通过验收后通车。二期工程(南半幅)于1999年3月启动，同年12月建成通过验收并于同月30日举行全线通车仪式。沥青砼路面，海宁段路基宽35米，行车道路面宽22米，慢车道宽4.5米。2004年至2005年分三期对路面、桥梁和安全设施进行大修。

沪昆高速 国道。系过境公路，自上海至云南昆明，国道主干线，原名沪杭高速。长安镇境内设有沪、杭方向两个出口处。1995年，沪杭高速公路第一期工程开工，沪杭段于1998年12月全线通车。2003年6月启动将双向四车道拓宽为双向八车道，2005年底完工，设计时速120公里/小时，沥青砼路面。海宁段路基宽分别为41.5米、28米，路面宽分别为37.5米、15米。长安境内东自兴福村入境、西自大型村出境，贯穿8个行政村，全长6.98公里，长安境内设两个服务区。

杭州湾环线高速 国道。系过境公路，原名杭浦高速。起自上海浦东，止于杭州绕城北线大井立交，与上海的莘奉贤高速相连，途经平湖、海盐、海宁、下沙。海宁境内段自袁花梨园村至许村翁埠村计长39.13公里(另有支线长6.99公里)，经袁花、丁桥、盐官、盐官观潮景区管委会、周王庙、长安、许村6个镇和1个托管区。双向六车道，全封闭、全立交，设计时速120公里/小时，沥青砼路面。杭州湾环线高速海宁段设绕城东枢纽互通立交1处及胡兜、盐官、硖石互通3处，丁桥镇海星村设海宁服务区1处。杭州湾环线高速自2004年启动建设，2005年底在建。境内东由金港村胡长公路立交桥起，穿越城西路，农发大道，杭州绕城公路。西至红色村东王庙隧道延伸许村镇。穿越东陈、金港等村。

杭州绕城高速公路 境内北由红色村太平桥西地段起，穿越杭浦高速公路，翁金公路。南至红色村沈家桥地段东，延伸至许村镇，途经红色村。

市级以上公路一览

表 4-1-7

路名	境内起止	路长	路宽	建造时间	桥梁、隧道
东西大道	肖王村小龙桥—天明路口		35	1997.11	小龙桥、云桥、桃花桥、三里桥、中心桥、石灰桥、打铁桥、鱼界桥、霸桥
城西路	大型村沈家组—东陈村东桥	4.4	40	2005	龙寺桥、铁路城西立交桥、上田塍桥、镇西大桥、崔家石桥、石灰港涵洞桥、褚石横港桥、石塘河北口桥、陈家石桥、杭浦立交桥
崇长公路	辛江村骆家大转盘—陆泽村画师阁	5.4	40	1998 年修筑 2003 年拓宽	画师阁机站桥、毛家桥、许家门桥、新泽桥、沪杭高速公路立交桥、莫家洋桥
修川路	肖王村东西大道出口处—骆家大转盘	4	40	1998.12	沪杭铁路立交桥、修川桥
胡长公路	金港村和睦桥—卢家桥	6.85	7	民国 14 年（1925）	胡长公路立交桥、范家桥、桃花港桥、大洋桥、卢家桥
翁金公路	金港村和睦桥—红色村沈家桥		7	民国 15 年（1926）	杭州绕城高速公路立交桥
杭浦高速公路	金港村胡长公路立交桥—红色村东王庙		40	2007 年	胡长公路立交桥、姚王埭桥、杭浦收费站立交桥、官石桥高架桥、农发大道立交桥、南许家坝桥、绕城杭浦高速立交桥。东王埭隧道、张家堂隧道、官石桥隧道、永宁寺隧道、塘桥隧道、高家坝隧道、塘窗隧道、杨家坝隧道、南许家坝隧道、叶家浜隧道
杭州绕城高速公路	红色村太平桥西地段—红色村沈家桥				绕城杭浦高速立交桥、翁金公路沈家立交桥
城北路	辛江大桥—大型沈家组	1.6	40	2005	斗门坝桥、大型桥、联益桥、辛江大桥
沪昆高速公路	原兴福村北角兜—大型村杜家浜	6.98	50	1998.12	牛桥港立交桥、辛江塘立交桥、崇长公路立交桥、南河立交桥。杨家浜隧道、兴福隧道、任家墙门头隧道、黄泥浜隧道、姚家浜隧道、万兴隧道、朱家埭隧道、林家埭隧道、盛家埭隧道、杜家浜隧道

公路运输

一、客运

汽车公司，民国 16 年（1927），长胡线首次通车时，宁长汽车公司有自备客车 4 辆，轿车 1 辆。其中 2 辆开行长安至盐官线，1 辆开盐官至袁花班，1 辆开长安至杭州班。轿车作为机动租用。民国 22 年（1933）营业情况较佳时，盐官至长安每日有 5 班往返。民国 26 年（1937）抗战开始后被迫停业。民国 34 年（1945）5 月，由商营以客车 2 辆恢复盐官至长安客运，每日往返 4 次。至解放前夕停业。1978 年修复通车后，首次开行长安经盐官至硖石班车，乘客可在胡斗等地换乘开往杭州或袁花、海盐等地班车。

长科线通车后，由长安开行的客车都是经沈士、科同连接杭申公路，开往桐乡、苏州、临平、杭州等地的长途班车。

长安汽车站 1926 年至 1937 年时期，宁长公司汽车站设于东后街北端。

附：1933 年长安始发的汽车票价

发站—到达 里程 客票价 小包车 价 行李 价

长安—杭州 四四里八五 一元一角五分 九元二角 一角二分

长安—清泰 四一里九五 一元零八分 八元六角四分 一角一分

长安—七堡 三二里八六 八角七分 六元玖角六分 九分

长安—乔司 二五里四六 六角九分 五元五角二分 七分

长安—翁家埠一九里八二 五角六分 四元四角八分 六分

长安—袁家坝一三里四六 三角七分 二元九角六分 四分

长安—胡家兜六里九五 二角二分 一元七角六分 二分

长安—海宁 一五里 四角一分 三元二角八分 四分

长安—八堡 一三里一三 六角三分 五元零角四分 六分

长安—新仓 三十里六一 八角一分 六元四角八分 八分

长安—旧仓 三三里二七 八角七分 六元玖角六分 九分

长安—闸口 三八里五零 九角七分 七元七角六分 一角

长安—黄湾 四二里七零 一元零七分 八元五角六分 一角一分

长安—六里堰四九里八三 一元二角一分 九元六角八分 一角二分

长安—澉浦 五二里六二 一元二角六分 十元零角八分 一角三分

长安—长川坝五八里三〇 一元三角七分 十元九角六分 一角四分

长安—海盐 六九里五〇 一元六角五分 十三元二角 一角七分

长安—场前 七七里六四 一元八角九分 十五元一角二分 一角九分

长安—乍浦 八六里〇二 二元一角 十六元八角二角一分

长安—虹霓堰九〇里七八 二元二角 十七元六角 二角二分

长安—平湖 九八里五五 二元三角九分 十九元〇角二分 二角四分

1978 年，长安汽车站设于卢家桥头，为临时性的车站。1985 年始在杏花村今址建正式站房，设有候车室、售票房及停车场。车站占地 2000 平方米，站房建筑面积共 336 平方米。

1978 年，杭州市旅游汽车公司开辟杭州至长安的旅游直达车，1 辆新型旅游客车，每日上午 7 时 30 分由长安发车，9 时左右直达杭州龙翔桥；下午 4 时 30 分，由龙翔桥开回长安，6 时左右到达。每班可载客 40 人，全部对号入座。

改革开放后，长安镇曾由长安运输公司投入资金在长安镇区内开通小公交，收费为每人每次 1 元。后来由于三轮车的大量涌现，小公交停业。长安出现“招手车”(中巴)、后有出租车、回程车。2003 年，长安公交车开通，有长安至盐仓、盐官、海宁、杭州等。

长安镇客运公交线路

表 4–1–8

线路	起点	终点	通车年月	间隔(分)
T106	海宁	盐仓	2003.6.1	25
T113	海宁	盐仓	2003.6.1	25
T310	长安	盐仓	2004.7.1	20
T123	海宁(火车站)	长安	2005.2.2	15
—	杭州	长安	1985	一日二班
—	嘉兴	长安	1985	一日三班

二、货运

汽车运输队　公路货运始于1978年。这一年，长安镇搬运装卸站购进货运汽车1辆，办理长途货运业务。次年5月，成立长安汽车运输队，有汽车3辆，载重量共12.5吨。至1988年，货运汽车已达11辆，载重量63吨，还有挂车3辆，载重量18吨，成为长安镇唯一的长途货运车队。1986年，营运总额为209.98吨/公里左右。

改革开放后，长安镇各工商企业单位均陆续购进汽车自办货运。1990年，全镇已有各种型号的货运汽车150辆。

三轮卡车 简称三卡。20世纪80年代后在长安镇出现的一种轻型运输车辆。这种车大多为农民个体运输户自备。平时停靠于交通要道附近，待客雇用。三卡运量约1吨，运费亦较高，但由于随叫随到的灵活性，又可行驶于乡镇小路，适宜于短途运输，故雇用者颇不乏人。

改革开放后，公路运输出现了一批个体运输户。农村有拖拉机、中型拖拉机和汽车货运。企业基本都备有货运自备车。公路运输其有快捷、便利，可直接将货物运送到物主指定地方，所以逐渐代替了水上运输。

1991—2005年运输量一览

表4-1-9

年　份	货运(万吨)	年　份	货运(万吨)	年　份	货运(万吨)	年　份	货运(万吨)
1991	22 .84	1999	11.34	1995	17.53	2003	12.35
1992	18.79	2000	10.85	1996	17.39	2004	12.63
1993	20.52	2001	15.79	1997	16.10	2005	11.11
1994	18.45	2002	13.19	1998	13.46	合计	232.34

塘路、大路

是古代人利用塘河河堤筑的沿河大路，既利行旅，又可作纤道，所以，有些路段亦称纤塘。在公路、铁路尚未出现以前，塘河、塘路相辅而行，组成水陆交通干线。

上塘　从长安镇西关厢沿塘路西行，可直达杭州，称为上塘。经历代整修，原全部铺砌石板。上塘在唐时即为驿道，明清时为"递铺"的官路，所以有官塘大路之称。沿塘路所有石拱桥，桥脚均以条石砌成圆形石路，称纤盘，纤夫背纤时可由桥下直接通过，颇为便捷。20世纪80年代后，农村简易公路日多，上塘逐步失去其作用。后由于疏浚和帮岸砌作，石板路已废，但塘路还保留着。

二十五里塘　又称甘棠堤。自长安镇虹桥起沿上塘河至盐官的塘路，始筑于唐徽年间(650—655)。清康熙十四年(1675)，沿路增铺石板，并加砌纤盘。1980年，全线又修筑石帮岸以防塌方。现尚可通行，但行人已少，已不再有昔日繁忙景象。

长安塘　唐初为长安镇北沿崇长港至崇德(石门)的驿道。日伪时期，曾修筑为长安至崇德的汽车路。民国35年(1946)，公路废，1947年又一度重修。2005年，长安段浇制水泥路，更名为辛陆路。

三里塘　从长安镇小桥头起，沿三里塘港南行的一段塘路。三里港全长6.9公里，但离镇约1.5公里后，河道折向西南，即无塘路，故长安镇人习惯称之为三里塘。现三里塘近镇区塘路也已浇制成水泥路面。

除塘路以外还有通往四郊农村中小集镇的干道，俗语称大路。解放后，随着农村机械化的发展，大路又改成机耕路。特别是改革开放后，农村汽车逐年增多，机耕路又进行了硬化、拓宽成砂石路面。1999年后，原来拓宽的砂石路面又浇制成水泥路面，全镇实施"康庄工程"，农村的大路已完全建成为镇、村级公路，全部为水泥路面。1999年投入828.7万元，完成村级道路路面硬化26.82公里，2000年投入530万元，完成通村道路的硬化工程，浇筑水泥路面22.45公里，2004年，新建和改造等级公路35公里，并通过"康庄工程"验收。2005年新建和改造等级公路7公里，1999年至2005年，新建和改造公路91.27公里。

长安镇镇村级道路一览

表 4–1–10

路名	起　　止	路长(公里)	路宽(米)	建造或改造	途经桥梁
陆兴路	陆泽—兴福	5	5	—	辛江北大桥、建城桥、俞家桥、苏家桥、桃花桥
辛陆路	辛江大桥—辛江北大桥	2.85	3	—	周家埭桥机站桥、南涵洞桥、庄婆堰桥、登车浜桥
牧港路	肖王谢家桥—与翁金路相接	1.7	5	—	—
大陆路	大型沈家—陆泽诸家木桥	2.7	5	2003	泥水桥、泰山桥
长虹路	海鸿宾馆—虹金祝家浜	2.3	5	1993	唐家桥、反修桥
环镇西路	觉皇寺—老庄路相接	0.8	5	—	环镇西桥
辛万路	辛江双坝桥—兴城沈家埭	3.6	5	—	双坝桥、万兴桥、五金桥、万兴隧道
德丰路	德丰村和睦桥—沪杭铁路 137 号桥	3.1	5	1995	和睦桥、新德桥、太平桥
新儒路	兴福和睦桥—博儒村	3	5	—	包家桥、光家桥、大安桥
新新路	泰山蒋家石桥—朱家埭	1.18	5	2003	蒋家石桥、沈家木桥、新联桥
褚石路	新民钟家浜—盐仓东风桥	4.8	5	—	褚石桥、杜家桥
长东路	长安—少年墩—翁金公路	6.01	5	—	张家石桥、南潘桥、东陈桥
长天路	城西菜场—农发大道	6.5	5	—	东桥、蔡家石桥、蚕石桥、天明桥、西木桥
长河路	肖王圣博活动中心—城西路	2.4	16	—	朝阳桥、康安桥遗址
汉帛路	肖王新区—城西路	2.3	26	—	向阳桥
长卫路	环镇东路—原卫国村	2.8	5	—	东关桥、卫农桥
长万路	环镇东路—城东村并延伸至肖王村大转盘	1.9	5	1992	张家石桥、九字桥、万渡大桥
云肖路	肖王村蔡家湾—胡长公路	0.5	5	—	云肖桥
辛兴路	辛江大桥—东升村—兴福徐家塔	5.8	8	1989	辛江大桥、新丰桥、殷家桥、小白洋洞桥、白洋洞桥、建新桥、孙家桥、沪杭高速立交桥
辛升路	兴福朱家浜—原新升村委会	1.3	5	—	西庙桥
长周路	东升村 9 组—7 组章家桥延伸至周王庙	0.75	8	—	章家桥
大型路	环镇北路—沪杭铁路	1.06	3	—	—
金褚路	褚石—金港	3.953	5	—	褚石大桥、秀才桥、司娘桥、鹰雀花桥、郭家桥
官石桥路	—	5.231	5	—	官石桥、官音桥
盐红路	红色—盐仓	5.231	5	—	1 号桥、红联桥、2 号桥、黄山桥、仓孟桥、陈家桥、观音桥、5 号桥、元红桥、沈家桥
盐仓路	盐仓—盐仓	0.582	5	—	—
陆兴西路	诸家木桥—陆兴路，接崇长公路	1.1012	5	—	—

续表 4-1-10

路名	起　止	路长(公里)	路宽(米)	建造或改造	途经桥梁
工人路	修川北路—辛江路	1.012	16	1999	祝石桥
农发大道	盐仓	3.6	40	—	三联桥
启潮路	—	5.8	20	—	海杭桥、江安桥
启航路	—	5.0	20	—	—
东堤路	—	2.0	20	—	东堤河桥、三号桥
新兴路	—	3.2	20	—	五号桥
春潮路	—	2.8	20	—	—
中堤路	—	2.5	20	—	中堤河桥、二号桥
安澜路	—	5.6	20	—	三号、四号、五号、六号、七号、八号、九号、十号、十一桥
大堤路	—	7.2	20	—	盐仓大坝、二号、三号、四号、五号高坝

第四节　桥　　梁

虹桥　位于长安镇中街、西街连接处，属清代。虹桥始建年代无考。清道光二十八年桥圮，咸丰元年(1851 年)绅士许楣等捐募重建。虹桥为单孔拱形石桥。南北向跨运塘河，结构完好，正中高 6.7 米，拱圈高 5.5 米，跨度为 10.5 米，拱桥齐全，仅望柱略有残缺。桥正中东西侧分别刻有篆书咸丰六年重建“虹桥”铭文，两侧拱板则刻于人物故事花纹字雕，望柱板上的浮雕大都为清代风格。虹桥北堍石阶曾遭破坏，长安人民政府于 1988 年对其进行了整修，并桥北建亭成景。2004 年又进行重修石阶，现桥体完整，亭已拆除。

新虹桥　位于虹桥西侧，跨上塘河。建于 1974 年 4 月，为混凝土双曲拱桥，当时题名为“反帝桥”，后改称新虹桥。长 20.8 米，宽 6 米。载重汽—6 级。

修川桥　长安修川路跨上塘河的主要桥梁，位于长安西街。南堍为海宁第三人民医院，建于 1998 年，12 月竣工。桥长 30 米，宽 36 米。为预应力拱桥结构，等级为汽 20 级，投入资金 220.6 万元。

新桥　位于西街寺弄南端。古名仰恩桥，俗名广福桥，后名新桥。为单环洞桥，始建年月不详。1937 年 12 月被国民党军队炸毁，1947 年 10 月由地方人士筹资修复。1990 年扩铪双曲拱桥。长 27.8 米，跨径 27 米，宽 9 米，跨中高 8.2 米(吴淞 0 点)。载重汽—15 级。

环镇西路桥　位于上塘河。1987 年 3 月建铪双曲拱桥，始称该名。此桥为筑环镇西路而建。长 45.3 米，跨径 30.5 米，宽 6.55 米。载重汽—10 级。

小渡船桥　跨上塘河，南为新民村，北为虹金村，建造年月不详。民间有传：“小渡船桥与虹桥是师徒两人同时造的。师傅造小渡船桥，徒弟造虹桥。”原古桥为单孔环型石桥，桥北有凉亭。1999 年古桥拆除改建，2000 年 6 月竣工。改建后长 30 米，宽 4.5 米，汽 6 级，钢架拱桥。投入资金 30.48 万元。

杨渡桥　跨上塘河，南为长安镇天明村，北为许村镇杨渡村，建于清代。原桥为单孔环型石桥。桥两旁为杨家渡小集市，清代已有市房贸易。大桥南街长 100 米，宽 2.8 米。大桥北，街横长 120 米，纵长 50 米，两面店房，石板路面。2000 年改建为钢架拱桥。改建后长 30 米，宽 4.5 米。载重汽 -6 级。

万渡桥　位于长安镇城东村，明崇祯间建，又名文进桥，有万家渡集市。乾隆十七年里人邹有泗募捐重建。1999 年 11 月，拆建为钢架拱桥。长 34 米，宽 4.5 米，汽 6 级。投资 39.78 万元。

仙鹿桥　位于公庆街南端，跨上塘河。清康熙十二年（1673）建。传说建桥时有里人见一鹿绝尘而奔，因名。原为三环洞大桥，清嘉庆三年（1798）再建单孔环洞桥。咸丰十一年（1861）毁于兵燹，同治八年（1869）再建。1937 年又被炸毁。1984 年 9 月重建成双曲拱桥，两端设引桥。长 43 米，跨径 28.4 米，宽 4.5 米，高 8.4 米（吴淞 0 点）。载重汽—6 级。

环镇东路桥　旧名万福凉亭桥或大洋桥，“文化大革命”时一度改名为“太阳桥”。位于镇东，跨上塘河。1925 年建，为混凝土墩子，工字钢梁木板大桥。1946 年 9 月 13 日桥圮。1976 年重建为铪双曲拱桥，1990 年加宽 2 米。桥长 40.8 米，跨径 30.5 米，宽 7.5 米，高 8.96 米（吴淞 0 点）。载重汽—6 级。

盛昌桥　跨三里塘港。因在催青室旁，曾名“催青桥”，1972 年建。1987 年 4 月改建为铪双曲拱桥。长 28 米，跨径 20.6 米，宽 4.6 米。载重汽—6 级。

小桥　在新民街南首，跨三里塘港。古名福宁桥，系单环洞小石桥。1971 年重建为铪双曲拱桥，题名为“工农兵桥”。桥长 22.5 米，跨径 12.6 米、宽 2.1 米。

创业桥　在长安船闸南口，1976 年 12 月建。为铪双曲拱桥，长 19.6 米，跨径 14.9 米，宽 4.4 米。

闸后桥　在长安镇长安船闸北闸门上面，为铪空心板梁桥，建于 1976 年，桥长 5.7 米，跨径 4.9 米，宽 2.5 米。

上闸桥　位于东街，跨上塘河。原为长安古船闸之上闸。元至正二年（1342）改闸门为滚水坝。1964 年建翻水站，坦水，建铪平梁板桥。长 10 米，跨径 7.2 米。载重汽—10 级。

中闸桥　原长安古船闸之中闸，位于集贸市场东端。1963 年建成工字钢梁木板桥，1983 年 6 月改建为铪双曲拱桥。长 10.9 米，宽 7.5 米。载重汽—15 级。

下闸桥　原古船闸之下闸，即解放桥，跨闸塘湾北河口。1950 年建铪梁平桥，改名解放桥。1986 年扩建为铪双曲拱桥。长 33 米，跨径 30 米，宽 6.5 米。载重汽—10 级。

坝桥　在老坝北。1985 年建，为铪双曲拱人行小桥。长 18.7 米，跨径 10.7 米，宽 [illegible] 米。

长安桥　位于环镇东路北段，跨下河。旧名卢家桥。始建年代不详，明初立都庄时已见其名。民国 26 年（1937）12 月被炸毁。1968 年建成混凝土平桥，又废。1982 年于旧桥址并侧再建铪钢桁架拱桥，改名长安桥。桥长 29 米，跨径 21 米，宽 9.6 米。载重汽—15 级。

新颜桥　位于东后街南，跨下河，原名戴家石桥。清光绪十五年（1889），慈禧五十大寿，春三月迎万寿灯，桥危禁行，九月修建改名万寿桥。1937 年被炸毁。1976 年长安酿造厂独资重建为铪双曲拱桥，取“旧貌换新颜”意，命新颜桥。跨径 24 米，高 7 米。

铁路 139 号桥　在今长安桥北侧。光绪三十四年（1908）建，1990 年增复线桥。

双坝桥　位于铁路 139 号桥北，跨下河。初建年月不详。从桥上可望季公坝和吴家坝，故名双坝。明隆庆初（1567）已有其名。

建设桥　俗名丝厂桥，在浙丝一厂生活区，跨下河。1956 年该厂自建，为 3 孔铪平桥。长 32 米，中孔跨径 12 米，宽 4 米。

跃进桥　丝厂生活区人行桥。1960 年建，桥长 14 米，跨径 8 米，宽 2.5 米。

友谊桥　位于镇北，跨崇长港。旧名兴福高桥，单环洞，桥顶有亭。清咸丰十年（1860），民团毁桥以阻太平军，光绪二十七年（1901）重建。抗日战争即 1937 年 12 月被国民党军队以集束手榴弹炸毁。1985 年浙丝一厂和辛江乡人民政府合资共建铪双曲拱桥，故名友谊桥。长 32.5 米，跨径 28 米，宽 3.5 米。东引桥长 12 米，西引桥与辛江路平行，长 44.8 米，各宽 2.4 米。

辛江大桥　位于辛江路北端，跨崇长港。1976 年建成铪双曲拱桥，1986 年再建一桥与之合并后共宽 6.86 米，顶高 6.18 米（吴淞 0 点）。2001 年 7 月重建。重建后，长 51 米，宽 16.5 米，面积 841.5 平方米，投资 150 万元。

铁路 140 号桥　在旧林白桥北面 30 米，清光绪三十四年（1908）建。1990 年建复线桥。

林白桥　原址铁路北面 30 米，1990 年移至新火车站西南侧，跨云洞港。宽 10 米。

榻场桥　即海宁中学西门桥。1988 年建铪梁板桥。长19.5米，宽4米。

房管小桥 在蒲鞋桥北50米处，跨云洞港。1982年房管所建住宅区时建。长7.5米，宽1.8米。

蒲鞋桥 在觉皇寺（海宁中学）西侧，故亦称“寺桥”，又称西恩桥、蒲鞋石桥，跨云洞港，为石结构建筑。始建年月不详。抗日战争时，此桥曾遭破坏，民国35年（1946），以工代赈重修。1987年于南侧又建宽9.1米公路桥，两桥合而为一，共长4.1米，跨径2.1米。载重汽—15级。

大树桥 位于青年路北端，实名大寺桥。又名双桥，因桥东偏北10米原有桥，名“关帝桥”，两桥均在旌忠寺（关帝庙）前。清邹衍诗云：“一水双桥抱寺门”，即指此。

庄婆堰桥 旧名“仁寿桥”古名“五柳桥”。跨泰山桥港，在泰山桥港出口处。庄婆堰桥始建于元至大二年（1309）原系单环洞大石桥。《咸淳志》县西北三十里（蔡志）元至大间有蒋化主者建石桥于上四十丈其堰开而不关以通苕溪太湖之水大为利民为谷水至正初庸田司復开（方与纪要）德清县境之水沿流县境恒启不闭甚为民利。明兵部尚书徐亨在桥南建府第后，重建此桥，并改名“仁寿桥”。清乾隆咸丰间，曾两次修建。1977年改建为三孔混凝土大拱桥。桥长96米，宽4米。

泰山桥 在长安镇驻地西北3.7公里处。据《海宁州志稿》载：泰山桥在严司桥北面，跨泰山港。原系古老三环跳板桥。桥面两边装有石栏，建桥年月不详。1968年泰山桥拆除，位置西移15米，改建为混凝土高板架吊式桥，桥长26米，宽2米。南排工程拓宽泰山港，泰山桥第二次向西移位500米，桥移至原新建村陆家门东。1978年12月建起混凝土三环洞拱桥，桥长96米，宽4米。

白洋涧桥 桥靠白洋涧得名，位于东升村（原东方红村），跨辛江塘河。原桥为石板桥，解放初曾塌，桥面铺木板。1968年改建为混凝土拱桥，1978年拆除重建为桁架拱桥，荷载汽—8级，跨径120米，桥面5米，桥梁高程7.8米。2008年拓宽桥面为10米。

高板桥 在长安镇东升村。据《海昌备志》载，原石刻有“清庆口口年口月”等字，应为始建或重修年月。系单孔四踏步高板石桥，1960年改为砖石混凝土拱桥。长18米，宽2米。

亭子桥（新德大桥） 跨辛江塘河。据《海宁州志稿桥梁》载：原名“题柱桥”，清代邑人周春题有柱联四对。为单环洞大石桥，1968年改建为混凝土双曲拱桥，题名“新德大桥”。1979年重建，长132米，宽5米。2008年拓宽桥面为10米。

万兴桥 在长安镇兴城村，辛江塘河上。原为环洞石桥，清嘉庆十七年（公元1812年）重建。1964年改建为混凝土双曲拱桥，题名“光明桥”。1996年3月，改建为汽—10级桁拱桥，长140米，宽7米；2009年重建，长140米，宽10米。

新泽大桥 新泽大桥跨在泰山港上，桥址在原新联村沈家队，第二水厂旁。新泽大桥是长安镇连接崇福镇的主要桥梁之一，于1969年10月建三孔混凝土拱桥，桥长96米，宽4米。1995年沪杭高速公路首期工程开工，在新泽大桥旁造起一个两车道崇长公路桥，公路通车后，新泽大桥拆除，改为公路桥。2003年，崇长公路拓宽，公路桥由两车道改为四车道，桥长120米，宽40米。

辛江北大桥 辛江北大桥横跨在崇长港上，位于兴城村刘门角南，五金港之北，是陆兴公路上主要桥梁。辛江北大桥于1967年建造，桥下游吴淞高6.7米，遇大雨水涝，水流时常堵塞断航，不符合通航要求。1989年1月24日，辛江北大桥改建为跨径56米，宽5.5米，荷载汽—20标准桥梁。

崇长公路立交桥 1995年建沪杭高速公路，在原新联村8组地段。设杭州、上海方向两个收费站后，架穿越沪杭高速公路南北走向的崇长公路立交桥。桥长220米，宽20米。2003年，崇长公路拓宽，在原桥旁又架相同长度、宽度的一座立交桥。

南河大桥 大型村沈家组与许村茗山村南河埭相连，1995年筑沪杭高速公路时建，架穿沪杭高速公路。桥长220米，宽20米。2003年，拓宽公路时桥面拓宽。桥长300米，宽40米。为四车道硖许公路桥。

徐家塔公路立交桥 位于长安镇兴福村，连接该村朱家浜、徐家塔两组。建于1995年，架穿沪杭高速公路。

风调桥　位于褚石堰。始建年月不详。1980年西移100米,改建为混凝土双曲机耕桥,题名“褚石桥”。长18米,宽3.5米。

雨顺桥　位于褚石堰。三孔板凳石桥,跨褚石横港。桥边有灌溉用河桥一座。桥北设有粮食饲料加工厂,桥南有抽水机站。长18米,宽3.5米。

塘桥　在褚石村孟子桥到盐官的中塘上,故名。又因桥在永宁寺东侧,俗称庙桥。三孔板凳石桥。长12米,宽2.5米。

陈村庙桥　位于褚石7组。原名丰顺桥,跨庙桥港,三孔板凳石桥。因在陈村庙东侧,又名庙桥,有古庙一座。长11米,宽5米。

秀才桥　位于褚石9组,在长安镇驻地西南偏南5公里,天明港上。长10米,宽5米。

长板桥　位于褚石21组,长安镇驻地西南偏南4.3公里,长板桥港(原名道通桥)有注名乾隆年间建造,属古桥。桥东70米处原有短板桥,古代称姐妹桥。长10米,宽1米;短板桥长10米,宽1米。

打铁桥　在东岗寺南,跨庙桥港。以旧时附近曾设有打铁铺得名。原为石桥,1973年改建为混凝土双曲拱机耕桥。长18米,宽3.5米,现为东西大道公路桥。长15米,宽40米。

顺济桥　在长安镇褚石村。古桥,清朝年间建造,现保存完好,长8米,宽1米。位于褚石村25组。

永龙桥(又名张坟寺桥)　永龙桥现位于马桥组东侧。桥全长13米,宽2米。该桥始建年代已无可考,但由于从未维修过,是百年的历史见证。

马河桥　在长安镇东陈村,跨褚石横港。原称马回桥,现属东陈村马桥组。长11米,宽4米。

汪家桥　在长安镇东陈村,跨褚石横港(原名富春桥)。位于东陈村富春组,长14米,宽2.5米。

万年桥　位于天明村井头埭,三孔板凳桥。长12.5米,宽2.3米,1948年建造。

司姑桥　在长安镇天明村司姑组,石桥。为东庵中尼姑募钱建造,方言称尼姑为师姑,故名。长23米,宽4米。

天灯桥　在长安镇天明村天灯组,在坝头港上。据传,桥旁原住户,为方便夜间行客和船只往来,每夜在门前高竿上挂起照明灯笼,俗称“点天灯”,故名天灯桥。长8.8米,宽1.5米,1909年建造。

坝头桥　别名长征桥,上塘河南岸。1980年改建为混凝土双曲机耕桥,题名“长征桥”。位于天明村坝头组,长12.2米,宽5.6米。

磨陀桥　在长安镇虹金村,小渡船港。《都庄图说》作“磨陀桥”。桥上题刻“摩陀桥”含义无考。解放初建磨陀村。2003年后重修,南移2米左右。

单凤桥　在老庄弄西,梁家石桥北。双凤桥,在单凤桥之南,因桥东村民姓梁,又称梁家石桥。《海宁州志稿》载有“单凤桥”“双凤桥”之名。单凤桥位于老庄村2组,双凤桥位于老庄村8组。桥长10米,宽2.5米。

思仰桥　曾名思娘桥。在长安镇东南3公里,肖王16组,西出盐港东岸。据传:旧时村西原有木桥,有一妇女到河西探望亲人,不慎掉在河里,被人救起,此后村人发起募缘造一石桥,取名“思娘桥”。《海宁州志稿》载有其名。肖王16组。长16米,宽5.5米。

青莲桥　青莲桥原名青莲闸,以闸东青莲庵得名。据《海宁观潮》载:“石佛亭在万家渡桥东建兴湖旁,原名青莲庵,内供石佛三,传为唐尉迟恭监砌水闸时所掘得,雕琢奇石”。按:青莲闸之名,明末清初,本县地方志《宁志备考》和《海宁县志略》均有记载。闸的兴废情况无考。清末庵毁于火。位于城东村1组。长14.5米,宽2米。

姚家涧　始建于明代,原名姚广笕。是上塘河的水利设施之一,三孔石梁泄洪坝,坝面为桥。位于城东村25组。长14.5米,宽2.5米。

白蛇桥　位于城东村22组。原名白善桥。在长安镇东2公里。相传:清末民初萧山移民迁此,以谐音呼为“白蛇桥”。长12米,宽4米。

官桥　位于金港村东风组曾名李家河头。在长安镇南6公里,杭(州)金(金丝娘桥)公路之北,跨新塘河。又因原牧港镇货运码头为李姓所有,故亦称李家河头。桥长20米,宽2.5米。

杨家坝　位于金港村光明组,长安镇南5.4公里,总家坝港畔。原牧港村民委员会驻村西总家坝桥南。旧时有坝,据《都庄图说》载:此坝为调节九曲港以南水位而建(今废)。村以坝得名。

[注]总家坝:跨总家坝港。原为石桥,1978年改建为混凝土双曲拱机耕桥。题名“牧港新桥”。长25米,宽4米。

孟子桥 在长安镇天明港东岸。据《海宁州志稿》载:清初曾是“城西小镇,有大户当铺,店房经营”,是老盐仓商业集市的延伸点。后随老盐仓衰落,降为乡村,跨天明港。位于盐仓村孟子桥组、红旗组、桥南组。长14.5米,宽1.5米。

化成桥 《海宁州志稿·都庄》有载。俗名化尘桥。单孔板凳石桥。长12米,宽2.2米。位于盐仓村汤家门组。

鹿耳桥 位于鹿耳村5组,长安镇西南6.1公里,跨坝头港。长15米,宽5米。

司娘桥 位于鹿耳村2组,别名创业桥。在长安镇西南偏西6公里。长24米,宽5.5米。

昌孟桥 在红色村黄山庙。长15米,宽7米。

小石桥 在长安镇东北5公里处,庙墩浜东北侧。《海宁市州志稿·都庄》载有大、小石桥之名,位于兴福村8组。长17米,宽1.4米,光绪年间建。大石桥在兴福5、6组,长13米,宽1.4米。

包家桥 在长安镇兴福村1组。小地名为包家桥。原桥跨洛塘河,为石板桥,解放初桥圮,改为两岸石塊,中间铺木板,后拆除未建。

俞家涧 原名水没笕。在长安镇东3.2公里,辛江塘河(南排港)南。以涧西村民俞姓得名。

[注]水没笕:明末清初《宁志备考》及《海宁县志略》有载。原已湮没无闻,1980年重修笕闸时,发现刻有“水没笕”的碑石,始知其原名。现为两孔减水坝,石刻题名“俞家涧”。长17米,宽4米。

升大桥 原作“昇大桥”。东升村9组、10组交界,民国35年(公元1946年)重建。单孔板凳石桥。长10米,宽1米。

太平桥 长安镇东北偏东3.3公里,为东升村费家角南北之交通要道。清道光十九年(公元1839年)腊月重建。长10米,宽1米。系石桥。

神仙木桥 在长安镇东升村翟家墩之南。据传:原木桥,人行时摇摇晃晃,却数十年不坍,故俗称神仙木桥。长16米,宽3米,位于东升村15组。

杨家坝后桥 跨五金桥港。以大安桥之原杨家坝得名。桥建于明英宗天顺元年(1457)。民国25年(1936)重建。取“坝后”两字的同音,改名“博厚桥”。系三孔凳石桥。长18米,宽1.2米。1998年为沪杭高速公路桥。

兴福桥 俗称寺桥。始建年月不详。清光绪二十七年(公元1812年)重建为环洞桥。1974年改建为无肋混凝土机耕桥。长21米,宽3.5米。

太平桥 曾名陆家园。在长安镇东北1公里处,德丰村五组。村以桥得名。因旧时桥北居民住陆姓,亦称陆家园。长16米,宽5米。

濮家石桥 位于德丰村濮家埭塘河边,原刻石作“道清桥”,为三孔板凳桥。

泥水桥 位于泰山村16组。跨泥水桥港,原为板凳桥,1980年东移150米,改建为混凝土双曲机耕桥。长16米,宽3米。1999年道路拓宽时改建,桥长23米,宽5米。

丝行桥 位于大型村杜家浜,俗名诸行桥。三孔板凳石桥。长7米,宽1.6米,西通沈士茗山村。

三婆桥 别名永顺桥。在大型村居家坝西。三婆桥:原刻石作“永顺桥”。据传:约三百年前系三位老年妇女募款建造,故名。三孔板凳石桥。长6米,宽2.1米。

安桥头 在大型村安桥组,桥面为一块石板,长3.5米,宽1.6米。

农村桥梁分布一览

表 4-1-11

村名	桥名	地名(坐落)	桥长(米)	桥宽(米)	改建时间
兴福村	包家桥	1 组	7	1.5	1950
兴福村	永和桥	3 组	13	3	2003
兴福村	苏家桥	5 组	15	5	2003
兴福村	大石桥	5、6 组	13	14	不详
兴福村	小石桥	8 组	17	14	清代
兴福村	桃花桥	9 组	15	5	2004
兴福村	文桥	11、12 组	7	1.5	1972
兴福村	施家桥	7 组	10	1.5	1965
兴福村	光家桥	12 组	15	5	2004
东升村	许家小桥	许家墙门	9	2.5	1997
东升村	永宁桥	陈家门	14	6	1994
东升村	马家小桥	马家门	9	2.5	1997
东升村	建新桥	葛家埭	12	7	1999
东升村	章周桥	章周埭	9	2.5	1997
东升村	五星桥	章周埭	10	3.5	2002
东升村	太平桥	费家角	8	2	1968
东升村	小安桥	11 组	10	4.8	1995
东升村	秀才桥	新屋里	15	3	2000
东升村	目舒桥	杨家浜	17	3	1995
东升村	红丰桥	水心里	14	4	2004
东升村	红阳桥	15 组	17	5	1993
东升村	西庙桥	14、15 组	15	5	1993
东升村	东庙桥	15 组	11	5	1993
东升村	神仙木桥	15 组	16	3	2004
东升村	大安桥	范家组	15	5	1995
东升村	王家木桥	4 组	9	2	1992
东升村	千圣庵桥	2 组	10.5	4	2002
东升村	居家小桥	2 组	11	2.4	1972
东升村	俞家桥	俞家涧	17	4	1997
东升村	孙渡桥	10 组	28	5	2006
东升村	高板桥	4 组	10	2	1995

续表 4-1-11

村名	桥名	地名(坐落)	桥长(米)	桥宽(米)	改建时间
兴城村	罗婆桥	周家墙门	19.2	4	2001
兴城村	太平桥	三家村	10	3	1995
兴城村	蔡家桥	6 组	11.7	5	2001
兴城村	五金桥	10 组	28	5.6	—
兴城村	东风桥	1 组	19	4	2004
兴城村	谈家木桥	2 组	16.2	4	2005
兴城村	俞家桥	3 组	10.3	5	2000
兴城村	褚家木桥	3 组	8	2.6	2002
兴城村	赵家桥	1 组	16.2	4	2002
兴城村	建城桥	10 组	15	5.5	2003
兴城村	小新桥	2 组	19.9	5.5	2005
兴城村	苏家桥	2 组	13.5	5	2000
德丰村	新德大桥	亭子桥	150	8	1976 建 2008 重建
德丰村	太平桥	5 组	16	5.5	2008
德丰村	殷家桥	殷家埭	16	8	2009
德丰村	白洋涧新桥	白洋涧	20	8	1989
德丰村	新丰桥	原新丰村	20	8	2003
德丰村	和睦桥	兴城交界	150	8	2005
德丰村	濮家石桥	濮家埭	—	—	已废
辛江村	双坝桥	辛江 4 组	30	2.5	1996
辛江村	小罗家桥	5 组	15	4	2006
辛江村	董蒋桥	5 组	20	4	2005
辛江村	小双坝桥	4 组	12	4	1992
辛江村	双坝东桥	4 组	14.9	4.6	—
辛江村	南涵洞桥	孙家组	15	4	2002
辛江村	新章古桥	16 组	16	12	2003
辛江村	老章古桥	16 组	10	1.5	古桥
辛江村	目野庙桥	16 组	10	4	古桥
辛江村	坟桥	19 组	6	1.5	古桥
辛江村	祝石桥	11 组	16	9	2005
辛江村	万兴桥	与兴城交界	150	8	2005
辛江村	辛江大桥	原石灰厂西	70	18	2001

续表 4-1-11

村名	桥名	地名(坐落)	桥长(米)	桥宽(米)	改建时间
辛江村	周家埭桥	周家组	13	6	1958
泰山村	泥水桥	大型泰山交界	23	5	1968
泰山村	莫家洋桥	辛江村交界	45	30	1999
泰山村	新木桥	8 组	24	5	1998
泰山村	新联桥	8 组	23	5	2006
泰山村	赵家石桥	4、6 组	16	1.6	2003
泰山村	马家石桥	5 组	10	3	不明
泰山村	梅家桥	3、4 组	9	1.5	已废
泰山村	朱家桥	1 组	16	2.5	1978
泰山村	前进桥	1 组	18	3	1963
泰山村	沈家木桥	7 组	23	5	2002
泰山村	蒋家石桥	12 组	24	3	1964
泰山村	吉安桥	11 组	22	4	2001
泰山村	觉贤桥	10、14 组	24	5	2001
泰山村	高速公路桥	8、3 组	40	30	1998
泰山村	崇长公路桥	8 组	260	30	1998
泰山村	收费站桥	9 组	45	30	1998
泰山村	高速公路桥	8 组	45	30	1998
泰山村	高速公路桥	7、16 组	55	40	1998
陆泽村	庄婆堰桥	与泰山交界	96	4	1309
陆泽村	辛江北大桥	与兴城交界	56	5.5	1967
陆泽村	新泽大桥	与泰山交界	96	30	1969
陆泽村	泰山桥	与泰山交界	96	4	1976
陆泽村	曹家木桥	许家门	20	5	—
陆泽村	登车浜桥	吴家埭	20	5	—
陆泽村	后木桥	吴家埭	20	5	1985
陆泽村	诸家木桥	与上市交界	16	3	—
陆泽村	张家石桥	3 组	20	5	—
陆泽村	毛家桥	5 组	40	30	2003
陆泽村	画师阁桥	崇长公路	40	30	2003
陆泽村	毛家桥	崇长公路	40	30	2003
陆泽村	新曹家木桥	崇长公路	40	30	2003

续表 4-1-11

村名	桥名	地名(坐落)	桥长(米)	桥宽(米)	改建时间
大型村	北河桥	与茗山交界	12	5	2003
大型村	沪杭高速立交桥	与茗山交界	220	40	1997
大型村	徐家石桥	徐家	15	4.5	—
大型村	先锋桥	先锋组	12	4	1973
大型村	大型桥	沈辛变电所	16	36.5	2005
大型村	戴家石桥	戴家交界	6.4	2.15	1987
大型村	安乐桥	骆家交界	12	4	1950
大型村	诸行桥	茗山交界	7	1.6	1950
大型村	斗门桥	原村委会	16	36.5	2005
大型村	花园桥	西花园	15	4.5	1973
大型村	三婆桥	赵家埭	6	2.1	古桥(300 年前)
大型村	安桥	安桥组	3.5	1.6	1950
大型村	富春桥	居家坝	6	3.5	—
肖王村	董家桥	蔡家湾	12	2.5	1982
肖王村	长庆桥	栗树下	17	2	1983
肖土村	横河桥	邹花园	6	2	1985
肖王村	许家桥	许家埭	7	2	1985
肖王村	姚家石桥	姚家埭	14	2	1950
肖王村	方家石桥	陈家组	13	2	1985
肖王村	吴家石桥	吴家石桥	18	2	1950
肖王村	新永安桥	陈家组	16	5.5	2005
肖王村	谢家桥	孙家埭	17	5.5	2005
肖王村	云桥	栗树下	16	45	2000
肖王村	思娘桥	16 组	16	5.5	2004
肖王村	云宵桥	顾家埭	16	4	1986
肖王村	沈家桥	顾家埭	16	2	1950
肖王村	曹家桥	曹家埭	16	5.5	1965
肖王村	广福桥	栗树下	13	5.5	2005
肖王村	塘家桥	北范家埭	13	5.5	2004
新民村	新东桥	建大学拆除	—	—	已拆除
新民村	老东桥	建大学拆除	—	—	已拆除
新民村	蔡家桥	8、9 组	—	—	已拆除

续表 4–1–11

村名	桥名	地名(坐落)	桥长(米)	桥宽(米)	改建时间
新民村	万石桥	9 组西边	—	—	已拆除
新民村	杜家木桥	13 组西	—	—	1970
新民村	崔家石桥	城西公路桥	26	42.5	2005
新民村	城西大桥	与虹金交界	48.5	42.5	2005
新民村	小渡船桥	小渡船	38.5	4	清代建 1988 年改建
新民村	太平桥	陈点灯	21	1.5	—
虹金村	磨陀桥	红丰组	18	6	2003
虹金村	唐家桥	红卫组	20	8	2000
虹金村	红心桥	红心组	10	4	2007
虹金村	祝家浜桥	红联组	15	6	2005
虹金村	反修桥	红丰组	18	6	2004
虹金村	仙鹤桥	仙鹤组	20	5	2006
老庄村	中心港桥	少年墩	10	3	1993
老庄村	保寿桥	邵家埭	10	2	—
老庄村	张家桥	俞家埭	9	3	1997
老庄村	朝阳桥	罗家埭	20	12	60 年代
老庄村	朝阳桥	顾家埭	20	12	60 年代
老庄村	北沈桥	北沈埭	15	4	2007
老庄村	老庄桥	老庄弄	15	5	1990
老庄村	康安桥	沈家圩	2	3.5	1960
老庄村	太平桥	陈点灯	18	3	1960
城东村	李家石桥	11 组	11	5	2004
城东村	卫农桥	5 组	13	5	1999
城东村	卫国新桥	8 组	13.5	5	2003
城东村	曹家桥	2 组	12	5	—
城东村	秀才桥	7 组	9.5	1.3	200 年前
城东村	李家石桥	11 组	11	5	2004
城东村	泥木桥	8 组	12	3	2000
城东村	大字桥	9 组	10	3	200 年前
城东村	小字桥	9 组	10.5	5	—
城东村	李王石桥	10 组	12.5	1.5	100 年前
城东村	九字桥	14 组	14.5	5	2005

续表 4–1–11

村名	桥名	地名(坐落)	桥长(米)	桥宽(米)	改建时间
城东村	陈家石桥	13 组	12.5	5	—
城东村	高家石桥	12 组	11	1.2	100 年前
城东村	万渡桥	15 组	35.5	5	1999
城东村	杜家石桥	16 组	12.5	1.2	100 年前
城东村	俞家石桥	18 组	10	1.1	100 年前
城东村	张家石桥	24 组	13.5	5	2005
城东村	东关桥	27 组	12.5	5	1999
城东村	陈家木桥	23 组	12.5	2.2	100 年前
城东村	褚墩庙桥	20 组	13.5	5	2005
城东村	姚家涧桥	25 组	14.5	2.5	1990
城东村	青莲桥	1 组	14.5	2.5	60 年代
褚石村	风调桥	5 组	10	1	—
褚石村	雨顺桥	5 组	18	3.5	—
褚石村	塘桥	1 组	12	2.5	—
褚石村	宋家石桥	3 组	9	3	—
褚石村	倪家木桥	4 组	9	2.5	—
褚石村	陈家弄桥	灌溉沱桥	7	4	—
褚石村	陈家弄桥	陈家弄浜	9	1	—
褚石村	陈村庙桥	7 组	11	5	—
褚石村	秀才桥	9 组	10	5	—
褚石村	烂木桥	10 组	11	1.5	—
褚石村	打铁桥	25 组	18	3.5	—
褚石村	石灰桥	14 组	15	40	—
褚石村	长生庵桥	16 组	7	1	—
褚石村	长板桥	21 组	10	1	乾隆年间
褚石村	短板桥	21 组	10	1	—
褚石村	东光寺桥	24 组	10	5	—
褚石村	顺济桥	25 组	8	1	清代
褚石村	南张桥	25 组	8	1	—
东陈村	马回桥	马桥组	11	4	—
东陈村	陈家石桥	雁塘组	20	2.3	1982
东陈村	永龙桥	马桥组	13	2	—

续表 4-1-11

村名	桥名	地名(坐落)	桥长(米)	桥宽(米)	改建时间
东陈村	东陈西桥	塘桥组	16.5	5.5	—
东陈村	东陈东桥	石塘组	29.5	6	—
东陈村	东陈大桥	长东路南段	29.25	5.5	—
东陈村	斗坛桥	东陈大桥东	13.5	4.4	—
东陈村	王家桥	王家组	11.8	1.6	—
东陈村	汪家桥	富春组	14	2.5	2000
东陈村	芷泉桥	芷泉组	22	4.5	1985
东陈村	退马桥	塌木桥港	21.4	2.5	1985
东陈村	东陈桥	张家组	10	4	1990
东陈村	倪家桥	城南小学	13	5	2000
东陈村	南站桥	马桥组	13.5	3.8	2000
东陈村	鹰雀花桥	墙湾组	20	5.5	—
东陈村	新建桥	陈家组	12	1.5	1965
东陈村	亭止桥	七一组	3.2	1.5	道光十五年
盐仓村	东风桥	东风组	159	5	2005
盐仓村	官石桥	联合、联丰组	9	5	—
盐仓村	孟子桥	桥南、孟子组	14.5	1.5	古桥
盐仓村	化尘桥	汤家组	12	2.2	2005
盐仓村	塘介桥	老盐仓	15	3.5	1993
盐仓村	褚家桥	褚家组	12	3.5	2004
盐仓村	方桥	红联组	12	5	—
鹿耳村	周家木桥	4 组	12	5	—
鹿耳村	囡儿桥	5 组	15	5	—
鹿耳村	鹿耳桥	5 组	24	5.5	—
鹿耳村	褚家桥	9 组	24	5.5	—
鹿耳村	司娘桥	2 组	24	5.5	—
鹿耳村	万寿桥	6 组	24	5.5	—
鹿耳村	秀才桥	10 组	15	5	—
鹿耳村	闭口桥	4 组	24	5.5	—
鹿耳村	胜利桥	6 组	24	5.5	—
鹿耳村	前进桥	6 组	24	5.5	—
鹿耳村	海沿桥	1 组	24	5.5	—

续表 4–1–11

村名	桥名	地名(坐落)	桥长(米)	桥宽(米)	改建时间
红色村	昌孟桥	黄山庙	15	7	2005
红色村	红色 5 号桥	杭闸上	15	7	—
红色村	红色 6 号桥	东王庙前	15	7	—
红色村	联心桥	南许家坝	12	5	2002
红色村	红色 1 号桥	围垦船闸	15	7	2005
红色村	太平桥	杜家河	12	5	—
红色村	民丰桥	俞打索	12	5	—
红色村	红色 2 号桥	黄山庙	15	7	2005
红色村	观音桥	陈家石桥	12	5	—
红色村	红联桥	杭家火墙头	15	7	—
天明村	高家石桥	高家组	29	2.3	1990
天明村	司姑桥	司姑桥组	28.3	4	1990
天明村	天灯桥	天灯组	8.8	1.5	1909
天明村	万年桥	周家组	12.5	2.3	1948
天明村	联合桥	司姑组	17	31.6	2002
天明村	坝头桥	坝头组	30.6	5.6	2003
天明村	茅家桥	坝头组	12.2	2.2	1969
天明村	天明桥	汤家组	30.7	5.6	2004
天明村	西木桥	东田组	18.7	5.5	2004
天明村	叶家桥	叶家组	22	2.5	—
金港村	官桥头	东风组	20	2.5	1978
金港村	牧港新桥	村部	25	4	1981
金港村	积谷桥	胜利组	22	4.5	1981
金港村	新石桥	合新组	20	3.5	1981
金港村	和睦桥	曙光组	16	2.5	—
金港村	王家石桥	新建组	25	4	—
金港村	万春桥	张家组	25	4	—
金港村	银桥	张家组	17	2.5	—
金港村	金桥	金桥组	28	5.5	—
金港村	北陆石桥	陈家组	16	5	—
金港村	金星桥	钟家组	16	7.5	—
金港村	郭家桥	郭家组	17	5.5	—
金港村	牧港桥	牧港路	22	4.5	—
金港村	瞿家桥	金桥至牧港	8	5	—

已废古桥

兴福高桥　边上东岳庙(杭州有东岳庙,故又称小东岳庙)。兴福高桥造型别致,桥上有凉亭,有两层楼。亭内可躲雨、吃茶、休闲。1937年,桥被日本侵略军炸毁。

关帝庙桥　与大树桥称双桥,1976年已填平筑路。

文津桥　位于海宁中学内仰山书院东、修川河上,石砌,上有亭,清进士许楣题名为"问渠亭",故初称"问渠桥",民国26年(1937)桥圮亭废,民国34年(1945)大修仰山书院时易以木桥,1958年桥坍,未重建。

小树桥　位于长安公园西墙外。1985年废,桥墩尚存。

回龙桥　原在双闸路长安供销社振兴商店南侧,已填塞。

逢嘉桥　俗称冯家桥。位于小坝桥北,跨崇长港南端。1937年被炸毁后未再建。

迎秀桥　位于东后街新生弄口,光绪三十三年(1907)建沪杭铁路时废,旧址下有石基尚在。

半爿桥　位于下河断河头，铁路北10米厕所处。原桥下有轮船码头,旁有甘蔗行。光绪三十一年(1905)断河头填塞,桥遂废。

小桥　又名万福桥,在吴家坝港。桥基尚在,于光荣村14～16号之间。

王家木桥　在回龙桥西南。原址在今海宁皮件厂后,50年代后河逐渐淤塞,桥亦废。

曾家木桥　在王家木桥西南，今劳动新村前。50年代起河道填平,桥废。

包家桥　在卢家桥东,现光荣村路首。为单孔平桥,跨下河一小支流。北河道久已淤塞,桥亦废。

小桥　在包家桥东,亦称万福桥,早废《修川小志》载名"木桥"者,即系此桥。

猪毛桥　在小桥东,近吴家坝旧址。据传桥旁原有一屠户桥头堆弃猪毛得名已废。

豆腐桥　在猪毛桥东。桥旁原有一豆腐店因名。现桥已废。

东文桥　在仙鹿桥堍，跨上塘河一小支流。1989年初已填平,桥亦不存。

西文桥　在东文桥西,原童鞋厂后。20世纪80年代后桥下河道淤塞,桥亦废。

第五节　铁　　路

沪杭铁路建于清代，光绪三十四年(1908),沪杭铁路杭州至长安通车。清宣统元年(1909)3月,沪杭铁路硖石段通车,停靠长安。同年7月,全线通车,长安镇车站建成使用。原址在车站路,乃龙祠和西旌忠寺旧址。初期车站仅有站房7间,占地1242平方米,有上下行月台(站台)。民国9年(1920)曾建跨线天桥,后又拆除。

民国21年(1932)10月,长安镇站曾办理沪甬两路旅客联运业务。此时,沪杭铁路每日上下行客车各有6次,其中快车、慢车、特别快车各2次。经长安镇时不仅快慢车均停,由于当时县政府设于盐官,故由杭州闸口开往南京的特别快车也停。

抗日战争时期,沪杭铁路由日伪控制,每日上下行客车仅各有3次,亦停靠长安镇站。据1948年统计,当时长安镇站全年客运量为33295人次。

解放后,随着经济发展,长安镇的铁路客货运量逐年增多,客运尤为繁忙。后长安镇站隶属杭州铁路分局嘉兴车务段。每日停靠上下行旅客列车12列次,年客运量40余万人次;货运总量:发货9万余吨,到货23万余吨。

1988年实施铁路沪杭复线海宁段工程,长安火车站向西移址新建,新站位于修川路西侧。

1976—1990 年铁路长安镇站旅客发送人数及货物运量统计

表 4-1-12

年度	客运人次	货运(吨)		年度	客运人次	货运(吨)	
		发送	到达			发送	到达
1976	290723	62901	154906	1984	468905	68870	216225
1977	290618	69798	158654	1985	497158	77355	211307
1978	292931	68537	140323	1986	460137	77389	239652
1979	318986	53285	134408	1987	453272	109137	253156
1980	372606	57035	175687	1988	480847	115008	162410
1981	400926	50633	218959	1989	45295	103256	131153
1982	414810	77020	229589	1990	431284	92528	231062
1983	427851	80298	214393	—	—	—	—

1991 年 4 月 6 日,长安镇火车站易地至海宁中学后,开工建造新站。是年 12 月 23 日落成。著名书法家马世晓为新火车站书写站名。同月 27 日下午 2 时 30 分,沪杭复线通车典礼在长安镇举行,新站正式启用。1998 年 10 月,长安火车站微机售票系统投入使用。改原卡片式车票为电子计算机软票。2001 年 1 月，长安火车站售票系统与全路较大客运联网,车站开始发售异地联网票。

长安镇火车站隶属于上海铁路局，嘉兴车务段。车站位于长安镇迎宾路 36 号。车站占地 21954 平方米，建筑面积 6820 平方米，其中客运室 1980 平方米,货运室 2914 平方米,货场 17051 平方米。站内设行车室、货运室、办公室。2005 年年末,长安火车站有员工 73 名,其中行车职工 36 名,客运职工 20 名,货运职工 17 名。车站员工负责接发列车及调车作业工作。承担海宁西部地区及桐乡市部分地区的客、货运运输工作。2005 年被上海铁路局授予“优秀中间站”荣誉称号。

1991—2005 年客运、行包流量和收入统计

表 4-1-13

单位:人次(万)、金额(万元)、重量(吨)

年份	客发	行包		运输收入				其中异地票		到　达	
		件	重	行包	客票	其他	总计	张数	收入	旅客(人)	行包(件)
1991	43.58	—	—	—	—	—	—	—	—	—	—
1992	42.48	—	—	—	—	—	—	—	—	—	—
1993	41.71	—	—	—	—	—	—	—	—	—	—
1994	42.01	—	—	—	—	—	—	—	—	—	—
1995	40.1	—	—	—	—	—	—	—	—	—	—
1996	42.97	—	—	—	—	—	—	—	—	—	—
1997	38.69	—	—	—	—	—	—	—	—	—	—
1998	42.35	12366	—	47.2	169.91	0.32	228.9	—	—	404549	2945
1999	36.63	11649	—	39.9	123.09	0.53	163.5	—	—	357898	2977
2000	34.93	10852	—	27.1	117.37	0.45	144.8	—	—	334226	2286
2001	31.18	12215	299	30.4	146.39	1.46	178.2	—	34.0	302961	2147

续表 4-1-13

年份	客发	行包		运输收入				其中异地票		到达	
		件	重	行包	客票	其他	总计	张数	收入	旅客(人)	行包(件)
2002	28.24	13990	373	33.9	353.31	8.33	395.6	1.56	248.7	280906	2956
2003	25.04	15806	453	41.4	643.75	16.4	701.5	5.30	547.1	248518	2487
2004	25.56	14826	421	33.1	848.54	23.3	925.4	9.41	762.7	255334	1979
2005	20.87	13185	361	28.4	583.47	16.0	627.9	2.22	485.6	206965	2066

长安火车站历年货运统计

表 4-1-14

年份	发出		到达		年份	发出		到达	
	辆	吨	辆	吨		辆	吨	辆	吨
1991	1483	65524	3909	220292	1999	1464	73107	2773	153536
1992	1755	81772	2244	121969	2000	1082	51072	2607	147391
1993	1399	57782	3294	182205	2001	1198	59750	3802	224823
1994	1187	49488	3274	178161	2002	1156	60348	5073	302760
1995	1312	51584	2784	147716	2003	1158	62746	6844	405488
1996	1342	53804	2934	166075	2004	1593	89086	8927	534534
1997	970	47494	3408	192876	2005	1034	57442	9710	587581
1998	910	45814	2555	143639	合计	19043	906813	64138	3708946

1990 年长安镇火车站货物到发统计

表 4-1-15

顺号	品种	发送		到达		顺号	品种	发送		到达	
		车数	吨位	车数	吨位			车数	吨位	车数	吨位
1	煤	—	—	970	45559	12	棉花	—	—	—	—
2	石油	—	—	—	—	13	化肥	18	725	294	16943
3	焦炭	—	—	21	1341	14	盐	—	—	—	—
4	金矿	—	—	—	—	15	化工	—	—	23	1250
5	有色金属	2	120	8	452	16	金属制品	—	—	—	—
6	非金属	96	5821	169	9817	17	工机	3	30	2	50
7	磷矿	—	—	—	—	18	日用工业品	349	17900	174	9577
8	矿建	—	—	1004	59473	19	农机	—	—	—	—
9	水泥	—	—	15	870	20	鲜活	175	5943	10	295
10	木材	—	—	931	49832	21	农副	82	2444	31	1446
11	粮食	585	35246	270	15812	22	食品	—	—	—	—

续表 4-1-15

顺号	品　种	发送		到达		顺号	品　种	发送		到达	
		车数	吨位	车数	吨位			车数	吨位	车数	吨位
23	纺织	—	—	—	—	26	其他	369	12543	120	4589
24	纸	—	—	—	—	27	零担	391	11756	51	2187
25	医药	—	—	—	—	28	集装箱	—	—	—	—

2005 年长安镇火车站货物到发统计

表 4-1-16

顺号	品　种	发送		到达		顺号	品　种	发送		到达	
		车数	吨位	车数	吨位			车数	吨位	车数	吨位
1	煤	—	—	10	606	15	化工	9	510	147	8779
2	石油	—	—	—	—	16	金属制品	—	—	—	—
3	焦炭	—	—	—	—	17	工机	—	—	—	—
4	金矿	74	4512	—	—	18	日用工业品	—	—	—	—
5	有色金属	15	909	—	—	19	农机	—	—	—	—
6	非金属	—	—	193	11586	20	鲜活	36	1893	—	—
7	磷矿	—	—	—	—	21	农副	—	—	—	—
8	矿建	—	—	2	121	22	食品	19	1060	383	22945
9	水泥	60	3376	3	180	23	纺织	—	—	22	1311
10	木材	5	290	4161	249209	24	纸	1	30	—	—
11	粮食	520	31322	3949	236628	25	医药	—	—	—	—
12	棉花	—	—	—	—	26	其他	104	5811	216	12697
13	化肥	70	4190	267	15938	27	零担	120	3531	24	631
14	盐	—	—	40	2063	28	集装箱	—	—	—	—

沪杭铁路长安段东起东升村高板桥，西至虹金村杭家埭隧道，穿越虹金村、大型村、长安街区、辛江村、德丰村、东升村。铁路上有城西立交桥，长安立交桥。桥梁有 141 号桥、140 号桥、林白港铁路桥、翻水站铁路桥、卢家桥铁路桥、137 号桥、136 号桥、135 号桥、134 号桥。沪杭复线建成后，逐步实行平改立，建隧道 8 座。有杭家埭隧道、街头区西隧道、街头区东隧道、修川路隧道、道口隧道、东关厢隧道、泥沙浜隧道、俞家埭隧道。沪杭铁路建成 100 多年来，为长安镇乃交通事业和经济发展起到了重要作用。

第六节　装卸搬运

搬运组织

长安镇自古以来以水上运输为主，装卸搬运多在河港闸坝。长期以来，搬运工以河为界，形成地段性的帮会集团，旧社会贬称为“脚班”。明清以后至解放初期，长安镇的搬运行业有以下几个组织。

下河班　明清初期，官方在镇北建立“便民仓”

囤运漕粮,常雇用农民搬运大宗粮食。当时这些搬运工叫"肩行"。长安米市兴盛以后,从事"肩行"的人日渐增多,逐渐形成专业性的行业。清同治四年(1865),便民仓迁往盐官,米市亦由盛转衰,但"肩行"仍继续在下河沿岸从事装卸搬运,且占有一定的地段范围,被称为"下河班子"。凡属东西老街的货物进出,以及婚丧喜庆中送嫁妆、抬棺材等等,均归下河班承接,外人不得插手。

上河班 上河班原是老坝坝夫中的分支。业务范围除上河沿岸埠头以外,又与下河班商定,可以承担虹桥附近两家米店和正大兴磨坊的搬运业务。上河班的名额固定,只能父子相传,世代相袭,一般外人不得进入。但自身名额可以转卖,亦可出租给他人顶替。还有一个惯例,即各户生了儿子满周岁以后,便可在班上获得一股工资的分成或分红。如果是入赘女婿需经班头同意,再请全班人吃过酒宴以后,才能参加。由于人口逐年增殖繁衍,人员日多,后分为两班轮流作业,即单日穹头班,双日轮二班,每班一昼夜,经济收入按股分配。有股者不论年龄大小,按股分成。

(一)老坝和新坝班,老坝原由堰军或坝夫执役,用绞盘牵船过坝。民船过坝收过坝费20文,称"篾缆钱",归坝夫所有。官船过坝一律免收。相传坝夫中有坝头,初为王姓,颇具权威。至清康熙初年,坝夫逐步固定为王、曹、沈、许四姓管理经营,外姓极难进入。民国以后,又有李姓加入上坝做工。凡坝上有劳动份额者必须担负修坝、浚河等义务劳动。由于各户人丁有多有少,为公平分配,又将上坝工人编为96股,并按"时、圣、兆、惠"四字编派(后又改为永、远、同、和四字),每天12股(即12人),轮流值班。所有收入除提取30%积累外,参加者均可分成。

(二)新坝亦按老坝方式,以"川、流、不、息"四字编股,按总额96股编派,每天有12股人员上坝作业和分配收益。

(三)船只过坝费随社会经济状况而调整。清代末年为杜绝收费弊端,光绪八年(1882)曾立碑规定,大船收48文,中船收36文,小船收24文。至民国26年(1937),每吨收1角至1角2分,重载加收。一般农船、航船收取2角至3角。农民运载自产农产品至地货行出售,停靠时由上下河班收埠头费2角。上下河班及新老坝的经济收入既相当丰富,又非常稳定,经营地段另务有传统范围,但为了争夺收益,相互之间难免发生冲突,"打行夺埠"的事时有发生。

(四)火车站装卸工,清末铁路通车后,火车站有一支装卸班。这个班最初是由一个"把头"向铁路局买下24个搬运名额,专职装卸火车物资。上站时穿有工号服装。按规定他们只能在站台上作业,物资出站即交站外搬运工搬运。

(五)红帽子,这是专在站台上为旅客搬运小件行李的专业工,收费不多,但只送至本站门外即止。由于头上都戴有一顶红色鸭舌帽作为标志,故称"红帽子"。解放后消失。

解放后,长安镇装卸组织相继而生,先后有海宁市第二装卸搬运公司、立新搬运站等。

海宁市第二装卸搬运公司 该公司的前身是1949年7月成立的装卸工会,有会员123人。1950年10月,改名为长安镇搬运工会。当时上下河两大班,开始打破传统行规界限合并起来,由工会统一经营管理。工会管理机构设于老坝上的王相公堂。1962年12月,又接纳周王庙、牧港、博儒、褚石、袁家坝等小集镇的搬运工人30人,实行长安区统一经营管理,原小集镇设立业务点。1953年4月,成立海宁县搬运服务所长安服务站,时有职工153人,独轮车52辆。1954年6月,又承接木排运送业务,并接纳木排工人14名加入工会。1958年7月,又接纳车站装卸大组29人。

1958年10月1日,长安搬运工会并入地方国营海宁县运输公司,变集体所有制为全民所有制。1961年11月,又转出运输公司,重新恢复原集体所有制,并更名为长安镇搬运装卸站。此时共有职工194人,有人力货车48辆,6吨木船1艘。1964年,该站开始安装码头机械设备,实现机械装卸和车辆搬运。老坝亦将原人力木盘绞车改装为电动卷扬机牵引,改善了工人的劳动条件。1982年9月,长安搬运装卸站改称海宁县第二搬运公司。1987年11月,货运汽车运输队改建为海宁第一汽车运输队,有汽车12辆，主管汽车货运业务，兼营汽车维修业务。1990年，该公司共有职工170人，其中汽车队26人，共有房屋3641.5平方米。主要装卸工具有起重机20台。各类人力货车176辆。有固定资产109万元，净值54.78万元全年完成装卸搬运量26.39万吨，营业收入169.77万元，利润总额4.97万元。汽车队有货运汽车11辆，载重量60吨，挂车2辆，载重量10吨，完成货运总量11.54万吨，周转量132.67万吨公里，营业收入53万元，利润总额0.98万元。1991年兼并长安立新搬运站，1997年转资，2002年，改为长安运输有限责任公司。2005年，有员工115名，备有3吨、5吨货车40辆，农用运输车30辆，3吨叉车一辆，16吨汽吊1辆，码头吊4台，总资产492万元。经营装卸，搬运，拖拉机货运，车辆修理，五金冲件加工等业务。

立新搬运站 1960年9月初建时称"民办服务站"，参加者多为社会闲散劳动力。他们以从事搬运为主，兼营理发店、招待所和电器修理店。1966年4月更名为立新搬运站。为妥善处理搬运站退休职工的退休金，1984年8月，由镇政府会同立新搬运站及电镀厂建厂协商决定：电镀厂建厂初期欠站5万元，全部转给电镀厂，不再归还。立新搬运站至当年的38名退休职工，全部转归电镀厂负责。以后双方各自经营，经济上亦完全脱钩。随着社会生产的发展变化，20世纪70年代后期搬运站呈不景气现象，80年代业务更少，经营日益衰退。1984年后，相继开设建材综合服务部、五金店、饭菜馆，但亦未能使经营改观，至1988年濒于关闭。

1990年上半年，经市交通局及镇政府会同立新搬运站和市第二搬运公司协商决定，自1990年4月起，撤销搬运站，其固定资产6.33万元以及债权债务的26名职工，全部并入第二搬运公司。

其他搬运单位 长安镇除市第二搬运公司外，还有长安乡的虹金、肖王、联益等村的农村搬运组和少量个体搬运户，用板车在镇上及近郊为工商企业单位装卸搬运煤、化肥、木材及小宗物资，承接零星的分散业务，颇受欢迎。由于各企业有自备车后，搬运行业开始萎缩。

交通工具

解放前和解放初，长安镇交通工具除船只外，只有难得几辆自行车。直到20世纪60年代，自行车开始进入平常百姓家中，但当时买一辆永久牌轻便自行车。就相当于现在的宝马、奔驰，那时候谁家买了辆自行车，全村都来看，车漆锃亮，钢圈锃亮，有的时候骑一次回来就擦，擦干净了还舍不得放在地上，用木板垫着，用旧衣盖着。

20世纪70年代末，除了永久品牌自行车之外，还有"凤凰、飞鸽、红旗"牌，但当时还受计划经济的影响，想要拥有这样一辆非常时尚的轻便自行车并不是一件简单的事儿。当时买自行车都凭票，一个公社也就几十张票，一个村发一张，有的村小的还够不上一张。买自行车得排队，这次给这家，下次给他家，先让有喜事的买。那时候结婚讲究"三转一响"，自行车就属于其中之一，有些家就是因为置办不齐自行车而散伙的。

随着改革开放步伐的加快，农民的收入不断提高，消费水平也随之提高，交通工具发生翻天覆地的变化。20世纪80年代，摩托车开始逐步成为了人们的新宠。那时，摩托车是家庭富裕的象征，骑着摩托车游走于大街小巷无疑会引来不少羡慕的眼光。90年代后，自行车、电动车、摩托车等交通工具正被新的变化所取代，家用轿车也走进了普通百姓家，昔日的自行车时代早已被这些先进的交通工具所替代。农民出行基本上都用摩托车、电动车，私家轿车已走进平常百姓的普通生活。农民收入持续增加、道路交通条件改善以及消费环境日渐成熟，是私家车越来越热的主要原因。

独轮车 车身车轮用木料制成，车身一般长187厘米，宽64厘米，高96厘米，载重100～150公斤。可载零担货物。解放前后，长安搬运工人曾用独轮车搬运货物，农村很少见，20世纪60年代淘汰。

双轮人力车 又称劳动车、手推车、钢丝车。20世纪60年代后，长安搬运工人逐渐淘汰独轮车，使用双轮人力车。80年代，农村土地承包制后，农民家庭双轮人力车逐渐增多，发展到90年代，几乎家家都有一辆人力车。后来，由于拖拉机、电动三轮车等运输工具进入农村，劳动车被淘汰。有的搁置不用，有的干脆当废铁出售，使用者极少。

自行车 俗称脚踏车。20世纪70年代初购置者极少。80年代农民购置踊跃。1985年至1990年间形成购车热。家家有1～2辆自行车，有的人家有好几辆。全镇最多时达3万多辆。自行车成为长安农民上街、职工上班、田间劳作、学生上学的代步工具，也是农民运输小宗农副产品的工具。

拖拉机 长安镇1970年购置3台手扶拖拉机，1972年购置1台中型拖拉机。到1995年，全镇有小型拖拉机433台，中型拖拉机7台。小型拖拉机忙时耕田，闲时搞运输。中型拖拉机基本用于运输。进入2000年后，汽车运输发展后，拖拉机运输业也逐渐萎缩。2005年年末，全镇拖拉机拥有量减少到292台。

汽车 20世纪80年代，随着乡村工业的发展，企业购置厂车为多。20世纪90年代，私人购置货车，以小飞虎（客货两用）为主。还有私人购置夏利车，也以载客运行为主。2000年后，轿车逐渐进入平常人家，出现一个村就有几十辆轿车的现象。

摩托车 具有耗油省、速度快，又可带人或物的优点，受到农村青年的欢迎。20世纪80年代末，农村开始有人购置摩托车。进入90年代，购置摩托车者逐年增多。90年代末，摩托车急剧增多，进入2000年，长安镇摩托车拥有量超过每户一辆。

三轮车 20世纪80年代，长安镇开始有三轮车载客，多为脚踏三轮车。进入90年代，长安镇三轮车行业突飞猛进，从几百辆增加到几千辆。三轮车也从脚踏改成电动、机动。成为镇区主要的短度载客、运货的工具。农村也出现小三轮车，一般为老人、妇女的代步工具。

木帆船 俗称“大开梢”或“乌梢船”。自古即为水上货运的主要船舶，一般的多在10吨左右。按船体结构不同，以及行驶线的差异，往来于长安一带的，有鞠湖式、西漳式、海宁式等几种。由于船主原籍不同，又按不同的地区集团分类，俗称为“帮”。明清时期，长安米市兴旺时，巢湖帮占粮运优势，船多芜湖式。米市衰落后，又以江苏盐城、兴化、泰县等帮为多。亦有少量绍兴帮经营上河运输。其他各帮多集中于下河，运量大，航程长。

解放后至1950年，长安镇共有10吨以上木帆船132艘，共7000余吨位，有船工240余人。1949年木帆船成立工会，曾两次派出25吨级以上货驳50艘，支援解放舟山。1954年4月1日，成立长安民船运输分队。1956年改组为长安木帆船运输社，有货驳船134艘。1975年自修船工场，造出第一艘30吨级钢丝网水泥船。1981年12月3日，改为海宁第二航运公司。

牛拖船 以牛力拖拉前进。船体为木质结构。平头平梢，底平舱浅，呈长方形，每艘可载货3.5吨左右，可数艘首尾相接，以五六艘组成一档。牛拖船专行于上河，以运载大宗物资如粮食、黄麻、干茧等为主。船队以水牛牵引，沿上河缓慢前进。航速虽慢，但运费成本低微，运量又大，为一种特殊形式的货运船舶。该船原出于萧山，清末流入海宁，初行于许村上河浅水河滩。1956年有4档，计拖船23艘，水牛5头，共73吨位，由许村转入长安木帆船运输社。20世纪60年代中期，改为小马力浅水拖轮牵引。

光头船 木质结构，舱口宽敞，无舱棚设备，大多用于农业生产运输。这种船海宁较多故为海宁船，又称河泥船、粪摊船。此种船一艘多为1～3吨，5吨以上的不多。由农家或集体自备，亦有出租的。1949年长安镇共设有船行7家，有自备船28艘，专营出租。农村生产队或个人船只闲置时，亦委托船行代为出租，租费按日或按月计算。1956年出租户全部纳入农业生产合作社，后又改为个人承包。现已基本消失，仅农村尚有少量出租船户。

水泥船 钢丝网结构，20世纪70年代长安镇水泥船开始在农村逐年增多。1970年全镇有水泥船59艘，到1980年全镇水泥船拥有量达470艘。每个生产队都有1～2艘水泥船，吨位在3～5吨。但由于水泥船结构较脆弱，碰撞、沉船事故经常发生。因此从2000年起行政命令逐渐淘汰水泥船，到2005年年末，全镇已全部淘汰水泥船，村组基本没有自备农船。

钢质驳船 水泥船淘汰后，水上运输全部由大吨位钢质驳船承担。以私营为主。主要用于河沙、石子、煤、钢材、化肥、饲料、粮食的远途运输。

第七节　交通管理机构

航运管理

解放前，长安镇无交通管理机构，水上运输归盐官或硖石航运机关管理。解放初期，船舶通航、给证，统由海宁县政府民政科掌管。1952年8月，海宁于长安镇建航运管理站，隶属于省交通厅航运管理局嘉兴分所。1957年3月8日，管理站迁往硖石，长安改设工作组。1958年1月1日，航运管理站改为民船管理所，长安镇仍设工作组。1961年，工作组又改建为签证点。12月1日，为水陆兼管的交通管理所，长安镇设管理站。1963年1月1日，又实行水陆分治，重设县航运管理站，长安镇仍为工作组。此后归属部门、名称屡有变更。1987年2月，称海宁市航运管理所长安管理站。

长安港航管理检查站　坐落在长安镇双坝桥堍。站内分设港航管理处，航道管理处，船泊检查处，海宁地方海事处。站内有干部职工7名，分管许村镇、长安镇、周王庙镇、盐官镇。辖区内实施海事、运政、航政执法检查，水上交通秩序管理，确保航行安全、航道畅通、运输序秩，水上交通事故的调处及现状的救助工作，国家水路规费稽征等工作。1993年7月10日，长安港航管理检查站增设海宁市港航监督所长安监督站机构。1995年10月，长安港航管理检查站由解放桥迁至双坝桥堍。2002年9月，长安港航管理检查站增设海宁市地方海事所机构。

公路管理

民国时期，公路均归省管，长安镇无专管机构。1973年5月4日，海宁成立交通管理站，站址设于硖石镇，主管航运，兼管车辆监理工作，长安设管理组，属地、县条块双重领导。1979年9月，海宁县公路运输管理站成立后，设长安镇管理组。1985年改为海宁市交通监理所，于长安设立管理站。1988年下半年，海宁市开始在各乡建立管理站，长安镇交管站即于此时建立。长安乡、辛江乡也同时建交管站。其主要任务为协助有关部门抓好辖区的水上安全、运输市场、路政航政、交通建设和公路养护管理，并代征交通规费及船舶管理费等。后成立长安运输有限公司，设在长安修川路公铁立交桥北堍。

长安运管稽征站　长安运管稽征站是海宁市运输管理所的派出机构，成立于1981年11月15日。站址在长安镇解放桥头。1992年8月，长安运管稽征站搬迁至长安镇修川路铁路立交桥南堍东侧。2005年年末，站内有工作人员6名，其中站长1名。分管长安镇、许村镇辖区的道路运输市场的监管工作，维护道路运输秩序、查处违法违章经营行为。负责两镇的车辆车规费催缴、查处征收工作。是年底，长安、许村两镇拥有社会车辆3200辆。2003年，开通长安至盐仓班线，投放4辆公交车。2005年，海宁至长安班线公交化发行完成，投放10辆公交车。2005年建立盐仓汽车回车站。

第二章　邮　　电

第一节　邮　　政

驿站、递铺

古时,一个国家为了对内递送公文、传递军情、下达政令;对外,国与国的信使往来,都需要在一定的里程间,设馆舍以备信使、公差换马、暂停的处所。在此,春秋战国时,各国有:"置、驲、驿、邮、传舍"等名称,都是传舍一样功能的驿馆。

长安驿站的开始建立,起源于吴、越两国崛起之时。在春秋后期,吴国先起,继之越国强大起来时,开始两国之间往来在浙江(今钱塘江,下同)到钱唐(今杭州),再沿武林水(今上塘河和袁花南尖山塔)水路达苏州等地。

在秦始皇二十七年(前221)王翦沿武林水筑"陵水道"(即秦驰道)后,为了保持"陵道"(即陆道驰道)的平整,于道上设置"高迁亭"(今绍兴柯桥)皋亭(半山)华亭(松江)、御亭(望亭)等。其中武林水和百尺浦的交叉点上设桑亭(即长安镇)。桑亭,是政权基层组织,又兼有接待过往信使的邮传功能的一个组织。这就是长安驿站的开始。

秦始皇时的"陵水道",其中水道即武林水,它横贯当时的钱唐县东部平坦之地和今海宁市全境,在海盐六(角)里堰处汇合谷水到澉浦入海。陵道,古时陵陆通用,故即秦驰道,系沿武林水加高、加阔而成。所以许楣诗中称为"秦塘"。在两汉、三国、两晋南北朝时,一直利用为驿道。因此桑亭之上是皋亭(杭州半山亭)下接柴辟亭(今硖石镇)。这时吴国在途中置驿传、桑亭就成为当时驿站之一。

到隋朝时,江南经济发展很快,布帛粮食对北方的供应量大而精,自大业六年(610)大运河开通后,唐朝的需求愈来愈多地取给予江浙地区,军政文书往来频繁。所以设七条驿道通向全国各地。在京都通向浙闽驿道上,唐贞观五年(631)置桑亭驿。桑亭驿,位于今长安镇虹桥堍西侧,西距杭州、北到嘉兴各百里,所以是唐朝的百里大驿之一。这道一等驿。以临平、石门为"腰站"。为辅佐。有驿舍数10间。其中上等房、下等房10间,有驿长(有时称驿将)付驿长各1员、驿卒20名。为保证驿道安全,设驿兵每里5名,共计驿兵300名。有驿马60匹,驿船4艘。马厩设于驿站西南运河对面,称马角里(今修川花苑处)。驿舟设于驿东,为养马饲料和驿站日常开支,配设驿田160公顷,种苜蓿和其他作物。来往差役和官员,须持实名制的"驿券"驿函按驿券和"敕走马银牌"按等级提供马匹或住宿的酒食。住宿的正使供给等于钱40文的酒、食。水夫、船人、递送夫供应有差。由州县(当地)提供。驿站按券、牌验之不得额外妄给,并防假冒,外人不得私入,入者笞40。

唐贞观五年(631),在今上闸桥置桑驿,其任务为传递官方文书,递送来往使吏。又在上闸之旁设海昌亭,"自杭循东道行上河,心于此舣缆,以需启钥"。"闸亦有亭,旧无名"。元代改设长安水站、马站,有舟60艘,马60匹。元至元二年(1336),水、马二站与原设海宁西南的赋亭驿一并作长安水驿。明朝裁革。

宋袭唐制,高宗南迁临安,改义亭驿为长安驿。并且初设递铺,似赋亭驿,专送本县公文至府、州。宋建炎三年(1129)12月金兵抢掠临安,辎重多,不便行走山路,转从水路北返。经过长安镇时,抢掠、放火烧尽全镇房舍,长安闸门同时被烧毁。驿站所有设施同毁。次年重建驿站,有正厅3间,前轩东西各1间,后厅上下各2间,东西客房各3间,仪厅、厨房各3间、土谷神祠3间。驿丞另有厅舍。

元初改驿站为"站赤"(蒙古话意为站户)废唐宋驿站管理办法。驿丞正副不改,驿卒改为由当地烟户担任。正户30,进站值役,贴户331户,每年出资补贴正户值役后的生活开支。站分陆驿,有马60匹,水驿位于长安驿东有驿舟60艘,陆驿厅舍不变。至元初,赋亭驿并入长安驿。是时正使得白米1斤,面1斤,酒1升。油盐杂支钞10文。从人递送夫供粥食,无酒。

明洪武初到(1270)改元制,恢复驿站原制。并明确驿站和递铺的职责。"自京师达于四方有驿传。在京为会同馆,在外曰水驿,(陆驿)。即递运所,以便公差人员往来其间。有军情重务,必给检验,以防作伪。"这就是袭古代"邮传"有"戳传"(封好)符牒交验之法。唐宋采用实名制的驿券。明袭之不变。明洪武三年(1370)设急递铺一座,名曰费村铺。北10里接骆家铺往石门,南9里接定海(南)铺往海宁,西南10里接夏村铺往临平。明洪武十六年(1383)又定"凡于下水马驿,递运所未一递送使客,飞报军情,军需等项。再一次明确驿站与递铺的职能职责。

清初袭明制度不变,因地处要冲,设司兵5名。清咸丰后(1851—1861)裁撤。雍正元年(1728)建长安讯防千总署兼长安驿站事,属浙江巡抚的绿营。从此水马两驿并于水驿处,即今原粮管所址。年支出银按明制共8915两分。其中粮亅签名价银1574两有余,还调拨山东、安徽、河北等几个驿站马匹。宣统六年(1260)完全创于宋的递铺制,专职递送本县公文。每铺设高级铺司1名、铺丁5名。清末建邮传部,管理全国驿站,递铺和已建的地方邮局并存。递铺传递公文的手段、方法和手续,和驿站一样。似县衙将密封的呈报公文传递到县前铺铺司手中。负责递送的铺丁,接过公文。从正文、份籍、角数(一份称一角)、包裹表面有无裂痕等。交割清楚,用软绢包好,以油绢卷搏于夹板中。夹板赍小回历一本,计出:出铺时刻、铺丁姓名。铺丁带铃(古时用鸡羽毛)急递送到下铺,与铺司交割。订上"到铺时刻、文字、总计角数、有无开拆过、磨损乱行、批写等字样。如此后附写由行铺回押回还。

民国3年(1914)盐官邮局迁长安镇,废驿站、递铺。一切官方公文和民间信件邮包等专属邮局递送,只本地乡镇信件,包裹由运送货物的航快船转送。

电信局

晚清时开设,是专事传递民间书信、钱、物的民营信局。光绪二十五年(1899)10月,设于上海的老协兴民信局开设长安民信分局,又有顺成民信局所设的分局。此外,尚有徐祥泰、叶樊茂、章茂松等3家代办民信业务。其中徐祥泰兼理沪、杭几家报馆在长安订阅、零售报纸的工作,称为派报,如《东南日报》等。民信局雇专人上门收送信件,代办民信业务的商号则于柜台边设置"信插"收付,不上门收送。至民国24年(1935),民信局被明令取缔(派报除外),邮政由国家专营。

邮政局

清光绪三十一年(1905)一月二十七日,长安开办邮政分局,民国9年(1920)7月1日列为邮政储汇局,局址在西市。民国23年(1934)7月1日,与电报局同迁东街合署营业(今邮政弄口)。民国26年(1937)12月17日后,因日本侵略军犯境停业。民国28年(1939)1月1日恢复,为二等乙级邮局,局址在东街192号。民国36年(1947)12月1日,列为二等邮政特种汇况局。抗日战争前管辖许村(1910年5月设)、周王庙(1911年6月设)、袁家坝、石井、崇德县洲泉、义马、南庄(义、庄均于1936年5月设)等村镇信柜。抗战初期停办。民国27年(1937)12月,设临平代办所,至民国30年(1941)7月临平复局,乃与之脱离。民国28年(1939)8月恢复许村代办所,次年5月恢复周王庙代办所。抗战胜利后,民国35年(1946)9月,恢复袁家坝代办所,民国36年(1947)9月,增设马牧港代办所。民国35年(1946)11月至37年(1948)11月先后增设或恢复崇德县上墅、肇昌桥和海宁县的胜寺前(沈士)、博儒桥、科同桥、杨家渡、石井等信柜。

邮电局

解放前,邮局经营的业务有函件、包裹、汇况、储蓄、人寿保险等。新中国成立后停办人寿保险业务,于1951年起接办报刊发行业务;邮政储蓄于1954年起停办,1990年恢复。

清宣统元年(1909)沪杭铁路通车后,长安邮局往来邮件由火车干线邮路直达,并成为对海宁(盐官)、石门(崇德)邮局邮件的转口局,以后还增加经转或直发德清、新市、双林、菱湖、乌镇等邮局的邮件由委民船(手摇木质航船)或汽轮船转运。1987年后,由于公路网拓展,以及杭州经桐乡至嘉兴专线邮路的开辟,逐渐结束了一直经转与直发铁路北邻县务局、所邮件的历史。因邮件量增加,从1987年起,邮件封发格口简化为9个;市境往南除临平局直发外,其余发杭州局经转、往北发由嘉兴局经转。市境内直发的有许村、周王庙、斜桥、沈士、石井和市局,其余发硖石市局经转。除于1988年开辟的由支局至沈士、石井自办邮运送接邮件外,其余仍由火车站邮路带运。

解放前,接送站靠肩挑背驮,镇上邮件由"邮差"投递,镇外只通邮到设有邮政代办所、柜的小集镇、委民船带运或步班投递,农村不直接投递。从1952年开始,用自行车接送和投递,投递人称投递员。从1954年开始开拓乡村投递邮路,至1958年,直接投递到自然村。至1990年,镇上已发展了东、中、西3个投递段,日投上、下各1次;乡村投递路线有长安、牧港、辛江、陆泽4个段,环程全长186公里,每星期投递6班次,普邮与报刊投到企业和村民小组,急遽邮件递到户。

1951年10月1日,长安邮电局与长安电信营业处合并为长安邮电局。1953年改省局领导为县局领导。同年6月,海宁县乡村电话所并入。1955年8月,改称长安邮电支局。1972年6月,迁入劳动路9号新建局房。1999年5月,长安邮政支局恢复承办邮政储蓄业务。1995年开始邮政、电信正式分营。1991年至1999年,长安邮政支局在全镇范围内设两个网点。1个设于浙丝一厂,1个设于劳动路9号。1999年4月撤销浙丝一厂网点,只在劳动路9号设立1个网点,办理储蓄、特快专递、报刊订阅、信函、包裹等各类邮政业务。

2005年,支局建筑面积180平方米,其中报刊分发室面积80平方米、营业房50平方米,对外开设营业柜台4对。支局内设营业组、投递组、办公室。备有8台电脑,承担全国联网的邮政储蓄、邮政营业、报刊发行任务。分管长安镇区内报刊投递、信函件送发工作。2005年年末,长安邮政支局有员工16名,设局长1人、下设服务网点1个。分6个投递段,邮路总长177.8公里。长安邮政支局,1995年至2002年获共青团浙江省委浙江省邮政局"青年文明号";2003年荣获中华全国总工会"模范职工"小家称号。

2000—2005年报刊、邮件发行统计

表4-2-1

单位:件、(储蓄:万元)

年份	报刊发行款	信函	包裹	特快	储蓄	年份	报刊发行款	信函	包裹	特快	储蓄
2000	—	173051	3268	3964	—	2003	—	234917	4357	3945	3940
2001	—	194278	3093	2665	—	2004	—	249750	4003	4782	4462
2002	—	275738	3763	2661	—	2005	—	248902	4338	8081	5012

第二节 电 报

长安电信通信始于民国11年(1922)5月。当时,石门(崇福)电报局移至长安镇上闸桥后街,改称长安电报局,开通至杭州电报专用实线电路,用莫尔斯人工报机通报。

民国23年(1934)6月,又开通长安至许村、海宁(今盐官)话传报路,两地电报用电话传至长安经转。民国26年(1937)12月,日军侵入海宁县境,长安电报局撤退,电报线路亦毁。民国33年(1944)8月25日,日伪华中电气通信公司在长安东街88号(邮电局内)设电报局,用话机与杭州通报。民国34年(1945)9月,长安电报局由国民政府交通部派员接收,改称电信局,杭长间电报仍为话传。民国36年(1947)1月,恢复开通杭长硖实线电报电路,5月改为幻线报路，先后使用莫尔斯机和音响机与杭州及长硖间通报。这期间，海宁、崇德也恢复通报，由长安话传经转。

从 1951 年 10 月起，长安电报改为话传至硖石经转。1959 年，开通硖石至长安幻线报路，使用手键发报、土波纹收报机收报。从 1965 年 5 月 20 日起，电报又改为话传，由硖石经转。

1981 年 9 月，开通了硖石至长安的县内第一条电传报路，使用 55 型电传机收发电报。1990 年底，更新为全电子多功能电传机，自动发报、收报、译码。至 1990 年年底，工商银行长安营业处，海宁锁厂、海宁皮件厂、民政制革厂装上了真迹传真机，与有关单位传真通信。

第三节　电　　话

长安邮电支局位于长安镇劳动路。创办于 1922 年，有悠久的历史，当时称长安电报局，1924 年开办长途电话，称长安电话分局。1929 年改名为长安支局。1945 年改名为长安电信局，1946 年降至为长安电信营业处。1951 年邮政、电信合并，称为长安邮电支局。1969 年邮、电分设，称长安电信支局。1973 年合并恢复长安邮电局。1998 年邮电正式分营，改为长安电信支局。

民国 13 年(1924)12 月，交通部开办长安长途电话分局，设磁石交换机 1 部，线路为单线，借挂在原有电报线杆路上，通杭州、临平、桐乡。民国 18 年(1929)10 月，浙江省长途电话局兴建杭枫(杭州至枫泾)干线，经长安。长安成立支局，设磁石交换机 1 部。民国 19 年(1930)，架设长禾分线，经海宁、硖石、许村、临平 3 对 14 号铁线和长安至崇德分线 1 对，镇上有长途专机 6 部。电话可通全县主要乡镇，并经杭州、嘉兴沟通全国。民国 26 年(1937)冬，海宁沦陷，长安支局撤退，线路毁于战乱，通信中断。民国 33 年(1944)，长安电报局兼办长话业务，仅设磁石话机 2 部，仅通杭州、硖石 2 对线。民国 34 年(1945)9 月以后，长安电信局设 20 门磁石交换机 1 部，可通杭州、硖石、海宁、崇德 4 对铁线，镇上较大商号、机关都装电话。民国 36 年(1947)，又增加杭州至长安、长安至硖石 2 对铁线，交换机更新为 50 门磁石交换机 1 部，镇内电话用户逐渐增多，并先后架通长安至海宁、硖石、许村、杨家渡 4 对中继线，与部办长安电信营业处总机衔接，用户可挂拨长途电话。至 1949 年 7 月，同益公司有用户 34 户，长安电信营业处总机有用户 22 户。

1955 年，海宁县人民政府派员接收同益电话公司，改为海宁县乡村电话管理所。为海宁县地方电信，归县府交通建设科管辖。后，乡村电话管理所并入长安邮电局。1959 年，开硖石至长安单路载波机 1 套。1967 年，长安镇始架用户架空铅色电缆。1972 年 8 月，安装开门复式共电交换机，另设 2 部 120 门磁石交换机作为长台和县内电话接续台；同时，开通硖石至长安 3 路载波机 1 套。1980 年，开通硖石至长安 12 路、长安至崇福 3 载波机各 1 套。至年底，长安邮电支局有共电交换机 3 部 300 门，磁石交换机 2 部 130 门，实线电话机 296 部，另有用户小交换机 2 部 30 门，实装分机 59 部，至硖石、盐官、许村等地中继电路共 21 路。1981 年，长安共电式交换机更新为 500 门准电子自动交换机，同时架设了硖石至长安 25 公里铝线 1 对。

1985 年，开通硖石至长安 24 路载波机 1 套。1987 年，自动交换机更新扩容为 1000 门长、市、农合一纵横制。同时埋设劳动路等地下电缆水泥管道 0.488 沟公里，计 4.5 孔程公里；架设硖石至长安高频自承式电缆 1 条。1988 年，长安与硖石自动电话联网，两地用户可直拨通话，并开办国内长话直接业务。1990 年，安装开通硖石至长安二次群、长安至许村一次群 2 套微波发信机；同时安装开通硖石至长安二次群 120 路，一次群 30 路 2 部 PCM 通信机。是年，长安计费用户全部开放为长途直拨有权用户，并开办国际直拨业务。至 1990 年年末，长安实装电话机 932 部，其中国际直拨 4 部；另有用户小交换机 5 部、容量 280 门，实装分机 187 部、长安至硖石、许村、盐官等地中继电路 120 路，其中自动电路 97 路、半自动 22 路、人工 1 路。1992 年实现全市长农话电话分换自动化。1993 年开通移动通信。2003 年，长安电信支局开通小灵通。设有 4 个分局机房，实现固定电话移动化。

2005 年，长安电信支局全部采用长话光纤接入，多媒体通信及农村信息化通信。是年末，长安电信支局内有机线员、营业员、账务员 22 名。分管长安镇区、海宁农业对外开发区的通讯联络。通信设施达到程控交换机容量 25000 户，有固定电话 26176 户，其中公用电话 500 家；有小灵通 4651 户、宽带用户 4753 户。年收入 1800 万元。

第四节　互联网

在互联网发展过程中，海宁电信局紧跟网络技术发展形势，历经从窄带到宽带，钢缆到光缆，有线到无线的跨越发展。1995 年，开通国际互联网业务，家庭用户可以通过 163 拨号上网，时速为 64Kbps。2000 年 11 月，长安电信局正式对外推出宽带接入业务，互联网发展步入加速期。2005 年，接应上级公司向“综合信息服务提供商”转型的战略，中国电信长安支局为用户提供更加丰富多彩的信息通信服务。2008 年，随着中国电信成功收购中国联通的 CDMA 资产，获得移动通信业务经营权，中国电信长安支局成为具有全业务电信运营能力的先锋企业。

2005 年长安电信支局电讯塔分布情况

表 4-2-2

基站名称	基站地址	建站时间	基站名称	基站地址	建站时间
海宁长安徐祖墙	褚石村 15 组	2003	海宁长安雪豹	长安雪豹路北	2003
海宁长安酒厂	长安酒厂	2003	海宁长安陆泽村	陆泽村 6 组	2003

长安铁通　营业部全称：中国铁通集团有限公司嘉兴分公司长安营业部。2004 年 7 月正式成立长安营业部，管辖海宁西片周王庙、长安镇、许村镇等三大区域，同时成立中国铁通长安营业厅。

中国移动　于 2003 年 5 月在长安修川路桥北，长安信用社旁开设一个门市部。有 4 名工作人员，对外管理镇区内的移动业务，增值业务。是年区域内有用户 4 万户，业务收入 480 万元。事后，门市部搬迁至修川路 817 号，全称为中国移动通讯集团浙江有限公司海宁分公司长安区域营业中心。营业中心内设两个营业厅，办公室、主任室、会议室等设施。有 2000 平方米用房，配 15 名工作人员。其中设主任 1 名、客户经理 3 名、营销经理 1 名、直销员 1 名、店长 2 名、营业员 6 名、终端销售 1 名。

2005 年业务范围区域覆盖长安镇、周王庙、连杭开发区、各下设营业厅。经营范围扩大，业务产品多样化，开设“号码资源”“客户维样”“集团产品”等。增值业务有“手机上网、无线游戏、手机炒股等。是年末，长安区域营销中心用户增至 8 万户，业务收入 800 万元。

第三章 电 力

第一节 供 电

电厂

长安镇用电照明始于民国8年(1919)。当时,上海私营道一银行经理为长安人俞寿伧,在振兴实业的时代潮流影响下,与吴砚各出资1.25万元(银圆),筹办了长安电气公司,装机容量仅40千瓦,发电供镇上居民照明用。不久即停办。

民国10年(1921),俞寿伧又邀浙江省财政厅厅长兼杭州电厂经理俞丹萍和电厂股东吴铁到长安,合资兴办长安电灯厂。厂办在周家弄,装置有24匹马力内燃机和15千瓦交流发电机,配套发电。民国16年(1927)7月,俞寿伧将电厂售给徐昆山和吴麟坤,于是改名为振新电灯厂,由徐任经理。据民国25年(1936)6月统计,电灯厂当时拥有资金20万元,全厂占地0.12公顷,职工10名,用电户240户,每年平均发电2.4万千瓦小时。民国27年(1938)长安沦陷,电厂被日军占据,日军拆连元丝厂3千瓦发电机搬入装配发电。民国34年(1945),日军将电厂移交维持会,伪商会邀徐昆山到长安重办电灯厂。徐安装木炭炉燃气发电,后又卖掉24匹立式内燃机,将从连元丝厂拆来的发电机与临平电厂换取较大的发电机(千瓦不明),使电厂发电渐趋正常。不久,地轴断裂,停产。民国35年(1946)6月,徐将电厂租给其表弟潘韫伟,潘自任经理,改名为复新电灯厂。经3个月整修,电灯厂又恢复发电。由于地轴三次断裂弯曲,发电时断时续。民国37年(1948)2月,换上新轴,5月正常发电。是年,全年发电2.086万千瓦/小时,拥有167家用户。1949年6月增至300余户。1952年11月,潘韫伟向人民银行贷款3500万元(旧人民币),购进66.6匹内燃机1台,扩大生产。

1955年11月15日,复新电灯厂实行公私合营。12月,公方代表李帮先被任命为第一副厂长。厂内分设发电、配电、司炉、线路、财务等部门,主要设备有28匹单缸卧式重型内燃机1台,20千瓦、12千瓦发电机各1台。1957年10月,长安镇区接通杭电,长安电灯厂停止发电,职工由海宁县电力公司统一安排。1958年5月成立海宁县电力公司长安工区,1982年改为长安供电所。1994年在劳动路建营业用房640平方米,2000年在修川路建长安供电中心4～5层,建筑面积3460平方米。长安镇区有变电所4座,长安变电所,位于仙鹿路南端西侧,110千伏,主变容量6.3万千瓦;沈辛变电所,位于城北路西段北侧,35千伏,主变容量36.3万千瓦;民谊变电所,位于东西大道南侧,35千伏,主变容量4.5万千瓦。连杭变电所(天明)48万千瓦。长安供电所全称海宁市供电局长安供电所,位于长安镇修川路663号。2001年8月长安供电所由长安劳动路迁址修川南路。所内有职工49名。其中全民职工21名,集体性质职工1名,代理制合同职工27名。设所长1名,副所长2名。所内分设线路组、营业厅。

长安供电所

管辖长安镇区、周王庙镇、许村镇、海宁农业对外开发区供用电业务的生产、业务部门。负责辖区内的装表、接电、抄表、收费和100千伏以下用户的用电监察工作。负责35千伏、10千伏线路、配变和城镇低压线路运行检查工作。

长安供电所辖区内有110千伏的长安变电所,110千伏许巷变电所、110千伏钱塘江变电所、110千伏沈辛变电所、110千伏盐官变电所、110千伏周王庙变电所,为用户供电。

110千伏长安变电所,1999年9月在城农网改造中,110千伏双长1243线增加开关及母线闸刀,同时新增110千伏长盐(长安—盐官)1248线。110千伏许巷1249线间隔。之后又经过多次线路改造,到 2004 年底 110 千伏长安变电所共有进线 2 回(110 千伏民长线 1285 线，110 千伏民安线 1286 线)，35 千伏出线 3 条(长沈 364 线、盐仓 383 线、许村 3532 线)10 千伏出线 10 条。

长安供电所 1993 年被海宁市委评为先进党组织，2000 年被嘉兴供电局确认为一流班组，2004 年 2 月 QC 小组荣获 2004 年度嘉兴市电力行业协会优秀 QC 成果一等奖，2004 年 4 月 QC 小组荣获全国“玉柴”杯 QC 小组成果发表赛二等奖，2005 年 6 月 QC 小组荣获“浙江省优秀质量管理小组成果发表二等奖。

长安供电营业所

前身为长安农电站。1999 年乡镇合并中，原辛江农电站和长安农电站合并成长安电管站。2000 年 6 月农电体制改革，更名为长安供电营业所。供电营业所坐落在长安镇劳动路 52 号。所内分设综合管理、营配班、检修班。有 28 名职工，设所长 1 名。分管 17 个行政村，1 个社区居委会(长郊社区)，16328 户装表户。拥有农村公用变压器 232 台，计 26745 千瓦，10 千伏线路 321.35 公里。

2001 年，长安供电营业所完成供电量 1535.9 万千瓦时，售电量 3576.24 万千瓦时。线损率 8.79%。至 2005 年，长安供电所辖区内供电、售电、线损同比为增 225.3%、269.6%、负 1.9%。至 2005 年，长安供电所新增配变 71 台，1238 千瓦。增容配变 19 台，2155 千伏 A。累计改造低压线路 112.8 公里。基本改变长安低压网薄弱状况。完成土地整理项目、城西路、城北路、杭浦高速重点工程线路迁移改造工作。

长安供电所 2001 年被命名为海宁市文明单位，2003 年通过省级供电规范管理工作考核验收，2005 年 4 月，通过海宁市文明单位验收。

第二节　用　　电

1991 年后，长安镇工农业用电和城乡照明用电情况见下表。

长安镇历年用电统计

表 4–3–1

年份	工业用电(千瓦时)	农业用电(千瓦时)	城乡照明(千瓦时)	年份	工业用电(千瓦时)	农业用电(千瓦时)	城乡照明(千瓦时)
1991	13478	154	13753	1999	31635	678	18720
1992	15232	172	14171	2000	38968	756	19689
1993	17652	198	14634	2001	48364	834	21076
1994	19464	188	15149	2002	56289	912	21196
1995	21067	266	15721	2003	63034	1090	21329
1996	22983	444	16357	2004	70325	1068	21476
1997	23259	522	17063	2005	78032	1402	21640
1998	27861	600	17848	—	—	—	—

长安镇电网变化统计

表 4–3–2

年份	电网名称	里程(公里)	年份	电网名称	里程(公里)	年份	电网名称	里程(公里)
1991	10KV 线 2 回	85	1996	10KV 线 2 回	155	2001	10KV 线 2 回	458
1992	10KV 线 2 回	98	1997	10KV 线 2 回	199	2002	10KV 线 2 回	498
1993	10KV 线 2 回	110	1998	10KV 线 2 回	268	2003	10KV 线 2 回	560
1994	10KV 线 2 回	126	1999	10KV 线 2 回	355	2004	10KV 线 2 回	606
1995	10KV 线 2 回	137	2000	10KV 线 2 回	376	2005	10KV 线 2 回	647

第五卷　商业 金融 财税

第一章　商　　业

第一节　古近代商业

长安镇处在钱塘江滨江台地区，又在上下两塘河的交替地带，素为两河物资转运的纽带，可谓在南北交通要冲之地，人口繁荣、商业极为兴旺。在唐开元年间即开始设立长安“市”。南宋定都临安以后，长安老坝成为杭州沿上塘河通向京杭大运河的过往要津、官商往来的必经之路。官商船只日渐增多，经济活动更趋活跃。宋朝著名诗人陆游在《入蜀记》中云：“乾道六年（1170）五月三日，过长河堰，亦小市也，鱼虾甚富”，可见当时长安是一个鱼米之乡的集市。南宋时，长安为临安东北的门户。《咸丰临安志》称长安镇为临安府大镇之一，可见其经济地位之重要。当时局面相对稳定，生产发展，人口增多，社会经济确实有所提高。但长安镇更大规模、更兴旺的发展时期，当数明清两代。

明代以后，城市商品经济不断向纵深发展，农产品商品化的倾向日甚一日，种棉织布、育蚕卖丝的收益远远高于粮食。促使农业生产单一的水稻转向兼种棉、麻、养蚕，以及种植瓜类、甘蔗等经济作物。长江三角洲的大片地区，包括海宁大部，种粮土地渐被挤占，由余粮逐渐变为缺粮。富粮地区的两湖、安徽等地的大宗粮食，于是源源不断地运来长安。以此为基地，运销苏、松、太、常以及杭嘉湖地带，并进而转运到宁、绍等地。长安镇地处上下河交汇之地，水运交通具有独特优势，北来南去，多方称便。安徽的米商，俗称巢湖帮的，乃把大量食米运抵北郊庄婆堰一带，供应长安附近各地。并大量地销售给余杭、宁绍客商，这里逐渐形成历史上盛极一时的“长安米市”。清人邹存淦在《修川小志》中记述当时的盛况说：“江南川楚之米无不毕集，杭绍宁三府咸资接济。”米市形成以后，商贾云集，长安商业经济空前发展，历明清两代先后四百余年而久盛不衰。长安遂成为百业兴旺的商业大镇。

清咸丰十一年（1861），长安遭受战火，街市多处被焚，富商纷纷弃家外逃。历时数百年的长安米市遭受破坏，商业一落千丈，米商不得不易地而转向硖石。于是，“硖石米市”开始形成，长安米市再难以恢复。

光绪、宣统年间（1875—1911），长安镇商业经济逐渐复苏，除创建于嘉庆六年（1801）的王和裕槽坊和建于同治八年（1869）的久徵酱园外，又有俞泳昌布袜工场、杨永兴百货号、梁美和纸号和俞正兴糖果店、蔡坤记南货店陆续开设，街市渐趋繁荣。

民国初年，绸布业中资金较为浓厚的有西悦来、天香楼、大兴元等商号。典当等也相继开业。民国10年（1921）又建成长安电灯厂，市场日趋兴旺。资金流量日多，又促使金融业的兴起，继民国初年开业的裕长钱庄、大生钱庄之后，又有信康钱庄开业。

随着客商增多，饮食服务业应运而兴。据解放初统计，有赵裕丰、朱洪达、钟长兴等饭店和点心店共27家；有聚英、长福、振华等旅馆9家；有民众、杏记、畅叙、高阿六等茶店50家；有理发店19家。有杨德泉、包阿六等豆腐店、潘镛富肉店。

民国17年(1928)以后，农村蚕农开始试养"洋种"蚕，未经几年就普遍推广，蚕茧产量日增，农民提高收入，为市场提供新的购买力。此后，丝行、茧庄开设日益增多。民国18年(1929)，长安丝厂(老丝厂)正式投产，有职工792人，这标志着长安镇商业、手工业经济达到前所未有的繁荣，现代工业也已起步。

抗战开始，民国26(1937)年，长安镇沦陷，经济又陷于一片萧条的景象，民国29年(1940)以后，敌伪到处设关置卡，大小商人在夹缝中挣扎。而所谓"五洋"生意(纱布、火柴、肥皂、洋烛、香烟等)却又盛极一时，长安镇出现畸形的繁荣景象。投机者兴风作浪，广大平民则挣扎于贫困饥饿线上，社会经济遭受严重破坏。

抗战胜利以后，当时各种新工业产品大量涌入，人们竞相购用，镇商业一度颇为繁荣。但在民国35年(1946)以后，物价上涨，社会购买力萎缩，商业经营者仅能勉强维持，已无力谋求发展。民国37年(1948)，国民党政府发行金圆券，物价一日数涨，行市早晚不同，人心惶惶。日用必需品经常有行无市，而米价又涨得最快。因此一时间，大小、新老米店纷纷开张，均欲从中捞取暴利，长安米店最多时共达40余家，一片畸形状态。战后，直至解放前，长安镇商业经济始终未能恢复至战前水平，工业更未能有所发展。解放前夕的长安镇，基本上是一个江南农村消费型的市镇。

"长安五市"

有着几千年历史的长安镇，在唐宋明清之际曾是江南三大米市之一，经济繁荣，商业鼎盛，商贾不绝，昼夜喧沓，市无所不有。从明朝中叶到清咸丰十年(1760)几百年间，长安镇有米市、小市、带市、水产、菜市，闻名江浙、上海等地。

米市 长安米市历史久远，从隋大业六年(610)开大运河到杭州开始，于唐朝鼎盛。贞元间一年就要从长安坝闸运出钱唐仓粮食370万石，是当时全国最大粮仓之一，仅次于洛阳"含嘉仓"。唐末、两宋时期，人口向江南第二次大规模迁进，到明初已呈现出宁、绍、杭三地区倒挂的现象，成为缺粮地区。到明万历《杭州府志》就有"长安镇商贾往来，舟车辐辏，昼夜喧沓"，就是米市兴起的征兆。而且很快成为江南三大米市之一(另为平望、枫桥)。《修川小志》亦说："绍杭诸郡商贾咸集于长安镇"。到清初，张文治有"年来米价判高低，黄白尖团样不齐。近自江南及川楚，长安利甲浙东西"。到嘉庆时，更是"粟转千艘压绿波，万家灯火傍长河。却缘米市人争利，鱼虾从今不觉多"(陈鳣《蠡塘杂抄》)，描绘长安米市繁荣景象。当年米市规模，从王婆弄到兴福高桥，河边米船停遍，岸上米行成排，共有大米行60余家和闸塘湾米行8家。到1937年尚残留米行专用石埠头40多座，可见当时米市的盛况。当时杏花村就是米行贮存仓库区。

各米行按雇主地区分大袋行、小袋行两种。大袋行每袋米1.5石，运销宁波、慈溪，五斗米大部分偷卖给"岛民"(明清两代长期禁止大米出口)。小袋行每袋米1石，运销杭、绍两府。从不完全的厘金推算，每年销售大米60万石(见《海宁州志稿》安澜书院碑文)。大部分大米从芜湖米行进货，雇巢湖帮驳船(俗语名焦湖帮)运达长安镇米行，再分销各地顾客。少部分"尖、冬双(黄米)燕谷"从湖州、嘉善等地采购。长安米市于上河运到盐官和石塘头过江，返回时再从石塘头把山货、木炭、棉花运到长安落坝，北运嘉兴、苏州、松江等地。米市上亦做着让驳船有回程货，所以"商贾聚集"商业繁荣。

清咸丰十年至十一年(1860—1861)太平军两次偷袭长安镇，一把火烧得长安镇仅剩觉皇寺和令公庙、仙鹿桥几处房屋，人口死亡过半，米行大都劫后烧毁。同治元年(1862)上塘河疏浚完工，老坝河道和坝上设施全部修复，湖州、芜湖等地米行又为宁波、慈溪等地米商采购而经长安坝到海宁城转海运去。朱桂生首先在小坝西侧，开设"泰丰米栈"。同治三年(1864),继之"万丰""和丰"两米栈开业于闸桥头。加上吴敦裕、许萃泰、金恒兴、顾顺记、公兴等19家大米店到德清、桐乡和本地收进租米谷。市面上的大黄稻晚谷，雇苏北工人常年加工成白米出售,每年约14万～18万石。又向芦溪、朱家角定购"冬双"米数百屯(每屯100～150石,每屯200元)。到松江购"壬尖"、湖州进"蒸谷"。

光绪初年(1875—1885),长安镇下河新到一批驳船、挤掉了"巢湖帮"(海宁方言焦湖帮)驳船。因90%是盐城人,所以称"盐城帮"。上河驳船由原来盐帮的马牧港人包揽的船只驳运到海宁城过(海)塘。据省府统计,民国11年(1922),每年销售超过100万石,销售量一年比一年增加。但海宁城外海塘上过塘能力不足,而经常耽误交货日期。马牧港、石塘头的"埠夫",在太平天国时期死亡后,没有恢复"石塘头"过塘行和埠夫组织。因此长安米业公会向省长公署要求恢复"石塘头"过塘行和埠夫组织,但遭到海宁城海塘边"过塘"海船泊位(埠头)头头王爱香反对。在民国11年(1922年)省长公署明文批准,长安镇米市可以从石塘头下海船"过塘",市面更趋稳定扩大。到民国26年(1937),杭州钱塘江大桥建成,长安米市真正消退,让位于临浦米市。所以到同治时,原有逃出长安镇的米行主人,也到硖石重开旧业。在长安的仅万丰、和丰、泰丰三大米行,长安米市和镇区一样一落千丈,一蹶不振。到1937年,王婆弄到兴福高桥,40多座上米台阶石埠头尚完好地排列在塘河边,但米市已不见踪影。

带市 带市在万家渡,现址城东村。万家渡南毛栎树底下，邹花园等七八个村庄从事织纱带;万家渡北张陈吴埭等村子做丝带，除大部分丝带外，全以万家渡市上集散。

1.纱带:万家渡桥南村子自种棉花,自明朝始,自种、自纺、自染、自织纱带。纱带"行头"(经纱)不多,按需要,部分纱自染成蓝、红、黄等纱。于经床上间隔起来穿镶后仍用色纱间隔着打成各种花纹,有宽带、窄带、鸡肚肠带等。织满三丈剪下扎成"一把"，一天能织五把至八把。每天一早(约4时30分)上万家渡带市出售。收购者每堆钱都是定量,按把计钱,交易速度很快。因此有"万家渡上市,一簍头"的格语。纱带销江苏、江阴、扬州等地。咸丰末年后,带市衰落,以后织带只家用或送人而已,到1956年入合作社后而淘汰。

2.丝带,万家渡北张陈吴埭的附近村子专业织丝带。其原料系苏州、盛泽、湖州、杭州等地的"机纺"中的废旧"综"。经过拆卸,作为丝带的经纬线,绸绢的综都是丝线编成的，每只旧综织十条丝带。先自染之成"姜黄色"。经经床(平地也可以)拉出60个头行(上下各30个头)织成的叫宽带,达到色泽有光,带有花纹、牢(结实)的三个条件,每条四尺二寸。出售的对象是烧香客,因此织半年,在春秋杭州法华香期,到松木场去出售。

小市 古长安镇的小市位于长安镇东关厢里,地方不大,可旧货铺多。凡是人们生活所需的东西,连文人墨客,致任的官吏们所喜爱的文具、墨宝、书画、珍宝样样都有。因此小市虽小,容纳的人最多。小市的店铺开得最早，进货的时间都约好在五更前。小市的茶店、酒肆开得最早,他们和旧货店一样,接待的是"梁上君子"、夜晚的"黑客"见不得天日阳光。而想到小市添点家用器具的小民百姓来得很"晏"(即:晚)。

因为这里"天高皇帝远"。做过交易的"时迁、白胜",吃早茶时可以大谈"生意经"。大方地坐进茶店,喝个半醉吃个饱。过后是茶店酒馆的第二批客人——小民百姓。讲的除"昨天哪家惹了贼"或者是"哪家被偷了什么"的。他们自己则茶后逛店,蹲摊头,顺便带点家里所需的小东西回家。接着天将近午,"大老馆"一摇三摆地进茶馆一坐,讲些那家店里进些"新玩意儿";也讲一些谁的铺那件什么卖掉了等。他们要出手擦进桌的非一看三玩等两天不可。所以茶馆天天到,买的真是少之又少。可是经他们眼角瞄准的,则出手很快,一霎时就从老板手里弄到手。因为这里聚了杭州、德清、石门、桐乡等城镇的大小偷儿所窃得财物。因此有的人还会买回自己被窃的东西,所以来购物的,不只长安镇上人,还集聚远路客人。故长安小市真是兴盛热闹一阵。但咸丰末年小市被焚烧掉,同治年间再建。1937年年底至1938年1月,被日本侵略军再次放火烧光后,再也恢复不了。

水产集市 长安镇的菜市，自古以来都集中于虹桥头。新桥是其延伸线上。上闸桥只补其之不足处。所以渔行，又称鱼桶亦集中于虹桥头，有创办于民国3年（1914年）的华家鱼桶和周家鱼桶等六家。新桥只有骆家，上闸桥只有邹家一家。鱼桶系一椭圆形大木桶，桶上放一小木桶，通过其底下竹管向大桶里不停地洒水，使鱼儿有充足氧气，保证让鱼儿新鲜活跳。不过这只是鱼行的“招牌”，门市零售之所，实质上鱼行有它的货源基地和本镇渔业人员提供的鱼货，除每天门市售鱼在120斤上下外，主要是做大宗的上海生意。

长安镇渔业的历史渊源：因长安镇西有临平湖，近有建兴湖——青莲湖，又名赛西湖，背靠庄湾、荡湾、科同等湖沼地。传说中：范蠡传授《养鱼经》的地方。《中国古代农业》第一期亦曾提到“渔业史于范蠡”。自隋唐以来，到清咸丰末年一千二百年来，长安镇系东南漕运枢纽，市面繁荣而“鱼虾甚富”(见陆游《入窗记》)。是一个繁荣“比于小县城”的大镇。进入明清，在漕运的基础上形成了“江南三大米市之一”（见《江南集镇探微》）。陈鳣说：“万家灯火傍长河，鱼虾从今不觉多”，是当时的写照。所以鱼货的需求量是很大的。到咸丰年后，米市衰落，但上海的兴旺，成为长安镇鱼行销售鱼货的市场而生意兴隆。

鱼货资源，一是荡湾等鱼荡，二是本地渔船提供的货源。荡湾、庄湾、许村。许村西片原属临平湖区，居民在此挖深池塘、填高村庄，自古是淡水鱼养殖地；庄湾、荡湾，系湖沼地。人们于此围圩造出，久而久之，围圩撤销，干脆深处再挖深为“荡”。挖泥填高圩城成为村落，形成“地多水荡，户半养鱼”的鱼货基地。长安镇的大鱼行（桶）趁他们都是单家独户，推销困难的景况里，每行都到许村、庄湾、荡湾与渔户订约包销。因此，长安镇上鱼行，除门市销售外，自备渔网和运活鱼的“活水船”雇人手，每天一早到约定渔户轮流打鱼，捡高档的青鱼、草鱼、大白鲢、大包头、桂花鱼等运上海菜场销售。似大鲫鱼等直接送饭店、酒家，从不脱节。所以长安鱼货在上海徐家汇是非常有名的。解放后，组织起来，才停止这个业务。镇上网船埭、双坝桥、塘子湾三地也有渔民三十几户，加上农村和两个簖，计三十几户。每日所获在千斤以上供应鱼桶（门市）出售。

渔户和鱼桶等关系：渔户往往一家都在一条2.5吨的艄棚船上，有子分家必须为他另打（造）一艘船。捕鱼范围，规定当天回来为准。长安渔家，西侧许村、东到春富庵、北到崇德（今崇福镇）。不管早市、晚市，上档次的好鱼必须售给鱼桶。而且规定：某等几家归某鱼桶，不能乱了规矩。无隶属关系的才可以出摊叫卖。但如果想卖给鱼桶，只能碰上第一家可卖，如果不卖，第二家则降低价格出价。每日夕阳西下前，渔船必须回来，把上档次的鱼卖鱼桶，杂鱼由船户自己卖。这时“姑、妇、弱女、各担其鱼上街叫卖”。所以有诗：“鲜花插鬓，掩映斜阳，大踏步来，低声叫卖。”交税：清初，陈鳣《新坂土风》“村边蟹舍接鱼庄，载得全家唱晚凉。一岁一回城里去，半缘礼佛半输粮”。他自注云：“渔户，六月廿九进城纳粮，每船以三钱为准。”

菜市 从唐初建驿站和义亭埭（即老坝）开始，长安镇人来人往于路不断，人口亦增加起来。①果菜副食，需求日多，价格因此亦高。②到宋朝，《武林旧事》《赤城日记》都有杭州菜农到长安镇卖菜的记载。陆游经过时，见市上“鱼虾甚盛”。③到清朝时，米市大发。当时长安镇，已有“米市”“小市”“带市”分段而成立，其菜市，则从清初“文字狱”受牵连而避难于长安镇的陆圻、陆丽京于“虹桥卖药”看，长安镇的集市和菜市是以虹桥头为中心，新桥、上闸桥连接的。

1860年，长安镇市房被太平军烧毁，人口死亡超过60%。自隆恩泰占令公庙为驻地，把老坝到新坝圈在“城”内①以新坝为南门，虹桥为北门。因此长安镇重建，避开虹桥，于新桥漾里开始重建。同治四年（1865），隆恩泰撤走。七年（1868）石塘河，上塘河和虹桥到老坝的河道全部疏浚结束。②虹桥头开始重建。光绪中叶，长安镇集市才开始建造，到1903年市房才建到恒丰酱园（今中心弄东原老镇委处）。1909年沪杭铁路建成，上闸桥到街弄口也建上市房。从此，以虹桥为中心，新桥上闸桥为左右翼的连在一块的集市形成。从盐官城里，春富镇、木香庵等地菜农和长安近郊菜农，都手提肩挑到长安街上设摊叫卖,生意非常好。汉魏时,长江下游已从蔓菁培育出菘(见《中国农业》第一期),同时芋头本作粮食生产,此时已当蔬菜吃。

附:战火的破坏和战后重建

长安镇于南宋建炎三年十二月(乙亥朔)丙子(初二日)金兀术的兵卒抢掠后市房全部烧毁,经700多年的建设,恢复成为有九街、五市(米市、带市、小市东西菜市)七十二弄,人口逾万,米行遍布于王婆弄到便民仓(兴福高桥)、闸荡湾(原三闸)。

正当长安镇发展之时,传来太平军从江苏进攻嘉兴的消息。长安镇清兵和士绅一块加强全镇防务,组织民团与巡防千总合力抗击。因为当时商店和居民认为有清兵和民团的保护,长安镇街道后火墙连接不断,东西南北有关厢(兴福高桥上亦有关门),太平军不一定能够进来,由此全部留在家里(店里)。但是民团在庄婆堰抗击太平军时,在吴家坝打败清兵进入镇里放起火来,一连两天,除了觉皇寺、新桥南钟家房子,镇上从王婆弄到西关厢,从东关小市到石虎弄北道院,烧得片瓦不留。令公庙是太平军留驻的营房才也保留了下来。万余人的大镇,紧急慌乱中逃出三千左右,战事一停,新市夏同善之弟到长安镇,号召凡收理一具尸体酬钱百文,结果共化299900文,即掩埋尸体2999个,都埋在镇北义冢,立石注之。(原塑机总厂基),瓦砾中压着的更多。(仅正大兴磨坊在夏家浜石䃰南,原老镇政府后弄堂即原夏家浜,磨房挖出9具尸体)。

同治三年(1864年),曾经逃出生命的那些长安人,因为思家,他们陆陆续续回来。一面清理屋基上的瓦砾,一面挖出亲人的尸骨去掩埋入土。在新桥漾里(寺弄和西街交叉口)建起第一埭楼房。但比如在清乾隆时,以"卧龙舟"救军中中暑的清兵而名声大振的"朱德生堂"药店,本来在新桥漾里东西各有一爿自制瓶、罐的"卧龙丹"销向全国的大药店,也因店房、药、财全毁,人也死一半而只能重建两间平房,改业为"朱万元杂货店"。杜森泰、汪恒新重建店面仍操旧业(糖)。吴敦裕缩小规模开米店外,慢慢地有各行各业,但生意萧条、门可罗雀。

太平军北撤,人们才在虹桥头建店面房子。有陈姓的南货店三间(清末为应裕昌南货店)其对面是茶店(面上一间周家鱼桶)。对虹桥是茶店兼轿行等。从新桥、虹桥向中间一埭埭店面房子和陈方坦、李家大屋等加快建造。虹桥到周家弄也同时建造,形成"抬头一线天,开窗面对面"的靠街楼和宽约二米多一点的石板路。街路石板下面是石砌6×6的下水道,1956~1957年全镇义务浇筑水泥路面,是海宁县内第一条水泥路面街,至2005年,当时建造的水泥路东,中街尚在。

由于地理位置优越,加速米市的恢复。因上塘河从令公庙前到半山约80余里河道被海沙泥淤塞,谈姓等米行转到硖石开业。长安镇的米业恢复很慢。同治元年(1862)上塘河疏浚完工,老坝河道和坝上设施全部修复,湖州、芜湖等地米行又为宁波、慈溪等地米商采购而经长安坝到海宁城(盐官)转海运运去。闸塘湾等地的米行又挑起"长安米市复兴"的担子。到光绪三十年(1904)长安镇街道只从西关帝庙(云洞口)到周家弄的恒丰酱园(老长安镇政府)。和上闸桥头久征酱园、和丰米栈、万丰米栈等。沪杭铁路动工建筑促进长安镇的重建。

原大运河填塞后从秀才桥(万寿弄)到半爿桥,(下河断河头)全部填塞,建东后街(包括街弄)。东街新建和中街衔接,陈庆曾大房子建成。从仙鹿桥到半路凉亭街面建成。周家弄、寺弄等同时建成。而宣统三年(1911)火车站建成营业,吴兴、菱湖、德清、桐乡、海宁等城镇的商人、旅客把长安火车站当作往返沪杭等城市的起讫地。所以"航快船"增加到一倍。有菱湖、新市、南浔、乌镇、湾里(石门)桐乡、濮院、嘉兴、硖石、海盐、袁花等开出的快板船,开往杭州的,往返都在半夜经过长安镇落坝,称夜航船。民国17年(1928年)在快班船线路上轮船开始开航。先后开出:海宁(今盐官镇)、菱湖、新市、南浔、乌镇、石门、桐乡、濮院、杭州等班头。上述各地的土特产,沪杭等城市的五金、百货都从长安火车站转运到各地。据省建设厅民国22年(1933)统计,长安火车站运出长安等地土特产有:干茧317吨、土丝110吨、棉花1816吨等。占全县产量(运出)70%。运出土纱361吨、麻及麻制品203吨,占全县产量80%。油漆(清油)、铁制工具40吨,烟片379吨、土烟(潮烟)16吨、蔬菜5480吨、种子155吨、大豆(拣青豆)432吨、鸡蛋223吨。禽畜302吨、鱼虾254吨、牲畜皮10吨、羔羊皮和猪鬃5吨、药材135吨等。

由于德清、菱湖、桐乡等城市旅客日多,民国26年(1937年)镇商会呈文上海铁路局要求28次列车在长安镇站停靠2分钟(快车)。因此徐宝山《浙江一瞥》中说:"长安镇轮轨交革,繁荣比于大县"。有了火车,便利商人往来,海宁西片宋代就有甘蔗种植,许村等地鲜活鱼虾出产极多,加上蔬菜等。造就长安镇的地货行、粮油市场和运输行业也趋兴旺。

据各家鱼桶统计:上闸桥邹家,虹桥头周家、新桥头华家三家鱼桶(零售是鱼桶,行销是鱼行),不但本地各有鱼荡,还在许村临平湖,荡湾、庄湾渔业基地有专业渔户有关系,所以名贵的鳜鱼、青鱼、草鱼和上闸桥邹家专收春富镇出产的"夹索鲫鱼"专供上海徐家汇各饭店,酒家。每年运出千担以上。最大宗的是猪羊家禽,都是用专用船只出运而未能有确切数据。而地货行运出的甘蔗有150万扎(扎10株),萝卜、白菜50万担、芋艿200万担,运销沪、禾、苏、常、湖等地。因此《海宁粮油志》云:长安镇是地货、粮油集散地中心,又是丝茧集散中心。

光绪二十年(1894)俞泳昌袜厂、李尊庸袜厂,生产"英石牌"和"菊花牌"袜子运销浙江各地。光华肥皂厂、悦来布厂、长安电灯厂、正大兴面粉厂在民国初开设。海宁长安产冬酒、香雪酒、味醇、清香为四周各县所喜的名酒。当时长安镇商业繁荣,百货和煤油批发有杨永兴、俞泳昌等10家,南货业有应裕昌、蔡坤记、源丰祥等7家(都是配备有糕饼作坊),向各乡镇供应零售。余则有浇槽作、椿作、造船等各行各业俱全的大镇风范。金融业有"海宁县银行长安分行"、裕长、信康两大钱庄。光绪二十五年(1899年)上海老协兴在长安镇设民信分局,1905年设长安邮政分局。民国11年(1922年)海宁电报局迁入长安上闸桥头。所以光绪三十年(1904),张光第说:"长安镇为浙西巨镇,据苏、浙交通之冲御。人烟稠密,可与硖石相埒。"

民国24年(1935)长安镇有土丝行十余家,其中陈家"义记"丝行每年和南京缎子机坊有约,每年新丝上市都送来"钉包"预订细丝(用银子时每个钉包1000两银子,用银圆时每个钉包1000个银圆)。每年义记收土丝达450包(每包80斤司马称)价值50余万元。它和"长裕""鸿裕""广裕""盈源""恒源""天纶""恒有"等每年供应南缎坊细丝1000余包。送杭州机坊2000余包。绍兴机行所需粗丝(又名肥丝,长窗丝)600余包(粗丝,原用以完漕粮,故又名漕丝)。合计3600余包。因长安镇区气候温和,又因西面山区群山环抱挡住寒流,地温升早、霜期推迟而桑叶质量好。所产茧子丝质优良而上千年来都为南京、苏州、杭州等地机坊重点采购之丝。所以民国初(1913)于觉皇寺开办"模范丝厂",1921年鼎新丝厂开办,民国25年(1936)这丝厂产值60余万元。

民国26(1937)十二月(农历)日本侵略军设兵站于火车站,宪兵、伪军驻于镇上横行霸道与特务横向联合行动。60余家店铺外迁到沈士、兴福、袁家坝,镇上人口外逃。一直到1945年8月19日海宁县教育科长戴谷音率一中队县警察于陈家大房子点编投降的日、伪军,接收伪清乡专署和警察所。长安镇开始劫后重建。首先恢复"长安丝厂"的生产,使232台缫丝车开工,月产白厂丝4.5吨,销美国。继之同孚油厂、长安纺织厂、悦来布厂、米厂、面粉厂和硝皮、肠衣等作坊开工。恒丰、久徵、王和裕酒坊、酱园恢复生产。原有八家丝行开业收丝外,增加许云龙等丝主人出庄收土丝,是年就收购土丝120吨,南货等商业回迁镇上。由于农业恢复快,1946年收羔羊皮数万张,其中南货业增加到21家,姚乾大等浇漕作三家,百货业41家、绸布19家、地货行7家、大小米店60家等。从事商业人口达2200余人。同时开办震元禾、馀记木行两家。由于铁路、水路转运货物需要,开出"转运公司"8家。

第二节 体制变革

长安镇的商业变革主要经历三个阶段。第一阶段是从建国初期到20世纪70年代末,长安镇的商业将半殖民地、半封建的旧长安商业,改造成为社会主义商业,并进而发展成高度集中的计划商业体制的过程。

新中国成立后，长安的经济形势好转，物价稳定。经过人民政府对私营工商业户反复宣传党的政策，解除顾虑，增强信心，工商业乃又有恢复和发展。1950年开始，对私营工商业"重估财产、调整资本"。当时全镇共有商业服务行业569户、资本总额为708591万元(旧人民币)。1951年，资本总额为779199万元(旧人民币)。到1952年，调整为535户，资本总额为720287万元(旧人民币)。

1952年海宁市私营商业普查长安镇资料汇总

表5-1-1

名称	户数	从业人员		资本额	名称	户数	从业人员		资本额
		合计	其中职工数				合计	其中职工数	
合　计	878	1234	191	313.459	饮食业零售	164	229	32	25.333
批发商	14	23	4	7.372	摊　贩	368	371	—	14.468
批发坐商	14	23	4	7.372	零售摊贩	314	317	—	12.758
零售商	496	840	187	291.619	饮食业摊贩	54	54	—	1.710
零售坐商	332	611	185	266.286	—	—	—	—	—

1953年，国家对粮油实行统购统销，对私有粮油行业首先进行社会主义改造，30户粮食商店的从业人员大部分转入国家粮油机构或联营加工厂，部分按自愿原则自谋出路，转向其他行业，有2户转为粮食代销店。实行社会主义改造后，棉花、棉纱、棉布、木材、烟、糖、酒等商店由国营企业统一经营。全镇23户布店，分别转为棉布代销店。此后，历来按粮食价格决定各种商品价格的情况改变，市场更趋稳定。1956年1月起，对私营工商业实行社会主义改造。经分批调整，至1956年4月底，纳入各种形式改造的有代购代销148户、经销54户、清产核资后公私合营33户。直接过渡的有粮食、猪肉、皮毛业9户，自营313户，大部分为饮食服务及水果杂货等行业。通过改造，大多数私营商业纳入国家计划轨道，扩大和巩固了社会主义经济阵地，形成以国营经济为主体的经济结构。到1958年，商业体制又有变动，实行撤并，将原公私合营商店、合作商店、合作小组及个体户，全部并入长安供销部。实行统一领导、统一经营、统一核算，即当时所谓"三线合一"。

1961年，长安人民公社规模调整，改建为长安、辛江、周镇三个公社及长安镇。根据中央对商业工作40条的指示，对经过2年多由于撤并、转业以及自然淘汰后尚存的21个行业748人，除皮毛、砖瓦、蛋鸡、猪、羊肉、钟表、照相6个行业外，其中13个行业242人，分三组重建16个合作商店和7个合作小组。1979年以后，长安镇商业系统在改革、开放、搞活的方针指引下，对商业管理体制和商业经营模式实行一系列的改革。围绕增强企业活力这个中心，进行简政放权，扩大部门的自主权。企业内部建立以承包为主的多种形式的经营体制，小型企业实行了"改、组、租"并对企业所有权和经营权的分离进行有益的探索。在"三多一少"的流通体制中，商业部门解放思想，积极参与市场调节。

第二阶段，是从20世纪80年代初到20世纪90年代初，长安的商业和全国一样，进入计划调节与市场调节相结合的阶段。商品流通开始形成"主体多元化，渠道多元化，形式多样化"的基本格局。1981年开始，商业系统搞多种形式的商业经营责任制，1983年又搞商业经营承包责任制，对商品的购销体制进行大幅度的调整和改革。其主要特征是将原来由国家计划严格控制的"统购统销""统购包销"的商品购销体制逐步放开。允许生产者在一定范围内将产品自行销售，允许商业部门在一定范围内对商品自由采购。1984年，又放开小型企业；1985年，对业务经营、财务管理、人事管理等方面进行

"松绑放权"。具体有六个方面,即:有权确定自身的经营范围,有权确定自身的经营方式,有权确定商品进销,有权确定财务资金调用,有权处理残损商品,有权分管范围内政策许可进行商品作价。1987年,放开人事管理权,企业可以自行决定职工调动、招工、使用临时工和留用退休职工;工资奖金分配权,职工工资奖金的分配方式和方法。

商业改革除以上几方面外,还进行企业领导体制改革(即实行经理负责制)、劳动人事制度改革(改固定工为合同工)、劳动工资制度的改革(实行工资与经济效益挂钩)等一系列配套改革。通过改革,商业企业初步形成自我激励与调节机制,购买扩大、利润增加、服务质量提高。改革也使市场搞活,方便人民群众的生活,刺激生产的发展,开始摆脱"买难""卖难"的局面。

1990年年底,长安镇的商业有国营商业、集体商业、个体商业和供销社商业。这个阶段也是长安商业系统在改革中发展的阶段,形成国营、集体、供销系统、个私的多元化商业。

从20世纪90年代末至21世纪2005年,长安镇商业改革进入第三阶段。商业体制进一步向市场化的方向发展,产品从生产企业进入市场的渠道,进一步呈多元化的趋势。一是生产企业自行设立销售机构,形成直接控制的、遍布全镇的销售网络;二是生产企业通过各种类型的中间商分销其产品;三是生产企业运用各种直接销售的方式(如专卖店、邮购、电视直销以及上门推销等)将产品直接卖给消费者;四是通过各类批发交易市场开展商品交易活动;五是个体商业的蓬勃发展,统帅整个长安市场。

这一阶段,长安的商业改革同80年代的商业改革有很大不同,20世纪90年代新一轮的商业改革,以建立社会主义市场经济体制为基本指导思想,根据市场经济发展的客观规律而进行的,以建立适应市场经济体制的现代化商业体制为目的的改革。从根本上改变长期以来商业仅是作为国家用于分配社会资源的工具这一地位,而初步形成了商业作为媒介和促进商品交换的行业,通过市场机制的作用,实行社会资源合理配置的经济地位。长安的商业发展与变革,由计划管理体制向市场交换体制转变,商业的地位变得十分畅通;市场机制开始对企业产生积极的作用。至2005年年末,长安的国营、集体商业基本转制为承包、租赁型商业、民营商业、个体商业。

第三节 国营商业

从收集到的资料看,至1990年,镇内涉及生产、生活等各领域的主要国营企业有12家。

国营市百货公司长安分公司 1950年9月,建立中百公司长安营业所,1953年11月改为海宁县百货公司长安商店。1958年10月并入长安人民公社供销部长安分部。1961年9月复建长安镇百货公司,并将原公私合营长安棉布商店,公私合营长安百货商店、公私合营长安文印商店从供销部长安镇分部析出,并入长安镇百货公司。1963年8月更名为海宁县百货公司长安经营组。1980年5月将属于百货公司的印刷厂划出,作为独立核算单位长安印刷厂。1987年2月更名为海宁市百货公司长安分公司。1990年有批发部1个,商场(称一百商店)1家,棉布百货门市部2个(称第二、第三百货商店),文具门市部1个,综合性仓库1个。经营针织棉织品、棉布百货、文化用品、烟酒糖果,兼营五金交电等商品8000余种。1989年批发销售额为517.5万元,零售总额为583.4万元,利润12.4万元。地址设在本镇中街,1990年有职工99人。

海宁市糖业烟酒公司长安分公司 1951年9月建立海宁县食品公司长安镇公司。1962年与长安食品站分设,建立海宁县糖业烟酒公司长安经营组。同时将原公私合营长安南北货商店、茶食商店及酒酱等部门并入经营组。1962年9月长安食品厂亦并入该组,实行统一经营。1980年9月将食品工场重新划出,成为独立核算的长安食品厂。1989年2月改为海宁市糖业烟酒公司长安分公司。是年底,将全民所有制企业长征食品商店、新风副食门市部、酒酱第一和第二门市部以及原全民办集体利民食品商店、西街酒酱门市部合并,组成长安烟糖食品商店。长安分公司设在长安镇青年路,有职工82人,设有仓库2个,批发部1个,烟糖、副食品、酒酱零售商店5个。是年，批发金额为1311万元，零售金额228万元，利润为48.7万元。1990年批发总额为1305万元，利润为18.9万元；零售总额为369.6万元，利润为7.1万元。

海宁市五金交电化工公司长安分公司 1962年2月，建立海宁县工业器材公司长安中转站，同年5月改为中国五金机械公司长安经营组。1964年11月改称为海宁县五金交电公司长安经营组。1979年4月改为海宁县五金交电化工公司长安经营组。1983年4月改为海宁县五金交电化工公司长安经营组。是年在经营体制改革中，将下属经营部门实行承包经营，自负盈亏。1987年更名为海宁市五金交电化工公司长安分公司。地址在青年路，设有批发部1个，零售商店2个，仓库2个。1990年共有职工25人。1989年批发金额为496.9万元，零售金额为197.8万元，利润为23.4万元。1990年批发金额为443.2万元，零售总额为77.1万元，利润为13.24万元。

海宁市医药公司长安经营组 1956年4月建立公私合营长安镇国新医药商店。1958年8月并入长安医院。1960年10月从长安医院划出，建立国营长安中西药商店。1979年4月改名为长安医药商店，1980年又易名为长安医药经营组。1984年划分为长安医药商店和葆春药店。1985年10月又合并为长安医药经营组。1990年经营组有批发部1个，综合仓库1个。中西药门市部2个（葆春堂及人民药店），共有职工36人，经营组地址设在公安弄9号。1989年批发金额为504.98万元，零售金额为92.58万元，利润为17.40万元。1990年批发金额为540万元，零售金额为90.3万元，利润23.6万元。

海宁市食品公司长安食品站 1955年9月建立长安食品购销站。1958年4月并入长安供销合作社。1961年复建海宁县副食品站长安镇公司。1962年11月改为海宁县食品公司长安食品站。1968年易名为海宁县食品公司长安食品购销站。1979年12月改为海宁县食品公司长安食品站，以经营生猪收购、供应鲜肉、肉鸡及禽蛋为主要业务。食品站设在公庆街，设有办公楼、屠宰场、电孵坊以及生猪收购站2个，销售门市部3个，生猪仓库、咸肉仓库、火腿仓库各1个。并在周镇、博儒、辛江、褚石、牧港等乡镇设有购销门市部。从1985年以来，先后有214名职工实行鲜肉销售承包制。由于农村饲养情况的变化，1985年起生猪已不再外运、市场供应鲜肉有部分从外地调拨。1990年共有职工56人，零售金额为354.17万元。

海宁市副食品公司长安分公司 1980年5月，建立海宁县果菜杂品公司长安经营组。1984年1月改称海宁县副食品公司长安经营组。1985年5月改为海宁县副食品公司长安分公司。分公司设在东街上闸桥东埮，有职工17人。经营日用杂品、副食品、调味品、干鲜果、蔬菜等。设有批发部1个，综合仓库1个，露天堆场1个。经营包括许村、许巷、沈士、长安、辛江、周镇、钱塘江等乡的批发业务。分公司初建时原有3个果菜商店，至1990年仅有中街虹桥口1家水果商店，且仅属归口管理性质，经营上全由该店自己负责。1989年批发金额为246.90万元，利润为3.85万元。1990年共有职工17人，批发金额为259万元，利润为5.5万元。

海宁市饮食服务公司长安饮食服务商店 1958年10月，公私合营长安饭店、长安旅馆、华清池浴室等并入长安镇供销分部。1961年10月由供销分部析出，组建国营长安镇饮食服务公司。1962年10月更名为长安饮食服务中心商店，1963年4月易名为长安饮食服务商店。下设照相门市部1个，浴室1个，水产副食品门市部1个，饮食门市部2个，旅馆3个，商店办公室设在周家弄。1989年营业总额为84.62万元，利润为6.70万元。1990年共有职工54人，营业总额为107.45万元，利润为7.47万元。

海宁市石油公司长安经营站 解放前至解放初期，长安镇仅有烟杂店经销煤油，供居民点灯，汽油、柴油须至硖石采购，由需用者自办。1956年，石油归百货公司和供销社经营。1963年改由五金交电化工公司经营。1964年9月，石油、煤炭由五金交电公司划出，成立海宁县石油商店长安经营组。1970年改称海宁县石油公司长安经营组，下设煤球工场。1982年煤球工场成为独立核算单位，称为长安煤球厂，一个单位两块牌子。同年11月，又更名为海宁县燃料公司长安经营组。1984年10月，燃料经营组实行煤、石油分管，燃料经营组迁往辛江路现址。1985年更名为海宁县石油公司长安经营组。1987年又更名为海宁市石油公司长安经营站。经营商品为各种平价和议价火油、柴油、机油等。镇区居民平价煤油由百杂商店零售供应，农村煤油由供销社负责供应。该站除供应镇区外，还供许巷、许村、沈士、长安、辛江、周镇、钱塘江等乡的生活用油及交通运输、企事业单位的生产用油也归其供应。站内主要储油设备有5立方米油罐2只，50立方米油罐6只，还有1个露天堆场存放油桶。共有职工9人。1989年销售总额为222万元，利润为6.6万元。1990年销售总额为182.3万元，利润3.2万元。

长安煤球厂 1958年9月，由百货公司瓷席商店筹办一个煤球工场，仅有6名工人，用手工摇制煤球，供应饮食服务行业。1960年3月，由劳动路迁至中闸桥旁，重建厂房，并有2台基础设备。1962年改属五金器材工业公司管辖。1964年由五金交电化工公司长安经营组析出石油、煤炭两部门，合并成立长安石油经营组。1982年1月，煤球工场正式称为国营长安煤球厂，独立核算，但仍是石油经营组的一个门市部。1984年10月，燃料（石油）经营组迁往辛江路，从此石油、煤球各立门户，独立经营。1985年6月，该厂划归市物资局管辖。该厂厂址在中闸桥旁。有厂房1782平方米，有配套煤球煤饼生产设备，可年产煤球、煤饼7000吨。除负责供应镇区居民生活用煤外，还供应长安、辛江、沈士、周镇、钱塘江、许村、许巷等乡。1990年有职工33人，年生产煤球2155吨、煤饼5269吨，销售金额为33.06万元，利润6.26万元。

长安物资公司 1982年4月，建立海宁县物资局长安供应站。1983年7月开始营业。1984年12月改名为海宁县长安物资公司。地址在劳动路。1987年实行承包责任制，经营农业机械及附属配件、机电设备、化工轻工原料以及建材、金属材料，有职工14名。1990年经营总额为310万元，利润为11.29万元。

海宁市农业生产资料公司长安经营组 1971年9月建立，1978年改为核算单位，属市公司领导。经营组设在公庆街，有仓库、营业、办公用房5000余平方米，露天堆场1500平方米。经营组设有调拨批发部1个，木材、毛竹、农用药械门市部2个和化肥、农药、中转仓库3个。经营商品有化肥、蚕药、木材、毛竹、农用薄膜、农药、蚕具、小型农机具等。供应范围包括许村、许巷、沈士、长安、辛江、周镇、钱塘江以及长安镇，共7乡1镇的供销社等。1990年共有职工31人，批发金额为1713.2万元，零售总额为74.5万元，利润26.4万元。

长安食品厂 旧称茶食。1956年社会主义改造时期，长安18家私营茶食、糖果商店，组成公私合营长安茶食商店。1958年，茶食商店又与长安水作（豆制品）贻糖生产合作社、长安挂面生产合作社、长安牛奶场合并，组建长安食品厂，统一管理经营。厂址在长安食品厂，厂房已几经改造，扩充许多。1961年重新划分经营范围后，豆制品工场、挂面工场划出独立经营，茶食工场划归长安烟糖公司经营组，除继续生产传统糕店，还增设棒冰生产车间。1980年由烟糖经营组分出，建立独立经营核算单位，即国营长安食品厂。在改革开放初的10多年中，该厂积极扩大产品品种。1983年建成大型冷库1座，增加海产鱼类经营，1986年扩建新厂房1000平方米，使糕点生产从手工业制作改为机制。1988、1989年，先后增添饼干机、蛋糕机等设备，增加糕点花色品种，改进质量，以适合市场需求。该厂拥有冷库2座，制冷机2台，饼干机、蛋卷机各1台，以及供热锅炉1座，年生产棒冰263万支，各类糕饼264吨。1990年全厂有固定职工43人，生产总值为153.5万元，实现税利1.8万元。

第四节 集体商业

至1990年，镇内主要集体企业（门店）有28家之多。

海宁商业印刷厂 1958年6月建立长安印刷厂。1961年并入长安百货公司，成为一个工场。1979年5月转为全民办集体企业，仍称长安印刷厂，后又更名为海宁商业印刷厂。

建新棉百商店 1982年5月，由长安百货公司新组建的集体企业，地址在东街，有职工8人。经营棉布、百货。

群众药店 1979年第二季度组建，地址在中街。经营中药配方及中成药补品。在镇北铁路道口设有1个门市部。1990年有职工12人。

长安豆制品厂 1955年12月由镇21家个体豆腐店组建成长安水作生产合作社，集资480元，一年后,资金即达1万元。1958年10月并入长安食品厂。1962年2月又恢复为长安水作生产合作社。1979年改称为长安豆制品厂。经营凭票供应平价豆制品及饴糖。现有设备每年可加工黄豆350吨左右,可制成各种豆制品850吨,除供应平价豆制品外,兼营议价豆制品及黄豆来料加工(交换)。地址在中街。1990年有固定职工68人。

海宁第二粮食复制品厂 1956年1月始建长安挂面生产小组。1958年10月并入长安食品厂。1962年9月又从长安食品厂划出,复建挂面生产合作社。1982年6月改称海宁第二粮食复制品厂,经营挂面、年糕等米面粉制品。1990年有职工33人。经营总额为22.9万元,利润为0.5万元。

长安商业联营总店 其前身是建于1958年9月的长安糖果合作商店。1986年1月,更名为长安镇糖果食品商店。1989年1月改名为长安商业联营总店。长安副食品商店亦同时并入。设有2个批发部和8个门市部。万象百货商店、建新棉百商店、天亚百货商店、光明五交化商店属该店归口商店,属行政性领导管理,而经营品类、经济核算、人员调配等仍由各商店自己负责。1989年总店批发总额为204.8万元,零售为77.3万元,利润为6万元。1990年共有职工48人，年经营总额为290万元，利润4.9万元。

长安副食品商店 该店建于1959年9月,称长安副食合作商店。1989年1月改名为长安副食品商店,有职工10人。1989年零售金额为23.2万元,利润为100元,是年后并入长安商业联营总店。

利民副食品商店 1980年第四季度,由长安烟糖公司组建的集体企业，地址在中街。有职工21人,经营烟酒糖果糕点等食品。1989年经营额为37万元。是年底改为长安烟糖食品商店的一个门市部,统一经营。

光明五金交电化工商店 1979年10月始建时称长安农机车辆商店,后更名为光明五金交电化工商店,店址在中街,共有职工12人,经营五金、家电、自行车等商品。1990年经营总额为48万元,利润2.14万元。

万象百货商店 该店前身是1958年9月建立的长安烟杂合作商店。1958年11月,合作商店并入长安供销分部。1961年8月,调整商业体制后,又划出建立长安第一烟杂合作商店。1985年3月改名为长安万象百货综合商店，下设8个门市部。1989年零售金额为113.5万元，利润为3.4万元。1990年有职工22人,零售总额为78.4万元,利润为0.97万元。

天亚综合商店 1961年8月体制调整时,由供销分部划出而建立第三烟杂合作商店。1985年3月改名为天亚综合商店,下设5个门市部。1989年批发金额为0.6万元，零售金额70.6万元，利润为1.07万元。1990年有职工22人,零售金额为70万元,利润为0.7万元。

群利日杂果品商店 1982年6月,由海宁市副食品公司长安分公司组建的集体企业。地址在上闸桥北。1990年有职工6人,零售金额为11.18万元,利润0.1万元。

长安钟表眼镜社 解放初期镇区有钟表修理店3户,1956年加入长安镇综合生产合作社。1972年,由综合社析出成立长安钟表社。1979年,该社为扩大经营，在钟表社基础上成立长安钟表元件厂,制作有机玻璃表盖,并在西文桥旁建造厂房,钟表修理业务仍在中街门市部继续经营。80年代开始,表盖销路日减,1985年,元件厂停产,部分职工转入锁厂,而钟表修理人员仍继续从事修理及眼镜修配业务，并于同年2月正式定名为长安钟表眼镜社。该社有职工7人,实行净利拆账、多劳多得的分配制度。1990年修配销售总额为5.5万元，利润为0.12万元。

长安印染厂 1956年由私营染坊、印花坊组成长安印染合作商店。1986年7月,改为长安印染厂。厂址在西关厢。1990年有职工11人。在中街设有门市部。由于近年来消费习惯改变,民间印染纱布、毛线日少，为外地针织厂加工化纤成其主要业务。1989年经营金额为14.5万元，利润为1.2万元。1990年经营总额为14.8万元,利润为1万元。

长安肉禽商店 1979年10月，由几个原有的鲜肉代销店合并组建,地址在西街。1990年有职工32人,营业额为94万元,利润为0.5万元。

永兴综合商店 1979年第二季度组建,当时称为长安农药械商店,经营农用药具及有关配件。后改为永兴综合商店,除经营农用药具外,兼营化纤板、三夹板等。有职工8人。1989年批发金额为78.796万元，零售为173454元，利润为3324元。1990年经营总额为16.27万元,利润为0.75万元。

民主供销商店 1979年8月组建的集体商店，地址在公庆街原民主仓库旧址。经营日用百货、小农具及五金建材。有职工4人。1989年零售额为65758元,亏损2944元。

长安果菜合作商店 1961年建立长安果菜合作商店。1963年8月划分为长安果菜第一、第二合作商店。1966年8月两店合并。1983年6月,又划分为第一、第二、第三果菜合作商店。1985年先后由个人承包经营。1990年有职工7人。1989年零售总额为34万元。利润为0.32万元。1990年零售总额为38.2万元,利润为0.2万元。

长安饮食商店 初建于1958年10月,称长安饮食合作商店。1980年划分为两个门市部,实行经营承包。1985年由于拆迁房屋,一部分人员转入皮件厂等单位,留下的人将店迁到贸易市场。1987年10月改称长安饮食商店。1990年有职工7人,全年经营额为3.84万元。

长安馄饨商店 1956年10月建立长安馄饨合作商店。1987年改名为长安馄饨商店。职工原有20余人,1990年只有9人,经营总额为8万元。

长安镇糕团商店 始建于1956年11月,称长安镇糕团合作商店。1987年改称长安镇糕团商店。1990年有职工10人，经营额为16.09万元，利润508元。

长安茶水商店 1958年9月由原来经营茶水从业人员组成。原名长安茶水合作商店,1987年2月改称长安茶水商店,经过多次调整合并,人员已逐年减少,原有30余人,1990年只有职工12人。年经营总额为7.35万元,利润仅256元。

长安粉面点心店 1966年10月由原个体点心店组成的长安粉面食服务组，初建时共有22人,1979年2月更名为长安粉面点心店。1990年共有职工8人，全年经营金额为6.46万元，利润0.2万元。

长安工农点心店 1979年12月建立集体企业,地址在中街。原名长安工农点心服务商店,1987年2月改称长安工农点心店。有职工5人,1990年经营金额为3.3万元。

长安理发商店 初建于1955年12月,共有40余人。至1961年仍有44人。1984年10月以后陆续实行分店承包。1990年3店共有职工14人,其中如意美发店4人,华美理发店4人,长安理发店6人,兼营招待所。全年经营总额为3.6万元。(原设于劳动路新容理发店于1989年7月并入饮服商店)。

振兴建材服务部 1987年4月开设,1988年增设1个门市部,经营建筑材料。

街道合作商业 1979年6月组建的第三街道点心店,1985年后改为西市街道大饼油条店。有职工4人。1989年经营额为26229元,利润2769元。

西市街道馄饨店 原为1982年1月建立的第三街道饮食亭，有职工4人。1989年经营额为14850元,利润为1677元。中市街道仙鹿桥点心店，建于1987年1月，有职工2人。1989年经营额为8271元,利润为521元。怡院新村服务商店。建于1988年,有职工2人。1989年零售额为50402元，利润为236元。火车站饮食商店。建于1979年10月,有职工18人。1989年经营额为138660元,利润为11254元。东市街道综合服务商店,建于1985年6月,有职工4人。1989年经营总额为16436元,利润1968元。

益民食品商店 长安食品厂在1979年第四季度根据有关文件规定，组建长安茶食糖果包装工场。1981年改为益民食品商店,经营糖果、糕点,地址在中街。1986年9月停业并入长安食品厂。

1979年至1990年全镇国营、集体商业零售总额

表5-1-2　　　　金额单位:万元

年　份	1979	1980	1981	1982	1983	1984
零售总额	1474.00	1775.2	1457.46	2419.93	2224.14	1872.66
年　份	1985	1986	1987	1988	1989	1990
零售总额	2164.86	2763.49	3187.19	3685.08	3676.81	4479.85

第五节　超　　市

进入20世纪90年代,长安镇商业改革迈出更大的步子。经过改制后,所有商业都实行个人承包或直接转为私营企业。经营形式也发生很大的变化,大小超市替代原来的商业模式。这种销售模式比原来柜台上交易方便很多,受到消费者的欢迎。2005年年末主要超市有:

海宁大厦长安万佳商场　长安万佳商场系海宁大厦分支机构,设于2002年11月16日,坐落在长安镇青年路7号,营业面积3500平方米,有职工75人,是长安镇面积最大的综合性百货商场。下设食品、服装、珠宝玉器、鞋帽、文具百货、儿童用品及家电、生活用品等销售部门,经营品种2万余种。自开业以来,销售逐年递增,实现年销售总额2000万元,为海宁市首批"百县万村"放心店之一。企业性质属集体,法人代表陈百炎。

海宁大厦长安景华万佳超市　负责人黄云龙。注册日期2005年12月27日。性质为集体分支机构(非法人)主要经营:百货、杂货(不含烟花爆竹)、针纺织品、劳保用品、工艺美术品、农副产品(不含鲜茧和籽棉)、粮油制品及其他食品。卷烟、雪茄烟(烟草专卖零售)　地址:长安镇景华路,管辖单位长安工商所。

浙江海港超市连锁有限公司长安连锁店　法人代表朱正耀　2005年1月11日注册。性质:有限责任公司分公司。经营范围:其他综合零售日用百货、五金家电、化工原料(不含化学危险品)、建筑材料、工艺品、卷烟、雪茄烟、副食品(不含鲜肉)、冷饮、水果零售地点:海宁市长安镇青年路25-27号。管辖单位长安工商所。

海宁市长安镇园民华联超市　法人李启抗。2005年7月6日注册。性质:个体工商户。经营范围:烟草制品零售、服装、鞋帽、日用百货、五金、家用电器、建材、办公用品、保健食品、副食品、冷饮、国产卷烟、手机及配件(不含大功率无绳电话)地址:长安镇盐仓春澜路65号。管辖单位为长安工商所。

海宁长安家友超市商场　法人代表:沈金林　2002年9月28日注册。性质:个体工商户。主要经营:食品、饮料及烟草制品零售、及其他食品、保健食品、食盐;日用杂品(不含烟花爆竹)、棉布、百货、文具、五金交电、避孕药具等零售。地址:长安镇青年路修川路交叉口。管辖单位长安工商所。

海宁市长安镇红丰超市　法人:吴卫庆。2005年6月14日注册。性质:个体工商户。经营范围:其他食品零售　零售:副食品、冷饮、国产卷烟、日用百货、公用电话。地址:长安镇红色村民丰组25号。管辖单位:长安工商所

海宁市长安镇家佳乐超市　法人代表金东辉。2005年10月12日注册。性质:个体工商户。经营范围:其他食品零售 副食品、酒、冷饮、日用百货零售。地址:长安镇盐仓村红心组14号。管辖单位长安工商所。

海宁市长安镇新都市鞋服超市商店　法人谢纯亮2004年2月17日注册。性质:个体工商户。经营范围:综合零售服装、鞋帽、日用百货零售。地址:长安镇劳动路32号,管辖单位长安工商所。

第六节　个体商业

通过1956年对工商业实行社会主义改造后，个体小商贩所剩无几。少数无业人员，经营不固定的换糖、废品、零食等小本生意，多走乡串巷，无固定设摊地点，在社会主义经济中起不了什么作用。1979年，政府允许个体经营，出现少数水果、水产摊贩，一年以后，个体户开始逐渐增多。

1984年，国家允许农民进城经营商业，个体商业开始有较大发展。个体商场起着拾零补缺、方便群众作用。1985年以后，水果、水产蔬菜短途贩运，为城镇居民的生活带来很大的方便。日用百货、服装、鞋帽等小商品市场的兴起。由于经营者发挥他们信息灵通、灵活多变的特点，根据人们需要，及时组织、经营各种新潮商品，对丰富长安人民生活、活跃市场起了积极作用。

长安镇在改革开放中涌现出来的个体商业户、个体商贩，在市场经济里起到重要作用，他们身上背负着深刻的时代烙印。在20世纪80年代初期，长安镇上的个体户基本上就是待业青年。那个年代，没有工作，失去工作，就会被社会定格为“个体户”，就会处处低人一等，甚至连讨老婆的机会也没有。90年代后期，长安镇一个最显著的标志，就是街头小商贩的崛起。这些街头小商贩中的一大部分是脱胎于“个体户”，另一部分则是进城赶场子的“不守本分”的农民。当时，为生存，这些人是在批判和诋毁的声音中寻求自我突围。但偏偏就是这帮人，赶上改革开放的第一波，赶上了流通领域的市场化。他们开始练摊，倒腾，甚至投机钻营，倒服装，倒电器。把外地的东西运回来卖，就凭跑个差价，硬是发了，有的率先成万元户。据统计，长安镇现有个体商户、商贩2400多户，比1990年的397家增加60倍。其中有小百货零售152家、酒菜面饭、饮食店163家、理发美发131家、茶水店23家、水果零售38家、服装（童装、鞋帽、服装加工）374家、三轮车营业164家、木材（批发加工）36家、鲜肉（羊肉）零售115家、肉皮加工15家、杀白鸡、鸭38家、水产36家、豆制品35家、零售蔬菜125家、修理业87家、医药商店14家、珠宝、金银首饰店（含加工店）11家、文具用品、书报零售13家、五金加工零售店43家、粮食供应店67家、手机零售16家、家电零售维修店26家、卷烟零售店42家、棋牌娱乐活动21家、浴室旅馆17家、汽车配件、补胎洗车12家，油漆装潢、家具16家，还有其他各种行业1000多家。

第七节　供销社商业

长安镇曾于解放前（1928年）成立过长安乡安南村斗牛浜无限责任信用合作社。1935年9月，中华民国中央实业部正式颁布合作社法。解放后，长安区委以“自愿、互利、民主、平等”的原则，吸收农户入股，筹集股金分别成立孟子、褚石、牧港、袁牧、新民，周镇、博儒、辛江、太山、兴福等基层合作社。1952年4月，各基层合作社与长安镇各社并成长安区供销合作社。1954年9月，长安镇职工消费合作社也并入该社。1955年8月，更名为海宁县供销合作社长安中心社。1957年4月，长安中心采购站又并入该社。1958年供销社并入县商业局，同年6月，更名为海宁商业局长安办事处。10月，长安地区的国营、公私合营商业、合作商业以及个体商业合并，组建成长安人民公社供销部，镇区设供销分部。1961年9月调整商业体制，划出国营、合作、集体商业，重建经营机构，同时恢复地区性的长安供销合作社，并在长安、辛江、周镇设立分社。1962年8月，钱塘江供销社并入该社，成为其分社。1970年9月，长安、辛江、周镇、钱塘江分社实行独立核算，归当地公社管理，地区性大供销社同时撤销。1983年7月，长安、辛江两社合并为长安供销合作社，社址在镇区双闸路。长安供销合作社下设1个贸易公司，虹桥、汇丰2个商场，褚石、肖王、辛江、兴福4个蚕茧收烘站。长安、辛江、天明、牧港、褚石5个络麻收购站。振兴、长安、辛江、褚石、牧港、兴福6个综合性商店，40个购销门市部。有1个工艺塑料配件厂，固定职工220人。1992年，设立长安供销物资总公司，与供销社实行两块牌子一副班子。同年在全社实行“物价放开，经营放开、用工放开、分配放开”的四放开工作，直至1994年5月。1994年6月至

1997年5月,长安供销社实行为期三年第一轮“抽本经营承包”工作。1997年6月至2000年5月,实行为期三年的第二轮“抽本经营承包”工作。其间,1999年,按照海宁市人民政府办〔1998〕27号文件和海宁市供销总社关于《深化基层供销社改革的实施意见》要求,职工分流、买断工龄、解除劳动关系,同时处置部分资产用以支付职工工龄补偿金。2000年,继续进行职工分流,解除劳动关系,新企业职工置换身份。1999年和2000年,共有115名职工解除劳动关系,支付职工工龄补偿的奖励费为107.6万元。2002年,按照海宁市人民政府和海宁市供销总社有关文件精神,对19位精简、遗属、生活补助人员终止其与企业的生活保障关系,发放一次性生活补助费13.8万元。2003年,再次处置部分资产,用于95名退(职)休职工移交社会保障中心,共支付106.6万元,符合“双缴双保”人员12人,支付33.6万元,实行社会化管理。至2004年,供销社有行政管理人员5人,企业内退,及发生活费人员14人。

2005年,历经改革,尚有编制职工9人,其中管理人员5人。主要以存量资产租赁经营,辖55个租赁企业。主要职责为:做好租赁合同管理,房屋(仓库)维修管理,消防治安管理,同时指导督促新企业长安农资商店做好生产资料供应工作。是年,基层社建制调整后,长安供销社服务范围包括海宁市农业对外开发区。1991年至2000年,生活资料销售20291万元,生产资料销售2930万元,供应各类化肥32768吨,各类农药211吨,农膜145吨。盈亏相抵,亏损113万元。2001年至2005年,生产资料供应由新企业长安生产资料商店经营,独立核算,自负盈亏,生产资料销售417万元。供应各类化肥4324吨,各类农药74吨,农膜3.4吨。供销社主要是资产经营,盈亏相抵,利润37.52万元。

长安供销社1991年被海宁供销总社评为安全生产先进集体,1998年被海宁市供销总社“创安”领导小组评为安全保卫先进集体、治安安全单位,2000年至2003年连续被海宁供销总社评为安全保卫工作先进集体,2005年又被海宁市供销总社评为安全工作先进集体。

第八节　粮食管理

1949年6月,长安区人民政府成立区粮站,主要任务是管理公粮。1953年年底,国家实行粮食计划收购和计划供应及油料统购政策,即统购统销。1955年,实行三定,即定产、定购、定销。1954年10月,长安粮管所在原区粮管库的基础上成立。除继续负责公粮的征收,储运外,同时管理私营粮商。1971年10月,经海宁县革委会决定,撤销全部粮管所,改按以公社、镇为单位设立粮油购销站,长安粮管所分设为长安镇、长安公社、辛江公社、周镇公社四个粮站。1978年12月,党的十一届三中全会后,粮食流通逐步向发展有计划的商品经济转移,恢复粮管所。长安粮管所下辖长安、辛江、周王庙、长安镇“三社一镇”的粮油购销调存业务和全县的面粉加工调拨业务。1985年,国家取消粮食统购,改合同定购,把必需的粮食及时收购起来,并把粮食统销范围进一步缩小,取消社会补贴用粮,对农村统销则实行购销合同价。1993年国家放开粮食统销,使用40多年的粮票取消。

长安粮管所建所来,一直担负着长安邻近四个乡镇的粮油购销调存业务,最高年收购量为1979年,全所收购春粮油菜籽700万公斤。在粮食放开前,年销售粮油及副产品,饲料等在1500万公斤左右;粮食放开后,全所经营粮油物资一般在2500万公斤左右,最高年经营各种粮油达4000万公斤以上。长安粮管所还承担全县(市)面粉加工调拨业务,除嘉兴市范围外,调拨辐射至宁波、舟山、衢州等30多个县市和山西省。长安粮管所从建所开始的几间民房仓,发展到90年代规范化粮仓容量为920万公斤。2000年1月,在全国粮食流通体制改革中,长安粮管所完成历史使命,改制为海宁市长安粮管所有限公司。

长安粮管所,1994年,领导班子被评为局先进;1998年评为市级先进党组织;1996—1999年连续四年被评为海宁市创建治安、创活力优胜单位;2000年被海宁市命名为市级文明单位。

第九节　集市贸易

长安农贸市场

位于长安镇青年路18号，始建于1986年5月。初建面积5520平方米，投资19万元，总面积5520平方米，其中棚顶屋2355平方米。摊位为简易棚489只，卖鱼池120座，场区棚位128个，设有公平秤两台，属全天候农副产品交易市场。自1987年1月开张以来，市场日益兴旺，吸引海宁西部地区及邻县乡村的经营者和消费者。1990年，市场成交额3581万元，收取管理费和棚租费35.2万元。长安农贸市场有蔬菜类无棚席地摊位260个，属专业菜队的90个，外地的60个，其余为本地农民。在这里出售的，有来自盐官的海宁冬菜，大头菜、斜桥的榨菜、湖州的春卷皮子等。这些商贩按不同季节驾船而来、停泊于翻水站河边，这种船只通常每天有10条之多。春笋、茭白、冬笋等从杭州、临安、松江等地贩入。1992年，长安农贸市场进行一次小规模改造。

1999年，农贸市场因规模不适应市场发展需要进行重建。该工程列入海宁市委、市政府“十大工程”之一。开工启动拆除原市场周围铁路居民85户旧房，新征0.57公顷，进行改建扩建，并于1999年9月26日投入使用。改建扩建工程总投入资金950万元，改建面积4600平方米，扩建6950平方米，总建筑面积11550平方米。设立标准摊位（营业房）777只(间)。市场按照划行归市、分类设摊的原则，设立四个交易区。各职能部门在市场内设有办事机构，参与管理的职能部门有财税、公安、检疫、物价计量监督、群众物价监督办公室等。建立市场巡查卫生、消防、计量器具监督检查、财务、统计、预赔、档案台账管理，经营户违章查处等工作。有18名符合条件的下岗工人组建成农贸市场管理队伍，管理人员实行定岗位、定责任、定任务、定奖罚责任制。

长安农贸市场，配套设施有：服务台、投诉台、光荣台、曝光台、小件寄存、兑换零钞、公用电话、宣传栏、广播、价目参考表、公平秤等为消费者服务。有经营者守则、行业规范、完善制约机制、管理制度与经营者签订双向责任书。市场设场长1名、法人代表1名。下设车辆组、家禽组、南区、北区4个组。2005年年末，长安农贸市场有296个蔬菜摊位、66个猪羊肉摊位、28个海货水产摊位、31个禽蛋摊位、9个豆制品摊位、23个干果食品摊位、11个粮油副食品摊位、6个熟食摊位。场内有23间营业房，场外有39间营业房，经营服装、小百货、饮食熟食、药品、钟表眼镜和开设2家超市。2005年日成交金额45.5万元，成交量达到25.8吨。2002年度市场招标金额达到136万元，比2000年增长11.32%。2005年市场成交情况：零售猪羊肉杀白头数3054头，总金额180.186万元；粮油金额576万元、肉禽蛋3040万元、水产品1704万元、干果2760万元、日用品144万元。年销售总金额为20448万元。

长安农贸市场1987年被评为省级五好市场，1988～1989年被评为嘉兴市文明市场，1989～1990年获“省级文明集贸市场”，1991～1992年两年被嘉兴市工商行政管理局评为“市级文明集贸市场”，1999年11月被省工商行政管理厅认定为“二星级文明规范市场”“浙江省乡镇示范农贸市场”，2000年～2004年连续三年被海宁市人民政府命名为“海宁市级文明单位”，又被省工商行政管理局评为“二星级文明规范市场”“省级文明集贸市场”。

长安镇农贸市场历年成交额统计表

表5-1-3　　金额单位：万元

年份	头数	零售猪、羊		其中分项金额(万元)					总金额（万元）
		金额(万元)	粮油	肉禽蛋	水产品	干鲜果	日用杂品	蔬菜	
1999	760	38	49	475	302	697	35	45	1641
2000	2055	102.75	102	897	924	1403	76	67	3571.75
2001	2170	108.5	197	1135	1215	1532	81	80	4348.5

续表 5-1-3

年份	头数	零售猪、羊	其中分项金额(万元)						总金额(万元)
		金额(万元)	粮油	肉禽蛋	水产品	干鲜果	日用杂品	蔬菜	
2002	2387	119.35	243	1764	1481	1789	90	85	5571.35
2003	2655	146.03	392	1959	1539	1945	98	92	6171.03
2004	2884	1586.260	482	2849	1643	2692	132	102	8058.62
2005	3054	1800.19	576	3040	1734	2760	144	118	8522.19

长安镇工业品市场

长安镇工业品市场（又称小商品市场）建于1993年1月，投入资金600万元。建筑面积为楼上楼下各10000平方米，建成时上下各设摊位188个，共376个。主要经营服装、鞋帽日用小商品、化妆品等。初建成时楼上设家具摊位。小商品市场建成后，又随着对面农贸市场的建立，使长安原老街功能逐年畏缩，小商品市场所在地长安镇青年路东段形成了集贸中心。

1999年8月26日，海宁老地方大卖场落户，小商品市场楼上10000平方米为老地方大卖场经营。主要经营日用百货、家电和超市。老地方大卖场于2002年9月倒闭后，海宁大厦万佳商场于2002年11月份落户。小商品市场仍保持楼上为大商场、楼下为小商品摊位的格局，为长安镇最繁华的商业中心。

楼下小商品市场以租赁形式，每年向社会招租。出租摊位188个，其中街面推位12个，经营户188户，营业人员200多人。每年租金为最高额30000元，最低额3000元，平均7978元，全年租金150万元，摊位出租率常年保持100%。年小商品经营额为800万元，1993年至1996年为最高峰年份，最高额为1000万元。现有市场管理员5人，设场长1人，组长1人，工作人员3人。编外清洁工2人，车辆管理人员1人。主要职能为摊位发包、收取摊位费、维护市场秩序、负责财产管理和日常维修、市场内的卫生工作等。

长安小商品市场初建时为海宁工商管理局投资管理，自2001年12月份起划给海宁市皮革城管理委员会管理，资金投入和租赁费收取全部划管皮革城管委会。

长安小商品市场历年成交额：1993年1726万元，1994年1932万元，1995年2013万元，1996年2189万元，1997年2366万元，1998年2548万元，1999年2686万元，2000年2867万元，2001年2922万元，2002年3036万元，2003年3284万元，2004年3465万元，2005年3612万元。

第十节　蚕茧 黄麻收购

茧行、茧站、茧库　茧行以前称茧庄。茧行的业务是代“客”收茧。属牙行性质。民国4年(1915)，长安曾开设过公记茧行。民国8年(1919)，许行彬在镇区开设长裕茧行。民国12年(1923)，上海外商穗丰丝厂委托曹金可在中街开设信丰茧行。民国13年（1924）在万寿桥附近有公继茧行。民国18年(1929)，铁路北高家塘附近也曾有过1家茧行。民国后期长安开设茧行更多。新中国成立后，自1950年起，丝茧由国家统一收购，茧行关闭。全镇除浙江制丝一厂门庄收茧外，均由供销社在各乡镇设立茧站收烘。长安供销社分别在肖王、褚石等地设立茧站。在辛江、兴福亦设立茧站。茧站所烘干茧进入中心茧库储藏管理。海宁中心茧库设于铁路北侧，与浙江制丝一厂相连。中心茧库属国营企业，归属浙江省丝绸公司和嘉兴丝绸分公司。

丝行　亦属牙行性质。开设丝行必须先向政府主管机构领取“牙帖”。民国期间，长安丝行规模较小,数量也不多。抗战时期,长安沦陷,蚕桑事业一落千丈,民国34年(1945),长安只剩永丰等两家丝行。民国36年(1947),长安镇丝行逐渐恢复,经浙江省蚕业管理委员会核准的丝行,设于东市的有协昌、永记、正隆、祥记等家,设于西市的有元丰(丰记)、锦记、正记、公记、复记等14家。新中国成立以后,1950年冬,长安设置土丝市场。由镇政府、银行、供销社派人组成市场管理委员会分担收购工作。1954年,长安镇西街有新昌、建新、杨子记3家丝行。

黄麻(络麻)　1956—1957年后,黄麻逐渐由农民自己加工精洗,原麻收购减少,全镇麻场陆续关闭。长安、辛江两乡和长安镇相继开设黄麻收购站。随着黄麻种植量的扩大,黄麻收购成为长安地区收购量极大的农产品收购市场。为方便麻农出售,各大队(村)都办起黄麻包验场,由长安供销社下派指导员,协助大队(村)包验场收购黄麻,分级整理后,送长安麻仓库。后随着黄麻种植的下降,大队(村)包验场取消,由长安供销社收购。

第十一节　特种市场和小集镇市场

特种市场

长安花卉市场 长安镇的花卉市场起步于20世纪90年代,2005年鲜切花种植面积233.33公顷,全年销售鲜切花2.5亿枝,为全省最大的鲜切花产销基地。长安鲜切花已成为杭州、上海市场的时尚商品。

长安苗猪市场　解放前称小猪行,全镇有两家:合记小猪行,位于西街73号;和丰小猪行,位于中街80号。每年经营达6000头以上,小猪来自枫泾等地。猪行历史悠久,至新中国建立时已近半个世纪。1954年,在劳动路新开大猪行。1956年公私合营时,由供销社接手经营,称小猪经营部,地址在东街50号,后转由长安食品站经营。1984年由集贸市场经营,地点在双闸路。1987年,为便利上下河,苗猪市场易地长安仙鹿桥东北侧下河口。种猪来自当地和桐乡留良等地,少数从枫泾贩入。随着市场的发展,小猪由养殖专业户自产繁殖,由此苗猪市场逐渐淘汰。

长安苗猪市场经营情况(1956～1990)

表5-1-4　　单位:头

单　位	供销社经营			食品公司经营				单　位	集贸市场经营						
年　份	1956	1960	1965	1970	1975	1980	1983	年　份	1986	1987	1988	1989	1990	—	—
年销售量	15000	17500	20000	20100	21100	16700	9700	年销售量	4600	4150	4900	8700	5900	—	—

小集镇集市

老盐仓　位于长安镇驻地西南7公里,大石塘北侧。《海宁州志稿都庄》称:清代“街分东西,民人开张贸易,又有仓厫、盐场,从前河道直抵仓前”。因建造时间较西盐仓为早,故名。解放后设有供销棉百、五金、家电等商店以及饮服业等店铺。1990年日均人流量300人,摊位30个。集市附近有盐仓村,东与东陈村为邻,西以坝头港红色村为界,南是盐仓垦区。2000年,南移500米新建盐仓新街。商贸圈1.5公里范围内设有塑料厂、绸厂、家纺织布业。下海捕捞蟹(鳗)苗养殖成盐仓集市新特色。利用集市传递信息,交流捕苗经验和养殖方法,开通销路渠道。同时扩展市场,去下沙、德清等地租水塘面积27公顷,发展河蟹养殖,丰富盐仓市场和周边农贸市场。

褚石堰　位于长安镇驻地南4.6公里处,唐时,褚遂良后裔曾于此建街。东起风调桥,西至雨顺桥,占地为7万平方米。解放前《海宁民报》公布为县属戊级镇。主街东西长50米,宽4米。解放后设有供销、信用社、粮站、学校。1990年日均人流量600人、日均摊位40个。

褚石堰集市周围盛产鲜切花1亿枝，创产值1850万元，是全省最大的鲜切花基地。长安现代花卉科技示范园区坐落在褚石村域内。产有郁金香、香水百合、一串红、含笑等品种，迁种30年生大香樟的“树托所”9公顷，有各色盆景、名贵花卉。每当节日期间，十万盆盆花运往杭州，点缀节日杭城和西湖十景。

袁家坝 以旧时袁姓在旁筑有水坝得名，早年成集市。明代成化七年至十三年(1471～1477)，因江失故道、海患成灾，乡民大片土地陷入江中，以后市况渐衰。《海宁州志稿·市镇》称其成市早于许巷。民国时为县属等外镇，解放后为乡、社属镇。街呈不规则状，长150米，宽4米，系石板路面。设有邮电所、供销社、粮站、麻站、百货、五金等各类商店及饮食服务业，传统副业有土麻布生产、交易。通杭州市郊公共汽车，旧为起点站。袁家坝集市附近民营企业众多，以家纺针织为主，还有糖果企业数家。据传：清代中叶沿海塘已有集市，以糖作坊为业。商贸圈1.5公里范围内有巷东村、红旗村、红色村等，市场活跃，建有农贸市场和小商品市场。

兴福寺 位于长安镇驻地东北4.4公里，斗牛浜南1公里处。以兴福寺得名。明洪武二十四年(1391)寺旁已形成集市，清乾隆间称兴福镇。1947年《海宁民报》公布为丁级镇。街长50米，宽3米，系双面街店。设有供销社、信用社分部、五金、棉百商店等。

2001年，兴福村征用土地0.13公顷，办起村级农贸市场，采取租赁、出售方法获得效益。兴福寺集市商贸圈1.5公里辐射范围，北与桐乡留良村相连，西接兴城村，南连东升村、东达周王庙博儒桥。

马牧港 位于长安镇驻地南6公里处，南滨钱塘江，北枕杭金公路。相传为古代牧马之地。唐朝已有其名，清代捍海石塘筑成后，马牧港作为海运和内河转运码头，曾盛极一时。铁路钱江大桥开通后，为陆路铁道运输取代。解放前为县属等外集镇，解放后为乡镇属小集镇。街为东西向，长120米、宽2.8米，石板路面。1976～1982年新建南北向直街，为主要商贸区。解放后设有供销社、邮政所、信用社、百货、五金、医药商店及饮食服务行业。

马牧港集市周围主要特色产业是河蟹养殖业。2000年，在市、镇两级政府支持下，投资110万元，面积37公顷的“长安牧港特种水产养殖示范园区”建成。2003年，牧港养殖户在外承包养殖面积达到467公顷，相当于外包了五个牧港村。全年产河蟹330吨，产值1300多万元，为马牧港集市提供了大量上等河蟹，繁荣了水产品市场。

万家渡 位于长安镇东南2公里，文进桥畔《海宁州志稿》载：清初已是“两面市房，早晨卖带做市，并出手巾，茧绸，广行江浙”。20世纪20年代中叶后，织带业和集市渐趋衰落，解放后市场有所发展。1990年日人流量为400人，日均摊位数30个。设有杂货店、酒酱店、农具店等商业网点和服务行业。2003年有4家企业租赁厂房落户万家渡，2005年年末，商贸圈1.5公里范围内有肖王村、万渡村、东关村等，且与长安市场相接。

第二章　金　　融

第一节　古近代金融业

解放前的典当、钱庄、堆栈，经营存放款、汇兑、抵押贷款等业务。

典当

俗称"当铺"。旧社会凡急需钱用的人可持实物向当铺抵押借款。当户中以城镇平民及贫苦农民占多数。民国8年(1929)，有鼎裕当，地址在西街原职业中学所在的一所石库门内，俗称老当。后来又开设1家有庆当，地址在西街原托儿所内，俗称"新当"。两家典当均为南浔富商邢氏家族所设、少数股东为硖石人。典当的抵押期为18个月，到期不赎，逾期10日，即为"满当"、质物即属典当所有。典当的利息按月息2分计算，最高3分6厘，即每百元换抵押款，每月收利息2元或3元6角。典当中过期未赎的满当质物，当铺每年分批转卖给镇里的几家估衣店，抗日战争开始，两家典当即告关闭。

除典当外，民间还有一些不公开的高利贷者，借高利贷不用实物抵押，凭相互熟悉或中间人介绍担保借款，家中遇有特殊情况，又无质物可典当抵押，才有求于放高利贷者。顾名思义，这种借贷利息极高，借期又短、到期不还，利息又作为本金，利上加利。一般在一年时间即需加倍还钱，有的甚至超过本金。

钱庄

民国初年，在原税务所所在地潘万盛酒店后进，有家裕长钱庄开业。股东为硖石、王店人。在盐官设有分庄，民国24年(1935)歇业关闭。继裕长钱庄开设的是大生钱庄，地址在原税务所对面。据传原为裕长旧址，因许行彬曾向裕长借款未能如愿，许乃逼迫裕长搬迁，而由他出面筹集股金在房内开设大生钱庄，抗战开始后歇业。民国18年(1929)，信康钱庄开业，地址在虹桥口。主要股东有伊桥孙家、崇德马家和长安镇朱林生。共有资金2万银圆，经济实力较厚，业务进出较大。但是，由于放款不慎，最后吃大宗倒账，于民国24年(1935)关闭。民国30年(1941)以后，有过几家较小的钱庄，为硖石钱庄分庄，开的时间较短暂。抗战胜利以后，恒隆钱庄复业。民国35年(1946)在西悦来布店后进又开设裕大恒钱庄。

钱庄大多数钱款大宗进出，零星存款较少，股东主要是富有的资本家。他们以资金经营放款、汇兑等业务，对象多为长安地区有较大实力的店号。钱庄放款直接收取利息，或利用"期票""信汇"等收取利息。例如某商行于某月向钱庄借款1000元汇往上海购货，钱庄记账从某月1日计息，而所开汇票却注明须在6日方可在沪某钱庄兑取现金。上海的钱庄也只能从6日起向长安某钱庄计算利息。长安钱庄即从套取5天时间差的利息。除了以汇票方式套利外，在本地亦可用定期"本票"套利。

由于大钱庄一般不吸收零星小宗储蓄存款，民间的一些家庭妇女靠省吃俭用积攒的"私房钱"，放在身边提心吊胆，又梦想能获得一点利息，大多把钱以隐蔽方式存入信誉较好的商店，既存取自由，又有利息。一般商店在社会安定时确是可靠，但是也有少数商店外强中空，破产倒闭时，存户也跟着倒霉，分文无收，使一生心血化为乌有。

合作社信用部

解放前的钱庄往来客户均为大中商号，平民或农民借款受典当的高利剥削极为深重，社会上的有识之士乃提倡举办各种合作社，以"人人为我，我为人人"的口号相号召，纷纷组织信用合作社。民国17年(1928)，长安镇西郊有安南村信用合作社，参加者为当地农民，其贷款或抵押贷款的利息都较低。民国35年(1946)1月。又有长安镇合作社建立，这个社初组织时有基金2亿元(法币),由张铁民、徐元章、应少兰分别担任理监事,订立了业务计划。合作社信用部设于西街29号(旧门牌)。合作社服务为出售低于市价的日用必需品,信用部则对社员办理储蓄存款、信贷、汇兑等业务。

银行

民国10年(1921),浙江省地方银行在长安设立办事处。

民国21年(1932),由顾达一等发起组织的海宁县农民银行,在长安设立农民银行第三仓库(银行堆栈)。民国22年(1933)正式开业,主要业务是办理农业低息押货款,宣传推广良种及蚕桑改良,并给予蚕农以贷款扶持。春夏之交青黄不接时,农民为了购买种子、农具、肥料,特别是在急需用钱时,可以用稻米、麦、络麻、干茧、土丝等向银行抵押,将押品存入银行堆栈,取得贷款。利息仅收1分,低于典当或高利贷甚多,因而颇受农民欢迎。且规定还款时有人担保,可先取出实物,卖后即还。银行堆栈设于公庆街。堆栈除贷款外,亦办理存款、汇兑、储蓄等业务。当时有典当由于堆栈此举受冲击,濒于停业。

抗战胜利以后,民国36年(1947)8月15日,浙江省银行长安分理处开业,地址在周家弄(当时称民族弄)36号。主要业务是商品抵押贷款、信用贷款。同年9月1日,海宁县银行亦在长安镇开设办事处,12月18日,中国农民银行海宁支行又开设长安经收处。解放时,这些银行全部关闭。

附:长安镇典当业

旧时长安镇的典当业也很盛行。典当,是以实物价抵押的高利贷者,由于在官府注册,所以是公开的高利盘剥的生意。人们虽知道它的性质,但旧时百姓生活很苦,去"投当"亦系不得已而"饮鸩止渴"。长安镇自毁后重建,到民国8年(公元1919年),南浔邢姓富商开了"鼎裕"当于李家大房子里(职中后基),称老当。不久,邢姓另一支在苏家房子(原西街托儿所址)开设"有庆"当,称新当。小坝油车弄里朱加阳的"泰丰"米栈亦系一"抵押当"。

典当为防火、防盗,必选有高大火墙和石库高房子。进门是天井,当面一座屏风上大书一个"当"字。上台阶进门,才是高过于头的曲尺型柜台,上面装有"栅栏"和柜台里面地板很高,当柜的朝奉(先生)可以看到柜台外一切,当物者无法看见里面。当当头的进,有以下步骤:

投当:当当头者持当头(物品)顶上柜台,就叫"投当",海宁人方言叫"当(动词)当头(名词)"。

进当:朝奉接物打开后喊价,是不能还价的,当就当;不当,朝奉就把当头掷下柜台。当的话,朝奉就喊:"某姓,当虫蛀、光板皮袄一件,当洋二元"等,记账书写了人们看不懂的当票。写了对号"纸竿"条子,一面朝奉付款,一面库房按号入箱。这就是"进当"。

进当的当头,为期有十六个月、十八个月、二十四个月,到期必须赎出,利息按二分五、三分、过期五天不计。过期六天要计一个月利息。明是可宽限一个月,那35天,暗是按两个月计息,计息仍按"毛当"(原来当价)计算。

转当:当物到期了,主家舍不得把东西"没掉",必须付清以前的利息,把"当头"赎出再开一份新的"当票",叫"转当"。

当票:典当有它自己传下的文字,非内行人是不识其字义的,像"符篆"。物品都写上"虫蛀、鼠咬、破烂、光板(指皮毛衣)等。

死当:赎不起而被典当没收的叫"死当"。"死当"的东西因"毛当"的估价极低,报以售给"估衣铺"或"金银首饰"铺时还是有钱赚。而且"估衣铺"和"金银首饰铺"买去,也可赚大钱。因此,这两种店铺的铜匠店和典当关系甚好,可以按季购进便宜的"死当"货。

库房:典当的库房管理甚严,分理也很严,不致产生真的"鼠咬"、"虫蛀"等。

朝奉:也是说"掌柜""老板"。一座典当,象长安的两家有三、四个。库房管理、叫掌头、学生意的叫"小郎"。

进当铺工作的人,一是靠本人的信用(誉),一是靠荐头有"头面",俸给也是高的。学生意的要有"双保"(有两家店铺作保)。进了当铺就要严格的学习"典当"特有的各种切口、暗语、书写方法等。

朱加阳的泰丰米栈，它专当农产品，如万家渡的“纱带和丝带”（张河陈埭农民特产丝带、桥南产纱带）大米、小麦、蚕豆、土丝等。在“青黄不接”之时，也买进“梢麦”“梢叶”。在有保买进后，在收获时往往贵了一倍以上。土丝等农产品有时价，所以按时价打折后，利息较低。

解放后，长安镇上典当业基本消失，但随着改革开放的深入发展，以另一种形式经营的寄旧行业开始在长安镇兴起。主要寄售的有：旧摩托车、手机、家用电器、首饰、旧家具等。2005年年末，长安镇注册的寄旧商店有长安镇家丰寄售商店、长安镇大毛寄售商店、长安镇鼎牛寄售商店，长安镇来发寄售商店、长安镇铭氏寄售商店、长安镇通家寄售商店、长安镇好旺角寄售商店、长安镇姚兴法寄售商店。这些店大多分布于长安镇中街、迎宾路和西街。

第二节　金融机构

信用合作组织

长安信用社是海宁市农村信用合作联社的分设机构，全称海宁市农村信用合作联社长安信用社。总社坐落于长安镇修川北路，营业面积1726平方米，社内设主任室、信贷组、账务组和综合业务柜。2005年年末有营业网点6个，其中分社5个，开设对外营业窗口11个，从业人员38名。经营人民币存款、个人储蓄、贷款、票据贴现、国内结算、代理发行、总付、收款及受托代办保险、其他银行的金融业务。

长安信用社以服务“三农”为宗旨，支持农村种养业、个体工商业户和私营企业的发展。2005年年末各项储蓄余额40350.17万元，各项贷款余额19069.94万元，所有业务处理全部通过电脑操作。1991年被省分行评为省级先进集体；1993年被嘉兴市委、市人民政府授予嘉兴市文明单位，1997年3月被省金融体制改革办评为1996年年度浙江省百强农村信用社。

原辛江信用社成立于1954年7月1日。由社员入股形式建办，股金每股为2元，入股后入股者即成为信用社社员。并成立理事会、监事会，主持日常业务与监事事宜，存贷款对象以个人为主。1956年开始有农业集体存款，贷款也逐渐转移到支持农村集体经济上来。1997年年末，辛江信用社下设东街信用分社、虹桥、联益、辛江大桥、雪豹自强院、新生、辛江大桥西储蓄所7个网点，有从业人员30名。1998年撤销联益、雪豹自强院、新生储蓄所后，有从业人员47人。2000年5月，辛江信用社并入长安信用社。

原长安信用社成立于1954年（形式同上）。1997年年末，下设褚石分社、牧港、西街、东关、仙鹿桥5个储蓄所，有从业人员31名。1998年撤销仙鹿桥储蓄所，有从业人员30名。2000年5月，长安、辛江信用社合并。是年7月撤销东关、辛江大桥储蓄所，10月撤销虹桥储蓄所。2003年6月，撤销东街分社。形成一总社五分社的布局。5个分社为镇东、褚石、牧港、西街、辛江大桥西。

2004年10月因体制改革，海宁市农村信用合作联社一级法人，长安信用社与其他11个信用社一起成为其非独立核算的分机构，并清退了原有的社员股金12455户，人民币128.5万元。同时撤销了社员代表大会、理事会和监事会三个法人治理机构。

长安镇信用社历年存贷款情况

表5-2-1　　单位:万元

年份	年末存款余额			年末贷款余额		
	长安信用社	辛江信用社	合计	长安信用社	辛江信用社	合计
1991	2815.80	3258.22	6074.02	1869.58	2404.08	4273.66
1992	3708.49	4335.10	8043.59	2434.40	3230.94	5665.34
1993	6269.74	5369.76	11639.50	2968.63	3849.11	6817.44
1994	6526.67	7628.96	14155.63	4267.50	6029.56	10297.06

续表 5-2-1

年份	年末存款余额			年末贷款余额		
	长安信用社	辛江信用社	合计	长安信用社	辛江信用社	合计
1995	7296.37	9206.24	16502.61	5100.06	7245.18	12345.24
1996	8404.09	10411.66	18815.75	5873.09	8572.03	14445.12
1997	9180.41	11357.89	20538.30	6819.63	8733.12	15552.75
1998	8988.09	11812.81	20800.90	6263.20	9268.60	15531.80
1999	10855.87	12762.18	23618.05	7150.43	8248.00	15398.43
2000	24020.14	—	24020.14	16292.69	—	16292.69
2001	23003.78	—	23003.78	16421.99	—	16421.99
2002	25905.08	—	25905.08	17674.80	—	17674.80
2003	31883.54	—	31883.54	24685.95	—	24685.95
2004	34072.85	—	34072.85	22861.72	—	22861.72
2005	40350.17	—	40350.17	19069.94	—	19069.94

中国银行海宁长安支行

中国银行海宁长安支行，位于长安镇修川路857号，营业用房建筑面积400平方米，员工12名。开设6个对外营业窗口，其中个私业务窗口3个，对公业务窗口3个，备有一台自动取款机。个人业务包括：个人储蓄存款、个人存单抵押贷款、个人理财产品、个人汇款及代办保险业务等。对公业务包括公司国内结算，公司授信、公司贷款。

中国银行海宁长安支行，前身为中国银行海宁支行办事处。成立于1993年5月18日，5月20日上午正式开业。开设外币、人民币储蓄、长城信用卡业务、信贷、结算业务，地址在长安镇西街4号。1994年6月搬迁至长安镇车站路15号，1999年中国银行海宁支行办事处更名为长安分理处。2000年10月，分理处地址搬迁至修川路857号。2003年中国银行海宁支行长安分理处升格为中国银行海宁长安支行。

1997年，长安分理处被海宁市团委授予“青年文明号”；2000年，中国人民银行海宁支行长安分理处，被中国人民银行浙江省分行授予“青年文明号”及“三星级存款网点”称号；2002年，分理处被中共海宁市委、海宁市人民政府命名为市级文明单位；2003年，长安支行被评为嘉兴市中行系统“文明网点”称号。

支行历年存款余额：1993年943万元，1994年2806万元，1995年3533万元，1996年4528万元，1997年5606万元，1998年7261万元，1999年9162万元，2000年11035万元，2001年15373万元，2002年17454万元，2003年21634万元，2004年22846万元，2005年21377万元。

中国工商银行海宁长安支行

1950年3月，中国人民银行长安分理处开业。1951年7月，改称中国人民银行长安营业所。同年10月，又改称为中国人民银行长安办事处。1955年3月1日，开始使用新人民币，按1万元折换新人民币1元开始兑换、回收旧币。1971年，银行与财政部门合作，改称长安财政金融所。1973年，仍恢复银行建制，为中国人民银行长安办事处。1984年9月，中国人民银行长安办事处改称中国工商银行长安办事处。办事处地址在劳动路，并先后在东街、中街、西街和劳动路设立储蓄所。工商银行办理存款、贷款、汇兑、储蓄业务。人民银行、工商银行负责国库券发行，并代理保险业务。1950年发行5年期的胜利折实公债；1954年至1958年发行8年期的国家建设公债;1981年至1984年发行10年期国库券;1985年后发行5年期国库券;并负责办理到期还本息业务。

1991年,长安支行前身长安办事处,设在长安镇劳动路24号。办事处除本部外,下辖劳动路、西街、中街、东街、青年路5个储蓄所,共有员工49名,年末存款余额为13000万元。后经上级人民银行批准,先后撤销了西街、中街、东街、青年路储蓄所,更名为长安分理处。2000年12月,长安分理处总部从原劳动路24号搬迁至修川路878号,有办公用房600平方米,同时在原劳动路设劳动路储蓄所。2003年7月,为进一步精简机构,提升效益,经上级行批准,工行长安分理处升格为二级支行——工商银行海宁长安支行,原劳动路储蓄所也升格为劳动路分理处。行内设人民币存款、贷款、结算业务,办理票据贴现、外币储蓄、外币兑汇、代理发行,办理政府债券、代理收付款、办理保险业务。还通过开办功能齐全、品种多样的代理业务(代发工资、代收电话费、电费、有线电视费)方便长安人民的日常生活。2004年12月,经上级行及海宁银监处同意,将劳动路分理处并入长安支行,工商银行长安支行开设7个营业柜口,其中设VIP柜口1个,配大堂经理1名,客户经理3名,主持日常营业员工18名。

2001年6月,长安支行被中国工商银行浙江省分行评为防案工作先进集体;2001年、2002年被中国工商银行嘉兴市分行海宁支行评为先进集体;2003年被中国工商银行嘉兴分行评为“十强”网点。2005年年末,工行存款余额达41598万元,其中居民储蓄存款31389万元。

历年存款数:1991年11559万元,1992年12464万元,1993年13070万元,1994年15085万元,1995年15393万元,1996年16570万元,1997年18180万元,1998年21261万元,1999年22140万元,2000年22055万元,2001年24227万元,2002年29891万元,2003年41018万元,2004年39773万元,2005年41598万元。

中国农业银行海宁市长安支行

中国农业银行海宁市长安支行前身,是1979年从人民银行分设后成立的海宁农行长安营业所。地址在青年路劳动路口,办理存款、汇兑、储蓄业务,并与各乡镇信用社建立业务往来。在青年路、上闸桥、寺弄和集贸市场设立储蓄所。1980年1月,长安营业所又升级为为海宁农行长安分理处,设在长安青年路39号。2000年2月,搬迁至修川路。为适应业务发展需要,经海宁市人民银行和嘉兴银监局批准,2003年7月正式升格为中国农业银行海宁市长安支行。坐落在长安镇修川路998号。支行建筑面积672.7平方米,农业银行长安支行内设7档对外营业柜台,有17名员工。备有ATM机、自助通、高速打印机等。实现全国通存通兑储蓄业务,对公存款、贷款、外币兑换、保险、国债代理业务。经营本利丰汇利丰各项理财产品。实现包括支票、汇票、汇兑、银行卡、网上银行、漫游汇款、电话转账宝新兴业务。2005年年末,各项存款实现3.5亿元,其中储蓄存款超207亿元,外币存款960万元,贷款1.2亿元。

支行1996年、1998年被海宁市团委评为先进团组织,2000年～2005年连续6年获市级青年文明号称号,2002年至2004年被中共海宁市委、市人民政府命名为市级文明单位。2004年被省农行评为2003～2004会计达标升级工作一级单位。

农行长安支行历年存贷款情况

续表5-2-2

单位:万元

年份	存　款	贷　款	年份	存　款	贷　款
1998	8960	5010	2002	15620	8620
1999	10581	7162	2003	18031	9260
2000	11835	7162	2004	26050	9830
2001	13926	7850	2005	35791	10626

中国建设银行股份有限公司海宁支行长安分理处

1988年8月建设银行在长安镇设立办事处，负责基本建设投资的支出和收回。1992年5月5日，根据海建银字〔1992〕10号文件批复，成立海宁市建设房地产开发公司长安办事处，开展长安房地产业务，该机构为建行下属非独立核算单位，设办事员3名。1992年7月31日，经建设银行嘉兴市中心支行海宁支行批准，设立长安办事处工业品市场储蓄所。1993年7月9日，根据人行海宁支行批复，办事处搬迁至长安青年路50号营业，同时批准设立长安中街储蓄所，在办事处原址营业，有员工4名。1996年撤销长安工业品市场储蓄所。1998年2月19日，根据人民银行海宁支行海银管〔1998〕17号文件批复，长安中街储蓄所歇业，所有业务并入长安办事处储蓄所。8月31日，经海银管〔1998〕147号文件批复更名为长安分理处。1999年3月，长安中街储蓄所复业，迁址海宁皮革城1～36号，更名为"皮革城储蓄所"。同年5月4日，长安怡院储蓄所迁至长安修川路交叉口，更名为长安修川路储蓄所。2003年12月16日，经人民银行批复同意，长安修川路储蓄所迁至许村镇园区路家纺城南区03～04号，升格为分理处，更名为许村分理处。2003年11月28日，长安分理处迁址长安镇修川路851号开张营业。2004年9月，因建行股改上市，原机构名"中国建设银行股份有限公司"，更名为"中国建设银行股份有限公司海宁支行长安分理处"。建设银行长安办事处在中街、怡园路设有储蓄所。2005年，更名为中国建设银行股份有限公司海宁支行长安分理处，位于长安镇修川路851号，有营业用房290平方米。2005年在职员工10名，内设4个对外营业柜台，一个营业岗。在开办传统存款、贷款结算等业务基础上，积极调整经营结构，逐步推出各类特色代理业务、理财业务。以个人助业贷款为主打的个人信贷业务，以贷记卡为主打的信用卡业务，代理保险、基金为主打的代理业务。为广大居民提供金融服务的同时，还对长安地区优质中小企业的扶持，推出"速贷通"、"成长路"、"优秀信贷产品"为长安地区个私企业提供方便、快捷的融资安排。自1988年成立至2005年年末，累计投放各项贷款67133万元。2005年存款达到22245.02万元，其中企业存款7687.30万元，储蓄存款14557.72万元。建设银行长安分理处，1991年和1996年获海宁市支行先进集体。

建行长安分理处业务情况表

表5-2-3

单位：万元

年份	存　款	企业存款	储蓄存款	贷　款	年份	存　款	企业存款	储蓄存款	贷　款
1991	—	598.57	—	769.68	1998	—	1735.67	—	10673.38
1992	—	687.27	—	1062.69	1999	—	2334.51	—	8275.24
1993	—	777.89	—	1087.39	2000	—	3860.59	—	5045.98
1994	—	1523.22	—	1454.69	2001	12458.52	5723.27	6735.13	6128.13
1995	—	2179.96	—	1555.00	2002	13967.00	6680.42	7286.67	5325.75
1996	—	1374.77	—	7994.65	2003	20551.96	7231.06	13320.90	3251.50
1997	—	1866.89	—	9468.00	2004	24800.52	11151.47	13649.05	3265.94
1998	—	1735.67	—	10673.38	2005	22245.02	7687.30	14557.72	600

中信金通证券长安证券服务部

长安证券服务部，是长安唯一一家由中国证券监督管理委员会颁发"经营证券业务许可证"，合法经营的证券经营分支机构。位于长安镇中街80号（原海宁皮件厂内），成立于2001年。现有营业用房1200平方米，内设大户室150座、中户室100座、贵宾室30座。拥有客户2100户，客户资产总值1亿元。主要开设业务有：开设证券股东账户、资金账户、电话委托、网上交易、刷卡委托、提供《维赛特》实时资讯信息、证券手机短信服务、开放式基金业务等。开通 0573—87422864 服务热线，并以工商银行、农业银行、中国银行、建设银行开通银证转账业务，至 2005 年年末股票交易量为 10 亿元。

第三节　保　　险

1952 年，长安镇保险业务由中国人民银行长安办事处代理。1953 年海宁成立保险公司。1957 年，保险公司与财税部门合并，1959 年，保险业务中止。1980 年 10 月，海宁保险公司恢复，保险业务得到迅速发展。长安镇业务由中国工商银行长安办事处代理，承办企业财产、简易人身、家庭财产等 20 余种保险业务。理赔业务则由市保险公司办理。

财产保险公司

长安财产保险公司的前身为中国人民保险公司长安办事处，成立于 1990 年。2000 年财产、人寿分管，改称为中国财产保险股份有限公司长安办事处，主管财产保险业务。2004 年，经公司股改后，更名为中国人民财产保险股份有限公司长安营业部。营业部坐落在长安镇修川路 852 号。内设营业厅、经理室。2005 年年末，长安营业部有 5 名工作人员，设经理 1 名，分管外勤 3 名、内勤 1 名。受理各种保险业务，经营企业财产保险、家庭财产保险、企业货物运输险、产品委托责任险、团体人身意外伤害险、机动车车辆保险、建筑工程险、雇主责任险等。

自 1991 年来，机动车辆保险、企业财产保险是投保险中的主档。营业部推出的投保险种，业务覆盖长安镇、许村镇、周王庙镇。

险种投保一览表

表 5-2-4

年份＼险种	财产险（万元）	团体人身险（万元）	车辆险（万元）	合　计（万元）	年份＼险种	财产险（万元）	团体人身险（万元）	车辆险（万元）	合　计（万元）
1991	88	—	159	247	1999	94	—	180	274
1992	90	—	160	250	2000	93	—	176	269
1993	92	—	151	243	2001	93	58	180	331
1994	90	—	153	243	2002	95	60	186	341
1995	95	—	155	250	2003	97	62	190	349
1996	97	—	160	257	2004	100	65	196	361
1997	93	—	182	275	2005	102	69	210	381
1998	90	—	176	266	—	—	—	—	—

长安人寿保险股份有限公司海宁市支公司长安营销服务部

位于长安修川路工商所对面。1996 年长安成为海宁市人寿支公司首批试点乡镇，在长安设立办事处。长安人寿办事处内设网点负责人，内勤、组训各 1 名。配电脑 2 台，与省公司联网，备有职场（指召开会议，培训营销员的场所）。2005 年年末，长安人寿营销服务有营销员 30 名。保险业务覆盖长安镇城乡居民和许村、周王庙镇。投保险种有："潇洒明天""国寿英才少年""团体意外伤害险""康宁终身险""康宁定期险""国寿子女教育婚嫁金保险""国寿简易人身险""学生平安险" 企事业单位养老保险、农村养老保险等 40 余种。自 1996 年在长安地区开设人寿保险业务以来至 2005 年年末，总保费达到 4000 万元，其中 2005 年新保单保费 400 万元。

第三章 财 税

第一节 历代税务

唐宋时期的税收

长安镇自唐宋开元年间建立长安市以来，就开始由乡吏征缴、代管征缴。上元间，袭南北朝时期牛埭税制，增收堰埭税，长安义亭埭亦开始向过往船只征收过埭费，堰埭税归盐铁使代管。

宋代设酒库课市税。海宁有酒坊8处，“长安坊”为其中之一。南宋建长安寨后，酒醋库税由寨官兼征。

元代设税课务征收赋税，乡村由里正、庄首负责代征。

明清时期的税收

明洪武年间，在长安设立长安税务课局，盐铁田赋等为主要税源，各种杂项税收大多并入田赋一起计算。永乐初年(1403)规定自织布帛以及农具、鱼蔬等非市贩者俱免税。

清袭明制，各地仍设置税课局。雍正六年(1728)，设巡盐千总于长安镇，有巡船14艘，往来于杭嘉湖一带，专管查缉私盐。清代税制名目较多，税额亦较前朝有所增加，规定人丁税每口征银8分1厘。光绪年间鲜茧每担收捐4元，屠宰税每头猪3角，每头牛1元。契税，每契价银1两，征银3分。田每亩征银1钱1分6厘，征米6升1合。宣统元年(1909)增至每契1两、征银9分。

明清两代税收中有“漕捐”大宗收入。清道光以后又增加“厘捐”，为历朝所未有。

漕捐

明代以后，北运漕粮年有增加，每年可达数百万石之巨。史载每运送1石米至京，需花数石米的代价。地方财政为弥补亏空，从明代起开始增收“漕捐”，将负担转嫁到农民头上。“漕捐”的征收项目，由明至清不断增补，但所有名目，又多以粮耗为借口，层层盘剥。至晚清最多时，每交1石漕粮要增收漕捐2斗5升，甚至4斗之多，成为江南农民极为深重的负担。长安镇在明代有“便民仓”，设于吴家坝，后遭火焚，在今浙丝一厂西侧重建，占地约4公顷，有仓库、官舍、下房、晒场等3百余间，规模宏大。此便民仓即为当年专管漕粮的收储、待运之仓。大量粮食装船后，集队沿运河北上，抵河北通县，以供应京都官员兵丁及宫内所需。粮船往返一次，约需半年时间，耗费惊人。清代所设长安漕运千总的兵丁，即为保卫漕粮仓库及押运粮船的专职兵丁。漕捐制度一直延续至民国初年才完全废除。

厘捐

清代中叶以后，军饷支出日增。为充实军饷，道光年间各地先后增办“厘捐”，征收“厘金”。所谓“厘金”，乃是一种商业税，即凡商业流通，每两银贷抽税1厘，每千两征收1两，故名“厘金”。厘金的收入数目极为巨大。据《重修安澜院碑记》云：道光二年(1822)，长安米商岁捐厘银数千两于省城普济堂。即此可见道光年间长安米市交易之兴旺以及营业税金收入之巨大。清同治元年(1862)一月，太平军进驻长安，在两坝设卡收税，十月开征田赋，曾对赋额作不同的减免。同治三年(1864)，又恢复原征收数。海宁州设海昌、硖石两牙厘局，海昌局下设长安、周王庙等分卡。长安厘卡设于令公庙侧。民国20年(1931)，明令开征统税及营业税后，废除“厘捐”。

民国时期的税收

民国元年(1912)5月，浙江各地设立统捐局。海宁设立硖石、海昌两局，海昌局设长安镇。

民国初期税务仍沿清制，以田赋为主要税源，县政府有田粮处，各地设分处征收田赋。在准备撤销“厘金”制度之前，相继设置各种税目，有营业税、印花税、屠宰税、所得税、契税、船舶牌照税、使用牌照税、营业牌照税，以及筵席捐、娱乐捐、教育附捐、自治附捐、特捐、警捐等等。

民国12年(1923)12月，浙江省规定征收地丁捐、税额为正捐1元5角，外加各种名目的附捐1元2角2分3厘，共征2元7角2分3厘。还有抵补金正税3元，外加附捐1元6角5分，共征4元6角5分。民国17年(1928)4月起，征收军事善特捐，地丁每征银1两，带征1元；抵补金每征米1石，亦带征1元。民国18年(1929)起，改称建设特捐，继征10年。民国21年(1932)，增收国难特别捐，规定店屋、住房按房租征收10分之2，由房主、租户各一半。

民国24年(1935)9月，海宁县先后废除苛细杂捐28种，其中毛猪、小猪、鲜茧、干茧、甘蔗等捐同时废除。民国28年(1939)，日伪政权在长安立杂税征收处和酒捐局，伪海宁县公署重订田赋标准，每亩征收4斗5升，加重了农民负担。1942年，日伪发动“清乡”，随即强征田赋，一次征收5年定额，以充军饷。长安农村发生抗征斗争。民国33年(1944)5月下旬，中共地下党员鲍自兴率部驻钱塘江北岸渡口石塘头，为浙东根据地沟通联络，护送人员，输送食盐等军需物资，并对过江商货收税，为根据地筹集经费。

抗战胜利后，国民党政府将税制分为货物税及直接税两大类。民国35年(1946)3月，嘉兴货物税分局海宁办公处在长安设立驻征处，并开始征收丝茧、甘蔗(民国36年起免税)、皮毛3种土特产捐。同年2月，杭州直接税分局海宁查征所成立，在长安纱厂派有驻厂税务员。10月，海宁县捐稽征处成立，在长安设立稽征分处。民国37年(1948)7月，国民党政府为加急征集军粮，成立海宁区催粮督导团，派军警下乡催逼田粮及“征借”部分，对部分捐税项目，毛猪、羊等还加收“绥靖”费80%。除各种有正式名目的税捐外，地方上还有花样繁多的各种摊派，如乡镇保甲办公费、驻军招待费、过境军队柴草费以及壮丁费等等。

第二节 税务机构

长安地税所

解放后，地方税务机关仍沿用“税捐稽征处”之名。1950年2月，长安税捐稽征处改名为海宁县人民政府长安区税务所。1952年1月，更名为海宁县长安税务所；1958年，县财粮科、税务局、保险公司合并后，长安税务所改称为长安财政所。“文化大革命”期间，1968年9月改称为长安财税房管所；1971年4月税务机关与银行合并，成立海宁县财政金融局长安财政金融所。

1987年2月，撤县建市，更名为海宁市财政税务局长安财政税务所。位于长安镇公安弄口。负责长安镇、周王庙镇、辛江乡、盐仓海涂的商、企、事业单位地方税收的征收管理工作。1995年5月，长安税务所迁至体育场路8号，拥有办公用房2091.87平方米。设局长室、办公室、计会征收股、综合业务股、管理一股、管理二股科室，开设4个对外服务窗口。2000年7月，许村所征管职能并入长安所。长安所负责长安镇、周王庙、许村镇、许巷镇、海宁农业对外开发区的税收征管职能。2003年7月20日，设立长安征管局。2004年4月1日，更名为海宁市地方税务分局。是年设置了网税申报服务处，为纳税人提供更多人性化服务。

至2005年年末，分局内有22名税务人员，负责分管长安镇、周王庙镇、许村镇、海宁农发区的地方税收的征收工作。长安税务分局践行“服务人民，奉献社会”的宗旨，履行“执法让国家放心，服务让纳税人满意”的承诺。树立“税收执法与税收服务并重”的理念，为一方经济发展和社会稳定提供财力支持。

长安税务分局依法收取18种税种：“增值税、消费税、营业税、企业所得税、外商投资企业和外国企业、个人所得税、资源税、固定资产投资方向调节税、城市维护建设税、房产和城市房地产税、印花税、城镇土地使用税、土地增值税、车船使用和牌照税、车辆购置税、烟叶税、屠宰税、燃油税”。2000年1月停止征收固定资产投资方向税。2001年1月，停止征收旅游发展基金：是年2月，停止征收粮食补偿金税；2002年1月，停止征收兵役义务费。

长安地税所税务情况表

表 5-3-1

年　份	税收收入	年　份	税收收入	年　份	税收收入	年　份	税收收入
1991	3289 万元	1999	400.11 万元	1995	6205.8 万元	2003	16731.70 万元
1992	3475 万元	2000	9186.21 万元	1996	4720.53 万元	2004	17197.7 万元
1993	4890 万元	2001	13903.56 万元	1997	1493.73 万元	2005	21096.58 万元
1994	5412 万元	2002	14372.30 万元	1998	1434.06 万元	合计	123808.28 万元

长安国税所

长安国税所，位于长安镇迎宾路 18 号。机构分设前为海宁市财政税务局长安财政税务所。1997 年财政税务机构分设，市国税局在长安镇设立“海宁市国家税务局长安税务所”。内设四个组，有工作人员 27 人，管辖长安镇、辛江乡、周王庙镇的纳税人。主要从事国税征收、管理、检查等税收业务工作。年税收收入 5318 万元。1998 年，国税内部机构改革，在长安镇设立“海宁市国家税务局征管分局长安办税厅”（1998 年 6 月至 2001 年 5 月）；分局副局长兼长安办税厅主任，办税厅有工作人员 27 人。管辖长安镇、辛江乡、周王庙镇、许村镇、许巷乡、沈士乡的纳税人。主要从事国税征收、管理等工作，收入并入征管分局。2001 年 7 月起，长安国税机构撤并硖石，由市国税局征收局、管理局、稽查局分别统管。2002 年 8 月至 2005 年 5 月，市国税局在长安镇设立“海宁市国家税务局稽查局检查二股”，管辖长安镇、许村镇、盐官镇、农发区的纳税人，主要从事税务稽查等工作，收入并入稽查局。

2005 年 6 月，市国税局在长安镇设立“海宁市国家税务局税源管理二科”后，长安税务分局内设科长 1 名，副科长 2 名，下设综合评估股，管理一股、管理二股、管理三股、办税厅五个股。有税务人员 30 名，配备电脑 30 台，汽车三辆。分管长安镇、盐官镇、周王庙镇、许村、海宁农业对外经济开发区的纳税人。主要承办消费税、增值税、外商投资企业和外国企业所得税，从事税源管理、检查工作。分管辖区内纳税人 6500 户，2005 年年末税收收入达 4 亿元。

第三节　财　　政

长安镇财政实行“划分收支”“核定基数”“增收分成”“减收赔补”“奖励挂钩” 的财政管理体制（农业税、增值税不列入镇财政征收分成体制内）。主要来源：基金预算收入和专项基金预算收入二项。在二项收入中包括农村附加费收入、农业发展基金和社会性支出收入，市级部门返回及杂项收入。支出项目有支援农村生产支出，农业综合开发支出，农林水部门事业费支出，文体、计划生育事业费支出，教育事业费支出，卫生公费医疗事业费支出，抚恤、社救事业费支出，民政管理费支出，城市维护费支出和上级指定科目的其他支出等。

1993—2005 年财政收支情况

表 5-3-2

年　份	收入（万元）	支　　出	年　份	收入（万元）	支出（万元）
1993	1297.7	—	2000	928.55	—
1994	1297.7	—	2002	1301.56	3463
1995	2216	—	2003	1800	4542
1997	2054	—	2004	3110	3359
1998	376.24	—	2005	10027	3704
1999	1297.7	—	—	—	—

第六卷 镇村建设 环境卫生

第一章 市镇建设

第一节 概 况

自唐宋至明清，长安一直是重要交通枢纽。沪杭铁路通车前，浙北大运河两岸南运的物资，均经长安集散，运至盐官或入钱塘江，转运各地，故而市肆十分繁荣。但在清咸丰十年（1860），长安镇全部被兵火所毁，据《海宁州志稿》记载，“长安市上只断垣几堆，破屋数间而已”。至光绪年间，“大街通衢犹半在荒烟蔓草间也”。此后，米市亦因上塘河淤塞而移往硖石，市集无以为复。至1949年，镇区仅有房屋6.5万平方米左右。

新中国成立后，长安镇的工商业、交通运输业日益发展，城镇建设不断加强。

规划编制

1984年，长安镇首个总体规划实施，房屋建设从以往零星分散，各自为政的状态进入统一规划开发建设的新阶段。1990年，全镇共建各类房屋59.8万平方米。至1990年年底，房屋总面积达66.4万平方米，其中住宅用房为29.9万平方米，人均居住9平方米。1996年6月9日，委托杭州大学规划设计院规划设计长安镇总体规划。这一规划的实施，进一步加入长安镇城镇建设步伐。1998年，委托浙江大学城乡规划设计院，设计长安镇中、远期城镇总体规划方案，并进行论证。2000年，长安镇以城镇建设年为契机，坚持“建”“管”并举，高标准、高起点对长安城镇建设总体规划又一次进行修编和调整，并完成总体规划的初步论证。2000年8月，由浙江大学城乡规划建设研究院，设计的长安镇总体规划出台。为长安镇城镇建设朝着一个布局合理、设施齐全、交通方便、环境优美、经济发达、具有浓郁江南水乡特色、现代化文明先进的生态型城镇、生活舒适的人居环境的目标发展。使城镇建设更加有序、更加合理、更为加快，又一次得到提升。为此，长安镇被浙江省人民政府列入全省100个中心镇之一。以后几年，长安镇以建设中心镇为契机，更为有序、加快城镇建设步伐。2001年，完成了新长安镇城镇建设总体规划的修编调整。2004年，启动编制城镇总体规划、消防规划、局部区块旧城改造规划及修川路、长安路景观设计工作。

旧城改造

1950年开始修建老街，开辟劳动路。20世纪70年代后期起，国家房管部门、机关事业单位投入资金建造住房。1980年至1989年竣工住宅面积达36.4万平方米，城镇居民建房亦达3.2万平方米。1994年11月17日，搬迁长安镇卫生院，新建门诊大楼4100平方米，总造价110万元。1996年11月，长安镇南北大道第一期工程(怡院路至海宁大道)，全长2.33公里，土地征用16公顷，房屋拆迁4114.6平方米，投入资金218万元，二期工程投入3770万元。1997年3月，长安镇修川路与迎宾路交叉口实施旧城改造，拆除面积4109.9平方米，新建住宅楼13000平方米，投资1300万元。是年3月，长安镇投入3987.5万元建修川路。南接海宁东西大道，北接沪杭高速公路出口处。1998年，根据长安镇中、远期总体规划方案，加快旧镇改造，当年12月修川路全线贯通。同时投入1500万元建设第四小区，新建住宅220套，面积19000平方米。又投入200多万元，浇筑车站路、环镇西路，新建景华桥，延长景华路，铺设彩色人行道2000多平方米，使长安镇从东西向改成为南北、东西大字形的格局，镇容镇貌发生根本性的变化。1999年，城镇建设实施滚动式开发，加快建设步伐。全年共有13个项目办理规划用地手续，总建筑面积60000平方米。加快旧城改造，完成李家井、公庆街、虹桥、和平街一带全长1.8公里、208户房屋拆迁任务，拆迁总面积达23681平方米；对原织带厂、商业皮件厂实施开发改造。基础设施建设以镇区道路和市政公用设施为重点，投入85万元，对主要道路的人行道和影剧院广场进行改造；投入35万元，改建、修建辛江路、双闸路、中街等破损道路；投入33万元，建造垃圾填埋场；市第二地面水厂建成并供水；投入15万元，新植绿化带2公里，新筑花台55只，扩大绿化面积3700平方米，亮化修川路和青年路。2000年，旧城改造拆迁面积达到1.1万平方米，铺设彩色人行道8000平方米，新筑道路2万平方米。2003年，启动天鹰区块旧城改造、基本完成总面积1800平方米和翻水站区块拆旧工程，完成修川桥西滨河绿化带建设。

大项目建设

1993年投入资金600万元建造长安镇工业品市场，建筑面积为楼上、楼下各10000平方米。1996年1月，长安市镇排涝综合治理首期工程实施：一是疏浚林白港、寺桥港。二是铁北三座水闸及上塘河拍门。三是全面疏理镇区地下排水沟通道。四是新增铁北闸80千瓦高压变压器。五是拆房堆土面积等共投入资金80万元。1999年，建造海宁庆丰大厦，总投资300万元，征地1000平方米，建筑面积3500平方米；建造金陵大厦，投资300万元，征地1300平方米，建筑面积4500平方米。扩建长安农贸市场，投入资金950万元。是年，对景华桥、解放桥、卫农桥拆建，投入资金58万元。同年3月，对长安镇环镇西桥拆建，跨径30米，宽16米；动工建设铁路天桥，桥宽5米跨径50米、工程投资80万元；筑工人路长700米，宽12米；拆迁民房2200平方米，征地0.8公顷，工程200万元。动工建设上塘河市镇段(虹桥至新桥)滨河绿化带，长400米，平均宽20米，投入资金100万元。2000年，全长700米的工人路全线贯通，基本完成铁路人行天桥建设；投入250万元，对长1.04公里的修川北路整治扩建；完成辛江大桥重建延伸的旧房拆迁，拆迁总面积5800平方米；完成上塘河2600米的护岸工程，修筑防洪墙1.2公里，建造泵站1座。同年，供电大楼建成。2001年，以创建嘉兴市级卫生城镇为载体，推进城镇化进程。基本建成城镇防洪工程大包围格局；修复、新筑镇区道路1.1万平方米，铺设人行彩道0.6万平方米，新增绿化面积1.36平方米，人均绿化面积增至2.8平方米，并通过嘉兴市级卫生城镇的考核验收。2002年，总投资1500万元的海宁市新世纪十大工程——长安镇城镇防洪工程，汛期前竣工并投入使用。工程包括崇长港闸站、怡院泵站、虹桥闸站、云洞港整治工程等。城防工程建成后形成3个防洪包围圈，长期以来困扰市镇居民的水患问题得到解决。2003年，投资500万元完成城西路(环西二路)穿铁立交厢体预制工程。总投资600万元的长安路中段建设启动、城南路东段、城东路南段建设完成前期准备。2004年，城西路工程顺利开工建设、铁路下穿立交箱体顺利顶进。长安路中段工程竣工验收、城北路完成拆迁设计等前期工作。相继实施修川路安全护栏安装、青年路西段沥青路面铺设及沿路灯箱、公益广告牌制作。“生态镇”建设全面实施。

2005年，城西路、城北路两大工程有序推进，实施修川路大修工程、广电综合大楼、景华园等一批标志性建筑成形。完成辛江路人行天桥拆迁工作、铁路“平改立”工程。制定并实施生态镇规划、生态镇、生态家园建设稳步推进,完成污水管网编制规划。

第二节 住房建设

解放以后，长安镇的住房建设日益恢复发展。尤其是70年代后期开始,国家房管部门,各机关企事业单位投入大量资金建造住房。仅1980年至1989年,10年间竣工各类住房面积达36.4万平方米。城镇居民个人建房10年中亦达3.2万平方米。1984年,长安镇首个建设总体规划完成,房屋建设进入统一规划、统一开发、统一建设的新阶段。1988年,建设的怡园新村住宅小区一期工程,占地0.33万平方千米，建有4层住宅楼31幢，总建筑面积3.86万平方米,831户迁入新居。1950—1990年,全镇共建造各类房屋59.80万平方米,1990年年底，镇区房屋总面积达66.40万平方米，其中住宅用房为29.90万平方米。

50年代~1990年长安市镇住房建设情况

表6-1-1

名　称	性　质	建筑面积(平方米)	建造年月	开发单位
总站	公用房	4067.24	50年代	浙丝一厂
友谊桥东	住宅	22804.83	60～90年代	浙丝一厂
友谊桥西	住宅	2075.45	70年代	浙丝一厂
东关	住宅	5348.70	1980	浙丝一厂
光荣村183号	住宅	990	1980	一建公司
光荣村前9号、后9号	住宅	960	1980	指甲钳厂
光荣村60-80号	—	1140	1980	房管所
寺弄大楼	住宅	982	1980	—
杏花村63号	住宅	3780	1980～1983	搬运工会
杏花村108	住宅	720	1980	中糖
修川路西街交接	商住	3600	1980	—
青年路89-99	住宅	2000	1982	一建公司
公庆街187号	住宅	2534.76	1982	烟糖公司
和平街126号	住宅	150.29	1983	海宁中学
和平街西关厢	住宅	128	1984	海宁中学
寺弄51号	住宅	860	1986	航运公司
群爱楼	住宅	807	1986	—
寺弄53号	住宅	512	1987	房管所
公庆街157号	住宅	236.48	1989	锁厂
公庆街123号	住宅	960	1990	中百公司
杏花村30号	住宅	1680	1990	—
杏花村44号	住宅	840	1990	—

1991年以后，商业、住宅综合楼在镇区陆续兴建，1998年修川路开通后，修川路沿线建成大小商住综合楼40余项，总面积达17.49万平方米。继怡园新村住宅小区一期之后，又相继开发建设怡园新村住宅小区二期、三期、四期、修川花园、修川新村、景秀新村、景华园等居住小区，总面积达20万平方米。

1991～2005年长安市镇住宅建设情况

表6-1-2

小区名称	位　置	建筑面积（平方米）	建设时间
怡园新村一期	怡院路南、修川路东	38600	1988～1991年
怡园新村二、三、四期	新村一路南、修川路东	33000	1992～2001年
修川新村	三里塘北、修川路西	66000	1995年
公安路29号	公安路	1965	1994
中心弄6号楼	中心弄	500	1995.8
中心弄5号楼	中心弄	1000	1995.9
迎宾路	迎宾路	32320	1995
寺弄商住楼	寺弄	1540	1996
青年路133号	商住	2250	1996
体育场路	体育场路	3300	1996
景秀新村	景华路南、环西一路东	22730	1997
修川迎宾路口	修川路、迎宾路交界	13105	1997
体育场路	体育场路	1850	1997
教工宿舍	工人路祝石桥	2130.5	1997
教工宿舍	工人路祝石桥	1368.13	1997
人民新村	住宅	25500	1997
老邮电局	中街	1700	1997
怡园三区4号楼	景华路	1685	1998
体育场商住楼	体育场路	1499	1998
修川路智机商住楼	综合	5880	1998
海港超市旁	周家弄口	1600	1999
青年路商住楼	青年路	3465	1999
修川路综合楼	修川路	4278	1999
四小区	景华路	20500	1999
教工宿舍	工人路祝石桥	1221.36	1999
教工宿舍	工人路祝石桥	1368.13	1999

续表 6-1-2

小区名称	位 置	建筑面积(平方米)	建设时间
怡川商住楼	修川路东侧	4100	2000
长安商务公寓	农贸市场	6287.37	2000
公园东侧	长安公园	3400	2000
兴房大厦	修川路东侧	5237.3	2001
煤球厂前	农贸市场	4800	2001
金陵大厦	修川路西侧	8000	1999～2002
庆丰大厦	修川路西侧	4500	2001
庆丰商住楼	修川路西侧	1900	2001
公安新村	修川路西侧	3500	2002
修川大楼	修川路西侧	3955.83	2002
修川花园	人民路北、修川路西	18620	2005
景华园	景华路北、环西一路东	67760	2004～2005

农发区房产建设情况

表 6-1-3

开发单位	房产名称	地址	面积(平方米)	年份
星星港湾房产	1-6 号楼	春澜路东侧	14010	2004
星星港湾房产	港湾花园云溪居	春澜东路	61370.61	2005
星星港湾房产	星星港湾花园 B	春澜东路	108194.76	2005

第三节 供水 排水

供水

长安镇处于水网交汇点上，地面水资源十分丰富。历史上城镇居民炊饮用井水，洗涤用河水，世代沿袭。据 1947 年统计镇区有各种水井 302 口，20 世纪 60 年代末，仍有公井 88 口。进入 20 世纪 70 年代以后，河水污染日趋严重，传统的给水方式遂逐步改变。1964 年，长安镇开始建办给水站，引浙丝一厂深井水源在居民集中区安装公用龙头。1970 年建自来水厂，开凿第一口深井，安装 6JD 深井泵一台，翌年 5 月开始供水，初时仅供应到部分行政机构企事业单位，1974 年开始直接供居民用水。尔后又逐步扩大规模，新凿井 5 口，并建造了爆气装置，在制水过程中进行除铁处理，使出厂水符合饮用水国家卫生标准。至 1990 年年底全镇铺设 Φ100 毫米上供水管道 12 公里，平均日供水量 6700 立方米，居民人均用水 100 升 / 日。

长安自来水厂深井情况

表 6–1–4

编号	井　址	井深(米)	机泵型号	开凿时间	关停时间
1	塑机厂内	72	6JCK	1974.5	1999 年 7 月
2	公　园	79.5	8 JCK	1987.11	1999 年 7 月
3	海宁中学西侧	85	6 JCK	1988.12	1999 年 7 月
4	长虹菜队	85	8 JCK	1990.5	1999 年 7 月
5	光明菜队	90	8 JCK	1990.5	1999 年 7 月

1997 年 5 月,动工建造海宁第二水厂。一期工程生产规模 5 万立方米 / 日,在 1999 年 7 月 1 日正式对外供水。同年,长安镇原 13 口深井封存,并兼并长安自来水厂,原长安自来水厂改为海宁市第二水厂营业所。2005 年 6 月,海宁市第二水厂二期工程完工投产,日供水能力增加到 10 万立方米,同时新建 10 万立方米的净水处理设施。

海宁市第二水厂 2000 年供水量 255 万立方米,售水量 252 万立方米,销售收入 355 万元;2001 年供水量 413 万立方米,售水量 349 万立方米,销售收入 355 万元;2002 年供水量 693 万立方米,售水量 633 万立方米,销售收入 893 万元;2003 年供水量 958 万立方米,售水量 878 万立方米,销售收入 1240 万元;2004 年供水量 1189 万立方米,售水量 1036 万立方米,销售收入 1464 万元;2005 年供水量 2072 万立方米,售水量 1817 万立方米,销售收入 2299 万元。

海宁市第二水厂实施城乡一体化供水,逐年扩大供水范围,管网向长安镇以东周王庙镇、郭店镇延伸,直至盐官镇,海宁第二水厂供水管网遍及海宁市西部各个乡镇。1995 年海宁第二水厂管网与海宁市自来水公司的总管联通,实现联网供水。

排水

旧时长安镇排水系统,主要是在老街和一些主要弄巷设有条石垒砌的阴沟,上盖石板。因其浅小,大部分雨水迳由地面就近流入河流或池塘,生活污水多由阴沟排入水体消纳。部分地段在暴雨后易积水受淹。1955 年,结合中街路改建,首次铺设砼下水管道，然后新建改建的道路均设置相应的排水管道。至 1990 年,镇区排水管网骨架已基本形成,共有 Φ450 毫米以上排水管道 12 公里。至 2005 年, Φ450 毫米以上排水管道总长度达到 27.49 公里;同年 11 月，市重点镇污水处理工程联建项目之一的盐仓污水处理厂二期工程建成。长安镇区污水收集系统管网建设亦于当年启动。成立长河水务有限公司承担建设任务,建成集污管网 36297.8 米。2002 年投入 4500 万元,建成长安镇防洪工程,保障长安镇区防洪排涝,使居民生命财产不受洪涝灾害侵害。

第四节　燃气　消防

燃气

1986 年在肖王村征地 0.27 公顷，集资 11 万元,建成 519 平方米液化气储存库。1987 年,在该处建液化气专用仓库,占地面积 2170 平方米,建筑面积 425 平方米,用于存放瓶装液化石油气。1992 年 8 月 11 日,浙江省城乡建设厅批准建办海宁市长安液化气储配站(建城发〔1992〕137 号)。1993 年 2 月动工,1994 年 1 月竣工。占地 0.73 公顷，拥有 100 立方米储罐 4 只,50 立方米储罐 1 只，总计容量 450 立方米。2002 年 3 月,组建海宁市人泰液化气有限公司。为民用燃气行业,属私营企业。2005 年供气量 5000 立方米。

消防

古时,镇区居民用大缸盛积雨水,以备火患时抢救之用,俗称“太平缸”,是为最早之消防设施。清朝年间,已有民间义务消防组织。至1949年,全镇共有五个消防分队。解放后,成立长安镇消防总队,为义务性质。1988年2月,长安地区消防队正式建立,地址在青年路。1995年,在肖王村新建消防用房700平方米。2005年,长安专职消防队装备有5吨水罐车2辆、泡沫消防车1辆、后援消防车2辆、指挥车1辆和手抬消防泵3台。计有轻便消防车1辆,各种型号消防泵10台,各重点企业单位都有自备消防设备。

第五节 公园 绿化

长安镇解放前,街道两旁无树木,仅仰山书院和几处空旷院落稍有树木。市镇历史上曾有过不少私家园林,明末有“环绿轩”“西庄书屋”,清初有“耕余小圃”“怡岫园”“树根居”等,惜皆未传世。

解放后,党和政府重视绿化工作,因时因地逐年栽树,美化环境。1985年,全镇街路、单位的绿化纳入“总体规划”,并把常绿、抗病虫能力强的樟树定为镇树。首先在青年路种植440株,随后扩展到各条街路,沿街各条街路两旁形成一道道绿色长廊。1987年筹建长安公园,1990年10建成开放,位于劳动路口、青年路北侧。公园利用原长河剩下水道110米、横河沿水道90米的积水引入园,疏浚一条长15米的小河,挖出的河泥堆成0.13公顷大的土山。环山傍水,建桥筑亭,遍植花木。游人一入园门,便能领山水花木的园林情趣。一座古典建筑“舒羽楼”,耸立园中央,面山临水,供游人品茗休憩,眺赏全园景色。楼后为儿童游乐场。1990年,公园自设苗圃培育花树,设暖房55平方米,以备花草越冬。当年9月,全园种植各种树木1900株。公园总面积为19500平方米,绿地面积为18000平方米,覆盖面积为18000平方米。

2001年建成虹桥以西100米的休闲公园,2002年建成修川桥以西至新桥的滨河公园,总长为400米,面积29500平方米;崇长港两岸绿化带长1800米,绿地面积9000平方米,覆盖面积13500平方米。主要道路长17980米,绿化面积140080平方米,覆盖面积226570平方米;居民住宅区面积224400平方米,绿地面积156480平方米,覆盖面积251180平方米。机关、事业单位、企业绿化面积364510平方米,覆盖面积591190平方米。铁路防护林和南排防护林面积154500平方米,覆盖面积185400平方米。主要种植香樟、桂花、垂柳、竹等。

浙丝一厂、雪豹公司及其他各厂区也都建设了小公园和厂区绿化。绿化程度已达到人均7.2平方米。

附:长安公园

1987年,镇第八届人民代表大会第一次会议通过决议,为长安镇筹建公园。同年,经市计经委批准后,开始集资。市财政拨款34万元、镇政府拨款5万元,全镇工商企业事业单位共募集38.97万元,加上其他收入10万元,共资金80余万元,1988年春季动工建设,历时3年建成。

公园占地1.63公顷。景点布局分为划船、草坪、儿童游乐、老年修身以及茶楼水榭五大区域。后部设盆景园、暖房、苗圃等。整体设计精巧别致,水榭亭台,蜿蜒分布,颇具江南园林特色。按第一期建设规划,建成石堤854米,通道587米,石桥5座,种植各种树木2000余株及大量四季花卉。有房舍500余平方米,围墙569米。其中舒羽楼茶室日夜向游人开放,供应各种饮料茶点。

1990年10月1日,公园正式开放,镇领导暨附近乡镇代表,各界人士数百人参加开园典礼。公园内游人如织,盛极一时,公园年流量26万人次。

2000年后,长安公园免收门票对外开放,内设有儿童乐园、舒羽楼、门球场、盆景园等5个休闲健身活动场所。除舒羽楼中茶室、儿童乐园中碰碰车、马拉车、盆景展示等部分营业性场所外,其余均为免费休闲赏景、健身的活动场所。园内有儿童乐园,占地有3000平方米,设有迷宫、躺躺板、滑梯、马拉车、碰碰车、小火车等儿童游玩的器具,舒羽楼占地3500平方米,门球场建成于2005年,占地面积1500平方米,有门球队员28名。盆景园有各种造型奇特的松树盆景、榆树盆景、铁树盆景、三角枫、红枫盆景3000余盆,还有各种花卉200多盆,占地1800平方米。

第六节 房地产管理

机构

1950年土改时,长安市镇成立住房管理委员会。1973年改名为长安镇房地产管理所,简称房管所。管理公房租赁、收费、维修和新建住房工作。1973年设土地管理员1名,管理全镇建房审批工作以及办理企事业单位大面积土地征用的检查,上报签订征地合同,安排土地工和监督国家土地使用等工作。1980年,许村房管所成立,将原由长安房管所管辖的许村镇区内国家直管公房由许村房管所管辖。长安成立海宁市住宅经营公司长安经营组,负责筹建及出售商品住房。1995年,因许村房管所公房日趋缩减,营业亏损、难以维持,撤销许村房管所,成立许村房管组。重新划归长安房管所管辖,原业务和三产企业全部并入长安房管所统一管理。

长安房管所隶属于海宁市规划建设局,由海宁市房地产管理处垂直领导,是一个全额自收自支的事业单位。有在职干部、职工11人,借用2人。全所内设三个组,即房管物业组、综合组、财务组。担负着本市周王庙以西,国家直管公房的维修养护、租金收缴、旧城改造与房屋拆迁、住房制度改革、房产交易评估、产权产籍查勘、房地产行业管理和全镇物业管理等工作。从1997年至2005年连续被中共海宁市委、海宁市人民政府评为海宁市级文明单位。

国有公房管理

新中国成立之初,在1950年开展的土地改革中,长安镇人民政府没收了地主、资本家和国民党军政人员等房屋。当时以间计算,计楼幢396幢,厢房92间,单间570.5间,披屋419间,其他73间以及原属公产,寺庙、祠堂等房屋。1960年国家对私有出租房屋进行社会主义改造,长安镇纳入改造的房屋388户,总改造面积55772平方米,其中非住宅20858平方米,其余34914平方米作为住宅使用。对这些房屋,按照国家对资本主义工商业社会主义改造的政策和原则,即采取类似赎买的政策和国家经租形式。通过社会主义改造的房屋明确为国家所有,由政府统一管理、统一经租、统一修缮。对于上述纳入没收和私改的房产,也属国家直管房。这些房产,当时由海宁县财税局财粮科,委托长安镇住房管理委员会管理。长安镇住房管理委员会主要职责是:负责全镇及相邻5个乡镇属国家公房的租赁、收费、维修等工作。当时的国家公产达到9.8万平方米。这些公房的用途主要是满足国家机关、部队、学校、国企和人民团体及居民住房的需要。房委会靠收取租金来养护、调配这部分房屋。对部分困难企业和困难居民,国家实行免费或减费使用。

随着城镇开发、旧城改造,长安房管所的国家直管房逐年锐减。从1993年年底138383.50平方米,到1994年12月底,长安房管所直管公房总面积为134364平方米。完好房41371平方米,占30.6%;基本完好房37752平方米,占28%;一般损坏房558475平方米,占41.3%;给2300多个单位和个人签订租赁协议和合同,资产净值2000多万元,后逐年税减。至2005年12月底,实有直管公房面积94068.34平方米,租赁户数1747户。其中完好房22731.12平方米,占24.16%,基本完好房26287.28平方米,占27.94%,一般损坏房44003.84平方米,占46.78%,严重损坏房1046.10平方米,占1.12%,其中居民住宅77319.52平方米,非住用房16748.82平方米,年租金收入116.15万元。

所有权登记

1985年前,长安镇公私房屋及企事业单位的房屋包括新建房屋,基本上无明确权证。1985年,按照国家城乡建设环境保护局和国家统计局,以及海宁县人民政府的要求,长安房管所在全镇范围内开展第一次全国城镇房屋普查。普查内容包括国家公房,企事业单位自管房和个人私有房屋。共查出房屋2115幢,计55.174万平方米。在此基础上,为依法保护产权人的合法权益,加强城镇房屋管理,按《中华人民共和国宪法》和有关法规规定:1988年,长安房管所根据市府要求，开展城镇房屋所有权登记发证试点工作。长安房管所抽调力量，配合试点工作。对申请人和申请单位提供的有关证件进行审查核实，并对房屋进行丈量、绘图、登记、造册。凡房屋所有权清楚，证件齐全，经公告无异议的，以法确定其房屋的占有、使用、收益、处分的权力，并核发房屋所有权证。至1990年年底，私房收件登记1026户，已发证827户，完成率达80.6%，单位自管房收件117个，发证112个，完成率达95.7%。

1990年起，凡个人、单位购买的商品房，单位、个人自建房，凡证件齐全，符合法定程序，经主管部门审批，由长安房管所核发房屋所有权证。至2003年12月底，共发权证8400本，之后由海宁市房管处在市办证中心统一办理。

房租收取

20世纪50年代，长安镇租金按质量高低分为甲、乙、丙、丁四个等级。租金按级计算，甲级为每平方米0.16元，乙级为0.08元，丙级为0.06元，丁级为0.04元。1961年，将租金调低为甲级0.09元，乙级0.075元，丙级0.05元，丁级0.03元。原租金每平方米物价为0.065元，调整后均价为0.064元。

1961年全镇有1319户租用公房，总面积41695.8平方米。原租金每月2708.18元，调低后租金为每月2347.34元。租金收缴由各街道居委会派出一名租金收缴员上门收取，月底向房委会结算，房委会租金专管员根据收缴情况登记消号，对租金收缴情况一目了然。对家庭确有困难，欠租比较多的住户，房委会集体讨论并报上级同意，给予适当减免。对孤寡老人、五保户等免租使用。

1964年为贯彻“以租养房”的方针，长安房委会对企业用房租金进行第一次调整，收费标准共分四类，按使用性质收费，每平方米从0.05～0.20不等。20世纪70年代，通过维修改造，对部分破旧房屋进行改善性修理，住户提出将原地面地皮浇筑水泥地面的，加收租金每平方米0.02元，出门的加收每月0.10元租金，出窗的加收每月0.08元租金，粉椽化的每月增加0.02元1平方米租金。这样既改善住户的居住条件，又为房管部门增加租金收入。租金收缴以单位代扣为主，部分居民上门收缴。1983年，由于对旧街进行成片改造和拆迁，加之县府拨款兴建困难房费用增加，对砖混非成套房按面积大小分45平方米、52平方米、63平方米三种面积出租，其标准租金为每平方米0.10元和0.11元二档。1983年6月起，对新装有水、电、卫生设备的成套住房，额定租金为每平方米使用面积0.16元。

1986年，海宁县物价局43号文件同意对企业一般营业用房和特种营业用房增加租金50%。1989年在此基础上对上述二种企业用房再上调60%～100%，此次调整的主要目的是对旧公房的维修和新建公房的投资。1990年年底，全年共收取租金355160元，租金收缴率达到99.5%。

1992年根据浙江省《城镇公有住房管理办法》第十一条，公有非住宅房屋的租金标准，应根据“以租养房”的原则，实行成本租金或商品租金的规定，长安房管所对非住宅用房再一次调整。当年租金达到410976元。此次调整对一些不景气的企业，经单位申请作适当减免。

1995年7月1日起，长安镇国家直管公房调至每平方米0.70元。1996年，住房租金逐步向市场租金过渡。到2002年，成套房租金由原来的0.16元1平方米，分6次调到每平方米3.12元。非成套住房增幅较小。企业租金全部实现协议租金，按质论价，按地段定价，完全与市场接轨，实现房屋商品化。

1991—2005年住房租金统计

表6-1-5

年份	租金总额（元）	年份	租金总额（元）	年份	租金总额（元）	年份	租金总额（元）
1991	356088	1999	1117228	1995	881502	2003	1109981
1992	410976	2000	990661	1996	1147224	2004	1152977
1993	622187	2001	994198	1997	1213517	2005	1161509
1994	754179	2002	1025282	1998	1268747	—	—

房屋修理

1951 年,受海宁市财税局委托,成立长安房地产管理委员会。接管的土改没收房,破旧不堪,损坏程度较为严重,维修压力很大。当时的房屋修理,房委会只能按住户的书面或口头申请,托交长安镇个体泥、木工及社会闲散劳动者进行修理。按日计工,属临时工性质,只能搞一些一般维修。对于严重危房,必须抢修时,则交由当时的建筑社承担。

1966 年 12 月,长安镇政府将这一部分劳动者组织起来,成立长安镇直管公房修建队。人数达到 36 人,属集体所有制企业。负责全镇三个片(东、中、西)十几个街道的公房维修养护。1981 年,长安房管所指派一名干部,进驻修建队协助工作,对修建队的组织建设,行政规范和规章制度等给予指导帮助,使修建队逐步发展壮大,购买部分建筑设备,对工人进行技术培训,业务水平不断提高,不仅可以抢修危房,还能造一般的平房和楼房,为国家节约了开支。

1983 年,房屋维修服务制订纪律和注意事项。1983 年元旦春节期间,长安房管所首次开展优良服务月活动,专管员带领泥、木工,推着流动车,上门服务,对群众急需解决的小修小补,现场解决。仅一个月时间,就为全镇广大住户整修屋檐 89 间,整修门窗 145 间,小修小补 123 户。由于优良服务活动深受群众欢迎,持续达 10 年之久。1986 年修建队划入一建公司管理。

1983 年起,为保障国家财产和居民住户使用安全,开展国家直管公房安全检查工作。当年,共查出危房 14 户,面积 1012 平方米,年底前全部抢修完毕。1984~2004 年,在海宁市房地产管理处指导督促下,长安房管所对危房工作常抓不懈,每年春季开展检查,发现危急苗头,都能在梅雨、台风季节到来之前抢修完工。

1991—2005 年房屋修理统计

表 6-1-6

单位:户

年份	大修	中修	小修	其他	抢修	年份	大修	中修	小修	其他	抢修
1991	118	42	173	2249	16	1999	—	—	—	1575	31
1992	31	317	206	1582	6	2000	—	—	—	1122	59
1993	24	99	227	1766	14	2001	—	—	—	1500	19
1994	70	66	156	1557	10	2002	—	—	—	1783	17
1995	56	48	147	1623	7	2003	—	—	—	1071	6
1996	91	69	269	1618	7	2004	—	—	—	1200	17
1997	—	—	—	1928	7	2005	—	—	—	1533	19
1998	—	—	—	2275	15	—	—	—	—	—	—

房产开发

1961 年房委会为解决群众住房困难,首次在长安和平街寺弄建平房一幢计 7 间。开始用国家资金建房,解决群众住房需求,并对部分破旧危房进行拆翻建,增加面积,解决更多无房户。1975 年,长安房管所开始大面积改造旧街,从虹桥东拆成片旧房,建长虹商住楼。首次使用钢筋混凝土五孔楼板,建成三层大楼一幢,底层为商业用房,租赁给商业系统开食品、糖果、烟杂等商业网点,二层以上解决企业困难职工和纯居民无房户。

1980 年,房管所上级有关精神采取集资建房和公建民助的方式,先后在寺弄、公安路等处建房二幢 1000 平方米,解决 34 户居民的住房。同年,海宁市住宅经营公司长安经营组成立,其业务是建造出售商品房。

1984 年,长安镇成立落实私房改造政策遗留问题领导小组,历时三年,分 22 批作调处,处理总户

397户。后改造177户，有各种遗留问题267户，11135.05平方米；兑现244户，10291.46平方米。占处理产权93%。由市府拨款建政策房一幢20套，安排落实政策住户。

1984～1985年，长安房管所在怡院一区，马角里等由市府拨款建困房6600平方米，共分配无建房能力的单位和街道居委会136户，面积6566平方米。其中新房103户，面积5663平方米，旧房33户，面积903平方米。

1985年，第一幢商品房建成，共1210平方米。由建设银行等单位购进。浙丝一厂一职工开个人购买商品房之先河，购得商品房一套54.8平方米。至1990年底，合计已出售给单位和个人商品房7652平方米。部分厂矿企业以出资50%～60%的资金，购买使用权（也称公建厂助），产权归国家所有，长安房管所以这种模式出售给单位的住房达70多套，为国家增加不少房产。1992年长安经营组改名为海宁市房地产综合开发公司长安开发部，先后在长安一、二、三小区、迎宾路、海中东、西侧、修川路等地建商品房4.8万平方米。2001年，开发分公司与综合开发公司脱钩，变更开发投资主体，即海宁市房地产开发公司长安分公司。建周家弄商住楼一幢1300平方米，于2004年年底完工。

1987年，根据海宁县房屋管理办法，加强房产管理，巩固房普成果，改变有房无证，房证不一的混乱状况，保证租户享有国家使用权，对全镇辖区国家直管公房统一换发“国家房屋使用证”计2300户。1989年，出台住房分配办事制度，实行“三公开”分房，即公开对象、公开房源、公开结果。由于措施得力，全年共分配各种房屋107户，6729平方米。同年3月，长安房地产交易市场成立，包括各种所有制的房屋买卖、租赁、转让、抵押以及其他在房产流通过程中的各种经营活动，为房地产逐步市场化培育机制，房产交易日趋活跃。

1990年《浙江省城镇公有房屋管理办法》出台，长安房管所根据“办法”精神，对全镇辖区4个街道空关房进行清理，共收回四处空关房，对营业房加收租金，有的则责令停业，恢复公房原貌。1990年以后，凡将临街住宅改为店面的，一律须经房管部门同意，并按协议租金收取，且每年增加，擅自转租的，一旦发现给予收回。

1994年，房改政策出台，改福利分房为货币分房。1996年，国家对住房制度进行改革及进一步深化，群众购房热情高涨，但仍有一部分困难职工和纯居民户住房相当困难，且无能力购买商品房。为解决这一部分弱体群体的住房，市房改办从房改基金增值部分中列支104万元。在长安镇青年路西侧征地建解困房20套，面积1300平方米，经个人申请，街道和单位证明，分房小组调查摸底，上墙公示，在无异议的情况下，由市公证处对房号摸签公证后，按房改方案享受房改购房，产权为个人所有，原租用国家的公房退还长安房管所，另行安排。

1996～1997年，为加快旧城改造、改善群众居住条件，长安房管所，对长安镇青年路农行东侧和海宁中学西侧临街成片危旧房屋进行大规模拆翻建。农行东建综合楼2000平方米，海宁中学西建综合楼2800平方米。并在青年路西南建安置房一幢，双闸路安置房二套，解决直管低标危旧房31户，按房改政策出售，改善了居民居住条件，使长期困扰青年路西侧交通不畅的局面得以改善。

1998，长安修川路工程和南排工程开工，二大工程共拆迁497户，涉及拆除的直管公房面积达25262平方米，对拆迁户的安置，绝大部分按房改方案购买，部分困难居民和职工，租赁直管房。1999年，随着住房制度改革的进一步深化，长安房管所成立物业管理中心，对镇区内直管公房以及受委托单位自管房，居民私有房屋进行物业管理，实行有偿服务。

2000～2002年，为支持企业的体制改革，理顺租赁关系，对长安食品厂、五交化、中百、中食公司等单位，租赁长安房管所的国家直管营业用房，按评估成本价出售给企业，以上单位共转让房产3044平方米。至2005年，长安房管所出售成套房330套，计20272平方米。

第二章 村庄建设

自汉、元、明、清至民国期间，长安镇农村的村庄建设，除寺、庙等大小建筑有专管人员与管理章程外，广大农民住宅由农民自行在自家的土地上就势而建，村庄住宅一般较零乱。

新中国成立初期，农民建房仍处于无序状态。1960～1970 年，村镇建设除公用建筑外，农民建房所需宅基地由大队党支部或村委会根据粗线条规划予以指定，多系填空补缺。1976 年，长安地区第一个新农村，原辛江乡新德村新农村建设开始，1982 年完工。以亭子桥到蛤蟆桥机耕路为中心，沿机耕路东、西两侧，建造 28 幢，192 间村民住房。每一单元(楼房)占地面积 128.44 平方米。

党的十一届三中全会后，村镇建设实行审批制度，逐步走上正规化。1981 年，长安公社、辛江公社相应成立村镇规划、农房建设领导小组，各村也成立“村镇规划建设领导小组”。

1982 年，市人民政府，对村镇规划管理、建房用地管理、农房设计、施工管理、建筑材料生产和供应，以及机构设置等问题都有明确规定。村镇规划建设基本走上有章可循、有法可依的轨道。

是年，市政府为刹住农村建房滥占耕地的歪风，组织人员对农村建房占地情况进行全面清查，发现问题立即纠正。从此，村镇居民建房必须履行审批手续，即：建房须向村委申请，经村委同意，交乡镇政府审查，报县政府审批，并领取建房通知书。县政府对建房问题做到严格把关：不符合规划的不批，子女不满 18 周岁的不批，不合乎审批程序的不批，制止建房的混乱现象。

1987 年，建房须向村委会申请，经村委会同意后，报镇政府，经镇土地管理所所长和政府主要领导审查同意后，报土地局审批。为了进一步规范村庄居民住宅建设，最大限度减少村庄住宅建设纠纷，1988 年，对建房位置、性质、间数、地基、宅基面积、正房规格、跨度、檐高、出檐、出山、附屋建筑物规格、流水等作详细规划。从此，规范村民住宅建设。

改革开放后，长安镇村庄建设翻天覆地的变化。农村住房经历草房变瓦房、平房改楼房、二楼改三楼的变化。特别是进入 2000 年后，农民住房更变得美观、豪华，一幢幢别墅式豪华型住宅遍布全镇农村。为让村庄建设既美观整齐，又节约用地，各村都开辟新村点。全镇 20 个村都按自然村建立新村规划点，农民建房必须进新村点。建房必须向镇村办公室审报建房地址，由镇村镇建房办公室批给选址报告和建房土地申请报告。两份报告齐全后才可开工建房，长安镇的村庄建设趋向更合理、更美观整齐。

第一节 农民住房建设

解放前，长安农村很多农民都缺少房屋，甚至有一些无房户。农民的住房多系木梁木柱和草舍。由于生产资料私有制，农民都在自己的土地上建造房屋，形成独门独院的格局。

新中国成立后，经过减租反霸、土地改革，以及互助合作运动，农业生产得到迅速恢复和发展，人民生活有明显的改善。至此以来，一些无房或缺房的农民开始修建住房。

人民公社化时，曾一度搞农民居住集中。大兴居民点建设，其目的就是营造集中居住的人文环境，以适应人民公社体制的需要，做到统一管理，有利于集体生产，方便社员生活。

党的十一届三中全会以来，随着家庭联产承包责任制的推行，长安农村发生翻天覆地的变化。人民生活水平和质量不断提高，广大农民群众已不满足原有的住房，开始兴建更加宽敞的住房和生产用屋。一种高标准的民居，砖砼结构的房屋悄然兴起。2005 年年末，全镇共有农村住户 14737 户，住房建筑面积 549.48 万平方米。其中三层楼房占 80%，二层楼房 15%，平房 5%。

2000—2005年农村建房统计

表6-2-1

年份	户数	住宅面积（平方米）	临时用房面积（平方米）	总面积（平方米）	年份	户数	住宅面积（平方米）	临时用房面积（平方米）	总面积（平方米）
2000	393	40357	15287	55644	2003	219	22795	8820	31615
2001	123	12463.8	4601.9	17065.7	2004	264	27420	10400	37820
2002	103	10699	4292.4	14991.4	2005	256	26680	9860	36570

从90年代开始，受城镇建设和国家重点工程建设的影响，长安农村的房屋动迁工作也逐年增多。涉及长安镇农村房屋拆迁的主要有南排工程、东西大道、沪杭高速、崇长公路、杭浦高速等国家重点工程建设;长安镇城区由于修川路、城北路、城西路和新市镇的建设,带动居民住房建设。

长安镇农村房屋动迁统计

表6-2-2

工程名称	户数	面积（平方米）	工程名称	户数	面积（平方米）
南排工程	15	5250	杭浦高速	50	21300
东西大道	6	1195	城北路	53	19860
修川路	5	1160	城西路	31	10810
沪杭高速	34	11900	崇长公路	26	11500

第二节　村级公共建设

在农村初级合作社时,农村公共用房主要是利用庙宇、地主富农的多余用房作为办公用房。人民公社后,各大队都建起办公室、礼堂、村级小学等,还有生产用的牧场，各生产队也都有牧场和养蚕室。70年代后期,村级公共用房还增加村办企业,特别以砖瓦厂居多,但公用设施大多较为简陋。

进入2000年,村级经济进一步扩大,资金也日益浓厚,各村办公用房都相应得到改善。特别文化活动设施遍及各村，相应建立村级文化活动中心，生产用房以标准厂房为主。

各村公共用房统计

表6-2-3

单位名称	建办公用房时间	面积（平方米）	建文化活动中心时间	面积（平方米）	建标准厂房时间	面积（平方米）
褚石村	2003	100	2003	150	—	—
东陈村	2002	850	2004	600	1999-2004	2500
天明村	1981	180	1981	185	—	—
虹金村	1999	220	1991	400	—	—
老庄村	2010	1500	2010	2260	2010	2000
肖王村	2004	1230	2004	515	—	—
城东村	1994	300	1994	800	1980～2010	13000
新民村	1995	293	1995	617	—	—
盐湛村	2005	604	2004～2005	1019	—	—

续表 6-2-3

单位名称	建办公用房时间	面积（平方米）	建文化活动中心时间	面积（平方米）	建标准厂房时间	面积（平方米）
盐仓村	2004	450	1992	560	—	—
鹿耳村	2002	300	2005	312	—	—
红色村	2001	300	2005	500	—	—
兴福村	2004	500	2004	300	2005	2000
东升村	2001	430	2003	140	2000～2004	1180
德丰村	2003	660	2003	400	2010	2500
辛江村	2002	1003	2003	977.2	—	—
兴城村	2004	320	2005	560	2002～2008	10000
陆泽村	2002	508	2001	260	—	—
泰山村	2005	230	2005	450	—	—
大型村	2003	450	2003	370	2005	3025

第三节　农村道路建设

解放初期，长安镇村组道路大都是羊肠小道，以泥路为主。有的地方有少量石板路，无砂石路。20世纪60年代筑渠道，以渠筑路，称机耕路。70年代后期，随着村办企业的发展，村级道路逐渐得到重视，开始建沙石路。主要经济来源是村办企业资助、村级集体经济和农户集资三块组成。80年代后，村镇企业进一步扩大，长安、辛江的沙石路逐步改建水泥路。进入2000年后，“若要富先做路”成为干部群众的共识，村级道路建设遍地开花。2004年实施的康庄工程，更使长安镇的村组道路建设得到发展。村、组先后实现水泥路到户，实现户户通公路，2004年全镇通过康庄工程验收。

2005年年末各村通组通户道路统计

表 6-2-4

行政村	结构	长度（米）	宽度（米）	竣工时间	行政村	结构	长度（米）	宽度（米）	竣工时间
褚石	混凝土	25000	3	2005	鹿耳	混凝土	13800	3	2005
东陈	混凝土	3300	3	2005	红色	混凝土	11000	3	2005
天明	混凝土	7400	3	2005	兴福	混凝土	15500	2.5~3	2005
虹金	混凝土	6410	3	2005	东升	混凝土	6600	3~4	2000~2005
老庄	混凝土	8000	2.5	2005	德丰	混凝土	0.65	3	2005
肖王	混凝土	29000	2.5	2005	辛江	混凝土	7000	2.5~3	2005
城东	混凝土	12300	2.5~3	1997~2008	兴城	混凝土	4500	3.5	2005
新民	混凝土	3700	3	2005	陆泽	混凝土	3710	3~3.5	2005
金港	混凝土	15400	3	2005	泰山	混凝土	7200	3	2003~2004
盐仓	混凝土	13470	3	2005	大型	混凝土	5600	3	2005

第四节 农村桥梁建设

长安是江南水乡，河流纵横，桥梁遍布。解放后，在各个时期，地方政府都十分重视农村桥梁建设。如：辛江乡成立桥工队，1968年至1970年，新建桥梁14座，改建桥梁14座。其中有长安砖瓦厂（石灰厂）桥、庄婆堰桥、双坝桥、张家斗桥、五金桥、亭子桥、小星桥、和睦桥、白洋池桥、葛家桥、孙家桥、徐家塔桥、毛狗桥、杨陆桥、白洋笕桥、联合桥、目野桥、蒋家石桥、林家港桥、东和尚桥、泥水桥、大安桥、陈家浜桥、三家村港桥、兴福窑厂桥、苏家桥机站桥、蔡家桥、篾竹港桥等。

1985年，长安农村桥梁改造列入海宁县第一批农村桥梁改造。长安乡有褚石村和东陈村相交的梁家桥，金桥村的银桥，肖王村的笑家石桥、许家石桥，新民村的董家桥。辛江乡陆泽村后木桥，联益村安乐桥、文桥、东方红村升大桥等。1994年辛江乡改建桥梁6座，有大型村周介石桥，东方红村费家角桥、千圣庵桥、建城村刘门角桥、新升村东庙桥等。

但在农桥改造中，桥面设计标准低，大多数只能通行人工板车和小型农业机械。而后由于一些汽车，特别是少数重型汽车的强制通行，导致农桥严重损坏，农村危桥多、技术等级低、路桥设施不配套。桥梁建设不能适应长安农村经济社会发展和农民生产生活的需要，制约城乡统筹发展。2000年后，镇政府按照构建和谐社会、加速推进新农村建设的要求，从改善农村交通条件，保障人民群众出行安全便捷的实际出发，充分发挥农村已经基本实现的道路"水泥化""村村通"公路功能，作出一次规划，分步实施的办法，分期分批改造农村桥梁129座。其中公路桥梁33座，农村其他桥梁96座。

2000年后农村公路桥梁改造一览

表6-2-5

桥名	所在地	跨径（米）	宽度（米）	结构形式	荷载级别	桥名	所在地	跨径（米）	宽度（米）	结构形式	荷载级别
坝头桥	长天路	16	7.5	板梁桥	汽-20	东陈桥	长天路	13	7.5	板梁桥	汽-20
卫国新桥	长卫路	16	5.5	板梁桥	汽-20	小洋桥	胡长公路	10	20	板梁桥	汽-20
孙家桥	辛兴路	25	5.5	板梁桥	汽-20	肖王桥	胡长公路	10	20	板梁桥	汽-20
建城桥	陆兴路	10	5.5	板梁桥	汽-20	六角凉亭桥	胡长公路	10	20	板梁桥	汽-20
桃花桥	陆兴路	16	5.5	板梁桥	汽-20	长安桥	胡长公路	30	20	板梁桥	汽-20
康安桥	长东路	16	7.5	板梁桥	汽-20	反修桥	长虹路	13	3.5	板梁桥	汽-20
辛江北大桥	陆兴路	56	5.5	板梁桥	汽-20	牧港桥	牧港路	16	5.5	板梁桥	汽-20
新丰桥	辛兴路	16	5.5	板梁桥	汽-20	牧港新桥	牧港路	25	5.5	板梁桥	汽-20
和睦桥	德丰路	25	5.5	板梁桥	汽-20	殷家埭桥	辛兴路	6	5.5	板梁桥	汽-20
老庄桥	长东路	10	7.5	板梁桥	汽-20	白洋池桥	辛兴路	6	5.5	板梁桥	汽-20
东陈大桥	长东路	25	7.5	板梁桥	汽-20	西庙桥	新升路	6	5.5	板梁桥	汽-20
金星桥	胡长公路	8	7.5	板梁桥	汽-20	东庙桥	新升路	6	5.5	板梁桥	汽-20
西木桥	长天路	16	7.5	板梁桥	汽-20	大安桥	新儒路	8	5.5	板梁桥	汽-20
蛮石桥	长天路	16	7.5	板梁桥	汽-20	小安桥	新儒路	8	5.5	板梁桥	汽-20
蔡家桥	长天路	16	7.5	板梁桥	汽-20	小新桥	德丰路	16	5.5	板梁桥	汽-20
东桥	长天路	16	7.5	板梁桥	汽-20	建新桥	辛兴路	8	5.5	板梁桥	汽-20

2000年后农村其他桥梁改造一览

表 6-2-6

桥名	所在地	改建前荷载	改建后			桥名	所在地	改建前荷载	改建后		
			宽度	结构形式	荷载				宽度	结构形式	荷载
思娘桥	肖王16组	人行	5	刚架拱	汽—10	褚石东桥	褚石-东陈	机耕	5	梁桥	汽—10
郭家桥	金桥郭家组	人行	5	梁桥	汽—10	倪介木桥	褚石4组	机耕	4	梁桥	汽—10
永和桥	兴福3组	机耕	4	梁桥	汽—10	鹰雀花桥	东陈墙湾组	机耕	3.5	刚架桥	汽—10
红阳桥	新升5组	机耕	5	梁桥	汽—10	汪家桥	东陈富春组	人行	3.5	刚架桥	汽—10
后木桥	陆泽4组	人行	5	梁桥	汽—10	陈介石桥	东陈鹰塘组	人行	3.5	刚架桥	汽—10
胜利桥	新建5组	人行	5	梁桥	汽—10	斗坛桥	东陈高介组	人行	4	梁桥	汽—10
新联桥	新联8组	机耕	5	梁桥	汽—10	马和桥	东陈马乔组	人行	3.5	刚架桥	汽—10
花园桥	大型花园组	人行	5	双曲拱桥	汽—10	汤家桥	天明汤家组	人行	3.5	刚架桥	汽—10
红色二号桥	红色王山庙	机耕	5	拱桥	汽—10	天灯桥	天明天灯组	人行	4	梁桥	汽—10
红色五号桥	红色王家石桥	机耕	5	拱桥	汽—10	毛介桥	天明坝头组	人行	4	梁桥	汽—10
仙鹤桥	老庄1组	人行	4	梁桥	汽—10	万年桥	天明周家组	人行	4	梁桥	汽—10
塘家桥	肖王11组	人行	4	梁桥	汽—10	红联桥	虹金红联组	人行	4	梁桥	汽—10
水墩庙桥	东关1组	人行	5	刚架拱	汽—10	杜介木桥	新民13组	人行	4	梁桥	汽—10
李家石桥	卫国11组	人行		梁桥	汽—10	红卫桥	老庄4组	人行	4	梁桥	汽—10
金星桥	金桥钟家组	人行	5	梁桥	汽—10	北沈桥	老庄7组	人行	4	梁桥	汽—10
金家桥	金桥联合组	人行	5	梁桥	汽—10	黄河桥	肖王19组	机耕	5	梁桥	汽—10
北桥	兴福8组	人行	4	梁桥	汽—10	倪家桥	肖王9组	机耕	5	梁桥	汽—10
红丰桥	新升4组	机耕	4	梁桥	汽—10	陈家木桥	东关4组	人行	5	刚架桥	汽—10
千圣庵桥	东方红2组	人行	4	梁桥	汽—10	国庆桥	卫国5组	人行	5	梁桥	汽—10
马家小桥	东方红8组	人行	4	梁桥	汽—10	积谷桥	牧港胜利组	人行	3.5	刚架桥	汽—10
东风桥	万兴1组	人行	4	梁桥	汽—10	和睦桥	牧港曙光组	人行	3.5	刚架桥	汽—10
张家石桥	陆泽3组	人行	5	梁桥	汽—10	新石桥	牧港合新组	人行	3.5	刚架桥	汽—10
吉贤桥	新建2组	人行	4	梁桥	汽—10	北落石桥	金桥陈介组	人行	5	梁桥	汽—10
沈家木桥	新联-新建	人行	4	梁桥	汽—10	瞿家桥	金桥-牧港	人行	5	梁桥	汽—10
小罗介桥	辛江5组	机耕	4	梁桥	汽—10	施家桥	兴福7组	机耕	4	梁桥	汽—10
化尘桥	盐仓红旗组	机耕	4	板梁桥	汽—10	光家桥	兴福1组	人行	5	梁桥	汽—10
褚家桥	盐仓褚家埭	机耕	4	板梁桥	汽—10	新桥	新升5组	机耕	4	梁桥	汽—10
昌孟桥	红色新建	机耕	5.5	板梁桥	汽—10	居家石桥	东方红2组	人行	4	梁桥	汽—10
红色一号桥	红色联新	机耕	5.5	板梁桥	汽—10	费家角桥	东方红10组	人行	4	梁桥	汽—10
秀才桥	褚石-鹿耳	人行	4	梁桥	汽—10	孙家小桥	东方红7组	人行	4	梁桥	汽—10

续表 6-2-6

桥名	所在地	改建前荷载	改建后			桥名	所在地	改建前荷载	改建后		
			宽度	结构形式	荷载				宽度	结构形式	荷载
周家东桥	东方红 7 组	人行	4	梁桥	汽—10	丝行石桥	新升 7 组	人行	—	梁桥	汽—10
太平桥	德丰 5 组	人行	4	梁桥	汽—10	周家木桥	万兴 7 组	人行	—	梁桥	汽—10
褚家木桥	万兴 3 组	人行	4	梁桥	汽—10	东木桥	建城 6 组	人行	—	梁桥	汽—10
赵家桥	建城 1 组	人行	4	梁桥	汽—10	九房桥	建城 7 组	人行	—	梁桥	汽—10
张家石桥	陆泽 3 组	机耕	5	梁桥	汽—10	庙后桥	建城 4 组	人行	—	梁桥	汽—10
登车浜桥	陆泽 5 组	人行	5	梁桥	汽—10	太平桥	建城 2 组	人行	—	梁桥	汽—10
七里亭桥	陆泽 5 组	人行	5	梁桥	汽—10	吴家桥	建城 5 组	人行	—	梁桥	汽—10
八里亭塘桥	陆泽 8 组	人行	5	梁桥	汽—10	杨家桥	建城 6 组	人行	—	梁桥	汽—10
蒋介石桥	新建 3 组	人行	4	梁桥	汽—10	鲍安桥	新建 1 组	人行	—	梁桥	汽—10
周家埭桥	联益	机耕	6	梁桥	汽—10	毛家桥	联益	人行	—	梁桥	汽—10
双坝东桥	辛江 4 组	机耕	5	梁桥	汽—10	建新桥	红色建新组	—	4	板梁桥	汽—20
简桥	辛江 9 组	人行	6	梁桥	汽—10	老观音桥	红色金星组	—	4	板梁桥	汽—20
先锋桥	大型先锋组	人行	3.5	双曲拱	汽—10	砖瓦厂桥	盐仓钱江组	—	4	板梁桥	汽—10
富春桥	大型东风组	人行	4	梁桥	汽—10	十二号桥	农发区创智路	—	31	板梁桥	汽—20
戴家石桥	大型安桥组	人行	4	梁桥	汽—10	太平桥	红色袁牧后街	—	5.5	板梁桥	汽—10
蔡家桥	金桥蔡家组	人行	—	梁桥	汽—10	板木桥	红色建新	—	5.5	板梁桥	汽—20
包家桥	兴福 1 组	人行	—	梁桥	汽—10	褚家桥	鹿耳九组	—	5.5	板梁桥	汽—20
莫家桥	新升 2 组	人行	—	梁桥	汽—10	民丰桥	红色民丰	—	5.5	板梁桥	汽—20

第五节　土地管理

民国 21 年(1932),海宁县成立土地清丈处(后改为地政处)。民国 22 年(1933),在全县的土地测量工作中经过数年努力,清丈了全县的土地,抗战前,基本上完成了地籍图册。民国 36 年(1947),海宁县政府委托县地籍整理处,对全县的土地房产进行登记,明确权属,划分都、图、地号,制图立册,颁发土地房产所有权证。

新中国成立初,实行土地改革,地主、富农的土地分给贫下中农,由人民政府发给土地证。后经合作化、公社化,农民土地都入社归集体所有,个人只划得少量自留地可自主种植。1983 年,农村实行家庭联产承包责任制,"田地划分到户",使用权归农户,所有权归集体。1983 年,长安、辛江乡镇分别成立建房办公室,配有专职管理人员,土地管理工作开始有规划。重点对农民建房用地实行审批制度,开展农村宅基地调查,颁发"农村宅基使用证"。

20 世纪 50 年代至 70 年代,企事业单位使用土地,需向所在大队申请,经同意后,生产队即可安排土地,供其使用。20 世纪 80 年代开始,凡企事业单位使用土地,必须由征地单位向公社(乡、镇)人民政府申请,列出建设项目,并征得县(市)计划委员会同意,批准,征用单位与被征用单位签订"协议书"。1984 年 12 月 15 日,组建成立长安城镇建设所,所址在长安公园驻地内。城镇建设所成立后,1985 年,对全镇房屋普查登记,大小房屋有 2115

幢,55.174 万平方米,发房产卡 3996 张。对郊区菜农建房用地负责审批,履行城镇建设总体规划职责。1997 年成立长安镇土地管理所,办公室设在长安镇政府内。2003 年,城建所搬迁至人民路 99 号办公。所内配有 4 名工作人员,其中设所长 1 名,分管长安镇辖区内城镇总体规划。详细规划镇区内的建设项目,申请资料进行初审,按规划程序办理建设项目选址意见书,建设用地规划许可证,建设工程规划许可证的审批。做好建设项目的监督管理工作,负责镇区道路、桥梁、广场、污水管道、下水道、绿化带工程建设的监督管理,负责本镇城建档案资料的收集,保管和利用工作。做好上级交办的其他任务。

2004 年 1 月,长安镇土地管理所更名为长安镇国土资源所。同年 3 月办公室由镇政府内搬迁到现址。2005 年年末,长安国土资源所有在编人员 6 名,其中设所长 1 名,工作人员 5 名。所内分设土地利用岗、耕地保护规划岗、土地监察、信访岗、地籍管理岗、矿产资源管理岗。担负着宣传、贯彻、执行国家有关土地法律、法规、政策,以及市、县依据国家法律、法规作出的有关国土资源管理的决定和措施。参与土地利用、矿产资源、地质环境保护总体规划及其他专项规划的编制和实施工作。具体实施基本农田划区定界工作、基本农田保护工作;协助编制土地开发、整理、复垦计划,并对实施情况进行监督管理。分管长安镇辖区 20 个行政村居民建房用地的报批及批准后的组织实施和监督管理工作。协助做好农用地转用、集体土地征用、建设项目供地有关材料的组织和呈报工作。协助做好土地调查、统计、登记、评估、土地交易工作。配合做好土地调查、统计和动态监测工作。协助做好有关地籍调查、土地登记发证工作。协助调查处理土地权属纠纷查处土地权属纠纷。协助做好矿产资源管理与地质灾害防治工作。开展国土资源执法巡查,及时发现、制止和报告国土资源违法行为。配合上级国土资源部门做好国土资源违法案件的调查核实、取证和处理工作。以及做好土地资源信访接待工作和承办上级国土资源部门交办的其他事项。

第三章　环境保护

第一节　粪便、垃圾管理

粪便管理

解放前，长安镇居民住房大多简陋陈旧，下水道极少，居民习惯随地倒污水、河中洗马桶。有的家里还设露天粪缸，臭气四溢。农村露天粪缸更多，遇有暴雨，粪水横溢，极不卫生。

1953年，长安镇和长安、辛江两乡成立爱国卫生运动委员会以及环境卫生管理站。加强对卫生工作的领导。在镇区，首先统一对垃圾粪便的处理，取缔露天粪缸。镇区由环卫站专人倒马桶，并禁止河中洗马桶。

1980年后，爱国卫生运动委员会改组为镇政府卫生办公室。1982年后，开展“五讲四美”文明礼貌。长安镇及长安、辛江公社分别开展大规模的卫生活动。机关干部、中小学生、教师等深入大街小巷、公共场所、偏僻地段，打扫道路，清除垃圾，疏通阴沟等活动。1997年7月12日，长安镇环境卫生站由寺弄搬迁至长安镇怡院西路（原海宁锁厂）作业。站内配置赣江牌垃圾车，奇观牌吸粪车。

2001年7月22日，开展“双整治”活动，专项整治农村环境卫生：消灭露天粪缸；取缔简易户厕；改变农村垃圾乱堆放的陋习。共整治露天粪缸2234只，改造简易户厕11288只，建造水冲式厕所31只。在镇区建有公共厕所24座（其中水冲式16座），分别位于寺弄、公安新村、幸福弄、邮政弄、劳动路、船闸、搬运站、仙鹿桥、庆宁街、修川桥等。2001年后，还加强禽畜粪便管理工作，全镇建立沼气池74只。

垃圾处理

1953年成立长安镇环境卫生管理站，负责镇区和街道垃圾清扫工作，并在各处设立垃圾箱。1994年，在怡院路建首个垃圾中转站，建筑面积127平方米。1999年在工人路又建垃圾中转站1座，并在新民村建垃圾填埋场。

2001年，以创建嘉兴市级卫生城镇为载体，推进城镇化进程。新建水冲式标准厕所2座，添置更换垃圾房（箱）60间，果壳箱120只。通过嘉兴市级卫生城镇的考核验收。是年，开展农村“双整治”活动后，逐年建立村保洁队伍，垃圾箱改为每户1只垃圾桶，由村保洁员上门清理，真正做到垃圾日日清，农村环境卫生走上城市化的管理模式。

2004年镇政府投资150万元，在泰山村征地2.47公顷，又新建1座垃圾填埋场。在城西路和工人路各设垃圾中转站1个，解决垃圾出路问题。2005年，镇政府投入16.71万元经费，对镇区内24所公厕进行改建，并在市中心增设果壳箱158只，改建垃圾箱320只，使长安的卫生设施得到改变。同时，镇政府还先后投入158万元，逐年增添环卫设备。有吸粪车2辆，装运垃圾汽车2辆，洒水车1辆，小型垃圾专用车2辆，推土机1台，减轻环卫工人的劳动强度。

第二节　河道整治　排污

1991年至2002年，以疏浚运输河、引水河为主。主要疏浚市、镇级河道，解决水上运输和农田抗旱、排涝。2003年至2005年以河道整治为主，运输河与引水河同时开展。河道整治是河道疏浚的一个新内容，配合河道保洁，组织保洁队伍，达到河面无漂浮物，河中无障碍物，河岸无垃圾的“三无标准”。使全镇水环境达到根本性改观，基本实现“水清、流畅、岸绿、景美”的江南水乡标准。（具体见农业、水利卷）。

长安镇重视污水排放工作。2000年后逐步实现排污管网化，镇区污水收集系统管网建设、农村污水排放工程亦于启动，2005年成立长河水务有限公司承担建设任务。2005年11月，市重点镇污水处理工程联建项目之一盐仓污水处理厂二期工程亦建成。

长安镇污水管网汇总

表6-3-1

编号	管网名称	起、终点	管径	长度(米)	检查井	备注
1	一期：铁路沿线	林白泵站—城西路	D400 D600	1265.7	11	D600.415.6 D400.850.1
2	林白港	林白泵站—城北路	D500	776.2	16	D500.776.2
3	工人路	林白泵站—祝石桥	D300 D400	624.1	14	D400.232 D300.21.1
4	东西大道西段	城西路—老庄泵站	D800	413.5	9	D8.413.5
5	二期：上塘河	环镇西路桥—修川桥东	D300 D400	869.4	7	D400.714.4 D300.155
6	上塘河	城西泵站—环镇西路	D500	751.9	19	D500.751.9
7	景华路	天鹰区块、殷家木桥、三里塘边	D300 D400	1312.7	23	D400.884.9 D300.427.8
8	串铁路	海中泵站—铁路北	D200	509.7	7	D200.50.7
9	寺桥港	海中泵站—寺桥	D200 D300 D400	831.6	17	D200.268.3 D300.241.2 D400.322.1
10	体育场路	体育场路—青年路及海中内	D200 D400	780.4	19	D400.408.6 D300.240.2 D200.131.6
11	三期：崇长路	城北路—章古北桥	D300 D400	943.8	22	D400.663.8 D300.280
12	长安路	广电站—三里塘	D300 D500	1418.6	26	D500.60.6 D400.576.5 D300.232.5
13	东西大道	三里塘口—老庄泵站	D500 D600	749.3	12	D600.664.3 D500.85
14	三里塘港	长安路—东西大道	D400 D600	1275.7	19	D600.313.8 D500.791.9 D400.170
15	上塘河	大洋桥—姚家涧	D300 D500	670.1	10	D500.8.5 D400.571.6 D300.90
16	长安路东段	广电站—上塘河	D400	534.1	—	压力管
17	环镇东路	大洋桥—东方丝绸	D150	1189	—	压力管
18	城西路南段	城西泵站—东西大道	—	2040	52	—
19	城西路中段	城西泵站—铁路	—	1430	47	—
20	城西路北段	铁路北—大型城北路	—	1007	32	—

续表 6-3-1

编号	管网名称	起、终点	管径	长度(米)	检查井	备注
21	城北路	城西路－辛江大桥	—	1991	56	21
22	城南路	城西路－三里塘	—	1169	49	—
23	城南路	三里塘－江元堂	—	1700	44	—
24	环科路	陈家－单家	D300	478	25	D300.478
25	开元路	和平路－修川路	D400	566	21	D400.566
26	开元路	修川路－胡长路	D500	260	10	D500.260
合计	—	—	—	36197.8	903	—

第三节 环境卫生管理机构

长安镇1953年成立长安镇环境卫生管理站，设于寺弄19号，建筑面积950平方米。1991年有员工56名。负责镇区和街道环境卫生工作，建站初期以清理居民粪便为主。1994年，在怡院路建首个垃圾中转站，建筑面积127平方米。1997年7月12日，长安镇环境卫生站由寺弄搬迁至长安镇怡院西路(原海宁锁厂)作业。站内配置赣江牌垃圾车，奇观牌吸粪车。2000年市环卫体制改革。原海宁市城市管理局管辖的建制镇全部下放给所在镇政府管理。实行条块结合，以块为主的管理体制。环卫站的机构性质、工作职责和人员编制不变。所需经费纳入长安镇政府的财政预算。

2005年年末，长安镇环境卫生站内有固定职工15名。设站长1名，分管财务2名，分管公厕4名。招聘下岗人员担当保洁员68名，临时职工43名，招聘公益性岗位人员79名。担负着镇区35万平方米中的道路清扫、垃圾清运；分管24所公厕的保洁、清理果壳箱260只，垃圾箱890只。日清理垃圾85吨，节日高峰期达105吨；日清运粪便污水35吨。

第七卷 党政群团

第一章 中国共产党

第一节 解放前党组织活动

1943年12月23日，共产党员呼延夫，化名胡延夫，根据中共浙西特派员罗希明的指示，利用关系打入当时驻长安镇的汪伪浙江省第二清乡专员公署暨保安司令部，任上校军事科长兼保安特务队队长，着手组建“清乡区”内以长安为中心的敌占区地下武装。当时，部队与伪专署同驻长安镇觉皇寺东侧仰山书院旧址(今海宁中学内)。

1944年1月，在呼延夫及其武装掩护下，罗希明和他的妻子许斐文及政治交通员周植林、金谷源，由杭州大井巷78号的中共浙西地下党秘密联络机关迁来长安，住在中街虹桥东侧一家羊毛行楼上，领导杭嘉湖地区党的地下组织活动。

是年3月，中共党员鲍自兴、朱思洪到长安，潜入长安镇的汪伪“长安部队”，组织中共特别支部(简称中共长安特支)。特支书记呼延夫、组织委员鲍自兴、宣传委员朱思洪。特支的任务为贯彻党中央提出的“在敌占城市组织地下军，准备武装起义，一旦时机成熟，配合进攻部队，里应外合，消灭侵略者”的指示，领导“保安特务队”发展组织，开展活动。

5月下旬，鲍自兴带领一个班进驻长安南12华里的石塘头，开辟一条与浙东新四军往来的海上捷径，送运物资和人员往来，并设卡收税，提供部队给养。7月上旬，中共浙东区党委海北特派员刘明来到长安，与海北部队取得联系，中共长安特支归其领导。10月上旬，刘明调澉浦区委祝岐耕(化名祝恒如)来长安，以伪镇公所事务员身份作掩护，先后在沈士、许村等地发展地下党员3人。11月，中共长安特支趁伪专员易人，摆脱伪专署对“保安特务队”的控制，通过对日伪上层的活动，取得枪支弹药和人员的补充，扩编为省保安第十大队，设分驻许村、盐官、翁家埠、许巷、沈士、科同、石塘。当时有队员近400人，有长、短枪约200支，轻机枪2挺，重机枪1挺。

民国34年(1945)4月，保安第十大队被改编为汪伪十二军特务营，下辖三个连。在“隐蔽精干，长期埋伏，积蓄力量，以待时机”的方针指导下，发展组织，吸收史恒初入党。是年7月，又吸收王行明、钱志铭入党。同时，将平湖的地下党员龚志凌调入长安第三连，充实其党的力量。是年8月15日，日本宣布无条件投降，中共长安特支领导这支地下武装在沪杭线作好迎接主力部队入城受降的准备。后来，由于斗争形势的变化，仓促撤离，途中因坏人煽动，二、三两连哗变。鲍自兴率领第一连计官兵87名，由许村经石塘头下船渡海，在余姚灵山的海滩登陆，进入四明山新四军浙东游击纵队，编入司令部警卫大队。北撤山东后，参加过华东战场的泰安、宿北、鲁南、莱芜、孟良崮、豫东和淮海、渡江、解放上海等大战役。

1949年5月，长安镇解放。同月，中共长安区分委成立，书记宋奇胜。区分委驻长安镇西街公安弄内（长安中西医联合诊所旧址）。

中共长安区委员会（区分会）领导人情况

表7–1–1

机构名称	书记（任期起止）	副书记（任期起止）
中共长安区委员会（区分会）	宋奇胜（1949.5～1951.5） 李占鲁（1951.5～1951.9） 王绪贵（兼1953.2～1953.7） 于广俊（1954.2～1956.2）	鲁延喜（鲁延玺，先任组织委员，于1951.9～1952.6主持区委工作，1952.6～1955.9任副书记） 于广俊（1952.12～1953.3和1953.7～1954.1） 王桂芳（1954.5～1956.2）

第二节　历次党员代表大会

中共长安镇（公社）第一次至第六次代表大会

1959年9月6日，中国共产党长安人民公社第一次代表大会在驻地长安镇召开，出席大会代表131名，代表全社501名党员。大会通过《关于1960年农业生产规划的决议》和《关于响应党的八届八中全会开展增产节约运动的决议》。大会选出出席县第二次党代会代表26人，选举产生公社党委会委员17人。全委会又选举正副书记共7人组成常务委员会。

1962年10月4日至5日，中共长安镇首次（第二届）党员代表大会召开，出席会议的代表97名。会议听取上届党委会工作总结和今后任务的报告，选举产生中共长安镇第二届党委会（委员11名）。同时，选举出席党代会代表12名，候补代表1名。

1968年1月，长安镇“革命委员会”成立。取代了镇党委和镇人委的职权；全镇各企业事业单位相继成立“革命委员会”“革命领导小组”，实行“党的一元化领导”。

1970年4月，建立镇革命委员会党的核心小组，开展整党建党，恢复党员的组织生活。同年10月，召开中共长安镇第三次党员大会，选举产生第三届镇委会。1974年在“批林批孔”运动中发生了“突击入党”的错误。

1980年9月，召开长安镇第四次党代会，改选镇委会。1981年1月，废止镇革委会，实行党政分开。

1984年9月，召开第五次党代会，为进行机构体制改革和适应现代化经济建设的需要，按照干部“革命化、年轻化、知识化、专业化”的要求，选举产生本届镇委会。下属党的基层组织领导人也相应作调整。

1987年3月，召开第六次党代会，选举新的中共长安镇党委。到1987年年底，长安镇党委下属45个党支部，共有党员741名。

中共长安镇第七次代表大会

1990年3月26日，中共长安镇第七次代表大会在镇政府三楼会议室举行，会期2天。出席大会代表131人，列席代表3人。大会按照议程审查工作报告，通过决议，并产生中共长安镇第七届委员会。选举产生委员6名、书记1名、副书记2名。高良初当选为中共长安镇党委书记；邢志耀、殷琴国当选为副书记。

1991年2月，建立中共长安镇纪律检查组。1992年1月，组建中共长安镇纪律检查委员会。殷琴国任纪委书记，陈建芬任副书记。

1992年8月，长安乡和长安镇合并。市委组建新的中共长安镇委员会和纪律委员会。由何阿根担任中共长安镇委员会书记；杨永福、褚林泉、周萍菊任副书记。周萍菊任中共长安镇纪律检查委员会书记；陈阿迷任副书记。

中共长安镇第八次代表大会

1993年2月17日至18日，中共长安镇第八次代表大会召开，这是乡镇合并后第一个党代会。出席大会代表224名。全体代表听取和通过《党委工作报告》《纪委工作报告》和《建设小康型社会主义新农村实施意见》。以无记名投票方式选举产生由8名成员组成的中共长安镇第八届委员会和7名成员组成的中共长安镇纪律检查委员会。在第一次全体会议上选举党委书记1名、副书记2名。何阿根任中共长安镇委员会书记；杨永福、周萍菊任副书记。会议选举中共长安镇纪律检查委员会，产生正副书记各1名。周萍菊任中共长安镇纪律检查委员会书记；陈阿迷任副书记。1993年8月，上级任命李松祥为中共长安镇党委副书记。

1994年4月15日，中共长安镇第八次代表大会召开年会，何阿根作党委工作报告，题为《深化改革，加快发展，为提前实现“八五”规划目标而努力奋斗》。工、青、妇、兵代表发言，题目是《围绕中心，当好助手，工青妇兵共为长安增光辉》。大会通过《关于党委工作报告的决议》《关于纪委工作报告的决议》《关于加快奔小康步伐的决议》。

1995年3月9日，中共长安镇第八次代表大会召开年会，何阿根作党委工作报告，题为《团结拼搏，真抓实干，再创长安两个文明建设新业绩》；与会代表对乡镇领导班子成员进行测评。大会通过《关于党委工件报告决议》《关于行政村党支部开展“五好工程”建设的决议》。

中共长安镇第九次代表大会

1996年1月25日至26日，中共长安镇第九次代表大会在镇政府四楼会议室召开，出席大会代表208名，列席36名。代表中，干部党员代表159名，占代表总数的76.4%；妇女代表43名，占代表总数的20.7%；年龄在45周岁以上的代表91名，占代表总数的43.8%；年龄在60周岁以上的代表34名，占代表总数的16.3%；高中以上文化程度的78名，占代表总数的37.5%；初中文化程度的82名，占代表总数的39.4%。代表们来自各行政村、街道、企事业和机关的76个基层党支部，代表着1834名党员。何阿根作党委工作报告，题目是《加强党建，加快发展，为建设文明富裕的社会主义新长安而奋斗》；周萍菊作党的纪律检查委员会工作报告。大会通过《关于党委工作报告的决议》《关于加快社会主义新农村建设的决议》。选举产生由七人组成的中共长安镇第九届委员会，由五人组成的纪律检查委员会。何阿根任中共长安镇党委书记；许德坤、周萍菊任党委副书记。选举产生中共长安镇纪律检查委员会书记、副书记。周萍菊任纪委书记；芮长囡任副书记。

1997年3月5日，中共长安镇第九次代表大会召开年会，何阿根作党委工作报告，题目是《同心同德，开拓前进，共塑长安两个文明建设新形象》。大会通过《关于党委会工作报告的决议》和《关于加强社会主义精神文明建设的决议》。

1998年1月16日，中共长安镇第九次代表大会召开年会，何阿根作党委工作报告，题目是《同心同德，开拓进取，再创长安社会和经济发展新业绩》。大会选举产生长安镇出席海宁市第十次党代会代表17名，并通过党委会工作报告决议。

中共长安镇第十次次代表大会

1999年1月12日至13日，中共长安镇第十次代表大会在镇政府四楼会议室召开，会期两天。大会应到代表206名，实到代表204名。预备会议上，通过大会议程，选出大会15名人员组成的主席团及秘书长。通过代表资格审查小组名单。会议上，叶时金作党委工作报告，题目是《抢抓新机遇，增创新优势，为实现长安镇跨世纪的目标任务而努力奋斗》，陈祥龙作纪委工作报告。题目是《围绕跨世纪目标，履行好纪检职能，把健康发展稳定的长安全面推向二十一世纪》。1月13日，大会通过《关于加快社会主义农业现代化建设步伐的决议》。选举产生由8人组成的中共长安镇第十届委员会，由5人组成的纪律检查委员会。叶时金当选中共长安镇委员会书记；周萍菊、何阿根、陈祥龙为副书记。陈祥龙当选中共长安镇纪律检查委员会书记;芮长囡为纪委副书记。

中共长安镇第十一次代表大会

2002年1月17日，中共长安镇第十一次代表大会在镇政府四楼会议室召开,会期一天。大会应到代表107名,实到代表105名,列席代表59名。其中干部代表66名,占代表总数的61.7%;科教文卫及其他代表15名,占代表总数的14%;妇女党员代表26名,占代表总数的24.3%;企业代表21名,占代表总数的19.7%;年龄在45周岁以下的党员代表54名,占代表总数的50.5%;大专以上文化程度的代表19名,占代表总数的17.8%;初、高中文化程度的代表79名,占代表总数的71.8%。代表中既有老党员,也有最近几年入党的新党员,充分说明选出的党代表,具有广泛的代表性和先进性。上午,大会举行预备会议,通过大会议程,选出大会主席团成员及秘书长,通过代表资格审查小组名单。在正式会议上,郑进良作《与时俱进,开拓创新,为加快长安建设现代化中心城镇而努力奋斗》的党委工作报告;毛金明作《围绕经济中心,履行好纪检职能,为加快长安中心镇建设保驾护航》的纪委工作报告。大会审议通过《党委工作报告》和《纪委工作报告》。大会选举产生由9人组成的中共长安镇第十一届委员会,由5人组成的纪律检查委员会。郑进良当选中共长安镇党委书记;阮荣炳、沈力巨、毛金明、沈新良当选党委副书记。毛金明当选中共长安镇纪律检查委员会书记;顾蔷华为副书记。2月18日下午3时,阮荣炳作闭幕词,大会在雄壮的国际歌声中结束。

2003年11月17日,中共长安镇第十一次代表大会第二次会议在镇政府四楼会议室召开,会期一天,出席本次会议代表103名,列席代表59名。大会由16名人员组成主席团及秘书长。郑进良作党委工作报告,题目是《与时俱进,开拓创新,为全面建设高水平小康社会而努力奋斗》。大会选举产生长安镇出席第十一次代表大会代表26名，并通过党委会工作报告决议。

2003年11月,盐仓镇并入长安镇,市委调整中共长安镇党委和镇纪委。

顾建国任党委书记,沈力巨、郭新峰、沈新良任副书记。袁杰任纪律检查委员会书记,顾蔷华、陈祥龙任纪委副书记。

第三节　中共长安镇党组织负责人

表7-1-2

机构名称	书记(任期起止)	副书记(任期起止)	委员
中共长安镇委员会(1951.5～1958.9)	宋奇胜(1951.5～1952.8) 王绪贵(1954.5～12) 李长富(1954.12～1958.9) 丁云泉(第一书记1957.8～1958.5)	王崇礼(1952.8～1953.8主持工作) 王绪贵(1953.8～1954.5) 李魁宝(1953.12～1955.9) 钱　敏(女,1956.12～1958.9)	王芝印、王文成、石永芳、刘世五、刘洪德、刘殿元、刘炳智、李帮先、李继贤、李仲贤、沈志忠、沈关宗、陈瑞洪、张雨滋、高永学、顾洪林、董仲英、虞炳照、王安善、乔福成、宋纯瑶、施光榍、周子贤
中共长安镇管理区总支部(1958.10~1959.6)	钱　敏(女,1958.10~1959.6)	沈志忠(1958..10~1959.6) 曹伯庭(1958.10~1959.6) 王叙根(1958.10~1959.6)	沈关忠、张延桢、朱宝官、莫加清、高连明、钱雨田、姚德奎、曹如浩、章丽宝(女)
中共长安镇委员会(1959.6月28日复建)	李长富(1959.6～10离职学习)	钱　敏(女,1959.6～10主持工作) 顾洪林(1959.7～10)	王叙根、石永芳、朱信良、朱祥松、莫加清、郭文忠、高连明、曹伯庭、章丽宝(女)

续表 7-1-2

机构名称	书记(任期起止)	副书记(任期起止)	委员
中共长安镇委员会(第一届)(1959.10～1962.12,其中 1960.4～1961.5 隶属长安公社党委)	李长富(1962.8～12)	钱　敏(女,1959.10～1960.2 主持工作) 顾洪林(1959.10～1962.12,其中 1960.2～7 主持工作)	王叙根、朱信良、沈志忠、张延桢、莫加清、曹伯庭、章丽宝(女)、韩雪功、翟清彬
中共长安镇委员会(第二届)(1962.12～970.4)	李长富(1962.12～1963.5) 王顺林(1963.5～12) 左效圣(1964.1～1970.4)	顾洪林(1962.12～1970.4)	王叙根、朱信良、沈志忠、张延桢、莫加清、曹伯庭、章丽宝(女)、韩雪功、翟清彬
中共长安镇革委会党的核心小组(1970.4～10)	左效圣(组长(1970.4～8)	张延祯(副组长,1970.4～10,其中 1970.8～10 主持工作)	周勇康、王叙根
中共长安镇委员会(第三届)(1970.10～1980.9)	张　强(1970.10～1973.3) 孙景兰(1973.3～1978.10)	张延祯(1970.10～1980.9) 王叙根(1973.3～1979.8) 寿玉麟(1977.8～1980.9,其中 1978.10～1980.9 主持工作) 顾俊卿(1979.1～1980.9)	朱大成、朱金海、陈炳林、周勇康、曹金伟、章丽宝(女)吴　因、余文虎、沈伯清、林少麟、姚子康、曹伯庭
中共长安镇委员会(第四届)(1980.9～1984.9)	寿玉麟(1980.9～-1984.4) 吴鸿彬(1984.6～9)	顾俊卿(1980.9～1982.6) 沈伯青(1980.9～1984.6,改任副镇级纪检员,1984.6～9) 吴鸿彬(1984.3. ～1984.6,其中 1984.4～6 主持工作) 高良初(1984.6～9) 钱培伦(1984.6～9)	吴　因、陆云樵、林少麟、姚子康、徐康泉、钱培伦、殷琴国、章丽宝(女)、陈建芬(女)、高宜炳
中共长安镇委员会(第五届)(1984.9～1987.3)	吴鸿彬(1984.9～1985.3) 高良初(1986.8～1987.3)	高良初(1984.9～1986.8,其中 1985.3～1986.8 主持工作) 钱培伦(1984.9～1987.3) 沈伯青(副镇级纪检员,1984.9～1987.3) 邢志耀(1986.9～1987.3)	庄荣海、陆云樵、陈建芬(女)高宜炳、殷琴国
中共长安镇委员会(第六届)(1987.3～1990.3)	高良初(1987.3～1990.3)	邢志耀(1987.3～1990.3) 钱培伦(1987.3～11,1989.8～12) 沈伯青(副镇级纪检员,1987.3～1990.3)	陆云樵、陈建芬(女)高宜炳、殷琴国
中共长安镇委员会(第七届)(1990.3～1993.2)	高良初(1990.3～1992.8) 何阿根(1992.8～1993.2)	邢志耀(1990.3～1992.8) 殷琴国(1990.3～1992.8) 杨永福(1992.8～1993.2) 褚林泉(1992.8～1993.2) 周萍菊(女 1992.8～1993.2)	陆云樵、陈建芬(女)高宜炳、王金法、朱锡田、陈阿迷、张子兴
中共长安镇委员会(第八届)(1993.2～1996.1)	何阿根(1993.2～1996.1)	杨永福(1993.2～1996.1) 周萍菊(女 1993.2～1996.1) 李松祥(1993.8～1995.9) 许德坤(1995.9～1996.1)	陈建芬(女)、朱锡田、陈阿迷王金法、张子兴

续表 7-1-2

机构名称	书记(任期起止)	副书记(任期起止)	委员
中共长安镇委员会(第九届)(1996.1～1999.1)	何阿根(1996.1～1998.10) 叶时金(1998.10～1999.1)	许德坤(1996.1～1997.2) 周萍菊(女 1996.1～1999.1) 陈祥龙(1997.3～1999.1) 何阿根(1998.10～1999.1)	陈建芬(女)、芮长囡、陈伟平 骆伟政、张子兴、曹月兴
中共长安镇委员会(第十届)(1999.1～2002.1)	叶时金(1999.1～1999.11) 陈金明(1999.11～2001.10) 郑进良(2001.10～2002.1)	周萍菊(女 1999.1～2001.10.) 何阿根(1999.1～2001.10) 陈祥龙(1999.1～1999.11) 朱根明(1999.11～2001.10) 王金发(1999.11～2001.10) 阮荣炳(2001.10～2002.1) 沈力巨(2001.10～2002.1) 毛金明(2001.10～2002.1) 沈新良(2001.10～2002.1)	张子兴、曹月兴、陈建芬(女) 芮长囡、潘惠芬(女)、沈林海 沈大力、顾蔷华(女)
中共长安镇委员会(第十一届)(2002.1～2005.12)	郑进良(2002.1～2003.11) 顾建国(2003.11～2005.12)	阮荣炳(2002.1～2003.11) 沈力巨(2002.1～2005.12) 毛金明(2002.1～2003.11) 沈新良(2002.1～2005.12 郭新峰(2003.11～2005.12) 阮国强(2003.6～2003.11) 袁　杰(2003.11～2005.12)	沈大力、曹月兴、芮长囡、 顾蔷华(女)、陈祥龙、徐志远

附录一:原中共长安乡委员会

1953年1月,中共长安区委发展本乡农民苏银松同志入党。这是辖区内入党最早的一个党员。同年5月建立了第一个党小组,组长朱阿珊;8月建立第一个党支部—中共褚石乡支部,张德发任书记。是年11月,新民乡建立临时支部,隶属于长安区委。1956年2月撤区并乡,褚石、新民、孟子也合并组成大乡的总支部,直属中共海宁县委。此时,为加强对农业合作化的领导,党的基层组织建在高级农业合作社。1956年底总支下属11个党支部,共有203名党员。

中共新民乡党总支部于1958年6月22日召开党的第一次代表大会,选举产生第一届中共新民乡委员会,其后,长安公社又于1959年9月15日召开党的第一次代表大会(本乡列为第二次代表大会),1962年12月5日召开第三次代表大会,各自选举本届党委会。党的基层组织经过多次整党整风不断发展壮大,1966年底公社党委下辖16个支部,共有党员493人。1968年5月,长安公社"革命委员会"成立,取代公社党委和社管会的职权;各生产大队也先后成立"革命临时领导小组",实行"党的一元化领导"。

1970年4月,建立公社革命委员会党的核心小组。是年,开展整党建党,恢复党员的组织生活。8月,长安公社召开党的第四次代表大会,选举产生第四届党委会。

1976年10月,粉碎江青反革命集团,结束"文化大革命"的10年内乱。1978年在县委领导下,开展"揭、批、查",揭发批判江青反革命集团的罪行,清查他们的反革命帮派体系,对29名"突击入党"的人员逐一甄别处理,26名被承认,3名被除名。

1980年5月,召开中共长安公社第五次代表大会,改选公社党委会。1981年1月,废除了公社革命委员会,恢复管理委员会。1983年12月,废除人民公社体制,改名为长安乡。同时召开中国共产党长安乡第六次代表大会,进行机构体制改革。以适应现代化经济建设的需要,党代会按照干部"革命化、年轻化、知识化、专业化”的要求，选举产生本届乡党委，下属基层党组织领导人也相应作调整。1987年3月召开中国共产党长安乡第七次代表大会，选举新的乡党委。

1990年3月8日，中共长安乡第八次代表大会在乡政府三楼会议室开幕，9日结束。出席大会代表188名。大会审查第七届乡党委提出的工作报告，决定今后任务。其后，大会又选举产生中共长安乡第八届委员会，委员7名。此届至1992年8月乡镇合并。中共长安乡委员会并入中共长安镇委员会。

中共褚石乡、孟子乡、新民乡总支委员会，中共新民乡委员会；中共长安耕作区管理委员会总支委员会；中共长安公社委员会、中共长安乡委员会领导人名录

表7-1-3

机构名称	书记（任期起止）	副书记（任期起止）	委员（任期起止）
中共褚石乡支部	张德发（又名张先弟，1953.8～1956.1）	—	—
中共孟子乡临时支部	周法其（1954.5～1955.10） 赵有根（1955.10～1956.1）	—	—
中共新民乡支部（1953年11月建临时支部，次年5月建立支部，隶属长安区委）	苏银松（1954.5～11） 陈叙财（1954.11～1955.10） 周法其（1955.10～1956.1）	—	—
中共新民乡总支部	周法其（1956.2～9任第一书记，同年9～12任书记）	张德法（1956.2～9任第二书记） 赵有根（1956.2接下任）	苏银松、沈兆龙、应继春、朱阿珊、陈金煜、杜兆奎
中共新民乡总支委员会（第一次党代会）	于广俊（兼，1958.2～6，主持全面工作） 张德法（第一书记，1957.1～1958.6） 秋云山（第二书记，1957.1～1958.6）	周法其（1957.1～1958.6） 赵有根（连任～1958.6）	苏银松、沈兆龙、应继春、朱阿珊、陈金煜、杜兆奎
中共新民乡委员会	于广俊（兼，1958.6～10） 张德发（1958.6～10）	周法其（1958.6～10） 赵有根（同上） 秋云山（同上）	苏银松、沈兆龙、华明法、陈金煜、钱景芳、杜兆奎、朱阿珊、杜掌娥（女）、陈金松、沈炳洪
中共长安人民公社委员会（下设10个农业耕作管理区，一个工业管理区）	王桂芳（1958.10～接下任）	方克昌（1958.10～接下任） 周法其（同上） 钱　敏（女）（同上） 孙长风（同上） 朱阿珊（同上） 李长富（同上） 顾洪林（同上）	倪财康、章建彬、高志清、崔品高、张德发、张志云、赵有根、苏银松
中共褚石耕作管理区总支部	朱阿珊（1958.10～1959.3）	杜兆奎（1958.10～1959.3） 金子泉（同上） 陈金松（同上）	—
中共肖王耕作管理区总支部	苏银松（1958.10～1959.3）	沈炳洪（1958.10～1959.3） 沈仁发（同上） 梁其松（同上）	—

续表 7–1–3

机构名称	书记(任期起止)	副书记(任期起止)	委员(任期起止)
中共小渡管理耕作区总支部	陈金宝(1958.10～1959.3)	汪小泉(1958.10～1959.3) 张友虎(1958.10～1959.3)	—
中共长安人民公社委员会	王桂芳(接上任～1959.9)	方克昌(接上任～1959.9) 周法其(接上任～1959.9) 钱　敏(女,接上任～1959.6) 孙长风(接上任～1959.9) 朱阿珊(接上任～1959.9) 李长富(接上任～1959.6) 倪财康(1959.6～9 任副书记) 章建彬(接上任～1959.9) 张德发(接上任～1959.9) 顾洪林(接上任～1959.6)	高志清、崔品高、张志云、苏银松、高宽良、赵有根、滕惠昌、朱阿珊、沈兆龙、陈福才、凌圣高
中共新民管理区总支部(1959.4 公社管理区调整为新民、周王庙、辛江和长安 4 个管理区)	周法其(兼 1959.4～9) 苏银松(兼 1959.9～1961.5)	朱阿珊(1959.9～1961.2) 杜兆奎(1959.9～1961.5)	—
中共长安镇管理区总支部	钱　敏(女,兼,1959.4～6)	沈志忠(1959.4～6) 曹伯庭(1959.4～6) 王叙根(1959.4～6) 顾洪林(1959.4～6)	—
1961 年调整后的中共长安人民公社委员会	王桂芳(兼,1961.5～1962.12)	周法其(1961.5～1962.12) 朱阿珊(1960.5～1961.4)	苏银松、沈兆龙、滕惠昌、赵樟照、陈金煜、杜兆奎
中共长安公社委员会(1962.12.第三次党代会)	王桂芳(1962.12～1963.5) 周法其(1963.11～1968.5)	周法其(1962.12～1963.10) (1963.5～10 主持工作) 秋云山(1963.7～1968.5)	苏银松、沈兆龙、赵樟照、陈金煜、沈瑞昌、孙珊毛、陈德清、汪小泉、裘樟兴、方炳洪、许德康
长安公社革委会党的核心小组	周法其(组长,1970.4～1970.8)	秋云山(组员,1970.4～1970.8) 寿炳坤(组员 1970.4～1970.8)	—
中共长安公社委员会(第四次党代会)	周法其(1970.8～1971.5) 寿炳坤(1971.5 接下任)	寿炳坤(1970.8～1971.5) 高宽良(1970.8 接任) 秋云山(1973.3 接下任)	秋云山、沈菊芳(女)、裘樟兴、邵恒谊、朱掌荣、孙珊毛、许德坤、沈瑞昌
中共长安公社委员会(1976.10～1980.5)(“文化大革命”结束,公社党委继续工作)	寿炳坤(接上任～1979.1) 张永生(1978.7～1980.4 任副书记,1980.4～5 任书记)	高宽良(接上任～1980.3) 秋云山(接上任～1980.5) 邵恒谊(接上任～1979.8) 朱元法(1978.4～1980.1 任委员,1980.1～5 任副书记)	沈菊芳(女)、裘樟兴、朱掌荣、孙珊毛、许德康、沈瑞昌、董祥觉、柳培坤
中共长安公社委员会(第五次)(1980.5～1983.12)	张永生(1980.5～1983.12)	秋云山(1980.5～1982.12) 朱元法(1980.5～1982.2) 孙华坤(1980.5～1983.12) 高宽良(1981.3～1983.12)	沈菊芳(女)、董祥觉、柳培坤、庄荣海、费宝堂、沈进德、陈宽洪
中共长安乡委员会(第六次)(1983.12～1987.3)	张永生(1983.12～1984.7) 朱掌荣(1984.7～1985.4 支持工作,1985.4～1981.3 任书记)	庄荣海(1983.12～1984.7) 孙华坤(1983.12～1984.7) 何阿根(1984.7～1987.3)	沈菊芳(女)、沈天法、费宝堂、朱锡田、李松祥、沈培根

续表 7–1–3

机构名称	书记(任期起止)	副书记(任期起止)	委员(任期起止)
中共长安乡委员会(第七次)(1987.3～1988.1)	朱掌荣(1987.3～12)	何阿根(1987.3～12) 孙华坤(1987.3～12)	朱锡田、李松祥、周萍菊(女)许煜威
中共长安乡委员会(第七次续任)(1988.1～1990.3)	朱掌荣(1988.1～1989.11) 何阿根(1989.11～1990.3)	何阿根(1988.1～1989.11) 孙华坤(1988.1～1990.3) 褚林泉(1989.11～1990.3) 周萍菊(女,1989.12～1990.3)	周萍菊(女)、朱锡田、李松祥许煜威
中共长安乡委员会(第八次)(1990.3～1992.8)	何阿根(1990.3～1992.8)	褚林泉(1990.3～1992.8) 周萍菊(女,1990.3～1992.8)	李松祥、朱锡田、许煜威、杨菊英(女)

附录二:中共辛江乡委员会

1953年5月建立第一个党支部——中共泰山乡临时支部,11月转为正式支部。同年11月,中共长安区委发展本乡农民倪财康同志入党。1954年7月建立中共兴福乡支部,1955年5月建立中共辛江乡党支部,均隶属于长安区委。1956年2月撤区并乡,泰山、兴福、辛江三个小乡的党组织合并组成辛江大乡的总支部,直属中共海宁县委。此时,为加强对农业合作化的领导,党的基层组织建在高级农业社。1956年年底总支下属11个党支部,共有141名党员。

1961年5月,辛江从长安公社划出,建立中共辛江人民公社党委。在这一时期内,经县委批准,中共辛江乡党总支部于1958年5月召开党的第一次代表大会,选举产生第一届中共辛江乡总支委员会。其后,1962年2月,召开中国共产党辛江人民公社第二次代表大会,选举产生中共辛江公社第二届委员会。党的基层组织经过多次整党整风不断发展壮大,1966年公社党委下辖16个党支部,共有党员380名。

1966年7月,辛江公社召开党的第三次代表大会,选举产生第三届委员会。1967年12月,辛江公社"革命委员会"成立,取代公社党委和社管会的职权;各生产大队先后成立"革命临时领导小组",实行"党的一元化领导"。1969年1月,建立公社革命委员会党的核心小组。

1970年5月,召开中国共产党辛江公社第四次代表大会,选举产生第四届党委会。

1980年5月,召开中共辛江公社第五次代表大会,改选公社党委会。1981年1月,废除公社革命委员会,恢复管理委员会。1983年12月,废除人民公社体制,改名为辛江乡。同时召开中国共产党辛江乡第六次代表大会,进行机构体制改革。以适应现代化经济建设的需要,党代会按照干部"革命化、年轻化、知识化、专业化"的要求,选举产生本届乡党委,下属基层党组织领导人相应作调整。1987年3月召开中国共产党辛江乡第七次代表大会,选举新的乡党委。党的"十三大"后,乡党委组织党员干部学习社会主义初级阶段的理论和初级阶段党的基本路线教育。在工作中,以经济建设为中心,坚持四项基本原则,坚持改革开放,发展外向型经济。

1990年3月28日至29日,中共辛江乡第八次代表大会在乡政府会场举行。出席大会代表139名,大会选举产生由7名成员组成的中共辛江乡第八届委员会。1991年和1992年,市委对乡党委领导班子先后作了调整,1992年1月组建中共辛江乡纪委检查委员会,同年2月建立党委纪律检查组。1993年2月任命副书记1名。

1993年2月17日至18日,中共辛江乡第九次代表大会在乡政府礼堂召开,大会选举产生中共辛江乡第九届委员会,委员7名;中共辛江乡纪律检查委员会委员5名。

1996年2月2日至3日,中共辛江乡第十次代表大会在辛江乡影剧院召开,出席大会代表161名,特邀代表6名。大会听取曹汉国作党委工作报告,钱剑耕作纪律检查委员会工作报告；选举产生由7人组成的中共辛江乡第十届委员会，由5人组成的纪律检查委员会。

1999年1月25日至26日，中共辛江乡第十一次代表大会召开，大会正式代表130名，特邀2名，列席9名。听取和审议曹汉国关于《把握机遇，再创新业，为实现跨世纪宏伟目标而努力奋斗》的党委工作报告，朱根明关于《围绕中心，履行职能，为加快辛江经济发展而努力奋斗》的纪委工作报告。26日，大会通过两个工作报告的决议，并选举产生中共辛江乡第十一届委员会和纪律检查委员会。

中共泰山乡支部、中共兴福乡支部、中共辛江乡支部，辛江乡党委领导人名录

表7-1-4

机构名称	书记（任期起止）	副书记（任期起止）	委　员（任期起止）
中共泰山乡支部	许叙虎（1953.5～1956.1）	—	—
中共兴福乡支部	钱锦荣（1954.7～1955.4） 凌圣高（1955.5～1956.1）	—	—
中共辛江乡支部	陈洪堂（1955.5～11）	—	—
中共辛江乡总支部	马长坤（1956.2～12）	许叙虎（1956.2～12） 陈友松（1956.2～10） 凌圣高（1956.2～12）	倪财康、钱锦荣、孙坤年、谈金祥、陆凤祥、沈法荣、周荣发
中共辛江乡总支部	马长坤（1956.12～1958.9）	陈友松（1956.12～1958.9） 凌圣高（1956.12～1958.9）	倪财康、钱锦荣、孙坤年、谈金祥、陆凤祥、沈法荣、周荣标
长安人民公社泰山管理区	凌圣高（1958.10～1959.3）	周荣发（1958.10～1959.3） 韩金祥（1958.10～1959.3） 王永兴（1958.10～1959.3）	—
长安人民公社辛江管理区	陈福才（1958.10～1959.3）	沈炳松（1958.10～1959.3）	—
长安人民公社白洋管理区	钱锦荣（1958.10～1959.3）	费宝法（1958.10～1959.3） 孙元坤（1958.10～1959.3） 陈炳松（1958.10～1959.3）	—
中共辛江人民公社委员会	孙长风（又名孙少卿，1961.5～1962.12）	倪财康（1961.5～1962.12）	凌圣高、高宽良、钱锦荣、钱锦芳
中共辛江公社委员会（第二届）	孙长风（1962.12～1966.7）	倪财康（1962.12～1966.7）	高宽良、钱锦荣、钱锦芳、陈金宝、陆宝根、朱松芬（女）李顺法、陆凤祥、谈金浩
中共辛江公社委员会（第三届）	孙长风（1966.7～1967.12）	倪财康（1966.7～1967.12） 钱锦芳（1965.8～1967.12）	凌圣高、朱松芬（女）、沈伟根王仲华、李顺法、沈炳松
中共辛江公社革委会核心小组	孙长风（组长）	钱锦芳（组员）	
中共辛江公社委员会（第四届）	孙长风（1970.5～1976.10）	钱锦芳（1970.5～1975.11）	朱松芬（女）、俞祖兴、王永根倪财康、沈伟根
中共辛江公社委员会	孙长风（1976.10～1977.8） 王永根（1979.6～1980.3任书记）	王永根（1976.10～1979.6任副书记主持工作） 凌圣高（1976.10～1980.4） 张元祥（1976.10～1980.3） 陈永顺（1977.8～1980.4）	褚进才、沈伟根、娄传友、徐关仁、沈仁章

续表 7-1-4

机构名称	书记(任期起止)	副书记(任期起止)	委　员(任期起止)
中共辛江公社委员会(第五届)	陈永顺(1980.4～1982.8)	凌圣高(1980.4～1982.8) 倪财康(1980.4～1982.9) 沈仁章(1980.4～1983.12)	褚进才、娄传友、徐关仁、沈祖良、林咬祖、褚惠良、沈春坤
中共辛江乡委员会(第六届)	朱元法(1982.9～1985.4) 戴雪根(1985.4～1987.3)	朱掌荣(1983.12～1984.7) 包叙根(1983.12～1987.3) 沈培根(1986.1～1987.3)	徐关仁、娄传友、林咬祖、曹汉国、王松其、沈仁章
中共辛江乡委员会(第七届)	戴雪根(1987.3～1990.3)	包叙根(1987.3～1989.1) 沈培根(1987.3～1990.3) 钱培伦(1989.12～1990.3)	林咬祖、濮金荣、王松其、潘惠芬(女)
中共辛江乡委员会(第八届)	戴雪根(1990.3～1991.3) 钱培伦(1991.3～1992.1 沈培根(1992.12～1993.2)	沈培根(1990.3～1992.12) 钱培伦(1990.3～1991.3) 王松其(1991.4～1993.2)	王松其、潘伟芬(女)、邓建达竺伟益、濮新达
中共辛江乡委员会(第九届)	沈培根(1993.2～1996.2)	竺伟益(1993.2～ 王松其(1993.2～	潘惠芬(女)、沈林海、濮新达施国成
中共辛江乡委员会(第十届)	曹汉国(1996.2～1999.1)	竺伟益(1996.2～1997.9) 钱剑耕(1996.2～1999.1) 陈金明(1997.9～1998.10) 王金法(1998.10～1999.1)	沈林海、曹月兴、潘惠芬(女)濮新达
中共辛江乡委员会(第十一届)	曹汉国(1999.1～1999.11)	王金发(1999.1～1999.11) 朱根明(1999.1～1999.11)	庄成标、高林甫、潘惠芬(女)

附三:原中共盐仓镇委员会

1999年11月2日,根据浙江省人民政府、嘉兴市政府《关于海宁市调整部分乡镇建制的批复》,成立盐仓镇。

海宁市委任命中共盐仓镇(海宁对外综合开发区)委员会,由张永生、陈祥龙、金中一、顾育年、高林甫五位同志组成。

中共盐仓镇第一届委员会

书　记　张永生(1999.11～2002.1)

副书记　陈祥龙(1999.11～2002.1)

　　　　吴一平(2001.8～2002.1)

2000年8月7日,市委批准建立中共盐仓镇纪律检查委员会:书记　陈祥龙(1999.11～2002.1),副书记　顾育年(2000.8～2002.1)

2002年1月9日至10日,中共盐仓镇委员会召开第二次代表大会,大会实到代表50名,大会通过党委《抓住机遇、加快发展,为建设新盐仓而努力奋斗》的报告决议;通过纪委《围绕经济中心、履行纪检职能,为加快盐仓经济发展保驾护航》的报告和决议。根据党章和《中国共产党基层组织选举工作暂行条例》规定,大会经过到会代表充分酝酿讨论,采用无记名投票方式和差额选举的办法,选举产生了中共盐仓镇第二届委员会委员7名;中共盐仓镇纪律检查委员会委员5名。

中共盐仓镇第二届委员会

书　记　张永生(2002.1～2003.10)

副书记　吴一平(2002.1～2003.10)

　　　　陈祥龙(2002.1～2003.10)

中共盐仓镇纪律检查委员会

书　记　陈祥龙(2002.1～2003.10)

副书记　袁杰(2002.1～2003.10)

2003年11月撤销盐仓镇建制。中共盐仓镇党委并入长安镇党委。

第四节　党的纪律检查

1957年以前,党的纪律检查工作由党委书记或副书记兼管。1957年10月,中共长安人民公社党委举办组监工作训练班。传达贯彻中央关于加强党的监察工作方针,明确提出基层监察工作任务。中共长安镇管理区党总支部为把党的监察工作任务贯彻到基层,对党实行"三监督"(党组织监督、党员之间监督、群众监督),把党员中的违纪现象消灭在萌芽状态,以保证党的方针政策的贯彻执行。镇党总支部设2名监察委员,直接担起监察重任。1959年10月,中共长安镇委员会在召开首次全镇党员大会上,选举出5人组成长安镇监察委员会。1962年,根据党中央指示,对1958年以来被批判处分的71名党员进行甄审,对于批判处理错的54名,给予平反纠正,2名开除处分的党员恢复党籍。

1980年,贯彻执行中共中央《关于党内政治生活的若干准则》,镇党委由1名副书记或委员兼任纪检员,其主要任务是:对党员进行党纪党风教育,尤其是对新党员进行党的基础知识教育;查处党内违纪案件;认真接待来信来访,处理举报、申诉案件。

1991年2月,建立中共长安镇纪律检查组。1992年1月,组建中共长安镇纪律检查委员会。同年8月,长安乡并入长安镇,组建新的中共长安镇纪律委员会。由周萍菊任中共长安镇纪律检查委员会书记,陈阿迷任副书记。1996年1月25日至26日,中共长安镇第九次代表大会选举产生中共长安镇纪律检查委员会书记、副书记。周萍菊任纪委书记;芮长囡任副书记。1999年1月12日至13日,召开中共长安镇第十次代表大会,陈祥龙当选中共长安镇纪律检查委员会书记;芮长囡为纪委副书记。2002年1月17日,中共长安镇第十一次代表大会,毛金明当选中共长安镇纪律检查委员会书记,顾蔷华为副书记。2003年10月盐仓镇并入长安镇,袁杰任纪委书记,顾蔷华、陈祥龙任副书记。

第五节　党的宣传工作

党的宣传工作的任务是十分广泛的,概括起来就是正确地宣传党的理论、路线、方针、政策。生动地反映人民群众的伟大实践,调动一切积极因素,化消极因素为积极因素。团结一切可以团结的力量,为实现建设有中国特色的社会主义宏伟目标而奋斗。只有加强党的宣传工作,才能使广大党员、干部和人民群众真正掌握并且坚决贯彻党的路线、方针、政策,才能同心同德搞好社会主义现代化建设。各个历史时期党的任务和目标不同,宣传工作的重点和特点也不同,各个时期都体现时代的特色。

民主革命时期的宣传 1949年,宣传,剿匪反霸、征粮支前。维护治安,保护新生政权。1950至1952年,宣传贯彻婚姻法,废除封建婚姻制度,使妇女得到解放。是年10月至1951年3月,宣传、进行土地改革分田分地,让农民分享革命成果。1951年1月,宣传开展"三反""五反"运动。开展"反对贪污、反对浪费、反对官僚主义"和"反行贿、反偷税漏税、反盗窃国家资产、反偷工减料、反盗窃国家经济情报",巩固国营经济的领导地位。是年12月,宣传并开展互助合作运动为农业生产合作化打基础。是年至1952年,宣传并发动群众镇压反革命,巩固新生政权。是年5月至1953年,宣传并发动抗美援朝捐献飞机大炮、征集兵源。

社会主义改造时期的宣传:1953年,宣传宪法。让群众懂法,实行民主普选。是年12月至1956年3月,宣传党在过渡时期的总路线。对农业、手工业、资本主义工商业实行社会主义改造。是年12月,宣传政府征购销的政策,解决粮食问题。1954年至1957年,宣传农业合作化,组织农民走集体生产的道路。1955年4月,宣传贯彻整社。对合作化实行全力巩固、坚决收缩的方针。是年7月,宣传贯彻"三定到户"和统购统销的政策。执行"定产量、定上交任务、定口粮"的三定到户政策,实行粮食统一收购、统一销售。是年9月,宣传纠正整社中的错误,开展护社、建社,掀起全民办社高潮。1956年7月,组织参与机关、工交财贸、文教卫生系统的内部"肃反”运动，纯洁内部队伍。

社会主义建设时期的宣传 1956 年，宣传发起扫除文盲运动提高全民的文化素质。1957 年 3 月，发动认购“公债”支援国家建设。是年 5 月至 1958 年 12 月，宣传“整风反右”开展“大放、大鸣、大字报、大辩论”、反击“右派分子”进攻。1958 年 1 月，宣传开展城镇“整风运动”，肃清革命队伍中的反革命分子。是年 3 月，宣传开展以农业四十条为中心的社会主义教育运动。重点解决三类社的问题。是年 6 月，宣传大办钢铁，增强国力。1958 年 7 月至 10 月，宣传发起人民公社化运动实现“一大二公”的社会主义性质的农村体制。是年 9 月，宣传党的总路线掀起公社化运动，掀起大跃进。是年 10 月，宣传大办民兵师全民皆兵、保卫祖国。1959 年 1 月，贯彻《关于人民公社若干问题的决议》的精神，纠正“五风”即：干部中的共产风、浮夸风、命令风、瞎指挥风、干部特殊化风。搞好公社体制下放。是年 8 月，宣传贯彻党的八届八中全会精神，反击右倾机会主义，开展阶级斗争和路线斗争，保卫人民公社、“大跃进”、总路线三面红旗。1960 年 8 月，宣传贯彻《关于全党动手、大办农业、大办粮食的指示》克服困难时期，完成粮食征购任务。是年冬，贯彻“调整、巩固、充实、提高”的八字方针。精简上层、充实基层。1961 年 3 月至 1963 年，宣传发动精简下放运动，为国家挑粮食重担，加强农业第一线。是年 4 月，宣传贯彻《农业六十条》扩大基层、农民自主权，发展农业生产。是年，宣传发动开展清账理财，纠正办公社初期的“一平二调”错误，实行退赔。对几年来运动中受冲击同志进行甄别、平反、摘帽，增强团结，恢复党的良好风气。1963 年 4 月，宣传开展“洗手、洗澡”运动，改进党的作风、挽救失足干部。是年 11 月，宣传领导机关开展“反对贪污盗窃、投机倒把、铺张浪费、分散主义、官僚主义”的“五反”运动。是年 11 月，宣传贯彻《农村双十条》提高农村干部政策水平，发展农业生产。1964 年 5 月，宣传贯彻社教 6 条，抓“小四清”，进行“五反”运动抓清账目、清财务、清仓库、清工分，继续开展“五反”运动，搞农村基层财务管理和干部建设。1966 年春至 12 月，开展“四清”运动，即贯彻中共中央《二十三》条，进行清政治、清思想、清组织、清经济运动，解决农村工作中突出问题。

“文化大革命”时期的宣传：1966 年 12 月，宣传学习《五一六》通知，开展“文化大革命”提高对开展“文化大革命”必要性和重要性的认识。1969 年 6 月，宣传落实党的“九大”精神，高举“九大”旗帜，巩固“文化大革命”成果。1970 年 5 月，宣传开展整党、建党。以“吐故纳新”的指示方针开展整、建党。1971 年 6 月，宣传学习毛主席《我的一点意见》，开展批陈伯达反党乱军的罪行。1971 年 10 月至 1973 年，宣传、传达林彪叛国出逃的文件。开展批林整风，清算林彪及其死党的反党罪行。1974 年 2 月，开展批林批孔，搞“吸收新党员，提拔新干部”批否定“文化大革命”、批否定新生事物，批复辟倒退的“两否一倒”。1975 年 12 月，宣传贯彻中央对各条战线全面整顿的指示清理、甄别、处理突击入党，突击提干的“双突”问题，纠正“文化大革命”中的错误。1976 年 5 月，批右倾翻案风，批判邓小平。1976 年 10 月至 1979 年，粉碎清算江青反革命集团及其余党的罪行，纯洁干部队伍。

社会主义现代化建设时期的宣传 1977 年 3 月，宣传组织学习《论十大关系》和华国锋在全国农业学大寨会议上的讲话，拨乱反正、号召农业继续学大寨。1978 年 10 月，平反调动一切积极因素、恢复党的实事求是作风。1979 年 2 月，宣传学习十一届三中全会精神，实现全党的工作重点转移到经济工作上来。1982 年 4 月，宣传贯彻关于打击经济领域中严重犯罪活动的决定，整顿社会经济秩序。1985 年 6 月至 1986 年 10 月，全镇党员分批参加整党整顿作风、纯洁组织，对党员重新登记，开展“双争”活动。1989 年 6 月，开展“坚持四项基本原则和反对资产阶级自由化”的教育，端正全党的社会主义方向。是年 11 月，开展农村党的基本路线教育加强党的建设，提高全民执行党的基本路线自觉性。1990 年 8 月，宣传贯彻市委、市府《关于党政机关工作人员保持廉洁》的决定，加强机关的廉政建设。1991 年 6 月，传达学习市委《关于市级机关、乡镇党员领导干部民主生活会的若干规定》，加强党政班子的自身建设。1991 年 7 月 9 日，学习江泽民“七一”讲话，统一广大干部和群众的思想，推动各项工作的开展。回顾中国共产党七十年奋斗历史，科学阐明党在现阶段的庄严使命，提出新时期进一步加强党的建设的基本要求。举办党员培训班9期、其中短班8期，长班1期，参训358人。1992年4月，学习中共中央〔1992〕2号文件，邓小平视察南方重要谈话坚持改革开放的方向，加快经济建设的步伐。是年，开展“一个中心，两个基本点”的基本路线教育。进行党的基本路线教育，端正社会主义方向。1993年10月，传达国务院“关于反腐败斗争近期抓好几项工作的决定”加强廉政建设。1994年，学习《邓小平文选》三卷，十四届四中会《决定》为重点，集中一个半月开展了有声势有规模，虚实结合的党的基本路线教育活动。拆除违法搭建的庙宇12座。一年内开展“我为嘉兴添锦绣，兴我海宁做贡献，共为长安增光荣”大家谈活动；开展了“创百杰，争十杯”竞赛活动，组织搞好市精神文明建设奖励基金，全镇共计捐款21200元。

1995年开展“学理论，学党章、学孔繁森，树立共产党员新形象”为主要内容的“三学一树”活动。1996年6月6日，开展“奉献于事业，服务于人民”主题活动。是年11月11日，开展路线教育。教育内容主要：抓好“三个推进”。一、学习邓小平关于加强社会主义精神文明建设，民主法制建设的主要论述和十四届六中会精神，推进全镇思想道德、文化建设和依法治理工作。二、学习邓小平同志关于改革发展的思想和十四届五中全会精神，推进实现两个根本性转变，加强农业产业化进程。三、学习邓小平同志关于党的建设理论和十四届四中全会精神，推动基层组织建设。11月7—15日为第一阶段宣传发动；11月16—12月13日第二阶段为重点突破，全面实施阶段；12月14—16日为第三阶段查漏补缺提高阶段。教育对象为：党员干部、企事业单位干部、党员职工及广大农民，开展“四爱四讲”（“爱祖国、爱社会、爱企业、爱岗位”“讲学习、讲文明、讲纪律、讲效益”），“三爱”教育（“爱国主义、爱集体主义、爱社会主义”）。努力营造与“潮乡人民奔小康，建设社会主义新农村相适应的思想氛围和社会风气”。1997年11月17日，下发开展党的基本路线教育的通知。10月17—27日为组织落实，宣传发动阶段；10月28—11月25日，重点突破，全面实施阶段；11月26—11月底查漏补缺，总结提高阶段。1999年7月，贯彻《切实做好处理和解决邪教“法轮功”问题》的通知，确保社会稳定。

2000年，深入贯彻党的十五大和十五届五中全会精神，认真学习“三个代表”重要思想，以“双思”教育为动力，以中心镇建设为主线，以“四个一”工程和“十件实事工程”为抓手。2000年5月9日，开展“致富思源、富而思进”教育活动，分三个阶段进行：1.宣传发动，集中教育；2.致富思源，提高认识；3.富而思进，再创辉煌。2001年1月17日，建立长安镇“三个代表”重要思想教育领导小组，（2月10日开始，历时3个月，至5月底结束。分研究准备阶段，学习培训阶段，对照检查阶段，整顿提高阶段。集中学习阶段3个月，镇机关和部门开展学习教育至5月底，11月至2002年2月集中抓村一级班子学习教育活动）。是年7月22日，开展“双整治”活动，对职业封建迷信活动者，聚众赌博活动进行专项整治。5月至10月底，整治农村环境卫生：消灭露天粪缸，取消简易户厕，改变农村垃圾乱堆放的陋习。是年11月2日，机关开展“抓双整顿、创双一流”活动，出台实施细则。2002年，进行党员干部从政治思想道德教育，提高干部执法水平和思想道德素质。2003年1月26日，全镇开展党的十六大精神主题教育。主要内容：一、讲清十六大重要意义和历史贡献；十六大的主题、灵魂和精髓，教育引导干部和群众加深对十六大在党和国家事业发展上是有里程碑意义的认识。二、进行成就经验教育，目标前景教育，建设三大文明教育，党建任务教育。是年5月23日，关于开展“清洁长安，预防非典”为主题的环境卫生整治工作。是年10月11日，在全镇兴起学习贯彻“三个代表”重要思想新高潮的活动。活动内容：一、充分认识兴起学习贯彻“三个代表”重要思想新高潮的重大意义。二、掀起“三个代表”重要思想学习新高潮的基本要求。活动提出五个“争当”：大开放大发展争当兴工排头兵；强基础、提素质，争当小康致富人；办实事转作风，争当人民公仆，讲诚信树公德，争当文明好市民；讲党课下基层，争当文明小天使。对领导干部提出九个一：干部轮训一遍，重要著作通读一遍，召开一次学习《"三个代表"重要思想学习纲要》座谈会、交流会，进行一次理论知识测试，培训一批理论骨干，撰写一篇心得体会，解决一些影响长安镇改革发展稳定的实际问题，年终召开一次民主生活会，对党员学习情况进行一次抽查。2004 年 4 月 15 日，开展农村"双建设"工作。主要内容：大力开展思想道德建设活动，全面建设农村思想文化阵地。2005 年，学习十六届四中全会精神，继续宣讲"三个代表"重要思想，推进经济建设。

第六节　基层党组织

1951 年至 1997 年长安镇党员汇总

表 7-1-5

年份	党员总数			正式			预备			总数
	长安镇	长安乡	辛江乡	长安镇	长安乡	辛江乡	长安镇	长安乡	辛江乡	
1951	13	—	—	—	—	—	—	—	—	—
1952	16	—	—	—	—	—	—	—	—	—
1953	27	10	12	—	—	—	—	—	—	49
1957	383	203	141	—	—	—	—	—	—	727
1962	295	453	304	—	—	—	—	—	—	1052
1966	288	609	380	—	—	—	—	—	—	1277
1971	—	644	384	—	—	—	—	—	—	—
1972	498	650	384	—	—	—	—	—	—	1532
1973	721	677	407	—	—	—	—	—	—	1805
1974	—	704	436	—	—	—	—	—	—	—
1975	—	720	460	—	—	—	—	—	—	—
1976	383	741	467	—	—	—	—	—	—	1591
1977	—	743	471	—	—	—	—	—	—	—
1978	—	733	461	—	725	457	—	8	4	—
1979	—	764	485	—	732	459	—	32	26	—
1980	498	803	448	—	772	448	—	31		1749
1981	—	809	550	—	757	526	—	52	24	—
1982	—	827	561	—	793	550	—	34	11	—
1983	—	830	555	—	810	550	—	20	5	—
1984	—	853	565	—	829	557	—	24	8	—
1985	—	884	592	—	837	558	—	47	34	—
1986	—	905	653	—	905	596	—		57	—
1987	—	914	674	—	893	645	—	21	29	—

续表 7-1-5

年份	党员总数			正式			预备			总数
	长安镇	长安乡	辛江乡	长安镇	长安乡	辛江乡	长安镇	长安乡	辛江乡	
1988	—	913	688	—	897	668	—	16	20	—
1989	—	934	710	—	903	693	—	31	17	—
1990	721	939	720	—	939	704	—	—	16	2390
1991	—	967	769	—	932	731	—	35	58	—
1992	—	—	786	—	—	760	—	—	26	—
1993	—	—	812	—	—	776	—	—	36	—
1994	—	—	825	—	—	792	—	—	33	—
1995	—	—	858	—	—	830	—	—	28	—
1996	1890	—	882	1865	—	853	25	—	29	2772
1997	1925	—	879	1892	—	864	33	—	15	2804

1999 年至 2005 年长安镇党员汇总

表 7-1-6

年份	党员数	性别		正式	预备	年龄						文化程度				
		男	女			25 岁以下	26 至 35 岁	36 至 45 岁	46 至 55 岁	56 至 60 岁	61 岁以上	大专	中专	高中	初中	小学以下
1999	2761	2436	325	2720	41	65	265	590	664	215	971	74	136	364	1034	1153
2000	2781	2298	483	2733	48	53	278	617	685	217	913	133	120	345	1042	1141
2001	2915	2399	516	2866	49	69	271	621	765	282	997	148	141	396	1087	1149
2002	2955	2418	537	2897	58	65	279	567	675	340	1029	150	145	404	1128	1128
2003	3285	2706	579	3229	56	461	—	597	742	417	1118	158	167	460	1344	1120
2004	3292	2703	589	3250	42	417	—	608	708	435	1175	179	169	484	1352	1115
2005	3325	2714	611	3290	35	432	—	560	696	451	1186	179	166	498	1328	1105

2005 年年末中共长安镇党委下属组织情况一览

表 7-1-7

支部名称	书记姓名	党员数（名）	支部名称	书记名	党员数（名）
褚石村党支部	倪水龙	90	长安消防队党支部	周云保	4
东陈村党支部	冯掌兴	101	开发区机关事业党支部	阮荣生	21
天明村党支部	徐喜龙	61	盐仓学校党支部	叶建平	9
虹金村党支部	杨火学	65	狮力制革厂党支部	陈礼兴	5

续表 7–1–7

支部名称	书记姓名	党员数（名）	支部名称	书记名	党员数（名）
新民村党支部	沈国芳	73	修川皮件服装厂党支部	杨英美	6
老庄村党支部	沈祖跃	64	东方丝绸缎实业公司党支部	葛建芬	23
肖王村党支部	周财法	99	海宁模具厂党支部	费兴根	—
城东村党支部	王根荣	144	长安水泥厂党支部	曹水根	7
金港村党支部	王建法	122	长安化工厂党支部	张建洪	4
长郊社区党支部	赵桂芬	25	潮水有限公司党支部	王水飞	5
兴福村党支部	沈炳林	73	建筑安装工程公司党支部	朱祥甫	3
东升村党支部	章叙根	112	天鹰指甲钳总厂党支部	陈水清	3
陆泽村党支部	沈仿祥	55	辛江丝厂党支部	张金根	10
泰山村党支部	张建春	67	圆潮钢圈有限公司党支部	周宝根	—
大型村党支部	何建法	64	辛江家具厂党支部	朱祥富	—
盐仓村党支部	褚国妙	54	金城锁具公司党支部	沈仁法	20
鹿耳村党支部	曹金甫	48	上方公司党支部	俞祖明	13
红色村党支部	唐伟东	74	天顺新型建材厂党支部	石长福	19
镇机关党支部	袁　杰	39	蒙雪尔厂党支部	富其根	3
开发区机关党支部	陈祥龙	25	豪士达公司党支部	沈大年	3
机关离退休党支部	顾俊卿	33	江南制锁有限公司党支部	傅阿新	11
开发区机关离退休党支部	张顺法	5	双剑五金制品公司党支部	张海静	3
长安房管所党支部	高国峰	12	新民皮塑厂党支部	汤金培	4
长安环卫站党支部	万四一	5	长安虹金锁厂党支部	合并虹金村	4
长安中心小学党支部	张伟明	45	华龙线业有限公司党支部	沈乾龙	4
长安地税所党支部	唐建华	13	辛江辛兴锁厂党支部	陈明芬	6
长安供销社党支部	姜嘉铭	9	新德建筑工程队党支部	高琦平	3
长安个私劳协党支部	郭鑫法	12	富斯达工具有限公司党支部	王志根	10
镇工办党支部	俞祖坤	16	长安运输公司党支部	曹建根	11
镇部门综合党支部	汪建平	28	长安五交化公司党支部		4
镇事业党支部	吴国良	39	长安食品公司党支部	陈兆荣	5
长安卫生院党支部	姚耿标	24	长安农资公司党支部	张华明	4
长安信用社党支部	胡家炯	18	长安粮管所公司党支部	李仰华	6
长安镇中学党支部	陈拗国	21	长安中心粮站党支部	周建华	10
辛江初级中学党支部	朱振洪	18	雪豹公司党委	曹浩强	39

续表 7-1-7

支部名称	书记姓名	党员数（名）	支部名称	书记名	党员数（名）
辛江中心小学党支部	潘建成	24	电镀厂党支部	潘亚明	4
企业党支部	李一波	11	宝园公司党支部	陆建飞	9
大修厂党支部	钱嗣江	5	给排水党支部	沈志龙	7
爱普瑞党支部	金国兴	3	东街社区党支部	金礼明	137
砖瓦厂党支部	潘子龙	4	中街社区党支部	闻林华	169
鼎龙化工党支部	朱　良	8	西街社区党支部	徐国鑫	85
荣华皮革有限公司党支部	李荣根	3	怡院社区党支部	任阿虎	169
诚信包装材料有限公司党支部	陈金伟	11	修川社区党支部	施振东	168
海宁万达丝绸有限公司党支部	无	2	辛江社区党支部	孙东康	127
海宁佳进化工有限公司党支部	陆建飞	2	袁牧居民委党支部	许妙强	12
罗海精细化工党支部	张燕飞	6	德丰村党支部	李国清	85
浙江杭万实业公司党支部	陈国铭	8	辛江村党支部	许国良	110
海宁四通工贸公司党支部	韩伟明	4	兴城村党支部	俞祖明	110
浙江米赛丝绸有限公司党委	高利娟	118	制锁一厂党支部	陈兴荣	5

第七节　精神文明建设

社会主义精神文明是社会主义社会的重要特征，是具有中国特色的社会主义社会不可缺少的一个重要方面。长安镇党委、政府，按照中共中央和上级党委、政府的要求，。在抓好物质文明建设的同时，努力抓好社会主义精神文明的建设。

中共长安镇委员会各个时期开展的精神文明建设内容

表 7-1-8

年份	活动内容	要达到目的
1979	传达中共十一届三中全会精神	丰富文化生活，建设社会主义精神文明
1980	邓小平《贯彻调整方针，保证安定团结》	创道人与人的同志式关系
1981	开展“五讲四美”活动	加强全社会的精神文明建设
1989—1990	开展“讲理想 比贡献”活动	加强经济建设和精神文明建设
1994.3	开展“我为嘉兴添锦绣，兴我海宁作贡献”活动	加强精神文明建设
1994.8	传达《海宁市 1994—2000 年社会主义精神文明建设规划》	加强精神文明建设
1995.2	传达“海宁精神”表达语为“敬业奉献、猛进如潮”的市委决定	大力弘扬“海宁精神”
1996.12	传达《海宁市 1996—2010 年社会主义精神文明建设规划》	加强精神文明建设
1999.3	传达全市农村精神文明建设工作会议精神	开展农村创建“星级家庭”活动

续表 7-1-8

年份	活动内容	要达到目的
1999.12	贯彻《海宁市农村社会主义精神文明建设实施意见》	开展农村八星级文明家庭的评创工作
2000.3	开展“三讲”教育动员	加强和改进思想政治工作，进行八星级文明家庭的复评工作
2001.4	开展海宁市级文明镇创建活动 开展农村“双整治”工作	整治社会风气、整治居住环境
2002	继续开展农村“双整治”工作，宣传《公民道德实施纲要》	取缔露天粪缸、非法庙宇、建筑性坟墓等
2003	开展八星级文明家庭的复评工作	提高公民思想道德素质
2005	农村文化活动年，开展八星级文明家庭的复评工作。村村办起文化活动室	开展文化强镇创建活动

2005 年度长安镇文明单位一览

表 7-1-9

单位名称	级　别	创建年月	单位名称	级　别	创建年月
浙江虎霸建设机械有限公司	嘉兴市级	2004	雪豹集团公司	海宁市级	1992
长安镇中心小学	嘉兴市级	1999	海宁辛江锁厂有限公司	海宁市级	1994
长安镇政府机关	海宁市级		长安工商所	海宁市级	1999
农行海宁长安支行	海宁市级	1990	长安镇初级中学	海宁市级	2002
长安人民法庭	海宁市级	2003	海宁天顺新型建材厂	海宁市级	2000
海宁东方丝绸有限公司	海宁市级	1992	长安信用社	海宁市级	2000
工商银行海宁市长安支行	海宁市级	1999	海宁制锁一厂有限公司	海宁市级	1999
长安派出所	海宁市级	1996	长安供电营业所	海宁市级	2004
长安房管所	海宁市级	1997	中行海宁市长安支行	海宁市级	2002
长安专职消防队	海宁市级	2004	海宁汽车大修厂有限公司	海宁市级	1992
海宁修川制衣有限责任公司	海宁市级	2004	浙江诚信包装材料有限公司	海宁市级	2004
海宁市地方税务局长安税务分局	海宁市级	1997	盐仓中学	海宁市级	2005
辛江初级中学	海宁市级		海宁市长安镇中心幼儿园	海宁市级	2004
辛江中心小学	海宁市级	1992	浙江鼎龙化工有限公司	海宁市级	2004

第八节　统一战线

解放初期，通过各界人民代表会议，团结工人、农民以及文教卫生界、工商界等爱国人士结成统一战线。1951 年 7 月，召开海宁县直属长安镇首届一次各界人民代表会议，出席代表 80 名，其中工会代表 24 名，工商代表 12 名，医务工作者代表 2 名，街道代表 14 名，军属代表 4 名，党政机关代表 9 名，妇女代表 8 名，教师代表 3 名，学生代表 2 名，宗教代表 1 名，士绅代表 1 名。这对于组织各界人民参加民主改革，恢复和发展国民经济以及抗美援朝等发挥了积极作用。

1956 年对私营工商业实行社会主义改造时，工商业者中有副厂长、副经理10人，镇政府一名副镇长负责统战工作。是年召开长安镇第二届一次人民代表大会，选举产生长安镇人民委员会，委员15人，工商界、知识界、手工业者代表有7人，占46.6%。1957年反右派斗争扩大化，统战工作受到干扰。

1966年以后10年"文化大革命"期间，统一战线政策遭受冲击和践踏，不少台湾同胞、港澳同胞和海外侨胞(简称三胞)的亲属受到无辜株连。

1978年党的十一届三中全会后，经过拨乱反正，党的统战政策得到贯彻执行。1979年，按照上级部署，由一名党委副书记负责组织专门复查，着手平反冤假错案，落实各项政策，清退"文化大革命"期间的查抄物资和挤占房屋。处理历史遗留和政策问题。

1980年，根据中央文件和上级党委的部署，镇党委本着实事求是精神，对原工商业者173人进行甄别。经过一段时间工作，并报海宁县革命委员会核准批复，其中维持原工商地主身份11人，维持原工商业者45人，其余为小业主51人，小商42人、其他劳动者21人、职工3人，并发给证明书。1981、1982年，按照党的宗教政策，归还天主教堂房屋1021平方米，耶稣堂房屋252平方米。退还租金14714.59元，折价赔偿房屋和物产9935.75元。又按照政策对宗教神职人员在政治上给予平反、恢复名誉，经济上处理遗留问题。长安耶稣堂于1982年1月7日复堂，长安天主教堂于1985年10月3日复堂。"两堂"先后建立了堂务委员会。1981年，对以往精简下放的户粮遗留问题进行历时一年的复查，调查复核566人，其中落实户粮关系的232人，生活困难给予补助的43户。1982年3月，贯彻中央文件精神，开展落实"三胞"政策复查工作。

1990年，长安镇在台湾、港澳、国外华侨亲属中有16人当选海宁市第七届政协委员，并以该镇为单位定期举行例会，参政议政。1994年6月17日，为落实宗教政策，解决长安天主堂秀女孙秀华医药费2500元。孙秀华当年75岁，系海宁市政协委员。1996年8月9日，海宁天主教第一次代表会议召开，长安天主教修女孙秀华当选为中国天主教"两会"委员、副主任。孙秀华、施玉良、吴月新为中国天主教海宁市爱国会副主任(兼任中国天主教海宁教育委员会副主任委员)。1997年4月5日，依法建立制止天主教和基督教方面非法活动专项斗争领导小组，陈祥龙任组长。

2001年9月1日，长安镇耶稣教堂由于活动场地狭小陈旧，已属危房。镇里以辛江影剧院作置换，然后改建成为长安耶稣教堂，面积1092平方米。2002年12月17日，同意恢复长安觉皇寺，建造天王殿、大雄宝殿及配房。投资380万元，资金自筹，征地1.33公顷。海宁市觉皇寺筹备领导小组组长高松根，副组长谢其仁。2003年2月5日，觉皇寺举行对外正式开放和大雄宝殿奠基仪式。前来参加这次奠基仪式的有嘉兴市、海宁市、长安镇有关领导及佛教界代表。

长安镇每年召开各界人士参加的春节茶话会，每年推选"三胞"家属参加海宁市政协代表大会。镇统战工作办公室，负责做好统一战线理论和方针政策的宣传；联系各民主党派、无党派代表人士，及时通报情况，反映他们的意见、建议，会同有关部门做好培养、选拔、党外后备干部和新的代表人士队伍的建设工作。联系工商界社团和代表人士，调查、研究并反映非公有制经济人士的情况，推进"光彩事业"，联系并培养党外知识分子的代表人物。协调政府有关部门的统战工作，指导、代管侨联、管理海外联谊会、台联、黄埔同学会等有关社会团体。负责民族宗教工作、对台工作和侨务工作。做好团结台胞、台属、海外侨胞和归侨、侨眷的工作，开展"三引进"工作，推进祖国完全统一大业。

第二章　中国国民党　青年党

国民党

民国13年(1924)暑期,在长安小学堂(仰山书院)举办了全县小学教师暑期讲习会,国民党海宁县党部执行委员会宋云彬(也是中共党员)向小学教师宣讲了孙中山的"三民主义"。在学业结束前,发展了大批国民党员,并成立中国国民党海宁县党部。县党部下辖5个区分部,长安为第4区分部(包括周镇、石井、许村、沈士)负责人为朱仲杰、夏訾、都念祖。

民国33年(1944)9月,长安第4区分部改称海宁县第4区党部,下辖3个区分部,长安镇为第3区分部,常务委员(书记)凌时知。

民国36年(1947),成立海宁县长安镇区党部,书记张铁民,有党员41人。

民国37年(1948),党团组织合并后,长安镇区党部下辖2个区分部,有党员75人。

民国36年(1947),国民党长安区党部书记:张铁民,组训:凌时知。下设三个区分部:第一区分部书记:朱湘藩(女),组训:徐楚民。有党员11人。第二区分部书记:范禹声,组训:许体臣。有党员22人。

1946年上半年,修南乡划并长安镇后,属国民党第三区分部:书记:曹克明,组训:吴成勋。共有党员44人。

第四十区:国民党兴福乡党部于1946年8月,由伪县党部书记程森士、县党部委员谢载青到该乡兴福寺成立。书记:顾烈武,组训:姚石麟。下辖二个区分部。第一区分部书记:王明喜。组训:刘振虎。第二区分部书记:顾烈武。组训:张兆矩。两区共有国民党员45人。

第四十四区:泰山乡区党部书记:沈潜元,组训:沈国荣。有国民党员44人。

第四十七区:袁坝乡区党部书记:邦洛洲,组训:张文悦(党员数不详)

第四十九区:褚石乡区党部书记:陈宽民,组训:张明松(党员数不详)

第五十区:1945年11月成立国民党牧港区党部。区党部书记:沈亚芳。组训:林文骏。下设二个区分部,有党员31人。第一区分部书记:马松衡,第二区分部书记:胡锦华

第五十一区:修南乡党部书记:沈坤波,组训:陆英。下设三个分部。第一区分部书记:曹汝林。第二区分部书记:沈大庆。第三区分部书记:曹阿林。

1946年上半年并入长安镇后为长安镇国民党第三区分部。

青年党

民国28年(1939),长安儿科医生丰祖培,因同业关系认识了崇德的黄文典。在黄及其朋友介绍下参加了青年党国家主义青年团。尔后,在长安镇发展团员。

民国35年(1946),青年党海宁县党部在硖石镇成立,选举庄润秋为主席。长安设区分部,孙德江任主席。

第三章　政　　权

第一节　历代行政机构

唐开元十一年(723)建长安市，市设市吏，通判市事。

北宋元时长安改市称镇(始见于九域志)，镇设镇将，辖有屯军，代有县事，行使行政职能。

南宋建炎中兴(1130)建长安寨，由寨官行使行政职能。

元初袭宋制，昌亭乡分设都、里，到至正间(1340～1350)，设长安巡检司，作为县分驻行政机构。

明洪武初(1368)按乡、都、里行政职权，长安镇称安都，下辖一里、二里，乡有乡经，都(图样)有图董，里有里首，建文二年(1400)，重建巡检司。

清顺治初年(1644)袭明朝制度；康熙十三年(1674)撤巡检司，建讯兵；雍正六年(1728)建福宁千总署于宋时监闸厅，代巡检司兼行使行政职能。乾隆三十九年(1774)，海宁州判驻长安镇，启用"海宁州捕盗州判关防"。长安千总受州判领导，专职讯防和代递铺职能。同治元年(1862)正月，隆恩泰进驻令公庙，行使长安镇政权职能；同治三年(1864)正月撤走。宣统二年(1910)改昌亭乡为长安乡，辖67个庄，长安镇仍称安都，宣统三年(1911)，州判朱桢回任交卸州判署事，由海宁县和第四自治区区署接事。后改区公所，驻长安镇育才弄(今寺弄)许家祠堂。

民国19年(1930)，长安镇设镇公所，设镇长、副镇长。民国21年(1932)，建立镇、邻、闾、里制度，各级称长，分掌闾、邻自治事务。民国23年(1934)，实行保甲制。民国31年(1942)，划长安镇为县直属镇。据民国34年10月23日，海宁县各乡镇保甲户口统计，长安镇范围有长安镇、兴福乡、泰山乡、褚石乡、修南乡。民国35年(1946)评为甲级镇，与区平行。民国36年(1947)撤区，长安区事务由乡、镇长定期召开联席会议处理。

民国34年(1945)十月二十三日，海宁县各乡镇保甲户口统计

表7-3-1

乡镇名称	保数	甲数	户数	乡镇名称	保数	甲数	户数
长安镇	13	125	1279	褚石乡	13	137	1415
兴福乡	11	105	1146	修南乡	12	122	1250
泰山乡	11	113	1129	—	—	—	—

1949年5月，长安镇解放。6月6日在长安镇茧业公所宣告长安区人民政府(区公所)成立，办公地点先在西街公安弄，后迁东街励志农校(原长安镇第三小学校地址)，下设民政、财经、文教、司法、妇女、青年、武装等干事和会计。

是年9月，长安区属长安镇人民政府成立，设镇长1人，办公地点在长安区公所。

1950年1月废保甲制，先后成立西街、公庆街、东街、中街4个街政委员会。7月，召开长安镇各界人民代表会议，选举副镇长。

1951年5月，长安镇为直属镇，下设民政、文教、财经干事和文书，办公地在东街励志学校。同时，撤销街政委员会，设中街、东街、西街、公庆街4个居委会，11月增设新民街居委会。1952年下半年，长安镇人民政府迁至中街徐家房子(今镇政府新楼地址)。1953年1月，设立长安镇初级农业生产

合作社,1956年1月划分新民乡、辛江乡。1956年10月,长安镇人民政府改称长安镇人民委员会,增设庆宁街、建设街、和平街、新建街4个居委会。1958年10月,长安镇与新民乡、辛江乡、周镇乡合建长安人民公社,长安镇人民委员会改称长安镇管理区。1959年7月,社、镇分设,恢复长安镇人民委员会建制。办公地点在周家弄镇工会地址。1960年4月,长安镇隶属长安人民公社,建制不变。建设街居委会并入东街居委会。新建街居委会并入中街居委会。1961年5月,调整公社规模,长安镇改属县人民委员会领导。1967年3月,因1966年5月开始"文化大革命"后陷入混乱,镇人民委员会及所属机构陷于瘫痪,长安镇人民武装部负责组成长安镇生产第一线指挥部,行使行政职能。1968年1月,长安镇革命委员会成立,下设政治工作组、生产指挥组、行政办事组。下属单位先后建立革命领导小组。

1971年2月,东街、庆宁街革命领导小组合建东片革命委员会,中街、公庆街革命领导小组合建中片革命委员会,西街、新民街革命领导小组合建西片革命委员会。1976年10月,长安镇革命委员会生产指挥组下设长安镇工业办公室。

1979年6月,东、中、西三个片革命委员会改称长安镇第一、第二、第三街道办事处。是年冬,从长安乡划入长虹、杏花村两个生产队,连同原长安镇蔬菜队组建成长安镇蔬菜大队。1981年1月,经长安镇第六届人民代表大会第一次会议决定,撤销长安镇革命委员会,复建长安镇人民政府,下设政府办公室、工业办公室、卫生办公室、财贸办公室、城镇建设办公室和计划生育委员会。

1983年5月,增设公安路、劳动路、怡院路、辛江路4个居委会。1985年7月,第一、第二、第三街道办事处改为东市、西市街道办事处,增设杏花村、劳动新村两个居委会。1986年春,由长安乡划入华家、光明、两个农业生产组(即原生产队),扩大长安镇蔬菜大队。1988年6月,长安镇蔬菜大队更名为长郊村,建立村民委员会。

1992年8月,长安乡并入。1999年11月,辛江乡并入。2003年10月,盐仓镇并入。

第二节 历届人民代表大会

一至八届人民代表大会

长安镇第一届人民代表大会第一次会议,于1954年3月召开。出席会议的代表46名。大会主要议程:听取和审议许慧皇副镇长所作的解放四年来政府工作总结和任务报告,中共长安镇委员会所作的关于党在过渡时期总路线和总任务的报告,选举产生长安镇人民政府第一届委员会。

长安镇第二届人民代表大会第一次会议,于1956年10月15日至16日召开,出席会议的正式代表58名、列席代表11名。大会的主要议程:听取第二届选举委员会的工作报告,听取第一届人代会以来的政府工作报告,选举产生长安镇第二届人民委员会,选举出席海宁县第二届人代会代表23人。

长安镇第三届人民代表大会第一次会议,于1958年4月下旬召开。本次大会的中心议题:贯彻"鼓足干劲、力争上游、多快好省地建设社会主义总路线",选举产生长安镇第三届人民委员会,选举出席海宁县第三届人代会代表26人。

长安镇第四届人民代表大会第一次会议,于1960年12月6日至7日召开,出席会议代表63名。大会通过2年多来的政府工作报告,作出关于立即开展一个大种蔬菜、大搞副食品的群众运动的决议,选举产生长安镇第四届人民委员会;选举出席县第四届人代会代表24人。

长安镇第五届人民代表大会第一次会议,于1984年8月2日至4日召开,出席会议的正式代表73名。大会的主要议程:审议和通过政府工作报告,选举产生长安镇第五届人民委员会,选举出席县第五届人代会代表24人以及镇人民陪审员10人。

长安镇第六届人民代表大会第一次会议,于1981年1月21日至23日在长安镇工人俱乐部召开,出席会议的正式代表184名,列席代表23名。本次人代会决议撤除"长安镇革命委员会",恢复长安镇人民政府;讨论并通过关于政府工作报告的决议。

长安镇第七届人民代表大会第一次会议,于

1984年8月2日至4日召开,出席会议的正式代表114名,列席代表51名。大会的主要议程:听取和审议长安镇第六届政府工作报告,按照组织法规定选举长安镇第七届人民政府的领导班子,听取长安镇城镇建设规划初步设想和长安镇治安管理试行条例的报告,选举长安镇第七届人民陪审员6人。通过该次大会,动员和组织全镇人民,实现党在新时期的总任务,全面开创长安镇社会主义现代化建设的新局面。

长安镇第八届人民代表大会第一次会议,于1987年4月15日至17日在镇政府大会议室召开。出席会议的正式代表58名,列席代表24名。大会主要议程:听取和审议镇第七届人代会以来的政府工作报告,提出今后3年目标和1987年抓好两件大事的报告(两件大事:第一件,在经济上要开展增产节约,增收节支,反对铺张浪费,使国民经济建立在长期稳定发展的基础上;第二件,在政治思想领域,坚持反对资产阶级自由化,用一年时间,基本上指导政治方向端正过来);选举新的领导班子;通过人民陪审员和镇调解委员会。

第九届人民代表大会

长安镇第九届人民代表大会第一次会议,于1990年4月26日在镇政府大会议室召开,于次日结束。到会正式代表71名,列席代表55名。会议产生主席团成员11名。此次会议审查上届政府工作报告及财政预决算报告,通过了相应决议。大会通过常务主席1名,以差额无记名投票方式选举镇长1名和副镇长2名。高良初当选为人大常务主席,邢志耀当选为镇长,杨永福、庄荣海当选副镇长。

1991年4月8至9日,在长安镇政府三楼会议室召开第九届人民代表大会第二次会议。参加会议的有来自各条战线的正式代表、列席代表、特邀代表134人。在预备会议上,通过由邢志耀等11位同志组成大会主席团,殷琴国担任大会秘书长(兼)。正式会议上,邢志耀作政府工作报告,提出了1991年的工作目标。大会以鼓掌形式通过高良初任人大主席团常务主席。以举手表决的方式,通过关于政府工作报告和财政预决算报告的决议;关于镇人大主席团工作报告的决议,关于议案审查的决议报告。会议在4月9日下午胜利闭幕,党委书记高良初在闭幕式上讲话,市领导到会祝贺。

1992年4月28日,长安镇第九届人民代表大会第三次会议在镇政府会议室召开,于4月29日下午结束。全镇140名市、镇代表和政协代表参加会议。代表们认真听取邢志耀的政府工作报告。报告主要内容有"要进一步解放思想,加快改革步伐,扩大对外开放,集中精力把经济搞上去,维护政治、经济、社会稳定,推进长安镇两个文明建设"。增补沈永根为副镇长。

1992年8月撤销长安乡建制,并入长安镇。扩并后的长安镇辖16个村、17个居委会。为在合并过程中及时理顺关系,保证工作的正常运转,确定镇人大主席团负责人,建立长安镇政府工作临时小组。镇人大主席团负责人孙华坤。长安镇人民政府临时领导小组组长杨永福;副组长褚林泉;殷琴国、庄永海、李松祥、陈祥龙、沈永根为组员。

第十届人民代表大会

1993年4月1日至2日,长安镇第十届人民代表大会第一次会议在镇礼堂召开,到会代表146名,列席代表71名。这是扩镇并乡后首次人代会。杨永福同志作政府工作报告,回顾三年来的工作,提出了今后三年的工作目标。听取方锡兴作的1992年财政决算和1993年财政预算报告;听取杨永福作的《关于建立长安镇经济规划区的决定》和《关于长安镇镇村建设总体规划的决定》以及《关于兴办教育,筹措资金的若干规定》(草案)。听取褚林泉作的人大工作报告。大会选举镇人大主席团、镇长,通过人大常务主席。褚林泉当选为人大常务主席;李松祥当选为镇长;沈永根、陈祥龙、张子兴、庄荣海、阮荣炳当选为副镇长。

1994年3月25日下午至26日,长安镇第十届人民代表大会第二次会议在长安影剧院召开,市人大领导杨双华到会对大会表示祝贺。出席代表146名,列席138名,特邀33名。大会由党委书记何阿根主持,听取李松祥作的政府工作报告,方锡兴作的财政预决算报告。大会顺利完成各项议程,决定今后工作任务。

1995年3月18日，长安镇第十届人民代表大会第三次会议在长安影剧院召开，正式代表和列席代表共324人参加了会议。李松祥作政府工作报告，简要回顾过去一年的工作，提出1995年工作目标和任务。听取方锡兴作的财政预决算报告。代表们以举手表决的方式通过《政府工作报告》、《财政预决算报告》和《人大主席团报告》决议。市委副书记陆致远到会祝贺并对大会提出希望和要求，党委书记何阿根在会上讲话。

第十一届人民代表大会

1995年9月上级调整镇政府领导，提议许德坤为长安镇行政负责人。1996年3月8日至9日，长安镇第十一届人民代表大会第一次会议在镇政府四楼会议室召开，出席代表80名，列席代表85名，特邀61名。预备会议上选出由10名成员组成的大会主席团，通过大会议程。在正式会议上，大会听取和审查许德坤代表上届政府作工作报告，审查和批准方锡兴作的财政预决算报告，通过相应决议。大会经过酝酿，选举产生镇人大主席团主席、镇长和4名副镇长。褚林泉当选为人大主席团常务主席，许德坤当选为长安镇人民政府镇长，陈祥龙、张子兴、阮荣炳、蔡文伟当选为副镇长。

1997年3月9日至10日，长安镇第十一届人民代表大会第二次会议在镇政府会议室召开。出席代表80名，列席代表79名，特邀代表90名。大会接受许德坤辞去长安镇镇长职务的请示，并根据大会《选举办法》规定，以无记名投票的方式补选镇长。周萍菊当选为长安镇人民政府镇长。

1998年4月3日，长安镇第十一届人民代表大会第三次会议在镇政府四楼会议室召开，出席代表76名，列席82名，特邀69名。大会根据选举办法的规定，以无记名投票方式补选人大主席团主席，何阿根当选人大主席团主席。1998年10月上级调整行政领导班子，并任命叶志琴、庄姚剑2名为镇长助理。

第十二届人民代表大会

1999年1月26日至27日，长安镇第十二届人民代表大会第一次会议在镇政府四楼会议室召开，会期两天。出席代表79名，列席代表73名，特邀代表75名。预备会议上选出由11名成员组成的大会主席团，通过了大会议程和日程。在正式会议上，大会听取和审议周萍菊在长安镇第十二届人民代表大会上作的政府工作报告，审查和批准方锡兴作的财政预决算报告，通过相应决议。大会经过酝酿，选举产生了镇人大主席团主席、镇长和4名副镇长。何阿根当选为人大主席团主席，周萍菊当选为镇长，阮荣炳、蔡文伟、叶志琴、庄姚剑当选为副镇长。

第十三届人民代表大会

2000年1月7日下午至8日，长安镇第十三届人民代表大会第一次会议在镇政府四楼会议室召开，会期一天半。应出席大会代表91名，实到代表90名，列席代表89名，特邀代表78名。预备会议上选出由13名成员组成的大会主席团及秘书长。通过大会议程和日程。在正式会议上，大会听取和审查周萍菊作的政府工作报告，还讨论和审议批准《长安镇农业农村现代化建设实施意见》。大会经过酝酿，选举产生镇人大主席团主席、副主席、镇长和4名副镇长。何阿根当选人大主席团主席，朱锡田任副主席，周萍菊当选为镇长，庄姚剑、阮荣炳、李子兴、蔡文伟当选为副镇长。

2000年8月28日下午，长安镇召开第十三届人民代表大会第二次会议，时间半天。听取和审议了周萍菊作的1999年财政预算执行情况(草案)报告，通过长安镇2000年统筹费预算方案，党委书记陈金明作重要讲话。

2001年2月20日至21日，长安镇第十三届人民代表大会第三次会议在长安镇政府四楼会议室召开，会期两天。出席大会代表88名，列席代表98名，特邀82名。大会由12名成员组成大会主席团。大会听取周萍菊作政府工作报告，方锡兴作《关于长安镇2000年财政预算执行情况和2001年财政预算(草案)的报告》。大会审查批准财政预决算报告。

大会补选陈斌为长安镇第十三届人民政府副镇长。

第十四届人民代表大会

2002年1月28日下午至29日，长安镇第十四届人民代表大会第一次会议在镇政府四楼会议室召开，会期一天半。大会应到代表91名，实到代表89名，列席代表88名。特邀代表76名。预备会议上选出16名成员组成大会主席团，通过大会议程和日程。在正式会议上，听取和审查了阮荣炳作的政府工作报告，审查和批准高洪发作的财政预决算报告。大会经过酝酿，选举产生镇人大主席团主席和2名副主席，镇长和5名副镇长。沈力巨当选为人大主席团主席；朱锡田、陈建芬当选为副主席。阮荣炳当选为镇长，阮国强、李子兴、沈林海、金悦卿、凌红伟当选为副镇长。新当选的镇长阮荣炳代表新一届领导班子讲话，市委副书记张仁贵作重要讲话，对新一届人大、政府班子提出了四点要求。毛金明作闭幕词。

2003年2月20日下午至21日，长安镇第十四届人民代表大会第二次会议在镇政府四楼会议室召开，会期一天半。出席大会代表90名。列席代表111名，特邀代表67名。大会由16名成员组成大会主席团。大会听取阮荣炳作的政府工作报告，高洪发作的《长安镇2002年度财政预算执行情况和2003年度财政收支预算的决议》。大会审议两个报告，审查和批准高洪发作的财政预决算报告。

第十五届人民代表大会

2004年1月8日下午至9日，长安镇第十五届人民代表大会第一次会议在镇政府四楼会议室召开，会期一天半。共49个选区产生的第十五届人民代表105名，有103名代表参加会议，列席代表77名，特邀代表93名。大会由13名成员组成主席团。会上听取郭新峰作的政府工作报告；高洪发作2003年度财政预算执行情况和2004年度财政收支预算（草案）的报告。大会审查和批准两个报告。经过充分酝酿，选举产生了镇人大主席团主席和2名副主席；镇长和6名副镇长。沈力巨当选为人大主席团主席，李子兴、陈建芬当选为副主席；郭新峰当选为镇长；沈庆锋、严钊根、沈林海、陆少时、陈伟平、金建平当选为副镇长。

2004年4月22日，长安镇召开第十五届人民代表大会第二次会议，听取高洪发关于《长安镇政府关于2003年财政决算情况和2004年财政预算报告（草案）》，大会讨论通过高洪发作的《长安镇政府关于2003年财政决算情况和2004年财政预算报告（草案）》决议。

2005年3月8日下午至9日，长安镇第十五届人民代表大会第三次会议在海宁农业对外开发区商务大楼会场召开。出席大会代表103名，列席代表118名，特邀代表94名。大会由13名成员组成大会主席团，通过大会议程和日程。大会听取和审议郭新峰作的政府工作报告，沈力巨作的人大主席团工作报告、高洪发作的2004年度财政预决算执行情况和2005年度财政收支预算（草案）的报告。

附一：长安乡历届人代会

长安于1949年5月解放，当即设长安区。下辖长安镇、袁牧乡、儒兴乡。长安乡辖区当时分别隶属袁牧乡和长安镇。属长安镇的农村部分，其中由区政府直接领导。

1950年6月调整乡的规模（划小乡），乡辖区当时被划分为褚石、新民、孟子3个乡。隶属长安区人民政府。驻地分别设在褚石堰、长安镇、鹿耳桥。各乡人民政府领导人由县人民政府任命。1953年11月开始实行人民代表大会制度，三个乡分别在首届人民代表大会第一次会议上，民主选举产生乡长、副乡长和乡政委员。1956年2月撤区并乡，上述三个小乡加上民主乡的三个村合并为新民乡，隶属海宁县人民委员会。1956年9月，新民乡召开第二届人代会，选举产生乡人民委员会领导成员。

1960年12月，长安人民公社召开四届一次人民代表大会，出席代表191人。大会选举产生公社管理委员会。委员21名。1963年5月，长安人民公社召开四届二次社员（人民）代表大会会议，出席代表301人，大会选举产生公社管理委员会，委员15名。1966年12月，长安人民公社召开四届三次人代会，选举产生公社管理委员会,委员13名。

1981年1月,长安人民公社第五届社员(人民)代表大会举行首次会议。出席代表299人,列席代表42人。大会选举产生公社管理委员会,委员11名。1983年12月,五届二次人代会进行机构改革、政企分设、公社改乡,选举产生人民政府。正副乡长4人。1984年7月,长安乡召开第六届人民代表大会会议。出席代表150人,列席会议51人,大会选举产生了乡人民政府正副乡长5名。1987年4月,长安乡召开第七届人代会首次会议。出席代表76人,列席会议的75人。大会选举产生本届乡人民政府正副乡长4名。

1990年4月13日至14日,长安乡召开第八次人民代表大会第一次会议,会议通过人大常务主席1名,并以无记名差额选举方式选出乡长和3名副乡长。孙华坤为人大常务主席,褚林泉为乡长。1992年8月并入长安镇。

附二:辛江乡历届人代会

辛江于1949年5月解放,解放后不久,县委派工作组在管辖区按自然条件划分为辛江、泰山、兴福三个小乡,并成立人民政府,均隶属于长安区人民政府。正副乡长由上级任命。

1950年1月,调整乡的规模(划小乡),划分为辛江、泰山、兴福三个乡,隶属长安区人民政府,驻地分别设在亭子桥、泰山桥、竹小浜,各乡人民政府领导人,由县人民政府任命。1953年11月,开始实行人民代表大会制度,三个乡分别在首届人民代表大会第一次会议上民主选举产生乡长、副乡长。1956年2月,撤区并乡,辛江、泰山、兴福三个小乡合并为辛江乡。隶属海宁县人民委员会,驻地长安镇。是年3月召开辛江乡第二届人民代表大会,选举产生乡长、副乡长。1958年4月,辛江乡第三届人民代表大会举行会议,选举产生乡人民委员会,委员4名。是年10月,实行"政社合一"的人民公社制度,辛江乡归长安人民公社。辛江区域分设三个农业耕作管理区。1959年4月,调整管理区规模,原三个管理区合并为辛江管理区,隶属长安人民公社。

1961年1月,召开第四届社员(人民)代表大会首次会议,选举公社领导人。是年5月,调整人民公社规模设辛江人民公社,上级任命辛江人民公社管理委员会领导人员。1963年7月,辛江人民公社召开第四届社员(人民)代表大会第二次会议,选举产生辛江人民公社管理委员会正副社长5名。1965年5月,辛江人民公社开展"社会主义教育运动",即"四清"运动。7月,公社第四届人民代表大会举行第三次会议,改选管理委员会。此后,"文化大革命"的冲击日趋激烈。公社政权系统领导机构及其下属组织,逐步陷于瘫痪。1967年12月,辛江公社革命委员会成立,取代社管会的权力。各大队及有关企事业单位也相继成立革命临时领导小组,取代行政领导。

1976年10月,党中央粉碎江青反革命集团,结束"文化大革命",进入社会主义现代化建设新时期。

1981年1月,辛江公社举行第六届人民代表大会。撤销公社革命委员会,并选举公社的领导人。1984年1月,召开辛江公社第七届人民代表大会第一次会议。进行体制改革,政企分设,废除人民公社体制,改名为辛江乡。各生产大队也同时改名为村,各设村民委员会。是年7月和1987年4月,辛江乡按照选举法规定,先后召开第七届二次人民代表大会和第八届人民代表大会,进行换届选举。是年4月,辛江乡举行第九届人民代表大会,选举产生1名乡长,3名副乡长。

1990年4月21日至23日,辛江乡第十届人民代表大会在乡政府礼堂召开。出席代表74名,会议通过人大常务主席1名,并以无记名差额选举方式选出乡长1名和副乡长3名。1993年3月27日至28日,辛江乡召开第十一届人民代表大会。会议在乡政府三楼会议室召开,出席代表84名,列席28名。大会选举大会主席团,通过常务主席名单,选举产生乡长和3名副乡长。1996年3月14日至15日,辛江乡第十二届人民代表大会第一次会议在乡政府三楼会议室召开。选举产生人大主席团主席、乡长和3名副乡长。1997年5月8日,因工作需要,辛江乡第十二届人民代表大会第四次会议同意竺伟益辞去乡长职务,陈金明为辛江乡乡长。是年9月12日,辛江乡召开第十二届人民代表大会第五次会议,补选陈金明为乡长。1998年10月20日下午,辛江乡第十二届人民代表大会第七次会议同意,陈金明辞去乡长职务,王金法为乡政府行政负责人。

1999年2月5日至6日,辛江乡召开第十三届人民代表大会第一次会议。出席大会的代表55名,列席35名。预备会议选出了由7名组成的大会主席团,通过大会议程和日程。在正式会议上,与会代表听取和审议王金法代表上届政府所作的政府工作报告和李子兴所作的财政预决算报告,并通过相应的决议。大会经过充分酝酿,选举产生辛江乡人大主席团主席、乡长和4名副乡长。是年11月,辛江乡并入长安镇。

附三:盐仓镇历届人代会

1999年10月21日,省政府发了〔1999〕265号文件,《关于海宁市调整部分乡镇建制的批复》,经省政府同意,组建盐仓镇。以原许巷乡的红色行政村和长安镇鹿耳、盐仓行政村的区域,以及海宁农业对外综合开发区的管辖区为盐仓镇的行政区域。镇政府驻海宁农业对外综合开发区。是年11月2日,市委明确了盐仓镇人大工作负责人。是年12月26日,盐仓镇举行庆祝盐仓围垦20周年、开发区建立6周年暨盐仓镇成立仪式。市委书记钱满程,市委副书记、市长应忠良在成立仪式上向盐仓镇党政负责人授牌。

2000年1月17日下午至18日,盐仓镇召开首届人民代表大会一次会议,选举产生了盐仓镇第一届人民代表大会主席团主席一名;镇长、副镇长三名。2000年8月17日和2001年2月,分别召开首届二次和三次会议,审议有关事项。2002年1月17日至18日,盐仓镇召开第二届人民代表大会第一次会议,大会举行各项议程,选举产生盐仓镇第二届人大主席团主席1名,副主席1名;镇长、副镇长5名。

2003年2月18日至19日,盐仓镇第二届二次会议召开,会议通过有关议程。是年11月,撤销盐仓镇建制并入长安镇。

第三节 行政机构领导人名录

清代行政机构人员

清乾隆三十九年(1774)海宁升州,令州判驻长安镇,在云洞港西建州判署,加颁“海宁捕盗州判”关防。

清代行政机构领导名录

表7-3-2

机构名称	职务	姓名	字或号	籍贯	任职时间	备注
海宁州分署州判	州判	罗 珽		山阳	乾隆三十九年(1774)	
海宁州分署州判	州判	萧际午		安福	乾隆三十九年(1774)	
海宁州分署州判	州判	谈际甲		攸县	乾隆三十九年(1774)	
海宁州分署州判	州判	严 灏		大兴	乾隆三十九年(1774)	
海宁州分署州判	州判	蔡文彬			乾隆四十一年(1776)	
海宁州分署州判	州判	萧超群		德阳	乾隆四十二年(1777)	
海宁州分署州判	州判	周 伾		大湖	乾隆四十四年(1779)	
海宁州分署州判	州判	萧超群		德阳	乾隆四十四年(1779)	回任
海宁州分署州判	州判	陈汝钦		金堂	乾隆四十六年(1781)	
海宁州分署州判	州判	萧超群		德阳	乾隆四十六年(1781)	三任
海宁州分署州判	州判	范 檀			乾隆四十八年(1783)	
海宁州分署州判	州判	萧超群		德阳	乾隆四十九年(1784)	四任
海宁州分署州判	州判	孟文荟		洛阳	乾隆五十三年(1788)	
海宁州分署州判	州判	成履观		青阳	乾隆五十四年(1789)	
海宁州分署州判	州判	邓必玉		桐城	乾隆五十四年(1789)	

续表 7-3-2

机构名称	职务	姓名	字或号	籍贯	任职时间	备注
海宁州分署州判	州判	钟 琪		宛平	乾隆五十五年(1790)	
海宁州分署州判	州判	韩胜禄		玉山	乾隆五十六年(1791)	
海宁州分署州判	州判	金 瑄		婺源	乾隆五十七年(1792)	
海宁州分署州判	州判	萧超群		德阳	乾隆五十七年(1792)	
海宁州分署州判	州判	胡映棠			乾隆五十九年(1794)	五任
海宁州分署州判	州判	谭 增		上元	乾隆五十九年(1794)	
海宁州分署州判	州判	李承起		武进	乾隆五十九年(1794)	
海宁州分署州判	州判	金宗夏		祥符	乾隆六十年(1795)	
海宁州分署州判	州判	萧超群		德阳	嘉庆元年(1796)	
海宁州分署州判	州判	曹 镐		毕节	嘉庆元年(1796)	六任
海宁州分署州判	州判	邹日瑞		镇阳	嘉庆二年(1797)	
海宁州分署州判	州判	王觐光		睢州	嘉庆二年(1797)	
海宁州分署州判	州判	汤矛修		睢州	嘉庆二年(1797)	
海宁州分署州判	州判	李简德	字吉亭	朝邑	嘉庆三年(1798)	
海宁州分署州判	州判	金国熏		桐城	嘉庆四年(1799)	
海宁州分署州判	州判	李简德	字吉亭	朝邑	嘉庆四年(1799)	
海宁州分署州判	州判	王廷琬		上饶	嘉庆五年(1800)	回任
海宁州分署州判	州判	李简德	字吉亭	朝邑	嘉庆五年(1800)	
海宁州分署州判	州判	袁 佑		吴江	嘉庆八年(1803)	三任
海宁州分署州判	州判	宋 哲	字述堂	瓮安	嘉庆八年(1803)	
海宁州分署州判	州判	蒋 夔	字清基	长州	嘉庆九年(1804)	
海宁州分署州判	州判	宋 哲	字术堂	瓮安	嘉庆九年(1804)	
海宁州分署州判	州判	朱 渊		长州	嘉庆十年(1805)	回任
海宁州分署州判	州判	韩承志		长州	嘉庆十一年(1806)	
海宁州分署州判	州判	宋 哲	字述堂	瓮安	嘉庆十二年(1807)	
海宁州分署州判	州判	戴 彝		大兴	嘉庆十四年(1809)	三任
海宁州分署州判	州判	谢 灿		宛平	嘉庆十七年(1812)	
海宁州分署州判	州判	韩承志		长州	嘉庆十七年(1812)	
海宁州分署州判	州判	宋 哲	字述堂	瓮安	嘉庆十八年(1813)	再署
海宁州分署州判	州判	陈 浩		广昌	嘉庆廿一年(1816)	坐补
海宁州分署州判	州判	王凤梧		宛平	嘉庆廿一年(1816)	
海宁州分署州判	州判	宋 哲	字述堂	瓮安	嘉庆廿三年(1818)	
海宁州分署州判	州判	王凤梧		宛平	嘉庆廿三年(1818)	五任
海宁州分署州判	州判	宋 哲	字述堂	瓮安	嘉庆廿三年(1818)	代
海宁州分署州判	州判	吴嗣荛			嘉庆廿五年(1820)	六任
海宁州分署州判	州判	马心印		介休	道光元年(1821)	
海宁州分署州判	州判	李文昱		坚利	道光二年(1822)	
海宁州分署州判	州判	吴嗣荛			道光三年(1823)	
海宁州分署州判	州判	胡泽桓		乐平	道光五年(1825)	回任
海宁州分署州判	州判	吴嗣荛			道光五年(1825)	
海宁州分署州判	州判	李承恩		沛县	道光十二年(1832)	三任
海宁州分署州判	州判	伍凤仪		大兴	道光十二年(1832)	
海宁州分署州判	州判	汪士澜	字竹香	旌德	道光十二年(1832)	
海宁州分署州判	州判	汪大煐		汉阳	道光十六年(1836)	
海宁州分署州判	州判	汪士澜	字竹香	旌德	道光十七年(1837)	回任
海宁州分署州判	州判	谢兰生		武进	道光二十年(1840)	

续表 7-3-2

机构名称	职务	姓名	字或号	籍贯	任职时间	备注
海宁州分署州判	州判	李仙根	字琳园	太和	道光廿一年（1841）	
海宁州分署州判	州判	谢舟诏		水福	道光廿五年（1845）	
海宁州分署州判	州判	汪士澜	字竹香	旌德	道光廿五年（1845）	坐补
海宁州分署州判	州判	蒋兆骆			咸丰二年（1852）	
海宁州分署州判	州判	培善	字植堂	满州正白旗	咸丰三年（1853）	
海宁州分署州判	州判	陈漠		江西	咸丰四年（1854）	
海宁州分署州判	州判	严锦堂		大兴	咸丰五年（1855）	
海宁州分署州判	州判	包容		南丰	咸丰五年（1855）	
海宁州分署州判	州判	杨桢干		合州	咸丰六年（1856）	
海宁州分署州判	州判	宋昭纶	字宣卿	花县	咸丰七年（1857）	代
海宁州分署州判	州判	姚庆宣			咸丰七年（1857）	代
海宁州分署州判	州判	朱则彦			咸丰八年（1858）	回任
海宁州分署州判	州判	宋昭纶	字宣卿	花县	咸丰八年（1858）	
海宁州分署州判	州判	邓礼			咸丰十一年（1861）	
海宁州分署州判	州判	杨光裕	字填轩	建昌	同治元年（1862）	
海宁州分署州判	州判	黄汝麟			同治四年（1865）	
海宁州分署州判	州判	倪槐		华亭	同治五年（1866）	
海宁州分署州判	州判	金振声		大兴	同治六年（1867）	
海宁州分署州判	州判	宋勋诚	字左亭	望江	同治六年（1867）	
海宁州分署州判	州判	周傅煜	字心劬	吴县	同治十三年（1874）	
海宁州分署州判	州判	黄培赓	字仲臬	平州	光绪元年（1875）	
海宁州分署州判	州判	王家修	字敏甫	婺源	光绪三年（1877）	
海宁州分署州判	州判	俞赞	字炳之	阳湖	光绪三年（1877）	
海宁州分署州判	州判	邓恩锡	字晋占	金匮	光绪三年（1877）	
海宁州分署州判	州判	戴兴元	字午亭	大兴	光绪六年（1880）	
海宁州分署州判	州判	杨其纬	字晴峰	湘阴	光绪六年（1880）	
海宁州分署州判	州判	恺寿	字康年	满州正黄旗	光绪七年（1881）	
海宁州分署州判	州判	冯天瑞	字耕农	南潭	光绪十六年（1890）	
海宁州分署州判	州判	李维杰	字玉书	黔县	光绪十六年（1890）	
海宁州分署州判	州判	周沄	字绩卿	溧阳	光绪十六年（1890）	
海宁州分署州判	州判	恺寿	字康年	满州	光绪十八年（1892）	
海宁州分署州判	州判			正黄旗		
海宁州分署州判	州判	陈浩	字福申	武进	光绪十八年（1892）	
海宁州分署州判	州判	恺寿	字康年	满州正黄旗	光绪十九年（1893）	
海宁州分署州判	州判	江春龄		歙县	光绪十九年（1893）	
海宁州分署州判	州判	田受衡		江宁	光绪十九年（1893）	
海宁州分署州判	州判	工锡昌		江都	光绪廿二年（1896）	
海宁州分署州判	州判	恺寿	字康年	满州正黄旗	光绪廿四年（1898）	
海宁州分署州判	州判	周炳		望江	光绪廿五年（1899）	
海宁州分署州判	州判	陈浩	字福申	武进	光绪廿六年（1900）	
海宁州分署州判	州判	朱桢	字韵梅	婺源	光绪廿七年（1901）	
海宁州分署州判	州判	李锡清			宣统三年（1911）	
海宁州分署州判	州判	朱桢	字韵梅	婺源	宣统三年（1911）	

民国时期长安镇行政机构领导名录

表 7-3-3

机构名称	职务	姓名	字或号	籍贯	任职时间	备注
第四区区署	区长	高　超			民国 9 年(1930.7)	
长安区区署	区长	龚志超	字破浪	义乌	民国 25 年(1936.7)	
长安区区署	区长	丰洛州		海宁	民国 27 年(1938.10)	驻地袁家坝
长安区区署	区长	吴　尧			民国 30 年(1941.6)	
长安区区署	区长	陈介眉			民国 30 年(1941.8)	
长安区区署	区长	李国庆			民国 30 年(1941.11)	
长安区区署	区长	张国仁		海宁	民国 32 年(1943.4)	
长安区区署	区长	陈仲平		海盐	民国 32 年(1943.5)	回任
长安区区署	区长	张国仁		海宁	民国 34 年(1943.7)	
长安镇公所	镇长	汪培三		海宁	民国初(1911 后~)不详	
长安镇公所	镇长	沈定之	尔康	海宁	民国 25 年(1936　)	
长安镇公所	镇长	张铁民		海宁	民国 34 年(1945.10)	
长安镇公所	镇长	凌时知		海宁	民国 35 年(1946.3)	
长安镇公所	镇长	汤焕仁		海宁	民国 36 年(1947.11)	
长安镇公所	镇长	何济民		海宁	民国 37 年(1948.7)	

注:汪伪时期:长安区区长许权、苏觉非,长安维持会会长苏蔼如。

解放后长安区行政机构

表 7-3-4

机构名称	区长(任期起止)	副区长(任期起止)
长安区公所 (人民政府)	郑东坡(1949.5～1950.4) 宋奇胜(兼,1950.4～1951.5)	白敬斌(1950.5～1951.7,其中 1951.5～1951.7 主持工作) 张竹叶(1951.5～1952.5,其中 1951.7～1952.5 主持工作) 朱秉灵(1952.6～1956.2,其中 1952.6～1954.6 主持工作) 戴兴福(1953.11～1956.2) 朱李法(1954.6～1956.1 主持工作)
长安镇人民政府 (区属) (1949.9～1951.4)	王声耀(1949.9～1950.3)	马祖兴(1950.7～1951.4) 沈正三(1950.7～1951.4)
长安镇人民政府 (1951.5～1954.2)	宋奇胜(1951.5～1952.8)	马祖兴(1951.5～1952.3) 沈正三(1951.6～1954.2,其中 1952.8～1954.2 主持工作)

1949 年 9 月至 2005 年 12 月长安镇行政机构领导名录

表 7-3-5

名　　称	正职(起止年月)	副职(起止年月)	委员(或其他)
长安镇人民政府 (第一届) (1954.3～1956.10)	李宝魁(1954.3～1955.9) 顾洪林(1956.9～10)	许慧皇(女,1954.3～1955.6) 石永芳(1955.7～1956.10,其中 1955.10～1956.2 主持工作)	刘殿元、董育渠、魏清洪、姜秉智、章炳荣、李继贤、董鑫伦
长安镇人民政府 (第二届) (1956.10～1958.4)	顾洪林(1956.10～1958.4)	石永芳(1956.10～1958.4)	李长富、高连明(女)、章丽宝(女)、曹伯庭、苗山成、陈尚志、冯祖裕、李慧云(女)、虞作新、金　尉(女)、潘韫伟、陈阿虎、姜秉智

续表 7-3-5

名　称	正职(起止年月)	副职(起止年月)	委员(或其他)
长安镇人民政府（第三届）(1958.4～9)	顾洪林(1958.4～9)	石永芳(1958.4～9)	李长富、高连明(女)、章丽宝(女)、曹伯庭、苗山成 陈尚志、冯祖裕、李慧云(女) 虞作新、潘韫伟、陈阿虎、 姜秉智、金　尉(女)
长安人民公社管理区(1958.10～1959.6)	王叙根(主任) (1958.10～1959.6)	杜宣今(副主任)(1958.10～1959.4) 莫加清(副主任)(1959.3～5)	—
长安镇人民委员会(1959.6 复建,其中1960.4～12 隶属长安公社)	顾洪林(1959.6～7) 沈志忠(1959.7～1960.12,其中1959.10～1960.4 离职学习)	石永芳(1959.6～1960.7,其中1959.10～1960.4 主持工作) 莫加清(1960.2～12) 王叙根(1960.2～12)	—
长安镇人民委员会(第四届)(1960.12～1963.5,其中 1960.12～1961.5 隶属长安公社)	沈志忠(1960.12～1963.5)	莫加清(1960.12～1963.5) 王叙根(1960.12～1963.4)	顾洪林、曹伯庭、章丽宝(女) 周喜娥(女)、陈淑英(女)、 冯秋生、翟清彬、虞作新、 王掌荣、庄　学(女)、朱信良 许荣康
长安镇人民委员会(第五届)(1963.5～1968.1)	沈志忠(1963.5～1968.1)	莫加清(1963.5～1968.1)	王顺林、陆云樵、马登伯、 曹伯庭、章丽宝(女)沈鸿源、 徐宗岐、陈淑英(女)、冯秋生 庄　学(女)、沈瑞倩(女)、 许荣康、虞作新
长安镇革命委员会(1968.1～1980.12)	左效圣(主任) (1968.1～1970.8) 张　强(主任) (1970.8～1973.3) 孙景兰(主任) (1973.3～1978.10)	张延桢(第一副主任 1969.7～1980.12) 应士元(副主任 1968.1～1980.12) 许学峰(副主任 1968.1～1980.12) 王叙根(副主任 1973.10～1980.12) 吴　因(副主任 1976.7～1980.12) 寿玉麟(副主任 1977.8～1980.12,其中1978.10～1980.12 主持工作) 顾俊卿(副主任 1979.1～1980.12) 余文虎(副主任 1979.1～1980.12)	—
长安镇人民政府(第六届)(1981.1～1984.8)	顾俊卿(1981.1～1982.6)	吴因(1981.1～1984.8,其中 1982.6～1984.8 主持工作) 秦如伟(1981.1～1984.8)	—
长安镇人民政府(第七届)(1984.8～1987.4)	高良初(1984.8～1986.8) 邢志耀(1986.8～1987.4)	邢志耀(1984.8～1986.8) 殷琴国(1984.8～1987.4) 庄荣海(1984.8～1987.4)	副镇级调研员　吴　因
长安镇人民政府(第八届)(1987.4～1990.4)	邢志耀(1987.4～1990.4)	庄荣海(1987.4～1990.4) 张子兴(1987.4～1989.9)	—

续表 7-3-5

名　称	正职(起止年月)	副职(起止年月)	委员(或其他)
长安镇人民政府（第九届）（1990.4～1993.4）	邢志耀(1990.4～1992.8) 杨永福(1992.8～1993.4)合并期间组长	杨永福(1990.4～1992.8) 庄荣海(1990.4～1992.8) 沈永根(1992.4～1992.8) 褚林泉(1992.8～1993.4)合并期间副组长；合并期间组员：殷琴国、庄荣海、李松祥、陈祥龙、沈永根(1992.8～1993.4)	—
长安镇人民政府（第十届）（1993.4～1996.3）	李松祥(1993.4～1995.9) 许德坤(1995.9～1996.3 行政负责人)	沈永根(1993.4～1996.3) 陈祥龙(1993.4～1996.3) 张子兴(1993.4～1996.3) 庄荣海(1993.4～1995.9) 阮荣炳(1993.4～1996.3)	—
长安镇人民政府（第十一届）（1996.3～1999.1）	许德坤(1996.3～1997.3) 周萍菊(女,1997.3～1999.1)	陈祥龙(1996.3～1998.10) 张子兴(1996.3～1998.10) 阮荣炳(1996.3～1999.1) 蔡文伟(1996.3～1999.1)	—
长安镇人民政府（第十二届）1999.1～2000.1	周萍菊(女,1999.1～1999.11) 周萍菊(女,行政工作领导小组组长 1999.11～2000.1)	阮荣炳(1999.1～1999.11) 蔡文伟(1999.1～1999.11) 叶志琴(女,1999.1～1999.11) 庄姚剑(1999.1～1999.11) 行政领导小组人员：李子兴、阮荣炳、蔡文伟、庄姚剑	正镇级调研员：徐关仁、孙华坤
长安镇人民政府（第十三届）2000.1～2002.1	周萍菊(女,2000.1～2010.10) 阮荣炳（行政负责人 2001.10～2002.1）	阮荣炳(2000.1～2001.10) 庄姚剑(2000.1～2001.11) 李子兴(2000.1～2002.1) 蔡文伟(2000.1～2001.10) 陈　斌(2001.2～2001.10) 阮国强(2001.10 镇长助理) 沈林海(2001.10 镇长助理) 金悦卿(2001.10 镇长助理) 凌红伟(2001.10 镇长助理)	正镇级调研员：徐关仁、孙华坤
长安镇人民政府（第十四届）2002.1～2004.1	阮荣炳(2002.1～2003.11) 郭新峰（2003.11～2004.1 行政领导小组组长）	阮国强(2002.1～2003.11) 李子兴(2002.1～2003.11) 沈林海(2002.1～2004.1) 金悦卿(2002.1～2003.11) 凌红伟(2002.1～2003.11) 镇长助理： 金建平(2003.11～2004.1) 陈伟平(2003.11～2004.1) 陆少时(2003.11～2004.1) 严钊根(2003.11～2004.1) 沈庆锋(2003.11～2004.1)	正级调研员：何阿根、周萍菊(女)、孙华坤

续表 7-3-5

名　称	正职(起止年月)	副职(起止年月)	委员(或其他)
长安镇人民政府 (第十五届)	郭新峰(2004.1～2004.12)	沈庆锋(2004.1～) 严钊根(2004.1～) 沈林海(2004.1～) 陆少时(2004.1～) 陈伟平(2004.1～) 金建平(2004.1～)	—

附一:长安乡人民政府行政机构领导名录

机构名称	正　职	副　职	其他
褚石乡人民政府	曹　晖(又名曹五毛,1950.6～8) 吴葆菁(1950.8～1951.6) 张德发(又名张先弟,1951.7～1953.11)	吴葆菁(又名吴葆庆,1950.6～8) 姚仁培(1950.6～1951.11) 沈兆龙(1951.12～1953.11)	—
新民乡人民政府	吴长兴(1950.6～1951.3) 曹　炜(1951.7～1952.5) 蔡阿坤(1952.5～1953.11)	骆荣标(1950.11～1951.3) 何文彬(1951.3～7 主持工作) 刘洪良(1951.8～10)	—
孟子乡人民政府	朱楠开(又名朱南开,1950.6～9) 张望升(1951～1953.11)	周章林(又名周掌林,1950～1951.5,1950.9～1951.5 主持工作) 朱寿康(又名朱毛头 1951.3～1953.11) 陈厚鉴(1951.11～1953.11)	—
褚石乡人民政府 (第一届) (1953.11～1956.1)	张德发(1953.11～1956.1)	沈兆龙(1953.11～1956.1) 沈彩凤(女,1953.11～1956.1)	朱阿珊、陆俊源、陈兆阳、朱昌泉、潘乐君、朱信良
新民乡人民政府 (第一届) (1953.11～1956.1)	蔡阿坤(1953.11～1954.5) 陈叙财(1954.11～1955.10) 周法其(1955.10～1956.1) 苏银松(1954.5～11)	苏银松(1953.11～1954.4,1954.12～1956.1 任第二乡长) 吴爱珍(女,1953.11～1956.1)	戚阿东、应继春、沈金仙(女)、陈掌和、蒋坤荣、方阿根
孟子乡人民政府 (第一届) (1953.11～1956.1)	张望升(1953.11～1954.5) 周法其(1954.5～1955.10) 赵有根(负责人,1955.10～1956.1)	陈厚鉴(1953.11～1956.1) 胡长富(同上)	刘毛银、赵有根、汪小泉、陈宽洪、邓松发、朱保时
新民乡(大乡) 人民委员会 (1956.2～9)	苏银松(代理乡长(1956.2～9)	施金奎(代理副乡长,1956.2～9) 杜文通(1956.2～5) 沈兆龙(1956.2～接下) 吴爱珍(女,1956.5～接下)	—

续附一

机构名称	正　职	副　职	其他
新民乡人民委员会（第二届）（1956.9～12）	苏银松（1956.9～接下任）	施金奎（1956.9～接下） 沈兆龙（1956.9～接下） 吴爱珍（女，1956.9～接下）	陈金煜、潘乐君、施子宝（女）、陈汝洪、高雪堂、孙月根、都凤娥（女）
新民乡人民委员会（1957.1～1958.4）	苏银松（接上任～1958.4）	施金奎（接上任～1958.4） 沈兆龙（接上任～1958.4） 吴爱珍（女，接上任～1958.4） 华明法（1958.2～4）	陈金煜、潘乐君、施子宝（女）、陈汝洪、高雪堂、孙月根、都凤娥（女）
新民乡人民委员会（第三届）（1958.4～10）	苏银松（1958.4～10）	沈兆龙（1958.4～10） 华明法（1958.4～10） 杜掌娥（又名朱掌娥，女，1958.4～10）	赵有根、钱景芳、倪品华（女）、董仲三、陈金煜、何召民、潘乐君、陈洪田、郭东英（女）、沈如兴、褚有兴
长安人民公社管理委员会（1958.10～1960.12）	顾洪林（1958.10～1959.6） 孙长风（1959.7～1960.12）	苏银松（1958.10～1960.5） 崔品高（1958.10～1960.5） 高志清（1958.10～1960.5） 陈雪珍（女，1958.10～1960.5） 张志云（1958.12～1960.5） 章建彬（1958.10～1960.5） 倪财康（1958.10～1960.5） 凌圣高（1959.5～1960.5）	—
长安人民公社管理委员会（1958.10～1960.12）	顾洪林（1958.10～1959.6） 孙长风（1959.7～1960.12）	张德法（1958.10～1960.5） 沈兆龙（1959.12～1960.12） 柳培坤（1960.10～12）	—
长安人民公社划分为10个耕作管理区、一个工业管理区。本乡辖区有褚石、肖王、小渡三个管理区（1958.10～1959.3）	褚石耕作管理区 主任 杜兆奎（1958.10～1959.3	张明松（1958.10～1959.3） 倪子法（1958.10～1959.3） 邵三宝（1958.10～1959.3）	—
	肖王耕作管理区 主任 杨永田（1958.10～1959.3）	吴永泉（1958.10～1959.3）	—
	小渡耕作管理区 主任 李掌财（1958.10～1959.3）	陈有堂（1958.10～1959.3） 杜掌娥（女，1958.10～1959.3）	—
新民管理区委员会（1959.4调整管理区规模，褚石、肖王、小渡合并为新民管理区）	陈金宝（1959.4～9） 杜兆奎（1959.9～1961.5）	马长坤（1959.9任命未到职）	—
长安人民公社管理委员会（召开四届一次人代会）（1960.12～1961.5）	社长： 孙长风（1960.12～1961.5）	苏银松（1960.12～1961.5） 章建彬（1960.12～1961.5） 凌圣高（1960.12～1961.5） 柳培坤（1960.12～1961.5） 沈兆龙（1960.12～1961.5）	—

续附一

机构名称	正　职	副　职	其他
长安人民公社管理委员会(划分为长安、辛江、周镇三个人民公社)(1961.5～1963.5)	周法其(1961.5～1963.5)	苏银松(1961.5～1963.5) 沈兆龙(1961.5～1963.5)	—
长安人民公社管理委员会(召开四届二次人代会)(1963.5～1966.11)	周法其(1963.5～11) 秋云山(1963.11～1966.5)	沈兆龙(1963.5～1965.4) 方炳虹(1963.3～1966.1) 许德康(1965.4～1966.11)	叶爱珠(女)、朱幼生、何召民 吴长兴、陈朝阳、陈德龙、 张明松、金如珍(女)、姚文吉 都凤娥(女)、董祥党、褚筠如
长安公社管理委员会(1966.5～1968“文化大革命”初期)	社长: 秋云山(1966.5～1968.5)	副社长:许德康	—
长安公社革命委员会(1968.5～1976.10)	主任: 周法其(1968.5～1971.5) 寿炳坤(1971.5～1976.10)	秋云山(1970.4～8) 寿炳坤(1970.4～8)	—
长安公社革命委员会(1976.10～1984.1)	主任: 寿炳坤(1976.10～1979.1)	高宽良(1976.10～1980.3,其中 1979.1～1980.3 主持工作) 秋云山(1976.10～1980.12) 张永生(1978.7～1981.1,其中 1980.3～1981.1 主持工作) 柳培坤(1979.5～1981.1)	—
长安公社管理委员会(1981.1～1984.1 公社革委会改为管理委员会)	主任: 孙华坤(1981.1～1984.1)	秋云山(1981.1～1982.12) 何阿根(1981.1～1982.3) 张子兴(1981.1～1982.11) 柳培坤(1981.1～1983.12)	—
长安乡人民政府(1984.1 恢复乡人民政府	庄永海(1984.1～7) 何阿根(1984.7～1987.4)	沈天法(1984.1～1987.2) 顾育年(1984.1～ 周萍菊(女,1984.1～1987.3) 陈祥龙(1984.7～1987.4) 李子兴(1987.2～1987.4)	—
长安乡人民政府(第七届)(1987.4～1990.4)	何阿根(1987.4～1990.4)	李子兴(1987.4～1990.4) 顾育年(1987.4～1990.4) 陈祥龙(1987.4～1990.4)	—
长安乡人民政府(第八届)(1990.4～1992.8)	褚林泉(1990.4～1992.8)	李子兴(1990.4～1992.8) 陈祥龙(1990.4～1992.8) 陈阿迷(1990.4～1992.8)	—

附二：辛江乡人民政府行政机构领导名录

机构名称	正　职	副　职	其他
1950.1～1953.11 该乡辖区划分为辛江、泰山、兴福三个乡	辛江乡人民政府乡长： 曹　炜（1950.3～6） 王重政（1950.6～1951.3） 陈洪堂（又名陈镛堂,1953.3～11）	洪　贵（又名马裕安,1951.2～1953.11） 李顺发（1953.10～11） 陈寿昌（1951.3～1953.9） 刘发龙（1952.9～1953.11）	—
	泰山乡人民政府乡长： 胡世玉（1950.1～2） 陈茂顺（1950.5～1953.9）	陈茂顺（1950.3～5） 马长坤（1952.6～1953.11） 诸金松（1950.10～1952.3） 倪财康（1953.2～11）	—
	兴福乡人民政府乡长： 张胜敬（1950.4～7） 周绳祖（1951.9～1952.7） 许建清（1952.12～1953.11）	徐儒廉（1950.4～1951.10） 曹永宝（1952.5～1953.11） 许建清（1951.8～1952.12）	—
1953.11～1956.2 开始实行人民代表大会制度,三个乡分别召开首届人代会,选举乡长、副乡长	辛江乡乡长： 陈洪堂（1953.11～1956.2）	李顺发（1953.11～1956.2） 刘发龙（1953.11～1954.3） 沈法荣（1953.11～1956.2）	—
	泰山乡乡长： 马长坤（1953.11～1955.6） 倪财康（1955.6～1956.2）	倪财康（1953.11～1955.6） 陈掌和（1954.7～1955.11） 许叙虎（1954.11～1956.2）	—
	兴福乡乡长： 许建清（1953.11～1956.2）	沈培基（1953.11～1956.2）	—
辛江乡人民委员会（第二届）（三个乡合并,1956.2～1956.12）	倪财康（1956.2～12）	许建清（1956.2～12） 李顺发（1956.2～12）	沈法荣、陈镛堂
辛江乡人民委员会（1957.1～1958.4）	倪财康（1957.1～1958.4）	许建清（1957.1～1958.4） 李顺发（1957.1～1958.4） 沈法荣（1957.1～1958.4） 沈金寿（女,1957.1～1958.4）	—
辛江乡人民委员会（第三届）（1958.4～9）	倪财康（1958.4～9）	许建清（1958.4～9） 沈法荣（1958.4～9） 沈金寿（女,1958.4～9）	—
1958.10～1959.4 辛江乡又划分为辛江、泰山、白杨三个管理区	辛江管理区主任： 谈金祥（1958.10～1959.4）	俞文松（1958.10～1959.4） 顾柏荣（1958.10～1959.4） 王阿囡（1958.10～1959.4） 姚雪娥（女,1958.10～1959.4）	—
	泰山管理区主任： 朱祖根（1958.10～1959.4）	潘文仙（女,1958.10～1959.4）	—
	白洋管理区主任： 吴阿毛（1958.10～1959.4）	吴小娥（女,1958.10～1959.4） 顾桐春（1958.10～1959.4）	—
1959年4月三个管理区合并为辛江管理区,隶属长安人民公社	主任： 陈福才（1959.4～1961.5）	凌圣高（1959.4～1961.5） 李顺发（1959.4～1961.5） 钱锦荣（1959.4～1961.5）	—

续附二

机构名称	正　职	副　职	其他
1961年5月,调整人民公社规模,设辛江人民公社	社长 倪财康(1961.5～1963.7)	凌圣高(1961.5～1963.7) 高宽良(1961.5～1963.7) 曹丽英(女 1961.5～1962.6) 朱松芬(女,1961.5～1963.7)	—
辛江人民公社 (第四届) (1963.7～1966.5)	社长: 倪财康(1963.7～1966.5)	高宽良(1963.7～1966.5) 凌圣高(1963.7～1966.5) 陆宝根(1963.7～1966.5) 朱松芬(女 1963.7～1966.5)	—
辛江人民公社1966.5,开展"社会主义教育运动",7月召开四届三次会议	社长: 倪财康(1966.5～1967.12)	凌圣高(1966.5～1967.12) 朱松芬(女,1966.5～1967.12) 朱振其(1966.5～1967.12)	—
辛江公社 革命委员会	主任: 孙长风(1967.12～1976.10)	钱景芳(1967.12～1975.11) 沈惠根(1967.12～1975.11) 吴士林(1967.12～1975.11) 王永根(1973.10～1976.10) 张元祥(1973.10～1976.10) 凌圣高(1971.12～1976.10)	辛江公社 革命委员会 (1976.10～1980.12)
主任: 孙长风(1976.10～1977.8)	王永根(1976.10～1977.8) 凌圣高(1976.10～1980.12其中1977.9～1978.8主持工作) 沈惠根(1976.10～1977.8) 陈永顺(1976.10～1977.8其中1978.3～1980.12主持工作) 张元祥(1976.10～1977.8)	辛江公社 革命委员会	主任: 孙长风(1967.12～1976.10)
辛江公社 管理委员会 (第六届) (1980.12～1983.12)	主任: 倪财康(1980.12～1982.7) 赵荣华(1982.7～1983.12)	凌圣高(1980.12～1981.12) 沈仁章(1980.12～1983.12) 潘惠芬(女,1981.2～1983.12) 魏连芳(1981.2～1982.8)	—
辛江乡人民政府 (第七届公社改乡) (1983.12～1987.4)	乡长: 包叙根(1983.12～1987.4)	徐关仁(1983.12～1987.4) 沈仁章(1983.12～1987.4) 陆水根(1983.12～1987.4) 潘惠芬(女 1983.12～1987.4)	—
辛江乡人民政府 (第八届) (1987.4～1987.12)	乡长: 包叙根(1987.4～1988.1)	徐关仁(1987.4～1988.1) 沈仁章(1987.4～1988.1) 陆水根(1987.4～1988.1)	—
辛江乡人民政府 (第九届) (1988.1～1989.1)	包叙根(1988.1～1989.1) 沈培根(1989.8～1990.4)	徐关仁(1988.1～1990.4,其中1989.1～1989.8主持工作) 沈仁章(1988.1～1990.4) 陆水根(1988.1～1990.4)	—

续附二

机构名称	正　职	副　职	其他
辛江乡人民政府 （第十届） （1990.4～1993.3）	沈培根（1990.4～1993.3）	沈仁章（1990.4～1993.3） 陆水根（1990.4～1992.12） 林咬祖（1990.4～1993.3）	—
辛江乡人民政府 （第十一届） （1993.3～1996.3）	竺伟益（1993.3～1996.3）	孙家楠（1993.3～1996.3） 沈仁章（1993.3～1996.3） 林咬祖（1993.3～1996.3）	—
辛江乡人民政府 （第十二届） （1996.3～1999.2）	乡长： 竺伟益（1996.3～1997.9） 陈金明（1997.9～1998.10） 王金法（行政负责人1998.10～1999.2）	朱锡田（1996.3～1999.2） 孙家楠（1996.3～1999.2） 沈仁章（1996.3～1998.10）	—
辛江乡人民政府 （第十三届） （1999.2～1999.11）	王金法（1999.2～1999.11）	朱锡田（1999.2～1999.11） 孙家楠（1999.2～1999.11） 李子兴（1999.2～1999.11） 沈林海（1999.2～1999.11）	—

附三：盐仓镇人民政府行政机构领导名录

机构名称	正职(起止年月)	副职(起止年月)	其他
盐仓镇 人民政府	人大主席： 张永生（1999.11～2000.1）	—	—
盐仓镇 人民政府	人大主席： 张永生（2000.1～2000.8） 镇　长 吴一平（2000.1～2000.8）	金中一（2000.1～2000.6） 赵月明（2000.1～2000.8）	镇长助理 许建强（2001.10～2002.1） 吕炜泓（2001.10～2002.1） 孙亦欣（2001.10～2002.1）
盐仓镇 人民政府	主　席 张永生（2000.8～2003.11） 镇　长 吴一平（2000.8～2003.11）	吕炜泓（2002.1～2003.11） 许建强（2002.1～2003.11） 赵月明（2000.8～2003.11） 高林甫（2002.1～2003.11）	镇长助理 孙亦欣（2002.1～2003.11）

第四章　群团组织

第一节　农　　会

民国20年(1931)4月2日,长安镇成立海宁县第四区修南乡(长安镇)农会,有会员152人,会址设在令公庙内。到1937年11月停止活动。

1950年春,在驻长安区的土地改革工作队的发动和帮助下,长安镇区半工半农、半农半商的居民组织成立长安镇农民协会,推选戚小佬为农民协会主任,周大栋为副主任,还有3名委员。下属农会小组7个,参加协会123户,会员201人。农民协会成立后,积极协助政府和土改工作队完成长安镇的土地改革任务,组织代耕代种。

1950年冬,驻长安镇土改工作队依靠农民协会,开展土地改革运动。根据《中华人民共和国土地改革法》规定,没收地主土地、房屋、农具,分给缺田少地的农民。长安镇区没收地主的土地13.53公顷,房屋1442间,农具759件。81户农民分到了土地,102户分到农具。(全区土地改革数据见农业部分“农民土地制”)1951年颁发了土地证。1953年冬组织互助组,1955年成立长安镇初级农业生产合作社,镇农会随之消失。

长安乡农会

长安乡辖区在1950年5月划小乡后,分别成立了褚石、新民、孟子乡农民协会,领导了土地改革。随着土地改革的完成和农业合作化运动的发展,农民协会逐步完成自己的历史使命。在社会主义教育运动(即“四清”运动)期间,建立贫下中农协会。“文化大革命”开始不久,该协会停止活动。

表7–4–1

农会名称	主任、副主任(年月)
褚石乡农民协会	主　任:蒋培德(1950.6～1951.5) 张德发(又名张先弟,1951.5～8) 陈洪堂(又名陈镛堂,1951.8～1953.3) 朱阿珊(又名朱志民,1953.3～1956.1)
新民乡农民协会	主　任:俞金健(又名俞善泉1950.6.～1951.8) 陈掌和(1951.9～1953.4) 应继春(又名应小狗,1953.5～1956.1)
孟子乡农民协会	主　任:沈士垦(1950.6～1951.9) 刘毛银(刘毛人,1951.9～1956.1)
长安人民公社贫下中农协会	主　席:周法其(1964～1966.12) 副主席:赵樟照(1964～1966.12)

辛江乡农会

1950年年初,辛江、兴福、泰山三个乡成立农民协会(农会),并负责政府的一部分行政事务工作。1956年2月,撤区并乡,农会撤销。1965年春,召开贫下中农代表会,选举贫协主席、副主席及委员。至1967年12月取消。

表 7-4-2

名　称	主任、副主任、委员(年月)
兴福乡人民政府农会	主　任:石荣斌(1950.3～1951.8) 沈子浩(1951.9～1952.4) 李洪年(1952.5～1956.1)
辛江乡人民政府农会	主　任:姚宝福(1951.9～1952.5) 李仁法(1954.4～1956.2)
泰山乡人民政府农会	主　任:盛志芳(1950.6～1951.8) 许叙虎(1951.9～1953.2)
辛江公社贫下中农协会	主　席:孙长风(1965.5～1966.7) 钱锦芳(,1966.7～1967.12) 副主席:朱松芬(女,1965.5～1967.12) 王永根(1966.7～1967.12) 吴阿大(女,1966.7～1967.12)

第二节　工　　会

民国 20 年(1931)8 月 16 日,长安丝厂成立产业工会,有会员 628 人。解放后,1949 年 7 月,长安镇工会筹备委员会宣告成立。并立即在码头装卸、船工、泥木工、碾米、精洗麻、酒酱、绸布、百货、南北货、瓷席、理发、水作、粮食、电业、国药、教育、油坊等 20 个待业中开展工作,筹建工会。1950 年年初,改称为长安镇各业工会联合会,是年 5 月,正式成立长安镇工会工作委员会。下属搬运、海员(船民)、手工业、店员、地方工业、教育、麻厂、建筑等基层工会。至 1953 年,新增财政金融、孙万茂油厂、厂矿联营处、周镇、袁牧工会工作委员会,国营企业工会工作委员会。同年 9 月,长安镇工会工作委员会改称长安镇工会联合委员会。1961 年 5 月,又更名为长安镇工会。

1958 年以后,长安镇地方工业逐步兴起,至 1966 年,镇工会基层所属基层工会已发展到 24 个,工会小组 75 个,会员共 1361 人。镇工会建立后,对广大工人进行党的方针政策和时事形势教育,开办职工业余学校,以提高职工群众政治觉悟和文化程度。50 年代,为国家培养输送一大批干部,在抗美援朝运动中,有 150 多名青年工人、学徒报名参军,经体检合格批准 28 名加入中国人民志愿军。又动员全镇职工踊跃捐献飞机大炮,积极认购国家建设公债,协助政府普查税务源,对私营工商业重估财产等,以实际行动支援抗美援朝。1950 年,发动全镇工人、店员义务劳动,建造宽 4 米、长 1013 米混凝土街道 1 条。1956 年,在协助政府完成对私营工商业的社会主义改造以后,工会又组织和发动各基层工会,积极开展以增产节约为中心内容的劳动竞赛。

“文化大革命”期间,镇工会陷于瘫痪。1973 年 7 月,召开了第七次工会会员代表大会,长安镇工会重新建立。从 1979 年起,镇属工业逐年发展,合作商业也普遍筹建工会组织,至 1983 年,镇属基层工会有 43 个,工会小组 289 个,有会员 4333 人。

进入 80 年代,镇工会为适应经济发展需要,充分发挥工会组织的作用,立足于改革,着手整顿健全各级工会领导班子;积极推行职工代表大会制,实行民主管理。至 1985 年,已有 22 个基层工会建立起职代会制度。为提高职工科学文化技术素质,培训建设人才,镇工会充分利用职工学校,开展职工文化、科学技术教育。职工业余学校在 1981 年中央《关于加强职工教育的决定》下达后,据 1989 年年底统计,共办班 197 期、入学总人数达 7840 多人次,各类教学结业毕业发证总计 4109 人次。职工学校在 1985 年、1986 年被连续评为全省工会系统 10 所先进职校之一,并受到由省总工会直接拨款 5 万元建造校舍的殊荣。

1985年,由县财政补拨5万元,基层工会集资3万元,建造了四层职工大楼。1985年,在镇工会领导的发动下,镇属各厂矿企业单位的基层工会普遍开展建设"职工之家"活动,把工会的群众生产工作、群众思想工作、民主管理活动和自身建设的全部内容纳入"职工之家"活动之中,并制定建设标准,逐个组织验收。到1986年11月,所属43个基层工会的"职工之家"全部合格。到1990年年末,共召开工会会员代表大会10次。下属基层工会41个,其中设女工委员会17个,工会小组230个,有专、兼职工会干部579名(其中中专职2名),会员3290人,其中女会员1032人。

长安镇工会1949年7月至1989年6月历届会员代表大会概况

表7-4-3

年 份	名 称	专兼职工会主任(席)	
		正	副
1949年7月	长安镇各业工会联合会(筹)	梁玉明	殷祖良(兼)
1950年5月	长安镇工会工作第一届委员会	郑瑞骅(兼)	吴汉庭(兼)、殷祖良(兼)
1951年3月	长安镇工会工作第二届委员会	殷祖良(兼)	章炳荣
1952年7月	长安镇工会工作第三届委员会	殷祖良(兼)	章炳荣
1953年3月	长安镇工会工作第四届委员会	章炳荣	顾洪林、陆宗麒(兼)
1955年7月	长安镇工会工作第五届委员会	顾洪林(1956.6调离)	陆宗麒、曹伯庭(兼)(1956.4始)殷祖良(兼)(1957.3始)
1961年5月	长安镇工会委员会	曹伯庭	殷祖良(兼)、毛剑贵(兼)
1961年12月	长安镇工会第六届委员会	曹伯庭	殷祖良(兼)、吴龙江(兼)(1964.8月调离)
1973年7月	长安镇工会第七届委员会	曹伯庭	郛国祥(兼)、沈德宝(兼)、、冯克源(兼)、王金宝(兼)(1974.5始)
1978年12月	长安镇工会工作第八届委员会	姚子康	陈庆祥(兼)(1983.6调离)、张连根(兼)
1986年5月	长安镇工会工作第九届委员会	姚子康	黄家驹(兼)、杨云清(兼)
1989年6月	长安镇工会工作第十届委员会	姚子康	杨云清(兼)

1995年12月7日,长安镇工会第十一次代表大会在镇政府三楼会议室召开。选举工会主席、副主席、委员。

主 席

殷琴国(1995.12~1999.11)

副主席

杨菊英(女,1995.12~1999.11)

经费审理委员会主任

张大福(1995.12~1999.11)

2000年2月29日,长安镇工会第十二次代表大会在镇政府四楼会议室召开,选举产生长安镇工会第十二届委员会和经费审查委员会。

主 席

朱根明(2000.2~2001.11)

副主席

杨菊英(女,2000.2~2001.11)

殷琴国(2000.2~2001.11)

经费审查委员会主任:

张大福(2000.2~2001.11)

2001年11月7日,潘惠芬任长安镇工会主席,朱根明辞去长安镇工会主席职务。

主 席

潘惠芬(女,2001.11~2003.11)

袁杰(2003.11~2004.4)

副主席

殷琴国((2001.11～2004.4)

杨菊英(女,2001.11～2004.4)

徐福兴(2003.11～2004.4)

经费审查委员会主任:

褚自发(2001.11～2004.4)

2004年4月20日，长安镇召开第十三次代表大会,选举新一届镇工会领导班子,袁杰等十一名同志当选新一届镇工会班子成员。

主 席

袁 杰(2004.4～2005.8)

副主席

潘惠芬(女,2004.4～2005.8)

徐福兴(2004.4～2005.8)

副主任

沈祖根(2004.4～2005.8)

2005年8月,长安镇总工会成立,来自全镇及农发区的156名工会代表出席成立大会袁杰等当选为镇总工会主席、副主席。

主 席

袁 杰(2005.8～)

副主席

潘惠芬(女,2005.8～)

徐福兴(2005.8～)

经费审查委员会主任

徐福兴

附一 辛江乡工会

1994年8月20日，辛江乡召开首届工会代表大会。选举产生辛江乡首届工会委员会和经费审查委员会。

1995年10月增补钱剑耕为辛江乡工会委员,并任主席。

1998年11月增补高林甫、庄成标为委员;朱根明为辛江乡工会主席。

主 席

王松其(1984.8～1995.10)

钱剑耕(1995.10～1998.11)

朱根明(1998.11～1999.11)

副主席

潘惠芬(女)

张发坤(1998.11～1999.11)

经费审查委员会主任

张发坤(1998.11～1999.11)

1999年11月,行政区划调整后,辛江乡工会并入长安镇工会

附二 盐仓镇工会

主 席

陈祥龙(2000.4～2003.11)

副主席

徐福兴(2000.4～2003.11)

第三节 共产主义青年团

1949年10月，中国新民主主义青年团长安区工作委员会成立,尔后,结合土地改革运动、动员参军活动,积极发展团员。

1950年5月,海宁第二初级中学第一个团支部成立。1951年5月,中国新民主主义青年团长安镇工作委员会成立。中共长安镇委配备专职青年干事,由机关团组织为基础,结合各项政治运动,在青年工人、店员、居民和学生中积极发展团员,并筹建团镇委。至1954年年底,长安镇从解放初期的3名团员发展成团支部11个,有团员273名,其中工厂48名,交通、手工业84名,机关企事业单位141名。1957年8月,长安镇召开团员代表大会,选举产生长安镇第一届委员会。委员11名,其中常委5名。同时，更名为中国共产主义青年团长安镇委员会。1958年以后,镇属工业逐步兴起,共青团工作重点转入工厂企业。到1959年9月,共青团长安镇委员会下属共有16个支部，其中工厂团支部10个,团员158名(男120名,女38名)。

1962年，共青团长安镇委员会协同有关部门,组织待学、待业青年成立劳动学习小组。1963年,全

镇有18个劳动学习小组，有430人参加，占全镇16～25岁青年总数的84%。根据他们多年来自学校以及归队生的特点，试办珠算、簿记学习班，电工自学小组，以提高他们的文化水平和工作能力，便于计划安排劳动就业。经过一年多的劳动学习，有174名青年写了500篇学习心得，立志做“雷锋式”的青年，有25名写入团申请书。在爱国卫生运动中，组织86个突击队，挖苍蝇蛹6.5公斤，清理垃圾460担。经过学习，安排去麻站、茧站、粮站、蚕种场、砖瓦厂等10多个单位做临时工的有500多人次，85名青年去农村插队。先后有46名青年就业，其中建筑徒工21人，手工业会计11人，理发9人，电工修理5人。

“文化大革命”开始后，全镇团组织停止活动。

1970年11月，召开共青团长安镇第四次代表大会，重建共青团长安镇委员会，恢复团的组织生活。从70年代起，镇办工业逐步发展，大批初、高中毕业生进入工厂、企事业单位工作，共青团组织不断发展壮大。到1985年止，团镇委下属有40个团支部(其中总支部1个)，有团员714名。

80年代以后，团的工作立足于改革，努力为社会主义物质文明建设和精神文明建设服务，开展了多种形式的活动。1985年，在广泛开展“五讲、四美、三热爱”活动的基础上，发动和组织全镇广大青年深入开展“四有”(有理想、有纪律、有道德、有文化)教育活动。1987年，为配合“双增双节”(增产节约、增收节支)活动；团镇委协同农业银行长安镇办事处在全镇团员、青年中开展“龙腾杯”“节约杯”储蓄比赛活动；每年“五四”青年节，团镇委组织全镇各行各业的团支部上街开展为民服务活动，其服务项目有：修理家电用品、自行车、铝制品、搪瓷制品、钟表、修配锁匙、加工副食品，以及服装裁剪、拷边各项技术咨询等28个大类。1989年，团镇委举办为期7天(5月3日至9日)的纪念“五四”周活动，内容有，上街为民服务、参加长安人民公园建设，开展钢笔书法大赛、羽毛球赛以及少年儿童文艺汇报演出等。这项活动得到团省委的指导和鼓励。到1990年止，团镇委下属29个团支部，有团员522名，其中男311名，女211名。

1990年10月22日，共青团长安镇第九次团代会在镇政府三楼会议室召开，全镇74名正式代表和列席代表出席会议，会议由上届团委副书记宋鹰主持，并作代表资格审查报告；团委副书记蒋群慧致开幕词，倪继红作团委工作报告；选举产生新一届委员会，蒋群慧当选新一届团委书记，汤正宜、宋鹰当选为副书记。1992年8月，长安乡团委并入时，明确了团负责人。1994年8月30日下午，共青团长安镇第十次代表大会在长安镇三楼会议室召开。来自全镇各条战线上的75名团员骨干，代表1189名团员出席大会。长安镇工会、妇联、人武部、科协及浙丝一厂团委向大会召开表示祝贺。镇党委副书记周萍菊作重要讲话，对到会代表提出了希望和要求。庄成标受共青团第九届委员会委托，向大会作“求实创新，奋力拼搏，为长安腾飞贡献春青和力量”的工作报告。选出新一届团委委员，庄成标任团委书记；陈国新任团委副书记。选出出席共青团海宁市委第十一次团代会代表12名。1997年8月13日，共青团长安镇第十一次代表大会召开。出席大会的正式代表67名，列席代表9名，代表着全镇1095名团员。大会听取镇党委、团委领导讲话，回顾三年来长安镇团委工作。确定今后三年共青团工作目标和任务，选举产生共青团长安镇第十一届委员会，选举产生出席共青团海宁市第十二次代表大会代表。进一步动员全镇广大团员青年在改革开放和经济建设中以求实创新的精神，为建设富裕文明的长安再立新功。大会以无记名方式选举产生新一届共青团长安镇委员会。沈大力当选为共青团长安镇委员会书记，陈国新、张春阳为副书记，戴晓东、俞宏达、姚敏洁、冯玲珠为团委委员。选出出席共青团海宁市第十二届委员会代表20名。

2000年8月19日，共青团长安镇第十二次代表大会在镇四楼会议室召开，来自全镇各条战线的62名代表参加会议。沈大力代表第十届委员会作题为“研究新情况，创造新业绩，以新的迈进二十一世纪”的工作报告。代表们听取和审议共青团长安镇第十一届委员会的工作报告和关于团费收缴使用情况的报告。选举产生共青团长安镇第十二届委员会和出席共青团海宁市第十三次代表大会的代表。选举结果，沈大力当选为团委书记，徐斌、张春阳当选为副书记。镇党委书记陈金明,人大主席团主席何阿根,镇长周萍菊等领导也应邀出席会议。团市委、镇群团组织领导到会表示祝贺。

2003年7月22日，共青团长安镇第十三次代表大会在镇政府四楼会议室召开，来自全镇25个行政村、6个社区,以及机关、学校、企事业单位的75名共青团代表欢聚一堂,共商长安镇共青团工作大计。下午1时30分大会正式开幕,少先队员为大会召开献词,群众团体代表邓建达作贺词。镇党委、人大、政府领导,郑进良、沈力巨、阮荣炳、毛金明等参加会议。团市委胡燕子到会祝贺并讲话。选举产生新一届团委班子,吴伟禄任团委书记。副书记王培清、顾叶红。

长安镇共青团组织机构情况

表7-4-4

机构名称	书记(起止)	副书记(起止)
新民主主义青年团长安镇委工作委员会(1951.5～1957.7)	宋奇胜(1951.9～1952.4) 李邦先(1955.1～1956.12)	王金明(1952.4～1953.4 主持工作) 魏清洪(1953.5～1954.12 主持工作) 高连明(女,1956.12～1957.7) 杜宣今(1959.12～1960.12)
共青团长安镇委员会(第一届～第三届)(1957.8～1959.12)	高连明(女,1957.8～1959.12) 王叙根(1962.1～1970.11)	汪顺根(1960.6～1961.12 其中 1960.12～1961.12 主持工作) 陆云樵(1962.1～1970.11)
共青团长安镇委员会(第四届)(1970.11～1978.9)	章丽宝(女,1970.11～1978.9)	高尔根(1970.11～1978.9) 杨国兴(1970.11～1978.9)
共青团长安镇委员会(第五届)(1978.9～1982.8)	钱培伦(1978.9～1982.8)	杨国兴(1978.9～1980.7) 张亦明(1979.1～1982.8) 吴　铭(1979.1～1982.8)
共青团长安镇委员会(第六届)(1982.8～1985.11)	钱培伦(1982.8～1984.6) 陈建芬(女,1984.6～1985.6) 阮荣炳(1985.7～11)	陈建芬(女,1982.8～1984.6) 吴　铭(1982.8～1985.6) 许勤莉(女,1985.7～11) 杨晓明(1985.7～11)
共青团长安镇委员会(第七届)(1985.11～1988.9)	阮荣炳(1985.11～1988.9)	许勤莉(女,1985.11～1986.8) 杨晓明(1985.11～1988.9) 陈国良(1986.11～1988.9)
共青团长安镇委员会(第八届)(1988.9～1990.10)	阮荣炳(1988.9～1990.10)	宋　鹰(1988.9～1990.10) 高勤业(1988.9～1990.10)
共青团长安镇委员会(第九届)(1990.10～1994.8)	蒋群慧(女,1990.10～1994.8)	宋　鹰(1990.10～1994.8) 汤正宣(1990.10～1994.10)
共青团长安镇委员会(第十届)(1994.8～1997.8)	庄成标(1994.8～1997.8)	陈国新(1994.8～1997.8)
共青团长安镇委员会(第十一届)(1997.8～2000.8)	沈大力(1997.8～2000.8)	张春阳(1997.8～2000.8)
共青团长安镇委员会(第十二届)(2000.8～2003.7)	沈大力(2000.8～2003.7)	徐　斌(2000.8～2003.7) 张春阳(2000.8～2003.7)
共青团长安镇委员会(第十三届)(2003.7～)	吴伟禄(2003.7～	王培清(2003.7～) 顾叶红(女,2003.7～)

附一　共青团长安乡委员会

书　记：

方克昌(1958.10～1960.2)

钱景芳(1958.10～1960.12任副书记，
1961.5～5任书记)

周荣法(1960.6～12)

董祥觉(1961.6～1968.5)

朱掌荣(1970.10～1978.11)

李松祥(1978.8～1980.11任副书记，1980.4
起主持工作，1980.12～1982.8任书记)

沈培根(1980.12～1982.8任副书记，1982.9～
1983.12任书记)

顾蔷华(女，1984.1～1992.8)

副书记：

孙一成(1964.8～1968.5)

沈荣全(1964.8～1968.5)

曹浩兴(1970.10～1974.12)

姚毛人(1970.10～1974.12)

何锦浩(1972.4～1978.8)

戴雪根(1974.12～1977.9)

周萍菊(女，1978.8～1980.11，1978.11～1980.3
主持工作)

汪炳根(1980.12～1986.5)

方建明(1982.9～1983.12)

许煜威(1984.1～1992.8)

1992年8月，随乡镇合并，长安乡团委并入长安镇团委

附二　共青年团辛江乡委员会

1956年2月，成立中国新民主主义青年团，辛江乡总支部委员会，1957年更名为共产主义青年团，并建立乡团委。1958年并入长安人民公社团委。“文化大革命”期间，停止活动，从1956年至1999年11月，共召开13次团员代表大会，各自选举本届团委领导人。

中国新民主主义青年团辛江乡总支

书　记：周荣法(1956.2～1957.7)

共青团辛江公社委员会

书　记：钱锦芳(1961.5～1964.5)

王仲华(1964.5～1966.7)

俞祖兴(1966.7～1971.2)

俞子法(1971.3～1977.9)

姚文杰(1977.9～1978.6)

潘惠芬(女，1978.8～1979.12)

王松其(1980.1～1983.12)

共青团辛江乡委员会

书　记：王松其(1984.1～1985.8)

严钊根(1985.9～1990.8)

濮新达(1990.8～1992.9)

朱根明(1992.9～1994.8)

1994年8月16日，共青团辛江乡第十二次代表大会召开，选举产生了共青团辛江乡委员会，书记、副书记。

书　记：朱根明(1994.8～1997.7)

副书记：方天明、

严利群(女，1994.8～1997.7)

1997年7月26日，共青团辛江乡第十三次代表大会召开，选举产生了新一届团委委员、书记、副书记。

书　记：蔡雪峰(1997.7～1999.11)

副书记：王永飞(1997.7～1999.11)

杨贵良(1997.7～1999.11)

1999年11月，行政区划调整后，辛江乡团委并入长安镇团委

附三　共青团盐仓镇委员会

书　记：高永强(2000.8～2003.11)

副书记：张娟霞(女，2000.8～2003.11)

第四节　妇女联合会

民国36年(1947)6月20日,成立长安妇女会,负责人童月宝,会员1894人。

1951年1月,长安镇召开第一次妇女代表大会,民主选举产生长安镇第一届妇女联合会。1952年10月,更名为长安镇民主妇女联合会。1954年复称长安镇妇女联合会。自1951年1月至1988年10月,共召开过九次妇女代表大会,选举各届联合会领导人。1950年4月13日,中央人民政府委员会第七次会议通过《中华人民共和国婚姻法》废除包办买卖的封建婚姻制度,实行男女婚姻自由。长安镇党、政机关组织干部、宣传员,学习婚姻法,镇文工团排演《夫妻之间》《杨柳青》《葛麻》等小型戏剧宣传婚姻法。并举办两期居民妇女干部婚姻法学习班,有165人参加。海宁县政府领导到长安向全镇机关、企业、学校干部、宣传员作关于"婚姻法"的报告,参加者近300人。此后,深入城乡,大张旗鼓地宣传贯彻婚姻法。20世纪50年代初,镇妇女联合会发动和组织全镇妇女学政治、文化,投入各个时期的政治运动,提高她们的政治觉悟和文化水平。1955年以后,开展以职工家属为重点、以勤俭持家为中心内容的"五好"家属活动,评选"五好"积极分子;组建基层妇代会,帮助工商业者家属树立劳动光荣的思想,走出家庭,参加工作。还积极开展妇幼福利工作,举办妇幼卫生讲座、召开孕妇座谈会,传授孕妇、妇幼常识,推广新式接生,保护妇女、儿童健康。

1958年,在大办地方工业带动各行各业大发展的热潮中,全镇大批家庭妇女摆脱家务,走上社会,加入各行各业的社会主义经济建设战线。镇妇联发动各行各业,本着自办、自管、自给的方针,开办全托、半托等多种形式的托儿所、幼儿园,为解放妇女劳动力创造条件。

进入20世纪80年代,围绕经济建设这个中心,从1980年4月起,在全镇4个街道办事处、16个居委会、1个村民委员会深入持久地开展"五好"(热爱祖国、热爱社会主义、热爱集体、遵纪守法好;努力生产、努力工作、努力学习、完成任务好;计划生育、教育子女、勤俭持家好;移风易俗、文明礼貌、清洁卫生好;尊老爱幼、家庭和睦、邻里团结互助好)家庭活动。到1990年,这个活动已坚持11年之久,并扩展到"五好"集体宿舍、"五好"墙门、"五好"群楼,评选"五好"家庭标兵户。与此同时,在全镇各厂矿企事业中广泛开展文明女职工、"三八"红旗手巾帼竞赛活动。自1981年至1990年,全镇评选出五好家庭998户次(其中市级12户),五好墙门8个,五好居民小组18个,五好群楼6个。好婆婆、好媳妇72人次,好邻居44户;命名为市级"三八"红旗集体3个,"三八"红旗手5名,市级文明女职工2名。为了适应改革开放的形势,不断提高妇女素质,举办不同内容的短期培训班,帮助她们提高政治觉悟、普及法律知识和妇幼保健卫生常识。同时,在中、青、老年妇女中倡导举办"交谊舞""迪斯科"等舞蹈培训班,并组织她们开展比赛,开展文体活动,促进妇女身心健康。镇妇联还积极配合有关部门开办和发展幼托事业。1990年年末,全镇托儿所、幼儿园9所,入所、入园儿童1110人,分别占应托儿童的74%,应入园儿童的100%。1990年10月22日,全国妇联主席陈慕华曾专程到长安二轻幼儿园视察。

1990年"母亲节"前后,举办宣传母亲的伟大意义专题讲座4场次,组织歌颂母亲演讲比赛。同年重阳节,配合长安镇老龄协会,在长安公园舒羽楼为全镇82对金婚(婚满50年)的配偶举办庆祝活动。到1990年年末,全镇18周岁以上妇女有6903人,其中女职工5031人,基层妇代会17个,女职工委员17人。1991年坚持党的"一个中心,两个基本点"的基本路线教育,积极参与,努力奉献,充分发挥妇女"半边天"作用,广大妇女冲破小农经济的束缚,登上了商品经济舞台,在种植、养殖第三产业等广阔领域中大显身手。组织协调社会力量,有计划地为儿童进行健康检查,使家庭教育、托幼事业有了很大发展。全镇有中心幼儿园一所,村办学前班14个。1991年至1994年,发动各单位大力支持儿少事业,为学校、幼儿园捐款、赠物共77700元。18个单位建立"妇女之家"。1994年,开展"巾帼建功"示范岗活动。全镇妇女立足本职,岗位成才,岗位建功,有力地促进全镇的经济发展。开展"双学双比"

竞赛评选活动及先进集体和个人的评选活动。1997年10月9日，长安镇第十四次妇女代表大会在镇政府四楼会议室召开。出席代表85名，列席代表17名。选举主席、副主席。

2000年9月18日，长安镇第十五次妇女代表大会在镇政府四楼会议室召开。选举产生了第十五届妇女代表大会主席、副主席。2001年，长安镇妇联坚持以“三个代表”的重要思想为指导，继续贯彻“一手抓维权，一手抓发展”的工作方针，围绕全国妇联的工作部署，结合长安镇实际，不断开阔工作思路，拓展维权途径，协调社会力量，进一步开创了维权社会化、法制化的工作局面。2002年，全面启动“四五”普法工作，重点针对广大妇女群众进行法制宣传教育，增强妇女的守法和依法维权意识；同时各地妇联还将以“三八”维权周为标志，大力开展《中华人民共和国妇女权益保障法》实施十周年和《中华人民共和国婚姻法》修改颁行一周年纪念活动，掀起新一轮婚姻家庭法制宣传教育的高潮。2003年8月21日，长安镇第十六次妇女代表大会选举产生了长安镇妇联第十六届执委。

长安镇历届妇女联合会领导名录

表 7–4–5

年份	名称	妇女主任	
		正	副
1951年1月	长安镇第一届妇女代表大会	张如爱(兼)	刘仲清
1952年10月	长安镇民主妇女联合会	王春晓	王巧仙、张如爱
1955年1月	长安镇第二届妇女代表大会	章丽宝	李慧英
1958年6月	长安镇第三届妇女代表大会	章丽宝	李慧英
1959年12月	长安镇第四届妇女代表大会	章丽宝	李慧英
1962年3月	长安镇第五届妇女代表大会	章丽宝	李慧英、孙彩娥、曹文珠
1978年7月	长安镇第六届妇女代表大会	章丽宝	陈建芬、曹杏玉、袁彩仙、潘雪英
1982年8月	长安镇第七届妇女代表大会	章丽宝	陈建芬、曹杏玉、袁彩仙、潘雪英
1985年8月	长安镇第八届妇女代表大会	陈建芬	赵文霞
1988年10月至1992年7月	长安镇先后召开第九届、十届、十一届妇女代表大会	陈建芬	赵桂芬
1992年8月	长安镇第十二届妇女代表大会	杨菊英	叶志琴
1994年12月	长安镇第十三届妇女代表大会	杨菊英	叶志琴
1997年10月	长安镇第十四届妇女代表大会	杨菊英	叶志琴
2000年9月	长安镇第十五届妇女代表大会	杨菊英	朱玉英、朱　红
2003年9月	长安镇第十六届妇女代表大会	杨菊英	费娟玉、朱玉英

附一　长安乡妇女联合会

1956年2月并入乡后，成立新民乡妇女联合会，1958年10月并入长安人民公社妇联，“文化大革命”期间，妇联被迫停止活动，1971年6月恢复公社妇联活动。从1956年至1991年9月，共召开过12次妇女代表大会，选举了各届妇联领导人。

新民乡妇女联合会

主　任：都凤娥(1956.2～1957.3)

倪品华(1957.4～1958.10)

长安人民公社妇女联合会

主　任：倪品华（1958.10～1959.3）
　　　周珊毛（1959.4～1961.3）
　　　都凤娥（1958.10～1961.5 任副主任；
　　　　1961.6～1968.5 任主任；
　　　　1971.6～1972.2 任副主任）
　　　沈菊芳（1971.6～1981.2）
　　　杨菊英（1981.2～1983.12）
副主任：王菊芬（1971.6～1978.7）
　　　徐桂仙（又名李桂仙，1971.6～1982.8）
　　　许掌娥（1978.7～1982.8）
　　　周萍菊（1978.7～1983.12）

长安乡妇女联合会

主　任：杨菊英（1984.1～1988.1 0 ）
副主任：周萍菊（1984.1～1988.10）
　　　姚丽美（1985.6～1988.10）

长安乡第十届执委会续任至 1988 年 10月，同月和 1991 年 9 月，先后召开第十一次和第十二次妇女代表大会，分别选举乡妇联第十一届和第十二届执行委员会。

主　任：杨菊英（1988.10～1992.8）

1992 年 8 月随乡镇合并，并入长安镇妇联。

附二　辛江乡妇女联合会

1956 年 2 月并乡后，成立辛江乡妇女联合会，1958 年 10 月并入长安人民公社妇联。"文化大革命"期间，妇联被迫停止活动，1971 年 6 月，恢复公社妇联活动。从 1956 年至 1999 年 11 月，共召开过 14 次妇代会，选举各届妇联领导人。

主　任：倪小宝（1956.2～1958.10）

辛江公社妇女联合会

主　任：曹丽英（1961.2～1962.6）
　　　朱松芬（1963.1～1966.5）
　　　高祖仙（1966.5～1969.11）
　　　朱松芬（1969.12～1978.9）
　　　项建芬（1978.10～1979.12）
　　　潘惠芬（1980.1～1983.12）

辛江乡妇女联合会

主　任：潘惠芬（1984.1～1988.8）

辛江乡妇女联合会第十届执委会续任至届满。第十一届和第十二届执委会分别产生于 1988年 8月和 1991 年 9 月召开妇女代表大会。

辛江乡妇女联合会第十届执委会续任至届满。第十一届、第十二届、第十三届执委主席由潘惠芬连任。

主　席：潘惠芬（1988.8～1997.10）

1997 年 10 月 8 日，辛江乡召开第十四届妇女代表大会，大会选举产生了新一届辛江乡妇女联合会委员、主席、副主席。

主　席：潘惠芬（1997.10～1999.11）
副主席：钱玲娣（1997.10～1999.11）
　　　周小明（1997.10～1999.11）

1999 年 11 月随乡镇合并，辛江乡妇联并入长安镇妇联

附三　盐仓镇妇女联合会

主　席：吴明娟（2000.4～2003.11）
副主席：范叶华（2000.4～2003.11）

第五节　科学技术协会

长安镇科协

50 年代，在 1958 年"大跃进"时期，长安镇曾以乡镇部分单位为主建立过一些科技小组。吸收一批科技人员为科普会员，60 年代以后逐渐冷落。"文化大革命"中期，即 70 年代初，又曾一度大搞技术革新活动，各工厂、单位改进一些操作方法和机械装置，取得不同的生产效益。1984 年 6 月，市科协、民政局联合在长安乡首次举办科技扶贫养鸡培训班，长安、辛江要求发展养殖业的贫困户和专业户参加培训，聘请县食品公司、县饲料公司 2 位行家分别讲授"鸡的饲养管理""鸡饲料""鸡病防治"等技术，为期 3 天。培训班后，鸡的成活率大提高，其中长安

乡3200只苗鸡平均成活率达91.8%。1985年3月，长安镇科协举办“现代化管理和新产品开发”专题学术报告，主讲人为杭州市企业现代化管理研究会秘书长、杭州市汽轮机厂副总工程师韩金已。

1983年10月以后，各乡、镇也陆续建立科普协会，1984年7月改名科学技术协会。长安镇在1985年6月7日，召开第一次科学技术协会会员代表大会，选举产生了第一届科学技术协会。委员11名，1987年9月、1990年10月，召开第二、三次会员代表大会，进行换届选举。先后担任科协主席的有钱培伦、陆云樵、殷琴国，副主席陈政初、黄家驹。

1999年11月与辛江乡合并后，于2000年1月17日调整长安镇科协工作领导小组。组长陈金明，常务副组长周萍菊，副组长阮荣炳、陈斌。2002年4月28日，长安镇科协第五次代表大会召开，选举产生新的领导班子。毛金明任主席，凌红伟任常务副主席，沈林海、阮国强任副主席、邓建达任秘书长。2003年10月，盐仓镇科协并入长安镇科协。由于人事变动，袁杰任科协主席，吴楚荣任秘书长。

2005年年末，长安镇科协，共有会员431人。有嘉兴市级示范村1个（肖王村），海宁市级科技示范村3个（鹿耳村、东陈村、金港村），有科普示范基地和科普教育基地各1个，并联组建了168人的科普志愿者队伍。

长安乡科协　1984年1月6日，长安乡科技普及协会成立，由农村的专业科技人员、农民中的土专家、能工巧匠、知识青年和退伍军人中的科技活动积极分子、热心科技工作的干部组成。宗旨是：认真贯彻执行党在农村中的方针政策，特别是科学技术工作和方针政策，充分发挥群众团体的独特作用，把分散在农村的科技人员和群众中的科技骨干组成一支群众性的科普工作队伍，因地制宜地开展各种科研成果技术培训、技术交流、技术承包、技术咨询服务和各种科普宣传活动，实现农村专业科研成果技术人员与群众科技骨干相结合，现代科学技术与传统经验相结合，促进生产发展，加速农村的“两个文明”建设。在此同时，各村和企业也逐步建立科普小组。科协主任孙华坤。1990年4月换届，产生第三届委员会，主任孙华坤，副主任韩启雍，秘书长张子兴。

1992年8月，撤销长安乡建制，并入长安镇。乡科协随之并入镇科协，明确张子兴为负责人，黄家驹为副主任兼秘书长。1994年10月，长安镇召开第四次代表大会。选举产生了镇科协第四届委员会。主席周萍菊（女），陈祥龙为副主席，黄家驹为秘书长（任至1998.2）。

辛江乡科协　1971年3月29日，辛江公社革命委员会建立公社农业科学技术推广站，由苏晋堂、凌圣高、金杏宝（女）、陈永康、黄汉江、王茂荣、杨宝祥、沈建堂9位同志组成，由苏晋堂任站长，凌圣高、陈永康任副站长。

1984年1月，辛江乡建立乡科协，由朱掌荣任主任，吴楚荣任秘书长。1987年11月，辛江乡召开第二届科学技术协会代表大会。濮金荣任科协主席，续任至1989年12月第二届满。1990年10月和1993年12月召开的第三届、第四届会员代表大会分别产生“主任”“主席”，由钱培伦任负责人、主任。在1994年1月召开的第四届科学技术协会上产生新的科协主席，王松其任主任，吴楚荣任副主任兼秘书长。1995年9月21日，因人事调动，明确钱剑耕为辛江乡科协负责人。1997年5月21日，辛江乡科协第五次代表大会召开，选举产生辛江乡科协筹备组五届委员会。主席钱剑耕，秘书长吴楚荣。1997年5月因人事调动朱根明任负责人。到1999年11月辛江乡并入长安镇，辛江乡科协同时并入长安镇科协。

长安镇科协主席(主任)秘书长名录

表 7–4–6

镇、乡	届别	主席	任职期间	秘书长	任职期间	备注
长安镇	一	钱培伦	1985.6–1987.10	黄家驹	1984.1–1987.10	1992 年 8 月与长安乡科协合并
	二	陆云樵	1987.10–1990.10	黄家驹	1987.10–1990.10	
	三	殷琴国	1990.10–1992.8	朱建强	1990.10–1992.8	
	四	周萍菊(女)	1992.9–1999.10	黄家驹 沈大力	1992.9–1998.2 1998.3–1999.10	
	五	朱根明	1999.10–2002.4	邓建达	1999.10–2002.4	
	六	毛金明 袁 杰	2002.4–2003.10	邓建达	2002.4–2003.10 2003.10–2005.12	
长安乡	一	孙华坤	1983.7–1987.10	陆其昌	1984.1–1987.10	1992 年 8 月与长安镇科协合并
	二	孙华坤	1987.10–1990.10	韩启雍	1987.10–1990.10	
	三	孙华坤	1990.10–1992.8	张子兴	1990.10–1992.8	
辛江乡	一	朱掌荣	1984.1–1987.11	吴楚荣	1984.1–1987.11	1999 年 11 月并入长安镇科协
	二	濮金荣、钱培伦 (负责人)	1987.11–1989.12 1989.12–1990.10	吴楚荣	1987.11–1990.10	
	三	钱培伦 王松其	1990.10–1991.4 1991.4–1993.12	吴楚荣	1990.10–1993.12	
	四	工松其	1993.12–1997.5	吴楚荣	1993.12–1997.5	
	五	钱剑耕 朱根明	1997.5–1998.8 1998.9–1999.10	吴楚荣	1997.5–1999.10	
盐仓垦区	一	苏树良	1994.12–	王正裔	1999.10–2001.10	2003 年 10 月并入长安镇科协
	二	陈祥龙	2002.4–2003.10	王正裔	2001.10–2003.10	

第六节　残疾人联合会

1991 年 4 月 30 日，长安镇残疾人协会第一次会议于镇政府会议室举行，出席代表 46 人，选举产生理事长 1 人、副理事长 2 人、理事 6 人。

1992 年 8 月，随行政区划调整，长安镇残疾人协会与长安乡残疾人协会合并。同年 12 月，更名为长安镇残疾人联合会。长安镇残疾人联合会第一届理事会理事长庄荣海。1994 年 1 月至 1995 年 9 月，理事长庄荣海，1995 年 9 月 1996 年 8 月理事长阮荣炳。

1996 年 8 月 7 日，长安镇残疾人联合会第二次代表大会召开，选举产生镇残联第二届理事会。二届一次理事会议上，选举产生理事长、副理事长。1998 年 3 月，建立镇残联主席团，同年 10 月理事长作了调整。

理事长：阮荣炳(1996.8～1998.10)

曹月兴(1998.10～2000.3)

主　席：周萍菊(女，1998.3～2000.3)

2000 年 3 月 23 日，长安镇残疾人联合会第三次代表大会召开，选举产生长安镇残联第三届理事会主席、副主席、理事长、副理事长。

主　　席：周萍菊(女)

副 主 席：曹月兴

名誉主席：何阿根。

理 事 长：曹月兴

副理事长：林咬祖、朱柱国。

2002年12月27日，长安镇残疾人联合会第四次代表大会召开，选举产生镇残联第四届理事会主席、副主席、理事长、副理事长。

主　席：阮荣炳

副 主 席：曹月兴

名誉主席：沈力巨

理 事 长：曹月兴

副理事长：沈伯根

残联活动：

1991年后，镇残联组织和开展各项活动。根据《中华人民共和国残疾人保障法》和市政府出台的一系列扶助残疾人事业的规定，镇残联制定和实施《长安镇关于对残疾人实行照顾扶持的若干规定》，从康复、教育、劳动就业、文化生活、福利、环境等多方面对本镇残疾人给予更切实的照顾和扶持，并积极为残疾人提供法律援助。各村、社区建立青年志愿者服务站和康复服务站、康复领导小组等组织，聘请社区残协专职委员1名。镇残联主席团及理事会成员、社区康复（精防）领导小组等组织机构进行调整和补充。各村、社区残协也根据人事变动情况，及时进行调整。以"全国助残日"为契机，镇残联每年召开了残疾人工作座谈会和精防工作座谈会，慰问残疾困难户及儿童福利院的残疾孤儿。还结合"爱耳日""爱牙日""爱眼日"等开展各种宣传活动，树立典型，扩大宣传。结合市残联的双十佳评选和大户带小户工程，建立残疾人扶贫基地，树立杜伟祖等残疾人自强典型。

2003—2005年实施可扶持户工程，共确定扶持对象150户，每户发放扶持资金450元，共发放扶持资金6.75万元。大户带小户工程：25户，每户1500元，发放资金3.75万元。安居工程：危旧房改、建30户，其中21户新建，9户翻修，市、镇、村三级补助25.5万元。助学工程：确定480名特困残疾人家庭学生作为补助对象，发放助学补助金39.4万元。低保户补助工程：残疾低保户269户，发放低保户补助金25.9万元。临时救济补助工程：主要用于残疾人突发性事件、医疗等困难补助，发放救济金22.1万元。由镇党委、政府领导牵头，企事业单位出资，对31户残疾困难户进行以助学为主要形式的扶贫帮困结对，共计扶助7.8万元。残疾人托老院工程：22名残疾五保老人统一安排到镇敬老院进行集中供养，供养经费共28.6万元。并投入资金18万元，为残疾人托老院进行设施改造和添置空调、冰箱等。特困残疾人优惠补贴工程：对持有"特困残疾人优惠证"的残困户给予粮油、水电补贴，免收挂号费、诊疗费、有线电视初装费、电话初装工料费，减半收取手术费、注射费、床位费、有线电视收视费。每年春节等节日、"全国助残日"，会同市残联、镇领导走访慰问残疾困难户75户，送去慰问金和慰问品计2.98万元。镇残联用于各项扶贫和扶持资金投入共147.24万元。2003年开始"白内障复明工程"手术132人，"助行工程"赠送轮椅、助行架等35辆（件），"助听工程"最终接受配置助听器19人。镇残疾人康复（精防）组织网络健全，全镇精神病人全部纳入村、社区管理网络，监护率达100%。2002—2005年，33名残疾人从事个体经营，得到市残联的残疾人就业补助。帮助20多名残疾人争取银行小额贷款20多万元，使残疾人及时获得生产资金。同时，推荐残疾人进企业工作，先后帮助50名残疾人重新就业。开展残疾人文体活动。在参加市残联组织的首届中国象棋比赛中，镇残联派出的选手，获得团体第一名。在海宁市残联第五届残疾人运动会上，通过选手们的共同努力，获团体总分第二名，有47人次获金、银、铜奖，派出的7名残疾人运动员代表海宁参加嘉兴、省比赛获21枚金牌。文艺汇演走在全市前列。

附一　辛江乡残疾人联合会

1991年3月29日，在辛江乡民政皮件厂礼堂召开辛江乡残疾人协会第一次代表大会，出席代表54人，特邀11人。大会选举产生理事会，由理事长1人、副理事长2人、理事8人组成。1992年12月更名为辛江乡残疾人联合会。

理事长：林咬祖（1991.3～1995.10）

辛江乡残疾人联合会第一届理事会1995年10月作了调整。

理事长：林咬祖（1994.1～1995.10）

朱锡田(1995.10～1996.6)

1996年6月20日，辛江乡残疾人联合会第二次代表大会召开。选举产生乡残联第二届委员会，二届一次理事会选举产生了理事长、副理事长。1998年2月，建立乡残联主席团，同年10月主席、理事分别作调整。

主　席：陈金明(1998.2～1998.10)

王金法(1998.10～1999.11)

理事长：朱锡田(1996.6～1998.10)

高林甫(1998.10～1999.11)

1999年11月，辛江乡残疾人联合会并入长安镇残疾人联合会。

附二　长安乡残疾人协会

1991年6月30日，在长安乡政府礼堂举行长安乡残疾人协会第一次代表大会。选举产生乡残联理事会，由正副理事长1人、理事4人组成。1992年8月与长安镇残协合并。

理事长：陈阿迷(1991.6～1992.8)

第七节　其他组织

个体劳动者协会

1984年6月，成立海宁县长安镇个体劳动者协会(系长安地区性组织)，会址在长安镇工商所内。1986年4月，更名为海宁县个体劳动者协会长安分会，设委员7人，先后由许志敏、孙博文任主任。共有会员1555人，其中长安镇321人，农村1234人。协会成立后，协助税务部门征收税款，检查偷、漏税；协助工商行政管理部门整顿市场，验证、换证；调查无证经营、取缔非法经营；帮助会员解决资金、货源的困难；为保证社会需要、控制盲目发展，还适时调整待业结构；要求会员在买卖活动中必须按质议价，明码标价。

船民协会

长安镇船民协会，是一个以货运为主的木帆船船民自愿结合的团体组织。其宗旨是：组织船民学习党和政府的方针、政策，以提高政治、思想认识；组织妇女解放思想，从事生产劳动，提高社会地位；协助公安部门办理户籍定居、登记事宜；教育船民破除封建迷信，改变旧风俗，树立新风尚。船民协会于1953年6月15日成立，主任任阿二，委员7人，会员403人。协会成立后，积极配合政府和航管部门教育船民重视安全生产、提高运输效率、完成重点任务；协调劳资纠纷；参加防汛抢险，清除河道障碍。此外，还为船民举办夜校，创办船民子弟学校，为提高船民文化工作作出不少贡献。在1956年上半年的合作化高潮中，成立长安镇木帆船运输合作社，原船民协会的工作任务，归属于运输合作社，协会成员分别为合作社成员，船民协会无形消失。

商会

民国20年(1931)3月23日，成立长安镇商会，有公会会员9人、商店会员108人，商会会长张步青。会址在庆宁街令公庙后。日军侵占期间，商民推举金晋荣为长安镇伪商会会长。抗战胜利后，民国34年(1945)12月15日，重新成立长安镇商会，徐元章任会长，会址设在西街民生弄内(今公安弄)。下属20个同业公会：皮毛业、南北咸腊业、烟纸百货业、乡货粮食业、油饼浇造业、国药业、屠宰业、地货业、豆腐水作业、糕团浆粽业、铜锡铁器业、鲜果业、蚕丝业、瓷席业、饭菜面食业、绸布制衣业、磨坊面粉业、运输业、泥水木作业、酒酱业。有会员364人。

民国35年(1946)3月，韩希岭任长安镇商会会长。民国37年(1948)4月，徐元章复任会长。1951年9月，成立长安镇工商联合会(简称“工商联”)，设委员15人，正、副主任委员5人，先后由虞作新、杨金奎任主任委员，地址在西街(今114号)。工商联的主要任务是协助政府对私营工商业加速社会主义改造。1958年，长安镇工商联更名为海宁县工商联合会长安分会。1964年4月，从工商联中划出商贩户，成立长安镇商贩联合会，主任管继英。1966年停止活动。长安镇工商联自1955年2月至1965年，先后召开工商界代表会3次，选举产生三届委员会。1966年起停止活动。

第八卷 军事 政法 民政

第一章 军 事

第一节 驻 军

古代

勾践拓地北御儿，夫差筑何、晏、管、萱，四城以御之。今长安镇兴城村村部为四城之一“管城”，以城堡驻军防御。

元至正初(1341)，长安设巡检司，管辖税收、防盗等行政事务。

海宁时属杭州路，亦升为州，路府所辖州县，设县尉司、巡检司，配弓手以防盗。

州县名	巡检司	合计
海宁州	硖石、黄弯、赭山、长安	4

明洪武二年（1369），撤巡检司，建文二年(1400)复建。

雍正六年(1728)，满洲水师营八旗1600名，绿旗水兵400名，共2000名驻海盐乍浦镇，配有战船22只，火炮110门。同年四月，长安镇撤巡检司，建长安汛防千总署于长安镇北。属杭标左营管辖。千总署有屋3进共22间，营房36间，设巡盐千总1员，百总1员，领旗4名，守兵45名，战兵50名，共弁兵99名，额配巡船14只，往来杭嘉湖三郡，专管巡缉盐枭。

清道光二十二年(1842)，海宁知州许发和恐长安征漕粮发生扰乱，州城策应困难，命州判李仙根向全镇绅、商招募义勇120名，官募水勇20名，巡船10艘，由州判和巡盐千总候鉴共同负责操练，守卫长安镇。

咸丰十年(1860)十二月朔，太平军与清军作战时。蔡元隆攻克海宁，隆恩泰屯长安，踞令公庙，左右环造营房数十间。濒河缭以石恒，高约三丈，筑虹桥为北门，老坝为南门，厚可驰马。张幕设立炮台，树旗帜。筑瞭望台高五六丈，戍鼓刁斗声彻夜不绝。

同治三年(1864)正月，蔡降，隆军去承平。

近代

1938年，日军成立“铁道巡警队”所谓“爱路军”，往来巡视，队部驻长安镇火车站。自此日军长驻长安镇，此来彼往，不时换防，直至抗战胜利后缴械为止。

1939 年驻海宁日军兵力

表 8-1-1

县别	番号	敌酋姓名	兵力	位置	备　注
海宁	—	—	—	长安	—
海宁	混成旅团 48 大队	大队长宫岛义山	—	长安	步炮 3 门、重机枪 4 挺

长安

1938 年，原国民党军陈丙生等 7 人投降日军，组织日伪长安“防匪自卫团”，团部设在长安镇。日军委陈为队长，改名邓晶平，兵力约 100 余人，分别在长安、斜桥一带驻防。日伪第二军特务营营长史华轩(汉奸)，后又逐步扩充为海宁保安大队。1941 年 10 月 30 日，汪伪特工总部设“长安站”于东街 45 号，代号“45 号”，内分电台、情报、行动等股，专事搜集情报，残害抗日爱国人士。

1942 年 10 月 1 日，日伪“清乡专员公署”设于长安镇，下设属于“浙江省第二清乡”。“保安司令部”和“保安特务队”，编制 1 个营 3 个连，驻长安镇仰山书院旧址。

1943 年 12 月，中共党员呼延夫打入设在海宁长安镇的伪浙江省第二清乡专员公署，任保安队队长。

1944 年 4 月，中共浙西特派员罗希明派党员鲍自兴、朱思洪入呼延夫部队，并建立党的特支。呼延夫任书记，鲍、朱任委员。保安大队脱离专署后，扩编为伪浙江省保安第十大队，呼延夫任大队长。下设三个中队，鲍自兴任一中队驻盐官、沈士和科同桥；朱思洪任二中队长，驻许村、翁埠和许巷；刘白朗(非党员)任三中队和大队部，同驻长安(长安部队即因此而称)。1945 年年初，伪 12 军将该大队改编为伪 12 军特务营，中队改为连，仍驻原地。我党控制的“长安部队”在与敌、伪顽强的周旋中，排除种种障碍，站住脚跟。建制一营三连，有 400 余人。控制长安、许村两个车站，盐官、翁埠、石塘三个渡口。形成一个以长安为中心，沟通浙西方圆约 100 平方公里的控制区。

1945 年 8 月，日寇投降，长安镇上伪军接受国民党改编。“长安部队”中，党的特支为预防部队被国民党当局强制收编和分割，决定将部队收拢，使之主要集中在长安镇、许村二地，以便加强控制，等待浙东命令，做好行动准备。同月 23 日，方晓奉浙东区党委城工部之命至长安检查情况和下达部队立即赴浙东的命令。并商定渡海日期、船只、联络信号等事，约定第三夜间涨潮时，由浙东部队和船只到石塘头接应“长安部队”过江，共 87 人登船赴浙东。“长安部队”驻地——长安镇仰山书院。

1949 年 7 月，长安区成立区中队，属解放军编制，作为区的地方武装，隶属于海宁县大队，谢德元任中队长，区中队于 1951 年 4 月撤销。1950 年，崇德调 5 个班来长安镇驻防，担任铁路、银行及重要设施的守卫任务，排长刘希臣。

附：地下抗日长安部队

“长安部队”是抗日战争期间由中国共产党领导组织起来的秘密抗日队伍。由于处在日、伪军控制圈内，经过艰难的斗争终于发展起来，虽然在最后归还建制关键时刻，被顽固的反动人员挑拨下，淘汰少数意志不坚定者，但大部分经过艰难斗争的磨炼成为更坚定的无产阶级战士。

长安部队的领导人鲍自兴原系余杭县人。抗日战争初激于义愤参加余杭县政工队，不久升指导员主任。但见国民党对坚决抗日人士的残酷迫害(指“皖南事变”等)，产生对国民党是否真正抗日的怀疑，萌发跟共产党抗战到底的意念。当贺扬灵派他到天目山任上校团附闲职后，几次坚决要求到抗日前线去。1942 年终于争取到带领“反敌行动团”第一大队的人马到笤溪东岸，活动在仓前、吴山一带，打击余杭一带日、伪军的气焰，同时也为乡亲伸张正义。但由此和国民党地方当局结了怨，被告到国民党浙西行署。专员贺扬灵再次勒令鲍自兴回天目山，企图解除鲍自兴和队附朱思洪所领导的武装。逼得他们白天不敢运动，晚上无处安身，使他们只有找共产党。1943年4月，朱思洪终于找到吴兴县政工队里的中共特支书记周植林，同时张华夫部队里政工室主任呼延夫也在找党而留在周植林处。周植林把情况向中共太滆地委汇报，江南区党委即派罗希明以特派员身份于7月7日把鲍自兴等人以"作战被俘"形式从祥符桥进入杭州，并代表中国共产党正式吸收鲍自兴、朱思洪、呼延夫为特别党员，组织了特别支部。10月，因"策反"张华夫部队不成，被敌特追踪下，3人只得分开。这时正值日本侵略军实行"清乡"政策，以海宁为中心，划海宁、桐乡、德清及海盐一部分为汪伪"浙江第一清乡区"。调伪教育厅长徐季敦为专员兼保安司令。鲍自兴了解到徐系淮阳天师附小校长，罗希明同意他利用师生关系打入这个"专员公署"，徐季敦有保安司令之名，但保安队不听他的，反而处处受制于日寇联络官田中尉，正想建成一个支部队以保护身家。就给鲍自兴一个"专员公署特务保安队"的番号。鲍通过伪军中把兄弟关系凑了20多名伪军，10几支长短枪，由呼延夫任队长，在1943年12月23日，从杭州到长安驻扎，进行扩建和从事秘密抗日活动。

1944年4月，罗希明，许斐文带交通员金国源到虹桥西羊毛行楼上建党的秘密联络机关。二月派人到余杭小东门将鲍白天接到长安，朱思洪闻讯也从南京来会。5月，伪保安大队驻盐官的一个中队被海宁县俞文奎部夜袭中全部歼灭。徐季敦万分恐慌中要呼延夫带兵外防以作特角之势。呼延夫知道鲍自兴和顾达一、俞文奎都有交往，约鲍同去拜会，取得谅解。当石塘头伪军也撤离时，呼部分兵，由鲍自兴带一个班驻石塘头。5月中，在太滆地委指导下建立"中共长安部队特别支部"，呼延夫任书记，鲍自兴为组织委员，朱思洪是教官，一支由中国共产党控制的"长安部队"正式组成。而石塘头也成为"长安部队" 控制的第一个钱塘江渡口。通过征税、检查、给浙东根据地提供给养，保护人员来往。

7月，日寇"清乡"失败，徐季敦被撤职。特支乘人事变动之机，派呼延夫到杭州日、伪军活动，扩编为"保安第十大队"，呼延夫任大队长，鲍自兴任一中队队长驻盐官，分驻沈士、科同；朱思洪任二中队队长驻许村，分驻许巷、翁埠。抽集一个排和一个班组成三中队和大队部驻长安镇仰山书院。

1944年夏，浙纵五支队曾平，张季伦建海北分队，为开辟新区需要"长安部队"配合，太滆地委考虑到长安部队以后归属事，7月罗希明据中共江南区党委决定，把长安部队组织和工作关系交给了海北地下党领导人刘明。刘明派祝岐根打入许村镇公所，从外围配合长安部队工作。鲍自兴到六里堰会见曾平。根据双方研究决定，鲍自兴回长安后即把刚发来的750发子弹送去，半月后又把2架蔡司望远镜送去。浙东根据地的食盐通过石塘头运销海北皖南；根据地所需的道林纸，球鞋等物从石塘头运去。

长安部队和浙东根据地往来的事，被日、伪方面注意，1944年秋派陈国祥的情报组到石塘头以"统归盐税"为名占据石塘头，企图切断长安部队和浙东根据地的联络线，进一步向根据地派遣特务。"特支"立即决定：呼延夫派一武装小组对石塘头进行"假攻"，双方持续的交火，吓跑了这个特务情报组；另一个情报组由陆屏带领到盐官侦查鲍自兴的活动，由于1942年余杭县关押陆屏时，得鲍自兴具保释放，所以到盐官就把来意告诉了鲍自兴。此时曾因陆屏做砍石日本鬼子密探时带日寇袭击俞文奎部队，致使杨健弹中腹部事，俞文奎要求引渡陆屏。陆屏吓得当夜就带其部下逃出盐官镇，在石井被俞文奎全部枪杀。使杭州日、伪军头目的阴谋遭到彻底失败。

1945年春，张恒充任伪和平军军长，命令"长安部队"编为特务营。特支利用日寇对伪军实行"分而治之"的阴谋，一面接受改编，一面补充武器弹药，再是坚持原地驻防。经过一年努力，长安部队发展到400余人，一营三连编制，有步枪160支，短枪、冲锋枪30余枝，马克式重机枪1挺，控制长安、许村两个车站和盐官、石塘头、翁埠3个渡口，形成以长安为中心，沟通浙东、西的广大控制区。"特支"据刘明批示，一面发展施恒初、王德明入党为指导员和文书；一面将部队里班长、上等兵分两批集训，以提高他们爱国主义的思想觉悟，改造旧意识。

1945年8月，日本宣布投降。8月19日，海宁县教育科长戴谷音带一个中队武装和警察分所。警察以长安区署名义接收“清乡专员公署”和点编投降的日、伪军。“特支”得刘明传达的浙区党委批示一面宣称已接受第三战区司令部改编为“先遣独立支队”，一面将朱思洪的二中队撤回长安。等方晓带来浙东区党委命令：“长安部队去浙东归还建制”，并约定在三天后海上涨潮时派部队。

第二节　重大兵事

宋建炎三年(1129)二月十一日，赵构南渡经过长安镇。“十二月乙亥朔，丙子(初三)金兀术进兵临安纵兵焚掠，以辎重不能登陆，取道秀州而北”“辛卯(十六日)陷秀州”。在十日前后经过长安镇时大肆抢掠，纵火焚烧，木结构的长安闸毁于兵火中。

南宋德佑二年(1276)正月十六日，伯颜从嘉兴到长安镇，兵驻长安。大将唆都阿答统兵来会。南宋末代皇帝之母——谢太后要求到长安镇商谈投降事宜。伯颜就在长安镇扎下大营，等待南宋差人来谈，丞相陈宜中胆怯失约。伯颜遂进皋亭(今半山)，攻下临安，宋皇室投降，长安镇再次遭到洗劫。伯颜亲眼看到长安镇在交通、商业、军事上的重要位置。所以元政府成立后，在长安镇设巡检司、税务课，扩大水驿，移陆驿到水驿处(今粮管所地)，改由军队负责的两个驿站为“站赤”。即由当地烟户在驿站执行差役(当驿夫递送公文的信使差役)组织30户丁壮常年在驿站执役(正户)划给331户为贴户，补助正户生活所需的不足。改革坝夫为当地烟户上坝当坝夫。因此，当时长安镇不但有兵将防守，还有由巡检统率的庞大半军事组织。

元末，张士诚派弟张士信率兵从嘉兴到长安时，逢到长安巡检官带部下和驿站等站户、坝夫等困守抵抗时，束手无策，而在几天围攻不下中，伤亡不少兵卒。等到破墙而入消灭了元兵，自己损失不少，平民百姓死伤过半。加之逃亡外地，基本上无一个活人。因此本来参加张士诚起义的文人谢肃，元末(1367)向张士诚献上“勤以练兵，严整吏治，伺机以争天下”时建议。被张士诚训斥为：“瞧不起他和部下，自以为是的短视行为，书生之见”，对谢开始冷漠不理。因此，谢肃离开苏州准备回慈溪老家。当时谢肃在过长安镇时，看见战后第二天的长安镇那样凄惨的景象，忍悲痛，写下《过长安坝》一诗。诗云“海宁州西往来频，长安坝上最伤神！东风桃李非无主，归燕楼台不见人”。

过两年多(1358)鲁渊也经过长安镇，长安镇战争的破坏仍旧未改，不过这时遗下的人尸，已变骷髅，所以他的诗是：“夜泊长安市，乡邻崇德州。驿亭无驻马，堰水有行舟。环道埋荆棘，阴房走髑髅。凄凉兵火地，人物总荒丘。”后汤和从西而来战败张士信，稳定了局势，但长安镇在几次军事战斗中破坏惨遭重，颓墙残垣，触目皆是。

明嘉靖三十四年(1555)五月二十五日，倭寇千余袭袁花，次日暮至长安镇。开始，这些强盗拿出银子要求各饭店卖给他们一餐晚饭。可是他们饭一吃饱，就到处抢劫。有30多个倭寇，到觉皇寺里抢劫小型佛像及和尚们吃斋饭用的紫铜钵盂。寺里和尚聚集起来勇猛地杀向这批日本强盗，这批倭寇在众僧的反击下，仓皇地丢弃所抢之物逃之夭夭，可8名禅师在战争中负伤而牺牲。事后，8名禅师合葬于肖王庙前，并在寺里祖师堂里立碑位，以永久供奉。后来，镌有8名禅师名号的碑石，供在觉皇寺里，以供后人凭吊。倭寇在嘉靖年间曾再次抢劫长安镇，以后几百年里，长安一直成为沿海一带的大患。明嘉靖三十五年(1556)三月，“海贼陈东自拓林沿海而来，过海盐转塘湾，入海宁，然后兵分两路，到长安镇会合，后知杭州有备而去”。明顺治二年(1645)闰六月旬，清兵达崇德(今崇福镇)，其将黄千总臂力过人，弯数石弓，负铣甲，所向无敌。长安镇有名隐石者，吴人，避仇为僧，闻讯向巡检请为先锋，负斧持刀，率三百余人猝至崇德西门，乘其不备袭之。翌日黄千总进兵海宁，隐石亦出长安镇，与沈义等百余人伏市中之湫隘处，击之，杀黄千总。清兵余骑奔海宁(今盐官镇)。

清咸丰元年(1851)，岁贡生李钟杰、陆民彦、候选光禄寺丞何荣华(绰号何瞎子)等办长安团练，张书宗、张书志（均九品衔）襄办民团。咸丰十年(1860)七月二十五日，传闻太平军已至石门(今崇福镇)，何荣华等率民团防堵于庄婆堰。正待与太平军接战，闻镇上已被另一支太平军攻入，民团仓皇退走，死伤过半，张书宗、张书志战死于草庵前。至夜，长安镇火光冲天，房屋被焚十之四五。二十九日太平军退走，何荣华等收殓兵、民尸骸多达两千余具。同年九月初九，太平军从嘉兴至石门，兵分两支，一进袭塘栖，一进长安镇，并向海宁城(今盐官镇)攻击。彭道和刘贵芳等拒之，何荣华率长安民团攻击其后，杀伤甚众，太平军被迫退走。咸丰十一年(1861)二月十四日，太平军大队逼近长安镇，清将平江营统带吴莶臣逃海宁(今盐官镇)。太平军第三次进入长安镇，再分兵两路，一路直攻海宁城，一路绕道郭店进攻海宁城小东门。十二月初，蔡元隆攻下海宁城，晋封为魏王。同治元年(1862)正月，隆恩泰率队驻长安镇，于令公庙一带筑营房数十间，环河筑石墙高3丈，以虹桥为北门，小坝为南门今新桥筑石墙，横树木，以防清兵进攻。同治三年(1864)正月二十四日，蔡元隆降清，隆恩泰孤军无援，撤出长安镇。

民国15年(1926)12月22日，沪杭铁路客车中断，北洋军阀孙传芳败兵到长安镇，占定香寺、令公庙等寺庙为营房。白天强拉民夫百余，囚于令公庙。次日，孙传芳败兵将定香寺焚成白地，仓皇出逃，趁火车北去。

第三节　日本侵略军暴行

民国26年(1937)12月，日本侵略军侵占长安镇，作为沪杭线兵站之一。日本侵略军在火车站南(今集贸市场一带)建营房100余间，驻1000余人，队部设在闸塘湾陈家房子。1938年，日本侵略军成立"铁道巡警队"所谓爱路军，信来巡视，队部驻长安镇火车站。自此日军长驻长安镇，此来彼往，不时换防，直至抗战胜利后缴械为止。

日机轰炸长安镇　1937年8月15日上午，炸弹扔在长安糖厂，炸死开豆腐店的陆阿珍，还有一个10岁儿童和他45岁的奶奶。东后街居民周培根妻子和双胞胎儿子在这次轰炸中遇难。炸毁豆腐店6间、烧饼店3间、茶店3间、米店6间、裁缝店3间、柴店3间、铁店3间、糖厂3间、夏五毛中医3间，共33间房屋。1937年农历七月初十上午九点左右，一颗炸弹掉在天主教堂南面，王泉方被炸死。是年10月17日，日本侵略军飞机4架轰炸长安镇火车站，炸毁车厢2节，旅客死15人，伤20余人。

乱杀无辜百姓　1937年农历十一月廿三日上午，新民村村民方金松被日军骑在马上开枪打死。1938年初夏，金港村姚阿三被3个日本兵灌水葫芦，后来被推进钱塘江淹死。1937年12月，城东村21组村民张福林被日军用刺刀刺死。1938年农历二月初五，陆泽村沈宝山、吴福山双双遇难，人称两把"伞"。1938年5月，兴城村俞洪兴的爸爸、大伯、叔叔等5个人到江苏省吴江县新泽镇卖毛桑后摇船往回走，一起回来的还有兴福村两只船3个人。摇到四大洋(现桐乡灵安镇)时，日本人开枪射击。船上8个人全部被击中，7个当场死亡，一个受伤，所以有死掉"7个半"之说。是年春天，新民村西郁埭村民郁子法被日军用刺刀刺死。8月，红色村杭珍宝被日本人用刺刀刺死的。9月8日，东陈村陈发年被日军用刺刀刺死，还把他的头割下来，尸体丢在金家浜里。农历十一月初十，何圣浩在肖王村新凉亭处被日军开枪打死。农历十二月廿九，联益村士源大伯被查道兵打死。1940年4月，新民村王雪坤的爸爸被日军子弹打在头上，三天后去世。1940年4月，泰山村村民张洪兴被隐蔽在桃树上的一个日军一枪击中头部而死。1940年5月，日军到虹金村王雪源家隔门一枪，王雪源被打死。1941年3月，辛江村王金龙到街上碰上了日军的电网，触电而死。1941年6月，东升村王有根被日本侵略军拉去管铁路用皮鞋踢破内脏而死。1941年11月份，德丰村农民刘学林在万兴桥被日军用刺刀刺死。日军占领长安镇八年中已查实有名有姓的死于日军枪下、刺刀、军犬、酷刑的人员230人。

强奸妇女　1937年12月份，日本侵略军进村后在城东村有18岁、22岁、16岁3名妇女被日军强奸。大型村姚家组一妇女被日军强奸后吓破胆而死。1938年11月，鹿耳村费姑娘看见日本侵略军就逃，逃到门前的这只小浜边无路可逃了，就跳下去被淹死，死时才19岁。1938年12月，陆泽村八组

18岁姑娘，带着弟弟在家里，日军进村后要拖姑娘，姐弟俩被迫跳入河中，姐弟双双遇难。盐仓村杜家浜一妇女怀孕在身，日本人要强奸她，她死活不肯，被日本人用刺刀刺死。肖王村范家组一姑娘当时20岁，被日本兵强奸后，投河自尽，据调查，全镇被强奸妇女31人。

烧毁民房 1937年11月，联益村曹乾正、曹二毛两直落四间房屋被烧掉。1937年12月，从现在的红色村汽车站一直烧到了原来许巷乡的翁家埠村，被烧的有13户共48间。烧掉的还有东王庙45间房子。1937年11月份，日军进村后，城东村20组，17间草屋被烧光。1937年农历12月23日，德丰村张家浜9间房子被日军烧掉。是年12月，虹金村铁路沿线的16个自然村，61家，180余间房子被强行拆除。是年农历十月廿日，日军进村放火烧房子，大型村从赵家埭烧到沈士铭山村俞家火炉桥、徐家石桥。赵家埭30多个门面60多间房子全部烧毁。是年12月，俞叙奎等户共10直落加二间高9路共32间房子被拆掉。1941年5月，东升村俞家洞，烧掉房子11间。据调查，全镇共烧掉房屋791间。

屠杀抗日志士 1941年1月，大型村杜咬寿参加游击队，过年回家到徐家石桥（沈士茗山）亲戚家，被日军抓住，亲戚徐富顺也一同抓到汪家桥，被日本军犬活活咬死。1942年11月，兴福高桥抓到4个国军，叫他们自己挖坑，挖好后开枪打死。最使人悲愤痛心的是觉王寺昌坤老和尚被日本侵略军的宪兵队杀害。

附：昌坤和尚之死

昌坤和尚是觉皇寺里的当家和尚，精通医理，熟悉各种药物（中药）的功效。在民国初，海宁城乡因洋纱、洋布的倾销，土布业陷于破产，贫苦老百姓无钱治病，所以昌坤和尚虽年过古稀，仍亲自上山下乡采集药草，免费给病人送医送药。因此长安火车站被侵略军占据后，求医的贫困百姓仍旧从四面八方到觉皇寺找昌坤和尚治病，从早到晚人来人往不断，招惹日本侵略军禁忌。在1940年春末，有一个卖黄鳝的人进了觉皇寺。于是，十几个日本侵略军在一个排伪军的拥簇下包围了觉皇寺。因三日三夜里，日本宪兵虽百般敲打、严刑逼供，要昌坤和尚交出游击队员，他怒视日本人不讲一句话。后来被日本兵用刀刮肉，刮一块问一句，到血流干而死，一直没有讲一句话，惨不忍睹。昌坤和尚视死如归的壮举震惊了日本鬼子，他们从来也没有想到人有那么的勇敢和坚强，昌坤和尚就这样被日本鬼子摧残致死。结果连尸首都被毁得不知去向。有人说“卖黄鳝”的就是昌坤和尚，也有人说“卖黄鳝”的人是划着一只小船从北面来的，小船就停靠在觉皇寺北面的河边上。还有人说“卖黄鳝的是杜咬寿游击队的。”

第四节 征 兵

募兵

民国初，军阀为扩充自己实力，强拉兵丁。民国7年（1918）10月，《浙江省试办征兵规则》公布，在各地招募兵丁。民国26年（1937），长安镇轮流训练壮丁，以备随时征召。民国32年（1943）汪伪时期，长安在仰山书院训练三期壮丁。民国36年（1947），国民党政府为打内战，规定每年每保抽壮丁1名送部队服役，每个壮丁收丁费18担至20担米，由保长向各户摊派，至1949年年初结束。

参军

1949年5月，中国人民解放军解放长安镇时，有不少青年自愿参加解放军。1949年9月，朝鲜战争，中共中央和毛泽东主席发出“抗美援朝，保家卫国”的号召，长安镇人民热烈响应，掀起轰轰烈烈的抗美援朝群众运动，举行反美爱国示威游行。1950年，全镇青年踊跃报名参军，长安地区有100多名合格者加入中国人民志愿军。

1955年起，实行义务兵役制，每年征集义务兵。执行《中华人民共和国兵役法》，由原来的志愿兵役制改为义务兵役制，实行依法征兵。应征青年经过报名登记、目测、体检、政审和批准定兵5道程序，才能入伍当兵。

以后每年，由海宁市人武部下达征兵命令，确定镇征兵任务，由镇输送兵员。征兵每年大多在冬季，也有少数年份春季征兵。2005年年底，长安镇在部队的现役军人158名，其中在部队担任干部的52人，士官23人，义务兵83人。

2005年，长安镇在部队服役的现役军人158名，其中在部队担任干部的有52人，士官23人，义务兵83人。

1990—2005年征兵统计

表8-1-2

年份	征兵数(人)				合计	年份	征兵数(人)				合计
	长安镇	长安乡	辛江乡	盐仓镇			长安镇	长安乡	辛江乡	盐仓镇	
1990	18	18	13	—	49	1999	32	—	14	—	46
1991	10	14	9	—	33	2000	40	—	—	4	44
1992	6	16	10	—	32	2001	39	—	—	4	43
1993	15	17	11	—	43	2002	40	—	—	4	44
1994	—	—	—	—	—	2003	41	—	—	4	45
1995	22	—	10	—	32	2004	39	—	—	—	39
1996	27	—	11	—	38	2005	39	—	—	—	39
1997	26	—	11	—	37	合计	417	65	98	16	596
1998	23	—	9	—	32	—	—	—	—	—	—

第五节　人民武装

长安镇解放后，镇、乡和行政村都建立民兵组织。1951年贯彻中央、中央军委《关于加强民兵建设的指示》，对民兵组织进行了整顿，通过整顿使民兵组织得到了进一步巩固、发展。1953年1月，长安镇建立人民武装部，部长1名，由中共海宁县委任命。1954年12月撤销。1959年7月复建长安镇人武部，任命部长1名，隶属海宁县人武部。1973年以后，增配人武干部1名。1959年4月，长安乡建立长安公社人民武装部，1984年1月改建长安乡人民武装部；1961年6月辛江乡成立辛江人武部，1983年12月，改名为辛江乡人民武装部。人武部是主管民兵组织的领导机关。

长安镇人武部

1953年1月，建立长安镇人民武装部，部长1名，由中共海宁县委任命。1954年12月撤销。1959年7月复建长安镇人民武装部，任命部长一名，隶属海宁县人武部。1973年以后，增配人武干部1名。人武部是长安镇主管民兵组织的领导机关。

长安镇历任人武部部长：

李继贤（1953.1～1954.12）
韩雪功（1959.7～1962.1）
翟清彬（1962.1～1963.3）
马登伯（1963.3～1970.11）
朱金海（1970.11～1973.3）
姚子康（1973.3～1979.4）
殷琴国（1979.4～1987.12）
王金法（1991.9～1995.9）
骆伟政（1995.9～1998.10）
曹月兴（1998.10～　　）

长安乡人武部

1959年4月成立长安公社人民武装部，1984年1月改建长安乡人民武装部。

历任人武部部长：

陈金煜(1959.4～1970.11)
邵恒谊(1970.11～1979.8)
庄荣海(1980.3～1984.5)
李松祥(1984.5～1992.8)

辛江乡人武部

1961年5月，成立辛江人民公社后,6月成立辛江人武部,1983年12月,改名为辛江乡人民武装部。

历任人武部部长：
钱和庆(1962.2～1964.7)
顾仁伟(1964.7～1965.6)
王炳炎(1965.8～1966.7)
沈惠根(1966.8～1978.8)
林咬祖(曾名林祖根1980.7～1990.3)
邓建达(1990.3～1993.2)
施国成(1993.2～1996.2)
曹月兴(1996.2～1998.10)
高林甫(1998.11～1999.11)

1958年,中共中央作出全民皆兵的决定,同年9月29日,毛泽东主席发出了“大办民兵师”的号召。长安人民公社认真贯彻中央决定和毛主席的号召,开展全民皆兵运动,掀起大办民兵师的热潮。长安公社建立民兵团，长安镇区建立民兵营。是年4月28日至30日,嘉兴军分区在长安镇新民乡召开民兵整组工作现场会,参加会议的有嘉兴等八个县兵役局长。是年,肖王大队民兵连陈金龙当选为浙江省民兵代表会议代表。1959年3月30日至4月6日,省军区在长安公社召开民兵现场会。各军分区和人武部的领导,驻浙部队代表参加会议。

1960年1月,海宁县首次举行民兵检阅大会,浙江制丝一厂被评为1959年度民兵工作先进单位。同年2月,长安造船合作工厂民兵连长周双喜,经县、省民兵代表大会选举为全国民兵代表,出席全国民兵代表会议,上北京光荣见毛泽东主席；肖王大队民兵连杨兴发出席全国民兵代表会议。大会授予两人56式自动步枪各1支及纪念品、纪念章。1962年6月19日,毛泽东主席发表了关于民兵工作“三落实”(组织落实、政治落实、军事落实)的指示。长安镇、乡各人武部遵照批示,坚持以政治思想教育为基础,按照民兵工作30条规定,全面贯彻一年一度的组织整顿(简称民兵整组)。

1966年5月,“文化大革命”开始,民兵建设遭到严重破坏。1967年,江青先后提出“揪军内一小撮,文攻武卫”口号之后,造反派冲击军事机构、夺取民兵武器进行武斗。有的民兵也卷入派性斗争,民兵组织处于瘫痪状态。1970年以后，长安镇、公社,每年坚持一年一度的民兵整组,做到出队入队,干部齐全,有官有兵,官兵相识,制度健全。1972年,为纪念毛泽东主席关于民兵工作“三落实”指示发表10周年,长安镇、长安公社、辛江公社相应召开形式不同的会议，检查总结民兵工作“三落实”情况,贯彻毛泽东主席“要过问军事,不能只当文官,还要当武官”“全党抓军事、实行全民皆兵”的指示,不少党支部书记亲自向民兵作宣传,抓好民兵工作“三落实”,亲自参加民兵小型分散的训练,学习军事技术。1975年,长安、辛江公社和长安镇人武部坚持劳武结合的原则,采取小型、就地分散和短集训相结合,有重点地开展民兵军训,参加对象有排长以上干部、武装基干连和打坦克爆破班。1977年,牧港大队民兵连高有香当选、出席省第二次民兵代表会议。

十一届三中全会以后,随着全党重点工作的转移,从1980年起组织进行调整。1981年8月,贯彻

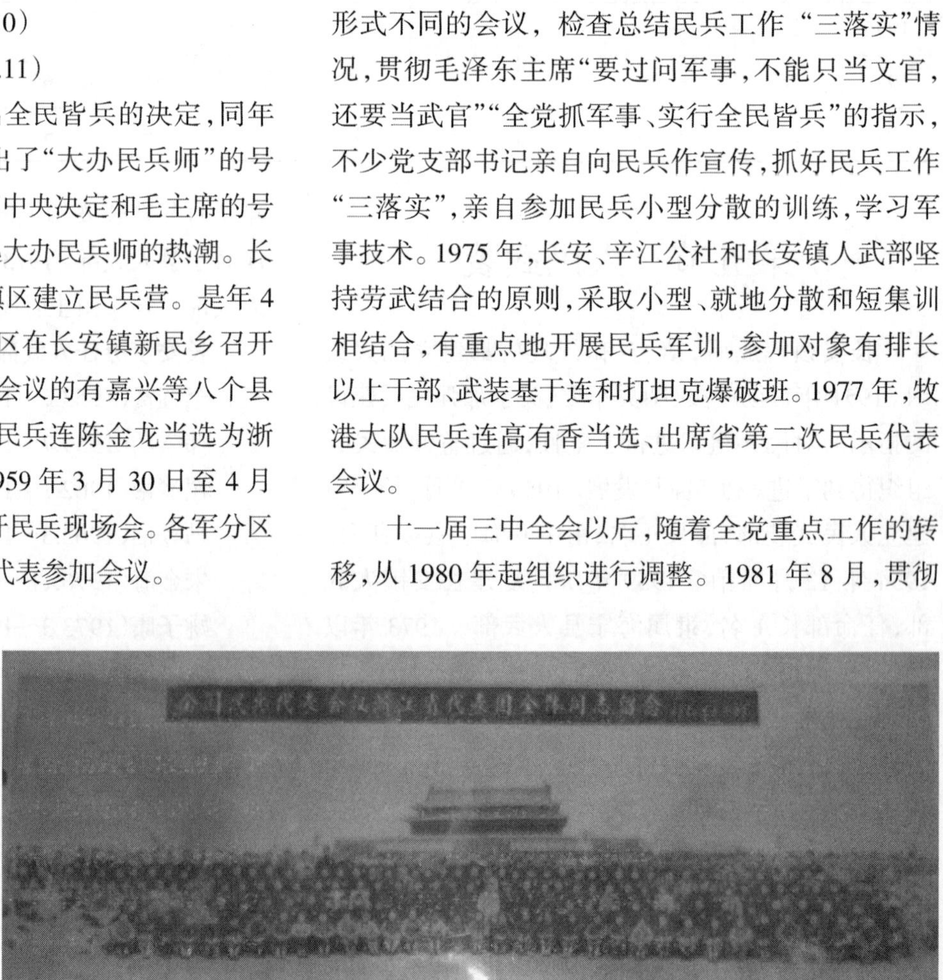

▲1960年2月,杨兴法、周双喜出席全国民兵代表大会

中共中央《关于调整民兵组织问题》的指示，公社镇民兵组织进行较大的调整，缩小民兵组织范围，压缩参加民兵的年龄，简化民兵组织层次，严格民兵政治条件和身体条件。调整后，公社(镇)镇取消公社民兵团，在公社，生产大队编制民兵连或营，把原来的普通民兵、武装民兵、基干民兵，统编为普通民兵和基干民兵两种。

1986年以后，认真贯彻〔1985〕22号文件，以实现民兵训练“基地化、专业化、规范化”为夺破口，对民兵组织进行调整，理顺组、训、装关系，扩大专业技术兵比例，完善“两个”结合，使民兵组织适应经济建设和国防建设的需要。1996年8月30日，为进一步加强对拥军优属，拥政爱民工作的领导，广泛深入持久的开展创建双拥模范镇活动，推动全镇双拥运动的开展。调整长安镇拥军优属，拥政爱民领导小组。组长周萍菊；副组长：骆伟政、阮荣炳。1999年3月15日至4月8日，举办民兵军事训练，参加人数为20名，地点在海宁市民兵集训基地。1999年7月27日，长安镇民兵营干部第一营长：周萍菊；营长曹月兴。政治教导员：叶时金。2000年度，民兵训练76名，其中基干民兵46名、应急分队30名。2001年4月12日至28日，长安镇32名基干民兵进行通讯军事训练，有线22名，无线10名。2003年5月20日，成立长安镇人民武装委员会。主任：郑进良；办公室主任曹月兴。同年6月3日，长安镇民兵营干部任职。营长阮荣炳，政治教导员郑进良。

2004年8月中旬，组织7名基干民兵，配合政府进行查电工作，确保全镇有序用电。在潮汛保卫期间，抽调80名基干民兵上海塘维护秩序，确保观潮期间游客安全。防台期间，组织民兵预备役人员50人进行24小时值班，确保人民群众的生命财产安全。2005年3月15日，建立长安镇人民防空领导小组。组长：郭新峰；副组长：曹月兴、陆少时；组员：徐丹波、顾洪强；办公室主任：曹月兴(兼)。是年3月，长安镇组织新任民兵连长参加市人武部组织的集训，以提高他们的业务能力，使他们尽快熟悉民兵工作。4月初，抽调了20名镇应急分队人员，赴市国防教育训练中心，完成共同科目及警棍盾牌术的训练，提高民兵组织纪律性和处置突发事件的能力。是年，为优化民兵组织结构，构建新的组织格局，对作战资源进行整合，全镇共编后备力量478人，其中应急作战力量183人，非应急力量295人。春节前夕，组织12名预备役人员配合派出所在镇区进行夜间巡逻。8月份，在台风“麦莎”“海棠”“卡努”来临之际，组织70多名民兵预备人员集中待命并及时解决突发情况。在潮汛保卫期间，抽调民兵预备役人员60余人，配合党委政府搞好潮汛保卫工作。是年，在镇首届全民运动会上，动用了10名预备役人员维护现场秩序，确保运动会安全。

2004年、2005年，长安镇对作战资源进行整合，全镇共编后备力量478人，其中应急作战力量183人，非应急作战力量295人。长安镇民兵担当着维护全镇治安和铁路安全的任务。每当春节等节日，长安镇组织民兵进行夜间巡逻，维护社会治安。台风季节组织民兵预备人员集中待命并及时解决突发情况，确保人民群众生命财产安全。在潮汛保卫期间，每年抽调民兵预备役人员60多人，配合党委、政府做好潮汛保卫工作，维护秩序，确保观潮期间游客的安全。2005年长安镇人武部已完成民兵整组工作，共编基干民兵406名。

第六节　预备役

预备役部队是以现役军人为骨干，以预备役军官、士兵为基础，按统一的编制组织起来的部队，区别于民兵组织。一是从组织形式看，民兵是群众性的武装组织，而预备役是正式列入解放军编制序的师、旅、团级单位。一是快速动员的一种组织形式；二是从战时担负的任务看，民兵作为我国武装力量的一个组成部分，战时既要为部队输送兵员，又要坚持就地斗争。而预备役部队在战时却转为现役部队，担负机动作战任务；三是由于它们的性质和任务不一样，平时建设的标准和要求也不同。预备役部队必须坚持以战斗为标准，以军事训练为重点，按照合成军的要求，搞好全面建设。所以民兵与预备役部队不能等同。

长安镇的预备役部队成立于1988年，初编为浙江陆军预备役步兵第七连，是年4月24日，召开成立大会。预备役部队成立后，在维护地方社会稳定方面做出较大贡献。为此，2001 年，人武部长曹月兴被评为海宁市基层民兵预备役建设先进个人。2002 年，长安镇人武部获海宁市基层民兵预备役建设先进单位。人武部副部长杜叙生获基层预备役建设先进个人。

长安镇预备役部队，现转为嘉兴陆军预备役防化团三营九连。防化三营九连有预备役人员 24 名。基本任务是：努力提高部队的军政素质，不断增强现代条件下，快速动员和遂行作战任务的能力；切实做好战时动员的各项准备工作，随时准备转为现役部队，执行作战任务；积极参加社会主义建设，在物质文明和精神文明建设中，发挥骨干带头作用。

为提高预备役人员的军事素质，长安镇预备役人员，经常参加军事训练和其他活动。2003 年，预备役人员参加通信分队训练。2004 年 5 月 12 日，人武部抽调 8 名预备役人员，协助警组夜间巡逻。8 月份，发动民兵预备役人员帮助三峡移民建房搬运物资。是年 8 月，镇人武部组织 30 名民兵预备役人员对海宁中学的学生进行军事训练，参训人员达 700 人。10 月，80 名预备役人员，做好潮汛保卫工作。是年完成预备役部队整组工作。由于长安镇预备役部队工作出色，是年被评为基层民兵预备役建设先进单位。2005 年 7 月，27 名预备役部队官兵赴黄湾参加市预备役防化营组织的防化专业基础技能的训练。8 月底，组织预备役人员对海宁中学学生进行军事训练，参训人员达 800 多人。9 月中旬组织全连官兵进行核事故场外应急求援实兵演练。2005 年完成预备役部队整组工作，共编预备役人员 24 名。

第二章　政　　法

第一节　公　　安

唐开元十一年(723),设长安市,市吏兼“禁奸非”。

北宋元年间(1078～1085),长安镇镇军率“民军”兼戍守,防盗贼。

元至正间(约1340～1350),设巡检司。

清乾隆三十九年(1774),颁“捕盗州判关防”。

清同治元年(1862)至三年(1864),治安防盗由隆恩泰太平军担负。

清宣统元年(1909),设长安警察分所。

民国3年(1914),称长安警察事务所。

民国18年(1929),称海宁县公安局长安镇四分局,辖派出所4处。

民国34年(1945)8月19日,由长安区署接管汪伪警察分所。

民国35年(1946)6月,成立了长安警备分队,协助长安警察所担负治安。

1950年6月，建立海宁县公安局长安派出所,设所长1名，民警2名，驻长安镇中街96号内徐宅。9月,改称长安派出所,后迁至西街公安弄。1951年5月,长安镇为海宁县直辖镇后,长安派出所管辖范围为长安地区。1958年10月,长安派出所隶属于长安人民公社。1959年6月复属长安镇。“文化大革命”期间,海宁县公、检、法机关实行军事管制。1973年3月,恢复长安派出所。1987年2月,长安派出所改称长安镇派出所,管辖范围:长安镇、长安乡、辛江乡、周王庙乡、海宁农业对外开发区。

2005年年末，长安派出所位于长安镇人民路111号。占地面积10167平方米,有3856平方米办公楼一幢。所内设刑侦队、社区队、治安巡逻队、综合室(下设内勤室、户籍室、档案室、流动人口管理办公室)。所内全部实行公安内部网络联网,民警执法办案、常住人口、流动人口实行电脑联网管理。备有公安内部电视电话会议设备1套，用以执法办案、治安巡逻警用汽车11辆，警用二轮摩托车16辆。长安派出所配有公安民警30名，设所领导4名、警探长6名。其中具有大学学历14名,占总人数的46.67%,大专学历13名,占43.33%,高中或中专学历3名,占10%。分管17个村7个社区,常住人口68306人,流动人口15923人。为了强化区域治安管理、提升基层防控能力，在长安镇区安装8个电子监控点,实行路面治安监控。在长安影剧院、太平洋加油站、修川路北大转盘、海鸿宾馆、崇长公路、肖王村地段设置治安岗亭5个。17个村民委组建巡逻队，派出所内部建有34名一支社区保安中队,协助公安民警开展执法执勤、管理流动人口。长安派出所设治安巡逻队和综合组。治安巡逻队负责治安巡逻、安全防范、查处治安案件;综合组领导调度全所民警和协警力量，抓好各条线的业务工作，搞好后勤保障。

1993年9月,原民警办公室进行分流。经考核，部分人员转正式民警，人事关系隶属市公安局。1994年3月,经海宁市人民政府批准,撤销原民警办公室,原民警办公室进行分流,各乡镇警组由派出所派驻。长安派出所分设:刑警探组、中东警组、西怡警组、长安警组、辛江警组、周王庙警组、农发区警组。1997年4月,派出所进行改组,刑侦探组改称刑侦中队,主要负责刑事侦探工作。派出所内增设综合警组,中东、西怡合并为长安镇警组。全所设:刑侦中队、镇区警组、农村警组、辛江警组、周王庙警组、农发区警组。1998年8月,经海宁市公安局批准，长安刑侦中队单设为长安责任区刑侦队,隶属海宁市公安局刑侦大队管辖，与长安派出所并级,下设一探组、二探组。1999年5月,盐仓镇政府成立后,原长安镇鹿耳村、盐仓村、许巷乡的红色村划归盐仓镇管辖,农业开发区警组改称为盐仓镇警组。2000年3月，长安派出所筹备办公大楼，建造派出所和刑侦队办公楼。是年5月，撤销浙丝一厂派出所。2001年10月，经海宁市人民政府批准，撤销原钱塘江镇并入周王庙镇，钱塘江镇警组与周王庙镇警组合署办公，改称周王庙警组，归长安派出所管辖。2002年3月，长安派出所各警组进行调整，设综合警组、治安警组、长安镇警组、长安农村警组、周王庙镇警组、盐仓镇警组。是年12月11日，长安派出所、长安刑侦队办公大楼全面竣工，通过验收；同月29日在新大楼举办第一个警察开放日。2004年3月30日，长安派出所机构进行调整，派出所与刑侦队合并，统称长安派出所。设所长、教导员各1名，设副所长3名。其中1名副所长兼侦探队队长。派出所下设长安镇区、农村、盐仓三个警组。刑侦队下设一探组、二探组。是年10月，长安技术探组成立，隶属市局刑侦大队管辖，派驻长安派出所工作。负责长安、许村、周王庙三个所的刑事案件现场勘查。成员由长安、许村、周王庙三所各抽一名，配2名保安组成。是年11月20日，长安派出所所属的盐仓警组整建，专设盐仓派出所。长安镇鹿耳、盐仓、红色归盐仓派出所管辖。调整后，长安派出所有民警27名，设所长1名，教导员1名，刑侦队长1名，副所长1名，警组警长2名，刑侦探组探长1名。2005年7月，由镇政府出资，招聘社会青年30名，成立长安镇巡逻中队，协助派出所在辖区内负责巡逻、设卡工作。

主要荣誉 1993年“吴云飞逃犯追捕组”被市公安局集体嘉奖一次；派出所被省公安厅命名为“1992年度一级达标单位”。1994年1月，“1993年9.17特大盗窃案专案侦破组”获市局集体嘉奖一次；是年5月被浙江省公安厅命名为“1993年度规范建设合格单位”。1996年9月，海宁市公安局授予“8·21凶杀专案组”严打斗争成绩显著称号。1997年被中共海宁市委、市人民政府命名为“文明单位”称号。1998年7月，被市公安局评为“夏季严打整治行动先进集体”嘉奖一次；是年12月30日，海宁市人民政府命名长安镇区警组为人民满意警组。1999年2月24日，长安派出所被嘉兴市公安局评为“公安派出所规范建设连续7年合格”单位。3月派出所档案室被市公安局评定为派出所档案工作省一级达标单位；同月，所户籍室被评为嘉兴市级文明户籍室。长安派出所党支部被市委市府评为“1999年度先进基层党组织”，派出所被评为“海宁市满意派出所”。2000年2月14日，市政府下发海政〔2000〕21号文件，命名长安派出所为人民满意派出所。2001年1月获海宁市“2001年度旅馆业治安管理建设优胜单位”。2003年3月派出所刑侦队获海宁市“2002年度执法先进集体”，派出所获海宁市“2002年度调研工作先进集体”、海宁市“2000年度信息工作先进集体”。2004年3月，派出所获嘉兴市“全市公安机关网上反盗抢战役先进集体”。获海宁市“2003年度110接警工作先进集体”。2005年1月17日，派出所被评为海宁市2004年度先进集体，嘉奖一次；被嘉兴市政法委评为全市执法（司法）为民先进集体。3月30日，派出所被评为海宁市2004年度执法先进集体；2005年3月31日派出所被评为海宁市2004年度综合治理先进集体；是年9月21日，被省厅命名为2004年度二级公安（边防）派出所荣誉称号。是年12月1日，派出所“飞车抢夺案”专案组荣获集体三等功一次。

长安派出所历年工作业绩一览

表8-2-1

项目/年份	外来人口登记	刑事案发（起）	破获案件（起）	查获刑事人员	刑拘嫌疑人员	逮捕犯罪分子	抓获逃犯（人）
1991	—	155	86	—	—	—	—
1992	—	168	115	—	—	—	—
1993	—	184	127	—	—	—	—

续表 8-2-1

项目 年份	外来人口登记	刑事案发（起）	破获案件（起）	查获刑事人员	刑拘嫌疑人员	逮捕犯罪分子	抓获逃犯(人)
1994	—	201	139	—	—	—	—
1995	—	229	207	—	—	—	—
1996	—	244	118	—	—	—	—
1997	4547	255	218	155	45	29	—
1998	4294	380	210	143	40	34	—
1999	4665	368	195	124	25	23	—
2000	6693	420	233	126	44	42	—
2001	8262	503	304	128	45	45	—
2002	8306	445	225	126	44	41	—
2003	13694	914	287	122	60	43	—
2004	9556	742	248	74	63	74	5
2005	9387	703	258	81	81	81	5

交警

1993 年 7 月海宁市公安局交通警察大队长安中队成立，建办时中队驻胡(斗)长(安)公路大洋桥堍。1995 年 8 月，新建造的办公大楼投入使用，中队迁址长安景华路与修川路交叉口。办公大楼占地 2748.12 平方米，建筑面积 1655.43 平方米。设有交通事故处理警组和三个交通巡逻管理警组。2005年年底有警务人员 39 名，其中公安民警 13 名，协警员 26 名，设中队长、指导员各 1 名，副队长 2 名。备有 7 辆警车，补胎器、防毒面具、导向牌等交管设备。担负着长安镇、周王庙镇、海宁农业对外开发区、行政区域所辖的 01 省道、翁金线、崇长线、天盐线等道路的交通秩序管理和交通事故处理工作。对辖区内的 22400 多辆机动车、31300 多名驾驶员和 258 公里长的道路交通事故处理、交通安全宣传教育、路面巡逻管理等业务工作。与全镇各所学校开展“警校共建”活动，向学生和通过学生进行交通安全宣传教育。

1998 年 8 月，长安交警中队被浙江省交通警察总队评为全省公安交警系统“讲文明、树新风”活动示范单位。2000 年 1 月，被浙江省交通警察总部评为先进交警中队。是年 4 月，被浙江省公安厅交通警察总队评为达标交警中队。2003 年 1 月浙江省公安交通警察总部授予“警务规范化”中队。是年3月，被嘉兴市青年文明号指导委员会授予“嘉兴市青年文明号”称号。

第二节 法 庭

长安人民法庭位于长安镇人民路。占地面积 0.3 公顷，建筑面积 1980 平方米，绿化面积 824 平方米，占建筑面积 38%。2002 年 1 月 30 日，法庭审判办公大楼落成，庭内设大、中、小 3 个审判庭和 3 个调解室。还备有立案信访接待室、当事人接待室、当事人休息室。可同时容纳 20 名干警办公的办公室。楼内办公、审判分区，功能齐全。庭内有电脑 10 台，与市人民法院局域网联网。备有汽车 2 辆、警车

2辆，实现办公自动化、信息化、流程化。

2005年年末，长安人民法庭内在编人员10名。设庭长1名，副庭长2名，教导员1名，审判员6名。在编人员中具有大学学历5名，大专学历5名。长安人民法庭辖区面积236.17平方公里，人口25.7万人。分管长安、周王庙、许村3镇，56个行政村和海宁农业对外经济开发区，2个全国性的家访专业市场。承担辖区内民商纠纷、民事纠纷、民事案件的调解、审判工作。

长安人民法庭以保一方平安、促一方发展为己任，发挥审判职能、落实司法为民具体措施，构建便民诉讼机制，为辖区稳定和发展提供良好的法治环境。1991年至2005年长安人民法庭连续15年被中共海宁市委、海宁市人民政府评为文明单位，1998年获得省级五好法庭称号，2004年被授予省级"模范五好法庭"称号，2005年被评为嘉兴市级"规范司法行为，促进司法公正"先进集体。

长安法庭历年办案结案统计

表8-2-2

年份	办案结案数(件)	年份	办案结案数(件)
1991	190	1999	209
1992	196	2000	223
1993	200	2001	235
1994	185	2002	428
1995	247	2003	472
1996	249	2004	527
1997	227	2005	495
1998	241	合计	4324

第三节 司法 行政

1991年至1999年乡镇只配备1名司法助理员。2000年2月12日，成立长安镇司法所。设在长安镇政府内。所内有工作人员5名，其中设所长1名。有办公用房6间，分所长室、办公室、档案室、调解室。配备电脑、打印机各4台。长安司法所分管长安镇辖区20个行政村、8个社区居委会，332个村民小组，20841户、常住人口7.65万人，流动人口2.3万人。

司法所协助政府开展依法治理工作，参与重大疑难民间纠纷；开展普法宣传、法制服务宣传和法律教育工作；参与社会治安综合治理工作；组织开展对刑满释放和解除劳教人员的过渡安置和帮教工作，制订、实施具体的安置帮教计划，帮教登记手续。完成上级司法行政机关和镇政府交办的其他有关工作。

2005年，长安司法所为8个村300名妇女干部举办为期3个月宣讲《中华人民共和国妇女权益保障法》和《中华人民共和国婚姻法》；参与全国3.15消费维权日上街法律、法规宣传月活动；开展"民主法治"村(社区)星级达标活动。司法所制作一套《民主法制》建设工作制度汇编，对全镇展开创建工作进行落实、检查督促。还落实归正安置帮教工作。同年6月15日，顺利通过市普法领导小组对长安镇的"四五"普法考核验收。司法所调处全镇婚姻财产纠纷、建房死亡、医疗、劳资纠纷、交通事故意外残废车撞人等各类纠纷187起，成功185起，成功率为98.93%。基本做到"小事不出村、大事不出镇"件件纠纷得到平息、妥善解决。

第四节 调 解

长安镇于2003年5月8日,设立调解委员会组织,设在镇政府内。调解委员会由7人组成,其中设正副主任各1名,委员5名。下辖20个行政村、8个社区、6个骨干企业,组建35个基层调解委员会。长安镇人民调解委员会受理调解民事纠纷,包括发生在公民与公民之间、公民与法人和其他社会组织之间,涉及民事权利义务争议的各种纠纷。民间纠纷一般由纠纷当事人所在地(单位)或纠纷发生地的基层人民调解委员会受理调解。所在地调解委员会调解不了的疑难民间纠纷,移送镇人民调解委员会调解。

长安镇调解委员会工作原则。一、人民调解工作依据法律、法规、规章和政策进行调解。法律、法规、规章和政策没有明确规定的,依据社会主义道德进行调解。二、在双方当事人自愿平等基础上进行调解。三、尊重当事人的诉讼权利,不得因未经调解或调解不成而阻止当事人向人民法院起诉。

1991—2005年调解纠纷统计

表8-2-3

年份	案件数	成功数	成功率%	年份	案件数	成功数	成功率%
1991	—	—	—	1999	217	205	94.47
1992	—	—	—	2000	222	211	95.04
1993	—	—	—	2001	230	220	65.62
1994	123	110	90	2002	218	210	96.33
1995	92	88	95.6	2003	209	201	96.17
1996	113	106	93.80	2004	198	193	97.47
1997	204	194	95.09	2005	187	185	98.93
1998	211	202	95.73	—	—	—	—

第五节 消 防

早在清代,长安镇即有消防组织。当时由商号摊派负担经费,称"月规钱",并指定年轻力壮的成员,按街坊成立救火队,称某某社。遇有火情,鸣锣报警,社员迅速集合赶赴火灾现场灭火。

民国时期,长安镇共设5个消防分社,即:一社(属东街),二社(属笕上,公庆街),三社(属虹桥),四社(属新桥),五社(属丝厂)。消防工具先是锡制单唧简龙,1920年以后,逐步改用铜制双唧筒水龙(俗称"洋龙")。

民国33年(1944)4月24日,中街悦来米店地段发生火灾后,按照旧例要做"火种戏",拜"火神忏",以消灾降福。当时,虹桥三社水龙局吴嗣昌提议,与其花钱搞迷信活动,不如亡羊补牢,用这些钱去买台泵浦龙。建议得到各方赞成,当年就买了1台12马力的泵浦龙,在西街马家弄口设立消防间(称"洋龙间"),与1927年曹金可资建挖掘的深井(称"洋井")相配,是为长安镇出现的第一台机动泵浦。民国34年(1945),长安镇埠夫工人用义务劳动集资购买一架铜制双唧筒水龙,水龙房建在老坝,在历次"分龙日"即农历五月二十日比试以及实地灭火中获出水第一,对消防起到重要作用。

抗战胜利后,东街一社购置60匹马力机动泵浦1台,消防间设在东久徵酱园对面。民国37年(1948),笕上(今公庆街)二社购置10马力机动泵1台,消防间设在油车弄口,是年钟柳桥捐赠给新桥四社机动泵1台,消防间设在柳桥小学旁(今新民街居委会址)。加上丝厂自备泵浦1台。解放前长安镇共设有5个消防分社,5台机动泵浦和老坝1架水龙。虹桥三社聘用杨文耀为机手,兼负全镇泵浦龙的使用和维修之责。

解放后，1949年年底，长安镇成立消防总队，下属一分队（东街）、二分队（虹桥）、三分队（西街）、四分队（新桥南）、五分队（公庆街），还有丝厂分队。1953年冬，西街殷聚兴南货店深夜起火，各消防泵频频发生故障，造成重大损失。镇政府决定由长安派出所管理消防，整顿组织，任杨文耀、汪洪良为专职机手。总队设在派出所靠街前面，虹桥分队的消防间迁总队，日夜值班，设专用火警电话，并设高层警报台。1959年，镇成立消防委员会，领导消防总队和7个分队。有义务队员434人，配备泵浦龙5台、手揿龙2台。1966年10月25日，经中共海宁县委批准，长安消防总队添置铁壳消防艇一艘，并于怡院桥北侧建造专用停泊处。1982年5月，消防总队搬迁青年路41号三层九间新楼。是年9月，购置水灌车1辆，消防分队增加到12个，队员246名。1985年后，长安镇工厂、机关、企事业单位相继使用石油液化气，到1987年年底全镇已发展到2800余户。面对消防设备不足与陈旧的情况，1988年2月6日，经浙江省公安厅消防局批准，成立长安地区专职消防队，归长安镇政府和海宁市公安局双重领导，配消防人员16名。市财政每年拨款4万元作消防经费，负责长安镇，长安、辛江、许村、许巷、沈士、钱塘江、周王庙、盐仓海涂农场等乡、镇的消防和监督检查工作。此后，消防警报传讯停止使用，以免造成人们精神紧张，影响生产和生活。1990年以后，长安专职消防队因受经济体制改革、企业转制影响，原从各企业借调的人员部分回原单位，部分因经营管理液化气站。需要从事经营活动，面对新形势出现的新情况，为使这支队伍继续担负起海宁西片地区的灭火救援任务。海宁市政府增加经费投入以保障专职消防队灭火救援的日常费用和队员的工资。从此，消防队正式向社会招聘退伍军人，使长安专职消防队伍更加专业化、规范化。1991年，为加强长安地区消防队的装备实力，市消防中队支援1辆“解放”泡沫水灌消防车，作为第二出警车。是年，为服从长安镇区整体城镇规划需要，长安消防队从原青年路41号迁出，因尚未落实新队址，借住于长安液化气公司内。1995年，因车辆装备的老化，原有的“解放”水灌消防车已无法执勤，嘉兴市消防支队调拨1辆从直属一中队退役的“黄河”水灌消防车，作为第二执勤用车。1998年8月，位于环镇东路41号的消防队新营房落成并投入使用。为配合上塘河南排工程需要，位于怡院桥北的消防艇停泊间拆除，消防艇报废拆解。1999年5月，为进一步规范队伍管理，长安地区消防队划归海宁市公安局直接管理，由公安民警担任队长，重新对队员进行整顿招聘。为适应需要，市消防大队支援1辆退役“东风”水灌消防车作为执勤用车，其他车辆退出执勤。2001年8月，为改建长安地区消防队装备实力，市政府拨专款购置“东风”泡沫车1辆，“上海”25匹消防泵1台。2002年，为满足日常消防监督宣传和在农村路狭小地段扑救火灾需要，队自筹资金购置“昌河”警用面包车和“昌河”微型车各1辆。2003年，随着经济的发展，消防队的作用已十分明显，全年共接处警184起，保护财产上千万元。为提高消防队的装备实力和提高队伍作战能力，当年5月，市政府拨专款添置了东发V46匹消防泵1台，空气呼吸器，车载台及手持对讲机等装备。2004年7月，全市新组建整合专职消防队更名为“海宁市长安专职消防队”，辖区范围调整为长安镇。同年，为进一步提升灭火救灾实力，市财政拨专款购置“东风”中低压水灌消防车1辆。镇政府投入70万元，在镇区新增地面消火栓56只，全镇消栓数量达128只。2005年，为规范全市专职消防队的管理，满足队伍日常工作需要，市政府统一为全市9支专职消防队配置“长城”皮卡救援消防车1辆，镇政府拨专款8万元，为消防队添置了一批特种救援装备，更新队员个人防护装备。是年年末，长安专职消防队的装备实力已达到：主战车2辆、后援车2辆、指挥车1辆，各类消防泵5台（含进口46匹2台、进口20匹、10匹各1台）国产25匹1台。空气呼吸器5具、缓降器1架、30米软梯1架、9米金属拉梯1架、车载台2部、手持式对讲机5具、多功能钳1把、无齿锯1台、防火隔热服2套、各类消防员战斗服饰30余套。

2005年，长安专职消防队在队伍管理考核中，获嘉兴市第一名，在海宁市首届专职消防队大比武中，取得了团体第一名的好成绩，年终被海宁市政府评为消防安全先进集体和公安局先进专职消防队。是年还组建肖王、东升的“五有”义务消防队，为两个村购置三轮消防摩托车，消防泵等器材，长安镇的消防网络得到更好的完善和健全。

典型事迹：1999年11月26日，盐仓通元化工厂发生火灾，消防队接到报警后，派出9名队员赶赴现场，到场时火势处于发展蔓延阶段，长安消防队及时利用车辆及手抬泵等装备出枪灭火，有效地遏制火灾的蔓延。后经上级领导的统一指挥和消防武警部队增援协助，直到11月27日0时30分完全扑灭。该次火灾带来直接损失约70万元，过火面积达800平方米。通过及时有效的扑救，保护财产1000万元，保护面积18000平方米。在这次被定为“11·26”火灾爆炸事故抢救中，海宁市人民政府给予记集体三等功1次。

附：历年火灾

明，正统八年(1443)长安镇东关便民仓被火毁。

民国26年(1937)农历十一月二十日晚间，长安公庆街中段大火，向东直烧至新坝坝薪，烧毁民房屋100余间。

民国33年(1944)4月24日，长安镇悦来米店起火，烧毁市房24间，搗毁10余间。

1951年，长安青莲桥合作精选麻厂失火。

1952年11月，长安区兴福乡沈伯良等4户农家失火，县民政科对4户重灾户拨给150万元(老人民币)予以救济。

1964年5月某日下午，长安镇劳动路口马家弄大火，烧毁民房10余间。

1989年6月上旬，辛江丝厂女工陆某家起火，烧毁民房2间，以及蚕茧、油菜籽、小麦等经济损失7000余元，厂内职工和邻居捐助1290元。

1990年9月27日，辛江乡兴福村盛某家，因17号台风电线起火，烧毁全家房屋和财产，其中存单6张，计300余元。

1991年4月19日22时50分，新建村五组共育室突然起火，共烧毁平房6间，草柴百担，直接经济损失达2万元。

1991年10月17日19时，肖王村沈某家楼房电线短路起火，楼房烧毁三分之一。

1992年4月27日10时半，辛江乡新建村一预制场因发电机故障，点火不慎，引起柴油桶爆炸，造成5人死亡，2人重伤的特大事故。

是年5月1日下午，新民村六组发生一起火灾，烧毁两间房屋及蚕篇，方格蔟、农用物品，共损失8000多元，保险公司赔偿5830元。

是年5月16日，海宁塑机总厂装配车间工人上班打牌，乱扔烟蒂发生一起火灾，损失近1万元。消防队员及时赶到七分钟扑灭，免遭400万元损失。

1994年11月7日傍晚，长安镇金桥村7岁女童朱某烧夜饭时，火星燃灶边乱柴，造成火灾，女童重伤送杭医院抢救，花去医药费3万余元。

1996年元宵节晚上8时，长安镇修川路西侧戴某家火灾，50余件出口俄罗斯的皮大衣和一批布料，腈纶棉化为灰烬，经济损失7万余元，起火原因是小孩放烟花，火花窜进2楼仓库引起的。

9月24日15时，驾驶员章某(女)驾驶货车，从杭州开进长安，途经塘桥地段时，因电线短路旨起汽车着火，烧坏水箱、风叶、电线。

1996年10月19日8时，长安镇公安新村16幢1单元2楼1居民家电线老化，引起火灾，烧毁家中一切财物，损失惨重。

1998年6月14日17时，长安镇新民村9组许家由电器引发火灾。

2003年10月14日，浙江省米赛丝绸公司员工钱某家停电用蜡烛照明发生火灾，2万多元财产化为灰烬。

2004年6月24日，长安镇红色村新丰组一农户家发生火灾，烧毁剑杆机2台，造成经济损失十万元。

长安消防队历年灭火、求助处警统计

表 8-2-4

单位:次

年度	长安	许村		农发区	道路	高速	辖外	合计	年度	长安	许村		农发区	道路	高速	辖外	合计
1995	—	—	—	—	—	—	—	78	2001	32	24	14	5	11	5	3	94
1996	—	—	—	—	—	—	—	67	2002	53	39	9	4	9	14	1	129
1997	25	21	14	—	—	—	—	60	2003	54	62	24	4	20	10	10	184
1998	37	25	7	2	—	—	2	73	2004	73	48	17	11	3	11	2	165
1999	25	29	9	3	2	3	2	73	2005	70	—	—	—	—	15	28	113
2000	39	26	18	2	8	6	2	101	—	—	—	—	—	—	—	—	—

第三章　民　政

第一节　社会救济

解放前，长安镇的社会救济主要靠地方人士发起。民国37年(1948)，开设贫病施诊局，同时，地方人士杭毅等又发起建立接婴堂，设专人收接弃婴，再送硖石或嘉兴育婴组织。

1951年5月，由政府进行社会救济。各居民委员会将救济对象上报，以发给购粮款方式施行救济，死亡者，施给棺材安葬。

1956年对全镇救济户，实施常年补助，每月每户发放购粮款4～5元。1958年以后，鳏寡孤独定为五保户(保吃、穿、住、医、葬)，每月代发购粮款5～7元，并给蚊帐、棉衣、棉絮等物资补助，以保障生活需要。1960年以后，对少数贫困户，实行定期定量救济，每月每人5元。从1968年起，每年春节对定补户增发2元、1987年增至10元。1972年，对以往被精简的老职工实行按原基本工资40%定期补助的办法(医药费按实补助)。从1978年以后，对五保户，贫困户的定补金额逐年提高。到1988年9月，每户(人)每月31～35元。1982年，对世居、久居城镇而被精简在乡(农村)落户的人员，参照当地农户的人均收入按季度发放补助金。1987年9月，镇政府民政办公室建立民政统计台账，对全镇社会救济户逐户立卡建账，以便随时掌握变化情况，采取相应办法。1989年，辛江乡民政福利皮件厂招收180名残疾人进工厂，解决残疾人就业问题。1990年，长安乡对217户困难户发放救济费39992元，因自然灾害造成严重损失而发放的困难补助费24600元。1991年，长安乡向500多人次的困难户发放救济费4万元。1994年3月26日，长安镇救济肖王、东陈、盐仓、虹金特困户，补助1400元。是年共解决特困救济户124户，经费10万元。1998年长安镇向社会困难户发放救济补助款13万元，为企业职工发放保障工资45万元。1998年，辛江乡38户困难户享受最低保障金，发放救济金6.3万元。1999年，向社会困难户发放救灾、救济补助款18.3万元。2000年，长安镇向社会困难户发放救济补助款42万元。2001年，长安镇146人列入了最低保障线。全年救济补助款28万元。2002年，长安镇416户城乡居民获得最低生活保障，共发放资金76.3万元，实现应保尽保目标。2003年，长安镇享受低保人数878人，完成30户特困户危房改造、480多名城镇失业人员再就业。同年11月，海宁财政局、民政局在长安试点。补助长安、盐仓镇，因病、生活困难户，具体见下表：

名称	户数	人数	月补金额	其中城镇户	其中农村户	财政负担	镇负担
长安	421	849	63593元	131	290	491325.00元	271791.00元
盐仓	66	158	9235元	10	56	63810.00元	47010.00元

2004年，长安镇加大对全镇低保对象摸底工作，全镇共有低保家庭557户，其中城镇183户，农村374户；全年共发放资金1017373元，其中市补资金659419.60，镇配套资金357953.40，有效的落实低保政策，做到应保尽保。是年，新增低保户55户，新增困难户35户，月发放资金105697元。

同年，危房改造列入海宁市十件实事工程之一。长安镇对危房户全面进行一次调查摸底，及时掌握第一手资料，综合分析，分类上报，重点帮助解决一批危房困难户建房问题。2003年至2005年共涉及改造危旧房户114户，其中2003年33户；2004年41户；2005年40户。危旧房改造中涉及低保户77户，占旧房改造总户数的66.5%；困难户37户，占旧房改造总户数的32.5%。旧房改造中属维修的62户，占总改造户数的54.4%。属重新翻建的共52户，占总改造户数的45.6%。共牵涉到20个行政村。三年共投入资金718155元，其中市级共补助资金354000元，村镇共配套资金364155元（其中镇补180500元）。

2005年，长安镇组织、协调全镇救济救灾工作。加大对全镇低保对象摸底工作，12月止，全镇共有低保家庭541户，其中城镇189户，农村352户，全年共发放资金1271198元。其中市补资金817321.8元，镇配套资金453876.2元。落实低保政策，做到应保尽保。是年，全镇新增低保户49户，新增困难户36户，平均月发放资金105933元。

第二节 五保供养

1958年以后，鳏寡孤独定为五保户（保吃、穿、住、医、葬），每月代发购粮款5～7元，并给予蚊帐、棉衣、棉絮等物资补助。

1985年后，长安镇、乡相应建立敬老院，五保老人集中供养。长安镇敬老院创建于1985年，院址在长安镇青年路144号。收五保老人7名，配2名人员照料老人日常生活。长安乡敬老院在新民村2组，院内收养五保老人8名，有2名工作人员为老人服务。1992年8月，长安乡敬老院并入长安镇敬老院。两院合并时，在院收养五保老人15名，配3名工作人员照料老人的生活，为老人服务。辛江乡敬老院创办于1985年，院址在原辛江乡联益村目野庙。1999年11月，辛江乡敬老院内6名五保老人，2名工作人员进长安镇敬老院。

2001年5月，长安镇政府投资270万元在长安镇杏花村地段重建新院。在建造时，热心老年事业的志士纷纷为建院捐款，曹峥嵘个人捐款5万元，佳联公司、雪豹集团公司各捐款1万元，长安镇工业公司、金神集团公司、上方公司、华龙线业公司、修川制衣公司等15个单位捐款各2000元，还有14个单位各捐款1000元，5个单位捐款500元。合计收集社会捐款11.65万元。

2002年9月28日，新建的长安镇敬老院落成，五保老人迁入新居。新敬老院占地面积0.5公顷，院内建筑面积共2650平方米，有楼2幢。另设四层楼一幢为长安老年公寓。敬老院内设100张床位，宿舍宽敞明亮、整洁。配有电视室、图书室、会议室、棋牌室、医务室、健身房。室外健身场，配有各种健身器材。

2005年年底，长安敬老院收养五保老人53名，其中男性45名，女性8名。收养老人中年龄最大的为95岁，入院时间最长的已22年。2005年年末，全镇还有在编19名在家供养的五保老人，每年可享受供养费3500元至4000元。

老年公寓中有寄养老人19名。其中男性7名，女性12名。寄养时间最长的已有5年，年龄最大的是95岁。寄养老人享受一级护理的，每人每月收费600元生活费，二级护理的每人每月收取生活费430元。现有管理工作人员4名照料孤寡老人，设院长1名管理院内工作。1991年到2005年，长安镇政府除建院投入经费外，还向敬老院投入80万元经费用以改善五保老人的生活，佳联公司每年春节向敬老院五保老人捐款，合计捐款4万元；佳宏包装有限公司也捐款1.5万元。由于政府重视、全社会关心，保障敬老院老人幸福地安度晚年。长安镇敬老院2002年至2005年被海宁市民政局评为先进敬老院。

第三节 婚姻登记

旧社会，长安地区结婚没有登记手续，只凭父母之命，媒妁之言。女方的“时辰八字”就是定亲的证据，拜天地后就是合法夫妻。这里的风俗是“拜好天地，放出炮仗”就不能改变婚姻关系。

直到民国34年(1945)，县政府为提倡简朴婚姻风尚，提倡“集团结婚”。是年10月10日，由县立民众教育馆为提倡公证制度，主办“集团结婚”，由县法院公证处办理婚姻公证，作为确立婚姻关系的依据。

建国后，中央人民政府于1950年5月1日颁布《中华人民共和国婚姻法》，实行婚姻登记。8月起，开展贯彻婚姻法活动。1951～1955年，婚姻登记由区公所或乡镇人民政府办理，1956年撤区并乡，结婚登记由乡镇人民政府办理，离婚、复婚登记由民政科办理。

1981年起，结婚当事人须持民政部门统一制发的“婚姻状况证明”办理登记手续。施行新婚姻法后，提倡晚婚晚育。规定男女婚龄分别为22周岁和20周岁，并实行婚前检查。

1984年11月始，国内婚姻登记由乡镇人民政府办理，华侨、港澳等涉外婚姻由县民政局办理。1985年，由县民政局举办婚姻登记员培训班，经考核合格者统一颁发“婚姻登记员证”。

2003年10月，根据国务院关于婚姻登记新的管理办法，取消原来的婚姻登记双方必须持单位证明和健康证明的规定，只凭双方身份证，简化婚姻登记手续。

2003年12月1日起，全市统一由市民政局办理婚姻登记手续，镇民政办不再办理此项事务。

长安镇、乡历年登记结婚情况

表8-3-1　　单位：对

年份＼乡镇名称	长安镇	长安乡	辛江乡	合计
1978	85	381	157	623
1979	127	350	169	646
1980	239	274	165	678
1981	385	517	502	1404
1982	264	281	295	840
1983	210	531	124	865
1984	—	73	48	—
1985	204	557	186	947
1986	231	548	415	1194
1987	135	297	293	725
1988	116	312	239	667
1989	154	318	247	719
1990	105	362	225	692
1991	87	—	239	326

年份＼乡镇名称	长安镇	长安乡	辛江乡	合计
1992	483	—	202	685
1993	311	—	204	515
1994	453	—	175	628
1995	366	—	159	525
1996	479	—	190	669
1997	306	—	143	449
1998	323	—	168	491
1999	559	—	—	559
2000	451	—	—	451
2001	377	—	—	377
2002	463	—	—	463
2003	464	—	—	464
2004	503	—	—	503
2005	373	—	—	373

第四节　优抚安置

1950年，长安镇、长安乡、辛江乡首批青年参加中国人民志愿军，优抚工作始于此时。当时参军军人补助由所在单位自定，按同等劳力日工资的80%发给优待工资。镇人民政府对现役军人配偶，设法安排劳动就业。

1951年，镇政府为安置年老体弱的军属和残疾军人就业，将令公庙（是当时长安镇演戏、放电影的唯一场所）拨给军属，并帮助他们开办长安镇和平剧场。1955年，实行义务兵役制，政府对军属优先安排劳动就业，每年春节组织慰问队敲锣打鼓上门送慰问品，以示“一人参军、全家光荣”。1956年，失去双腿的一等残废军人凌阿土被安置到长安镇，其每月供养金和全年残疾金由县民政局拨给，镇政府代发。镇政府为了让他的生活上有人照顾，精神上得到安慰，为他从绍兴迁来配偶，并安置就业。同年，对孤独的烈属、军属定期定量补助生活费。

1980年以后，对烈士家属的定补金额逐步提高。从1985年7月起，改为革命烈士抚恤金，每月定期发放。从是年12月起，对现役义务兵战士家庭实行优待金制度。1986年开始，对在镇的复员军人实行定期定量补助。1987年，辛江乡对1985年1月以前入伍的义务兵，从1986年平均每人300元的基础上提高到每年360元。，长安乡从1989年1月1日起，优待金调整为每月45元，全年540元。1989年，辛江乡再次提高现役军人的优抚费标准。从1988年的每年480元提高到每年600元。是年，长安镇发放义务兵优抚费13万元。长安乡1990年义务兵优抚标准提高到每人每年600元。并为56户军属供应平价红砖85万块，水泥91吨。给复员军人、退伍军人、义务兵家属发放救济款18576元。1988、1989、1990三年对42名退伍军人妥善安置工作。1991年长安乡出资5580元，为66名现役军人全部实行养老保险，是年，发放复退军人、义务兵家属优抚3万元。

1999年，长安镇发放义务兵优抚费42.6万元。2001年，发放义务兵优抚费13万元。2002年，发放义务兵优抚费16.1万元。并对11名重点伤残军人发放医药费4430元。2003年，长安镇发放2002年度农村籍退伍军人安置费78000元。发放长安镇2002年度农村籍义务兵优抚费16.1元。春节慰问优抚对象8户1600元。“八一”建军节慰问优抚对象10户3000元。2004年，发放春节优抚慰问经费12300元。“八一”建军节期间，镇政府共走访慰问烈军属22户，并分别送去了慰问费共计4400元；春节前，为28名立功受奖者给予奖励，其中荣立三等功者奖励100元，优秀士兵奖励50元，共计1500多元；另外及时搞好对伤残军人和烈属的安置慰问，是年为6户优抚对象户的进行危房改造，市镇补助达36000多元，并给困难优抚对象发放抚恤费达4900多元。发放2003年冬季户籍在农村退役士兵安置补偿金和军龄补助费159418元。发放2003年度义务兵优抚费459000元。全年发放复退军人优抚费224000余元。2005年，发放2004年冬季户籍在农村退役士兵安置补偿金和军龄补助费181400元。发放长安镇2004年度义务兵优抚费382500元。2005年春节优抚慰问经费14750元。为31名立功受奖者给予奖励，其中荣立三等功者奖励500元，优秀士兵奖励50元，共计2450多元；另外及时搞好对伤残军人和烈属的安置慰问。是年，为2户优抚对象户的危房进行改造，市镇补助达13000多元。利用春节和“八一”建军节，慰问现役军人、烈军属、伤残军人及困难优抚对象，共计经费达15300元。全年发放复退军人优抚费30万余元。

2005年年底，长安镇有优抚对象近3250人，其中“三属”对象1户，革命伤残军人23人，在乡复员军人50人，现役干部34人，义务兵家属80户。是年，长安镇被嘉兴市委、市人民政府命名为“双拥”模范镇。为进一步做好拥军优属工作，是年5月，长安镇政府发出《长安镇拥军优属若干规定》的通知。

附：长安镇拥军优属若干规定

第一条　为进一步做好拥军优属工作，促进国防建设，根据《中华人民共和国兵役法》《军人抚恤优待条例》《浙江省军人抚恤优待实施办法》《浙江省拥军优属若干规定》《海宁市拥军优属若干规定》和有关法律法规的规定，结合本镇实际，制定本规定。

第二条　各村(社区)、各部门、各企事业单位，必须把拥军优属工作列入重要议事日程，切实加强对拥军优属工作的领导，把拥军优属纳入工作规划，纳入精神文明建设规划，纳入目标管理，依托各种教育阵地，运用多种宣传工具，加大国防教育和双拥宣传教育力度，强化全市人民的国防观念和拥军优属意识，使全市上下形成“拥军优属、人人有责”的良好社会风气，实现拥军优属工作规范化、制度化、法制化。

第三条　广泛深入地开展争创拥军优属模范单位活动，并把这项活动作为精神文明建设的重要内容。各村(社区)、各部门、各企事业单位和社会各界要发动社会力量，开展“爱心献功臣行动”，努力为驻军和优抚对象献爱心、办实事，使拥军优属工作的政策法规落到实处。

第四条 各村(社区)、各部门、各企事业单位应开展以思想道德建设和文化建设为主要内容的社会主义精神文明活动,不断促进全市精神文明建设和部队战斗力的提高。

第五条 每年一月、八月为全镇拥军优属活动月。各村(社区)、各部门、各企事业单位应积极开展内容丰富、形式多样的拥军优属活动,切实为优抚对象解决实际困难。

第六条 认真贯彻落实《中华人民共和国军事设施保护法》,采取切实有效措施,做好本镇境内军事设施的保护工作,杜绝发生破坏军事设施现象。

第七条 积极支持和配合驻军及通过部队完成军事训练、战备执勤、国防施工等各项任务。对于部队军事用地确需征用的,给予优先办理,有关费用给予优惠。

第八条 依法维护现役军人和优抚对象的合法权益,对损害军人和优抚对象合法权益的行为,要坚决予以制止,触犯刑律的,追究其刑事责任。

第九条 各村(社区)、各部门、各企事业单位和社会团体,必须认真执行国务院《退伍义务兵安置条例》《浙江省退伍义务兵安置条例实施细则》和上级有关安置政策,把退伍安置工作作为一项严肃的政治任务。

第十条 保障驻军及通过部队粮、油、水、电的正常供应,优先保证军供粮油质量,继续落实粮差补贴政策。

第十一条 由市、镇集资兴建和管理的公路、桥梁、停车场,军用车辆一律免费通行和免收费用。

第十二条 本镇辖区内主要车站、客运站应设立“军人优先售票窗口”;市属医院应设立“军人优先牌”,实行军人优先服务;公园应设立“军人免费牌”。

第十三条 对符合条件的随军家属、革命烈士家属,其户口、粮食关系,由公安、粮食部门按有关规定及时给予办理。

第十四条 家居城镇的现役军官、志愿兵家属在本单位分配住房时,应按双职工待遇优先解决;家居城镇的义务兵在服役期间,其父母单位在分配住房时,同等条件下应给予优先照顾;家居农村的现役军人家属建房时,同等条件下当地政府和有关部门要优先解决宅基地。

第十五条 对家居农村优抚对象中的住房特困户、危房户,由市、乡镇政府和村及本人分级负担的办法修建。

第十六条 孤老烈士家属,因公牺牲军人家属、病故军人家属(持证人)和在乡革命伤残军人、复员军人,可优先进镇敬老院,并在有关费用上视情给予优惠。

第十七条 镇辖学校、幼儿园应当优先解决现役军人和革命烈士子女的入学、入托问题。

第十八条 各村(社区)、各部门、各企事业单位必须认真执行《浙江省兵役义务费社会统筹办法》和《海宁市兵役义务费和退伍安置补偿金社会统筹实施细则》,认真做好城、乡义务兵家属优待金统筹工作,优待面达到100%,优待标准达到上级规定。

第十九条 积极做好军队移交地方政府接收安置的军队离退休干部,职工及其家属的随调安置工作,并按有关规定解决好军队离退休干部住房。

第二十条 企业根据生产状况需要裁减人员时,原则上不得裁减现役军人家属、革命伤残军人和近三年安置的退伍军人,企业因停产、破产等原因确需下岗的,由企业主管部门负责在本系统内进行安排,或发给基本生活费。

第二十一条 在城镇企业工作和农村的二等乙级以上革命伤残军人一律享受公费医疗待遇,其医疗费用(海宁市境内医疗单位医疗费)凭革命伤残军人证和就诊医院证明、处方交由市公费医疗办公室按规定给予报销;在职三等甲级以下革命伤残军人因伤口复发需要治疗的,所在单位应保证他们的医疗费,不得实行定额包干;在乡革命烈士、因公牺牲军人、病故军人家属和在乡伤残军人、在乡复员军人、带精神病回乡退伍军人,凭卫生、民政部门制发的“就医优惠卡”享受医疗费减免待遇;特困优抚对象因病治疗无力支付医疗费的,由镇政府酌情给予补助。

第二十二条 要加强对光荣院的管理,支持优抚事业单位的建设,在资金投入、土地征用、税收等方面给予优惠。

第二十三条　部队因军事训练和生产生活需要征用或租赁土地、房屋，各部门要按照国家有关法律、法规规定给予优先照顾。

第二十四条　未尽事项按上级有关规定执行。

第二十五条　本规定自印发之日起执行，过去与本规定有抵触的，以本规定为准。

第五节　知识青年上山下乡

20 世纪 60 年代初，海宁就动员知识青年上山下乡。1964 年 8 月，长安镇首批 231 名社会青年和知识青年集体下乡到县内狮岭公社插队落户。1968 年 12 月，毛泽东下达“知识青年到农村去，接受贫下中农的再教育很有必要”的指示，上山下乡运动大规模展开。长安镇的知识青年包括在校的初中和高中生（1966 年、1967 年、1968 年三届学生，后来被称为“老三届”），积极响应毛主席号召，一批又一批到农村插队落户和支援边疆。至 1979 年年底，全镇支援边疆、下乡插队的知识青年（包括社会青年）共 2949 人。

长安镇历年知识青年上山下乡情况

表 8-3-2

年份	1964	1965	1969	1970	1971	1973	1974	1975	1976	1977	1978	1979	合计
人数	231	163	69	928	181	85	127	252	254	310	259	90	2949
说明	1969 年 69 人，其中去内蒙古生产建设兵团 34 人 1970 年 928 人，其中去黑龙江生产建设兵团 108 人，黑龙江宁安县插队 113 人，大兴安岭 63 人												

进入 20 世纪 70 年代以后，开始允许知识青年以招工、考试、病退、顶职、独生子女、身边无人、工农兵学员等多种名目逐步返回城市。

1970 年，长安镇对定位留城（父母身边留 1 个）知识青年统一分配进工厂、企业工作。1972 年，对病残、已婚和多子女下乡户的 1 人，共 98 人，安排进工厂、企业就业。1975 年，对已下乡插队、支边的独生子女，多子女下乡其中 1 个留城或回乡的知识青年安排进工厂、企事业单位就业。同时，陆续办理所有下乡插队、支边知识青年回城。1978 年 10 月，贯彻全国知识青年上山下乡工作会议精神，停止上山下乡运动并妥善安置知青的回城和就业问题。

1978 年至 1979 年，安置到长安知青农场的知识青年 190 人，除少数自愿留场外，均先后安排进工厂、企业工作。在 1973 年以前，留城知识青年招工事务由县内务局统一计划，由镇革命委员会动员城镇人员上山下乡办公室兼办。1979 年后，绝大部分知青陆续返回城市，1981 年止，除在农村服役、招工、提干或安排至外地、死亡以及服刑者外，其余均统一安排就业。

第六节　殡葬改革

旧时长安地区的殡葬为，尸体入棺直接摆在经风水先生选定的地方露放，用稻草包裹，俗称“草包棺材”。也有富裕人家将棺材放在屋里或者会馆里保存。

解放后，露天棺材逐渐减少，采用土葬的形式将棺材埋在土里，称之为坟墓。20 世纪 60 年代开始，为节约土地，采用坟墓集中深埋，上面可耕种。80 年代初，长安镇开展殡葬改革推行火葬。开始时，阻力很大，有的反复进行思想工作仍有抵制的人家，政府采取行政措施强制执行。后来慢慢成为习惯，火葬完全代替原来的土葬。从 1985 年起，长安镇火化率一直保持 100%。

第一次殡葬改革后，还出现骨灰盒放进棺材继续建坟土葬的现象，有的甚至搞建筑性坟墓。1998 年 7 月长安镇党委召开第二次殡葬改革工作会议。规定遗体火化后一律不准装棺安葬，不准设立建筑性坟墓，提倡丧葬从简的好风尚，取缔骨灰存放棺材土葬的做法，这年还开展平毁建筑性坟墓的行动。

进入21世纪,长安镇开展第三次殡葬改革,制止乱葬乱埋。各村建立公益性墓地,骨灰统一存放在公益性坟墓中。2005年年末,全镇共有公益性墓地28处,占地总面积61751平方米,已建可存放骨灰5204穴,已存放骨灰3330穴。其中已建生态墓地1个,占地面积3575平方米,建起可存放骨灰225穴(双穴),已存放骨灰63穴(双穴)。公益性坟墓涉及20个行政村,一个社区,配有墓地管理人员21人。

第七节 三峡移民安置

长安镇于2003年落实虹金、万兴、褚石、东方红四个村为移民安置村。2004年8月,圆满完成从重庆市涪陵地区迁至长安镇的16户移民安置工作。镇、村两级为三峡移民认真安排好生活,发给煤气灶、煤气瓶、电饭煲、锅、瓢、碗、筷,油、盐、酱、醋,床铺、凳桌、电扇等用品。同时认真做好建房、承包土地的落实和分配工作。

三峡移民建房和土地落实情况

表8-3-3

单位	户主姓名	人数	建筑面积(平方)	实际造价(元)	承包地面积(亩)	实种水稻面积(亩)	商品房(平方米)
褚石村	高永强	5	202.2	73376	4.63	2.15	—
	况增平	3	182.6	68389	2.78	1.4	—
	代理文	5	182.6	86696	4.57	2.2	—
	李坤福	3	182.6	82061	2.74	1.3	—
虹金村	张鼎义	4	256	111558	4.1	1.88	—
	吴昌友	3	160.8	67584.5	3.07	1.41	—
	张益贵	5	256	115058.5	5.12	2.35	—
	勾荣智	3	160.8	67584.5	3.07	1.41	—
万兴村	黄　刚	4	162	68178	4	1.6	—
	汪登林	3	162	77843	3	1.2	—
	刘　平	4	241.8	98974	4	1.6	—
	刘　洪	4	241.8	98974	4	1.6	—
东方红村	秦治权	3	148	64129	3.05	1.2	—
	袁永洪	5	174	72695	6.41	2	—
	杨　会	4	148	75394	4.42	1.6	—
	徐保宪	3	—	38000	3.42	1.2	—

从2004年9月起,根据海三峡移办字〔2004〕18号文件规定,以户为单位用两年(24个月)时间,按月发放每人每月38.75元的三峡移民过渡期生活补贴。全镇每月发放2363.75,两年共发放56730元。对有困难的移民给予适当补助,如:虹金村移民勾荣智,迁移至长安镇后,生了较重的病。长安镇、村三峡移民安置领导小组,立即联系医院,并给予困难补助为他治病。治好病后,安排他进企业当保安,全家在长安镇安居乐业。

2005年来,迁移至长安镇的16户三峡移民有的被分配进企业,有的搞承包种植。镇政府还为移民专门举办种养殖业培训班,鼓励三峡移民发展种养业。收入稳定,人均收入达到5715元,生活基本达到本地农民水平。

长安镇三峡移民 2005 年度收入情况

表 8-3-4

单位	姓名	人数	全年收入(元)	备注	单位	姓名	人数	全年收入(元)	备注
褚石村	高永强	6	16500	原为 5 人,现出生小孩 1 人	兴城村	刘洪	4	45000	—
褚石村	况曾明	3	16600	—	兴城村	刘平	4	60000	—
褚石村	戴理文	5	21000	—	兴城村	黄刚	4	25000	—
褚石村	李坤福	3	18000	—	兴城村	汪登林	—	—	全家回重庆,收入不掌握
虹金村	张鼎义	5	16400	原为 4 人,现出生小孩 1 人	东升村	袁永洪	5	10240	—
虹金村	张益贵	5	33000	—	东升村	秦治全	3	15920	—
虹金村	勾荣智	3	20500	—	东升村	卢安明	4	15380	—
虹金村	吴昌友	3	18000	—	东升村	徐保宪	3	11380	—

2005 年年底，在长安镇落户的 16 户、60 人三峡移民中，有 19 名进企业工作,4 名在家做毛衣等副业生产,3 名在玉环、温州打工,其余在承包土地搞种养业。镇政府还为移民子女解决入学问题,使他们都能做到就地、就近入学,给他们在第二故乡安居乐业创造良好条件。

第八节　老龄工作

长安镇 60 岁以上老人有 1.4 万余人,占全镇总人口约 18%，全镇 20 个村、8 个社区都建立老年人协会,由各村书记任名誉会长,分管民政工作的领导任名誉副会长，具有一定工作能力的老书记、老主任、老干部任会长。全镇村、社区老龄协会健全,有利于老龄协会各项工作的开展。

长安镇党委、政府把老龄工作列入党委、政府工作议程。镇党委由一名党委领导分管老龄工作。各村、社区按照实际,及时调整协会班子成员,积极开展老年人的各项工作。

镇、村两级老年组织,认真贯彻落实老年法,切实维护老年人的合法权益。在老年节期间,利用横幅、宣传橱窗开展各种形式的宣传活动,营造敬老、尊老、助老的社会氛围。

镇村两级积极办好老年人活动场所，全镇 28 个村、社区办起老年人电大,有 22 个电大班。入学人数已超过 700 人,全年学习课程 1400 余人次。中街社区电大班被命名为省老年示范班。拥有老年“星光之家”两家。这些活动的开展极大地丰富老年人的精神文化生活。

镇、村两级老年协会,积极开展丰富多彩适应老年人多种形式的文化活动，现有老年腰鼓队、军乐队、气排球队、健身操队、乒乓球队、门球队、歌咏队等老年团体,多次参加嘉兴、海宁等地比赛,多次获奖。

老年人的生活也充分得到保障。全镇已有 55 名五保老人进敬老院,享受低保待遇的老人已超过 550 人。每当老人节,各村、社区还召开欢庆会、座谈会,为高龄老人祝寿。同时买食品、水果、长寿面、糖等慰问品上门慰问。据统计:全镇慰问老年人支付的费用每年达 12 万元之多。老人节的各项活动和春节的慰问,得到全社会的好评和赞扬。

2005 年起,长安镇基本达到无侵犯老年人的合法权益等涉老方面的纠纷。老年人的合法权益得到充分的保障。老年人各项活动的开展,为全镇的和谐、稳定起到积极的作用。

第九节　档案

解放初至 20 世纪 60 年代,原两乡一镇档案由文书登记,每年装订成册,放入档案橱。70 年代后,档案逐渐趋向正规，各乡镇进行装订成卷后上交市档案馆，由市档案馆保管。20世纪90年代后，乡镇建立档案室，由专人负责管理。2005年年末，长安镇综合档案室共有档案6128（件）卷，其中文书类3281件、1081卷，会计类1650卷，科技类58卷，特种载体类58卷。文书类的保管期限为，永久1538件、538卷，长期1153件、390卷，短期590件、153卷。会计类保管期限为，永久36卷、长期1574卷、短期40卷。科技类保管期限为永久53卷，长期5卷。特种载体类保管期限为永久4卷，长期54卷。

第九卷　科技 教育 卫生

第一章　科学技术

几千年的吴越文化孕育古镇长安，人们在千百年的劳动生活中，不断摸索、不断创新、不断引进，推动科学技术的发展。长安种植棉花、络麻、植桑养蚕历史悠久，给纺织业的技术进步带来很大优势。隋朝以来，京都长安所需绢帛、丝绸都依靠吴越供给。因而长安丝绸、绢帛的纺织和制造早已成名。“长安三闸”就是长安人科技进步的象征，熙宁五年(1072)，长安闸已具三道闸门，崇宁二年(1103)，长安闸开挖两澳以蓄水，上澳98亩(6.53公顷)，下澳132亩(8.8公顷)，作为船闸储水水柜，可随时放水过船。三闸即具有蓄水功能，又利通航，颇似现代多级船闸。从此，可看出长安人是勤劳聪明的，在1000多年前，就知道用这样先进的水利设施来调整运河的水位，保证航道的通行，长安闸还是我国最早的双闸。如今，长安人牢记邓小平“科技是第一生产力”的名句，用科学技术的发展推动着经济建设、政治建设、文化建设，让科学技术为构建社会主义和谐社会服务。

第一节　科普活动

1983年，辛江乡新丰大队刘咬坤对水稻育秧、科学施肥、栽培方面推广应用新技术，在受自然灾害影响的情况下，早稻仍获得亩产431公斤，乡科协进行推广。1984年6月，市科协、民政局联合，在长安乡首次举办科技扶贫养鸡培训班。长安、辛江发展养殖业的贫困户和专业户参加培训，聘请县食品公司、县饲料公司2位行家分别讲授“鸡的饲养管理”“鸡饲料”“鸡病防治”等技术，为期3天。培训班后，鸡的成活率大提高，其中长安乡3200只苗鸡平均成活率达91.8%。1985年3月，长安镇科协举办“现代化管理和新产品开发”专题学术报告。主讲人，杭州市企业现代化管理研究会秘书长、杭州市汽轮机厂副总工程师韩金已。1985年，长安乡采用科学养蚌珠，认真研究养珠技术，提高蚌珠产量和质量。1987年，辛江乡利用广播和短期培训等各种形式，集中进行培训23期，参加人员达1190人次，印发各种农技资料16期，3300份，广播讲座20多次。农科站引进推广各种优良品种90800斤，为农民提供方格蔟38万只。

1990年，辛江乡建立吨粮田工程，重点村1个。农业科技示范组13个，示范户123户，举办科技兴农培训班4期，农技广播讲座14次，完善了乡、村、组三级科技网络。1993年，长安镇增加投入，依托科技，发展“一优二高”农业；立足科技，大力发展高产高效农业。1991—1993年，供应优质良种27.8吨，举办各类农业技术培训班14期。1994年，长安镇立足科技兴农，开展广播讲座、技术培训、专业会议、印发资料、上门辅导等多种形式相结合的农业服务。1995年，长安镇认真做好农业的产前、产中、产后服务。以点带面，扩大配方施肥16.67公顷，推广蚕桑生产的保鲜膜二回育新技术。是年6月，辛江乡科协实施金桥工程，“浙江省海宁钢圈厂开发摩托车辐条条母产品”。1996年，辛江乡举办各类农业适用技术培训班13期，广播讲课38次，印发农技简报31期，推销嫁接桑苗1400万株。1997—1999年，辛江乡举办各类农技适用技术培训班10期，广播讲课40次，印发农技资料简报52期。1999年10月，辛江乡科协与雪豹皮革化学有限公司，开发二氧化硫还原技术在皮革生产上的应用研究。是年，长安镇开设绿色证书培训班，举办种、肥、药、水、机电服务培训班9次，150人领取绿色证书。镇农科站通过省“五有”农科站验收。全镇推广抛秧技术100公顷，更新和新购农业操作机械64台。

2000年后，随着经济、政治、科技体制的不断变化，社会主义市场经济体制逐步建立和完善，长安镇科协坚持以经济建设为中心，坚持科学技术是第一生产力的思想，实施科教兴镇和可持续发展的战略，促进科学技术的普及和推广。是年后的科协工作，主要抓10个方面工作。

阵地建设　长安镇注重对科普设施的投入，2005年年底，人均科普经费达2元；建立镇科普图书室，各类科普读物、科普图书1000余册，定期向公众开放；还建有两处长10米的科普宣传画廊。各村（社区）结合文化活动中心（室）的建设，加大科普设施的投入。全镇已建设10米以上的科普画廊3处、6米以上的12处、2米以上的8处，做到镇、村（社区）都有科普宣传的专栏阵地。有10个村（社区）建有标准的科普活动室和图书室，为有效地开展科普活动，创造优越条件。

体系建设　镇科协十分重视科普示范村的创建工作。至2005年，全镇拥有海宁市级科普示范村3个、嘉兴科普示范村1个。同时，也重视科技示范户等科普队伍的建设，全镇已有6户省级科技示范户、60户镇级科技示范户，建有168人的科普志愿者队伍；“长安镇鲜切花基地”被市科协命名为海宁市科普示范基地。非国有企业科协有海宁金神五金锁具有限公司科协、浙江虎霸建设有限公司科协。

“农函大”教育　农技培训和“农函大”教育是科协科普工作的一个重要内容。近年来，镇科协与农技水利服务中心一起，举办各类农业技术培训45期，受训人数3500人次。农函大教育办班11个，学员425人。

科普讲座　每年举办2次以上。2005年开始，在村（社区）中开展科普讲师团百村巡讲活动。共进村（社区）举办科普讲座30余场，听讲座人数达到2500多人。

科普集市　科普集市是科普宣传一种最直接的形式，每年由镇科协牵头，组织农技水利服务中心、计生、司法、文化、卫生、消协、金融等方面的人员，开展科普早市，宣传农技、婚育、卫生及生活常识等知识。五年来，共举办此类活动10次以上。

科普节、周、日活动　科普节、科普周和科普日是科普活动的重要载体。几年来，镇科协组织和参与“科技以人为本，全面建设小康”“坚持自主创新，建设创新型社会”等为主题的科技（科普）宣传周（节），并且结合活动要求，组织“六个一”“科技人员联农户”“青年志愿者下农村（企业）”等活动，取得较好的效果。校内科普工作积极开展，各校每年都举办校园科普节，开展小发明、小制作比赛，参观科普展览，聆听科普报告，从小培养学生学科学、爱科学、用科学的思想。

实施“金桥工程”　“金桥工程”是科技与经济结合形成生产力的有效载体。近年来，镇科协共申报“金桥工程”8项，其中工业项目2项，农业项目6项。累计年增加销售收入近亿元，增加利税3000多万元，经济和社会效益十分明显。“金桥扶持”是科协系统“技术扶贫”的有效手段，“金桥扶贫”14户。

2002年7月，长安镇河蟹协会与浙江省水产研究所、镇农科站搭桥研究中华绒螯蟹高效养殖技术模式。2004年9月，长安农科站与浙大农业与生物技术学院搭桥，为长安镇花卉协会研究所，研究推广50C郁金香切花栽培技术推广应用技术。近年来，通过组织参加技术培训、同农技专家结对、同科技示范户结对、“金桥服务队行动”等活动。在资金上、技术上进行帮扶，共资助资金25800元，使被扶持户的生产生活有明显改善。“金桥引智”，镇科协和企业科协强化政策宣传，采用各种形式和途径加强招才引智工作，至2005年来，引进专业技术人才40多名。

专业合作社 2003年行政区划调整后，镇科协对农技协会进行疏理，加强指导和管理，先后建立长安花卉协会、长安河蟹协会和康艺鲜切花专业合作社。在信息交流、技术协作和采、供、销方面为社员和农户服务方面发挥重要作用。花卉协会不断引进世界名贵鲜切花品种，花卉园区已成为省鲜切花基地、长安特色产业基地。河蟹协会“科技搭桥蟹香来”一文，2004年被《浙江科协》期刊选用；花卉协会会长张金生“学科技、用科技、依靠科技致富”通讯，2005年被《浙江科协》刊用。

科技示范户 科技示范户是农村先进生产力的代表，是“科技兴农”和发展农村科普事业的一支骨干队伍。培植和发展农村科技示范户，是科协开展农村科技示范活动，普及推广科学技术，加强农村群众性科普网络建设的重要途径。

长安镇1993年至2005年省级、嘉兴市、海宁市科技示范户

表9-1-1

户　主	专业	级别	地　址
朱国尧(1993-1995)	特种养殖	省	农业对外开发区
朱国尧(1999-2001)	特种养殖	省	农业对外开发区
张金生(2002-2005)	花卉种植	省	长安镇褚石村
苏建根(2002)	水产养殖	嘉兴	农业对外开发区
朱国尧(1999-2001)	特种养殖	海宁	农业对外开发区
葛海明(1999-2001)	特种养殖	海宁	长安东升村
张金生(1999-2001)	花卉	海宁	长安褚石村
李银龙(1999-2001)	葡萄	海宁	长安东关村
沈叙福(2002-2004)	苗木	海宁	长安肖王村
杜伟祖(2004-)	花卉	海宁	长安天明村
胡柱良(2004-)	园林	海宁	长安肖王村
王玉汉(2004-)	养猪	海宁	长安德丰村
项跃杰(2004-)	花卉	海宁	长安褚石村
周根强(2004-)	花卉	海宁	长安天明村
李　勇(2004-)	葡萄	海宁	长安城东村
张金生(2004-)	花卉	海宁	长安褚石村

农民技术职称评定 促进农村各类技术人才的迅速成长，逐步建立一支宏大的农民技术队伍，是农村经济向专业化、商品化、现代化转变的迫切需要。从1989年开始，长安镇通过农民技术职称评定和晋级工作，逐步建立起一支农民科技队伍，推动和鼓励广大农民群众、农民技术人员和农村有文化的青年努力钻研农业技术，促进农村经济向专业化、现代化转变。选拔和培养各种农民技术人才，提高他们的社会地位，使农村经济建设切实转到依靠科技进步的轨道上来。到2005年年末，长安镇全镇已取得农民技术职称的有863人，占全镇劳动力的2.3%。

长安镇农民技术职称评定统计表(人次)

表 9-1-2

年份	助技	技术	助师	技师	高师	合计	年份	助技	技术	助师	技师	高师	合计
1989	32	107	49	11	—	199	1999	—	23	25	4	—	52
1991	15	29	6	—	—	50	2001	35	159	8	3	—	205
1993	4	16	18	9	1	48	2003	1	67	23	1	—	92
1995	—	5	1	1	—	7	2005	88	111	3	1	—	203
1997	1	6	—	—	—	7	—	—	—	—	—	—	—

第二节　科技成果

在历史上，长安镇科技引进和发展，涌现一批科技人才，结出丰硕的成果。建国初，长安人士沈鼎三获化学工程学士学位，编写《中学化学课本》《大学化工教材》等十多种工程著作。1938 年，到上海购买董家宅路的一家日伪产业的化学染料厂（废弃的厂基），开办上海大可化学染料厂，为祖国生产各种化学染料。成为当时中国第一家向国际市场提供化学染料的厂家。1949 年 7 月，在筹备中华人民共和国开国大典中，缺少染国旗的不褪色红色染料。毛主席提出要用中国自己制出的染料。上海市的领导，把任务交给沈鼎三。赶在开国大典前试产出不褪色的红色活性化学染料。国家领导把这种染料命名为"旗红"，并给沈鼎三光荣奖励。在第三次工商联全国代表大会上，受到邓小平同志的接见，并合影留念。

浙江制丝一厂是长安镇建办较早的国营企业。历年来，依靠科技立厂，研制出众多科技成果：1956 年，王新吾的简易杠杆停簇器，获国家科技成就三等奖；1983 年，朱锦荣、杨豪斧、洪若海、孙阿大的不吐水型真空渗透煮茧，获省优秀科技成就三等奖；梅花牌 Z/17 桑蚕丝，1983 年获国家银质奖、1986 年，荣获浙江省年度优秀科技奖；1985 年，陈惠泉等集体创造的桑蚕茧配合技术获浙江省科学技术进步二等奖，1986 年"桑、蚕、茧系列配套技术研究"在浙江省科技贸易大会上获奖。

随着乡镇企业的蓬勃发展，科技改革和名牌，名特优产品也不断涌现。1981 年，长安丝厂低热值石煤沸腾炉的研究和应用，获省级三等奖；1982 年，海宁面粉厂邵传伦、童远国，制造的浙 HJJ-70 型饲料混合机获省优四等奖；1986 年至 1990 年，海宁锁厂的狼狗牌铜挂锁获部优、省优名牌；浙丝一厂的梅花牌 Z/17 白厂丝多年保持国家银质奖；原辛江电珠总厂的星光牌 2.5V.0.3A 小园泡获省银质奖；1990 年，海宁民政制革皮件厂，生产的雪豹牌山羊正面服装革、雪豹牌山羊皮夹克获省优产品等等。

长安镇的农业科技也不断发展，民国 36 年（1947），推广棉麻生产技术。民国 38 年（1949），从事印度麻、德字棉推广、化学肥料推广和棉麻栽培指导，在长安设有固定基点。解放后，农业技术更加得到推广和应用。1951 年，盐仓村农民张德兴制造剥麻机，被评为浙江省劳动模范；1978 年，在全国科学大会上，长安公社褚石大队农民育种家陈洪田，因培育成功小麦"65 白壳"被评为全国先进个人。1982 年，红麻施用钾肥效应及其应用技术，获省 4 等奖；1983 年，麻混栽区绿盲蝽的防治研究获省四等奖。

改革开放后，效益农业得到迅速发展，长安花卉、苗木、水果生产比例不断扩大，同时涌现一批效益农业上的科技能手。1984 年 5 月，辛江乡蚕桑科技户王茂荣，科学栽桑养蚕经验被省科协摄制成科普图片，在全省巡回展出。1985 年 3 月，长安果木协会受到中国科协表彰。1989 年，长安花木果专业协会会长李银龙被省科协评为农村科技示范能手。1998 年，甘蔗高产高效技术推广，获省人民政府颁发的农业丰收二等奖。长安农技服务中心吴国良，李富根、陈永康等推广“二无工程”(无草害、无螟害)获1999年浙江省稻田草害工程,万亩达标乡镇建设单位荣誉,同时获嘉兴市人民政府、海宁市人民政府颁发的1999年度农业丰收二等奖。2004年,长安农技服务中心俞掌寿研究开发推广壮秧营养剂,水稻省工省力增产增效,该项目获2004年全国农牧渔业丰收奖三等奖。长安牌鲜切花,获2001年浙江省国际农业博览会银奖、2002年、2003年、2004年、2005年均获浙江省农业博览会金奖。长安圣品葡萄“金手指”等产品多次荣获浙江省农博会金奖。长安金港村实施“金桥工程”,中华绒鳌蟹的科学养殖技术推广,当年为该村农民增收800万元。

历年来长安镇农技服务中心获奖情况统计

表 9-1-3

获奖年月	获奖名称	获奖级别	获奖项目	颁发单位
1999年5月	1998年农业丰收奖	二等	甘蔗高产高效技术推广	浙江省人民政府
2000年	科学技术进步奖	三等	红麻福红2号、浙江3号高产技术推广	海宁市人民政府
2000年4月	1999年度农业丰收奖	三等	晚稻高产配套技术推广	海宁市人民政府
2001年3月	农技推广先进集体		技术推广	海宁市人民政府
2001年2月	2000年度农业丰收奖	二等	花卉高效栽培技术示范推广	海宁市人民政府
2001年4月	2000年度农业丰收奖	一等	科技养鳖大面积高产高效	嘉兴市人民政府
2001年9月	嘉兴农业博览会优质奖	优质产品	花卉、苗木	嘉兴市人民政府
2001年11月	2001年浙江省国际农业博览会	银奖	鲜切花	浙江省国际农业博览会
2002年	科学技术进步奖	三等	切花月季高产高效栽培	海宁市人民政府
2002年3月	2001年农业丰收奖	二等	“秋蚕春养”提高茧质	海宁市人民政府
2002年3月	“双百工程”示范活动	先进集体	水稻“双百工程”	海宁市技术推广中心
2002年3月	2001年度农业丰收奖	一等	花卉苗木及经济林高效栽培推广	海宁市人民政府
2002年12月	浙江农博会	金奖	长安牌鲜切花	浙江省农业博览会组委会
2003年1月	2002年度农经工作	先进集体	农经工作	海宁市农业经济局
2003年2月	2002年度农业丰收奖	三等	单季晚稻“双百”工程	海宁市人民政府
2003年2月	2002年度农业丰收奖	二等	切花月季、扶郎高效栽培技术推广	海宁市人民政府
2003年10月	海宁市科技进步奖	二等	花卉基地建设	海宁市人民政府
2004年1月	农经系统	2003年度先进集体	农经	海宁市农业经济局
2004年3月	2003年度农业丰收奖	二等	鲜切花高效栽培技术推广	海宁市人民政府
2004年5月	2003年度农业丰收奖	三等	鲜切花高效栽培技术推广	嘉兴市人民政府
2004年5月	2003年度浙江省农业丰收奖	二等	海昌蜜梨栽培技术推广	浙江省农业厅
2005年1月	2004年度农经工作	先进集体	农经	海宁市农业经济局
2005年3月	2004年度农业丰收奖	三等	推广利用太阳能改善人民生活质量	海宁市人民政府
2005年3月	2004年度农业丰收奖	三等	安全灭鼠技术推广	海宁市人民政府
2005年12月	2005年农业信息	先进单位	农业信息	海宁市农经局

附:沈鼎三和他的“旗红”

沈鼎三(1910—1980)长安镇人,其祖父沈兆之曾为宁波道台幕僚,父亲沈山寿系国民党在海宁的早期组织者、领导者。沈鼎三出身书香门第,于1932年浙江大学化工系毕业生,获化学工程学士学位。初致力于中学、大学教师工作。并编写《中学化学课本》《大学化工教材》等十多种工程著作。1938年看到中国染整工业仍处在落后的手工业操作阶段,劳动量大、产值很低,因而开始研究改造中国的染整工业。在重庆和成都相继他开设“布匹染整工厂”。首创“靛蓝连续染色机”,同时研制化学染料。

抗日战争胜利,沈鼎三以大后方著名染整布匹,化工染料研究者的身份,到上海购买董家宅路的一家日伪产业的化学染料厂(废弃了的厂基)开办上海大可化学染料厂,为祖国生产各种化学染料。其中活性化学黑色染料还远销英、法等国家市场,其元色、深蓝等活性化学染料均达到当时国际水平,成为当时中国第一家向国际市场提供化学染料的厂家。

上海解放前,国民党上海政府的官员,多次威胁利诱要沈鼎三把工厂迁往香港、台湾。但沈鼎三在厂内共产党地下工作者的帮助教育下,对中国共产党有深刻了解;他深明大义,为祖国、为人民,坚决地纹丝不动地把大可工厂留下来,要为祖国和人民在化学染料研制做出一番事业来。所以解放前和刚解放时,一直在生产,没有停止过。

1949年7月,中国共产党中央在开国大典筹备过程中,缺少染国旗的不褪色红色染料。帝国主义国家封锁抵制中国,毛主席提出要用中国自己制出的染料,因此向上海市的领导,把染料生产的任务交代给他们。当时上海市领导根据全市染料工业情况资料,认为只有“大可厂”有条件,有能力研制这种不褪色的红色染料,就把任务交给沈鼎三。沈鼎三在接到任务时真“受宠若惊”,觉得共产党对他的信任,是他为祖国、为人民出一点力的时候,所以他真诚地接受任务。由于时间紧迫,而且原料被帝国主义国家封锁后,而且市场也没有地方找。

在原料极度缺少之时,沈鼎三放弃所有工作,和厂里工程技术人员一起,利用当时仅有的国产原料和厂里库存原料筛选出来,日夜不停地研究试验。但一个月过去,几次试过都不符合理想的要求,这使沈鼎三坐卧不安。但他坚决地要把任务完成,以报答共产党对他的信任。所以一再调整方案,从新配方,亲自动手。到8月上旬终于试产出不褪色的红色活性化学染料,经过实用,性能完全理想。

国家领导根据上海市领导的圆满报告,立即打电报给沈先生以表扬,并把这种染料命名为“旗红”。国家领导及民主建国会都给沈鼎三光荣“奖励”。连续数年获得国庆观礼代表的资格,在第三次工商联全国代表大会上,受到邓小平同志的接见,并合影留念。然后,大可厂在公私合营中改名“上海第五化学染料厂”,沈鼎三被任命为上海化工局一研究室主任,从事培育化工工作人员和化学染料的研究工作。1980年不幸中风逝世,享年70岁。其子都在美国,一位是某化工集团工程师,一位是美国田纳西州政府工作人员。

第二章　教　育

第一节　概　况

长安镇古时即义学、义塾、私塾,形成不同的教育层次。明代以后,经济发展,人文昌盛。清嘉庆七年(1802),邑人沈毓荪于觉皇寺旁创设仰山书院,为长安镇最高学府。书院建成后,又在书院附近设蒙泉义校,供幼龄儿童入学。

清光绪二十四年(1898),清政府通令全国省改州,县的书院为小学堂。光绪二十九年(1903)陈焘、陈惟枚、朱仕谷、汪以德等在仰山书院原址创设海宁州长安小学堂。所需经费除利用书院办学基金外,部分由州署拨给公款,首届学生30余人。光绪三十一年(1905),朱宝瑨利用仰山书院旧舍创设海宁州中学堂,并自任监督(校长)。办学经费多数由朱宝瑨劝集筹募,州署少量公款,作为补助。第一届学生8人,是为海宁第一所新式中学。光绪三十二年(1906),陈守元等在令公庙,创设长安乡长安小学,经费来源为仰山书院固有办学公款,州署亦拨少量款以资补助。宣统元年(1909),海宁州中学堂迁往州城盐官。翌年,在中学堂旧址(即书院)创设海宁州长安小学堂。同年闰二月,陈葆泰等募得地方捐款,又在寺弄创设一所长安乡第二小学堂。宣统二年(1910),海宁州在城厢暨各乡镇创设简易识字学熟,长安镇学熟设吴家坝,总称第五所,主任褚以成,有学生42人。自书院改为学堂以后,教育按"中学为主,西学为辅"的方针,中学内设有几何、英文、格致(物理)等新课程,部分小学亦开设常识、英文等课。

民国初,海宁州为县,原海宁州长安小学堂易名为仰山公立两等小学,校长张步青;后又改称为海宁县第四高级小学,并将初级班移至令公庙长虹初级小学(即令公庙小学),逐步采用统一的新学制课本。一至四年级称为初级,设置国文、算术、常识、音乐、体育、图画六科。四至五年级称为高级,除继续设置初小课程外,将常识分为历史、地理、自然三科,后来又增设公民、手工课,有条件的且开设英文课。民国6年(1917),由地方人士徐志清及一外地青年顾云芬,在觉皇寺前创设"修川女子小学",首次招生30余名,吸收女童报名入学。这所女子小学对提倡女子走出闺房、家门读书求学,冲破封建礼教约束及世俗观念,起了积极作用。这所小学一直坚持到抗战开始才停办。民国10年(1921)在原辛江乡办起管城私塾。1936年,由沈文元教草书,读《百家姓》《神童诗》等。民国12年(1923),在海宁县政府资助推动下,该镇吴家坝又增设吴家坝小学。民国14年(1925),在周家弄耶稣堂内开设一所单班之江小学,经费除学费收入外,不足部分由耶稣堂提供。民国19年(1930)前后,吴家坝小学、之江小学相继停办,师生并入长虹小学。民国23年(1934),办起大型私塾,校址在大型村斗门坝定心庵。首任教师有陈阿庆、姜菊元,有私塾学生25人。民国24年(1935),耶稣堂又办过一个英语补习班,有学生30余名,牧师何良海任教师。民国27年(1938)停办。

抗日战争开始,长安沦陷,民不聊生,学校经费无着落,处于半停歇状态。同时,日伪利用学校进行奴化教育。抗战后期,国民党海宁县政府在敌后农村开展活动。民国32年(1943)秋,建办褚石小学,校址在杜家弄。时任教师李志飞、陆敏宝,开设两个复式斑,招收学生40人。民国33年(1944)2月,县教育科曾派人向敌伪宣传,接受县府领导。有些学校表面上教学敌伪课本,实际上讲授旧有课本或传统古文,几乎与私塾无异,镇郊各村私塾亦纷纷开馆。据民国35年(1946)4月19日长安镇公所统计,长安镇及附近郊区在沦陷时期共有私塾学生275名,形成学校与私塾并存的特殊现象。

抗战胜利以后,学校教育恢复正常。据有关资料记载，民国34年(1945)，长安中心小学有12个班级，618名学生，19名教职员工。第六联保国民学校(令公庙)有4个学级，220名学生和6名教职员工。

民国35年(1946)春季，由顾达一等筹建的励志高级农校开始招生，第一期招收学生30余名，翌年，又招收初中毕业生200名，并将校名定为“海宁县私立励志高级农业职业学校”，校址在东街陈庆曾家。民国37年(1948)春，改校名为“海宁县私立励志中学”，民国38年(1949)，高中班停止招生，改为初级中学。未及数月，长安解放，励志中学停办。是年，海宁初级中学简师部由硖石迁来长安，以仰山书院旧址为校舍，创建海宁初级师范。9月初报名，收新生50名，戴谷音任校长。翌年，长安镇社会人士金林捐献房屋多间，经标卖后得款360万元(旧币)，作为长安镇教育基金。同时，成立长安镇教育基金保管委员会，其所保管的款项重点作简师补助经费。

与此同时，长安中心小学迁入寺弄许家祠堂，后又改迁西街老当旧址（即后来的职业中学所在地)。据民国36年(1947)1月14日《海宁民报》报道，全县教员薪水无着，暂停发放。长安中心小学教师领不到工资，被迫向每个学生借款1万元（旧币)。从民国37年(1948)8月起，长安镇开始按10%征收茶碗捐收入，发放教师工资，同年，旅居上海的邑人钟柏生为遵照其父钟柳桥的办学遗愿，捐资在新民街建造校舍，定名为柳桥小学。建成后，长安中心小学将高级班迁入柳桥小学，初年级仍留原址，作为柳桥小学的分部。

1947年，办起新民小学，原校名为南夏家庙初小，有1个班级，10多名学生，首任教师国先生，开设课程《百家姓》《神童诗》《三字经》等。1949年改为安南小学。1948年秋季，长安镇增设一所民权弄国民小学，有两个班级。解放后改称民权弄小学。民国37年(1948)秋，长安镇乡村有国民学校：夏家庙、磨砣桥、万家渡、伍昌司殿、目野庙、老庄弄、褚石堰、老盐仓、鹿耳桥、朝西观音堂、包家桥、兴福寺、管城庙、永宁庵、泰山桥小学等。

新中国成立后，教育事业得到迅速发展。海宁简师于1949年秋季，停止招收师范新生，改招初中新生。1950年2月，简师正式结束，改名为海宁县立第二初级中学。1955年8月，增招高中新生，并改称为浙江省海宁中学。

1951年2月后，又改称长安完小第二分部，后入庆宁里小学。是年，原辛江乡万兴村千落庵办起千落庵小学，有1个班级26名学生。同年办起兴福小学，校址在桃园里，1个一、二年级复式班。1953年，原辛江乡新联村办起新王小学，借用村民蒋炳林两间民房，有1个班级，学生28人。1956年办起新建小学，校址在罗家角，借用民房作教室，派汪静兰为首任教师，有学生32名。

1964年，全镇推行“两种教育制度”，除全日制小学外，镇、乡广设简易小学。后又奉命将简易小学改称为耕读小学，学生和教师半天劳动、半天上课学习。1966年“文化大革命”开始，部分小学“停课闹革命”，耕读小学被迫停办。1967年，全日制小学陆续“复课闹革命”。1968年，工宣队和贫下中学管理学校，长安中心小学改称“五七学校”。农村小学下放由大队办学，教师实行回队任教。

1976年，粉碎江青反革命集团后，长安小学教育得以稳步发展，1978年恢复社(镇)中心小学。是年下半年，又创办长安镇中学。1985年11月，长安中学改为长安职业中学。1985年4月15日，县府颁发《海宁县中小学分级管理实施办法》，规定农村中小学均由所在地乡镇管理。8月，《中共中央关于教育体制改革的决定》颁发，教育实行县、乡、村三级管理。从1986年起，实施9年制义务教育，即小学6年，初中3年。1991年开始，按照《中华人民共和国义务教育教育法》规定，义务教育事业实行地方负责、分级管理。1992年7月，实行乡镇中心小学和乡镇初中分治。设立长安镇中学和辛江中学及长安、辛江两所乡中心小学。

2005年年末，长安镇有市属高中一所，初级中学2所，九年一贯制学校1所，小学8所。其中镇级中心小学2所，村级联办完小4所，教学点2个。镇成人文化技术学校1所。全镇中小学专任教师427名，学历合格率达到99.76%，高标率为73%。幼儿园教师78名，学历合格率为95%。长安镇党委、政府把教育作为事关全镇经济和社会可持续发展的大事，摆在优先发展的战略地位上，做到统筹安排，窄出重点，先后创建省标准化一类学校1所，省示范性小学1所，嘉兴市示范幼儿园1所，嘉兴市一级幼儿园1所，省级示范性成校1所。全镇有海宁市级以上劳动模范、优秀教师、学科带头人等先进工作者30多名。其中国家级先进德育工作者1名，省级劳动模范、优秀辅导员、优秀青年教师、省历届春蚕奖等省级先进工作者11名。镇中心小学被命名为嘉兴市级教育科研基地，海宁中学被列为省三级重点中学。在此同时，成教工作也得到相应发展，2004年对原镇西小学进行装修改造，建成单厅独院，设施齐全的高标准的成校。新建后的长安镇成校，以“提高广大劳动者素质”为目标，为当地经济建设服务，积极开展学历和非学历的各类培训。2005年7月，被认定为“省中小企业职工培训示范基地”。通过各种途径的文化教育，长安镇全民文化水平得到极大提高。使长安镇青壮年非文盲率达到99.01%以上，各行政村非文盲率都在95%以上。2005年，长安镇又一次顺利地通过浙江省教育强镇复查。

第二节　幼儿教育

长安镇托幼事业始于1952年。当年，长安完小附设幼儿园，浙江制丝一厂开办托儿所。3月，长安完小抽调教师办幼儿园，园址在原老镇政府东侧至皮件厂后的一所民房内，初设2班。这所幼儿园即为今长安镇中心幼儿园的前身，1988年迁至怡院新村东侧新校址。1952年10月，浙江制丝一厂开办厂内托儿所，收托该厂职工中的幼儿60余人，共4班。

1954年以后，长安幼托事业有较大发展。一是中街居民曹碧恒利用自家余房，申请开办托儿所。1954年4月，经镇政府批准后，开始招收幼儿入托，初称健康托儿所。1959年后改称长安镇托儿所，亦称中街托儿所。“文化大革命”后停办，并入浙江制丝一厂托儿所。开设于东后街的东风幼儿园，1988年并入中心幼儿园新址。幸福幼儿园，先设于西关厢，最初仅有1班，未几迁至寺弄(即和平街)，发展为3班，后并入中心幼儿园。较后开办的公庆街的母子康乐园，1960年改为公庆街幼儿园，1988年并入中心幼儿园。

1958年“大跃进”高潮时期，长安农村普及托儿所，新办幼儿园更多。生产大队以食堂为单位办起托儿所和幼儿园。新民管理区有托儿所100所，入托孩子1305名，幼儿园27所，在园幼儿834名，保育员170人。辛江管理区有托儿所61所，入托孩子627人，幼儿园37个，在园幼儿818名，保育员132名，到1960年后即陆续停办。

1981年开始，锁厂、皮件厂、塑机总厂、吊扇厂、绸厂等单位办起厂内托儿所。1983年，商业供销系统在寺桥西侧办起一所幼儿园，解决财贸系统职工幼儿入学困难。1988年，镇中心幼儿园从西街迁入怡院小区，1990年改建后，改称为长安中心幼儿园。是年，创办二轻幼儿园。这三所幼儿园均为二层楼房，教室宽敞明亮，生活设施齐全，校园内有完善的活动场地。1990年10月22日，全国人大常委会副委员长、全国妇联主席陈慕华曾亲临二轻幼儿园视察，详细地询问教育情况、观看幼儿的文艺表演。

20世纪70年代末期，农村幼儿工作重新得到正常发展。初办时称为学前班，原辛江乡在1979年光明大队办起辛江公社第一个学前班。是年后至1980年，长安、辛江农村以集体办学为主，掀起了办学前班的热潮，发展学前一年教育，招收6足岁的孩子入学，为小学教学打好基础。两地共办起27个学前班，附设在小学里，由公社妇联分管学前教育。教学内容：学拼音、画画，教百以内的加减法。1984年开始，学前班统一使用省编教材。1985年辛江学前班教师由中心小学统一管理，工资统一发放。是年9月，肖王学前班除大班外，开始设1个中班。1994年长安乡学前班由中心小学接管。是年9月，卫国、东关、万渡学前班合并为“三联”两个学前班，其中设一个中班。2001年，学前班统一挂牌，改名为幼儿园，分设大班、中班。长安农村幼儿园有：陆泽、大型、新联、东方红、兴福、辛江、肖王、天明、金桥、东陈、褚石、三联幼儿园。2003年7月撤销新新、兴福幼儿园，学生并入大型和兴城幼儿园。2004年7月，撤销新民、虹金幼儿班。2004年前，幼儿园的课程设语言、计算、常识、体育、美术、音乐、游戏。2005年7月，撤销东陈幼儿园，学生并入城南幼儿园。

2005年开始，采用建构式课程(语言、社会、健康、科学、艺术)。是年,全镇幼儿教育设施、设备更加完善,农村每所幼儿园配大型玩具两件以上,各种小型玩具数套,每生备有小床、课桌椅,使入园幼儿得到健康发展。随着外地民工的增加,每所幼儿园竭尽为外地民工子女入园提供方便,接收外地民工子女入园接受教学。

至2005年年末,长安农村有东方红、大型、陆泽、辛江、兴城、肖王、城南、天明、金桥、三联、盐仓11所幼儿园;镇区有中心幼儿园、二轻幼儿园,共13所。开设63个教学班,其中农村45个班,镇区18个班。在校幼儿2267名,其中农村1563名,镇区764名。配备教职员工150名,其中农村80名,镇区70名。

长安镇政府依法把幼儿教育工作纳入地方社会事业发展总体规划。从2004年9月开始,长安镇幼儿教师实行全镇统一管理,统一招聘、调配,统一考核,办园质量统一评估,理顺幼儿教育管理体制,调整农村幼儿园布局,保证幼儿教育健康发展。

学制 幼儿教育学制一般为三年,分大、中、小班。农村学前班学制为1年。招收3～6周岁幼儿入园。1998年3月,嘉兴市教委规定小学入学年龄降为6周岁,幼儿园入园年龄也降为3～5周岁。

编班 根据国家教委颁布《幼儿园工作规程》规定:"幼儿园规模以有利幼儿身心健康,便于管理为原则,幼儿园每班人数为:小班25人、中班30人、大班35人,混合班30人,学前班40人。

课程 1991年后,全镇继续按教育部的《幼儿园教育纲要》精神,课程设置包括体育、语文、常识、计算、音乐、美术等6科。1993年8月,各幼儿园一律使用省编幼儿园系列教材。2001年7月,教育部颁发《幼儿园教育指导纲要(试行)》,把幼儿园教育目的规定为"促进身心和谐发展"。故而对幼儿园教育作了健康、语言、社会、科学、艺术五个领域的划分。2002年1月,根据省教育厅文件精神,各幼儿园开始使用省编新系列"幼儿园课程指导"包括教育活动设计、教师资料手册、小朋友的书和互动等四个部分内容,并配有相应的教学挂图、音像资料等活动辅助材料。镇区学前3年幼儿人数1622人,学前幼儿入园率100%,外来民工子女入园率100%。

长安托儿所

长安镇托儿所位于公安弄4号,占地面积400平方米,开设2个班,有90名幼儿入托,有7名保育员。所内有2个幼儿活动室和2个午睡室,每生备有小床、桌凳和与幼儿教育相配套的各种教具、玩具。拥有小型玩具多件,万元大型玩具1件,配有风琴、电视机、DVD、音响等。教育设施、设备与幼教相衔接。

历史沿革:1970年创办和平街道托儿所,所址在和平街5号。开设1个班,招收7名2足岁儿童入托,配有2名保育员。1981年后,长安镇幼托事业稳步发展,先后在锁厂、皮件厂、塑机总厂、吊扇厂等单位办起托儿所。1989年后改称为长安镇中心托儿所。1991年搬迁至西街80号,占地面积1400平方米,备有活动室、操场、食堂。开设6个班,入托儿童200名,配保育员17名。1999年,镇托儿所搬迁至海宁皮件厂内,2004年迁址公安弄80号。

长安镇中心幼儿园

长安镇中心幼儿园位于长安镇景华路2号,是由长安镇人民政府创办的一所公办幼儿园。幼儿园占地面积2108平方米,教室建筑面积1663平方米,另有绿化塑胶场地400平方米。2005年年末,有404名幼儿,开设9个班,配备30名教职员工,其中教师22名,大专学历17名,中专学历5名。幼师中高级职称2名,一级职称7名。保育员4名,炊事员3名,门卫1名。

长安镇中心幼儿园是一所服务于大众的市一级幼儿园。有8个教室,4个教师办公室。有多功能音乐室、电脑室、卫生保健室、园长室、行政办公室各1间。幼儿园教育设施、设备齐全。备有多媒体设备1套,钢琴1架;操场上备有大型玩具2架以及各种大型运动器械;园内有6台电脑,数码摄像机和数码照相机各1台。幼儿园本着"让社会满意,家长放心,幼儿快乐"的办园宗旨,树立以"幼儿发展为本"的教育观,通过优化管理,优质服务,优良质量,优美环境,争创高水平的乡镇中心园。

2004年9月,长安镇中心幼儿园被确认为中心园,承担统一管理全镇的幼教工作。在理顺全镇幼教管理体制的同时,充分发挥中心幼儿园示范、辐射作用。精心组织全镇幼师开展形式多样的教研活动、培训学习等，努力提高幼师实施素质教育的能力。

长安二轻幼儿园

长安镇二轻幼儿园位于长安镇青年路86号。占地2062.5平方米，绿化面积270平方米，园舍建筑面积1726.58平方米，活动场地1200平方米，室内活动场地240平方米。教学楼中设有多功能厅，有9个教室，6个办公室，还有图书室、储藏室、洗衣房等。园内配有符合幼儿年龄段的桌、椅和小床。

园里教学设施有电脑、数码相机、摄像机、录音机、针式打印机、塑封机、电视机、音响等电教化设备。还有塑胶活动场地，组合滑梯等大型玩具12台。每班备有开放式玩具橱、书架、电子钢琴、风琴；符合年龄特点的各类玩具和大小积木。教学楼和食堂都配有灭火器和消防器材。

2005年年末，园内开设9个班，在园幼儿360名。教职工36名，专职教师20名，其中大专学历5名，中专和高中学历15名。行政人员3名，保育员10名，炊事员2名，门卫1名。

长安镇辛江幼儿园

辛江幼儿园位于辛江大桥西60米处，南靠环镇北路，西接辛江中学。1990年9月，辛江乡投资35万元新建占地面积2300平方米，建筑面积550平方米的一幢两层楼幼儿园。园内有10只教室、3只办公室，保健室、资料室、会议室、电脑室各一间。备有各年龄段的课桌椅、小床和多功能厅。全园开设大、中、小3个年龄段6个班。2005年9月，在园幼儿240名，其中招收外地幼儿40名。有员工17名，教师13人。其中大专学历11名，保育员1名，炊事员2名，门卫1名。幼儿园在逐年的发展中增添了大型玩具4架、电脑1台、数码照相机1架、电子琴1架、风琴6架。教育、教学设施不断完善。

1993年5月，辛江幼儿园被评为海宁市1992年度幼教工作先进集体。1993年5月，辛江幼儿园被评为海宁市1992年度少儿工作先进集体。2005年5月，在海宁市“七巧板“比赛中一名幼儿获三等奖。

长安镇幼儿园一览表(2005年年末)

表9-2-1

园　　名	地　　址	班数(班)	幼儿数(人)	教职工数(人)
辛江幼儿分院	城北路	6	240	17
陆泽幼儿班	陆泽村	2	43	2
大型幼儿园	大型村	2	75	2
兴城幼儿园	兴城村	2	47	2
东方红幼儿园	东升村	3	114	7
肖王幼儿园	肖王村	2	74	4
天明幼儿园	天明村	2	46	2
城南幼儿园	褚石村	2	98	1
金桥幼儿园	金桥村	2	49	2
三联幼儿园	城东村	1	23	1
中心幼儿园	怡院社区	9	404	30
二轻幼儿园	青年路	9	360	36
盐仓幼儿园	农业开发区	8	315	18
合　　计		50	1888	127

第三节　小学教育

学制　解放初，小学学制沿袭旧制，初级小学修业期限为4年，高级小学修业期限为2年。1958年，部分小学实行学制改革，试行五年一贯制。“文化大革命”期间，普遍实行五年制。从1978年起，小学学制统一为5年。1983年秋季，各小学从一年级起执行省教学厅颁发的《全日制六年级小学教学计划》(试行草案)，学制为6年。1991年至2005年，长安镇各小学继续执行《中华人民共和国义务教育法》和省有关文件规定，招收6～7周岁儿童入学，全部秋季始业，修业年限为6年，实行六年一贯制。1991年5月，全镇小学试行小学毕业直升初中交接仪式。1998年3月，根据国家教委颁布的《小学管理规程》规定，决定全镇小学新生入学年龄一律为6周岁。2000年8月，盐仓学校打破小学、初中界限，实施小学、初中相结合的九年一贯制。

编班　根据《小学管理规程》，长安镇各小学采取班级授课制，班的组织形式为单式。教学班级以不超过45人为宜。根据1986年省颁《中等师范和全日制中小学教职工编制标准》规定，小学教师编制按班配置。城镇每班学生40～45人，配教职员工2人；农村每班30～40人，配教职员工1.2人。2005年年末，全镇有117个班级，学生4900名，配备教师231人。全镇每班学生平均为41.88；班级教职员工配备比例为1∶1.97；教职员工与学生比例为1∶21.21。

课程设置　解放初，小学废除公民课，增设政治课。1952年，教育部颁布《小学暂行规程》(草案)，明确规定小学教育实施智育、德育、体育、美育全面发展的教育，各小学设置相应课程。设有语文、数学、自然、地理、历史、体育、音乐、美术、劳动等课。

1992年3月6日，省教委颁发《义务教育试行教育计划》，课程设置分必修课、选修课、活动课，还留有乡土课程，并加强晨间活动与生活劳动课，彻底改变以前仅有必修课的单一的课程结构。是年秋，全镇小学入学实施省义务教育试行教学计划及《小学各科教学指导纲要》并使用省编新教材。1993年3月，全镇小学五、六年级开始使用德育乡土教材《锦绣家乡》，安排在晨间活动课和班队活动课中试用。是年9月，全镇小学三年级以上试用《儿童学法律》读本，利用班会课进行教学。1994年10月根据嘉兴市教委意见，全镇小学参照省教委颁发浙教普〔1995〕190号《关于实行每周40小时工作制后调整小学教育计划意见》，严格控制学生活动总量，九年制义务教育总课时数控制在7323小时。1996年12月，《海宁市十大爱国主义教育基地》乡土教材，作为小学爱国主义教育教材，各校安排在班队活动课使用。1999年9月，全镇小学执行市教委精神，重申“四控制”即：控制学生每周活动总量、学生在校时间、学生课外作业时间、控制“双休日”补课。2000年2月22日，贯彻市中小学减轻学生负担会议精神，全镇小学统一使用《海宁市小学生素质教育发展评价手册》从思想品德、行为习惯、心理素质、学习水平等方面评价学生。2000年9月，全镇小学从新学期开始，严格执行新教学计划，开齐开足开好规定课程。2001年9月，长安镇小学试点开设英语课程，至2005年年底，全镇各小学已全部开设英语课程。是年9月，小学开展人口与青春期教育；同年6月，国家教育部颁发《基础教育课程改革纲要(试行)》，突出“以人为本”思想。教育目标从以往传统知识技能为重点，转向重视获得知识的过程与方法，培养学生的兴趣和愿望；教育方法从以往教师传授为主，转向学生自主学习，强调主动探究、合作互助的方法。2003年9月开始，各小学一年级开始承担省级基础教育课程改革实验任务，其课程设置作调整。

领导管理　1949年5月，县人民政府接管小学，设小学校长或校务委员会主任委员主持校务，同时废除训育制。1952年，遵照《小学暂行规程(草案)》，实行校长负责制，校长领导全校工作。完小设教导主任1人。1956年，完小实行校务委员会制，由校长、教导主任、工会主席、团支部负责人和教师代表组成校务会，实行集体领导，分工负责。1963年，逐步实行中共党支部领导下的校长负责制。校长为学校行政负责人，在当地党委领导下，负责学校工作。“文化大革命”期间，社(镇)中心小学实行“工宣队”“贫宣队”“革命委员会”等领导，学校体制混乱。1978年，贯彻教育部《全日制小学暂行工作条例（试行草案）》，公社、镇中心小学建立中共学校党支部领导下的校长分工负责制。1982年，小学根据“奖优罚劣”原则，制定考评奖励，推行定量、定岗、定责的目标管理责任制。1985年4月，县教育局发出《海宁县中小学内部管理体制改革的试行意见》，小学进一步完善管理体制，并相应建立由校长主持的校务委员会。同时，由于勤工俭学的需要，各小学相继配备校办工厂厂长。

1990年，小学形成在党支部领导下的校长分工负责制与民主管理相结合的管理体制。1991年，按照《中华人民共和国义务教育法》规定，实行地方负责，分级管理，教育纳入地方经济发展总体规划，受市、乡镇政府双重领导。1992年7月，撤销农村中小学建制，实施乡镇中心小学和乡镇初中分治；1995年1月，执行《海宁市中小学校长工作意见（试行）》提出小学实行校长负责制。1996年3月，建立乡镇中心小学领导联系村校制度，做到办好镇中心小学、辐射完小，带动村校。1997年，全面试行校长负责制和教工聘任制。2000年8月，全镇实行申报核发“收费许可证”制度。

长安镇中心小学

原名长安第二小学，其前身是建立于清光绪三十二年（1906）的长安乡长安小学堂。原址胡令公庙，故俗称令公庙小学。它原由地方人士陈守元、冯朱裳等人靠地方公款及仰山书院拨款所创办。民国以后，原设于仰山书院的海宁州长安小学堂（先被称为仰山公立两等小学，后又易名为海宁县第四高级小学）的初小班级并入，于是改称为长虹初级小学。抗战胜利后，长虹小学又先后改名为长安镇第二保国民学校，第六联保国民学校和虹桥小学。

解放后，1950年2月，改称长安镇庆宁里完全小学，后又重命名为长安镇第二小学。1970年，原设于公安弄的民办小学停办，其学生大部分转入这所学校。1978年10月，全镇小学管理体制作了较大调整，原设于西街的长安镇中心小学改称为长安镇第一小学，而将第二小学改作为镇中心小学，负有辅导镇区另外3所小学的责任。1991年，原长安镇中心小学部分班级搬迁长安景华路1号新校舍。学校占地面积20177.59平方米，建筑面积达到9948.05平方米，绿化面积2428.8平方米。1992年，乡镇合并，镇中心小学更名为长安镇第一中心小学。下属第一小学更名为长安镇西小学、第三小学改名为长安镇东小学。三校共有31个教学班，1426名学生，79名教师，中师合格率为87.3%。1992年，坐落在肖王村原长安乡中心小学改称为长安镇第二中心小学。分管辖区新民、天明、金桥13所村小。有70个教学班，2239名学生，88名教职员工，符合小教达标学历的教师53人，占教职工总数的60.2%。1994年，调整村级小学布局，撤并东关、卫国、万渡三所村小，组建长安镇三联小学。1999年撤并牧港村小并入金桥小学。2000年，鹿耳、盐仓二所村小归属盐仓镇。2001年9月，长安镇西小学并入第一中心小学，下属镇东小学。有27个教学班，1182名学生，69名教师。中师合格率100%，其中高标率占30.4%。2002年，撤老庄村小学，并入第二中心小学。2003年7月，长安辖区有村小7所，共56个教学班，2179名学生，93名教职员工，中师学历100%，其中高标学历占27.8%。是年8月，长安镇第一中心小学和第二中心小学撤并，改建长安镇中心小学。2003年9月，原长安镇第二中心小学校名改称为长安镇中心小学分校。镇中心小学下辖分校、镇东、城南、东陈、金桥、天明、新民、三联八所完小和虹金小学一个教学点。有81个教学班，3492名学生，160名教师，师资学历100%合格，其中高标学历占32.2%。2004年8月，缩小三联、东陈小学规模，两校的1至3年级学生分别并入镇东小学及城南小学。2005年，东陈小学并入城南小学。2005年8月，长安镇中心小学下辖镇东、城南、天明、金桥、新民、三联六所完小，镇中心分校和虹金小学（教学点）。共有79个教学班，3243名学生，156名教师，合格学历100%，高标学历占69.2%。

1991年至2005年，镇中心学校办学经费由长安镇人民政府财政拨款解决，学校开源节流，量入为出，合理安排使用有限资金，积极改善办学条件。校内有普通教室24个。自然、音乐、书法教室各2

个，美术教室 3 个，达省定 II 标准。还配公共教学用房及辅助用房设置：有多功能教室 2 个、图书室、乒乓室、阅览室、少先队活动室、体育活动室、科技活动室、心理咨询室各 1 个及辅助用房 7 间。有 250 米环形跑道，达到省定 I 类标准，配篮球场。有闭路电视教育系统、校园广播系统，电话通讯系统、电脑、投影仪、录音机等电教化设备。学校课程设置规范。在学区范围内招收学龄儿童入学。开设语文、数学、英语、科学、音乐、美术、体育、信息技术等课程。并以校本课程（①走进长安②生活 ABC③欢乐时光）充实教学内容，丰富学生知识。学校曾获得浙江省示范小学称号，是嘉兴市、海宁市的文明单位；嘉兴市首批行为规范达标学校；嘉兴市行为规范示范学校；2003 年 5 月，学校被命名为海宁市首批基础教育课程改革重点研究单位；同年被命名为海宁市“体育传统项目学校”；2004 年 10 月，学校荣获全国中小学生“民族精神代代传，做合格小公民”读书活动优秀组织奖；2005 年 2 月，学校被评为海宁市学校卫生工作先进集体；是年 6 月，学校被评为海宁市德育示范学校；同年 12 月，学校被评为海宁市绿色学校、海宁市特色学校创建工作先进单位、海宁市未成年人思想道德建设先进单位、海宁市基础教育课程改革重点研究单位，课改工作先进集体；荣获国家级课题研究优秀基地学校（“十五”教育部重点课题《地区教育研究、培训机构推进学校课程教学改革的实践研究》子课题研究）。

长安镇第二中心小学

前身俗称“肖王庙学堂”，于 1921 年前后，当地肖王庙的一个道士请一个塾师所创办。1930 年前后，正式称“肖王庙小学”，由地方聘请一位姓纪的教师任教，开始只有一个班，学生 40 余人；在抗战期间曾停办。1949 年，肖王庙小学有三位女教师，负责教师为马纫珠。1955 年，新民乡建立，肖王庙小学确定为新民乡中心小学，属 1 至 6 年级完全小学。1958 年，长安公社成立，新民乡中心小学改称为新民管理区中心小学，校址仍在肖王庙内。1961 年 7 月，学校改称长安公社中心小学，管理全公社各大队小学。“文化大革命”期间曾称“立新五七学校”并附设初中班。1971 年，肖王庙拆除在现在的胡长公路旁新建校舍 24 间。1978 年，改称长安公社中心学校。1984 年，小学、初中班分设，初中易地新建长安乡初级中学。长安公社中心小学改称长安乡中心小学。1992 年长安乡、镇合一后，长安乡中心小学更名为长安镇第二中心小学，校址仍坐落在长安镇肖王村。辖区有 13 所农村小学，共 70 个班级，在校学生 2239 名，教职员工 88 名。2003 年 9 月长安镇一、二中心小学合并，原长安镇第二中心小学校命名为长安镇中心小学分校。

长安镇辛江中心小学

辛江中心小学本部坐落在长安镇环镇北路，辛江村草披埭 1 号。学校占地 9885 平方米，建筑面积 3291 平方米，建有四层教室楼一幢、四层综合楼一幢及配套食堂、传达室，硬件设施齐全。现有绿化面积 2650 平方米。学校配备教职工 79 人。其中教师 75 人，职工 4 人。具备大专以上学历的教师 51 人，中学高级教师 1 人，小学高级教师 20 人，小学初级职称教师 36 人。除中心本部外，下设大型、新新、兴城、兴福四所完小，共计 38 个班，学生 1657 人。

前身为“海宁县立万兴初级小学”（又称万兴小学）。创建于民国 18 年（1929）秋，兴办于辛江赵家埭。1931 年春，校址迁至朝西观音堂，更名为“海宁县立辛江初级小学”。1937 年 7 月，抗日战争爆发，学校停办。1945 年 8 月，抗日战争胜利，学校恢复。1949 年 5 月，海宁解放，县人民政府接管学校，称为“海宁县朝西观音堂初级小学”。1956 年开设 3 个班，有教师 5 人，下辖泰山、兴福片校。1958 年人民公社成立，校名更名为辛江管理区中心小学，下设泰山片、兴福片小学。1959—1960 年，改名为辛江公社中心小学（简称社中心）。兴福片管辖石墩庙、管城庙、千落庵、永宁庵小学；泰山片管辖安桥、新王、大浜头、陆泽小学。1965 年社教工作组进驻社中心小学，1966 年“文化大革命”开始一度停课，成立临时文化革命领导小组，1967 年，公办小学下放到大队，社中心校址不变。1968 年贫下中农管理学校，成立贫管会。1969 年成立革命委员会。1970 年 9 月，学校成立党组织，1976 年“贫宣队”“工宣队”相继撤销；1978年秋，撤销学校革命委员会，任命校长、教导。1985年10月起，中小学逐步分设，小学部在朝西观音堂原址，体制仍为一个。1991年辛江乡中心小学分设，单列支部、行政、工会。辛江乡中心小学下设万兴、建城、陆泽、新联、新建、大型、联益、兴福、新升、东方红10所村校。1992年，学校被市委、市府批准为市文明单位。是年8月，新校舍一期工程竣工、9月学校迁入位于辛江村草披埭1号新校舍。是年政府出资28万元新建了兴福小学，占地3335平方米，建筑面积992平方米。1993年，调整学校布局，原万兴小学、建城小学合并，政府出资易地新建了兴城小学、新升小学两所村校。1994年，总投资70万元的兴城小学、新升小学竣工投入使用。同年政府出资新建(新新)小学。1995年8月，投入65万元的新新小学竣工投入使用(原新联、新建小学拆并更名为新新小学)。1996年9月总投资70万元的陆泽小学、东方红小学新校舍落成投入使用。1997年，辛江乡中心小学顺利完成了一轮村校布局调整，小学部28套集资建房的教工宿舍竣工。1998年9月，占地400平方米的大型小学新校舍落成，联益小学翻建完成。至此，辛江乡小学校舍改建工作基本完成。1999年6月，第二批28套教工集资建房竣工。是年11月，辛江乡中心小学更名为长安镇辛江中心小学。2000年7月，撤并联益小学并入中心小学、新升小学并入兴福小学。同年8月中心小学征地建造田径场和1277平方米教学综合楼竣工验收，投入使用。2001年再次进行学校布局调整，按4000人口覆盖一所学校，每校学生数不少于250名的要求，辛江小学调整为1所中心小学、4所完小(兴福、兴城、新新、大型)和2个教学点(东方红、陆泽)，基本达到教育强镇的学校布局要求。2001年7月撤并了东方红教学点，并入中心小学。2005年，陆泽教学点并入新新小学。

辛江中心小学有市级学科带头人3人，市级骨干教师2人，2人次分别获海宁市优质课一等奖和嘉兴市三等奖，有5篇论文获省级奖并在全国刊物上发表，有10多篇论文及教学案例获市一等奖。学校先后有30名学生送入少体校，多人次在全国性大型体育竞赛中获奖。学校承担"联合国WHO世界卫生组织《小学生健康促进项目》及《小学外来民工子女的特征分析及教育对策》等嘉兴市级以上课题的研究工作。学校先后获市级文明单位、卫生先进集体、少儿工作先进集体、先进敬老学校、德育工作达标学校、市绿色学校、健康促进学校铜奖。1993年，少总部被嘉兴市教委命名为少先队工作示范乡镇称号。同年底，学校被评为海宁市少儿工作先进集体，校团支部被评为市先进集体。1997年，在华东三省一市的科技航模比赛中获二、三等奖各一个。1998年12月，被授予嘉兴市青少年三五普法知识竞赛优秀组织奖，嘉兴市中小学日常行为规范达标学校。2001年年底，卫生部UNICEF预防农村小学生意外伤害健康促进项目计划学校，实施、完成国家级课题《预防农村小学生意外伤害健康促进项目》研究任务。2003年3月，联合国世界卫生组织、卫生部，就预防农村小学生意外伤害健康促进项目实施情况到辛江中心小学考察，得到外国专家一致好评。2004年8月，被授予海宁市学校德育达标学校。是年11月，荣获省卫生厅WHO浙江省合作组颁发的健康促进学校铜奖。是年12月，被市教育局、市环保局，授予海宁市绿色学校称号。

长安第三小学

长安三小，其前身为吴家坝的长安东街民办小学。20世纪60年代初，为解决本镇东片儿童入学困难，镇党委、政府同各部门协商，筹集一批经费，在吴家坝设立一所民办小学。1960年2月，招收新生约60名，先开设1个班，下半年扩展为2个班。到1965年，这所民办小学已扩展到6个班，学生300余人，有7名教师。为解决校舍紧张，1969年，经多方协商借用当时属于海宁中学东分部的两幢旧楼作为校舍，迁入开学。

1971年2月，学校更名为长安镇第三小学，学校性质亦由民办转为公办。向海宁中学借用的楼房即归三小。1974年，又划给旧房200平方米。后经多次除旧建新，校舍有很大改观。1992年，因乡镇布局调整，长安镇中心小学被命名为长安镇第一中心小学，长安镇第三小学更名为长安镇东小学。

东陈小学

始建于1932年，校址在村北的降龙庵，时任校长张有学，规模为1至4年级4个班级。1970年在马河桥易地新建东陈小学，有班级7个，在校学生263人，教师7人。1996年，搬至东陈村马桥组，新建二层教学楼，有6个班级，近300学生，教师8人。2005年，东陈小学并入城南小学。

万渡小学

前身为一家私学，20世纪40年代初，周竨任到万家渡的一户农民家中租了两间房子办学，1946年称名万渡小学。1956年，万渡小学搬到了邬龙庙，有教师2人，有一至四年级4个年级，分2个班级，有44名学生，为复式教学。1964年，拆邬龙庙，用其材料在万渡大队办公点附近新建万渡小学，有4个班级，教师5人。1994年，撤万渡小学并入三联小学。

东关小学

创建于1949年，校址在陈家花园的褚敦庙，时任校长为丁永祯，有4个班级，94名学生，5位老师。1967年，拆庙东移数百米新建东关小学。1994年，撤东关小学并入三联小学。

天明小学

创办于1950年，校址于天明大队的公房，有6个班级，240名学生，5位教师。1962年易地新建，改名为解放小学，有8个班（其中两个班为初中一、二年级），学生300多人，15名教师，1975年重新更名为天明小学。1977年，撤并村级初中，仅存小学。1996年，新建天明小学，有7个班级，学生280名，教师10人。

褚石小学

创办于1947年，当时租了褚石堰小镇上一家茶店的房子，时任校长李文奎。1950年，校舍搬至西陈村庙，有6个班级233名学生，教师7人。1962年，拆除西陈村庙在褚石堰小镇的西北角新建褚石小学。2000年易地新建，2002年搬入位于东陈陈家门的新校舍，改名为城南小学，有教学班8个，学生360名，教师15人。

老庄小学

始建于1922年，1950年搬至马鸣殿，取名马鸣小学，有一至四年级2个班，为复式教学班，教师2人。1971年，拆马鸣殿在老庄弄新建老庄小学，有8个班级（其中两个为中学初一、初二班），学生300人，教师10人。1977年，取消村级学校初中，仅存小学，有班级6个，学生181人，老师7人。2002年撤老庄村小，并入长安镇中心小学分校。

新民小学

新民小学创办于1947年秋，原校名叫南夏家庙初小，校址夏家庙，有1个班级，10名学生。任课教师国先生，开设课程《百家姓》《神童诗》《三字经》等，当时称为草书。1949年5月，校名改为安南小学。开设1个班，学生32名，1名任课教师。1950年开设2个班，学生83名，2名教师；1955年发展到6个班，有学生162名，教师7名。1958年校址迁至蔡家石桥，有5个班级，学生165名，教师6名。1963年校名更改为新民小学。1964年扩办1个小渡农中班。有中学生52名，小学生142名，教师8名。1967年农中学生并入公社中学。1970年学校规模扩大，附设两个初中班，全校有8个班级，352名学生，教师8名。1975年初中并入公社中学，小学保留6个班，有小学生224名，教师7名。校址由蔡家石桥搬迁至新民村6组。2005年年末，新民小学有学生175名，教师9名。

城南小学

前身为褚石小学和东陈小学，褚石小学创建于1941年秋，校址在杜家弄，时任教师李志飞、陆敏宝，开设两个复式班，招收学生40人。1945年迁址褚石堰，1949年搬到西陈村庙。1960年褚石小学属长安公社南片完全小学，开设6个小学班，学生250名，教师9名。1966年下半年，褚石小学搬至褚石堰西市梢，1970年附设1个初中班，1975年初中班并入公社中学。是年，东风小学并入褚石小学，有学生

280名，教师13名。2003年9月，褚石小学与东陈小学合并，更名为城南小学。有学生472名，20名教师。是长安镇内规模最大的村级完全小学。

兴城小学

兴城小学的前身为创办于1921年的建城小学和1948年办的万兴小学合并而成。建城小学的前身是管城私塾，后改为管城小学，校址管城庙。1936年前由沈鸿源在管城庙私塾教草书，学生读《百家姓》《三字经》《千字文》《千家书》《唐诗》等，学生16人。1937年私塾由陆泽村朱庭文一边教书、一边行医，招收学生14人。抗战期间停办，抗战后由地方聘请桐乡上市乡杨振民教《国文》《算术》新教材，称"洋书"(即白话文)。招收学生23人。1946—1948年内战期间，管城私塾更名为管城小学，陈振涛为管城小学首任教师。教白话文，有学生27人。

1950年，管城小学办1个初小班，由朱云凯执教，开设一、二年级复式教学，学生34人。1958年开设1个四复式教学班，学生41人。1963年建城小学除1所全日制小学外，还办起了5所耕读小学，共有学生148名，教师5名。1968年耕读小学并入全日制小学，校舍搬迁至蔡家埭，开1至5个教学班，162名学生，7名教师。1974年小学附设初中班，1980年初中班撤并入辛江中学。1986年后，五、六年级并入兴福小学，校内有1到4年级4个班，125名学生，5名教师。1993年并入万兴小学。

万兴小学的前身是千落庵小学、光明小学，1948年建办，校址在庵中。有1个班，首任教师杨老师。1950年校舍搬到王守仁家，教师章才英，开设1个三复式班。1966年更名为光明小学，开设1至4年级3个班，其中1个复式班，有学生94名，教师3名。1969年大队投入资金校舍迁至万兴村盛家埭，建15间平房，占地面积1500平方米。1975年设2个初中班，1984年初中并入辛江中学。1986年，小学由五年制改六年制，全校开设6个班级，有学生184名，教师8名。1993年，万兴小学和建城小学合并为兴城小学。

兴福小学

兴福小学创办于1948年，校址在兴福村桃园里。办起时有1个一、二年级复式班，学生36人，钱新一为首任教师，1950年迁址兴福寺。1956年办高小班。1964年开设全日制小学3个班，有1个耕读小学班，共有学生132名，教师4名。1966年办起耕读小学4所，学生达187名，教师9名。1968年小学附设初中班。1979年办起1个学前班。1985年初中班并入辛江中学。1990年校内开设6个小学班，学生207名，教师7名，1个幼儿班。1992政府出资28万元，新建占地面积3335平方米，建筑面积992平方米的新校舍，学校迁至徐家塔。开设6个小学班，有学生197名，教师7名，1个幼儿班。2005年年末，校内6个班级有学生219名，10名教师。2个幼儿班并入东方红幼儿园。

大型小学

大型小学的前身为私塾，创办于1934年前。校址在大型村斗门坝定心庵。首任教师有陈阿庆、姜菊元，后有永福赵五老、昌化王文洁执教。私塾学生25人。学习内容《百家姓》《神童诗》《千字文》《中庸》《大学》《论语》等，抗战期间停办。解放初复学。1952年，校名为安桥小学，1958年办高小班。1964年，安桥小学更名为大型小学。开设1至5年级3个教学班，有学生126名。并办起4所耕读小学，有学生83名。1969年，大队投资经费，在定心庵北建起大型小学6只教室。1971年附设初一、初二两个初中班。1980年，初中班并入辛江中学。1998年大型小学由定心庵北移至张家组，建有4002平方米新校舍。开设1至6年级6个班，有学生210名，教师10名。2005年，新新小学2个幼儿班部分幼儿并入大型幼儿园。小学开设6个班，在校学生267名，教师10名。大型小学除承担本村学生就学外，还接收占全校学生总数50%的外地民工子女入学。

新新小学

新新小学校址在泰山村林家埭后面。1994年，政府投资65万元，新建1幢三层楼的校舍。学校占地面积0.33公顷,建筑面积960平方米。是由新联小学与新建小学合并而成的。新联小学的前身为新王小学。校址在王蒋埭,借用户主蒋炳林两间楼阁作教室。1950年,长安区派马牧港钟彩华为首任教师,开办时有1个班级学生28人。1966年办起3所耕读小学。1968年9月,新王小学校址迁至河心亭。建起45名学额3只教室、20名学额教室2只。校名更名为新联小学,3所耕读小学并入全日制小学。有教师5名,学生125名。1969年,附设1个初中班,招收9名学生,1972年,初中班发展到2个。1979年,校内开设1个学前班,有学生26名。1981年初中班发展到3个,有中学生140人。小学有5个班级,134名学生,全校有教师17人。1995年,新联小学和新建小学合并,校舍搬迁至新址,更名为新新小学。校内开设6个小学班,2个幼儿班,入学生163名,教师7名,2名幼儿教师。2005年调整幼儿班布局,幼儿班拆并到大型幼儿园。当年,陆泽小学3、4年级并入新新小学。

新建小学,建于1956年,初办时校址地罗家角,借用张咬毛民房作教室,派汪静兰执教。后又多次搬迁至村民家中办学,没有固定校舍。开设1～3年级1个复式班。1963年,在杨桂龙家办起1所耕读小学,有学生27人,学校名为东风耕读小学。"文化大革命"后,学校规模扩大,两所耕读小学并入全日制小学,有学生142名,教师7名。1989年,校内五年级学生分流并入大型、新联小学。1990年至1994年,校内设1个复式班,两个单班,1个幼儿班,有学生67名,教师3名。1995年与新联小学合并。

2005年年底长安镇各小学一览

表9-2-2

校　名	地　址	班级数	学生数	教职工数	创办时间
长安镇中心小学	景华路1号	27	1258	67	1906年
长安辛江中心小学	辛江村草披埭	14	706	36	1929年
盐仓小学	农业开发区	14	713	39	1970年
兴福小学	兴福村	6	219	10	1943年
兴城小学	兴城村	6	246	9	1921年
新新小学	泰山村	6	266	10	1950年
大型小学	大型村	6	241	10	1934年
城南小学	褚石村	12	472	20	1941年
金桥小学	金桥村	6	176	8	1958年
新民小学	新民村	6	175	9	1967年
天明小学	天明村	6	202	9	1950年
三联小学	城东村	3	63	4	1946年
虹金小学	虹金村	3	44	3	1970年
镇东小学	城东村	9	387	18	1960年
镇中心分校	肖王村	9	466	18	1930年
合　计	—	132	5634	270	—

附:已停办和合并小学

长安镇第一小学:其前身是设于西街职业中学内的原中心小学。

民国初年,在仰山书院旧址设有一所海宁县第四高级小学,后改称为长安中心小学。民国35年(1946)抗战胜利后,原设于硖石的海宁初级中学简师部迁来长安,利用仰山书院校舍建立海宁初级师范,长安中心小学迁至西街。民国37年(1948)又迁往新民街南端原柳桥小学校舍,仍称长安中心小学,而初小班仍留西街原址上课,称为分部。

解放后,长安中心小学改称为海宁县长安完全小学,1954年以后改称为海宁县长安区中心小学。1959年,新民街南端部分校舍倒坍,中心小学又全部迁回西街原址。同时开始兴建部分新校舍,称为长安公社中心小学。在人民公社时期,公社中心小学管辖长安镇及长安、辛江,周镇三个管理区的小学。1961年体制调整后,又称长安中心小学。1968年9月,该校附设2个初中班。1971年,初中有5个班,乃成立初中部,通称"镇小附中"。1975年,该校改名为长安镇五七学校。设党支部,革委会,分小学部和初中部。同年7月,初中部改称为长安镇五七中学,但与小学仍是一套班子两块牌子。1978年下半年,中小学开始正式分开,中学改名为长安镇中学(后改称为职业中学)。与此同时,第二小学改为长安镇中心小学,将其改为长安镇第一小学。1986年12月,第一小学迁入寺桥旁新校舍,与镇职业中学完全分立。后来改称为镇西小学,2001年9月并入长安镇中心小学。

浙江制丝一厂职工子弟小学:1966年7月,浙江制丝一厂为便利职工就近入学,创办了职工子弟小学。同年10月,正式招生开学,初级班2班。1968年11月,改称浙江制丝一厂五七小学。以后学生人数年有增加,至1972年最多时共开设8个班级,有学生335人,教师16人。1978年暑期后,学生人数锐减,决定停办,学生分别转入其他小学插班入学。

船民子弟学校:1954年9月,长安船民协会为适应船民生产、生活流动分散的特点,解决子女入学困难,经县文教科批准,成立长安船民子弟学校。校址设东街。开办初期,自聘教师1人,第二学期又增加1人,分为2个班。至1959年发展为3个班,有3位教师。1959年春,船民协会改为运输公司,长安、硖石两地船民子弟学校亦随之合作,校址设在硖石绍兴会馆。1962年,运输公司体制又调整分治,学校亦重新分设,长安的大部分师生回长安。1963年,先就读于吴家坝小学,1964恢复原子弟学校,改称长安运输社子弟小学。并自筹经费,在职业中学操场附近建造校舍,学生可住宿学习。1968年暑期后停办,学生分别转入镇各小学插班就读。

渔民子弟小学:该校为定居长安镇的渔民于1969年9月自筹经费兴办,共有学生30余人,专职教师1人。办学经费由县教育部门拨给长安公社的民办教育经费中补助一部分。1981年9月,因生源日少而停办。

修川女子小学:民国6年(1917),诸暨女青年顾云芬通过在长安镇的哥哥顾墨林介绍,结识徐元章的姐姐徐志清,在地方人士盛继伯及长安两等小学堂部分教师的支持下,借用觉皇寺普门里的3间平房办学,定校名为"修川女子小学"。同年秋季,正式招生开学,不收男生。初创时期,共招收女生30余人,办学经费全靠学费,办学条件相当艰苦。未及一年,顾云芬病逝。

民国7年(1918),学校由3位女教师接办,其中一姓钟的教师担任校长。学校由普门里迁至药师庵,4间平房,分设2个教室。这时学生已增至40余人,并以高小为重点,至民国9年(1920),首届毕业生18人。由于学生逐年增多,药师庵旧房不敷应用,且环境极差。民国13年(1924),地方人士曹金可捐款为该校筹建新校舍。地址约在原长安镇政府后墙内一带。翌年建成,共有平房5间,楼房5间。吴竹筠担任校长。民国25年(1936)后,海宁县政府委派师范毕业生吴云川到该校担任校长,该校成为1至6年级均有的一所完全小学。

20世纪30年代以后,各小学开始男女兼收,修川女子小学开始招收少数男生,但仍以女生为主,混合编班。民国26年(1937)冬,被迫停办。这所女子小学,从诞生到结束,历时20年,课程不但按新学制开设语、算、音、体、美等科,且根据女生特点,开设刺绣、家务等课。有时还走向社会,宣传鼓励女子剪短发、放小脚、上学校等关于妇女解放知识,并且积极宣传抗日救国。这在当时实为难能可贵。

柳桥小学:柳桥小学的旧址在新民街南端,创建人长安镇旅沪人士钟柏生。钟柏生在沪经营蚕丝多年,颇为富有,且热心家乡公益事业。在民国25年(1936),即在新民街南端购地一方,准备建造校舍,开办小学,但未及动工,因抗战爆发而搁置。

抗战胜利后,钟又首先捐资整修新民街道路,继而又委托长安镇营造商修建学校。民国37年(1948)秋基本竣工(地方人士陈春茗又捐资在校内凿井一口,供学校及附近居民使用)。钟柏生为纪念其父钟柳桥,将学校命名为"柳桥小学"。

开学后,贫苦儿童入学可减免学费。未隔多时,长安镇解放,学校亦随之停办。未几,长安完全小学因西街老校舍不敷应用,将高年级首先迁入这座新建的校舍,留下中低年级在原址作为完小分部。由于该校舍在承建时承包商偷工减料,质量极差,于1959年年初一个风雨交加的上午,部分平房骤然倒坍,至20世纪60年代初,乃不得不将其拆除。原址后来陆续修建民用住房。

第四节　中学教育

光绪三十一年二月(1905年3月)清末举人朱宝瑨在长安创办海宁第一所中学"海宁州中学堂"。亲任督长(堂长)。时有学生50人,其性质为公立学堂。清宣统元年(1909),中学堂迁至州城大东门内马公祠(今盐官)。宣统三年因学款奇绌,学堂停办。

民国35年(1946)秋,"海宁县立初级中学"附设简师部迁入长安镇。成立海宁县立简易师范学校。民国37年(1948)2月,私立励志高级农业职业学校改为私立励志中学,中央教育部批准予私立励志中学立案。

1949年5月,私立励志中学学生骤减,县人民政府奉命其解散,校产由县人民政府接管,大部分初中学生转入县立初级中学就学。是年秋,县立简易师范学校停招简师生,改招初中生,并于翌年4月,改为海宁县立第二初级中学。1952年春,中学教育纳入发展国民经济轨道。遵照政务院文化教育委员会确定的"整顿巩固、重点发展、提高质量、稳步前进"的方针,把教育作为学校压倒一切的中心。普通中学在整顿巩固的基础上,重点发展工农速成中学和高中,适当发展初中,加强对私立中学的领导管理,逐步接办私立中学。是年,县文教科为了扩充小学师资,在原励志中学校舍开办速成初师,招收培训160余名小学师资,设4个班,一年后结束。1955年7月,海宁县第二初中增设高中班,学校改称浙江省海宁中学,成为建国后海宁创办的第一所完全中学。1968年9月,长安镇中心小学附设初中班以后,全镇小学毕业生基本上可全部升入初中。附近乡镇亦纷纷在小学附设初中班就读,升学矛盾有所缓解。1978年,始设立长安镇中学。经数年扩充,并增设职业高中后,不仅能满足初中毕业生升学需要,且有了普通高级中学或职业中学之别,学生可按自己的志愿报考入学,对培养有初步就业技术的人才起到很大作用。1991年,长安镇中学教育继续稳步发展,全镇有中学4所,87班,在校学生有3838名,教职工261人。1992年7月,市教育局经市政府批准决定,对全市14个乡镇撤销其乡镇中小学建制,实行中小学分设,理顺了教育行政管理体制。是年9月,辛江乡中小学完全分设,原"海宁市辛江乡中心学校(初中部)"更名为"海宁市辛江乡初级中学"。1996年11月,海宁市出台《海宁市高标准、高质量普及九年制义务教育要求及实施办法(试行)》。长安镇的义务教育向两高发展,小学毕业升初中比例达100%。1997年6月,实行初中升学考和毕业考"两考合一"制度。1998年10月,海宁中学被评为A级办学水平学校。2002年长安初中、海宁中学校舍改造先后启动。2003年9月两项工程竣工,并投入使用。至2005年年底,全镇有中学4所,87班,在校人数4547名,教职工357名。

学制　解放初,中学学制初中3年,高中3年。1960年根据教育部规定,初中改3年为2年。从1963年秋季起,执行教育部颁布的《全日制中小学新教育计划》(草案),中学学制改为6年。1973年,执行《浙江省中小学教学计划》(试行草案),中学学制暂定为初中2年,高中2年。1978年执行教育部《全日制十年制中学教学计划》(试行草案),中学学制改为5年,即初中3年,高中2年。1982年秋,高中改为3年。

1991年至2005年,全镇中学教育遵照《中华人民共和国义务教育法》和省教育厅的有关批示,中学学习年限为初中三年、高中三年。1991年5月,全镇中小学试行小学毕业升初中交接仪式。通过小学毕业直升初中的改革,提高小学毕业升初中的入学率。1997年实行初中毕业考与升学考"两考合一"。1996年,海宁中学招收音、体、美特色班1个班,学生30名。1998年7月根据市教委文件,严禁初中二年级留级复读。1999年8月,盐仓学校实施九年一贯制。

课程 中华人民共和国成立后,中学取消"公民""童子军"等课,1950年3月,按中央人民政府教育部规定,初中开设政治、语文、数学(一年级算术、二年级代数、几何、三年级三角)课。从1952年秋季起,贯彻执行教育部颁发的《中学暂行规程》(草案),对学生实施智育、德育、体育、美育等全面发展的教育。开设语文、数学、物理、化学、生物、地理、历史、中国革命常识、时事政策、外国语、体育、音乐、美术等课。1957年,各中学贯彻执行毛泽东主席的"我们的教育方针,应该使受教育者在德育、智育、体育几方面都得到发展,成为有社会主义觉悟的有文化的劳动者"的指示。从是年秋季起,初、高中均设政治课,初三年级增设农业基础知识课。1958年,贯彻执行中共中央、国务院发布的"教育为无产阶级政治服务,教育与生产劳动相结合"的教育工作指示,增设生产劳动课,中小学普遍创办工厂和农场,开展勤工俭学活动,并下乡投入农业劳动,支援农业生产。1963年,贯彻中小学《暂行工作条例》,把生产劳动纳入正常教学计划,结合教学、生产劳动开展科技活动。1964年,初中普遍开设俄语课。从1981起,初中三年级增设生理卫生课。

1966年"文化大革命"开始后,各校课程设置混乱。文化课程大量削减,教材内容"突出政治"、"批判封资修"的口号下任意删改。毛泽东著作列为必修课。取消历史、地理、动物、植物和生理卫生等科。1973年1月,基本上恢复过去的中学课程设置,但生物课仍然没有开设。

1978年秋,实施部颁《全日制十年制中小学教学计划(试行草案)》,初中恢复生物课。1984年县教育局决定在辛江初中等校,在初三年级按课程实行分叉教学,对分叉的班级根据实际情况,调整教学计划,增减有关科目的开设,使学生都能学有所获。1987年,开设"三防"知识教育,使学生懂得核武器和生物武器的主要性能及防护知识。1990年6月,市教育局转发省教委调整高中教育计划通知,并规定高中地理提前到高一年级开设。11月,市教育局转发省教委《关于在中小学语文、历史、地理等教育中加强思想政治教育的意见》,并决定从1991年开始,将历史、地理列为初中考试科目,两科合为一张试卷。1991年3月,实行高中证书会考制度。1992年3月,课程设置根据省教委颁发的《义务教育试行教学计划》,始分必修课、选修课、活动课三大块。1993年10月,根据国家语委、国家教委《关于在普通中学普及普通话的通知》,全镇中学把这一项列为校长、教师、学生考核、评优的条件之一。1994年,全镇普通高中试行高三分流教育,渗透职业教育因素,使部分不能升入高一级院校的学生也能学到一技之长,以求职谋生。1995年8月,全镇初中开设心理指导课,安排在班团活动时间内进行,每学期4课时,使用教材为《中学生心理指导》。是年秋,各中小学全面实行新工时制,中学执行省教委颁发浙普〔1995〕190号《关于每周40小时工作制后调整的中小学计划的意见》。1996年,根据省教委文件,高中增设劳技课、电脑课。

2000年8月,全镇初中严格执行新教育计划,对普通高中课程进行改革,使之与九年制义务教育的课程相衔接,全面推行素质教育。2003年9月,初中一年级开始,承担省级基础教育课程改革实验任务。同时实施把"研究性学习"作为必修课。

领导体制 清末,海宁州中学堂设监督主持校务。下设学监、庶务两职,学监专司教学、训育事宜,庶务管理生活事务。民国以后,学堂改称学校,监督改称校长。私立励志中学的权力机构为董事长,由15名董事组成。设董事长1名、常务董事2人,下设教务、训育、事务3处,各设主任1人。

1949年5月,撤销学校训导处,建立新的行政管理体制。学校设校务委员会,作为行政工作领导机构。校务委员由校长为主任委员(简称校主委)。1952年实行校长制。1958年以后,加强党对学校教育工作领导,对海宁中学等任命党支部专职书记。1963年3月,中共中央颁发了《全日制中学暂行工作条例(草案)》,对中学的管理体制明确规定,校长为学校行政领导。

"文化大革命"开始,学校管理体制被搞乱。海宁中学等成立革命委员会。取代学校领导机构。1968年10月和翌年3月,县派"工人毛泽东思想宣传队"进驻海宁中学。其后,"工宣队"或"贫下中农宣传队"进驻学校。1970年9月后,学校党组织先后恢复,1976年,学校工宣队相继撤销。

1978年秋,撤销学校革命委员会,任命各中学校长、副校长,实行党支部领导下的校长分工负责制,学校复设教导、总务两处。1985年后,提倡党政分工,党支部书记集中精力做好党务工作、思想政治工作和组织工作,领导工会和共青团工作,切实保证党的方针、路线、政策的贯彻落实。校长在党支部领导下,根据教育方针和上级教育部门的批示负责学校的行政工作和教育工作。1991年开始,按照《中华人民共和国义务教育法》规定,义务教育实行地方负责、分级管理。1992年中小学实施分治。1997年6月2日,海政办〔1997〕79号《转发市教委,〈关于中小学试行校长负责制和教师聘任制的意见〉的通知》,中小学全面试行校长负责制和教师聘任制。1996年6月16日,市教委党委印发《关于改革校长任用管理工作的意见(试行)》,改校长委任制为聘任制,至2005年年底不变。

内部管理 普通中学设校长室、教导处、总务处等。校长室是综合机构,教导处是负责教育、教学日常行政工作的主要行政机关,总务处是管理学校总务、后勤的职能机构。1994年7月始,严禁举办各种形式的初复班和变相初复班。1995年颁发《中学生日常行为规范》。1997年严禁举办"重点班""快慢班""加强班"。1999年执行市教委印发的《关于开展民主评议学校领导干部工作的通知》。2001年2月起,学校进一步建立和健全学校安全工作的规章制度,特别是防盗、防火、防爆炸、防绑架、防学生人身伤害、防食物中毒等。把综合治理工作落实到了实处。

浙江省海宁中学

浙江省海宁中学在海宁州中学堂旧址。清光绪三十一(1905),朱宝瑨在仰山书院内创立海宁中学堂。宣统元年(1909)秋,中学堂迁往盐官,仰山书院旧址改作小学校舍。民国35年(1946)夏,县中简师班迁到长安仰山书院旧址,成立海宁县立简易师范学校。

解放后,1949年秋,海宁简师停招生,改招普通中学生。至1950年2月,海宁简师乃改名为海宁县立第二中学。解放初期,校舍设备尚比较陈旧,办学条件相当艰苦。但全校师生相互激励,埋头钻研,积极提高教学质量。1951年后,历届初中毕业生升学率连年上升,成绩优异。因此,在1955年8月,省、县教育领导部门决定在该校增设高中,并改校名为"浙江省海宁中学"。1959年8月,曾被定为嘉兴地区重点中学,已有100年历史。现学校占地面积7.67公顷,建筑面积29638平方米。绿化面积达4571平方米。校内有市级文保"仰山书院"、省级文保"汉墓画像""朱宝瑨先生纪念碑"等文化遗迹。学校有37个教学班,学生1932名,其中专任教师142人,高级职称的25人,中级职称28人。

海宁中学是浙江省公民道德建设示范单位、杭州师范学院基础教育实验基地、嘉兴市教育科研基地、嘉兴市办学水平评估A等学校、嘉兴市"学生日常行为规范"达标学校、嘉兴市绿色学校、海宁市文明单位、海宁市课堂教学评价先进集体、海宁市师德教育先进集体、海宁市卫生先进集体、海宁市综合治理先进集体、海宁市先进党支部、海宁市红旗团委。学校还被评为全国"学雷锋精神做合格小公民知识竞赛"活动优秀组织奖、全国"作文三步法"教学试点学校、杭州师范学院基础教育实验基地。2002年3月28日,海宁市政府通过论证,投资3000多万元使学校的各类配置均按省三级重点中学标准设计。至2003年9月,改造工程一期完成并投入使用。改造后的学校教育教学设备较完善，有教学楼3幢，实验楼2幢，多媒体教室2个，移动多媒体1个，计算机116台，学生计算机房2个，理、化、生实验室9个，语音室2个，音、美教室4个，并按省I类标准配备音、体、美器材；有教职工阅览室1个，有藏书5.3万册。学校建有闭路电视、校园广播、校园通讯网络3个。学生公寓5幢(拥有1600个床位)、新建食堂可同时容纳1600多师生同时就餐。体育设施齐全，建有900平方米的室内体育馆1个、250米跑道田径场1个。

为传承百年文化底蕴，海宁中学着力构建特色人文校园。内容有：构建书院文化，以“仰山书院”原有的楼名为底本给学校新楼命名，赋予深厚的文化内涵。建立以书院文化为内容的文化墙，以形成浓郁的文化氛围。举办书院文化研究展，举行书院文化讲座等。让每一个到校的学生了解学校的文化，并在这样的环境中度过自己的学习生活。着力构建汉画像石文化：建立以汉画像石文化为内容的文化。从开展汉画像石的研究学习中，了解祖国悠久的历史文化，了解杭嘉湖地区汉代的历史、文化、政治、经济、民俗等。并与省、市文保单位联系，对学校的汉画像石进行整修，逐步形成汉画像石文化；着力构建校友名人文化：收举历代名人，宣传仰山人自强不息，厚德载物的精神。学校校友有：清代陆元琅、许梿、陈方铨等名人、官员。民国后有朱定一、沈鼎三等科学家、工程师。现有著名实业家查济民；原全国人大新闻局局长周成奎、中科院发育生物研究所费云标、全国航天发射中心的哀祖仁、新疆军区政治部主任周连江、浙江省商业厅原厅长王锡琪。着力构建绿色文化：通过争创“嘉兴市绿色学校”活动，进一步增强了师生的环保生态意识。师生环保生态方面的征文、小论文、研究性课题多次获奖。

长安镇中学

长安镇中学前身为肖王农中，成立于1964年，校址肖王村。1978年成立长安公社中心学校设有中学，校址同上。1981年，长安公社中心小学分设初中班搬迁至华家埭19号，成立长安乡初级中学，行政财务由中心学校管理。1984年初级中学财务独立。2000年8月，褚石中学并入镇中学。2005年8月，海宁中学改为高中，由长安中学负责招收初中学生。2005年年末，长安中学校址仍在华家埭19号，学校占地面积30015平方米，建筑面积13712平方米。2005年有26个教学班，1420名学生。有教职员工93名，公办教师79名。其中一级职称的教师22名，高级职称教师5名，占教师总数的32.%。取得本科学历的教师40名，高标率已达50.63%。是海宁市文明单位、德育达标学校、日常行为达标学校和平安校园。嘉兴市级综合治理先进学校。海宁市首批科普达标示范学校。

2005年年底学校拥有教学楼两幢、40个教室，实验楼一幢，内设电脑房、电子备课室、语音室、物理实验室、化学实验室、图书室、阅览室、音乐室、乒乓球室、劳技制作室、小会议室、多媒体教室。可供1200名师生同时用餐食堂楼一幢。学校设有党支部、校长室、工会、教务处、总务处。下设语文组、数学组、英语组、自然组、社会政治组和音体美劳综合组。2004年10月，增设政教处、教科室。

学校学制为三年。分初一、初二、初三年级。2003年9月，全面实施新课程改革后，学制不变，但名称改为七年级、八年级、九年级。学校贯彻“教育必须为社会主义现代化建设服务，必须与生产劳动相结合，培养德、智、体等全面发展的社会主义事业的建设者和接班人”的教育方针。1991年，开设政治、语文、数学、物理、劳技、卫生、职业课。是年，将物理、化学、动物、植物合并为《自然科学》，历史、地理合并为《历史与社会》并增设《人、自然、社会》课。2005年课程调整为：思想品德、历史与社会、语文、数学、英语、自然、信息技术、体育保健、劳技、音乐、美术、人与自然社会十二门学科。2002年，承担海宁市教育教学研究课题7个。教师撰写教学论文10篇，被海宁市评为一等奖，5篇论文获得嘉兴市级二等奖。学生在海宁市级各类竞赛中获得一等奖的有51人次；在嘉兴市级各类竞赛中获得二等奖以上的22人次。其中汪星获第四届全国中学生语文阅读竞赛一等奖；鲁伟丰美术作品获省文化厅、共青团省委、省青少年宫协会美术作品少年组优秀奖。杨海红在浙江省第三届“嗒嗒球”比赛中获中学组(女子)单打第三名。2003年前,学校教学方法是通过课堂讲授法的途径去实施。教学目标的确立,直接指向知识的传授,让学生最大限度地识记课堂传授的知识,成为教学的唯一任务。2003年秋,现代教学观逐渐改变并支配着教师的教转化为学生的学。“自主学习、合作学习、探究学习”成为新课程改革的核心。情景教学法、交流、讨论、收集资料等教学方法被教师普遍采用。2004年4月3日,中央电视台少儿栏目“异想天开”摄制组,到校拍摄科技小组活动情况。对学生孙钢制作的“电动试管刷”、方婷制作的“可测视自行车雨披”二付小发明进行现场采拍。是年6月25日和9月6日两次在央视十套少儿频道播出。

长安镇辛江初级中学

辛江中学前身为村附设初中班。1968年,新丰完全小学附设1个初中班。1976年、1977年,分别招收两届两年制高中学生,各2个班级。1978年、1979年,两届高中毕业生207人,教职工28人(含初中教职工)。1978年,在朝西总管堂旧址新建550平方米两层教学楼和220平方米的食堂兼礼堂。1984年后,在原校址新建1914.9平方米教学楼2幢、131.9平方米厨房。1986年3月,初中部全部由朝西总管堂旧址迁入现址。1986年9月,中小学分设,一套班子,两块牌子。1992年9月,中小学完全分治,原“海宁市辛江乡中心学校(初中部)”更名为“海宁市辛江乡初级中学”。1995年5月,由辛江乡政府投资130余万,新建1500平方米一幢五层教学楼竣工投入使用。1998年9月,学校投入5万余元购26台586二手电脑及1台服务机,建起电脑房,开设学生信息技术课。1999年8月,继1990年8月12套教工宿舍竣工和1997年20套教工宿舍交付使用后,辛江中学又有12套教工宿舍竣工并投入使用。1999年11月,乡镇撤并,学校更名为海宁市长安镇辛江初级中学。

长安镇辛江初级中学,坐落在长安镇环镇北路(辛江大桥西200米处)。学校占地面积22544.6平方米,建筑面积8114平方米,学校建有教学楼3幢,实验楼1幢,还建有700人可同时用餐的食堂。学校绿化面积达6500平方米。有教室18只;理、化、生实验室各1个;多媒体教室、语音室、劳技室、音乐室、美术室、阅览室各1个;学生计算机房电脑54台,教师用电脑6台;班级有投影仪和录音机等电教设备。学校有健身房、体育器械活动场各1个;250米环形跑道运动场1个;另有水泥排球场1个、水泥篮球场2个。

至2005年,学校共有17个教学班。初一年级开设5个班,初二、初三年级分别开设6个班。在校学生839名,教职工59名,其中公办教师53名,行政、教辅人员5名,工勤人员6名。专任教师48人,其中大专以上学历46名,合格率为95.8%。大学本科学历21名,高标率达45.6%。

长安镇辛江初级中学是海宁市文明单位、海宁市德育示范学校、嘉兴市行为规范达标学校、海宁市先进敬老学校、海宁市治安安全单位和“平安校园”。学校设有党支部、校长室、教育工会,另设教导处、政教处、总务处等中层处室。下设教研组6个:语文组、数学组、英语组、自然科学组、社会政治组、音体美劳综合组。长安辛江中学,2005年11月,学校申报省Ⅲ级标准化学校通过上级部门检查验收。

盐仓学校

盐仓学校创办于2000年5月,由盐仓、鹿耳两所小学与许巷乡袁牧小学合并为盐仓学校,归属盐仓镇。校内有教育班18个,在校学生682名,教师32名,学前班6个,在园幼儿190名,幼儿教师9名。2002年8月,新校舍落成,是年9月迁入新校舍,位于海宁农业对外开发区。南临沪杭公路,北靠鹿耳村三组,东接农发大道,西面与红色村相连。校园占地3公顷,校舍建筑面积10198平方米,校园绿化率为35%。

学校教育楼设20个教室,设音乐、美术、劳技室,物理实验室、化学实验室、地埋教室、语音室、电脑房、图书室等专用教室和多媒体教室。校内设有250米环形跑道、操场、篮球场2个、风雨操场1个。

2005年,学校开设21个教学班,其中初中7个班、小学14个班。在校学生1069名,其中初中356名、小学生713名。配有中、小学教师55名,其中本科学历19名、专科学历36名。校内有幼儿班8个，在园幼儿315名、幼儿教师18名，具有大专学历10名、中专学历8名、保育员4名、后勤人员7名。学校备有计算机网络系统、校园闭路电视、校园音响系统、校园通讯系统等现代教育设备。学校承担上海静安区的国家级子课题《九年一贯制学校课程整合的实践与研究》，省规划课题《农村九年一贯制学校创建特色校园文化的实践研究》；承担嘉兴市重点课题5个，海宁市重点课题23个。学校2002年，确认为杭州师范学院基础教育实验基地。是年12月，确认为张宗祥书画院学生书画实验基地。2003年4月，被评为省雏鹰网络实验学校。是年10月，被少先队浙江省工作委员会，浙江绿色在线评为雏鹰绿色上网工程先进单位。2004年6月，被评为海宁市德育达标学校。同月盐仓幼儿园确认为海宁市一级幼儿园。同年7月，通过省一类标准化学校验收。2005年2月，被命名为海宁市文明单位。同年10月，通过省级九年一贯制示范学校考核验收。同年11月，被评为海宁市绿色学校；同年12月，被授予海宁市教科研先进集体。

附：已停办和合并中学

海宁第一所中学——海宁州中学堂 创建于清光绪三十一年(1905)二月。创办人清末举人、邑人朱宝瑨。据当时资料记载，当时嘉兴市现辖区中仅有嘉兴府中学堂及海宁州中学堂两所。海宁州中学堂的建立，开创海宁县内中等学校之先河。

中学堂校址设于长安镇寺弄觉皇寺旁的仰山书院旧址。学校由朱宝瑨任监督(堂长)，先后聘汪经德、孙凤藻为学监，负责训育事宜，陈宜震任庶务。延聘的教师学识渊博，著名语言文字学家钱玄同曾在中学堂执教；教员来鸿瑨、来裕恂、王有宗、许清澄、居世昌等也皆为各地名家；王国维之弟王国华也在校执教英语。学校初办时有学生50人，学制五年。另外还开设预科(高等小学程度)，为升学过渡。经费多数依靠劝集商捐，少数由州署派给公款补助。学堂开设修身、读经讲经、国文、英文、日文、博物、历史、算术、体操及法制财政等课。注重经学、外语次之。首届学生修业期原依照浙江高等学堂预科学制，只定四年。光绪三十四年十二月修业期满后，根据学部规定复延长一学期至宣统元年(1909)五月毕业。遵章核定分数，取最优等4名，奏请学部核准，给予拔贡、优贡生奖(即取得入国子监成为太学生或通过“铨选”出任地方官职的资格)。宣统元年(1909)，学堂迁至州域大东门内马公祠(今盐官)。学堂占地宽阔，堂舍经过修葺，除教室、礼堂、图书室、膳厅、寝室等大小房屋50余间外，还有校园5处，室内操场各一个。次年，又毕业2班，学生发展到70余人。

宣统三年(1911)，学堂缺少经费，有时靠借贷解决。正月十五日《申报》在《海宁州教育界纪事》一文中称：“海宁公立中学堂”由朱宝瑨组织，先开办而筹款以弥缝之苦可知矣，因学堂无法维持而告停办。

海宁州中学堂办学7年，共毕业3班，虽毕业人数不多，但在开创海宁中等教育事业和培养造就人才方面，做出了可贵的贡献。

长安职业中学 该校是为适应经济迅速发展的需要，由普通中学转办为职业中学的，是全县第一所职业中学。学校的发展过程经历了几个阶段。

1968年9月，当时的长安镇中心小学附设两个初中班，该校的两个班六年制小学毕业生大部升入初中班。至1971年，有初中班5个，160名学生，乃成初中部。1975年，又新招收初一学生7个班和高中2个班连初二3个班级，中学部共达12个班级，在校学生600余人。同年初，长安镇中心小学改为长安镇五七学校。7月1日，初中部改称为长安镇五七中学，与小学是一付班子、两块牌子。

到1978年下半年，中小学开始分设，中学部改名为长安镇中学；1980年镇中学高中部试办职业高中班，招收学生50人，分为财务会计及缝纫两个专业。1983年，又招收一个职高班，分为家用电器和缝纫两个专业。到1984年11月，由于皮件厂迫切需要争熟练工人，缝纫班的19名学生提前毕业，进厂工作。家电专业学生学完两年后，于1985年7月毕业后分配工作。初次显示职业中学培养初级技工有其优势，具有良好的社会效益。1985年11月1日，海宁县政府、县教育局根据教育结构改革的客观形势和工农业生产发展需要，决定将长安镇中学改为全县第一所职业中学，并定名为海宁县长安职业中学（原镇中心小学已于1978年改称第一小学，并于1986年冬迁往新址）。

1986年新的四层大楼建成，共1243平方米。随后，又兴建教职工宿舍、学生宿舍、食堂等附属设施。学校教学条件和师生生活条件均有显著改善，招生范围逐步扩大，由镇内招生扩大为面向全县（市），还有部分外县学生入学。从1988年起，该校不再招收初中新生（1990年暑期后初中班结束）。

1991年起，学校正式全面铺开职业教育。学校设立实训处，重视培养学生动手能力。校内有钳工、电工、烹饪、制图、计算机、服装等实习工场、配有实习指导教师。并与劳动局联合对在校学生进行钳工、电工、服装、军事、计算机等专业技术等级考核，使每位学生在毕业时都有一至两张技术等级证书。1996年8月起，学校增设了预备役与保安专业。2000年起学校开拓办学思路，在上级领导的支持下实施春季招生，开创海宁市的先河。2005年8月，长安职业中学合并至海宁技工学校。合并前长安职业中学有8个班级，320名学生。

长安镇农业中学　20世纪60年代初，为解决逐年增多的小学毕业生升学困难，根据“两条腿走路”的办学方针，镇人民政府决定筹建一所农业中学。1963年7月，长安镇农业中学正式开学。它是全省第一所在城镇兴办的农业中学，首期招生共52人，编成1个班。1964年上半年，又接纳原浙江省广播中学的长安镇班，扩编为2个班，92人。同年下半年，又招收2个班，102人。1965年下半年，继续招收新生2个班，104人，至此，初中的三个年级已经齐全，共有学生298人，教师7人。1966年6月以后，“文化大革命”浪潮席卷长安，农业中学被迫处于停顿状态，至1968年完全停办。

长安镇职工子弟中学　1974年，长安镇企业职工的子女，初中毕业后未能升学为数不少。镇领导与各方协商，并征得县教育部门同意，于1974年9月成立长安职工子弟中学，校址设在周家弄耶稣堂。办学经费由职工子女所在的企业单位负担。开始招收高一新生100余名，分为2个班，借用、抽调，或临时聘用了7位教师来讲授，课程按高中标准设置，学制2年。至1976年暑期，100余名学生按期毕业，取得高中毕业证书。该校亦随之停办，部分教师转入镇中心附属中学工作。

励志中学（即励志农校）　抗日战争胜利后，国民党的外围组织中国励志学会海宁分会成立。在各种活动中，利用兴办教育来争取青年，是其重要内容之一。

1945年下半年，曾任海宁县长的参议员顾达一及其在杭州的有关方面的倡议下，筹备开办“励志农校”。该校向省水利厅申请利用临平湖底开办农场的呈文，就是由海宁励志分会出面，所提的办学宗旨是以“励志建国”的精神。“推广农业储备人才”。民国35年（1946）春季，励志高级农校即开始试办。第一期的学生名册中共有30余人。其中有顾达一之女顾秀鹤、许行彬之子许晋巨、李祖平之子女李云伟和李云娥、教师郭明达之子郭载熙等上层人物的子女。民国36年（1947）4月。招收初中毕业生200名。同年9月6日正式开学，并将校名定为“海宁私立励志高级农业职业学校”。校舍坐落在长安东街的“陈家大房子”（陈庆曾家）。学校成立董事会，顾达一任董事长，陈石民（新仓人。浙江省蚕桑学校校长）任常务董事兼校长。教导主任谭伯禹具体负责校务，下设教导、总务两处，教师由校长聘请，各年级设级任教师。

励志农校起初既设置蚕桑、农艺2个专业，也附设初中。初中的课程与普通中学相同。高中专科把公民、算术、理化等作为必修课。蚕桑专业增设蚕桑、制丝、育种等科。课务由浙江省蚕桑学校教师兼任讲授。1947年，向中蚕公司借用显微镜一台，作为实习工具。农艺专业增设园艺、造林、畜牧等科，由本校教师讲授并指导实习。

学校开办前后，由于得到在杭州的一些海宁人的支持，不仅想办好校内的课堂教育，而且还计划建立实习农场。首先计划为农艺专科利用临平湖底部沼泽地，开辟43.33公顷“东湖农场”，还有袁花山地16.53公顷也作为实习场地。又为蚕桑科安排长安丝厂和硖石三里亭“梅园蚕种场”为见习场地。可见由于经费无着落而放弃开辟东湖农场的计划。开辟闸塘河西的铁路用地(即今长安农贸市场前后)1公顷为农场。又在长安丝厂西面0.33公顷左右土地建造畜禽饲养场18间,并从杭州"小湖农场"引进北京鸭100只,澳大利亚绵羊20头,约克种猪5头,作为饲养实习场地。及后又由上海"善后救济总署"拨给新式农具多件和仪器制罐工厂设备一套。

励志农校开办不久,国民党在各主要战场节节败退,局势动荡,人心惶惶。至1948年春,学校经费严重困难,全靠长安丝厂借款支持。这时陈石民先辞去校长职务,谭伯禹也离校他去,学校发生严重危机,濒临关闭。顾达一为挽救危局,乃委托谢载青到上海去向周渭滨求援,(周系牧港人,富商)请他接办学校,并对周讲明励志农校改办为不带政治色彩的普通中学。周渭滨答应每年向学校拨给300石大米的代价,作为办学基金。并由周渭滨、周永年、程森士、谢载青等人重建董事会,周渭滨任董事长,并将校名改为"海宁县私立励志中学"。校长王启伟。设初中三班、高中二班。1949年又停办高中,改为初级中学,校长又换为戴谷音。但是仅仅时隔数月,长安镇即宣告解放,励志中学也随即停办,历时不足四年。

第五节　成人教育

长安镇成人文化技术学校,成立于1994年3月,校址在长安乡中心小学,配1名成教负责人。同年,辛江乡成校成立,校址在辛江乡政府大楼,设成教负责人1名。1997年8月,长安自考工作站成立,站址在镇政府大楼,设站长1名。2000年8月,长安镇成校与辛江乡成校合并为长安镇成校。校址在辛江乡政府大楼,设两名负责人。2001年11月,长安镇自考站成立,站长由成教负责人兼任。是年盐仓镇自考站成立,站址在盐仓学校,设站长1名。是年盐仓镇成校成立,校址在盐仓学校。负责人由自考站长兼任。2004年,盐仓镇成校并入长安镇成校。

长安镇成人文化技术学校,现驻地在长安镇青年路101号(原镇西小学)。学校占地0.72公顷,建筑面积2548.47平方米。学校有教室10只,其中设计算机教室1只,多媒体教室2只,有书画培训室、乒乓室、储藏室等。有课桌椅372套,活动场地1个。成人文化学校教学设施齐全,拥有学员用电脑53台,教师用电脑4台,多媒体含电脑2套,激光打印机4台,传真机1台,数码照相机1架,容量2G的服务器1套,有图书1213册。聘请浙江教育院、嘉兴教育学院、浙江省中华会计函授海宁分校,浙江电大海宁学院48名兼职教师,为学员上课辅导。学校有专任教师4名,设校长、教务主任、副主任、财务报账人员,主持成人文化技校的日常工作。由镇政府分管领导及各条线负责人组成镇成人文化技术学校校务委员会。其中设主任、副主任各1名,委员13名,负责全面工作。

2000年开始,举办高等教育自学考试。自开办起至2005年,报名参加高等教育自学考试的人员有4121名,其中已有76人取得自考毕业证书。镇成人文化技校至2005年年底,开办的各种短期种植业培训班有:花卉、葡萄、蔬菜、水稻、苗木、插扦培训班;养殖业有:虾、蟹、鱼、猪、鸡、鳖、蚕等培训班;还有农机、计算机操作员、企业职工安全知识培训班,后备劳动力培训班;专业技术人员计算机三级培训班等98期。接受培训的人员11877人。

长安镇政府2004年投入11.5万元;2005年又投入25.5万元用于成人教育事业,改善成校办学条件。2002年5月,长安镇成人文化学校获得省三级乡镇成校称号;2003年6月,获得省二级乡镇文化成校称号;2004年10月,获得省一级乡镇成校和嘉兴市示范学校称号;2005年7月,被省教育厅,省中小企业局评为首批省级中小企业职工培训示范基地。2005年11月,被海宁市万名农民素质培训工程建设领导小组,评为首批海宁市农村劳动力素质培训基地。

长安镇成人文化技术学校2002年3月举办教育学(心理健康教育)本科1班,学员31人,挂靠学校为浙江教育学院,于2005年3月毕业。同年同月,新招收教育学(心理健康教育)本科1班,学员31人,挂靠学校为浙江教育学院,于2005年3月毕业;同年9月举办汉语言文学专科1班30人,挂靠学校为浙江电大海宁分校(新招生),于2005年9

月毕业。同年同月，招收财会中专2班，104人，挂靠学校为浙江省中华会计函校海宁分校，于2005年9月毕业。2004年3月举办教育学（心理健康教育）本科2班，学员62人，挂靠学校为浙江教育学院；同年同月，举办汉语语言文学专科班1班，30人，挂靠学校为浙江电大海宁分校；同年同月，举办财会班2班，104人，挂靠浙江省中华会计函校海宁分校。同年9月举办财会中专班1班，为新招收班，挂靠学校浙江省中华会计函校海宁分校。2005年2月，举办财会中专1班、会计学专科1班、行政管理专科1班、汉语言文学本科1班、教育学（心理健康教育）本科1班、汉语言文学专科1班，财会中专3班，分别挂靠学校为浙江省中华会计函校海宁分校、浙江电大海宁学院、嘉兴教育学院、浙江教育学院、浙江电大海宁分校，学员398人。2005年年末，镇成人文化技术学校开设学历班12个。其中本科教育学（心理健康教育）和汉语言文学3个班，有学员91名；会计学、行政管理、汉语言文学4个专科班，有学员155名；财会中专班3个，有学员264名。

附：优秀教师

长安镇在大力改善办学条件的基础上，努力推进师资队伍建设，把名师名校长、学科带头人和骨干教师的培养摆在突出位置。2005年年末，全镇有国家级先进德育工作者1名、海宁市级以上劳动模范、优秀教师、学科带头人等30多人。

长安镇中、小学获省级以上荣誉称号的教师名单

表9-2-3

获奖姓名	所在单位	获奖时间	荣誉称号	授奖机关
高雪梅	镇中心小学	1979.4	省级劳模	浙江省人民政府
胡祖翌	镇中心小学	1991.6	省级优秀辅导员	浙江省教委
赵益超	镇中心小学	1992.8	省优秀青年教师	浙江省教委
沈德荣	镇中心小学	1995	全国优秀教师	国家教委人事部
应茂林	海宁中学	1996	省优秀班主任	浙江省教委
张伟民	镇中心小学	1998	省第十一届“春蚕奖”	浙江省人民基金会
吕康梅	镇中心小学	1999	省第十二届“春蚕奖”	浙江省人民基金会
王生浩	海宁中学	2004.9	省第十七届“春蚕奖”	浙江省人民基金会
潘卫国	海宁中学	2004.9	浙江省优秀教师	浙江省教育厅
唐定远	长安镇中学	1995	省第八届“春蚕奖”	浙江省人民基金会
潘建成	辛江中心小学	1992.9	省优秀青年教师	浙江省教委
潘建成	辛江中心小学	2005.9	省第十八届“春蚕奖”	浙江省教育基金会

第三章　医药卫生

第一节　民间医生

旧社会，长安人民饱受封建统治、内战和内来侵略的蹂躏。经济萧条、社会危机重重、民众中受传染病、寄生虫疾病、营养不良等疾病肆虐严重。特别是农村缺医少药现象更为突出，群众治病多依赖中医中药。直至民国8年(1919)前后，长安开始有西医、西药治病。但由于从业人员总数少，仍无力解决当时人民群众大量的健康问题。

中医　民国初期至抗战爆发以前。在长安镇悬壶的中医先后有夏慕其、范庆洲、周振先、范南翔、苏蔼如、曹仲道、丰祖培、谈幼珊、沈鸿源、邱惠民、田兰生、陈尚志、朱丹平、陈存仁、张绍其等20余人。民国35年(1946)春，在长安成立了海宁县中医师公会，为中医会员领取考试院发放的医师考试合格证。至解放初期，开业行医的有30余人。

坐堂中医　解放前，有好多家中药店设有坐堂中医师。病者来药店向坐堂医生求治，看好病，即在这家药店撮药，病者方便，医生与店方亦可获益，可谓三方称便。中医师曹仲道、丰祖培、沈鸿源、朱丹平、陈存仁等均曾分别悬壶于惠安堂、广和堂、天禄堂、泰来德、存仁堂、同春堂等药店。

西医　民国8年(1919)前后，盐官西医师汤某夫妻，在长安镇公安弄底附近开设“杏林医院”。3年后停业他去。民国23年(1934)，西医贡新辰开设“嘉兴医院”，姜志畅开设“福音医院”。抗日战争时期，西医陈忠敏、王禹甸等，以及助产士金蔚，于民国30年(1941)到长安镇开业。民国35年(1946)4月，海宁县卫生院在长安镇茧业公所又开设分院，医师有章沧洲、程家騆等。同年5月，茧业公所又开设第二十伤兵医院，收治从前线送来的国民党伤员，至解放时关闭。

民间郎中　在旧社会，除正式中医外，也有些人凭借所掌握的一些秘方、单方或针灸，走街串村为人治病，俗称为挑痧郎中，或走方郎中，为贫病者所欢迎。其中也难免有滥竽充数者，甚至装神弄鬼，以香灰符咒骗人钱财的神汉巫婆。

附：地方名医

长安镇近现代中西医人员人才荟萃，且各有专长，为医疗事业做出过不同贡献。对有一定声誉，且已先后谢世的医生，简介如下。

田兰生(1897—1986)萧山人。早年在萧山竹林寺学习妇科，1924年到海宁，先后在许村、长安开业行医。1956年参加长安联合医院。擅长妇科经带及胎产诸症。

曹仲道(1899—1973)海宁人。青年时拜名医金子久为师。解放前，曾参加浙江省中医考试，获第二名。中年时期一度悬壶上海，后到长安镇行医。医道精良，求治者日众。1958年，奉调至县人民医院中医科。擅长温病时症，尤精于虚痨杂病。积有大量医案记录，惜未及刊行，多数散佚。

陈金康(1915—1978)，海宁长安人。早年从姜智畅学医。抗战时期，在后方担任军医多年，抗战胜利后回长安镇开业。擅长西医内科。1951年，率先发起组织成立“长安西医联合诊所”，并被推选为负责人。后又迁调长安乡卫生院。行医40余年，有一定社会声誉。50年代曾被选为县卫生工作者协会副主任兼执委，多次被评为先进卫生工作者。

沈鸿源(1915—1984)，海宁辛江人。1929年，从沈士俞风林习医，1941年到长安镇悬壶。擅治温病时症，行医50余年。1952年，参加中西医联合诊所。以医道精良，稳健深邃著称。

邱惠民(1916—1984)，德清新市人。早年从德清金彝叔习医。后考入上海中国医学院，1938年毕业后到长安开业行医。1952年参加中西联合诊所。擅长时令温病及内科杂症。行医30余年,医道上有一定造诣,深受病者信赖。

程家騆(1916—1978),杭州人。青年时期入杭州广慈医院从师学医。曾担任军医工作。抗战时期到长安镇开业。擅长西医内科。1951年,发起组织成立长安西医联合诊所,有较高的社会声誉。

陈尚志(1922—1990),海宁人。祖籍桐乡崇福。17岁从伯父陈长元习医,继承祖传桐乡陈木扇妇科。1952年参加中西医联合诊所,任所长。1979年,被选拔至浙江省中医研究所工作,晋升为主任中医师。擅治妇科崩漏、不孕等症。行医40余年,潜心好学,对妇科医道精益求精,经验丰富。曾撰写陈氏妇科学术论文32篇,约10万字。曾任省中医学会妇科学会常委。

还有张兆巨、陈震林医生,他们分别为小儿科、牙科名医,在长安享有较高的声誉。已谢世。

解放前中西医师一览

表 9–3–1

姓名	科别	开业年月	地址	变更情况
蒋桂芳	中医内科	民国初期	新桥西	
田兰生	中医妇科	民国13年(1924)	太和堂坐堂	1954年参加集体
金宝和	牙科	民国18年(1929)	西街	
曹仲道	中医内科	民国22年(1933)	益元堂坐堂	
谈幼珊	中医外科	民国25年(1936)	宓大成坐堂	52年集体后调县人民医院
张兆炬	中医儿科	民国25年(1936)	太和堂逢期坐堂	1952年参加集体
王振文	西医	民国26年(1937)	杏花村	1956年参加集体
朱培德	西医	民国27年(1938)	丝厂	1955年参加集体
陈忠敏	西医	民国27年(1938)	中街	
邱惠民	中医内科	民国27年(1938)	惠安堂坐堂	
陈存仁	中医外科	民国29年(1940)	寺弄29号	1952年参加集体
吴新达	中医内科	民国29年(1940)	存济堂坐堂	1952年参加集体
王禹甸	西医	民国29年(1940)	西街勤康药房	1951年参加集体
沈鸿源	中医内科	民国30年(1941)	成德堂坐堂	1952年参加集体
丰祖培	中医儿科	民国30年(1941)	新民弄17号	1951年参加集体
金　蔚	西医产科	民国30年(1941)	坝弄里	1954年参加集体
朱丹平	中医妇科	民国32年(1943)	存济堂坐堂	1956年参加集体
沈增源	中医外科	民国32年(1943)	成德堂坐堂	1954年参加集体
黄梓榕	中医外科	民国34年(1945)	成德堂坐堂	1956年参加集体
蔡锦堂	眼科	民国35年(1946)	西街	1952年参加集体
庄剑秋	中医内科	民国35年(1946)	梁美和纸店坐堂	1952年参加集体
陈尚志	中医妇科	民国35年(1946)	东街	海宁卫生院长安分院(1951参加集体)
章沧洲	西医	民国35年(1946)	茧业公所	
程家騆	西医	民国35年(1946)	茧业公所	海宁卫生院长安分院(1951年参加集体)
郭汝华	西医产科	民国35年(1946)	茧业公所	
张培思	西医	民国36年(1947)	新民弄蔡家	
陈金康	西医	民国36年(1947)	济川药房	1951年参加集体
何国瑞	西医	民国36年(1947)	济川药房	1951年参加集体后去丝厂
李祝顺	牙科	民国36年(1947)	西街37号	1956年参加集体
沈文良	眼科	民国37年(1948)	周家弄口	

第二节　医疗机构

贫病施诊给药局

民国37年(1948),地方人士沈仲约、周渭滨、杭毅、陈春茗等人发起,并多方筹募经费,于6月20日成立“贫病施诊给药局”,地址在西街。每天请中医轮流坐堂为贫病者义务施诊,免费给药。

附:民国37年(1948)5月24日《海宁民报》:长安镇施诊给药局,筹备至今,将届两月,现已筹备就绪,药材均已购进,正在赶制饮片中,俟县府批准,即可定期开幕,昨日观座长安镇商会召开第一次董事会,董事周渭滨,陈春铭,韩希龄等九人,公推杭劲夫为董事长,监事许行彬、沈仲约等五人,推张铁民为常务监事,并讨论要案多件。

长安妇幼保健站

解放初期,长安仅有1个接生站,对原有的“收生婆”进行初步培训。1953年2月,县卫生局在长安镇成立长安妇幼保健站,地址在周家弄,设有产床8张。1957年,并入长安卫生所。

长安卫生所

1957年1月,县卫生局在长安镇设立长安卫生所,原长安妇幼保健站并入该所。所址仍在周家弄,略加扩建整修。当时设有病床8张,医务人员除保健站原有人员外,又由联合医院调入部分人员,共有13人。该所成立后,在医务人员的努力下,未多时即能施行阑尾切除、输卵管结扎等手术,开长安镇腹腔外科之先例。

1958年10月,该所并入长安人民公社中心医院,1961年8月,又由公社医院析出重建,并仍开设于周家弄原址。1962年5月,再次并入联合医院。

长安乡血防站

长安乡血防站创办于1966年,设在虹金村小渡船机站的仓库内。治疗血吸虫病,配3名医务人员,常年收治早、中、晚期血吸虫病人。因病人治疗期限不一,病人进站治疗听从安排,采用治好几个病人,就收进几个病人的做法,医务人员不但承担治疗本乡的病人,还接收外地的血吸虫病人治疗。1971年血防站搬迁至长安乡卫生院内。

辛江乡血防站

1966年10月,在辛江村四组(杨家房子)内,组建辛江血防站。专门治疗血吸虫病。血防站配有5名医务人员,由杨金祥医生分管血吸虫病治疗工作。初办时设25张病床,后病床增加到40张。患者分期分批进血防站接受治疗。是年初,全社13个大队的人员,从大便化验中反映,有血吸虫病人3200多人,其中患晚期血吸虫病的有180人,夹杂症(指血吸虫病人有多种疾病的)有413人,由于这些病人治疗期长短不一,短的患者10几天或数月,治疗期长的病人1～2年时间之久。在治疗过程中,采取两步走的办法。血防站负责治疗晚期血吸虫病人和夹杂症患者。早中期血吸虫病人在村设点治疗,由乡村医生负责治疗,设点治疗病人1868人。辛江血防站自建站起至1989年,在二十年中治愈本社病人1394人,还为毗邻地区的桐乡上市、留良、永秀、芝村等地的患者治疗。

辛江血防站在治疗过程中,得到上海市药物研究院协作,采用反应小、效果好,无后遗症的复方呋喃丙胺片剂,让病人分次服用。1970年6月,辛江血防站获中共海宁县委、海宁县革命委员会在防治血吸虫病工作中作出显著成绩奖状。1973年3月,被嘉兴地区(六县)血防领导小组评为第五次血防联防工作中成绩显著先进单位;1978年6月,获海宁县革命委员会认真贯彻抓纲治国的战略决策,血吸虫病防治工作成绩显著的荣誉。1989年,辛江血防站并入辛江卫生院。

长安医院

1951年8月,西医陈金康、程家騆、助产士金蔚等7人联合组建长安西医联合诊所。1952年11月,又吸收部分开业中医8人,成立中西医联合诊所,原址在公安弄。全所共29人，是长安医院的前身。

1956年3月，在联合诊所的基础上，合并周镇联合诊所和长安镇的一仁诊所（一仁诊所成立于1954年4月，地址在中街，参加人员有田兰生、黄梓榕、朱丹平、祝梓鸣、祝金明等5人），加上由县调入的24名血防专业人员，共74人，成立了长安中西医联合医院。医院下设周镇、辛江、褚石3个分诊所和2个血吸虫病治疗组。1958年5月至10月，根据省、县“乡乡办医院”的要求，又在西街成立新民乡医院，从联合医院中抽调部分医务人员充实乡医院，施诊范围为长安乡。是年10月，实行“医药合一”的体制，长安联合医院、长安国新药店、长安卫生所，以及新民、周镇、辛江三乡医院合并，组成长安人民公社中心医院。院址仍在公安弄，共有医务人员134人。医院下设周镇、褚石、辛江3个分院，3个医药门市部和博儒、新建、牧港、小渡、萧王、泰山等6个保健站，均有中药配方部。

1961年10月，根据调整体制、医药分离的方针，重新组建长安联合医院。1969年9月医院成立义务输血队，全镇20至25周岁共80人参加输血。每输血100毫升，发给营养费10元。1970年3月，长安联合医院与周镇、辛江、长安（褚石）3个分院再次调整划分，长安联合医院更名为长安医院，医护人员共53人。

1979年8月，长安医院又更名为长安地区卫生院。由公安弄迁至修川桥堍。1986年7月，经县人民政府批准，长安地区卫生院升级为海宁县长安医院。1987年2月，撤县设市，又相应改为“海宁市长安医院”。1991年，全院占地面积6120平方米，建筑面积已达5840平方米，拥有门诊部及住院部两大区域和1个放射科专业用房。门诊部设有中西医内、外科、儿科、妇产科、眼科、牙科、皮肤科以及针灸理疗等科。住院部设有内外科、妇产科、儿科，病床共106张。家庭预约病床在1990年共收治50人。主要医疗设备有心电图、B超机（日产）、超声波机、进口及国产纤维胃镜、心脏急救仪、尿液分析仪、激光治疗仪、腋臭治疗仪、血球计数仪、分光光度计等。放射科备有200毫安X线机2台及50毫安1台。外科能做胆道空肠ROUX——Y吻合术，结肠癌胃切除、巨脾切除、子宫切除以及四肢一般骨折内固定等大中型手术，以及纤维胃镜检查等较为复杂的医疗技术操作。

1990年，全院共有主治医师11人，医师16人，药师、技师、护师14人。医生、护士70人，中药员、妇幼保健员10人，行政人员10人，以及工勤人员25人。全年门诊部受诊数155300人次，住院2519人次。1991年4月，经市人民政府批准，海宁市长安地区医院更名为海宁市第三人民医院。1992年12月，由集体事业单位转为全民事业单位。

海宁市第三人民医院

海宁市第三人民医院是海宁西片地区集医疗、急救、预防保健于一体的综合性医院。2005年年末，医院占地面积8057平方米，其中医疗用房9428平方米，生活用房2635平方米，绿化面积2578平方米。设内、外、妇、儿等临床一级专科14个，二级临床专科9个，医技和辅助科室11个。开设内儿科、外科、妇产科三大病区和重症监护病房（ICU），开放床位120张，拥有CEProspeed AI螺旋CT、ACEA CR、CE TX-500mA遥控X线机、CELOgic500彩色超声诊断仪、日立7020全自动生化仪、富士能电子胃镜及结肠镜、进口中高档呼吸机、麻醉机、中央监护系统、电脑信息系统等高精尖设备。院内有职工145人，其中卫技人员131人，占职工总数的90%，中级职称46人。

市三院坚持以科技兴院、人才强院的战略，积极引进各类人中专毕业生，不断派出中青年技术骨干外出进修学习。在各类医学期刊上发表论文56篇，其中在二级（国家级）以上期刊上发表13篇。

在医疗技术上，三院先后开展了肝部分切除术，直肠癌、甲状腺癌、胃癌根治术。各种错位骨折的手术整复、人工股骨头、人工髋关节置换术、大脑半球浅表肿瘤切除术、颅内压增高的内外减压和分流术、微创颅内血肿穿刺术，子宫内膜癌和卵巢恶性肿瘤根治术，肾、子宫肌瘤、卵巢囊肿切除术、各种助产术（平产接生术、头吸产术、产钳术、臀位助产术）、计划生育四项手术、宫外孕手术、白内障摘除术等。

医院本着“以病人为中心，以医疗质量为核心”的服务宗旨，推行人性化服务理念，努力实施满意工程。减轻患者负担，把好用药、检查、治疗三大关。在努力提高医疗质量的基础上，保障医疗安全、提供优质服务，取得良好的社会效益和经济效益。

长安镇卫生院

长安镇卫生院前身，为长安公社合作医疗管理委员会。建于1970年2月，原址在长安镇新民村华家埭设在二间平房内。有8名“赤脚”医生，隶属长安公社医管会管理。同年4月，在毛主席把医疗卫生工作重点放到农村去的“六二六”指示下，原长安镇医院下派10名医护人员加入。院址迁往肖王村一组新建的门诊、住院综合楼内，挂牌长安公社合作医疗管理委员会。此后，医务队伍得到加强和扩大。行政、人事属公社党委领导，业务工作由医管会管理。1975年更名为长安公社卫生院。随着公社改乡，1984年1月29日，改称为长安乡卫生院。实行双重领导。乡卫生院党务、行政由乡党委、政府领导；人事、业务由市卫生局领导，卫生院为公办事业性质医疗机构。

长安镇卫生院，地址长安镇人民西路。医院占地面积(含分院)7880.76平方米，绿化面积950多平方米，医疗用房面积5075平方米。院内分门诊、住院部，有开放病床37张。内有B超机4台，血球生化仪3台，胎心监护仪5台，200毫安X光机2台，心电图机4台，冷藏冰箱25台等医技设备。

2005年年末，医院开设中医内科、西医内外科、儿科、儿保科、妇产科、妇保科、口腔科、防保科。设化验室、心电图室、护理部、住院部、临床医疗、医技科室和职能部门。有医技人员38名，其中大专本科学历13名，中专学历14名，具有中级职称3名，初级职称8名。

1999年11月，随着乡镇体制调整，长安镇卫生院与辛江乡卫生院合并，原辛江乡卫生院改称为长安镇卫生院辛江分院。

长安镇卫生院为满足医疗需求、扩大外延服务，下设修川北路、环镇东路两个方便门诊。在农村还建立了17个社区卫生服务站，拥有乡村医生42人，方便群众就医看病。社区卫生服务站还为区域范围内的居民建立健康档案，使农民就医看病做到既便捷又及时。

长安镇卫生院在改善就医环境、就医条件的同时，提升医院的社会形象，确立“安全医疗、一切为病人服务的理念”，着力提高医疗质量。建立防保中心，分工明确、责任到人，负责全镇居民的各项预防接种、健康体检、血吸虫病防治、肿瘤、皮肤病防治、妇幼保健、传染病管理工作及村防保医生的业务指导。各村卫生室由一名村医兼职分管接种单上传下达、肿瘤、妇保随访工作的落实。

辛江卫生院

辛江医院建于1969年，址地在辛江大桥堍。初建时为200平方米平房6间，后改为辛江卫生院。1998年3月，辛江卫生院扩建，总投资80万元，建有新卫生院住院楼、X光透视房、食堂、车库、花园。医院位于辛江大桥西侧，原占地2555平方米，有2幢二层老式住院楼。扩建后，医院占地4500平方米，建筑面积3445平方米，医疗用房达1700平方米，医疗设备和服务功能进一步完善和健全。2000年后，医院更名为长安卫生院辛江分院。院内设门诊、住院部，有病床17张，拥有X光机、B超、血球仪、生化仪、尿分仪、心电图等医疗设备。有医技人员15名，开设内科、外科、儿保科、妇产科、妇保科、口腔科等。

第三节　合作医疗

赤脚医生

赤脚医生是合作医疗的基础。20世纪60年代，长安农村就有一支农村卫生保健队伍。由热心为群众服务、劳动好、有一定文化程度的社员，经群众讨论、由大队选拔、经培训后担任。赤脚医生实行亦农亦医，采取工分加现金补贴等方式，工分由大队负责。1981年起，赤脚医生更名为乡村医生，身份、报酬及其来源不变。1982年，实行家庭联产承包责任制后，乡村医生报酬来源缺失，处于自收自支、放任自流的状态。1989年,全市开展村卫生室整顿和乡村医生考核工作,合格的取得“开诊许可证”和“乡村医生证”。镇建立“医疗预防管理委员会”(医管会),对村卫生室和乡村医生实行集体管理。1997年开始,在原乡镇“医管会”的统一管理基础上,推行村卫生室机构和人员为乡镇卫生院的下属机构,由镇卫生院一体化管理。工作任务由卫生院下达,乡村医生报酬按年度工作目标实绩确定。

医疗制度

1969年,长安公社、辛江公社相应办起合作医疗。辛江公社于1970年1月29日,成立辛江公社合作医疗管理委员会。在这同时,长安公社也建立了相应的组织。从此,合作医疗就成为长安农民就医和保健的重要服务部门,基本上能做到,小医小病不出大队。为长安地区农民减少疾病、提高健康水平、增强人民体质、节制生育、计划生育和尽快消灭血吸病做出一定贡献。

合作医疗成立初期,社员在村合作医疗室看病不需付医药费。参加合作医疗社员因病重,转上级医院的,家庭确实困难,可根据困难程度,由社员讨论,从生产队公益金中补助。凡生产队公益金不足,应逐级审批,可在大队合作医疗费中补助。凡公社医管会转上一级医院的病员,自负有困难,也应由大队、生产队补助为原则。

但是,随着农村经济体制改革,使传统合作医疗制度失去集体经济基础,加之缺乏政府的资金投入和支持。以及制度设计和管理方面存在缺陷,传统合作医疗制度逐渐解体,覆盖率迅速降至80年代的10%以下,最低时只有5%左右。传统合作医疗的解体使预防保健等高效率的卫生服务提供不足,一些传染病和地方病重新抬头,农村患者盲目涌入城市大医院,乡镇卫生院等农村基层医疗机构服务利用严重不足,高额医疗费用导致农民因病致贫、因病返贫现象屡屡发生。

为此,1985年长安、辛江两乡为巩固合作医疗制度和统一赤脚医生报酬,先后发文。依据海委〔1983〕27号文件“关于继续办好合作医疗,一定要做到有医、有药、有预防,医疗费用确定基础旬干使用,特殊困难适当照顾的精神”。恢复合作医疗制度,统一赤脚医生工资报酬。

1991年4月,七届全国人大四次会议通过的《国民经济和社会发展十年规划和第八个五年计划纲要》提出“继续推行合作医疗保险”。为此,辛江乡于1991年9月2日,发出在全乡试行合作医疗保险型保健管理办法。继续巩固和发展村卫生室及乡村医生队伍,全面推行保险型合作医疗。长安乡于1992年3月6日,发出长安乡合作医疗管理办法。合作医疗基金原则上实行三个一点,即农户自负一点,村在三上交中列支一点,乡财政补助一点。办法规定,参加合作医疗人员收取合作医疗费,每人每年10元,由组一次性办理手续。报销比例为:50元以上(不含50元底数)～1000元报销40%;1001元～2000元报销50%;2001元～5000元报销60%,超过5000元以上者,需经有关领导研究后另行处理。1992年,为实现“2000年人人享有初级卫生保健”的奋斗目标,长安农村两乡全面恢复合作医疗制度。

1995年,长安镇、辛江乡医管会发出关于进一步完善集资医疗管理办法的若干规定。采取以一个为主,二个一点的办法筹划集医疗资金。即农户本人为主,村集体补一点,乡财政拨一点。农户每人每年收20元,乡村各补2元。以承包组为单位收取保险金额人数达农户总人数60%以上,才可办理手续。报销比例为:100元以上～2000元,报30%;2000元以上～5000元报40%;5000元以上～20000元报50%。20000元以上者需经有关领导研究决定后,方可报销。1997年12月,发出“继续实施农村合作医疗”的通知。继续实施农村风险型合作医疗制度,并制定了长安镇风险型合作医疗管理办法。收费标准为每人每年收8元,农户负担6元,镇村二级各1元。报销比例为:1～2000元,报销30%;2001～4000元,报40%;4001～5000元,报50%;超过5000元以上者需经镇领导和镇医疗预防管理委员会研究后另行处理。

2001年12月19日,长安镇人民政府发出《长安镇2002年农村风险型合作医疗实施意见》。筹集合作医疗基金办法为,以农户本人为主,镇村集体补助“三个一点”。农户自筹标准,分为甲、乙、丙三档。甲档人均20元,乙档人均10元,丙档人均5元。镇政府按年末报表人数每人补1元,村委会补助按年末报表人数每人1元。甲档报销比例为:51元～3000元,报销30%;3001元～5000元,报销40%;5001元以上,报销50%,最高不超过2500元(年)。乙档报销标准按甲档“除二”计算,最高不超过2500元(年);丙档报销标准按甲档“除四”计算,最高不超过1250元(年)。2002年,长安镇新型农村合作医疗参加农业户数为11238户,农户覆盖率87.93%,参加人数为46712人。农民35548人,企事业职工3791人,学生医保7373人。行政村覆盖率达到100%。

2003年8月28日,长安镇发出关于加强长安镇新型农村合作医疗工作的通知。各村农民、企业职工(农村户口)中凡没有参加2003年、2004年度合作医疗者,都要求参加,但必须以整户(或整个企业)为单位办理手续。基金来源,以农户为主,镇村集体补助“三个一点”。农户筹资标准:以“户”为单位。每年人均10元或20元,企业职工每年人均20元。政府补助每人每年5元,村委会补助以村为单位按年末报表人数每人每年2元。报销办法:一年内门诊计费累计费用超过1000元的,超过部分补偿5%,最高限补500元。个人一次性住院费用在500元以上者,10000元以下的,个人缴费10元者,可补偿20%,全年累计最高补贴3000元;个人缴费20元的,可补偿30%,全年累计最高限补贴4000元。

2004年3月25日,长安镇为进一步加强农村社会保障体系,发展农村合作医疗,完善农村合作医疗管理办法,建立长安镇农村合作医疗管理委员会。由郭新峰任主任,沈林海任副主任。配备财政、医院等单位人员任组员。是年,长安镇新一轮农村合作医疗参保总人数50700人。保险参保率达到89.8%。是年9月7日,市政府出台《2005年度海宁市新型农村合作医疗补偿办法》,多方面对2004年度实施方案进行修订:一是扩大参保层面。对外来人员已在海宁办理暂住证的学生纳入参保范围。二是增加筹资额度。农民个人投入提高到30元,市、镇(街道)两级政府支助资金,按应参保人数每人每年20元、10元的标准收取。村按参保人口每人每年2元补助,人均筹资额从原来人均26元增加到65元。三是放宽补偿条件。在原基础上,将尿毒症患者门诊血透治疗等8种疾病年内累计发生的门诊费用,以及4种异常妊娠和6种妊娠合并症住院费用纳入住院补偿范围,参保农民住院分娩实行定额补偿。四是降低补偿起点。市级基金住院补偿起报点,从上年的10000元下降到5000元。分段补偿从原来的3段增加到6段,比例标准从原来最高45%,提高到60%。累计补偿金额最高达到45000元。五是调整管理机制。新型农村合作医疗,从“四级筹资、二级管理、二级补偿”调整为“四级筹资、一级管理、二级补偿”。并建立镇(街道)合作医疗监督委员会。镇(街道)设立合作医疗专管员,以进一步强化基金的使用和管理。

2005年,长安镇参加合作医疗人数52307人,参保率达90.1%.,参保金额每人30元。是年,住院报销人数3371人,报销金额331670元。最高报销额高达45000元。是年11月3日,经十二届市人民政府第二十九次常务会议通过,下发2006海宁市《城乡居民合作医疗办法》(海发政发〔2005〕86号)。该办法把未享受医保的城镇居民,列入参保对象。将农村合作医疗扩展为“城乡居民合作医疗”。11月15日,长安镇建立城乡居民合作医疗。是年,长安镇合作医疗管理委员会,更名为长安镇城乡合作医疗管理办公室。

第四节　卫生防疫

地方病防治

长安地区河流纵横,浜漊似网。这些河浜漊潭是繁殖孳生血吸虫之地。20世纪50年代前,真可谓条条河浜有钉螺,家家户户有血吸虫病人,长安是血吸虫病流行地区。据1958年资料记载,长安患血吸虫病人有12576人。由于贫病交瘁,缺医少药,血吸虫病患者骨瘦似柴,肝脾肿大,腹大如鼓,长期失去劳动力,还有无数患者被血吸虫病夺去生命。

1955年冬,毛泽东主席发出“一定要消灭血吸虫病”的号召,中央、省、地、县成立了血防领导小组,乡镇均成立相应机构。血防工作正式列入党委和政府的议事日程。1958年年初,长安人民公社召开消灭血吸虫病誓师大会。会后,大张旗鼓地开展消灭血吸虫病的宣传教育。组织医务人员下乡、培训卫生员、查螺员。同时,在肖王大队(原乡政府礼堂)集中治疗血吸虫病。对病人注射酒石酸锑钾,20天治疗法,每期120多人接受治疗。

由于血吸虫病人之多,在治疗过程中为缩短疗程,经有关医学专家临床经验,创设七天疗法,后改用锑钾三天疗法。为减轻病人副反应,提高疗效曾将锑273和血防——846、呋喃丙胺与美曲膦酯联合应用。1978年后,采用吡喹酮(8440)治疗,具有高效、低毒、疗程短等优点,推广应用后,取代其他药物。对于晚期血吸虫的治疗,20世纪60年代后,采用“中西医结合,内外结合、本标兼治、治本为主”的治疗方法。广泛开展巨脾型晚血外科切脾手术治疗,上消化道出血患者除切脾“三腔管”压迫止血等方法外,1980年后又试用口服氯化高铁溶液等方法治疗。在省、市医疗队下乡配合下,许多病人切除脾脏,使血吸虫病人尽快恢复体质。党和政府为尽快消灭血吸虫病,对患者在治疗期间,治疗后休息期,享有生产队误工补贴,尤其是三年经济困难时期间,治疗血吸虫病人还可享受粮食补贴等措施,配合治疗。

查螺灭螺

要消灭血吸虫病,查螺灭螺必须反复进行。1956年开始,长安镇、长安乡、辛江乡普遍开展查螺灭螺运动。对长安区内的河道、水沟、水渠进行土埋钉螺。1958年,长安区内灭螺面积达538212平方米,其中土埋441010平方米,药物灭螺97000平方米。土埋钉螺沟、渠达6434条。1959年,又进行大面积的查螺灭螺,区内灭螺面积达60多万平方米,沟渠近7000条。继20世纪50年代后,长安区内,1964年、1965年两年进行全面复查。各乡镇先后成立5人左右的血防领导小组,村、街道成立血防检查组,指定查螺人员。

1970年,为巩固血防成果,又一次开展查螺灭螺,对一切可能有螺地带,分段绘制地形图,指定负责单位灭螺,逐段复查。1985年后,又以重点村、组,进行复查,至1989年,连续5年均未发现钉螺。长安一镇、二乡相继消灭血吸虫病,并先后通过市相关部门的达标验收。

进入21世纪后,查螺灭螺仍不放松,年年进行分期分批的查螺灭螺复查工作。附2000年至2005年查螺灭螺汇总表。

2000年至2005年各年度查螺汇总

表9-3-2

<table>
<tr><th>年 份</th><th>查 螺 村</th><th>面积(平方米)</th><th>投入工数(人)</th></tr>
<tr><td rowspan="6">2000</td><td>虹金</td><td rowspan="4">245863</td><td rowspan="4">611.5</td></tr>
<tr><td>新民</td></tr>
<tr><td>老庄</td></tr>
<tr><td>兴福</td></tr>
<tr><td>建成</td><td rowspan="5">306640</td><td rowspan="5">795</td></tr>
<tr><td>螺情监测点</td></tr>
<tr><td rowspan="3">2001</td><td>肖王</td></tr>
<tr><td>金桥</td></tr>
<tr><td>螺情监测点</td></tr>
</table>

续表 9-3-2

年 份	查 螺 村	面积(平方米)	投入工数(人)
2002	天明	133430	345
	万兴		
	东方红		
	螺情监测点		
2003	褚石	228570	590
	东陈		
	牧港		
	辛江		
	新建		
	联益		
	螺情监测点		
2004	万渡	168210	439.5
	东关		
	卫国		
	陆泽		
	大型		
	螺情监测点		
2005	虹金	137550	365
	老庄		
	新民		
	兴福		
	螺情监测点		
合计		1220363	3146

解放前，长安镇饮水卫生和环境卫生较差，臭水横流、蚊蝇大量孳生。无论城镇和农村，钩虫、血丝虫患者极多，尤其是钩虫病患者尤多。据1959年查，长安镇区内患有钩虫病人13901人，患血丝虫病人6018人。经1958年、1959年两年治疗，治愈钩虫病人10711人，治愈血丝虫病人5862人。现已无病例报告。

流行病防治

民国时期，长安地区发生或流行的急性传染病有22种之多，尤以霍乱、天花、流行性脑脊髓膜炎为最。民国35年(1946)、民国37年(1948)，长安霍乱大流行2次。天花、流脑流行多次。建国后，镇人民政府积极组建、健全卫生防疫机构，采取各种措施，加强传染病防治工作。20世纪50年代以预防天花、霍乱为主。1955年7月开始，对25种传染病实施管理。20世纪60年代初开始加强流脑的防治工作。1963年10月，实行“浙江省传染病报告卡”填报制度。20世纪70年代疫苗数量有较大增加，10岁以下儿童免疫接种逐步普及。1980年，制定基层卫生院防疫组工作职责，并将卫生防疫工作指标要求列入年度考核评比内容。1989年，贯彻执行《中华人民共和国传染病防治法》和“预防为主”的方针，加强各项防疫措施和监督、监测工作。并逐年开展流行疾病的预防接种工作，使传染病得到明显的控制，很多疾病宣告绝迹。

儿童常见病防治　解放前，天花、脑炎、白喉、小儿麻痹症的流行给儿童健康和生命带来严重威胁。幸而存活者，亦大多终身残疾。民国初期，长安镇各药房开始经营牛痘苗，由开业医生和农村“包花郎中”接种。民国35年(1946)，县卫生院在长安等镇接种牛痘苗，注射霍乱疫苗、霍乱伤寒混合疫苗。从1951年开始，开展牛痘苗接种，1952年起增加霍乱、白喉、乙脑等疫菌接种工作。按免疫程序，严格实施。对所有婴儿进行麻疹减毒疫苗、脊髓灰质炎糖丸、卡介苗、百白破三联、乙脑、白喉、流脑等疫苗预防接种，医院防疫部门为儿童建立计划免疫卡，按期为他们接种各类疫苗。1979年起，全镇实施15周岁以下儿童的计划免疫接种。使儿童健康得到保障。使流行疾病得到明显控制，有些疾病绝迹。

妇女病防治　1982年起，长安医院、辛江卫生院等开展婚前医学检查和咨询服务，并将婚前医学检查作为新婚登记的必要条件之一。1999年，实行母婴保健专项技术服务执行许可证和母婴保健专项技术考核合格证书制度，婚前医学检查需经嘉兴市卫生局、嘉兴市民政局批准取得“许可证”后方可开展服务工作，海宁市第三人民医院为合格单位。2003年10月1日实行的《婚姻登记条例》，取消婚前医学检查作为结婚登记的前置条件。

为保护妇女的身心健康，历年来长安镇会同医院和上级有关卫生部门，有计划地开展常年性的妇女常见病筛查的健康体检工作。长安镇2000年，由镇计生办负责下村进行B超检查，当年检查达2472人次。2001年开始，由海宁市计划生育检查站下村进行妇科病检查。检查人数分别为，2001年2850人次，2002年2742人次，2003年2570人次，2004年2860人次，2005年3217人次。

2005年，贯彻执行浙江省人民政府发布的《浙江省人民政府关于加强农村公共卫生工作的实施意见》，将妇女常见病的检查工作纳入到农村公共卫生服务项目的实施范围，从制度上保障妇女病的普查工作。

学校卫生　长安镇各中小学校(幼儿园)，以健康教育为基础，以常见病、多发病防治为重点，不断加强学校卫生监督监测，全面提高卫生工作水平，提高学生的健康意识和健康水平。每年对学生进行体检，掌握学生生长发育状况，掌握常见病、传染病、地方病动态，做好学生常见病防治工作。每年进行一次学生健康检查。健康检查指标分形态指标(身高、坐高、体重、胸围、肩宽等)，素质指标(50米、800米、1000米跑步，立定跳远，引体向上，仰卧起坐等)，机能指标(血压、脉搏、肺活量测定等)，健康状况指标(视力、龋齿、脊柱侧弯、沙眼、寄生虫、血色素及心、肺、肝等检查)。

长安镇中心小学，把卫生知识渗透在各学科教育中，学校每周开展环境卫生检查评比，个人卫生流动抽查。每年春季约请市第三人民医院医生到到学校作卫生知识讲座，每年受教育学生达3000人次以上。每年6月份对六年级学生进行青春期教育，受听人数达500人次。2001年起，每年9月份，对学生进行健康检查，是年至2005年，体验总人数达14650人次。学校还从2000年起开设心理咨询室，定期对学生开展咨询活动。

长安镇各中小学校，在创建绿色学校和健康促进项目中获得较好成绩。2004年，辛江中心小学接受联合国世界卫生组织官员克罗格博士一行的关于学生健康促进项目课题的后续研究工作检查。世界卫生组织(WHO)官员及国家省市各级疾控中心的领导来校考察。2005年，长安镇辛江中心小学被评为海宁市绿色学校、嘉兴市绿色学校。是年，辛江中心小学列为嘉兴市健康促进试点学校；是年，该校被授予省级健康促进学校铜牌奖，后又被授予健康促进学校银奖。长安中学建立各类传染病应急处置方案，成立以校长为核心的防治领导小组。利用黑板报、晨会、墙报、广播等作为宣传阵地,将卫生保健传播到学校每个角落。并通过《家庭》《心理健康》《自然科学》等学科让学生懂得更多的卫生保健知识。

附:各种流行疾病控制情况

解放前,长安地区儿童有天花病例,现接种牛痘疫苗后,未再发现疫情。

民国35年(1946),长安霍乱流行。民国37年(1948),长安又霍乱流行。现虽未发生疫情,但肠道门诊和外环境疫源检测从未间断,并开展对农村办酒户的卫生管理工作。

流行性脑脊髓膜炎(简称"流脑",俗称"脑膜炎")1967年春有爆发流行。1970年开始使用流脑疫苗预防注射,发病率下降。现无病例报告。

流行性乙型脑炎(简称"乙脑")1953年开始有疫情记载,1965年疫情继续发展,通过大搞环境卫生,开展药物灭蚊,医疗单位就地隔离病人等措施。现无病例报告。

麻疹　1952年春,有发病病例,1958年12月开始,又有暴发流行,1980年计划免疫工作全面开展后,发病逐年减少。现无病例报告。

钩端螺旋体病(简称"钩体病")1979年8月,长安公社发现一病例(死亡)。通过就地全面防治,疫情平息。1983年夏季,长安农村流行钩端螺旋体病,长安乡卫生院与海宁人民医院、嘉兴一院,派医务人员一起经过十多天防治,得到控制。现无病例报告。

流行性脊髓灰质炎(又称"小儿麻痹症")发病记载始于1959年。1963年散发病人增多,1980年计划免疫全面开展后,现无病例报告。

白喉　民国26年(1937)2月曾有发病记载。1966年开始改用百日咳、白喉、破伤风三联疫苗免疫接种,1971年后疫情逐步得到控制。现无病例报告。

疟疾　民国35年(1946)始有发病统计记载。经采取就地集中或家庭隔离治疗,疫点进行重点消毒,加强饮水和食品卫生管理等,现已无病例报告。

斑疹伤寒　1950年始有记载。现无病例报告。

回归热　1966年始有记载。现无病例报告。

狂犬病　人畜共患病。无病例报告。但恶犬咬伤人畜,时有发生。

百日咳　1955年始有发病记载。现在国家规定控制指标以下。

急性血吸虫病　1955年始有发病记载。现无病例报告。

丝虫病　俗称"大脚风"。1982年实现基本消灭丝虫病。1983～1990年防治工作重点转入人群及蚊媒的监测,未发现新病人。

麻风病　海宁是全省麻风病高度流行区之一。1976年11月,建造辛江康复村治疗麻风病,1985年7月,全面推行麻风病联合化疗方案。1987年撤并辛江康复村。

第五节　药　　店

中药店铺　长安镇中药店在明、清时期即已有一定规模。据《修川小志》记述,清顺治十四年(1657),长安镇朱德生堂初创人朱梅麓,曾以秘方制成"卧龙丹",对夏令时疫有药到病除的奇效。朱德生堂有自备的瓷质药瓶,至今民间尚有留存。1990年,基建工人掘得小形瓷质药瓶一只,正面有"文昌宫善世堂诚修虞制",反面为日、月及鲤鱼跳龙门图形。此药瓶为盛放中药丸散的专用药瓶。据传,文昌宫于光绪三十三年(1907)即已拆除,故善世堂药店当属清代老店。可知这两家开设于清代的药店已具有一定的规模,能自制丸散膏丹。朱德生堂店于咸丰时关闭,后来又由左姓药店主续开,于抗战结束时停业。

解放初期,长安镇中药店有天禄堂、惠安堂、广和堂、天济堂、存济堂、成德堂、宓大成、同春堂、益元堂、成泰堂、同天成、存仁堂等共10余家。其中惠安堂、广和堂为百年老店。同春堂于1953年停业,其余于1956年实行公私合营。

西药店铺　最初开业的西药房为民国8年(1919)8月,开设的中华药房。民国30年(1941)又陆续开设勤康、济川等两家西药房。解放初期,有泰记、中国西药房开业。

解放前中西医药店一览

表 9-3-3

名　　称	开业年月	地址	变更情况
太和堂国药号	清咸丰十一年(1861)		
徐广和国药号	光绪十二年(1886)	新桥头	1956 年公私合营
孙保如国药号	光绪十九年(1893)		
张天和国药号	宣统三年(1911)4 月		
魏开泰	不详	不详	
天禄堂	民国前开设	虹桥西面	1956 年公私合营
中华药房	民国 8 年(1919)8 月	西街	1956 年公私合营
惠安堂国药号	民国 10 年(1921)	西街	1956 年公私合营
陈天禄国药号	民国 16 年(1927)		
益元堂国药号	民国 18 年(1929)	西街	1956 年公私合营
宓大成国药号	民国 25 年(1936)	中街	1956 年公私合营
傅存济国药号	民国 29 年(1940)3 月	中街	1956 年公私合营
勤康禹记药房	民国 30 年(1941)4 月	西街	1956 年公私合营
成德堂国药号	民国 31 年(1942)4 月	中街 76 号	1956 年公私合营
存仁堂国药号	民国 32 年(1943)2 月	寺弄 29 号	1956 年公私合营
天和堂国药号	民国 34 年(1945)3 月		
成泰堂国药号	民国 35 年(1946)3 月	西街	1956 年公私合营
同春堂国药号	民国 35 年(1946)6 月	周家弄口	1953 年关闭
同天成国药号	民国 37 年(1948)8 月	西街	1956 年公私合营
济川药房	民国 38 年(1949)4 月	西街 41 号	1956 年公私合营

2005 年年末长安镇药店一览

表 9-3-4

药店名称	地址	创办年月	企业性质	企业法人	经营范围
海宁三院方便门诊	青年路 49—6 号	1998 年 8 月	非营性	马伟华	全种医疗、药品销售、健康咨询
老百姓劳动路药店	劳动路 28—30 号	2005 年 4 月	连锁店	吴泉坤	西药、中成药、中药、保健品、医疗器械
京昇堂	青年路 62 号	2005 年 11 月	私营	周金生	西药、中成药、保健食品、医疗器械
老百姓景华园药店	修川路 697 号	2005 年 7 月	老百姓连锁店	吴泉坤	西药、中成药
海宁市长安百信大药房	修川路 956 号	2004 年 5 月	个私独资	陈建华	药品、医疗器械、保健食品、中药饮片
海宁市惠安堂药店	长安青年路 58 号	1921 年	个人独资	俞善君	中药材、中成药、中药饮片、化学药剂、抗生素、生化药品、保健食品、第一类医疗器械、第二类医疗器械
长安民信药店	长安车站路 9 号	2004 年 10 月	个人独资	沈利英	西药片剂、中成药、保健食品

第十卷　文化　体育

第一章　文　　化

第一节　概　　况

运河古镇长安，千百年来孕育的群众文化十分丰富。清嘉庆初年就建有仰山书院，长安镇文人学士经常汇集于书院研讨诗文。以后，有钱塘人赵一渔在东郊定香寺旁建立“一闲诗社”，邀集名流学者谈论诗词，相互酬唱。至于私家花园如“树根居”“西庄书屋”“耕余小圃”等亦为文人雅集之地，此类文艺聚会，属较高层次，非一般老百姓能参与，不同于俚俗。

群众性的文艺生活如赶庙会、看庙戏、迎灯会、水龙会、赛龙舟、正月半看盂兰焰口等等。虽有迷信成分，但在旧社会，却是属于群众性的文化活动。长安镇人看庙台戏，在令公庙戏台看得较多，历史也最悠久。附近肖王村的萧王庙、何家坝的元帅殿。辛江农村有管城庙、兴福寺、翟墩庙、陆泽庙、目野庙等亦常有庙台戏可看。演庙台戏多在每年清明、七月半前后。名义上是为酬谢鬼神、烧香还愿，实际上是一种群众自娱自乐。庙台戏的剧种有昆剧、徽剧、海盐腔、弋阳腔及皮影戏等等。旧时除庙台戏，平时一些富有人家逢喜庆生日，也常请“打唱班”来演堂会、招待亲朋。每有堂会，附近街坊、村坊的邻舍，亦可不请自到、伫立观看，视为不可多得的文娱享受。

民国以后，交通渐趋便利，外地的“的笃班”、京戏班等亦常到长安租用令公庙戏台演戏，这属于营业性质，要掏钱买票才能看戏。在茶馆店里，早期有唱小书的，在晚间说唱通俗小说、民间流传轶事，后来又渐被评弹所取代。它们从形式到内容都高于说小书，深受中老年人喜爱。民国22年(1933)，在寺弄设有“海宁县第四区民众教育馆”，订有书刊报纸，有阅览室、图书室供人借书读报，晚上还开办以扫盲为目的的识字夜校，抗日战争开始随之关闭。民国24年(1935)前，长安没有书店，仅有文具店代售一些《三字经》《百家姓》之类的启蒙用书，以及说唱、戏考、小说通俗读物。民国25年(1936)前后，在周家弄口曾开设有一家书店，出售沪版新书，但未隔多时，抗日战争开始即停业。抗日战争后期，曾于周家弄附近，又开设一家书店，供应的图书较前为多。

解放后，长安镇的群众文化生活空前繁荣兴盛，尤其群众性文化演出最受广大工人农民的欢迎。1951年，由长安镇工会主持组织成立工人文工团，全镇工人和中小学教师均踊跃参加。文工团分乐器、道具、化妆、演出等专业小组，利用业余时间进行排练。至1952年先后演出《李闯王》《王贵与李香香》《刘胡兰》等大型歌剧和话剧，使从来只有帝王将相、才子佳人传统戏文的长安镇人民耳目一新。工人文工团曾赴硖石参加海宁全县文娱会演，获得演出奖第一名。以后又前往崇德等地演出，颇受欢迎，不久，全镇各单位相继成立文艺宣传队，群众文艺活动蓬勃开展。

解放初至人民公社，农村的群众文化也相当丰富多彩。如庆祝解放时的扭秧歌，几乎老小皆会。“解放区的天是明朗的天……”等歌曲妇幼皆知，人人会唱。农会还组织宣传队、秧歌队、打莲相等在农村演出。人民公社化后，农村文艺活动相当丰富，这时主要宣传“三面红旗”，即：人民公社、总路线、大跃进。当时的宣传方针是为社会主义建设服务。提出“党的中心工作是什么，就宣传什么，群众在哪里，就宣传到哪里”。公社还组织田间宣传慰问队自编演唱资料，用快板、杨柳青、马登调等形式走村串户进行宣传。利用土广播、宣传牌等宣传八中全会精神。还用插红旗、发光荣证、戴光荣花鼓励社员的劳动热情，掀起你追我赶的热潮。对出工不出力的社员，也用顺口溜等形式进行批评教育，使他积极参加生产。如有一社员出工不出力，宣传队编一首快板诗：“队长派你去出工，你在家中把火烘，若有一天出了工，挂着铁耙望天空，人人像你这样干，亩产千斤要落空，唱首快板将你劝，赶快回头打冲锋。”用这种宣传方法教育群众，表扬好人好事，批评坏人坏事，提高社会主义思想觉悟。

20世纪60年代后，长安农村还组织俱乐部，夜校等活动场所进行文艺活动。公社每年都要组织一次汇演，因此农村文艺活动也很活跃。当时还有辛江的泰山文工团、长安的长江越剧团等，活跃在农村。陆泽村的花鼓戏、皮影戏也经常在农村演出。电影放映更是农村的主要文化生活，吃过晚饭后搬着板凳到大队里看电影，是农民最开心的事。当时群众的文化娱乐以电影、越剧为主。20世纪70年代后，半导体收音机普及，可谓家家户户多有。80年代，改革开放带来经济繁荣，人民生活得到充分改善，群众文化生活进入电子化为主的时期。以黑白电视机、彩色电视机、录音机逐步普及。90年代后基本淘汰黑白电视机，录像机、VCD进入居民和农家，有线电视也逐步普及，长安镇人民文化生活出现翻天覆地的变化。卡拉OK歌厅、舞厅、休闲场所也名目繁多。

2000年以后，长安镇文化事业更加得到发展，镇党委以着力完善和巩固农村文化活动阵地着手，加强村落社区文化中心的基础性工程建设。2005年，已有20个行政村、8个居民社区建起村落社区文化中心，有文体活动室、图书室等公共文化设施。同时，切实抓好农村文艺队伍建设，派出专业文艺人员深入农村，培训辅导农村社区业余文艺骨干、乡镇文化干部和农村文艺团体。建立以村为单位的文艺小分队30多个，每逢农闲和传统节日时，为农民送上自编自导、农民喜爱的文艺节目，为农村打造一支不走的文艺大军。

长安镇还建有长安镇综合艺术队、老年体操队、青年舞蹈队、老年舞蹈队、腰鼓队、秧歌队、老年合唱队、女子鼓乐队、民乐队。同时还建立长安镇篮球协会、乒乓球协会、棋协、武协等群众文体组织。这些群众文体组织经常巡回在社区、乡村进行演出，在重大节庆进行专场演出。长安还建有修川艺苑，经常进行美术、摄影、篆刻等展出，这些文艺组织为丰富长安镇文化事业都做出很大贡献。长安镇老艺人余国安从小开始研制小农具、石雕。他制作的“小农具”模型，在2000年被西湖博览会收藏陈列，2002年“小农具”模型其中73件被海宁市博物馆收藏陈列。他共计研制、制作1450余件、9套、35个种类。现已编写成文字资料，并将“小农具”制作过程制成DVD保存下来。2005年，为活跃农民文化生活，组织开展“电影下村进社区”放映活动，每夜1场放映故事片2部，科教片一部。是年5月开始，进行民族民间艺术普查工作，遍及到20个村、8个社区、6个居民小组、5个自然村，走访艺人100多人次。共收集到“小农具”模型、石雕等图片资料75份。是年9月15日，在长安镇文化中心美术、摄影作品展览，共计展板52块（摄影12块、书法、美术各20块）。

到2005年年末，镇政府投入大量资金发展调频喇叭，农村入户率达到90%以上，有线电视入户率也达到90%以上，同时数字电视也开始起步，全镇文化事业呈现一片繁荣景象。

第二节 广播电视

长安镇广播电视站前身曾是海宁县广播站长安分站、长安人民公社广播站；后为长安镇广播站、长安乡广播站、辛江乡广播站、盐仓镇广播站。长安镇广播站是于1953年建办的，初办时由镇工会负责管理广播放大机，只播送一些市场管理和发播通知等，与县站不连接。1957年，建办海宁县广播站长安分站，是年11月，配备专职人员。长安镇广播站在分站内附设1台扩大机、话筒1只，播送镇政府发布的通知，播送范围只通镇上广播喇叭。当时的长安分站覆盖范围为长安镇、长安乡、辛江乡、周王庙、盐官、钱塘江、郭店大部分、许巷乡、许村镇、沈士乡。1958年10月建立人民公社后，成立长安人民公社广播站，覆盖范围为周王庙、长安、辛江三乡一镇。当时长安镇广播站并入长安人民公社广播站。安装、线路分布等亦归长安人民公社广播站管理。大公社撤销后，在1963年11月，建立辛江公社广播站，1984年1月，改称为辛江乡广播站。1977年5月，经县革委会批复，长安镇重建广播放大站，管理镇上广播喇叭。原长安公社广播站网络主要覆盖长安公社农村，称长安公社广播站，当时，长安镇范围内有长安镇广播站、长安公社广播站、辛江公社广播站(当时称广播放大站)。1984年1月改称为长安镇广播站、辛江乡广播站、长安乡广播站。1992年8月，长安镇与长安乡合并，长安镇广播站与长安乡广播站同时合并成新的长安镇广播站。1999年11月，辛江乡并入长安镇，辛江乡广播电视站同时并入长安镇广播电视站，称长安镇广播电视站。2003年10月，盐仓镇并入长安镇，盐仓镇广播电视站并入长安镇广播电视站。长安镇广播电视站成为覆盖91.9平方公里，辖20个行政村，332个村民小组、8个居委会，203个居民小组，常住人口7.75万人的长安镇广播电视站。

2005年年末，长安镇广播电视站共有在编职工15人，其中设站长1人，副站长1人，宣传报道人员6人(市台借用2人)，技术人员4人，助工1人，财务1人，用户管理1人，站址设在长安镇青年路49号，镇政府西楼2楼的北侧。是年7月，长安镇投入资金600万元，在长安路动工建造广播大楼，征用土地0.53公顷，建造11间七层主楼，10间附楼，建筑面积4675平方米。建成后，成为海宁市乡镇广播电视站占地面积最大，设施最完备的一个镇级站。是年底，长安镇广播电视站有线电视用户达到16000户，放大器数量为220伏670只、60伏198只；通有线电视组332个，通组率达100%，通光缆村20个，通村率100%；拥有光发机4台、光接收点21个；站内拥有场强仪8台，计算机7台。广播电视线路已实现自立杆到村和部分到组，到村自立杆杆公里41公里、830支，比率为100%。

2000年开始利用广电网络的光纤进行公安网络建设，到2005年止，有数据网络10只，拥有集团数据网点109个，个人宽带126户。①公安网：2000年建成，有派出所、交警队、公安监控32个点。②政务网：政务网分内网和外网两种。内网2001年建设，开始开通行政办公室，后来扩展到各部门办公室。③法院网：2001年建设，连接长安法庭。④医保网：医保网，分医保网和农保网两种，医保网2002年建设，主要是医院和药店使用，有12个点。⑤广电网：广电网分广电内网和OA网两种，广电内网建于2003年4月，开始用于广播电视用户管理，后来增加仓库管理。⑥土管网：建于2004年，用于土管所1个点。

长安镇广播电视站2000年至2003年连续获海宁市电视新闻一等奖、广播电视综合一等奖；2005年获农村广播电视事业发展奖，同年，被中共海宁市委、海宁市人民政府命名为市级文明单位。

第三节 文化单位

长安文化站

1952年，建立海宁县长安文化站。初设于中街原老镇政府东侧一座民房的后进，后迁至周家弄北首。初建时期，仅有1个书报阅览室、1块黑板报和1台收音机。设备虽小，却为宣传革命理论和党的政策法令，发挥重大作用。广大群众经常聚集于文化站,读报看书,听收音机。文化站还协同镇工会组织文工团,吸收各单位中有文艺、演唱、音乐才能的男女青年,排练节目。配合中心工作,作街头说唱表演或下乡宣传演出,这活动持续数年之久。20 世纪 50 年代后期,部分单位在文化站的辅导下陆续自设俱乐部、阅览室等业余文艺活动场所,1958 年至 1959 年,长安镇共有宣传队 9 个、文艺组织 15 个、文工团 2 个。

1966 年"文化大革命"开始,文化站受到严重干扰,被迫中止工作。至 1973 年后才陆续恢复工作,组织文艺骨干 50 余人重建了长安镇职工业余文宣队。1978 年年底,文化站在原址新建三层楼房 1 座,共约 300 平方米。1989 年 6 月,长安文化站改称为海宁市文化馆长安分馆。书报阅览室有藏书 4100 册,底层展览室每逢重大节日举行书画、篆刻、摄影作品展览。长安文化馆还负责长安、辛江、周王庙、沈士、许村、许巷等 6 个乡镇文化站的业务辅导工作。1981 年长安镇职工业余文宣队改称长安镇艺术团,每逢重大节日或有特殊任务时,赶排节目,参加演出。同时推动和辅导各单位的文艺宣传活动。文化站与镇妇联、团委、工会协同各工厂多次举行联谊活动。1989 年,曾主办或协助举办歌曲演唱、迎春文艺晚会、中老年迪斯科舞、健身舞比赛、卡拉 OK 邀请赛、交谊舞会等多次文体活动。国庆 40 周年前夜,又曾邀请中央广播说唱团来镇演出 3 场。1990 年第四次人口普查期间,18 个专题节目, 举办 6 场专场演出。其中 6 个节目,后来参加嘉兴市文化调演,部分节目获一、二、三等奖。

2004 年, 根据文化事业发展的总体规划和"省东海明珠工程"的总体要求,把镇西小学整体搬迁,腾出校舍,改扩建为综合性、多功能的镇文化中心。该中心设施配套、功能齐全,总建筑面积达 3000 平方米。内设图书阅览室(有藏书 10050 册,建有省文化信息资源共享工程);教育培训室、书画培训室、党校(成教)培训室、多媒体教室、电脑房(有电脑 53 台)等;还有电视录像室、音乐舞蹈室、棋牌室、乒乓室、健身房等文体活动室。室外建有 20 米宣传长廊,标准灯光球场,全民休闲健身苑等,总投入资金达 100 多万元。

2005 年 1 月, 浙江省文化厅授予长安镇"浙江东海文化明珠"称号。在抓好镇文化中心建设的同时,着力推进村文化中心(室)和农村文化示范户建设,建立镇、村、户三级文化网络。是年底,全镇 20 个行政村投入资金 800 万元建起村级文化活动中心(室)26 个,村文化示范户 20 户。同年,镇、村二级投入文化阵地建设资金 600 万元。是年,为活跃农民文化生活,组织开展"电影下村进社区"放映活动,每夜 1 场,放映故事片、戏曲片 2 部,科教片一部。

长安镇文化站 1991—2005 年各种艺术培训班统计

表 10-1-1

年份	综合艺术		音乐		舞蹈		戏曲		创作		美术		书法		摄影		体育		其他		小计	
	期数	人数	期数	人数	期数	人数	期数	人数	期数	人数	期数	人数	期数	人数	期数	人数	期数	人数	期数	人数	期数	人数
1991	—	—	—	—	2	40	—	—	—	—	1	56	1	225	1	20	1	50	—	—	6	391
1992	—	—	1	42	—	—	—	—	1	52	1	25	1	30	—	—	2	100	1	42	7	291
1993	1	46	—	—	—	—	1	27	—	—	—	—	1	25	1	25	—	—	—	—	4	123
1994	—	—	—	—	1	45	—	—	1	43	—	—	2	60	—	—	1	50	—	—	5	198
1995	2	80	1	50	1	46	—	—	—	—	1	46	3	120	1	30	—	—	1	36	10	408
1996	2	82	1	43	1	50	1	36	1	42	—	—	3	145	—	—	2	120	—	—	11	518
1997	1	40	—	—	2	51	—	—	1	36	1	22	3	90	1	27	1	27	—	—	10	293
1998	—	—	1	42	1	32	1	18	1	22	1	26	3	75	—	—	—	—	—	—	8	315

续表 10-1-1

年份	综合艺术		音乐		舞蹈		戏曲		创作		美术		书法		摄影		体育		其他		小计	
	期数	人数	期数	人数	期数	人数	期数	人数	期数	人数	期数	人数	期数	人数	期数	人数	期数	人数	期数	人数	期数	人数
1999	1	48	—	—	2	80	—	—	1	56	1	22	2	86	1	18	1	18	1	42	10	370
2000	1	32	1	40	—	—	1	20	1	26	1	26	3	95	—	—	—	—	—	—	8	239
2001	1	36	—	—	—	—	—	—	—	—	1	32	3	105	1	22	3	110	1	18	10	323
2002	1	44	1	26	—	—	—	—	—	—	1	48	5	96	1	19	2	80	—	—	11	313
2003	1	28	—	—	—	—	1	22	1	28	1	28	3	87	—	—	2	92	1	44	10	501
2004	1	54	1	40	2	40	—	—	1	30	1	29	3	96	—	—	3	120	1	56	13	511
2005	1	52	1	18	3	18	1	42	—	—	1	32	8	296	—	—	5	320	2	120	22	1006
合计	13	542	8	301	15	556	6	165	9	335	12	418	44	1631	7	161	20	1087	8	358	142	5696

长安影剧院

长安影剧院新址在青年路。1951年,镇工商界人士集资筹建35毫米电影放映队。于同年10月1日,在新建的工人大会堂(旧址在第二小学东侧)放映第一部电影。后来,在桐乡、余杭、德清、海盐、崇德等地巡回放映。1954年12月,电影队迁往硖石,不定期地到镇放映电影。1955年以后,县总工会16毫米电影队亦不定期地到长安放映电影,地点均在工人大会堂。20世纪60年代初,工人大会堂拆迁,放映电影乃改在和平剧场。

和平剧场是1953年由隶属镇人民委员会民政部门的长安烈军属协会筹集资金,利用令公庙原有房屋建造的。曾多次聘请剧团到长安演出京剧、越剧。1956年11月,改为地方国营长安剧院,以演戏为主。1961年对房屋设施作了较大的改建、翻修。在剧场放映电影,有时难免影响剧团演戏,晚间得先放电影,然后再由剧团演出,时间安排颇为困难。1979年6月,为解决矛盾,乃决定租用长安乡大礼堂作为固定的电影放映场,安装座机,按电影院要求经营管理。1983年4月,县文化局决定将长安剧院改称长安影剧院,与35毫米电影放映队合并起来,由海宁县电影放映公司管理。

长安影剧院原在虹桥堍,附近交通拥挤,房屋设备陈旧。1985年筹划另辟新址重建。1986年1月27日,经中共长安镇委及计划经济委员会批准,并拨款补助15万元,在青年路动工建长安影剧院,共占地4000平方米,建筑面积1500平方米,有座位987座。1997年又投入资金40万元,改造维修1000座位的长安影剧院。新成立的影剧院曾多次被评为先进放映单位。

长安剧场接待大型文艺演出一览

表 10-1-2

时间	表演团体	著名演员艺术家	演出场次	观众人数
1992年	高林生个人演唱会	高林生	1	1000人
1993年	浙江京剧团	—	1	1000人
1995年	浙江省育新艺术团	—	2	2000人
1998年	东苏春兰艺术团	—	1	1000人

辛江乡影剧院接待大型文艺演出一览

表 10-1-3

时间	表演团体	著名演员艺术家	演出场次	观众人数
1991 年 3 月	浙江小百花	茅威涛、陈辉玲	9	12000 人
1991 年 7 月	浙江京剧团	—	3	3600 人
1992 年 5 月	浙江艺术家演出团	周雷松、吴小娥等	5	6000 人
1993 年	浙江越剧团	—	5	6000 人
1994 年	浙江小百花	茅威涛、陈辉玲	8	16000 人

附:海宁第一个电影放映队

1951 年，长安镇商会决定成立一个电影放映队,以适应新中国成立后的新闻、电影向人民播放的要求。当时商会缺少资金来源,各行业商家营业情况尚未进入旺季,筹资难以开口。解放前,长安镇有公益事业,每次都得沈鼎三的支助。因而商会人员想到向上海沈鼎三先生求助。公派应少兰为代表,赴上海与沈鼎三会晤。沈先生答应购买放映机和映片(36 毫米)。应少兰办好了托运到长安镇。

第一次放映后,发现在长安镇上放映电影还必须配有发电机才行。于是仍委托应少兰到上海向沈鼎三先生讲述原因,请求再次帮助,一面在长安镇培训放映员。

发电机和一些电影放映机的零件都购买之后,长安镇商会虽则和第一次放映时一样，答应筹划款子后,就会到上海送上沈先生代付出的款子。但实际上一个钱都未付过,都由沈先生一人担负。9 月,一切准备工作完成,于 10 月 1 日,商会会长徐元章在首映会上宣布:“浙江省第一个私营电影放映队成立”。

长安镇电影放映队成立后,在海宁县各乡镇轮流放映,也在靠海宁的桐乡县几个乡镇去放映。不久,海宁县政府将放映机要去后,成立海宁县电影放映队。

镇工会俱乐部

1950 年,镇工会发动全镇职工捐献资金在第二小学东侧建造工人文化宫。当时因经费有限,造得简易适用,群众习惯称为工人大会堂,是全镇各种重大集会的会场,并经常在文化宫放映电影或举办文艺汇演。

60 年代初,工人大会堂已成危房。1963 年,经镇、县两级领导批准后,在劳动路现址建造新的房屋,于 1964 年建成。主体仍为大会堂形式,厅楼上下,分设工会阅览室、图书室、乒乓球室等,北侧设灯光球场,定名为工人俱乐部。大会场内安装固定座席,除作为集会场所外,晚间经常放映电影,有时亦作为书场,演唱评话、弹词。

1989 年，镇工会职工业余学校教学楼建成,原设于工人俱乐部的图书室、阅览室以及乒乓球、桌球室等迁入教学楼底层,灯光球场亦迁至镇政府楼后。由于评弹和电影观众日少,工人俱乐部会场主要用于放映录像。2005 年年末,尚有老干部活动室、棋牌室、营业性舞厅各 1 个。

新华书店

长安镇在解放前只有永元文具社经营图书业务,解放初期,长安镇职工流动服务合作社设有图书专柜,代销通俗读物。曾开过新文化服务社、新生书店和工农书店。但这 3 家名为书店,实际上以经营文具、簿册为主,图书极少。1955 年,经过社会主义改造,这 3 家书店停歇转业。工农书店的印刷工场为商业印刷厂的前身。

1955 年 5 月,县新华书店派员到长安镇设立流动供应点,地址在镇工会,定期供应图书,并下乡送书至各乡镇学校。1956 年 5 月,省新华书店批准在长安镇开设新华书店长安书店长安门市部,负责长安地区的各类图书及小学课本的发行工作。其发行范围为辛江、长安、周镇、许村、许巷、石井等乡镇。

随着业务的发展，该店门市部几易地址，后坐落于中街118号，20世纪70年代后期，在修川路又建仓库兼职工楼1幢，零售与批发逐步分流。门市部除发售图书外，兼营录音带、录像带等。仓库专营各乡镇中小学课本、簿册的供应以及各乡镇代销单位的图书批发业务。

2004年7月，长安新华书店迁至长安镇修川路景华路交叉口，建筑面积402平方米，营业面积270平方米。2005年1月，由海宁市新华书店，转制为浙江海宁市新华书店有限公司长安门市部内有职工8人，2人分管教材供应，6人为门市部职员，有电脑3台、书架、柜台50余只。负责许村、许巷、盐仓、长安镇的教材供应和图书零售批发。

2005年年末，长安门市部，销售文艺类书籍753900册、科教类书籍41300册、文化教育类书籍828900册、教科书361347900册。

书场

解放以前，中老年人都十分喜欢评书、评弹。书场多附设于茶楼或空闲的民房厅堂，一次所费不多，既饮茶，又能听到心爱的传统的通俗小说或民间故事，故深受一般群众欢迎。

抗日战争前，中街周家厅开设过“新民书场”，座位可容百人左右。抗战开始后关闭。抗战期间，书场有较大发展。先有中街民众茶园书场，继而在文化站旧民宅内又设有“消闲书场”以及设于上闸桥北的“回龙阁书场”。当时为竞争听众，争相聘请响档如：陈希安弹唱《珍珠塔》、蒋少琴开讲《绿牡丹》等。抗战后期，蔡家厅及幸福弄内也开过两家，但为时较短，不久关闭。

抗战胜利后，在原海宁皮件厂对面高家厅内设有“长安书场”，其规模设备，仿照沪杭等地的书场戏院格局，有长排座椅，背面有可放茶杯的小茶台，泡茶亦改用玻璃杯、高雅得多。场内可存容300人左右。当时聘请名角汪雄飞开讲《三国志》、邢瑞庭开讲《贩马记》、高美玲、朱少祥、朱幼祥弹唱最新式的男女混合三档评弹《玉堂春》等，营业鼎盛，经常爆满。解放时停业。

解放后，在民众茶楼又重新开“品芳书场”，不久停业。接着，公庆街冯家厅(石灰行内)又有“群乐书场”开业，1956年迁往高家厅，并改为集体性经营，营业兴盛不衰。“文化大革命”开始后，书场停业。1978年，工人俱乐部开设的“长安书场”装有扩音设备，满座时可达400～500人。20世纪80年代开始，电视机普及后，评书、评弹营业日渐清淡。1985年后，甚至仅有一二十位听众。1987年书场关闭。

第四节　业余文化社队

修川艺苑

镇企事业单位有众多文艺爱好者，他们利用业余时间学习书法、绘画、篆刻、摄影以及工艺制等；并经常汇集于镇文化站交流心得，相互切磋。1988年，在镇文化站倡导下，会同众多业余美术爱好者，发起成立群众性的组织，修川艺苑。1988年7月19日，“修川艺苑”宣告成立。初期共有会员30余人，后陆续发展至50余人，分为美术、书法、摄影、篆刻4个门类，并聘请省、地、市书法、美术界知名学者担任顾问。

修川艺苑成立后，于1988年兴办过艺术大展、教师节画展、国庆节书画摄影展等。1989年，举办过迎春书画展，暑期书法、美术讲习班，国庆40周年摄影展等；1990年，举办过迎春书画展，国画花鸟培训班，暑期美术、书法、篆刻培训班，少年儿童书法、美术、篆刻展览等。会员作品曾多次在省内及国外展出并获奖。艺苑曾邀请知名画家沈左尧、吴静初等来长安主持美术讲座。1990年冬，浙江省书法学理论研究会10多人到长安召开第六次学术讨论会，“修川艺苑“的部分人员应邀参加。2000年后，增加皮影画、篆刻、铜刻、瓷刻等。

长安腰鼓队

腰鼓是我国古老的民族艺术，它来源于生活，又很好地表现了生活。腰鼓是满、彝、汉等民族棰击膜鸣乐器，历史悠久，发音脆亮，在长安民间早有广泛流传。打腰鼓一般是由多人组成的方队集体表演的。表演时,队员腰间斜挂小鼓,双手持鼓槌,随锣鼓、唢呐的伴奏声挥臂击鼓。其动作,时而腾挪跳跃,热烈奔放;时而轻敲慢打,柔和灵巧。其队形,时为长龙,时为方阵,变幻有序,步伐齐整。长安腰鼓队组建于2000年,建队时有6名会打鼓的队员。腰鼓队本着锻炼为主,健身为重的宗旨,个人爱好,自愿参加,逐年吸收退休工人、退休教师参加。2005年年末有正式队员48名,预备队员4名。年龄最大的73岁,最小52岁。长安腰鼓队活动除雨雾、高温严寒天外,每天早上在长安公园练习。形式有走四方、雄鹰展翅、喜气洋洋、三点一转、大秧歌四人转、前后提腿、三三四四等动作。每逢节庆、送新兵、商店开张、厂家开业均有请腰鼓队表演以示喜庆气氛。

集邮协会

长安镇集邮活动相当普及,其中已取得邮局发放的集邮卡的有300余人。1983年,在镇工会协助下,成立集邮兴趣小组。1987年,正式成立集邮协会,共有会员98人。集邮协会成立以后,组织会员交流集邮心得,交流邮品,组织邮品展览。从1987年至1990年,曾先后举行5次邮票展览和邮品拍卖。其中以1989年国庆40周年纪念邮展规模最大,展品极为丰富。2005年年末,协会活动较少。

第二章 体 育

第一节 概 况

长安镇体育事业有着广泛的群众基础和深厚的历史底蕴。民国24年(1935),曾由应少兰、徐元璋等人发起组织“飞雁球队”,有队员10余人,抗日战争时期中止。在1946年球队又恢复活动。并筹集资金在今青年路附近购买土地，作为练习用球场，与硖石、崇德等地足球队作过友谊联欢比赛,这一球场就是解放后的海宁中学大操场。长安镇在20世纪50年代就有篮球队,1963年镇工会建成灯光球场,1990年11月,成立长安镇体育运动委员会。1992年投资166万元建造全省第一家设施齐全,建筑面积1650平方米,拥有座位1230座的长安体育馆。

进入21世纪,长安镇已形成领导重视体育,社会投资体育，群众参与体育的良好氛围。特别是2000年以后,由于抓组织、搞建设、办活动,形成“组织网络社会化、场地设施多样化、健身指导科学化、体育活动生活化”的局面。长安镇2003年至2005年中，全镇体育阵地建设的经费投入达1500多万元,全镇体育活动经费投入91万元。

由于长安镇从上而下都把体育事业放在重要位置,历年来取得好成绩。2002年在海宁市第十一届全运会上,长安镇体育代表团取得青少年部团体总分第二名;成年部团体总分第四名的佳绩。2004年5月,镇足球队荣获海宁市足协杯亚军;是年10月,长安镇篮球队获海宁市篮协杯冠军;2004年11月，代表海宁参加嘉兴市首届乡镇农民篮球赛,荣获冠军；代表海宁参加嘉兴市老年运动会乒乓赛,荣获男、女团体冠军等。2005年8月,长安镇老年乒乓球队参加海宁市老年乒乓球比赛,包揽男、女团体冠军。至2005年,全镇已连续四年成功举办“东亚杯”国庆篮球邀请赛,邀请嘉兴、海宁、桐乡、余杭、东阳等兄弟县市球队参赛,切磋球技,扩大交流,增进友谊。连续两年举办全镇教职工篮球大赛和海宁市百队篮球大赛长安赛区比赛,这种比赛每年一次。2005年4月又成功承办了全市中老年气排球比赛,长安镇包揽男子组冠、亚军;女子组冠、季军。长安镇十分重视学校体育,全镇所辖各学校认真落实《学校体育工作条例》,按规定满额配备专职体育老师,全面施行《学生体质健康标准》,施行面达85%以上。近4年内向市、县体校输送运动员36人。长安镇拥有2500平方米体育活动中心1个,其他各类体育场地72个,镇级体育队伍40支,经常性参加体育锻炼人数占总人数63.3%。

长安镇老年体育也很有特色。历年来注重抓好体育骨干的培训和业余体育队伍的建设,深受群众喜爱的镇特色体育项目篮球、乒乓球、气排球队伍不断扩大,腰鼓队、健身球队、太极拳、太极剑、木兰扇、柔力球、门球,等适合老年人的健身体育队伍纷纷建立壮大。已有健身气功、拳剑、健身球、健身秧歌、门球、气排球、三级社会体育指导员等中老年体育骨干200多人。在骨干的带领下,建立7个健身辅导站,城镇和农村70多支运动队伍。2005年10月30日,长安镇在(农发区)举行首届农民运动会,共有48支体育代表团,1800多名运动员参加比赛。有32支代表团获得奖牌、6个单位获得优秀组织奖。据统计，长安镇经常参加体育锻炼的人数有42559人，占体育总人口的63.3%，其中青年人占90%,成年人占45%,老年人占55%。2005年12月,长安镇被浙江省体育局授予浙江省体育强镇。

2005 年年末长安镇文体活动设施、场地统计

表 10-2-1

名　　称	数　　量(个)	面积(平方米)	名　　称	数　　量(个)	面积(平方米)
灯光篮球场	17	10936	门球场	1	580
普通篮球场	24	16992	健身苑	31	8064
乒乓球室	50	2500	健身房	11	1052
棋牌室	27	2501	体育馆	1	—
羽毛球场	15	8450	—	—	—

足球　民国 24 年(1935)徐元章等人组织“飞雁球队”,抗战时期球队活动中辍。1946 年,球队恢复活动,由凌时知、徐元章、应少兰、陈春茗等人筹募经费在今青年路附近购买土地，作为练习用球场,即镇大操场的前身。解放初,活动停止。足球活动在全镇较少开展。20 世纪 80 年代后,学校体育逐渐重视足球，工厂单位亦有爱好者开始踢球,1990 年有 4 支球队。2005 年年末,长安镇有全镇性足球队 1 个,人员 12 个;海宁中学、长安中学、辛江中学、盐仓学校,分别建立学校足球队,并列入体育课内容之一。

篮球　篮球活动是全镇开展得较多的一个项目,20 世纪 50 年代即有球队,其后浙江制丝一厂等单位开辟小型球场,供职工打球,并举行单位间的友谊比赛。1963 年,镇工会灯光球场,吸引大批观众。1990 年举行全镇首届苗苗杯篮球赛,各小学组织学生参加竞赛,引起社会的普遍关注。2005 年年末,全镇有室内篮球场 1 个,普通篮球场 41 个,组织篮球队 20 个,并经常举行篮球比赛、友谊赛。

乒乓球　乒乓球是最普及的一项群众体育活动,不少单位的球桌少则一台,多则二三台,中小学校更多。2005 年,各单位、社区居委会、各村文化活动室都设有乒乓室。全镇村、社区、企业、学校等共有乒乓室 50 个,场地面积 2500 平方米,有乒乓球队 38 个(不含校内)。每年组织全镇性的比赛和单位友谊赛 20 多次,并选派运动员参加海宁市、嘉兴市级运动会和单项比赛。

羽毛球　羽毛球活动在 20 世纪 80 年代前局即有少数爱好者,20 世纪 90 年代后有较广泛的发展,爱好者增多,球艺亦迅速提高。1990 年镇成立羽毛球协会,并举行首届“羽毛球”比赛。长安镇有村级羽毛球队 2 个(天明村、德丰村),学校把羽毛球活动作为体育课内容之一。因羽毛球无需特殊场地,企业、单位和家庭都把打羽毛球这项体育活动作为普及型的健身活动内容。

棋类　棋类活动以象棋、围棋为主,是群众文化活动的传统项目。解放后,在镇工会的推动下经常组织各种棋类比赛。20 世纪 80 年代后,每逢节日都要举行象棋、围棋比赛。2005 年,长安镇已组织长安镇棋协,有会员 45 人。

长安镇在 1986 年、1987 年举行两次规模较大的“青工杯”篮球赛。1987 年,举行篮球赛、乒乓球赛、象棋、围棋赛。1989 年国庆 40 周年,共举办篮球、乒乓球、台球、羽毛球、象棋、围棋 6 个项目 173 场比赛。1990 年 11 月邀请上海、江苏、浙江、四川 4 个女篮强队来镇举行邀请赛、表演赛。国家队女篮选手从学娣作为上海队队员,亲自前来参赛。1990 年 3 月,曾选拔优秀篮球队员组成代表队,参加嘉兴市举办的全市 7 个镇先进篮球代表队的篮球赛。长安镇是省级体育强镇,2000 年后，篮球成为全民体育运动的一个重要项目,全镇各村、企事业单位,学校、社区都建有篮球场,并建立篮球队。长安东亚篮球队经常组织和邀请邻镇球队来长安体育馆进行友谊赛和东亚杯球赛、相互学习、交流球艺。各村和企事业单位也经常开展篮球运动和篮球比赛。2005 年年末,长安镇有篮球队 30 多个,其中村级篮球队 15 个。

第二节 体育场馆

长安体育馆

长安体育馆坐落在长安镇体育场路。在1991年12月15日举行落成典礼，总投资125万元。建有室内球场1个，内设1200多座位，主场地长度35米、宽20米、高15米，内设电子计时记分设备、有更衣室、沐浴室等。占地面积2771平方米，室内面积720平方米。建馆以来，开展篮球、汽排球、乒乓球、体操、棋类等各种活动，为长安镇各单位和长安地区的球类、体操、棋类比赛提供场所。每周活动人次达2500多人次。

溜冰场

长安镇原来的县(市)房管局所属房屋修建队，为筹集逐年增多的退休工人的退休金等开支，于1984年初，在寺桥西侧，建造1座营业性的溜冰场。当时投资3.5万元，向长安镇房管所借支。溜冰场的主体建筑约为1900平方米的水泥地坪，四周围墙有牢固的水泥栅栏，有溜冰鞋100双出租，当时场内空房开办茶室。由于溜冰运动参加者以青年为多，且有明显季节性，只有10月到次年3月期间营业兴旺，进入4月～9月，天气转热，即进入淡季。1986年，房修队并入第一建筑公司，溜冰场亦由第一建筑公司委派专职人员负责管理，增添溜冰鞋100双，当年全年收入8000元左右。之后，长安五金交电有限公司建立室内旱冰场(室内轮滑场)，有面积84.8平方米，投资31.5万元，全天开放轮滑活动和训练，周活动达500人次。

游泳池

1964年上半年，长安镇政府在长池河头，修建游泳池。游泳池面积约3000平方米，四周有石砌护岸及码头，底部用条石砌平，分深浅两水域。浅水区约1.2米左右，深水区在2米以上。由于设计错误，县卫生部门鉴定不符合游泳规定标准，后停止使用。随着城镇建设的发展，游泳池已填塞，建造长安浴室、农业银行和修川路。

长安镇村级、社区体育设施

(2005年年末篮球场统计表)

表10-2-2

序号	设施名称	地址	面积(平方米)
1	篮球场	盐仓村灯光球场	608
2	篮球场	鹿耳村灯光球场	608
3	篮球场	东陈村灯光球场	608
4	篮球场	虹金村灯光球场	608
5	篮球场	肖王村灯光球场	608
6	篮球场	金港村灯光球场	608
7	篮球场	城东村灯光球场	608
8	篮球场	万渡文体活动中心村灯光球场	608
8	篮球场	东升村灯光球场	608
9	篮球场	新民村灯光球场	608
10	篮球场	兴福村灯光球场	608
11	篮球场	兴城村灯光球场	608

续表 10-2-2

序号	设施名称	地址	面积(平方米)
12	篮球场	万兴村灯光球场	608
13	篮球场	陆泽村灯光球场	608
14	篮球场	辛江村灯光球场	608
15	篮球场	泰山村灯光球场	608
16	篮球场	大型村灯光球场	608
17	篮球场	长郊社区村灯光球场	608
18	篮球场	宝元染化公司篮球场	608
19	篮球场	盐仓学校篮球场	608
20	篮球场	诚信塑料有限公司篮球场	608
21	篮球场	辛江中学篮球场	608
22	篮球场	大型小学篮球场	608
23	篮球场	新新小学篮球场	608
24	篮球场	辛江中心小学篮球场	608
25	篮球场	海宁中学篮球场	608
26	篮球场	城南小学篮球场	608
27	篮球场	长安镇中心小学篮球场	608
28	篮球场	镇东小学篮球场	608
29	篮球场	东陈小学篮球场	608
30	篮球场	三联小学篮球场	608
31	篮球场	鼎龙化工有限公司篮球场	608
32	篮球场	伟业五金有限公司篮球场	608
33	篮球场	长安职业中学篮球场	608
34	篮球场	金桥小学篮球场	608
35	篮球场	新民小学篮球场	608
36	篮球场	天明小学篮球场	608
37	篮球场	佳进化工有限公司篮球场	608
38	篮球场	兴福小学篮球场	608
39	篮球场	兴城小学篮球场	608
40	篮球场	交警队篮球场	608
41	篮球场	盐仓派出所篮球场	608

第三节 学校体育

长安镇的学校体育以贯彻《学校体育工作条例》为抓手，以提高学生素质教育为平台，设立体育机构，有分管领导。学校体育工作有计划、有布置、有要求、有考核。学校体育经费列入年度经费核算，确保学校体育工作的正常开展。严格规定配备体育专职教师，配足配好体育活动器材，满足教育需求。各中、小学要求开足体育课，推行《学生体质健康标准》，积极开展多种形式的课余训练，进行学生体育项目健康达标活动，达标率均在95%以上。校内设有250米环形跑道、操场、篮球场、风雨操场和器材室等。各学校精心组织一年一度的中、小学生运动会，并选派运动员参加全市中、小学运动会都取得优异成绩。

第四节 群众体育

长安群众体育活跃，有篮球队、乒乓球队、气排球队等。长安老年气排球在全市颇有名气。该队组建于2004年2月。到2005年年末，有队员32名。其中女子队员20名，年龄最大的有67岁，最小53岁。男子队12名，年龄最大的75岁，最小的62岁。队员来自退休工人、退休教师、退休医务人员和农民。长安气排球队与省老年体工队、杭州铁路老年气排球队，海盐、桐乡、平湖及周边的许村、盐官气排球队经常开展友谊赛。2005年，长安男子队、女子队同嘉兴教工队比赛中分别获得冠军。其他各类体育队团也活动频繁，经常参加活动和比赛。

长安镇群众体育赛事

表 10–2–3

活动名称	举办单位	活动地点	活动时间	参加人员
镇老年体协健身	镇文化站	镇体育馆	2003.9.9	180
镇“庆国庆”东亚杯“篮球赛”	东亚商标印刷厂、嘉兴市篮协	镇体育馆	2003.10.2	50
镇“盼奥运、迎五一”象棋赛	镇工会、文化站	镇工会四楼	2003.4.25~4.28	25
镇元旦拔河比赛	文化站	镇体育馆	2003.12.12	80
镇“母亲节”跳绳比赛	镇妇联	镇中学	2004.5.7	28
镇“母亲节”乒乓球比赛	镇妇联	镇中学	2004.5.7	19
嘉兴市首届农民篮球赛	嘉兴市体育局	海盐体育馆	2004.11.20~22	10
市第七届“足协杯”比赛	市文化局、足协	市田径场	2004.7.5~12	17
市第二届老年运动会“太极拳、剑”比赛	市老年体协	市体训馆	2004.6.18	28
市百队篮球大赛长安镇赛区	镇文化站	镇体育馆	2004.6.15~23	93
镇“八一节”飞镖比赛	镇文化站	镇体育馆	2004.8.1	24
镇首届教工篮球赛	镇工会	镇体育馆	2004.4.26~29	63
市“鸿翔杯”职工乒乓球赛	市总工会、文体局	市体训馆	2004.4.21~23	10
市“新风杯”棋类比赛	市棋类协会	市实验小学	2004.4.17~18	4
参加盐官镇象棋邀请赛	盐官、长安文化站	盐官镇	2004.5.15	4
周王庙“新农杯”象棋邀请赛	周王庙、长安文化站	周王庙文化站	2004.10.10	4
海宁、余杭体育舞蹈协会交流节目表演	长安文化站	镇体育馆	2004. 6.6	200体舞爱好者参与表演
嘉兴市老年运动会乒乓球比赛	嘉兴文体局	桐乡	2004.9.19~20	6(我镇3男3女)
市老年运动会女子气排球比赛	市老年体协	市体训馆	2004.8.18	10
市老年运动会男子气排球比赛	市老年体协	市体训馆	2004.8.19	10

2005年年末长安镇全民健身晨晚练点登记汇总

表 10-2-4

序号	晨晚练点名称	地　址	负责人	锻炼人数	锻炼项目
1	长安公园晨晚练点	长安公园内	张慧儿	48	拳、剑、刀、操
2	长安公园晨晚练点	长安公园内	沈阿娥	34	气功、八锦段功
3	长安公园晨晚练点	长安公园内	钱灵芬	76	拳、扇、健身操
4	长安公园晨晚练点	长安公园内	戴明莲	55	腰鼓
5	长安影剧院广场晨晚练点	长安影剧院广场	王永仙	45	太极拳、剑、腰鼓
6	长安体育馆晨晚练点	长安体育馆内	朱云翔	32	篮球
7	长安体育馆晨练点	长安体育馆内	骆瑞根	28	气排球
8	长郊社区晨晚练点	长郊社区活动中心	张明权	63	全民健身
9	东街社区晨晚练点	长安敬老院内	金礼明	46	全民健身
10	辛江社区晨晚练点	浙一新村内	孙东康	46	全民健身
11	中街社区晨晚练点	长安公园内	闻林华	46	全民健身
12	修川社区晨晚练点	长安景秀新村内	施振华	41	全民健身
13	怡园社区晨晚练点	长安一小区内	张海杲	48	全民健身
14	西街社区晨晚练点	长安修川桥旁	任阿虎	46	全民健身
15	红色村晨晚练点	红色村文体活动中心	顾娟妹	42	乒乓球、台球、健身
16	盐仓村晨晚练点	盐仓村文体活动中心	蒋金芬	63	篮球、乒乓球、健身
17	鹿耳村晨晚练点	鹿耳村文体活动中心	陈启洪	69	篮球、乒乓球、台球、健身
18	褚石村晨晚练点	褚石村文体活动中心	倪水龙	71	乒乓球、台球、健身
19	东陈村晨晚练点	东陈村文体活动中心	冯掌兴	68	篮球、乒乓球、台球、健身
20	天明村晨晚练点	天明村文体活动中心	徐喜龙	70	乒乓球、台球、健身
21	老庄村晨晚练点	老庄村文体活动中心	沈祖跃	71	乒乓球、台球、健身
22	肖王村晨晚练点	肖王村文体活动中心	沈娟月	58	乒乓球、台球、健身
23	城东村晨晚练点	城东村文体活动中心	王根荣	42	篮球、乒乓球、台球、健身
24	城东村晨晚练点	万渡文体活动中心	朱水虎	30	篮球、乒乓球、健身
25	新民村晨晚练点	新民村文体活动中心	陈晓东	68	篮球、乒乓球、健身
26	金港村晨晚练点	金桥片文体活动中心	朱祖贤	48	乒乓球、健身
27	金港村晨晚练点	牧港片文体活动中心	王建法	67	篮球、乒乓球、健身
28	兴福村晨晚练点	兴福村文体活动中心	陈宇良	65	篮球、乒乓球、台球、健身
29	虹金村晨晚练点	虹金村文体活动中心	沈娟英	68	篮球、乒乓球、台球、健身
30	东升村晨晚练点	东升村文体活动中心	章叙根	52	篮球、乒乓球、台球、健身

续表 10-2-4

序号	晨晚练点名称	地　址	负责人	锻炼人数	锻炼项目
31	德丰村晨晚练点	德丰村文体活动中心	李国清	23	篮球、乒乓球、台球、健身
32	兴城村晨晚练点	兴城村文体活动中心	俞祖明	68	篮球、乒乓球、台球、健身
33	兴城村晨晚练点	万兴片文体活动中心	沈建平	55	篮球、乒乓球、台球、健身
34	辛江村晨晚练点	辛江村文体活动中心	许国良	78	篮球、乒乓球、台球、健身
35	陆泽村晨晚练点	陆泽村文体活动中心	沈仿祥	67	篮球、乒乓球、台球、健身
36	泰山村晨晚练点	泰山村文体活动中心	张建春	88	篮球、乒乓球、台球、健身
37	大型村晨晚练点	大型村文体活动中心	何建法	62	篮球、乒乓球、台球、健身
38	镇文化中心晨晚练点	镇文化活动中心	杜建法	586	篮球、乒乓球、台球、健身
39	长安影剧院晨晚练点	长安影剧院拳操站	楼兰芬	244	太极拳、太极剑

2005 年年末长安镇体育队伍统计

表 10-2-5

序号	队伍名称	负责人	参加对象	参加项目	参加人数
1	长安门球队	王永先	中老年	门球	—
2	长安腰鼓队	陈慧芬	中老年妇女	健身腰鼓	50
3	长安太极拳	杨洁生	中老年妇女	太极拳	24
4	盐仓村篮球队	张杰	青年	篮球	13
5	兴福村篮球队	金根达	青年	篮球	6
6	兴福乒乓球队	沈建达	青年	乒乓球	6
7	虹金村篮球队	许洪杰	青年	篮球	11
8	虹金乒乓球队	陈国仁	青年	乒乓球	10
9	鹿耳村篮球队	费金甫	青年	篮球	10
10	鹿耳乒乓球队	陈启洪	中青年	乒乓球	10
11	鹿耳村文体队	任亚美	青年	文体	10
12	德丰村乒乓球队	范玉萍	中青年	乒乓球	8
13	德丰村羽毛球队	李国清	中青年	羽毛球	9
14	长郊社区村篮球队	张明根	青年	篮球	12
15	长郊社区乒乓球队	孟华明	青年	乒乓球	12
16	老庄村乒乓球队	祖建法	中青年	乒乓球	10
17	大型村篮球队	何建法	中青年	篮球	8
18	大型村乒乓球队	沈祥清	中青年	乒乓球	8

续表 10-2-5

序号	队伍名称	负责人	参加对象	参加项目	参加人数
19	陆泽村篮球队	沈仿祥	中青年	篮球	10
20	陆泽村乒乓球队	吴延根	中青年	乒乓球	10
21	辛江村篮球队	许国良	中青年	篮球	10
22	辛江村乒乓球队	凌月强	中青年	乒乓球	10
23	肖王村篮球队	沈叙福	中青年	篮球	8
24	肖王村乒乓球队	沈叙福	中青年	乒乓球	11
25	城东村篮球队	朱水虎	中青年	篮球	8
26	城东村乒乓球队	朱水虎	中青年	乒乓球	20
27	泰山村篮球队	张建春	青年	篮球	9
28	泰山乒乓球队	朱玉英	青年	乒乓球	10
29	兴城村篮球队	李其祥	青年	篮球	12
30	兴城村乒乓球队	王建飞	中青年	乒乓球	14
	兴城村象棋队	沈建平	中年	象棋	12
31	东升村篮球队	周兴璋	中青年	篮球	10
32	东升村乒乓球队	沈雪良	中青年	乒乓球	10
33	东升村象棋队	陈祥荣	中青年	象棋	10
34	东陈村篮球队	徐伟方	青年	篮球	10
35	东陈村乒乓球队	张美芬	中青年	乒乓球	10
36	盐仓村乒乓球队	褚国妙	中青年	乒乓球	10
37	金港村篮球队	张根飞	青年	篮球	10
38	金港村乒乓球队	张国良	中青年	乒乓球	11
39	金港村象棋队	范建锋	中青年	象棋	10
40	天明村篮球队	罗永强	青年	篮球	10
41	天明村羽毛球队	顾新貌	中青年	羽毛球	8
42	红色村乒乓球队	徐春锋	青年	乒乓球球	10
43	红色村篮球队	姚君晓	青年	篮球	8
44	褚石村乒乓球队	沈建兴	中青年	乒乓球	8
45	褚石村象棋队	孙建峰	中青年	象棋	6

2005年年末长安镇单项文体组织(协会)统计

表 10-2-6

序号	协会名称	负责人	开展项目	会员人数	建立年份
1	老年体育协会	—	各类健身活动	85	2002.7
2	长安篮球协会	韩栋梁	篮球	25	2001.5
3	长安棋协会	孙新强	象棋	45	2002.8
4	长安乒乓球协会	—	乒乓球	24	2005.12
5	长安足球协会	—	足球	15	2005.12
6	老年气排球协会	骆瑞根	气排球	36	2005.12

2005年年末长安镇文体辅导站统计

表 10-2-7

序号	站点名称	负责人	辅导对象	辅导项目	社会文体指导人数
1	长安镇文体辅导站	褚自法	全镇	各类文体活动	3
2	褚石村文体辅导站	费红霞	青少年、中老年	乒乓、篮球、腰鼓、秧歌	2
3	东陈村文体辅导站	张 婷	青少年、中老年	乒乓、篮球、腰鼓、秧歌	2
4	天明村文体辅导站	余丽娜	青少年、中老年	乒乓、篮球、腰鼓、秧歌	2
5	新民村文体辅导站	潘亚明	青少年、中老年	乒乓、篮球、腰鼓、秧歌	2
6	虹金村文体辅导站	许云霞	青少年、中老年	乒乓、篮球、腰鼓、秧歌	2
7	老庄村文体辅导站	沈 洁	青少年、中老年	乒乓、篮球、腰鼓、秧歌	2
8	肖王村文体辅导站	沈 乙	青少年、中老年	乒乓、篮球、腰鼓、秧歌	2
9	金港村文体辅导站	许丽艳	青少年、中老年	乒乓、篮球、腰鼓、秧歌	2
10	城东村文体辅导站	孙 杰	青少年、中老年	乒乓、篮球、腰鼓、秧歌	2
11	兴福村文体辅导站	葛民辉	青少年、中老年	乒乓、篮球、腰鼓、秧歌	2
12	东升村文体辅导站	毛丽妹	青少年、中老年	乒乓、篮球、腰鼓、秧歌	2
13	兴城村文体辅导站	俞卫青	青少年、中老年	乒乓、篮球、腰鼓、秧歌	2
14	德丰村文体辅导站	张亚芳	青少年、中老年	乒乓、篮球、腰鼓、秧歌	2
15	辛江村文体辅导站	伍丹敏	青少年、中老年	乒乓、篮球、腰鼓、秧歌	2
16	泰山村文体辅导站	蒋洪根	青少年、中老年	乒乓、篮球、腰鼓、秧歌	2
17	陆泽村文体辅导站	濮永梅	青少年、中老年	乒乓、篮球、腰鼓、秧歌	2
18	大型村文体辅导站	金佳丽	青少年、中老年	乒乓、篮球、腰鼓、秧歌	2
19	盐仓村文体辅导站	朱冬炎	青少年、中老年	乒乓、篮球、腰鼓、秧歌	2
20	红色村文体辅导站	骆秋霞	青少年、中老年	乒乓、篮球、腰鼓、秧歌	2
21	鹿耳村文体辅导站	曹玲玲	青少年、中老年	乒乓、篮球、腰鼓、秧歌	2
22	长效社区文体辅导站	曹韻秋	青少年、中老年	—	2

第三章　民间文化

第一节　传统文艺

皮影戏

皮影戏源于河南，南宋时流入浙江，海宁一带最为盛行。旧时长安附近农村每年春季养蚕前，蚕农或一户或几户联合，常请皮影戏班上门演“蚕花戏”，以祈求“蚕花廿四分”（蚕茧最好的收成称廿四分），久而成俗。农闲时，亦有戏班在庙台或茶店演出，也有当地村民违反村规被罚戏一场，来求得村民原谅。

皮影戏是以薄羊皮做成不同角色，高1尺左右，画上脸谱，涂以色彩，其手足关节可随意操纵转动，故长安人也称它为羊皮戏。长安镇皮影戏班子以陆泽村沈金松班子最为有名，演出范围一度遍布江、浙两省。还上过北京去汇报演出。陆泽沈金松皮影戏班子最兴旺时分几个班子演出，每个班子由七八个人组成。演出时操纵角色者坐于一幅透明的棉纸（桃花纸）帏后面，利用灯光将人形映于纸上，演唱人自兼乐师，在锣鼓丝竹声中，角色随剧情的发展，不同的唱腔，做出不同动作。皮影戏既有文戏，亦有武戏。角色的脸谱有喜、怒、哀、乐各种不同表情，故颇为动人。

皮影戏班总的格局基本相同，但唱腔不同，流派颇多。在长安演唱的以昆腔、海盐腔居多，其中间有融合“乱弹”“高腔”“弋阳腔”等地方曲调。清康熙年间，查岐昌在所著《古盐官曲》中云“艳色长安佳子弟，薰衣高唱弋阳腔”，即指流行于长安的皮影戏。皮影戏的剧本，既多传奇掌故、通俗小说，亦有以长安一带的民间传说为题材编成戏的，现在可考的即有《女昆仑》（即《画图缘》）和《仙舟梦》两唱本。解放初期，长安镇皮影戏仍有演出，陆泽村皮影戏在“文化大革命”期间曾将样板戏搬上皮影戏台。“文化大革命”后也曾有演出，现已多年停演。留下传人颇少。

打唱班

打唱班是一种清唱班，由6人组成，全为男性，专替富人家演唱堂会。来时随带鼓锣钹等乐器，置桌于厅堂或厢内，张挂一只帏幔。唱腔多为昆剧、徽调。演唱内容视主家是为结婚暖房，还是庆贺寿诞而定。剧本均为整出通俗故事或传统戏文，折子戏较为少见。由于演堂会均属喜庆的吉日良辰，故绝不演唱结局可悲的戏，以免冲击主家的欢乐气氛。

花鼓戏

旧时在农村流传较多。解放初，长安镇铁路北面一带农村还有花鼓戏演出。演出地点一般在荒僻的地带，所以有“花鼓戏不是戏，戏台搭在茅草里”的俗语。花鼓戏演唱者三五人为一伙，男扮女装，涂脂抹粉，着一些破旧戏装，扮相粗俗，格调较低，故当时不能登庙社戏台。一般选择偏僻荒地，以二三块门板搭起一个临时戏台即可演出。陆泽村花鼓戏当时也是有名的，现还有曲调流传。花鼓戏虽然格调较低，但生活气息浓厚，原汁原味，旧时在农村文化普遍贫乏的情况下，花鼓戏在长安农村也有一定的市场。

民间小戏

旧时，长安镇泰山村有个老艺人王福仁为领班，有服装道具，十分简单。王福仁之后有朱煜堂、朱波泉，之后就没有人了，时下已经失传。上演剧目有《陈再定》《卖草屯》《活捉张三朗》等，唱的是江南民间小调，一般是业余的。农闲期间，活跃于乡村演出，很受青年男女喜爱。长安镇红色村民间小戏中，是历史流传至今的。有花鼓戏中的《周阿龙借披风》这一册戏早在民国时期就在长安农村广为传唱。江南小戏一般是业余爱好者，无固定演出场所，搭个台子就可以进行表演。农闲时,在各乡村进行表演,备受农村男女老少的喜爱。现无传承人。

婚丧乐队

结婚时用“喜相逢”。结婚是人生中一件值得高兴与庆祝的大事,人们以唢呐、笛子等乐器,在结婚典礼、迎亲、参拜天地、送入洞房时演奏。上头、斋佛、迎亲、娶亲、参拜天地、送入洞房时鸣炮、奏乐,十分热闹欢快。死人用“丧曲”。丧曲是人死亡后办丧事,拜忏时演奏,用的是哀乐,拜忏、做道场时念经诵佛。使用乐器以二胡、鼓、锣、笛子为主。结婚和办丧事时使用乐队这个习俗古已有之,现在这个习俗还在延续着。

马灯

亦叫“走马灯”“调马灯”。相传长安镇盐仓村明末清初,钟鸣镇牡东村白牡岑自然村西南方有一山在夜里可听到马铃声响,后又有人发现一个红脸大汉,疑是“关公老爷”现身,经村里掌门先生及族长们商议,以玩灯纪念。于是,决定请师傅用篾扎成竹马,并请一人化妆成关公为活菩萨,以关公解皇嫂一段故事为基本内容,配以民间乐器道具,四处游玩,接受人们烧香、朝拜、许愿,逐渐形成一种集布阵、穿花、跑马等为一体的民间表演形式。

马灯,是仿照马的形状用篾扎纸糊而成,也叫“竹马灯”。分马头与马身两段,捆缚在扮演马灯舞者腹前和背后,人居中间,走起来像骑马一样,俗称“马头军”。一般为8匹,其中白马6匹,胭脂马(红马)2匹。元宵节前后,在城区大都由十岁到十三岁的男孩组成,每人胸前有一纸扎马头,下挂着一个小铃,背后有一纸扎马尾,用带系在身上,跑起来能上能下左右摆动,马铃叮叮作响。手中拿着一根竹竿当马鞭。晚上,马头、马尾中部都点上蜡烛。表演时,由一个或两个孩子扮演马童,呼引马队,出场表演。孩子们边跑边唱,加上舞蹈动作,走成“三角”、“连环”、“剪刀”等各种队形,乐队齐奏,曲调婉转动听。跑马灯大部在住宅前空地上或中堂上表演。

滚灯

滚灯为汉族民间节日中群众自娱自乐的一种艺术形式,也是显示村坊实力的竞技表演,主要流行于江浙沪及江南农村地区。据史料记载,至少已有七百余年的历史,著名诗人范成大在诗中记述“掷烛腾空稳(小球滚灯),推球滚地轻(大球滚灯)”。清海盐文人彭孙贻诗《滚灯》的小序中有“儿童缚竹为轮,辗转相环,旋转飞覆,而灯不倾灭。壮士运之,衢中腾掷不休,曰滚灯”的描写。

马牧港的滚灯分为二种,红心滚灯为表演用,一般不可以争夺。黑白滚灯为竞技性争夺性比赛用滚灯,即可以争夺,本事大的为胜利者。而且分为成年组和少儿组,老祖宗非常聪明,儿童少年组比赛,比赛者要脱下裤子看过。即已发育成年不可以参加少儿组比赛,必须在成年组比赛。民国23年(1934)正月和36年(1947)正月,马牧港参加长安灯会出的是滚灯。滚灯,为白色或黑色。在进行表演时,有职业者演奏与滚灯节目相关的配乐宗教信仰舞蹈,广泛流传于长安地区。

拜香班

拜香班是庙会活动中一项宗教舞蹈,一般庙会活动中都有拜香班,其内容是以拜佛,陪有江南丝竹演奏,很受群众欢迎。在清末民初时,由老艺人朱某领教八个儿童,身着红衣白裙,脸上涂脂抹粉,手捧木制花雕香凳,穿花落,走绳索等舞蹈,嘴里唱着拜香经。有“报娘恩”“西湖十景”,曲调鲜明好听,伴奏用笛子二胡等,是菩萨迎会时有名的唱队。道具为雕花小凳,红衣白裙,笛子、二胡、唢呐、木鱼,器乐伴奏。解放后,庙会活动停止,这拜香班舞蹈与演唱活动也消失。但拜香调等曲调在老一辈口里还有流传。2005年年末,长安镇泰山村还有传人。

踩高跷、荡湖船、蚌壳精、敲鼓亭

上述文艺表演形式和内容江南各地大同小异,且均在迎神赛会时上街或游村表演。演出者大多数是体力劳动者,平时在业余时间练习,到每年春季令公庙举行庙会时,才一显身手。解放后,文娱活动日趋丰富，群众对以上这些传统项目逐渐感到单调粗糙，加上庙会完全停止，在长安镇农村已见不到这种文娱活动。

龙舟竞渡

旧时每年农历五月初一至初五，长安镇有龙舟竞渡。《海宁州志稿》记载：“龙舟竞渡，昔盛于长安”，《修川小志》亦有类似记载。龙舟竞赛旧时称划龙船，始于南宋初。当令公庙扩建时，指定在海昌亭祀龙王，并定于每年五月初在长安镇进行龙船比赛，龙王堂龙王为发令官。事实上暗示小康王为报答桑称用船在水上救他而作出的决定。所以长安龙船会一直兴盛到民国24年（1935）。抗日战争胜利后办了三次，但这时已作为庙会一样的盛会了。

每年五月初一，海昌亭里香烛旺盛，上供品、排位子、庄严肃穆地为龙王爷做生日。堂前洋潭里，用大船拼起船台，作为龙船比赛的发令台。凡参加比赛的龙船，分左右两排报名待令，左边：老坝（社），老白龙；小笕（社），小白龙；关帝庙前（西关帝庙祖）金角青龙；右边：中街（一社）老金龙、闸塘湾（社）绿须金龙、卢家桥（吴家坝社）独角金龙。依次排班后抽签，分比赛时起点位置，然后去实地彩排。初二，双日在上河开赛，当蓝旗手在龙王堂取令旗后，急到小渡船（即青云桥）头，令各龙船按抽签所定位置候令，挥旗开赛，到终点站姚家涧前以冲拦带次序计出名次。

初三、单日在下河比赛。当蓝旗手请令后，于王婆弄河埠头挥旗开赛，兴福高桥为终点。得出龙船比赛次序得分名次后，由龙王堂里赛会董事们研究出名次于次日发奖。洋潭里龙船上，来自双坝桥、网船埭、湾头里的水上高手，按龙船名称，左边的清一色白纺绸短衫裤装扮得粉面红唇，俊俏健壮似天仙一般的美艳绝伦。

初一到初三，龙王堂里香烟缥缈，道士们赞忏声漫漫悠长，配着钟磬鼓钹，热闹非凡。在此比赛的两天里，拥来挤去，全是姑娘、新嫂子和年轻小伙子竞赛脚步，拼力气的场面。初四那一天，是姑娘、小伙子们最快乐的一天，轻松欢快地挤在龙王堂里领偿，得到的丰厚犒劳，还得到一份胙肉，一大包火肉粽子，得了第一，还能得到双倍的奖赏。

晚上，堂上、河里道场加皮影戏，不逊于白天的欢乐热闹。端午日，道场不停，晚上放“焰口”解厄荐亡，龙船会结束。

水龙会

旧时民间传说，五月十三（或五月二十）为关云长生日。这一天，关老爷需水磨刀，天必下雨。各地在这一天以消防水龙比试，故称“分龙日”。

长安镇的分龙日定为在每年五月二十。是日下午，全镇各行各业、商店所有消防水龙、水枪均齐集上塘河边（现修川桥堍），先检查维修情况，然后比赛射程远近。这虽掺有迷信色彩，但实为消防演习。一年一度，故这一日常有农村和城镇居民上街观看，形同过节，格外热闹。现仍保持这一传统，每逢节日，长安消防队负责组织举办，镇政府组织人员做好保卫工作。

灯会

旧时长安镇灯会由来已久，一般每年举行一次，俗称“迎灯”。清光绪十五年（1889）慈禧寿辰，长安镇三月举行“万寿灯会”。民国23年（1934）农历正月，埠头上脚班制作翻竿灯，马牧港出滚灯，各街坊出广寒宫、斗姆宫、滴翠亭等彩灯，热闹非凡。据说民国36年（1947）又举行过一次，此后未再举行。

四两拨千斤

长安镇东街蒋坤荣会“四两拨千斤”已传二代，蒋坤荣自小在桐乡石湾学生意，解放后在粮管所工作，一直到退休。四两拨千斤绝技是父亲蒋卯辰教的，他也将这门绝技教给了儿子。传说米商光祖金龙四大王，待装满米的斗内插一木棒，拎着棒满街吆喝，米斗木棒却能安然无恙，长安东后街粮管所内的蒋坤荣还能表演这一绝技。该绝活第一代为蒋卯辰，第二代为蒋坤荣，第三代传人为蒋明弟。使用导具有米斗、米、棒子。

民间美术

水墨画、皮影人物造影 长安民间水墨画有《喜听吐丝声》，水墨画《月浸水乡》《牧读图》《山谷泉声》《李北海品书图》《峰山初秋远帆图》《柔惕红红》《水乡春深》《早春二月》《故乡的桥》《师生情深》《仅许进攻数，不许多征收》《东山根捷图》，笔画《赛龙舟》《惜叶如金》《交流蚕汛》等等。皮影戏人物造型于皮上(羊或牛皮)必须造型正确，然后用剪刀剪下，以线条中心为主；用洗涤剂或肥皂刷祛皮上污垢，再清水冲洗、晾干，压挺；干燥皮上描绘所需人物，墨干后上色，颜料以上乘透明为宜，要求明快，鲜艳一般为红，绿，蓝，黄，墨为五色主调；干燥后开始缝合。男性人物可换衣服，用插合办法。但女性皮影人物都是固定的，用毛竹劈成小竹片，但要干燥，一个皮影人物一个工作日完成。

第二节　民间文学

歌　谣

长安十景

蔡　看

柳色青青淑景塘，西坟桥对孩儿坝。
牡丹出于施家角，杏花村里好鸳鸯。
龙王殿里老爷坐，小白菜从老坝过。
虹桥夜月水中央，令公庙里问和尚。
吴家坝看小市闹，梵林庵里塔更好。

释义：淑景塘在仙鹿桥南埦，又称夹塘里。却与上塘平行过西到西坟桥止一段水道。上塘河与之相隔开的一条小路，就是淑景塘。本来上面栽有桃柳，现仅存一颗枣树在仙鹿桥埦，树龄百年以上。

施家角，在今船闸(滚水坝西，正对网船埭。孩儿坝因建在小笕上，故称小坝。小孩儿也)。

杏花村，原有酒坊，在长安米市兴旺时，这里全是米栈(仓库)。

龙王堂即坝上人的王相公堂，因废坝官，运河水次码头由72个半青帮头目管理后，老坝头弟第一个坝头姓王，其故世后，牌位供于龙王堂上，所以坝上人称王相公堂。

清末杨乃武小白菜一案闹得沸沸扬扬，小白菜进京时过长安坝，从虹桥上就有人知道而开始等着看了。

虹桥夜中，要在王相公堂里看(老坝漾潭都可看到)桥底下有水中月，造了闸后看不到。令公庙里问和尚是笑话。

吴家坝即光荣村，百年前褚墩庙，元帅殿(一西一东相并而称“庙中庙”)小市相邻。

小市是古旧货市场，这里什么都有，早市很早，晚市很晚，夜市更热闹，主要是“销赃”的特别市场，所以凡古董、古玩都有。

梵林庵在吴家坝东市梢，今尚存(完整无缺，缺菩萨等物)。

修川十景之一淑塘春柳(见《海宁州志稿》)淑景塘位于仙鹿桥南，夹水交流，平桥双峙，延袤至福宁桥约半里许。

沿堤种柳，绿荫满地，絮花蒙密，鸣禽上下，不减苏堤景色。堤上东有东坟桥(今渔民村拼线厂至西坟桥不明)，福宁桥即小桥。

长　工

雨水滴滴正月中，无柴无米真是穷；
背了被头去上工，好比西山画眉下鸟笼。
廿三糯米饭，廿四便早饭；
有的钉鞋伞，没的赤脚踩。

(流传于东升村一带)

主要内容介绍：旧社会，农民失去土地，生活无着落，只好去做长工，去讨饭。这几句顺口溜正是他们的真实写照。

童 养 媳

小时名字叫金姑，从小送做养媳妇。
阿公是个吃酒徒，阿婆是只“雌老虎”，
小官人黄气憨呆不肯大。
日里织了三丈六尺长头布，夜头摇纱摇到半夜多，
肚里实在饿不过，开开厨门喝点冷菜卤。
灶廓落里跑出个凶阿婆，哐当哐当三钎步，

话侬吃了肝油夹萝卜。
想想实在苦不过，开开后门去投河，
隔壁跑出个三太婆，大娘大娘勿投河，
二十年媳妇二十年婆，再歇二十年做太婆。

（流传于东升村一带）

主要内容介绍：解放初期还有童养媳，是买卖婚姻。养媳妇即为童养媳。这首歌谣是养媳妇受压迫的真实写照。解放初期这歌谣流传很广，很多人会唱。

十二个月（一）

正月文明花开自然香，二月杏花赛金帐。
三月桃花一树红，四月蔷薇开得早。
五月石榴红似火，六月荷花透水仙。
七月凤仙开得早，八月奉送桂花香。
九月菊花黄菊绽，十月芙蓉花开胜牡丹，
十一月海棠花开将月放，十二月宴球腊梅花儿香。

（流传于东升村一带）

主要内容介绍：劳动人民根据一年十二个月花开放依次而来，观察一年花开月份来定花名。

十二个月（二）

正月初一是岁朝，家家户户喜欢笑。
二月初二春来早，一年生活打算好。
三月初三再来飘，阵雨落过就干燥。
四月初四已经到，田里小麦蚕五要看好。
五月初五办节料，梅子鸭蛋一肩挑。
六月初六田头焦，扯起阵头雨来浇。
七月初七是七巧，牛郎织女渡鹊桥。
八月初八望田稻，今年要比去年好。
九月初九重阳到，老菱芋艿一锅烧。
十月初十田稻好，家家要过十月朝。
十一月里大雪飘，冷水倒出就冻牢。
十二月里十二到，财主收账沿村讨。

（流传于东升村一带）

主要内容：介绍农耕社会，民以农为生，根据天气自然变化，将一年的劳作、生活、希望的真实情况以一种歌谣的方式流传下来。

十二个月（三）

正月里来如新春，家家户户点红灯，
随家都有红灯点，孟姜女丈夫筑长城。

二月里来暖洋洋，双双燕子到南洋，
燕子飞来成双对，孟姜女家不成双。

三月里来是清明，桃红柳绿百草青，
人家坟上挂橘子，孟姜女坟上冷清清。

四月里来养蚕忙，姑娘嫂嫂去采桑，
桑篮挂在桑树上，一把眼泪一把桑。

五月里来是黄梅，黄梅发水好种田，
家家户户黄秋千，孟姜女田里是草堆。

六月里来热难挡，蚊虫飞来叮胸膛，
宁吃农奴千口血，不叮奴夫范喜良。

七月里来七秋凉，家家窗口裁衣裳，
千红蓝绿多裁到，孟姜女箱子空荡荡。

八月里来晚门开，乌鸦携小带大来，
难人如有难事活，那有难人话侬来。

九月里来是重阳，重阳美酒菊花香，
农奴洒酒奴不喝，孟姜女独守在一旁。

十月里来是稻黄，牵砻打米大家忙，
家家都有官粮还，孟姜女家升斗空。

十一月里雪花飞，孟姜女出外送寒衣，
前头乌鸦来领路，后头跟起孟姜女。

十二月里过年忙，杀猪倒羊闹重重，
家家户户鱼肉香，孟姜女家里冷清清。

（流传于东升村一带）

主要内容介绍：孟姜女一说为秦时孟姜女丈夫

修长城,另一说为春秋时齐国范杞良修长城。流传于民间的是秦始皇修长城,孟姜女失去丈夫的痛苦写照,是千万个失去丈夫痛苦人生的集中表现。

十二个月(四)

正月茶花早逢春,媳妇贤良敬大人。
二月杏花是春分,孝顺儿女敬双亲。
三月桃花是清明,夫妻恩爱两相思。
四月蔷薇立夏根,兄弟和睦过光阴。
五月石榴出端阳,姑嫂做事要商量。
六月荷花伏中心,邻舍和谐过光阴。
七月凤仙开初秋,劝君做事要当心。
八月桂花开中秋,有钱不可笑穷人。
九月菊花开重阳,人到中年要子孙。
十月芙蓉是立冬,劝君行善莫行山。
十一月荔枝花开是仲冬,劝君要走正规路。
十二月里腊梅开,修行念佛是回心。

(流传于东升村一带)

十二个月(五)

正月踢毽子;
二月放鹞子;
三月清明裹圆子;
四月养蚕采茧子;
五月端午裹粽子;
六月买把花扇子;
七月赶蚊子;
八月掸帖子;
九月拿盘子;
十月讨娘子;
十一月生儿子;
十二月叫声啊爸老头子。

(流传于东升村一带)

人　生

一生都是命安排,今日不知明日事。
不礼爹娘礼世尊,兄弟姐妹皆同气。
儿孙自有儿孙福,岂可无人得运时。
人世难逢开口笑,补破遍寒暖即休。
才过三寸成何物,死后一文带不去。
前人田地后人收,得便宜处失便宜。
举头三尺有神明,他家富贵前生定。
前世不修今世苦,治家勤俭胜求人。
冤冤相报几时休,世事如同一局棋。
聪明反被聪明误,是非到底见分晓。
谁能保得常无事,穴在人心不在山。
欺人是祸饶人福,一旦无常万事休。

(流传于东升村一带)

十只台子

第一只台子亮光光,中国出了个共产党,
为了我们的解放,百万大军渡长江。

第二只台子凑成双,解放军身强力有壮,
打倒蒋匪反动派,台湾领土要解放。

第三只台子太阳红,人民中间出英雄,
要问英雄是哪个,人民领袖毛泽东。

第四只台子四角形,共产党领导来翻身,
减租减税大生产,镇压恶霸去斗争。

第五只台子是黄金,农民齐心来开会,
打倒封建剥削制,地主恶霸吓得呆。

第六只台子荷花芳,政府领导除虫蜢,
宣传动员都做到,男女老少下田庄。

第七只台子是七窍,更三更四都做到,
田里多少下肥料,去年收入十分好。

第八只台子八角形,共产党领导来翻身,
土地四度不合理,这是命穷的老根。

第九只台子重阳登，全心全意为人民，
土地改革大事情，农民翻身有田分。

第十只台子稻谷黄，幸亏有了共产党，
自己有田自己管，农民要把主人当。

（流传于东升村一带）

主要内容介绍：解放初期人民感谢毛主席、感谢共产党的心声，唱得很广。

山连山 弯连弯

山连山，弯连弯，萝卜开花结牡丹，
牡丹娘子要嫁人，石榴姐姐做媒人。
媒人到拷胡桃，胡桃栗子做三朝，
养出一个现世宝，掼来掼去没人要。
弄得猫也笑狗也笑，掼到桥头张三毛，
换得三斤豆腐糟，一家们吃得真好笑。

（流传于东升村一带）

财 神

财神朝东，银子上封。
财神朝南，银子就来。
财神朝西，银子满框。
财神朝北，银子腰足。
财神点点头，银子上高楼。
财神松松腰，银子缠龙腰。
财神踢踢脚，银子塞壁脚。

（流传于东升村一带）

观灯灯

小夫小妻去观灯，一前一后紧相跟，
今夜观灯真热闹，人来人往闹盈盈。
碰着油头小光棍，轧来轧去来调情，
三记耳光打过去，自讨苦头叫娘亲。

（流传于东升村一带）

洞房花烛

一支清香富门香，二支清香凑成双，
三支清香连升三级。
堂前都是亲上客，百万豪富在两旁，
花花轿子堂前摆，来娶千金配夫郎。
四季平安五子登科，六六顺寿，
七子保团圆，八仙庆寿，
九龙抢子，全家富寿今日洞房花烛夜，
定年来生状元郎。

（流传于德丰村一带）

数 星

一个星格灵丁，两个星挂油瓶。
油瓶油炒泼溜，泼溜焦辣胡椒。
胡椒辣辣宝塔，宝塔尖戳破天。
天落雨鸭淘米，鸡扒柴猫上灶。
老鼠拔筷，黄雪子去叫大伯来吃饭。

（流传于金港村一带）

鸦 片

一心思想吸鸦片，二则之间无铜钿；
三餐茶饭吃勿饱，四季衣衫勿完全；
五脏六腑都是病，六亲无靠苦黄连；
七子八搭借铜钿，八脱衣裳去当点；
九次三翻寻短见，实在掼勿开这筒“好”鸦片。

（流传于泰山村一带）

主要内容：帝国主义利用鸦片毒害人民，掠夺财富，误食鸦片，后果不堪设想，这个十字会是吸食鸦片的真实写照，时下毒品害人，政府严令禁止规劝、打击，可仍有人吸毒，

这十字会也有深刻现实意义。

夫 妻

桃花开来是清明，夫妻和睦过光阴。
丈夫不可怨妻丑，妻子不可怨夫贫。

妻子丑陋前生定，夫家贫困命生成。
命好不到贫家去，命穷难进富家门。
姻缘本是前生定，五百年前来联姻。
千里迢迢能相会，夫妻恩义海洋深。

（流传于泰山村一带）

主要内容：男女结成夫妻不易，都是缘分，夫不怨妻丑，妻不厌夫穷，相亲相爱，团结互助，把家庭建设好，这是一种优良传统，是中华民族好传统，到了今天还应该积极提倡！

和　谐

茶花开来早逢春，媳妇贤良敬大人。
保佑公婆年千岁，门前大树好遮阴。
孝敬公婆为第一，自己也有做婆身。
你若不把公婆敬，生男育女演戏文。
在生买些公婆吃，灵前供奉是戏文。
公婆就是灵山佛，无用灵山见世尊。

蔷薇花开立夏时，兄弟和睦过光阴。
兄若从容照看弟，弟亦从容为亲兄。
兄弟相争看娘面，千朵桃花一树生。
家中如有亲兄弟，何用外面结寄朋。
三兄四弟一条心，门前泥土变黄金。
三兄四弟各条心，家内黄金化灰尘。
弟兄团结力量大，勤劳致富是本文。

养花开来伏中生，邻舍和睦过光阴。
若有小人来争闹，各叫儿女转家门。
不可眼前将儿打，奉容儿女骂咱邻。
大人争事难尽好，小儿仍旧一用行。
开门月月要想见，邻舍和睦胜嫡亲。
远亲不比近邻好，急难之中叫四邻。

（流传于泰山村一带）

主要内容：人类自建立家庭以来，在实际生活中体验到家庭、邻舍之间要相互照应、相互关心。

上　梁　书

脚踏云梯步步高，杭州景子果然好。
福、禄、寿三星照，王母娘娘献蟠桃。
欢心吃酒见人傲，万年天子众人傲。

（流传于长安地区）

苦命女人

一岁二岁娘来抱，三岁四岁落羊胎，
五岁六岁平平过，七岁八岁绕小脚，
九岁十岁去打扮，十二岁卖到堂子里。

（流传于长安地区）

现代不孝子

儿子是公子，媳妇是妃子，孙子是太子，老太婆做得像只黄蝎子（黄鼠狼），老头子做得像个叫花子。

儿子是老板，媳妇是白牡丹，老太婆做做找麻烦，老头子做得像个牢监犯。

（流传于新民村一带）

懒　汉

早起八点钟
街上跑过东
学习喊头痛
开会打瞌充
劳动磨洋工
看戏脚板松
割草篰底空
吃饭打冲锋

（流传于新民村一带）

迷　信

东村一个老年人，求神拜佛最相信。
他的儿子生了病，他也不肯请医生。

后来儿子病更重，想要等到请医生，
儿子已经断了命。

（流传于长安市镇）

春　色

天气暖洋洋，百花齐开放。
水仙得生早，月仙不生凉。
梅苞关不住，迎春满枝香。
山茶红似火，灼灼发浓光。
樱桃颜东笑，芬杏春色相。
桃李争娇艳，芭蕉穿绿裳。
丁香和玫瑰，鲜丽又芬芳。
芍药能救母，时时放光芒。
燕子呢喃叫，黄莺歌歌唠。
此时真可爱，处处加春光。

（流传于长安市镇）

司马光

新年里，假山旁，许多儿童捉迷藏，
忽然间，不提防，一儿跌进大水缸。
趴不起，爬不上，群儿顿时吓得慌，
逃的逃，嚷的嚷，一点没有方法想。
好孩子，司马光，人又聪明胆又壮，
只见他急忙搬块大石去撞缸。
一阵撞，二阵响，水缸撞破开小窗，
缸里水往外放，救出朋友性命保。

（流传于长安各地）

郊　游

风和日丽天气好，踏青到春郊。
鸟儿枝头吱吱叫，鱼在水里跳。
田野花香蝶儿飘，蜜蜂嗡嗡叫。
绿的杨柳红的桃，黄的菜花开满郊。
春天真美真正好，大家一起游春郊，
快乐又逍遥。

曹月成口述

治小孩啼哭（吵夜）

天汪汪，地汪汪，
人家有个小儿郎。
过路先生读一遍，
一觉睡到大天亮。

新旧社会对比歌

吴九喜

旧社会里是火坑，　　黑暗时代心悲伤；
家乡近处两碉堡，　　住的土匪是豺狼。
南面碉堡庄婆堰，　　北面碉堡七里亭；
白天土匪劫财物，　　晚上百姓又被抢。
一伙匪帮到埭上，　　捉鸡抢鸭敲竹杠；
谁敢不依他开枪，　　灭门之灾现马上。
我的家乡吴家埭，　　东面就是长安塘；
长安崇福主要道，　　必经之路这条塘。
国民党残兵败将，　　过境也要敲竹杠；
长安塘路过败将，　　悄悄关门躲里厢。
林家角里两乡士，　　保山福山一埭上；
做人老实又善良，　　勤勤恳恳做田庄。
家住庄婆堰桥北，　　日本鬼子占我乡；
自己屋里不敢住，　　避难逃在北埭上。
二月初五的晚上，　　望见屋中见火光；
看见火苗延伸开，　　家中房屋全烧光；
只得走近过去看，　　忽遭大祸从天降。
野蛮鬼子追过来，　　不由分说俩被绑；
拉到庄婆堰桥上，　　俩人被甩又遭打；
被甩挨打还不算，　　又被抛到河中央。
这天日里下大雪，　　夜里雪上再加霜；
家人晓得事不好，　　不敢走近去探望；
等到次日的早上，　　消息一到哭断肠；
保山福山被杀害，　　浮在姚家网簖上。
备受欺凌旧中国，　　因为落后要挨打；
两位平民死冤枉，　　牢记历史要写上。
国民党活埋伤兵，　　兴福高桥西近旁；
军中黑暗悲惨事，　　连长就是太上皇。
伤兵晓得要活埋，　　只得连连求连长；

几十伤兵苦哀求，　　哀求不管活埋光。
庄婆堰　施家浜，　　旧社会里杀人场；
平民百姓被拉到，　　杀人像个屠宰场；
听见看见都害怕，　　敢怒不敢把话讲。
向上申冤无人接，　　闷闷不乐吃冤枉；
劳动人民被束缚，　　处处都在受压迫。

求解放　盼解放，　　一九四九得解放。
东方升起红太阳，　　推开乌云天明亮；
共产党　像太阳，　　照到哪里那里亮；
那里有了共产党，　　那里人民得解放；
人民当家做主人，　　享受权利话可讲。
废除封建旧制度，　　男女平等一个样；
军民配合剿土匪，　　捉拿归案缴下枪；
多行不义必自毙，　　古训话语记心上；
老百姓拍手称快，　　除恶霸心花怒放。
轰轰烈烈大生产，　　开垦荒地种上粮；
谁种谁收劲头足，　　手中有粮心不慌。

“大跃进”人民公社，　　一百多户大食堂；
指挥生产大伙拢，　　代叫吃饭敲锣响；
共产主义就要到，　　它的样子指食堂。
实行吃饭不要钱，　　放开肚皮吃饱饭；
只有吃得三个月，　　食堂关门便散场。
发展才是硬道理，　　折腾皆由浮躁来。

三中全会公报起，　　实行改革又开放；
经济建设为中心，　　跨时代，心所向；
推行承包责任制，　　主动干活尽力上。
大包干　信心足，　　为夺丰收抓质量；
科学种田尝甜头，　　越种越甜大家讲。
一心一意谋发展，　　开发企业办工厂；
农民进厂增收入，　　经济发展建新房。
聚精会神搞建设，　　农村一派新气象；
党为人民谋利益，　　千家万户奔小康；
生产有了机械化，　　重头农活也解放。

民间对白

张贞祥口述

地主与长工对白：

地主曰：早餐猪舌头过粥，中餐鱼时煎豆腐，晚餐咸菜烧肉。

（事实是猪食豆（坏蚕豆）除鱼光豆腐，少肉光咸菜。）

长工曰：河里排竹勿做，回头路勿走，半天里抛石头勿做，二头排勿做。

（事实是不捻河泥、不车水，不打米，不挑担。）

（流传于长安各地）

注：旧社会地主是剥削、压迫长工，长工运用自己的聪明头脑与地主周旋。通过对话来表现出地主的刁滑，长工的智慧，作品来源于劳动生活与实践体验。

父子对白

张贞祥

子曰：年纪二十五，破衣无人补。

父曰：破衣有人补，再加二十五。

子曰：人到七十古来稀，那有五十才娶妻。

父曰：姜尚八十遇文王，五十娶妻也无妨。

注：这段父子对话比较谐谑有趣，细细回味，不觉心酸。旧社会，贫穷人家无力娶妻，终身不娶打光棍不少，父子对话倍感凄苦，这是穷苦人家的心声！

（流传于长安各地）

民间故事　传说

月宫坝

大运河杭州段，由于南高北低、西高东低，水量流失过快，影响运粮船的载重和运粮速度。在唐朝贞观八年，桑亭截断大运河筑义亭埭，在义亭埭西二里水道上筑高地坝，使运河水隔断，形成上下河。运粮船只在义亭埭用牛力拔船过埭。由于当时官府派兵卒执役，上河落河的粮船、盐船、官船都免费过埭，民船、商船过埭要收“埭程”（过埭税）。而且必需等粮船等官船过完的空当里，才让民船、商船过埭（即土坝）牛力过埭速度慢，而唐朝当时从杭州钱塘仓运出的粮食一年达数百万石。所以商船要从义亭埭上坝或落坝，可以说“根本不可能”。因此民船和商船都到高地坝过坝。

高地坝为拦阻上河水流失，唐朝官府年年加高。上河一面高似一垛墙，从下河看上去好像一座山。过坝时要先卸货后过船。可是要翻过墙，爬过山，扛货物的坝夫虽则“吭唷、吭唷”喊着号子，但非常吃力，往往汗流浃背，浑身上下无一处是干燥的，尤其是年纪大的，还喘气如吼，张嘴合不上来，双腿颤抖得快要倒下去一样。这一天正好是八月半，月宫仙子巡察人间善恶，看见高地坝夫的悲惨景象，决心帮他们一把，就把长袖往坝上一挥，一道长练从上河铺到了下河，货物从上河随坝上溢出的流水氽到下河；下河的货物也随着坝夫的意愿升到了上河。坝夫们肩上扛的粮食也轻了，沿着斜坡走上河不感到吃力，往下河走时更轻快。不用一天，就把三四天的活干完。等到月宫仙子把长袖收去，高地坝上河坡势短，容易扛货；下河坡势平缓，起步也不吃力。拔船时坝上坡势上浇上水，轻快极了。

消息传到义亭埭。坝夫们舍了牛群，学高地坝的样子做，果然比牛埭过坝快一倍多。因此，义亭埭改做人力坝，坝夫们不忘高地坝坝夫们无私传授方法，因此称高地坝为“月宫坝”。从此月宫坝出了名，一直流传至今。

（流传于上塘河一带）

鹿 耳 桥

清初钱塘江改道。赭山以北的土地全坍进钱塘江里。赭山巡检司北迁，在选基地时，巡检司曹将军看中淡塘和坝头港之间的一块“荷叶地”建巡检司署。这地方在老盐仓北，是食盐外运船只集聚待发中心。所以有木行、竹行、百货、粮油等商业集中之所。每天早晚两市，四乡农民到此卖鸡鸭、蔬菜、购买油盐百货，人来人往热闹非凡。但与放货墩（讹称放火墩是商行堆货仓地）隔条坝头港，只有一艘渡船摆渡。一天渡船挤上船的人太多，刚撑到河中间，船翻了个身。几十个人都掉进河里，正当人命关天时，曹将军的小书童鹿耳见了。他一面叫人“会游水的快下河救人”。自己先跳进冰冷的河里救人。经过大家努力，救起二十多个，可压在船下的十来个人，却溺死了。

鹿耳带着湿漉漉的衣服，和他几个同伴回到曹将军署里，悲痛地向将军报告救人的经过。曹将军被他那勇敢救人和悲痛的神情打动。忙问：“河里还有人没有？”鹿耳说：“河里没有人了，只有船夫和几个兄弟在给船里舀水。舱里的人一时出不去了”。“那你快去换衣服，还站在这里干什么？”“不！乡亲们都说：要造个桥，将军你答允不？”“好！造桥，去换了衣服后，就到师爷那里领一百两银子，明天就找石匠，备料建桥”。

石匠们经过三个多月，因众人齐心，一座阔五尺，长八丈的三孔石桥建成。人们见小鹿耳首先救人，又日夜和石匠们一块建桥。公推石匠作头求曹将军说：“把桥名取做‘鹿耳桥’”。曹将军高兴了，一口答应。所以牵杠石上镌上“鹿耳桥”三个字。老人们喜欢鹿耳，叫他做“囡五桥”。

（流传于鹿耳村一带）

丰顺桥头两个陈村庙

“桑麻旧里指东陈，满港清波转绿萍。却笑居民祀宰嚭，千秋还与越王邻”。（摘自吴骞《蠡塘杂抄》）。

古人以“有德于民者祀之”。这是祀神之标准。可丰顺桥头陈村庙、东庙祀吴国奸臣伯嚭，南庙只距里把路，祀越王勾践。但是东陈村庙高大宽敞，丰盛豪华，伯嚭是以正面人物出面而锦袍盘龙冠，白面长须，庄严威武，香火旺盛，四时祭用整猪全羊。可南陈村庙低小狭窄，香火冷落。和东陈村庙刚好相反。

按史所载：伯嚭该是花脸白鼻头的奸相，勾践才算有志气，复仇灭吴，其功绩大得很呢？但南陈村庙的勾践塑得猥琐矮小其貌不扬。因此吴骞有：“却笑居民祀宰嚭”。但据传说：越王勾践13年（公元前484年丁巳）大旱，钱塘江水位低得不能再低，百尺浦干涸。伯嚭奉吴王之旨，开百尺渎连接百尺浦，凑江以运送越国所借之粮食。当时百尺浦两边百姓在旱灾中无粮可食，连树皮草根也已吃光，伯嚭见状，立即从石门等地就近筹粮救济。等伯嚭交割粮食给越国回来，又见百尺浦边百姓冬种缺种，伯嚭救人救到底，再向石门等地筹集种子给百尺浦边百姓。就是这种“雪中送炭”的精神使百尺浦边百姓感恩而建庙祀之。

后来，勾践灭吴后不但对百姓重赋暴敛，对原吴国百姓采取报复性掠夺，尤其是多年作战，丁壮伤亡巨大，勾践不知体恤，为自己威望发兵与齐晋诸国争霸。因此陷百姓于水火之中。百姓恨他“无信不义”而亦祀之，冷落他。这就是百尺浦边百姓能识善恶，亦以同样的建庙，可庙的规模，神的塑像互为对照以作公正的历史审判。

（流传于东陈村一带）

夏水角的传说

夏水角原来叫画师阁。这里有个跟朱元璋有关的传说：朱元璋长安人习惯把他叫做朱元龙。他一打败张士诚就想做皇帝。因此叫汤和在浙西征集民间能工巧匠，到南京造金銮殿。夏水角的泥水班子是宁桐石三县有名的彩绘雕塑名家，所以征去专门为金銮殿画壁画，雕刻栋梁。朱元龙命令工匠们夜以继日地干，将近扫尾时，这个急于登位做皇帝的朱元龙等不及了，一个人偷偷地钻进大殿上观看。他看见殿宇高大，金碧辉煌，高兴地自言自语说：“嗨，这是我的大殿，比濠州觉皇寺大得多。”开头就自己忘记自己的忌讳，讲起觉皇寺。可他一见盘龙大椅和案桌已摆好，就坐上去一试，抬头向宽阔的陛阶一望，他居高临下，感到群臣在陛阶上任是站、是跪，他能一目了然。如果有人动作他能悉数收在眼里，所以高兴得得意忘形扯下头巾，右手一摸头皮说：“我是皇帝了”一句话尚未说完，惊觉地四周一看，还好不见人，于是放下右手，伸一下舌头说：“还好、还好！”这个滑稽的动作，说明他自己又把“摸光头”的老习惯又忘了，正在殿上描一条金龙尾巴的夏金标看在眼里，忍不住“哧”一下笑了起来。朱元龙一听有人，赶紧从龙椅上跳了下去，悄悄地溜出了金銮殿。夏金标知道一笑闯了大祸，连画笔也顾不得收拾，急忙跑到兄弟们的工地去，正好碰到军师刘伯温来看府第的建筑进程，夏金标和徒弟跪在军师面前求救。刘伯温一听夏金标的话说：“反正你们已把金銮殿建好，就赶快全部逃走。后事我来处理”。夏金标他们泥水班子就这样逃回海宁，把金銮殿的工程留下不完全建好的尾巴。

（流传于陆泽村一带）

杨木匠巧改大门槛

汤和打败张士诚，给朱元龙消灭张士诚这个对手的最后胜利。朱元龙早已知道一定能胜利。所以嘱咐汤和在浙江征发名工巧匠给他建造金銮殿。海宁长安的杨木匠也在其内。

杨木匠见多识广，手艺高超，在建造大殿时，公推他为木匠头头。有一天，一名上手师傅“料门槛”（料：按图尺准备材料）时，把金銮殿的大门槛锯得短了一截。这是正门门槛，备料就这一段，别无替代。因此那位师傅呆瞪瞪地等待督造官来杀头。他的徒儿们也只有等待陪师傅去死。这时做窗椽的师傅见了，马上找到杨木匠，因为大家都知道有困难找他，一定能有办法解救这“门槛危机”。旁边的木匠也一致说：“快去找杨师傅”。

杨木匠得知消息后，马上到大殿上查看。果然门槛木头被料得短了半尺。啊！想从柱上解决已是无门，断已断，接也接不长了。在绝无门路可走时，杨木匠提起锯子，干脆把木头锯成两段。这可吓坏了殿上所有木匠，他们都当是师傅疯了。但是杨木匠不慌不忙地用尺量一下“门面”宽度，然后又把两段木头又各锯短二尺半。这才对呆着的闯祸师傅说：“在这头，各雕龙头一个，门槛上雕龙身，两头仍以榫头装在基石上。

木匠们按杨木匠所说照样做好，安置好一看，这个大门槛形成“双龙戏水”，中间空出6尺阔的过道。确实比统根的大门槛有气派，式样好。朱元龙看了，也认为比觉王寺的大门槛好。赞扬杨木匠有创新，其他木匠到此才放下了心。按惯例，木匠是三年一轮班，只有杨木匠留在南京，一直到太庙建成才回家。

杨木匠回到海宁，也没有闲着，今天官家请，明天同行邀，再就是仁和县、石门县、附近县里建造寺庙请他制图样等。到此而问路的人也不问桂花树底下杨木匠所住的村子，而问杨木匠。从此以后桂花树底下一个村，杨木匠所住的村子叫杨木匠至今。地点就是长安镇西关厢外三里的地方，现在的虹金村红心组，小地名至今还叫杨木匠。

（流传于虹金村一带）

张画师笑死金銮殿

长安有个著名的泥水画家，据说海宁北寺，杭州灵隐寺等有名的壁画都出于他和徒弟的手笔。朱元龙（海宁习惯叫明太祖为朱元龙）打败陈友谅、张士诚后在南京造金銮殿，就指名要张画师去南京画画。

张画师有一手画壁画的本领外，还有一手绝活：就是不用搭“脚手架”，他用六株长木头一搭，就来往如自。一直画到底。有一天他检查工地，发现大殿“藻井”有一块缺了一只角。而次日，金銮殿上要清扫除尘准备铺地毯，围桌帷等。他只好用三枝木头支个架，专心一致地在上面作画，对一对凤凰头部作修饰，突然听到有人走进大殿。因为是早晨，工匠们尚未上班，所以听得很清楚。也看得很清楚，是朱元龙走进来了。金銮殿里虽然还得清扫除尘，实际上已经清清爽爽地摆上龙椅，两支盘龙大烛已插在金铸的“烛竿”上，一切的一切都像模像样地安置妥当，稍作检查就等“黄道吉日”登上龙位。所以朱元龙东看看西摸摸，一切都做得金碧辉煌，富丽宝气。满意之极，站起身子，想到自己，一个觉皇寺里的小和尚竟能做上皇帝，不由得一阵哈哈大笑，也和做和尚时一样，习惯地伸手摸摸他的光头。因这个动作早已在民间传开。所以张画师看见朱元龙的这个动作，也自然而然地哈哈一笑，脚下一歪，从木架顶上掉了下来摔死。朱元龙本来气愤，但见一画师死了，表示他的爱民气度，对进来的侍卫说：“购棺木，恤银，差人送到他家乡安葬！”

由于是御赐，棺木大而重，运到海宁后，到四村庙，进不去“老鸦窝”他的家，就地葬了。以后此村就叫“张画师”以之纪念。但久而久之，张画师讹称张活司。

（流传于陆泽村一带）

孟子桥

明初时老盐仓是当时盐运中心，街道延伸到放火墩（放货墩）。所以化成桥头店铺林立，货栈典当俱全，成商业繁荣的中心地点。盐商和当地士绅，在明太祖号召全国各地广办义学时，也请镇上穷秀才，人称孟老夫子的在土地庙斋堂里开办义学。孟老夫子穷困潦倒，得此机会衣食有靠，诚心地担负起“教三五小子”的全责。

老夫子集镇上各种不同家境，年龄不一的二十名学生，在《百家姓》《千字文》等启蒙教学后，不教《云淡诗（家诗）》，也不教《大学》《中庸》和《论语》，开门见山地讲《孟子·梁惠王》。以“王问：望不远千里而来，亦将有利于吾国乎？”开讲就揭露人间从王到小吏，他们首先关心的是“利”，老夫子钦佩孟子的胆大，所以也大胆地以此开头。讲出：老夫子之“利亦应讲仁义”。

有一天，学生问：“先生教吾等学，学必有利于家、国。先生读了一辈子书，何处有利于家和国？”老夫子答：“事所学，教你们也，利于吾自己衣食，亦利于你们，使你们知道，王所要你们能为他创造出利；老板之要求，亦要你们为他生产出利；父母之希望，也是你们能为他们创造出利来。”再说此章，孟子要王以仁义治国，而老板和父母，也要以仁、爱对待你们，这就能使你们能为之创造利。所以说“王应以仁义治国，仁义至而民为之用也！”、“而急功近利者，适得其反耳！”

老夫子以切身的体会说，吾一生未遇而潦倒，至晚年遇好人才得其所。你们不要学我而要学实用之艺。由此，老夫子因材施教，使每个学生，按资质各得其所。

镇上盐商士绅和商、农等都感激老夫子之言。把土地庙前石桥以“孟子桥”为名，以至对老夫子的敬意。

（流传于盐仓村一带）

陆 石 匠

陆泽即陆石匠，手艺好，勤劳勇敢，孝顺父母有名。但父母病故，使他花尽了原来准备讨娘子的积蓄。可他人品好，同村的一位姑娘愿意嫁给他。当他们商量委托了媒人向姑娘的父亲议亲时，姑娘的父亲提出了非常苛刻的条件：一、缠红银一百，二、双方年纪大了要求早日结婚，但大盘银子也要一百。虽则姑娘拿出私房钱，那只够一些零碎开销。要陆泽拿出整整两百两银子，就为难得连想都不敢想，何仿借到，一世里也还不清，因此急得病倒在床，恹恹地愈来愈重。

由于陆泽的石匠手艺好，师兄弟之间的感情胜过亲兄弟，因此师兄弟们在城里知道他的困难后，就互相约好。起个"两百银子的金兰会"，给陆泽做头总。可是他们在盐官城里摆会酒，按习惯第一次会酒上每股笃出十两银子，由头总独得。师兄三个把银子装进搭搏，一块拿银子到陆泽家里来。但陆泽已经死了，爱他的那个姑娘也殉情死了。三个师兄大哭了一场，和陆泽的叔伯兄弟们商量，把两百两银子买了建筑材料，由陆泽的师兄弟和兄弟们亲自动手建一座庙。然后在庙里按"做阴亲"的仪式给他们两个拜堂成亲。这样给他们合葬后，庙里塑像，就供奉为"当坊土地"。称为"陆泽庙"。

陆石匠在接受三四百年香火后，当地人们生活得很和谐，因而当地一直以陆泽为名，延续至今。

（流传于陆泽村一带）

魏 郭 闸

魏郭闸现位于海宁市长安镇城东村东。据考证为清嘉庆年间建，同治三年重修。现保存尚好，仍在使用，对城东村附近农田灌溉、防涝有重要作用。

祖上对魏郭闸有一传说。据说当时长安河流主干道（现上塘河）主要分上河、中河、下河三部分。在清嘉庆年间，江南大涝，长安中河决堤，流域百姓颗粒无收、民不聊生。如果再不及时治理，下河沿岸亦将面临危机，现城东村附近的百姓岌岌可危。当时村内有魏、郭二人，出生在城东村原乌龙庙（现已拆除，无迹可寻）后面，在朝廷做官，两人联名一起提出建议，嘉庆皇帝于是拨钱建造此闸，故名魏郭闸。

（流传于城东村一带）

黄 梅 天

长安镇有句古话，叫做黄梅天，十八变。每年五月份梅子成熟的时候，天气一会晴，一会阴，一会雨，总是变来变去，怪里怪气的。据说孙悟空西天取经回来当了菩萨。每年五月玉皇大帝叫孙悟空管一个月的天气，悟空顽皮成性，天生好动，又有七十二变。他总想保佑百姓好，做到晴晴落落，落落晴晴的天气，一日变几变，一出风一出雨，一会晴，一会阴，雨水调匀，就把这种天气叫做黄梅天。直到现在都是这样称呼，这就是黄梅天的由来。

（流传于长安地区）

王祥焐冰

长安镇民间流传这样一个故事："有个王小祥，从小生来没了娘，娶个晚娘已三载，生得百病在棉床，一心想要鱼汤吃。王小祥拿银子去街坊，东家买到西街去，南街买到北家村。闻知得三九太湖连底冻，王小祥有铜钿无买处，只好脱掉衣衫焐冰烊。焐了三日并三夜，浑身冻得紫洋洋。孝子勤感天地闻，玉皇大帝一道御旨传下三天门，差得仙童仙女来变化，变成一对仙鱼水边扬。王小祥一见仙鱼心欢乐，得起仙鱼转家乡，仙鱼煮汤供母吃，生得百病都无妨"。王小祥一拜天来二拜地，三拜明月共三光。我待爹娘十六两，母待儿子远一斤，孝顺还生孝顺子，恶日还身恶日儿。孝是封建统治的核心之一，二十四孝在民、清时期流行。

（流传于长安地区）

千 胜 庵

长安镇东升村有只千胜庵，以前有一天，村里过来一只船，网船上的产娘要生产了，产下一子，生下后孩子就会说话，但从不叫爸爸、妈妈。妈妈问为什么不叫爸妈。孩子说，我不能叫，叫了你们，你们会死的，因为我比你们要大。后来父母去问盲子(旧时算命先生)。盲子说："这个小孩是圣人，长大后要做皇帝，叫了你们，你们要惯倒(死了)的。小孩生下的地方要没掉(淹没掉)几十家人家，出一千个圣人，只有造一只庵，才能逃过劫难。"所以村民马上集资造了一只庵，庵名为"千圣庵"。

(流传于东升村一带)

没　娘　池

长安镇东升村有个白洋池。原来不叫白洋池，而叫没娘池。流传着这样的一个传说："从前有户人家，父亲早亡，母亲转嫁，家中只剩下孩子一人。数年后，孩子长大成人，而母亲几经转嫁又回到这一地方，此时，母子已各不相识。两个苦命人在一起就结婚成亲，婚后母亲无意间发现原来自己与前夫所穿的两双自己做的鞋子，所睡之床也有相似，才知道与自己的儿子结成夫妻。这可是大逆不道、天理不容之荒唐事。这时，即见狂风大作，天崩地裂。所在的房屋突然下沉，就变成一个洋潭，大家就叫它没娘池。"后因叫别，就叫做白洋池。

(流传于东升村一带)

正月初一外传

据长安镇虹金村村民朱仲鹏讲："玉皇大帝本派弥勒佛在民间管理百姓，如来知道后心里不服，出来反对。玉皇大帝想了个办法，拿来两盆铁树要他们养，谁先开花谁就下凡，若两盆都不开花，仍旧由弥勒佛去。如来想玉皇大帝一定帮弥勒佛，就跟他换了铁树，果然自己的先开花，如愿下凡。结果弥勒佛只管一天凡间，正好正月初一，百姓个个开心，就称这天为春节。"

(流传于长安地区)

盘古分天地

长安镇虹金村村民朱仲鹏讲述："盘古原有四个儿子，四个儿子大起来要分家产，盘古的家产是天和地，他就把一年的365日分为春夏秋冬四季，每个儿子一季，后又得一子，他就只好再从春夏秋冬中各分出18日给小儿子，就是春分、夏至、秋分、冬至。"

(流传于长安地区)

马　牧　港

马牧之名，始见于唐《邬君墓志铭》"海昌之里，马牧之墟"。相传为古时候牧马之地。明末历史学家谈迁到过马牧港。对马牧港南来北往的船户之多有感，曾赋《海塘谣》云"前鸣金，后鸣鼓，声声官长催学苦。凤凰山边募石土，马牧港口拘船户，何时沧海变桑田，为免平民雇役钱"。说明马牧港历史悠久，很早就是重要渡口，船户集中之地。

(流传于金港村一带)

觉皇寺金刚

一般寺内四大金刚都是站着的，原因是相传当年朱元璋曾在寺内当过和尚，当他扫地扫到四大金刚身边时，让他们站起来扫地，因他是天子君口，便永远站着。

(流传于长安各地)

庄　婆　堰

据长安镇兴城村民陆祖兴讲述："庄婆堰桥原名人寿桥。相传庄婆堰河东陆家三阿太祝寿，用寿礼银子出资建造庄婆堰桥，桥名人寿桥。"

(流传于兴城村一带)

五　金　港

据长安镇兴城村村民王金狗讲述："横穿兴城、兴福村的五金港，传说是明朝军师刘伯温经过此地，把身边的五缸金子，埋在此地。后人就把那条河叫做五金港，把河上的桥叫做五金桥。"

(流传于兴城村一带)

盐　仓

据长安镇盐仓村村民张跃宗讲："明朝年间，钱塘江边海煮盐仓库基地，盐仓村委会旁的河当时叫运盐河，盐沙从余姚运来，烧制成盐后，再将盐从运盐河运往外地。"

（流传于盐仓村一带）

万福凉亭

据长安镇怡院社区居民蒋坤荣讲述：一个凉亭住着一个叫花子，这并不奇怪，可怪的是这个乞丐睡觉时头边放着一只尿壶，而且壶口对着乞丐的口。经过的人们都要看一眼，心想这个样子太脏兮兮，就这样来往的人回去后，一传十，十传百，很快有很多人都去看，确实奇怪。这事传到一名秀才的耳里，他要去看个究竟，秀才看后证实，是这么一回事。当时，秀才一看立即跪在乞丐的面前，并说："你不是叫花子，你好似姓吕，是吕神仙"。当即乞丐坐起身子，并说："好吧！我就当一回神仙。既然你求我要当叫花子，跟我去讨饭，那也好。"并问秀才你家住那里？秀才说："我家住河的对面，邹家角。"乞丐就同秀才到家里，到秀才的家，推开门，一眼望去，只有一破屋，举目无人。秀才讲："我父母早亡，屋下就本人，我已铁心，一同跟你讨饭度日。"叫花子见他诚心同随，便同意秀才的请求，当日即随而去。村民听说秀才要跟叫花子一起走时，都叫他不要去，可是秀才一定要去，走时村民送到村口，秀才向父老乡亲鞠了三鞠躬告别。跟着叫花子走了不少路程，过着流浪乞讨的生活时，而乞丐时现时影，并对秀才说："你跟着我已几时了，受了不少苦难，你现在不要再受苦难了，可先回你老家去，我看你的家是好的，家里前后是个大花园一样，屋前田秧稻花香，茂盛桑田，后有鱼池，幽静小道，还有众多乡亲，只要勤奋耕耘，将来必有锦绣前程。你就住在邹家角花园里吧，我住过的凉亭多亏你们有这么多的乡亲来看我，我很是高兴，而你们的邹家角，将来必有千福万福。"说着说着，这乞丐就一下子远走高飞，不见了身影。过了若干年后邹家花园果然出了人才，这个秀才在朝廷做了大官，村民们安居乐业，万事兴旺。此后，把上塘河乞丐住过的亭子取名为"万福凉亭"。

（流传于城东村一带）

觉皇寺命名过程

唐代建寺，至明朝初年，朱元璋的弟弟朱云龙落难，路过长安，寺内借宿一夜，后朱元璋为纪念而将此寺封为"皇觉寺"。到清朝乾隆出巡路过此地，主持请皇帝题匾，乾隆信手写下"觉"，就是现在的"觉皇寺"。一时香火鼎盛。

（流传于长安市区）

七　里　亭

长安镇陆泽村崇长港边上的七里亭，传说南宋间建造，亭子中柱子上有诗四句"七里亭，七锭金，想得金，七里寻"。后人千方百计找金子，可总是白忙一阵，后来过路僧人看到诗后，把亭子中间栋柱的漆刨开来，果然里面藏着金七锭，这时人们才明白"七里寻"原来暗示的是"漆里寻"。

（流传于陆泽村一带）

海　潮　王

据长安镇盐仓村村民张跃宗讲述：传说钱塘江里住着海潮王，他从江南贩盐回来，扁担一头挑着盐，一头挑着猪，走到半路停下来睡觉，潮水来了，把盐冲走，所以钱塘江水就咸了，猪也逃走了。海潮王就拿着扁担追，一直到杭州的六和塔才追到，所以潮水到六和塔就变小。

（流传于盐仓村一带）

杏花村与香雪酒

蔡看整理

有人认为杜甫诗上说的杏花村就是长安杏花

村。理由是长安镇自古即为水陆要冲。唐贞观五年(631年)在此设桑亭驿,开元十一年(723年)置长安市,为南来北往的必经驿道,驿亭南里许有杏花村(今为长安镇东市的一条街巷),古时,这一带农家向以善酿"香雪酒"驰名。唐代另一位诗人章孝标(睦州桐庐人)在《长安秋夜》诗中有"牛犊乘春放。儿童侯暖耕""岁晚香醪熟,村村自送迎"的诗句。杜牧在会昌三年(843)任睦州刺使时,有《南陵道中》《初冬夜饮》七绝两首。《唐诗鉴赏词典》认为:此诗可能作于睦州(今杭州建德市梅城)任上。《越绝书》卷二:"秦始皇造道陵内,可通陵道,到由拳道(即今海宁市),治陵水道到钱唐(今杭州)。"因陵道旁遍植松树。故又称"松陵",今海宁与桐乡两市接壤处,尚有松陵故道遗迹——松陵村。持此说法的人认为,诗人在睦州任上,一次途经长安驿时遇雨,在此稍作逗留,慕名而"借问牧童"后往"杏花村"去尝"香雪酒"。诗人通过雨中寻找酒家这一情节,别有风趣地点出春雨江南的独特迷人景色,令人读后,如身临其境,真不愧为脍炙人口的佳作。清代里人邹谔的《杏花村酒家》诗云:"远波渺渺柳含烟,几日东风欲放颠;才是清明丝雨歇,菜花黄过寺门前。"还有明代中叶小说家李汝珍《镜花缘》,故事是写唐代武则天在朝时的风土人情和社会现象,在"红文宴"中写到天下名酒,内中也有"海宁香雪酒"的记述。"杏花村在长安"的说法,也可能存在。

赌博阿六

旧时在长安镇的一个村落里,有个叫阿六的人,非常喜欢赌博。妻子苦口婆心地劝说他,叫他好好做事情,不要再沉迷赌博。可好赌成性的阿六却故意刁难妻子,让妻子以后只要不说出一个"六"字就不再赌博,并出难题。一天,阿六叫妻子去买长生果,并叫她买"六"个铜板的。妻子去去回来后说:"已买回来了。"阿六问妻子道:"你叫我什么,叫我买了多少钱的长生果。"妻子说:"我叫你相公呀?"并用手比了个"六"的手势,说买了这些钱的长生果。阿六这次没有难住他的妻子,又生一计,一天叫他的一个赌徒朋友上门讨债,这个赌徒到阿六家里和他的妻子说:"你的相公欠我六千六百六十六元六角六分六厘六,请快还钱。"就转身去了,阿六回来后,妻子对他说:"有一个人是你的更兄,上门讨债,他说他姓二四,叫幺五,他来向你讨债,叫你给他一万,而他找你三千三百三十三元三角三分三厘三,反正你也会算的,你究竟欠人家多少钱?"阿六见这次又没难住妻子,又回想起这几年倾家荡产,田地荒芜,他的妻子又温柔、聪明。他对不起他的妻子,就下定决心,立志戒赌,从此勤勤恳恳,这叫浪子回头金不换。后来和他的妻子有了小孩,从此过上幸福的生活,他的家庭也成为大家的典范。

(流传于长安市区)

"三女堆"传说

位于长安镇海宁中学的汉墓,俗称古"三女堆"。传说这儿葬着孙权第三个女儿鲁育,她的小名叫小虎。而她的姐姐大虎,嫁给风流俊雅的一代名将周瑜的儿子周循,她自己则嫁给卫将军全琮。在流血已成习惯的宫廷恩怨中,小虎被孙峻所杀,香消玉殒,抛尸于南京城外的石子冈。两个女巫在一个皎洁的月夜,同时看到一个30多岁的女子,她头上系着青色锦带的束头,身上穿着是紫白色的夹衣,脚上则是一双丹绨丝履。一个人在满是乱坟的石子冈上行走。走到荒无人烟的半山腰时,慢慢蹲了下来,用手按住膝盖,长长地叹息着,叹息着,然后飘进一座墓里。吴国的国主孙皓得知后,认定这位穿着贵族服饰的娇俏女了,是他的姑妈,就是具有高贵身份的小虎。于是把她改葬到长安镇上,因为长安镇还有孙权之妃翟氏的墓及孙权的儿子鲁王霸赐死后所葬的墓,几个亲人葬在一起,可以免去孤独。清代的学者杭世骏曾作诗题咏:"荒阡谁记赤乌年,金碗难寻玉化烟。只有化城芳草遍,随风青到夕阳边。"海宁诗人吴骞写诗道:"石子冈边改葬时,依稀绨履步来迟。朱颜尚有巫能识,白骨谁言鬼可欺。推刃至今嗔大虎,殃鱼何处问孙仪。纸钱社酒修川路,千古行人一涕洟。"

(流传于长安市区)

清明节与寒食节

古有清明前一天为“寒食节”之说，相传起于春秋时期晋文公悼念介子推“割股充饥”一事，后清明、寒食合而为一。唐代扫墓日期一般在寒食节，宋后移到清明。传说中“寒食节”的起源地就在山西中部介休，介休一名的来历即是为纪念介子推“割股充饥”而不图为报，最终在此被大火烧山而亡，绵山也因此又称“介山”。据历史记载，相传春秋战国时代，晋献公的妃子骊姬为让自己的儿子奚齐继位，就设毒计谋害太子申生，申生被逼自杀。申生的弟弟重耳，为了躲避祸害，流亡出走。在流亡期间，重耳受尽屈辱。原来跟着他一道出奔的臣子，陆陆续续地各奔出路去。只剩下少数几个忠心耿耿的人，一直追随着他。其中一人叫介子推。有一次，重耳饿晕过去。介子推为救重耳，从自己腿上割下一块肉，用火烤熟就送给重耳吃。十九年后，重耳回国做了君主，就是著名春秋五霸之一晋文公。晋文公执政后，对那些和他同甘共苦的臣子大加封赏，唯独忘了介子推。有人在晋文公面前为介子推叫屈。晋文公猛然忆起旧事，心中有愧，马上差人去请介子推上朝受赏封官。可是，差人去了几趟，介子推不来。晋文公只好亲去请。当晋文公到介子推家时，只见大门紧闭。介子推不愿见他，已经背着老母躲进绵山(今山西介休县东南)。晋文公便让他的御林军上绵山搜索，没有找到。于是，有人出个主意说，不如放火烧山，三面点火，留下一方，大火起时介子推会自己走出来的。晋文公乃下令举火烧山，孰料大火烧了三天三夜，大火熄灭后，终究不见介子推出来。上山一看，介子推母子俩抱着一棵烧焦的大柳树已经死了。晋文公望着介子推的尸体哭拜一阵，然后安葬遗体，发现介子推脊梁堵着个柳树树洞，洞里好像有什么东西。掏出一看，原来是片衣襟，上面题一首血诗：“割肉奉君尽丹心，但愿主公常清明。柳下做鬼终不见，强似伴君作谏臣。倘若主公心有我，忆我之时常自省。臣在九泉心无愧，勤政清明复清明。”晋文公将血书藏入袖中。然后把介子推和其母分别安葬在那棵烧焦的大柳树下。为纪念介子推，晋文公下令把绵山改为“介山”，在山上建立祠堂，并把放火烧山的这一天定为寒食节，晓谕全国，每年这天禁忌烟火，只吃寒食。第二年，晋文公领着群臣，素服徒步登山祭奠，表示哀悼。行至坟前，只见那棵老柳树死树复活，绿枝千条，随风飘舞。晋文公望着复活的老柳树，像看见了介子推一样。他敬重地走到跟前，珍爱地掐了一下枝，编一个圈儿戴在头上。祭扫后，晋文公把复活的老柳树赐名为“清明柳”，又把这天定为清明节。以后，晋文公常把血书袖在身边，作为鞭策自己执政的座右铭。他勤政清明，励精图治，把国家治理得很好。此后，晋国的百姓得以安居乐业，对有功不居、不图富贵的介子推非常怀念。每逢他死的那天，大家禁止烟火来表示纪念。还用面粉和着枣泥，捏成燕子的模样，用杨柳条串起来，插在门上，召唤他的灵魂，这东西叫“之推燕”(介子推亦作“介之推”)。此后，寒食、清明成了全国百姓的隆重节日。每逢寒食，人们即不生火做饭，只吃冷食。在北方，老百姓只吃事先做好的冷食，枣饼、麦糕等；在南方，则多为青团和糯米糖藕。每年清明，人们把柳条编成圈儿戴在头上，把柳条插在房前屋后，以示怀念。

(流传于长安市区)

赛　西　湖

长安镇东的青莲桥系尉迟恭砌筑的青莲闸改建的，桥东的石佛亭供的三尊石佛是唐时重建觉皇寺时移到青莲庵的。青莲庵就在石佛亭旁边，庵傍洋洋数十顷的建兴古湖，唐初到清朝乾隆时一直称为青莲湖。乾隆皇帝第二次到海宁时路过青莲湖，看见湖的四周古木参天，花卉遍地，宁静的湖里有两个姑娘在小划子里收网捉鱼，带起的水花在明媚的阳光下泛起粼粼的金色光芒，把两个姑娘衬托在桃红李白的景色里，使皇帝有所感地说：“人比桃花艳，景胜画中幽。这里赛过杭州西湖也！”从此，乡人称之为“赛西湖”。

相传，建兴湖东边村里有个女孩叫青莲，湖西一个湾里有一个男孩叫老虎。出生不久，他们的母亲就带他们到湖边洗脸、揩身。稍大一点儿就让他们学游泳。一天青莲的母亲看见女儿会像狗爬一样用小手划了两下水，欢笑地道："会游了，会游了！"引得她丈夫从茅屋里跑出来看会游泳的女儿。从此青莲在父母的关爱下，每天早晨在湖边洗脸。中午到湖里洗干净玩泥弄脏的手，才能上桌吃饭。不管天热天冷她都会在午后到湖里游泳、洗澡。晚上还得到湖里洗洗脚才能睡觉。而这样的生活，远眺对面西湖湾边的石礅上一个人在做她同样的事。一天如此，天天一样，但湖面太阔，看不清面目，也听不见声音。青莲天天在种花，除草美化她的家园。对面湖边栽遍的树木也扶摇直上，标注着她和湖对面的孩子都在长大。在又一个寅年来时，青莲十二岁，虽则青莲和对岸小人家约定一样，可湖面太阔，她们不敢游到对面看一看。可渔家的孩子会捉鱼，好像约定一样，青莲接过了妈妈的小划子，对岸也划出一只小划子。不知不觉地把丝网放到湖中心。青莲看清对方虎头虎脑，但腼腆地看也不看青莲一眼，自顾自地放丝网，青莲就来了气，把划子故意撞上了男孩划子的船头。那男孩被撞得晃了一下，但他只是瞪了青莲一眼仍不理睬。青莲把小划子傍了过去，顺手用桨劈得水花溅到了男孩头上，只见他只用手把脸一遮，一手把桨一划避过青莲的划子。这时青莲嚷道："你是哑巴，还是木头？"这时男孩知道，缠上了她不开口不行，才回了句："你才是哑巴！噢！你说过一句话没有，就是撞人家，劈人家一脸水，还是你有理？"青莲见对方恼了，心也软了说："好了，是我有点急所以骂了你，对不起。"小男孩见青莲笑了，还认了错，就开心地道："咳！不讲这些，你也是今天第一次一个人出来放移丝网吗？""是呀！你呢？"这样一问一答两个人就熟了。

从此，两人天天在湖中心会面，一起漫悠悠地荡船放网。每天天上地下地谈话、欢笑，知道对方名字青莲和小虎、也知道是同年十二岁。老虎壮实比青莲高一个头，所以他总像哥哥一样爱护、关怀着娇俏瘦小的青莲。青莲也像小妹妹一样喜欢在哥哥面前撒娇，调皮地逗老虎。老虎总是任青莲胡闹，从不逞强。

渐渐地两人长大，也相互去过对方的家。双方的父母都非常喜欢他们。他们除了谈笑外都精心刻意地把家装点得树木适宜搭配，花卉布置得屋前屋后浓淡交替，使青莲好似凌波仙子上岸。老虎家一样，但十几年大的树木把家隐于树之中，各种果子可供他不断地送给青莲尝新。

一年又一年，当两人十六岁时，双方父母准备请媒人给他们俩缠红（订婚）时，青莲的母亲在那年夏天急病撒手西归。在青莲行孝期间缠红推迟了。可青莲的父亲在丧妻之后沉浸于借酒浇愁而整日酗酒，把青莲所捕鱼卖了钱买酒喝还不够，连积存着要替青莲备嫁妆的钱都喝完了，又在长安镇上借了不少钱。还在别有用心的坏蛋撺掇下，这个酒鬼阿爸扬言嫁女儿，定礼要五十吊钱。老虎爸妈知道了，可是全村叔伯掏尽口袋也凑不出这么多钱。老虎和青莲几次求恳青莲爹减少点他都不肯。还说："有人允我再加五十千。"青莲自己再恳求，阿爸也没松口。看来希望渺茫，有一天，长安镇将派人送来彩礼整整 100 个银圆，还加衣裳等几箱子。声言三天之后来抬人，和他儿子拜天地，青莲知道难逃过了，所以半夜划船到湖中心，自沉湖底送了命。老虎半夜心惊肉跳起来后，觉得梦兆不祥，也划小船想去看青莲，但人已死。虽则爬上划子想抢救，但青莲闭气已久，生无希望。老虎自己也沉湖底不上来，舍命陪青莲去了。建兴湖东西两个村，人人爱青莲、疼老虎。两人为情沉了湖，为怜爱两人，湖东建青莲庵，湖西造个老虎庙，千百年间香火不断，世世代代给他们种树、育花点缀两庙旁边。并且把建兴湖改名为青莲湖，老虎庙前的湖湾称为老虎漾。

到清朝乾隆三十年（1765），正当花开树绿满湖岸的时节，也是两只放移丝网的小船荡漾于湖心。乾隆皇帝正巧在五彩龙船里看见了，马上下旨："停船！上去看看。"当皇帝走上青莲桥，小船里穿着淡红和墨绿丝绸烤花夹袄的姑娘停了手中活，仰脸朝着皇帝看。好色的乾隆看到碧绿的湖中间，这两个面似桃花胜似桃花的姑娘傻了眼。她们背后和四周，又衬着高树参天，繁花似锦，显得两人如画中的天仙一样。皇帝哈哈笑着说："真是'人比桃花艳，景胜画幽静'，实在赛过杭州西湖也。"

皇帝讲过了，当然从此青莲湖又改称"赛西湖"。至今湖东的村庄称青莲组、湖西村庄则叫"赛西湖"组，漾潭仍叫老虎漾。可惜的是青莲庵和老虎庙以及湖边的树木全在咸丰末年毁于兵火，只有青莲庵里烧不掉的三尊佛，移在青莲桥东的凉亭里，这古凉亭称为石佛亭。

自建兴湖改名青莲湖后不久，唐永徽五年(654)尉迟恭为排上塘水建青莲闸于湖口。明初闸毁建青莲桥、排洪闸北移两千米建魏郭闸(至今)。青莲庵和老虎庙(土谷神祠)毁于1861年。原来重建觉皇寺时，唐长兴四年(933)将原来三尊佛移供于青莲庵，青莲湖改名赛西湖后，成为长安镇和附近乡村人避暑、游览之所。1861年后，随即成为荒废的湖泊且日益淤塞，仅存其名而已。

(流传于城东村一带)

乾隆皇帝系列故事

蔡看整理

一、龙潭揭秘

位于长安镇上塘河的桃花口，有一个三亩大的池塘。原来是一片菜花田，因此人们觉得奇怪，怎么菜花田变成了池塘，并且叫龙潭，这“神秘的圣地”命名到底有何原因呢?

那是乾隆廿九年(1764)过年时，传开“皇帝又要来海宁，而且长安镇是皇帝进海宁的第一站”。因为传言是神秘兮兮的，所以是低声轻语，使人有些疑惑而问:“是真的?”“当然是真的，可你不能讲出去，这种消息被衙门里晓得了，就是犯了杀头罪”“嗯，晓得不讲。”可愈是讲不讲，讲的人愈是多，传得愈快，而且愈传愈离奇，各种各样的猜想满天飞。到新年里，走家串户拜年时，加了一句“喂！侬晓得吻?听说当今皇上是陈阁老儿子，上次来海宁就是来认母呢！这一次呢，刚刚是第三年，侬想皇上来做啥呢”。

言归正传，猜想由他们去猜想，而皇帝要来海宁，已是铁定了的。州府衙门已下命令:“元宵节的灯彩，务必精而又精，参赛上名次的有奖，不够格的要重做，而且要罚。”因此这一年的元宵灯彩，与往年完全不同，米业同行所扎的牌楼雇大师傅来做。所以家家户户是别出心裁，精雕细刻，配以谜语参赛马。米业同行的四个牌楼在众多的灯彩拥簇中显得精彩夺目。大家知道，元宵节是彩排、初赛，主要的是欢迎皇帝时用。因而人来人往，于元宵夜里评高低、好里挑好。所以这一天人人兴高采烈，尽情地欣赏各种、各式各样的灯彩、猜谜语，一直到丑初才收灯。

可是沉睡未醒，就被大营里的绿营兵呼呼嘭嘭地吵醒。叫大家起来揩刷门面，打扫街路。长安兴福高桥南北，十几只米市上的大开梢空驳船倒霉，被大胡子王千总亲自跳上船头，将手一挥说:“快起来，有公差，马上上坝到上河仙鹿桥头听命令行动。”绿营兵马催船夫行动，押着他们上坝。仙鹿桥头集合后，由一名把总带了开向桃花港。

天亮后，州判带路，二十几匹马骑着些大官，经万福凉亭，驰到桃花港对面下马。用驳船搭的浮桥上，王千总说:“请大帅过桥”。原来是浙江巡抚带部下来了。人们远远地看见巡抚他们到河南一片菜花田里，指手画脚地看一回，只听见王千总那大嗓门喊声“扎！属下得令”后，大官的走了，只留下几名兵丁和驳船夫呆着。

下午，王千总成了菜花田的主人，把州判(开始常驻长安镇的县丞)送来的工匠和木头、毛竹、芦席等。把菜花田围得水泄不通。各乡庄的壮丁就在里面干着，由于行人不准靠近，里面在做什么，任何人都不知道，神秘兮兮的使人难于猜测。

好像过了十天，里面撑起很大很大的芦席天蓬，靠塘河的围障开很大的口子，整排的大木头拖进去，远远地就可以听到里面有打铁声、锯板声、敲打声。口子里人进人出，从大船里搬进的东西愈来愈多。由于都装了箱子，使人不知道里面的胃口何以如此之大，什么都吞进去。

一个月后，天蓬中间开了个大天窗，一杆冲天的旗杆竖了起来。又过一天，靠塘河开了个进水口，河水哗哗地氽了一上午。里面显现出一艘金碧辉煌的五彩龙船。这才使远远观望的百姓打破一个多月来的神秘疑团。更证实:“皇帝要来海宁”。

是年二月廿八，省城巡抚衙门和长安千总署的绿营兵又一次在镇上和桃花港的塘路上设哨卡，接着海宁州和州判陪省里来的大官到桃花港对面的行帐里落座。当王千总禀了声:"一切准备完毕!"巡抚衙门中军官在杭州将军和巡抚点头示意下,将手中令旗一挥,下令"试航开始"!穿号衣的兵丁立即将五彩缤纷的彩龙船撑到塘河里,可前进不远就被一棵高大的毛栎树杈拦住旗干,那位将军怒喊一声:"砍树!"千总马上一声喊"得令"。当他转身时,一名把总对千总耳语道:"先去树杈后砍树"。因为龙船撑出塘时,两名木匠已发现挡住航道,所以已经持锯在等待,因此他们马上上树。"霎!霎!霎!"几下把树杈锯下,龙船顺利通过。看来无事,大官们上马走了,龙船进坞,等待皇帝来时使用。

在闰二月初四,龙船载皇帝到海宁后,空的造船坞就称为"龙潭"。那棵锯了树杈的大栎树下的村庄从此以"大栎树下"命名。村子和"龙潭"至今还在。人们仍传说着乾隆的这一段故事。

二、长安接驾

乾隆三十年(公元1765)闰二月初二,长安街上"太阳从西横头出来了"一淘平常日脚总是"哼儿妈儿"的绿军营兵闷声不响上了街。看见露出地面的砖头、石块全部撬掉、坑坑洼洼全填平。

第二天就不一样,绿营兵用马鞭子赶着农民用黄沙铺平街道,稍有一些不顺眼,他们就用马鞭往这些衣不蔽体的农民身上抽。另外是海宁县衙门里的差役,有几个督促米业同行扎牌楼,大部分和里长、铺丁一起把店铺里多余的人和庄里的农民,挨家挨户的检查门口彩灯外,押着男男女女、老老小小,一淘淘往东岳庙赶。等到这些老百姓踢踢蹋蹋地轰在一起时,县丞和文案师爷站在兴福高桥上,文案师爷道:"听着,给我仔细地听着!第一,明天皇帝御驾临长安镇,尔等要注心虔诚地迎接圣驾。妇女儿童站在第一条白线后边;男人站在第二条白线后面。不得超越白线,违者,斩!第二,皇帝驾到时,任何人都得下跪,叩头到地。任何人都不准喧哗,不准乱动,不准偷看,违者斩,重者殊九族。听见了吗?"这一连两个斩字和其他什么话,听者未必懂得,因此只有那些衙役、里长、铺丁答了声:"听见了"来代表了大家。师爷随县丞下了桥。里长和铺丁随着衙役,带属下的百姓到认定的接驾地段,试着排队站一会,试着做欢迎驾动作,不正确的做了纠正。老百姓怕衙门里人,怕杀头,一清早早饭也没吃,饿得头昏脑涨,但是一切都忍着不敢吭气。

第二天是初四,比上一天还要早就被衙门里的人从被头里叫起来。早饭没有吃赶到认定的接驾位置。他们等到天亮,看到太阳一节节升高,肚皮里虽然饥饿,但只有忍着、耐着,谁也不敢动一动,怕杀头啊!

已初,头报到,旗手一路上只轻声地说:"起驾!"可在何处起驾未说。

一刻:二报到。皇帝御舟到七里亭。

二刻:三报到,皇上在庄婆堰第一码头换上御马。

三刻:"接驾",穿黄马褂的侍卫官在长安塘上两边排开道子,跟着仪仗队来。

随即是御前侍卫和随驾大臣拥着皇帝御马慢吞吞地来了。驾前太监一声"圣驾到!"三呼万岁声彻天空,百姓叩头在地,整条长安塘上寂静无声。只有"铁托、铁托"的马蹄声清澈地传入每个人的耳朵。皇帝看到上万百姓密密麻麻地,诚徨诚恐地跪于地上一动不动,使得这个皇帝洋洋得意,微笑着让御马慢慢地行进。因此从王婆弄到兴福高桥这一段路,足足花一个时辰。皇帝哪里知道,他踱得愈慢,老百姓的膝壳头跪得愈痛,流的泪愈多。皇帝来到兴福高桥码头上,再换御舟。等御舟启动后好长一段路才使老百姓松了一口气。由于衙门里人走了,他们才敢站起来抚摸着疼痛的膝盖,捶着腰背蹒跚地回家。所以当时有人说:"皇帝没来想皇帝——怎么样?皇帝来了脱层皮——痛吻。"而老百姓只有哑子吃黄连,自己知道。

而乾隆皇帝呢?看到老百姓那样的惧怕,心里非常满足。而在陈园里写一首诗说:"舣舟跋马度由拳,心喜观民缓着鞭。更有阅塘予正务,遂循溪路易轻船。夹溪万姓喜迎銮,桑拓盈郊入画看。廿四桨过风帆驰,片时新坝到长安。"

三、梅花桩

由于钱塘江江水改道,胡家兜是江水冲激的主要地段,很深的海沙冲得饱含水分而成为"活沙"。因此白天打下去的大木桩,一夜间就浮躺在沙面上。浙江巡抚等大官就提出"北移数十丈,择宜桩处建海塘"的条文。乾隆二十七年(1762)三月初,乾隆皇帝亲自到胡家兜视察,表示"建塘本欲卫民而先殃民,其病大于挖肉补疮"。而下旨"原地建塘,不准北移"。避免拆民房,毁农田的殃民事件。但当时官员"墨守成规",采取"拖而不决"的手段,到乾隆四十五年(1780)其他石塘都建好而作砌坦水等护塘工程时,老盐仓的化字号到由字号200余丈的海塘仍未动工。乾隆知道后火冒三丈,马上撤了工禀望的官职,解京查办。委派杨宽到浙江会同陈辉祖(巡抚)把这段石塘建好。消息传到老盐仓,等待已久的工匠师傅们,把获得了成果的打桩法绘成图纸,只等上司一声令下马上动手。

杨宽和陈辉祖虽住进老盐仓行辕,几经商量,认为前任定下的规矩不能改,一则怕更改后出事故担当不起责任;另一则怕改动不利前任的处罚。可两人已无它法,只是叫兵备道盛住。备"猪头三牲"上海塘祭海神,以求神助。工匠们盼不到开工的命令,使每个人都焦急万分。于是共推老工匠谢头持新法打桩的图纸去恳求开工。谢头因几次向上司提过建议,每次都被"你知道什么!"或者说:"司员也没有办法,你能有什么办法",斥之为自不量力而不接纳。这一次,见众人焦急的样子实在可敬而接了图纸说:"好,拼了老命也要去大营里见河道总督大人!",实在的是去找胡家兜的李大伯。

李大伯是胡家兜的里长,从拆草塘建石塘以来和塘上的工匠与大营里的厨师在空闲时,经常吊些老酒在李大伯家里聚叙。所以谢头一接图纸就去李家。李大伯一听谢头的话,把老烟管在鞋底磕掉烟灰说:"我们也听到了皇帝罢了老巡抚的职,派新的巡抚来,下圣旨要把这一段海塘修好。大家动脑筋,要求早点动工,都是为我们好,所以这个忙我一定帮好。""那你怎么个帮法呢?""哎老弟你忘了还有个沈师傅在大营哪"。李大伯把图纸往衣襟里一塞,拎了两只鸡,一条草鱼和一捆韭芽说:"老弟就在这里等我,今天还好两位大师都在,受沈老弟之托亲自把这些东西送去,所以你等着,看我的!"

因为大家心急,所以都起了个早。李大伯送鸡、鱼到大营厨房,沈师傅给两位大师的点心刚出笼,所以李大伯把来的原因一讲,姓沈的从风炉上拎下开水壶递给李大伯,自己捧了两小笼烧卖和调料碟子说:"去!我要来个现炒现卖,马上去把图纸呈上去!"李大伯见沈师傅有把握的样子,就跟着上前面大帐走去。

厨房在营盘里面,值班的步哨在辕门口,因此沈师傅能直接走到大帐前,旗牌官见是老厨房来送点心,马上打个招呼就让两个进大帐。但前帐的中军见他们却拦住说:"两位大师在议事,不准进去"。沈师傅知道规矩,但这次却大声说:"中军大人,点心可要趁热吃,尤其是开水,要快点冲撮泡茶,迟了可泡不出味道来呢!"不等中军开口,后帐里杨宽大声地问:"外面是谁?让他进来!"

原来杨宽和陈跃祖正在帐内摊开"海塘施工图"。沈厨师放下蒸笼,接过李大伯手中的开水壶,李大伯趁机跨于两位大人的案前大声说:"禀告大人,小民有行之有效的打桩法","什么!尔有打桩法?快说,怎么个打桩法?","大人,叫梅花桩法",即五根木桩同时齐下,桩与桩之间互相牵制,所以保证不浮、不倒,整齐有序。这就是图式和说明书"。

杨、陈两人上塘近半个月,就是缺少办法着急,所以杨宽亲自到李大伯手中接过图纸,与陈辉祖展开同阅。图纸正中是图式,左下角是打桩时排桩的说明,右下角每一组木桩打下后砌条石的程式和说明。一切明明白白、一目了然,所以陈辉祖和杨宽,会意地丢了眼色说:"你下去吧"。

老厨师是最了解当大官的一举一动包含着阴险的脸面,就立即拉李大伯退出大帐,把围裙兜里所有的碎银子和铜钱掏出来交给李大伯后急着说:"快走快走!走得越远越好,要快,一回家拿了替换衣物马上从小路逃走!"李大伯见他焦急的样子,知道事态严重,所以一回家拿了衣服,只对媳妇说:"有人问起我,就说我死了"然后从后门走了。果然,他前脚走,大门口就来了四个旗牌官找李大伯,旗牌兵不信李家媳妇的话,找了半天才无奈回去。

第二天一早,兵备道盛住又奉命在海塘上供起"猪头三牲"点香烛、烧元宝祭海神。并且大声地传达巡抚陈辉祖的命令说:"当今皇上洪福齐天,有上苍保佑。昨晚得海神传以'梅花桩法'一卷。今命令塘上工匠按神传图说，顺序施工不得有误，违法乱纪者立斩”。

当下兵卒放炮仗升天，早已严阵以待的塘工，五桩并列，号子声起，石硪齐下，一会儿进度及快。杨宽和陈辉祖出现在工地上，他们相互交换眼色，洋洋自得地点点头就转身走了。其中还是多吃点墨水的杨宽知道这个打桩法是塘工们发明的，但职位低微，前任一直拒不采纳。看看塘工们熟练的操作，他也肯定：这一次能顺利完成任务。但为保证前任的脑袋和前程，更要提高自己的身价，只能“白天说瞎话”。大肆宣扬有白胡子海神传授“梅花桩法”。石工已砌底盘，条石正按程式斜向地往上叠砌。这又接令：备“猪头三牲”酬海神。盛住巴不得隔三差五地祭海神，他有猪头肉下酒也。而杨宽和陈辉祖也忙着叫文案师爷写“奏折”。把白胡子海神显灵传授梅花桩法，并取得成果的过程，添油加醋地描绘得“真有其事”一样。

乾隆四十八年（1782），老盐仓筑海塘工程完成，浙江总督和浙江巡抚一面奏请皇帝再次南迎，一面为“白胡子海神”请功建祠。乾隆皇帝虽有疑问不大相信，但其中“皇上洪福齐天而处处得到神助”等等赞语是心领神会。所以下旨“于该处建祠以答灵贶，亦为捍卫民生”。

到次年初春，白胡子海神庙建成，于开光那天挂“御书荆墟庙”匾额。李大伯和已经退役了的谢头、沈厨师会聚在海塘一面小酌慢饮，一面观看原来的兵备道盛住代表巡抚为海神上供、读祭文、揭幕、挂匾等。观众中几个调皮的则在笑道：“乾隆皇帝上了当，两个造谣睡大觉，海宁知州当活猕，百姓看得哈哈笑！”有的说“杨宽造谣有官升，乾隆皇帝是瘟生，盛住吃饱猪头肉，海宁知州当活猕”。

尉迟公系列故事

蔡看整理

一、龙头上观操“好”

李唐统一天下。尉迟恭做了“江南行营都总管”，驻守杭州。这位坐不住的老将军，先查看交通条件后，他就爬山越岭，查察杭州的山，又视察杭州的水。当他骑上马，在卫队官兵拥簇下越过临平山，只觉得眼前一亮，啊！好大的一片平原，无边无际，到处是绿油油的麦田和金黄色的菜花。树丛虽高，在中间升起一缕缕炊烟，景色如画，一片宁静的安居乐业的景象，把这个在战场上滚打过来的老将军，感到责任重大。

因为老将军受命南下时，军师徐茂公告诉他，北方战乱很多年，吃穿自保不能，京城的吃穿、用全靠东南供给。所以一到江南，一要保安定，二要保百姓于本业，三要征收到足够京师的所需，四要保物资源源不断地运到京师。因此这位战场上不皱眉头的老将军在视察四周情况后，也坐了下来致力起脑筋来。第一个是改建盐官城，这给儿子下了命令，由尉迟定林督造。自己觉得义亭埭重要，所以得自己去坐镇一下，看看每天的运输量。

哎！义亭埭来了个黑炭头老将军尉迟恭，老百姓心里乐开了。第一天人们从老远乡下到义亭埭来看“黑炭头”到底怎样个黑法？没有看见前，心里总想，人么有黑有白，说他黑就是像尉迟恭的绰号——黑炭一样么总够了。可一到镇上，看见尉迟恭都把大家吓了个半死。

因为，一早尉迟恭全副盔甲，骑着乌骓马，马又跑得快，他们看见的是坐在乌黑的大高马上，是一个乌黑高大的大汉。一团乌黑，哗啦啦飞快地奔来叫人来不及躲避而跌了个头破血流，这还不吓杀，还能什么呢？可事实上尉迟恭没有放开马狂奔，是慢悠悠来的，因为将军人高，马又高，使人们感觉上像乌云一样盖上来，而心慌而退，结果跌破了脑袋。

尉迟恭一早就要操练自己的兵卒，操场在回龙桥西北（小商品市场和农贸市场）。刚好在回龙桥西50米有块面向操场的石头，高近五尺，方园正好让这个大个子尉迟恭打坐那么大。由于他要求部下操练时严，因此军刀燦亮，盔甲鲜时，站队时整齐划一，散开时有规有矩。正当队伍演习到“翻身出刀”这一招，整齐的兵卒们同时出刀，同时嚷了声“着”！尉迟恭看得真的也站起身来大喊一声“好”字同响，使四周围观的老百姓也跟着嚷“好”，使天空、四周，同样嗡嗡地反映出“好”——的回声不断。

因为看得好，老百姓一天比一天多，“好”的声音天天准时像打雷似的响，连烧早饭的老婆婆、大嫂嫂、小媳妇和大姑娘、小姑娘都来观看，所以尉迟恭带队走了后，每天早上同一时间，这里总像是响着“好”的嗡嗡声。

尉迟恭走了，人们去看这个大高个子坐的石头上，被老将军每跺脚嚷好的地方被跺出了两个军靴的印子。从此大家一致称这块石头为“龙头上”。每天有“好”的嗡嗡声称尉迟恭的喊声，所以当时建个小桥叫“回龙桥”。在建火车站时，东街到上闸桥头开了店铺，靠上闸不远的回龙桥头开了个茶店，就叫回龙阁。都是纪念尉迟恭看操嚷着“好”一字出了名。连老邮局的包封船也停在这里沾了光。

注：邮局包封船是老邮局传递信件的邮船，是向北面科同，兴福寺边送邮件的工具。

二、上塘河上第一泄洪闸

尉迟恭做大总管后驻在杭州，即对义亭埭情有独宗。义亭埭西北有他的练兵操场，给后世留下一块千百年不变的脚印。

永徽四年(653)，他这个山西大汉又一次到了义亭埭。这一次好像久住一样，每天和过去一样，在回龙桥头观察，叫“好”，可正巧逢到了山洪暴发，从钱塘江、武林山等山区大水都卷入了上塘河。唐初，虽开了大运河，但从杭州到盐官城，这条上塘河还是秦始皇的王翦将军指挥建成的陵水道。没有一个排泄洪水的口子。因此洪水一来，集中涌到义亭埭这个土坝来，土坝为了过船，被当兵的挖低了，水一来被冒过坝顶，洪水一来就把这宽阔的土坝冲坍了。

尉迟恭在义亭坝被冲坍，市吏、驿丞首先来向这位大将军禀报。这位黑将军军人作风不减，一闻报，马上带兵士上坝地堵坝。可越是人多，土坝越是坍得快，水未堵住，几个当兵的都被洪水冲走了。尉迟恭有生以来第一次喊出救命，可这一次他被洪水逼得发出了这个违反自己意志的命令。接着，冒着倾盆大雨，沿塘路往东视察，直到盐官城处。塘路都好好的，回义亭时，见青莲湖离塘路近，他心里就有了谱，要在这里建个排泄洪水的陡门闸，以分泄义亭埭的负荷。事也凑巧，建盐官城的运石船还趁山洪顺水氽。尉迟恭命令靠船，叫兵士们卸下石头，就开始建闸。兵士中能人多，雷厉风行，建闸的进度很快。洪水一退，闸亦建好，因地处青莲湖边，因名青莲闸。

青莲闸建在青莲与陵道最狭的一段，是青莲闸放水时渐渐地附近土地的岸滩冲刷掉而狭了。后来修适闸时不可能原地重建。于明洪武二十八年(1395)移建一滚水坝排泄洪水，取名魏廓闸，青闸原址建一纤塘桥，至今仍以青莲桥为名。

三、洗马村村名由来

尉迟恭以忠义、勇猛、直率，与忠孝、机智、仁义的秦琼一样，成为人们守护神而彪炳千古。但使人想不到他在我们海宁留下了千古不泯的爱民故事。

唐永徽初(649—655)尉迟恭初任东南行岂都总管后，驻杭州。就率部将踏勘杭州辖地。从杭州出发，由于天气久不下雨，五月天酷似七月盛夏那样无风而骄阳似火，炎热使人汗流浃背。尉迟恭带部下全副盔甲披挂、身骑高大烈马，行进在向阳的驿道上，被太阳晒得热不可耐，所以到了王宅笕，他们在一块松树林下了马，在茂密的树冠下，阴凉可人。人和马都淌着汗水，他们卸了盔甲，赤着膊、牵着马准备下河洗涮时，附近笕上的村里的百姓被惊动了，纷纷提桶、端盆到笕上河里取水，尉迟恭下水潭说：“你们在笕上洗马沐浴，把水弄脏了，老百姓怎么烧饭吃，去！到笕下水里去洗。”

兵士们看着老百姓那种惊慌地把桶、盆、罐到笕上打水，也有惊觉，忙牵着马绕过村庄，到王宅笕下面水湾去洗脸、洗马，嘻嘻哈哈觉得将军真好，一面说，一面夸自己的老将军好。老百姓见了，大家放下桶、盆、罐跪于地上，大声地嚷：“谢谢大将军的体恤！”这个山西大汉，乌黑的脸上正经地弯腰扶起身前的老人说：“不用谢！是我的部下惊吓了你们，我怎么做还是迟了的呢，我应该向大家认错，道歉，以后到什么地方都得关心你们才对！”

王宅笕旁的村庄从此改为洗马村，千百年来一直未改，为的纪念尉迟恭将军。

小康王赵构系列故事

蔡看整理

一、留茶亭留小康王

小康王赵构，逃难逃到古盐官县时，又被金兵追赶上。小康王的随从官员和兵丁们，被金兵一个冲袭，就把小康王的人冲散了，身边只剩下一个随从将军，两个人钻进秆稞子里，等到外面没有声音，两个人才钻出秆稞子。时间已过午，但是在这兵荒马乱的日子里，一时很难找到问路的人。在口渴、饥饿、疲倦的情况下，两人跌倒在祝家场东面的过路凉亭边。随从的将军因战斗中负了重伤，流血过多，因此倒下再也站不起来。但倒下时，把小康王的两条腿压在身底下，小康王就是醒转来，也爬不起来。

这时虽然是金兵横行长江南北，把人们扰得日夜不得安宁，但这一年麦收过后，天气炎热，所以，祝家场东过路凉亭里烧赐茶的老阿爷提早在凉亭里赐凉茶，送草鞋。

这一天老阿爹炖滚了最后一罐滚水，拎瓦茶罐到凉亭里，把水倒进茶缸，正转身去一看，原来有两个人，一个大个子倒在凉亭口的一块大石头边，看样子想坐到石头上，但突然不支倒下，两条大腿还压住另一个人的身上，他走过去一探大个子的鼻尖，发觉他已经断气。因为大个子的一条臂膊还搭在石头上，老阿爹趁势一拉他的手臂，将他翻了个身，压在另一人身上的双腿也随身体翻转来时移开。只见下面的人头向边上侧过来，老阿爹伸手一搭，鼻头里还有气，就赶紧用竹筲子舀了半筲子茶水，那个人轻轻啊了一下，但头更垂得低了。老阿爹见识多了，知道这是饿过头了的反应，马上喊"老太婆，兜碗粥来！"老阿太见老头子急了，就一步一颠的把粥送来，亲自一调羹一调羹地给小康王喂起来。由于小康王已醒过来，喂下半碗粥，也就坐了起来。看到侍从将军死在身边，不由得大哭着说："这可怎么办？这可怎么办？"老两口这时才知道眼目前是一个十五六岁的孩子，一面忙着给他整理衣裳，一面劝他不要急，不要急！有什么困难慢慢说，好商量。同时见这孩了的衣着质地上感到这是个高贵人家出来的，等到他一面去为侍从将军理了上衣，一面有礼貌地向两位老人家行礼致谢等动作角度上，看出这孩子是有教养，知书达理的好孩子。加之天色渐晚，就留住小康王，在老人家的茅草篷里过了一夜，并且把将军的尸体掩埋在会龙桥头。

第二天，老阿爹一早就沿平阳堰港去打听金兵的去向，知道昨日金兵分两路向南去追小康王，在路上总算找到了两个伤兵，一问正是小康王卫兵。就带回过路凉亭。他们拜见康王，但已是感到伤口剧痛，路也走不动了。但又传来一支金兵沿绵长港向北来，所以大家急得只能把小康王留下来，让伤兵去找失散了的同伴。又一天，伤兵回来一个，另一个已倒毙在路上，因探得金兵已回硖石，老阿爹准备干粮送小康王过洛塘河，那伤兵伤虽重，但很忠心，决心陪着康王临安去。

小康王在临安（今杭州）登基做了皇帝，立即差人到盐官来，重修过路凉亭。老阿爹两口子的草棚拆掉后造三间大瓦房。建关帝殿，纯阳殿（祀吕纯阳）、佛殿、经堂和供过路人留宿的客房。老阿爹两口子仍在过路凉亭里赐茶，送草鞋。

二、烂木桥头得济

小康王在老人家的儿子送到洛塘河北，由于迷失方向，回头走到了近硖石时，见金兵还在渡洛塘河，准备过河追捕小康王赵构。小康王一见金兵就急忙下了塘路，钻进了一个小林子，由于没有了侍人不识路，他一个十五六岁的小青年又不认识路，一个人乱闯乱走。走到烂木桥头天快亮，可脚却走不动了。豆腐店的老阿爹见后，扶他进了屋里，给这人吃了碗豆腐浆。问起他说是要到杭州去，也告诉他："沿塘河朝西走，到了尽头再问人就能到杭州"。小康王因为毫无经验，问了路也就出门走了。可是一过烂木桥，在小庵门前晕倒了。真是他命好，庵里当家师太还好开着门，一见是个瘦小的孩子倒在门前，马上出手扶他起来，由于师太稍懂医理，她看了小康王的眼睛，又搭过他的脉搏，知道他没有病，而是饿得昏晕过去。因此扶到灶边，把煮好的米粥喂他吃，等醒过来后，又让其吃了一个馒头。慢慢的小康王恢复点气力。这位慈祥的老师太，知道他是在逃难，追兵一直跟在后面，同路的人都死了，而他只有能逃到杭州就可以得救。老师太又知道追兵就在后面，所以拿出馒头让他吃饭后，还用捎袋给他装了十几个馒头和粽子全都送给小康王，并亲昵地告诉他，朝西走，再往南又朝西走，为躲开追赶兵，尽可能走乡下小路。赵构见师太语言中真比亲生母亲亲切，更细微、更周到，所以出了庵门，不停的回头瞧瞧师太，把师太的容颜记在心头。

到赵构在杭州登基做了皇帝，第一个想起的是师太。头一道圣旨是告诉钦差到海宁（当时称盐官）去给师太建造一个像样的庵堂，赐名“接济庵”。这时烂木桥头的老百姓，知道三月间那天昏倒在庵门前的孩子是小康王赵构。因此把烂木桥改成石桥，取名“迎圣里”。

三、弹棉花婆婆救康王

小康王得师太接济，一个人沿塘河往西走。走了不久，金兵从东面来了。幸好他人小，在桑树和秆稞里一钻，等金兵往西去了，钻出来再走。可金兵一队接一队赶来，马蹄声很远已传过来。康王躲了走、走了躲，后来只得离开塘路从小路往西走。可是一到黄墩港的赖木桥，就听到塘路上“噼里啪啦”传来马蹄声，赶紧朝北走，一只浜兜前草舍里一位白发老婆婆在弯着腰弹棉花。一见这个瘦弱的孩子慌慌张张跑过来，后面高大的战马上，金兵咋呼着在追赶他。马上叫他靠着弹棉花凳蹲下，她把拖地长的布裥一撒，把小康王笼罩在布裥里。金兵追赶过来一看，老婆婆仍悠然地一下一下“嘭嘭、嘣嘣”弹棉花。草舍里只一架布机，一架纺纱车，一只马头形硬灶和一张朝天铺外一无所有，一目了然。所以问也不问一声，调转马头往东跑了去。这时老婆婆问康王，康王站起来讲了他和部下失散了，本来跟班的人又逃的逃，死的死，只剩他一个要到杭州去，可金兵穷追不舍，不知如何是好。老婆婆正想办法，可又听到马蹄声从远而近，只得把康王从破墙里推到了隔壁小土地庙里。土地庙很小，除了土坛上的土地公公外，只有一个木制长拜单。小康王很聪明，一下子就躺在拜单下面。金兵回头来一看，小庙门口挂满了蜘蛛网，庙里很小也一目了然，看到屋角里老婆婆仍旧原来姿势，在嘭嘭、勃勃弹棉花，于是马不停蹄地走了。

这一回，天已过午。老婆婆煮米饭让小康王吃饱了，才告诉他：“你在这前面沿塘河往西走，见弯头上南，沿塘河走，就能到达杭州。”老婆婆把做的清明圆子都给他，小康王接了干粮袋就告别婆婆上了路。

四、悟空禅师救康王

小康王赵构从黄墩庙出来，没有太监和近卫带路，惊慌中无头苍蝇一样只管往前走。走了一个下午，不分天南地北，朦朦胧胧进了盐官城里，此时才见追兵在后，慌张中转进一条小弄，不知不觉地撞进北寺里。走进大殿不见一人，佛像处又爬不上，罗汉座又藏不住人，只有一个老和尚的座椅下可以躲进他的小身体。他就弯下腰钻了进去。老和尚默默地转着手中的念珠，不声不响地把黄色的袈裟一抖，严严实实地遮住了椅子下的小康王。

这天，正是金兀术亲自赶来，见大殿上只有老和尚一人，就下马进来有礼貌地问：“大师，可见人进来？”老和尚合十答：“阿弥陀佛，坐者不见行者见”。这一句双关语金兀术认为是对的，坐着的人怎能看见逃亡的人，所以立即走出大殿，上马走了。

听到马蹄声远去，小康王才从老和尚的座椅下爬出来向老和尚叩头道谢。老和尚即坐着说：“免礼了，你要记着，临安在正西。不管怎样，一定要朝西走，就可以到达。”从此开始，小康王有了方向，经过不少灾难，但方向对头，终于到达临安，即杭州。

当小康王在临安做了皇帝，他记着每次救过他的恩人。但派到盐官城北寺来的钦差，一问老和尚的情况。北寺的住持方丈说：“那天我们都到乡下避难去了，寺里根本没有一个人。”后来根据小康王的描述。住持方丈说：“知道了，穿黄色袈裟的，寺里只有唐朝时的悟空大师”。就请钦差去参观从唐元初时（805—821 年）留下来的悟空坐像，并交钦差带回到临安让皇帝鉴定。皇帝一见就说“是他”。但知道他已仙过去 300 多年，才差钦差领圣旨封悟空大师为“安邦护国禅师”，把禅师骨塔保护起来。

五、秧田里小康王脱险

刘王埭的大伯送小康王到了淡塘口后，小康王本想朝西走。可是走了不到半里路，金兵在西面不断地经过，有的还向东来。小康王见无处可躲避，就在塘河边秆稞里一钻，等金兵过去落北走。他没有办法，见桥就过河。可是天阴有雨，他分不清方向，盲目地向前走。一上驿道，两头都有金兵，只好穿过桑地拼命逃起来。中午，在一方很大的田垟里不知方向，盲目地向那个方向走时，只见身后半里路光景，骑马的金兵来了。这时田垟里只有三个在种田的农民，除此而外无人，也无可藏身的东西。可金兵很快就要到了，这时：一位农民把蓑衣披到了惊慌失措的康王身上，一个把斗笠戴在他头上，并扯小康王说："快！不要慌，弯下腰来种田"。"可我不会呀！"，"看着，不会种田看上埭，人家怎么做就依着做"。小康王见金兵已近，忙弯腰种起田来。金兵过来问："呔！见人过去没有？"老农抬头，用手一指说："到那面去了"。金兵马上向西北赶去。可追赶了三、四里路，没有看见人影，就放马回来，这时到了问路的地方一看，原来是四个人种田，可这时只剩三个。金兵知道受了骗，立即把三个人杀了，分兵上南，落北和回头去追。原来农民见金兵上当向西去后，马上叫小康王向北偏西的一条小路逃走，小康王问"恩公们姓什么？"，一位种田人说："我们是寻你去的人。"说到这里，已见金兵拉回马头，小康王急忙走了。但走到路上一看，原来还是走了回头路。可后有追兵，只得回到了原路上。一上塘路即碰到逃散后寻来的大臣和御兵。康王这一下总算找到了人，上了马，一直向西走。走到原来大伯送他到的出塘口南面，即看见淡塘西面官塘上旌旗招展，去不了。知道北面是留他过夜的小村庄，觉得可能安然。但一到出塘口不久，看见北面路上金兵来了，因此在小桥头，回转马头向南退去。从此，总算太太平平地在大臣们卫护下，到达了杭州。

等康王做了皇帝，派钦差到救他命的秧田里，向四面人家问讯，要找那三个农民，但一直找不到，因为他们已被金兵杀了。所以就在秧田里建了一座土地庙，封秦、虞、纪(寻你去)三人为"大明王"。人们称之为"秧田庙"，小康王从小桥回转马头的小桥，人们称之为"马回桥"即褚石堰港南马河桥。

六、桑称撑船救康王

北寺里老和尚嘱咐康王朝西走，但康王还小，分不清东南西北。所以一出山门，只听得右手方向有马蹄和马嘶声，他就望左手方向走。当他出了北门，看见有塘河，他头脑里只晓得塘河往西的，康王沿塘河一直走，走到长安，只见镇上到处有金兵。等到走到潮神庙时，一支从盐官来的金兵到了万福凉亭，这时进有金兵，退路上也有金兵，塘路里面是河道漾潭，这可怎么逃呢？庙里是无处藏身。走出庙门一看，见一位老人撑了一只划子船从西而来。小康王走到河边，大声求救，那老人家见是一个相貌清秀少年，惊慌焦急地向他招手，又左右张望，原来从东、北、西三面都有金兵追来。老人家急忙把船贴岸一靠，伸手一把把康王抱上了小船，小船灵活，老人家用脚一点，小船直蹬到了对岸。然后钻进秆稞子，望桑园里把康王送出了二里路。因为天晚了，老人家把他放在一户农民的廊沿上说："小人桑称奉主人胡某某命令送你到这里，等一回自有人留你，我去了"。可康王忘了他主人的名字。

据传说：小康王做了皇帝后，曾差一大臣来长安镇访问胡某某和桑称。查来查去，镇上没有姓胡和姓桑的人。可潮神庙的庙祝说："有、有，庙里潮神姓胡，名进思。那使臣一到庙里，见碑文上果然姓胡，回到临安向高宗说了。宋高宗以为神助而大修其庙，晋封胡进思为令公，桑称配祀，共享祭祀。这就是令公庙的由来。

七、刘王埭留了小康王

桑老人把小康王送到长板桥的弄堂口后。这个心力交瘁的孩子坐在人家廊沿上彷徨时，村里人正从田间收工回来，他们看这个十五六岁的孩子疲惫地坐在石头上啃一只已经崩硬了的包子。他们关心地问他，康王悲伤地讲，刚才一个大伯救了他，大伯一走，又不知怎样才能回到杭州去。大家听了非常心痛，二话没说，一个大嫂扶起说："到屋里去，不要吃这个了。"大嫂让小康王进屋坐在竹椅上，打来热水给他洗脸汰脚，然后让小康王和她的儿子坐在桌边，给康王盛了饭，把两个荷包蛋挟在他饭碗里说："吃、吃"。饭后，已给康王搭了个高铺、垫上褥子，拿出盖被，帮他脱了衣服睡好，用手拍拍康王说："你的衣服太脏太破了，起订穿这些衣服，知道吗？快睡。"

小康王有十几天没有好好睡过，这一天实在太累了，所以睡得很沉、很香。可村里人一夜没有睡，在关好了门的黑暗里守着，只听见长板桥上和弄堂里，噼里啪啦过了好几回马队，幸好没有敲门搜村，总算担惊受怕了一夜，天亮了，大嫂给小康王煮了一小袋鸡蛋，待小康王吃了早饭，叫丈夫把他送到淡塘口(即褚宅堰港)。

后来小康王做了皇帝，差大臣来找大嫂，由于大嫂早嘱咐"任何人都不要说"。因此，钦差只好把皇帝和赏赐给了全村人，把村子赐名"留王村"。即今长安镇南刘王村。长板桥改名"道通桥"。

陈阁老占白鹤窝

蔡看整理

传说白鹤亭北，方园五里在清乾隆皇帝以前没有人住。是一块秆稞、杂树丛生的荒地。里面又是荒塘、废溇遍布，被茭白秧根盘结成。下面是水，上面浮着三尺厚的葑田封闭的水里却有很多的鱼虾。可有人想进去，似入迷宫，一转二转就找不到出路而曾有人消失在里面。因此人们把它视为"禁地"。

到雍正年间，有一对小夫妻却离家到里面搭个草棚安了家，开垦了两亩多田种粮食蔬菜，一面给他们的小划子船当捕鱼工具，天天捕鱼，到城里卖鱼。两口子过得非常自然，很投入而融洽、富有生气。第二年他们在草棚西边靠水又搭了个草棚，养了两只鸭、三只灰鹅。等小两口捉鱼回家，增加了吭吭、呷呷的欢叫，使家里热闹不少。

由于这块地以前无人居住、无人进去。所以水里鱼虾多，有几块低洼长年积水而小鱼虾更多。因此不但野鸭多，冬春两季雁鹅、白鹤等大鸟也来栖息。小两口则自顾打鱼、种田，从不打扰鸟儿，人鸟相处似一家。有一天，小夫妻俩背了渔网，拎了鱼篓准备上船去打鱼，突然听到后方一声枪响，铁沙子在他们后面泻下，两只白鹤扑打着翅膀跌在他们身边。幸好后面是个水洼东西长一里多，很难跨过来。因此，他们丢下渔网、鱼篓抢起白鹤一看，一只伤了左翅膀，一只伤了右翅膀，长脚上也有铁沙子打了进去，幸好没有大伤。他们抱回家给白鹤治伤，用手压挤出了长脚上的铁沙子。包扎后在屋里做个窝，让白鹤侧身躺着，喂些鱼虾才出门去打鱼。

天黑前，小两口子用鱼虾喂白鹤。鸭子和灰鹅围着女主人吭吭、呷呷地讨食。女主人只好抓一把鱼虾给了它们，才安静下来。就这样女主人早晚两次喂白鹤，取得了白鹤的感激，一见女主人就呃呃地叫着。七八天了，白鹤能站起来了。但它们不飞远，和鸭、鹅总是在一块。天晚了，它两也能饱一顿。因此天天如此，总是用叫声，扑着翅膀跳着来迎接主人回家。小两口一到这时总是大笑不停。女主人喜欢白鹤总是贴近身去抚它们雪白的羽毛，它们也用头颈依偎她，看它们多亲热呵！可是有一天，天上飞过一群白鹤，它们一见也飞着跟去，等她跟丈夫卖鱼回来，她悲伤地说："三哥，白鹤飞走了"，丈夫说："不会，晚上会回来的"，她又说："不！它们是跟一群白鹤飞走的，现在不知飞到哪里去了？"三哥说："好了，它们是回老家了，要祝贺它们才对"，可嘴上这样说，心里总想着啊！

到了傍晚，他们丰收回家，可和往常一样，白鹤向主人们跑去，又叫、又跳地和灰鹅、鸭子欢迎主人归来。女主人高兴得掼掉了鱼篓，抢着两只白鹤的头额流下了热泪。她对三哥说："你看，它们怎么也离不开我们了！"

二月中，白鹤突然又失踪了。天黑也没回来。小两口这一次真的以为白鹤飞走了。可是近二十个日夜的一个傍晚，雄鹤回来了，看它的样子仍旧叫啊、跳呀来欢迎主人，女主人心里没有担心雌鹤的什么，照旧抓很多鱼虾让它吃，它吞得很贪心，连鹅、鸭见了也不和它争，让雄鹤吃得头颈很粗后，才呃呃叫几声飞走了。而且一连几天都一样，回来后吞得很多才飞走。

这天，小两口提前回家，雄鹤已经在等他们喂鱼,鱼喂够了它就飞走。小两口赶紧跑步跟上,幸好不一会,它降落在一个临塘不远的秆稞墩里。小两口扳开秆稞往里钻,到中间还有二丈多时雄鹤警觉地扑了过来,一见是夫妻俩就停下来,口里呃呃地叫了三声,转身往中心跨去。中心有一个很高大的窝,雌鹤带着两只毛茸茸的小鹤,也朝小两口呃呃欢叫。女主人一见,不顾秆稞中的割痛扑过去抱了两只小鹤,高兴地喊“原来你们有了小宝宝了,太好了!”因为天将黑,他们放了小鹤说:“好了,明天来,我会更多的喂你鱼。”由于他们太高兴了,在城里卖鱼时,对原来的小伙伴们讲了白鹤的故事,但被有心人听了去,产生了以下的事情。

原来陈元龙夫妻病故后棺材暂厝于祠堂里。陈邦直在第二年前就差管家找适当的坟地。正当陈家急于找不到坟地时,管家听到“白鹤孵小鹤”的消息,就认为合适的坟地找到了。先找三宝夫妇,一定要他们去指出白鹤孵蛋的地点,在使出软的、硬的手段逼迫三宝带他们去找白鹤窝,因为小两口知道白鹤已带小鹤飞走了,便去给陈家管家作了指点。已到陈阁老病故后化座日子,准备将陈阁老夫妇的灵柩合葬。因此找到坟地就急于平地打基,砌好砖椁,待灵柩进椁后砌拱卷,作“白云葬”的三合土夯打。所以第三天,管家带“土载”们上工了。同时对三宝说:“今有两条路让你走,土地陈府收回了,最好的一条路是留下,作为管坟人,到府里领一份月规钱,这土工由你管,等坟堂屋建成就搬进去住。坟建好,你们就是长住的管坟人;一条是你马上走,不准住在这里,不准在这儿打鱼种田。”

三宝两口子当然不听话,马上动手拆草棚,因为白鹤已知不可久留早已飞走了,夫妇毫无留恋牵挂,不愿到陈府当奴才,走了。当陈阁老化座落葬完成,靠塘建了座凉亭,叫“白鹤亭”,虽造了坟堂屋,因无人愿住,很早就坍了。

第十一卷　民俗　民风

第一章　风　　俗

第一节　民　　风

长安古属吴越之地，水乡泽国，“土膏沃饶，风俗淳秀”，民性善良柔顺。数千年来形成的风俗习惯，江南特色突出，特别是在生产活动中形成的稻作文化和蚕桑文化的民俗，地方特色尤为显著。婚娶丧葬、饮食起居、岁时节日和各地大同小异。

长安地区民风秉承吴越遗俗，既有吴国“泰伯辞让之遗风”，又有越国“夏禹勤俭之余习”。自西汉以后，长安儒家文化占统治地位，又深受佛教影响，上述“辞让”、“勤俭”的传统确在不断传承，至于吴越尚勇好斗之风已不复存在，“民风淳秀”。

温厚勤劳　长安镇人有“重廉洁，勤耕织，务盖藏。终岁勤勤，饷给予国，尺寸之土必耕，衣被他邦，而机轴之声不绝”。这种传统，经过漫长的封建社会，衍留至今。善良守礼、温和朴实、勤于劳动是长安民风的主流。

秀慧工巧　民风淳秀不仅表现在长安人聪慧文雅上，而且主要表现在精于劳动制作。长安在历史上，农业、手工业技术水平高，多创造。长安处于苏杭之地，在宋代就“百工技艺与苏杭等”，《宋史地理志》谓此地“出奇巧之技”。长安丝绸古今知名，工艺达到全国精致水平。

崇文好学　长安镇人自古“士慕文儒”“师古好学”“奇才秀士辈出”“为文物之邦”“好读书，虽三家之村必储经籍”“田野小民皆教子孙读书”。这样，不仅人才辈出“文物焕然”，而且整个社会文明程度较高。“教育涵养深”，民众秉礼义，世守其业、社会得到安定与发展。崇文好学，至今仍是长安人的好民风。

进取求新　自宋、元以来，由于政治、经济、文化和自然环境因素的关系，镇人如《宋史地理志》所说“善进取”，能积极适应社会潮流，开通风气。至近代，长安小农经济占主要地位，成为农业区域，常被人误认为风气狭隘、保守。其实，其主流不仅不闭塞，而且常站在历史前列。如辛亥革命、“五四”爱国运动、农民运动以至抗日战争，长安人都秉承爱国爱乡的信念，有跟随孙中山先生革命的杭辛斋，打入敌人心脏的抗日部队“长安部队”。解放以来，长安人拥护中国共产党，改革社会，建设国家，更是积极奋发。长安人向往新事物，渴求新知识，学习新技术，在社会主义现代化建设中表现尤为显著。

但长安镇人传统民风，也有消极的一面，如下：

迷信盛行，崇信鬼神　《隋书·地理志》指出，吴中“信鬼神、多淫祀”，由于楚文化的影响和佛道等宗教长期盛行，故长安人“信鬼信巫”风气甚烈，至当代特别是在农村中仍未能完全破除。

贪图虚荣，追求安逸 古代风气“文秀而失之靡”，“婚丧之仪，服饰之具”都追求铺张奢侈，设宴则菜肴“务求多品”，送礼则礼品“盈箱叠架”。明清时，“中产贫薄之家”，居室也讲求装饰摆设，人评之为“无济实用，只长虚嚣”。长安民风中喜追逐时尚、重实惠安逸的一面，至今尤较显著，有小上海之称。

性情柔弱，不冒风险 由于礼教的束缚和生活条件、自然环境的比较优越，社会风气中缺乏大胆开拓，甘冒风险的闯劲。

解放后，长安通过社会改革，剥削压迫妇女、鸦片烟毒、娼妓等丑恶现象荡涤净尽；迷信职业活动、聚赌现象也纷纷敛迹，弊绝风清。全社会一扫萎靡沉沦的颓风，树立奋发向前的新风。在马列主义、毛泽东思想教育下，为人民服务成为社会共同宗旨，一心为公、关心集体、见义勇为、男女平等、关心老人儿童的新人新事层出不穷。20世纪五、六十年代，长安开展订立爱国公约、学雷锋、爱国卫生、勤俭持家、婚事新办、勤俭过节、绿化城乡等群众性活动，移风易俗，成效显著。“文化大革命”时，以破“四旧”(即破旧思想、旧文化、旧习惯、旧风俗)为名，摧残文化、否定传统。优良的民风受到践踏，导致社会风气的败坏和后来陋风恶俗的反弹。改革开放以来，拨乱反正，提倡健康的民风民俗，大力加强社会主义精神文明建设，开展“五讲、四美、三热爱”活动，争取社会风气的好转。长安城乡上下通过进行基本路线教育、创新风建“三户”、建设文明单位、“五好”家庭、文明社区等活动，树新风、破旧俗。

但由于这些年正处于新旧体制转型期，不少地方忽视精神文明建设，封建迷信等陋习旧俗有所抬头，资本主义腐朽没落的思想文化乘虚而入。因而，转变社会风气，建设和发展社会主义的新民风仍任重道远。

第二节　生产习俗

农业习俗

随着几千年来的水稻种植历史发展，当地的各种水稻生产习俗和相关禁忌也逐渐相继形成。在插秧时，有“开黄梅”，又称“开秧门”习俗；插秧结束时又有“关秧门”习俗；在拔第一只秧和插第一棵秧时，忌开口。要是开了口，手要肿痛，俗称“发秧风”等禁忌。关秧门即插秧结束，又称“黄梅上岸”。

开秧门、关秧门 旧时，关秧门很讲究，最后一爿田必须在当天完成，如果来不及，也要及早请帮手，如缺秧，要及时联系多秧户。关秧门这一天一定要一切顺利，出现“开天窗”(四周已种，中间一块空着)意为不吉利，这一年中会发生不如意的事。插秧结束日称为关秧门，是日必须安排在天晚前完成插秧，如人力来不及亦须请人帮助，如至天黑则认为不吉。请人种关秧门田的，则须于关秧门日办一桌酒菜，吃“关秧门酒”。关秧门的第二天，男主人上茶馆，称吃“汰脚茶”。出门姑娘先要洗净田绳、丈竿，整洗衣物，择日拎着粽子和酱焐蛋烧肉回家望爷娘，俗称“插落黄秧，望望爷娘”。

抢水与祭车神 旧时车水排灌为农村大事，谚云：“小满动三车”。水车例于小满时启动。此前，农户以村坊为单位举行“抢水”仪式，有演习之意。多由年长执事者约集各户，确定日期，安排准备。至是日黎明即群行出动，燃起火把于水车基上吃麦糕、麦饼、麦团。待执事者以鼓锣为号，群以击器相和，踏上小河滩上事先装好的水车，数辆一齐踏动，把河水引灌入田，至河浜水车光为止。祭车神亦为农村古俗，传说“车神”为白龙，农家在车水前于车基上置鱼肉、香烛等祭拜之。特殊祭品中有白水一杯，祭时泼入田中，有祝水源充足之意。以上旧俗表明农民对水利灌溉的重视。

求雨 旧时天旱无雨，各地都有求雨之举。古时长安一带求雨，以“龙”为对象，反映了原始信仰对传说中龙的崇拜。其仪式有请龙、晒龙(如祈求无效就把龙王塑像抬出来曝晒)、还龙(如下雨则举行龙会送其还庙)等。长安东陈庙举行求雨活动较为频繁。后来偶像转换，有些地方也向“刘猛将”、“关公”等求雨。旧时民众求雨反映了对自然的依赖和无奈，官府及迷信职业者则用于愚弄群众，扩大迷信，甚至乘机敛财，成为恶俗。

扫晴 旧时逢积雨，农家妇女剪纸为女形，手持扫帚，悬于屋檐下求晴天，称为扫晴娘。元代已有此俗。

做社 社为传说中的土地之神，祭社为对土地的自然崇拜，自夏代即已流传，为中华民族的古老习俗。至春秋时，各地都于立春、立秋后第五个戊日举行祭祀，载于《诗经》《礼记》等古籍。据西汉《淮南子》等书记载，每逢社日，四邻结社祭祀社神，占卜来岁丰歉，伴以歌舞，并一起聚餐。春社在农历正月初二至正月十五举行，称"元宵社""牛社""春苗社"等；秋社在七月初七起至七月二十，也称"秋苗社""太平社"，其日期似仍用周朝历法，其仪式特点是以古老的宗教职业者"太保先生"为赞礼人。结社一般以自然村为单位，七八户至二三十户结合，各户轮值为社主，亦称当社。负责置祭品、酒礼、马幛(即神像，有36尊之多，混杂孔子、玉帝、观音、关公、财神，弥勒佛像等)、香箔等，社日抬着奏乐至附近社庙祭拜，次日分享酒肉斋品。在此日，以社主家为聚会所进行活动，以太保先生为赞神人。致祭中，太保领路，领众行礼，唱"请符官"请神，中间由太保(在社主家)"唱锣鼓书"娱众，复次太保唱"送神歌"、焚化纸绽、神马，太保致词，结束仪式。

挑稻干泥 晚稻收割之后，田里种好春花，根据需要留下一条或二条田，把田里的土挑到地里，这也可算是一种轮作。旱地是增加水田的土和肥料，水田挖掉田土利于灌溉。而且水田里还要捻河泥增加水田的肥力，有利于旱地、水田作物。把水田里的泥用扁担、土挞一担担地挑上旱地，高地还需用木跳，才能把稻干泥从田里挑到地里，这样做有利于作物种植、生长。

踏水车 种水稻是踏水养苗，如果干旱年天很少下雨，自然没有水，全都要靠用水车人工踏上来，真正灌不上的田，青苗要枯死，踏水是很苦的农活，以上是叫踏旱水。还有踏大水，也就是下雨多，河的水位高过田就要反方向踏水，把田里的水车到河里。还有踏鱼池水，过年的时候，鱼池要捉鱼，必须踏干。水车由车壳、和木、幅板、车轴组成。配有旱仓2枝、杏脚1对、横木1根。

蚕事习俗

蚕区农民的衣食住行、生老病死，无不受着蚕桑生产的影响。因此，形成独特的蚕事风俗。

送蚕花 旧时男女定亲时，女方常送一张蚕种作为定亲信物，叫"送蚕花"；男方母亲须着红色丝棉袄去接，称"接蚕花"。桑树和蚕桑用具还作为必不可少的嫁妆。

接蚕花 接蚕花是解放前盛行的一种古老赕神仪式，都于春季在农户家中举行。其仪式皆由赞神歌手(赞神歌手俗称烧纸歌手，有的学者谓应称为骚子歌手)主持。在整个仪式中有一道"接蚕花"节目，由歌手将事先准备好的一杆秤、一块红手帕、一张蚕花马幛(蚕神妈)和插在黄纸上的两朵红白纸花(枝上有柏树叶)交给该家的女主人，同时诵唱"蚕花歌"。歌词云："称心如意，万年余粮；蚕花马、蚕花纸，头蚕势、二年势，好得势；采得好茧子，踏得好细丝，卖得好银子，造介几埭新房子"等。女主人恭敬地将各物收藏，称"接蚕花"。待收茧缫丝，举行"谢蚕花"祭祀之后，将蚕花纸、蚕花马幛祭祀焚化。

蚕花水会 旧时不少地方在水上举行社会性的民俗活动，以神祭祀为主要内容，称为蚕花胜会。祭"马鸣王菩萨"，宋代敕封"马鸣大士"，清代加封"先蚕圣母"，每年清明，各村联合在水上举行祭祀盛会。迎会从清明日开始，当天早上，由主持的村坊将马鸣王神像由庙中移至船上，各村参加迎会的船只齐集进行朝拜。每村都在船上表演拿手节目：龙灯船，赛灯；台阁船，由少年儿童彩扮表演；标杆船，由表演者爬上竖在船上的毛竹上演惊险动作；打拳船，在船上表演拳术；拜香船，由儿童捧"香凳"边跳边唱"拜香调"。在附近更开阔的河面上还进行"摇快船"比赛。赛会常举行三至七天，游人如织，船满河面，沿河数里设满茶棚、酒肆、货摊，鼓乐喧天，热闹非凡。古老的祭神仪式逐渐演化为群众性的文娱和经验交流活动。

蚕花生日 多数蚕农以农历腊月十二为蚕花生日，亦即蚕花娘娘(马头娘)生日。旧时习惯在这一天祭拜蚕神，近代多已不举行仪式。长安一带则此日做茧圆吃，寓纪念之意。古代多于腊月中期订(定)蚕种，蚕农定腊月十二为蚕生日，当是指从此日起蚕事肇始(有些地方则以农历正月初九为"蚕生日")。

请蚕花　当蚕蚁孵出后，蚕农备香烛供奉蚕神像，蚕娘头插红绿纸的彩花，将剪碎的灯芯和野蔷薇花细末撒蚕种纸上，再把蚕种纸挽在秤杆上，用鹅毛将蚕蚁和灯芯、野花末掸在蚕匾中，采用秤杆灯芯等物收蚁。谐和“称心如意”，寓吉祥之意。

做茧圆吃蚕花包子　蚕事伊始或蚕罢，蚕农多用米粉做成有馅或无馅的形似茧形的小团子称为茧圆，作为祭蚕神的供品。清有诗句：“蚕眠桑老红闺静，灯火三更作茧圆”，见《长水竹枝词》。(蚕三眠后作小粉圆，祀马头神，名曰“茧圆”。)诗人陈梓作《茧圆歌》：“今年生日粉茧大，来岁山头十万颗。”清明节作茧圆，有青白两种，青者代表桑叶，白者代表茧子，称为“吃青还白”(食桑吐丝)。

谢蚕花　蚕茧丰收后，蚕农以酒食祭谢蚕神，祭毕全家聚餐，享用祭祀用的鱼肉，称为吃蚕花饭。

演蚕花戏　旧时，长安农村在清明节前后或收茧后，必演蚕花戏神。多由全村集资雇请羊皮戏艺人来村演皮影戏，老幼聚集观看。演完整本羊皮戏后必加演一段《马鸣王菩萨》，皮影戏纸幕上出现一个女子骑在马上奔驰，艺人则伴唱《马鸣王菩萨》，这首民歌包含古老的蚕桑神话和传说。演毕，蚕农向艺人讨取做纸幕的绵纸称“蚕花纸”，用以糊蚕匾，谓可致丰收。演戏点灯的灯芯，艺人分赠蚕农，称“蚕花灯芯”，谓置于蚕室，可保蚕事顺利。

桑树和蚕桑器具陪嫁　长安地区在女儿出嫁时用两棵小桑树和一枝万年青陪嫁，还用蚕火(蚕室照明用的灯架子)、发篓(采桑用的小竹篓)等蚕桑用具作为嫁妆。

撒蚕花　农村新娘进男家门时，喜娘要向四周撒一些钱币，供众人拾取，称为“撒蚕花铜钿”。同时唱民歌《撒蚕花》，最后三句是“今年要交蚕花运，蚕花茂盛廿四分，茧子堆来碰屋顶”。我国自古婚庆即有“撒帐”习俗，用枣子、花生等撒于新房内，寓“早生贵子”。撒蚕花当为撒帐习俗的演变，带有蚕乡地区特色。

戴蚕花　旧俗流行用红色彩纸扎成纸花，称“蚕花”，托言为西施所创。妇女戴于头上或鬓边，为蚕乡女子特殊时尚。清朱恒《武原竹枝词》云：“小年朝山便焚香，礼罢观音渡海航，剪得纸花双鬓插，满头春色压蚕娘”。民间又有蚕花歌：“蚕花生来像绣球，两边分开红悠悠，花开花结籽，万物有人收，嫂嫂接了蚕花去，一瓣蚕花万瓣收。”市上也有绢料制作的红色蚕花出售，制作精美，村妇多购以簪佩。

经蚕肚肠　经作动词，有织之意。每当新婚次日，堂屋中用椅子围成一圈，中置拷栳，上放面条、蚕种纸、秤杆等物，喜娘领新娘围椅子旋转，把红色的丝棉线缠于椅背。此仪式寓有缫丝劳动之意，所用各物象征蚕花丰收，幸福绵长，称心如意。举行仪式时，喜娘并唱《经蚕肚肠》民歌。

扯蚕花挨子　蚕花挨子即丝绵胎，是长安旧时丧葬习俗。死者入殓时，亲属按长幼亲疏，依次每两人用手扯一张薄薄的丝绵，盖在死者身上，越厚越体面，有保护死者遗体之意，也含有请死者保佑后辈生活安康、蚕花丰收的祈求。

盘蚕花　丧葬习俗。死者入殓前，亲属绕遗体顺三圈，逆三圈，口中念念有词：“保佑子孙健康平安、蚕花廿四分”之类，称盘蚕花。这时点燃的灯烛未熄尽，亲属可带回，亦称“蚕花蜡烛”，可置于蚕室中保佑养蚕丰收。

附：桑亭六怪

一怪　湖桑是砍出来的

古时，今长安镇一带，野生的桑树很多，但都是“乌树”，即未经过选择、嫁接过的桑树。这种桑树的叶片薄且小，开杈大、粗糙而性脆。用它饲蚕，必须在日出之前采摘。一见日光，它就失去水分而破碎。因此在春秋战国时，楚国人把荆桑移植到浙江一带，它叶片更薄，但叶片大，比浙江当地的桑树早萌发五六天。但同样有“地桑”(本地桑)的缺点，所以先民们长期的观察比较，选用叶片较好的野桑来培育。按《夏小正》经文所载：为了采摘桑叶的便利用斧“伐枝”整理时，可改变原桑叶叶片增长。所以《刘民要术》里开始将叶片较好的桑树用“压条”法移植改进桑树的品种。而随着北方人南迁，北方人看到南方的桑树因雨水充足而经过“伐枝”整理，有的改变得圆而柔软些了，所以和本地人一块，用“压条”法传播较优势的桑树，一直延续到唐时。后来，人们用桑葚播种的小苗，以平头法嫁接成功。从此，长安周边、兴福等地的桑苗出了名，成为湖桑桑苗供应地，向湖州、南浔、进泽、犁里等地长期提供湖桑桑苗。

在南宋，官府规定"五亩之家必须种桑半亩"，所以以长安镇为桑苗集散中心，桑苗销路很广。明初规定围塘成田的塘捻堤上必须种桑，所以辛江塘北到沙渚塘这一块岗地上成为湖桑桑苗基地。上塘河区桑园的规模，在越剧何文秀《九里桑园访兰英》中知道，桑地是连片的。

二怪　蚁是女人胸前焐出来的

唐宋时，养蚕者自留茧子，出蛾产卵自用，称杜种。明初，余杭等地用野蚕杂交做种成功，长安地区，大都定余杭种养蚕，品种有乌龙、白皮、糙皮、出角花蚕等。

长安地区大都用余杭种，每张5～6角售给大户，蚕种拿来后，要焐蚕种——催青。一般在谷雨前五天，将蚕种用新手巾包好，由看蚕娘子焐于胸前，三日夜后取出蚕种，将"乌娘"用鸡毛掸子掸于事先用油光纸糊好的蚕汰里，叫头掸。然后将切得细细的嫩头桑叶轻轻地撒散于蚕身上。（蚕种未曾出壳的再次用鹅毛掸下的叫二掸，一般因少而不用。）

看蚕是大事，为了"看好蚕"，连海宁州和驻长安镇的州判衙门也出告示："蚕忙大事，停催科，诉讼，违者严办！"所以从衙门里到穷乡角落，谈论中离不开蚕事，行动上严谨肃穆，一本正经。

而每家每户，把去年用过蚕具翻出来暴晒一下，要修的修，要添的添。所以大到蚕柱、蚕匾、蚕箭、蚕篱、棚毡、领条、搭山木、搭山竹竿和山脚竿、桑箭、茧篮、草篚、小到鹅毛、蚕筷、油盏头、善富发禄和火椿、叶刀、叶墩头（竹篾 的稻草墩头）山火盆、火钳、桑剪、上山把子（蚕茅柴）丝车、行灶、2尺锅、丝筷、烘箱、木炭、煤锅或茶罐等。三脚架（又名蚕墩架）、面桶、青果缸。东西很多，缺一不可。因此似蚕匾、蚕柱、棚毡要修外，还要买新的添添。

三怪　蚕是用眼看出来的

养蚕，这里方言叫看蚕，饲养蚕的过程是看的过程，所以这里的人把养蚕称之看蚕。也就是说，从蚕儿收蚁到踏好丝都在女人的眼睛里看着。用海宁话来说，看蚕是叫"大动军械"，全家出动起来侍候它，连官老爷也要求告示帮忙。镇上店铺也特别优待，想出办法来协助农家看蚕。看蚕人家要什么就供应什么。缺少钱当场不付款，就赊账等。因为看蚕看好就有钱还。每个集镇上媒婆开"荐头店"，为缺少人手之家介绍，联系"蚕忙月"（蚕忙这个月里打短月头工）男的、女的都有，而且多数是本县东片，或海盐县出来的农村男女。蚕忙月工钿，按日计算0.22～0.24元，合米3.5升。（旧时计价有斗米3斤肉，活鸡抵肉价）。

谷雨前五天蚕娘子焐蚕种——催青。谷雨困头眠。因为余杭种收蚁时早（一般是四月廿七至廿八）所以要加温保暖。习惯上用"领条"（竹篾打的围领）围住蚕柱，下面用暗火加热。（火炉里加柴头，笼糠拌于热灰当燃料）头眠"起桑"后需要换小匾。

二眠，时间最短，俗话说："二眠打个滚，三眠困个醒"，但是二眠是决定这熟蚕的定量关键。如果二眠头不足，就要在三眠时买进小蚕补足，以免桑叶多了浪费。

三眠 时间长，这时蚕已粗壮，天也热了，蚕也多了，所以不用加温，因此俗话叫"出火"。

方言叫"出阁""起桑"后叫"出阁头"。"出火分匾到蚕柱，其摆的方向是有讲究的。即要看这一年喜鹊巢开口的方向为好。这是接汉刘向《淮南子》中《鹊巢知风之所名》传下来的风俗"。

大眠 余杭蚕种一般是大眠后4天成熟，蚕体通体透亮，停止进食。原来唐以前，蚕熟了，就在室内拉些草绳夹上蓬蒿（苦艾）于让蚕儿自动爬（忌爬而叫行）上去做茧，南北朝时，北方人把"槌柱"养蚕的经验带了来。南方人改进为活动的三脚"蚕柱"。室内空间大了，就用"山棚"铺芦篱加撒干净的稻草成把上蔟，称"上山"。山棚，上山等名词也是从北宋开封传过来的名词（见《东京梦华录》）。

所以抽把子上山，有上千年的传统方法，至今稍有改变。蚕儿上山后，为了保暖，旧时把大门卸下来反转合于门坊上。是板门面的话，要用围蚕柱的枞毡围上。山棚高1.4米左右，低怕"惹火星"，高了恐怕山火不够热，所以要严格注意。山盆里的木炭是熟的，稍有不透，要爆出火星，引起火灾。每间放两只山盆，扇旺了炭火放于山棚。头两天不能让它熄火。一是加温,二是让蚕儿吐丝随吐随干燥而质量好,叫出口燥。这时,新娘子娘家送来尖头粽子"望蚕讯"。

上山后4～5天,蚕成蛹了,开始采茧子,采茧前一天"亮山头"揭开棚毡观察,下成茧的成头,采茧时,移开大门叫"开山门"。采摘茧子后,是自己"踏丝"(用脚啃动摇臂转动车轴,故称"踏丝")则称10斤放一匾,叫"一元"。茧子采好,打扫干净蚕室,请"蚕花五圣",叫"落山",分吃"蚕讯粽"。

看蚕和孕妇生孩子一样,非常看重忌讳。似生孩子的产房不准动剪刀,不准抽开抽屉,不准动麻袋,不准动土,不准浇粪倒马桶,不准起热镬(炒菜起油锅)不准用吊桶到井里打水,不准打米,不准敲打铁器。忌香(檀香山)、酒(高度烧酒)、烟。生人不准入蚕房,夫妻不准同房,室外不准大声喊叫,葱、韭菜 、大蒜、姜不能进蚕室。看蚕娘子不准吃这些食物(包括辣椒),不准动伞。讳忌 葱叫香,醋叫神酸,酱油称咸酸,油馓子叫油绳。

四怪 丝是脚踏出来的

采茧子后,抬行灶、排丝车。丝车,海宁养蚕缫土丝时代久远。到民国时,长安丝车因系农民吃饭家伙,所以用檀树、榆树打造。各部位拼镶成丝车的部件很有艺术美观的样子。由于宝贵,所以丝车构件油得精光铿亮。丝车主体是轴头和丝车架子组成连接脚踏摇臂,用脚板底踏动摇臂启动车轴后靠惯力转动,所以转动后只要稍微加点力,车轴就转动不停。丝车紧靠行灶,行灶外壳是竹编马形状,中空为灶肚,仰高似马头处是烟囱,又是煤锅风炉,可摆茶罐,以烟囱余热煮水。行灶上安放2尺锅一只,锅边靠丝车搭个丝车窗(窗式),上有"响巡"两个,下有铜丝挽钩,用丝筷捞起丝头上挽钩,再穿过"响巡"后把丝头绪上车轴,丝绪由"响巡"的左右移动,车轴上交错地转成10公分阔的土丝板。长安镇区的土丝,大部分由南京、杭州机坊订购,所以要求踏丝。

南京机坊要求:双经,需三个茧子成绪,有了4个茧子就得捏掉一个,以织高档缎子。

杭州机坊要求并双经,4个茧子成绪,织高级机纺。这两个品种一日最多踏一元茧。二日出头点,踏一车丝。

细丝 5～6个茧子一绪,二日踏一车丝。明清时,临平机坊也到长安丝行要求提供细丝,所以长安镇上所集中的土丝是供不应求,必须到斜桥、丁桥出庄,以补不足。

当二元茧子踏完,马上从丝车上有一个支撑是落丝的,用木楔敲塞。落丝时用斧头拍松木楔取下,称"落丝",两绞为一车。余杭种茧子20斤能缫出土丝26～29两左右。下脚有印头茧少量,双宫少量、茧黄上两,丝吐头少量。

因为上了丝车,一方面丝不能停,停的时间长了,车轴上已有的丝烘过头。冷了烘箱,则再上丝车的丝和原来已上了轴的丝,要出现色泽上或者干燥不均而出瑕疵,所以转动了丝车是不能停,要有对手替换。由此有的家人手不够,只能卖茧子。另头茧也只能卖茧子。

五怪 茧子"碰转鬼"帮卖的

原来农户采了茧子就只有踏成丝出售,那么有了另头(不是20斤)可以缫成丝自织土绸,或"裹侯子"(方言即扯棉兜)那么有的农户只采了十几斤茧子怎么办?除了"裹侯子"外,只能出售给人家踏丝。

清光绪初,上海有了丝厂,海宁农村的茧子,茧行代丝厂收购。茧行,清末称茧庄。代客收茧,属牙行业,须领取"牙贴"(执照)。1915年,长安镇有了正式茧行(具备烘茧)公记和兆丰两爿茧行。而茧行,必须有权势者出面,委托有调度能力的一人做总管事,一名能判断茧子质量,在处理价格和待人接物上,都能面面周到的能人当称手,那就能顺利的开张,圆满地完成收烘工作。因为地方上的混混、流氓,无事也要找事敲诈店铺,百姓。茧行是大生意,他们就吃得乐得地去寻事敲诈钱财。比如1935年,许行彬的茧行在卢家桥开门了。镇上流氓进去就躺在"杠篮"里喊,"我先卖",门外卖茧子的农民见了就挑起茧篮到别处去了。茧行里的临时工都呆墩墩地站着不敢动一动,只有称手先生放下了水烟管喊:"开称!"两个扯杠篮的小伙子一看先生的眼色,扯了杠篮往称钩上挂。那个流氓看苗头勿对急忙滚出了杠篮,识相地爬起来走了。在这种场合,称手先生只能用硬的一手,如果那个流氓再胡挠下去,称手指挥小伙子用真手段把他上灶去烘,不怕不服。

但虽如此，事后总差人把他教训一顿，也给他一点钱，使他成为茧行暗中维持秩序的一员。因为收购茧子的时间很短，农民卖茧子都集中在二三天时间之内。所以开称后，售茧时人数很多，来不及收进，有的农民看见这里一时不会轮到过称，就准备换地方。为了多收茧子，允许一些流氓、混混，代这些农民挑了茧子轧上庄先卖。使这些人在售茧后，从农民手中得到0.2～0.3元的酬金。这些人，农民们叫他们"碰转鬼"。

六怪　丝是把着卖的

1921年，许行彬托王晋笙(寺弄石库门里人，日本留学生。1940年被日本侵略军找去做了一年桐乡伪县长，长安人民不原谅他)建"长安茧业公所"，(今青年路南，商住楼后埭镇政府房子基地)沈逸云任茧业公会会长，以协调各茧行的收茧开称日期，收购茧价和茧捐收缴。1934年成立长安丝业公会，会长林成庸。

长安土丝丝行。收进的丝，都是南京、杭州等城市里机坊所订购的特约的丝，行里"钉包"(1000两银子一个)到长安米市里特约的丝行里订定来年所需的土丝。这些有约定的丝行就要把几万、十几万的银子收藏好，到来年阴历五月初收进土丝时，付专约的农民，随后把土丝随运粮的海宁式大船，送到南京、杭州的机坊。

收丝的价格，除了预订的是固定之外，其他细丝、漕丝的价格都按同业公会议定。当然"义记丝行"老板陈家掌握着决定权。全年所收的土丝，"义记"一家每年可收进450包，每包56把丝，每把丝4车，约80余斤(司马称17.2两称)50余万元。1895年，杭州西内和湖州庞元济开"世经"丝厂和三年后开塘栖"大纶丝厂"的茧子都从海宁西片收去，而且通过政界，不准其他人来他们收茧的地段收茧。这样一来，影响了土丝的生产。因此，1916年9月，长安丝业公会提出了反对多设茧行的要求。而事实上，当时的茧行都开设在海宁西片，即长安、许村、许巷、袁家坝、杨家渡一带。

到1924年，日本大地震，国际上丝的生产大减，中国的丝价也大涨。长安镇的丝行因产地广而土丝上市量增加，各丝行到处设"出庄"收购。因为1926～1928年卢永祥做督军时茧价达到100元(银圆)一担时，土丝产量受到较严重的影响，加上中蚕公司于民国20年(1931年)提出统一收购蚕茧、土丝、丝行完全处于代购性质。从此长安土丝行业日趋衰落，经过抗日战争时，蚕茧生产遭到大破坏，1947年才逐渐恢复，经浙江省蚕业管理委员会核准让开的丝行有：协昌、正隆、祥记、元丰、锦记、正记、公记、复兴等14家。

渔业习俗

抢潮头鱼　农历的上半月初一至初七、下半月的十四至廿一潮水较大，这期间是抢潮头鱼的好时间。不过，一年之中最好时机是中秋节前后，那时是月亮离地球最近，引力最强，潮水也最大，潮水最大也就是潮头鱼最多。所以，秋季抢潮头鱼是最好时机，也是抢江鳗的最佳时机。"潮头鱼"是一年四季可抢的，春季主要是鲢鱼、胖头鱼、鲈鱼，夏季主要是鲻鱼、刀鱼，秋冬主要是江鳗、鲻鱼、湖蟹、鲈鱼等。有潮就有鱼，潮头鱼不光是白天可抢、夜里也可抢，特别是暗星夜也要去抢。但暗星夜去抢要用火把，火把是用一公尺长一根小竹竿，第一个竹节凿通，其他竹节不能通。在通的竹节中灌上煤油，在竹节口用卫生纸(粗毛纸)塞紧，一般能点半个小时。如要点得时间长一些，毛竹粗一点、或者凿通二节，这样煤油可灌得多一点，时间就可点长一些。这火把就是去抢夜潮时带去，一到潮水快要到时，就马上点亮火把，往潮头奔去。这时左手撑起火把，右手握着潮兜(抢潮头鱼用的工具，网上装一根竹 柄，像放大镜式样)，在火把的照明下眼睛直盯潮头，如火把不够亮时，就把火把先朝下再马上朝上就会增加火把亮度。

捕鳗苗、蟹苗　每年农历的九、十月份，此时是抢江鳗的关键时刻。因为一到西北风起，在钱塘江上游淡水中长大成熟的鳗、蟹身上"发痒"了，就都要往外逃，它们都要到东海去繁衍。鳗苗出来后，第二年的一至五月在海面上漂浮，随着潮水的推动，又慢慢地被推到钱塘江的上游来生长(所以一至五月是捕捞鳗苗的旺季)。鳗鱼是咸水繁衍，淡水长大,所以,它都要到钱塘江上游来生长。隔年江鳗生长成熟,到每年下半年西北风起时它就要逃出去,所以,这时抢江鳗是日夜抢两潮。

商贸习俗

吹海螺 海螺的吹法和作用在马牧港历史很久,以前主要靠海船和内河船运输货物。海船的到来和内河船的开航和到达都要以吹海螺为号,通知客户及脚班前来提货和搬运、装卸货物。马牧港是船户集中之地,因此形成了其他地方少有的海螺吹号,一直适用到20世纪80年代初期。吹法有嘟嘟长短声,远近一二里能听见。金港村有一老人还保留着大海螺。

犯忌 做生意的商人,他们一般在出门谈事时,都要有忌日。比如:担挑出门时忌见乌鸦,忌遇孕妇,扁担忌别人跨,哪怕是小孩子跨也会大发雷霆,若女人跨就要更换扁担。忌别人踩自己脚后跟,说这些会带来晦气。

第三节 生活习俗

衣

长安农民旧时穿着以土布为主。土布有自织的柳条布、格子布、白布、灰布(又称污花布)。短衫一般男穿对襟,女穿斜襟(大襟),裤子都是叠裆的。也有穿裙的习惯,男的系作裙,女的束腰裙、老年妇女穿黑裙较多。下田劳动戴草帽,在家戴布帽。衣帽大都在过年时能换一换,没钱换新的,只有戴旧、穿破的,所以有开花帽子过新年的说法。但富裕人家夏天也穿绸衫、横罗衫;仲春穿白绸衫;冬天穿呢绒。清代,男子头戴瓜皮帽(又称"碗帽"),身穿长衫、长袍,外罩马褂礼服。但体力劳动者只穿短衫短裤,冬天穿对襟棉衣裤。脚穿自制布鞋、蚌壳绵鞋、芦花蒲鞋,女的穿绣花鞋。

民国时期,城镇居民男子开始穿中山装、西装、戴大礼帽、着皮鞋。城镇女学生开始穿旗袍、短裙。解放后,服饰变化甚多。20世纪50年代男女大多戴解放帽(圆顶或八角帽),穿中山装、列宁装。"文化大革命"期间,草绿色军装在青少年中十分流行。70年代末期至80年代,服饰逐步多样化。90年代后夹克衫、牛仔裤、皮装、羊毛衫、羽绒衫,风衣、T恤衫、一步裙、超短裙、吊带衫等,各式时装应有尽有。

作裙 长安镇陆泽村、泰山村、兴城村、兴福村一带,在民国年间至解放初流行穿作裙。作裙主要是农村中老年男人,在田间劳动时穿。春秋冬均喜穿作裙,形似围裙,一般用蓝色土布缝制,裙腰阔约二寸,裙长盖至脚面,上缝各类花纹。随着生活习惯改变,作裙不再流行。

小布拦 小孩夏、秋季节里穿。里面不穿裤子,光屁股。

肚斗 旧时妇女、小孩都有。但穿法不同,妇女作为内衣穿,外面仍穿外衣,只在睡觉时脱下外衣,单戴肚斗。小孩可单戴肚斗不穿外衣,三岁以下的男孩夏天全身只戴一个肚斗,不穿任何衣服。

木屐 旧时长安农村有穿木屐的习惯,制作方法是用两块木板锯成鞋底形,在靠脚趾处钉一条皮或布条,夏天穿着便利凉快,形似现在的塑料拖鞋。

钉鞋 防水防滑雨具。旧时农村少见套鞋,多见钉鞋。该鞋用多层粗布加硬衬后用桐油数次抹刷而成,形似元宝套鞋。鞋底钉有十余枚铁钉,可套布袜穿着,防滑性特强。

芦花蒲鞋 取芦苇之花束编织而成,自重斤许。保暖性强,一般与布袜同穿,但不防水。颇受中老年人喜爱。

箬壳鞋 旧时流行于长安、沈士、许村一带农村无钱买雨鞋,用笋壳包在草鞋里,鞋邦浅、轻便,可代雨鞋,但不耐用,可作临时性雨具。

草鞋 在长安镇泰山村一带妇女,旧时有专职编草鞋卖。其他地区也有自编自穿的。用清白的稻草编织成,挑担、干农活都穿上草鞋,有的平常干活和上街也穿草鞋。

食

主食 长安以大米为主,麦粉类、甘薯为辅,大米以粳米为主,2000年前有籼米。还有少量糯米用于做团子、打年糕、裹粽子。旧时镇上到松江购壬尖、湖州进蒸谷米,其煮成的饭松软爽口,涨性好、易消化。也有煮菜粥、菜饭,咸肉、大蒜、春笋等混合的糯米饭,只在立夏、夏至时烧吃。小麦制作的包子麦塔饼等当点心,50 年代小麦自磨面粉煮麦糊涂、麦夹多(俗称麦鳅)为早晚主食。

副食 荤菜以猪肉、鸡、鸭肉、羊肉、鲜鱼、禽蛋为主,素菜以青菜、白菜、芹菜、瓜豆、大蒜、萝卜等为主。

餐次 长安城镇一日三餐,农村在农忙时一日四餐(下午多一餐点心)。点心有粥、杂粮(南瓜、山薯、芋艿)米、麦团子等,多数则吃午餐之剩饭,谓扒冷饭。城镇居民早餐吃粥或吃泡饭,也有喜食大饼、豆浆、汤包等。农村早餐粥、中餐饭、原晚餐习惯烧粥时蒸中午剩饭,两者兼用。现大部分晚餐以饭为主,喜欢晚餐全家小聚,小菜丰盛,还备一些酒、饮料之类,夏天以啤酒为主,冬天以白酒、黄酒为主。

烹调 20 世纪 60 年代前, 城乡饮具均为三眼柴灶,用尺八或二尺镬子,还有在两眼之间加一只小镬子,用于取余热加温水。旧时,一般人家日常对烹调不甚讲究,大多菜肴为蒸炖。60 年代后,城镇普遍使用煤炉,也逐渐开始讲究烹调,以红烧、清蒸、油煎、热炒为主,口味偏甜。80 年代后,液化气灶普及,城镇居民烹调日益讲究,注重清炒,油焖。农村受城镇影响,以红烧鱼肉逐转向清炒油焖,尤其逢年过节,菜肴更为讲究。

名菜名点

长安宴球 长安宴球是一道流传于海宁长安镇及周边地区的著名的民间家常菜, 入口油而不腻、味道鲜美、风味独特、营养丰富,几百年来享誉海内外。传说乾隆皇帝六下江南微服私访途经长安,进入一农家。农家夫妇热心地招呼客人,但缸里只有一条鲢鱼,妻子就将鲢鱼去骨剁成鱼泥,配上葱姜做原料,搅拌成团,捏成鱼圆。随后,主人将鱼圆放到镬子里蒸熟之后端上,才让这几位陌生人品尝,这时乾隆早已饥肠辘辘,不管三七二十一,拿起筷子夹了个一尝,竟是外脆里嫩,既鲜又香,十分可口。乾隆连连称奇、甚为赞赏,留下了"飞鸟闻香化凤、游鱼得味成龙"的佳句,并赐名"宴球"。从此,长安宴球开始扬名。

制作方法:将鲜活的淡水鱼,最好是 1 公斤左右的鲢鱼,刮起鱼鳞,去背部和中间鱼骨、去掉鱼肚肉,将中心的鱼块剁成鱼泥。加上黄酒、味精、精盐和煮烂剁碎的肥肉,一块搅拌均匀(放入火肉沫、冬笋沫更好)。随后,将拌好的鱼和肉的鱼肉泥料捏成团,外面滚上水发肉皮,放入蒸笼里蒸熟就可上桌。如果是落汤宴球,就不必要放上肉皮沫,将鱼肉泥料用手抓着从手缝里漏出一个个团状鱼丸落入烧开了的水里,看鱼丸浮上水面就可盛入碗里端上菜桌,既鲜又嫩。

方糕 俗称眼镜糕,民国 12 年(1923)后,长安张万盛点心店方糕,名闻遐迩。解放后,后代传人张寿浩制作方糕技术甚好,1957 年在全县名点技术交流会上得到好评。其制作配料有米粉,甜的配细豆沙、猪油、桃肉,咸的配切粹精肉和盐等。

制作方糕有架子,按方糕大小做成的一个个小方格,一般一个架子放 16 块。用纱布垫在方糕架子上。用筛子将米粉筛上去,有薄薄一层米粉后,将豆沙馅或精肉馅放在方糕的中间,然后再将米粉用筛子筛上去,等完全将馅陷入米粉里后,上面再筛上一层薄薄的米粉。做成后,上蒸笼蒸熟即可。

春卷 据说早在东晋时就有春卷, 具体年代已无从考证。后来在清代,称春饼。随着烹调技术的发展和提高,"春饼" 又演变成为小巧玲珑的春卷,并逐渐成了一种传统习俗,以图吉祥如意,消灾去难。就这样,春卷在长安一直传了下来,现在每年春节家家户户都会做上一盘。

长安年糕 长安年糕的特点:由糯米制成,有长方形、椭圆形、圆形、意为"天圆地方"。在每年开春前,家家户户都会制作年糕,并且在年三十祭祀时会用上,寓意年年高的意思。所以历经数年,仍在长安一带流行。人们会按照自己的口味,采用糯米和晚粳米,洗净研末后放入蒸笼或蒸桶里蒸熟,之后放入石臼里敲打到有韧性为止。然后趁热用细绳将它切块,揉成长方形、椭圆形、圆形等不同形状,再冷却。年糕是谐音,象征着生活步步高,寓意万事如意年年高。年糕浸在腊水中,数月味不变。

南瓜圆子 南瓜圆子,是长安农村饮食文化中的一种传统食品, 也是长安人节日中必要的食品。

因此,每年到农历十二月十二这一天,家家户户都要做南瓜圆子,分给亲戚和村里人享用。现在长安一带还广泛食用。南瓜圆子主要以糯米和南瓜,并放入一些枣子、糖制成的,叫南瓜圆子,制作时先将糯米磨成粉,南瓜烧熟,然后将南瓜、糯米粉裹在一起,拌和柔韧,再一块一块切开,搓圆捏窝放入馅,蒸熟即可食用。

赤豆糯米饭 相传,有一位叫共工氏的人,他的儿子不成才,作恶多端,死于冬至这一天,死后变成疫鬼,继续残害百姓。但是,这个疫鬼最怕赤豆,于是,人们就在冬至这一天煮吃赤豆饭,用以驱避疫鬼,防灾祛病。另外赤豆还引会"出头"的意思。直到现在长安人还把吃赤豆糯米饭的习俗一直保留着。将赤豆与糯米混合煮熟便可,食用时可加糖。

芽麦圆子 长安镇铁路以北的几个村和铁路南的虹金村做的"芽麦圆子"实在称奇。甜、糯、软、香,无一可比。流传方远很窄,在长安20个村中也只有9个村的部分村民会做这种芽麦圆子,而且清明节才有这种圆子,其他无论哪个节气都不做这种圆子。该圆子形如塔饼,圆而扁,用米粉加芽麦粉放上糖、呛过的苎麻头糅均,做成圆子,放到锅里油煎一遍,然后再用糖水煎一遍而成。上面既有香油又有糖水,因而既香又甜,呈清色,表面有亮光。

制作方法:用糯米粉若干斤,芽麦粉几两。先将糯米粉糅成粉团,将糯米粉团掰成一个个小粉团,放在蒸笼上蒸透。然后,将蒸熟的粉糅均,渗入芽麦粉适量糅均后做成扁状的团子。先将团子放在油镬子上煎过,表面呈黄色。再将煎过的团子,在糖水镬子里煎过,做到不起皮,不烂在镬子里拿不上来就行,刚起镬的芽麦圆子不那么甜,等冷后甜味大增。

鱼羹 是与长安宴球搭配的一道名菜。用做宴球剩下的鱼肚皮肉做鱼羹味道鲜美,又一举两得。将鱼肚肉煮熟去骨,捣成泥。将精肉和火肉切细切碎。放入锅里煮熟成羹,放上味精韭芽,欠粉(生粉)勾欠后即可食用。

红烧蹄膀 用朝天镬子烧蹄膀和红烧羊肉;猪酥肉(猪方)、羊酥肉(羊方)在长安农村酒宴流传已久。将猪蹄或羊肉放入大镬子内,放上水、黄酒、老姜,水以没过猪蹄或羊肉为准。在自打的土灶上用桑柴烧,不盖锅盖,一直烧。到一定时间放上酱油、糖、味精,直到将猪蹄或羊肉烧得酥、透为主,表面呈紫红色(烧猪蹄必须用稻草扎紧,如果是羊酥肉也要用稻草扎捆)。

阳春面和咸菜面 长安旧时阳春面有名,阳春面就是光面加葱煮成的。如果落锅再加工一下,这就叫做"过桥"面。改革开放后,长安个体面店增多,人们生活水平也高起来了。因而面店推出的咸菜面可说长安有名。现在各大酒店、菜馆都把咸菜面作为酒后的主食。将咸菜切碎、肉切成丝,先将辣椒、咸菜、肉丝用油炒过,放上水。再将开水煮过的湿面从水中捞起,倒入锅中,与肉丝、咸菜煮在一起,煮2分钟左右就可上桌。

住

住房 旧时长安住房,农村多为上梁下柱木结构房,墙壁大多为用木竹结合,外面用柴泥糊成,再涂石灰。也有泥打墙、砖砌墙。一般为一至二间、有五路、七路、九路、高九路平房,或暗阁楼,楼房等。进深有一进、二进、多进。有二户并寄、多户并寄和单独立柱的。长安草房较多,特别是分布在沪杭铁路两旁。长安农村住房朝向以向阳为主,一般以东南向、西南向为多。20世纪70年代后,农村大多改草房为平房,80年代中期,由平房建二楼,后又二楼改三楼;90年代后,出现洋式楼房,建房讲究水卫设施,有的还有地下室和车库。

排磉 亦称奠基。旧俗农村建房造屋,破土前须用鱼肉纸烛祭土地神,翌日才可动土排石磉。即排四块柱石,便是仪式,然后始建造。20世纪80年代后期,普遍造楼房取消柱石,且以祭土地神时,用铁器翻土的仪式取代。

上梁 上梁(架正梁)先祭土地神,其仪式均十分隆重。鲁班台上供有三牲、佛马、大红蜡烛、上梁元宝(米粉制品)。另供活鲤一对,台脚下缚活鸡一对,房主率子女叩拜。礼毕,在爆竹声中,将一根包着红绸的正梁徐徐上提。老木匠边唱边将喜果、喜糖和上梁元宝从空中撒下,称"甩上梁元宝",众以抢为快,热闹一番。贺喜上梁,至亲、朋友均送上梁礼。凡媳妇娘家礼品最重,一般有上梁元宝一盘,鸡二只、活鲤二条、猪肉一方(二十至三十斤),以及红蛋、糕饼、糖果等,另有连根鲜竹两株,上用丝绵吊着铜钿、枣子、桂圆、糖果等。上梁时摇动竹子,掉下来众抢称"摇钱树"。仪式毕,房主给木匠送红包,并为亲朋设宴招待,称吃上梁酒。

搬迁 房屋搬迁长安称乔迁之喜,均以鞭炮庆贺,并设搬家酒,邀请亲朋热闹一番。第一件搬进新居的物件,一般是马桶,俗称"子孙桶",意为多子多孙,代代相传。也有先搬帐子、算盘,意为"长子可算",系吉利口彩。

水阁 又名吊脚楼。水阁乃将屋的一半或部分延伸到水面,凌空铺木板。以木桩或砌石柱作支撑。其特点占地少,夏凉爽,汲水便。现镇上还有传统宅第民居 49 处。主要分布在长安镇沿运河边的东街、中街、西街这些地方。这些宅第民居多为清代晚期建造,因运河流经长安镇,故居民依河筑屋,依水成街,俨然一派典型的江南"小桥、流水、人家"。虽历经多年的历史沧桑,但仍完整保存着原有水乡古镇的风貌。中街 117 号、119 号民居水阁楼,两幢房屋互相紧挨着,均为坐南朝北,由三进三开间二层楼房围合而成,庭院式砖木结构,间有天井,最南端有河埠。第二进为正屋,五柱九檩,前后有廊,柱子用材较为粗壮。

门扉 俗称"摇达",为门外之门。朝外开,高低为平常门的五分之二许。农村居屋均装门扉,以防牲畜、家禽进入屋内。海宁才女朱淑贞有词:"临水人家半掩扉"之句。

行

长安为江南水乡,又是运河古镇。旧时出门走亲除步行外,还有坐船。富裕的家庭也备有船自用或出租。有小木船、脚划船等,旧时都为木船。70 年代后逐步由木船改置水泥船。2000 年后,又淘汰水泥船。从此,农村船只极少。自行车普及于 20 世纪 80 年代初,80 年代中后期开始购置摩托车, 至 90 年代后期摩托车开始普及,富裕人家购汽车、轿车。

轿子 最早是由车演化而来。具体开始出现在哪一年已无从考证。以前长安只有大户人家才有大轿,一般的中等富裕的人家只有小轿,从而可以看出轿子是当时表示一个人身份的象征。但在结婚娶新娘子时,即使一般人家也租用彩轿娶亲。

轿又称"肩舆""平肩舆",是一种传统的交通工具。按用途可分为官轿,彩轿(俗称花轿)和小轿(俗称凉轿)。做官的坐官轿,新娘坐彩轿,一般有地位的人坐小轿。按大小又可分为:二人抬的"小轿",四人抬的"小轿";八人以上抬的则称之为"大轿"。

行船 以前长安地区一直对行船相当讲究,这起源于很久以前, 因为长安以前大多以船为交通工具。比如到桐乡,硖石等城镇去办货、游玩都走水路,有些人家会有自己的船, 所以船在人们的心中有非常高的地位。但随着公路的发展,水路航行就慢慢消退,用船出行、办货、运输成为了上一辈的记忆。以前新船富水后(忌用下字),要在船头请顺风菩萨。行船一般都靠右行,个别特殊弯道走推艄,并与前方船交会时喊推艄,以免碰撞。夜间要开灯,拉纤时要根据桅杆高低决定与前方船只相交走冒或是穿。船头正方不可大小便,在船上吃饭忌讳将鱼翻过来。

手拉车 长安农家为减轻劳动强度仍有手拉车。式样有,独轮车、二轮车。二轮手拖拉车一般车身较长,装运货物较多。车身和轮子可脱卸。独轮车为木轮、二轮车为橡胶轮。

汽车 改革开放后,长安人民生活水平逐年提高,汽车已进入平常人家。至 2005 年年末,长安镇各类汽车达 10000 多辆。

民间秘方

桑果酒除风湿 德丰村村民陈茶花讲述: 她的祖母传下来一个方子,可治风湿。据说这个方子在种桑养蚕时已有,患风湿的人可自己调制药酒。挑选优质的桑果,用冷开水洗净,晾干,放在洗净的瓶内或酒坛内,倒入高度白酒,直至浸没桑果为止,盖子盖密封,待一星期后就可以饮用。风湿性患者饮用后有良好的效果,现在一直有人在饮用,风湿性患者每天可适量饮用。以前医术不发达的时候,常有人用桑果药酒来治风湿,2000 年后已广泛成为保健药酒。

荷叶茶减肥 鲜荷叶 100 克,白糖适量,加水 1000 毫升,煎水剂代茶饮。此方具有清热解毒、通气宽胸、止渴作用。可治中暑引起的胸闷、腹泻，身体肥胖的人长期饮用可以减肥。

健身茶　先将红茶煎成浓汁，再和煮沸的牛奶（100 毫升）掺和，加盐少许，和匀，每日一次，空腹服用。

花生茶　用鲜花生叶 30 克（干品 15 克），煎水代茶，可治高血压，心脏病，并有镇静作用，也可治疗头痛，失眠等病；花生壳煎汤浓缩当茶饮，可治冠心病，动脉硬化，高血压和降低胆固醇。

葱枣汤　大红枣 20 枚，葱白 7 根。红枣洗净用水泡发，锅内加水适量，大火烧开，20 分钟后加入葱白，继续用文火煎 1 分钟。吃枣喝汤每日一次，能安心神，养心气。

红枣炖羊心　羊心一个，红枣 10～15 枚。羊心切块与红枣加水适量煲汤，每日 2 次，用食盐调味。能补心安神，适应血虚心悸，烦躁不安等症。

韭菜粥　鲜韭菜 30～60 克，粳米 100 克，食盐少许。将米加水煮沸，而后放入韭菜同煮，至熟放盐即可。早晚餐，有温肾散寒，补虚壮阳功用，主治脾肾阳虚，水痢，腹寒冷痛。

治痔疮　据长安镇中心弄陆淑英讲述：祖传治疗痔疮偏方已有很久，当时都用这类偏方治疗。由于传统中医学药类采集、制作工艺复杂，在当今发达的西医学冲击下，祖传针灸面临后继无人、失传的困境。据陆介绍说，一般诊断前有患者自述，再根据患者的情况，合理的得出诊断的方法，再给患者用上家传多年的治疗痔疮的偏方。该治疗痔疮的偏方主要使用的方法就是以涂抹于患病部位为主。治偷粪老鼠的偏方，取白岌块茎，用醋研磨成胶糊状，每日涂抹于患者三次，能活血使病情逐渐愈合，直至消失。

腊雪祛痱　很早以前长安的老百姓就会用腊雪水来祛痱，并一直保留至今。旧时人们会收藏上年冬天腊月的雪水，用消毒球浸雪水，在洗完澡后，擦拭全身，可治疗小儿痱子。至今有些老人还会用这种方法给儿孙祛痱，据说有一定的疗效。

筋骨酸痛药酒　长安镇东后街蒋明亮，在他的父辈继承了祖上传下来的许多土方子，并一直沿用至今。其中有筋骨酸痛药酒方：当归一两，五加皮一钱、川芎、独活、防风各五钱，桔梗三钱，制香附、牛膝各六钱、灵仙、桂枝各四钱，用烧酒三斤隔水煎，三炷香为度，取其退火三日可饮，临睡服下，焐暖出汗即愈。每天临睡前服用，筋骨酸痛药酒方，重伤水煎方，活血止痛散及消毒散和头破伤风方。

重伤水煎方　生蒲黄、当归、积客、桃仁各二钱，桂枝、陈皮、红花香没药、韭菜子一钱，杜仲三钱，甘草三分，治疗重伤、骨酸痛。

治咳嗽　由于传统中医学药类采集、制作工艺复杂，治疗咳嗽效应较慢，因此把水果中的香蕉作为治疗咳嗽的偏方。治咳嗽的效方以水煎为主：香蕉二只，冰糖适量，放入锅中间水煮熟，每日早晚用，如用雪梨，冰糖和水煮同样有效，老小即可用。

针灸　城东村村民张木高祖传针灸已有十代，针灸、中医，也就是传统中的儒医，当时已闻名，并延续到这一代。由于传统中医学药类采集、制作工艺复杂，针灸学医效慢，在当今受到西医学冲击，祖传针灸面临失传的困境。主治发热、头痛、面瘫、腰腿背疼痛等病症。治面瘫针灸穴位：迎香、规车、地仓、翳风、合谷、阳白、四白、水沟穴，（体弱者加三里穴）。治头痛针灸穴位：处感、百会、风池、太阳、合谷穴。治腰痛针灸穴位：肾俞、至蜜、阳关、命门、委中穴。治膝痛针灸穴位：渎鼻、阳陵泉、足三里、委中穴。治坐骨神经痛针灸穴位：肾俞、至蜜、委中、阳关、命门、腰俞、腰眼、昆优穴。本治疗方法无需配制药物。

刮痧　“刮痧”这个“痧”字也就是“痧症”。疗法起源于旧石器时代。人们患病时，出于本能地用手或者石片抚摩、捶击身体表面的某一部位，有时竟然能使疾病得到缓解。通过长期的实践与积累，逐步形成了砭石治病的方法，这也是“刮痧”疗法的雏形。刮痧疗法延续至今，已经成为一种适应病种非常广泛的传统疗法。据说，毒邪由皮毛而入的话，就可以阻塞人体的脉络，阻塞气血，使气血流通不畅；毒邪由口鼻吸入的时候，也可阻塞络脉，使络脉的气血不通。这些毒邪越深，郁积的越厉害，那么它就越剧烈。对于这种情况，就必须采取急救的措施，也就是必须用刮痧放血的办法来治疗。运用刮痧疗法，将刮痧器皿在表皮经络穴位上进行刮治，直到刮出皮下出血，凝结成像米粒样的红点为止。通过发汗使汗孔张开，痧毒(也就是病毒)随即排出体外，从而达到治愈的目的。这一传统的诊疗方法一直到现在长安一带还相传、延用。

一般出现头晕、恶心、无力、不思饮食，俗称痧气，即需刮痧。1.捏痧人用双手的大拇指和食指在病人皮肤上用力挤拉数次，患病的皮肤就由红变紫起肿块。照此全身捏出数点，病人就轻松舒适，痧病消除。2.在碗里放点水，拿汤匙在水里浸一下，在病人的背上进行刮痧。3.用刮痧板刮。工具：刮痧板、汤匙、水、碗。不需要药物。

治羊毛板 灯草菜油治“羊毛板”，对其效果相当不错。因此，当地人们就用此法治疗。一直流传于长安农村一带，沿用至今。羊毛板即：上身、背上，肩上、颈部经常不舒服，怕冷可用以前点香油和灯草浸在菜油里，然后用火柴点燃灯草用手拿着伸到颈，肩，背会马上发出啪、啪、啪的声音。对治疗俗称叫“羊毛板”的病效果较好。

第四节　礼仪习俗

婚　嫁

在封建社会，一切用《礼》来规范行动。家是社会最小的单位，为了其地位、财产的延续，也严格地作为规范，就是“父母之命、媒妁之言，门当户对，嫡庶长幼有序”。

嫡长子婚嫁 头房长子的“对亲”(订婚)年龄都很小，做媒人知道：不但要门当户对，男方女方做亲家有相互依存，帮衬的关系；而且品貌，才能上也须匹配。因为到双方达到婚嫁年龄时间长，其中可能产生变故，所以媒人要十分小心，不能隐瞒，要实事求是，如有小事也可以让双方明白。否则媒人酬劳得不到，还要吃“倒笃”。长媳是门当户对，用花轿按“礼”迎进门的。如果婆母体弱有病，长媳进门就得担负起主妇之责；如果婆健在，带她管理家事后，最终还是她当家。如有欺侮她，她会嚷：“老娘是花花轿子抬进来的，谁敢动我一根汗毛。”

不过有的长媳病弱无能，在公婆特许下弟媳可行长媳权责。明媒正娶的也有不同。妾生长子和次子等，也用花轿娶亲，但行“六礼”中规格小，财礼少。同样是“完婚”，标志着成家，在分房、土地、女方因财礼少，女方家境好的，就是配“五园六凳加外场”，数量不少，质量就差一等或二等。家境差一些的就配“三园四凳加外场”或者还要少些。

童养媳 长安称“养媳妇(读羊西妇)。”结婚叫“并亲”，意思原在一家分居的，结了婚成了礼就并在一起。“并亲”有三种形式，一种是新娘子回娘家(有家但订婚后母病或亡故而送女到未婚夫家当“养媳妇”)后用轿子接大排场“完婚”；一种到家中别室或亲戚家，用小轿抬来，只是简单拜堂叫“斋佛”；第三种是就在家里，穿上新衣拜佛(斋佛)；拜过家堂，父母就算“完婚”。名称叫“并亲”，亦称“圆房”。

冲喜 旧时认为喜事能冲邪恶，病魔。所以“定亲”后未婚夫家父母或者还当壮年的祖父母有病(有时未婚夫有病)，就用较简单的形式为子娶妇来“冲喜”，求得病人病情转好，就叫“冲喜”(有的冲喜后婚夫病情未见好，新娘子就回娘家)。

停尸做亲 男方父或母，或者祖父母中有一亡故，男方未婚，仅此一子或是长子而未娶亲但已订婚。办丧事时“疏头”(拜忏超荐之者的榜文)上有媳妇是一个完整的家，有子缺媳是不完整的家。亡者在“礼节”上有缺陷。因此要把亡者尸体暂停别室，先为儿子“完婚”娶来媳妇。第二天，亡者尸体移到“正寝”，做“大殓”丧事。有媳妇和儿子“上羹饭”，来客“拜奠”时有一对完整的儿媳妇“回拜”。“疏头”上有小媳妇名谓，“扯面”给亡者用丝绵扯开罩在尸体上，有儿媳成对，因此叫“停尸做亲”。

抢亲 农村或城郊镇民，男女已“订婚”，但家道中落，男家无力承担“娶媳”的那些“摆酒”，行轿等费用。就通过媒人与女家取得默许，约定“日脚”抢亲。有的未婚新娘同意，有的瞒过新娘，男方准备新房，邀请新官人的兄弟和操办“斋佛”的供品，香烛及一些新娘的新衣裳等。到了约定的日子，媒人从女方父母那里确定新娘所在位置，然后新官人带伙伴接近新娘，新官人扑上去抱住新娘，旁边一个马上燃放炮仗。这时新娘的裤带已被新官人扯下。所以小伙子们拥着新娘到男家，硬给新娘披上新衣,硬揿着新娘拜天地“斋佛”,炮仗一放拥新娘进“洞房”,这就叫“抢亲”。

撞天婚　事实上男女青年在“庙会上”“灯会上”,或者亲戚来往中双方恋爱上。挽出双方亲属中人做媒人,美其名曰“撞天婚”。也是以神仙扯拢来的婚姻,是合法的。婚事操办可繁可简,要看双方家中(尤其是男家)经济条件决定。

招女婿　入赘,旧社会有女无子而为女招个女婿,叫上门女婿。又称“倒插门”“招逆拔夫”等不好听的叫法。说明做招女婿的对已是一个无可奈何的办法(家里无财产,可能是阿二、阿三等)。长安镇坝上人家招女婿必须通过老一辈同意,女家要设酒席请同一班组的兄弟、伯叔吃一顿等,才可以上坝吃一份工。

妾　封建社会实行一夫多妻制,当然只有官员、财主们的特权。一般百姓是不可能纳妾的。

收房　在城里,过去官多财主多,娶亲时从娘家带来的“陪房丫头”多。到民国初,顺应时代要求,这些陪嫁丫头大多数已为男主人的“小妾”,无子女的则贴了土地、嫁妆嫁给乡下人。收房就是现成的把丫头当妾,这种妾,在无子女前,照旧服侍主人,甚至和《红楼梦》里平儿一样,贾琏和王熙凤行房时还陪伴在侧为他们递这递那,拎水什么的。

养外室　妻不容夫纳妾,夫把妾养于外室,只行简单的“斋佛”礼,饮交杯酒,就同居。旧时妾与婢女一样,男人可以随便送人。

包养女人　旧时,有财有势的男人,可以把看中的妓女,寡妇甚至有夫之妇,觅房养起来,待被他玩腻了就抛掉。

续弦、讨断房　妻亡再续,因前房娘子已有嫁妆等。所以讨断房比娶前妻的排场小。如果头房遗下有子女,则称后母、后娘。断房无子女,后娘如娘。后娘添子,后娘就难做了。所以后娘稍有不慎,产生“后娘的拳头”,比如“阵雨后的日头”一毒。

接亲　丈夫亡故,伯叔无妻,经公婆要求,和伯或叔“斋过佛”同居叫“接亲”。如姐夫健在,姐亡故,小姨子接姐与姐夫结婚,也叫“接亲”。

坐产招夫　夫亡故,其妻不外嫁而要继承夫君财产。经公婆和族里长辈同意,可以招进个丈夫。这个男人就和招女婿一样,但也是家里人一样。

讨二婚头　妻亡故而讨的断房也是寡妇,就叫“讨二婚头”,而从未娶过妻而找个寡妇做妻子,也叫“讨二婚头”。手续简单,但也是有媒人,父母之命,只缺少“六礼”中几样礼。

拜小寡妇(也叫拜二婚头),这是一种凭强力占有寡妇而又占其家财的霸道行为。但一方无夫,一方无妻,年龄相当,所以也是合法的。这种婚姻关系大多出于动乱时期,日本侵略军占据沪杭铁路一段,农村中一些无赖之徒,流氓赌徒,家产输光或者无田无地,见了某家年轻妇女新寡而坐的一份夫家之产业。这些人家互相协助,拿了炮仗和佛马香烛,晚上敲门进去,硬揿寡妇拜佛,寡妇肯与不肯,放了炮仗就是“真”了。

讨活切头　夫有病不能劳动养家而无生活来源,夫妻感情很好,妻子愿嫁人养夫。其允认后,订约。这个男人讨了这个妻子叫“讨活切头”。夫未死,妻子未办离婚手续而嫁了人,而讨了这个女人就叫“讨个活切头”。

婚礼

古礼中婚嫁是人生大事,故定出所谓“六礼“。六礼者问名、纳吉、纳徵、请期、亲迎。城庄、乡庄虽为不同,但“六礼具备”城乡一致。在1950年前,社会虽进入文明时代,可封建礼教、嫡庶的规定仍旧左右着嫁娶中每一对夫妻之间。长子就享有家庭中决定一切的地位,所有的男女在一切文书或习俗中以他(她)们为主。

卜吉、问名　长安谓之“掸帖子”。

帖子　不管成与否,风俗要女方“八字”(即帖子)写于红纸上,由媒人(俗称舔舌头)拿去放在男家灶山上的香炉下。(要潜入进去,不能让人看见,这才吉利)由于做媒经常不易成功,要在口头上讲得天花乱坠,行动上鬼鬼祟祟(几(鬼)出活现)所以称媒婆为“谋婆”。

排八字、卜吉　因帖子上写女孩的生辰八字。请盲子先生按两个人的“八字”用生克关系,判断出生克、吉凶。往往就是盲子一句话决定一对青年男女终身。因此有“媒人夸牢,瞎子决定,小两口糊里糊涂过了一生一世”。新中国的婚姻法开始时，打碎了这个迷信决定人生的方法，但现又在部分家庭中逐渐恢复这一风俗。

纳采，缠红 长安称“缠红”（女方八字）即卜之吉（卜吉）本来请媒持男女双方（八字帖子）换帖。但长安是直接定好日子，“缠红日子”，宴请媒人，男方长辈陪之。这天男方写了“缠红帖子”（拜帖，也叫定帖，男方先送，女方回贴）随送“缠红帖子”按男女双方财力，男方帖子上书有签称“文定之敬”，帖子上写出“银元几块，耳环成双，戒指一对”等等，四种均成双成对。称“缠红银子”，“即纳采”。女方回以“万缘”和分给长辈的“女红”。万缘用糯米做成中空大馒头形，上撒红绿米（熟米）顶上嵌以红枣，作回敬之礼。

话亲 男方准备娶亲，先由媒人送到女方请允帖子。女方总以“女儿尚小”为由或者时间上有别的要求推托，所以必要拿到“遵吉帖子”。一允准帖子，男方可请盲子先生看“日脚”定娶亲日子。

下聘、掸大盘 定日脚后，要定嫁妆，做衣裳等。所以先要向女方要尺寸等，男方去准日帖子和“大盘银子”。

掸拢头 即给女方送去胭脂花粉钿，主要是头间之物故称“拢头”并要女家开出长辈名单（称呼），待男方以新婿名义封“礼洋”送去，在回门日长辈加倍给新郎送“见面钿”用。

迎亲 分三日排场。第一日杀猪刀羊，正名叫“待媒”，既备酒宴，又备正日娶亲所需的物品。当日晚宴上媒人酒醉饭饱时，“行轿”准备开始，各抬轿执事人手分派好后，主人摆出酒肉，请“行轿”中各个人“吃起马杯”（酒）。先一日发轿到女家，停于偏室。有的当日发轿，侍诏为新郎剃头。女方绞面娘（喜娘）为女孩开面上头（梳髻）。

正日一早，媒人带男方“鼻头”（多数选男方娘舅或大伯、小伯）指挥铳手，放铳三筒。吹“喜相逢”的吹打一响，名为“催妆”。待诏念“催妆诗”。女方开大门，门口放一把太师椅（倒摆着）在媒人递进“肚痛钿”，“厨司封筒”（红包）后，男女双方来来往往经过几次讨价还价（与桐乡交界的村庄则在门口摆竹篮，竹篮里摆进的红包，使女方满意才开门），等到女方满意，椅子拿开，花轿进门。吹鼓手继续一次次“催妆”，“鼻头”方给了“开门封筒”“茶水封筒”等红包后，男方行轿人员有茶吃，静等新娘子梳妆好上轿。让媒人“鼻头”进门称“拦板”，旧社会流氓或族中无赖者，想尽恶作剧敲诈也叫“拦板”，即赖板。女方：由绞面娘（土话叫绞姆娘）上一日开面（用切鞋底的线绞去新娘面上的汗毛）。

正日，绞面娘给新娘子化妆，由父母为其“升冠”（旧时新娘戴凤冠）和兜纱，由喜娘（绞面娘）扶新娘子上桥（或娘舅抱上轿）。轿子里由女方放进“暖轿炉”、“毛桑”、万年青、红淘箩、甘蔗、喜糖、喜钱等，然后关上轿门发轿。由待诏唤起轿，吹鼓手在铳手三声铳响，四个炮仗升空后，龙头火把开道，耸灯跟进，毡包先行（旧时新被、新缛由裁缝用红毡包成大包叫毡包）堂灯在轿前照明，花轿四人抬着上路，后面是送嫁妆的马子脚桶、八仙桌、箱子等外场跟进。

抬花轿的，女方由喜娘发给他们“转轿”、“稳轿”红包，但抬轿的按习惯路上要晃轿（即掼桥），根本不听。但轿子一定要在男家东南方抬到男家门前，称“盘青龙头”，有“紫气东来”的吉利。

轿子到，炮仗四个，铳手三声铳响，吹鼓手先号筒“蒲呀蒲地”三次。箫、喇叭等又是“喜临门”吹打，待侍诏赞礼毕，新娘出轿，在轿门口饮“糖汤姑娘”的糖汤。然后跨过米袋进大门，站在红毡毯上，待诏赞礼之下拜天地，踏着麻袋进洞房。

坐床又有讲究，男女双方母亲不是要他们平等和睦相处，总教唆子、女要坐在对方衣襟上，要抢先坐到床上，意思就是先坐下，能压住对方衣襟，就能“压到对方”，所以往往为此闹得面红耳赤，双方都难堪。

中午，正酒酒席上，新婚夫妻席上筛酒，按辈分叫一声，晚酒席上父母吃团圆酒，新人吃小夜饭和交杯酒。

下午，拜家堂公祠，叩见祖、伯、姑辈（叫见面礼）。

然后，新郎陪新娘回娘家，晚宴后回来。这叫当日“回门”，也有三日“回门”（隔一天）婚期有待媒、正日、回门共三天。

望朝,新媳妇第三日早起上灶。

回门 结婚第三天,新娘回门望爷娘,新郎陪同前往。男方还要办回亲酒,请女方亲戚到男家做客。过后,女方家长还办酒请男方家长前往做客。回门一般新娘不过夜,在傍晚前回男家。数天后,由新娘哥哥或弟弟前来邀请新郎新娘到娘家做客。新郎新娘拿了礼品去看望父母、长辈。新郎要陪新娘在娘家过一夜,随后由新娘在娘家住几天,后由新郎接回。这样,整个婚事过程就结束了。

结婚特殊风俗

哭嫁 长安地区流传哭嫁的风俗,据传起源于战国时期,赵国的公主嫁到燕国去作王后,她的母亲赵太后在临别时“持其踵,为之泣,祝曰,必勿使返。”大约就是后来长盛不衰的哭嫁风俗的滥觞了。在旧时坊间丛刻中有《训女哭嫁》一种,可见一斑。这本小书的目录有《闺声哭》《娘训女》《嫂哭妹》《哭爹妈》《哭哥嫂》《花轿到屋哭》《哭叔爷》《哭兄弟》《哭外公外婆》《哭舅爷》《拜香火哭》等等。

哭嫁的过程先是待嫁姑娘独自哭,婚期前一夜,姑娘的相好女友和三亲六戚姊妹集聚一堂,围坐一屋,轮番哭述。哭述的内容逐渐衍化成有一定调式和韵律的曲子,成了“哭嫁歌”。新娘临别之时要与母亲哭着分手。

抱上轿 长安农村有抱上轿的风俗,一般由新娘的哥哥抱上轿,现在是抱上轿车。到了男家一般由新郎舅舅从轿车中抱出来,坐在男家大门口等拜天地。

拜天地(结婚典礼) 一般由村坊上德高望重的人主持婚礼,宣读结婚证书,旧时是向家堂、长辈行礼、相互行礼,“文化大革命”后改成向毛主席像三鞠躬,夫妻对拜。现在基本为夫妻相互鞠躬,再由陪郎、陪娘引入洞房,结婚典礼结束。结婚一般在上午举行、也有中午举行的。婚礼后,女家就马上来请回门,午宴后新郎新娘和陪娘一起又回到女家。等吃好晚宴再回男家。

闹房 又叫吵新房。喜宴过后,亲朋好友到洞房吵新房。吵新房名目繁多,如:要新郎新娘互相接吻、要新娘给新郎点烟,还有要新郎新娘相互在衣服里摸藏着的东西、咬苹果、敲脸盆等无所不有。这里的风俗认为新房闹得越热闹,今后的日子也越红火。最后由新娘分喜糖结束。闹房时大人为讨喜糖和喜糕编了一个顺口溜:“若要富里富,看看新娘娘存里裤,若要发,看看新娘娘的脚。”还有一些口彩“头名状元,成双富贵,连中三元,四季发财,五子登基,六六进传香,七子保团圆”来讨得新娘子欢心。

婚礼 新娘子由花轿迎娶,有火把、高灯,大户人家有坛灯、提灯;要放镜子,吹拜年,司仪;新娘子有顺娘、陪娘。拜天地后入洞房,龙凤花烛,通宵点亮,这叫明媒正娶。如果是二婚头,只可小轿迎娶,不可再坐花轿,女家做饭圆只做一次。要移花烛,按蒜袋,走红地毯,跨踏米袋、火炉等顺序。

蚕讯粽 此习俗流传于长安农村一带。据说,此习俗世代相传。女方女儿出嫁后到婆家的第一年要带上自家制作的蚕讯粽到亲戚人家分,每户人家两只或四只粽子,本村坊的人家也能吃到粽子,意思是为了来年养蚕时能丰收。一般制作蚕讯粽所用的食料是以糯米为主,加入枣子(有早得贵子的意思)。现在农民生活大大提高,因此在粽子里大部分人家放的都是肉,糯米加肉,裹起来后开锅烧熟即可食用。分到的人家,吃到粽子后祈盼来年养蚕能丰收,顺利,这个习俗流传至今。

带吉祥物 早在民国初年,就流传带万年青到男方的习俗。出嫁时,由女方的父母亲自取一棵茁壮的万年青,根带泥用红纸包好,带到男方,在男方屋前空地上种植。万年青象征着新娘新郎爱情坚忠,白头到老,永葆青春的美好心愿,这一习俗一直沿用到现在。

还有出嫁时,由女方的父母准备一个全新的铜火炉带到男家。火炉温暖、长久,同时也象征着爱情的长久与温暖。

出嫁时,由女方的父母准备好一个全新的马桶带到男家,桶内放一些喜糖和红蛋枣子、桂圆。马桶带到男家后,男方一般会叫一小男孩撒第一次尿,象征着早生贵子。

出嫁时,由女方的喜娘或女方的父母准备好几节甘蔗带到男方去,甘蔗分成几节,节头上涂上红颜料,再绑上红丝带,意为生活节节高。

歇夏 长安农村，女儿出嫁后，嫁到婆家的第一年的农历六月初三，由娘家人去邀请。娘家的人要买好一套新衣服、伞、鞋子、袜子、扇子带到女儿的婆家，并邀请女儿到自己娘家住几天。（一般时间为一星期左右），女儿到了娘家后饭桌上增添几道荤菜，让女儿能在娘家好好的住上几天，休息几天。

吃猪心糯米饭 据泰山村一带村民讲，清乾隆年间开始，男女双方结婚吃（猪心）知心糯米饭，现在还有人家结婚用知心糯米饭，也有的人家不用了。结婚时，由新娘的父母用猪的心脏做一碗糯米饭，在出嫁时带到夫家给公婆吃，意思是祝新媳妇和公婆知心着意、和睦相处。

现在，提倡移风易俗，婚事简办。但由于人民生活水平的提高，结婚讲排场、讲攀比的风气仍然很严重，彩礼嫁妆越来越大越多、酒宴花费也越来越大。镇政府动员婚事新办、简办、用集体婚礼的形式代替旧式婚礼，这样开支省。但也有的在集体婚礼后回家仍大操大办。旅游结婚在长安城乡也开始流行，但位数极少，也有的旅游结婚后仍办酒席。

断家酒 大约在明朝时，自从建立婚姻家庭，姑娘嫁到夫家之后，原来娘家往来的亲戚婚后是否继续往来，由女方的父母与新娘子自己的意愿来决定。这时，女方家要办酒席，来吃的继续是亲戚关系，要人情往来，不吃的就断掉亲戚关系。所以这酒叫“断家酒”。

生育寿

做三朝 做三朝是当地传承已久的习俗。而且是由女方的娘舅来做。旧时，生了孩子第三天就要为孩子做三朝。用糕饼、水果、包子为孩子斋星宿。并在村坊上挨家挨户分送，为新生孩子结缘。做三朝请太君娘娘用鸡、鱼、肉。肉上插一只缝衣针，孩子不生油丹，桌下放一壶水，说是产妇有奶水，肉要用腿肉。生男用鲢鱼，鲢鱼意为接连养儿子。生女用包头鱼，包头鱼意为不再生女孩。

锁姆汤 一家生孩子后，凡来去的亲戚都要在满月前送上一份锁姆汤。旧时一般为：红糖（1 斤以上）、皮蛋（6 至 8 个）、筒面（2 至 4 筒）、胡桃（2 斤）为四样头。客气的亲戚加鸡或补品，给小孩一包见面钱。

满月 孩子出生 1 个月后，就要为孩子剃满月头，产妇抱着婴儿出房门剃满月头，也要斋佛分剃头包子。

开荤 长安有开荤迟不口馋的说法。开荤一般用鸡心，选择年夜里吃年夜饭时，用鸡心表示有记性。一般小孩在开荤前不吃豆腐，有说法为：吃了豆腐有口臭，还会生一种口腔病“鹅口疮”。

斩绕脚丝 小孩学走步时，一个大人领着小孩的手向前走，另一个大人用镰刀或菜刀在小孩的二脚之间划着。表示将绕在两脚上的那根丝已割断，小孩的两脚就能分开走路。

做生日 是长安地区为小孩子举行的最隆重的仪式，一大早，家里摆起桌子斋佛请菩萨，小孩要穿上新衣服，由娘舅或长辈抱着沿村坊走一大圈。还要办生日酒，请亲戚朋友前来喝生日酒。酒宴比结婚还要丰盛，有“结婚办酒是没办法，不得不办，生日酒是有钱才办的”说法，所以酒宴特别丰盛。来喝生日酒的亲戚朋友也要为小孩送礼品和红包压岁钱。礼品一般为衣服、毛线。小孩娘舅家还得送金银首饰，小自行车，现在有的送电动小汽车和其他玩具，挑上一担生日塔饼和水果糕饼之物。这些生日塔饼和水果要分给村坊上的人家和送礼的亲戚家。做媒的介绍人吃了生日塔饼后就基本断绝来往了，也表示做媒已完成任务。

成年礼 解放前，男孩子到 16 岁算是大人了，做事情要负责任了，做错了事到公堂上受审了。16 岁生日时，吃鲫鱼，表示进入成年，长辈送礼物或财物庆贺。

寿庆 旧时，长安地区的寿庆都是富裕人家办的。子女在其生日那天摆酒庆贺，向邻居分发长寿面，叫“做寿”或“祝寿”。富裕人家从 39 岁开始每隔 10 年做 1 次寿。做寿一般逢九，即：三十九岁、四十九岁、五十九岁……拜寿仪式为：正屋朝南的墙壁上挂着 1 个大寿字，桌子上供着老寿星、水果、糕饼、长寿面、蛋糕等。斋佛放高升（爆竹）、鞭炮。老人坐在供桌旁穿寿衣，接受儿女子孙晚辈礼拜，祝寿的老人要给前来拜寿的晚辈发红包（拜寿钱），老人没有经济来源的就由子女分担。也有从简的人家不祝寿,做碗长寿面给老人吃了,在村坊上分点东西就算了。分的面和水果之类,一般为出嫁的女儿买来。随着人民生活的改善,解放初已经基本消失的祝寿之风近年来开始漫延,而且大摆酒席的费用也越来越大。也有乡方男女有别:男的奉“九”如:五十九岁、六十九岁、七十九岁等,女奉“十”如:六十、七十、八十等,主要事宜也是斋佛。出嫁女儿带着糕点、水果、蜡烛、猪腿、鸡鸭、鱼、元宝、鞭炮等拿到娘家,放在大堂里供,供的时间从上午起一直供到傍晚,然后烧元宝、放鞭炮,据说供的时间越长,老人家的寿命就越长,反之供的时间短了,寿命就短。

阴寿　长安地区旧时还有做阴寿的风俗,即为死去的父母、祖父母做阴寿。死去的人以周年的形式来祭拜,当地人一般逢十年、二十年、三十年等斋斋佛,方法大致跟做阳寿差不多。就是唯一不同的是,点的那盏灯叫法不同,阴寿点的叫树灯,阳寿点的叫寿灯。拜忏、放烟口超度亡故者。做阴寿的一般是死者生时家境不太好,到子孙时发起来的人家。

丧　葬

报老　长安镇报丧称报老。人死后确定丧期后,便立即组织自属或亲友通知相关的亲戚朋友,称“报老”,亦谓“报死”。报老人到亲属家,不能进屋,只在外面叫唤告知办丧事日期。

吊孝　先向亡灵拜揖。丧家,子、媳陪拜。男客由儿子回拜、女客由媳妇回拜,然后向丧家送礼。吊孝者除送丧礼外,亦有送花圈、丝被面、蜡烛等,并向遗体行礼。

办豆腐饭　过世的人,家中要办豆腐饭,以素菜为主,办在家中,亲戚、埭上的人都要去吃豆腐。如果过世的人年纪大的话,村里面的人会到办葬礼的家中去讨点老豆腐吃吃,据说讨了年纪大的人的豆腐吃的话,可以求个平安,小孩子带起来会容易、好管一点,年纪大的讨寿长。

入殓　人死后,待至亲到齐后,为死者揩身穿衣服,一般为7个领,即7套衣服,一般由儿子套好后给死者穿上。烧纸钱、佛柴、草鞋、点脚头灯。让死者到阴曹地府有穿、有用,并设灵堂做佛事。长安风俗,人死后还要陪夜。一方面是因为最后的陪伴有一种依依不舍之情,另一面也防止其他情况伤害尸体,此习俗现在还是照样做,人死之后到出殡前都要陪死尸。旧时放在棺材上等出殡时加盖钉棺,叫入木成殓。推行火葬后不用棺材,但目前流行租用冰棺材代替。

加冠·梳头　“着死”(死者穿衣)后,由儿子为父母加冠戴帽,如女者,则由媳妇、女儿一个挨一个地为其梳头理发,梳头须下跪,边梳边哭。

赐食　由儿子取糯米饭、茶叶少许(俗称“茶饭”),经咀嚼后,塞入死者口中,称“赐食”,意为人间“烟火”已尽。另示去阴间茶饭有靠。

封面　亦称“包面”,长安地区用丝棉蒙在死者脸上,子女、晚辈和亲属号啕大哭。

出殓　由大儿子抱头,次子(或其他男性近亲)捧脚,土工拦腰,乐队奏哀乐,余者持香口呼对死者称谓,殓出入厅(从房间抬到堂屋)并放于棺盖。

盖被　尸体登棺后,由亲人为其盖被。预先将裹身被垫于棺底,将三分之一留于棺外。然后将其他的被按亲属远近依次盖上,成单数。外甥送的盖在最后一层,全部盖毕,再将裹身被覆盖整个尸体。

结窑　尸体盖被后,用五色绸带将整尸“包装”打结,称“结窑”。窑带二十根,各长八市尺,窑结图案,常见的有菱形、丁香形、八卦状、荷花形及“连升三级”、“聚宝盆”等。

盘蚕花　由近亲至亲依次每人手持点燃的蜡烛,从棺头起,逆时针方向缓缓盘行,首尾相接,盘三圈。哭不作声,口中念念祈祷在天之灵,保佑“蚕花二十四分”(又称“讨蚕花”)。仪式毕,家人奔入房内,其余走出门外,出门槛将烛吹灭,放入口袋,待养蚕时再点燃,以保佑蚕花丰收。

接伞　人死后按死日推算到时接伞,亲人们穿孝服礼拜道士念经,连招三次就把死者灵魂接到座头内定居,以后每日早、中二餐用菜饭供祭,按连三年化座完毕。道士诵经念佛,鱼肉、素菜供物、香烛等。推算接伞有奠仪天数口诀:“甲子已午九,乙丑庚未八,丙辛寅申七”。通神天数口诀:“丁壬卯酉六,戊葵戌五,已亥四”。由此来推算伞头天数。

拜忏　长安地区人死后为超度亡灵,都用拜忏、放烟口。忏就是忏除我们过去所有的业障,以表悔改，未来更不再造诸多的业障。有的自己出钱拜，也有的是亲属送的。他们说对死者能消灾。

上庙 此习俗在清朝时期就有了。旧时传说：在人死之后，三魂飘飘，六魄茫茫，四处飘荡。所以要把死人的灵魂送到庙里。一方人士，一方土地，划定庙界，到了庙里就不是孤魂野鬼了。这个习俗延续至今。现在，人死了之后，到火葬场去火化前要上庙，因为以后做法事的时候要找庙管上庙，插香，男的用椅子，女的用香篮烧，相互围绕手拉手顺盘三转，倒盘三转。

请风水 以前在长安地区人死后下葬地要请风水先生看过风水，确定下葬地方，测定方位。若无风水先生，也可以用一扁担，在地上竖起来，然后让它自然倒下，倒到哪个方向，就葬哪个方向，此习俗在明末清初时就已经有了。所谓入土为安，就是人死之后，入土安葬，才算完成。至于因故迁移，需要请人看日子，定时辰，看风水，不能随便乱动，这个习俗现在还是这样。在提坟、移坟过程中，需要祭供品，拜忏、念佛、诵经、做道场。

封棺 由土工或相帮将棺盖顺槽推入。接着，抬起棺木，在孝帏前逆盘三圈，棺头朝里，快步抬出门外，在场上停棺。然后由媳妇用红糖汤在棺盖上顺抹三次，然后出丧。意则保佑日后甜甜蜜蜜。

出葬 旧时出丧十分隆重。届时和尚道士为前导、鼓乐齐鸣，依次白字戳灯、纸硬牌、旗幡和两面大锣九声连敲，相继而行。送丧人腰缠白带，持香缓步随行。棺木两侧，由子女相扶，均穿孝服。用二杠四抬或四杠八抬，并双套人马轮调换班，送葬队伍蛇行而进。20 世纪 50 年代至 70 年代各地普遍按旧俗土葬，俗称“入土为安”。送葬仪式虽简化，但子女、亲属披麻戴孝，一路护送大致相同前俗。20 世纪 80 年代起实行火葬，送葬均用汽车(火葬车)送至殡仪馆，送葬人大为减少。多数单位和家属均在殡仪馆开追悼会向遗体告别。

做七 人死后，从死那天算起，第七天为“头七”。每七天一祀，俗称“做七”，一共要做七个“七”。第一个“七”叫“头七”，最后一个“七”叫“断七”。据说：死者魂魄会在“头七”返家，家人在魂魄回来前，为死者魂魄预备一顿饭，之后要回避，最好的方法是睡觉，睡不着便躲入被窝。如果死者魂魄看见家人，会令他记挂，便影响他投胎转世为人。传说死者只到“五七”那天才知道自己已经死了；就会在阴间里登上“望乡台”眺望阳间的家室，会见亲友。在这一天的五更时分，子女们打开大门向西连续大喊三声：“某某回来吧！”然后向灵前痛哭，同时端上事先准备好的酒菜，设奠祭祀。“七七”这一天，请道士和尚来做道场，为活人祈祷。子女们祭拜之后便脱下丧服，换上常服。

三年座饭 据传承人说，设灵堂三年座头起源于汉淮阴侯韩信，被错杀含冤受屈，阳寿未满，肉身已腐，身首异处，故设三年座头。这个习俗现在亡者已经很少这样做，有的迎神，有的断七将座头烧掉。以前人死后，家中设灵堂三年，三年内过年、过节禁放鞭炮。意思是“冲天”。据儒家学说：人有三魂六魄，宜静即集，逢响即散。

追悼会 以前追悼会只有公职人员举行。与会人员臂戴黑纱，胸戴素花，由死者家属或单位主持。程序为奏哀乐，默哀，致悼词等。“文化大革命”期间全部以采用追悼会的形式向死者告别。现一般人死后不采用开追悼会，仍旧用老形式，由直系亲属引头，亲属随后，绕骨灰盒(冰棺)转三圈后出葬，当地叫“盘蚕花”。

第五节 岁时习俗

节日

过年 从农历十二月廿三开始，长安镇城乡已开始已有过年的气氛。十二月廿三为小年夜，家家搞卫生、掸灰尘、洗餐具。农村还有送灶司的习惯，旧时在十二月廿三，家家门前用登青树枝、柏树枝搭成的高台，名曰年棚。把灶司菩萨、灶元宝等放在高台上烧掉，所以有“登青柏枝灶元宝”的说法。在烧之前，家家在灶前用鱼、肉、千张、豆腐干请灶司菩萨，还烧了赤豆糯米饭。意思是用糯米饭封住灶司菩萨的嘴巴，叫他不要将人间的事上告玉皇大帝。十二月三十(小月十二月廿九)开始就进入过新年，农家请年菩萨。八十年代，农家请年菩萨用咸猪头、整鸡、全鱼加上水果、干果、酒、净水、年糕等供神。鱼一般用生鱼、一条白鲢一条花鲢,并用一根竹棒挑起一条活鲤鱼,口彩是“鲤鱼跳龙门”。到2005年,农村请年菩萨的习惯还存在,不过供桌上的肉基本不用咸猪头了,大多用的是盐过的整方条肉,一般在5公斤左右,鱼还是白鲢、花鲢、和活鲤鱼。供桌上的物品比先前更多了,各种各样的水果、干果,还有名酒、保健品也搬上供桌。年菩萨一般要从下午3时多请到5时多,才收起供物,放鞭炮、花筒等送年菩萨。送了年菩萨后,开始拆咸猪头、切鸡肉、烧大蒜千张和其他各式炒菜。有的人家还做宴球、鱼羹和冷盆点心,全家人吃年夜饭了。一般吃年夜饭都得团团圆圆,没有特殊情况,家庭人员都得一起吃年夜饭。吃年夜饭后,一般家庭由家庭主管经济的家长发红包、小孩和没有经济来源的长辈都可得到一份。如果有经济来源的长辈,还会拿出钱来发给未成年的小辈红包、压岁钱。吃过年夜饭后,近年来最多的人家都是看春节文艺晚会为主,老年人也会到寺里烧年香,从晚上一直到次日清晨。零点开始就起来接灶司菩萨,烧了糖年糕、供上水果、千张、换上新的灶元宝、灶司。点香烛、放鞭炮迎接新的灶司进门。为了请到新一年的灶司菩萨,大家都抢先放鞭炮接灶司,不过都不能在零点以前。所以晨钟一响后,大家就开始放鞭炮了,一直放到天亮。

零点起放鞭炮后就是正月初一了。现农村还留有年初一不泼水、不扫地、不开正门的风俗,以防来年破财。从初一至初三,除了开店做生意人之外,一般都在家休息或走亲戚拜年。近年来拜年的风俗也有了改变。90年代初,还是流行拿礼物去拜年,并且这礼物还得回拜时从新拿回来,有吃了拜年礼品断亲戚的风俗。所以一般都得将亲戚拿来的东西一一放好,并记住是谁家的礼品,不能搞错。近年来,大多人家除了给小孩买点礼品和给老人买点保健品外,不再购买拜年礼品,有的干脆给老一辈一点钱就算了,既简单又实惠。但拜年的习惯还是不变的,每家亲戚都得走一次吃顿饭。

年初五请财神,请五圣菩萨也是长安地区近年还在流行的。近年来随着经济发展、做生意的人逐渐增多,这一风气也广泛流行。一般在晚上请财神和五圣,财神是为了新的一年发财,五圣是为了新的一年养蚕顺利高产。因此,农家也十分重视,城市工商户也开始流行这一风俗,以求来年财幸好,发大财。

正月初七人生日,过去都有用一杆大秤,系上一条板凳,村坊上的人都坐上去称一称的习惯。但随着磅秤、电子秤的普及和人的体重逐步引起平时的关注,正月初七称人的习惯逐渐消失。人生日也逐渐淡忘。

元宵 农历正月十五为元宵节,也叫上元节,俗称正月半,正月半也是新年结束的象征。拿迷信的习惯来说,正月半前每天灶前点香烛、正月半后就不用点,还有“拜年拜到正月半”的说法,表示过了正月半再去拜年已经过时。正月半后最迟开工的乡镇企业也要开始生产和招工了。农历十五闹元宵也是长安一传统,过去还有灯会、庙会等。现在虽然没有灯会庙会,但吃汤圆的习惯还很流行。

清明节 清明是农时节气,当地农民有“吃了清明圆子日脚不好过”的说法。意思是吃了清明圆子农活就忙起来,春耕生产也就开始,没前段时间那样闲了。长安农村有做糯米青团子和芽麦团子的习惯,在清明祭祖时少不了要用上这些青团子和芽麦团子。芽麦团子是用糯米粉掺入麦芽粉糅合而成。有甜、柔、香的特殊味道。做芽麦团子比较复杂,所以长安镇只有靠近桐乡的几个村的家庭主妇掌握这一手艺,但也不是家家会做,不会做芽麦团子的人家就只有做些青团子。清明扫墓一般在清明夜和正清明二天,这里叫上坟。上坟时在祖宗墓前摆祭品、烧纸钱、放鞭炮,近年来逐渐用鲜花来代替,但上坟祭祖还是必不可少的。

立夏 立夏也是农时节气,标志夏天开始,一般在公历5月5日左右。每年至此时,长安地区养蚕和田间劳动管理也进入繁忙季节。长安人有吃立夏饭的风俗,这种饭放上青蚕豆、豌豆、大蒜、咸肉、笋等,十分可口。在1991年时,长安农民还有种双季稻、络麻等作物,加上养蚕农活很忙,当地农民有过“三三关”的说法。即:“络麻三寸长、秧苗三张叶、春蚕三眠期”农民忙得团团转,像过难关一样。现在络麻和早稻已不再种植,农活比过去轻松很多,但养蚕、小桑苗培育也进入忙季。

端午节 端午为民间节日，每年农历五月初五为"端午"，又叫"端五"。长安人有裹粽子的传统。小孩子还穿印有虎皮图案的衣服，小孩头上用雄王写上王字。家里用苍术、白芷烟熏室内，以驱虫、散温湿。由于科学的不断发展，这些驱邪驱虫的习惯逐渐消失，但吃端午粽的风俗仍为流行。

夏至 夏至也是农时季节，是全年白天最长的一天。长安地区有吃夏至饭的习惯，这一天小孩子不能食自己家里的烟火（饭菜、开水），一般到外婆家去做客吃饭。小孩还要吃夏至粽子。有迷信做法是，让小孩子靠在老桑树上，边吃粽子边念着"你蛀我不疰"的话，意思是说叫桑树代替他这个夏天的疰夏（疰夏当地为不适应夏天天气而生的小病小痛）。

六月六 农历六月初六，旧时为"天贶节"，有家家户户晒衣服的习惯。随着卫生习惯的改变，洒衣服成了日常必做的家常，这一习惯也逐渐淡薄。"六月初六、猫狗汰浴"，所以，有的农家还会故意将猫、将狗推入河中去洗个澡。在长安农村也有流行告诫孩子，这一天是狗汰浴的日子，不要下河游泳，整个夏天也要注意安全，不要轻易下水。

七夕 农历七月初七长安地区称之为"七夕"或"七巧"，传说是牛郎织女鹊桥相会的日子。据传说，站在葡萄树下还会听到牛郎织女的窃窃私语和织女传授给凡间妇女的智慧语言。这种当然只是传说，但近年来，人们逐渐把这一节日称谓"中国情人节"。也流行起给情人送花送礼的习惯，长安花农也会借这一商机，赚一笔中国情人节的钱。

中秋节 中秋为民间节日。旧时，农历八月十五，俗语称"八月半"，为祈求五谷丰登、六畜兴旺，家家户户点香供天地。随着人民生活的改善，这一传统不但没消失，而且一年比一年重视。中秋节要给长辈送礼，过去一般只送一盒月饼，而近年来送高级营养品、中高档瓶装酒等相当普遍。长安农村也流行请月亮菩萨的风俗，在这天晚上家家都在门前场地将八仙桌子摆在长凳上，填得高高的。桌上放上月饼和糕点、水果、酒之类供品请月亮菩萨，并放鞭炮等庆贺中秋佳节。中秋团圆在长安比较重视，一般在这天大家都得团聚一起，吃饭、吃月饼，好的天气赏赏月。

重阳节 农历九月初九称"重阳"，因两个"九"相重，故又称"重九"。长安地区有重阳节吃老菱习惯。旧时到了这节日，还有老菱船摇上门来用棉花换老菱的方法进行交易。一般都是从嘉兴等地的菱农乘重阳节来长安进行老菱与棉花的交换。一等老菱船来了，农民们会将收起的棉花拿一点去换老菱，在重阳节烧来吃。现在已不再出现这种交换方法，但吃老菱的习惯还在流行。不过一般都是从街上买几斤烧熟的带回家去在这天每人吃几只。近年来，重阳节已被称为"老年节"。这一天，长安各村、社区都会举行不同形式对70周岁以上的老年人进行慰问，发蛋糕、发长寿面、重阳糕或慰问金。企业和志愿者还会到镇敬老院慰问孤寡老人，学生会去表演文艺节目，庆祝老人节。政府和有关部门会在这节日慰问退休干部、老党员、开座谈会、带上礼品慰问百岁老人。

腊八 农历十二月称腊月，故十二月初八称"腊八"。旧时民间在这天有吃"腊八粥"的习俗。腊八粥以糯米、赤豆、绿豆、红枣、花生、桂圆肉混合煮成。相传这天是佛教始祖释迦牟尼成道之日，寺庙煮粥祭供，民间仿效。现这一传统只在庙中、寺中进行，信佛的老人会在这天到庙中寺中烧香吃腊八粥，还会带着杯子拿一点回家给全家吃一点，以求全家太平。

国定节日

从公历1月1日元旦开始，全年有3月8日妇女节、5月1日劳动节、5月4日青年节、6月1日儿童节、7月1日建党节、8月1日建军节、10月1日国庆节、农历正月初一至初三为春节。这些被列为国定假日。近年来，五一劳动节和十月国庆节被称为黄金周，三天假日加上前后两个星期的双休日并在一起，机关事业单位放假7天。长安镇抓住这些国定假日前后的日子进行传统教育、开展拥军优属、拥政爱民、扶贫济困送温暖等活动。节日消费和假日旅游也在长安镇城乡居民中逐渐兴起。

随着改革开放的逐步深入，为了尊师重教、敬重老人,新定的节日还有教师节、敬老日等。从1985年起,每年9月10日为教师节。教师节时长安镇党委、人大、政府三副班子领导会慰问教师,召开座谈会。学校也会开庆祝会,表彰先进教师、发慰问品、慰问金等。

节气与农事

正月 正月初:旧时家家户户接二连三地谢神,拜菩萨以求得人畜平安,风调雨顺,蚕花廿四分。条条路上人来人往拜年贺岁,交流经验以得来年丰收发财。

初一始,就是"斋佛"、"接灶"。斋佛是祈求神佛中最有权术的保佑,接灶君千求万祷给一家人在玉皇大帝面前帮帮忙,讲讲好话。佛是吃素的,在画人佛像前供有三盅净茶、三碗年糕、三盅米(或米饭),茶食三样(盆)是状元糕、合桃酥、雪片糕,水果几样(风菱、橘子、荸荠各一盆),中间放年糕、两侧是元宝糕前面是鑞钎、香、檀香,佛家也要财礼,因此,有一挂两串金色纸元宝十只。斋供一个时辰用纸头铺在登青柏株上,放炮仗焚化送之。

灶君堂里换上新马帐,换上新供品称"接灶",这是海宁风俗中自唐朝留下来的一个"谢灶"的习俗。但唐时是"猪肝泥灶令妇孝"《艺文类聚》引《杂五行书》,长安是新打灶头用猪肝谢灶。长安在接灶后,送佛关蚕花门,店铺关财门,长生店(酒肆、茶馆、南货店等叫长生店)开小门营业。其次,壮年和老人进茶馆前吃黄豆饽蘸年糕,然后到镇上吃"青果茶"。初一到初三,三天内赌钱,公差和警察均不抓赌。所以各乡镇"宝场"日夜不断,游龙、斗虎(均以天九牌比输赢,斗游湖牌,天九牌中每张分金银白各2张,纸牌游艺对对湖)游王湖(骨牌中一种),搓麻将则到处都有,外加镇上"推大牌九"(骨牌32片每次推出遍地开庄家、天门、青龙、白虎四副牌每付4张)、推小牌九(每次推出庄家、天门、青龙、白虎每付2张)。拈错(又名乾隆皇帝翻筋斗)即以乾隆通宝中白铜、紫铜铜钿各一个掷出正正反反、正反正反四种称为青龙白虎出门进门,等赌博。35岁的妇女(开始进庙上名)进庙烧香念佛。孩子们穿新衣玩他们喜欢的活动。旧社会孩子营养不足,矮小体弱,所以,一早就到竹梗里摇竹,口里唤"摇摇长,明年竹竿长",早上还去拾炮仗蒂头、拔香棒脚(棒香一段竹片)玩。

农谚"初一落雨初二散,初三落雨过月半"。

初二:开始向娘舅拜年(拜年先拜娘舅)拿去的拜年糕规定:酥糖、桂花雪片、状元糕和柿饼。娘舅到妹夫家同样拜年时只要酥糖或状元糕等各一样。一般的拜年,小辈拜长辈用两种糕饼,长辈回拜时可拿一种。毛脚不拜年。

初三:俗称小年夜。一早给灶君堂上帘,再一次换上净茶、酒、年糕、茶饭和糕饼水果。从此每逢初一、月半给灶君点烛上香。"尝新"食品必须给灶君供一份。所以有"熬食老娘勤谢灶,熬食囡五望客来"的谚语。初三拜丈人丈母娘,在亲戚间互相拜年时,凡其家中有座头(又名文宫套)要带蜡烛去叫"插蜡烛"。

初四:接财神之日,是日农村开蚕房门(大门)店铺开门和农村雇长工之家一样,邀伙计,长工来家吃接五路财神酒。凡未被邀吃酒的是回报了生意,敲碎了饭碗头。收拾了自己的东西回家吃老米饭。

初五:店铺伙计上班,开门做生意。长工开始整修农具,把用过一年的农具修整一下,猪羊棚检查一下,汇报东家要修、要添的数目。

初六:农村里在晚上,猪棚和羊棚头摆一张春凳、折好了"猪栏前、羊太君"的小马帐插在2寸半的纸头(专供插马帐、香的黄纸叠成的纸块)上,然后供上净茶、酒、年糕、米饭、水果、糕饼、素食(千张、香干、油豆腐),点上香烛,挂一串小型纸元宝,祝词是"保佑阿拉养猪养得黄牛大,养羊养得白马大",总称叫请"猪栏前、羊太君"。

初七:人日,长安觉皇寺佛事结束。下午当家和尚敲着小盅带头"盘螺结顶",盘出来的就直接回家了(几百人成单行,从中盘转最后从中向外盘转出来)。这天晚上,长安天明庙和各大桥桥头点天灯。每个自然村,都有老人家在廊檐下挂一大称,下悬一只烧火凳,以备人人过称,以求健康,这一天家家吃青菜煮年糕。

古时传说:"女娲先造鸡,二造狗,三造猪,四造羊,五造马,第七天才造人"。所以正月初七为"人日”。每个村庄总有老辈头在廊沿头挂一杆大秤，秤上用绳吊一只烧火凳当坐凳，老老小小都去过秤。比上年重的宽心，比上年轻的担心，总的是求健康，平安。

初八：年事结束。谚说：“拜年拜到年初八，掇转头来拾块硬泥白”。意思是：准备过年的吃食，到初八已吃光了。所以告诫人们拜年最多不要迟到初七。农谚是“初八晴好年成”。

初九：蚕日。蚕花五圣庙，马鸣庙、蚕王天子殿等供蚕神之庵庙，这一天用“猪头三牲”祭神，老太婆念佛，庙里拜忏，演出羊皮戏。

这一天，各社庙（土地庙时每个庄有土地庙一座或者两个庄一座）道场结束，庙祝（当家者）召集庙董事商议这一年的庙宇修理，神像重光等庙事。把供品撤下来（猪头三牲）散福（分肉吃）。猪头（一般要叫元宝头）鱼、鸡三种供品叫猪头三牲。

初十：麦日。农谚是正月初十晴，麦收好年成。

十三：上灯夜。以汤圆斋佛。是日凡庙宇、桥头、村庄要道点灯以给鬼神照路，祝愿上天者上天，入轮回的早日转世投胎。从清同治年（1864年）后纳入十五日元宵节，取消上灯夜活动。

是日：各社庙“斗姆娘娘生日”。连带着祭祀吕纯阳祖师（凡祭祀吕纯阳的日子是正月初九、九月初九每月初九），所以各地斗坛也于同一日拜忏烧香外，拜吕纯阳祖师扶乩活动。长安梵林庵后楼上，东关斗阁、竹林寺（和定香寺相连故称寺中寺）都举行“扶乩”以求神预示这一年的年成，人畜平安等。

同日：城镇上举行“迎紫姑”，农村里“接淘箩新娘子”，事实上也是“扶乩”的另一种称呼。当晚大嫂子，小媳妇、大姑娘、小妹子穿了新衣把米淘箩一只，对称地抽上只筷子削成的竹梢，长约一寸半，两头尖，一头插在淘箩口上的缠口竹篾里，用红绸兜住，请两个姑娘用手指从灶口抬到堂屋中八仙桌子上。一面点上香烛，由大嫂子开头默祝：“新娘子，请批示我几时能怀孕”。这时两个姑娘抽出指头，淘箩能踏踏踏移动起来，到中间时停下来，以点头（向台子叩）表示月或日子。比时问某人几岁，淘箩口在台子上叩几下等。

《清诗别裁集》里的入秀水俞显《灰七姑辞》红缯长稍箕，伴特海棠杏。灶前舁来灶下请，小妇荐清茶，中妇呈白饼。大妇拜致辞，烛花并鬟影。种稿种秫须多收，养蚕新丝十倍抽。不愿生儿近王侯，但愿蕃息滋牛羊。小姑灵感识人意，鬏簪重重书作字，稍箕频动小姑回，红炉香尽柏枝灰，稚罗收拾枣栗去，门前箫鼓喧春雷”。作者把清初海宁、长安等地“迎紫姑”活动描写得惟妙惟肖、有理有序，内容祈祝明确。

正月半，元宵节。清咸丰后并入上灯夜吃汤圆。成为正月元宵节，吃汤圆，看灯会。

从清光绪十五年（公元1889年）庆慈禧太后100寿辰，长安镇举行“万寿节灯会”，与硖石、海宁城里（今盐官镇）三地轮流行灯会。1937年海宁灯会还是三地轮流举行，一直到正月十八日落灯收场。

正月十八：落灯夜，灯会结束，天灯收起，这一日夜里用年糕谢神，谢灶、祭祖宗神像（祭后神像收起，由轮值堂保管），所以农谚中先有“雨打正月半，一年勿好看”。俗言“上灯元子落灯糕”就包括了整个元宵节，（上灯夜元宵节，落灯夜）。农谚“二九晴好年成”。

二月　花朝之月。杨柳青放风筝，长安人叫“放鸢子”，人与人，村与村进行比赛。

初二：俗称“二月二看马鸣戏”。是日的“菜煮年糕请阿二”的习惯，认为请了阿二，田里的蚂蟥为阿二收走。

初八：海宁各大镇有庙会，庙会上老年妇女上庙烧香拜菩萨，年轻男女上庙“轧闹猛”。也叫“轧蚕花”。

是日是张天相公——张大帝生日，所以有“二月初八晴，全年好收成”。二月初八前落雨叫“清客雨”，二月初八后下雨叫“送客雨”，又有“清客风送客雨”，雨多叫“洗街雨”。说明雨水时节的雨是非常宝贵的，因此雨的名称多是好名字。

十二，百花生日，每家每户都把自己的桃、梅、李、杏、枣、柿等花果树上包上红纸以贺百花生日，也表示长安人喜爱植树种花。因此，十五日是花朝之日（二月半为花朝，七月半为月夕）长安人非常忙，种果树花草。

二月是闲月，长安人没有把它空过，这个月里大人们一显身手，扎出了“美人鸢”等，美丽、轻巧地一只只在空中斗胜。小孩子更不甘落后，糊了一只只圆的、长的各种各样的鸢子，虽然都比不上叔伯爹祖父们的好，就是糊一只放不高的“马桶鸢”他们也高兴地跳着跑着，欢乐地叫着。

闲了，更喜欢天晴。农谚就有了“三月三朝白，晴到捉(割)大麦”。

三月　是祈神保佑“蚕花廿四分”，占卜蚕讯等活动的一个月。所以开头的“三月初三上巳日”的农谚：“三月初三雨淋头，落雨落到茧头白，天可怜见菩萨心，留得一隙采叶天”。

古时：三月初有上巳日，寒食节，清明日三个节日，所以有“三日清明四日年”的传说。而长安人按自己所需，把上巳，寒食、清明三个节日合而为一，称清明节。清明日为正清明，前一天为清明夜，实在是这两日，合家老小都很忙了。

清明夜，男当家的第一件事是出市买敬神的“三牲”(高级的用猪头、鸡、鱼)“猪头三牲”，一般斩一刀腰肉、用鸡蛋代鸡、用一条鱼。

糕饼水果和马帐、香烛元宝。出市回来要帮女主人“牵磨”磨糯米粉。又要“耥螺丝”，折杨柳枝条(到午后插到屋檐上)。

女主人忙了，打好“苎头”用石灰呛过的苎麻头或乱节头、白虎草烧好，和粉做青圆子。同时糯米粉做白圆子，由于清明日要上坟祭祖，请菩萨。因此圆子有好几种：青白相间的大圆子，用于请蚕花五圣，上坟祭祖。

1.用白米粉做五叠茧子，五叠丝(一把丝是四车，每车丝耗茧子二十斤，四车为一把)，专供蚕花五圣。

2.用青粉、白粉相间的夹子(似北方饺子，半月形)若干只，用于供祭祖和“住宅菩萨”用。

3.做青白小圆子，相间隔着装作一堆，共做五堆，用于送“五方土地“用。

晚上请“蚕花五圣”，关上蚕房门(大门)，吃清明夜饭。谚有“清明夜饭吃得早，田头地下勿生草”，如果吃得晚了，田公地母摸夜路回去跌跌跤的话，把草子袋摔破了，那草子撒遍田头地下，草就多得削不完了。吃了螺丝，把壳撒在瓦上，可除瓦蛆(毛千巾)。是夜晚饭，肉、菜烧得很多，清明不起火仓，吃冷饭元子，传统说法是纪念晋国名士介子推而不开火仓叫“寒食”，但长安风俗称清明日不举火，是免除鼠耗“蚕儿”被鼠咬掉。

清明夜晚上，主妇把菜刀、剪刀、引线等收拾好，告诫全家人清明日一些忌讳，禁止浇粪等。

清明日：正清明。女主人最忙，大家吃清明圆子后，把清明准备好的米饭圆子荤素菜肴装在罩篮里，香烛放在罩篮盖上，让男当家带小儿小女去上坟祭祖，并嘱咐子女采些夏枯草带回家来(夏枯草晒干后封在甏里，夏天泡茶吃，可防痘子疫病)主要防暑。

儿子媳妇和女儿们换上新衣，进城烧香轧蚕花。事实上把年轻人送进城去和人家比一比品貌，衣着。做母亲的希望子女媳妇打扮得入时，比人家俏丽，“轧蚕花”当中得到彩头。回家时顺便在纸扎店里买糊太纸、蚕猫、聚宝盆(剪纸)。把清明夜里准备好的面桶、吊桶拖到太阳底下摆好，拎水倒进去超过一半满，让太阳晒水。第二步是拎了只篮到田里采菜花(有采)、蚕豆花(有蚕花)、荠菜花(蚕儿生长整齐)、回家门前再折几支桃枝、桃叶、桃花(古谚桃能避邪驱恶，所以蚕种上、蚕柱上，蚕篇上、上山时山棚上等都插上带叶的桃枝)。到她在面桶里的水感到微温时，把花朵、桃枝全部倒进水里，又撮一些盐进去，才从屋里拎出头蚕种抖挺，一晃一晃地到水里浸泡起来，待其印(湿)透、稍停，双手撮蚕种边沿提出水面，让蚕种在竹竿上凉着(干后收下)，这就叫“浴蚕种”。实际上是土法消毒。使瘪籽(蚕卵)浸之失去孵化功能。再就是把男当家他们在坟地里采来的夏枯草摊晒好，这时她才能坐下来吃个圆子透口气歇一下子。

到晚上，一家人吃了晚饭后，旧时农村每个村庄总有几个见多识广的老人家，成为全村男女讲“空头”的休闲场所，他们也永远讲不完有趣味的故事“空头”。她掇了只小桌子，要窗间里摆上猪肉、鸡蛋、鲫鱼和五盆小元子，米饭、黄酒、水果、插上小马帐点上香烛，作揖拜了几下，口里呐呐祝着“谢谢五方神，保佑阿拉人人平安，牲畜鸡鸭兴旺，蚕花廿四分”。等小蜡烛点了一半多一点，到住房东南方化了纸头、元宝和马帐，叫“送五方土地”。这以后，再搬一条春凳摆在房中央：供上猪肉、鸡蛋、鱼（小三牲）和净茶、酒、米饭加上请蚕花五圣同样的茧子、丝、夹子、大元子和水果糕饼，谓之"请床公床母"。因为蚕种焐种开始，到收蚁、头眠都有在房间里（卧房），所以必须求得床公床母保佑。这一天全家，尤其是新娘子要吃甘蔗，称吃腿酸甘蔗，看蚕时腿不酸。

清明日，城里城外有个特殊的现象，即乡下老太太进城里庙里烧香念佛，年轻的男女全部哄到城里"轧蚕花"。而城里人却全相反，有挑了罩篮、拎了香烛等的雇了家乡船载了男女老少和上坟的酒菜、清明圆子等，到乡下上坟。通向乡村的路上，水里都是下乡上坟的，所以一个上午，乡下人进城，城里人下乡，路上显得热闹非凡。城里人难得下乡（而且往往很远才到祖坟），上坟后和管坟大伯分吃上坟酒菜、圆子后，剩下的都留给了管坟大伯。还给大伯一笔钱，让他补种树木，坟上添土除草。然后大家慢悠悠的欣赏春天的景色，采花斗艳，拔草斗输赢。青年男女就在游玩的过程中谈情说爱，有了进展的避开了家人躲进树蓬里过瘾的年年有，而且成为风俗之一"踏青"古风。朱淑贞有诗："月筛霞光好风生，病眼伤春泪欲倾。写字弹琴无音谱，踏青挑菜（荠菜）没心情。"孙青《硖石清明》："蚕妇蚕花（小朵红花）插满头，瓜皮小艇婿操舟，西山东寺都游遍，归去还须话胜游"。吴骞："寒食划船遂年增，蹴波龙虎势飞腾。也知南渡衣冠好，麦饭何曾到皇陵"。清明前后，长安各地庙宇中有"行宫"（木雕神像）者交替着"行会"，菩萨出巡。要求行进路线不重复，不交错，所以各庙行会日子是前后错开的规矩，"清明后十日"（见《海宁州志稿》）令公庙、邬伦庙等也轮流行会。

三月农谚：春末萝卜花开时落雨叫"菜花水"，桃花开时发大水叫 "桃花水发"。三月十二下雨叫"百花水"，如一连下了十二天则有"双百花水"之谓要再下十二天雨。说明三月里长安人需要水，盼望雨水多，好让田里有水，河里水满。

四月　蚕忙月。农谚"四月乡村无闲人，方了蚕桑又插秧"，"做天勿做四月天，趁工勿趁四月工"。四月看蚕娘子要求晴天多，种田人要求天下雨，割麦的要晴天。而这个月里天长（日长夜短）天热趁工很吃力，而且又是"晴天三家叫，落雨当狗叫"。又有"立夏叮当响，采斤叶来买斤鲞（贵），立夏雾，采斤叶来买豆腐（贱）"。因此有"做天难，难做天"，天晴下雨有人喜，也有人讨厌骂天。

立夏节，因为忙，当家人这一天必买松花糕，眼镜糕（方糕）、包子给家人吃。称吃立夏糕，方言叫吃留夏糕。留者永远让人记着，所以立夏称留夏。留夏日即立夏日：市镇上肉店都准备 2 两左右重的猪油或油肉（肥肉）堆于肉墩头上，这天来买肉的，每人都能得到一块，小孩子来讨，肉店倌亦给他一块，叫"立夏野炊肉"，长安人叫烧野饭肉。

农村孩子中几个十二三岁的男孩带头，三四家合在一起，从家里拿了米、锅、铲刀、菜刀等煮饭工具到岗滩上挖了一个土灶支上锅，然后分工到别人家田里采老蚕豆、拔蒜苗、竹岗里偷笋，洗剥之后倒入已端正水头的锅里烧野饭。等到饭香时，那些小弟弟小妹妹早就拿了洋铁盏，晃着小手等在锅旁了。当一开锅盖，首先就给这些小字号的盛饭，所以大一点的早给他们采了桑叶填在盏底，他们一面笑一面吃。等到叔伯大哥们跑来讨，那可不客气，每个只盛半碗。姆妈和大嫂来就优待了，每人一大碗。一大锅野菜分去了一大半，五六个半大不小的孩子能吃多少，但野饭的风味使人永远难记忘。因此他们计划了第二次烧野饭，可第二次没有免费的猪油可讨，别人家的蒜苗，竹笋也不能去偷，因此不能叫野饭，应该叫"打拼烧的家饭"，但其风味依旧不减。

农谚："小雨动三车"。小雨晴，种田要踏车上水。又"上看初三，下看十六"。有雨无雨这天有应兆；又"上看青山，下看日落"，早晨是临平山显得清楚天晴，下午太阳落山明天必晴。

五月　古称恶月。原因是此月热潮湿，易病，人怕之称其恶。进入五月，一面夏收夏种忙，一面季风由西北转入东南。长安进入炎热、湿闷，蛇虫出洞，蚊蝇繁殖。在住房低矮潮湿的条件里，被蚊蝇毒虫侵袭下各种疾病易生，属于人们多事不宜的警告。叫人知道预防。五月端午就是人们采取措施的日子。

端一（五月初一）开始，各庄社庙给本庙界内每家每户分发"符咒"，简称发"发符"。要所谓"鬼画符"的体式。初四每家每户都按符的式样粘贴在所在的门上。待麦收后，道士带了香火挨家挨户收相应的小麦叫收符麦。是日，家家户户裹尖头粽子。按各种史志所载，称是纪念屈原投汨罗江而后人裹粽子以致哀悼。但按长安传说，是为纪念伍子胥被吴王杀死后，以牛皮裹之投入大江。长安人自古是非分明，恩怨报答轻重适当，所以楚国虽与越国相邻，但屈子虽冤，古长安人未体恤；伍员之冤，古长安人知之甚详。因此出于志诚用裹粽子纪念伍子胥，以剥粽子寄托为伍子胥剥下裹身的牛皮，以让伍子胥自由之身当运河河神。

真正的裹端午粽是长安人传递蚕花丰收的信物，因为在新娘家裹粽子，让新娘子家分送邻里亲戚时称"分蚕讯粽"。家家如此世代不断，可见粽子应叫"蚕讯粽"（尖头粽，正中嵌一红枣，以红头绳系牢，每四只为一档分送出去）。长安人裹粽子主要是"报蚕讯"。

端午：天中节，又称双午节，午五也。

一早，每家都按道士的嘱咐把"符"分别贴到门上（有的端四就贴好）。未等当家人出市回来，家中大大小小已把另另碎碎的农具，看蚕蚕具都搬出门外，把墙角壁脚扫得干干净净，用石灰撒了一遍。把松泥鼠洞一扫再堵塞上干净泥土，连天井里的水潭，阴沟也彻底地疏通，还清除了乱砖瓦砾，专等当家人买来雄黄酒喷洒消毒。当家人买了猪肉、黄鱼、高邮蛋（咸鸭蛋）给神供上八仙桌，敬酒上香后，约两个小时送神上天。中饭就以白焐肉，黄鱼，咸蛋过酒吃饭。

端午日，外婆还带来阿魏袋给外甥们挂于头颈里，最小的额骨头中用雄黄写一"王"字代表虎来辟邪驱鬼。端午饭一吃农村又进入忙季、霉季，所以准备了菖蒲（草蒲似剑）白术、艾草（野菊花似的草）搓编成"艾绳"晚上作驱蚊之用（以艾蓬点燃后以烟熏蚊子、苍蝇的习惯《吕氏春秋》已有二千几百年历史了）。

五月，也是梅熟时期称梅季，这是后来逢壬人梅，又谐音为霉季。《新版土风》有"五月新丝今好卖，大家沽酒发黄梅"。指长安农村在入霉时备酒敬"田公地母"后散福开秧门种田叫"发黄梅"。长安西片，叫"开秧门种田"。

因为旧时"靠天落水"，因此农谚中有"年纪活了八十八，勿成见过黄梅水勿发"。如果真的不发黄梅水，那只有排水车上水种田，加上这段节气上有"芒种勿割麦，夏至不种田"，季节紧。因此，这时农村里就几家有劳力的和缺劳力的病人之家，寡妇之家"伴工"种田，要在夏至之前种好（叫霉插田）。夏至后种的田叫"埘田"（已迟了季节），三埘后种的田叫"汰脚田"。（立夏起埘三天、二埘五天，三埘七天，埘半个月，15 天）。伴工是旧时农村里不成文的活动和五十年代中互助性质不同，它极其充满人情味是真心的互助，不计较做多做少。

五月，长安地处季风中枢，古时黄梅水发后各种作物（稻、桑、芋艿等）都需要雨水，龙是司雨之神因此五月份的农谚，祈神等都和龙有关。

五月初一开始，长安镇"赛龙船"。第一天在老坝龙王堂（原官员上下坝休息的接官亭）抽签分排赛船的出发位置，各赛船从实地认实际位置。初二（称（端二）上河比赛，初三从下河位置，初四（端四）下河开赛。端午赛船到龙王堂领奖（一、二、三名奖外各船都有赏赐）。

长安龙船会上，老冬烘疯刺看龙船的乡下大嫂（称娘娘）不懂天气农谚说"乡下娘娘勿识天，戊子己丑看龙船"。历书上有戊子己丑霹雳火，按相生相克，火必有水克。所以，火日有雨，因此乡下娘娘反驳说"乾隆六十年，旱到嘉兴南湖边，难道戊子己丑上了天？"老冬烘被问得闷了头，讪讪地数他的石板去了。

五月十三，是关公"单刀赴会"日，要磨青龙偃月刀，所以这天必有雨叫"磨刀水"，又有"二十分龙二十雨，车头（水车轴头）搁了弄堂里，二十分龙廿一雨，七七四十九天晒龙衣"。分龙日各集镇"水龙会"会员须按要求拖了水龙到塘河里比赛技巧能力。五月十八的水非常宝贵，所以二十有雨，水车不需用了。廿一有雨必晴旱，因叫晒龙头，因为夏至后第三个庚日起伏。伏里是最好的做酱日脚，伏里割草叫伏草，伏草是最好的马草。

六月　大暑之日，闲月。

初三，有新娘子的家，公婆要给她添置夏秋衣裳，是日新娘子回娘家"歇夏"，一直到新官人去丈母娘家"高"（即：接）才回夫家。

农谚："六月初三一个阵(落雨)，早去耘田晚来困（睡)"；"六月勿热五谷勿结"，是月热阵头(雨)多。农谚："乌头风白头雨"，"乌云接日头，连夜雨勿休"。

初六：有书画之家晒书画(出风)。志书说"崔房君"生日，庙(庙在州衙后街)里念佛拜忏，小孩子到庙里上名，拜值年太岁。由当家道士打着叮叮响的小盅即引磬，钻过殿侧木桥(称关门)洞叫"过失"。

夏至后第三个庚日起伏。农家首尝新麦，做麦糕谢灶。家家留下豆麦糕做酱，或用黄豆麦糕酱，趁伏里晒好，可用一年。

农村急需雨，所以对观音菩萨慈悲心肠寄予最大希望。因此六月十九菩萨生日，希望有一阵爆雨，称为"观音暴"(吴骞说"暴系飓转音，因飓至必雨到也")。

六月廿九 举行庙会。是日前三天，可以说各地马戏团，武术团，洋画摊和各种杂货、古玩等，游方做生意的都来占一席之地设摊做生意。到廿九日城乡年轻人，壮年人和城里爱好收集古玩者云集长安小市。

六月天人们虽闲，但非常痛苦，尤其是小孩子，"头如八角榔头，四肢瘦得无肉，肚似堂鼓"。农谚亦反映旧时人们企求："早晨薄薄云，晚来晒杀人"；"乌云个日头，晚娘个拳头"；"早西晚东风，晒杀老长工"；"小暑一阵雨，倒转做黄梅。"；"六月被(寒到盖被)田无米"(影响孕穗)。

七月　太阳的季节，只要风调雨顺，长安这富饶的土地上，水稻、棉花、麻、桑、甘蔗、芋艿等蔬菜等，多种多样的作物都生机盎然。因此，长安人自古至今再一次尝新麦、预祝丰收的"过七月半"。这个时节最长的"吃馄饨"节。在使用骡马开磨坊之前，要吃馄饨需用人工"磨麦"(叫牵磨磨麦粉)。因此从初七开始就磨麦，晚上姑娘们用香烛、水果茶食请织女行"乞巧"活动，比穿引线(缝衣针)，比精巧玲珑的工艺品等。初八开始"吃馄饨"。

初九：凡新丧之家，这天一早要对过世的亲属(原使用纸糊房子叫座头)牌位前上供品，配偶和女儿一面祭礼，一面以哭声接其魂来享，叫"接阿太拉"(祖宗)。十三开始，每家每户轮流"过七月半"、"吃馄饨"，当日买猪肉、杀鸡、买鱼、裹馄饨、摆得很丰盛。吃白焐肉、鱼、鸡、千张炒菜等。先祭祖、谢灶、后慢慢吃水煮馄饨。馄饨分肉馅、缸豆馅(甜)，先吃水煮馄饨后吃干馄饨。所邀亲戚(叫(相邀)不需带礼品，只有"新座头"之家要带蜡烛去"插蜡烛"。一直轮流到七月十八止。这时农谚有："天河斜搭角，挨家扯被角，天河对大门，家家吃馄饨"。

七月半，中元节：凡社庙、龙王庙白天拜忏，念佛，演出皮影戏(剧目主戏目莲救母)，晚放焰口(系宋时汴京"盂蓝盆"会)，内容为向饿鬼、游魂和渥杀鬼(溺死鬼)发放钱、米，超度往生。姑娘小伙子摺纸船，点上蜡烛放到塘河里，为往生饿鬼指路，叫"放河灯"。

这期间，祭祀祖先，俗语叫"请阿太拉"过了十八是太迟了，因此如果廿三，某家仍无钱过七月半，其祖宗于夜里回到阴间去了，他们得不到"享用"(酒、饭、馄饨、纸钱)哭泣而回。所以廿三开始，秆稞叶(一种禾本科植物，旧时到处都有)边沿泛出红色，是哭出了血染上秆稞的。事实上秆稞草老了，其叶边呈现红色。

七月三十：地藏王生日，地狱里实行大赦，要放出无数个小鬼。因此人间为了不被小鬼侵袭，烧狗屎香、点小蜡烛、棒香，要从本家场地(道地)前沿插到井傍、河边，都给了钱把小鬼引向水里面。因此旧时有句骂人的话"你(们)是七月三十放出来的"(意思是，不是人是鬼)。

八月　成熟之月，有"八月其获"、"八月剥枣"、"西风八月菱荷老"、"庭前梨枣熟"等名句。

八月十八看江潮，原来沿袭宋代于八月十八日在杭州樟亭外钱塘江训练水军的故事。到杭州这段钱塘江看潮，没有到海宁(时称盐官)看潮。到清初才了解海宁看潮潮大惊险。可乾隆到浙江时，浙江巡抚安排乾隆在杭看了两次潮，潮不但小，第二次根本没有潮水。第三次到浙江，乾隆来到海宁观潮，在占鳌塔侧"观潮台"上看到了"一线潮"，又遭到南潮头的"潮水过塘"。从此海宁"八月十八看江潮"出了名，海宁成为观潮胜地。海宁人看潮最佳位子在南门外石塘上。在这里可以看到宝塔边的"一线潮"，又能看到南潮碰到柴盘头，上去似"满天散花"

一样的水花而使人一观终生难忘。

九月 秋收尝新之月。

农谚“白露身勿露,赤膊当猪罗”。“寒露无青稻,过了立冬是野稻”。说明立冬后秋收已经结束。是冬种时期,也是尝新之时。

旧时:九月时新吃“老菱毛豆荚”、“紫梗芋艿糯米粥”。长安沿江一带宋朝时已开始种棉花,所以在收棉时老菱已老,毛豆荚亦老了,所以各地都有人(多数是沿塘河一带人)摇了“家乡船”(小航船)载了几百斤老菱到上河各村庄的沿港石戤上唤:“棉花换老菱啦……”。小孩子们就从棉花里抓几把去换老菱,回家拔了几梗黄豆采下荚,母亲或者祖母准定给烧好,加上“糯米烧糖粥”,又谢灶,合家又尝新。

九月初九,重阳日,长安无高可登,所以城镇里那些年老的知识界(包括教士的官僚、店铺老板、账房)玩起了“扶乩”活动。长安正心斗阁、玉宸道院(还有竹林寺、梵林庵)和正月初九一样注忏,谢吕祖师纯阳真人。下午铺开沙盘,点起了香烛,在这些大佬虔诚弓腰礼拜下,两位素妆处女手扶“牌位”在沙盘上缓缓移动。这些个大佬虞这时伸长了头颈,端摩沙上的痕迹,猜出有意思的字句来,集中起来写出句子。以卜时事,商业等的变化前程(途)。他们致力于猜测上。

在民间社庙里斗姆殿上“注怍”念佛,叫拜“斗忏”,庙祝请庙董们吃一顿素餐(也有酒等丰富得很)商量的就是公开化缘,向念佛阿太挤出几个鸡蛋铟来寺庙养道士。

这时节农谚“重阳无雨一冬晴”,可以“干柴白米燥笼糠”。“九月十三晴,皮匠拉姆妈要嫁人;九月十三雨,皮匠拉姆妈有肉吃”。(意思九月十三晴,一冬晴,农民不买钉鞋,皮匠要失业,阿妈无饭吃只得嫁人。九月十三雨,皮匠有生意,其阿妈有饭吃,还有肉吃。1930年前,农村大人要做钉鞋穿,才能在雨天出门,钉鞋布做的,底上钉鞋钉,用桐油油了可不漏水)。

十月 吃立冬鸡——进补。长安自古以来是多种生产作物并存的地块,鱼、米、蚕茧为主,多种经济作物生产为副。因此一年中最忙的是四、五、八、九,四个月。如果旱年则全年忙碌不休,因此到秋收结束,人们已疲劳不堪。从北宋开始海宁冬菜已出名,而农村里也是一年四季以冬菜为菜肴为主。所以传说:“猪补三,羊补七,冬菜豆腐吃脱力”。因此劳动稍宽松的秋收之后,人们想补补身子。遂有了“吃立冬鸡进补”的风俗,除鸡之外,没有什么可补了。

十月廿九吃南瓜圆子。新糯米加留下来的老南瓜,搦成一块做圆子,色香诱人。先谢灶,家人尝新。长安人真想得出来,清明圆子、南瓜圆子,一青一黄遥遥相映,看上去美,闻之其香各异,真是别出心裁,口福不浅。

这个月农谚是:九月冬风崩麦出“晴好”,十月冬风毒似药(雨多烂麦芽)。

十一月 冬至。冬秋作物最后限期了。因此农谚:“冬至下麦年探头,只见下种不见收。”

冬至:是秋收冬种完成结束之时,农村家家户户已是“干柴白米燥笼糠”的丰收到家安稳待过年的时期了。所以提出了“冬至大如年”,要好好庆贺一番了。但是旧时长安人:“虽然是三亩棉花三亩稻,蚕好半年粮,纺织土布、麻布、纱带添点什么”收入较丰裕。但生活上还很艰苦,为了留点钱过年,冬至日也只“应名落意”尝尝新。早晨到市镇上买几块插着各色小旗的栗子糕(即菱形的糖糕),用新糯米磨粉做冬至圆子“请阿太拉”(祭祖先)。没有大鱼大肉,应节令烧“胡葱豆腐”。晚上用冬至圆子赤豆糯米饭谢灶。

冬至农谚:“晴到冬至阴到年。冬至勿见日头,夏至不见苗头”。

十二月 原本冬至后三戊为腊,系汉代开始十二月岁终之月称腊月。佛寺里以初八为腊日烧“腊八粥”。但长安人自古以来经立春前为“腊月”,即立春以前腌肉为腊肉,猪腿为腊腿,猪肉称腊肉。立春以前拎水注入缸甏浸年糕称腊水,糕不易酸。所以立春在年前的,必须预先在缸里拎满腊水打上明矾以待浸年糕。有老太太之家,一早就到附近佛寺里烧香吃腊八粥。吃了腊八粥,一年四季无病好享福。

准备过年:1.腌过年肉。城镇和农村不同,城镇里居民,在腊里腌猪肉选“夹心”肉、腿肉,有腌、有风、有酱。还有腌酱鸡、鸭、鹅等。其中风肉即腿带夹心的一块,腌后挂于风口上“风干”,似火腿形式,稍比火腿差。

农村大多数“斩腰和肉”。如果“腰和带夹心”，一块斩(砍)，其必然是“大户人家”。因这一块猪肉肉爿厚，份斤重且精肉(瘦肉)多点，骨也重(有腿骨)。农民大多斩一块腰和捎带着的“拖汏”(腰和后肋骨部分)当过年肉，拿一个“元宝头”(即猪头)以谢灶。过年时最多杀两只鸡，一供年菩萨(雄鸡多)一供灶君。农民斩过年肉必须带一只脚爪一根猪尾巴。

2.打年糕：四周乡民，是手搦年糕、城里人家雇乡里人磨米粉(盘磨磨粉)打年糕。规定：当家糕成双(一对蒸笼粉)、元宝糕(对开两双)，天圆地方(成双)、雄鸡(成双)和对开糕若干枕(应年糕形状似枕头，所以一块叫一枕)年糕上以红色印上“加官”、“财神”、“元宝”、“聚宝盆”等木刻水印。农村同样，只印加官等和简单的玫瑰花样印上红色。长安乡下，清末以来按萧山风格打石臼糕。

3.办年货，市镇上南货店在十二月月半后就包好一档档年货，其中有“马帐(带纸头)”香烛、元宝、檀香；茶食，酥糖、桂花雪片、状元糕、橘红糕、柿饼、寸金糖、冲管糖、饴糖、红糖、白糖、冰糖等各一份作一档。每档各种配备有多有少，糖等份量也有多有少。每档价格有一元一档、两元一档、三元一档。城镇上士绅之家按管家所列物供应，不在每年一例的档次分。一般在十二月廿三前各家都办好，无钱、有债之家例外。因此欠债者先办年货，讨债者可用年货抵债，因此欠债者十二月念三要躲债。故谚：“十二月廿三，事体犯关”，要躲避了。至于水果，千百年来长安只有风菱、福橘、荸荠和文旦，当然本地紫皮甘蔗从唐朝开始也名闻江南各地，也为长安人创造了财富和生活上的享受。可以说，大半年里都有供应。

十二月廿三，一早每家都洗净元宝头，杀鸡，从池塘里捉鱼，准备谢灶君，送灶君一年一度上天汇报天下万民的善、恶行经与心愿。

这一天，清理灶山上的烟灰水迹足。打扫内外环境，绑竹梢掸灰尘，连使用了一年的鑞钎也糊上红纸。并且用登青枝条、松树、柏树、香樟树枝条搭了个送灶君上天的“台子”。

这一天谢灶君的食品非常丰富，有猪头三牲(猪头、鸡、鱼)有：酒、茶、年糕、糖糯米饭、有水果(裹了红纸的风菱、福橘、荸荠)、有茶食(合桃酥、寸金糖、雪片糕、糖塔饼)、有门肖(蜡烛、棒香、加上金色纸元宝一对)等。摆满了灶君堂前，还在灶山下灶面上也摆得满满的，天将黑就上供，供到深黄昏，才恭恭敬敬地把灶君菩萨的马帐请下来，拆散了纸头(黄纸叠起来，拆散了成一条条的纸条)马帐铺放于上面，连香纸元宝一块焚化，一面放炮仗欢送。

过年，过年肉连鸡焐熟后，在八仙桌上先摆“神架”插上印有佛像的“神轴”(很讲究的印刷品)，按净茶、酒、年糕、米饭各三盅(四行)。茶食(状元糕、合桃酥、雪片糕各一盆)水果(风菱、橘子、荸荠各一盆一行)，当家年糕、元宝糕各一双(一行)左鱼、中间肉，右鸡(三牲)大鑞钎上插足斤蜡烛一对，鑞钎上披挂大号金元宝(纸)一付(各串五只)、中间檀香香炉里点燃檀香、棒香插在香炉下，拜单一个作跪拜恭敬祈祷用。

深夜：放炮仗前，把纸元宝、香等平铺于登青柏枝台上，点然后将神轴取下来将火上一移，炮仗一放，算是送神上天。一面摆开八仙桌吃年夜饭，有酒有肉，小孩子最开心，为防止小孩子讲出不中听的话，妈妈早准备好了“草纸”(卫生纸早前是毛纸)给他们揩嘴巴。意思是小孩讲错了话是放屁，请菩萨不要计较，年底里躲债的可以回家，债主不会来讨了。这一天扫地时，要从外扫到里面，叫财富进家里。

年夜饭吃好，旧时每个村庄都有锣鼓喷呐等乐器，可以聚集起来敲起了“过年锣鼓”，会的敲，不会的练习，准备来年行会时有一手好的锣鼓手。年夜，守岁。这一夜要烧好饭给年初一吃。农谚：“年夜里满天星，预亦棉花好收成。”

正月违忌 豆腐正月十五以前是决不能吃的。正月初一不吃汤泡饭，如果这天吃了，那么这年出门运行必定会路遇大雨。不扫地、夜不点灯、不打骂孩子、不动刀、不倒马桶、不淘米烧饭、不倒污水。

解放后，以上风俗逐渐消失，延续甚少。

第六节 陋习 恶习

看风水 旧时农户建房、葬坟等都要请风水先生看“风水”。认为“风水”的好坏，关系到一家人的安危，风水不好会使人多灾多难。故东家请风水先生选好地址，用“向盘”确定向口，定出动工（破土）的时辰，经祈“土地神”后可开工。20世纪50年代后被禁止。但近年来，农村中还盛行看风水的旧俗。

算命 “算命先生”根据人的出生年、月、日、时辰的所谓“八字”，推测，算出人的一生命运，意为人的吉、凶、祸、福是命中注定。算命有盲子弹弦子、敲铁笃板和鸟叼牌等形式。算命农村还有流行，特别是春上的“起课”，所谓太平课预测一家全年祸福，农村非常盛行。

相面·测字 相面看手相是看人的脸部神色，胡编乱造人的当前和以后的祸福。测字是根据你所写的字的结构、形象，测知你现在或将来的运气如何。实为江湖骗术、骗人钱财。2000年后，镇上还经常有测字相面的摆摊为过往的人算命看相。

卜卦 人生了病或遭危难之事，请盲人卜卦，以祭神祀鬼代替医药。如婚变、失物等请盲人卜卦，以作抉择，或指导寻找失物方位等。盲人设“香堂”招揽顾客，今废止。但也有死灰复燃的苗头。

求神拜佛 旧时，当人病重或长期医治无效者，家属或本人到寺庙求神拜佛，许愿，求吃仙方（香灰）治病。有的请神汉、巫婆诅咒。神汉巫婆胡言乱语，硬说病人冲犯鬼神，要送“阴人（女鬼）饭、阳人（男鬼）饭”，谢“五方土”，请“城隍菩萨”“伤司”，送“龙船”（俗称“敲猪头”）等等。如果病人神志昏迷，便以“失去灵魂”为由，派人外出“叫姓”，也称“叫魂”。如果病情危重，差人上屋“叫姓”，另一人随之答应，意为把灵魂叫回来。病家要请“骚子”祀鬼神，鱼肉供奉。此类迷信活动今已废止。

烧香 每年春季，农村年老妇女相邀到各处寺庙烧香拜菩萨，以保佑全家平安。近的在本地崇教寺、东陈庙、觉王寺，自带点心，当天返回。远的结伴雇船到杭州烧香，灵隐寺、天竺、净寺、城隍庙等处为必到之地，也有远程去普陀烧香。今此俗甚为鲜见，年初一烧头香日趋流行。

吸毒 旧时主要是吸鸦片烟，俗称乌烟。上瘾后难以戒除。不吸则泪涕直流，难以忍受，吸后精力倍增，极度兴奋。但久吸中毒，脸色灰黑，身体瘦弱，似久病缠身，故被称为“乌烟鬼”。由于烟价昂贵，鸦片比黄金还贵，而烟瘾则越吸越大，加上长年不能劳动，最后家业破产，命归西天。解放后，人民政府明令禁毒，依靠群众检举揭发吸毒者，教育公民远离毒品，珍爱生命，但仍有极少人铤而走险，改革开放后，吸毒人员有所增加。

赌博 赌博恶习流行已久。旧时农历初一至初四，可随兴聚赌，输赢进出不大，政府放任不管。新年期间过后，则较隐蔽转为夜间赌博，赌瘾越来越大。由于此习流行，出现了不少游手好闲，不务正业的赌徒，常年到处游赌，输赢进出巨大。赌博方式主要是“牌九”，输赢较快，转瞬间便倾家荡产。少数人沾上恶习以后，日夜迷恋赌场，无心参加劳动，以致生活陷入绝境。抗战胜利后，赌风有所收敛，但仍是明禁暗赌，直至解放后才一度禁绝。但20世纪80年代开始赌博之恶习又死灰复燃。

第二章　宗　　教

第一节　佛教　道教

长安镇,佛、道两教流传极久,善男信女颇多,迷信活动也不少。有的人遇庙烧香,见神磕头;富有者更不惜为修庙而施舍大宗钱财,以祈求菩萨保佑、鬼神消灾。他们对所拜是佛是道,似已不甚了了,近乎愚昧。

道士主持的寺庙、殿、都有所属村庄,有的以一都为范围,有的只几个庄(即,自然村),叫做"庙界"。庙与庙不得越界发符、化缘。如长安镇区内,街上为令公庙所有的庙界,东关铁路南北为褚墩庙庙界,吴家坝港以南为邬伦庙庙界,仙鹿桥南系肖王庙庙界,虹金村火车站北为目野庙庙界。各庙只能在自己庙界内发 "端午符"、接受界内死亡后的道场、法事等。只有元帅殿可以向邻近各庙界内分"端午符"。前者统称之为"土谷神祠",其特点:神称土地明王,前有戏台,两厢为内外皂班(神班)东为娘娘殿,西为神岳堂(包括小殿阎罗、地藏王)。

长安镇原有寺、庙、庵、观 40 余座,有 10 多座土谷祠和总管堂,故《修川小志》称长安人"好祀,感僧尼"。

据《修川小志》所记,当时长安镇及近郊的寺、庙、庵堂、道观等有:古旌忠寺、武帝庙(便民仓北)、胡令公庙、崔府君庙(广福桥南)、元帅庙(何家坝)、褚墩庙、太平庙(双坝桥北)金龙四大王庙(旌忠寺左)、北大王庙(东岳庙左)、萧王庙(萧王村)、邬楼庙(文进桥北)、英济侯庙(新民街南)、王相公堂(老坝)、文昌宫(闸塘湾)、朱文公祠(仰山书院)、严公祠(东岳庙并)、觉皇寺、翠筠庵、玉宸道院、梵香庵(西关厢)、净庙寺(双桥)、云庵(便民仓前俗名斋僧堂)、定香寺(旧名茶毗庵、万寿桥东许里许)、竹林禅院、正心斗阁(定香寺东)、净简庵(正心斗阁东北)、曾庵(宫家坝西南)、毗卢庵(文进桥北)、青莲庵、印月禅院(新堰东)、太平庵(仙鹿桥东)、红观音堂(小桥南)、香海庵(逢嘉桥)、华法庵(便民仓库北)、大悲庵(尼庵,觉皇寺东)、如意庵(尼庵)、药师庵(尼庵)、梵林庵(尼庵、吴家坝)、保寿堂(尼庵)、兴福庵(令公庙后)、新庵(永福庵)。此外,还有石墩庙、辛江庙、官城庙、陆泽庙、东狱殿、五昌世殿、元帅殿、万香庵、朱墟庙、东陈庙、芷泉庙、永宁寺、陈村庙、天明庙、坍庵、东岗寺、大隐殿庙、花源庵、千胜庵、目野庙、夏家庙、荆墟庙、万年庵等。

各庙还举行庙会,觉王寺庙会每年农历二月初三。至时初七举行,称"七佛会"。西关帝庙会在每年九月十三日。王相公堂在每年二月初二、八月十三日,有经忏,又有庙台戏。当日夜还有阴森恐怖的审鬼迷信活动。

迎神赛会,每年二月末至三月初,为令公庙菩萨"出巡"之期。于是兴师动众抬了菩萨偶像绕镇上街道游行一周,再至附近农村绕行。所到之处,人们均须迎接。每年迎神赛会,耗费大量人力财力,民国时期即明令禁止,但仍有禁不止。抗日战争时期一度停止。民国 35 年(1946)8 月,镇上绅、商店又集资迎神 3 天。此后未再出现。此外,元帅殿、邬楼庙等亦有迎神会,但规模较为令公庙小。解放后,庙庵大多已拆除。

第二节　天主教

晚清时期,天主教即传入长安以及附近地区。民国以后,长安、许村、石门等地天主教徒日众,每逢"弥撒",均须至杭州天主堂参加圣礼,颇为不便。

民国 15 年(1926),由上海中华全国公教进行会会长陆伯鸿与知名教友尤佩生发起,筹募资金 3.5 万元,拟在长安建一座天主教。民国 16 年(1927),在长安镇东首今铁路北侧购地 0.72 公顷,于民国 17 年(1928)动工兴建,民国 18 年(1929)竣工，定名为“圣女小德肋撒”天主教堂。当时，法国利休圣衣女修道院总院长曾送天主堂小德肋撒圣女塑像一尊。教堂主体8间，为欧洲哥特式建筑，前有四层楼，尖顶为铁十字架，总高约17米。由于这座教堂为我国天主教徒自资捐赠建造，又为第一座以圣女小德肋撒命名，故在当时颇为有名。

民国18年(1929)10月3日，举行开堂典礼大弥撒，参加者有教徒及其他人等共达2000余，远近轰动。此后每年10月3日，即定为长安天主堂朝圣日，至时，远至上海、无锡、苏州、嘉兴等地教徒均来参加弥撒。民国26年(1937)抗日战争开始后，天主堂朝圣及传教活动逐渐停止，抗战胜利后又恢复。

“文化大革命”时期，天主教堂被占用，房屋遭破坏，钟楼亦被拆毁。1979年以后，教堂又逐渐恢复宗教活动，房屋亦归还整修。并建小德兰圣亭。

第三节　耶稣教

长安耶稣堂，全称:海宁市基督教协会长安基督教堂。坐落在长安镇辛江路55号。1991年长安基督教教堂设在长安镇中心弄33号，教堂建筑面积407.6平方米，有9名管理人员，其中长老3名，牧师1名，有600名信徒。2002年12月16日，由中心弄搬迁至辛江礼堂。教堂建筑面积为1092平方米，堂内座位850只。设有祈祷室、会议室、办公室、食堂、餐厅。配有钢琴、扩音机、空调等设备。2005年年末，长安基督教堂有9名管理人员，其中设长老3名，负责教堂事务。有1100名参教人员，分布在长安镇区城东、新民、兴福、兴城、泰山、金港、东升、虹金村和周王庙胡斗、云龙村及许村茗山、杨渡、报国村。信教人员逐年增加。信徒真理明白，民心安定团结，顺服党的领导与社会和谐。

耶稣教在清同治年间已传入长安镇。光绪元年，美国传教士金福兰牧师在长安传教，由金福兰牧师发起兴建耶稣堂，并首先捐资400元。后又向各方教友募集800元，在周家弄购地建造了耶稣堂。抗日战争时期，耶稣堂被日军侵占，宗教活动转入公庆街、魏郭闸等地教友民房内隐蔽活动。民国34年(1945)日军投降后，耶稣堂恢复原貌，重新开堂传教。

解放以后，耶稣堂教友除进行正常宗教活动外，并参加“抗美援朝”“爱国爱教”等活动。1966年“文化大革命”开始后，教堂一度关闭，房屋亦被占用。1979年后，耶稣堂房屋归还整修，恢复正常活动。每逢星期日，教友来参加“礼拜”布道活动。除长安镇教友外，在许村、沈士、钱塘江、长安等乡亦有教友前来参加活动。2001年9月1日，已有上百年历史的长安镇耶稣教堂史，由于活动场地狭小陈旧，已属危房。将辛江影剧院置换给长安耶稣堂，然后将辛江影剧院改建成为长安耶稣教堂，资金由各方教徒自筹解决。

第三章 方　言

第一节 常用词语

云障:云
戗风:顶风
发风:刮风
雷响:打雷
霍险:闪电
阵头雨:阵雨
落雨:下雨
落雪:下雪
烊雪:雪溶化
停荡:檐前垂下的冰条
雾露:雾
鲎:虹
河干:天旱
没大水:洪涝
根年:今年
旧年:去年
来年:明年
年常:年年
春头:春时
夜快边:傍晚
日常:每天
连夜:通宵
辰光:时候
根早:今天
明早:明天
梅后日:大后天
再梅后日:大大后天
昨宁:昨天
一日到夜:整天
一年到头:整年
年把:一个年左右
十来个月:十个多月
日把:一天左右
就介:马上
后晚来:后来
晏:晚、迟
爆:刚、衣裳爆做好
才子:刚刚
过息:刚刚
节节高:晒衣裳架
起娘:刚眠过的蚕
谷:稻谷
泥孛头:土块
捉稻:割稻
掼稻:打稻
削地:锄地
瘪稻:秕谷
绽谷:谷粒饱满
晚米:粳米
尖米:籼米
看蚕:养蚕
乌娘:幼蚕
大眠头:四眠
蚕沙:蚕屎
卢穄黍:高粱
粟米:玉米
寒豆:豌豆
裙带豆:豇豆
沿眼豆:扁豆
山薯:番薯
洋山芋:马铃薯
洋花萝卜:胡萝卜
苔心菜:菜心
棉花头子:棉花桃
花米头:花蕾

花果树：果树
乌多：桑葚
树丫杈：树枝
烂柿砣：柿饼
葶桃：葡萄
长生果：花生
观世音草：车前草
回嘴：顶嘴
茅草棚：茅屋
开间：房屋的进深
茅坑棚：厕所
廊柱：柱子
踏步板：台阶
廊檐头：屋檐
灶头间：厨房
拎箱：手提箱
台子：桌子
骨牌凳：旧式方凳
杌头凳：小的木方凳
床海：床沿
帐子：蚊帐
被夹里：被里
被面子：被面
汤罐：灶上温水的罐儿
镬子：锅做
镬煤：锅底上的黑灰
提桶：水桶
瓢勾：调羹
蛮刀：一种较厚的菜刀
墩头板：砧板
引线：缝衣针
阿太(曾祖及远祖)
嗲嗲(祖父)
娘娘(祖母)
纳格(怎么)
嘎得(不要紧)
格拉(他们)
国陆(怪不得)
[illegible]得([illegible]亏)
触气(不好)
缠勿灵清(噜苏、说不清楚)
勿入调(下流、邪气)
男人家：男人
荐头：旧时介绍佣工为业的人
老娘婆：收生婆
贼骨头：贼
二婚头：再嫁的妇女
姆妈：母亲
娘姨：姨母
大伯：伯父
大妈：伯母
婶妈：叔母
咬伯：叔叔
阿大：老大
末拖：最幼
婄娘：姑姑
大老：背称哥哥
老官：丈夫
老婆：妻子
屋里厢：妻子
舅老：内兄弟
阿姨妹子：小姨子
新官人：新郎
新娘子：新娘
毛脚：未婚女婿
外婆拉：外婆家
丈人拉：丈人家
养媳妇：童养媳
晚娘：继母
毛头姑娘：未成年姑娘
主客：顾客
杀猪徒：屠夫
和尚头：光头
头中心：头顶
头颈：脖子
褪头发：脱头发
额骨头：额头
子门潭：囟门

太阳心:太阳穴
面孔:脸
面结骨:颧骨
酒靥潭:酒窝
眼乌子:眼珠
胃气痛:胃疼
糊车:晕车
糊船:晕船
头里痛:头疼
土婆风:腮腺炎
羊痫风:癫病
半肢疯:半身不遂
热节头:疔
溃(贡)脓:发炎化脓
结靨:结痂
斑:疤
皮刺:痱子
臭薰子:狐臭
跷脚:跛子
聋彭:聋子
龅牙齿:牙龄外露
盲子:双目失明
斗鸡眼:斗眼
缺嘴:豁嘴
洋白人:生来毛发皆白的人
呆木大:傻瓜
告郎中:请医生
搭脉:号脉
赎药:抓中药
单方:偏方
发汗:表汗
压火:去火
失枕:落枕
大舌头:说话含糊不清
凉帽:草帽
短脚裤:短裤
长脚裤:长裤
纽珠:纽扣
纽纽珠:扣纽扣
余巾:围巾
余身:围裙
项圈:项链
耳朵箍:耳环
鸭舌头:帽檐
绑腿:裹腿
绕脚:裹脚
短打:短装
淘汤:将汤加入饭中
噎牢:哽住
打阿得:长嗝儿
吃茶:喝茶
夺来吃:抢着吃
潮浴:洗澡
揩身浪:擦身
百退:慢慢儿的
逋日头:晒太阳
歇歇(醒醒):休息休息
打瞌铳:打盹
困出来:疲劳想睡
摊被头:铺床
打涂:打呼
打中觉:午睡
接客人:迎客
缉鞋子底:纳鞋底
出市:赶集
摸夜路:走夜路
做生活:干活
摆酒水:置酒晏
做客气:客气不吃菜
缄个信:捎个信儿
装毒头:装疯
勿响:不说话
火冒:气愤
朵落:嘲笑
插嘴:插话
扳岔头:挑刺儿
勿客气:甭客气
泗茶:冲茶奢

泡茶:沏茶
吃生活:挨揍或受责
掼乌纱帽:甩手不干或辞职
勿要面孔:丢脸
做作:装腔作势
送人情:送礼
坍台:丢人、丢脸
寻铜钿:赚钱
趁铜钿:赚钱
发虎跳:侧身翻跟斗
旋转身:回头
反绑:背着手
弗奈格:不怎样
带便:顺便
存心:故意
特为:特地
作道:也许
差板:相差
还板:肯定
起得:亏得
原生:没动
野怪:程度副词(很)
三脚猫:不精通不熟练
埲尘:灰尘
劳曹:垃圾
垃圾(西):脏
吃准:看准
坞塘:地方
街浪:街头上、城里
乡下:农村
埠头:码头
坟墩窠:坟园、墓地
床横头:床头
喊边:旁边
隔壁头:隔壁
老远天地:远处
借面:左面
顺面:右面
当中心:中间
里丝:里面
脚下底:脚底下
河滩头:河边
日头里:太阳底下
荫头里:背阴地儿
月亮里:月亮底下
近再头:附近
活狲:猴子
夜先生:老鼠
老鸦:乌鸦
鸦鹊:喜鹊
麻鸟:麻雀
雁鹅:雁
饿老鹰:捉小鸡的鹰
摸摸哥:鱼鹰
壁徒:臭虫
结蜘:蜘蛛
曲鳝:蚯蚓
蜒蚰:蜗牛
盲蝇:牛虻
百脚:蜈蚣
刺毛:毛虫
寸梗虫:尺蠖
蛘子:一种米虫
叫哥哥:蝈蝈
米蝴蝶:飞蛾
胡子蝶:蝉
跟头虫:孑孓
蛘夹:天牛
季鱼:鳜鱼
夹鳃:鱼鳃
厣:鱼鳞
毛毛温:蝌蚪
癞尸:蛤蟆
狗柴盆:狗食盆
翼结膀:翅膀
众生:牲畜
癞母鸡:孵小鸡的鸡
蒲头:作物根部,稻蒲头

小眠:头眠
出伙:三眠
上山:上蔟
柱老拐:拐杖
洋皮皂:肥皂
汰面布:毛巾
手巾:手帕
洋蜡烛:矿烛
洋油灯:煤油灯
洋煤头:火柴
料泡:煤油灯玻璃罩子
抢刀:锅铲
济瓢:瓢
盏:饭碗
碗:盛菜用
劈碗:海碗
洋铁皮:白铁皮
镴:锡
千里镜:望远镜
搛镊:镊子
手炉:冬天暖手的器具
汤婆子:汤壶
铁镕:刨土用的农具
篰:竹制盛物用具
锲子:镰刀
超火板:抄灰用的工具
篓箕:簸箕
女人家:女人
小囡:小孩
小百戏:小孩
老老头:老头儿
老辈头:前辈
爷老头子;背称父亲
街浪人:城里人
自家屋里:自己人
自屋里:本家
东洋人:日本人
乡下人:农民
手业:做手艺的
开头人:外地人
郎中:医生
教书先生:教师
学生子:学徒、学生
败家子:败子
叫花子:乞丐
野怪:很
朵落:轻视、讥笑
锁姆娘:产妇
唉子:丝绵
麻绝:吝啬
趱快点:快跑
殆煞:溺死
便得(公有、只有)
概子:锯子
出条款:出点子
办勿倒:身体不好
眼污:眼屎
眼泡皮:眼皮
口泪水:口水
背脊骨:脊梁骨
盘牙:臼牙
后枕骨:后脑勺
拉带胡子:络腮胡子
寒毛管子:汗孔
肩架:肩膀
坍肩架:溜肩
胁格子下:胳肢窝
借手:左手
顺手:右手
节头:手指
骱:关节
指爪:手指甲
脚爪:脚指甲
手板心:手掌
奶奶:乳房
小肚皮:小腹
心窝潭:心口
胸膀头:胸脯

肋膀骨:肋骨
膝壳盘头:膝盖
涡哈拉:胯下
脚节头:脚趾
记:胎记
嘴脯:嘴巴
旋颅头:头顶上的旋
太监形:成人不生须
泡泡眼:鼓眼泡
毛病:病
办勿到:身体不适
肚皮拉:拉肚子
发热度:发热
发寒热:发热
呛:咳
哮大:气喘病
痧气:中暑
内热:上火
停食:不消化
衬里布衫:内衣
领头:领子
袖子管:袖子
看毛病:诊病
小零碎:零食
乌焦:煳
镬糍:锅巴
面梗:面条
麦疙都:面疙瘩
阳春面:光面
油石桧:油条
豆腐衣:豆腐皮
净糖:麦芽糖
丝粉:粉丝
京粉:粗丝粉
水纯蛋:渗水蒸的蛋
白焐蛋:带壳煮的蛋
水胖蛋:去壳水煮蛋
时件:鸡、鸭硬肝
灰鸭蛋:咸蛋
酵(告)头:发酵的面团
油绳:麻花
做亲:成亲
出门:出嫁
开面:修面
讨新娘子:娶妻
大肚皮:怀孕或孕妇
踏月子:临盆
做舍姆:产妇坐月子
好日:结婚
头生:头胎
双双子:双胞胎
会得:乖、听话
怕陌生:认生
摆豆腐饭:丧宴
过世:去世
出丧:出殡
落葬:下葬
拉起来:起床
潮面:洗脸
咯口:漱口
搓牙齿:刷牙
打穷结:穷上加穷
掼跤:踤倒
讲空头:谈天
起助头:起哄
咬耳朵:说悄悄话
趁相骂:吵架
打相打:打架
关照:叮咛
碰(棚)着:遇到
走人家:串门
跷须:拍马屁
收作:收拾
疑个隆咚:疑惑
留心:当心
呆脱:吃惊
呒说呒法:没办法
记牢:记住

惹厌:讨厌
眼热:羡慕
肉麻:心疼
值钿:疼爱
极来:怕
拐:哄小孩
扳:分、扯
蒲:蹲
揿:按
哄鼻涕:擤鼻涕
软番:说话腔调软
麻绝:小气
乐开:大方
撸:收拢一起。
入五入六:糊涂
豪憽:快点
海愿心:许愿
做客人:走亲戚
叫(高)客人:邀客
吃馆子:下馆子
开脱:落脱
落班:下班
白眼睛:白眼
烦难:麻烦
推扳:差
闹猛:热闹
四等四样:匀称
和顺:悦耳
蹩脚:不行
呒用场:不中用
活里活络:活络
道地:场地
猛:密
炀:火旺
隐掉:火灭,炉子隐
鲜:秤杆上翘
大约模子:约摸
软:秤杆下垂
火烧:失火
开销:开支
混堂:浴室

第二节　谚语　歇后语　缩脚语

谚　语

农　　事

春不节约夏要憨,夏不劳动秋无收。
春前有雨花开早,秋后无霜叶落迟。
植树造林,莫过清明。
冬至栽竹,立春种林。
春不种,秋不收。
只要功夫深,土里出黄金。
清明前后,种瓜种豆。
冬耕深一寸,好比上层粪。
小麦要吃四季水,独怕清明连夜雨。
田怕秋里旱,人怕老来穷。
青紫石乱田,兴来碰青天。
水稻水多是糖霜,小麦水多是砒霜。
种棉花趟节,排甘蔗傍节。
料子碰得稻谷响, 一亩还有三斗米好长(“料子”,施粪用的勺子)
稻叶黄恹恹,主人欠伊豆饼钿。
若要田稻好,河泥加花草。
有水无肥半粒谷,有肥无水朝天哭。
种田勿养羊,讨饭呒落场。
秧根蘸一蘸,胜地粪一担。
开店勿离柜头,种田勿离田头。
大暑种田立秋耥,寒露勿低头。
灶里呒柴难烧饭,田里呒肥难增产。
麦看四月四,稻看八月八。
养了三年蚀本猪,田里好来勿得知。
割稻早,勿抵养到老。
蚀来棚里,赚来田里。
若要春花兴,横沟撬得深。
烧得灰满缸,秋收谷满仓。

拜年先拜娘舅，撬沟先撬横沟。

种田勿用粪，好像瞎子无没棍。

十月撬金沟，十一月撬银沟，

千钿难买夜落株。

十二月撬只出水沟。

冷雨打青苗，好比粪来浇。

年前麦壅土，寒里勿吃苦。

做胎黄勿落，老来收瘪谷。

若要麦子发，雇嘞人来踏。

保苗水，瓜皮水，稻黄还要三加水。

小麦浇芽，油菜浇花。

雨打铁田泥，秧苗出勿齐。

春花勿盖泥，好比赤膊勿盖被。

多耘一遍田，顶浪一次肥。

田头地横多除草，少长虫豸多长稻。

年前三张叶，开年一朵花。（"一朵花"，指油菜花少）。

处暑里格水，谷仓里格米。

千踏万踏勿如处暑一踏（踏水车）。

矮脚四叶齐，百斤勿稀奇。

处暑田里烂，一碗白米饭。

小雪无叶，老来无结。（蚕头）

处暑根头白，一点无没收。

浇浇削削，蚕豆小麦长一尺。

处暑根头摸，一把烂泥一把谷。

清明种芥，好比放债。

清明鼓眼，一钿一眼。（"眼"指桑 眼）

久晴大雾阴，久雨大雾晴。

若要桑树好，地里多除草。

五月雾，满塘过；六月雾，干塘河。

立夏嘀嗒响，三斤老叶换斤鲞。

小暑一声雷，倒转做黄梅。

清明鸦鹊（喜鹊）口，买叶勿开口。

扯起西面阵，落起过田塍。

浇粪勿翻潭，宁可茅坑盘（溢）。（桑树施肥）

六月初三打个阵，早上耕田晚来困（睡）。

大眠发前长蚕体，大眠开响长丝肠。

雷公光唱歌，有雨也勿多。

宁叫蚕老叶勿尽，莫叫叶尽蚕勿老。

未雨先雷，到夜勿来；未雨先风，有雨勿凶。

老桑树发一发，小桑树种一百。

东险（闪电）日头西险风，南险火门开，北险有雨来。

若要桑叶产量高，八月河泥冬稻秆。

冬季捻河泥，桑树涨破皮。

东鲎（虹）日头西鲞雨。鲎高日头低，明朝要落雨。

立夏早黄豆，谷雨早棉花。

三朝雾露发西风。

三耕九耘田，棉花要削十八遍。

梅季一株草，好比毒蛇咬。（棉田除草）

东南角浪一支浆（虹），今朝踏水明朝放。

六月初三响个雷，竹竿样棉花便个梗。

晚看西边晴，明朝定光明。

六月棉花像绣顶，三亩棉花上千斤。

二十分龙二十雨，四十二日晒龙衣。（农历五月二十为传统的分龙日）。

春雪压断竹，棉花勿上箩。

三亩棉花三亩稻，落也好来晴也好。

二十分龙廿一雨，车具搁来弄堂里。

明猪棚，暗羊棚。

腊雪勿烊，种田人饭粮；春雪勿烊，饿断肚肠。

养猪勿赚钿，回头望望田。

六月勿热，五谷勿结。六月里盖被，十二月里无米。

十月羊，大似娘。

房子靠墙，种田靠羊。

黄昏秋，闷愀愀，五更秋，凉飕飕。

秋雾霜风有蟹捉。

白露身勿露，赤膊当猪猡。

气　象

冬冷勿算冷，春冷冻煞盎（小牛）。

春东风，雨祖宗，夏东风，燥松松。

泥鳅翻身，大雨倾盆。

东风急溜溜，难过五更头。

螺蛳上岸滩，河水要满。

东风急，雨打壁。

燕子低飞，披蓑衣。

早西晚东风，晒煞老长工。

燕子高飞，天公好。

夏至西南(风)满小桥，小暑西南(风)踏断腰。

燕子低飞蛇过道，大雨马浪就要到。

雨打正月半，一年勿好看。

缸脚湿潮，落雨来明朝。

立春落雨到清明，重阳无雨到立冬。

干净冬至邋遢年。邋遢冬至干净年。

立冬无雨一冬晴。

三月廿八阴雨天，鲶鱼游到灶头边。

上看初三，下看十六。

雨找正月半，一年不好看。

清明断雪，谷雨断霜。

夏勿差时，冬不差日。

三月三日落，落到茧头白；三月三日晴，晴到翻芋艿。

四月初八雨，小麦变了几(鬼)。

四月十四雨点响，蓑衣笠帽一抢光。

雨打梅头，落塌墙头。

雨打梅脚，踏断牛脚。

乌头风，白头雨。

日出胭脂红，无雨必有风。

乌云接日头，半夜起阵头。

晚来乌云涨，半夜听瓦响。

细雨落满田，夏雨隔爿田。

春雾雨，夏雾热，秋雾凉风冬雾雪。

生　　活

出门看天气，进门看脸色。

同贼入贼道，同佛入佛道。

男不与女斗，民不与官斗。

穷人不会穷到底、富人不会富到头。

穷在街头无人问，富在深山有远亲。

远亲不如近邻，近邻勿如至亲。

邻所好，无价宝。

三兄四弟一条心，门前泥土变黄金；三兄四弟各条心，家里黄金变灰尘。

吃得苦中苦，方为人上人。

祸从口出，病从口入。

美不美家乡水，亲不亲故乡人。

人生一世，草木一春。

一年之计在于春，一日之计在于晨。

众口难辩，孤掌难鸣。

人恶人怕天不怕，人善人欺天不欺。

良言一句三冬暖，恶语伤人六月寒。

酒逢知己千杯少，语不投机半句多。

三人行必有我师。

与人方便，自己方便。

但行好事，莫问前程。

言多失语，食多伤心。

是非只为多开口，烦恼皆因强出头。

人为财死，鸟为食亡。

人平不语，水平不流。

万事尽从忙里错，思量斟酌便无差。

事业迟一刻何妨碍，毕竟归来要到家。

两虎相争有一伤，此中和解要从旁，

肯赔不是亏几句，免结冤仇惹祸秧。

死得穷不得。

天变落雨人变死。

刀快不怕脖子粗。

行得春风有夏雨。

是非难逃众口。

狗眼看人低。

人前莫说人长短。

一条跳板上人。

黄牛角，水牛角，各归各。

十个甏头九个盖，盖来盖去无处盖。

不会种田看上埭。

十成收粮，九成靠秧。

七十二行，庄稼为王。

人靠五谷养，田靠粪土长。

人治水水利人，人不治水水害人。

八成熟十成收。十成熟二成丢。

三百六十行，种田第一行。

三分种七分管。

土中出白玉，地田出黄金。

落枝三分熟，七分靠培育。

天干三年吃饱饭，虫害一时饿死人。
不下百粒籽，难打千斤粮。
水是田的粮，无水苗不长。
禾苗不认爹和娘，耕作到家多打粮。
农人不离田头，商人不离行头。
庄稼不让时，船家不让风。
季节不等人，一刻值千金。
要使庄稼好，全靠手脚到。
隔年多翻一道犁，来年少锄三遍地。
绿肥压三年，落地变良田。
买卖人靠一冬，庄稼人靠一花，
庄稼一枝花，全靠肥当家。
小燕来好种田，大雁来好过年。
无事田中走，谷米长几斗。
临时抱佛脚，越抱越蹩脚。
吃得干净做观音，吃得邋遢做菩萨。
强盗女儿贼外甥。
小人快活有灾难。
自搬石头自压脚。
人做天收，磕头无救。
留得青山在，不怕没柴烧。
冬练三九，夏练三伏。
活动好比灵芝草，何苦去把仙方找。
饭后百步走，活到九十九。
不气不愁，活到白头。
笑一笑，十年少。
千铟难买老来瘦。
冬吃萝卜夏吃姜，郎中先生卖老娘。
少吃多滋味，多吃坏肚皮。
一个和尚挑水吃，二个和尚抬水吃，三个和尚没得吃。
做一天和尚撞一天钟。
巧妇难为无米之炊。
一只手捂不住两只耳朵，丑媳妇总得见公婆。
嫁出去的女儿泼出去的水。
男大当婚，女大当嫁。
过了这个村没有下一个店。
嘴上无毛，办事不牢。
有福同享，有难同当。
好汉做事好汉当。
一口吃不成一个胖子。一人做事一人当。
无事不登三宝殿。
三句话不离本行。
有其父必有其子。有其师必有其徒。
常洗手病少有。
端人家碗，受人家管。
陈酒味醇，老友情深。
勿怕写勿成，只怕心勿诚。
一礼还一礼，小麦还糯米。
晴天带伞，肚饱带饭。
日里勿做亏心事，夜里不怕几(鬼)敲门。
不做中人不做保，一世无烦恼。
打呵欠，割舌头。
红萝卜算到蜡烛账上。
黄牛角水牛角，各归各。
小洞不补，大洞吃苦。
秤砣虽小压千斤。
树怕烂根，人怕烂心。
各有各法，蚊子叮得鳖煞。
一个篱笆三个桩，一个好汉三个帮。
三百六十行，行行出状元，行行有厌头。
满口饭好吃，满口话难说。
金窠银窠勿及自家草窠。
子女活神仙，三男四女苦黄连。
人勿识人头苦一世，狗勿识人头叫一世。
勿识得铜钿叫人估，勿识得人头一世苦。
一把椅子轮流坐，当里媳妇当婆婆。
小时偷只钉，大来盗黄金。
一亩田一亩地，翻来翻去吃勿及(音忌)。
五月初六卖菖蒲——过时货
十亩田十亩地，勿翻勿种吃个屁。
有时省一口，无时有一斗。
吃勿穷，着勿穷，无没算计一世穷。
牛吃稻草马吃谷，各人自有各人福。
性急吃勿得热粥，心慌骑勿得快马。
勿怕人勿精，独怕艺勿精。
外行看热闹，内行看门道。
有嘴说别家，无嘴说自家。

冷来风里,穷在债里。
别人求我三春雨,我求人家六月雪。
家有良田千亩,勿如一艺在身。
斧头吃凿子,凿子吃木头,一木吃一木。
过桥落篷,过河拆桥。
看人挑担勿吃力,自家挑担步步歇。
勿会种田看上埭,勿会裁衣照样划。
勿怕学勿成,只怕心勿诚。
从小勿学好,老来无收梢。
一根丝线容易断,万根丝线好背纤。
香火赶走和尚,佣人赶走相公。
一个巴掌拍不响,两个巴掌劈啪响。
猫多勿管事,龙多勿取水。

歇后语

清炖马鲛鲞——嘴硬骨头酥。
九曲桥浪散步——走弯路。
棺材头上画花——几(鬼)讨好。
三个指头掇田螺——稳拿。
棉花耳朵风车心——没主见。
上风头扬乱柴——只管自家。
湿手捏干面——掼勿脱。
水缸里养螺蛳——只只清爽。
螺蛳壳里做道场——场地小。
弄堂里扛木头——直进直出。
瘌尸(蛤蟆)跳来戥盘浪——自秤(称)自赞。
荷叶包老菱——里戳出。
破阳伞好骨子——穷得有骨气。
阎王贴布告——几(鬼)话连篇。
卤水点豆腐——一物降一物。
落雨背稻草——越背越重。
掮水浸木梢——受人利用。
象牙筷浪板雀丝——故意挑剔。
顶清(澄清)捉螺蛳——做事认真。
柴草人救火——自身难保。
火烧马幛店——迟早要归天。
额角头浪顶扁担——头挑。
三钿买个臭白鲞——越看越勿像。
一跤跌来云堆里——交好运。
挑水填井——不满。
八个壶瓶七个盖——盖勿全。
狗头上油盏——不稳
口干吃盐卤——寻死。
碗店里捉鼠——磕碰不起。
天亮公鸡啼——白啼。
膝壳头上打瞌睡——自靠自
无常几(鬼)个帽子——高帽子。
赔饭蚀功夫——吃亏
七石缸里螺蛳——沿不出。
米淘箩打水——一场空。
木排上跑马——蹩脚。
光头上的疮疤——明摆着
割破鱼胆——暗暗叫苦。
广东人唱京戏——南腔北调
鬼儿爷拍心口——没心没肺。
喝了烧酒烤火——浑身发热。
拐子上楼梯——乱碰头。
黑夜里的萤火虫——亮晶晶。
盖严了的蒸笼——大气不出。
光打雷不下雨——只说不干。
干水塘里的泥鳅——滑到那里算那里。
跟和尚借梳子——找错对象。
喝酒穿皮袄——里外发热。
蛤蟆不长毛——天生的。
黑夜里抡大斧——瞎侃一通。
和尚头上虱子——明摆着。
老鼠钻牛角——越钻越紧。
喝盐水聊天——尽讲闲(盐)话。
黄鼠狼的脾气——偷鸡摸狗。
橄榄核垫脚——横不好竖不好。
黄鼠狼偷鸡——专干一行。
关门踩高跷——只知道自己高。
缸里点灯——里头亮。
过年娶媳妇——双喜临门。
吃了隔壁谢对门——弄错户头。
六十岁学吹打——气短
老寿星唱曲——老调。

老寿星骑鹿——自得其乐。
老鼠钻在风箱里——两头受气。
老鼠跌在米缸里——有得吃。
曲鳝游太湖——宽舒。
肉骨头敲鼓——昏咚咚。
肉馒头打狗——有去无回。
吊煞几(鬼)搭粉——死要面子。
灶家菩萨上天——勿讲好事。
关老爷卖豆腐——人硬货勿硬。
画师先生掼笔——难画难描。
泥菩萨跌来汤罐里——酥透。
烧香带倒菩萨——做事鲁莽。
城头浪跑马——兜圈子。
拾牢芝麻,落脱西瓜——因小失大。
桑地里掮竹竿——兜勿转。
黄胖炒年糕——吃力不讨好。
眼睛生呐额骨头——目空一切。
做日和尚撞日钟——得过且过。
船头浪跑马——走投无路。
咸肉烧豆腐——有盐(言)在先。
砻糠搓绳——起头难。

缩脚语

四个字组成的一句俗语,只说三字,而要表达的意思是末尾一个字,或者谐音字。

一塌糊——涂　　七荤八——素
飞龙活——跳　　五颜六——色
天官赐——福　　风雨落——雪
心惊肉——跳　　龙头拐——杖
老三老——四　　老清老——早
坐南朝——北　　沙里淘——金
鸡毛掸——帚　　城隍老——爷
梨山老——母　　牵丝扳——倒
起早落——夜　　笃定泰——山
前世作——孽　　骨落四——圆
眉花眼——笑　　牛头马——面
火烛小——心　　清汤光——水
七嘴八——舌　　痴眼懵——懂
的骨四——方　　大推八——扳

俚　语

麦答之里:是指“突然”之意。
傲稍:指赶快之意。
勿湿头:遭遇不幸的事。
刁落胚:指不求上进的人。
白相:即玩。
格落甘:是指“所以这样”。
阿拉:即我们。
收稍勿来:即“不可收场”。
吼势来:形容气急的心情。
纳格点:是“怎么样”的意思。
候及来:指性急来。
葛末:即“那末”。
膨膨亨亨:形容体积庞大。
麻绝几、狗瘪户头:均指吝啬。
缠勿灵清:“纠缠不清”之意。
滑塔精光:喻“一点不剩”。
贼骨野油:“油腔滑调”之意。
及出乌拉:指做事很局促。
轧闹猛:凑热闹之意。
荡荡君:指游手好闲的人。
扒灰佬:指公公与儿媳偷情。
一塔括子:全部。
滑白:全没了。
夹点点:一点点。
像煞有介事:像很有钱、很能干。
惹厌:讨厌。
鸭死臭:做不体面的事。
烂祸朋友:专门闯祸。
一来头:一会儿。
白泰:“慢慢”之意。
勿骨着:想不到的意思。
啥何堂:什么地方。
勿出淌:不上场面。
小百戏:小孩子。
性命交关:事关性命。

轧拉:即他们。
弄松伊:指作弄他。
勿作兴:不可以。
拉迎来:"难为情"之意。
齐整来:指漂亮来。
刚歇:即刚才。
翼结:即翅膀。
懊糟来:指不开心。
精干百燥:很干燥。
"野怪""混为""维为":多的意思。
急棍:即"厉害"。
骂山门:指骂人。
潦夜:指深夜不归。
煨柴头:指人委靡不振。
弄煞木人头:指弄松人家。
呒啥花头:没多大意思。
恶积恶拉:想尽恶主意。
煨灶猫:人很脏。
杀克:很过瘾。
勿搭介:没关系。
爬床拉席:十分难受。
作尽烂孽:作很多不光彩的事。

第十二卷
名胜　古迹　遗址

第一章　旅游名胜

第一节　旅游景点

老盐仓回头潮

老盐仓位于盐官镇西11公里，海塘由此折向西南。1953年,在处筑起一条伸向江心的丁字大坝,1962年后加高增厚伸长，并以混凝土灌砌块石加固。坝长648米,高程9.2米,其中324米与海塘垂直,324米与江道主流垂直，坝中心线呈162度折角。涨潮时,呼啸而来的潮头首先与横亘突出的坝头相撞,激起丈高水柱,接着潮头沿坝身扑向十八层石阶的鱼鳞石塘,窜上18层石阶的塘顶,扬起银色水幕,甩向天空,冲向天际,卷起的浪花有泰山压顶之势；而浅滩上随之涌来的潮波猛烈冲激坝身后,则形成一条反方向的白色潮线,向下游滚滚直泻,又成返头潮的奇伟景观,至下游约2公里的石塘头附近消失。长安镇为便利游客观潮。1994年12月,建盐仓观潮点,海塘栏杆、停车场,还在每年观潮节派预备役和民兵做好潮汛保卫工作。

海宁观潮,有“一潮三看”的追潮之戏,即沿沪杭公路先在八堡看“碰头潮”,再赶至盐官看“一线潮”,后赶至老盐仓看“回头潮”。三个景点,昼夜赏潮,各具情趣。尤在月夜,月影银涛,光摇喷雪,更是一番奇景。

古运河

长安是运河古镇。吴、越作战时为运送粮食,在周敬王十三年(前507)开运河直达长安,古称“百尺浦”,现名石塘、三里塘;还有建于吴王夫差十一年(前485)的运塘河,现名崇长港,古称“百尺渎”;已有6000多年历史的上塘河，古称“武林水”“古浙江”。这三条古运河,构成了江南大运河杭州段。元末前,是江南大运河通钱塘江、通杭州的唯一通道。这些中国最早的运河开挖都经过长安镇,使长安镇积淀深厚的运河文化底蕴。这三条流淌2500多年的古运河依然正常通航,两岸五谷丰登,六畜兴旺,绿树成荫,景色优美,并留下众多古迹。三闸二坝遗址尚在,并保留基本完好。长安老街现依然存在,保留运河古镇昔日风貌。

修川八景(已废)

淑塘春柳

淑景塘在仙鹿桥南,夹水交流,平桥双峙,延袤至福宁桥约半里许。沿堤种柳,当绿荫满地,絮花蒙密,鸣禽上下,不减苏堤景色。

注:尚有300年树龄的枣树,在淑景塘口至仙鹿桥南埝下。

杏林春宴

逢嘉桥东，旧有杏花村。每逢春雨初晴，苔绿如茵，花红似锦，士人携酒挈盒，叙饮于此，以为科名吉兆。

竹林诗社

竹林禅院，径幽地僻。古松远复，修篁交翠。盛夏时骄阳不炙，诸先达每于斯时命僧煮茶，敲残棋，斗险韵，结七贤六逸之会。

注：竹林寺和定香寺称寺中寺

湖秋夜月

建兴湖亦名赛西湖。秋夜游人斗酒只鸡，沿流放舟缓棹，容与坐待明月。有顷，月出皎然，水天一碧，鸟鸣咬咬。游鱼数百头，皆喻喁水面若霞驳，一时吟咏歌唱声参错互答。

注：又名青莲湖，湖东青莲庵

仰山积雪

仰山为镇西最高处，田野树木丛杂，残冬冻雪初霁，登书院之更上一层楼。西望皋亭一角，北风飘飒，冰雪杂下，恍闻兵戈交战声。

注：仰山即三女堆也。平地堆土三丈，故成为长安镇最高处。

古寺钟声

镇之西觉皇寺在焉。《长安晓钟》本为海昌八景之一。游人每于市声杂沓中闲步过此，顿觉无限清凉。忽闻钟声一杵，则尘梦都醒。

注：古寺即觉皇寺。

三闸怒涛

上闸至下闸相去百余丈，每值上河水涨，波涛怒涌，由上破空而下，势若飞瀑落崖。旁有高楼，士女瀹茗置饮，凭窗俯瞰，取九天银河置几席间作玩。

注：上闸放水时景象。

闸塘夜市

闸塘湾为米市辐辏之地，粮船米艘停泊两岸，绵亘遥接石界。夜望灯火万点，星芒错落，辉映上下，水波风动，又作万道烛龙，蜿蜒无际。

注：闸塘即三闸停船处。

第二节　宅第园林

历史上存在的一些主要园林(已废)

环绿轩　《古图书集成》称，“长安镇环绿轩，明宋濂曾这之作赋云：‘水竹佳致，诗书雅怀，乐只君子，优哉游哉！’”

西庄书屋　明末马骧建，俗名马家花园。位于镇西北，跨朱墟庙港(朱口笕港)，今东花园、西花园即其他。园中楼、台、亭、阁安置于河道两侧，中心环桥相连，园内有“绉云石”，尤为名贵。它原为袁花查伊璜家故物，为江南三大奇石之一。园中景物幽美。清初范骧在西书屋坐馆时曾作诗云：“吟望楼高天尺五，翠竹青浦山静古。我来大笑倾纶巾，万斛尘埃快一吐。”丁澎曾有诗云：“径仄环绿水，堂开列翠屏、苔衣迎风滑，松叶斗霜青。笑傲看人世，徜徉任醉醺、日残幽壑晚，鸥鹭起沙汀。”道光时，马氏家道中落，园亦随之荒废。其中藏书，据闻为南浔“嘉业堂”所得，“绉云石”亦以千金售于(崇福镇)蔡家，今存杭州花圃。

耕余小圃　俗称邹花园，在今肖王村19组。清初邹孝标建。嘉庆十年(1805)邹谔诗云：“云树深村里、吾家旧有庄。一圩秋稼早，半亩水莲香。凉簟呼童展，新瓜供客尝。相看愁鬓影，且复醉衔觞。”清诗人钟一元亦为耕余小圃作诗：“门闲心静自清凉，日永周旋未觉忙，叠石小松张书部，平台复道汉梁王，风生碧涧鱼龙跃、雨洗山原橘柚香，终岁不知城郭事，一蓑春雨自农桑。”道光十七年(1837)毁于火。烬存山石仰山书院内筑狮林。

怡岫园　在仙鹿桥南今怡园新村，清初陈守谦兄弟建。姚江(余姚)朱兰善赠诗云：“湖塘屈曲绕茅庐，九畹兰畦半亩蔬。”咸丰末年毁于兵燹。

树根居　清初长安首富陈谦建，在原游泳池西南。园中有诗洞天、书画舫、宾月馆、野翁楼及其所建潇碧山斋等。园内广植兰、竹、花木。后归朱姓。毁于咸丰辛酉(1861)。

周家花园　清同治年间(1862—1872)周靖国建。其地在今人爱时装店至原长安供电所一带，周家弄亦以此得名。

汪氏小园 位于寺弄中段。民国初长安镇镇长汪培三(法国留学生)建。园小,花卉品种多。解放前夕,失火烧毁。

陈家花园 东关厢凉亭西侧。

沈花园 今肖王村15组。

第三节 冢墓祠堂

祠堂(已废)

龙祠,在长安镇闸塘湾龙潭之上,宋咸淳年建。

朱文公祠,在长安镇仰山书院东,即蒙泉义塾改,道光三十年落成。

严公祠,长安镇东嶽庙北(原辛江乡政府驻地)。

陆氏宗祠,在长安镇西关厢左(西街)。

张氏宗祠,在觉王寺东磨盘地上(迎宾路地段)。

陈氏宗祠,在长安镇蒲鞋桥西,海宁中学西。

邹氏宗祠,在长安镇广福桥南(新桥头)。

包氏宗祠,在长安镇包家弄内。

许氏宗祠,在长安镇新堰东。现庆宁街。

梁氏宗祠,在长安镇万寿桥北(东街社区)。

周氏宗祠,在长安镇万寿桥,万寿巷(东街社区)。

都氏宗祠,在长安镇东文桥(现仙鹿桥南)。

历代人物古墓(部分已废)

褚遂良墓,在长安镇褚石村,原名褚宅一里。

唐昇平将军胡公进思墓,在长安镇胡令庙后面,后称令公庙。

明县令诸公纯墓,在瑞光桥北,公淳安人,明洪武二十四年(1391)海宁知县由税户人才秩满留居长安今子孙犹存。

明巽候选兵部员外郎邹公长一墓,在文进桥南之西公字鸿轩予十五世祖,始由无锡迁至海宁长安文进桥(东街)南卧龙村。

护理江西巡抚陆元烺墓,在长安镇西南鹿耳村组,小地名为海宦河头。

署湖南湘潭县丞邹公熏墓,葬在长安镇文进桥南。

文学沈毓荪墓,在肖王村3组,小地名沈朱茆。

户部主事许楣墓,在肖王村八组肖王庙。

江苏粮储道许梿墓,在长安长郊社区,小地名华家石桥。

署江苏按察使朱钧墓,在长安兴福村五组,小地名兴福寺。

文学陈瑾卿墓,在长安运洞口。

赠宫傅大学士陈元成墓,在东陈村张家组,小地名东陈庙,蒋迁锡为其撰墓志。

汾州知府沈贞亨墓,在虹金村小地名小渡船,蒋熏有小渡挽歌载留素堂集。

朱宝瑨墓,在长安镇海宁中学内,仰山书院旁。

杭辛斋墓,在长安镇海宁中学东,迎宾路地段。“文化大革命”被毁。

周琅卿先生墓,葬于长安镇虹金村唐家桥西北,墓于解放前平,碑为民国年间著名语言文字学家黄侃所书,银钩铁划极具书道之韵。周氏为晚清至民国间长安镇富绅,住寺弄新桥塊,民国初年举家迁移至上海,做丝茧生意。

第四节 牌坊 亭

历史上记载的一些主要牌坊(已废)

节孝坊,在长安镇文进桥东,为李绍昌妻祝氏所立。

贞女坊,在长安镇文进桥西,为吴铨妻沈氏立。

双节坊,在长安镇许氏宗祠前,嘉庆二十余年间,为许士廉妻张氏、许士斌妻姚氏旌立。

节孝坊,在长安镇文进桥东,为廪生倪景苏妻范氏立,嘉庆二十一年旌道光间建。

节孝坊,在长安镇西关厢外,为儒童姚舜裔妻李氏立,咸丰年旌三年六月建。

节孝坊,在长安镇西,为沈鲁山妻汤氏立,嘉庆十二年旌道光三年建。

节孝坊,在长安镇西关厢外,为朱有九妻张氏立,嘉庆十五年旌十七年建。

节孝坊,在长安镇西关厢外,为邹鲁昭妻杨氏立,嘉庆十三年旌二十二年建。

节孝坊,在长安镇西关厢外,为陈宗禹妻杭氏立,嘉庆元年(1796)旌六年建。

节孝坊,在长安镇,为许元奎妻劳氏立。

贞节坊,在长安镇西,乾隆二年为张时雍妻曹氏立。

凉亭(部分已废)

长安沿塘路、古时建有大小不等的凉亭,有些近似里程标志。解放初期,长安有凉亭13座。以后有的改建,有的拆除。其中较著名的凉亭有:

东关凉亭,在东关厢,位于东关大路,东通周王庙,西通长安。亭后檐已改建有外地收废品户住着。

吴家坝凉亭,在吴家坝路西,1985年拓建水泥路面时拆除。

万福凉亭,在二十五里塘近长安的公路桥边,1987年11月疏浚上塘河时拆除。

兴福高桥凉亭,在崇长港近长安镇处,毁于1937年12月。

万香庵凉亭,在西关厢外,1986年拆除。

小渡船凉亭,在上塘河原小渡船桥旁,1987年拆除原石拱小渡桥改建为混凝土拱桥,凉亭仍在。

七里亭,在长安塘(崇长港),陆泽村4组地段,距长安7里而得名,处于长安到崇福的中心位置。当地有"七里金七里银,若要金银七里寻"的传说。现遗址尚在。

六角凉亭,在肖王村胡长公路东侧,现保存完好。

第五节 寺庙观庵

长安境内寺观庙庵众多,至21世纪初,部分已废。

觉皇寺

长安觉皇寺始建于唐,五代后唐长兴四年(933)重建。初名正觉寺,北宋治平二年(1065)改名觉王寺,也称觉皇寺。元末寺毁,明洪武二十四年(1391)复建,并立为丛林。清顺治、乾隆、道光、宣统等代均经重修。

觉皇寺背靠三女墩,建于三女墩汉墓的封土东南坡,所以属长安镇最高处。按咸淳《临安志》所载:钱镠宝正七年(934)只剩"阶基、莲花座,石尊相,(即石佛)"。邑人(长安镇人)盛滔、吴乃具状陈太师令(钱之瓘)批准重建。三尊石佛:后供奉于青莲庵,明朝时青莲庵遭火灾,石佛移青莲桥东堍凉亭里,所以凉亭取名"石佛亭",1991年石佛尚在亭里,后不知所去。

按重建时只剩石佛等石制物品估计,坍毁了最少近50年,加上建筑时存在时间,初建应在盛唐开元、天宝年间(742)初名正觉寺,宝正六年(931)10月重建。(见咸淳《临安志》《吴越备志》《海宁州志稿》北宋治平二年(1065)改名觉皇禅寺。元丰八年(1085)建观音殿(三间)结大界。元末毁于火。明洪武初(1368—1372)重建(其瓦砾堆于大殿东烧香船停泊湾里,1984年发现)。洪武二十四年(1391)成"丛林",可以自选方丈。游脚僧可以挂单。清顺治、光绪年四次大修,顺治年间有僧众150余名(见《海宁州志稿》)。

民国22年(1933)实测:观音殿千手观音高一丈一尺一寸(不计上伸之手,手高及正梁)。

大雄宝殿,大佛三尊,每尊高一丈六尺,帝释一尊高一丈四尺,罗汉十八尊每尊高六尺。(苎造尺,每尺=0.32公尺)《南京档案馆》,《浙江地方资料民国时》)。

天王殿,为四大金刚和弥勒佛、韦陀尊者毁于民国2年(1913)。

山门:哼哈二将,亦坍于民国16年(1927)。

山门东有,东房头所辖楼房八间,天王殿西靠云洞港是西房头所辖楼房八间。

山门对面有照墙,东侧有"普门"三间(今园角楼房处)。

大殿西墙壁下有一铜锅,可煮五斗米粥,民国23年(1934)用于烧"施粥"济灾民。铭文:"顺治五年,岁次戊子仲冬日",为长安镇规模最大的佛寺。

解放后,于1950年改作粮库,并陆续拆除山门及其他建筑。1970年粮库迁出,又拆除大殿,觉皇寺成为平地一块。现为海宁中学校园的一部分。

觉皇寺原有大铜锅一只,铸于清顺治五年

(1648),直径约 1.5 米,高 1.2 米,重 300 余斤。铜锅上铭文:顺治五年(1648),岁次戊子仲冬日,“觉皇寺禅院铸造口口铜锅口口口口同立僧口口本镇诸护法居士伏顺树半同良点滴不漏不填纳口口晋口口口口口口口精造 陈惟茂梁进闾沈口口沈口口”。(见《海宁州志稿》)。1969 年海中敲碎,到宁波用 200 斤铜换一套锣鼓,余近 200 斤碎铜被“文革”时“造反派”拿走。

根据浙委办发〔1999〕12 号和市“双整治”〔2002〕7 号文件精神,市民宗局对觉皇寺保留整改工作验收后,批文同意保留恢复长安觉皇寺。2002 年 12 月 17 日,市政府批复同意恢复长安觉皇寺,标志着觉皇寺恢复重建正式开始。2003 年 2 月 5 日,觉皇寺举行对外正式开放和大雄宝殿奠基仪式。

易地重建的长安觉皇寺坐落在长郊社区道院 71 号。觉皇寺占地 33335 平方米,约 50 亩,建筑面积 7600 平方米。寺内有各种花卉、树木、草坪,绿化面积达 10800 平方米。新建的觉皇寺有山门、大雄宝殿、天王殿、观音殿,大殿气势宏伟、香火缭绕。还设地藏殿、卧佛殿、念佛堂、诸神庙、蜡烛房、东厢房、西厢房、餐厅、钟鼓楼、左经幢、九照壁、慈恩亭、金刚塔、放生池、般若桥。

寺中备有青铜制大小宝顶 4 只;大青铜制小圆黄铜制大小香炉 10 只、佛像 157 尊,僧人 10 名。常住人员 18 名,其中管理人员 8 名。设有住持办、财务办、客堂、库房。

定香寺

定香寺、竹林寺——寺中寺,始建于北宋开宝元年(968)初名荼毗庵,治平二年(1065)改名定香寺。明初废。清康熙年间(1662—1722)重建,道光二十四(1844)两次毁于火,两次重建。1927 年孙传芳败兵驻于寺时又失火焚毁。后建房三间,到 1948 年尚有僧四名,住房一间,地一亩,1958 年拆除。竹林寺在定香寺西侧,清康熙十一年(1673)建。由于和定香寺只一墙之隔,规模小于定香寺,故有“寺中寺”之称。咸丰十年(1860)毁于兵火,仅存小屋三间,有女主持人一、女徒一,靠吟佛,化缘生活。1958 年全部拆毁。

梵林庵

长安镇庵多,除有庵名者外,统谓之师姑庵,供奉的大多是“观世音”。而梵林庵则是长安镇规模最大,环境清幽。处在吴家坝东头港的八字形石埠头开始,过街路就是山门三开间(平时进出从东角门走),大殿(观音殿)三间,厅楼三间和第四进厨房三间(有后门)。楼,殿之间有两边厢房连接,厢房靠天井为栏杆式靠背椅可休息。1948 年统计有尼姑三人,以念经、佛、化缘生活,全部建筑于土改时改造为居民住房,故至今完好无损。

大悲庵、如意庵 ——庵中庵

大悲庵、如意庵原在今铁路南铁塔所在地。咸丰十年(1860)毁于兵火。两庵主持尼姑劫后幸存,就一块商量把两个庵建在一起,以便生活一块。故重建时迁僧家弄(今中心弄 35 号)。三开间山门,南小间门额写“大悲庵”、北小间门额书“如意庵”,后面正殿和后楼亦系三间形式建造,因而谓之庵中庵。现中心弄 39 号,有“保寿庵”界石遗存在处,即古“保寿庵”。咸丰十年(1860)毁于兵火,由梵林庵为之重建,作为梵林庵房产之一。

药师庵　药师庵,即公安弄里老医院处,旧城改造拆除。

万香庵　西关厢外有万香庵,正殿房子尚在。新桥南现居民会办公室所在地是新庵,华家鱼桶处有老庵,当地人谓之师姑庵,均废,下闸桥西北上有云庵,毁于清咸丰十年(1860)。

胡令公庙

相传建于唐朝,原为土谷寺,后祀胡暹(字进思),宋建炎年间(1127—1130)胡被封为令公,故称该祠为胡令公庙。

淳熙十四年(1187)八月十六日毁于火后重建。清乾隆二十一年和四十一年(1756 和 1776)修理。咸丰四年(1840)长安米业同业集资增扩殿宇,十一年(1861),太平军驻于该庙,此周围以石垣,同治六年(1867)大修。自清光绪三十二年(1906),部分房辟为小学堂后,香火渐息。1953 年改为剧院,后改建为长安影剧院。

褚墩庙、元帅殿——“庙中庙”

褚墩庙亦土谷神祠，在吴家坝东十字漾口。靠西厢房为元帅殿供瘟神。由于两庙靠在一块，可是各自有戏台，自理门户，故谓之庙中庙。均于1959年拆掉。

玉宸道院

宋咸淳间（1266—1274）建，元末毁，后又重建。清咸丰十年（1860）毁于兵火，光绪初（1875）重建。祀玉皇大帝和六十个星宿殿。一埭三间，两厢各三间，1957年拆除。其地在原长安敬老院后元宝池正北。

关帝庙

东关凉亭北侧关帝殿毁于咸丰十年（1860）。西关厢关帝庙又名武帝庙，清康熙十年（1672）许三礼创建，下开云洞作排涝闸。乾隆三十六年（1771）火后重建。1946年开始为长安镇南货业同业公会会地。于1960年后，海宁锁厂迁去（今老厂房所在地）。

双桥关帝庙，原名旌忠寺

俗称南大王庙，南宋嘉泰二年（1202）建。明万历间坍而重建，清乾隆十六年（1757）修。今火车站所在地。光绪三十三年（1907）为沪杭铁路所经过而拆迁定香寺北边。清陈守谦有诗：“灵风不断贮烟昏，一水双桥抱寺门”。诗就是写这所关帝庙前有一水之隔的关帝庙桥和大树桥。尚有照壁，坐中心弄底，今大树桥尚在，关帝庙桥已铺为水泥路。

东岳庙

又称北大王庙，建于清初，《修川小志》已载其名。1953年10月8日，海宁县人民政府批复；建成为黄麻仓库，辛江人民公社成立，改为公社管理委员会驻地。

文昌宫的龙祠

均靠旌忠寺，文昌宫毁于咸丰十年（1860）。龙祠建于南宋咸淳年间，在中闸桥北龙潭上，祀龙神。光绪三十三年（1907）为铁路所经，拆除。

英济候庙

在新桥南，今居民委员会驻地西50余米处，祀民国以后兴隆起来的所谓“晕神”张天相公。1948年统计寺庙时已经废除。

斗　坛

定香寺东有一斗坛。梵林庵、竹林寺亦曾开设过斗坛。大多数斗坛则附设于土谷神祠后殿。每年以正月初九、九月初九为坛期。祀吕纯阳。

第二章　古迹　遗址

第一节　古　　迹

汉画像石墓

三女堆在镇西古觉王寺西侧，原名三女墩；宋咸淳《临安志》因避讳改“墩”为“堆”。清嘉庆七年(1802)，海宁知州黄秉哲为其立石，镌文“古三女堆”。三女堆原为高约三丈、占有地二亩的巨大土丘，相传为三国时期孙权第三女的墓葬。但史传记载语焉不详。据《修川小志》载：明万历十七年(1589)墓室已被盗。

1968年，海宁中学为平整校园，清除三女封土，剥离到下层时，发现地下确有一石砌墓葬，墓内四壁有石刻画像55幅。出土器物有陶俑：男跪拜俑和女抚琴俑各一件，瓷器双系罐、两系罐各一件及灰陶案、耳杯、钵、奁、樽、盘、盆、勺等物，石猪二件，五铢钱完整的30枚(今藏海宁市博物院)。墓内大批珍贵的画像石保存较为完整，有车马出引、马鹿图、宴饮图、庖厨图、就寝图和乐舞百戏图等内容。在与正墓发掘的同时，又发现正墓东、西、北三面，在土堆边缘又各有小冢一座。西、北两座已掘平，无遗物。东面一座因在“仰山书院”遗址“坐春亭”下，尚未发掘。根据55幅石刻所反映的时代风貌，文物部门确认为“汉画像石墓”。这是长江以内首次发现的内容丰富的画像石刻，为研究我国当时的政治、经济、文化、体育和神学观念等的珍贵实物资料，且所雕的龟座蟠龙是当时所见最早的龙柱形象，为我国建筑构件的艺术形象增添了形象的资料。该墓1973年，在墓外室上部建保护房就地保护。1990年3月，浙江省人民政府定为省级重点文物保护单位。1992年保护房曾予以重建，并保护房内简单布置陈列展示。

长安闸(三闸)

长安闸(三闸)始于唐开元年间(714～741)。宋初建隆年间(960～963)，设有堰闸指挥，置闸兵120名。据《宋史，河渠志》载：“神宗熙宁元年(1068)十月，诏：杭之长安，秀之杉青，常之望亭三堰，监护使臣并以管干河塘系衡，常，所属令佐。巡视修固，以时启闭”。熙宁五年(1072)，长安闸已具三道闸门。绍圣年间(1094～1098)，重修长安闸，崇宁二年(1103)，长安闸开挖两澳以蓄水，上澳98亩(6.53公顷)，下澳132亩(8.8公顷)，作为船闸储水水柜，可随时放水过船。三闸即具有蓄水功能，又利通航，颇似现代多级船闸。绍兴八年(1138)将“累木”易以“石埭”。

宋熙宁五年(1072)，日本和尚成寻来中国参拜五台山、天台山，路经长安，在其所作《参五台天台记》中记述长安三闸云：“八月二十五日，天晴，卯时出船，午时至盐官县长安堰。未时知县来，于长安亭点茶。申时开水门二处出船。

船出了，关木曳塞了，开第三水门关木出船，次，河面本下五尺许，开门后，上河落，水面平，即出船也。

成寻又于下年过坝返回：(熙宁六年五月十九日)辛酉，……今日未时左右，辘轳牛合十四头曳越长安堰了，盐官驿内也。

由成寻的记录可知，长安三闸与长安坝，在北宋后期同时并存。成寻此行，自上河往下河，采用三闸次第启闭的“过闸”形式。自下河至上河，采用畜力牵引，转动辘轳的“翻坝”形式。

南宋时期，过长安闸的船只颇为繁忙，范成大、杨万里等均有描写的诗篇。元代中叶以后，三闸上河水源不足，虽有两澳蓄水，亦难满足需要，至正二年(1342)，关三闸，停止过船。知州张光祖将其改为“旱则闭，水则开”的泄水闸，今仅存遗迹。

长安老坝

长安坝，早在唐、宋、元时就已驰名远近，南宋著名诗人范成大、杨万里、朱南杰、叶绍翁、元代诗人方回、萨都剌、谢肃等过长安镇都有诗吟唱长安坝、长安堰。长安堰即长河堰又名长官堰，亦作地名长河，并衍化为长安镇的别名修川。位于中后街处。初建于唐贞观八年(634)，为土质坝名义亭埭。别名长安堰、长河堰等。元代易地于西作新堰，并改土坝为瓦石坝，称老坝，处于庆宁街东首，上河与下河交界处。拔船过坝可进入上塘河或下塘河。为保证坝基不被水流冲毁，老坝不泄洪。旧时船只过坝时均靠绞盘车绞动，船只过坝须缴过坝费，称篾缆钱，元代收 20 文，清光绪八年(1882)规定大船收 48 文、中船 36 文、小船 24 文。清康熙初年规定坝夫及收益专姓独揽，且子承父业，外姓不得夺占。后来逐渐由曹、王、沈、许 4 姓占有，解放时坝上工人外姓仍少。1985 年，老坝改建为 17 吨电动牵引机械升船坝，过船级力大为提高。后归第二搬运公司管理。

新　坝

新坝，位于上塘河仙鹿桥北侧，俗称“笕上”或“小坝”，又名“孩儿坝”。元至正初年(1341)长安三闸渐废，船只均赖老坝过往，经常留港挤档。元至正七年(1347)，由上海松江商民韩日升、李克复出资购地建造新坝，也以绞盘车提升船只过坝，坝身宽达 4 米，可通过大船或木排，对缓解老坝拥挤起了重要作用。民国以后小坝上河部分河面较窄，有碍通航就停止使用绞车，货物至此只能搬运过坝再换船装运，颇为不便，小坝作用渐减。20 世纪 60 年代废坝为路。位于上塘河仙鹿桥北侧，俗称“笕上”或“小坝”。

海昌亭

海昌亭，也名长安亭。位于长安堰(坝)闸之间，实系接官亭。从唐初到元末，上塘河上百里长的地段，只有长安堰闸一个口子可以将上河船只过到下河、下河过坝到上河，其余虽有排洪闸、涵洞，都不准开设过船的堰闸。长安堰闸每天、甚至每天数次有官员上河，过堰闸。因此，必须有一个使官员等待船只过堰闸的休息地点。以消除这船只过堰闸的个把多时辰里，避风挡雨的亭子。所以在堰坝之间建了长安海昌亭。初建时无名。似盐官飞檐翘角殿堂式(宫殿式)的“接官亭”。宋嘉定元年(公元 1208 年)，县令潘夔重修后才题名“海昌亭”(现无遗址)。

驿　站

位于新桥东北大街后，驿丞署三间、副署三间、上等房十间、下等房十间、其余房子四十间。水驿佐房三间、住房十间、驿船 60 艘。马厩十亩，厩房二十间。位于马角里(今修川花苑)。

陈家大房子

陈家大房子，建于民国初年(1908)陈木扇后裔陈庆曾(小名陈阿庆)建。中西合璧。第一次用水门汀（水泥结构)。日寇入侵时驻宪兵队，是戴谷音(女)接管日军的地方。

仰山书院

仰山书院位于长安镇青年路海宁中学内，紧依“古三女堆”高大封土东坡。逐级向上，高低错落，气势恢弘。据清邹存淦《修川小志》载：仰山书院，原在觉皇寺后，初建于清嘉庆五年(1800)，建成于嘉庆七年(1802)。孙元培有记：相国阮公镇抚吾浙颁额曰：仰山，寓高山仰止之意。书院之讲舍以全中为崇雅堂，桃李门，内有更上一层楼，楼前有坐春堂，创始人沈毓荪，长安名士。

现仰山书院旧址占地 648 平方米，南北 27 米、东西 24 米。旧址现存更上一层楼、门楼、座春亭、桃李门四个部分组成。更上一层楼为藏书楼，在桃李门、座春亭北侧。门楼高约 7.5 米，与座春亭连成一体。座春亭，位于门楼内侧，藏书楼下。桃李门有桃李满天下之意，正面东向。门上额已不见，疑即桃李门，门东旁有亭，后作茶亭，为书院讲师闲时聚坐饮茶谈论之处。亭作东向，规模较小，面积仅 20.46 平方米。台基以条石垒砌，踏步十二级，四角柱，二山柱，穿斗式，歇山顶。额枋上均施浅雕，用一朵角科斗拱，承托挑檐檩及角梁，向东出二戗，用飞椽，椽上用望板，盖一般阴阳土平瓦。西贴墙壁，有门楼，即桃李门，正面西向，水磨砖，石库门，门楼饰斗拱，额枋并施砖雕，为砖木结构。整体保存完好，西部雕花损坏较严重。亭与门构成一体，原门外是仰山书院，中间甬道，植金桂、梧桐各两棵，左右为讲堂。共四个甬道，顶头上三个台阶，即崇雅堂。礼孔子，大礼堂边。这种建筑市内较罕见。

仰山书院旧址是海宁现代教育的发祥地之一，有着深厚的文化底蕴，人才辈出。清代有陆元琅、许梿、许梋兄弟（道光十三年两人同榜登二甲进士）。许梿以直隶知县荐国子监金石馆叙议。善吏事，精文学，医学，对经济理论有独创见解。许梋，授户部贵州司主事，有名的钱币专家，著有《钱币论》，还有何国梁、陈方铨等名人。民国后有朱定一、沈鼎三、韩维邦、陈慰堂、谢培康、冯朱棣等。

建筑形式保存了特有的清代书院建筑风格，清幽淡雅、曲折幽静、精致典雅，并与省级文保单位“东汉画像石墓”遥遥相对，融为一体，形成了一个奇特的文化氛围。仰山书院是海宁市内仅存的书院，反映着当时书院的历史和书院的建筑布局。

圣女小德肋撒教堂

圣女小德肋撒教堂，位于长安镇辛江路 35 号，属近代。该建筑坐西朝东，东临崇长港，南为浙丝一厂浴室，北亦为厂区。于 2001 年文化普查时列为文物点。

长安镇“圣女小德肋撒”教堂建于 1929 年。为我国第一座由教徒自筹资金建造的教堂，亦为我国第一座以“圣女小德肋撒”命名的教堂。教堂主体为哥特式建筑，共八间，前正中有钟楼共四层，尖顶耸立铁十字架，高约 17 米。楼房与教堂之间建有约 12 米的走廊一条，并凿有水井一口，上建四角凉亭一座，其余空地栽种花草果木。天主堂面阔三间，通面阔 12.4 米，进深八间，通进深 31.2 米，面积 483.6 平方米。

虹　桥

古称“繁荣似县城”的海宁长安镇，其繁荣的中心地段在虹桥头。虹桥北堍的丁字街上，不分节界、早晚，人山人海，全是南来北往的生意人。而虹桥漾里，丁字形的漾潭里，拥挤着上塘河，二十五里塘两头来的货船要过老坝，长安闸，从下河上来的商船、漕船要从虹桥下过去海塘口和杭州等地，因此，这一地段十分闹猛。

在这热闹的地方，本来是秦始皇的“驰道”，在海宁可叫“陵水道”（塘河加塘路）的塘路（驰道）。隋大业六年（610）开大运河把“驰道”挖断成河。永徽初年（650）要建盐官城，建桥“迳达盐官”，因系木桥，宋建炎三年 12 月（1130）被金兵烧掉。同年赵构赠胡暹为令公建庙于河东（后来虹桥南堍）桥址仍建木桥。淳熙十四年（1187），令公庙毁于火，绍熙初（1190）大旱上塘河干涸，县令陈恕“以工代赈”挖河为堤，堤高一丈，阔三丈使河道蓄水增加，洪水可拦，而民称为“甘棠堤”。因令公庙用官币重建在先，“长安桥”重建在后，桥南堍迫于令公庙墙横拦于延伸线上，因此于长安桥南堍第十八级处，与桥垂直建东西可行人的小环洞旱桥一座。使南可让令公庙前塘路通行。往东可连接老坝坝潭道路。因元徐园《令公庙记》牌文上有：“长河水分清量漪，枕石梁今若霓虹”而名虹桥，南堍小环洞旱桥亦叫小虹桥。于是成为“长安八景”之一，桥中桥。

虹桥有两个观赏的特点：一、“虹桥夜月”。明胡奎毫不夸张地描述：“渴虹饮涧不曾收，化作飞梁卧碧流。银汉水分天上下，白莲花出海东头。”即明月上当行远至中天时，不管在老坝上，或者在上河漾潭船上，都能看到天上月，桥洞里面也有月亮，不过这是水中月。因此有“桥上月园，桥下月明”，上下相映，其境美也！二、八卦石碑作导航：由于进出虹桥的船只多得很，往往因艄公（掌舵人）船头航向不准，到了桥下连遭碰撞，搅乱了行船次序。尤其是洪水从西而来，长安镇老坝首当其冲，如果缺少大封坝的提示，要过坝，闸的船只拥进了坝潭（老坝前漾潭）多了就会产生“拥挤不堪”。其乱会产生船翻人溺，或者大船撞沉了小船等的祸害。所以在虹桥南桥脚洞边上竖一盘龙儿八卦形标尺，凡上河水涨到八卦座时，桥东坝潭水已封坝，不准船只进桥了。所以“八卦”名是测量上河水位的水文标尺，老艄公要懂。其第二个作用是“导航”指示标识。系数百年来，来往于长安堰闸的老艄公知道，船只一进上河的“虹桥漾”船头必须对准“八卦石”中心。这样顺水过桥洞一定位于虹桥中，就顺当地进入坝潭等待过“堰(船闸)坝(老坝)”。如果不懂潜规，把船头对准了虹桥桥北西边桥磐石，接着船尾一甩，船头反过来又撞上桥南东边桥磐石，而船艄则在虹桥北边西边桥磐石上一碰，碰得很猛。这就是“船头朝桥洞，进桥碰三碰”的由来。而按“船头朝八卦”进去叫“船到桥洞自会直”的道理。

道光二十八年(1848)桥坍圮。咸丰元年(1851)里人许裢募集资金按原桥式样，以原桥上石料整理后，只添部分新石建成新桥(似南档柱石和环洞顶部分从风化程度可鉴别)。

20世纪60年代，“文化大革命”中被砸掉了桥顶四只形状活泼的小石狮子，也拆掉了南北堍头，1989年镇政府建亭立碑，详述桥史;2002年靠桥建虹桥闸，2005年拆除亭子，在北堍砌了北堍头。

新老两坝禁止勒索碑

位于长安镇公庆街77号，属清代。原碑在长安镇青年路49号，后搬迁至庆宁街77号北侧。于1985年文物普查时发现。碑，石质，青色，无首座。高1.56米，宽0.95米。光绪八年(1883)立。碑文楷书，共15行，约420字。记海宁州署关于长安镇新老二坝拔船工人工资规定以及禁止拔船工人向过往船只勒索或刁难之事。关于立碑之事《海宁州志稿》上已有记载。

翟妃墓

翟妃墓位于洛塘河上孙家桥堍。原西南(今东升村10组)有座花源庵(华严庵)。庵里抱柱对联“能使群僚肯尽忠，龙蟠虎踞石头城”。传说孙权之妃，从家乡富阳经长安镇时，突然病亡，是故，孙权命就地安葬之。庙前建庙名翟妃庙，又名翟墩庙。后来改建祀观音而名观音阁，因观音阁全名是大慈大悲观世音菩萨。而称“大悲阁”。由于太平军来时战、灾而死亡过半，同治年间从萧山迁移民则讹称“大饼角”。

庙后有墓，俗称翟墩，从杨家坝后桥南杨家大坟出土墓志铭，则称“石墩庙”(明万历三十七年杨姓墓安葬于石墩庙东字样)。先辈朱一是谓此乃误翟为石，亦可能墓志铭作者误以巡检司石墩讹称。总之翟墩之翟为准。墓高6米，占地周长64米。

鲁王坟

位于长安镇盐仓村联丰组，属三国时期。于1985年文物普查时发现。鲁王坟，据1933年高伯时所编《海宁观潮》载:“鲁王坟:三国吴大帝鲁王霸，与太子不睦，赐死后葬此，在镇东南盐仓之荆塘庙侧。”经实地调查，该墓高2米，南北长约30米，东西宽约35米，总面积约1050平方米。据当地人说，过去每年清明节人们都要去踏青。

乾隆加固海塘碑

位于长安镇盐仓村老海塘上。属清代。此碑在盐仓村七一组老盐仓20号南侧。东至“回头潮”城楼约100米。于1985年文物普查时发现。碑为汉白玉石质，高1.6米，宽0.15米。乾隆二十七年(1762)立。碑阳、阴侧刻字，碑文楷书，字23行，行19字，共400余字，碑阳阴刻乾隆南巡时关于加固老盐仓一带柴塘的御旨。余三面为草书、字迹模糊。1998年建保护亭。

第二节 遗 址

管城遗址 位于长安镇兴城村管城庙。属良渚文化—吴越。于1974年土地整理时发现。遗址总面积约15000平方米，耕土层约0.5米，文化层约0.8—1.5米。1974年土地平整时采集标本有石箭头、玉璧、印纹陶罐，四系硬陶罐等。保护范围:东至机耕路，南至鱼塘，西至村级公路，北至水田。

姚家爿遗址 位于长安镇辛江村姚家爿。该遗址属新石器—春秋战国时期。1985年文物普查时发现，2001年土地整理时所破坏。遗址总面积约37500平方米，耕土层厚约0.1～0.7米，文化层约0.2～0.9米，内涵较丰富，面积较大，时间延续较长。采集标本有夹砂红陶圆锥形、牛舌形、扁凿形等鼎足;有泥质灰陶圈足盆、豆等;还有印纹陶，纹饰有叶脉纹、回纹、曲折纹、波浪纹等。保护范围:东至万兴桥公路。南至辛江严家埭20号,西至姚家絎22号,北至村级公路。

凤凰墓遗址 位于长安镇兴福村四组,属新石器—商周时期。1985年文物普查时发现。遗址西部地势平坦,高出水田1米左右,总面积约8000平方米,耕土层厚约0.2～0.8米,文化层约0.3～0.7米,土质较硬,色灰黑,内涵丰富。采集标本以夹砂红陶为主,主要有T字形、鱼鳍形、贺锥形鼎足;泥质灰陶有豆、圈足盆、双鼻壶、簋、罐等残片;另外还有石锛、石镞和石瑗等。保护范围:东至机耕路,南至沪杭高速公路、西至兴福村四组3号。

莫家桥遗址 位于长安镇东升村莫家桥。该遗址属新石器时代。1985年文物普查时发现。遗址总面积约为10000平方米。耕土层厚约0.2～0.5米。遗址在2001年土地平整时破坏,内涵不丰富。采集标本有夹砂红陶鱼鳍形、T字形、双目式等鼎足;有泥质红陶瓮,灰陶钵、盆、圈足盆、罐、豆,黑皮陶竹节豆把等。还有残石斧片、破土器等。保护范围:东至莫家桥浜,南至机耕路,西至机耕路,北至王家角1号。

施家墩遗址 位于长安镇兴福村7组。属新石器时代—战国时期。1973年省文管会调查时发现。墩座四周环河,周围旱地,墩高约8米,总面积约10000平方米,史前文化层在4米以上,土质较硬,内涵丰富,保存较好。采集标本:印纹陶片和夹砂红陶的鸡冠耳、牛鼻耳等陶片。省考古队曾于1973年对该墩一个土墩墓进行过一次清理,当时出土的原始遗物有青瓷、豆、罐、盆等30余件。

大安桥遗址 位于长安镇原新升村7组1号的东南侧。属唐、宋时期。于1983年文物普查时发现,2001年土地整理时破坏。遗址总面积约1200平方米,耕地层约0.3米,遗存堆积层厚约0.2～0.3米。土质较松,色灰黑。采集标本有唐、宋期陶器的四系缸、盘口壶残片;瓷器有唐代玉壁底残,宋代的青白瓷等。

孟子桥 位于长安镇盐仓村孟子桥53号,属清代。乾隆十七年(1752)《都庄图说》已载其名。单孔石拱桥,东西向跨运盐河,全长10米,孔跨4米。拱券用纵联分节并列砌筑,桥栏已无存。拱券东壁刻有“嘉庆二十四年(1809)年款”。保护范围:孟子桥整体建筑。东至孟子桥53号,南至孟子桥向南延伸30米,西至孟子桥向西延伸30米,北至孟子桥向北延伸30米。

长安堰旧址 位于长安镇东后街。属宋代。一名长河堰,后长安新堰造后(新堰建于元至正七年(1347))又称旧堰,始建年月不祥。陆游《入蜀记》内有载,故时代至少在宋以前。

便民仓 明洪武三年(1370)于运河沿岸建“水次仓”(近水而建)名便民仓。位于长安镇东。正统八年火,徙运西河岸,址六十亩。成化十八年(1482),参政韩斐治廒八十楹、便漕。弘治十六年(1503),知县孙旻重修。十八年(1505),县丞邓珏建官厅廨舍。万历四十年(1612),右布政窦子称创廒三百六十楹,坚壮可久,民大便之。

附:

长安镇省、市级古建筑一览

名　　称	时代	类别	地　　址	备注
汉画像石墓	东汉	古墓葬	长安镇青年路96号(海宁中学内)	省级
仰山书院	清代	古建筑	长安镇青年路96号(海宁中学内)	市级
虹桥	清代	古建筑	长安镇中街与公庆街交汇处	市级
中街117号民宅	清代	古建筑	长安镇中街113—117号	市级
中街119号民宅	清代	古建筑	长安镇中街119—121号	市级

续表

名　　称	时代	类别	地　　址	备注
陈氏民宅	民国	古建筑	长安镇东街 41 号	市级
徐家民宅	民国	古建筑	长安镇和平街 132 号	市级
下闸桥遗址	宋代	古建筑	长安镇辛江路 1 号南	市级
新老坝示禁勒索碑	清光绪	石刻	长安镇庆宁街 77 号北	市级
长安堰旧址	宋代	古建筑	长安镇庆宁街 73 号北	市级
圣女小德勒撒天主教堂	民国	近现代建筑	长安镇辛江路 35 号	市级
长安丝绸仓库	民国	同上	长安镇辛江路 48 号对面	市级
长安炮楼	民国	纪念建筑	长安镇火车站路	市级
姚家簖遗址	新石器	古文化遗址	长安镇辛江村姚家簖自然村前	市级
管城遗址	新石器	古文化遗址	长安镇兴城村篾竹里 52 号	市级
鲁王坟	三国	古墓葬	长安镇盐仓村	市级
孟子桥	清代	古建筑	长安镇盐仓村孟子桥 53 号西侧	市级
乾隆御碑	清代	石刻	长安镇盐仓村海塘上	市级
凤凰基遗址	新石器	古文化遗址	长安镇兴福村	市级
施家墩遗址	新石器	古文化遗址	长安镇兴福村施家墩 6 号西侧	市级
翟妃墓	东汉	古墓葬	长安镇东升村水心里 11 号南侧	市级
莫家石桥遗址	新石器	古文化遗址	长安镇李家埭 1 号东南	市级
大安桥遗址	唐、宋	古文化遗址	长安镇东升村大安桥 1 号东南	市级
道通石桥	清代	古建筑	长安镇褚石村板桥长桥村 35 号南侧 50 米	市级
海宁海塘长安段	清代	古建筑	长安镇境内钱塘江临海	市级

长安镇清代、民国古建筑一览

名　　称	时代	类别	地　　址	备注
中街余家民宅	民国	古建筑	长安镇中街 1 号	—
中街 4 号民宅	民国	古建筑	长安镇中街 2—4 号	—
中街 10 号民宅	民国	古建筑	长安镇中街 10 号	—
中街朱家民宅	民国	古建筑	长安镇中街 12-16 号	—
中街 20 号民宅	民国	古建筑	长安镇中街 20 号	—
中街 24 号民宅	民国	古建筑	长安镇中街 24 号	—
中街夏家民宅	清代	古建筑	长安镇中街 30-50 号	—
中心弄大树桥	民国	古建筑	长安镇中心弄 74 号	—

续表

名　　称	时代	类别	地　址	备注
中心弄耶稣教堂	民国	古建筑	长安镇中心弄 33 号	—
中心弄姚家民宅	民国	古建筑	长安镇中心弄 19–29 号	—
东街 73 号民宅	清代	古建筑	长安镇东街 73 号	—
中街 3 号民宅	民国	古建筑	长安镇中街 3–4 号	—
中街 11 号民宅	民国	古建筑	长安镇中街 11–13 号	—
中街 15 号民宅	民国	古建筑	长安镇中街 15 号	—
中街 19 号民宅	民国	古建筑	长安镇中街 19–20 号	—
中街 33 号民宅	民国	古建筑	长安镇中街 31–33 号	—
中街 41 号民宅	民国	古建筑	长安镇中街 35–45 号	—
中街 47 号民宅	民国	古建筑	长安镇中街 47–49 号	—
中街 51 号民宅	民国	古建筑	长安镇中街 51–53 号	—
中街 59 号民宅	民国	古建筑	长安镇中街 57–63 号	—
中街 125 号民宅	民国	古建筑	长安镇中街 123–127 号	—
中街 131 号民宅	民国	古建筑	长安镇中街 129–133 号	—
中街 149 号民宅	民国	古建筑	长安镇中街 151–155 号	—
东后街 61 号民宅	民国	古建筑	长安镇东后街 61 号	—
油车弄 5 号民宅	民国	古建筑	长安镇油车弄 4–6 号	—
西街汪氏民宅	民国	古建筑	长安镇西街 90–98 号	—
群爱弄陆家民宅	民国	古建筑	长安镇群爱弄 15 号	—
和平街 10 号民宅	民国	古建筑	长安镇和平街 10 号	—
新民街凌家民宅	民国	古建筑	长安镇新民街 152 号	—
新民街张家民宅	民国	古建筑	长安镇新民街 154 号	—
寺弄沈家民宅	民国	古建筑	长安镇寺弄 118 号	—
寺弄田家民宅	民国	古建筑	长安镇寺弄 81 号	—
东后街徐氏民宅	清代	古建筑	长安镇东后街 17–19 号	—
东年街邵氏民宅	民国	古建筑	长安镇东后街 36–46 号	—
庆宁街 48 号民宅	民国	古建筑	长安镇庆宁街 48 号	—
庆宁街王氏民宅	清末	古建筑	长安镇庆宁街 44、45 号	—
公庆街朱氏民宅	民国	古建筑	长安镇公庆街 55 号	—
西街祝氏民宅	民国	古建筑	长安镇西街 88 号	—
群爱弄陆氏民宅	民国	古建筑	长安镇群爱弄 17 号	—
和平街许氏民宅	民国	古建筑	长安镇和平街 14 号	—

续表

名　称	时代	类别	地　址	备注
长安老火车站	抗战	同上	长安镇火车站路	—
东关凉亭	清代	古建筑	长安镇东关厢51号	—
东关宋代窑址	宋代	遗址	长安镇东关厢18号	—
城东高家桥	清代	古建筑	长安镇万家渡62号西20米	—
李王石桥	清代	古建筑	长安镇樊家埭39号东侧	—
石佛亭	清代	古建筑	长安镇上塘河龙安大桥西100米	—
青莲闸	清代	古建筑	长安镇沈家埭14号南110米	—
魏郭闸	清代	古建筑	长安镇城东村5组西	—
秀才桥	清代	古建筑	长安镇秀才坝50号西北	—
富村桥	清代	古建筑	长安镇大型村鸡家坝2号东侧	—
白洋览	民国	古建筑	长安镇德丰村白漾览大桥西侧	—
富宁桥	清代	古建筑	长安镇虹金村小园里	—
小渡船凉亭	清代	古建筑	长安镇虹金村小渡船桥西侧100米	—
范家桥	清代	古建筑	长安镇金港村范家埭7号北侧	—
马牧港李氏民宅	清代	古建筑	长安镇马牧港78、79号	—
马牧港涵洞	清代	古建筑	长安镇马牧港51号北侧	—
箱子埠头	清代	古建筑	长安镇马牧庙北侧	—
马牧港航船埠头	清代	古建筑	长安镇马牧港114号北侧	—
康安石桥	清代	古建筑	长安镇老庄村村委会北侧100米	—
泰安桥	清代	古建筑	长安镇泰山村马家石桥49号东100米	—
延寿桥	民国	古建筑	长安镇泰山村褚家组与许村交界	—
天明大会堂	70年	近代	长安镇天明村村委北侧	—
广利石桥	清代	古建筑	长安镇天明村汤家桥29号西侧	—
张古桥	清代	古建筑	长安镇辛江村章古桥南20米	—
北石桥	清代	古建筑	长安镇新民村石桥湾1号东侧	—
北庄太平桥	清代	古建筑	长安镇新民村北庄16号前	—
陆家埭太平石桥	清代	古建筑	长安镇兴城村陆家埭19号前70米	—
盐仓涵洞	清代	古建筑	长安镇盐仓村(金翁线33.5公里处)	—
元隆桥	清代	古建筑	长安镇鹿耳村海沿河头18号东侧	—
袁家坝139号民宅	清代	古建筑	长安镇袁牧社区袁家坝139号	—
岑氏民宅	清代	古建筑	长安镇袁牧社区22号	—
袁家坝109号民宅	清代	古建筑	长安镇袁牧社区109号	—

续表

名　　称	时代	类别	地　　址	备注
袁家坝72号民宅	清代	古建筑	长安镇袁牧社区72、74号	—
袁家坝127号民宅	清代	古建筑	长安镇袁牧社区袁家坝127号	—
福瑞石桥	清代	古建筑	长安镇兴福村小石桥27号南侧	—
小石桥	清代	古建筑	长安镇兴福村小石桥11号西侧	—
包家石桥	清代	古建筑	长安镇兴福村陈家黑楼子	—
俞家涧	清代	古建筑	长安镇东升村俞家涧23号东侧	—
永安石桥	民国	古建筑	长安镇肖王村陈家石桥13号西侧	—
保善石桥	民国	古建筑	长安镇肖王村姚家埭46号南侧	—
吴家石桥	民国	古建筑	长安镇肖王村吴家石桥31号西侧50米	—
宝石桥	民国	古建筑	长安镇肖王村9组	—
保安石桥	民国	古建筑	长安镇肖王村顾家埭30号东侧20米	—
龙兴石桥	清代	古建筑	长安镇褚石村长板桥村1号东侧20米	—
顺济石桥	清代	古建筑	长安镇褚石村南庄村12号南侧	—
永隆石桥	清代	古建筑	长安镇东陈村马河桥5号东侧	—
倪家石桥	清代	古建筑	长安镇东陈村陈家门27号	—

专记

千年沧桑长安闸

隋唐以前，军阀当政后的生活非常奢侈腐朽，加上几百年战乱不断，黄河流域和关陇之间的生产遭到破坏，各种物资的严重缺乏，影响皇室、官僚、贵族们的生活。而比较平稳的南方，尤其是两浙地区的发展已超过北方，所以从东汉刘秀因喜穿会稽的布帛，锁定为皇室“御贡”。两浙的丝绸和税收来源的海煮盐都是他们急于企求的物资。因此隋炀帝在大业六年(610)开江南大运河，目的是向两浙地区要物资和钱唐仓的粮食。

但大运河的杭州段(桑亭到钱唐段)的河流被铜扣山、皋亭山，临平山等山脚影响而河底水位浅，过不了大漕船(见《紫桃轩杂缀》和《参香室三抄》)。虽则在唐贞观八年(634)在桑亭筑义亭埭(隋初桑亭改为昌亭乡)以提高河道水位。但老牛破车的泥埭(即老坝)根本解决不了运输的需要。一切的货资，特别是粮食和盐都卡在义亭埭上。而到了盛唐，京都的皇室、宫廷、贵族人数比唐初增加二倍以上，形成“中原释来，漕吴而食，辇越而衣”的依赖程度。而当时义亭埭是唯一通达北方的水运口子。粮食和各种物资在这里被卡住，运不到长安京都。京都人就会没饭吃，无衣穿，无盐税钱可用。在这紧迫时刻，路宣远奉命设“长安亭”，建“长安闸”。

长安闸始建时系双闸门(又称斗门)一船室的单式船闸。继建下闸，形成上、中、下三个闸门(所以有长安三闸之称)，是两个船室的复式船闸(事实上这种船闸是国内首创，也是世界内河上的创举)。闸门阔6.4米，门高3.6米，槽柱为巨木凿成，围在木栅之中。第一船室长80米、宽25米；第二船室有弯头，长125米。大闸中间水下的放水小闸门阔1.4米，高1.2米，两边以巨木连接，全部木结构。闸门槽柱和木栅靠岸处，以黏土混杂石灰糯米汁夯实以防泄漏。长安闸一次可容纳过漕船（艘300石)12艘(一组)，驳船20余艘。

按《新唐书》《李勣传》，初三年运出粮700万石，开元二十五年(737)“过两浙粮180万石。《新唐书货殖》与《海宁州志稿》载：贞元间两浙岁运粮75万石。两税(庸、调)折粮100万石”。而杭州盐场，占当时全国海煮盐产量的四分之三。其他货物过长安闸者未计其数。当时京口因长江潮水涨落影响了漕船的进出大运河，所以也按长安闸格式建京口闸。由于长安闸是放水过船船闸，京口闸是随潮水涨落蓄水过船，称限潮闸，所以说：长安闸可谓“天下第一闸”。

船闸的生命是水，唐朝时，大运河杭州段有杭州凤凰山麓的樟亭口和临平湖的南口，从钱塘江纳入的巨量水源，能供长安闸的需要。到长庆元年(821)旱灾时，钱塘江水低了，上塘河干涸。公元822年，白居易筑西湖堤，加高数尺，蓄水量增加，除了上塘河沿岸农田受益外，尚可供长安闸的部分水源。从此陵水道除了大运河杭州段、运粮河、漕河、上塘河外多了一个名字“湖河”。上塘河沿岸受益农田，从此负担西湖水面钱粮至1949年解放(顾达一回忆录)。但此后，钱塘江在杭州的进水口日益狭小，进水也少，临平湖口淤塞，长安闸用水紧张了。钱镠建吴越后，为防止泥沙随流水进入市河，于樟亭附近建龙山，浙江两闸以控制流水，减少泥沙进入内河。而吴越北有南唐阻隔，向北方的交通大都要走海道，所以长安闸进入消沉阶段。赵匡胤做皇帝后，知道大运河江南运河对中原的物资供应是有关国家财赋收入的主要依靠。因建立宋皇朝的第一年(960)设京口、望亭、杉青、长安堰闸指挥，辖兵各120人。

北宋，除粮食运输之外，大幅增加杭州盐场的海煮盐。年产133900石余，而不属官府收购的多3倍之多，除部分私盐由肩挑外运外，全部从长安闸外运。因此熙宁元年(1068)增设“堰闸监护使臣”协助整理河道，堰闸修理，疏导运行中出现的矛盾事宜。元祐间(1089)大旱，河道淤塞，苏轼在五年(1090)五月五日《请开河奏议》(奏议中第一称长安塘河为长河)。时干旱日久，长安闸干燥致使木材收缩松动，所以绍圣间(1094)鲍姓提刑官重修长安闸，用沙罗木筑三个斗门。同时用土地交换形式，征得百姓土地两百四十余亩，开挖上下两澳，上澳98亩(6.53公顷)，下澳132亩(8.8公顷)。水多时蓄，水枯时放水入闸，澳水低位时，闸兵车水入澳，以补河水之不足。这样两个水柜，使长安闸用水足焉。

建炎三年(1129)十二月丙子(乙亥朔)，金兀术抢掠临安后，辎重多陆路不便，利用水路到长安镇，又焚烧长安镇，连长安闸亦用火烧毁。绍兴八年(公元1138年)姓吴的“运使”奏请后，以石易木重建长安闸。比木结构稳固，且久使用而不变易。从绍兴十四年(1144)范成大赴临安参加考试时，亲历长安闸船时的繁忙景象，感慨地写下《长安闸》一诗：“**斗门贮净练，悬板淙惊雷，黄沙古岸转，白屋飞檐开。是间袤丈许，舳舻蔽川来。千里拥孤隧，万马盘一坯。篙尾乱若雨，樯竿束如堆。催催势排轧，汹汹声喧□。逼仄复逼仄，谁肯少徘徊。传呼津吏至，弊盖凌高埃。嗫嚅议饥微，叫怒不可栽。事观舟中子，一一皆可哀。大为声利驱，小者饥寒催。古今共来往，所得随飞灰，我乃畸于人，胡为乎来哉。**”诗中：斗门即闸门，悬板：闸门板，一块块从槽柱往下闸，其间隙板缝，冲出水来似惊雷。白屋，确有其屋，以白色石灰石砌筑，在中闸东南三丈处的高岸上，为税吏驻所，尚遗留石块数十。千里拥孤隧，当时浙西仅此一个船闸可通北方各地。到淳祐七年(1247)杭州大旱。西湖涸，上塘河无水，长安闸上下澳为民所占，运河自身无水源，长安闸失去水源，长安闸全部停止运行。也就是杭州段运河(上塘河)失去了生命源泉。

元末(1365)，杭州大旱，上塘干涸，杭州域内缺粮，亟待接济。张士诚动用部下和当地民众，从北新关开挖运河到奉口(西笤溪向东支流)东武林头(又名五碍头)。计35公里，接通后达塘栖，成为新开运河。从此始，杭州的水道取此而绕开了上塘河。上塘河从此作为盐官的专用运河。但从元后，明朱元璋运河沿岸设水饮仓。长安镇设便民仓，因此长安米市成为江南三大米市之一(其余为枫桥、平望)一直到清咸丰末年(1861)长安镇仍繁荣比于普通小县城。

第十三卷　人　物

第一章　进士　举人

长安镇由于数次兵灾全毁,商业和运输上虽发达繁荣,但世居的人家少。因此到清朝时才有举业之家。

第一节　进　　士

陆景华　清嘉庆七年(1802)壬戌科二甲进士,住温州府教谕。

陆元烺　景华子,嘉庆二十二年(1817)丁丑科三甲进士,官刑部主事,累官江西布政使,署巡抚印兼提督军门加一品衔。

许　楣　道光十三年癸巳科会元三甲进士,户部主事。

许　梿　许楣兄,与弟楣同登道光十三年(1833)癸巳科进士,即用知县国子监金石馆议叙,补山东平度州知县,累官江南苏常镇泰兵备应。

何国琛　道光三十一年,辛丑科进士二甲,户部主事,累官湖北北候补道,署按察使,置粮道。

第二节　举　　人

梁龄增　嘉庆甲子科举人,官新昌教谕。

许诵恒　道光丁丑科举人,许梿子,官长芦盐运使。

陈昺煊　道光己酉举人,举知县加同知衔。

许诵宣　道光 29 年已酉科举人,江苏铜山知县。

汪澄之　道光二年举人,官莱州同知。

汪以信　同治五年举人。

杭　抻　光绪戊子举人。

许诵年　光绪丁卯科举人,山东胶州知县。

许淮祥　光绪己酉举人。

陈方镛　光绪辛卯科举人,官直隶通州州同。

朱宝瑨　光绪壬寅科举人,原老海宁中学校长。

第二章　人物传

第一节　古代人物

褚遂良

褚遂良(642—740)　字登善，钱塘人，系唐代名臣，大书法家。因博习文史，习楷隶，为魏征荐，累官黄门侍郎，唐高宗时封河南郡公。

褚遂良为臣忠正不阿，直言敢谏，被武则天一贬再贬，三贬爱州(今越南河内附近)，又以牵涉了许敬宗谋反案，有代许出谋之嫌疑，削官爵，并殊连长子彦甫，次子彦仲及一孙子被砍头杀害。褚遂良忧愤致死。幼子在义仆掩护下，逃到盐官淡塘农村中躲过一劫。褚遂良年仅62岁亡故在遥远他乡。

到160年后，唐懿宗咸通六年(868年)经另案查出褚遂良与许案无关，才为其雪冤，恢复原官职爵禄。并查访到褚遂良裔孙在盐官淡塘。遂拨内库银两，让其裔孙到爱州护丧回归盐官淡塘住地待葬。由于褚遂良的二子一孙的骸骨缺了一个头，因此配了个金头，在孟子桥十八亩荒地里落葬。按品级爵位，用原形铜铸墓志铭一块，让其生卒、官爵等随葬。

因奉旨恢复官职爵禄，就对其后裔授予一定的荫袭。但褚遂良孙无子，只生一女，荫庇无后。因此请得皇帝恩准，招孙姓男子为子，承袭荫禄和褚姓香火。后来人口衍繁，建立祠堂时，立族规碑里，内示："孙公褚母"两姓不得婚配。从此两姓子女，按次序居于淡塘，东西建房居住。到钱大王时，钱塘上筑坝堰以限水位，调节水量以蓄水。这时孙姓渐微，褚姓增幅大。居于淡塘之阳，到淡塘南生产劳动时愈来愈不便了，渐渐成为集市，人称"褚宅堰一里"。其堰叫"褚宅堰"，至今千多年了，只改一字，褚石堰一名至今不变。褚姓已迁谈家花园。褚遂良墓在1941年被盗掘开，1970年扒平，墓志铭牌子被敲碎(据褚遂良19代裔孙褚茂法口述)。

许　性

许性　字秉彝。长安人。明书法家。明达刚毅。永乐六年(1408)，以擅长楷书，和王宾同时应征召，缮写文书，授赣州府同知。后升任刑部郎中。(《海宁州志稿·人物志·循史》)

陆景华

陆景华　字曙初，号晓峰。长安人。清官员。陆元烺父。嘉庆七年(1802)进士，官温州府学教授。其教育有方，称誉乡里。著有《东瓯诗抄》。(《海宁州志稿·艺文志·典籍14》)

朱一是

朱一是(1610～1671)　字近修，号欠庵，晚号灊溪下农，长安镇辛江人。明崇祯十五年(1642)举人。学识渊博，交游广阔，早年名重复社。曾从吴伟业(梅村)学，颇得赏识。时值明清之际，文人纷纷结社，海宁尤盛。他在杭与陆圻主办登楼社、在海宁与范骧等创办观社，并参与濮溪社、临云社的建立事宜。明亡后，浪迹江湖，生活穷困、守志不仕、以授徒、著述自娱。著有《为可堂文集》、《为可堂诗集》，其中颇多乡邦掌故。

陈　沂

陈沂(一说陈迁)　号素庵，长安镇人。妇科名医。曾任宋宫廷御医。建炎时(1127～1130)曾治愈赵构妃子病，赐御前宫扇一。后迁长安镇定居，子孙继祖业者分居海宁、桐乡各镇，均用木仿制宫扇竖于门口为识，远远称之为"陈木扇"。陈沂著有《素庵医要》、《秘兰全书》抄本传于世。其后裔居长安镇以妇科闻名者，清代有陈鸿典、陈善南、陈宏远、陈叔衡等。近代上海著名内科专家陈慰堂，亦为其后人。

沈毓荪

沈毓荪(1756～1837)　字于涧,号草滨,长安镇人。廪贡生。“少有才名,侠义乡里”;壮岁正值长安镇繁荣鼎盛之时,原有“长安书院”已停办多年,乃和陆鸣盛、邹谔、陈光庭等6人复建书院于嘉庆七年(1802),著名学者、浙江巡抚阮元题名为“仰山书院”。由于倾全力捐资兴学,家道中落。晚年迫于生计,应山阴李宗昉之邀,远赴贵州,馆其家达10年之久。又随李至江西任“灵山草院”山长。道光十七年(1837)病故,终年80岁,著有《琴砚草堂诗集》。

陆元烺

陆元烺(1789～1860)　原名世瑾,字韫山,号虹江,长安镇人,父景华,清嘉庆壬戌(1802)科进士,教子严而有方,幼承家学,早得举业,中嘉庆丁丑(1817)科三甲进士。授刑部主事。累官至江西布政使、署巡抚(即兼提督军门)加一品御。回乡后,主讲“仰山书院”。咸丰十年(1860)病故,终年71岁。著有《盟鸥山馆诗集》等。

许　梿

许梿(1787～1862)　初名映涟,字叔夏,号珊林,长安人。清道光十三年(1833)进士。在山东平度知府任内,以吏事精敏,善决疑狱著称。著有《洗冤录详义》。后调守镇江,适洪水泛滥,亲率舟楫往来赈恤灾民,发放衣食,救活甚众。他博通文字学、医学,著有《说文解字疏笺》《识字略》《古韵阁宝刻录》《外科正宗》《咽喉脉证通论》等。编订有《六朝文絜》,选择精当,流传甚广。

许梿关注经世致用之学,对经济理论亦有研究。曾为其弟许楣《钞币论》作序,并于其“未尽”处加按语,指出“物之贵贱,皆其所自定,非人之所能颠倒”。

许　楣

许楣(1797～1870)　字金门,号辛木,长安人。清道光十三年(1833)会试第一名成进士,授户部主事。性淡泊,不慕荣利,公余常闭门读书。三年后托病辞归,研究学问并教育子侄。当时有学者王瑬著《钱币刍言》,主张无限制发行不兑现纸币是“富国富民第一策”。许楣作《钞币论》,逐条进行驳斥,陈说通货膨胀之危害。咸丰十年(1860)因避战乱至通州(今江苏通州),受聘在敦善书院授课。他反对复古倒退,认为“生今思复古,利一弊已千”。许楣于经史、词章、金石、历算都有研究,著有《真意斋诗文集》等。

邹存淦

邹存淦(1819～?)　字俪生,长安镇人,祖居万家渡邹家花园,监生。勤于收集乡土逸事、地方掌故,工诗词、音韵之学,精研医药秘方。咸丰十年(1860)避乱山阴陡门镇,手辑《修川小志》二卷,给长安镇留下第一手历史资料,一生未士,致力著作,约在光绪二十年(1894)前后病故。著有《外治寿世方初编》《二编》《三编》及《七十以外吟》等。未刊者有《田家占候集览》等多种(抄本存北京图书馆)。浙江图书馆特藏(乙编)集部有《七十经外吟》一卷抄本。

陈方坦

陈方坦(1830～1892)　双姓陈方,名坦,字谆衷,号筱甫,长安镇人。15岁受知于学使吴钟骏,得第一名入州庠。早年即以学识著称,举为“仰山书院”都讲。父殁,赴淮上依伯父。同治二年(1863)曾国藩驻节安庆,闻其名邀之入幕,专办盐务。同治四年(1865)七月,保举为五品训导,入两江总督衙门专办两淮盐务。集办差经验编著《淮鹾驳案类编》。光绪十四年(1888)还乡扫墓,见“仰山书院”未全部修复,立筹(银圆)3000元进行大修,不足部分由个人担负。后以捐赈得光绪帝载湉嘉奖。光绪十八年(1892)病故于两江总督衙门,终年62岁。德清俞樾为其撰墓志。子陈方鉴曾为江宁“钟山”、“惜阴”等书院掌教;次子陈方铨,光绪十七年(1891)中辛卯科举人,官江西知府。

王　均

王均　长安人,清诗人、书法家。王模嗣子。工

诗能书。惜早卒。两代诗稿皆散失。(《海昌备志》《修川诗话》)

王定祥

王定祥(？～1888) 字子默。号缦云。慈溪人。清末民初诗人。幼随其父卖草药行医定居于长安。年十三补博士弟子员,及长,窥涉经史百家,学识渊博,精通诗书画。清光绪十四年(1888)乡试完毕,得病回家,榜发中式而已身死,邻里无不恸惜。著有《坦园文集》《吟红诗草》。(《海宁州志稿》)

毛元勋

毛元勋(1730～？) 字济苍,号松尘。室名“松尘斋”。长安人。清诗人。诸生。著有《松尘斋诗稿》9卷。(《海宁州志稿·艺文志·典籍14》,《清人别集总目》,《清人诗文集总目提要》卷28)

许诵咸

许诵咸 字应甫。室名“玉海楼”。长安人。清诗人、书法家。许梿子,许诵嘉弟。善诗,工书法,擅写篆、隶。著有《玉海楼遗稿》,与兄诗稿同毁于火。(《海宁州志稿·艺文志·典籍18》,《海宁艺苑人物》)

许诵恒

许诵恒 原名严,号倬甫。字少珊。室名“寿石斋”。长安人。清官员。许梿子。道光十七年(1837)举人,官至长芦盐运使。著有(《寿石斋存》。(《海宁州志稿·艺文志·典籍16》,《杭郡诗三辑》,《中国近现代人物名号大辞典·续编》)

许诵宣

许诵宣 字靖甫。室名“雪浪斋”长安人。清诗人。许梿子,许诵嘉,许诵咸弟。道光二十九年(1849)拔贡,咸丰三年(1853)副贡,官江苏铜山知县。著有《雪浪斋诗抄》(又名《雪浪斋诗剩》)。(《海宁州志稿·艺文志·典籍17》《杭郡诗三辑》《两浙輶轩续录》)

许诵珠

许诵珠 字玉娟,自号悟红道人。室名“鸳鸯吟馆”、“子卯楼”。长安人。清女诗人。许梿季女,归安举人朱镜仁妻。自幼通经史,工诗词,著述甚多。著有《雯窗瘦影词》1卷、《子卯楼居琐记》2卷、《经说》、《小学说》、《鸳鸯吟馆词草》1卷、《澹吟楼诗》2卷。(《海宁州志稿·艺文志·典籍19》,《清人别集总目》,《室名别号索引》)

许诵嘉

许诵嘉 字子震,长安人。清诗人。许梿子,许诵咸、许诵宣兄。增生。官镇海训导。著有《绿槐影簃诗稿》,诗稿毁于官署火灾。(《海宁州志稿·艺文志·典籍18》)

许溎祥

许溎祥(1841～1924) 原名诵禾,字子颂,号介盦,自号祭酒人,晚号狷叟。室名“古均阁”。长安人,清经学家。同治九年(1870)优贡。官昭文知县。许梿哲嗣,承其家学,辑刊《许学丛刊》。著有《说文徐氏未详记》1卷,《狷叟诗录》1卷,《介盦骈体文剩》1卷。(《清代人物传记史料研究》第10章,《清人别集总目》《中国古籍版刻辞典》《贩书经眼录》,《清人诗文集总目提要》卷51,《室名别号索引》,《贩书偶记·经部·小学类》)

谷 镛

谷镛 字震寰,号�轩。室名“春旭堂”。长安人。清官员、诗人。官云南广通县典史。著有《春旭堂稿》。(《海宁州志稿·艺文志·典籍10》)

汪 淮

汪淮(1746～1817) 字小海,号兰依,又号兰皋。自浙江桐乡移居海宁长安,后迁居江苏江宁(今南京)。清诗人、书法家、篆刻家。汪嘉植父。诸生。生平尽力于诗,性好游,故其诗境幽清。与吴槎客友善。工篆刻,与张芑堂相契。书法初摹黄山谷,后一变似郑板桥,人颇珍之。著有《小海自定诗》1卷,《湖海瑶华录》4卷,《汪氏世录》1卷,《遗书志》1卷,《汪氏诗载》。(《海宁州志稿·艺文志·典籍13》,《海昌备志》,《清人别集总目》,《清人诗文集总目提要》卷32,《桐乡印人传》,《国学研究》第12卷。)

汪嘉植

汪嘉植　字白榆。自浙江桐乡移居海宁长安。清诗人。汪淮子。诸生。著有《寒松居士诗抄》。(《海宁州志稿·艺文志·典籍15》)

沈毓兰

沈毓兰　字香谷。长安人。清诗人。诸生。与弟沈毓蕙合著《听雨堂合草》。(《海宁州志稿·艺文志·典籍10》)

沈毓蕙

沈毓蕙　字馥枝,号荔海。清诗人,长安人。沈毓兰弟。与兄合著《听雨堂合草》。(《海宁州志稿·艺文志·典籍10》)

宋　湘

宋湘　字楚三,号南洲。长安人。清书法家。雍正七年(1727)乡试副榜。能诗善文,兼通杂艺,以工书著名。为人豪爽洒脱,书法秀逸如其人。(《海昌备志》,《修川诗话》)

陈绍明

陈绍明 字宣三。长安人,移居硖石。清画家。诸生。工书画,善诗,但不多作。(《海宁艺苑人物》、《硖川诗续钞》,《清画家诗史》)

陈炳泰

陈炳泰 字绶甫。长安人。清官员。以巡检分拨江苏,所到之处,著有政声。后擢知丹阳,民因感其德,建德政碑亭。(《海宁州志稿·人物志·循吏》)

陈鸿典

陈鸿典　字云书。长安人。清名医。宋名医陈沂后裔。据《州志》云:"鸿典雅伉,文誉食饩邑庠。中年病瞽目废。益精脉诀,尤善妇人科。就治者填塞户巷。"(《海宁州志稿·人物志·方技》)

陈善南

陈善南　字嘉言。长安镇人。清医学家。监生。"陈木扇"陈沂二十二裔孙。屡试不第,弃举子攻祖遗方,遂精其术。著有《陈氏女科秘要》《医案综略》。(《海宁州志稿·艺文志·典籍16》),《浙北医学史略》第2编,《桐乡文史资料》第4辑)

郑　节

郑节　字虎荣,号�轩。室名"玉树堂"。长安人。早早卒。诗人。著有《玉堂诗钞》。(《海宁州志稿·艺文志·典籍16》)

赵　驶

赵驶　号一帆,又号筱渔。长安人。清米商人。喜爱文墨,工诗词,友多誉之。(《艺林悼友录》)

都　嶟

都嶟　号湘帆。长安人。清诗人。道光元年(1821)恩科举人。《州志》云其"骈体文多古藻,诗亦博瞻"。常与同里朱子蓝相切磋。著有《香雪山斋诗草》4卷、《续诗草》2卷、《香雪山斋文钞》2卷、《续文钞》2卷。(《海宁州志稿·艺文志·典籍15》)

倪承谦

倪承谦　字翔彩,号益斋。长安人。清学者。诸生。著有《纲鉴要领》12册。(《海宁州志稿·艺文志·典籍15》,《两浙著述考·编年类》)

倪景苏

倪景苏　字瀛海,号浪仙。室名"致爽轩"。长安人。清诗人。倪承谦子。诸生。早卒。著有《致爽轩遗稿》1卷。(《海宁州志稿·艺文志·典籍15》)

徐桐文

徐桐文　字琴谱。长安人。清诗人。与施篙友善,常在灯下共读。著有《敂磐吟草》。(《海宁州志

稿·艺文志·典籍2》)

徐锡龄

徐锡龄　长安人。清书法家、诗人。工书法。亦能诗。(《海昌备志》《修川诗话》)

萧　琳

萧琳　字匀石。长安人。书法家。擅隶书。(《海宁艺苑人物》)

曹犹龙

曹犹龙　字九乾，号惺庵。长安人。清诗人。雍正十年(1732)举人，授景山教习。著有《惺庵存稿》。(《海宁州志稿·艺文志·典籍10》)

曹如恒

曹如恒　字月潭。室名"石仓山房"。长安人。清诗人、画家。官江苏候补县丞。工诗词，善写生，画花卉得恽寿平法。著有《石仓山房诗稿》14册。(《海宁州志稿·艺文志·典籍18》《硖川诗钞》)

曹犹鸾

曹犹鸾　字九霞，号竹虚。长安人。清书法家、篆刻家。武学生。书法工整，兼能治印。(《海宁州志稿·人物志·方技》《修川诗存》《海宁艺苑人物》)

盛炳煃

盛炳煃　字霁峰。室名"诵清芬室"、"味道轩"。清诗人。恩贡生。教授里中长安仰山书院。善乐好施，曾独力筹款修复乱后被毁的仰山书院。著有《诵清芬室文集》《味道轩诗草》。(《海宁州志稿·艺文志·典籍18》)

章　达

章达　字南垞。长安人。清书法家。著有《唾余集》。(《海宁州志稿·艺文志·典籍14》《海宁艺苑人物》)

梁　恒

梁恒　字圣怀，号立峰。长安人。清书法家。(《海宁艺苑人物》《海昌备志》)

蒋　闇

蒋闇　字兰如，长安人。清画家、篆刻家。工画、善刻竹石。(《海宁艺苑人物》)

程进书

程进书　字燕春。长安人。清诗人。以治锡业。闻邻人说传奇者，潜钞默诵，遂解为诗，颇有警句。座卒年仅27岁。著有《程燕春遗诗》1卷。(《海宁州志稿·艺文志·典籍15》)

释印怀

释印怀(？1860)　清代僧。居长安香海庵，为童子师。兼擅岐黄，善治疡，医不索谢金，并转赠膏丹，贫者咸感德。能武。死于咸丰庚申(1860)。(《海宁州志稿·人物志·仙释》)

释清吟

释清吟　清乾隆间诗僧。海宁长安觉皇寺方丈。能诗。著有《闲草编》1卷。(《海宁州志稿·艺文志·典籍20》)

瞿　鼒

瞿鼒　字奕珍，号瞿瞿子。长安人。清诗人、书法家。工诗词，并擅楷、隶书，为许三礼弟子。(《海宁艺苑人物》《室名别号索引》《海昌备志》《修川诗话》)

第二节　近现代人物

朱宝瑨

朱宝瑨(1854～1929)　字稼云，长安镇人。幼丧父母，又逢咸丰末年(1860～1861)兵灾，家室被焚，与兄宝琛(后官居两淮运判)失散，只身至盐官亲戚附读。18岁入庠，攻读经济实用之学，以《时务策》得知州林孝恂器重，聘为“安澜书院”主讲。光绪壬寅（1902）中举后悉心办学，回长安创办海宁州中学堂，任监督（堂长）。宣统元年（1909）举任海宁州劝学所教育总董兼视学。同年办正蒙女学于州城，次年改办中学堂为海宁乙种商业学校。晚年接纂《海宁州志稿》，历时8年，于民国3年（1914）总其成。

朱宝瑨一生办学，事必躬亲，当其经费拮据有停薪之虞时，借贷以资继续。其门生朱宇苍教授云：“吾师一生办学，清苦到老”。民国18年（1929）病故，终年76岁。身后了无余资，赖故旧、门生资助安葬。1990年，华美手帕厂出资助建“朱宝瑨先生纪念碑”于海宁中学（原海宁州中学堂西侧）。

杭辛斋

杭辛斋(1869～1924)　名慎修，又名凤元，别字一苇，长安人。少孤，就读于杭州正蒙义塾。清光绪十五年(1889)县试第一，补博士弟子员。次年人北京国子监。后考入同文馆，弃科举，习新学。光绪二十二年(1896)到天津，次年与严复、夏曾佑等创办我国第一张民办报纸《国闻报》，鼓吹变法维新。曾上书光绪帝，条陈变法自强，两次被密旨召见，并赐“言满天下”象牙章。戊戌政变后，《国闻报》以“视死如归”标题，首家报道“六君子”被杀消息，遭勒令停刊。光绪二十六年(1900)八国联军入侵北京前夕，他与北方志士谋劫光绪帝南迁，未成，避居山东德州行医。此时，杭深感清廷已不可救药，于光绪三十一年(1905)加入同盟会，锐意革命。同时到北京办《京话报》《中华报》，“以恢复国权，启导民智”。不久，因揭露清廷腐败，报纸遭封闭，他被捕下刑部狱，幸得社会各界舆论支持，免于一死，解回原籍禁锢。后经全省各界代表王国维等申诉营救，终于获释。不久，参加进步文学团体南社，三十四年(1908)增韫接任浙江巡抚，设立农工研究会，他被聘为会长，主办《农工杂志》。又与许行彬合办《浙江白话新报》，宣传民主革命，并提倡白话。辛亥革命前夕，参加光复会，常与陈英士等聚会密商。杭州新军起义时，旗营清兵五千人企图负隅顽抗，他只身冒险入营说降，使全城顺利光复。被推举为浙江军政府民政长，坚辞不就，致力创办《汉民日报》。民国元年(1912)春，当选为众议员，入京。袁世凯就任大总统后，以“阁员”及10万银圆、豪华宅第为饵，进行收买，他不为所动，仍与孙中山往来。

民国初，杭在天津办《国闻报》时，袁世凯练兵小站，时相聚晤。一次，杭说袁“你将来必定要做皇帝”，袁答称“我做皇帝必先杀你”。不意10余年后，此番戏言险成忏语。民国4年(1915)袁果然筹备称帝，杭坚决反对，被捕下狱，直到次年6月袁病死才恢复自由。民国6年(1917)南下广州参加孙中山领导的护法运动，出席国会非常会议，被举为惩戒委员长。民国10年(1921)到上海，受孙中山委派，任宣传部长，并创办新闻学会。民国11年(1922)曹锟贿选总统，杭在上海召集部分议员开会反对。

杭辛斋积极参加改组国民党的活动。多次出席孙中山主持的会议，民国12年(1923)初受任为国民党18位参议之一，后又被选为国民党第一次全国代表大会代表。民国13年(1924)1月20日，“一大”在广州开幕，杭因病未能参加，旋于24日逝世。消息传出，“一大”特致电哀悼。杭对《易经》深有研究。曾组织研几学社，担任主讲。编著有《易学丛书》20卷及《白话痛史》《猪仔记》等。

沈山寿

沈山寿（1881～1940）　字镜轩，长安镇人，系中国国民党海宁县最早组织者与领导者之一。当就学“仰山书院”时，适逢“戊戌变法”，仰山学子意气风发，研读新学，梁启超之《新民丛刊》成为必读书刊。沈年方十五，已通经史，旁涉百家。受新思潮影响，立志振兴中华。因耻“东亚病夫”之机，以长安区教育会会长身份大力提倡体育，并致力于《海宁风格志》、《海宁方言志》之编纂工作。曾兼崇德（今崇福）“杨园学会”会长。日军侵略中国时以年老病弱之体避居沪上。民国29年（1940）12月14日，病故于寓所，终年60岁。所纂两志及其诗作，均在战乱中遗失。

沈仲约

沈仲约（1887～1967） 字宁麟，别号钱塘渔翁，长安镇人。民国13年(1924)，任南京中华书局经理；民国32年(1943)转为重庆书局经理。民国35年(1946)，复任南京中华书局经理。1952年退休，1967年9月10日病逝于南京，终年80岁。

沈仲约一生热爱祖国，助人为乐。民国26年(1937)“八一三”淞沪战争爆发，他捐款缝制军衣，命妻、女赶制皮鞋支援前方抗日战士，并及时组织书局职工家属离退，以免遭日军屠杀。在重庆时，对流落重庆之乡人多方帮助，对书局职员之教育培养不遗余力。晚年犹以退休金定期接济孤寡。

太虚法师

太虚大师(1889～1947) 俗姓张，本名淦森，法名唯心，字太虚，号华子、悲华、雪山老僧、缙云老人，浙江海宁长安镇人。太虚二岁丧父，五岁母亲再适石门县洲泉镇李姓，遂由外婆负起教养之责，并迁居于离长安镇三里的大隐庵。二舅张子纲设蒙塾于庵，太虚于是从学读书，学名沛林。直至八岁时，舅父授以四书兼今古奇观之类，太虚理解力始日有萌发，能对三五字联。由于外婆笃信佛教，太虚深受佛教信仰的熏陶，九岁即跟随外婆至安徽九华山进香，中途经平望小九华寺、镇江金山寺，并入寺瞻礼。十岁朝普陀山，礼宁波的天童、育王、灵峰诸刹，对寺僧生活深致歆慕，于此种下学佛因缘。十三岁时，母亲去世。不久，外婆送他到长安镇震泰百货行作学徒，因疟疾时发，数月后就被接回庵中休养；十四岁再度至长安镇上的万裕百货行作学徒，暇时太虚阅读许多章回小说。太虚虽然知识渐开，但内心苦闷却随之增长，做了一年多的学徒，只觉索然无味，心中时时憧憬普陀山僧人的清闲自在。光绪三十年(1904)四月初，太虚十六岁，借故离开长安镇，拟往普陀山出家。同年，奘年上人陪太虚前往宁波天童寺受戒。光绪三十三年(1907)，太虚再往天童，听道阶老和尚讲《楞严经》，阅《楞严蒙钞》、《楞严宗通》，暇时受《相宗八要》及《五教仪》，太虚于佛法得新生自此始。次年，结讷来自温州的华山法师。华山具有新学根底与革命思想，曾对太虚讲解世界大势与中国的新趋势，以及佛教非速革流弊，振兴僧学，无以适应时代潮流等思想；使他有了“中国佛教亦须经过革命”的思想。宣统元年(1909)初，太虚二十一岁，受华山和栖云二法师的激励，入南京杨仁山居士创办的“祇洹精舍”就读。宣统二年(1910)，栖云与太虚来到白云山双溪寺。栖云开始与广州的革命人士往来频繁，太虚亦常参加各种秘密集会，深受革命党人影响，同时结交许多佛学诗文上的朋友，如邹鲁、叶夏声、陈静涛、邓尔雅、梅光义等。宣统三年(1911)三月二十九日，广州革命党人起义，七十二烈士殉难，官厅严厉追捕党人，太虚避难江西会馆。四月九日，栖云法师为官厅逮捕，并在其寓所查得太虚一首《吊黄花岗》诗，认为太虚有革命党的嫌疑，于是派差役到白云山双溪寺拘捕，索之不得。太虚闻知此事，转而匿居潘达微的平民报馆中。当时，报纸也以“阿弥陀佛的革命”为标题，注销《吊黄花岗》诗，后来经过诗友江孔殷、盛季莹等向官方疏通，得到官方“速即自离广州，可以不究”的承诺，太虚乃于是年夏天，平安返回上海。辛亥中秋节后，武昌起义，继之各省响应，中华民国诞生。太虚由上海到南京，发起组织“佛教协进会”，主张以金山寺改办僧学堂，改革新中国的新佛教，设办事处于毘卢寺，开成立会于镇江金山寺。成立会当日，因教界新旧派的对立，会场上发生冲突，协进会因而停顿，此即“大闹金山”事件。一九一二年四月，宁波天童寺寄禅和尚在上海组织“中华佛教总会”，将佛协并入佛总，召太虚到上海协助。一九一三年元月，寄禅和尚以保护寺产一事到北京内务部交涉，与民政司长杜关发生争执，当晚在北京法源寺入寂。寄禅和尚诗友熊希龄以此事上报大总统袁世凯，国务院因此核准佛教总会的章程，佛教寺产于是得到保障。二月，太虚为寄禅和尚开追悼大会时说：“佛教宜革命有三：一、组织革命；二、财产革命；三、学理革命。”太虚的三种革命，乃制度、经济、思想并重，实能把握佛教革新的全部论题。闭关普陀，著作新论。太虚一度因佛教协进会失败，继之寄禅和尚圆寂，加上种种世缘牵扯，使他对佛教前途颇感悲观，于是转而寄情新旧文学以自消遣，闲时为僧俗朋友所邀,游于上海、宁波、杭州、绍兴等处。不久,太虚觉悟如此玩岁愒日,无济于事,于是决定到普陀山闭关。一九一四年八月,太虚进入普陀山锡麟禅院关房,印光法师特来为他封关,他在关中坐禅、礼佛、写作,日有常课,并阅读各种新旧学书籍。太虚闭关期间,每日坐禅,以昔日在西方寺阅藏时的悟境作体空观,渐能成片。一九一七年,太虚出关,在上海、宁波小住之后,代圆瑛法师赴台湾基隆月眉山灵泉寺住持善慧法师之邀,莅台讲演佛学。台湾讲演事毕,故于革新僧制之素志,弥增信念,因而立愿整顿僧制,开始为时三十年的改革运动和弘法事业。一九一八年,他得到陈元白、蒋作宾、黄葆苍诸人的发心协助,在上海创办"觉社"。觉社以出版专著、编辑业刊、演讲佛学、实地修行为宗旨,这是他佛教改革运动的第一个据点。《海潮音》创刊迄今七十余年,目前仍在台湾发行,为中国佛教历史最久的一份刊物。一九二二年,太虚创立"武昌佛学院"。一九二三年四月,汉口佛教会成立"宣教讲习所",聘太虚为所长,招生讲习。太虚的弘法事业,在数年之间早已遍历沪、杭、武汉、北京、广州、长沙,法缘极盛。同年暑假,太虚主持庐山暑期讲习会,首开自由演讲佛学的风气,此令中外他教教徒亦大感警异;一九二四年七月,出席在庐山举行的"世界佛教联合会",并发起组织"中华佛教联合会";次年,率团出席日本"东亚佛教大会",并考察日本佛教,日人尊之为"民国佛教界之盟主";一九二六年春,与章炳麟、熊希龄等人发起组织"全亚佛化教育社"(后改名为中华佛化教育社);一九二七年,任厦门南普陀寺住持,兼闽南佛学院院长,这是当时华南最具规模的佛学院,培育出不少弘法人才。一九二八年,太虚在南京创设"中国佛学会",并弘化于英、法、德、荷、比、美各国,又应法国学者建议,在巴黎筹设"世界佛学院",此为中国僧人赴欧美传播佛教之始。自此太虚声望日隆,甚至国内有视其为佛教救星者。太虚四十四岁时住持奉化雪窦寺;次年,与熊十力在支那内学院有法义之辩;四十九岁,作"我的佛教革命失败史",自陈佛教改革每遭挫折的原因;其后,积极从事建立佛教中心组织的工作,一九四三年与于斌、冯玉祥、白崇禧等组织"中国宗教徒联谊会";抗战胜利后,任中国佛教整理委员会主任、国民精神总动员会设计委员等职;一九四六年获颁宗教领袖胜利勋章。一九四七年三月十二日,太虚在上海玉佛寺为退居的震华法师举行封龛仪礼,说法将毕,忽中风旧疾复发,京沪杭甬等地缁素弟子闻来集,多方医护。太虚以化缘已尽,于十七日下午在玉佛寺直指轩安详舍报,世寿五十九。(摘自星云大师人间佛教读书会的书及读书会参考教材)。

冯朱棣

冯朱棣(1896～1966)　复姓冯朱,名棣,字君秾,小名金龙,长安人。民国12年(1923)同济大学工科毕业。初在东三省兵工厂工务处任职。民国20年(1931)"九一八"事变后,到南京兵工署任检验科技术员、技术司技正。民国25年奉派赴德国、奥地利留学,着重研究枪弹制造技术。翌年回国,任重庆兵工署技术司火药组主任、弹道科科长、廿五兵工厂厂长兼总工程师。民国34年(1945)抗战胜利后,奉派赴加拿大考察和验收机械。1949年回国,应中国人民解放军聘请,参加第二野战军技术大队到重庆接收兵工厂。1950年调北京,历任中央技术管理局,兵32总局,第二、三、五机械部工程师。他精通枪弹制造技术。1950年7月,东北某兵工厂产品质量上出现重大问题,前苏联专家束手无策。他奉命前去协助,历时半年,妥善解决。1966年"文化大革命"中被殴伤致死,终年71岁,1974年得到第五机械部平反昭雪。

冯朱棣自幼勤恳好学,热心助人。求学时每逢暑假回家,总要帮助他父亲办识字班和成人夜校。一生藏书颇多,建国后大部捐赠北京图书馆和家乡的海宁中学。

李尊庸

李尊庸(1901～1959)　学名增荣,长安镇人。杭州惠兰中学毕业后,入省立第一师范从李叔同攻习美术专业。民国10年(1921),赴日本白马美术研究院深造。回国后历任衢州省立第八中学、湖南省立第一师范、建德省立第九师范、上海春晖中学、上海美术专科与暨南大学师范科美术教师、教授。民国16年(1927)后,任南京国民军总政《革命军日报》记者、《申报》驻京记者、摄影部主任。其"淞沪战役"中拍摄之战地照片,由开明书店缀辑出版,题名为《日本侵我纪实》,深得十九路军将领赞赏。后避日本侵略军追捕,由张乐平推荐任上饶第三战区《前线日报》摄影员、中校摄影队长。民国34年(1945)恢复记者生涯,任《中央日报》《盖世报》摄影记者,曾拍摄"鲁迅逝世十周年纪念""陶行知逝世安葬""闻一多追悼会"与宁、沪学生"反饥饿、反内战"游行示威等大量照片。1948年随上海记者团到苏北解放区所拍摄之照片今保存在海宁市档案馆。

杭　毅

杭毅(1894～1981)　字劲夫,号芑荪,长安镇人。幼失怙恃,由乃祖抚养成长。清光绪三十三年

(1907),于州城捕厅随杭慎修学艺,在硖石裕通钱庄当学徒。曾参加上海沪军北伐敢死队,后转保定军校学习。"护国"之役,在方声涛部任团附营长。民国13年(1924)1月,随廖仲恺等筹备黄埔军校。5月,由蒋介石和廖仲恺介绍加入中国国民党,任军界要职。民国16年(1927),以"清党"不力见疏于蒋介石,转任浙江保安团团长,后兼杭州市公安局局长。继又调湖州驻防兼"太湖剿匪司令"。因邓演达事牵连被去职。民国20年(1931),以"宪警考察团"团长身份率代表团赴日本,"九一八"事变前回国。民国21年(1932),任西安警察局局长兼十七路军参议。民国32年(1943),为陕西军官少将参谋长。民国35年(1946)8月,退役回长安镇家乡定居。其时,国民党第十二伤兵医院及第十二军官总队驻在长安,横凶霸道,欺压百姓。杭毅曾多次出面制止。

解放后,拥护共产党政策,尊重地方领导。1981年4月4日病殁,终年88岁。全国政协副主席季方发来吊唁,农工民主党浙江省委派员吊唁,海宁统战部部长等到杭宅吊唁并慰问家属。

沈鼎三

沈鼎三(1910～1980)　长安镇人。出身于书香门第。民国21年(1932),浙江大学毕业,获化学工程学士学位。早年从事教育工作,历任中学、大学教职,并编著课本及科学书刊。民国27年(1938)到重庆、成都等地创办整染厂,首创靛蓝连续染色机。抗日战争胜利后回上海办大可化学染料厂(今上海化工染料五厂前身)。所产染料达到国际先进水平,进入国际市场。解放后,积极从事染料生产技术,培养专业人才。1952年开始,任上海化工研究院第五研究室、染料研究室副主任,上海染料研究所顾问,兼情报室主任。1956年受聘任国家考试委员会委员。曾领导编著以化工部名义出版之《染料命名方案》等书,为染料工业收集、辑录国际染料资料50余万字,《国际染料摘记》近100万字。1950年初,研制活性染料"旗红"成功,获得国家领导人表扬,民主建国会奖励,连续数年被邀请赴北京参加国庆观礼。1973年,因研究国外最新型活性染料获重大发现,受到上海化工局技术大会表扬,被评为"上海市有机化学工业公司先进工作者"。在全国工商联第三次全国代表大会期间,受到邓小平同志接见并合影留念。当选为中国染料学会、上海染料学会理事。

1952年加入中国民主建国会,1980年当选为上海市工商联常务委员以及市化工局工会主任委员。对长安镇公益事业多有贡献。

周　济

周济(1914～1981)　小名柏寿,长安镇人。民国11年(1922)考入县立乙种商业学校,次年辍学到长安信康钱庄为学徒。民国20年(1931),考入中国银行上海分行,同时在市立商业夜校习英文。民国25年(1936),考入沪江大学商学院外语专修科深造。抗日战争起,在本职工作外致力"支前",利用银钱业联合会进行抗日宣传。民国34年(1945)2月,加入中国共产党,在地下党组织领导下,与各行、局同人进行对敌斗争。民国37年(1948)10月,转苏北解放区淮阴华中党校学习。上海解放,接收中国银行上海分行,任科长及经理办公室主任等

职。1952年升为副经理、党总支委员。“文化大革命”中受林彪、江青反革命集团迫害，身心受到严重损残。粉碎江青反革命集团后任中国银行上海分行革委会副主任。1979年体制改革，任党组成员，信贷部主任，上海金融学会理事。1981年3月19日因患肝癌，医治无效病故，终年66岁。

应绍先

应绍先　清末秀才，老庄村人。曾任(海宁州志稿)编辑。在盐官镇办过接婴堂。

汪菊影

汪菊影(1910.3～？)　1930年7月毕业于省立杭州高级中学。在长安镇县立长安小学教书时，与同在该校任教的沙文威相识，因志同道合，于1933年结为夫妻。从1934年起直至解放，夫妻俩作为党的地下工作人员，在南京、武汉、上海等地为革命事业做出过很多贡献。1935年夫妻合译《第三国际反法西斯统一战线》(日文本)一书。解放后，历任中共南京市委秘书处秘书，市委办公厅档案组组长，华东局办公厅秘书，中共中央统战部办公室机要科副科长。

陈洪田

陈洪田(1917～1985)　农民育种家。长安人。出身贫农。1954年起从事农作物育种。二三十年间，育成麦、稻、油菜、黄麻等品种30多个。先后向本县及邻近地区提供良种400多万斤，增产效果显著。其中小麦“65白壳”获浙江省科研成果三等奖，已大面积推广到江苏、上海、安徽、湖北等省市。1960年受聘为浙江省农业科学院育种特约研究员，他所在的褚石大队也成为全省良种培育基地之一。后当选为海宁县科技协会副主席、浙江省科技协会副主席。1978年参加全国科学大会，被评为先进个人。1982年浙江省人民政府授予劳动模范称号。

陈洪田只念过三年书，开始育种时困难重重。他坚持实践，刻苦钻研，不断翻阅书刊，向科技人员请教。缺乏仪器设备，尽量设法代用。又注意培养农民科技骨干，共同研究，年复一年，终于逐渐取得成果。当地农民称他为“土专家”。陈洪田1956年参加中国共产党，曾任中共海宁县委委员。

陈吾三

陈吾三(1921～1987)　浙江海宁市长安镇人，自幼敏而好学，尤喜翰墨丹青，每见书画，常过目不忘。年十九，投笔从戎，参加抗日。在戎马倥偬、行军跋涉中，常流连于山水之间，钟情古刹胜景，他说：“书画景物皆可读也”。

“文化大革命”，中华传统文化、翰墨书画、悉遭毁灭。他目睹惨状，痛心疾首。为弘扬中华民族之传统文化，他处逆境于不顾，视安危若等闲，于是手握画笔，开始作画。幸得湖州市大画家谭建丞先生的指点辅导，画艺日进。后又得费新我、沈迈士、王秋野、岳石尘等国内诸大家之指点，于是画艺大进，精品迭现。吾三画作的特点是：学古而不泥古，拓新又自有法度，刻意求真、求新，终于形成独树一帜的风格。他无论写山水、花卉、禽鸟，落笔传神，颇有文人画之韵味。1992年5月，湖州市曾举办陈吾三遗作画展，受到各界人士好评。现已出版《陈吾三国画集》共有作品七十余幅，系吾三历十数年创作之甘辛，结出之丰硕成果。人观其画，画如其人，良可信也。陈吾三同志因患痼疾，于1987年仙逝，时年六十有六。

许姬传

许姬传(1900～1990)　号思潜，长安人。学者许梿曾孙。幼受家庭熏陶。8岁随外祖徐致靖读书。徐是戊戌变法重要人物，思想开明。讲授经史诗文以外，还教他弈棋、吹笛、唱昆曲、读小说。因此许文化基础浓厚，兴趣广泛。

民国8年(1919)到天津，在直隶省银行当文书。对京剧发生浓厚兴趣。常向京胡圣手陈彦衡学习谭(鑫培)派声腔，并结交京剧界人士王瑶卿、杨宝忠、言菊朋等。民国18年(1929)南迁上海，在江苏省财政厅当挂名差使，对戏曲钻研益深。曾发表评论文章100余篇，颇有影响。民国20年(1931)梅兰芳移居上海，许开始与之往来。先后合编《抗金兵》、《生死恨》等剧本，在上海、南京公演。时值抗战前夕，深受观众欢迎。抗战胜利后梅兰芳重登舞台，许姬传正式参加梅兰芳剧团，任秘书及编剧。建国后，梅兰芳兼任中国戏曲研究院院长，许兼任该院秘书。至1961年梅兰芳逝世，30年间，许姬传一直跟随他到全国各地演出，并出访日本，对梅兰芳的艺术活动出力颇多。编有《梅兰芳文集》，并与人合作撰写了《(梅兰芳)舞台生活四十年》《忆艺术大师梅兰芳》《梅兰芳舞台艺术》《中国四大名旦》等，对梅兰芳作了全面系统的介绍。还著有《许姬传七十年见闻录》《燕赏斋谈艺录》等，其中颇多艺坛珍贵史料。许精于文物鉴赏。又工书法，得“二王”神韵，潇洒自如，颇得行家好评。

陈尚志

陈尚志(1922～1990)　桐乡县人，出身医学世家，为陈木扇妇科二十四世孙。幼从伯父陈长元学医。民国30年(1941)来海宁长安镇开设诊所，以治妇科闻名。建国后历任长安地区联合诊所所长、长安医院、辛江医院医师、副院长、院长。1957年被错划为右派。1979年改正后调人浙江省中医药研究院，任副主任医师、主任医师。曾担任海宁县一至三届人民代表。中国农工民主党党员。

陈钻研业务，精益求精，临床经验十分丰富，善于发扬祖传陈氏妇科特色，注意结合现代医学及诊疗手段，对医治疑难杂症颇有独到之处。多年来不时总结经验，撰写出《陈氏妇科学术经验》等论文30多篇。由他主持研制的中药“痛经宁”已正式投产，行销各地。注意培养新生力量，先后带教进修医师及实习学生数十名，培训澳大利亚留学人员以及省卫生厅妇科医师晋级班学员。多次被评为院先进工作者。

周剑雄

周剑雄（1902～1983）　长安人。疑业于杭州浙江公立医药专门学校药科，因成绩优良，未到毕业被派往日本考察医药事业。1928年任浙江省立产科职业学校教务主任兼德文教师。1929年后，赴上海，进中央药房，先后任药师、董事兼襄理、药房部主任，及中央药房董事、副经理，上海市新药商业同业公会常务理事。1949年后，历任上海市医药公司副经理、上海市第一至第五届人大代表、上海市第五届政协委员、上海市工商业联合会第六届主任委员。(《海宁同乡会讯》)

王子云

王子云(1921～2002)　浙江上虞人。早年在上海电池厂谋生。抗日战争开始后，参加浙江省第三战区抗日自卫大队。1940年5月，进陆军军官学校受训(黄埔军校军训班11期学员)。历任浙江省军官队少尉排长、中尉副营长，曾任军官队师团级相关职务。1947年离开国民党军队。不久，来海宁长安搬运服务站当搬运工，直至退休。

王秋堂

王秋堂(？～1941)　抗日战争时在海宁为党政情报室工作，搜集敌情，贡献颇多。1941年8月8日，被敌伪所俘，受尽酷刑不屈。遇难于长安敌狱中。(《海宁同乡会讯》第18期，《海宁文史备考》)

王　路

王路（1917～？）　自浙江建德移居海宁长安镇。女画家。储晓天妻。早年就读于杭州西湖艺术专科学校，后转学上海，毕业于新华艺专。曾师从林风眠、姜丹书等教授，擅长工艺美术，有较高的艺术造诣。新中国成立后，历任嘉善二中、海宁初级师范学校、海宁中学美术教师；1957年与夫同被错划为右派后，以卖画、卖花、画照相为生。1980年浙江工学院曾聘其任教，因疾未赴。(《海宁艺苑人物》)

阮奉天

阮奉天（1915～1998）　自杭州移居海宁长安。业余国术师、基督教会当地负责人。早年就读于杭州宗文中学、南京中央国学馆高级教授班、江浙两省人才训练院、苏州圣经学院。20世纪三四十年代，多次出席省级及省级以上的武术比赛，成绩斐然。1936

年，与何长海等十余位选手代表浙江，赴上海参加奥运会选手的选拔。1950年，分配到海宁长安耶稣堂传教。一生致力于基督教的传播。为海宁市第六、七届人大代表，市第六、七届政协常委。（根据其档案及陈天中《回忆抗战前浙江的武术运动》一文整理）

吴乐萱

吴乐萱（1916～1944）　长安人。抗日战争爆发后投笔从戎，参加多次战争。1943年调任城区区署指导员。一次奉命肃清城西伪组织时，在袁家坝附近被俘，严刑逼供不屈，后遇害于狱中，年仅23岁。（《海宁同乡会讯》第18期）

沈鲸松

沈鲸松（1904～1966）　原名沈金松。为皮影演技艺术家。早年求师学皮影，20世纪30年代创立皮影戏班子进行演出。抗日战争时期，戏班停演，去桐乡崇福镇开茶店，后回乡重新组班演出，直到新中国成立后。1954年，与魏柏荣等人组建戏班去北京、上海等地演出，后又组建了浙江皮影剧团。（《海宁皮影戏》）

储晓天

储晓天（1907～1951）　原名慎初。自江苏宜兴移居海宁长安。体育工作者。早年就学于东亚体育专科学校。肄业后任于浙江省立体育场为干事。嗣后，在湖北宜兴和浙江东阳等地学校任体育教师。为20世纪40年代末、50年代初省内颇有名望的体育裁判。50年代中期，因错案失业。（据其档案整理）

释昌坤

释昌坤（　～1939）　海宁觉皇寺住持。原籍不详。知医理，善针灸。常义务为人治病。1939年夏，某游击健儿携枪匿居寺中，准备伺机袭击，不料为日本宪兵队长所知，即至寺中搜查，在佛龛中搜得手枪一支，即将昌坤逮捕，毒刑逼供，继又火烧刀割，以致皮肉尽脱，仍拒不作答，最后怒视敌人，不屈而亡。（《海宁文史备考》）

谢锦鑫

谢锦鑫（1902～1977）　长安人。灯彩老艺人。出身贫苦，为印刷工人。业余爱好手工艺术品，逐渐学会扎灯技艺。1934年，曾与金海宝等人制作“跳狮亭”，狮子、彩球俱能活动，称为“活彩”，深受观众赞扬。1949年后曾独自完成活彩“醒狮灯”，为时人所重。（《海宁艺苑人物》）

第三章　名　录

第一节　革命烈士名录

宋兆麟(1927～1950)长安镇人。1949年入伍，为6316部队4连战士。1950年10月27日在抗美援朝战斗中牺牲。

陈生双(1934～1951)长安镇人。1951年3月入伍，为67军200师598部队1营战士。1951年10月14日在抗美援朝战争中牺牲。

管梅福(1941～1968)长安镇人。1960年3月入伍，为3603部队军械师战士。1968年11月20日在安徽省芜湖市灭火中牺牲。

褚福明(1931.6～1952.2)长安镇天明村人。1948年10月参加革命，志愿军战士，在朝鲜战场牺牲。

沈品炎(1928.6～1952)长安镇东街。1948年12月参加革命，志愿军172团战士，在朝鲜战场牺牲。

戴阿兴(1936.10～1958.7)长安东关村人。1956年12月参加革命。1958年7月牺牲于江苏江宁县，生前系9263部队炮手。

哀子兴（1935.4～1966.4）长安镇大型村人。1954年参加革命，在湖北盐山牺牲。生前系中央气象局研究所统计员。

李松标(1958～1977.10)长安镇虹金村人。1976年3月参加革命，1977年10月在河南宜阳牺牲。生前系中国人民解放军80512部队战士。

第二节　嘉兴市以上先进模范人物名录

长安镇自1950年浙江制丝一厂(中蚕二厂)缫丝车间张爱今被评为浙江省劳动模范开始。56年中共有106人次获省级以上劳动模范，先进生产工作者(春蚕奖列入教育卷)。

年度	姓名	所在单位	荣誉称号	授奖部门
1950	张爱今	中蚕二厂	浙江省劳动模范	省人民政府
1951	张爱今	中蚕二厂	省三等劳模	省人民委员会
1954	陈莲芬	浙丝一厂	省劳模	省人民委员会
1954	王幼花	浙丝一厂	省劳模	省人民委员会
1955	王幼花	浙丝一厂	浙江省先进	省人民委员会
1955	陈娟娥	浙丝一厂	浙江省先进	省人民委员会
1955	马丹桂	浙丝一厂	浙江省先进	省人民委员会
1955	冯菊珍	浙丝一厂	浙江省先进	省人民委员会
1955	舒梅娟	浙丝一厂	浙江省先进	省人民委员会
1955	陈莲芬	浙丝一厂	浙江省先进	省人民委员会
1955	王成章	浙丝一厂	浙江省先进	省人民委员会
1955	周　瑛	浙丝一厂	浙江省先进	省人民委员会
1955	曹顺章	长安邮电局	浙江省先进	省人民委员会

续表

年度	姓名	所在单位	荣誉称号	授奖部门
1956	张永生	长安食品站	浙江省先进	省人民委员会
1956	应春花	浙丝一厂	浙江省先进	省人民委员会
1956	华招娣	浙丝一厂	浙江省先进	省人民委员会
1956	张金花	浙丝一厂	浙江省先进	省人民委员会
1956	陈娟娥	浙丝一厂	浙江省先进	省人民委员会
1956	周桂玉	浙丝一厂	浙江省先进	省人民委员会
1956	陈丽娟	浙丝一厂	浙江省先进	省人民委员会
1956	陆志芬	浙丝一厂	浙江省先进	省人民委员会
1956	潘阿三	浙丝一厂	浙江省先进	省人民委员会
1956	周瑛	浙丝一厂	浙江省先进	省人民委员会
1956	陈莲芬	浙丝一厂	浙江省先进	省人民委员会
1956	秦学英	浙丝一厂	浙江省先进	省人民委员会
1956	姚爱宝	浙丝一厂	浙江省先进	省人民委员会
1956	周杏元	浙丝一厂	浙江省先进	省人民委员会
1956	曹宝祥	浙丝一厂	浙江省先进	省人民委员会
1956	蒋佩芬	浙丝一厂	浙江省先进	省人民委员会
1956	王新吾	浙丝一厂	浙江省先进	省人民委员会
1956	王成章	浙丝一厂	全国先进	国务院
1956	王幼花	浙丝一厂	全国先进	国务院
1956	陈娟娥	浙丝一厂	部劳模	国务院
1957	陈莲芬	浙丝一厂	省先进	省人民委员会
1958	陈莲芬	浙丝一厂	省社会主义建设积极分子	省人民委员会
1958	姚爱宝	浙丝一厂	省社会主义建设积极分子	省人民委员会
1958	高耀水	浙丝一厂	省社会主义建设积极分子	省人民委员会
1958	林月荣	长安农具厂	省社会主义建设积极分子	省人民委员会
1958	陈金龙	肖王大队民兵连	浙江省民兵代表会议代表	—
1958	宋世荣	长安税务所	浙江省先进	省人民委员会
1959	高耀水	浙丝一厂	省先进	省人民委员会
1959	陈莲芬	浙丝一厂	省先进	省人民委员会
1959	潘美花	浙丝一厂	省先进	省人民委员会
1959	毛剑青	长安搬运站	省先进	省人民委员会

续表

年度	姓名	所在单位	荣誉称号	授奖部门
1959	葛子堂	海宁面粉厂	省先进	省人民委员会
1959	许掌娥	虹金大队	全国“三八红旗手”群英会	—
1959	高有香	牧港大队	省第二次社会主义建设积极分子	—
1959	鲍莉云	浙丝一厂	省先进	省人民委员会
1959	高有香	牧港大队	省扫除文盲文化教育会议代表	—
1960	陈娟娥	浙丝一厂	浙江省缫丝工业首届生产运动会获一级运动员	—
1960	丁水花	浙丝一厂	浙江省缫丝工业首届生产运动会获运动健将	—
1960	潘美花	浙丝一厂	浙江省缫丝工业首届生产运动会获一级运动员	—
1960	吴顺章	海宁中学	全国先进	国务院
1960	周双喜	长安造船厂	全国民兵代表大会代表	—
1960	杨兴发	肖王大队民兵连	全国民兵代表大会代表	—
1961	陈莲芬	浙丝一厂	省先进	省人民委员会
1961	陈志卿	浙丝一厂	省先进	省人民委员会
1962	孙阿大	浙丝一厂	省先进	省人民委员会
1962	陈莲芬	浙丝一厂	省先进	省人民委员会
1962	钟凤英	长安服务商店旅馆	省先进	省人民委员会
1962	倪志明	长安烟糖分公司	省先进	省人民委员会
1962	陈小采	长安公社东陈大队	全国“三八”红旗手	国务院
1963	陈莲芬	浙丝一厂	省先进	省人民委员会
1963	王木根	长安造船生产合作社	省先进	省人民委员会
1965	赵爱卿	浙丝一厂	全国第一批(65)立缫操作经验种子手	—
1965	周爱仙	浙丝一厂	全国第一批(65)立缫操作经验种子手	—
1965	张樟花	浙丝一厂	全国第一批(65)立缫操作经验种子手	—
1965	陈娟娥	浙丝一厂	全国第一批(65)立缫操作经验种子手	—
1965	裘碧莲	浙丝一厂	全国第一批(65)立缫操作经验种子手	—
1977	高有香	牧港大队民兵连	省第二次民兵代表会议代表	—
1978	孙阿大	浙丝一厂	省先进	省人民委员会
1978	王妙红	海宁锁厂	省先进	省人民委员会
1978	陈洪田	褚石村	全国先进	国务院
1978	高雪梅	长安中心小学	省级劳模	省人民政府
1978	毛剑贵	长安搬运站	交通部“安全质量“百日竞赛奖”	交通部

续表

年度	姓名	所在单位	荣誉称号	授奖部门
1979	王深娥	浙丝一厂	全国青年新长征突击手	共青团中央
1979	葛子堂	海宁面粉厂	省劳模	省人民政府
1979	毛剑贵	海宁第二搬运站	省先进	省人民政府
1980	寿银娥	浙丝一厂	全国立缫挡车工缫丝操作能手	—
1980	沈渭华	浙丝一厂	全国立缫挡车工缫丝操作能手	—
1980	郁菊玲	浙丝一厂	全国立缫挡车工缫丝操作能手	—
1980	诸丹嫒	浙丝一厂	全国立缫挡车工缫丝操作能手	—
1980	费雅娜	浙丝一厂	全国自缫车头工操作能手	—
1981	孙阿大	浙丝一厂	省级劳模	省人民政府
1982	孙阿大	浙丝一厂	省级劳模	省人民政府
1982	许利亚	浙丝一厂	全国操作能手	—
1982	葛金英	浙丝一厂	全国操作种子能手	—
1982	王利静	浙丝一厂	全国缫丝操作能手	—
1982	寿银娥	浙丝一厂	全国缫丝操作能手	—
1982	宓端行	浙丝一厂	全国缫丝操作能手	—
1985	黄家驹	镇工会	省职教先进	省教育厅
1985	李松祥	长安乡人武部	南京军区优秀专职武装干部	南京军区
1987	吴增成	浙丝一厂	第二次全国工业普查先进工作者	国务院“工普”小组
1987	陈光海	长安物价检查组	全国先进街道群众物价监督员	—
1987	蔡文伟	长安乡水机管理站	浙江省水利厅水利先进	—
1987	邵爱仙	浙丝一厂	全国缫丝操作能手	—
1987	韩阿朵	浙丝一厂	全国缫丝操作能手	—
1988	唐建伟	浙丝一厂	浙江省优秀厂长	省人民政府
1989	周振华	长安职业中学	全国先进教育工作者	—
1989	沈宪达	长安职业中学	省勤工俭学先进工作者	—
1990	庄永海	长安镇政府	全国第四次人普先进工作者	—
1990	沈德宝	海宁塑机厂	轻工业部先进科技工作者	轻工部
1990	倪 圣	长安劳动服务所	省劳动系统先进工作者	省劳动部
1990	沈国祥	长安乡民警办	省第四次人普先进工作	—
1994	曹浩强	雪豹集团公司	省级劳模	省人民政府
1999	朱国尧	盐仓	省级劳模	省人民政府
2005	陈建平	长安镇	全国第一次经济普查先进个人	全国经普办

嘉兴市级先进个人

1997 年～1998 年度嘉兴市劳动模范：褚石村张金生、长安镇第二中心小学张伟民。

1998～1999 年度嘉兴市级社会综合治理先进个人俞八斤(海宁市盐仓综合、治办专职人员)。

1999 年～2000 度嘉兴市级劳动模范：东方红村沈祖兴、长安镇第一中心小学吕康梅。

2003 年嘉兴市十佳农村技术人员:张金生。

2004 年嘉兴市级第三批新世纪专业技术带头人培养人员名单：浙江米赛丝绸集团有限公司 祝正献。

第三节　当代知名人士名录

在外人士名录(部分)

姓　名	单　　位	职　　　务	原　　址
寿剑刚	浙江省科技厅	副厅长	长安
王海仁	绍兴市委	常委公安局长	长安
方锡彪	宁波市建设委员会	—	长安
陆娟梅	嘉兴市药监局	局长	金桥村
张林江	嘉兴广电局	局长	长安
方建明	嘉兴市财政投资公司	—	长安
陆培坤	嘉兴市农经局副	局长	金桥村
陈国华	嘉兴市政府外事办公室	—	长安
周红英	萧山市政协	—	长安
潘宇明	海盐法院	院长	公庆街
郭军毅	平湖市检察院	检察长	长安
唐建明	衢州市 94616 部队(空军 29 师)	师长	长安
范　瑜	上海 61486 部队	处长	西街
顾建国	南京军区司令部通讯总站电报站	站长副团级	大型
余新荣	94754 部队(嘉兴空军部队)	副团长	长安
金煜雷	南京军区政治部编研室	主任	天明村
张学思	省国土资源厅统一征地事务办公室	办公室主任(处级)	长安
杨尧兴	中央纪委监察部《中国纪检监察报》	新闻部主任	长安
方根雄	浙江省委党校	常务副校长	长安
丁树人	杭州庆丰农化有限公司	党委书记、董事长	长安
叶 强	平湖市纪委	书记	盐仓村
陆建良	南湖区政协	副主席	长安
林建兴	省国税直属分局	副局长	长安

续表

姓　名	单　　位	职　　务	原　址
张建国	杭州市信访局接访处	处长	长安
苏　明	浙江日报社工会	主席	长安
周新江	新疆军区政治部	主任少将	长安
陈跃明	南京联勤部队	副师长	长安
沈中平	美国奥斯汀市移民移民事务委员会	主席	长安
蔡　蓬	浙江工商大学	副教授	长安
蔡福兴	北京航空工程学院	副教授	长安
范孝铨	铁道部科学研究员	总工程研究员	长安
丰镇国	无锡蠡桥机床厂磨床研究所		长安
顾尉敏	浙江省船舶工业公司沪东造船厂	高级工程师	长安
王复民	杭州市文化局艺术顾问	教授、国家一级演员	长安
张建中	中国电子科学集团公司	教授	长安
张治中	浙江大学	教授	长安
许佩新	浙江大学	博士导师	长安
周　氏	南京河海大学	教授	长安
朱润一	农业部郑州生化药厂	高级工程师	长安
屠庆林	河北省公路工程集团公司	高级工程师	长安
沈祖尧	中国科学院	国务员终身教授	长安
顾　波	铁道部科学研究院通讯信号研究所	副研究员	长安
于　正	电影、电视编剧	国家级编剧、导演	长安

本市任职名录(部分)

姓　名	单　　位	职　　务	原　址
戴雪根	海宁市人大常委会	主任	长安镇东陈村
高根忠	海宁市人大	副主任	长安镇东街
王海寿	海宁市人大	副主任	长安镇东街
沈祥喜	海宁市人大	副主任	长安镇东街
许煜威	海宁市	副市长	长安镇肖王村

第四节　当代部分知名技术人士业绩

姓名	性别	出生年月	出生地	职务或职称	著作成果或主要业绩
沈祖尧	男	1921	长安	中国科协研究员	曾任中华全国美术协会秘书,京沪铁路局专员,中国交通大学教师,国务院终身教授。1933 年(十二岁)始在上海《时事新报》发表诗文,1937 年随同济大学流亡昆明转学国立艺专,1941 年考入中央大学艺术系,组织治印《阆社》、诗词《恒沙社》。1944 年一幅素描人像作品入选澳大利亚博物馆、1946 年创作的《和平》宣传画受联合国表彰,获教育部奖金。1950 年任美术编辑后,发表大量绘画,装帧、插图、摄影及科普文章;翻译出版(俄)柴可夫斯基歌剧《柴夫根尼·澳涅金》及(美)高池基《水彩风景书技法》等。曾二度应邀访问台湾作文化交流、讲学。1989 年获台湾"全球中华文化艺术薪传奖"之[中华文艺奖]。近 20 余年在国内外报刊发表大量诗文,在《人民日报》(海外版)长篇连载《傅抱石的青少年时代》及《吴作人·大漠情》,并已出书。近出版诗词《悼师集》及《左尧印存》等。为全国各地撰写楹联,其中江西《抱石公园长联》、苏州《吴作人艺术馆长联》等均已刻石。2003 年将毕生所藏书画及个人作品等无偿捐献国家,由浙江省湖州师范学院接收和永久保存,并供在湖州学院命名之"沈左尧图书馆"。内建立的[沈行楹联艺术馆]陈列展览之用。同时出版《胜寒楼诗词》、《沈行楹联集》、《沈行楹联艺术馆馆藏作品选》等
范孝铨	男	1937.10	长安	铁道部科学研究院研究员	1.2000 年 1 月,铁道部科技司会同运输局装备部,通过了由铁道科学研究院承担的"'阀控'密封式铅酸电池在内电机车上的应用研究"课题验收评审。为该项目负责人。 2.与人合作设计的"机动阀控密封铅酸蓄电池"申请国家专利,并于 2000 年 7 月被国家知识产权局批准,专利号为 ZL99 2 48869.9
顾　波	男	1943.9	长安	铁道部科学研究院通讯信号研究所副研究员	1《中华人民共和国铁道部信号维护规划技术标准》(合编),中国铁道出版社 2000 年 4 月出版。 2 主持"微电子交流计数电码机车信号"科研及推广运用工作。该项目已经铁道部部级鉴定,获部二等奖,迄今为止,已在全国三千多台机车上安装使用
蔡　蓬	男	1934.8	长安	杭州商学院副教授	1.主编《珠算》(中国财政经济出版社,2001 年 8 月出版)。 2.论文《进一步大力发展珠算心算业余教育》获浙江省自然科学优秀论文二等奖。 3.2001 年被浙江省科学技术协会评为"第三届浙江省科学技术协会先进工作者"
王复民	男	1933.3	长安	国家级导演	1.改编导演《安娜。克里斯蒂》名剧赴澳门演出。 2.《戏剧术语简释》在省剧协大舞台报连载。 3.绍剧《状元与小偷》任艺术指导新剧目调演获一等奖
许佩新	女	1943.1	长安	浙江大学教授博士生导师	1.lonic conductivity of a Novel solid polymer Eiectrolyte Journal of Applied Polymer Science.vol 80.2176-2148(2001).(SCl 收录) 2.Antioxidant Activity of Water-Soludle chitosan Derivatives . Bioorganic&Medicinal Chemistry Letters.11 (2001.1699-1701.(SCl 收录)

续表

姓名	性别	出生年月	出生地	职务或职称	著作成果或主要业绩
张建中	男	1945.9	长安	信息产业部 第18研究所 研究员级 高工、教授	1.作为组织委员会主席组织召开了第20届国际温差电会议。即lcT2001。主编了第20届国际温差电会议论文集。(IEEE Cataiog Numder OITH8596.ISSN1094-2734 2.论文： ①A PracticaI Method for Measuring ThermaI Conductance and cooIing Power of ThermoeIectric ModuIes [第20届国际温差电会论文集，2001年北京，PP。515-519(合著)] ②Investigation on the Pertormance Tegting TechnoIogy of Nanowire Array ThenrmoeIectric MateriaIs.[第20届国际温差电会议论文集，2001年北京，PP。367-371(合著)。 ③Fabrication of ThenrmoeIectric MateriaIs With Bismutn Nahowire Array [第20届国际温差电会议论文集，2001年北京。PP。367-371。(合著)。 ④MuItiscaIe Approaches fo ThenrmoeIectric MateriaIsand Decices (iavited)[第20届国际温差电全文论文集，2001年北京，PP。18-24(合著)。 ⑤《温差电技术发展新动向》(《中国电子报》，2001年8月31日第12版) ⑥《温差电材料研究新发展》[〈家用电器科技〉，2001年12期，PP，41-42(合著)]

第十四卷　丛　录

第一章　书　　目

第一节　古代书目录

著述名称	作者	版　本
古代		
为可堂诗集(16)	(明)朱一是	刊本
为可堂诗集(40)	(明)朱一是	刊本
盟鸥山馆书集	(清)陆元烺	刊本
琴砚草堂诗集(20)文集(10)	(清)沈毓荪	
嘉树堂稿	(清)陈守谦	刊本
荩斋医要	(清)陈守谦	刊本
盟鸥山馆诗集	(清)陆元烺	刊本
古韵阁宝刻录	(清)许 梿	刊本
古韵阁遗著	(清)许 梿	刊本
说文解字疏笺(64)	(清)许 梿	
红竹草堂诗抄	(清)许 梿	刊本
外科正宗	(清)许 梿	刊本
六朝文絜(选编集注)	(清)许 梿	刊本
洗冤录详义(4)	(清)许 梿	刊本
红竹草堂诗钞(2)	(清)许 梿	刊本
钞币论	(清)许 楣	刊本
真意斋诗文集	(清)许 楣	刊本
介白山人近体诗抄	(清)邹 谔	刊本
封神演义诠解	(清)周存淦	刊本
七十以外吟	(清)周存淦	抄本
田家占候集览	(清)周存淦	抄本
外治寿世方初编	(清)周存淦	刊本
外治寿世方一编	(清)周存淦	刊本
外治寿世方二编	(清)周存淦	刊本
修川小志	(清)周存淦	抄本
修川志余	(清)钟兆彬	刊本
近野轩诗草	(清)曹 绾	刊本
晚野轩诗草	(清)梁龄增	刊本
晚野轩杂文	(清)梁龄增	刊本
石舫园诗抄	(清)梁龄增	刊本
饮香读画斋诗集(长安分编)	(清)朱有荣	刊本
淮鹾驳案类编	(清)陈方坦	—
—	—	—

第二节　现代书目录

著述名称	作者	版　本
现代	—	—
学易丛书	杭辛斋	1919 年版
学易笔谈初集(1 卷)二集(4 卷)	杭辛斋	1923 年上海研几学社
易学偶得(2 卷)	杭辛斋	—
易楔(6 卷)	杭辛斋	—
读易杂识(1 卷)	杭辛斋	—
愚一录易说订(2 卷)	杭辛斋	—
沈氏改正揲蓍法(1 卷)	杭辛斋	—
味庵诗录	太 虚	—
整理僧伽制度论	太 虚	—
成大乘论	太 虚	—
法界论	太 虚	—
梅兰芳舞台生活 40 年(合编)	许姬传	—
忆艺术大师梅兰芳(与其弟许源来合辑)	许姬传	—
梅兰芳文集(编)	许姬传	—
许姬传七十年见闻录	许姬传	—
燕赏斋谈艺录。	许姬传	—
新撰内科学	陈慰堂	1937 年版
精神病学纲要	陈慰堂	1937 年版
兽医生物制品	朱润一副编	1987 年版
中国古代长寿秘诀	董襄国	1989 年版
朱古亭医案	董襄国	1990 年版
陈氏妇科经验	陈尚志	—
叙评制造氨及尿素试车制造经过	韩维邦	1952 年版
钢筋混凝土结构及砖石结构(上下册)	周 氏	1960 年版
水工钢筋混凝土结构	周 氏	1970 年版
给水排水设计手册	沈家杰参编	1973 年版
简明排水工程设计手册	沈家杰参编	—
无心磨床砂轮釉闷车的产生和预防	丰镇国	1979 年版
雷达原理	朱逸农	1987 年版

续表

著述名称	作者	版　本
微波天线	朱逸农	1987年版
滑轮增压和滑轮增压器译文集	范孝铨	1987年版
钢筋混凝土有限元分析	周 氏	1987年版
近代钢筋混凝土基本原理	周 氏	1989年版
化学初步	沈鼎三	1937年中华书局
今日化学(高等学校教材)	沈鼎三	1940年商务印书馆
开明初中化学教本(上、下册)	沈鼎三	1940年商务印书馆
化学计算法	沈鼎三	1940年开明书店
化学反应图解	沈鼎三	1940年开明书店
化学讲话	沈鼎三	1940年开明书店
染料工业致癌中间体的技术措施	沈鼎三	1952年中国青年出版社
染料命名方案(主编)	沈鼎三	1975年石化部出版社
染料中间体的技术规格标准与分析方法(主编)	沈鼎三	—
抗恶劣环境外部设备	周安琪	1990年版
微型控制机床课程设计指导	周安琪	1990年版
第三国际反法西斯统一战线(日本译本)	汪菊影、沙文威合译	1935年版
东非地理	应定华	1976年版
美国密西西比河水系的开发与利用	应定华	1986年版
中国珠算大全	蔡 蓬	—
朱端钧戏剧艺术	王复民	1985年版
朱端钧生平及艺术道路	王复民、胡伟民合著	1986年版
中国戏剧家传略(卷二)	王复民、胡伟民合著	1986年版
白玫瑰的诱惑(电视电剧)	沈华芬、方天民合著	1990年版
桃花井(剧本)	蔡爱玉	1987年版
柳如是(剧本)	蔡爱玉	1990年版
人体素描(画)	沈左尧	1944年版
和平(宣传画)	沈左尧	1946年版
为我们伟大祖国站岗(画)	沈嘉蔚	1974年版
红岩(油画)	沈嘉蔚	1978年版
珠算教材(合编)	蔡 蓬	1982年浙江科技出版社
西子欢歌(电视剧)(合编、导演)	王复民	1984年浙江电视台拍摄

续表

著述名称	作者	版　本
朱端钧的戏剧艺术(主编)	王复民	1985年戏剧出版社
快速珠算法(合编)	蔡蓬	1985年浙江科技出版社
职业高中珠算(合编)	蔡蓬	1986年浙江教育出版社
珠算与心算	蔡蓬	1989年中国财经出版社
中国珠算大全(合编)	蔡蓬	1990年天津科技出版社
珠算科技知识(合编)	蔡蓬	1990年立信会计图书用品社
《中华人民共和国铁道部信号维护规划技术标准》(合编)	顾波	2000年4月出版
主编《珠算》	蔡蓬	2001年8月出版
导演《安娜。克里斯蒂》	王复民	2001年
《戏剧术语简释》	王复民	2001年
导演《状元与小偷》	王复民	2001年
第20届国际温差电会议论文集	张建中	2001年
戏剧导表演艺术散论	王复民	2002年
导演《大雷雨》	王复民	2002年
编剧《带我飞,带我走》	于正	2002年
编剧《荆轲传奇》	于正	2003年
编剧《烟花三月》	于正	2004年
窥探沪杭舞台共创戏剧繁荣	王复民	2004年
唐吉河诃德与阿Q	王复民	2004年
改编《典妻》	王复民	2004年
《我所理解的先锋》	王复民	2004年
越剧在发展中求生存	王复民	2004年
导表演艺术散论	王复民	2005年
呼唤戏剧文学回归	王复民	2005年
导演《城里的乡下人》	王复民	2005年
编剧《我爱河东狮》	于正	2004年
编剧《大清后宫》	于正	2005年

第二章 艺 文

第一节 逸事 碑记 墓志铭

逸事

名人与仰山书院

长安仰山书院曾从上海、杭州等地请来的教师,开设修身、国文、法制、历史、英语、算学、博物、财政、体操等课,还一度请日本人教日语。教师中有留学生,更有如钱玄同、王国华(王国维之弟,英语教授)等名家。“戊戌变法”失败,仰山人首先追随孙中山先生,倾向革命,沈山寿等成为当时海宁州里国民党的领导人之一,时张步青任学校校长。民国时期,汪培三由镇长兼任校长。仰山书院是目前海宁仅存的清代书院建筑。

宋代时,这里是“曲沼栽莲,茂林植柳,真幽栖远俗之地”。明洪武八年(1375 年)建义塾于觉皇寺。清康熙十一年(1672 年),知县许三礼创设长安书院于觉皇寺,聘黄宗羲等名士讲学,成为一时佳话。但由于缺少办学基金,许三礼升迁后,书院亦即停办。

清嘉庆五年(1800 年),沈毓荪、陆鸣盛、陈光庭、倪善治等发起重建书院之议,并筹集资金,建书院于古三女堆东坡,嘉庆七年建成。浙江巡抚阮元闻讯,欣然以“高山仰止”之义,命额曰“仰山书院”。公推沈毓荪为山长兼主讲。其后规模至占地 4000 余平方米,成为房屋幽深宽敞,高低相应,教学、膳宿完备的教育基地。整个建筑布置,从大门至主建筑崇雅堂,步步升高,其门室树木,均隐含义。周以修廊,中辟小园,环境上佳,吟诵之声往往不绝于耳。沈毓荪本系中产之家,建书院时集资不足三千两,由其填补费用之不足部分。开学后独自担负“延师课士”生员膏火之资,不到四年,以致家道中落,中年时节只得外出为人“幕客”,终老于上饶灵山书院。仰山之人怀念他,立牌于“崇雅堂”之侧位祀之。

嘉庆十一年(1806),聘钱塘沈飏侯为山长。嘉庆十四年,于头门两侧设“蒙泉义学”以培养书院的初级学生。嘉庆十七年(1812),清乾隆庚子恩科进士张骏为山长。清道光二年聘萧山高凤台为山长。时知州王寿榕,请得杭州府允准,将长安米商的厘金之半,拨给仰山书院,保障了书院一切开支费用。清咸丰初,本镇举人陈方坦为山长,太平军起,投笔从戎。嗣后由本院学子,嘉庆丁丑进士、署江巡抚陆元琅归家任书院院长。同治四年(1865),本镇盛炳奎(举人)修理了劫后尚存的书院,重新开课。光绪十四年(1888)原发起人陈惟德的孙子陈方坦,回乡省亲,出资三千两又五百千钱币再修仰山书院,并筹集“岁需经费”的基金。光绪二十八年(1902),清政府令,改书院为高等级学堂,称“海宁州立第四小学”。

光绪三十一年(1905),朱宝缙创立“海宁州中学堂”。海宁州学堂系嘉兴地区仅有的两所学堂之一,如此这般,仰山书院又因教学革新而载入海宁教育史册。海宁州中学堂仿西方学制和教学内容,学制五年,另设预科学堂。

由于仰山书院一贯对教师资质要求很高,所以人才辈出,清代有陆元琅、许梿、许楣、何国梁、陈方铨等名人、官员。后有朱定一、沈鼎三、韩维邦、陈慰堂、谢培康、冯朱棣等科学家、工程师。朱定一于 1987 年在美国对沈鼎三的夫人应芬林说:“他们这一辈‘仰山学子’在美国的有十多人,他们总以是‘仰山学子’自豪”。正因仰山教学质量闻名于当时,香港著名实业家查济民先生的父亲,当年特意让查济民住于曹振麟家,就读于仰山书院三年。

海宁香雪酒得奖始末

海宁原产碧绿、清澈、醇厚、甘香的香雪酒。其名取诗圣杜甫诗中“雪香”酒的回文。

香雪酒以高粱烧储窖，填于荷叶，浸之以益身的药材。每窖悬足斤鲫鱼两条，以鱼肉为酒溶化为可以出窖销售的标准。出窖后，其色碧绿，斟於杯清澈可鉴杯底细纹，喝完杯中酒，杯缘附着一层酒迹久之不退。香雪酒以58度高粱烧浸制，储存虽久，出窖时酒浓度不变，上嘴醇厚，味则甘香，饭后觉得满嘴荷香。因此，明代李汝珍在《镜花缘》中，将香雪酒和山西汾酒、四川薛涛酒等名酒并列。按清江稣巡抚梁章钜在《浪迹三谈》中的描述，在道光年间，已销售到南京，苏州等城市。其价格比糟烧高一些，一般农民、市镇上的老师傅和市民所能消受。

到民国初，全县各大酱园作为传统产品都有浸制香雪酒的老窖。长安镇老字号酱园"久徵"更享盛大名。1928年(民国17年)杭州市政府向全国各大城市的工、商业发函："以推销国货、救济工商"为口号，开办"西湖博览会"。"久徵"的老板决定以香雪酒装瓶，更名"密琳静"，亲自包装送杭州参展。经过1929年6月，开始由专家品尝评定，确定"密琳静"为酒类中得金奖，并正式发文通知"久徵"的老板。但提出：缴费100元(银元)领取证书和奖状。但100元，值一窖香雪酒的成本，因此到是年10月仍未缴费。也未去领证书和奖状。为此，失去了金奖的获得证书和资料记载。

碑记

清老盐仓修塘碑

乾隆二十七年三月初二日内阁奉上谕：朕稽典时巡念海塘为越中第一保障，比岁潮势渐趋北亹，实关海宁钱塘诸邑利害。计于老盐仓一带柴塘改建石工，即多费帑金，为民永远御灾捍患，良所弗惜，而议者率以施工难易彼此所见分歧。昨于行在先命大学士刘统勋、河道总督高晋、巡抚庄有恭前往工所签试桩木。朕抵浙次日简从临勘，则柴塘沙性涩汕，一桩甫下，始多扞格，卒复动摇，石工断难措手。若旧塘迤内数十丈许，土即宜桩，而地皆田庐聚落，将移换石工，毁拆必多。欲卫民而先殃民，其病甚于医疮剜肉矣，朕心不忍。且并外塘而弃之乎？抑两存而赘疣可乎？以兹蒿目熟筹所可为吾民善后者，惟有力缮柴塘得补偏救弊之一策耳。地方大吏其明体朕意，悉心经理，定岁修以固塘根，增坦水石篓以资拥护，庶几尽人事而荷神庥，是朕所宵旰廑怀不能刻置者。至缮工欲固，购料不得不周，现在采办柴薪，非河工秫苇之比，向为额定官价所限，未免拮据，应酌量议加，俾民乐运售而官易集事，其令行在户部会同该督抚详加定议以闻。朕为浙省往复咨度之苦心，其详具见志事一诗。督抚等可并将此旨于工次勒石一通，永志遵守毋忽。钦此

浙江巡抚庄有恭奉敕敬书

清新老两坝示禁勒索碑

钦加同知衔赏戴花翎署理浙江杭州府海宁州正堂加六级纪錄十二次记大功十六次汪（肇敏）为勒石示禁事。

照得长安镇新老两坝关蓄上河之水，向由州判经理。燹后，坝基坍损。同治七八年间，蒙前府宪陈查勘，给发工料，并由前州捐廉修复，召集坝夫照旧经营，拖拔往来船只以通商贾，并准州判督同绅耆查议各船盘坝工资，暂照燹前加倍。每盘大船一只给钱六十四文，中船给钱四十八文，小船给钱三十二文，进出一律。俟市而兴复，再循旧章，并将坝夫分为时、圣、兆、惠四班，每班每日十二股，共计九十六股，间日轮流拖拔，不准额外需索，造册移送。靳前州出示晓谕在案，乃该坝夫等每每匿示不贴，遇有过往船只仍然需索无忌，以致时被控告，并奉府宪专札饬提滋事坝夫解究，虽经遇案惩办，无如古恶不悛，若不严定章程，不特难垂久远，且该坝夫等仍无畏惧，讼案繁兴，亦复不成政体，除报明府宪移请州判就近管理，查有勒索掯盘情事，立即提案痛究，斥革枷号，不准更名，复充外合行、勒石示禁为此示，仰该埠坝夫以及往来商贾人等一体知悉。

自示之后，凡遇过坝船只，务各遵照定章给钱，随到随盘，不准许索稽延。其差使解饷等船，不在议定给钱之列，听候随赏，尤须首先拖拔，不得较量耽搁。经此示禁之后，敢再仍前勒索或故意走散不盘，留难刁措，甚或无钱忏恨，故将船只盘至坝上停搁，

致令损伤。种种情弊，许受累之人就近迳赴州判衙门喊控，立提革究，另召补充，不稍宽贷，其各禀遵毋违。特示。

光绪捌年正月二十二日给

告示

墓志铭

唐邬府君墓志铭

府君讳□厥先太原人。晋既丧乱，迁于江南。府君即有唐故御史元□之次孙也。性好古，以书笈耕凿□□出处，下挠于时。待乡亲交友以□，固本未尝失之下焉。夫人顾氏少负邑里之誉，贤德节行于府君和若宫微。生三子，长曰颂；次□季曰升，并闻书礼。君甫耳顺，而诸子尚未成人，但可终于温清，何遑仕宦也。君丧之情，殆至毁灭。贞元中，时艰赋烦，故颂为运漕之使，星行晨驱，号泣之诚，伤感路人。十五年正月，北自维扬，旋于海昌，乃谓其二弟曰：宗墓众多，茔垅栉比，期间安岂尔与作汝等愿耶。遂相与卜地，得海昌里之一墟焉，南去古墟三十步欲报之恩□□□□更病迭□□生坟与人助之，无取也。考矣哉。铭曰："海昌之里马牧之墟；孤坟巍如，归生之馀。送终伊何，家有孝子；卜兆伊何，青鸟是指。千里岁蒿里，百年遄已。(原载《海宁县志》)(康熙志)。

唐梅□□墓志铭

梅氏之地望在汝南，府君之世业居海昌。祖讳罗，父讳庆，皆遨游时世，遁迹丘园。府君，庆嗣子也。未及弱冠，莅鹾职，递历众书，至馀首统诸曹，游刃其间。自后顿怀高尚，杳思退休，□□千家，倏迁十稔，乃迫知己荐□赭山，未越月而政闻。差刻浙东盐盗，不逾年而盗伏法，自是奸人惧，反讼於公。公自夏初雪滥(一本作槛)於越，会廉察荥阳公鉴其冤，寻与申白(一本作闻)。上命未回，而公遘疾，奄然长逝，春秋五十有四。娶庐江何氏夫人。君无贤嗣，有女一，才及笄。以咸通□年十二月廿五日归窆於盐官县之昌亭乡新建茔，礼也。爰勒贞珉，求其不朽。铭曰：□之□兮必摧，玉之坚兮必缺。魂之往兮不回，□之逝兮永

诀。□之□兮□□，隙之光兮电掣。叹兮悼兮，泉扃是□。

唐烈妇曹氏墓志铭

从南雷文案录

烈妇曹氏诸生颖洙之女海宁之翟墩里人年十九归同邑唐之坦之父焕亦诸生也归六年而之坦病烈妇悉卖其簪珥装奁以佐医药衣不解者半载疾革谓其夫曰君死我不独生乃营砒霜以待丙辰岁九月二十八日之坦卒烈妇治丧衣衾必有副家人阻之不得因斥去其砒霜烈妇沥桑灰为汁饮之腹痛万里不死明日夫将殓恐死之不及是时也碎钱为屑吞以速之又不死夫既殓而防之者愈虔烈妇日顷欲与夫同殓既失此期何日不可死而必以今夜乎家人信之人定烈妇潜起饮卤升余号呼婉转毒烈经时复吐下而解烈妇曰我亦死不得计惟有绝食二十二日而容貌如故神理炯然夜半启户出投於旁舍池中久之而家人始觉出之池已死覆经衾而复活烈妇谓其舅姑及母曰大人非爱我徒苦我也我志已决迟速总一死耳於是复饮食起而操作如常寻翦其机轴制衣一称余布七尺有小婢乞之不与家人窃议曰尺布尚惜其不死明矣其时庭中蜡梅方开烈妇视而叹曰昔董节妇有者多矣曾未有如烈妇之死人而生生而死人世痛苦之事备尝殆遍者文文山服脑子二两不死绝食八日又不死何意身亲见之此如黄河一泻千里非积石龙门吕梁之险不足以见其奇一番求死一番於乐天若故迟其死以极正气之磅礴或疑守节为经烈妇所为似乎贤智之过夫溧阳女子一言而沉身王凝之妻仓卒而断臂古人於生死之际处之至精今人见其为轻耳承流袭做随地可以解免名节荡然不独在女妇也当烈妇绝食之久余在讲堂有传学其属 者仇沧柱谓吾党盍及是时为式闾之事庶几死者一闻之也乎予与同二十余人为之一往已闻其入水不死余恐其因吾党而激之以不得不死乃致语其舅言贞之未尝劣於烈也是后予返姚江竟不相闻今年二月至武林

陈子启迎谓曰烈妇死矣将死烈妇谓其舅曰吾愿见黄先生一拜而死今已矣嗟乎风雷雨作於除夕烈妇之志可以激天岂待人激是则余之陋也某年某月某日与其夫合葬於某所其舅请铭予不得辞曰培之厚藏之密三尺坟千年室记城冢慎勿逸。

第二节　诗　　选

长安秋夜

（唐）章孝标

田家无五行，水旱卜蛙声。
牛犊乘春放，儿童候暖耕。
池塘烟未起，桑柘雨初晴。
岁晚香醪熟，村村自送迎。

盐花

（唐）章孝标

人衣披蜃气，马迹印盐花。

江南（仲冬）

（唐）吕　渭

江南仲冬天，紫蔗节如鞭。
海将盐作雪，出用火耕田。

江南（仲夏天）

（唐）樊　间

江南仲夏天，时雨下如川。
卢橘垂金蝉，甘蔗吐白莲。

重题小舫

（唐）白居易

细蓬青篾织鱼鳞，小眼红窗衬避尘。
澜狭可容从事坐，亭低恰称使君身。
午筵须楝腰轻女，仙棹难胜骨重人。
不似镜湖廉淡出，高樯大艑闹惊春。

小　舸

（唐）白居易

小舸一艘新造成，轻装凉柱席安蓬。
深坊静岸应游渔，浅水低桥去尽通。
黄椰最笼随掉月，白香起蘋打头风。
慢牵欲停樱桃泊，借问谁家花最红。

答客问杭州

（唐）白居易

为我踟蹰停酒盏，与君约略说杭州。
山名天竺堆青黛，湖号钱塘堆绿油。
大屋檐多装雁齿，小航船亦画龙头。
所嗟水路无三百，官系后因得耳游。

安德山池晏泉

（唐）褚遂良

伏枥开霞外，遮园焕景舒。
行云泛层阜，蔽月下清渠。
亭中奏赵瑟，席上午燕裙。
花落春莺晚，风光夏时初。
良朋比蕙兰，雕藻迈琼琚。
独有狂歌客，来承欢晏余。

别州民

（唐）白居易

耆老遮归路，壶浆满别筵。
甘棠无一树，肠得泪潸然。
税重多贫户，农饥是旱田。
唯留一湖水，与汝救凶年。

自义亭驿送李长史纵夜泊临平东河

（唐）僧晓然 谢灵运十世别

长亭宾驭散，歧路起悲风。
千里勤王事，驱车明月中。
寒生洞庭水，夜渡塞门鸿。
处处堪伤别，归事山已空。

入长安闸

（宋）杨万里

舟出长安恰五更，归人都喜近临平。
阴晴天色知何似，蓬背唯闻扫雪声。

（建炎三年(1129)冬作）

长安闸

（宋）范成大

斗门贮净练，悬板淙惊雷，
黄沙古岸转，白屋飞檐开。
是间衮丈许，舳舻蔽川来。
千里拥孤隧，万马盘一坯。
篙尾乱若雨，樯竿束如堆。
催催势排轧，汹汹声喧豗。
逼仄复逼仄，谁肯少徘徊。
传呼津吏至，弊盖凌高埃。
嗫嚅议饥徵，叫怒不可裁。
吾观舟中子，一一皆可哀。
大为声利驱，小者饥寒催。
古今共来往，所得随飞灰。
我乃畸于人，胡为乎来哉。

（绍兴十年(1140)前后）

暮春上塘道中

（宋）范成大

店舍无烟野水寒，竞船人醉鼓阑珊。
石门柳绿清明市，洞口桃红上已山。
飞絮着人春共老，片云将梦晚俱还。
明朝遮日长安道，惭愧江湖钓手闲。

发长安堰

（宋）叶绍翁

夏老虫声切，晨兴草气香。
卖瓜依绿树，出水捍青秧。
船聚知村近，牛闲觉昼长。
双凫莲叶荡，无雨故生凉。

夜泊长河

（宋）许　棐

黄帽贪程夜泊迟，市楼灯火歇多时。
满怀风月无吩咐，欲借渔翁短笛吹。

出嘉兴

（宋）朱南杰

舟出嘉兴五里城，僧楼山塔互峥嵘。
酒旗密比随风舞，渔网横拖漾日晴。
画舫贵人帆去稳，单衣游女着来轻。
山歌已接长河堰，到得临平月又明。

晚泊长河

（宋）吴龙翰

诗客行装少，孤舟一身轻。
寒夜随落日，秋雁破霜鸣。
山色攒心事，江声咽世情。
故乡无百里，酤酒话归程。

过长安堰

（宋）朱南杰

帆指长河风方微，渔舟个个有鱼归。
一声水际笛三弄，几处梅边竹四围。
桑伐远扬蚕事熟，花消浓艳柳絮飞。
西湖只在钱塘外，又见孤山梅子肥。

长安镇

（元）张　昱

淹遍衣衫泪未干，何时李白醉长安。
牡丹庭园深清露，燕子檐栊过薄寒。
春晚绝无情可托，日长唯有睡相干。
旧题曾在蝉层扇，小字斜行不厌看。

摘自《海宁州志稿》

过长安市

（元）方　回

算橘租菱小市哗，堰头桥尾约千家。
人家已尽无人处，时见芙蓉一岸花。

宿长安驿

（元）萨都剌

坝北坝南河水平，客船争缆水云腥。
乡音吴越不可辨，灯火满舡如落星。
水面风来动杨柳，客船争缆月明中。
远人江海多归思，卧看流星度水东。

过长安堰

（元）袁　易

霜落天清木叶零，我非王事亦宵征。
三更灯火鱼龙动，千里星河雁鹜鸣。
大舶低昂衔尾进，扁舟来往一身轻。
抱关恐有高人隐，野客低头愧送迎。

过长安坝

（元）谢　肃

海宁州西往来频，长安坝上最伤神。
东风桃李非无主，归燕楼台不见人。
天末云帆随望远，雨余芳草唤愁新。
故乡门巷干戈底，越客相逢话是真。

过长安

（元）鲁　渊

夜泊长安市，乡邻崇德州。
驿亭无驻马，堰水有行舟。
环道埋荆棘，阴房走髑髅。
凄凉兵火地，人物总荒丘。

虹桥夜月

（明）胡　奎

渴虹饮涧不曾收，化作飞梁卧碧流。
银汉水分天上下，白莲花出海东头。
鹤归华表吹笙夜，龙献明珠解珮秋。
载酒长安三十里，醉呼鹦鹉更陪舟。

长安坝上河道中

（明）释戒襄

二月临平山下宿，沙常[illegible]舟帆数幅。
清晨鼓世看山行，两岸垂杨春水绿。
岸上人家挂酒旗，几树桃花映修竹。
路人问我将何之？我欲寻师向天目。

摘自《海昌丛载》

三女堆

（明）胡本泰

梵宫鸱尾插云霄，荒冢累累草色娇。
几朵白云松下起，老僧趺坐话前朝。
春游歇马吊香魂，绿酒频浇青草根。
酩酊放歌人去后，鹤归淞顶又黄昏。

夏日修川诸子燕饮诗

（明）陆　圻

朱阳撰令辰，前缓迈行游。
鼓世遵曲渚，援带临高楼。
微禽革新音，纨扇改故秋。
幸以接芳契，揆道自绸缪。
机忘渺众虑，情势涤烦忧。
人生行胸臆，百索信酢酬。
壮盛日以去，曷不秉烛游。

长安晓钟—海昌八景之一

（明）苏　平

万门千户曙色深，钟声隐隐出前林。
云边断续连更漏，郭外铿锵杂梵音。
候馆惊回羁旅梦，征途唤醒利名心。
不知有客忘尘事，枕上诗成月未沉。

甘棠谣（节录）

（明）苏　平

甘棠堤上水平溪，野人掘河新筑堤。
春风杏花三十里，长安道边闻马嘶。

对　镜

（清）沈惟毅

莫把纤尘都拭净，照人憔悴太分明。
伤心怕对南归雁，不带书来只带愁。

摘自《海昌丛诗》

小　饮

（清）许　楣

我性不解饮，论户则已小，
然颇讯其趣，偶复一樽倒。
淋漓大酒场，风雅等佣保，
豺号而蜂喧，一醉偃如草。
间复解饮不？自己不能了。
凡事沈酣余，秾华易枯槁，
澹然醉醒间，得半固自好。

（清蒋春霖评曰：补《酒诰》宴筵所不及。凡事一接，尤能推广）

步兵昔佯狂，沈缅世无对。
糟印卧六旬，典午婚自退。
高才遇暴主，非酒无由晦。
幸兹俯仰宽，不饮可卒岁。
饮亦故自佳，但勿筋脉溃。
三爵而油油，不夷亦不惠。

（同上书）

读归震川（贞女论）

（清）许　楣

未嫁许更字，守贞任所安。
先圣制礼仪，不强人所难。
志苟坚从一，岂在结缡间。
纷纷革除际，守死有不官。
必谓女可二，遗民何称焉。

觉皇寺

（清）吴　骞

古刹千秋冷亡画，魂归帝子一长吁。
老僧爱说前朝事。历之《搜神》记不诬。

见《蠡塘杂咏》

古　驿

（清）陈　鳣

古驿重杨送客劳，蠡塘春水涌吴漕。
郎行莫上吴江塔，欲望家乡总不高。

摘自《新版土风》

长　安

（清）陈　鳣

粟转千艘压绿波，万家灯火傍长河。
却缘米市人争利，鱼蟹从今不觉多。

长安堰

（清）周松霭

义亭埭与刘郎堰，舰澳飞流上下通。
最羡卖瓜依绿树，晚凉恰到斗门间。

（《海昌胜览》原注：舰澳即长安闸上下澳）

上河早行

（清）蒋　薰

轻舟发凉夕，宿鸟惊林端。
裹巾怯病余，假寐已长安。
即浮三十里，流萤耀远滩。
露叶吹不飞，山日照犹寒。
前村渔未归，鸣榔罢纶竿。

南巡浙江海宁杂咏

（清）爱新觉罗·弘历

舣舟跋马度由拳，心喜观民缓着鞭。
更有阅塘予正务，遂循溪路易轻船。
夹溪万姓喜迎銮，桑柘盈郊入画看。
廿四桨过风帆驰，片时新坝到长安。

海昌杂诗

（清）朱文治

年来米价判高低，黄白尖团样不齐。
近自江南极川楚，长安利甲浙东西。

西庄书屋

（清）丁　彭

径仄环流水，堂开列画屏。
苔花迎雨滑，松叶斗霜青。
笑傲看人世，徜徉任醉醒。
日残幽壑晚，鸥鹭起沙汀。

长安镇晚发

(清)姚燮

戌鼓声微舟待发，村鸡啼寂雁初翔。
冲堤乱水疑崩碶，襄雪云天似大荒。
海旭含山生远赤，城芫接野变深黄。
孤篷有客真天赖，朴被寒灯昨夜霜。

摘自《海昌丛载》

东陈村庙

(清)吴　骞

桑麻田里指东陈，满港绿波转绿萍，
却笑居良视伯嚭，千秋还与越王邻。

海塘杂抄

亭(海昌胜贤)

古驿桑亭与赋亭，长安过客往来经，
许村画接莲花铺，恰对皋亭山色青。

海宁踏荒

(清)稽宗孟

石门黄叶路，烟火古长安。
河拆蹄涔合，阳骄雀麦干。
民艰依斥卤，岁歉惜盘餐。
未雨愁方切，荒城不忍看。

留　别

(清)孟　埙

留我忝为长，追随十五年。
芝芝敦古镇，灯火校残编，
投老维桑梓，关心奈别筵。
云程当慰我，努力祖生鞭。

摘自《海昌丛载》

踏　车

(清)吴存楷

水声洛洛，车声鸦鸦。
去年踏车稻扬花，今年踏车才放芽。

秋暮过定香寺

(清)沈毓荪

荒原日暮气萧条，精舍幽寻远市嚣。
枫树夕阳双古刹，芦花秋水一平桥。
香烟漠漠迎空翠，磬响泠泠落碧寥。
思续禅房花木句，庐陵遗恨未全消。

过三女堆

(清)吴　骞

东吴遗迹俯鹭湍，萧史难寻凤吹残。
祗道梅花会点额，岂期校尉忽凭棺。
玉鱼久撤禅灯照，壁月休同破镜看。
却羡夫人归汉日，幽魂长傍惠陵安。
石子岗边改葬时，依稀绨履步来迟。
朱颜尚有巫能识，白骨诡言鬼可欺。
推刃至今嗔大虎，殃鱼何处问孙仪。
纸钱杜酒修川路，千古行人一涕洟。

三女堆

(清)杭世骏

荒阡谁寄赤乌年，金盌难寻玉化烟。
只有化城芳草遍，随风倚到夕阳边。

三女堆栈

(清)王　觐

松风谡谡冷烟霄，古冢深藏粉黛娇。
髣髴玉钩埋玉处，销魂燕子话南朝。
蛾眉千古幻花魂，葬近花宫得蕊根。
岂似金阊吴幻女，孤飞白鹤吊黄昏。

觉王寺

(清)范　骧

梵宇唐封舊招提，汉陇西地偏梅雨。
濕入静夜竹鸡啼，青杉夹道绿莎满，留与支郎印马啼。

上塘行

(清)钱塘汪沆

上塘河水百里程，西仁和接东海宁，

夹岸腴田三万顷，禾苗灌溉长青青。
我昨扁舟出北郭，前逢田父泣相告。
县何火急催新粮，起视田无一粒粮！
年年五月梅雨多，小浜大港接官河。
懊恨堤堰私盗决，尾闾泄尽成枯水。
方今官长比召杜，哀尔农人勤作古。
眼看畚筑急修防，河水涨高溢上塘。
明年饱饭歌丰穰，满篝满车输官粮。

双桥关帝庙

（清）陈守谦

灵风不断野烟昏，一水双桥抱寺门。
回首孙曹成底事，独留夜月照忠魂。

题三女堆

（清）陈守谦

回首雄图往事空，埋香遗恨夕阳中。
墓门芳草年年绿，犹剩孙吴地一弓。

题壁

（清）陆丽京

江南烟景见垂杨，三月风花拂地长。
莫辨入山行药处，大虹桥上识韩康。
千年谁是旧长安，莫向终南径里看。
仙掌药莲君却似，春风吹落九河寒。

野翁楼菜花诗

（清）陈守谦

自随巢居子，非昨而是今。
何羡花富贵，漫论屋黄金。
条风从东至，春云吹满襟。
灌花已三复，清流犹一临。
坐我野翁楼，身轻如野禽。
菜畦花淡泊，想见田父心。
开当来燕日，香过浴鹅浔。
莫怪古逸士，乐此投朝簪。
春拖双蜡屐，一往黄云深。
花田半肥沃，此即勒藏箴。
放眼春似海，著我下里吟。
胸无一尘染，何妨春事侵。
村童讵解事，指我笑不禁。
看花勿遗野，丹乃逸则谣。
我口汝杳杳，有曲谁知音。
钟期既难遇，宁抚无弦琴。
形骸脱放浪，息机留汉阴。
诗歇春更静，衡门无人寻。
浊酒倾老瓦，芳菲未消沉。
却嗤牛背客，惟恋桃花林。

《长安卖卜行》赠吴文

（清）朱彝尊

翻手作云覆手雨，长安布衣谁比数。
天涯涕泪一身幽，避地何时免愁苦。
男儿性命绝可怜，实籍君平卖卜钱。
身上须缯腹中实，长安市上酒家眠。
酒酣拔剑肝胆露，勾陈苍苍玄武暮。
人生万事无不有，世人那得知其故。
扬眉结义黄金台，亦知穷愁安在哉！
可怜怀抱向人尽，黄袍青鞋归去来。
寂寞江天云雾里，舍南舍北皆春水。
庞公隐时尽室去，我独何为在泥滓。
强移一枝栖息安，百般经过意未阑。
复有楼台衔暮景，也从江槛落风湍。
多才依旧能潦倒，百壶先试开怀抱。
但觉高歌有鬼神，不知明月作谁好。
吾兄吾兄弟许伦，路途愁愁长傍人。
可怜为人好心事，终日坎禀缠其身。

摘自《曝书亭集》

瞿鼎字奕珍
送许西山师内群还京

群家无度逆风传，百里何堪展骥便。
外史屏书称列宿，内官奎昼羡登仙。
前秋曾赐胡成涓，此日应备刘宠钱。
清水亭边空截镫，云程直上大罗天。

酌客耕余小圃

（清）邹　谔

云树深村里，吾家旧有庄。
一圩秋稼早，半亩水莲香。
凉簟呼童展，新瓜供客尝。
相看愁鬓影，且复醉衔觞。

颂西庄书屋

（清）范　骧

吟望楼高天尺五，翠竹青浦山静古。
春花秋月连壶觞，东村西村挝社鼓。
陇承苍烟佳气浮，步月瞻云心独苦。
我来大笑倾纶巾，万斛尘埃快一吐。
堂悬冰雪照须眉，碑留篆榴惊风雨。
渔翁归棹橛头船，武陵溪上桃源谱。
后来谁斛登赋楼，饭颗山头桑杜甫。

游玉宸道院

（清）赵帷中

客中春晚最堪嗟，一半关心是落花。
绿树满郊初夏景，碧芦围岸野人家。
松坛坐觉元风静。雨径看飘白点斜。
归到小憩诗兴发，未吟先自煮新茶。

过坝谣

（清）杨　铸

上坝挽长绳，下坝收短绠。
高低三尺水，长养百夫命。
客船上坝横索钱，官船下坝不敢言。
客船摇橹西泠去，大笑客船如上天。

三女堆

（清）张　骏

一代英雄感废兴，金鱼玉碗出荒陵。
孙郎帐下儿安在，香火年年托老僧。

三女堆

（清）朱嘉徵

吴地千年三女堆，白云萧寺暮钟哀。
玉鱼都逐荒陵散，唯有松风林下来。
西陵歌笑已无言，蜀帝春归江上魂。
玉座也应移霸国，独留红粉照空原。

西庄书屋

（清）朱嘉徵

凭栏坐高阁，秋月挂遥岑。
流影随圆缺，清辉无古今。
花边长斗药，竹下可携琴。
人迹蓬门少，当阶绿草深。

泊胡令公庙

（清）陆嘉淑

长河坝侧水潺湲，暗淡灵旌闪夕烟。
泥马汗销人事改，神弦犹唱建炎年。

夜过长安镇

（清）计　楠

灯火长安镇，河流上下争。
市分粟米价，坝转轴轳声。
顺水心偏急，归帆夜独行。
寒塘刁斗警，风雨又三更。

杏花村酒家

（清）邹　谔

远波渺渺柳含烟，几日东风欲放颠。
才是清明丝雨歇，菜花黄过寺门前。

游沈氏园杂咏之一

（清）许　楣

我家虹桥东，常作高处行。
老来青云志，敛就贴水萍。
于焉此涉足，且喜如砥平。
犹嫌势曲折，未免意纵横。

秋暮过定香寺

（清）沈毓荪

荒原日暮气萧条，精舍幽寻远市嚣。
枫树夕阳双古刹，芦花秋水一平桥。
香烟漠漠迎空翠，磬响泠泠落碧寥。
思续禅房花木句，庐陵遗恨未全消。

沤麻歌

（清）沈毓荪

江右以种麻为业，沤于溪者，旦暮不绝，感而赋此。
朝沤麻，暮沤麻。陂塘水清浅，缕缕迎风斜。
沤罢张机深夜织，一梭两织无停息。
换米前街杼柚空，身无完衣泪沾臆。
君不见朱门娇女罗纨鲜，日日池头看采莲。

修川十景

（清）倪祖喜

上闸观溜　春涨长河水接天，石梁飞瀑下晴川。
明珠万斛倾盆泻，一洗尘胸虑尽蠲。
隔岸红灯　昏黄灯市兴靡穷，灼灼辉光映水红。
醉后欢呼喧笑语，错疑隔岸是新丰。
双桥玩月　一湾秋水两虹分，月上波摇叠锦纹。
无限清机随领取，双桥静趣果无群。
长池晚眺　落日明霞绕远空，西山夕照映微红。
闲来独向长池立，无数诗情入眼中。
王坟怀古　玉钗敲断落尘埃，撇却吴宫掩夜台。
荒草芊芊香骨冷，杜鹃啼血动人哀。
定香晚钟　古刹虬枝欲化龙，白云霭霭护禅宗。
禅心入定风无定，万斛风涛和晚钟。
玉宸春望　百尺高凌大地春，凭栏眺望一时新。
端知帝座操元极，万象年年拱玉宸。
茗山春社　桃花零落菜花开，士女春游到茗山。
爆竹几声酬社散，麦塍队队踏青还。
觉寺梓花　觉皇梓树应时鲜，不与凡葩斗丽妍。
常伴老僧参半偈，雨花片片舞云巅。
西关晴望　晴川百里接杭州，一出西关万景收。
听月楼头试极目，青山隐隐浪悠悠。

赠倪云逸先生

祖喜善

风软荷香细，悠然若时颜，
交情浓淡外，别忆短长间，
夙慧惭多薄，清步原启顽，
何时依仗履，相与一河间。

朱筱沤司马钧长安镇人
尊人北山刺史官广西象州牧卒于任

筱沤放弱寇在籍。奔赴往还万余里，泰母扶榇以归，钱松壹丈为补《桂海梦游图》赠之，孙文宾花为作记。筱沤精赏鉴，收藏金石书昼老富善写兰瘦叶流花，深得文侍诏法，有自题六言一绝云："对此凳形月影，不须千丛万丛，为尔香轻香重，累依愁雨愁风（见《蒋苣先续编》）。

漕　船

（清）吴　骞

庄婆堰口送征衣，眼看漕船接尾稀，
秋社归来春社去，一生哪见双燕飞。

长安镇市次赵文伯韵云

淹渔衣衫泪未乾，何时李白过长安？
牡丹庭院溥新露，燕子簾拢过簿寒。
春晚绝无情可托，日长唯有睡相干。
旧赵就在轻罗扇，小字桥行不厌看。

见《庐陵集》

迎春会

（清）陈　鳣

结侍仄台簇烽烟，齐声喝彩路旁边。
春晔玉腕谁家女，坊上仙船去采莲。

《康熙县志》

过陆虹江红藕山馆联句

（清）倪若霖、陆元琅、沈德潜

茶天渍雨暗重檐（元琅），园庄柴门万绿兼（德潜）。
鸠亦鸣晴留客住（若霖），篝因积润续香添（元琅）。

谈深尘屋移长晷(德潜),卷束丰腰检旧竿(若霖)。
花里掩关春升升(德潜),苔痕一半上虚帘(元琅)。

赵一渔挽联

(清)许　榍

赵一渔:钱塘人,就居石塘湾为人司会计,而不废吟哦,筑一间轩于定香寺左,招名流流解觞咏吟其中,殁,许楣为之挖联:

金银气薄,诗书味浓,名贾实儒,居于贷殖中创兹独行;

面目仁慈,肝肠义侠,先人后民,我为长安市惜此寓公。

辛江庙

(清)陈　鱣

修川直下郭溪东,隔岸鸳啼杨柳风,
水面平桥三十六,虹诞滴落夕阳中。

渔　父

(清)郑　节

持竿离草屋,刺艇出烟波。
水滑难投饼,沙高漫撒罗。
空潭秋气静,疏树夕阳多。
浊酒欣浮白,临流发浩歌。

(节弱冠早夭)

题杏花村偶集图

(清)应时良

水边鸥鹭雪边鸿,邂逅都非意料中;
一笑相逢村店里,帽檐吹出酒旋风。
人诗两倍竹林贤,半是吟仙半醉仙。
俏比曲江春宴例,不论少长唤同年。
定香寺昔忆句留,咫尺花村未一游。
明岁新图添着我,与君同坐酒家楼。
侬家老屋郭东偏,亦有村名一样传;
可惜花香亦无酒,丹青谁与补云烟。

自注:庚(1830)三月望日,同人偶集杏村剧饮,其中有杭向庐(微求)沈又亭等二十一人。(摘自《修川诗存集》)

五月招同吴又村于莲波看竞渡

(清)朱　云

胜日约同俦,携樽汗漫游。
笙歌纷水榭,镇鼓灩龙舟。
羁客添新咏,孤臣吊旧愁。
江乡风景好,沈醉兴悠悠。

暮春之望,玉宸道院遇雨作

(清)赵惟中

客中春宵最堪嗟,一半关心是落花。
绿树满郊初夏景,碧芦围岸野人家。
松坛坐觉无风静,雨丝看飘白点斜。
归到小窗诗兴发,未吟先自煮新茶。

驿　馆

(清)季梅隐

霜清传远村,露重湿征衣。
村舍云过客,灯惊犬宵分。

(见钱塘守成熙《耐冷谈》)

粮勇叹

(清)许　楣

山东健儿好身手,探丸执白无不有。
窜名粮艘为雀荷,夜出椎埋日使酒。
一从转槽辽海通,此辈弃置安能穷。
县官无钱遗归土,负嵎久踞长安东。
忽闻尺藉点乡勇,走观失笑真蠛蠓。
大声呼汹墙壁动。愿得铺糟同一哄。
官签乡勇本饰观,岂知寇生肘腋间。
姑如其请麾使出,喜气悍色交眉端。
宝刀凝血夜久啸,昔藏衣底今出鞘。
霹雳在手火树耀,辟人昏黑先以炮。
行者惊恐居者吊,就中旗丁窃相告,
常时吾属虑鼓噪,得缓须臾策亦妙,
放虎自衔且勿诮。

摘自《清诗谈》

自　题

（清）朱筱沤

对比镫形月影，不须千丛万丛。
为尔香轻香重，累侬（方言）愁雨愁风。

《海昌丛载》

次皮陆郊居韵

（清）曹允玖

习静深林地，闲闲亦可居。
耐贫亲木石，娱老伴书琴。
竹密常藏鹤，莲疏不碍鱼。
还寻秋口香，安步口口口。

摘自《海宁丛载》

次郑玉清删字诗

（清）包廷相

掩扉寂寂坐相间，世上浮交一笔删。
南绽秋霜思栗里，梅开春日忆孤山。
池边水满鱼常跃，帘外苔深草亦间。
试听啁啾枝上鸟，迟迟倦翼亦知还。

（《海昌丛载》引自《修川诗存》）

颂并蒂兰

（清）曹　倩

空谷丛中第一流，迎风拂拂觉香幽。
如何独处孤习俗，也向莲花效并头。

《修川诗存》

杂　感

（清）殷际盛

池鱼乐深潜，谷鸟思高迁；
物性有如此，人何独不然！
吾生秉直道，俗反谓拘牵。
乡愿虽敢效，名义是所先，
区区流俗情，何必求合焉。

（《海昌丛载》引《修川诗存》）

六十述怀

盛恭甫

荏苒韶华疾似梭，六旬岁月任消磨。
欲消岑寂愁无策，小习勤劳病有魔。
弱息牵情他日累，丧明抱痛七年过。
春申花月西湖柳，辜负诸生劝驾多。
青颤枯坐几春秋，賸有残书一榻留。
入世羞弹当路铗，食贫拌典旧时裘。
酣眠梦被金鸣搅。小饮香看绿蛙浮。
镇日午餐相对处，萧萧白发也盈头。

和盛恭甫六十述怀

管元耀

光阴一任去如梭，学术笄新华耀磨。
花甲杖行铙画意，良辰觞咏着诗魔。
胸罗经史百回读，目睹沧桑几度过。
国事怆怀休问及，衡门泌水逸情多。
蟋蟀声中已暮秋，长安市上足勾留。
兴肱陶令重阳酒，雅爱严公五月裘。
涵养性灵资活泼，研术学理闢虚浮。
瞻韩欲遂登门愿，七旬筵开未白头。

田　塍

一塍芳草碧芊芊，活水穿花暗护田。
蚕事正忙农事免，不知春色为谁妍。

《朱淑贞集注》

乡诗六首

许　锷

卤儿吹者稻楷堆，动地连枷十月雷。
日薄津亭声打鼓，磨坊客贩卸船来。

不种蔬畦不种田，织机纺织更摇绵。
移船曾向南河泊，撤夜橹声搅客眠。

三家邨近桃花坞，曲曲清溪似若耶。
笑指蚕娘忙不了，满头犹插做丝花。

缫丝彻夜不停车，头绪盆筐乱似麻。
红丸一竿人未起，凉棚开遍紫藤花。

四月荒野菜花香，麦陇苗长碧黄间。
菜荚成油麦成饼，盈盈佳节又端阳。

日长竞说困人天，布谷声声唤晓烟。
知否插秧时节到，傍滩都是罱泥船。

过长安镇

（清）周　春

春涨长河集野航，点篙牵缆闹昏黄。
问君何事争先济，天竺山斗一炷香。

南游记事是

（清）张　潮

杭嘉之间，其俗养蚕，地皆种桑。
家有塘以养鱼，村有港而通舟。
多乐蔚然，茂于桑下。
静女提笼，儿童晒网。
风致清幽与三吴繁华又别矣。

《虞初新志》

长安镇志提供资料人员名单

陈荣田　徐春锋　沈建达　沈雪良　殷森标　凌月强　俞建根　吴忠杰

杨宪国　盛宪达　陈　芳　顾新貌　马晓芳　王添龙　金兴虎　许建学

蔡建荣　张　杰　许　杰　徐国鑫　蒋明弟　金云清　孙东康　施振华

金礼明　孟子英　孟华明　姚冬栋　丁恒明　李仰华　沈国祥　姜嘉铭

丰国民　邵曙霞　沈曙正　汤巧玲　曹　芳　蒋晓萍　杨丽华　王永水

朱伟益　王永飞　赵益超　郭祥林　张关龙　汤国兴　朱明珠　褚汉杰

杨红霞　高彩凤　沈亚芬　居初民

索　引

说明：

一、本索引设主题索引和历史人物索引2个分目。

二、本索引采用分析索引法，按索引条目第一字汉语拼音（同音字按声调）顺序排，首字相同按第二字音序排，依次类推。类目、分目用黑体字标注。标引词后的阿拉伯数字表示内容所在的页码。

三、本镇志的"凡例"、"序"、"概述"、"大事记"均未作索引。

四、人物索引序号排列，所在位置标注方法同上。

主题索引

阿拉伯数字

B

C

D

F

G

H

J

Z

人物索引

A

C

D

Y

Z

后 记

《长安镇志》是在中共长安镇党委、长安镇人民政府的领导和市史志办的指导下进行的。2005年6月25日，建立《长安镇志》编纂委员会。2006年5月正式建立长安镇志编纂写作组，6月开始收集资料。其间，还经历续志与全志的转换。2006年6月到2008年4月，以编纂续志形式进行，收集以1991年至2005年的资料。2008年4月根据中共长安镇党委和长安镇人民政府的意见，决定编写长安全志。为此，又进行大量的资料收集工作。从续志转为全志，编纂工作反复较大，收集资料的面和时间界限都有很大变化。因此，编纂人员对海宁市档案馆、长安镇档案室都进行了全面的、仔细的查阅，翻阅、复印了大量的档案资料。并对《海宁州志稿》《海宁民报》《海宁政报》《海宁日报》，长安镇广电站历年来的新闻资料，都进行细致地翻阅和抄摘。《长安镇志》原副主笔蔡看先生，各村、社区、企业都为本志编纂提供很多宝贵资料。在照片收集中又得到部分收藏者的供稿。本志于2012年12月完成初稿，分送编纂领导小组及有关单位、领导审阅。经过1年时间的初审、复审，以2013年12月形成终审稿，2014年10月经会审通过，付印出版。

由于资料及编写水平方面的限制，在文字、图片和内容上，本志存在很多不足和错漏，请予指正。

编 者

2014年10月

图书在版编目(CIP)数据

长安镇志 /《长安镇志》编纂委员会编.—北京:
方志出版社,2014.10
ISBN 978-7-5144-1438-7

Ⅰ.①长… Ⅱ.①长… Ⅲ.①乡镇—地方志—海宁市
Ⅳ.①K295.55

中国版本图书馆 CIP 数据核字(2014)第 257429 号

长安镇志

编　　者:《长安镇志》编纂委员会
责任编辑:李志瑜

出 版 人:冀祥德
出 版 者:方志出版社
地址　北京市朝阳区潘家园东里 9 号(国家方志馆 4 层)
邮编　100021
网址　http://www.fzph.org
发　　行:方志出版社发行中心
电话(010)67110500
经　　销:各地新华书店
印　　刷:杭州五象印务有限公司

开　　本:889×1194　1/16
印　　张:38.5
字　　数:1100 千字
版　　次:2014 年 12 月第 1 版　2014 年 12 月第 1 次印刷
印　　数:001～800 册

ISBN 978-7-5144-1438-7/K·1177　定价:280.00 元